Akten zur Auswärtigen Politik der Bundesrepublik Deutschland

Herausgegeben im Auftrag des Auswärtigen Amts
vom Institut für Zeitgeschichte

Hauptherausgeber
Hans-Peter Schwarz

Mitherausgeber
Helga Haftendorn, Klaus Hildebrand,
Werner Link, Horst Möller und Rudolf Morsey

R. Oldenbourg Verlag München 2000

Akten zur Auswärtigen Politik der Bundesrepublik Deutschland

1952

1. Januar bis 31. Dezember 1952

Wissenschaftlicher Leiter
Rainer A. Blasius

Bearbeiter
Martin Koopmann
und Joachim Wintzer

R. Oldenbourg Verlag München 2000

Die Deutsche Bibliothek – CIP-Einheitsaufnahme

Akten zur auswärtigen Politik der Bundesrepublik Deutschland /
hrsg. im Auftr. des Auswärtigen Amts vom Institut für
Zeitgeschichte. – München : Oldenbourg

1952. 1. Januar bis 31. Dezember 1952. – 2000
ISBN 3-486-56480-3

Rosenheimer Straße 145, D-81671 München
Internet: http://www.oldenbourg-verlag.de

Umschlaggestaltung: Dieter Vollendorf
Gedruckt auf säurefreiem, alterungsbeständigem Papier (chlorfrei gebleicht).

Gesamtherstellung: R. Oldenbourg Graphische Betriebe Druckerei GmbH, München

ISBN 3-486-56480-3

Inhalt

Vorwort

Mit den „Akten zur Auswärtigen Politik der Bundesrepublik Deutschland 1952“ wird die Publikation von Dokumenten aus dem Politischen Archiv des Auswärtigen Amts über die Jahre 1949 bis 1962 fortgesetzt. Der Band ergänzt die bereits 1990 unter meiner Verantwortung publizierte Edition „Adenauer und die Hohen Kommissare 1952“.

Das Erscheinen des vorliegenden Bandes gibt Anlaß, allen an dem Werk Beteiligten zu danken. So gilt mein verbindlichster Dank dem Auswärtigen Amt, insbesondere dem Politischen Archiv sowie den Damen und Herren in den Referaten, die beim Deklassifizierungsverfahren zur Offenlegung der Dokumente beigetragen haben. In gleicher Weise zu danken ist dem Bundesarchiv in Koblenz für die Erlaubnis, einige Aufzeichnungen aus dem Nachlaß des Botschafters a.D. Herbert Blankenhorn und aus dem Bestand Bundeskanzleramt (B 136) einbeziehen zu können, sowie dem Bundesarchiv/Militärarchiv in Freiburg im Breisgau und der Stiftung Bundeskanzler-Adenauer-Haus in Rhöndorf.

Besonderer Dank gebührt ferner den Kollegen im Herausgebergremium, die sich ihrer viel Zeit in Anspruch nehmenden Aufgabe in bewährter Kollegialität gewidmet haben. Ferner sei die tadellose Zusammenarbeit mit den zuständigen Persönlichkeiten und Gremien des Instituts für Zeitgeschichte dankbar hervorgehoben. Gedankt sei auch dem präzise arbeitenden Verlag R. Oldenbourg.

Das Hauptverdienst am Gelingen des Bandes gebührt den Bearbeitern, Herrn Dr. Martin Koopmann und Herrn Dr. Joachim Wintzer, zusammen mit dem Wissenschaftlichen Leiter, Herrn Dr. Rainer A. Blasius. Ihnen sei für die erbrachte Leistung nachdrücklichst gedankt.

Ebenso haben wesentlich zur pünktlichen Fertigstellung der Edition beigetragen: Herr Dr. Daniel Kosthorst durch die Vorarbeiten für die Dokumentensammlung, Herr Dr. Matthias Jaroch durch die Bearbeitung von drei Monaten des Jahres 1952 und Herr Dr. Wolfgang Hölscher durch die Beratung bei der Herstellung des Umbruchs.

Die „Akten zur Auswärtigen Politik der Bundesrepublik Deutschland 1953“ befinden sich in Arbeit.

Bonn, den 1. Februar 2000 — Hans-Peter Schwarz

Vorbemerkungen zur Edition

Die „Akten zur Auswärtigen Politik der Bundesrepublik Deutschland 1952“ (Kurztitel: AAPD 1952) umfassen 253 Dokumente. Den abgedruckten Dokumenten gehen neben Vorwort und Vorbemerkungen ein Dokumentenverzeichnis, ein Literaturverzeichnis sowie ein Abkürzungsverzeichnis voran. Am Ende des Bandes findet sich ein Personen- und ein Sachregister sowie ein Organisationsplan des Auswärtigen Amts vom August 1952.

Dokumentenauswahl

Grundlage für die Fondsedition der „Akten zur Auswärtigen Politik der Bundesrepublik Deutschland 1952“ sind die Bestände des Politischen Archivs des Auswärtigen Amts (PA/AA). Besonderes Gewicht wurde auf den Bestand der Politischen Abteilung gelegt. Angemessene Berücksichtigung fanden aber auch die anderen Abteilungen des Auswärtigen Amts, insbesondere die Länder-, die Rechts- und die Kulturabteilung. Über die Konferenz für die Organisation einer Europäischen Verteidigungsgemeinschaft gaben die Akten der „EVG-Delegation“ Aufschluß. Die Handakten des Leiters der Politischen Abteilung im Auswärtigen Amt, Herbert Blankenhorn, befinden sich zu einem Teil im PA/AA und zu einem anderen Teil im Bundesarchiv in Koblenz. Sie wurden ebenso ausgewertet wie einzelne Bestände aus dem Bundesarchiv-Militärarchiv in Freiburg und aus der Stiftung Bundeskanzler-Adenauer-Haus in Rhöndorf (Nachlaß Adenauer).

Entsprechend ihrer Herkunft belegen die edierten Dokumente in erster Linie die außenpolitischen Aktivitäten des Bundeskanzlers und Bundesministers des Auswärtigen. Die Rolle anderer Akteure, insbesondere im parlamentarischen und parteipolitischen Bereich, wird beispielhaft dokumentiert, sofern eine Wechselbeziehung zum Auswärtigen Amt gegeben war.

Die ausgewählten Dokumente ergänzen die bereits im Jahr 1990 publizierte Edition „Adenauer und die Hohen Kommissare 1952“. Erstmals werden Schriftstücke veröffentlicht, die bisher als Verschlußsachen der Geheimhaltung unterworfen waren. Dank einer entsprechenden Ermächtigung wurden den Bearbeitern die VS-Bestände des PA/AA ohne Einschränkung zugänglich gemacht und Anträge auf Herabstufung und Offenlegung von Schriftstücken beim Auswärtigen Amt ermöglicht. Kopien der offengelegten Schriftstücke, deren Zahl diejenige der in den AAPD 1952 edierten Dokumente weit übersteigt, werden im PA/AA zugänglich gemacht (Bestand B 150).

Nur eine äußerst geringe Zahl der für die Edition vorgesehenen Aktenstücke wurde nicht zur Veröffentlichung freigegeben. Hierbei handelt es sich vor allem um Dokumente, in denen personenbezogene Vorgänge im Vordergrund stehen oder die auch heute noch sicherheitsrelevante Angaben enthalten. Von einer Deklassifizierung ausgenommen war Schriftgut ausländischer Herkunft bzw. aus dem Bereich multilateraler oder internationaler Organisationen. Unberücksichtigt blieb ebenfalls nachrichtendienstliches Material.

Zur Dokumentation wesentlicher historischer Vorgänge wurden in Ausnahmefällen bereits an anderer Stelle veröffentlichte Schriftstücke von besonderer Bedeutung in die Auswahl aufgenommen.

Dokumentenfolge

Die 253 edierten Dokumente sind in chronologischer Folge geordnet und mit laufenden Nummern versehen. Bei differierenden Datumsangaben auf einem Schriftstück, z.B. im Falle abweichender maschinenschriftlicher und handschriftlicher Datierung, ist in der Regel das früheste Datum maßgebend. Mehrere Dokumente mit demselben Datum sind, soweit möglich, nach der Uhrzeit eingeordnet. Erfolgt eine Datierung lediglich aufgrund sekundärer Hinweise (z.B. aus Begleitschreiben, beigefügten Vermerken usw.), wird dies in einer Anmerkung ausgewiesen. Bei Aufzeichnungen über Gespräche ist das Datum des dokumentierten Vorgangs ausschlaggebend, nicht der meist spätere Zeitpunkt der Niederschrift.

Dokumentenkopf

Jedes Dokument beginnt mit einem halbfett gedruckten Dokumentenkopf, in dem wesentliche formale Angaben zusammengefaßt werden. Auf Dokumentennummer und Dokumentenüberschrift folgen in kleinerer Drucktype ergänzende Angaben, so rechts außen das Datum. Links außen wird, sofern vorhanden, das Geschäftszeichen des edierten Schriftstücks einschließlich des Geheimhaltungsgrads (zum Zeitpunkt der Entstehung) wiedergegeben. Das Geschäftszeichen, das Rückschlüsse auf den Geschäftsgang zuläßt und die Ermittlung zugehörigen Aktenmaterials ermöglicht, besteht in der Regel aus der Kurzbezeichnung der ausfertigenden Arbeitseinheit sowie aus weiteren Elementen wie dem inhaltlich definierten Aktenzeichen, der Tagebuchnummer einschließlich verkürzter Jahresangabe und gegebenenfalls dem Geheimhaltungsgrad. Dokumentennummer, verkürzte Überschrift und Datum finden sich auch im Kolumnentitel über dem Dokument.

Den Angaben im Dokumentenkopf läßt sich die Art des jeweiligen Dokuments entnehmen. Aufzeichnungen sind eine in der Edition besonders häufig vertretende Dokumentengruppe. Der Verfasser wird jeweils in der Überschrift benannt, auch dann, wenn er sich nur indirekt erschließen läßt. Letzteres wird in einer Anmerkung vermerkt. Läßt sich ein solcher weder mittelbar noch unmittelbar nachweisen, wird die ausfertigende Arbeitseinheit (Abteilung, Referat oder Delegation) angegeben.

Breiten Raum nehmen Gesprächsaufzeichnungen sowie Niederschriften über Besprechungen und Konferenzen ein. Sie werden als solche in der Überschrift gekennzeichnet und chronologisch nach dem Gesprächs-, Besprechungs- oder Konferenzdatum eingeordnet, während Verfasser und Datum der Niederschrift – sofern ermittelbar – in einer Anmerkung ausgewiesen sind.

Eine wichtige Dokumentengruppe sind darüber hinaus Schreiben, erkennbar jeweils an der Nennung von Absender und Empfänger. Dazu gehören insbesondere die Schreiben des Bundeskanzlers an die Hohen Kommissare, die entweder an einen der Hohen Kommissare allein oder an den im monatlichen Wechsel amtierenden Geschäftsführenden Vorsitzenden der AHK gerichtet wurden. Ferner zählen dazu Schreiben der Bundesregierung, vertreten durch den Bundeskanzler und Bundesminister des Auswärtigen, an ausländische Regierungen, desgleichen auch Korrespondenz des Auswärtigen Amts mit anderen Ressorts oder mit Bundestagsabgeordneten.

Eine weitere Gruppe von Dokumenten bildet der Schriftverkehr zwischen der Zentrale in Bonn und den Auslandsvertretungen. Diese erhielten ihre Informationen und Weisungen in der Regel mittels Drahterlaß, der fernschriftlich oder per Funk übermittelt wurde. Auch bei dieser Dokumentengruppe wird in der Überschrift der Verfasser genannt, ein Empfänger dagegen nur, wenn der Drahterlaß an eine einzelne Auslandsvertretung bzw. deren Leiter gerichtet war. Anderenfalls werden die Adressaten in einer Anmerkung aufgeführt. Bei Runderlassen an sehr viele oder an alle diplomatischen Vertretungen wird der Empfängerkreis nicht näher spezifiziert, um die Anmerkungen nicht zu überfrachten. Ebenso sind diejenigen Auslandsvertretungen nicht eigens aufgeführt, die nur nachrichtlich von einem Erlaß in Kenntnis gesetzt wurden. Ergänzend zum Geschäftszeichen wird im unteren Teil des Dokumentenkopfes links die Nummer des Drahterlasses sowie der Grad der Dringlichkeit angegeben. Rechts davon befindet sich das Datum und – sofern zu ermitteln – die Uhrzeit der Aufgabe. Ein Ausstellungsdatum wird nur dann angegeben, wenn es vom Datum der Aufgabe abweicht.

Der Dokumentenkopf bei einem im Auswärtigen Amt eingehenden Drahtbericht ist in Analogie zum Drahterlaß gestaltet. Außer Datum und Uhrzeit der Aufgabe wird auch der Zeitpunkt der Ankunft festgehalten, jeweils in Ortszeit.

In weniger dringenden Fällen verzichteten die Botschaften auf eine fernschriftliche Übermittlung und zogen die Form des mit Kurier übermittelten Schriftberichts vor. Beim Abdruck solcher Stücke werden im Dokumentenkopf neben der Überschrift mit Absender und Empfänger das Geschäftszeichen und das Datum genannt.

Die wenigen Dokumente, die sich keiner der beschriebenen Gruppen zuordnen lassen, sind aufgrund individueller Überschriften zu identifizieren.

Die Überschrift bei allen Dokumenten enthält die notwendigen Angaben zum Ausstellungs-, Absende- oder Empfangsort bzw. zum Ort des Gesprächs. Erfolgt keine besondere Ortsangabe, ist stillschweigend Bonn zu ergänzen. Hält sich der Verfasser oder Absender eines Dokuments nicht an seinem Dienstort auf, wird der Ortsangabe ein „z. Z.“ vorangesetzt.

Bei den edierten Schriftstücken handelt es sich in der Regel jeweils um die erste Ausfertigung oder – wie etwa bei den Drahtberichten – um eines von mehreren gleichrangig nebeneinander zirkulierenden Exemplaren. Statt einer Erstausfertigung mußten gelegentlich ein Durchdruck, eine Abschrift, eine Ablichtung oder ein vervielfältigtes Exemplar (Matrizenabzug) herangezogen werden. Ein entsprechender Hinweis findet sich in einer Anmerkung. In wenigen Fällen sind Entwürfe abgedruckt und entsprechend in den Überschriften kenntlich gemacht.

Dokumententext

Unterhalb des Dokumentenkopfes folgt – in normaler Drucktype – der Text des jeweiligen Dokuments, einschließlich des Betreffs, der Anrede und der Unterschrift. Die Dokumente werden ungekürzt veröffentlicht. Sofern in Ausnahmefällen Auslassungen vorgenommen werden müssen, ist dies kenntlich gemacht und in einer Anmerkung erläutert. Textergänzungen der Bearbeiter stehen in eckigen Klammern.

Offensichtliche Schreib- und Interpunktionsfehler werden stillschweigend korrigiert. Eigentümliche Schreibweisen bleiben nach Möglichkeit erhalten; im Bedarfsfall wird jedoch vereinheitlicht bzw. modernisiert. Dies trifft teilweise auch auf fremdsprachige Orts- und Personennamen zu, deren Schreibweise nach den im Auswärtigen Amt gebräuchlichen Regeln wiedergegeben wird.

Selten vorkommende und ungebräuchliche Abkürzungen werden in einer Anmerkung aufgelöst. Typische Abkürzungen von Institutionen, Parteien etc. werden allerdings übernommen. Hervorhebungen in der Textvorlage, also etwa maschinenschriftliche Unterstreichungen oder Sperrungen, werden nicht wiedergegeben. Der Kursivdruck dient dazu, bei Gesprächsaufzeichnungen die Sprecher voneinander abzuheben. Im äußeren Aufbau (Absätze, Überschriften usw.) folgt das Druckbild nach Möglichkeit der Textvorlage.

Unterschriftsformeln werden vollständig wiedergegeben. Ein handschriftlicher Namenszug ist nicht besonders gekennzeichnet, eine Paraphe mit Unterschriftscharakter wird aufgelöst (mit Nachweis in einer Anmerkung). Findet sich auf einem Schriftstück der Name zusätzlich maschinenschriftlich vermerkt, bleibt dies unerwähnt. Ein maschinenschriftlicher Name, dem ein „gez." vorangestellt ist, wird entsprechend übernommen; fehlt in der Textvorlage der Zusatz „gez.", wird er in eckigen Klammern ergänzt. Weicht das Datum der Paraphe vom Datum des Schriftstückes ab, wird dies in der Anmerkung ausgewiesen.

Unter dem Dokumententext wird die jeweilige Fundstelle des Schriftstückes in halbfetter Schrifttype nachgewiesen. Bei Dokumenten aus dem PA/AA wird auf die Angabe des Archivs verzichtet und nur der jeweilige Bestand mit Bandnummer genannt. Dokumente aus VS-Beständen sind mit der Angabe „VS-Bd." versehen. Bei Dokumenten anderer Herkunft werden Archiv und Bestandsbezeichnung angegeben. Liegt ausnahmsweise ein Schriftstück bereits veröffentlicht vor, so wird dies in einer gesonderten Anmerkung nach der Angabe der Fundstelle ausgewiesen.

Kommentierung

In Ergänzung zum Dokumentenkopf enthalten die Anmerkungen formale Hinweise und geben Auskunft über wesentliche Stationen im Geschäftsgang. Angaben technischer Art, wie Registraturvermerke oder standardisierte Verteiler, werden nur bei besonderer Bedeutung erfaßt. Wesentlich ist dagegen die Frage, welche Beachtung das jeweils edierte Dokument gefunden hat. Dies läßt sich an den Paraphen maßgeblicher Akteure sowie an den – überwiegend handschriftlichen – Weisungen, Bemerkungen oder auch Reaktionen in Form von Frage- oder Ausrufungszeichen ablesen, die auf dem Schriftstück selbst oder auf Begleitschreiben und Begleitvermerken zu finden sind. Die diesbezüglichen Merkmale sowie damit in Verbindung stehende Hervorhebungen (Unterstreichungen oder Anstreichungen am Rand) werden in Anmerkungen nachgewiesen. Auf den Nachweis sonstiger An- oder Unterstreichungen wird verzichtet. Abkürzungen in handschriftlichen Passagen werden in eckigen Klammern aufgelöst, sofern sie nicht im Abkürzungsverzeichnis aufgeführt sind.

In den im engeren Sinn textkritischen Anmerkungen werden nachträgliche Korrekturen oder textliche Änderungen des Verfassers und einzelner Adressaten festgehalten, sofern ein Konzipient das Schriftstück entworfen hat. Unwesentliche Textverbesserungen sind hiervon ausgenommen. Ferner wird auf einen systematischen Vergleich der Dokumente mit Entwürfen ebenso verzichtet wie auf den Nachweis der in der Praxis üblichen Einarbeitung von Textpassagen in eine spätere Aufzeichnung oder einen Drahterlaß.

Die Kommentierung soll den historischen Zusammenhang der edierten Dokumente in ihrer zeitlichen und inhaltlichen Abfolge sichtbar machen, weiteres Aktenmaterial und anderweitiges Schriftgut nachweisen, das unmittelbar oder mittelbar angesprochen wird, sowie Ereignisse oder Sachverhalte näher erläutern, die dem heutigen Wissens- und Erfahrungshorizont ferner liegen und aus dem Textzusammenhang heraus nicht oder nicht hinlänglich zu verstehen sind.

Besonderer Wert wird bei der Kommentierung darauf gelegt, die Dokumente durch Bezugsstücke aus den Akten der verschiedenen Arbeitseinheiten des Auswärtigen Amts bis hin zur Leitungsebene zu erläutern. Zitate oder inhaltliche Wiedergaben sollen die Entscheidungsprozesse erhellen und zum Verständnis der Dokumente beitragen. Dadurch wird zugleich Vorarbeit geleistet für eine vertiefende Erschließung der Bestände des PA/AA. Um die Identifizierung von Drahtberichten bzw. -erlassen zu erleichtern, werden außer dem Verfasser und dem Datum die Drahtberichtsnummer und, wo immer möglich, die Drahterlaßnummer angegeben.

Findet in einem Dokument veröffentlichtes Schriftgut Erwähnung – etwa Abkommen, Gesetze, Reden oder Presseberichte –, so wird die Fundstelle nach Möglichkeit genauer spezifiziert. Systematische Hinweise auf archivalische oder veröffentlichte Quellen, insbesondere auf weitere Bestände des PA/AA, erfolgen nicht. Sekundärliteratur wird generell nicht in die Kommentierung aufgenommen.

Angaben wie Dienstbezeichnung, Dienststellung, Funktion, Dienstbehörde und Nationalität dienen der eindeutigen Identifizierung der in der Kommentierung vorkommenden Personen. Bei Bundesministern erfolgt ein Hinweis zum jeweiligen Ressort nur im Personenregister. Eine im Dokumententext lediglich mit ihrer Funktion genannte Person wird nach Möglichkeit in einer Anmerkung namentlich nachgewiesen. Davon ausgenommen sind der jeweilige Bundespräsident, Bundeskanzler und Bundesminister des Auswärtigen.

Die Bezeichnung einzelner Staaten wird so gewählt, daß Verwechslungen ausgeschlossen sind. Als Kurzform für die Deutsche Demokratische Republik kommen in den Dokumenten die Begriffe SBZ oder DDR vor und werden so wiedergegeben. Der in der Forschung üblichen Praxis folgend, wird jedoch in der Kommentierung, den Verzeichnissen sowie den Registern der Begriff DDR verwendet. Das Adjektiv „deutsch“ findet nur bei gesamtdeutschen Belangen oder dann Verwendung, wenn eine eindeutige Zuordnung gegeben ist. Der westliche Teil von Berlin wird als Berlin (West), der östliche Teil der Stadt als Ost-Berlin bezeichnet.

Für häufig benutzte Publikationen wie Editionen, Geschichtskalender und Memoiren werden Kurztitel oder Kurzformen eingeführt, die sich über ein entsprechendes Verzeichnis auflösen lassen. Der Platzersparnis dienen ebenfalls die Rückverweise auf bereits an anderer Stelle ausgeführte Anmerkungen. Häufig genannte Verträge oder Gesetzestexte werden nur bei der Erstnennung nachgewiesen und lassen sich über das Sachregister erschließen.

Wie bei der Wiedergabe der Dokumente finden auch in den Anmerkungen die im Auswärtigen Amt gebräuchlichen Regeln für die Transkription fremdsprachlicher Namen und Begriffe Anwendung. Bei Literaturangaben in russischer Sprache wird die im wissenschaftlichen Bereich übliche Transliterierung durchgeführt.

Verzeichnisse

Das *Dokumentenverzeichnis* ist chronologisch angelegt. Es bietet zu jedem Dokument folgende Angaben: Die halbfett gedruckte Dokumentennummer, Datum und Überschrift, die Fundseite sowie eine inhaltliche Kurzübersicht.

Das *Literaturverzeichnis* enthält nur solche Publikationen, die häufig zur Kommentierung herangezogen und mit Kurztiteln oder Kurzformen versehen wurden. Diese sind alphabetisch geordnet und werden durch bibliographische Angaben aufgelöst.

Das *Abkürzungsverzeichnis* führt die im Dokumententeil vorkommenden Abkürzungen auf, insbesondere von Firmen, Organisationen, Parteien und Dienstbezeichnungen sowie sonstige im diplomatischen Schriftverkehr übliche Abbreviaturen. Nicht aufgenommen werden geläufige Abkürzungen wie „z. B.“, „d. h.“, „m. E.“, „u. U.“ und „usw.“ sowie Abkürzungen, die im Dokumententext oder in einer Anmerkung erläutert sind.

Register und Organisationsplan

Im *Personenregister* werden in der Edition vorkommende Personen unter Nennung derjenigen politischen, dienstlichen oder beruflichen Funktionen aufgeführt, die im inhaltlichen Zusammenhang der Dokumente wesentlich sind. Das *Sachregister* ermöglicht einen thematisch differenzierten Zugriff auf die einzelnen Dokumente. Näheres ist den Hinweisen zur Benutzung des jeweiligen Registers auf S. 773 und S. 805 zu entnehmen.

Der *Organisationsplan* vom August 1952 zeigt die Struktur des Auswärtigen Amts und informiert über die Namen der Leiter der jeweiligen Arbeitseinheiten.

Verzeichnisse

Dokumentenverzeichnis

Literaturverzeichnis

AAPD	Akten zur Auswärtigen Politik der Bundesrepublik Deutschland, hrsg. im Auftrag des Auswärtigen Amts vom Institut für Zeitgeschichte. Jahresband 1949/50. Jahresband 1951, München 1997 und 1999.
AAPD, Hohe Kommissare 1949–1951	Akten zur Auswärtigen Politik der Bundesrepublik Deutschland. Band 1: Adenauer und die Hohen Kommissare 1949–1951, hrsg. von Hans-Peter Schwarz in Verbindung mit Reiner Pommerin, München 1989.
AAPD, Hohe Kommissare 1952	Akten zur Auswärtigen Politik der Bundesrepublik Deutschland. Band 2: Adenauer und die Hohen Kommissare 1952, hrsg. von Hans-Peter Schwarz in Verbindung mit Reiner Pommerin, München 1990.
ABS, Entscheidungen	Hermann J. Abs, Entscheidungen 1949–1953. Die Entstehung des Londoner Schuldenabkommens, 2. Auflage, Mainz 1991.
ACTES	Les Actes de l'Union postale universelle révisés à Paris 1947 et annotés par les soins du Bureau international, hrsg. vom Bureau international de l'Union postale universelle, Bern 1949.
ADAP, D, II	Akten zur deutschen auswärtigen Politik 1918–1945. Serie D (1937–1945). Band II: Deutschland und die Tschechoslowakei (Oktober 1937–September 1938), Baden-Baden 1950.
ADAP, D, XI/1	Akten zur deutschen auswärtigen Politik 1918–1945. Serie D (1937–1945). Band XI, 1. Halbband: Die Kriegsjahre (1. September–13. November 1940), Bonn 1964.
ADENAUER, Briefe 1949–1951	Adenauer. Rhöndorfer Ausgabe: Briefe 1949–1951, hrsg. von Rudolf Morsey und Hans-Peter Schwarz, bearbeitet von Hans Peter Mensing, Berlin 1985.
ADENAUER, Briefe 1951–1953	Adenauer. Rhöndorfer Ausgabe: Briefe 1951–1953, hrsg. von Rudolf Morsey und Hans-Peter Schwarz, bearbeitet von Hans Peter Mensing, Berlin 1987.
ADENAUER, Erinnerungen 1945–1953	Konrad Adenauer, Erinnerungen 1945–1953, Stuttgart 1965.
ADENAUER, Erinnerungen 1953–1955	Konrad Adenauer, Erinnerungen 1953–1955, Stuttgart 1966.
AdG	Keesing's Archiv der Gegenwart, zusammengestellt von Heinrich von Siegler, Wien 1950 ff.

AMTSBLATT DER AHK — Amtsblatt der Alliierten Hohen Kommission in Deutschland. Nr. 1–72 [o.O.] 1949–1951.

AMTSBLATT DER MILITÄRREGIERUNG DEUTSCHLAND (Britisches Kontrollgebiet) — Amtsblatt der Militärregierung Deutschland. Nr. 1–3: Kontrollgebiet der 21. Armeegruppe; Nr. 4–28: Britisches Kontrollgebiet; Nr. 29–36: Amtsblatt der Kontrollkommission–Deutschland (Britische Zone), [1945–1949].

AMTSBLATT DES KONTROLLRATS — Amtsblatt des Kontrollrats in Deutschland, hrsg. vom Alliierten Sekretariat. Nr. 1–19, Berlin 1945–1948.

AMTSBLATT DES SAARLANDES — Amtsblatt des Saarlandes 1947–1952, hrsg. vom Informationsamt der Regierung des Saarlandes, Saarbrücken 1947–1952.

AUSSENPOLITIK DER DDR I — Dokumente zur Außenpolitik der Regierung der Deutschen Demokratischen Republik. Band I: Von der Gründung der Deutschen Demokratischen Republik am 7. Oktober 1949 bis zur Souveränitätserklärung am 25. März 1954, hrsg. vom Deutschen Institut für Zeitgeschichte, Berlin [Ost] 1954.

AUSWÄRTIGER AUSSCHUSS — Der Auswärtige Ausschuß des Deutschen Bundestages. Sitzungsprotokolle 1949–1953. 1. Halbband: Oktober 1949 bis Mai 1952; 2. Halbband: Juni 1952 bis August 1953 und Unterausschuß „Besatzungsregime" 1951/52, bearbeitet von Wolfgang Hölscher, Düsseldorf 1998.

BDFD I — Die Bundesrepublik Deutschland und Frankreich. Dokumente 1949 bis 1963. Band 1: Außenpolitik und Diplomatie, hrsg. von Horst Möller und Klaus Hildebrand, bearbeitet von Ulrich Lappenküper, München 1997.

BDFD II — Die Bundesrepublik Deutschland und Frankreich: Dokumente 1949 bis 1963. Band 2: Wirtschaft, hrsg. von Horst Möller und Klaus Hildebrand, bearbeitet von Andreas Wilkens, München 1997.

BEMÜHUNGEN — Die Bemühungen der Bundesrepublik um Wiederherstellung der Einheit Deutschlands durch gesamtdeutsche Wahlen. Dokumente und Akten. I. Teil: Oktober 1949–Oktober 1953, hrsg. vom Bundesministerium für gesamtdeutsche Fragen, 4. erweiterte Auflage, Bonn 1958.

BERICHT — Bericht der Konferenz über Deutsche Auslandsschulden, London 1952.

BILLOTTE, Kritik — Pierre Billotte, Noch ist es Zeit! Kritik und Vorschläge zur Verteidigung des Westens, Baden-Baden 1951.

BÖHM, Abkommen	Franz Böhm, Das deutsch-israelische Abkommen 1952, in: Konrad Adenauer und seine Zeit. Politik und Persönlichkeit des ersten Bundeskanzlers. Beiträge von Weg- und Zeitgenossen, hrsg. von Dieter Blumenwitz, Klaus Gotto, Hans Maier, Konrad Repgen und Hans-Peter Schwarz, Stuttgart 1976.
BR DRUCKSACHEN	Deutscher Bundesrat. Drucksachen, Bonn 1949 ff.
BR SITZUNGSBERICHTE	Deutscher Bundesrat. Sitzungsberichte, Bonn 1949 ff.
BRIEFWECHSEL ADENAUER-BRENTANO	Arnulf Baring, Sehr verehrter Herr Bundeskanzler! Heinrich von Brentano im Briefwechsel mit Konrad Adenauer 1949–1964, Hamburg 1974.
BT ANLAGEN	Verhandlungen des Deutschen Bundestages. Anlagen zu den Stenographischen Berichten, Bonn 1949 ff.
BT STENOGRAPHISCHE BERICHTE	Verhandlungen des Deutschen Bundestages. Stenographische Berichte, Bonn 1949 ff.
SENAT UND BÜRGERSCHAFT	Verhandlungen zwischen dem Senate und der Bürgerschaft 1952, Bremen [o.J.].
BULLETIN	Bulletin des Presse- und Informationsamtes der Bundesregierung, Bonn 1952 ff.
BUNDESANZEIGER	Bundesanzeiger (bis August 1950: Bundesanzeiger und Öffentlicher Anzeiger für das Vereinigte Wirtschaftsgebiet. Bekanntmachungsorgan für das französische Besatzungsgebiet. Verkündungsorgan für die Verlautbarungen des Einfuhrausschusses), hrsg. vom Bundesminister der Justiz, Bonn 1949 ff.
BUNDESGESETZBLATT	Bundesgesetzblatt, hrsg. vom Bundesminister der Justiz, Köln 1949 ff.
CDU/CSU-FRAKTION	Die CDU/CSU-Fraktion im Deutschen Bundestag 1949–1966. 1. Halbband: Sitzungsprotokolle 1949–1953, bearbeitet von Helge Heidemeyer, Düsseldorf 1998.
CHARTER OF THE UNITED NATIONS	Charter of the United Nations. Commentary and Documents, hrsg. von Leland M. Goodrich, Edvard Hambro und Anne Patricia Simons, 3. überarbeitete Auflage, New York/London 1969.
COUNCIL OF EUROPE, CONSULTATIVE ASSEMBLY, FOURTH SESSION, TEXTS	Council of Europe. Consultative Assembly. Fourth Ordinary Session. Texts Adopted by the Assembly, Straßburg 1952.
COUNCIL OF EUROPE, CONSULTATIVE ASSEMBLY, DEBATES, 1952	Council of Europe. Consultative Assembly. Fourth Ordinary Session. Official Report of Debates. 5 Bände, Straßburg 1952.

L

COUNCIL OF EUROPE, MINISTERS, DOCUMENTS, 1952 — Council of Europe. Documents of the Committee of Ministers, Straßburg 1952.

COUNCIL OF EUROPE, MINISTERS, RESOLUTIONS, 1949–1951 — Council of Europe. Resolutions of the Committee of Ministers. First to the Ninth Session 1949–1951, Straßburg 1952.

COUNCIL OF EUROPE, MINISTERS, RESOLUTIONS, 1952 — Council of Europe. Resolutions (1952) of the Committee of Ministers, Straßburg 1953.

DBPO II/1 — Documents on British Policy Overseas. Series II. Band 1: The Schuman Plan, the Council of Europe and Western European Integration, May 1950–December 1952, hrsg. von Roger Bullen und M. E. Pelly unter Mitarbeit von H. J. Yasamee und G. Bennett, London 1986.

DEPARTMENT OF STATE BULLETIN — The Department of State Bulletin. The Official Weekly Record of United States Foreign Policy, Washington D. C. 1939 ff.

DEUTSCHE AUSLANDSSCHULDEN — Deutsche Auslandsschulden. Dokumente zu den internationalen Verhandlungen, Oktober 1950 bis Juli 1951, hrsg. vom Auswärtigen Amt, dem Bundesministerium für Wirtschaft und dem Bundesministerium für den Marshallplan, Hameln [1951].

DEUTSCHES VERMÖGEN IM AUSLAND — Deutsches Vermögen im Ausland. Internationale Vereinbarungen und ausländische Gesetzgebung. Mit Unterstützung des Bundesministeriums der Finanzen, des Bundesministeriums für Wirtschaft, des Bundesministeriums für den Marshallplan und der Bank deutscher Länder hrsg. vom Bundesministerium der Justiz, bearbeitet von Otto Böhmer, Konrad Duden und Hermann Jansen, Köln 1951.

DEUTSCH-ISRAELISCHER DIALOG — Der deutsch-israelische Dialog. Dokumentation eines erregenden Kapitels deutscher Außenpolitik, hrsg. von Rolf Vogel, Teil I: Politik. Band 1, München/New York/London/Paris 1987.

DEUTSCHLANDS WEG NACH ISRAEL — Deutschlands Weg nach Israel. Eine Dokumentation mit einem Geleitwort von Konrad Adenauer, hrsg. von Rolf Vogel, Stuttgart 1967.

DIPLOMATISCHER KURIER — Diplomatischer Kurier in Verbindung mit Diplomatische Korrespondenz, Köln 1953.

DOCUMENTS 1951 — Documents on the Foreign Policy of Israel. Band 6: 1951, hrsg. von Yemima Rosenthal, Jerusalem 1991.

DOCUMENTS 1952 — Documents on the Foreign Policy of Israel. Band 7: 1952, hrsg. von Yehoshua Freundlich, Jerusalem 1992.

DOCUMENTS. COMPANION VOLUME 1952 — Documents on the Foreign Policy of Israel. Band 7: 1952 Companion Volume, hrsg. von Yehoshua Freundlich, Jerusalem 1992.

DOKUMENTE DES GETEILTEN DEUTSCHLAND — Dokumente des geteilten Deutschland. Quellentexte zur Rechtslage des Deutschen Reiches, der Bundesrepublik Deutschland und der Deutschen Demokratischen Republik. Band 1, hrsg. von Ingo von Münch, 2. Auflage, Stuttgart 1976.

DOKUMENTE ZUR BERLIN-FRAGE — Dokumente zur Berlin-Frage 1944–1966, hrsg. vom Forschungsinstitut der Deutschen Gesellschaft für Auswärtige Politik e. V., Bonn in Zusammenarbeit mit dem Senat von Berlin, 3. durchgesehene und erweiterte Auflage, München 1967.

DOKUMENTE ZUR SUDETENDEUTSCHEN FRAGE — Dokumente zur Sudetendeutschen Frage 1916–1967, hrsg. von Ernst Nittner, überarbeitete und ergänzte Neuauflage der „Dokumente zur Sudetendeutschen Frage 1918–1959“, München 1967.

DzD I/2 — Dokumente zur Deutschlandpolitik. I. Reihe: Vom 3. September 1939 bis 8. Mai 1945. Band 2: Amerikanische Deutschlandpolitik 11. August 1941 bis 31. Dezember 1942, hrsg. vom Bundesministerium für Innerdeutsche Beziehungen, bearbeitet von Marie-Luise Goldbach, Frankfurt am Main 1986.

DzD II/1 — Dokumente zur Deutschlandpolitik. II. Reihe: Vom 9. Mai 1945 bis 4. Mai 1955. Band 1: Die Konferenz von Potsdam, 3 Teilbände, hrsg. vom Bundesminister des Innern, bearbeitet von Gisela Biewer, Neuwied/Frankfurt am Main 1992.

DzD II/2 — Dokumente zur Deutschlandpolitik. II. Reihe: Vom 9. Mai 1945 bis 4. Mai 1955. Band 2: Die Konstituierung der Bundesrepublik Deutschland und der Deutschen Demokratischen Republik 7. September bis 31. Dezember 1949, hrsg. vom Bundesministerium des Innern unter Mitwirkung des Bundesarchivs, bearbeitet von Hanns Jürgen Küsters unter Mitarbeit von Daniel Hoffmann, München 1996.

ECKARDT, Leben — Felix von Eckardt, Ein unordentliches Leben. Lebenserinnerungen, Düsseldorf/Wien 1967.

ECOSOC 1947 — United Nations. Economic and Social Council. Official Records. Second Year: Fourth Session. From the fifty-first meeting (28 February 1947) to the eighty-fourth meeting (29 March 1947), New York 1947.

ECOSOC 1952 — United Nations. Economic and Social Council. Official Records. Fourteenth Session. 20 May–1 August 1952, New York 1952.

ENTSCHEIDUNGEN — Entscheidungen des Bundesverfassungsgerichts, Band 2, hrsg. von den Mitgliedern des Bundesverfassungsgerichts, Tübingen 1953.

EUROPA-ARCHIV — Europa-Archiv. Zeitschrift für Internationale Politik, Frankfurt am Main 1946 ff.

FRUS 1947 — Foreign Relations of the United States, 1947. Band II: Council of Foreign Ministers; Germany and Austria, Washington D. C. 1972.

FRUS 1948 — Foreign Relations of the United States, 1948. Band II: Germany and Austria, Washington D.C. 1973.

FRUS 1949 — Foreign Relations of the United States, 1949. Band III: Council of Foreign Ministers; Germany and Austria, Washington D. C. 1974.

FRUS 1951 — Foreign Relations of the United States, 1951. Band I: National Security Affairs; Foreign Economic Policy; Band III: European Security and the German Question, 2 Teilbände, Washington D.C. 1979–1981.

FRUS 1952–1954 — Foreign Relations of the United States, 1952–1954. Band V: Western European Security, 2 Teilbände; Band VI: Western Europe and Canada, 2 Teilbände; Band VII: Germany and Austria, 2 Teilbände; Band IX: The Near and Middle East, 2 Teilbände, Washington D.C. 1983–1986.

GERMANY 1947–1949 — Germany 1947–1949. The Story in Documents, hrsg. vom Department of State, Washington D.C. 1950.

GESAMTDEUTSCHER AUSSCHUSS — Der Gesamtdeutsche Ausschuß. Sitzungsprotokolle des Ausschusses für gesamtdeutsche Fragen des Deutschen Bundestages 1949–1953, bearbeitet von Andreas Biefang, Düsseldorf 1998.

GESETZBLATT — Gesetzblatt der Verwaltung des Vereinigten Wirtschaftsgebietes, Frankfurt am Main 1949.

GESETZBLATT DER DDR — Gesetzblatt der Deutschen Demokratischen Republik, Berlin [Ost] 1949 ff.

GESETZ- UND VERORDNUNGSBLATT — Gesetz- und Verordnungsblatt des Wirtschaftsrates des Vereinigten Wirtschaftsgebietes, Frankfurt am Main 1948.

GOLDMANN, Staatsmann — Nahum Goldmann, Staatsmann ohne Staat. Autobiographie, Köln/Berlin 1970.

HAAS, Beitrag — Wilhelm Haas, Beitrag zur Geschichte der Entstehung des Auswärtigen Dienstes der Bundesrepublik Deutschland, Bonn 1969.

JOURNAL OFFICIEL, CONSEIL DE LA RÉPUBLIQUE — Journal Officiel de la République Française. Débats Parlementaires. Conseil de la République. Compte rendue in extenso des séances. Questions écrites et réponses des Ministres à ces questions, Paris 1949 ff.

KABINETTSPROTOKOLLE — Die Kabinettsprotokolle der Bundesregierung, hrsg. für das Bundesarchiv von Hans Booms. Band 2: 1950, bearbeitet von Ulrich Enders und Konrad Reiser; Band 5: 1952, bearbeitet von Kai von Jena; Band 6: 1953, bearbeitet von Ulrich Enders und Konrad Reiser, Boppard am Rhein 1984–1989.

LEAGUE OF ARAB STATES — Hussein A. Hassouna, The League of Arab States and Regional Disputes. A Study of Middle East Conflicts, New York/Leiden 1975.

LENZ, Zentrum — Im Zentrum der Macht. Das Tagebuch von Staatssekretär Lenz 1951–1953, bearbeitet von Klaus Gotto, Hans-Otto Kleinmann und Reinhard Schreiner, Düsseldorf 1989.

MINISTERIALBLATT — Gemeinsames Ministerialblatt des Bundesministers des Innern, des Bundesministers für Vertriebene, des Bundesministers für Wohnungsbau, des Bundesministers für gesamtdeutsche Fragen und des Bundesministers für Angelegenheiten des Bundesrates, hrsg. vom Bundesministerium des Innern, Berlin/Köln 1951.

MINISTERIALBLATT RHEINLAND-PFALZ — Ministerialblatt der Landesregierung von Rheinland-Pfalz, hrsg. von der Staatskanzlei der Landesregierung Rheinland-Pfalz, Neuwied 1949 ff.

PUBLIC PAPERS, EISENHOWER 1953 — Public Papers of the Presidents of the United States. Dwight D. Eisenhower. Containing the Public Messages, Speeches and Statements of the President, January 1 to December 31, 1953, Washington D. C. 1960.

PUBLIC PAPERS, TRUMAN 1952–53 — Public Papers of the Presidents of the United States. Harry S. Truman. Containing the Public Messages, Speeches, and Statements of the President, January 1, 1952 to January 20, 1953, Washington D. C. 1966.

RAPPORTS — Les Rapports Mensuels d'André François-Poncet, Haut-Commissaire français en Allemagne 1949–1955, bearbeitet von Hans Manfred Bock, 2 Bände, Paris 1996.

REICHSGESETZBLATT — Reichsgesetzblatt, hrsg. vom Reichsministerium des Innern, Berlin 1919–1945.

SAARPOLITIK — Robert H. Schmidt, Saarpolitik 1945–1957. Band 2: Entfaltung der Saarpolitik zwischen „Wirtschaftsanschluß" und „Europäisierung" 1945–1953, Berlin 1960.

SCHLESWIGFRAGE — Die Schleswig-Frage seit 1945. Dokumente zur Rechtsstellung der Minderheiten beiderseits der deutsch-dänischen Grenze, hrsg. von Eberhard Jäckel, Frankfurt am Main/Berlin 1959.

SCHUMACHER, Reden — Kurt Schumacher, Reden–Schriften–Korrespondenzen 1945–1952, hrsg. von Willy Albrecht, Berlin/Bonn 1985.

SHINNAR, Bericht — Felix E. Shinnar, Bericht eines Beauftragten. Die Deutsch-Israelischen Beziehungen 1951–1966, Tübingen 1967.

UN GENERAL ASSEMBLY, AD HOC POLITICAL COMMITTEE, 1951–52 — United Nations. Official Records of the General Assembly. Sixth Session. Ad Hoc Political Committee, Summary Records of Meetings, 19 November 1951 to 31 January 1952, Paris [o. J.].

UN GENERAL ASSEMBLY, SEVENTH SESSION, ANNEXES — United Nations. Official Records of the General Assembly. Seventh Session. Annexes Volume II. From 14 October 1952 to 28 August 1953, New York 1954.

UN GENERAL ASSEMBLY, SEVENTH SESSION, PLENARY MEETINGS — United Nations. Official Records of the General Assembly, Seventh Session. Plenary Meetings, Verbatim Records of Meetings 14 October 1952 to 28 August 1953, New York 1953.

UNITED NATIONS RESOLUTIONS I — United Nations Resolutions. Series I: Resolutions Adopted by the General Assembly, hrsg. von Dusan J. Djonovich, New York 1972 ff.

UNITED STATES. STATUTES AT LARGE 1946 — United States. Statutes at Large Containing the Laws and Concurrent Resolutions Enacted during the Second Session of the Seventy-Ninth Congress of the United States of America 1946. Band 60 in 2 Teilbänden, Washington D.C. 1947.

UNITED STATES. STATUTES AT LARGE 1951 — United States. Statutes at Large Containing the Laws and Concurrent Resolutions Enacted during the First Session of the Eighty-Second Congress of the United States of America 1951 and Reorganization Plan, Amendment to the Constitution, and Proclamations. Band 65, Washington D.C. 1952.

UNTS — United Nations Treaty Series. Treaties and International Agreements Registered or Filed and Recorded with the Secretariat of the United Nations, [New York] 1946 ff.

VERFASSUNGSAUSSCHUSS — Leitfaden und amtliche Dokumente des Verfassungsausschusses, hrsg. vom Sekretariat des Verfassungsausschusses, Paris 1953.

VERHANDLUNGEN — Verhandlungen der Bremischen Bürgerschaft, Bremen 1952.

VOGEL, Diplomat — Georg Vogel, Diplomat unter Hitler und Adenauer, Düsseldorf/Wien 1969.

WEHRBEITRAG I — Der Kampf um den Wehrbeitrag. 1. Halbband: Die Feststellungsklage, hrsg. vom Institut für Staatslehre und Politik e. V., München 1952.

WEHRBEITRAG II — Der Kampf um den Wehrbeitrag. 2. Halbband: Das Gutachtenverfahren (30.7.–15.12.1952), hrsg. vom Institut für Staatslehre und Politik e. V., München 1953.

YEARBOOK OF THE UNITED NATIONS — Yearbook of the United Nations 1950 und 1952, hrsg. vom Department of Public Information United Nations, New York 1951 und 1953.

ZOLLANSCHLUSS I — Albert Calmes, Der Zollanschluss des Grossherzogtums Luxemburg an Deutschland (1842–1918). Band I: Der Eintritt Luxemburgs in den deutschen Zollverein (1839–1842), Luxemburg 1919.

Abkürzungsverzeichnis

AA	Auswärtiges Amt
a. D.	außer Dienst
AG	Aktiengesellschaft
AGSEC	Allied General Secretariat
AHK	Alliierte Hohe Kommission
AR	Amtsrat
Ber. Nr.	Bericht-Nummer
BGBl.	Bundesgesetzblatt
BHE	Bund der Heimatvertriebenen und Entrechteten
BK	Bundeskanzler
BMF	Bundesminister/ium der Finanzen
BMWi	Bundesminister/ium für Wirtschaft
BSt.	Besatzungsstatut
BvD	Bund vertriebener Deutscher
CDU	Christlich-Demokratische Union Deutschlands
COCOM	Coordinating Committee
ČSR	Československá Republika
CSU	Christlich-Soziale Union
D	(Ministerial-)Direktor
DDR	Deutsche Demokratische Republik
Del.	Delegation
Dg	(Ministerial-)Dirigent
DGB	Deutscher Gewerkschaftsbund
DHG	Deutsche Handelsgesellschaft
DIHT	Deutscher Industrie- und Handelstag
DP	Deutsche Partei
DPB	Deutsche Partei Bayern
DPS	Demokratische Partei Saar
DRK	Deutsches Rotes Kreuz
DSP	Deutsche Sozialdemokratische Partei
DVP	Demokratische Volkspartei
ECA	Economic Cooperation Administration
ECE	Economic Commission for Europe
EDC	European Defense Community
EGKS	Europäische Gemeinschaft für Kohle und Stahl
EPU	European Payments Union
EUCOM	European Command, United States Army
EVG	Europäische Verteidigungsgemeinschaft
EZU	Europäische Zahlungsunion
FDP	Freie Demokratische Partei
FU	Föderalistische Union
GATT	General Agreement on Tariffs and Trade
Geh./geh.	Geheim/geheim
GG	Grundgesetz
GK	Generalkonsul
GK I	Generalkonsul I. Klasse
GMBL	Gemeinsames Ministerialblatt der Bundesministerien
HaPol	Handelspolitische Abteilung
HICOG	United States High Commissioner for Germany
IKRK	Internationales Komitee vom Roten Kreuz

IRK	Internationales Rotes Kreuz
IRO	International Refugee Organization
IWF	Internationaler Währungsfonds
KPD	Kommunistische Partei Deutschlands
KPdSU	Kommunistische Partei der Sowjetunion
KPF	Kommunistische Partei Frankreichs
LR	Legationsrat
LR I	Legationsrat I. Klasse
MB	Ministerbüro
MD	Ministerialdirektor
MDg	Ministerialdirigent
Mio.	Million/en
MR	Ministerialrat
Mrd.	Milliarde/n
MRP	Mouvement Républicain Populaire
MSA	Mutual Security Agency
MSI	Movimento Sociale Italiano
NATO	North Atlantic Treaty Organization
NS	Nationalsozialismus
NSDAP	Nationalsozialistische Deutsche Arbeiterpartei
OEEC	Organisation for European Economic Cooperation
ORR	Oberregierungsrat
Pg	Parteigenosse
PNM	Partito Nazionale Monarchico
PSI	Partito Socialista Italiano
PSLI	Partito Socialista Lavoratori Italiani
PS-SIIS	Partito Socialista Sezione Italiana del Internationale Socialista
PSU	Partito Socialista Unitario
RAF	Royal Air Force
RM	Reichsmark
RR	Regierungsrat
SACEUR	Supreme Allied Commander Europe
SCAP	Supreme Commander for the Allied Powers in Japan
SED	Sozialistische Einheitspartei Deutschlands
SHAPE	Supreme Headquarters Allied Powers Europe
SIM	Surplus Incentive Material
SPD	Sozialdemokratische Partei Deutschlands
SRP	Sozialistische Reichspartei
SS	Schutzstaffel
StEG	Staatliche Erfassungs-Gesellschaft für öffentliches Gut
StS	Staatssekretär
SVZ	Saarländische Volkszeitung
TCC	Temporary Council Committee
Tgb. Nr.	Tagebuch-Nummer
UdSSR	Union der Sozialistischen Sowjetrepubliken
UEF	Union Européenne des Fédéralistes
UN	United Nations
UNESCO	United Nations Educational, Scientific and Cultural Organization
UNO	United Nations Organization
US	United States
USA	United States of America
VDL	Verband Deutscher Landsmannschaften
VLR	Vortragender Legationsrat
VS	Verschlußsache

Dokumente

1

Besprechung der Delegation für Auslandsschulden

243-18 Del 17-6/52 **3. Januar 1952**[1]

1) Die Teilnehmer sind aus der abschriftlich hier beigefügten Anwesenheitsliste[2] ersichtlich. Den Vorsitz führte Herr Hermann J. Abs.

2) Herr *Abs* erteilte Herrn Sachs das Wort zu einem Bericht über den Verlauf der Londoner Konferenz über Nachkriegsschulden[3]. Herr *Sachs* berichtete über die Arbeiten des Technischen Ausschusses[4]. Herr *Abs* erwähnte ergänzend seine Verhandlung mit dem Dreimächte-Ausschuß[5] über die Frage der Mitverantwortung der Alliierten für die Notwendigkeit der Nachkriegs-Wirtschaftshilfe. Er verwies im übrigen auf seinen zusammenfassenden Bericht über den Konferenzverlauf, der den Delegationsmitgliedern alsbald zugehen werde.

3) Herr *Wolff* wies auf die Möglichkeit hin, daß in der Hauptkonferenz[6] von verschiedenen Staaten Nachkriegsforderungen geltend gemacht werden könnten, die in den letzten Londoner Besprechungen nicht behandelt worden seien. So lägen beispielsweise Nachrichten aus Dänemark vor, wonach die dänische Regierung Ersatzansprüche für die Unterbringung deutscher Flüchtlinge als Nachkriegsforderungen geltend machen wolle. Herr *Stedtfeld* bemerkte hierzu, daß in Handelsvertragsverhandlungen Transferansprüche verschiedener Staaten aus Nachkriegsforderungen geltend gemacht worden seien, so von Frankreich, Italien und England. Demgegenüber meinte Herr *Wolff*, daß aus der Hauptkonferenz die Behandlung von Forderungen aus dem normalen Handelsverkehr der Nachkriegszeit jedenfalls ausgeschlossen sein sollte.

Auf Anregung von Herrn Abs und Herrn Kriege kam man überein, wegen der oben erwähnten dänischen Nachkriegsforderung schon jetzt an den Dreimächte-Ausschuß ein Schreiben der deutschen Delegation zu richten, dessen Ausarbeitung Herr Wolff übernahm.

4) Herr *Stedtfeld* wies auf die allgemeine Bedeutung des Transferproblems hin, insbesondere auch im Zusammenhang mit Wiedergutmachungsforderungen

1 Die Gesprächsaufzeichnung wurde von Gesandtschaftsrat a. D. Weiz gefertigt.

2 Dem Vorgang beigefügt. Vgl. B 10 (Abteilung 2), Bd. 1551.

3 Die Besprechungen über die deutschen Nachkriegsschulden fanden vom 26. November bis 10. Dezember 1951 statt. Für den Abschlußbericht der Delegation der Bundesrepublik vgl. AAPD 1951, Dok. 210.

4 Am 26. November 1951 wurde auf der ersten Plenarsitzung der Besprechungen über die deutschen Nachkriegsschulden in London beschlossen, einen Technischen Ausschuß einzusetzen, in dem Sachverständige der Bundesrepublik in bilateralen Besprechungen mit amerikanischen, britischen und französischen Sachverständigen das von den Drei Mächten vorgelegte Zahlenmaterial über die Verbindlichkeiten aus der Nachkriegszeit prüfen sollten. Am 5. Dezember 1951 legte der Ausschuß seinen Abschlußbericht vor. Für den Wortlaut vgl. B 10 (Abteilung 2), Bd. 1552.

5 Mit Schreiben vom 23. Mai 1951 setzte der Generalsekretär der AHK, Slater, Ministerialdirektor Blankenhorn davon in Kenntnis, daß die Drei Mächte in London einen Ausschuß eingesetzt hätten, der „den Namen Dreimächtekommission für Deutsche Schulden führt und die Interessen der Regierungen bei den geplanten Besprechungen vertreten wird". Vgl. DEUTSCHE AUSLANDSSCHULDEN, S. 13.

6 Die Konferenz über die deutschen Auslandsschulden fand vom 28. Februar bis 8. August 1952 in London statt.

aus Israel; auch hierbei handele es sich um die Abdeckung von Auslandsverbindlichkeiten, so daß die Zuständigkeit der Schuldenkonferenz wohl gegeben sei.

Herr *von Schelling* wies in diesem Zusammenhang darauf hin, daß bei der Bank deutscher Länder Anträge auf Verwendung von Sperrmarkguthaben zur Bezahlung von Exporten vorlägen, denen die Bank deutscher Länder stattgeben müsse. Herr *Stedtfeld* erklärte, daß diese Fragen vom Bundesministerium für Wirtschaft behandelt würden und daß beispielsweise eine weitere neue Regelung in Aussicht genommen sei, wonach ausgewanderte Juden ermächtigt werden sollten, Hausrat in Deutschland mit Sperrmark zu erwerben.

Herr *Schwede* wies darauf hin, daß der Waren-Transfer eine für die Wirtschaft wünschenswerte Lösung darstelle.

Herr *Kriege* bemerkte abschließend, daß man in der Hauptkonferenz nicht versäumen dürfe, auf diese besonderen Maßnahmen hinzuweisen, die eine einheitliche Gesamtregelung beeinträchtigen könnten.

5) Herr *Wolff* nahm auf die vertraulichen Besprechungen Bezug, die in London über das Scope-Dokument[7] stattgefunden haben. Er erklärte, seine Verhandlungen mit der schweizerischen Regierung[8] würden voraussichtlich in der zwei-

[7] Am 27. November 1951 legte der Drei-Mächte-Ausschuß der Delegation der Bundesrepublik in den Besprechungen über die deutschen Nachkriegsschulden in London ein Memorandum vom 21. November 1951 über den Umfang der Schuldenregelung vor: „I. Was das Datum betrifft, soll die Regelung folgende Schulden umfassen: a) Geldschulden nicht vertraglicher Art, die vor dem 8. Mai 1945 der Höhe nach bestimmt und fällig gewesen sind und b) Geldschulden aus Anleihe- und Kreditverträgen aus der Zeit vor dem 8. Mai 1945 sowie vor dem 8. Mai 1945 fällig gewordene Geldschulden aus allen sonstigen Verträgen. II. Was den Schuldner betrifft, sollen folgende Schulden erfaßt werden: a) Verbindlichkeiten der Bundesrepublik Deutschland entsprechend den in dem Briefwechsel vom 6. März 1951 zum Ausdruck gebrachten Bedingungen; b) Verbindlichkeiten oder als Verbindlichkeiten noch festzulegende Verpflichtungen einer Person, die zu dem Zeitpunkt der Aufforderung zur Zahlung nach Maßgabe des vorgesehenen internationalen Abkommens ihren gewöhnlichen Wohnsitz in dem Gebiet der Bundesrepublik Deutschland oder in einem der Westsektoren von Berlin hat. III. Was den Gläubiger betrifft, sollen folgende Forderungen erfaßt werden: a) Forderungen einer Regierung, die an dem vorgesehenen internationalen Abkommen teilnimmt, mit Ausnahme von Forderungen der Regierung der Bundesrepublik Deutschland oder der Regierung von Berlin oder b) Forderungen einer Person, die zu dem Zeitpunkt der Aufforderung zur Zahlung nach Maßgabe dieses Abkommens ihren gewöhnlichen Wohnsitz in dem Gebiet eines der Vertragsstaaten hat (im nachstehenden ‚Gläubigerstaat' genannt) mit Ausnahme des deutschen Bundesgebietes oder Berlins; c) Forderungen einer Person, die zu dem Zeitpunkt der Aufforderung zur Zahlung nach Maßgabe dieses Abkommens die Staatsangehörigkeit eines Gläubigerstaates besitzt, ohne Rücksicht auf ihren Wohnsitz; d) Forderungen aus marktgängigen Wertpapieren, die in dem Gläubigerstaat zahlbar sind." Vgl. B 10 (Abteilung 2), Bd. 1553.

[8] Seit August 1951 führte die Bundesregierung auf informeller Ebene Gespräche mit der Schweiz über Möglichkeiten zur Ablösung des Washingtoner Abkommens vom 25. Mai 1946 zwischen den Drei Mächten und der Schweiz. Das Abkommen sah vor, das deutsche Vermögen in der Schweiz zu liquidieren. Der Erlös sollte „zu 50 v. H. der Schweiz zukommen, während ein gleicher Anteil den Alliierten zum Zwecke des Wiederaufbaus zerstörter oder durch den Krieg verarmter, alliierter Länder [...] zur Verfügung gestellt werden wird". Darüber hinaus verpflichtete sich die Schweiz, „den drei Alliierten Regierungen einen Betrag von 250 Millionen Schweizer Franken, zahlbar auf Sicht in Gold in New York, zur Verfügung zu stellen. Die Alliierten Regierungen erklären ihrerseits, daß sie mit der Annahme dieses Betrages [...] auf alle Ansprüche gegenüber der Schweizerischen Regierung oder der Schweizerischen Nationalbank verzichten, die sich auf das von der Schweiz während des Krieges von Deutschland erworbene Gold beziehen." Vgl. DEUTSCHES VERMÖGEN IM AUSLAND, S. 390.

Am 19. Dezember 1951 teilte Ministerialdirektor Wolff, Bundesministerium der Finanzen, in der Sitzung des Interministeriellen Ausschusses für deutsches Auslandsvermögen mit, daß die Schweizer Delegation in den Besprechungen vom 6. bis 8. Dezember 1951 einen Plan vorgelegt habe, „der die

ten Hälfte des Monats Januar fortgesetzt werden, und es sei zu wünschen, daß er bis dahin von dem abgeänderten Inhalt des Scope-Dokuments gegenüber den schweizerischen Verhandlungspartnern Gebrauch machen könne. Herr *Abs* und Herr *Vogel* betonten, daß deutscherseits in diesen Verhandlungen auf den Inhalt des Scope-Dokuments des Dreimächte-Ausschusses erst Bezug genommen werden dürfe, wenn der Dreimächte-Ausschuß den Inhalt dieses Dokuments der schweizerischen Regierung in der Einladung zur Hauptkonferenz mitgeteilt habe; es sei zu erwarten, daß dies bis Mitte Januar geschehen sei, falls die Bundesregierung sich mit dem vorgeschlagenen Termin des Konferenzbeginns einverstanden erklärt.[9]

6) Herr *Abs* führte ergänzend aus, daß die mit den deutsch-schweizerischen Ablösungsverhandlungen im Zusammenhang stehenden Fragen nur im Rahmen der Schuldenkonferenz geregelt werden könnten.

7) Herr *Stedtfeld* regte an, daß über die deutsch-schweizerischen Verhandlungen, die auch Transfer-Fragen berühren könnten, eine Referenten-Besprechung der beteiligten Ressorts stattfinden sollte.

Es bestand Einvernehmen, daß das Bundesministerium der Finanzen zu gegebener Zeit zu einer solchen Besprechung einlädt.

8) Herr *Abs* verwies auf das an die anwesenden Delegationsmitglieder abschriftlich verteilte Schreiben der Alliierten Hohen Kommission vom 27. Dezember 1951 – AGSEC (51) 1904 –, das den Vorschlag des Dreimächte-Ausschusses für Deutsche Schulden enthält, die Hauptkonferenz in London am 20. Februar 1952 beginnen zu lassen.[10]

Herr *Weiz* bemerkte, daß dieses Schreiben der Alliierten Hohen Kommission gegenwärtig dem Herrn Bundeskanzler vorläge, der zu dem Inhalt noch nicht Stellung genommen habe.

Herr *Kriege* machte zunächst Bedenken geltend, ob die Richtlinien der zuständigen Bundesminister und des Bundeskabinetts, derer die Delegation dringend bedürfe, bis zum 20. Februar festgelegt werden könnten. Herr *Wolff* bemerkte hierzu, daß es ihm sehr schwierig erscheine, die Richtlinien bis zu diesem Zeitpunkt zu erlangen.

Fortsetzung Fußnote von Seite 4

Ablösung der alliierten Reparationsansprüche aus Beiträgen der deutschen Besitzer von Vermögenswerten in der Schweiz und gleichzeitig die Abgeltung der schweizerischen Anwartschaft auf den halben Liquidationserlös aus Mitteln der deutschen Bundesregierung vorsieht". Der Plan sei von der Bundesregierung gebilligt worden und solle nunmehr der AHK übermittelt werden. Vgl. B 10 (Abteilung 2), Bd. 1531. Vgl. dazu auch ABS, Entscheidungen, S. 224–235.

9 Mit Schreiben vom 12. Februar 1952 an den Geschäftsführenden Vorsitzenden der AHK, McCloy, ersuchte Bundeskanzler Adenauer die AHK, Verhandlungen der Bundesregierung mit der Schweiz über die künftige Behandlung der deutschen Vermögenswerte auf der Grundlage der Übereinkunft vom Dezember 1951 zu genehmigen. Vgl. dazu B 10 (Abteilung 2), Bd. 1513.
Im Antwortschreiben vom 13. Februar 1952 stimmte die AHK der Aufnahme von Verhandlungen zu, wies jedoch darauf hin, „daß die Zustimmung zu dem Plan, der zu einer Freigabe deutscher Vermögenswerte in der Schweiz führen wird, ein beträchtliches Zugeständnis seitens der alliierten Regierungen bedeutet, das bei den Verhandlungen über den Reparationsteil des geplanten Abkommens über Maßnahmen und Interessen berücksichtigt werden sollte". Vgl. das Schreiben des Generalsekretärs der AHK, Slater, an Ministerialdirektor Blankenhorn; B 10 (Abteilung 2), Bd. 1331.

10 Für das Schreiben des Generalsekretärs der AHK, Glain, an Ministerialdirektor Blankenhorn vgl. B 10 (Abteilung 2), Bd. 1331.

Demgegenüber führte Herr *Abs* aus, eine längere Verschiebung des Konferenzbeginns auf deutschen Wunsch würde zur Folge haben, daß man auf seiten der Gläubiger fertige deutsche Vorschläge zur Regelung der Schulden erwarten würde; derartige Vorschläge seien aber insbesondere bezüglich der Transferfrage nicht möglich. Auch im Hinblick auf bestimmte britische Tendenzen erschien ihm eine Hinausschiebung des Konferenzbeginns nicht ratsam. Er glaube auch, daß im Verlauf der Hauptkonferenz den Delegationen Gelegenheit gegeben sein werde, sich die erforderlichen Richtlinien und Entscheidungen bei ihren Regierungen einzuholen.

Herr *Vogel* bemerkte, daß Herr Bundesminister Blücher einer Verschiebung des Konferenzbeginns voraussichtlich nicht zustimmen würde.

Nachdem Herr *Wolff* und Herr *Granow* berichtet hatten, daß die Vorarbeiten zu den wichtigsten Einzelfragen abgeschlossen seien, daß das erforderliche Material vorläge und daß nun noch die endgültige Beschlußfassung der Arbeitskreise, der Gesamt-Delegation, der zuständigen Ressort-Minister und des Bundeskabinetts fehlten, wurde Herr Wolff gebeten, mit Herrn Bundesminister Schäffer zu sprechen, damit eine Ausarbeitung der erforderlichen Richtlinien bis spätestens zum 15. Februar 1952 sichergestellt werden kann.

Dem Vorschlag von Herrn Abs und Herrn Kriege folgend, bestand Einverständnis darüber, daß der Dreimächte-Ausschuß durch Vermittlung des Auswärtigen Amts und der Alliierten Hohen Kommission gebeten werden soll, die Hauptkonferenz nicht am 20., sondern am 25. Februar 1952 beginnen zu lassen. Ein früherer Termin könne deutscherseits aus technischen Gründen nicht eingehalten werden.[11]

9) Herr *Kriege* lud die Delegationsmitglieder, die in der Julikonferenz[12] an dem Technischen Ausschuß[13] beteiligt waren, sowie Herrn Kroog und Herrn Mehlberg zu einer Beratung der einschlägigen Probleme ein, die am 14. Januar 1952 um 10 Uhr in der Landeszentralbank in Düsseldorf, Königsallee 2–4, stattfinden soll.

10) Herr *Kremer* lud die Mitglieder des Grundsatz-Ausschusses[14] zu einer entsprechenden Beratung auf den 12. Januar 1952 um 9.30 Uhr im Bundesministerium der Finanzen ein.

11) Herr *Erbstösser* bemerkte, daß eine besondere Beratung der Mitglieder des Statistischen Ausschusses[15] zur Zeit nicht erforderlich sei.

11 Mit Schreiben vom 9. Januar 1952 teilte Bundeskanzler Adenauer dem Geschäftsführenden Vorsitzenden der AHK, Kirkpatrick, mit, daß die Delegation der Bundesrepublik bereit sei, die Verhandlungen in London am 20. Februar 1952 aufzunehmen. Mit „Rücksicht auf technische Vorbereitungen" zöge sie jedoch eine Verschiebung „auf einen Tag der mit dem 25. Februar 1952 beginnenden Woche" vor. Vgl. B 10 (Abteilung 2), Bd. 1505.

12 Zu den Besprechungen über die deutschen Vorkriegsschulden vom 5. bis 17. Juli 1951 in London vgl. AAPD 1951, Dok. 123.

13 Am 6. Juli 1951 wurde auf der zweiten Sitzung der Besprechungen über die deutschen Vorkriegsschulden der Technische Ausschuß mit der Aufgabe eingesetzt, einzelne Schuldenbereiche zu definieren und die Verantwortung der Bundesrepublik für diese Bereiche zu klären. Vgl. dazu DEUTSCHE AUSLANDSSCHULDEN, S. 41 und S. 49 f.

14 Der am 6. Juli 1951 auf der zweiten Sitzung der Besprechungen über die deutschen Vorkriegsschulden eingesetzte Grundsatzausschuß beschäftigte sich u. a. mit der Zahlungsfähigkeit der Bundesrepublik und Transferfragen. Vgl. dazu DEUTSCHE AUSLANDSSCHULDEN, S. 41 und S. 49 f.

12) Herr *Abs* erwähnte, daß am 10. Januar um 15.30 Uhr in der Bank deutscher Länder in Frankfurt/Main eine besondere Besprechung über Transfer-Fragen stattfinden werde. Die Einladungen ergehen von der Bank deutscher Länder. Herr von Schelling übernahm es, für die Absendung der Einladungen, auch an Herrn Gurski und Herrn Sachs, Sorge zu tragen.

13) Herr Abs kündigte an, daß die Delegation unter seinem Vorsitz in der Zeit vom 1. bis 15. Februar 1952 geschlossen oder in einzelnen Arbeitsgruppen zu fortgesetzten Beratungen einberufen werde, um die Behandlung der in der Hauptkonferenz zu lösenden Fragen endgültig vorzubereiten.

14) Herr *Erbstösser* verteilte an die anwesenden Delegationsmitglieder die Neufassung der von der Bank deutscher Länder ausgearbeiteten Zusammenstellung Nr. 18 mit Anhang[16]. Er wurde gebeten, dem Delegationssekretariat die übliche Anzahl von Abdrucken zur Weiterleitung an den Dreimächte-Ausschuß zu übersenden.

15) Bezüglich der Beteiligung von Vertretern der privaten Schuldner an der Konferenz verwies Herr *Wolff* auf einen Artikel in der Deutschen Wirtschaftszeitung vom 22. Dezember 1951, Nr. 102[17].

16) Hinsichtlich der Vertretung der privaten Schuldner in der Konferenz wurde folgendes festgestellt:

a) Die Stillhalte-Schuldner sind in der Delegation vertreten; eine vorbereitende Beratung dieser Schuldner muß noch anberaumt werden.

b) Die Anleihe-Schuldner sind durch Herrn Schwede vertreten. Zu einer Beratung dieser Schuldner, die am 17. Januar 1952 um 10 Uhr in der Kreditanstalt für Wiederaufbau in Frankfurt/Main stattfinden soll, wird Herr Abs einladen.

c) Eine Besprechung des Deutschen Ausschusses für internationale finanzielle Beziehungen soll in der Bank deutscher Länder in Frankfurt/Main stattfinden; für die Einladungen wird die Bank deutscher Länder Sorge tragen.

d) Die sonstigen kommerziellen Schuldner sind generell durch Herrn Leverkuehn vertreten.

Fortsetzung Fußnote von Seite 6

15 Der am 6. Juli 1951 auf der zweiten Sitzung der Besprechungen über die deutschen Vorkriegsschulden eingesetzte Statistische Ausschuß sollte eine Dokumentation der deutschen Außenstände aus der Vorkriegszeit erarbeiten. Vgl. dazu DEUTSCHE AUSLANDSSCHULDEN, S. 41 und S. 49 f.

16 Für die undatierte Zusammenstellung Nr. 18 über die nach Gläubigerstaaten und Verpflichtungsarten gegliederte öffentliche und private Auslandsverschuldung der Bundesrepublik vgl. B 10 (Abteilung 2), Bd. 1517.

17 In dem Artikel „Hinter dem Rücken der Schuldner" wurde ausgeführt: „In den Gläubigerstaaten besteht eine enge Zusammenarbeit zwischen den amtlichen Stellen und den privaten Gläubigern. Es läge vor allem auch im Interesse der ausländischen privaten Gläubiger, wenn auch in Westdeutschland die staatlichen Organe und die privaten Schuldner miteinander Fühlung nehmen würden. Es wäre bedenklich, wenn für die Hauptkonferenz Sachverständige allein von den Ministerien oder auch von Banken gestellt würden, die Schuldner selbst aber nicht vertreten wären. Der Bund tritt nämlich bei den Schuldenverhandlungen in einer doppelten Rolle auf. Er ist [...] selbst Schuldner; zum anderen ist er Hoheitsträger, der kraft Gesetzes den privaten Schuldnern Leistungen auferlegen kann. Es darf dabei aber nicht der geringste Anlaß zu einem Verdacht gegeben werden, der Bund nutze seine Hoheitsfunktionen aus, um seine Stellung als Schuldner auf Kosten der Schuldenlast der Privaten zu erleichtern und um seine Kreditfähigkeit für die Aufnahme neuer Auslandsanleihen zu Ungunsten der Kreditfähigkeit der Privatwirtschaft zu stärken." Vgl. DEUTSCHE ZEITUNG UND WIRTSCHAFTS ZEITUNG vom 22. Dezember 1951, S. 13.

e) Die Gruppe der Versicherungsschuldner soll eine besondere Behandlung erfahren. Auf Vorschlag von Herrn Daniel soll in der Schuldenkonferenz angestrebt werden, sie aus der allgemeinen Schuldenregelung auszunehmen, da von den Versicherungsunternehmen beabsichtigt wird, ein besonderes Clearing-Verfahren auszuarbeiten.

17) Die Vertretung der Schulden der Länder, der Gemeinden, der Kirchen und der öffentlichen Wohlfahrtseinrichtungen liegt in Händen des Bundesministeriums der Finanzen, das über Sachverständige aus jeder dieser Schuldner-Gruppen verfügt, die notfalls zu den Londoner Besprechungen hinzugezogen werden können.

18) Die Frage der Heranziehung weiterer Persönlichkeiten als Sachverständige für Privatschulden wurde zwischen Herrn Abs, Herrn Wolff, Herrn Schwede und Herrn Leverkuehn erörtert. Herr *Abs* behielt sich vor, die Vorschläge, die insbesondere aus einem Schreiben des Gesamtverbands der gewerblichen Wirtschaft hervorgehen, mit dem Herrn Bundeskanzler zu erörtern; die Entscheidung liege bei der Bundesregierung.

Die Hinzuziehung von Sachverständigen der Studiengesellschaft für privatrechtliche Auslandsinteressen wurde besonders erörtert.

19) Herr *von Schelling* referierte über die von Herrn Direktor Treue und ihm in Washington geführten Gespräche mit Mr. Jones, Mr. Gomory und mit Vertretern des Federal Reserve Board, wobei amerikanische Anregungen über Schuldenzahlungen in D-Mark sowie die Rekommerzialisierung bestimmter Schuldenarten erörtert wurden.

20) Herr *Abs* regte an, daß über die Behandlung der Rembourse-Schulden eine besondere Beratung des Unterausschusses des Deutschen Ausschusses für internationale finanzielle Beziehungen stattfinden soll.

21) Bezüglich der Probleme, die mit der Regelung der Verjährungsfristen in dem alliierten Gesetz Nr. 67[18] im Zusammenhang stehen, wies Herr *von Schelling* auf die Verworrenheit der gegenwärtigen Rechtslage hin. Voraussichtlich werden jedoch die Vertraglichen Vereinbarungen zur Ablösung des Besatzungsstatuts auch eine Klärung dieser Rechtsfragen bringen. Es bestand Einvernehmen, daß Anfragen von Schuldnerseite wegen des Verzichts auf die Einrede der Verjährung mit dem Hinweis auf Gesetz Nr. 67 und auf die Erklärung Nr. 55 beantwortet werden sollen.

22) Herr *Abs* gab bekannt, daß seine Besprechung mit dem Ausschuß des Bundesrats am 19. Januar 1952 in Bonn stattfinden werde.

23) Herr *Weiz* erinnerte an den Wunsch des Vorsitzenden des Bundestagsausschusses für das Besatzungsstatut und Auswärtige Angelegenheiten[19], gewisse Auskünfte und Materialien zu erhalten, die das Schuldenproblem betreffen. Hierüber soll zwischen den beteiligten Ressorts am 8. Januar 1952 um 16 Uhr

18 Das Gesetz Nr. 67 der AHK vom 23. November 1951 regelte Verjährungsfristen, die nicht-deutsche Staatsangehörige betrafen und sich auf Rechtshandlungen bezogen, die vor dem 9. Mai 1945 vorgenommen worden waren. Für den Wortlaut vgl. AMTSBLATT DER AHK, Nr. 70 vom 28. November 1951, S. 1310–1313.

19 Carlo Schmid.

in der Abteilung II des Auswärtigen Amts, Bonn, Dahlmannstraße 7, eine Referenten-Besprechung stattfinden, zu der besondere Einladungen ergehen.

24) Eine weitere Delegationssitzung wurde für Ende Januar in Aussicht genommen; ein Termin wurde noch nicht anberaumt.

B 10 (Abteilung 2), Bd. 1551

2

Gespräch des Bundeskanzlers Adenauer mit dem amerikanischen Hohen Kommissar McCloy

Geheim **4. Januar 1952**

Anwesend auf amerikanischer Seite: Herr McCloy, Herr Whitman.

Auf deutscher Seite: Bundeskanzler, Staatssekretär Hallstein, Ministerialdirektor Blankenhorn.

Der *Bundeskanzler* berichtet über die Pariser Verhandlungen[1] und betont, daß manche Auffassungen der Außenminister nicht den Notwendigkeiten der europäischen Lage Rechnung getragen hätten. Es sei stundenlang über die Teilung zwischen Verteidigung an der Front und innerer Verteidigung gesprochen worden; der Vertreter der Niederlande habe Begrenzung der Dauer des Vertrages auf zwanzig Jahre verlangt. Er, der Bundeskanzler, habe mit Nachdruck für die Aufrechterhaltung der ursprünglich geplanten Dauer von 50 Jahren plädiert, weil es ja doch darauf ankomme, die Gefahren eines kriegerischen Konflikts auf eine lange Zeitdauer auszuschließen. Nach 20 Jahren lebe in Europa eine Generation, die die Schrecken des Krieges nicht kenne. Neue Krisen seien dann nur allzu leicht möglich. In einer vertraulichen Besprechung mit den fünf Außenministern[2] habe er auch betont, daß besonderes Interesse daran bestehe, diesen Vertrag auf 50 Jahre zu schließen, damit auf diese Weise Deutschland ganz fest in die Europäische Gemeinschaft eingegliedert bleibe.

Der Bundeskanzler berichtet dann über die Verhandlungen hinsichtlich der Einrichtung des Kommissars; über den Versuch der Beneluxstaaten, ein Kollegium von Kommissaren zu schaffen, in das jeder Staat ein Mitglied entsende, so daß auf diese Weise der supranationale Charakter dieser Institution völlig verschwinde; über die Haltung Bechs, der nach seinen eigenen Worten nach einer Ablehnung dieses Vorschlags gezwungen worden sei, in den Benelux-Schafstall zurückzukehren; ferner über die Haltung Stikkers in der Frage des Budgets.

1 Zur Ministerkonferenz über eine Europäische Verteidigungsgemeinschaft vom 27. bis 30. Dezember 1951 in Paris vgl. Dok. 4. Vgl. auch AAPD 1951, Dok. 214–216.

2 Dean Acheson (USA), Anthony Eden (Großbritannien), Robert Schuman (Frankreich), Dirk U. Stikker (Niederlande), Paul van Zeeland (Belgien).

Weiter berichtet der Bundeskanzler über sein Gespräch mit Pleven[3] über die amerikanische Intervention vom Sonntag, dem 30. Dezember[4], auf Grund derer Frankreich und Deutschland nahegelegt worden sei, den Beneluxstaaten keine weiteren Konzessionen zu machen, da ein unmittelbarer amerikanischer Druck auf diese Länder bevorstehe; über die Reise Blanks nach dem Haag[5], die auf eine Initiative Stikkers erfolgt sei, sowie über Vermutungen, daß der Widerstand der Beneluxstaaten doch sehr stark durch die allgemeine Haltung Großbritanniens beeinflußt sei.

McCloy teilt mit, daß er beabsichtige, sofort nach dieser Unterredung an Außenminister Acheson ein Telegramm zu richten und ihm darin zu empfehlen, daß auf die Beneluxstaaten ein starker Druck nicht so sehr im Sinne spezieller Einzellösungen, sondern mit dem Ziel genereller Lösungen ausgeübt werde.[6] Man stehe – so werde er nach Washington telegrafieren – vor einer einmaligen, nicht wiederkehrenden Chance. Man solle auch ganz klar zum Ausdruck bringen, daß die Vereinigten Staaten bei einer Verwirklichung der Integration sich nicht aus Europa zurückzögen, sondern daß die Gefahr nur bestehe, wenn diese Integration nicht zustandekomme. Er wolle Herrn Acheson auch vorschlagen, den Beneluxländern zu eröffnen, daß auf Grund der Nachfolgerin der ECA, nämlich der MSA[7], nur solchen europäischen Ländern noch Gelder zur Verfügung gestellt werden, die an der europäischen Integration mitwirken würden. Diejenigen Länder, die Obstruktion trieben, könnten keine Unterstützungen mehr erhalten.

Der *Bundeskanzler* teilt in diesem Zusammenhang mit, daß auf französischer Seite die Absicht bestehe, Herrn Schuman nach Brüssel und Herrn Pleven zusammen mit Herrn Schuman nach dem Haag zu entsenden, um die Dinge einer möglichst raschen Klärung entgegenzuführen.

3 Das Gespräch fand am 30. Dezember 1951 statt.

4 Korrigiert aus: „30. Januar".

5 Am 3. Januar 1952 hielt sich eine Delegation unter der Leitung des Beauftragten des Bundeskanzlers, Blank, zu einem Gespräch mit Vertretern der niederländischen Regierung unter der Leitung des Finanzministers Lieftinck in Den Haag auf. Im Mittelpunkt stand der Abstimmungsmodus bei der Verabschiedung des Haushalts der Europäischen Verteidigungsgemeinschaft. Lieftinck trat für einstimmige Entscheidungen ein, während Blank einstimmige Voten allenfalls bei Entscheidungen über die Einkünfte der Gemeinschaft für möglich hielt. Die Ausgaben sollten durch Mehrheitsbeschlüsse festgelegt werden. Vgl. dazu die Aufzeichnung von Blank vom 4. Januar 1952; Bundesarchiv-Militärarchiv, BW 9/3075.

6 Zum Fernschreiben des amerikanischen Hohen Kommissars McCloy vom 4. Januar 1952 an den amerikanischen Außenminister Acheson vgl. FRUS 1952–1954, V/1, S. 578.

7 Die Mutual Security Agency (MSA) wurde im Oktober 1951 als Nachfolgerin der amerikanischen Verwaltungsbehörde für den Marshallplan, der Economic Cooperation Administration (ECA), errichtet. Zu ihrem Leiter wurde der Berater des amerikanischen Präsidenten, Harriman, ernannt. Die Leitung der MSA-Mission in der Bundesrepublik übernahm Michael S. Harris, der bereits an der Spitze der ECA-Vertretung in der Bundesrepublik gestanden hatte. Mit dem Auslaufen der Marshallplan-Hilfe für Westeuropa zum 30. Juni 1952 übernahm die MSA die Koordinierung der amerikanischen Auslandshilfe im Rahmen des Mutual Security Program. Neben der wirtschaftlichen Unterstützung asiatischer Staaten bestand das Ziel des Programms vor allem darin, die politische Einigung Westeuropas und den Aufbau einer europäischen Rüstungsproduktion zur Stärkung der NATO zu fördern. Vgl. dazu DEPARTMENT OF STATE BULLETIN, Bd. 26, 1952, S. 124 f. und S. 137.

McCloy stellt dem Bundeskanzler die Frage, ob eine Verschiebung der Atlantikpaktkonferenz in Lissabon[8] um 11–14 Tage Bedenken auslöse. Diese Verschiebung erfolge auf Wunsch der Franzosen.

Der *Bundeskanzler* antwortet, daß gegen eine Verschiebung um eine Woche bis zehn Tage keine Bedenken bestehen, da damit der Druck, den diese Konferenz auf den Gang der Verhandlungen ausübe, aufrechterhalten werde. Er weist darauf hin, daß man in Paris schneller vorwärts gekommen wäre, wenn die Verhandlungsleitung energischer gewesen wäre. Man hätte eine ganze Anzahl von sehr wichtigen Fragen, vor allen Dingen der Stimmverteilung im Rat und in der Versammlung, noch nicht behandelt. Im übrigen sei ein sehr akutes Argument, das man den Beneluxländern gegenüber benutzen könne, das folgende: Benelux könne kein Interesse daran haben, daß ein Dreibund Frankreich, Italien, Deutschland geschlossen würde und sie damit aus der Gemeinschaft ausgeschieden bliebe. Ihre Rechte würden nur in einer echten Genossenschaft gewahrt sein.

McCloy brachte dann die Sprache auf die von alliierter Seite gewünschten Beschränkungen der deutschen Rüstungsproduktion (Security Safeguards).

Der *Bundeskanzler* berichtet über die Besprechung, die zwischen Schuman und Hallstein in Paris stattgefunden habe.[9] Vorschlag eines Briefwechsels, in dem festgestellt wird, daß die Bundesrepublik vorläufig auf die Produktion von Unterseebooten, atomischen Waffen, V-Waffen, bakteriologischen und biologischen Waffen (arms of bacteriological and biological warfare), Flugzeugen, vor allem Kampfflugzeugen verzichtet unter Berücksichtigung der besonderen Gefahr, die durch die geographische Nähe des Gebiets der Bundesrepublik an einem der großen Spannungszentren gegeben ist. – Die Alliierten verpflichten sich ihrerseits, dafür Sorge zu tragen, daß Deutschland gleichberechtigt an den Forschungen auf den aufgeführten Gebieten, insbesondere auf dem Gebiet der Atomwissenschaft, des Flugzeugbaus, beteiligt wird. – Ein solcher Briefwechselentwurf soll möglichst rasch ausgearbeitet werden.

McCloy unterstreicht noch einmal die Bedeutung, die dieser Frage von seiten der amerikanischen Öffentlichkeit gewidmet wird. Man sei sich noch nicht ganz klar, wie man sich zur Frage des Flugzeugbaus in Deutschland stellen solle.

Der *Bundeskanzler* erwidert darauf, daß die Frage des Flugzeugbaus schon deshalb zurückgestellt werden müsse, weil der Flugzeugbau äußerst unrentabel sei, wenn nicht gleichzeitig Militärflugzeuge gebaut werden könnten. Aber auch hier lasse die Nähe der Sowjets schon aus deutschem Interesse eine Produktion bis auf weiteres als unerwünscht erscheinen.

McCloy wendet sich dann der großen Frage des finanziellen Verteidigungsbeitrags der Bundesrepublik zu.

Der *Bundeskanzler* weist darauf hin, daß er mit Monnet[10] und dem amerikanischen Botschafter Bruce[11] anläßlich seines Aufenthalts in Paris gesprochen habe. Sowohl Monnet wie Bruce hätten erklärt, daß die deutsche Leistungsfä-

8 Zur NATO-Ministerratstagung vom 20. bis 25. Februar 1952 vgl. Dok. 62.
9 Das Gespräch fand am 30. Dezember 1951 statt.
10 Das Gespräch fand am 30. Dezember 1951 statt.
11 Zum Gespräch vom 29. Dezember 1951 vgl. FRUS 1951, III/1, S. 981–983.

higkeit wirksam nur von den „Drei Weisen“[12] geprüft werden könne. Die Frage sei nur, auf welche Weise man die „Drei Weisen“ mit der Angelegenheit befassen könne.

McCloy sagt zu, mit dem State Department und Botschafter Bruce Fühlung zu nehmen. – Er regt ferner einen Brief des Bundeskanzlers an die IRO an, in dem Dank und Anerkennung für die geleistete Arbeit, vor allen Dingen für den Abtransport von ca. einer Million verschleppter Personen, ausgesprochen werden.[13]

McCloy berichtet abschließend über seinen Aufenthalt in Berlin und sein Gespräch mit Bürgermeister Reuter.[14] Inhalt: die UNO-Kommission, die die Voraussetzungen freier deutscher Wahlen untersuchen soll[15]; Wunsch Reuters, daß diese Kommission zunächst nach Berlin kommen möge. Er, McCloy, sei ablehnend, da er sich davon keine besondere Wirkung verspreche. Reuter sei der Bundesregierung gegenüber sehr kritisch eingestellt hinsichtlich der Frage der Wiedervereinigung. Er glaube, daß die Bundesregierung hier nicht genügend aktiv sei. – Im übrigen berichtet McCloy über seine Eindrücke bei einer Fahrt durch Ost-Berlin, wo ihm der sehr erhebliche Wiederaufbau der Häuser und der Neubau großer Arbeiterwohnblocks bemerkenswert erschien.

B 2 (Büro Staatssekretär), Bd. 185

12 Auf der NATO-Ministerratstagung vom 15. bis 20. September 1951 in Ottawa „wurde ein nichtständiges Komitee des Rates geschaffen mit der Aufgabe, die Erfordernisse der äußeren Sicherheit und vor allen Dingen der militärischen Realisierbarkeit eines annehmbaren NATO-Planes zur Verteidigung Westeuropas dringend zu überprüfen“. Dieser Zwölferausschuß (Temporary Council Committee) sollte ferner die politischen Möglichkeiten und die wirtschaftliche Leistungsfähigkeit der Mitgliedstaaten mit dem Ziel analysieren, die Bedürfnisse der NATO mit den Ressourcen der Mitglieder in Einklang zu bringen. Vgl. das Kommuniqué vom 20. September 1951; EUROPA-ARCHIV 1951, Bd. 2, S. 4437 f.

Das Komitee tagte erstmals vom 9. bis 11. Oktober 1951 in Paris und bildete ein Exekutivbüro (die „Drei Weisen“), dem neben W. Averell Harriman (USA) als Vorsitzendem Jean Monnet (Frankreich) und Edwin Plowden (Großbritannien) angehörten. Zusätzlich nahm abwechselnd ein Delegierter der Benelux-Staaten, der skandinavischen Staaten und Italiens teil. Am 18. Dezember 1951 legte der Zwölferausschuß einen Bericht vor, der Vorschläge über die finanziellen Beiträge der Bündnismitglieder und über Maßnahmen enthielt, die das Bündnis zur Stärkung seiner Verteidigungsfähigkeit ergreifen sollte. Vgl. dazu FRUS 1951, III/1, S. 389–392.

13 Die Internationale Flüchtlingsorganisation (International Refugee Organization) wurde 1947 als Sonderorganisation der UNO gegründet. Zu ihren Aufgaben gehörten die Repatriierung, Neu- bzw. Wiederansiedlung, Versorgung sowie der Rechtsschutz von Flüchtlingen. Die IRO stellte am 31. Dezember 1951 ihre Tätigkeit ein.

14 Der amerikanische Hohe Kommissar McCloy hielt sich vom 31. Dezember 1951 bis 2. Januar 1952 in Berlin auf und traf am 1. Januar 1952 zu einem Gespräch mit dem Regierenden Bürgermeister Reuter zusammen.

15 Am 3. Oktober 1951 bat Bundeskanzler Adenauer die Drei Mächte, die Bildung einer UNO-Kommission vorzuschlagen, welche die Voraussetzungen für die Durchführung freier gesamtdeutscher Wahlen prüfen solle. Für den Wortlaut des Schreibens vgl. AAPD 1951, Dok. 161.

Mit Schreiben vom 5. November 1951 schlugen die Drei Mächte UNO-Generalsekretär Lie vor, die Generalversammlung mit der Einsetzung der Kommission zu befassen. Für den Wortlaut vgl. UNITED NATIONS RESOLUTIONS, Serie I, Bd. III, S. 332.

Am 20. Dezember 1951 stimmte die Generalversammlung für die Einsetzung der UNO-Kommission für gesamtdeutsche Wahlen. Vgl. dazu die Resolution Nr. 510; UNITED NATIONS RESOLUTIONS, Serie I, Bd. III, S. 176 f. Für den deutschen Wortlaut vgl. EUROPA-ARCHIV 1952, Bd. 1, S. 4660 f. Vgl. dazu auch AAPD 1951, Dok. 200.

3

Aufzeichnung des Staatssekretärs Hallstein

Geheim **7. Januar 1952**[1]

Herr Bérard erschien und erklärte, er habe den Auftrag, die Unterhaltung fortzusetzen, die Herr Robert Schuman mit mir am 30. Dezember über die verbotene Waffenproduktion geführt habe.[2] Es scheine Herrn Schuman unerläßlich, gewisse Produktionsverbote aufrechtzuerhalten, und zwar mit der schon in jener Unterhaltung erörterten Begründung, daß die Produktion angesichts der strategischen Lage der Bundesrepublik besonders gefährlich sei, ferner deshalb, um der Europäischen Verteidigungsgemeinschaft einen streng defensiven Charakter zu geben. Der Grund dafür, warum man auf französischer Seite so großes Gewicht auf die Frage lege, liege in der Rücksicht auf die Sozialisten. Man habe beim Schuman-Plan eine erfreuliche Mehrheit gefunden[3]; beim Pleven-Plan lägen die Dinge in bezug auf die zu erwartende Mehrheit schwieriger. Die Sozialisten könnten auf die französische öffentliche Meinung verweisen, die teils in der Furcht lebe, daß Deutschland sich doch gegen den Westen wenden werde, teils besorgt sei, daß es seine militärische Kraft dazu benutze, selbständig gegen den Osten zu marschieren, oder daß es mindestens durch sein Verhalten einen russischen Angriff auf die Länder des Westens ziehe.

Die Frage könne nach französischer Auffassung nicht im Rahmen des Vertrages über die Europäische Verteidigungsgemeinschaft gelöst werden, da dort der Grundsatz der Nichtdiskriminierung bestehe. Sie gehöre also zu den vertraglichen Abmachungen. Man sei der Meinung, daß die beste Form eine von Deutschland ausgehende Erklärung sei, die von alliierter Seite angenommen werde. Es habe sehr gut gewirkt, als Herr Blank bei den Besprechungen auf dem Petersberg von sich aus die Erklärung abgegeben habe, Deutschland werde sich an der Waffenproduktion nur dann beteiligen, wenn es von Frankreich ausdrücklich darum gebeten werde.[4]

Die Liste der gewünschten Verzichte umfasse Atomwaffen, chemische Waffen, V-Waffen, Flugzeuge, Kriegsschiffe, schwere Waffen, Pulverfabriken.

Über die Abgrenzung der vier letztgenannten Gruppen müsse man noch sprechen. Bei den schweren Waffen handele es sich um Geschütze über dem Kaliber von 10,5 cm, d.h. schwerer als die normalen Infanteriegeschütze. Bei den Pulverfabriken sei zu bedenken, daß sie in Deutschland demontiert seien und schon aus technischen Gründen nicht vor drei bis vier Jahren wieder zur Produktion gebracht werden könnten.

1 Hat Bundeskanzler Adenauer am 8. Januar 1952 vorgelegen.

2 Vgl. dazu Dok. 2.

3 Am 13. Dezember 1951 nahm die französische Nationalversammlung das Ratifizierungsgesetz zum EGKS-Vertrag an.

4 Zur Erklärung des Beauftragten des Bundeskanzlers, Blank, in der vierten Besprechung mit Vertretern der AHK am 2. Februar 1951 auf dem Petersberg über einen Verteidigungsbeitrag der Bundesrepublik vgl. AAPD 1951, Dok. 21.

Es sei darauf hinzuweisen, daß man sich jetzt von den Vorstellungen, die in Brüssel und noch in Washington in der Frage obgewaltet hätten, schon sehr weit zurückgezogen habe. Dort habe man an einseitig von den Alliierten aufrechterhaltene Beschränkungen gedacht, während jetzt eine freiwillig in Vertragsform übernommene Verpflichtung zur Diskussion stehe. Außerdem habe man den Gedanken eines besonderen Kontrollorganismus aufgegeben.

Ich erwiderte, daß die Frage auf Grund der wiederholten Anregungen von alliierter, insbesondere von französischer und amerikanischer Seite bei uns zur Zeit geprüft werde, und zwar, was die Form anlange, auf der von Herrn Bérard erörterten Basis eines Notenaustauschs, wobei freilich noch offen war, von welcher Seite die Initiative ausgehe. Wie ich schon Herrn Schuman gesagt hätte, könne die gewünschte Lösung nur ins Auge gefaßt werden, wenn drei Dinge beachtet würden:

- daß es sich um eine auf geographischen Gründen beruhende Sonderlösung handele,
- daß diese nur auf Zeit in Aussicht genommen werden könne,
- daß Deutsche nicht generell von der Teilnahme an den einschlägigen Arbeiten ausgeschlossen würden, was insbesondere für die Frage der Forschung wichtig sei.

Die Liste gehe in einigen Punkten (Kriegsschiffe – abgesehen von Unterseebooten –, schwere Waffen, Pulverfabriken) über die uns bisher benannten Objekte hinaus. Ob schließlich die Vertragsform ein Vorzug vor der einseitigen Lösung sei, sei doch wohl auch wesentlich vom Inhalt der Lösung mitbestimmt.

Herr Bérard replizierte mit Betonung, daß ein Ausschluß Deutscher von Forschungsarbeiten keinesfalls beabsichtigt sei, daß deutsche Mitarbeit an gemeinsamen Projekten im Gegenteil erwünscht sei. Für die vier letzten Gruppen der Verbotsliste hielt auch er eine besondere technische Beratung noch für notwendig.

Ich sagte sofortiges Studium der französischen Überlegungen zu und versprach, baldigst wieder mit Herrn Bérard in Verbindung zu treten.

Hallstein

VS-Bd. 52 (Büro Staatssekretär)

4

Aufzeichnung des Vizekonsuls Wever

8. Januar 1952[1]

Aufzeichnung einer Besprechung über die 3. Außenministerkonferenz in Fragen der Europäischen Verteidigungsgemeinschaft (EVG), die unter Beteiligung der Finanz- und Verteidigungsminister vom 27.–30. Dezember 1951 in Paris stattgefunden hat[2], zwischen dem Herrn Staatssekretär[3] und den deutschen Missionschefs in den Beneluxstaaten am 3. Januar 1952, 10.40 Uhr.

Anwesend waren: der Herr Staatssekretär, Ministerialdirektor Blankenhorn, Botschafter Dr. Pfeiffer, Botschaftsrat Siegfried, Botschafter Du Mont, Gesandter Jansen, Professor Ophüls, Dr. von Hassell, Legationsrat Limbourg und der Unterzeichnete.

Der Herr Staatssekretär gab zunächst einen Überblick über die Konferenz:

Die erste Besprechung der Außenminister im November[4] diente zur Abgrenzung der gegenseitigen Stellung[5]. Die zweite Besprechung in Straßburg[6] und die dritte Konferenz[7] brachten[8] noch keine entscheidenden Ergebnisse in allen Punkten, so daß die alte Tagesordnung insoweit[9] für die nächste Konferenz Ende Januar[10] bestehen bleiben wird. Die Hauptschwierigkeit ist, daß die Beneluxstaaten eine Koalitionslösung, Deutschland und Frankreich dagegen eine echte Integrationslösung anstreben. Das kam besonders zum Ausdruck in der Frage des Budgets und der Stimmgewichte[11] der einzelnen Organe der EVG. Die italienische Delegation verhielt sich dabei unentschieden[12], schloß sich jedoch bei klaren Entschlüssen der deutsch-französischen Delegationen diesen an.

Der einstündige Besuch General Eisenhowers[13] brachte eine Stärkung der

1 Konzept.

2 Vgl. dazu AAPD 1951, Dok. 214–216.

3 Walter Hallstein.

4 Zur Außenministerkonferenz am 15. November 1951 in Paris über eine Europäische Verteidigungsgemeinschaft vgl. AAPD 1951, Dok. 188.

5 Die Wörter „zur Abgrenzung der gegenseitigen Stellung“ wurden von Staatssekretär Hallstein gestrichen. Dafür fügte er handschriftlich ein: „der Darlegung der Positionen der einzelnen Länder“.

6 Zur Außenministerkonferenz am 11. Dezember 1951 in Straßburg über eine Europäische Verteidigungsgemeinschaft vgl. AAPD 1951, Dok. 205.

7 An dieser Stelle fügte Staatssekretär Hallstein handschriftlich ein: „zielten auf die Annäherung dieser Positionen,“.

8 An dieser Stelle fügte Staatssekretär Hallstein handschriftlich ein: „aber“.

9 Das Wort „insoweit“ wurde von Staatssekretär Hallstein gestrichen. Dafür fügte er handschriftlich ein: „zu einem wesentlichen Teil“.

10 Die Wörter „Ende Januar“ wurden von Staatssekretär Hallstein gestrichen.
Die Außenministerkonferenz über eine Europäische Verteidigungsgemeinschaft fand am 26./27. Januar 1952 in Paris statt. Vgl. Dok. 27 und Dok. 28.

11 Die Wörter „der Stimmgewichte“ wurden von Staatssekretär Hallstein gestrichen. Dafür fügte er handschriftlich ein: „des Verhältnisses“.

12 Das Wort „unentschieden“ wurde von Staatssekretär Hallstein gestrichen. Dafür fügte er handschriftlich ein: „oft abwartend“.

13 Zum Gespräch der Außenminister Adenauer, Bech (Luxemburg), de Gasperi (Italien), Schuman (Frankreich), Stikker (Niederlande) und van Zeeland (Belgien) mit dem Oberbefehlshaber der

deutsch-französischen Stellung. Eisenhower erklärte in seiner Rede, daß die Gegensätze in Europa nicht geschichtlich bedingt[14], sondern von Menschen herbeigeführt und daher widerrufbar[15] seien. Es gebe heute nur zwei Voraussetzungen für Europa: 1) sich zu verteidigen, 2) sich zu integrieren.[16] Wenn diese Voraussetzungen im Frühjahr nicht erfüllt seien, werde er vor dem amerikanischen Kongreß seine wahre Meinung kundtun. Unbeschadet der Stellung Englands müsse jetzt schon alles getan werden. Den Versuch Stikkers, den Gedanken der atlantischen Gemeinschaft in den Vordergrund zu rücken, beantwortete Eisenhower damit, daß es zunächst wichtiger sei, die westeuropäische Gemeinschaft zu errichten, alles andere sei sekundär.

Zu den materiellen Fragen führte der Herr Staatssekretär aus:

I. Organisation

Es sind vier Organe vorgesehen: das Kommissariat, die Versammlung, der Ministerrat und der Gerichtshof. Das auf Koalitionslösung gerichtete Bestreben der Beneluxländer geht dahin, den Ministerrat zum Zentralorgan zu machen, das dem Kommissariat die Direktiven erteilt und wie die Versammlung das Recht erhält, das Kommissariat aufzulösen[17]. Der[18] deutsche Standpunkt ist der, dem Kommissariat einen wirklich europäischen[19] Status zu verleihen und dem national abhängigen Ministerrat nicht das Hauptgewicht zu geben.

Bei der Zusammensetzung des Kommissariats bevorzugen die Beneluxstaaten ein Kollegium (wahrscheinlich sieben), Frankreich dagegen will eine Ein-Mann-Behörde schaffen. Deutschland erstrebt eine Zwischenlösung: ein Kommissar (aus den Beneluxländern) und zwei für selbständige Aufgabengebiete eingesetzte Unterkommissare (ein Deutscher, ein Franzose). Auf der Konferenz in Paris hat sich Frankreich bereit gezeigt, der Schaffung einer Kollegial-Behörde zuzustimmen.

II. Das Verhältnis der EVG zur europäischen Vollintegration

Die italienische Delegation hatte in Straßburg den Ausbau der europäischen politischen Versammlung gefordert.[20] Diese Forderung hat sie[21] auch in Paris

Fortsetzung Fußnote von Seite 15

NATO-Streitkräfte in Europa (SACEUR), Eisenhower, am 30. Dezember 1951 in Paris vgl. FRUS 1951, III/1, S. 984 f.

14 Die Wörter „geschichtlich bedingt" wurden von Staatssekretär Hallstein gestrichen. Dafür fügte er handschriftlich ein: „durch die Natur verursacht".

15 Das Wort „widerrufbar" wurde von Staatssekretär Hallstein gestrichen. Dafür fügte er handschriftlich ein: „auch von Menschen zu beseitigen".

16 Dieser Satz wurde von Staatssekretär Hallstein gestrichen. Dafür fügte er handschriftlich ein: „Er habe unter zwei Voraussetzungen seine Aufgabe in Europa übernommen: 1. daß Europa entschlossen sei, sich zu verteidigen, 2. daß es seine alten Antagonismen über Bord werfe."

17 Die Wörter „das Kommissariat aufzulösen" wurden von Staatssekretär Hallstein gestrichen. Dafür fügte er handschriftlich ein: „den oder die Kommissare abzuberufen".

18 An dieser Stelle fügte Staatssekretär Hallstein handschriftlich ein: „französische und".

19 An dieser Stelle fügte Staatssekretär Hallstein handschriftlich ein: „(quasi-bundesstaatlichen)".

20 Dieser Satz wurde von Staatssekretär Hallstein gestrichen. Dafür fügte er handschriftlich ein: „Die italienische Delegation hatte in Straßburg gefordert, die parlamentarische Versammlung der EVG, die das Kommissariat durch Mißtrauensvotum stürzen kann und mit der parlamentarischen Versammlung der Montanunion identisch ist, zu einer allgemeinen europäischen politischen Versammlung auszubauen, und zwar zunächst mit den Funktionen einer europäischen Konstituante."

21 Das Wort „sie" wurde von Staatssekretär Hallstein gestrichen. Dafür fügte er handschriftlich ein: „de Gasperi".

mit Nachdruck wiederholt. Es wurde der Vorschlag angenommen, daß die Versammlung dazu Vorschläge ausarbeiten solle, die auf Vorschlag Stikkers unter Stellung einer Frist von den Regierungen behandelt werden sollen. Der Vorschlag Stikkers stellt einen Versuch dar, die wirklichen Entscheidungen auf die Endperiode, die Zeit eines europäischen Vollparlaments, zu verschieben, um in der vorföderalen Periode die selbständigen nationalen Interessen zu wahren. Dabei wird aber der Begriff der Übergangsperiode[22] verkannt, die nur zur Einsetzung der Organe und zur Vorbereitung der Endperiode dienen soll.[23]

III. Budgetfragen

Die Ansicht der Beneluxstaaten – hauptsächlich durch Stikker und Lieftinck (Holland) zum Ausdruck gebracht – ging dahin, daß man erst ein europäisches Parlament mit europäischem Bewilligungsrecht brauche, ehe man ein gemeinsames Budget aufstellen könne. Der holländische Vorschlag für die Übergangsperiode fordert deshalb, daß

1) die bestehenden nationalen Budgets eingebracht und national verwaltet werden,

2) Deutschland, das noch kein nationales Budget hat, dieses europäisch verwalten läßt.

So würde eine verkleinerte NATO, nicht aber eine Europäische Verteidigungsgemeinschaft geschaffen. Über diese Fragen fand am 3. 1. 1952 eine Besprechung zwischen Herrn Blank und dem holländischen Finanzminister Lieftinck in Den Haag statt.[24]

Deutschland und Frankreich halten demgegenüber an dem Gedanken des gemeinschaftlichen Budgets als dem Kernstück der EVG fest. Der auf der Konferenz ausgearbeitete deutsch-französische Vorschlag sieht vor, daß

22 In einem Entwurf vom 7. Dezember 1951 für die allgemeine Organisation und Aufstellung der europäischen Verteidigungsstreitkräfte im Frieden schlug der Militärausschuß der EVG-Konferenz vor, den Aufbau der EVG in einzelne Phasen aufzuteilen. Während einer sogenannten Vorbereitungszeit, „die sich von der Unterzeichnung des Vertrages bis zu seinem Inkrafttreten erstreckt", sollte ein Interimsausschuß u. a. den Aufbau des Kommissariats sowie in Verbindung mit nationalen Planungsgruppen der Mitgliedstaaten die „Organisation und Aufstellung der Einheiten durch Neuaufstellung oder Umbildung bestehender Einheiten" vorbereiten. In der anschließenden Übergangszeit, „die sich von dem Inkrafttreten des Vertrages bis zu dem Augenblick erstreckt, an dem alle Organe der Gemeinschaft in der Lage sind, die Gesamtheit ihrer Aufgaben durchzuführen", sollte sich das Kommissariat konstituieren, einen zentralen Generalstab bilden und den Aufbau der europäischen Verbände abschließen. Vgl. B 14 (Sekretariat Pleven-Plan), Bd. 73.

23 Der Passus „Es wurde der Vorschlag angenommen [...] zur Vorbereitung der Endperiode dienen soll" wurde von Staatssekretär Hallstein gestrichen. Dafür fügte er handschriftlich ein: „Es wurde der Vorschlag angenommen, daß die Versammlung einen Entwurf ausarbeiten solle, der in bestimmter Frist von den Regierungen beraten werden soll. Stikker hat die Ergänzung durchgesetzt, daß auch die Regierungen – unabhängig von der Versammlung – sich mit der Frage befassen sollen. Der Zustimmung von Benelux zu den Forderungen Italiens liegt auch die Absicht zugrunde, der EVG einen stärker provisorischen Charakter zu verleihen. In der vorföderalen Periode – also bis zum Inkrafttreten der von der Versammlung zu entwerfenden – glaubt Benelux, die selbständigen nationalen Interessen stärker wahren zu können."

24 An dieser Stelle fügte Staatssekretär Hallstein handschriftlich ein: „Über das Ergebnis ist demnächst zu berichten."
Zum Gespräch des Beauftragten des Bundeskanzlers, Blank, mit dem niederländischen Finanzminister Lieftinck vgl. Dok. 2, Anm. 5.

1) ein Gemeinschaftsbudget, das sämtliche Ausgaben der Gemeinschaft umfaßt, vom ersten Tage der Gültigkeit des Vertrages an aufgestellt und durch den Kommissar verwaltet wird;

2) für die Übergangszeit die Beiträge nach NATO-Regeln und für Deutschland nach den gleichen Prinzipien festgesetzt werden und Abzüge von den globalen Beiträgen gleichfalls nach NATO-Regeln oder nach den zwischen den Unterzeichnerstaaten zustandegekommenen Vereinbarungen gemacht werden können. – So würden z.B. für Frankreich die Kosten für den Krieg in Indochina und für Deutschland wahrscheinlich die Kosten für den Bundesgrenzschutz und Berlin sowie die indirekten Verteidigungskosten abzugsfähig sein;

3) in der Übergangsperiode die Ausgabenseite durch den Ministerrat mit einer qualifizierten Mehrheit gebilligt wird;

4) während der Endperiode die Beiträge durch einstimmigen Beschluß des Ministerrats nach der wirtschaftlichen und finanziellen Leistungsfähigkeit festgelegt werden;

5) die Außenhilfe in Material nur an die Gemeinschaft, nicht individuell gegeben wird;

6) die Bestimmungen über das gemeinschaftliche Budget geändert werden, wenn eine europäische Versammlung mit Steuerbefugnissen geschaffen ist.[25]

Abschließend würdigte der Herr Staatssekretär das Ergebnis der Konferenz.

Der Widerstand Hollands ist vor allem auf sachliche Schwierigkeiten (z.B. Budget) zurückzuführen[26]. Doch wird die Stimmung der öffentlichen Meinung und des Parlamentes[27] für den Gedanken der EVG günstig eingeschätzt.

Es ergibt sich daher die Aufgabe,

1) die Holländer sachlich zu überzeugen – dazu diente u.a. die Reise des Herrn Blank nach Den Haag;

2) die öffentliche Meinung mit dem Gedanken der EVG noch vertrauter zu machen. – Zu diesem Zweck werden sich voraussichtlich[28] M. Schuman und M. Pleven nach Holland begeben (der Herr Staatssekretär bittet, dieser Reise Beachtung zu schenken).

Bei Belgien liegt der Widerstand nicht nur beim Kabinett, sondern auch bei den Parteien und[29] im Gegensatz der Flamen zu den Wallonen begründet.

Da die Amerikaner sich aber für die deutsch-französische Stellung einsetzen, wird bei Herauslösen[30] Hollands aus der Front der Beneluxopposition die Einigkeit der drei großen Länder zum Erfolge führen.

25 Der Passus „Deutschland und Frankreich halten demgegenüber [...] mit Steuerbefugnissen geschaffen ist" wurde von Staatssekretär Hallstein gestrichen.

26 An dieser Stelle fügte Staatssekretär Hallstein handschriftlich ein: „und auf die zurückhaltende Einstellung einzelner Minister (z.B. Stikker und Lieftinck)".

27 An dieser Stelle fügte Staatssekretär Hallstein handschriftlich ein: „auch der Krone,".

28 Das Wort „voraussichtlich" wurde von Staatssekretär Hallstein gestrichen. Dafür fügte er handschriftlich ein: „vielleicht".

29 Das Wort „und" wurde von Staatssekretär Hallstein gestrichen. Dafür fügte er handschriftlich ein: „er ist auch".

30 Die Wörter „wird bei Herauslösen" wurden von Staatssekretär Hallstein gestrichen. Dafür fügte er handschriftlich ein: „besteht eine Chance, bei Herauslösung".

Botschafter Du Mont erklärte, daß im holländischen Parlament wie auch bei einigen Herren des Außenministeriums eine starke Neigung für den Europagedanken anzutreffen sei.

Botschafter Dr. Pfeiffer betonte, daß die Schwierigkeiten in Belgien z.T. durch den Gegensatz zwischen Spaak und van Zeeland verstärkt würden. Van Zeeland habe als Außenminister in politischen Fragen eine recht unabhängige Stellung, während Spaak immer mehr bei den Sozialisten an Einfluß zu verlieren scheine.

Der Herr Staatssekretär ging noch kurz auf die Faktoren ein, die für die nächste Außenministerkonferenz wichtig werden könnten. Am 15. Januar sei der Termin für die Stellungnahme der einzelnen Länder zu den Anweisungen der Drei Weisen der NATO[31]. Dort werde sich eine Klärung der Lage ergeben[32].

Botschafter Dr. Pfeiffer erklärte, daß Belgien zunächst unter dem Einfluß der Gefahr aus dem Osten zu Konzessionen an Deutschland bereit gewesen sei, seit dem Anwachsen der rechtsradikalen Strömungen in Deutschland aber die russische Gefahr geringer als die deutsche einzuschätzen scheine. Bei van Zeeland seien die Bedenken gegen den europäischen Gedanken vor allem auf verfassungsrechtlichen Schwierigkeiten[33] (Übertragung von Teilen der Souveränität auf supranationale Institutionen) aufgebaut. Belgien stehe zur Zeit in einer Verfassungs- und Regierungskrise.[34] Die Regierung wolle unter allen Umständen Neuwahlen vermeiden. Es dürfe aber angenommen werden, daß van Zeeland, der zu diesem Zwecke jetzt eine nationale Politik mache, in jedem Falle stark bleiben werde. Vielleicht werde er nach einer Regierungsneubildung dem europäischen Gedanken zugänglicher sein. Weiter spiele noch die Zweisprachigkeit Belgiens eine Rolle, da Befürchtungen bestünden, daß die Flamen in einer europäischen Armee zu sehr mit den Holländern, die Wallonen mit den Franzosen verschmolzen würden. Letztlich sei der Widerstand Belgiens aus der Furcht geboren, als reiches Land zu große Zahlungen leisten zu müssen.

Gesandter Jansen erwähnte, daß Luxemburg den Europagedanken sehr fördere, zur Zeit aber als Glied der Beneluxländer dem belgischen Einfluß folgen müsse.

Die Besprechung endete um 13.25 Uhr.

Hiermit dem Herrn Staatssekretär[35] vorgelegt.

Wever

B 10 (Abteilung 2), Bd. 969

31 Zum Bericht des Temporary Council Committee vom 18. Dezember 1951 vgl. Dok. 2, Anm. 11.

32 An dieser Stelle fügte Staatssekretär Hallstein handschriftlich ein: „auch werde nach fr[an]zös[ischer] Auffassung dann Belgien rasch isoliert dastehen".

33 Das Wort „Schwierigkeiten" wurde von Staatssekretär Hallstein gestrichen. Dafür fügte er handschriftlich ein: „Überlegungen".

34 Am 9. Januar 1952 trat die Regierung unter Ministerpräsident Pholien zurück.

35 Hat Staatssekretär Hallstein am 11. Januar 1952 vorgelegen, der für Referent Bottler handschriftlich vermerkte: „Mit Kurier an die Missionen der NATO-Länder."
Hat Bottler am 21. Januar 1952 vorgelegen, der handschriftlich die Weiterleitung an Referent von Hassell verfügte.

5

Gesandter Jansen, Luxemburg, an das Auswärtige Amt

232-00 Ber.Nr. 38/52 **8. Januar 1952**[1]

Betr.: Europäische Verteidigungsgemeinschaft

Beim Neujahrsdiner, das die Großherzogin[2] gestern dem hiesigen diplomatischen Corps gab, war ich Tischnachbar von Außenminister Bech und hatte so Gelegenheit zu einem längeren Gespräch mit ihm. Über die letzte Pleven-Plan-Konferenz in Paris[3] äußerte er sich besorgt. Er sagte, er sei sonst immer gut mit den „Großen" ausgekommen, aber dieses Mal seien diese doch zu unnachgiebig gewesen. Herr Bech vertrat erneut den Gedanken, den ich bei der Besprechung mit Herrn Staatssekretär Hallstein am 3.1.52 als hiesige Meinung skizziert habe, daß nämlich die kleinen Beneluxländer vor der Frage stehen, mit ihrer Souveränität alles wegzugeben, während die großen Länder durch ihr starkes Eigengewicht auch im europäischen Verband immer noch genügend Eigenleben bewahren. Er wies auf die große Gefahr hin, die für Belgien zusätzlich besteht, dessen Staatsgefüge durch die flämisch-wallonischen Gegensätze völlig auseinanderfallen könne, wenn nicht den Belgiern entsprechende Sicherungen zugestanden würden. Die verfassungsmäßigen Schwierigkeiten, z.B. die Ernennung der Offiziere durch den Souverän, rührten an die Existenz dieser Staaten.

Mein Argument, daß kleine Länder in einer Föderation, die den Kleinen ihre Eigenexistenz verbrieft, doch sicherer leben könnten, als wenn die Kleinen neben den Großen unabhängig bestehen, erkannte Herr Bech durchaus an. Aber, sagte er, das ist nur dann der Fall, wenn die Föderation und damit eine supranationale Autorität wirklich existiert. Solange das noch nicht der Fall ist, kann man uns nicht verargen, wenn wir eine Kompromißlösung für die Übergangszeit anstreben.

Er beklagte, daß die „Großen" die vorgebrachten Bedenken nicht sehen wollten. Dabei schien Herr Bech dem französischen Denken besondere Schuld beizumessen, da seiner Meinung nach die Franzosen in ihrer Tendenz, alle Probleme logistisch zu überspitzen, den Weg zu einem Kompromiß verbauen. „Sie sind halt Cartesianer", meinte er, „und denken immer totalitär." Das sagte er speziell von Herrn Alphand, der deshalb besonders ungünstig wirke.

1 Durchdruck.
Hat Referent von Hassell am 11. Januar 1952 vorgelegen, der die Weiterleitung an die Delegation bei der EVG-Konferenz in Paris verfügte.
Hat Oberstleutnant a.D. de Maizière, Generalleutnant a.D. Speidel und Ministerialrat Vialon am 16. Januar 1952 vorgelegen.
Hat Ministerialrat Ophüls am 23. Januar 1952 vorgelegen.
Hat Ministerialdirigent von Boeckh am 25. Januar 1952 vorgelegen.
Hat Oberst a.D. Fett vorgelegen.

2 Großherzogin Charlotte.

3 Zur Ministerkonferenz vom 27. bis 30. Dezember 1951 über eine Europäische Verteidigungsgemeinschaft vgl. Dok. 4. Vgl. auch AAPD 1951, Dok. 214–216.

Über die Notwendigkeit der Europäischen Verteidigungsgemeinschaft besteht für Herrn Bech kein Zweifel. Sie muß zustande kommen. Er hofft, daß die Großen den Bedenken der Beneluxstaaten, die echt seien und aus ihrer Sorge um den Bestand ihres Staatsgefüges kommen, doch noch Rechnung tragen und einen Kompromiß zustande bringen, der nach Herrn Bech als Übergangslösung bis zur vollen Föderation Europas zu betrachten wäre.

Dr. Jansen

VS-Bd. 6587 (EVG-Delegation)

6

Aufzeichnung des Gesandten I. Klasse Strohm

213-07 II 317/52 **8. Januar 1952**[1]

Betr.: Ersatzziel für Helgoland[2]

Mr. Warr übergab mir heute das beiliegende Memorandum[3], aus dem sich ergibt, daß die britische Regierung die in dem Schreiben des Herrn Bundeskanzlers vom 13. November gemachten Vorschläge für die Einrichtung eines Ersatzzieles für Helgoland[4] in allen wesentlichen Punkten akzeptiert.

Wichtig erscheint insbesondere, daß die britische Regierung keinen Versuch macht, die Regelung irgendwie mit den Bedürfnissen der Besatzungstruppen zu verquicken, sondern bereit ist, mit der Bundesregierung als gleichberechtigtem Vertragspartner ein Abkommen zu schließen.[5]

1 Hat Legationsrat I. Klasse Trützschler von Falkenstein am 9. Januar 1952 vorgelegen.
Hat Referent Bottler am 15. Januar 1952 vorgelegen, der die Wiedervorlage bei Gesandtem I. Klasse Strohm verfügte.

2 Auf Anordnung der britischen Militärregierung wurde die Insel Helgoland am 12. Mai 1945 geräumt. Am 18. April 1947 begann die Sprengung der Befestigungsanlagen. Die Insel wurde seitdem von britischen Luftstreitkräften als Übungsziel genutzt. Mit Schreiben vom 16. Januar 1950 bat Bundeskanzler Adenauer den Geschäftsführenden Vorsitzenden der AHK, Robertson, die Bombenabwurfübungen einzustellen und der Bevölkerung Helgolands die Rückkehr zu ermöglichen. Vgl. dazu AAPD 1949/50, Dok. 26.
Nachdem sich Großbritannien im Februar 1951 bereit erklärt hatte, Helgoland freizugeben, kündigte Adenauer am 2. März 1951 dem britischen Hohen Kommissar Kirkpatrick die Unterstützung der Bundesregierung für die Einrichtung von Ersatzzielen an der Nordseeküste an. Für das Schreiben vgl. AAPD 1951, Dok. 42.

3 Dem Vorgang beigefügt. Vgl. B 10 (Abteilung 2), Bd. 432.

4 Am 13. November 1951 übermittelte Bundeskanzler Adenauer dem britischen Hohen Kommissar Kirkpatrick den Entwurf für eine Vereinbarung über die Einrichtung eines Übungsgebietes für die alliierten Luftstreitkräfte, der zwei Ersatzziele (A und B) auf Sandbänken an der Nordseeküste zwischen Cuxhaven und Bremerhaven (Norderoogsand und Großer Knechtsand) vorsah. Für den Wortlaut des Entwurfs und des Begleitschreibens vgl. B 10 (Abteilung 2), Bd. 1317.

5 Dazu wurde im britischen Memorandum vom 8. Januar 1952 ausgeführt: „As regards the form of the agreement, HMG would suggest either a formal agreement between HMG and the Federal Government, or an exchange of Notes between the High Commissioner (acting on behalf of HMG) and the Federal Chancellor.“ Vgl. B 10 (Abteilung 2), Bd. 432.

Im einzelnen:

1) Kündigung des Vertrags[6]

Die britische Seite will keine einseitige Kündigungsmöglichkeit akzeptieren, ist aber zu neuen Verhandlungen bereit, wenn neue Tatsachen auftreten. Diese Formel wird akzeptiert werden können.

2) Kosten für die Anlagen

Wir hatten vorgeschlagen, daß die Bundesregierung die Kosten für die Anlagen auf dem Lande (Beobachtungstürme, Telefonanlagen und Unterbringung der Wachmannschaft) übernimmt. Der Vorschlag, die Bundesregierung solle die Kosten für die Zieleinrichtungen im Ziel B übernehmen, wird in seinen finanziellen Auswirkungen ungefähr auf das gleiche hinauskommen. Der Grundsatz, daß die Kosten auf beide Teile verteilt werden, wird akzeptiert. Ein Versuch, diese Kosten auf Besatzungskosten abzudrehen und damit ganz auf deutsche Schultern zu laden, wird nicht gemacht.

3) Schadenshaftung[7]

Ein unbedingte Verpflichtung will die britische Seite jetzt nicht eingehen, weil man in London – wie mir Mr. Warr mit der Bitte um vertrauliche Behandlung sagt – befürchtet, dies könnte von deutscher Seite als ein grundsätzliches Zugeständnis benützt werden, an das Schadensersatzansprüche für die Bombardierung von Helgoland angehängt werden könnten. (Daran ist von unserer Seite bisher nicht gedacht worden. In dem Trümmerhaufen von Helgoland wird es sich nicht ausmachen lassen, welche Schäden durch Bombardierung während des Krieges oder durch Bombenabwurfübungen nach Kriegsende entstanden sind.) Ich möchte annehmen, daß die Engländer eine Formel annehmen, die besagt, daß bei jedem einzelnen Schadensfall, der außerhalb der Gefahrenzone auftritt, die Verantwortung und die daraus sich ergebende Entschädigungspflicht von den beiden Regierungen gemeinsam festgestellt werden wird. Mr. Warr wird deshalb beim Luftfahrtministerium rückfragen.

Wichtig ist, daß die RAF zunächst nur eines der beiden Ziele, nämlich das von der Küste weiter abliegende Ziel in Betrieb nehmen will. Grund: Die von uns geltend gemachten Erdölinteressen innerhalb des zweiten Zieles.[8]

Das wäre eine Beruhigung für die gereizte und aufgeputschte Stimmung der Küstenbevölkerung. Das Abkommen würde sich nur auf das erwähnte eine Ziel

6 Für den Fall unvorhersehbarer Beeinträchtigungen der zivilen Schiffahrt durch die Bombenabwürfe behielt sich die Bundesregierung die Überprüfung und gegebenenfalls die Kündigung der Vereinbarung vor. Vgl. dazu das Schreiben des Bundeskanzlers Adenauer vom 13. November 1951 an den britischen Hohen Kommissar Kirkpatrick; B 10 (Abteilung 2), Bd. 1317.

7 Punkt 12 des Entwurfs der Bundesregierung vom 13. November 1951: „Für Sach- und Personenschäden, die durch Abwürfe außerhalb des Gefahrenbereichs der beiden Zielräume oder durch Nichtbeachtung der vereinbarten Sicherheitsvorschriften entstehen, haften die alliierten Regierungen." Vgl. B 10 (Abteilung 2), Bd. 1317.

8 Im Schreiben vom 13. November 1951 an den britischen Hohen Kommissar Kirkpatrick wies Bundeskanzler Adenauer darauf hin, daß „die Deutsche Erdöl-AG im Gebiet des Großen Knechtsandes Konzessionen besitzt und beabsichtigt, im Jahre 1952 oder 1953 innerhalb des Zieles A eine Tiefbohrung vorzunehmen. Wenn die Bohrung ohne Beeinträchtigung durchgeführt werden soll, müßte das Ziel A zu diesem Zeitpunkt etwas verschoben werden. Die Bundesregierung wird alsdann gegebenenfalls mit Abänderungsvorschlägen an die beteiligten alliierten Dienststellen herantreten." Vgl. B 10 (Abteilung 2), Bd. 1317.

erstrecken, mit dem Zusatz, daß die beiden Regierungen sich zur gegebenen Zeit über die Einrichtung eines zweiten Zieles einigen werden, das nur für den Abwurf von Übungsbomben dient.

Ich versäumte nicht, Herrn Warr mit allem Ernst auf die psychologische Situation aufmerksam zu machen. So wie die Dinge heute liegen, sei mit allerlei Ärgernissen zu rechnen. Die Küstenbevölkerung werde mindestens eine Art passiven Widerstands versuchen (keine Arbeiter für die Anlage der Ziele usw.). Der Landkommissar in Hannover, der darüber die britische Hohe Kommission unterrichtet hat, meint, es wäre besser, so bald als möglich vollendete Tatsachen zu schaffen. Die Bevölkerung werde sich beruhigen, wenn sie sehe, daß die Angelegenheit in der Praxis sehr viel harmloser abläuft, als sie befürchtet.

Mr. Warr wiederholte nochmals den Wunsch, das Ersatzziel bis zum 1. März in Betrieb nehmen zu können, weil sonst für die anglo-amerikanischen Verbände, die bisher Helgoland angeflogen haben, eine Lücke in der Ausbildung eintrete, die aus militärischen Gründen sehr zu beklagen wäre.[9]

Hiermit über Herrn Ministerialdirektor Blankenhorn[10] Herrn Staatssekretär[11] vorzulegen.

Strohm

B 10 (Abteilung 2), Bd. 432

7

Bundeskanzler Adenauer an den Geschäftsführenden Vorsitzenden der Alliierten Hohen Kommission, Kirkpatrick

9. Januar 1952[1]

Herr Hoher Kommissar,

Wie die Bundesregierung bereits mehrfach erklärt hat, ist sie bereit, wie die anderen europäischen Staaten zur Finanzierung der Verteidigung bis an die Grenze ihrer Leistungsfähigkeit beizutragen. Dieser Beitrag muß von der gleichen Stelle und nach den gleichen Methoden bemessen werden wie die Beiträge der

9 Mit Schreiben vom 28. Februar 1952 teilte der britische Hohe Kommissar Kirkpatrick Bundeskanzler Adenauer mit, daß Großbritannien am 1. März 1952 die Kontrolle über Helgoland als Luftwaffenübungsziel aufgeben werde. Für den Wortlaut vgl. B 10 (Abteilung 2), Bd. 432.
Am 9. September 1952 schlossen die Bundesrepublik und Großbritannien durch einen Notenwechsel ein Abkommen über das britische Luftwaffenübungsziel „Sandbank“ am Großen Knechtsand. Für den Wortlaut vgl. BULLETIN 1952, S. 1253 f.

10 Hat Ministerialdirektor Blankenhorn am 10. Januar 1952 vorgelegen.

11 Hat Staatssekretär Hallstein am 13. Januar 1952 vorgelegen.

1 Durchdruck.
Hat Staatssekretär Hallstein am 15. Januar 1952 vorgelegen.

anderen europäischen Staaten. Nur dann wird es auch möglich sein, ihn dem deutschen Volk annehmbar zu machen. Ich halte es deshalb für notwendig, daß das Temporary Council Committee (TCC) mit der Aufgabe betraut wird, die deutsche Leistungsfähigkeit zu prüfen und den sich daraus ergebenden Globalbetrag mit sachverständigen Vertretern der Bundesregierung zu erörtern. Die Bundesregierung ist bereit, zu diesem Zweck sofort den Marshallplanminister[2], den Finanzminister[3] und den Wirtschaftsminister[4] zuzüglich der nötigen Sachverständigen nach Paris zu entsenden.[5]

Um keine Zeit zu verlieren, ist die Bundesregierung bereit, in eine Erörterung der Unterlagen mit Beauftragten von TCC in Bonn einzutreten.

Genehmigen Sie, Herr Hoher Kommissar, den Ausdruck meiner ausgezeichnetsten Hochachtung.

Adenauer[6]

B 10 (Abteilung 2), Bd. 1026

8

Besprechung mit Vertretern der Alliierten Hohen Kommission

9. Januar 1952

An der Sitzung nahmen teil:
Minister Schäffer, Mr. Harris, Mr. Melville, M. Leroy-Beaulieu, Herr Blank, Herr Weiz (Auswärtiges Amt), Herr von Boeker (Wirtschaftsministerium), Herr Dr. Vialon, Herr Dr. Strathus, Herr von Spindler, Herr Weise.

Minister *Schäffer*: Darf ich die Verhandlung eröffnen und einleitend folgendes bekanntgeben: Gestern nachmittag (8.1.) hat eine Besprechung stattgefunden zwischen den Hohen Kommissaren einerseits und dem Herrn Bundeskanzler andererseits.[1] Ich war bei dieser Besprechung nicht anwesend, habe aber heute als Ergebnis dieser Besprechung einen Brief erhalten, den der Herr Bundeskanzler an den Geschäftsführenden Vorsitzenden der Alliierten Hohen

2 Franz Blücher.
3 Fritz Schäffer.
4 Ludwig Erhard.
5 Zu den Gesprächen der Bundesminister mit den Drei Weisen am 4. und 10. Februar 1952 vgl. Dok. 45.
6 Paraphe.

1 Für die Besprechung des Bundeskanzlers Adenauer mit den Hohen Kommissaren François-Poncet (Frankreich), Kirkpatrick (Großbritannien) und McCloy (USA) am 8. Januar 1952 vgl. AAPD, Hohe Kommissare 1952, S. 1–6.

Kommission gerichtet hat. Der Brief ist vom 9.1.1952[2] und hat folgenden Wortlaut: ...[3]

Meine Herren, wenn ich den Brief richtig verstehe, dann entspricht er auch den Besprechungen, die wir bisher schon gehabt haben. Wir sind bisher davon ausgegangen, daß wir mit dem Fall zu rechnen haben, daß die EVG zustande kommt. Wenn die EVG zustande kommt, dann wird in den Generalvertrag wohl lediglich zu übernehmen sein, daß die Deutsche Bundesrepublik die Rechte und Pflichten der Teilnehmerstaaten der EVG zur Verteidigung der gesamten demokratischen Welt übernommen hat und daß damit die Voraussetzungen grundsätzlich erfüllt sind, die die Voraussetzungen für den Abschluß des Generalvertrags sind. Die Aufgabe, die uns hier noch gestellt ist, ist zunächst die Aufgabe, um keine Zeit zu verlieren, in Sachverständigen-Besprechungen die Unterlagen für die Verhandlungen, die in Paris über den Verteidigungsbeitrag stattfinden sollen, zu finden. Ich bemerke dabei, daß meiner Überzeugung nach eine Übergangszeit zum Abschluß des Generalvertrags und Inkrafttreten der europäischen Konvention nicht statthaben wird, weil ja der Abschluß der europäischen Konvention die Voraussetzung für den Abschluß des Generalvertrags ist. In dem Vertrag über die EVG wird vorgesehen werden – oder ist eigentlich schon vorgesehen – daß die Deutsche Bundesrepublik mit denselben Rechten und Pflichten wie alle anderen Teilnehmerstaaten beitritt.[4] Es ist vorgesehen, und das haben auch die letzten Besprechungen in Paris[5] nochmals gezeigt, insbesondere in einem Vorschlag der französischen Delegation[6], daß die Beiträge und Abzüge der Teilnehmerstaaten für die Übergangszeit schon in der Übergangskonvention der EVG festgelegt werden sollen. Die Beiträge für die Übergangszeit sollen nach NATO-Regeln und für Deutschland, das kein Mitglied der NATO ist, nach den gleichen Prinzipien festgelegt werden. Unsere Aufgabe ist, durch Sachverständigen-Besprechungen diese abschließenden endgültigen Besprechungen in Paris vorzubereiten. In den letzten Besprechungen in Paris hat die Frage der Übergangszeit und die Frage der sog. Definitivzeit eine große Rolle gespielt. Deutschland hat damals mit Rücksicht auf seine Sonderlage bedenken müssen, daß es für Deutschland nur eine Lösung gibt, ein gemeinsames Budget vom ersten Tag des Inkrafttretens des Vertrags an, weil Deutschland nur eine europäische Armee aufstellen will und nicht etwa eine Nationalarmee, aber auf dem Grundsatz der gleichen Behandlung aller Staaten bestehen muß, schon aus politischen Gründen. Für die Dauer dieser sog. Übergangszeit im Sinn dieser europäischen Konvention ist eine feste Entscheidung noch nicht getroffen, es ist aber zu hoffen, daß diese Übergangszeit sich beschränken wird auf das sog. Rumpfhalbjahr 1952 und in gewissem Sinn noch auf das Kalenderjahr 1953.

2 Vgl. Dok. 7.

3 Auslassung in der Vorlage.

4 Artikel 3 des Entwurfs vom 10. August 1951 für den EVG-Vertrag: „Dieser Vertrag läßt keine Diskriminierung zwischen den Teilnehmerstaaten zu.“ Vgl. B 14 (Sekretariat Pleven-Plan), Bd. 54.

5 Zur Ministerkonferenz über eine Europäische Verteidigungsgemeinschaft vom 27. bis 30. Dezember 1951 in Paris vgl. Dok. 4. Vgl. auch AAPD 1951, Dok. 214–216.

6 Für den Vorschlag der französischen Delegation vom 20. Dezember 1951 zur Budgetregelung für die Übergangskonvention vgl. B 10 (Abteilung 2), Bd. 1024. Vgl. dazu auch AAPD 1951, Dok. 215.

Ab 1.1.1954 etwa soll voraussichtlich die sog. Definitivzeit laufen mit einem unumschränkten gemeinsamen Haushalt, und in dieser Definitivzeit sollen die Beiträge der Teilnehmerstaaten durch den Ministerrat der EVG festgelegt werden nach einer Formel, die die wirtschaftlichen, finanziellen und sozialen Verhältnisse des einzelnen Landes berücksichtigt. Ich sage das nur zur Unterrichtung der Herren, denn unsere heutige Aufgabe wird es ja nicht sein, über diese Fragen der EVG zu reden, sondern uns darüber klar zu sein, die Verhandlungen mit der NATO einerseits und der Bundesrepublik andererseits jetzt vorzubereiten und uns über ein Sachverständigen-Komitee zu einigen. Ich würde vorschlagen, daß wir es vielleicht so machen, nachdem in Paris die drei Ministerien (Marshall-Plan, Wirtschaft und Finanzen) verhandeln, daß jedes Ministerium seinen Sachverständigen benennt, und ich würde dann noch den Vorschlag machen, daß vielleicht noch ein besonderer Sachverständiger hinzugezogen wird. Ich habe persönlich dabei an Herrn Abs gedacht. Ich würde vorschlagen, daß wir uns einmal darüber klar werden, ob wir als ersten Punkt der heutigen Aussprache uns darüber einigen könnten, daß die Besprechungen unter den Sachverständigen der deutschen Seite und unter den Herren von alliierter Seite unter Leitung von Mr. Harris sofort einsetzen können.

Mr. *Harris*: Ich kann sagen, wir sind nicht damit einverstanden. Ehe wir weiter sprechen, möchte ich klar sehen über Ihre Positionen auf der Grundlage eines Briefes des Herrn Bundeskanzlers. Dieser Brief war ein Vorschlag, oder fassen Sie ihn so auf, daß die Position des Bundeskanzlers eine unabänderliche ist?

Minister *Schäffer*: Nachdem der deutsche Vorschlag vom Herrn Bundeskanzler abgesandt ist, enthält er für mich eine gewisse Bindung, und ich muß mich daran halten.

Mr. *Harris*: Wir haben auch Instruktionen von unseren Regierungen, an die wir gebunden sind, und es ist möglich, daß unsere Instruktionen mit den Ihrigen nicht übereinstimmen. Bevor wir auf diese Fragen eingehen, möchte ich noch einen Punkt erwähnen. Es handelt sich um eine Erklärung, die abgegeben worden ist, und zwar sagten Sie, die Bundesregierung ist bereit, beizutragen innerhalb der Grenzen ihrer Zahlungsfähigkeit. Wie ist die Zahlungsfähigkeit, um die es sich hier handelt?

Minister *Schäffer*: Ich habe bisher von Ihnen nur dieses Memorandum erhalten.[7] Sie schlagen vor, daß Deutschland einen Verteidigungsbeitrag von 13 Mrd. DM übernimmt. Ich nehme an, daß Sie auch diesen Vorschlag als Vorschlag betrachten. Ich muß nach wie vor immer sagen, Deutschland geht bis an die Grenzen der Leistungsfähigkeit, und Sie haben diese Grenzen der Leistungsfähigkeit Deutschlands von sich aus zu berechnen gesucht in dem Memorandum. Ich nehme also an, daß Sie jetzt wünschen, daß ich zu diesem Memorandum und den Ziffern, die darin sind, einmal unverbindlich Stellung nehme. Ich habe mir die Dinge so gedacht, nachdem die letzte Entscheidung doch in der höchsten Instanz fallen muß und nachdem wir diese letzte Instanz hier nicht sind, daß wir als Sachverständige die Unterlagen vorbereiten. Ich muß also auf das Memorandum insofern Antwort geben, als ich Sachverständige beauftrage,

7 Für das Schreiben des Leiters der Delegation der Drei Mächte, Harris, vom 4. Januar 1952 an Bundesminister Schäffer vgl. VS-Bd. 6727 (EVG-Delegation).

sich mit den anderen Ministerien zusammenzusetzen und diese Ziffern, die Sie uns gegeben haben, und die Richtlinien zu besprechen und die deutschen Gegenargumente vorzubringen.

Mr. *Harris*: Verstehe ich Sie also recht, daß Sie hier noch nicht wissen, wie hoch ein angemessener Beitrag zur Verteidigung von Deutschland wäre oder wie die Grenzen der deutschen Leistungsfähigkeit sind?

Minister *Schäffer*: Der Finanzminister kann Ihnen natürlich sofort eine Antwort geben, was er im Rahmen der deutschen Leistungsfähigkeit für möglich annimmt. Wenn ich aber heute bereits eine Ziffer nennen würde, dann würde ich ja allen Besprechungen, die noch laufen, vorgreifen. Ich nehme an, daß es doch der Zweck unserer gegenseitigen Fühlungnahme ist, von einem Grundgedanken ausgehend zu einer Lösung zu kommen, die beide Teile als gerecht empfinden. Ich könnte natürlich sagen, daß z.B. in dem Memorandum zwar davon die Rede ist, daß auf gewisse Gesichtspunkte Rücksicht genommen werden soll (Berlin, Flüchtlinge, Heimatvertriebene etc.), daß ich aber in dem Memorandum selbst nicht den leisesten Hinweis gefunden habe, inwiefern bei Ihrer Berechnung auf diese Tatsache Rücksicht genommen worden ist. Über diese und andere Fragen muß doch erst unter den Sachverständigen eine gewisse Klärung erzielt werden, und ich glaube, daß deswegen der beste Weg wäre, wenn wir uns über die Fragen, die nach dieser Richtung zu beantworten sind, einigermaßen im klaren wären, um den Sachverständigen der deutschen Seite dann einen klaren Auftrag geben zu können.

Mr. *Harris*: Ich nehme also an, daß ich hier die richtige Auffassung habe, daß Deutschland jetzt noch keine feste Meinung darüber hat, was denn die genaue Höhe des Verteidigungsbeitrags oder die Zahlungsfähigkeit ist und daß alles, was privat und öffentlich gesagt worden ist, was in Gegensatz dazu steht, nicht recht ist.

Minister *Schäffer*: Ich weiß nicht, worauf Sie anspielen. Was auch über dieses Problem öffentlich gesagt worden ist, öffentlich sind nur gewisse Grundsätze gesagt worden. Sie gehen dahin, daß Deutschland Wert darauf legen muß, daß seine Leistungsfähigkeit nach denselben Prinzipien beurteilt werden muß wie die der anderen Länder. Bei diesen Gesichtspunkten, die zu berücksichtigen sind, sind gerade diejenigen, die in Ihrem Memorandum erwähnt sind, hervorgehoben worden. Ich habe in Ihrem Memorandum nun vermißt, daß bei der Berechnung der Ziffer, die Sie vorgeschlagen haben, auch gesagt worden wäre, inwieweit diesen Sonderverhältnissen Deutschlands Rechnung getragen worden ist, und ich vermisse auch, daß wir bisher Unterlagen dafür, was die anderen Länder auf Grund ihrer Leistungsfähigkeit tatsächlich für Verpflichtungen übernommen haben, bis heute noch nicht in Händen haben. Soweit ich unterrichtet bin, aber vielleicht bin ich falsch unterrichtet, ist es bisher in den Verhandlungen zwischen NATO und den anderen Ländern so gewesen, daß sie eine Art Fragebogen erhalten haben, auf den sie Antwort gegeben haben. Wenn wir einen solchen Fragebogen erhalten würden, würden wir denselben genauso beantworten wie die anderen Länder.

M. *Leroy-Beaulieu*: Der Fragebogen war ein sehr einfacher. Er hat nur gesagt: Was glauben Sie, kann Ihr Höchstbeitrag sein, und was glauben Sie, wird Ihr Höchstbeitrag plus 10% sein, und was werden die Konsequenzen sein.

Minister *Schäffer*: Wenn Sie mir heute den Fragebogen überreichen, dann würde ich Ihnen sagen, ich kann ihn erst beantworten, wenn ich mit dem Kabinett Stellung genommen habe, denn Sie werden nicht von mir erwarten, daß ich eine Ziffer ohne Stellungnahme des Kabinetts ausspreche. Nachdem ich aber ein Memorandum von Ihnen erhalten habe, nehme ich an, daß wir zu dem Memorandum Stellung nehmen sollen. Nun darf ich wiederholen, daß ich in dem Memorandum die Rücksichtnahme auf die besonderen deutschen Verhältnisse vermisse und eine Bezugnahme auf die Leistungen anderer. Auch die Ziffern, von denen Sie ausgehen, stimmen mit den deutschen Ziffern nicht überein. Ich würde es also für gut halten, nachdem das Memorandum vorliegt, zu diesem Stellung zu nehmen, und das kann natürlich nur im Benehmen mit den verschiedenen Ministerien erfolgen, zumal dieses Memorandum sich ja auch mit Zukunftsbildern beschäftigt, dem Sozialprodukt der Jahre 1952/53. Wünschen Sie sofort ohne nähere Begründung eine Ziffer darüber, wie die Deutsche Bundesregierung selbst die deutsche Leistungsfähigkeit beurteilt, wobei ich dann dazwischenschalte, unter Berücksichtigung der etwa an die Deutsche Bundesrepublik aus Anlaß der Verhandlungen über den Generalvertrag und Auslandsschulden gleichzeitig herantretenden Verpflichtungen, die auch nicht klein sind, dann möchte ich erst eine Ermächtigung des Kabinetts einholen.
Meine Frage ist jetzt die, sollen wir auf Ihr Memorandum eine Antwort geben? Dann halte ich eine Besprechung mit den deutschen Sachverständigen für die Voraussetzung.

Mr. *Harris*: Die Antwort auf diese Frage will ich noch etwas verschieben. Wir sprechen vielleicht über das Verfahren, das hier entwickelt worden ist, daß Sie die Summe des globalen Verteidigungsbeitrags nicht besprechen wollen mit der Gruppe der Alliierten Hohen Kommission, sondern mit dieser Gruppe, die von TCC ernannt werden wird. Wenn das die deutsche Ansicht ist, dann fürchte ich, können wir jetzt im Moment hier nicht fortfahren, denn TCC hat uns bis jetzt noch nicht als Vertreter ernannt, und es ist auch noch kein formeller Antrag an TCC gestellt worden, auch die deutsche Meinung vortragen zu lassen oder uns als Vertreter von TCC zu ernennen.

Minister *Schäffer*: Ich darf auf den Brief vom 9. 1. 1952 zurückkommen. Im Absatz 2 heißt es: „Um keine Zeit zu verlieren, ist die Bundesregierung bereit, in eine Erörterung der Unterlagen mit Beauftragten von TCC in Bonn einzutreten." Ich habe es aufgefaßt, daß Sie die Beauftragten der TCC sind, mit denen wir in Verhandlungen eintreten.

Mr. *Harris*: Wir sind in keiner Art und Weise die Vertreter von TCC. Wir möchten von Ihnen erfahren, was Ihre Absichten sind, und zwar sind Sie bereit, bis eine Antwort auf den Brief erfolgt, mit uns zu verhandeln? Falls Ihre Antwort negativ ist, sind Sie bereit, weiter mit uns zu verhandeln?

Minister *Schäffer*: Ich habe erklärt, daß wir bereit sind, in der Annahme, die wir damals aus der Besprechung haben mußten, daß wir mit Ihnen, wie es hier heißt, in eine „Erörterung der Unterlagen" eintreten, um dann zu einem Ergebnis zu kommen, daß letzten Endes auf höchster Ebene entschieden werden muß.

Mr. *Harris*: Ich will die Sache ganz klarstellen. Wir sind von unseren Regierungen und unseren Außenministern und auch von der Alliierten Hohen Kommission beauftragt worden, mit Ihnen zu verhandeln über einen Globalbeitrag zur Verteidigung der westlichen Welt, über die Zusammensetzung dieses Beitrags und damit zusammenhängende Fragen.[8] Wir haben keine Instruktionen erhalten, hier als Vertreter der TCC aufzutreten. Sind Sie bereit, mit uns über den Globalbeitrag zu verhandeln hier, oder sind Sie nicht bereit, auf dieser Basis hier mit uns zu verhandeln?

Minister *Schäffer*: Ich muß sagen, dann sind unsere bisherigen Verhandlungen schon nach Ihren Erklärungen unter falschen Voraussetzungen gelaufen. Der Brief des Herrn Bundeskanzlers ist für mich eine gewisse Bindung, und er drückt den Wunsch aus, daß, ebenso wie es mit den anderen Ländern der Fall gewesen ist, eine endgültige Verhandlung über die Höhe des Beitrags mit TCC stattfindet. Er drückt weiter die Bereitschaft der Bundesregierung aus, in eine Erörterung der Unterlagen einzutreten. Es war an Sie gedacht, es war aber auf Grund der letzten Besprechungen daran gedacht, daß wir hier nicht mit den Hohen Kommissaren verhandeln, weil es politisch eine besondere Frage ist, ob der Beitrag durch Verhandlungen mit den Besatzungsmächten und der Deutschen Bundesrepublik oder ob er in der Eigenschaft der NATO endgültig festgelegt werden soll. Wenn hier eine Unklarheit besteht, wird nach meinem Dafürhalten nichts anderes übrigbleiben, als daß ich dem Herrn Bundeskanzler berichte, wie es ist, und daß er dann nochmals mit den Herren Hohen Kommissaren spricht.

Das ist das Ergebnis der gestrigen Besprechung, das in diesem Brief niedergelegt ist, aber es würde dann bedeuten, daß unsere Bereitschaft, wegen der Unterlagen in Erörterungen einzutreten, sich zur Zeit nicht vollziehen läßt.

8 Am 27. November 1951 entschieden die Außenminister der Drei Mächte Acheson (USA), Eden (Großbritannien) und Schuman (Frankreich) in Paris, umgehend Verhandlungen mit der Bundesregierung über den finanziellen Verteidigungsbeitrag der Bundesrepublik aufzunehmen. In den Gesprächen sollte bis Ende des Jahres 1951 eine Einigung über die Höhe und die Zahlungsform des Beitrags erzielt werden. Als Verhandlungsgrundlage der Drei Mächte wurde ein Beitrag von 13 Mrd. DM festgelegt. Für den Wortlaut der Entscheidung vgl. FRUS 1951, III/2, S. 1685–1687.
In der Besprechung des Bundeskanzlers Adenauer mit den Hohen Kommissaren François-Poncet (Frankreich), Kirkpatrick (Großbritannien) und McCloy (USA) am 14. Dezember 1951 verlas der Geschäftsführende Vorsitzende der AHK, François-Poncet, eine Erklärung der Drei Mächte („Memorandum eins bis drei") zum finanziellen Verteidigungsbeitrag der Bundesrepublik. Vgl. dazu AAPD, Hohe Kommissare 1949–1951, S. 429.
In der Erklärung teilten die Drei Mächte der Bundesregierung die Grundsätze künftiger Verhandlungen über den finanziellen Verteidigungsbeitrag der Bundesrepublik mit. Die Bundesregierung müsse sich verpflichten, „einen finanziellen Gesamtbeitrag zu den Verteidigungskosten zu leisten, der eine Ausnutzung der deutschen Hilfsquellen darstellt, die mit der Ausnutzung vergleichbar ist, die die hauptsächlichen Länder des Westens in bezug auf ihre eigenen Hilfsquellen im Interesse der Verteidigung vornehmen, einschließlich der Ausgaben außerhalb Europas". Auf der Grundlage der geplanten Verteidigungsausgaben der NATO-Mitgliedstaaten für das NATO-Haushaltsjahr 1952/53 sowie des Prinzips „der angemessenen Verteilung der Verteidigungslasten" schlugen die Drei Mächte einen Beitrag der Bundesrepublik von 13 Mrd. DM vor. Ferner gaben sie die Ernennung einer Delegation für die Verhandlungen mit der Bundesregierung bekannt. Zum Berichterstatter wurde der Wirtschaftsberater im amerikanischen Hochkommissariat, Harris, zu Beisitzern der Finanzberater im britischen Hochkommissariat, Melville, und der Finanzberater im französischen Hochkommissariat, Leroy-Beaulieu, ernannt. Die AHK forderte die Bundesregierung auf, so bald wie möglich einen deutschen Vertreter zu benennen. Vgl. AAPD, Hohe Kommissare 1949–1951, S. 549–551.

Mr. *Harris*: Ich glaube, hier sind viele Irrtümer. Es handelt sich darum, es ist von der Alliierten Hohen Kommission ein Memorandum aufgesetzt worden[9], und es ist dies an den Herrn Bundeskanzler geschickt worden, und er hat es mit den Hohen Kommissaren besprochen[10], aber wir haben bis heute auf dieses Memorandum noch keine Antwort erhalten, und dies Memorandum hat auch gesagt, daß die hier vertretene Gruppe ernannt worden ist, um mit Ihnen die Sache zu besprechen, und ebenso hat es klar ausgedrückt die Art und Weise der Verhandlungen, die hier stattfinden sollen. Es ist richtig, daß ich gesagt habe während der vorhergehenden Besprechungen[11], daß es so sein wird, daß wir hier die gleiche Art von Unterlagen besprechen werden und ein ähnliches Verfahren, wie es gleichzeitig von NATO mit anderen Ländern in Paris besprochen wird. Ich habe aber auch gesagt, daß wir hier in keiner Weise entweder als Vertreter von NATO fungieren oder von NATO beauftragt worden sind, mit Ihnen zu verhandeln. Es ist mir unverständlich, wie diese Verwirrung hier entstanden ist, denn die Tatsache allein, daß wir hier die gleichen Unterlagen vertreten, wie sie von NATO vertreten werden, macht uns ja noch nicht zu Vertretern von NATO. Als Beispiel möchte ich anführen, daß ich ja auch zu gleicher Zeit Unterlagen behandle, die von Ihnen als Finanzminister von Deutschland besprochen werden, und das macht mich noch nicht zum Finanzminister von Deutschland. Wir sind keine Vertreter von TCC oder von ihr ernannt worden, und der Herr Bundeskanzler hat es auch in seiner Besprechung erkannt und hat es in seiner gestrigen Sitzung auch ganz klar zum Ausdruck gebracht.
Um zu einer Schlußfolgerung zu kommen. Wir sind bereit und haben Instruktionen, mit den Vertretern der deutschen Regierung den globalen Verteidigungsbeitrag Deutschlands zur westlichen Verteidigung und dessen Zusammensetzung zu verhandeln. Wir sind bereit, das zu tun, aber wir sind nicht bereit, etwas anderes zu behandeln. Falls nun der Finanzminister nicht bereit ist, auf dieser Basis mit uns zu verhandeln oder falls er nur Instruktionen erhalten hat, die es ihm nicht gestatten, mit uns zu verhandeln, dann müssen wir hier abbrechen.

Minister *Schäffer*: Ich darf meine Stellung noch einmal wiederholen. Ich bin ebenso überrascht wie Sie, weil wir in den letzten Besprechungen glaubten, eine klare Sachlage zu haben, und weil ich glaubte, daß die gestrige Besprechung mit dem Herrn Bundeskanzler und den Herren Hohen Kommissaren auch zu einer Klarheit in der Behandlung geführt hat. Ich erkläre jetzt einmal folgendes: Ich bin gern bereit, nachdem doch wohl kaum erwartet werden kann, daß ich sofort die Erklärung abgebe, 13 Mrd. DM werden übernommen, die Verhandlungen in dem Sinn vorzubereiten, daß die drei Ministerien, die in diesem Brief benannt sind, ihre Sachverständigen Ihnen zur Verfügung stellen, um zu Ihrem Memorandum und zu den in diesem Memorandum genannten Zahlen Stellung zu nehmen. Das hat den Zweck, zu verhindern, daß wir

9 Zur Erklärung des Geschäftsführenden Vorsitzenden der AHK, François-Poncet, vom 14. Dezember 1951 vgl. Anm. 8.

10 Für die Besprechungen am 14. Dezember 1951 und am 8. Januar 1952 vgl. AAPD, Hohe Kommissare 1949–1951, S. 428–431, und AAPD, Hohe Kommissare 1952, S. 1–6.

11 Die Besprechungen mit Vertretern der AHK über den finanziellen Verteidigungsbeitrag der Bundesrepublik fanden am 19. und 21. Dezember 1951 statt. Vgl. dazu AAPD 1951, Dok. 212.

Zeit verlieren, weil wir ja mit den Verhandlungen noch im Januar fertig werden sollen.

Mr. *Harris*: Wir sind ermächtigt, das zu tun, zu verhandeln über den Globalbeitrag und dessen Zusammensetzung. Wenn Sie dazu nicht bereit sind, bitte ich, die Sitzung zu vertagen.

Minister *Schäffer*: Dann bitte ich, zu vertagen. Ich werde mit dem Kabinett sprechen.

Mr. *Harris*: Wir müssen das natürlich auch unseren Regierungen vortragen, und ich möchte hier hinzufügen, daß ich hoffe, daß die Antwort nicht sehr lange dauern wird.

Zu einem anderen Punkt:

Der Herr Finanzminister hat einen Brief an das Finance Committee gerichtet, es handelt sich um den Besatzungskostenhaushalt. Es ist schon viel Zeit verloren, und es wird noch mehr Zeit verloren gehen. Aus diesem Grund müssen wir ein neues Memorandum aufstellen.

Minister *Schäffer*: Ich darf erklären, ich halte es für zweckmäßig, wenn ich den Herrn Bundesminister für den Marshall-Plan, für Wirtschaft und mein Haus ersuche, sofort zusammenzutreten, um auf Grund des von Ihnen überreichten Memorandums unsere Stellungnahme dazu auszuarbeiten, damit sie auf alle Fälle sofort zur Verfügung steht.

Ich werde also dem Herrn Bundeskanzler berichten, und ich nehme an, daß der Herr Bundeskanzler zunächst abwarten wird, welche Antwort auf das Schreiben vom 9. 1. 1952 ergeht. Je nach der Antwort werden die Verhandlungen dann weitergeführt werden. Damit wäre dieser Punkt wohl abgeschlossen. Nun ist die Frage aufgeworfen worden wegen der Aufstellung des Besatzungskostenhaushalts.

Mr. *Harris*: Wir werden Ihnen noch eine offizielle Antwort auf Ihren Brief zugehen lassen. Wir haben es zurückgestellt, weil wir nicht genau wußten, wie unsere Zeiteinteilung sein würde. Wir dachten, wir würden es schnell erledigen können. Wir fürchten jetzt aber, daß sich technische Schwierigkeiten ergeben werden, die dazu führen, daß noch mehr Verzögerungen eintreten. Wir haben anfangen müssen, Schätzungen aufzustellen auf der Basis, wie der Haushaltsplan vorliegt.

Minister *Schäffer*: Ich habe das Schreiben vom 28. 12. 1951 vor mir. Es wird Bezug genommen auf mein Schreiben vom 14. 12. 1951 ...[12]

Mr. *Harris*: Das war eine vorläufige Antwort. Es hat sich inzwischen herausgestellt, daß es uns nicht möglich sein wird, am 1. 4. das fertig zu haben, aus diesem Grund sind wir gezwungen, auf der früheren Basis unsere Pläne auszuarbeiten.

Minister *Schäffer*: Ich nehme an, daß es heißt, der Besatzungskostenhaushalt 1952/53 wird aufgestellt und wird der Bundesregierung zugehen.

Mr. *Harris*: Für die Übergangszeit, bis der neue Status in Kraft tritt.

12 Auslassung in der Vorlage.

M. *Leroy-Beaulieu*: Ich möchte dem Herrn Minister noch etwas über das Mißverständnis sagen, das entstanden ist über unsere Funktionen. Wir haben immer gesagt, daß wir nicht Vertreter der TCC sind, und der Herr Bundeskanzler hat es auch richtig verstanden. Er hat in seiner gestrigen Sitzung gesagt, daß er es lieber sehen würde, wenn verhandelt wird mit TCC und nicht mit den Finanzberatern.

Minister *Schäffer*: Ich dachte an eine rasche sachliche Behandlung. Ich dachte, daß wir sachlich die Unterlagen austauschen und uns auch über die Ziffern klar werden und so möglichst rasch zu einer sachlichen Klarheit kommen und die Entscheidung über die Eigenschaft, in der Sie mit uns verhandeln, in der Zwischenzeit der obersten Stelle überlassen.

Was die Bemerkung des Herrn Bundeskanzlers betrifft, von der M. Leroy-Beaulieu eben sprach, so läßt sie doch nach meiner Überzeugung nur den Schluß zu, daß er bei der Besprechung mit den Herren Hohen Kommissaren ausdrücklich betonen wollte, er wünsche, daß die Deutsche Bundesrepublik mit der TCC und deren Beauftragten verhandelt und nicht mit den Finanzberatern der Hohen Kommissare in ihrer Eigenschaft als Finanzberater der Hohen Kommissare, daß er dagegen gern bereit ist, die Weisung zu geben, daß die Erörterung der notwendigen Unterlagen mit den Finanzberatern der Hohen Kommissare in ihrer Eigenschaft als Beauftragte der TCC erfolgt.

Unter diesem Gesichtspunkt habe ich meine Vorschläge auch gemacht und die Bereitschaft zum sofortigen Beginn der sachlichen Arbeit erklärt.

VS-Bd. 6727 (EVG-Delegation)

9

Generalkonsul I. Klasse Krekeler, Washington, an das Auswärtige Amt

Fernschreiben Nr. 12 **Aufgabe: 10. Januar 1952, 19.52 Uhr**[1]
Geheim **Ankunft: 11. Januar 1952, 09.10 Uhr**

Leiter Deutschland-Abteilung Byroade unterrichtete mich heute über Churchill-Besprechungen, an denen er teilgenommen hat.[2] Über Deutschland sei nur im Rahmen europäischer Verteidigungsfragen gesprochen worden Er habe bisher noch keiner Besprechung auf höchster Ebene beigewohnt, die ihn so befriedigt habe. Er habe vorgehabt, förmlich Frage aufzuwerfen, wie englische Regierung zur europäischen Föderation stehe. Britischer Premierminister sei ihm aber

1 Hat Vortragendem Legationsrat von Etzdorf und Botschaftsrat a.D. Kordt am 12. Januar 1952 vorgelegen.
Hat Legationsrat I. Klasse Velhagen vorgelegen.

2 Premierminister Churchill hielt sich vom 5. bis 18. Januar 1952 in den USA und in Kanada auf. Im Rahmen der amerikanisch-britischen Besprechungen fand am 8. Januar 1952 in Washington eine Plenarsitzung statt, an der auch Byroade teilnahm. Vgl. dazu FRUS 1952–1954, VI/1, S. 794–802.

durch Feststellung zuvorgekommen, daß er nichts mehr und aufrichtiger wünsche als Föderierung Länder westeuropäischen Kontinents. Staatssekretär[3] habe Engländer nicht gedrängt, an Europäischer Verteidigungsgemeinschaft teilzunehmen; Churchill habe erklärt, daß Beteiligung vielleicht möglich gewesen wäre, wenn vorhergehende britische Regierung rechtzeitig Schritte unternommen hätte. Jetzt seien Verhandlungen zwischen den sechs Mächten aber zu weit vorangeschritten, als daß ihm sinnvoll erschien, daß England einen Versuch machen sollte, sich noch zu beteiligen. Auch State Department trete dieser Auffassung bei, denn es müsse in einem solchen Fall zu viel von den vorgesehenen Vereinbarungen abgeändert werden. Churchill habe gefragt, was Amerikaner wünschten, das er tun solle. Er sei bereit, alles in seiner Macht Stehende zu unternehmen. Staatssekretär habe daraufhin geantwortet, daß England zunächst einmal auf Beneluxstaaten Einfluß nehmen möchte, die eigene Haltung weitgehend von der Englands abhängig machten. Churchill habe dies zugesagt. Staatssekretär habe Absicht, sobald es ihm möglich sei, Vertreter der drei Beneluxstaaten zu sich zu bitten, um ebenfalls auf sie einzuwirken. Außerdem habe Churchill versprochen, in Kürze sehr spezifizierte Vorschläge über englische Unterstützung Europäischer Verteidigungsgemeinschaft zu machen. Dies würde sich vor allem auf Luftwaffe beziehen. Byroade bemerkte weiter, daß er sehr eingehende vertrauliche Unterrichtungen über Gang der letzten Verhandlungen der sechs Außenminister in Paris[4] erhalten habe, und daß Staatssekretär und er aufs höchste über Haltung Bundeskanzlers bei diesen Besprechungen befriedigt seien. Sie würden deshalb alles tun, um seine Stellung zu stützen und zu stärken. Volle Bedeutung Tatsache, daß eine so vollständige Übereinstimmung zwischen Deutschland, Frankreich und Italien erzielt sei, sei amerikanischer Öffentlichkeit noch gar nicht bewußt geworden. Er sei überzeugt, daß es auf amerikanische öffentliche Meinung und auf Kongreß nachhaltigste Wirkung ausüben würde, wenn man Bedeutung dieser Entwicklung einmal erfaßt habe.

Eines der Bedenken der Beneluxstaaten sei, abgesehen von bisheriger englischer Haltung, offenbar Vorstellung, daß amerikanische Regierung Bildung europäischer Verteidigung deshalb so betreibe, um sich selbst wieder aus Europa herausziehen und sich daran desinteressieren zu können. Byroade betonte mit großem Nachdruck, Gegenteil sei der Fall. Nichts würde es amerikanischer Regierung mehr erleichtern, auch weiterhin aktives und materielles Interesse an Unterstützung europäischer Verteidigung zu zeigen, als Bildung Verteidigungsgemeinschaft. Er sei sicher, daß auch materielle Hilfe sich dann nicht vermindern, sondern vergrößern würde.

Bezüglich Konferenz in Lissabon[5] sagte Byroade, daß sie sicher verschoben würde. Er sei aber Auffassung, daß Verschiebung über 16. Februar hinaus viele Teilnehmerländer, besonders Gastland Portugal, wegen Aufnahme Vorbereitungen in ernstliche Schwierigkeiten bringen würde. Ich sagte, ich hätte in Presseverlautbarung etwas über deutschen Beobachter in Lissabon gelesen und

3 Dean Acheson.

4 Zur Ministerkonferenz über eine Europäische Verteidigungsgemeinschaft vom 27. bis 30. Dezember 1951 in Paris vgl. Dok. 4. Vgl. auch AAPD 1951, Dok. 214–216.

5 Zur NATO-Ministerratstagung vom 20. bis 25. Februar 1952 vgl. Dok. 62.

erkundigte mich, ob derartiges vorgesehen sei.[6] Byroade bat, Bundesregierung möchte darauf nach Möglichkeit nicht zu sehr bestehen. Es würde für Frankreich schwierig sein, Anwesenheit deutschen Beobachters zuzustimmen, bevor Europäische Verteidigungsgemeinschaft französisches Parlament passiert hätte. Er verkenne andererseits auch nicht Bedeutung, die solche Teilnahme für Deutschland haben könnte. Byroade bemerkte dann, es lägen hier eben zwei parlamentarische Situationen vor, über die sich am besten die unmittelbar Beteiligten, nämlich Herr Bundeskanzler und Schuman, zunächst direkt einigen sollten. Mit großer Besorgnis äußerte sich Byroade über französische Regierungskrise.[7] Der Rücktritt belgischer Regierung[8] könne unter Umständen insofern eine positive Bedeutung haben, als als Ergebnis vielleicht eine größere Bereitwilligkeit bestehen würde, die Konsequenzen eines Eintritts in die Europäische Verteidigungsgemeinschaft auf sich zu nehmen.

[gez.] Krekeler

VS-Bd. 4651 (Abteilung 3)

10

Runderlaß des Legationsrats I. Klasse Trützschler von Falkenstein

232-00 II 712/52 geh. **10. Januar 1952[1]**

Herr Generalkonsul Krekeler berichtet aus Washington, daß dort an maßgebender Stelle des State Department die Überraschung der französischen Regierung über die deutschen Äußerungen dahingehend, daß Deutschland als Mitglied der Europa-Armee auch Mitglied des Atlantikpaktes werden würde, als nicht ganz verständlich angesehen würde. Es sei selbstverständlich, daß der Eintritt der Bundesrepublik in die Nordatlantikpakt-Organisation sich automatisch vollziehen würde. Dabei sei die amerikanische Unterstützung für einen solchen Schritt sicher. Es müsse jedoch vermieden werden, daß dieses Thema vorzeitig aufgegriffen werde. Es sei untunlich, die Franzosen im gegenwärtigen Stadium der Dinge zu verstimmen, da sonst die Frage der deutschen Beteili-

6 Dazu handschriftliche Bemerkung des Legationsrats I. Klasse Velhagen: „Weshalb fragt denn Krekeler das?"

7 Nach einer Abstimmungsniederlage im Anschluß an eine Vertrauensfrage in der Nationalversammlung trat die Regierung unter Ministerpräsident Pleven am 7. Januar 1952 zurück. Am 18. Januar 1952 wählte die Nationalversammlung den Abgeordneten der Radikalsozialistischen Partei, Faure, zum neuen Ministerpräsidenten.

8 Am 9. Januar 1952 trat die Regierung unter Ministerpräsident Pholien zurück.

1 Durchdruck für die Delegation bei der EVG-Konferenz in Paris.
Hat dem Beauftragten des Bundeskanzlers, Blank, und Generalleutnant a. D. Speidel am 16. Januar 1952 vorgelegen.
Hat Ministerialdirigent von Boeckh und Ministerialrat Ophüls am 25. Januar 1952 vorgelegen.
Hat Vortragendem Legationsrat von Kessel, Ministerialrat Vialon und Oberst a. D. Fett vorgelegen.

gung an der Europa-Armee im französischen Parlament auf neue Schwierigkeiten stoßen könnte. Andererseits dürfe man nicht verkennen, daß ein Eingehen auf die französischen Besorgnisse Schwierigkeiten im Bundestag bereiten könnte. Die amerikanische Regierung werde also zu dieser Frage noch keine Stellung nehmen und sich äußerster Zurückhaltung befleißigen.

Im Auftrag
von Trützschler

VS-Bd. 6587 (EVG-Delegation)

11

Aufzeichnung des Legationssekretärs a.D. Hess

343-16/39 IV 84/52 Ang. II **11. Januar 1952**[1]

Betr.: Möglichkeiten für ein Eingehen auf die jugoslawischen Anleihewünsche

Im Anschluß an den Vermerk vom 3. d.M. – 343-16/39-IV-84/52[2]

Nach Abstimmung mit dem Bundesministerium für Wirtschaft wird als Verhandlungsgrundlage mit den Jugoslawen folgende Lösung als vertretbar empfohlen:

1) 16 Mio.-Dollar-Kredit zur Liquidierung der sog. notleidenden Geschäfte

Die Regulierung dieser Geschäfte war seinerzeit eine Voraussetzung für das Ingangbringen des sog. Kreditabkommens[3] (s. Ziff. 3). Auf der vereinbarungsgemäß zwischen dem 1. Januar 1952 und dem 31. Mai 1952 fälligen Rückzahlung dieses 16 Mio.-Dollar-Kredits, der der jugoslawischen Regierung zur Abwicklung notleidender Geschäfte eingeräumt worden ist, muß in jedem Falle

[1] Hat laut Vermerk des Legationsrats I. Klasse Böker vom 22. Januar 1952 Ministerialdirektor Blankenhorn vorgelegen.

[2] Legationssekretär a.D. Hess berichtete über ein Gespräch mit Ministerialdirigent Reinhardt, Bundesministerium für Wirtschaft, am 3. Januar 1952. Die Besprechung habe zu dem Ergebnis geführt, daß „vom wirtschaftlichen Standpunkt aus eine erneute bzw. erweiterte Kreditgewährung an Jugoslawien nicht befürwortet werden" könne. Falls hingegen „aus politischen Gründen der Gewährung eines neuen Kredites bzw. einer Anleihe an Jugoslawien nähergetreten werden sollte, dürfte es sich empfehlen, nicht die bisher Jugoslawien gewährten Kredite durch einen Staatskredit zu entkommerzialisieren, sondern vielmehr eine Form zu finden, durch die der derzeitige kommerzielle Charakter des Kredites gewahrt bleibt. Die Rückzahlung eines in der heutigen Situation an Jugoslawien in welcher Form immer gewährten Kredites wird auf jeden Fall problematisch sein. Immerhin dürften die Rückzahlungsaussichten bei einem kommerziellen Kredit noch größer bleiben als bei einem Staatskredit." Vgl. B 2 (Büro Staatssekretär), Bd. 63.

[3] Am 1. November 1950 unterzeichneten die Bundesregierung und die Regierung Jugoslawiens ein Zusatzprotokoll zum Handelsabkommen vom 31. März 1949 (Kreditabkommen), in dem Jugoslawien ein Kredit für Investitionsgüter in Höhe von 147 Mio. DM zugesagt wurde. Darüber hinaus verpflichtete sich die Bundesregierung zur Bereitstellung von Refinanzierungskrediten der Kreditanstalt für Wiederaufbau für die am Exportgeschäft mit Jugoslawien beteiligten deutschen Unternehmen in einer Gesamthöhe von 126 Mio. DM. Für den Wortlaut vgl. BUNDESANZEIGER, Nr. 220 vom 14. November 1950, S. 2.

bestanden werden, da andernfalls die für diesen Betrag gegebene Bundesgarantie im Moment der Fälligkeit der Zahlungen wirksam würde, im Haushalt 1951 jedoch ausreichende Beträge hierfür nicht vorhanden sind. Von den 20 Mio. DM, die im Haushalt für in Anspruch genommene Bundesgarantien vorgesehen waren, sind inzwischen 15 Mio. DM umdisponiert worden, und von den verbleibenden 5 Mio. DM werden 1,2 Mio. für in Anspruch genommene Filmbürgschaften fällig, so daß nur noch der nicht ins Gewicht fallende Betrag von 3–4 Mio. DM zur Verfügung stehen würde. Falls die Bundesgarantie für diese 16 Mio. Dollar fällig werden sollte, bliebe nur der Weg offen, den Haushaltsausschuß um sofortige Nachbewilligung des gesamten Betrages (ca. 60 Mio. DM) zu ersuchen – ein Antrag, gegen den der Herr Bundesfinanzminister[4] sich jedoch ohne Zweifel schärfstens zur Wehr setzen wird, da die kassenmäßige Deckung dafür fehlen würde. Falls die Jugoslawen mit der Zahlung der notleidenden Geschäfte jetzt in Verzug geraten sollten, würde sich das Bundesfinanzministerium wahrscheinlich gezwungen sehen, die Auslieferung weiterer Waren aus diesen Geschäften zu verhindern, um auf diese Weise das Obligo aus der Bundesbürgschaft zu verringern. Wenn aber die Jugoslawen sich vor die Alternative gestellt sehen, entweder diese Verpflichtungen zu honorieren oder sich mit der Stornierung ihrer Aufträge abzufinden, ist anzunehmen, daß sie eine Zahlung vorziehen.

2) Ausweitung des Swings auf ca. 20 Mio. Dollar

Der Forderung auf Ausweitung des Swings von 7½ auf 20 Mio. Dollar könnte notfalls zugestimmt werden, wenn sichergestellt wird, daß der Aufstockungsbetrag nicht für den Abschluß neuer, sondern die Abwicklung alter Aufträge verwendet wird. Insofern besteht ein gewisser interner Zusammenhang mit der Bedienung der sog. notleidenden Geschäfte (s. oben Ziff. 1).
Zuständig für die evtl. Swingausweitung ist in erster Linie die Bank deutscher Länder, deren Zustimmung zu erwirken wäre.

3) Kreditabkommen

Falls sich für die beiden unter Ziffer 1 und 2 behandelten Punkte eine befriedigende Regelung erzielen läßt, könnte evtl. ein Entgegenkommen hinsichtlich des Industriekredits in Höhe von 147 Mio. DM ins Auge gefaßt und – entgegen den Vereinbarungen, nach denen von diesem Betrage

1952	12 Mio. Dollar
1953	9 Mio. Dollar
1954	63 Mio. Dollar
1955	63 Mio. Dollar

zurückzuzahlen sind[5] – dem Moratorium bis zum 31. Dezember 1953 zugestimmt werden.[6] Unerläßliche Voraussetzung hierzu wäre jedoch, daß die ju-

[4] Fritz Schäffer.

[5] Vgl. dazu den Zahlungs- und Tilgungsplan für die Durchführung des jugoslawischen Investitionsprogramms (Anlage III zum Kreditabkommen vom 1. November 1950); BUNDESANZEIGER, Nr. 220 vom 14. November 1950, S. 2.

[6] Die Drei Mächte setzten sich gegenüber der Bundesregierung für ein Moratorium zur Rückzahlung der Jugoslawien gewährten Kredite an die Bundesrepublik ein. Bundeskanzler Adenauer teilte der AHK dazu mit, daß die von der Bundesregierung angestrebte Erhöhung der Kredite an Jugoslawien

goslawische Regierung einen neuen Zahlungs- und Tilgungsplan vorlegt, diesen als verbindlich anerkennt und damit einverstanden ist, daß er in das Moratoriumsabkommen mit einbezogen wird. Mit einem unverbindlichen pactum de contrahendo für Ende 1953 dürfte sich das Bundesfinanzministerium keinesfalls zufriedengeben.

Ferner muß innerhalb der deutschen Stellen eine Einigung über die zwischenzeitlich aus der Bedienung dieses Kredits fällig werdenden Zahlungen erzielt werden, wobei laut Mitteilung des Bundesfinanzministeriums zu berücksichtigen ist, daß der Diskontsatz von 4 bzw. 6% als Grundzinssatz an die Bank deutscher Länder fällt, während 1 bis 1½% von der Kreditanstalt für Wiederaufbau und 1½% p.a. von den die einzelnen Beträge auszahlenden Hausbanken der Firmen als Durchleitungsgebühr beansprucht werden. Falls die Bank deutscher Länder und die Kreditanstalt für Wiederaufbau sich mit einer Stundung dieser Beträge nicht einverstanden erklären sollten – von den Hausbanken ist ein solches Entgegenkommen keinesfalls zu erwarten – müßte hierfür ebenfalls eine zur Zeit nicht vorhandene Bundesdeckung gefunden werden.

Nach Ansicht der Abteilung IV (HaPol) dürfte der oben skizzierte Weg der einzige sein, der verspricht, die finanztechnischen Schwierigkeiten, deren Problematik seitens der AHK in kaum verständlicher Weise bagatellisiert worden ist, zu überwinden und trotzdem den jugoslawischen Wünschen einigermaßen Rechnung zu tragen. In diesem Zusammenhang darf darauf hingewiesen werden, daß das am 6. November von Herrn Minister Pavlić überreichte Memorandum u.a. vorschlug, die jugoslawische Regierung auf eine Rückzahlung des 147 Mio.-DM-Kredits in den Jahren 1956, 1957 und 1958 zu verpflichten. Wenn also berücksichtigt wird, daß die jugoslawische Regierung noch im November bereit war, konkrete Verpflichtungen einzugehen, andererseits die Alliierte Hohe Kommission von einem Moratorium spricht, dagegen aber vermeidet, die jugoslawische Forderung auf Umwandlung der Kredite in eine Staatsanleihe ohne jede Bedienungsabrede zu ihrer eigenen zu machen, erscheint die Forderung, das Moratorium mit neu zu vereinbarenden zeitlich klar begrenzten Bedienungsabreden zu verbinden, durchaus zumutbar.[7]

Hiermit dem Herrn Staatssekretär[8] ergebenst vorgelegt.

Hess[9]

B 2 (Büro Staatssekretär), Bd. 63

Fortsetzung Fußnote von Seite 36

„sachlich einem Moratorium gleichkommt". Die Bundesregierung sei ferner „bereit, im Jahre 1953 mit der jugoslawischen Regierung in eine Prüfung der Frage einzutreten, wie die in den Jahren 1954 und 1955 fälligen jugoslawischen Rückzahlungsverpflichtungen der beiderseitigen Lage und den beiderseitigen Möglichkeiten angepaßt werden können". Vgl. das Schreiben vom 15. April 1952 an den Geschäftsführenden Vorsitzenden der AHK, Kirkpatrick; B 10 (Abteilung 2), Bd. 1752.

7 Am 11. Juni 1952 unterzeichneten die Bundesregierung und die Regierung Jugoslawiens ein Zahlungs- und Kreditabkommen, durch das der Swing auf eine Kreditmarge von 17 Mio. DM ausgeweitet, der Kredit der Bundesrepublik für Investitionsgüter auf 185 Mio. DM und die Refinanzierungskredite der Kreditanstalt für Wiederaufbau auf 157 Mio. DM erhöht wurden. Zugleich einigten sich beide Seiten auf einen gestreckten Zahlungs- und Tilgungsplan, der für 1952 die Rückzahlung von 12 Mio. DM, für 1953 von 9 Mio. DM sowie für 1954 und 1955 von 82 Mio. DM vorsah. Für den Wortlaut vgl. BUNDESANZEIGER, Nr. 169 vom 2. September 1952, S. 5f.

8 Walter Hallstein.

9 Paraphe.

12

Generalkonsul I. Klasse Krekeler, Washington, an das Auswärtige Amt

Fernschreiben Nr. 13 **Aufgabe: 11. Januar 1952**[1]
Geheim **Ankunft: 11. Januar 1952, 19.00 Uhr**

Während gestrigen Gesprächs mit Byroade erwähnte ich Besuch Niemöllers in Moskau[2] und bemerkte, daß sich Niemöller dadurch vor deutscher öffentlichen Meinung sehr diskreditiert habe. Byroade sagte, daß nach ihm vorliegenden Nachrichten Niemöller nicht in der Lage gewesen sei, sehr wichtige Persönlichkeiten der Sowjetregierung zu sprechen. Antwort auf die Frage, ob Niemöllers Prestige in Deutschland durch seinen Besuch leiden oder steigen würde, hinge davon ab, ob Sowjetregierung jetzt Freilassungsaktion Kriegsgefangener unternehme, die dann Niemöller für sich buchen könne. Bis zur Stunde Abreise Niemöllers aus Moskau sei nichts in dieser Richtung erfolgt. Man müsse wohl noch eine Woche abwarten.

[gez.] Krekeler

VS-Bd. 4655 (Abteilung 3)

1 Hat Vortragendem Legationsrat von Etzdorf am 14. Januar 1952 vorgelegen.

2 Der Präsident der Evangelischen Kirche in Hessen und Nassau, Niemöller, hielt sich vom 2. bis 8. Januar 1952 in Moskau auf. Nach seiner Rückkehr erklärte er in einem Pressegespräch, er habe es bedauert, daß ihm „nicht das von ihm erhoffte Zusammentreffen mit deutschen Kriegsgefangenen ermöglicht worden sei, andererseits habe er jedoch aus dem ausführlichen Gespräch, das er in dieser Angelegenheit mit dem stellvertretenden sowjetischen Außenminister Sorin geführt habe, den Eindruck einer gewissen Auflockerung und eines Willens gewonnen, im Interesse der Völkerverständigung auch die Haltung der deutschen Bevölkerung zu dieser Frage zu verstehen". Vgl. den Artikel „Niemöller durfte keine Gefangenen sprechen"; FRANKFURTER ALLGEMEINE ZEITUNG vom 11. Januar 1952, S. 1.

13

Generalkonsul I. Klasse Krekeler, Washington, an das Auswärtige Amt

Fernschreiben Nr. 14 **Aufgabe: 11. Januar 1952, 16.29 Uhr**[1]
Geheim **Ankunft: 12. Januar 1952, 08.00 Uhr**

Im Anschluß an Drahtbericht Nr. 12 vom 10. 1.[2]

Bei meiner gestrigen Besprechung mit Byroade erkundigte ich mich, ob er mit Fortgang Verhandlungen über Zusatzverträge[3] zufrieden sei. Er antwortete mit großem Ernst und Nachdruck, daß sowohl er als auch Staatssekretär Acheson aufs tiefste wegen Verlaufs finanzieller Verhandlungen[4] besorgt seien. Diese Tatsache und französische Regierungskrise[5] seien äußerst beunruhigend. Byroade erwähnte mehrfach deutsche Verhandlungsführung. Bundesfinanzminister[6] habe gestern angedeutet, daß er Verhandlungen verlassen würde. Bezugnehmend auf Schreiben Bundeskanzlers an Hohe Kommission[7] sagte Byroade, daß man amerikanischerseits alles tun würde, um Wünschen Bundesregierung, denen man Berechtigung nicht abspreche, entgegenzukommen. Man sei bereit, Wunsch nach Darlegung Verpflichtungen zu entsprechen, die die anderen Länder auf sich genommen hätten. Vereinigte Staaten, Frankreich sowie Großbritannien hätten vor zwei Tagen bereits Zustimmung erklärt. Kleinere Länder seien zögernd, weil letzter Verhandlungsstand bei ihnen zum Teil noch nicht Billigung ihrer Regierungen gefunden habe. Man sei aber willens und hoffe, in der Lage zu sein, auch ihre Zahlen der Bundesregierung zugänglich zu machen. Bezüglich Rolle der „drei weisen Männer" bestünden offenbar bei Bundesregierung falsche Vorstellungen. Es handelt sich hier lediglich um ein Prüfungsgremium. Vereinigte Staaten seien durchaus bereit, dafür zu sorgen, daß auch die deutschen Zahlen durch dieses Gremium geprüft würden und damit gleiche Behandlung erhielten wie Angaben anderer Länder. Damit das geschehen könne, sei es aber notwendig, daß überhaupt einmal Zahlen vorlägen. Die „drei weisen Männer" seien nicht das geeignete Forum, um über Zustandekom-

1 Hat Staatssekretär Hallstein am 14. Januar 1952 vorgelegen, der handschriftlich vermerkte: „Sofort Herrn Bundeskanzler vorzulegen. H[err] Min[ister] Schäffer hat mir inzwischen mitgeteilt, daß bei den Amerikanern Neigung besteht, Mr. Harris und seine Kollegen als eine Art Geschäftsführer ohne Auftrag von Nato auftreten zu lassen."

2 Vgl. Dok. 9.

3 Das Vertragswerk, das am 26. Mai 1952 von der Bundesrepublik und den Drei Mächten unterzeichnet wurde, enthielt neben dem allgemeinen politischen Teil über die Beziehungen zwischen der Bundesrepublik Deutschland und den Drei Mächten (Generalvertrag) drei Zusatzverträge: den Vertrag über die Rechte und Pflichten ausländischer Streitkräfte und ihrer Mitglieder in der Bundesrepublik Deutschland (Truppenvertrag), den Finanzvertrag über den finanziellen Verteidigungsbeitrag der Bundesrepublik sowie den Vertrag zur Regelung aus Krieg und Besatzung entstandener Fragen (Überleitungsvertrag).

4 Zur Besprechung am 9. Januar 1952 mit Vertretern der AHK über den finanziellen Verteidigungsbeitrag der Bundesrepublik vgl. Dok. 8.

5 Vgl. dazu Dok. 9, Anm. 7.

6 Fritz Schäffer.

7 Für das Schreiben vom 9. Januar 1952 an den Geschäftsführenden Vorsitzenden der AHK, Kirkpatrick, vgl. Dok. 7.

men dieser Zahlen zu verhandeln. Die drei Hohen Kommissare[8] seien bei diesen finanziellen Verhandlungen als Repräsentanten der Nordatlantiknationen zu betrachten. Vereinigte Staaten hätten Verständnis für Wunsch Bundeskanzlers, bei Vorlage Abmachungen vor dem Bundestag sagen zu können, daß deutscher Beitrag auch in der Form in gleicher Weise wie der der anderen Nationen ermittelt worden sei. Byroade fügte hinzu, es sei nicht zu umgehen, daß Bundesregierung im ersten Jahr nach der Abmachung Bank deutscher Länder Mittel für die Truppen zur Verfügung stelle, die später nicht zur Europäischen Verteidigungsgemeinschaft gehören würden; amerikanischerseits sei man aber bereit, dafür einzutreten, daß diese Mittel über eine gemeinsame Kasse an diese Truppen weitergeleitet würden.
Abschließend bemerke ich: An dem Willen hiesiger Stellen, deutschem Standpunkt soweit als möglich zu entsprechen, und am Verständnis für parlamentarische Situation in Deutschland ist nicht zu zweifeln. Man ist jedoch anscheinend besorgt und offenbar etwas verstimmt über bisher bei Finanzverhandlungen angeblich angewandte Taktik. Es ist mein Eindruck, daß persönliches Eingreifen Bundeskanzlers begrüßt würde.

[gez.] Krekeler

B 10 (Abteilung 2), Bd. 1382

14

Aufzeichnung des Beauftragten des Bundeskanzlers, Blank

232-00 II/771/52 geh. **12. Januar 1952[1]**

Betr.: Essen bei General Hays am 11.1.52

Am 11.1. abends fand ein Essen bei General Hays statt, bei dem auf deutscher Seite General Heusinger und ich, auf amerikanischer Seite Mr. McCloy, General Hays, Mr. Reber, Mr. Whitman anwesend waren. Im Laufe des Gesprächs wurden drei Fragen von wesentlicher Bedeutung behandelt:

1) Deutscher finanzieller Verteidigungsbeitrag

Mr. McCloy stimmte der Auffassung der deutschen Bundesregierung zu, wonach die Besprechungen über die Höhe des deutschen Verteidigungsbeitrages vor dem TCC-Ausschuß der NATO zu erfolgen haben.[2] Er ließ durchblicken, daß auch die amerikanische Regierung diesen Standpunkt teile. Vorbesprechungen

[8] André François-Poncet (Frankreich), Ivone Kirkpatrick (Großbritannien), John J. McCloy (USA).

[1] Durchdruck.
Hat Gesandtschaftsrat a. D. Weiz am 15. Januar 1952 vorgelegen.
Hat Legationsrat I. Klasse Trützschler von Falkenstein am 16. Januar 1952 vorgelegen.
Hat Gesandtschaftsrat a. D. Tichy und Referent von Hassell am 17. Januar 1952 vorgelegen.

[2] Vgl. dazu Dok. 7 und Dok. 8.

zur Prüfung der Zahlenunterlagen könnten in Bonn mit Mr. Harris geführt werden. Über die Verteilung des Gesamtbeitrages müßte von amerikanischer und englischer Seite dann mit der EVG verhandelt werden.

Im übrigen konnte man dem Gespräch entnehmen, daß der TCC-Ausschuß den NATO-Staaten keine Verpflichtung über die Höhe ihrer Verteidigungsbudgets auferlegt, sondern nur Empfehlungen ausgibt.

2) Verbotene Industrien

Ich legte Mr. McCloy dar, in welcher Weise im Vertrag der EVG die Fragen der Rüstungsproduktion vorgesehen werden sollen. Hiernach wäre allen Teilnehmerstaaten der EVG jegliche Rüstungsproduktion grundsätzlich verboten bzw. nur mit besonderer Zustimmung des Kommissars erlaubt. Das gleiche gilt für Ein- und Ausfuhr von Kriegsmaterial, wie auch für die wissenschaftliche, militärische Forschung. Mr. McCloy hielt eine solche Sicherung für ausreichend, so daß im Generalvertrag besondere Bestimmungen nicht enthalten zu sein brauchten.

3) Territoriale Organisation

Es war eine besondere Sorge der Amerikaner, zu klären, an welche Behörden nach Abschluß des Truppenvertrages sich die amerikanischen Truppen zur Sicherstellung ihrer laufenden Bedürfnisse jeweils zu wenden haben. Ich legte dar, daß Deutschland alsbald nach Inkrafttreten der Verteidigungsgemeinschaft über eine eigene territoriale Organisation verfügen würde, die die Versorgungsbedürfnisse nicht nur der Truppen der EVG, sondern gleichzeitig aller übrigen Verteidigungstruppen auf deutschem Boden befriedigen könne.[3]

Amerikanischerseits zeigte man sich mit einer solchen Lösung einverstanden.

Blank

B 10 (Abteilung 2), Bd. 969

[3] Am 7. Dezember 1951 einigte sich der Militärausschuß der EVG-Konferenz in Paris auf einen Entwurf für die allgemeine Organisation und Aufstellung der europäischen Verteidigungsstreitkräfte im Frieden. Danach sollte es ein zentrales Territorialkommando in jedem Mitgliedstaat geben sowie „nachgeordnete Kommandobehörden, denen weitgehende Befugnisse übertragen sind und die der Verwaltungseinteilung des Landes angeglichen sind. Jedes zentrale Territorialkommando untersteht unmittelbar einerseits dem Kommissar und andererseits dem betreffenden Regierungsorgan. [...] Die militärische Territorialorganisation ist europäisch; sie befriedigt in erster Linie die Bedürfnisse der Streitkräfte, jedoch auch derjenigen Truppen, die unter nationaler Zuständigkeit belassen werden; schließlich arbeitet sie mit gewissen, in nationaler Zuständigkeit verbliebenen Dienststellen zusammen. Unter gewissen Voraussetzungen kann sie auch für andere NATO-Streitkräfte tätig sein." Vgl. B 14 (Sekretariat Pleven-Plan), Bd. 73.

15

Besprechung mit Vertretern der Alliierten Hohen Kommission

Geheim **16. Januar 1952**

Anwesend: Minister Schäffer, Dr. Strathus, Dr. von Spindler, Mr. Harris, M. Leroy-Beaulieu, M. Mazodier, Prof. Bode, Mr. Melville, Herr Weitz, zwei Dolmetscher.

Mr. *Harris*: Ich eröffne die Sitzung.

Der zweite Brief des Herrn Bundeskanzlers an McCloy[1] hat noch einmal den Wunsch des Herrn Bundeskanzlers zum Ausdruck gebracht, daß die Verhandlungen vor der TCC stattfinden sollen, und zwar wegen der Gründe, die der Herr Bundeskanzler in dem Brief ausgedrückt hat. Er hat weiterhin gebeten, daß die Verhandlungen so beschleunigt wie möglich durchgeführt werden sollen. Unsere Regierungen haben uns nun hier offiziell damit beauftragt, daß die Verhandlungen von uns geführt werden[2], und zwar als Vertreter der Hohen Kommission und nicht von TCC, und auf dieser Basis allein wollen wir verhandeln.

Unsere Regierungen haben das vollste Verständnis für alle Probleme und stehen diesen Problemen auch mit voller Sympathie gegenüber und haben den Wunsch, eine Verhandlung vor der TCC stattfinden zu lassen. Da jedoch die Lage eine besonders spezielle ist, ist es angebracht, daß die drei Hohen Kommissare noch einmal mit dem Herrn Bundeskanzler selbst darüber sprechen[3], damit wir uns im klaren sind, wie die Lage ist und welches Verfahren angewandt wird, um den

[1] Am 10. Januar 1952 teilte Bundeskanzler Adenauer dem amerikanischen Hohen Kommissar McCloy mit: „Die Bundesrepublik wird nach dem Wortlaut des Vertragsentwurfes über die zu bildende Europäische Verteidigungsgemeinschaft zusammen mit den anderen Mitgliedsstaaten gleichberechtigter Partner dieser Gemeinschaft sein, die ihrerseits nach dem Wortlaut des Vertragsentwurfs Partner der Atlantikpaktorganisation sein wird. Es geht nun nach meiner Auffassung nicht an und würde vom deutschen Volk nicht verstanden werden, wenn die Bundesrepublik bei der Berechnung ihres finanziellen Beitrags anderen Prinzipien unterworfen würde als die übrigen Mitglieder der Gemeinschaft. Sollten die alliierten Regierungen darauf beharren, daß die Alliierte Hohe Kommission diesen von der Bundesrepublik zu leistenden Beitrag festsetzt, so würde dies in den Augen der deutschen Öffentlichkeit den Charakter einer Entscheidung der Besatzungsmächte tragen. Es würde dies zudem gegen das Prinzip der Partnerschaft verstoßen, wie es nicht nur der Europäischen Verteidigungsgemeinschaft zugrunde liegt, sondern wie es auch in den Beschlüssen der alliierten Regierungen in Washington mehrfach als das Ziel ihrer Politik gegenüber Deutschland hingestellt worden ist. [...] Ich wäre Ihnen deshalb besonders dankbar, wenn Sie Ihren großen Einfluß darauf richten wollten, daß die Leistungsfähigkeit der Bundesrepublik und die Globalsumme des Beitrages in Verhandlungen zwischen den drei Weisen mit den Mitgliedern der Bundesregierung, nämlich mit dem Marshallplan-Minister, dem Finanzminister und dem Wirtschaftsminister, in Paris erörtert würden. Selbstverständlich ist die Bundesregierung bereit, mit den sachverständigen Vertretern der Hohen Kommission sofort in eine Prüfung der notwendigen Unterlagen einzutreten." Vgl. ADENAUER, Briefe 1951–1953, S. 164.
Für das Schreiben von Adenauer vom 9. Januar 1952 an den Geschäftsführenden Vorsitzenden der AHK, Kirkpatrick, vgl. Dok. 7.

[2] Zur Ernennung der Delegation der Drei Mächte am 14. Dezember 1951 für die Verhandlungen über den finanziellen Verteidigungsbeitrag der Bundesrepublik vgl. Dok. 8, Anm. 9.

[3] Zur Besprechung des Bundeskanzlers Adenauer am 22. Januar 1952 mit den Hohen Kommissaren François-Poncet (Frankreich), Kirkpatrick (Großbritannien) und McCloy (USA) vgl. AAPD, Hohe Kommissare 1952, S. 7–13.

speziellen Verhältnissen voll Rechnung zu tragen, und die Möglichkeit gegeben ist, jedes Mißverständnis von vornherein auf beiden Seiten auszuschließen. Eine weitere Besprechung zwischen den Hohen Kommissaren und dem Herrn Bundeskanzler ist deshalb vorgeschlagen, weil der Fall ganz besondere Umstände trägt, denn TCC hat in seinen Statuten nicht vorgesehen, daß TCC die Höhe und überhaupt die Umstände des deutschen Verteidigungsbeitrags beurteilen und behandeln soll. TCC ist von NATO eingesetzt worden, und es gibt einige Verfahrensschwierigkeiten, die sich aber überwinden lassen. Wir sind bereit, uns der Lage anzupassen und es zu arrangieren, daß von TCC eine Verhandlung anberaumt wird, in der über den deutschen Fall verhandelt werden kann, und zwar werden die Themen, die TCC vorgetragen werden, die sein, der Globalbeitrag Deutschlands zur Verteidigung der westlichen demokratischen Welt, und dann wird TCC nach dieser Verhandlung Empfehlungen ausarbeiten, und zwar auf der Basis der Erfahrungen, die TCC bis jetzt mit anderen Ländern gemacht hat. Dieses Verfahren von TCC wird an und für sich einen informellen Charakter haben, weil dieser Fall besonders gelagert ist.

Ich schlage vor, daß wir fortfahren zu verhandeln und versuchen, ein gemeinsames Gebiet aufzustellen, auf dem wir uns einigen, damit später TCC, wenn es an sie weitergegeben wird, sofort in der Lage ist zu erkennen, in welchen Punkten wir uns einig sind und in welchen nicht. Das wird dann die Arbeit für uns und für TCC erleichtern. Ich möchte noch bemerken, daß M. Leroy-Beaulieu den Wunsch hat, eine Nachricht, die er von seiner Regierung erhalten hat, Ihnen mitzuteilen, denn es scheint, als ob hier ein Mißverständnis entstanden ist über die Meinung seiner Regierung in dieser Frage.

M. *Leroy-Beaulieu*: Ich beziehe mich auf eine Unterhaltung, die der Herr Finanzminister Schäffer mit M. Bérard gehabt hat, und es scheint so, als ob Minister Schäffer den Eindruck gehabt hätte, daß man sich in Paris geeinigt hätte, daß wir drei als Vertreter von TCC fungieren würden. Ich möchte klarstellen, daß das niemals in Paris ausgemacht worden ist und daß auch M. Bérard das nicht gesagt hat und es war auch nicht geplant.

Minister *Schäffer*: Ich danke Ihnen für Ihre Einleitungsworte, weil sie die Situation für uns erleichtern. Ich darf den deutschen Standpunkt wiederholen. Er ist folgender: Wir rechnen damit, daß der Pleven-Plan im Parlament mehr Schwierigkeiten bietet als der Schuman-Plan. Wir müssen ihm infolgedessen möglichst viel Aussichten auf Erfolg geben und müssen daher mit den Stimmungen und der Einstellung der deutschen Öffentlichkeit rechnen. In der deutschen Öffentlichkeit würde die Situation erschwert, wenn wir nicht den Grundsatz, daß Deutschland in all den Verhandlungen, sowohl Generalvertrag wie Konvention, die Stellung der gleichberechtigten Nation erhält, vertreten (wobei ich immer beim Generalvertrag an Bonn und bei der Konvention an Paris denke). Infolgedessen legen wir Wert darauf, vor dem Deutschen Bundestag einmal betonen zu können, daß die Festsetzung des Verteidigungsbeitrags im Weg der Verhandlungen erzielt worden ist, nicht im Weg des Besatzungsstatuts. Diesem Gesichtspunkt wird dadurch Rechnung getragen, daß wir heute hören, daß wir nur die Vorarbeiten hier zu leisten haben und daß dann eine Stellungnahme der TCC eingeholt werden soll. Wenn eine Stellungnahme der TCC eingeholt wird, dann können wir in der deutschen Öffentlichkeit betonen, daß wir denselben Weg gefunden haben wie die anderen Nationen auch, und es würde jetzt dadurch die Tür für die Verhandlungen geöffnet sein. Sie haben betont, daß Sie derzeit nur einen Auftrag der alliierten Kommission haben und daß wir Sie noch nicht als Beauftragte der TCC gegenüber sehen. Was ich M. Bérard gegenüber gesprochen habe, war: Ich habe den Wunsch ausgedrückt, und es ist auch im Brief des Herrn Bundeskanzlers wiedergegeben, daß von deutscher Seite die sachliche Arbeit möglichst rasch weitergeführt wird. Es ist richtig, daß in Paris nicht zwischen der französischen und deutschen Delegation über die Frage gesprochen worden ist, ob nicht letzten Endes, was ja heute auch erklärt worden ist, eine Entscheidung der TCC herbeigeführt werden kann. Unter dieser Voraussetzung (der Entscheidung der TCC) habe ich M. Bérard erklärt, daß nach meiner Überzeugung die sachliche Arbeit jetzt aufgenommen werden könnte, weil wir diese Arbeit dann als eine vorbereitende Arbeit für die Empfehlungen der TCC betrachten könnten.

Es besteht natürlich eine Beziehung zum Generalvertrag insofern, als dieser ja zum Ziel hat, das Besatzungsstatut zu ersetzen und die Besatzungskosten ebenfalls, und das verlangt eine Willenserklärung der Besatzungsmächte; infolgedessen muß in dem sog. Generalvertrag eine Erklärung enthalten sein, ob Deutschland die entsprechenden Verpflichtungen gegenüber der westlichen Verteidigungsgemeinschaft übernommen hat, die als genügend erscheinen, um die Aufhebung von Besatzungsstatut und Besatzungskosten zu rechtfertigen. Ich würde deshalb vorschlagen (und das entspricht auch dem zweiten Brief des Herrn Bundeskanzlers, der dies ausdrücklich wünscht), daß in diesem Kreis die Unterlagen und die Voraussetzungen für die endgültige Entscheidung geschaffen werden und daß wir jetzt in die Debatte eintreten können.

Ich würde, wenn die Herren einverstanden sind, folgenden Vorschlag machen: Sie haben uns bisher das sog. Memorandum eins bis drei gegeben.[4] Zu diesem Memorandum haben wir inzwischen eine Antwort ausgearbeitet, die allerdings nur bisher vom Finanzministerium fertiggestellt ist, zwar mit den anderen beteiligten Ministerien besprochen, aber von ihnen nicht formell bisher gezeichnet wurde. Ich kann aber nach Erklärungen der Herren Minister Blücher und Erhard bis Freitag[5] dieser Woche mit der Zeichnung rechnen. Wenn Sie einverstanden sind, dann würde ich kurz einmal den Gedankengang der deutschen Antwort wiedergeben; dann müßte ich noch um Klärung einzelner Fragen bitten. Wir wollen von deutscher Seite auch ein Memorandum ausarbeiten, das den deutschen Gedankengang wiedergibt und dann zu Schlußfolgerungen führt, aus denen sich der Globalbeitrag errechnen könnte. Um dieses Memorandum ausarbeiten zu können und um Mißverständnisse zu vermeiden, würde ich mir im zweiten Teil erlauben, noch einige Fragen zu stellen, über die wir uns aussprechen können, damit wir Klarheit haben, was wir uns eigentlich denken, wenn wir diesen oder jenen Ausdruck gebrauchen.

Herr Minister Schäffer geht dann auf die einzelnen Punkte des Memorandums eins bis drei ein: (siehe Stellungnahme zu den Memoranden eins bis drei vom 8. 1. 1952)

[4] Zur Erklärung des Geschäftsführenden Vorsitzenden der AHK, François-Poncet, vom 14. Dezember 1951 zum finanziellen Verteidigungsbeitrag der Bundesrepublik vgl. Dok. 8, Anm. 8.

[5] 18. Januar 1952.

1) Berechnungsmethode
2) Ausgangsbasis
3) Die Zunahme des Sozialprodukts in den nächsten Jahren
4) Die Engpässe
5) Arbeitskräfte und Beschäftigung
6) Produktivität der Arbeit
7) Außenbeitrag
8) Verwendung des Sozialprodukts
9) Der Anteil des Verteidigungsbeitrags am Sozialprodukt; Entwicklung des Bruttosozialprodukts zu Faktorkosten.

Meine Herren, ich schilderte Ihnen den wesentlichen Gedankengang des deutschen Memorandums, das nur eine Antwort auf das Memorandum eins bis drei vorerst darstellt. Ich werde dafür Sorge tragen, daß der Wortlaut des Memorandums, wenn er die Billigung der anderen Ministerien findet, Ihnen noch in dieser Woche zugeht.[6] Wenn auf Ihrer Seite dann noch weitere Arbeiten vorliegen würden, die Sie Ihren Schätzungen zugrunde legen, dann würde ich bitten, sie uns zur Verfügung zu stellen.

Unsere Aufgabe wird jetzt sein, ein Memorandum auszuarbeiten, in dem wir den deutschen Standpunkt darlegen; dazu werde ich noch einige Fragen stellen, damit wir uns klar werden, nach welchen Richtlinien und Gesichtspunkten das deutsche Memorandum ausgearbeitet werden soll.

Mr. *Harris:* Ich glaube nicht, daß es Zweck hat, auf alle Punkte einzugehen, aber ich möchte die Punkte herausgreifen, auf die ich Ihnen schon gewisse Hinweise geben kann.

Als ersten Punkt möchte ich vorschlagen, daß wir bei der Berechnung das NATO-Jahr zugrunde legen, weil es auch für TCC leichter wäre, aber man kann es ja auch jederzeit umstellen.

Der zweite Punkt wäre der Vergleich des Verteidigungsbeitrags, der von den einzelnen Ländern gegeben würde. TCC hat die Lage jedes einzelnen Landes berücksichtigt und hat keine mathematische Aufstellung gemacht. Wenn wir z. B. hier Italien nehmen und sehen, daß das Einkommen pro Kopf 248 ist; hätten wir es auf Deutschland angewandt, dann wäre die Zahl viel höher gewesen als die, die wir Ihnen genannt haben. Ich weiß, daß ich den Finanzminister nicht davon überzeugen kann, daß wir sehr viel Gedanken darauf verwendet haben, Deutschland als ein spezielles Problem zu betrachten. Wir haben dies aber durchdacht und sind zu dem Schluß gekommen, daß Deutschland sich nicht in einer so speziellen Lage befindet wie die anderen Länder. Alle Länder haben Sorgen. Deutschland hat verglichen mit ihnen keine solche Sonderstellung, denken wir nur an die öffentlichen Schulden, auch hier sind die anderen Länder in einer viel schwierigeren Lage als Deutschland. Die anderen Länder haben bereits Inflation, Deutschland glücklicherweise nicht. Andere Länder haben einen Verteidigungsbeitrag schon seit sehr langer Zeit geleistet, wenn man die Besatzungskosten Deutschlands als Verteidigungsbeitrag betrachten will, so kann

6 Zum Memorandum der Bundesregierung vom 1. Februar 1952 vgl. Dok. 45.

ich das nicht prozentual ins Verhältnis setzen. Denken wir an das politische Risiko. Ihres ist viel geringer, und allein dafür könnten Sie zahlen. Es in Prozentzahlen auszudrücken, ist schwierig, denn ich weiß nicht, welche Zahl man überhaupt auf ein politisches Risiko setzen kann. In USA bestehen die gleichen Schwierigkeiten, wenn man die Steuern erhöhen will. Ich hoffe, daß Sie sich einmal selbst durch einen Besuch davon überzeugen.

Wenn Sie gesagt haben, Sie haben „Engpaßindustrien" auf dem Gebiet von Kohle und Stahl etc., dann muß ich Ihnen sagen, sehen Sie sich England und Frankreich an. Frankreich würde gern mit Ihnen tauschen.

Ich glaube, der bedeutendste Faktor ist wohl, daß Sie die Möglichkeit haben, Ihr Sozialprodukt viel höher zu heben als alle anderen Länder, weil Sie in Deutschland unausgenutzte Kapazitäten haben und unausgenutzte Reserven an Arbeitskräften, Italien an sich auch, aber Italien hat nicht die Mittel. Der Industrieproduktionsindex für Deutschland zeigt ganz deutlich, daß Deutschland innerhalb der letzten Jahre eine enorme Aufwärtsentwicklung genommen hat, und diese wird wohl auch noch einige Jahre anhalten. Ich weiß, daß in der Presse Meldungen erschienen sind, daß ich gesagt haben soll, Deutschland werde für 19 bis 20 Mio. Tonnen die Stahlproduktion erhöhen. Das habe ich nicht gesagt, aber ich bin überzeugt, daß Deutschland eine sehr erhebliche Steigerung seiner Industrieproduktion vornehmen wird. Die Amerikaner sind unheilbare Optimisten, was die wirtschaftliche Entwicklung Deutschlands anbetrifft. Wir haben z.B. vor drei Monaten mit Dr. Kost gesprochen, und er hat uns erklärt, es wäre ganz unmöglich, daß Deutschland jemals 400000 Tonnen täglich produzieren könne an Kohle. Vor 1½ Wochen haben wir wieder mit ihm gesprochen, und er hat wieder gesagt, daß Deutschland mehr als 500000 Tonnen täglich nicht produzieren könne. Es ist doch erstaunlich, daß er innerhalb von drei Monaten sein Argument vollkommen ändert und um 100000 Tonnen erhöht hat.

Ich hoffe, daß wir von Ihnen das Memorandum erhalten und daß es eine feste Zahl enthält. Wir sind natürlich daran interessiert, von Ihnen zu hören, wie Ihrer Meinung nach diese Zahl aussehen müßte, aber wir sind von unseren Regierungen nicht ermächtigt, diese Zahl zu ermäßigen. Falls Sie mir sagen könnten, anstatt 13 Mrd. DM 12,9 Mrd., dann allerdings würden meine Kollegen dagegen auch nichts einzuwenden haben. Es würde die Sache sehr erleichtern, wenn Sie uns Ihren Standpunkt schriftlich darlegen würden, und dann können wir uns über die Gebiete klar werden, in denen wir verschiedener Meinung sind, und wenn wir diese Gebiete dann von Sachverständigen prüfen ließen. Wie viele solcher Unterarbeitsgruppen wir aufstellen werden, hängt von dem Inhalt Ihres Memorandums ab. Ich denke, daß wir vielleicht eine Arbeitsgruppe für das Gebiet des Sozialprodukts und eine weitere für das Gebiet der finanziellen Schätzungen aufstellen. Wir werden Ihnen morgen das, was die Briten und Franzosen der TCC senden, zukommen lassen, also den englischen und französischen Standpunkt und weiterhin alle Papiere, die für dieses Gebiet eine Rolle spielen, d.h. wir werden vielleicht die Erlaubnis der anderen Länder, die Mitglieder von NATO sind, einholen, das wird einige Zeit dauern, aber in der Zwischenzeit werden wir alles einsenden, was wir haben.

Minister *Schäffer*: Ich darf einige Punkte kurz feststellen: Besatzungskosten. Ich habe Ihnen früher schon einmal die Zahlen genannt, wieviel Prozent des deutschen Bruttosozialprodukts an Besatzungskosten im Jahr 1951/52 zu rechnen sind. Über das politische Risiko will ich nicht sprechen, weil es für das Land mit dem Eisernen Vorhang eine besonders akute Frage ist. Die Bundesregierung spricht nie davon, weil sie eine Ruhe in der Bevölkerung und keine Angst haben will.

Akut ist die Frage der Verschuldung, denn wir haben dieses Problem nicht bloß im Verhältnis zum Verteidigungsbeitrag zu lösen, sondern auch die Rückzahlung der früheren Auslandsschulden, die neu an uns herantritt.

Die Engpässe habe ich nur im Zusammenhang damit erwähnt, daß die Produktionssteigerung in Deutschland mit 28%, in anderen Ländern mit 14% und 7% angenommen worden ist, obwohl die Engpaßschwierigkeiten in Deutschland mindestens so hoch sind wie in anderen Ländern.

Ich würde es für das Beste halten, nicht nur wegen Zukunftsschätzungen, sondern immer davon auszugehen, daß man nach dem gegenwärtigen Stande eine Art Mindestbeitrag festlegt und diesen erhöht mit einer Art Besserungsschein je nach dem Anwachsen des Bruttosozialprodukts. Das hängt mit der Frage „Kaufpreis" zusammen. Es ist den Verteidigungsausgaben nicht geholfen, wenn wir Beiträge festsetzen, die durch eine inflationäre Entwicklung in ihrer Kaufkraft sich im Laufe des Jahres immer senken. Die Kaufkraft der Währung ist das Entscheidende.

Mr. *Harris*: In allen NATO-Ländern bestehen inflationäre Tendenzen, es wird eintreten, daß in diesen Ländern das Bruttosozialeinkommen niedriger wird. Das war so gemeint, wenn Sie einen Verteidigungsbeitrag auf der Basis des Bruttosozialeinkommens abstellen, dann werden die Statistiker dafür sorgen, daß das Bruttosozialeinkommen nicht so hoch sein wird, jedes Land wird versuchen zu beweisen, daß sein eigenes Nationaleinkommen kleiner ist, als es tatsächlich ist, und daß das der anderen Länder viel größer ist.

Minister *Schäffer*: Das, was ich wünsche, ist, daß, wenn die Ziffern irgendeines Landes anerkannt werden, auch die deutschen amtlichen Ziffern anerkannt werden. Ich möchte nun zu der sachlichen Arbeit zurückkehren. Wir bereiten die Unterlagen vor, damit wir feststellen, wo wir uns einigen können. Ich begrüße es, wenn ich noch weiterhin Material erhalte, das bisher der TCC vorgelegt worden ist, damit wir nach demselben Gedankengang das deutsche Memorandum ausarbeiten.

Wann wollen wir mit der Arbeit fertig sein? Ich rechne damit, daß wir im Monat Februar zu einem bestimmten Ergebnis gekommen sind, damit wir im Februar an TCC zur letzten Empfehlung herantreten können.

Mr. *Harris:* TCC hat eine Sitzung für den 28. 1. einberufen, und das Sekretariat wird sich ungefähr eine Woche vorher treffen. Ich erfahre soeben, daß die Hauptsitzung der TCC vielleicht acht bis zehn Tage verschoben ist, es würde also sein, daß die Verhandlung des Sekretariats ungefähr am 28. 1. stattfindet.

Minister *Schäffer*: Dann ist sehr wenig Zeit. Wir müssen also sehen, daß wir in der nächsten Woche zu irgendeinem vorläufigen Ergebnis kommen.

Mr. *Harris*: Das nützlichste Papier für Sie wäre der Fragebogen. Wir haben ein Schreiben an TCC gerichtet, ob wir Ihnen diesen übergeben können, haben aber noch keine Antwort. Wir werden es auf eigene Verantwortung tun und Ihnen morgen unseren Fragebogen übersenden.

Minister *Schäffer*: Gut, ich werde mich an den Fragebogen halten. Wir sprechen vom Verteidigungsbeitrag. Was heißt Verteidigungsbeitrag? Umfaßt der Verteidigungsbeitrag sämtliche Aufwendungen, die überhaupt für Verteidigungszwecke in Frage kommen? Das wären die Aufwendungen

1) für das europäische Kontingent,

2) für die stationierten Truppen,

3) die mittelbar mit dem Verteidigungszweck zusammenhängen, das wäre also z. B. die Versorgung der Angehörigen der neuen Kontingente,

4) allenfalls sonstige Sonderleistungen eines Landes (Frankreich: Indochina, Deutschland: Berlin).

M. *Leroy-Beaulieu*: Zu dem Vergleich Indochina–Berlin: Es gibt da doch eine Differenz. Indochina sind militärische Ausgaben; aber Berlin ist eine Frage, die man diskutieren kann, aber es ist nicht dasselbe.

Minister *Schäffer:* Es ist nicht dasselbe, aber es hat eine andere Aufgabe. Wir wollen rüsten, um einen Krieg zu vermeiden und nicht, um einen Krieg zu führen, und die Frage Berlin spielt auf diesem Gebiet eine wesentliche Rolle. Sie war eine Kraftprobe zwischen Ost und West, und, wenn Berlin damals gefallen wäre, in der Zeit der Blockade, wäre der Angriffsgeist des Ostens größer geworden. Ich bitte, es als eine reine Ost-West-Spannung zu betrachten.

Stationierte Truppen. Wir haben bisher bei dem Besatzungskostensystem einen Sold für die Besatzungstruppen nicht gezahlt. Wir haben die Waffen und Ausrüstung der Besatzungstruppen nicht bezahlt. Die Kasernen und Unterkünfte haben wir selbstverständlich bezahlt, aber die Kasernen, Flugplätze und dergleichen sind doch jetzt eine Sache, die der Gemeinschaft zugerechnet werden muß. Deutschland ist gar nicht existent auf dem Gebiet, es gibt kein deutsches Kontingent. Das gleiche gilt für Eisenbahntransporte. Diese Dienstleistungen sind Unkosten, die in dem Haushalt der EVG zu erscheinen haben. Diese Gesamtunkosten (für Sold, Verpflegung, Ausrüstung, Unterkünfte, Dienstleistungen) sind schlechthin Verteidigungsausgaben, die vom deutschen Verteidigungsbeitrag zu leisten sind, aber unter dem Namen der EVG.

Wir denken bei allen Überlegungen daran: Wie können wir dem Pleven-Plan und dem Generalvertrag die beste Möglichkeit geben, daß er die parlamentarische Zustimmung findet, und ich bitte, diesen Gedanken auch Ihren Regierungen als deutsche Überlegung mitzuteilen. Es wird gelingen, das deutsche Parlament für den Gedanken einer Verteidigung der westlichen Welt und für den Gedanken der europäischen Armee und EVG zu gewinnen. Das ist meine Überzeugung; es wird aber die größten Schwierigkeiten machen, wenn ich den Gegnern des Pleven-Plans und der Europa-Idee die Möglichkeit gebe, zu behaupten, Ihr gewinnt nichts, Ihr werdet kein freies Volk, Ihr habt keine Freiheit zu verteidigen, das System der Besatzung besteht in irgendeiner Form, wenn auch unter anderem Namen, fort. Ich würde sachlich gar keinen Unterschied sehen, wenn die Dinge so gemacht werden, daß Deutschland in seinen Haushalt lediglich eine Summe einzusetzen hat, die Verteidigungsbeitrag heißt. Dieser Verteidigungsbeitrag ist ohnehin nach dem Maximum der deutschen Leistungskraft berechnet. Wenn nun für die stationierten Truppen besondere Ausgaben noch anfallen würden, dann ist doch gar keine Erschwernis für die betreffenden Länder gegeben, wenn diese Ausgaben in einer globalen Summe vereinbart werden zwischen NATO einerseits und zwischen den anderen Ländern andererseits. Ich sage „globale Summe", damit nicht etwa bei den anderen Mitgliedstaaten der Gedanke entsteht, sie würden für diese stationierten Truppen eigens zu bezahlen haben und ihre Quote würde sich erhöhen.

Mr. *Harris*: Das ist eine sehr wichtige und interessante Frage. Wir sind überzeugt, daß die Opposition sowieso Einwände erheben wird.

Minister *Schäffer*: Denken Sie an den Schuman-Plan. Es ist bei ihm gelungen, die Opposition und die KPD völlig zu isolieren und all die kleinen schwankenden Gruppen zu einer positiven Zustimmung zu bewegen. Das deutsche Volk wieder zu einem solchen historischen Entschluß zu bringen: Um das durchzusetzen, muß ich schon eine Mehrheit haben, die der des Schuman-Plans entspricht.

Mr. *Harris*: Wir sehen ein, daß Sie hier ein Problem haben. Aber es gibt einige tatsächliche Probleme, die auftauchen, und zwar: Die USA und England sind nicht Mitglieder der EVG, also wäre es notwendig, daß die EVG in direkte Verhandlungen mit USA und Großbritannien einzutreten hätte, und das wäre schwierig. Soll die EVG diesen beiden Ländern gegenüber die Verpflichtung übernehmen, daß sie für den Unterhalt ihrer Truppen in Deutschland sorge auch in der Zukunft, und werden die Mitglieder nicht fürchten, daß diese Verpflichtung nicht auch in der Zukunft gilt und daß infolgedessen sie gezwungen wären, ihren Beitrag zu erhöhen?

Ich spreche von den amerikanischen Truppen. Im ersten Jahr werden Schwierigkeiten auftreten, da EVG einen Unterschied machen muß zwischen amerikanischen Truppen, die in Deutschland stationiert sind, in Frankreich und anderen Ländern.

Es gibt auch noch technische Schwierigkeiten. Die EVG ist eine Organisation, die noch aufgebaut werden muß, und man hat sich auch noch nicht über ein gemeinsames Budget geeinigt. Es muß jemand entscheiden, wie die Höhe des Globalbeitrags aussehen soll, das muß hier geschehen und nicht bei TCC oder woanders. Weiterhin muß man die Entscheidung treffen, wie dieser Globalbeitrag verteilt wird, und zwar zwischen der EVG einerseits und den amerikanischen und englischen Truppen andererseits und auch noch zwischen anderen. Wir müssen EVG informieren und mit ihr beraten, unter welchen Bedingungen das Geld im ersten Jahr zu verteilen ist, darüber müssen wir uns jetzt klar werden.

Minister *Schäffer*: Wenn ich in Deutschland eine solche historische Entscheidung durchfechten will, muß ich der Bevölkerung von einer Idee sprechen können. Die Idee ist die, daß wir aus dem Stadium eines besetzten Gebiets wieder zu einer freien Nation werden, und wenn ich in dem Parlament fechten kann unter der Formel „europäischer Gedanke, europäisches Kontingent, wir ein freies gleichberechtigtes Mitglied", dann glaube ich, daß wir die Schlacht gewinnen.

Nun die technischen Schwierigkeiten. Soweit ich unterrichtet bin, ist der Gedanke des europäischen Budgets im Werden, und zwar in der Form, daß vom ersten Tag des Inkrafttretens des Vertrags an ein gemeinsames Budget gebildet werden soll.[7] Im ersten Jahr wird es sich so abspielen, daß die einzelnen Mitgliedstaaten, die schon bisher ein Heeresbudget gehabt haben und dieses in ihren Parlamenten schon gebilligt erhielten, einfach die Einnahmen und Ausgaben auf das gemeinsame Budget übertragen. Für Deutschland ist es so gedacht, daß sein Verteidigungsbeitrag auf der Einnahmeseite des gemeinsamen Budgets erscheint. Deutschland soll, weil es noch keinen Heeresetat hat und keinen haben will, eine Art Verwendungsplan aufstellen, der nicht durchs Parlament geht, sondern der nur hier von der deutschen Regierung ausgearbeitet wird und dem Verteidigungskommissar übergeben wird, der ihn nachprüft und dann in der gebilligten Form einsetzt. Nun wird im ersten Jahr der Verteidigungsbeitrag durch die deutschen Kontingente nicht verbraucht werden, da ja die Aufstellung der deutschen Kontingente Zeit beansprucht und infolgedessen viele Monate nur mit einer geringeren oder noch gar keiner akuten Zahl zu rechnen ist; die deutsche Bevölkerung ist sich auch ganz genau bewußt, daß es unmöglich wäre, auch nur einen deutschen Soldaten in die Kaserne zu schicken, wenn nicht in dieser Zwischenzeit der Schutz des deutschen Bodens von den fremden Truppen übernommen wäre. Die deutsche Bevölkerung weiß genau, daß zu den Verteidigungsausgaben auch der Schutz des deutschen Bodens solange gehört, bis dieser deutsche Boden von eigenen deutschen Soldaten verteidigt werden kann. Es würde also kein Bedenken dagegen erhoben, daß der deutsche Verteidigungsbeitrag in dieser Zeit dem Schutz des deutschen Bodens durch fremde Truppen dient, wenn das nur nicht Besatzungstruppen sind, sondern wenn es Truppen sind, die mit deutschem Einverständnis und im Einverständnis der EVG auf diesem Boden stehen.

Nun würde sich das in der EVG folgendermaßen abspielen: Der deutsche Verteidigungsbeitrag steht mit X Mrd. fest. Die Ausgaben auf Grund des deutschen Verwendungsplans sind Y. Die Differenz zwischen X und Y steht also zunächst einmal zur Verfügung, und über diese kann dann zwischen Verteidigungskommissar und den beteiligten Ländern in aller Ruhe gesprochen werden und hoffentlich nicht in der breiten Öffentlichkeit. Ich bitte, zu vermeiden, daß in der Öffentlichkeit davon gesprochen wird, daß Aufwendungen für fremde, nicht der EVG angehörige Truppen in Deutschland oder Frankreich anders geregelt werden. Es ist ja nicht notwendig, denn letzten Endes wird über eine Globalsumme gesprochen. Ich kann der deutschen Öffentlichkeit dann sagen, diese fremden Truppen, ob sie nun in Deutschland oder Belgien liegen, schützen Gesamteuropa und schützen damit auch die Rüstung, die Deutschland gibt.

Ich würde Sie bitten, mit Ihren Regierungen einmal zu sprechen, ob nicht dieser Weg doch möglich wäre.

Mr. *Harris*: Wir haben hier wieder technische Schwierigkeiten. Ein Verteidigungskommissar wird nicht sofort da sein, und meine Regierung hat einen ganz bestimmten Standpunkt eingenommen, nämlich an dem Tag, wo die Änderung im Besatzungsstatut eintritt, werden die amerikanischen, englischen und französischen Truppen bestimmte Arrangements machen, und man kann nicht warten, bis ein Verteidigungskommissar da ist.

[7] Zu den Verhandlungen über den Haushalt der EVG vgl. Dok. 4.

Mr. *Melville*: An dem Tag, wo das Besatzungsstatut aufhört und die vertraglichen Vereinbarungen in Kraft treten, muß ein Ersatz da sein. Wir können es nicht zulassen, daß eine Lücke entsteht, wir können nicht einfach einen neuen Apparat aufziehen, um die Lücke zu füllen, es muß Schlag auf Schlag gehen.

Minister *Schäffer*: Ich stelle mir die Sache so vor. Wir werden in Deutschland versuchen, die Konvention und den Generalvertrag gleichzeitig durchs Parlament zu ziehen, damit sie in Deutschland gleichzeitig ratifiziert werden. Die Verhandlungen in Paris, die sich ja mit dem Problem des Budgets beschäftigen, gehen auch davon aus, daß das gemeinsame Budget wenigstens rechtlich vom ersten Tag des Inkrafttretens bestehen soll. Dort wissen sie ganz genau, daß die Organe der EVG am ersten Tag noch nicht vollständig da sein werden. Infolgedessen treffen sie eine Übergangsregelung mit der Bestimmung, daß, sobald die Organe entstehen, sie sofort in diese Aufgabe hineinwachsen. In den Generalvertrag müßte die Bestimmung hereingenommen werden, daß die endgültige Regelung mit NATO zu vereinbaren ist.

Mr. *Harris*: Selbst wenn das möglich wäre, ist das eine Angelegenheit, die wir den Hohen Kommissaren vortragen müssen.

Mr. *Melville*: Zum 1.4. treten vertragliche Vereinbarungen in Kraft, dann muß klargestellt werden, daß die britischen Truppen weiterhin in Deutschland stationiert sein können.

Minister *Schäffer*: Meine Gedanken sind folgende: Wenn die EVG steht, ist es nicht notwendig, daß die britische Regierung unmittelbar mit der EVG verhandelt, sie kann ja da verhandeln, wo sie Mitglied von NATO ist, und die NATO kann ihrerseits mit der EVG sich ins Benehmen setzen.

Mr. *Melville*: Bis die EVG entstanden ist und bis etwas anderes da ist, muß in der Zwischenzeit irgend etwas arrangiert werden, damit die gewöhnlichen Funktionen der Truppen, die jetzt hier sind, weitergeführt werden.

M. *Leroy-Beaulieu*: Wenn wir drei mit TCC unser Budget aufgestellt haben, dann haben wir das unter der Voraussetzung getan, daß unsere Truppen weiterhin in Deutschland die Dienstleistungen frei erhalten würden.

Minister *Schäffer*: Ein Beispiel: Sie von Frankreich sind europäische Kontingente, und infolgedessen haben sie von dem Tag an in Deutschland die vollen Rechte der europäischen Kontingente, und das bedeutet praktisch, daß diese Leistungen weiterlaufen. Nun wäre es möglich, daß wir im Verhältnis zu England und USA etwa zu folgender Regelung kommen. Sie erhalten dieselben Rechte wie die französischen Truppen. Dann würden wir erklären, die stationierten Truppen, die im Einverständnis mit der EVG und NATO auf deutschem Boden stehen, haben dieselben Rechte wie die Truppen europäischer Kontingente.

M. *Leroy-Beaulieu*: Was das erste Jahr anbetrifft, gibt es eine Schwierigkeit. Es ist möglich, daß wir unter den Vorschriften des EVG-Vertrags nicht alle Privilegien haben, die wir haben möchten in der Übergangszeit.

Minister *Schäffer*: Dazu könnte ich erst Stellung nehmen, wenn ich weiß, welches Ihre Wünsche sind.

Mr. *Melville*: Es handelt sich nicht nur darum, daß wir die gleichen Rechte erhalten, es handelt sich darum, daß Geld gegeben wird zur Bezahlung der Kontakte, die wir eingehen, und wenn wir jetzt mit der EVG verhandeln, so nimmt das Zeit in Anspruch, der Apparat, der für die fünf Jahre aufgestellt ist, muß aber weiterlaufen.

Minister *Schäffer*: Wir treffen die Regelung, daß das, was wir in der Übergangszeit für die stationierten Truppen ausgeben, auf den Verteidigungsbeitrag angerechnet wird.

Mr. *Harris*: Wir wollen einmal zusammenfassen, worüber wir uns einig sind.

1) Stationierte Truppen erhalten Unterstützung.

2) Nicht stationierte Truppen erhalten auch Unterstützung.

Wir wissen nicht, wieviel das ausmachen wird; wir wissen nicht, ob alle Unterstützungen gegeben werden können von EVG; EVG wird das sicherlich auch noch nicht ausgearbeitet haben für ihre Mitglieder; bis man das als Unterlage nehmen kann, wird noch viel Zeit vergehen. Wir haben nun die Aufgabe festzustellen, was es kosten wird, welche Form dieser Beitrag nehmen soll für die alliierten Truppen. Das aber ist eine Aufgabe, die der Herr Bundeskanzler mit der Hohen Kommission besprechen muß.

Dann haben wir ein praktisches Problem. Bis die EVG die technischen Probleme gelöst hat, wird noch eine Zeit verstreichen. Welche Regelung soll in der Zwischenzeit bestehen? Es gibt hier grundsätzliche Fragen, die wir lösen müssen. Eine Frage, die Sie aufgeworfen haben, werden die amerikanischen und britischen Truppen die gleiche Unterstützung erhalten wie die EVG-Truppen? Welche Form wird der Verteidigungsbeitrag annehmen? Wird er an die EVG übergeben, die ihn dann weitergeben wird, oder wird er an die EVG übergeben und teilweise an Frankreich und England?

Außerdem gibt es noch zwei Probleme:

1) Zusammensetzung des Verteidigungsbeitrags. Hier müssen wir uns mit der EVG beraten.

2) Regelung für die Übergangszeit.

Minister *Schäffer*: Bis zum Tag des Inkrafttretens läuft das alte System der Besatzungstruppen. Dann müßte eine Vertragsbestimmung gelten: Die nicht der EVG angehörigen Truppen haben die gleichen Rechte wie die der EVG. Ich nehme an, daß in Deutschland nur amerikanische, britische, kanadische, französische und belgische Truppen stehen werden und daß es deshalb keine Schwierigkeiten macht, diesen Grundsatz anzunehmen, weil er insoweit eine Fortführung des bisherigen Zustands ist. Voraussetzung für Deutschland ist, daß sich sein Verteidigungsbeitrag dadurch nicht erhöht und seine Leistungen als solche zum Verteidigungsbeitrag angerechnet werden. Wenn die EVG steht, dann ist es der deutsche Wunsch, daß alles möglichst unter der Flagge „EVG" läuft.

Mr. *Melville:* Herr Minister, Sie werden finden, daß wir auf einem anderen Gebiet im Rahmen des Generalvertrags uns eine beträchtliche Anzahl Rechte noch vorbehalten haben, die aus dem Besatzungsregime herrühren und die weiter gehen als die, die im Vertrag vorgesehen sind. Das Ziel des Generalvertrags ist ja, uns noch gewisse Rechte, die wir aufgeben und die darauf beruhen, daß wir nach der Kapitulation die höchste Gewalt in Deutschland hatten, als Ersatz zu schaffen. Sie werden finden, daß Herr Prof. Hallstein mit den Alliierten verhandelt über einen „Truppenvertrag“, der dann in einer Konvention niedergelegt wird und als Anhang erscheinen wird. Ich möchte Ihnen empfehlen, sich diesen Truppenvertrag einmal anzusehen und sich mit ihm vertraut zu machen.

Mr. *Harris*: Das Wichtigste ist jetzt, die Sachverständigen zusammenzurufen, und die Zusammensetzung des Verteidigungsbeitrags.

Minister *Schäffer:* Ich hoffe, die Antwort am Samstag[8] übergeben zu können. Ich würde vorschlagen, daß sich die Sachverständigen einmal unter sich mit dem Memorandum beschäftigen.

Wir werden sofort an die Ausarbeitung des deutschen Standpunkts gehen.

Nächste Sitzung, Samstag, 19. 1., 11 Uhr.[9]

VS-Bd. 58 (Büro Staatssekretär)

16

Delegationsleiter Abs an den britischen Delegationsleiter Rendel

16. Januar 1952[1]

Herr Vorsitzender,

in der Sitzung des Dreimächte-Ausschusses für deutsche Schulden mit der deutschen Delegation für Auslandsschulden am 6. Dezember 1951 in London[2] gaben Sie namens der Regierung des Vereinigten Königreiches folgende Erklärung ab:

8 19. Januar 1952.

9 Für die Besprechung mit Vertretern der AHK am 19. Januar 1952 vgl. Dok. 20.

1 Entwurf.
Am 27. Dezember 1951 übermittelte Delegationsleiter Abs Gesandtschaftsrat a. D. Weiz den Entwurf zusammen mit den Entwürfen zweier weiterer Schreiben an den Leiter der französischen Delegation, Gregh, und den Leiter der amerikanischen Delegation, Pierson, mit der Bitte um Weiterleitung an Bundeskanzler Adenauer. Vgl. dazu B 10 (Abteilung 2), Bd. 1551.
Im Begleitschreiben vom 27. Dezember 1951 an Adenauer bat Abs den Bundeskanzler, die Absendung der Schreiben zu genehmigen. Ferner führte er aus: „Der von den drei Regierungen als Bedingung für die Reduktionen ihrer Forderungen verlangte Verzicht der Bundesregierung auf Forderungen, die die Bundesregierung oder ihre Staatsangehörigen wegen der Maßnahmen der Besatzungsmächte in Deutschland geltend machen könnten, wird in diesem Schreiben noch nicht ausgesprochen, weil die rechtlichen und finanziellen Folgen eines solchen Verzichts zunächst noch genauer Prüfung durch die zuständigen Bundesministerien bedürfen.“ Vgl. B 10 (Abteilung 2), Bd. 1551.
Am 2. Januar 1952 legte Weiz die Entwürfe und das Begleitschreiben an Adenauer Ministerialdirektor Blankenhorn vor. Vgl. dazu B 10 (Abteilung 2), Bd. 1551.
Ministerialdirektor Blankenhorn leitete den Vorgang am 11. Januar 1952 an Adenauer weiter und vermerkte dazu: „Herr Abs beabsichtigt, die anliegenden drei Schreiben an die Hauptdelegierten der Vereinigten Staaten, Frankreichs und Großbritanniens bei der Schuldenkonferenz in London abzusenden. Die Herren Bundesminister Blücher, Schäffer, Erhard und Dehler haben die drei Entwürfe gutgeheißen und mitgezeichnet.“ Vgl. B 10 (Abteilung 2), Bd. 1551.
Hat Adenauer am 12. Januar 1952 vorgelegen, der handschriftlich vermerkte: „Einverst[anden].“

2 Vgl. dazu AAPD 1951, Dok. 198.

„Die Regierung des Vereinigten Königreiches, getragen von dem Wunsch, zu einer baldigen und befriedigenden Regelung des gesamten deutschen Schuldenproblems beizutragen, ist nach sorgfältigster Prüfung der Sachlage bereit, unter der Voraussetzung des Zustandekommens einer solchen Regelung die folgenden Zugeständnisse zu machen:

Erstens ist sie bereit, den Gesamtbetrag ihrer Forderungen auf £ 150 Millionen herabzusetzen;

zweitens ist sie bereit, die Rückzahlungsfrist für diese Verbindlichkeit auf 20 Jahre festzusetzen;

schließlich ist sie bereit, auf jegliche Zinsforderungen zu verzichten.

Die Regierung des Vereinigten Königreiches ist somit bereit, die Rückzahlung dieser Verbindlichkeit in 20 Jahreszahlungen von je £ 7½ Millionen anzunehmen.

Wie mir gesagt wird, beträgt der Zeitwert dieser Zahlungen, beispielsweise auf einer Basis von 5% berechnet, £ 55,8 Millionen. Hiernach kommen unsere Zugeständnisse tatsächlich einer Streichung von 73,2% der Gesamtverbindlichkeit gleich."

Ich beehre mich, Ihnen im Auftrag der Bundesregierung auf diese Erklärung folgendes mitzuteilen:

Die Bundesregierung hat mit Genugtuung von den Modifikationen Kenntnis genommen, denen die Regierung des Vereinigten Königreiches ihre Forderung hinsichtlich des Vorrangs und des Betrages zu unterziehen bereit ist. Sie sieht in dieser Bereitschaft einen wesentlichen Beitrag für die in der bevorstehenden internationalen Schuldenkonferenz[3] gemeinsam anzustrebende Regelung des gesamten Problems der deutschen Auslandsschulden. Sie erkennt zugleich dankbar an, daß die Regierung des Vereinigten Königreiches und deren Steuerzahler bereit sind, die mit der Reduktion verbundenen Opfer auf sich zu nehmen.

Die Bundesregierung hat davon Kenntnis genommen, daß die vorgesehenen Modifikationen der Forderungen nur verwirklicht werden sollen, wenn eine gerechte und befriedigende allgemeine Regelung des deutschen Schuldenproblems in dem vorgesehenen Abkommen erreicht wird. Nach Auffassung der Bundesregierung wäre eine solche Regelung gegeben, wenn neben den zu transferierenden Annuitäten aus den Nachkriegsverpflichtungen auch die privaten und kommerzialisierten Vorkriegsschulden in befriedigender Weise unter Berücksichtigung der deutschen Transferfähigkeit im ganzen behandelt werden. Von dieser Voraussetzung hängt die Wiederherstellung des deutschen Kredites ab. Die Grundlagen für die Beurteilung der deutschen Transferfähigkeit lassen sich aus dem Memorandum der Deutschen Delegation entnehmen, das dem Dreimächte-Ausschuß im Dezember 1951 in London überreicht worden ist.[4] Aus

[3] Die Konferenz über deutsche Auslandsschulden fand vom 28. Februar bis 8. August 1952 in London statt.

[4] Am 6. Dezember 1951 übersandte Delegationsleiter Abs dem Vorsitzenden des Drei-Mächte-Ausschusses, Rendel, das Memorandum vom 10. November 1951 über die deutsche Transferfähigkeit. Für den Wortlaut des Begleitschreibens vgl. B 10 (Abteilung 2), Bd. 1531. Für den Wortlaut des Memorandums vgl. B 10 (Abteilung 2), Bd. 1534.

diesem Memorandum ist ersichtlich, daß die deutsche Transferfähigkeit von der Haltung der Partner Deutschlands im internationalen Handelsverkehr abhängig sein wird.

Bei der Prüfung der deutschen Transferfähigkeit ist zu berücksichtigen, daß die Devisen-Situation und die deutsche Ausfuhr, insbesondere auch die Ausfuhr nach dem Dollar-Raum seit September v.J. sich ständig verschlechtert. Bei einem Transfer von 73 Millionen $ für die Nachkriegsschulden muß daher der Zweifel zum Ausdruck gebracht werden, ob daneben noch ein angemessener Transfer für die Bedienung der Vorkriegsschulden möglich ist.

Die deutsche Fähigkeit zur Begleichung der Auslandsschulden wird auch grundlegend von den Vereinbarungen beeinflußt werden, die über die Höhe des deutschen finanziellen Verteidigungsbeitrages getroffen werden.

Namens des Dreimächte-Ausschusses hat der Vorsitzende der französischen Delegation, M. F.D. Gregh, in der Sitzung am 5. Dezember 1951[5] ferner erklärt, es sei Voraussetzung für die Reduktionen der Forderungen aus der Wirtschaftshilfe, „daß weder die Bundesregierung noch ihre Staatsangehörigen Ansprüche gegen eine der drei Regierungen erheben werden, die aus deren Maßnahmen in Deutschland seit dem 5. Juni 1945 entstanden sein könnten oder mit ihnen in Verbindung stehen. Die drei Regierungen erkennen zwar die Rechtmäßigkeit derartiger Ansprüche nicht an, erwarten aber, daß die Bundesrepublik Deutschland auf alle Ansprüche dieser Art verzichtet, soweit sie nicht unter die vertraglichen Vereinbarungen oder unter besondere Abkommen fallen“.

Im Auftrag der Bundesregierung beehre ich mich, Ihnen bezüglich dieser Bedingung der Modifikation der Forderung der Regierung des Vereinigten Königreiches mitzuteilen, daß die zuständigen Bundesministerien unverzüglich mit der Prüfung der Fragen befaßt worden sind, unter welchen verfassungsrechtlichen Voraussetzungen und in Verbindung mit welchen gesetzgeberischen Maßnahmen der vorgeschlagene Verzicht gegenüber der Regierung des Vereinigten Königreiches ausgesprochen werden kann.

Genehmigen Sie, Herr Vorsitzender, den Ausdruck meiner ausgezeichneten Hochachtung.

Ihr sehr ergebener
gez. Hermann J. Abs

B 10 (Abteilung 2), Bd. 1551

[5] Für das Gespräch des Delegationsleiters Abs mit dem Drei-Mächte-Ausschuß vgl. AAPD 1951, Dok. 198.

17

Bundeskanzler Adenauer an Staatssekretär Hallstein

17. Januar 1952

Persönlich – Vertraulich!

Seit vielen Wochen dränge ich auf gute Vorbereitung der Behandlung der Saarfrage im Minister-Komitee des Europarats.[1] Auf meine wiederholten Anfragen nach dem Stand höre ich – wie gestern von Ihnen –, sie sei nahezu fertig oder fertiggestellt. Ich bitte Sie dringend, dieser Angelegenheit Ihre persönliche Aufmerksamkeit zu widmen und ebenfalls mit mir die Frage zu besprechen, ob und wie man die Behandlung der Frage im Minister-Komitee des Europarats durch vorherige Verhandlungen mit den Außenministern der in dem Minister-Komitee vertretenen Länder vorbereiten kann und soll.

Über die sehr schlechte Vorbereitung der gestrigen Verhandlungen[2] durch das Auswärtige Amt haben wir gesprochen. Ich ersuche dringend, die nötigen Vorkehrungen zu treffen, damit sich etwas Derartiges nicht wiederholt und bitte auch, den in Frage kommenden Stellen mitzuteilen, wie sehr unzufrieden ich gewesen bin. Ich muß aber darauf aufmerksam machen, daß Sie die Verantwortung mir gegenüber tragen müssen.

Adenauer[3]

Stiftung Bundeskanzler-Adenauer-Haus, III, Band 114

1 Zur Sitzung des Ministerkomitees des Europarats am 20. März 1952 vgl. Dok. 81.
2 Zur Besprechung am 16. Januar 1952 mit Vertretern der AHK über den finanziellen Verteidigungsbeitrag der Bundesrepublik vgl. Dok. 15.
3 Paraphe.

18

Aufzeichnung des Staatssekretärs Hallstein

18. Januar 1952[1]

Herr McCloy bat mich heute zu sich. Er legte im Beisein von General Hays die alliierte Auffassung über die Methode der Verhandlungen über den finanziellen Verteidigungsbeitrag dar. Das sei die offizielle Stellungnahme der Alliierten (formal position); wenn dieser Methode nicht gefolgt werde, werde es „all sorts of trouble" geben.

1) Die erste Frage sei die der Festsetzung des Globalbetrages, den Deutschland überhaupt leiste (einschließlich dessen, was davon an die Engländer und Amerikaner fließe). Darüber könnten hier vorbereitend Besprechungen mit der Gruppe Harris stattfinden[2], womit Herr Minister Schäffer einverstanden sei. Anschließend müsse diese Frage wohl mit den Drei Weisen in Paris erörtert werden. Bei der Festsetzung dieses Globalbetrages seien gemäß der NATO-Formel gewisse Abzüge erlaubt, zum Beispiel militärische Pensionen, Grenzpolizei; in diesem Zusammenhang sei auch die Frage von Abzügen wegen Berlin, der Flüchtlingslasten usw. zu verhandeln. Das Verfahren vor den Drei Weisen müsse, um nicht unnötige Schwierigkeiten durch Zuziehung aller Atlantikpaktstaaten zu schaffen, etwas formlos sein. Es könnten dort also dieselben Kriterien wie für alle Atlantikpaktstaaten angewandt werden, aber wohl nicht genau das gleiche Verfahren der Prüfung.[3]

2) Davon zu trennen sei die Verhandlung mit Amerikanern und Engländern über deren Anteil an dem Globalbetrag. Diese Verhandlungen sollten hier stattfinden, wobei die Bundesrepublik völlig gleichberechtigt verhandeln werde. Die Europäische Verteidigungsgemeinschaft könne dabei durch einen Beobachter vertreten werden (vielleicht durch einen Benelux-Vertreter, da die beiden Hauptmitglieder der EVG, Deutschland und Frankreich, ohnedies bereits an den Verhandlungen beteiligt seien). Hier handele es sich vor allem um den Beitrag in Gestalt der „infra structure", das sind Grundstücke für militärische Zwecke, Kasernen usw.; ferner Kohlelieferungen und andere Versorgungsleistungen („logistics"). Es sei nicht richtig, auch diese Dinge in Paris zu verhandeln. Die hiesigen Vertreter kennten sowohl die Bedürfnisse der in Deutschland stationierten alliierten Truppen besser als auch die wirtschaftliche Lage Deutschlands, von der seine Leistungen abhingen. Man wolle aber auch nicht, daß die EVG (unter Mitsprache der Belgier, der Holländer usw.) praktisch über die Bedürfnisse der alliierten Truppen bestimme. Man wünsche nicht die EVG als

1 Hat laut Vermerk des Oberstleutnants a. D. de Maizière vom 22. Januar 1952, der die Weiterleitung an Oberst a. D. Graf von Kielmansegg verfügte, dem Beauftragten des Bundeskanzlers, Blank, vorgelegen.

2 Für die Besprechungen am 9., 16., 19. und 21. Januar 1952 mit Vertretern der AHK über den finanziellen Verteidigungsbeitrag der Bundesrepublik vgl. Dok. 8, Dok. 15, Dok. 20 und Dok. 21.

3 An dieser Stelle vermerkte Oberstleutnant a. D. de Maizière handschriftlich für Oberst a. D. Graf von Kielmansegg: „Hier wäre die Möglichkeit, eine vernünftige Regelung der Pensionsfrage für die 131er zu finden, ohne daß es den Bund zusätzlich Geld kostet. Für uns wichtig erschiene Lage als ‚psychologische Voraussetzung'."

Makler („broker"). Man wolle sich also nicht damit abfinden, daß Deutschland ausschließlich einen Beitrag an die EVG leiste und die Alliierten an die EVG verweise.

3) Dies alles sei jedenfalls der alliierte Standpunkt, soweit es sich um das erste Jahr handele. Später könne man vielleicht die EVG einschalten, die dann, wie General Hays sich ausdrückte, auch physisch existent sein werde, was sie ja heute noch gar nicht sei. Es handele sich also im Augenblick um einen Vertrag für ein Jahr. In diesem Jahr seien die deutschen Ausgaben für die deutschen Kontingente der Europäischen Armee noch vergleichsweise gering. Für die künftigen Jahre, in denen die Ausgaben für die deutschen Kontingente steigen würden, könne man in Aussicht nehmen, daß Deutschland sich nur zur kostenlosen Überlassung von Kasernen, Flugplätzen, Truppenübungsplätzen, Transportmitteln usw. verpflichte, vielleicht sogar in der Weise, daß die Alliierten die Unterhaltungskosten für die Grundstücke selbst ersetzten. Auf meine ausdrückliche Frage bestätigte General Hays, daß dies sich auch auf die Engländer beziehen solle.

4) Die Lösung für das erste Jahr müsse bis spätestens 1. April ausgearbeitet sein, sonst würden laufende Abmachungen jeweils für einen Monat notwendig werden.

Ich selbst erklärte, das Gehörte dem Herrn Bundeskanzler vortragen zu wollen. Vorsorglich wies ich darauf hin,

1) daß eine Verhandlung der Alliierten mit der EVG nicht notwendig in Paris stattfinden müsse, sondern auch in Bonn stattfinden könne, womit sowohl die Zuständigkeit der Hohen Kommissare[4] wie die Vorteile der Ortsnähe gewährleistet seien;

2) daß wir an dem Prinzip festhalten müßten, daß die Lasten der Verteidigungstruppen in Deutschland von der EVG getragen werden müßten, ebenso wie ja nicht die Bundesrepublik allein, sondern ganz Europa durch diese Truppen verteidigt werde;

3) daß in jedem Falle die EVG die Leidtragende in bezug auf die Abzüge zugunsten der Alliierten sei und daß es sehr fraglich sei, ob sie uns Deutschen die Vollmacht erteile, zu Lasten des EVG-Fonds Zahlungen an die Alliierten zu bewilligen.

Dem Herrn Bundeskanzler vorzulegen.

Herr McCloy will diesen Vorschlag am Dienstag mit dem Herrn Bundeskanzler erörtern.[5]

Hallstein

Bundesarchiv-Militärarchiv, BW 9/3069

[4] André François-Poncet (Frankreich), Ivone Kirkpatrick (Großbritannien), John J. McCloy (USA).

[5] Für die Besprechung des Bundeskanzlers Adenauer mit den Hohen Kommissaren François-Poncet (Frankreich), Kirkpatrick (Großbritannien) und McCloy (USA) am 22. Januar 1952 vgl. AAPD, Hohe Kommissare 1952, S. 7–13.

19

Aufzeichnung des Delegationsleiters Grewe

Geheim **19. Januar 1952**[1]

Betr.: Berlin

Die Bundesrepublik soll gewisse materielle Hilfsverpflichtungen zugunsten Berlins eingehen. Auf diese Verpflichtungserklärung, die in einseitiger Form erfolgen soll, ist im Generalvertrag Artikel VI, Abs. 2 Bezug genommen.[2] Über den Text dieser Erklärung ist zwischen den Berichterstattern der deutschen und der alliierten Seite weitgehende Einigkeit erzielt.

Die Bundesrepublik kann diese Verpflichtungen nur übernehmen, wenn zugleich sichergestellt ist, daß sich Berlin in den Rahmen der Wirtschafts-, Währungs-, Zoll- und Devisenpolitik der Bundesregierung einfügt und überhaupt auf allen denjenigen Gebieten der Bundesgesetzgebung folgt, die einheitlich im Bundesgebiet und in Berlin geregelt werden müssen. Um diese Einheitlichkeit zu gewährleisten, ist von deutscher Seite vorgeschlagen worden, daß sich die Alliierten in einem Schreiben an den Herrn Bundeskanzler verpflichten, die Übernahme gewisser Kategorien von Bundesgesetzen auf dem Gebiete der ausschließlichen Bundeszuständigkeit durch ein generelles Mantelgesetz des Berliner Parlaments zu dulden.[3] Durch dieses Berliner Gesetz sollte demnach erreicht werden, daß die entsprechenden Bundesgesetze in Berlin automatisch Anwendung finden und eine nochmalige Diskussion dieser Gesetze in jedem Einzelfall durch das Berliner Abgeordnetenhaus vermieden wird.

Durch diese Regelung sollen nicht die besatzungsrechtlichen Befugnisse der Alliierten in Berlin (die durch den Generalvertrag grundsätzlich aufrechterhalten werden) beeinträchtigt werden. Es soll also der Kommandatura unbenommen bleiben, im Einzelfall die Anwendung eines Bundesgesetzes in Berlin zu untersagen.

Die von uns vorgeschlagene Regelung ist zur Vermeidung unnötiger politischer Reibungen und im Interesse der innerpolitischen Stabilität der Berliner Verhältnisse dringend erwünscht und wird sowohl von dem Bundesbeauftragten

1 Durchdruck.

2 Am 22. November 1951 billigten Bundeskanzler Adenauer und die Außenminister Acheson (USA), Eden (Großbritannien) und Schuman (Frankreich) in Paris den Entwurf für den Generalvertrag. Für den Wortlaut des Artikels VI, Absatz 2 vgl. AAPD 1951, Dok. 193.

3 In der ersten Besprechung am 5. Dezember 1951 mit der AHK über Berlin betreffende Fragen schlug die Delegation der Bundesrepublik eine Erklärung der Drei Mächte über die künftige Rechtsstellung Berlins vor. Darin sollten sich die Alliierten unter anderem bereit erklären, „der Übernahme von Bundesrecht in Berlin in einem Maße, das die Gleichheit der Rechtsordnung, der wirtschaftlichen und finanziellen Verhältnisse in Berlin und im Gebiet der Bundesrepublik gewährleistet, nicht [zu] widersprechen. [...] Hierbei wird in Aussicht genommen, schrittweise das durch Berlin generell zu übernehmende Bundesrecht auf alle Gebiete zu erstrecken, für die nach Art. 73 des Grundgesetzes der Bund die ausschließliche Gesetzgebungszuständigkeit besitzt." Vgl. den Entwurf vom 4. Dezember 1951; Handakten Grewe, Bd. 4.
In derselben Besprechung führte Delegationsleiter Grewe dazu aus, daß für den Übernahmeakt des Berliner Abgeordnetenhauses ein generelles Mantelgesetz erforderlich sei. Vgl. dazu die Gesprächsaufzeichnung; Handakten Grewe, Bd. 4.

in Berlin[4] wie vom Berliner Senat[5] energisch gefordert. Wird dieser Forderung nicht nachgegeben, so müßte jedes innerpolitisch umstrittene Bundesgesetz dieser Art oder jeder internationale Vertrag (wie zum Beispiel der Schuman-Plan) im Berliner Parlament noch einmal diskutiert werden, was insbesondere im Falle einer unterschiedlichen Zusammensetzung des Berliner Parlaments gegenüber dem Bundestag zu Unzuträglichkeiten führen würde.

Über den Inhalt des an den Herrn Bundeskanzler zu richtenden Schreibens der alliierten Seite ist bis auf den letzten Absatz Einigkeit erzielt worden. Die oben dargestellte Meinungsverschiedenheit bildet den wesentlichen Inhalt dieses letzten Absatzes.[6]

gez. Grewe

Handakten Grewe, Bd. 4

4 Mit Schreiben vom 12. Januar 1952 wies der Bevollmächtigte der Bundesrepublik Deutschland in Berlin, Vockel, Bundeskanzler Adenauer darauf hin, daß zwischen der Bundesregierung und dem Senat von Berlin bereits im August 1951 ein Konsens über das Verfahren der Mantelgesetzgebung erzielt worden sei. Die Bundesregierung sei jedoch in ihrem Vorschlag an die Drei Mächte vom 5. Dezember 1951 in zwei wichtigen Aspekten von diesem Konsens abgewichen: Die ursprüngliche Übereinkunft habe vorgesehen, daß das „Mantelgesetz gleichzeitig festlegt, daß die kommende Gesetzgebung des Bundes [...] ohne besonderen Rechtsakt in Berlin übernommen" werde. Ferner sollte auch Bundesrecht gemäß Artikel 74 des Grundgesetzes (konkurrierende Gesetzgebung) durch ein Mantelgesetz in Berlin (West) übernommen werden. Vockel führte aus, daß die Bundesregierung aus der Verpflichtungserklärung gegenüber Berlin gewisse Rechte in der Stadt ableiten könne, und betonte, „daß auch der deutsche Vorschlag diese Rechte noch nicht genügend sichert, daß aber in dem alliierten Gegenvorschlag diese Rechte in völlig ungenügendem Umfange festgelegt werden". Vgl. Handakten Grewe, Bd. 4.

5 Zur Position des Senats von Berlin vgl. Dok. 73.

6 In der fünften Sitzung am 5. Januar 1952 lagen dem Hauptausschuß bei den Verhandlungen über die Ablösung des Besatzungsstatuts Entwürfe der Delegation der Bundesrepublik und der AHK vor, die bis auf den letzten Absatz identisch waren. Im alliierten Entwurf lautete der Absatz, die Drei Mächte würden „keine Einwände dagegen erheben, daß Berlin gemäß einem angemessenen, von der Alliierten Kommandatura zugelassenen Verfahren die gleiche Gesetzgebung wie die der Bundesrepublik übernimmt, insbesondere die Gesetzgebung über die Währung, das Geld- und Münzwesen, die Staatsangehörigkeit, das Paßwesen, die Ein- und Auswanderung, die Einheit des Zoll- und Handelsgebietes, die Handels- und Schiffahrtsverträge, die Freizügigkeit des Warenverkehrs und den Waren- und Zahlungsverkehr mit dem Auslande". In dem Entwurf der Bundesregierung hieß es dagegen, die Drei Mächte würden „keine Einwände dagegen erheben, daß Berlin die Anwendung von Bundesrecht beschließt und die dadurch etwa bedingte Tätigkeit von Bundesbehörden in Berlin vorsieht, soweit die Gleichheit der Rechtsordnung sowie der wirtschaftlichen und finanziellen Verhältnisse im Gebiet der Bundesrepublik und Berlin dies als geboten erscheinen läßt. Dies gilt insbesondere für die generelle Übernahme der Bundesgesetzgebung über die Auswärtigen Angelegenheiten, die Währung, das Geld- und Münzwesen, die Staatsangehörigkeit, das Paßwesen, die Ein- und Auswanderung und die Auslieferung, die Einheit des Zoll- und Handelsgebietes, die Handels- und Schiffahrtsverträge, die Freizügigkeit des Warenverkehrs und den Waren- und Zahlungsverkehr mit dem Auslande. Hierbei wird in Aussicht genommen, daß schrittweise die Bundesgesetze auf den Gebieten der ausschließlichen Bundeszuständigkeit generell durch Berlin übernommen werden." Vgl. den Entwurf für ein Schreiben der Drei Mächte betreffend die Beziehungen zwischen der Bundesrepublik und Berlin (Anlage 5 zum Gesprächsprotokoll der fünften Sitzung des Hauptausschusses am 5. Januar 1952); B 10 (Abteilung 2), Bd. 1417.

20

Besprechung mit Vertretern der Alliierten Hohen Kommission

Geheim **19. Januar 1952**

Anwesend: Minister Schäffer, Mr. Harris, Professor Bode, M. Leroy-Beaulieu, M. Mazodier, Mr. Melville, Herr Blank, Dr. Vialon, Dr. Strathus, Herr Weiz.

Herr Minister *Schäffer* eröffnet die Sitzung und nennt die deutschen Sachverständigen: Dr. Schleiminger, Dr. Bohlen, Dr. Strathus, Dr. Oeftering u. a.

Die Alliierten behalten sich die Mitteilung über die Namen ihrer Experten vor.

Mr. *Harris*: Wir wollen uns erst einmal über das Verfahren Gedanken machen. Wir wollen die Unterarbeitsgruppen nach zwei Gruppen unterteilen: 1) Wirtschaftsexperten, 2) Finanzexperten.

Es ist notwendig, daß die beiden Gruppen dauernd in Fühlung miteinander bleiben.

Minister *Schäffer*: Das ist auch beabsichtigt. Es wird notwendig sein, daß ein besonderer Sachverständiger für Sozialprodukt und ein besonderer für Außenhandelsfragen immer gleichzeitig vertreten ist.

Ihren Fragebogen habe ich erhalten. Ich habe Anweisung gegeben, daß die Sachverständigen in den einzelnen Ministerien sofort Abschrift erhalten, und es ist bereits ein Tag vereinbart, an dem die Sachverständigen die Dinge unter sich durchsprechen.

Der Fragebogen bezieht sich auf die Jahre 1949 bis 1951/52. Hier wird sich nun eine Frage ergeben: NATO-Jahre oder Haushaltsjahre? Im Sinn dieses Fragebogens wird das Haushaltsjahr zu nehmen sein, weil die Ziffern nach Haushaltsjahren berechnet sind und in Deutschland mit Ende Haushaltsjahr 1952 ein neuer Abschnitt eintritt, weil bis zum Jahr 1951/52 dieser Posten bei uns „Besatzungskosten“ heißt und dann die Schätzungen 1952 für die Verteidigungszwecke genommen werden müssen. Die Fragen sind nicht so umfangreich, daß sie viel Zeit in Anspruch nehmen, ich hoffe, im Laufe der nächsten Woche die Antworten festzustellen.

Mr. *Harris*: Was das Finanzjahr anbetrifft, so wäre es für Sie einfacher, wenn Sie Ihr Haushaltsjahr nehmen könnten anstatt NATO-Jahr, während es für uns keine Rolle spielt. Wir sind an dem nächsten Jahr interessiert, für die Vergangenheit spielt es keine Rolle.

Herr *Blank*: Ich spreche jetzt zu Ihnen als „Europäer“ und nicht als Deutscher. Die Verhandlungen in Paris stehen so, daß wir hoffen, sie in aller Kürze abgeschlossen zu haben. Das Ergebnis Ihrer Verhandlungen interessiert uns außerordentlich. Ich bin überrascht, daß Sie lediglich die Dinge der Jahre 1949, 1950, 1951 verhandeln wollen. Uns interessiert auch schon ein Ausblick auf die Jahre 1953/54 .

Minister *Schäffer*: Ich glaube, der Fragebogen hier ist eine Abschrift des Fragebogens, der zwischen NATO und den einzelnen Ländern bisher aufgestellt worden ist. Es wird keine Erinnerung bestehen, wenn die deutsche Seite von sich aus, soweit das möglich ist, eine Vorausschau für die nächsten Jahre hinzufügt.

Mr. *Harris*: Der Fragebogen verlangt Angaben für die Jahre 1952 bis zu Mitte des Jahres 1954.

Minister *Schäffer*: Bei der letzten Sitzung[1] ist der Wunsch ausgesprochen worden, daß wir uns heute über die Fragen unterhalten, die in dem Schreiben vom 4. 1. 1952[2] aufgeworfen sind.

Bevor wir zu den einzelnen Fragen Stellung nehmen, wollen wir uns erst einmal informativ unterhalten, was unter den einzelnen Fragen zu verstehen ist.

Ich habe in der letzten Sitzung den Eindruck gehabt, daß die Herren besonderen Wert auf eine klare Regelung für die Übergangszeit legen. Wenn ich richtig verstanden habe, soll vermieden werden, daß in der Übergangszeit eine Rechtsgrundlage fehlt und so die Gefahr bestünde, daß die Versorgung der einzelnen Truppenteile unterbrochen würde und Übergangsschwierigkeiten entstehen. Ich muß also Bezug nehmen auf den Stand der Verhandlungen, wie er in Paris ist.

Die deutsche Seite hat in Paris größten Wert darauf gelegt, daß vom ersten Tag des Inkrafttretens an ein gemeinsames Budget errichtet wird aus der Überlegung heraus, daß Deutschland bisher ein nationales Wehrbudget nicht gehabt hat, eine nationale Armee gar nicht errichten will und infolgedessen auch nicht will, daß ein nationales Budget nur für eine Übergangszeit entsteht, aber auch nicht will, daß nach außen hin eine Diskriminierung zwischen Deutschland und den anderen Länder entsteht.

Die Verhandlungen in Paris haben folgendes Ergebnis: Gemeinsames Budget vom ersten Tag an, die Länder, in denen die nationalen Parlamente nationale Wehrbudgets bereits bewilligt haben in dieser ersten Zeit, übertragen die Ausgaben in das gemeinsame Budget der EVG. Deutschland stellt einen Verwendungsplan auf, und dieser Verwendungsplan und die nationalen Budgets werden von einer Planungsgruppe koordiniert und zu einem gemeinsamen Budget für das Rumpfjahr 1952 verschmolzen. Im Jahr 1953 soll grundsätzlich das gleiche Prinzip gelten, jedoch unter der Voraussetzung, daß für die europäischen Truppenkontingente die nationalen Parlamentsbewilligungen ihre Bedeutung schon stark verloren haben, weil inzwischen die Organe der EVG stehen und infolgedessen in der Lage sind, die Ausgaben selbständig zu beeinflussen. Im Jahr 1953 steht anstelle der Planungsgruppe, die nur vorläufig ist, dann der Verteidigungskommissar mit seinem Stab. Der Verteidigungskommissar arbeitet natürlich mit SHAPE in allen militärischen Fragen zusammen.

Ich habe schon erwähnt, daß, um dem Pleven-Plan Aussicht auf Erfolg geben zu können, es notwendig ist, den Verteidigungsbeitrag an EVG im deutschen Haushalt in einer Summe aufzustellen und in einer Summe zur Bewilligung des Parlaments zu bringen. Nun ist für uns die Frage: Welche Vorschläge könnten wir besprechen für die Behandlung dieses Verteidigungsbeitrags in der EVG und NATO, wenn hier eine Sicherung gegeben werden soll, daß die stationierten Truppen auf deutschem Boden keine Unterbrechung der Leistungen an sie erfahren. Es ist damals der Einwand gemacht worden, daß einzelne Länder, die

[1] Zur Besprechung am 16. Januar 1952 mit Vertretern der AHK über den finanziellen Verteidigungsbeitrag der Bundesrepublik vgl. Dok. 15.

[2] Für das Schreiben des Leiters der Delegation der Drei Mächte, Harris, an Bundesminister Schäffer vgl. VS-Bd. 6727 (EVG-Delegation).

nicht Mitgliedstaaten der EVG sind, schwer mit der EVG unmittelbar verhandeln könnten.

Dr. Vialon: Stationierungskosten sind in den Konferenzsitzungen bisher nur wenig behandelt worden, dafür mehr in den internen Besprechungen zwischen den einzelnen Delegationen. Nach einem amerikanischen Vorschlag sollte die militärische Planungsgruppe in Zusammenarbeit mit den Stationierungsländern Verhandlungen führen über den Bedarf für diese Truppen für das Rumpfjahr 1952.

Mr. *Harris*: Wer hat von der amerikanischen Seite in Paris diesen Vorschlag gemacht?

Herr *Blank*: Es wird Ihnen bekannt sein, daß Amerika ebenso wie England und Frankreich als Beobachter an der Konferenz in Paris teilnehmen und daß diese Herren sehr geholfen haben, die widersprechenden Ansichten zu klären.

Dr. Vialon: Dieser gesamte Voranschlag sollte sodann nach Inkrafttreten des Vertrags dem Ministerrat vorgelegt werden, der diesen Voranschlag dann mit Rückwirkung genehmigt, und die Regierungen sollten sich darüber einig sein, daß er intern schon vom ersten Tag zu laufen beginnt. Auf diese Weise wird sichergestellt, daß der Geldbedarf dieser Truppen, ob sie zur Verteidigungsgemeinschaft oder mit dem Aufhören der derzeitigen Regelung in Deutschland, gedeckt wird.

Minister *Schäffer*: In dem Ministerrat wird Deutschland vertreten und infolgedessen wird es wohl gut sein, wenn wir schon hier Richtlinien vorbereiten, damit die Zustimmung der Deutschen Bundesrepublik im Ministerrat von vornherein gesichert ist.

Dr. Vialon: Wir haben uns erlaubt, in Fortführung dieser amerikanischen Idee einen Vorschlag zu machen, den wir zunächst in informeller Weise der französischen Delegation überreicht haben, folgenden Inhalts: „Die Kosten für die in Deutschland stationierten Streitkräfte von Staaten, die nicht der Verteidigungsgemeinschaft angehören, werden aus den Mitteln des an die EVG zu leistenden deutschen Beitrags bestritten und rechnerisch einer Sonderverhandlung zugeführt."

Mr. *Harris*: Bevor wir weiterfahren, müssen wir erst einmal wissen, welchen Wert dieser Vorschlag von amerikanischer Seite hat, ob es ein offizieller Vorschlag ist und angenommen worden ist oder ob es sich hier um einen Vorschlag handelt, den jemand als eine gute Idee behandelt hat. Die offiziellen Vertreter der drei Regierungen sind über diesen Vorschlag von ihren Regierungen nicht informiert, und ihre Instruktionen stimmen mit diesem Vorschlag nicht überein. Es wäre uns sehr lieb, wenn wir diesen Vorschlag schriftlich erhalten können, wenn Sie uns nicht sagen können, wer in Paris diesen Vorschlag gemacht hat.

Wir erhalten Informationen von der Pariser Konferenz von unseren dortigen Beobachtern, und keiner dieser offiziellen Beobachter hat über den Vorschlag irgendein Wort gesagt.

Herr Minister *Schäffer* bittet, diesen Vorschlag von amerikanischer Seite in Paris als Vorschlag entgegenzunehmen, und geht nach einer kurzen Debatte über diese Angelegenheit zu den einzelnen Punkten des Schreibens vom 4. 1. 1952 über.

Ich möchte Ihnen die deutsche Meinung zu den einzelnen Punkten sagen, die letzte Entscheidung können wir überhaupt nicht treffen.

1) Globalbeitrag

Ich möchte klären, was ist unter dem Wort „Globalbeitrag“ zu verstehen.

Mr. *Harris*: Unter Globalbeitrag meinen wir die Gesamtsumme, die zur Verteidigung des Westens beigetragen wird.

Minister *Schäffer*: Alle Länder haben mit NATO einen Globalbeitrag vereinbart, d.h. sie haben festgestellt, was kann innerhalb der Leistungskraft des einzelnen Landes für sämtliche Verteidigungszwecke aufgewendet werden. Das waren bei den anderen Ländern die europäischen Truppenkontingente, die notwendigen militärischen Ausgaben auch für das, was national im Land bleibt, Ausgaben für die Sicherung auf polizeilichem Gebiet, für uns käme noch die spezielle Frage der stationierten Truppen dazu.

Bei diesem Globalbeitrag sind die besonderen Leistungen, die ich für Frankreich mit Indochina und für Deutschland mit Berlin bezeichne, mit inbegriffen, und das gehört zur Abschätzung der Leistungskraft und damit zum Begriff „Globalbeitrag“.

Mr. *Harris*: Wir müssen hier einen Unterschied machen zwischen der Zahlungsfähigkeit und dem Globalbeitrag. Wenn die Zahlungsfähigkeit Deutschlands festgestellt wird, dann werden die speziellen Lasten Deutschlands, wie Berlin, mitberücksichtigt werden, aber in der Aufstellung des Globalbeitrags durch NATO kann Berlin nicht berücksichtigt werden.

Minister *Schäffer*: Ich nehme einmal ganz konkret die Ziffer von 13 Mrd. DM an, die Sie das letzte Mal in Ihrem Memorandum genannt haben. Sie haben doch bei diesen 13 Mrd. nicht etwa daran gedacht, daß Deutschland neben den 13 Mrd. für Verteidigungszwecke noch extra bezahlen soll die stationierten Truppen, Berlin etc.?

Mr. *Harris*: Auf Grund der Erklärungen, die dem Kanzler schriftlich gegeben worden sind[3], würde der Globalbeitrag aus dem Folgenden bestehen:

1) Kosten, die dadurch entstehen, daß alliierte Truppen auf dem Gebiet der Bundesrepublik stationiert sind, und das würde auch die Truppen in Berlin miteinschließen.

2) Kosten für die deutschen Kontingente innerhalb der EVG.

3) Lasten, die Deutschland bereits zahlt oder die es in der Zukunft zahlen wird, die nach NATO-Maßstäben berechnet worden sind und die NATO als legitime Kosten betrachtet, und diese Kosten werden dann von dem deutschen Verteidigungsbeitrag wieder abgezogen. Dies alles ist bereits in dem Fragebogen ausgedrückt.

Mr. *Melville*: Die Absicht dieses Punktes 1 des Briefes vom 4. 1. 1952 war nur, die vorbereitenden Schritte dafür zu treffen, daß die Generalverpflichtung abgegeben wird darüber, daß Deutschland einen Gesamtbeitrag leisten würde innerhalb des Rahmens seiner Leistungsfähigkeit. Es war nicht die Absicht, in Arti-

3 Zur Erklärung des Geschäftsführenden Vorsitzenden der AHK, François-Poncet, vom 14. Dezember 1951 vgl. Dok. 8, Anm. 8.

kel 1 Summen festzulegen. Es sollte von Deutschland nur die Erklärung abgegeben werden, die ungefähr so lauten würde: Die Bundesrepublik übernimmt die Verpflichtung, einen fortlaufenden Beitrag zur Verteidigung des Westens zu leisten innerhalb des Rahmens ihrer[4] Leistungsfähigkeit, und dieser würde dann die Kosten für die Stationierung der alliierten Truppen innerhalb Deutschlands decken.

Minister *Schäffer*: Wir sind uns darüber klar, daß aus diesem Globalbeitrag u. a. bezahlt werden die Unterhaltung der alliierten Streitkräfte und selbstverständlich die gesamten Kosten für die Aufstellung der europäischen Kontingente deutscher Nation, wobei ich aber offen lasse, in welcher Form dies geschieht, ob wir einen Verteidigungsbeitrag an die europäische Kasse bezahlen und daraus die Truppen bezahlt werden oder ob das auf Grund einer Umlage geschieht.

2) Höhe und Bedingungen für das Jahr 1952/53

Wie ist es bis zum Inkrafttreten des Pariser Verteidigungsbeitrags und gleichzeitigen Inkrafttreten des Generalvertrags? Ich schlage vor, daß wir als Datum nur beispielsweise den 1. 7. für das Inkrafttreten der europäischen Verteidigungskonvention und Generalvertrags nehmen. Bis zum 1. 7. 52 läuft die alte Regelung Besatzungsstatut. Wenn die EVG Verteidigungsbeiträge vorsieht rückwirkend für die Zeit vor 1. 7., würden die Leistungen, die Deutschland auf Grund Besatzungsstatut geleistet hat, als Verteidigungsbeitrag nachträglich anerkannt werden. Für die Zeit vom 1. 7. 52 bis 31. 12. 52: Deutschland hat voraussichtlich einen Verwendungsplan aufzustellen, in den aufgenommen wird: der Bedarf für die Aufstellung der europäischen Kontingente deutscher Nation usw., der bis zum 31. 12. 52 anfällt. Dieser Verwendungsplan läßt sich in der Höhe jetzt noch nicht feststellen. Ich nehme an, daß in diesen Plan all das hineinkommt, was bis zum 31. 12. ausgegeben oder fest verplant werden muß. Dann müßten wir in den Plan die Posten aufnehmen, die nach den NATO-Regeln in allen Ländern als Ausgaben für nationale Verteidigungszwecke anerkannt sind.

Mr. *Harris*: Wir haben Weisung, über einen Gesamtbeitrag zu verhandeln, der ein fixierter Beitrag sein wird für die ersten zwölf Monate. Herr Blank muß sowieso Pläne aufstellen, und seine Pläne werden für eine Periode laufen, die länger als zwölf Monate ist.

Minister *Schäffer*: Der deutsche Verwendungsplan muß enthalten, was zur Aufstellung der europäischen Kontingente deutscher Nation notwendig ist entsprechend der Regelung, die mit NATO getroffen wird. Die Kosten für diese Kontingente werden bei uns in einer Globalsumme erscheinen, während andere Kosten der Bewilligung des Parlaments nach wie vor unterstehen. Der detaillierte Plan ist Sache des Verteidigungskommissars, das deutsche Parlament genehmigt nur eine Globalsumme.

Mr. *Harris*: Wir haben nichts dagegen, wenn Sie in Ihrem Haushalt eine Eintragung haben: X für Global-Verteidigung, wir haben aber etwas dagegen: X für Guthaben der europäischen Verteidigung.

Minister *Schäffer*: Da müssen wir mit unseren Regierungen reden, denn die Möglichkeit, den Pleven-Plan im Parlament durchzubringen unter der Formel

4 Korrigiert aus: „seiner".

„Freiheit" und „nicht mehr Besatzungsgebiet", muß gegeben sein. Deswegen unser Bemühen, diese Gesamtkosten unter dem Titel „Beitrag an die EVG" erscheinen zu lassen.

Mr. *Harris*: Das ist eine Angelegenheit zwischen dem Herrn Bundeskanzler und den Hohen Kommissaren, die sie am Dienstag besprechen können.[5]

Minister *Schäffer*: Ich bitte, die Herren Hohen Kommissare zu verständigen, von dem was ich gesagt habe. Ich werde Herrn Bundeskanzler auch noch verständigen.

Nächste Sitzung Montag, 8.15 Uhr in Mehlem.[6]

VS-Bd. 58 (Büro Staatssekretär)

21

Besprechung mit Vertretern der Alliierten Hohen Kommission

Geheim **21. Januar 1952**

Anwesend: Minister Schäffer, Mr. Harris, Mr. Trevelyan, M. Leroy-Beaulieu, M. Mazodier, Professor Bode, Ministerialdirektor Dr. Oeftering, Dr. Vialon, Herr Weise, Herr Weiz.

Mr. *Harris* eröffnet die Sitzung und bittet, auf die nachfolgenden Punkte des Schreibens vom 4. 1.[1] einzugehen.

Minister *Schäffer*: Ich lege Wert darauf, daß wir uns über die Zeitabschnitte unterhalten. Die Zeit bis 31. 12. 52 ist die Zeit, in der Deutschland einen Verwendungsplan aufstellen muß für die Aufwendungen, die es für seine eigenen Kontingente machen muß. Vom 1. 1. 53 beginnt ein zweiter Abschnitt, in dem die Aufstellung des gemeinsamen Haushaltsjahres mehr und mehr in die Hände der EVG übergeht.

Zum Globalbeitrag hätte ich einen besonderen Wunsch, den ich bitte, Ihren Regierungen mitzuteilen. Wenn ich einen Globalbeitrag leisten muß, so wird er darin bestehen, daß ich positive Leistungen machen und auf Einnahmen verzichten muß, die sonst dem Bundeshaushalt zugehen würden. Ich weise auf den Schmuggel hin, auf den Besatzungsschmuggel, der mit alliierten Waren betrieben wird und immer wieder stark zunimmt. Wir berechnen jetzt schon den Steuerausfall auf 300 Mio. DM im Jahr. Solche Steuerausfälle müßte ich als Teil des Globalbeitrags für mich anrechnen.

5 Für die Besprechung am 22. Januar 1952 mit den Hohen Kommissaren François-Poncet (Frankreich), Kirkpatrick (Großbritannien) und McCloy (USA) vgl. AAPD, Hohe Kommissare 1952, S. 7–13.

6 Für die Besprechung am 21. Januar 1952 mit Vertretern der AHK vgl. Dok. 21.

1 Für das Schreiben des Leiters der Delegation der Drei Mächte, Harris, an Bundesminister Schäffer vgl. VS-Bd. 6727 (EVG-Delegation).

Hinsichtlich des ersten Zeitabschnitts weise ich auf Tabelle 1 hin. Der deutsche Verwendungsplan wird sich ähnlich aufbauen, und hier interessiert uns insbesondere ein Posten: Bauwesen. Wenn er aufgestellt werden muß, so muß er auch die Unterkünfte, Bauten etc. für die neuen zwölf deutschen Divisionen vorsehen. Es wird wohl alles, was Bauwesen anbelangt, entweder im deutschen Verwendungsplan stehen müssen oder im Haushaltsplan der EVG.

Mr. *Harris*: Wir haben feste Weisungen von unseren Regierungen, daß wir in dem Posten „Unterhalt der alliierten Truppen in Deutschland" einen Posten vorsehen müssen, der für die Infrastruktur der Truppen sorgt, und daß auch dieser Posten innerhalb des Vertrags erwähnt wird. Es gibt drei Elemente, die in der Infrastruktur enthalten sind.

1) Infrastruktur, die für die deutschen Kontingente benötigt wird;

2) Infrastruktur der alliierten Truppen, die sich auf deutschem Boden befinden;

3) Infrastruktur von EVG selbst.

Diese drei Elemente werden koordiniert werden mit der Infrastruktur von SHAPE selbst.

Minister *Schäffer*: Es ist klar, daß die notwendigen militärischen Anlagen für die Truppen zur Verfügung gestellt werden müssen. Es handelt sich immer nur um die Form, in der das geschieht. Es erscheint mir ganz vernünftig, wenn man von vornherein damit rechnet, daß die ganzen Anlagen einheitlich aufgebaut werden müssen. Das geschieht durch den Oberkommandierenden, und infolgedessen wird auch im wesentlichen die Kasse, aus der das zu bezahlen ist, eine einheitliche sein.

Es ist doch unmöglich, daß Deutschland Verpflichtungen übernimmt, die es bisher im Zeitabschnitt des Besatzungsregimes nicht gehabt hat. Wir haben auch unter den Besatzungskosten den Sold der Truppen nicht bezahlt.

Mr. *Harris*: (Punkt 2 des Schreibens vom 4. 1.)

Wir brauchen

1) einen Voranschlag der Geldsummen, die notwendig sind, um den Unterhalt der EVG-Truppen deutscher Nation in den nächsten zwölf Monaten zu decken;

2) einen Voranschlag für die Kosten der Infrastruktur;

3) einen Voranschlag für die Kosten des Unterhalts der alliierten Truppen, die in Deutschland stationiert sind, und das schließt nicht den Sold ein.

Minister *Schäffer*: Ich hatte schon erwähnt, daß man daran denkt, eine Planungsgruppe einzusetzen.[2] Diese soll vom Tag des Inkrafttretens der EVG an im Zusammenwirken mit SHAPE die notwendigen Ausgaben festlegen, bis die EVG in ihren Organen einmal steht. Diese Planungsgruppe wird sich auch damit beschäftigen, welche Leistungen für die stationierten Truppen im einzelnen ausgeschieden werden müssen. Welche Sonderrechte sollen für die stationierten Truppen etwa daneben noch in Frage kommen?

Mr. *Harris*: Denken Sie daran, daß die Planungsgruppe mit SHAPE nur über die Kapitalkosten der Infrastruktur verhandelt, oder handelt es sich um alle Gelder, die für die stationierten Truppen nötig sind?

2 Vgl. dazu Dok. 20.

Minister *Schäffer*: Die Planungsgruppe muß sich überlegen, was von dem Globalbeitrag Deutschlands für das militärisch Notwendige auf allen Gebieten zunächst zu verwenden ist.

Mr. *Harris*: Ich habe mich mit Paris in Verbindung gesetzt. Es hat von amerikanischer Seite nie die Absicht bestanden, daß die Planungsgruppe sich mit NATO in Verbindung setzen soll oder mit SHAPE verhandelt über die Höhe des Unterhalts, der den alliierten Truppen gewährt wird, oder daß die Planungsgruppe sich in die Verhandlungen in Bonn einmischen soll.

Aus Ihren bisherigen Ausführungen schließe ich, daß es keine Konvention geben soll, die die Höhe des Unterhalts der alliierten Truppen in Deutschland festlegen soll, und daß auch nicht die Bedingungen, unter denen der Unterhalt gegeben werden soll, aufgestellt werden. Sind Sie dieser Meinung, dann wäre diese Angelegenheit morgen zwischen dem Herrn Bundeskanzler und den Hohen Kommissaren zu besprechen.[3]

Minister *Schäffer*: Wir wollen beide eine Konvention. Der Vertrag setzt auf der einen Seite den Beitritt Deutschlands zur Verteidigungsgemeinschaft der westlichen Welt fest mit den Verpflichtungen, die sich daraus ergeben. Auf der anderen Seite wird er enthalten den Verzicht auf das Besatzungsstatut und den Schutz, der dem deutschen Boden genau so gegeben wird, wie er dem Boden sämtlicher Länder EVG gewährt wird. Ich möchte hier unterscheiden zwischen dem Grundsatz und zwischen den Fragen, die sich für die nächste Übergangszeit ergeben. Für die Dauer müssen wir auf den Grundsatz hinauskommen, daß alle Truppenkontingente gleiche Rechte und gleiche Pflichten haben. Das gilt für die Dauer des Vertrags von 50 Jahren. In der Übergangszeit kann sich der Zwang zu einer besonderen Regelung ergeben, weil Deutschland in der Übergangszeit noch nicht in der Lage ist, seine zwölf Divisionen voll aufzustellen. Welche besondere Regelung erscheint für diese Übergangszeit für die alliierten Truppen notwendig?

Mr. *Harris*: Wir möchten zu den Punkten, die der Herr Minister erwähnt, noch hinzufügen:

Die fortlaufende Verpflichtung Deutschlands zur Verteidigung des Westens. Wir würden auch die Verwendung des Beitrags für das erste Jahr im Vertrag selbst festlegen, außerdem gewisse finanzielle Angelegenheiten, die mit finanziellen Verpflichtungen im Zusammenhang stehen, die unter der Besatzung entstanden sind und die für eine gewisse Zeit weitergeführt werden müssen, damit sie sich abwickeln können.

Unsere Aufgabe hier ist, das Material vorzubereiten, das auf der Regierungsebene den letzten Entscheidungen unterliegt. Wir müssen von Ihnen erfahren, welches Ihre Pläne zum Aufbau der Truppen sind, in welchen Stadien und wie die Kosten sind.

Minister *Schäffer*: Sie werden von uns ein Memorandum bekommen, also unsere Berechnungen über die Höhe des Globalbeitrags.[4] Wir werden in Vorgriff auf den Verwendungsplan festlegen, was für die deutschen Kontingente in die-

[3] Für die Besprechung am 22. Januar 1952 mit den Hohen Kommissaren François-Poncet (Frankreich), Kirkpatrick (Großbritannien) und McCloy (USA) vgl. AAPD, Hohe Kommissare 1952, S. 7–13.

[4] Zum Memorandum der Bundesregierung vom 1. Februar 1952 vgl. Dok. 45.

sem Jahr nach unserer Schätzung gebraucht wird. Ich glaube nicht, daß die Dienststelle Blank heute schon in der Lage ist, den Betrag zu nennen. Ziffernmäßig zu sagen, wie hoch die Aufwendungen für die Divisionen bereits in diesem Jahr sind, ist jetzt unmöglich.

Mr. *Harris*: Können Sie uns eine ungefähre Höhe nennen? Herr Blank wird doch eine ungefähre Idee über die Höhe haben, denn in Paris hat man sich doch darüber geeinigt, daß zwölf Divisionen aufgestellt werden, also muß er auch wissen, was sie kosten.

Minister *Schäffer*: Herr Blank hat aufgeführt, daß die Aufstellung der zwölf Divisionen ungefähr 46 Mrd. DM kosten wird. Diese 46 Mrd. DM dürften die deutsche Leistungskraft übersteigen. Herr Blank hat noch keine Mitteilung, ob diese Erstausstattung aus deutscher und europäischer Kasse getragen werden soll oder mit einer Außenhilfe.

Die deutsche Leistungskraft hat wie jede Leistungskraft ihre[5] Grenze. Deutschland ist bereit, daß es diese Leistungskraft dem Verteidigungszweck zur Verfügung stellt. Werden die deutschen Divisionen rasch benötigt und aufgestellt, dann sind die deutschen Ausgaben und die Ausschöpfung der deutschen Leistungsfähigkeit eben rascher vorhanden. Deswegen ist der Gedanke der Planungsgruppe geboren worden. Innenpolitisch betrachtet wäre es besser, wenn sie langsam anlaufen, international betrachtet haben wir keinen Tag zu verlieren.

Mr. *Harris*: Werden die Kosten für die zu leistende Ausrüstung mit von den Amerikanern und Engländern getragen werden?

Minister *Schäffer*: Die Ausrüstung soll ausschließlich über die EVG laufen, die sog. Außenhilfe ist bisher meines Wissens bilateral behandelt worden. Jetzt wird die Wirtschaftshilfe wahrscheinlich nur denen gegeben, die sich an der Aufrüstung beteiligen, um wirtschaftliche Schwierigkeiten, die entstehen, zu überwinden.

Mr. *Harris*: Kommen wir zu den einzelnen Punkten des Schreibens vom 4. 1. zurück.

Wir möchten eine Liste über die Punkte, über die wir uns einig sind, aufstellen. Wir stellen fest, daß die Punkte 7, 8, 9, 10 Gegenstand der Konvention werden.

Bei Punkt 6 und 7 stellen wir fest, daß der Finanzminister der Meinung ist, daß es ein Abkommen der Konvention geben soll, aber sie soll in Einklang mit der EVG-Konvention stehen.

Minister *Schäffer*: Punkt 4 und 5 sind politische Fragen. Dabei wird sich nicht vermeiden lassen, daß hier eine Art Planungsgruppe besteht und daß diese auf diesem Gebiet mit herangezogen wird.

Deutschland hat seinen Globalbeitrag zu leisten, über den Globalbeitrag muß im Einvernehmen aller Beteiligten entschieden werden. Ergibt sich dann, daß der deutsche Globalbeitrag noch einen Restbetrag übrigläßt für die stationierten Truppen, so verfügt die Planungsgruppe im Einvernehmen mit der Bundesregierung wie mit den anderen Ländern über diesen Restbetrag.

5 Korrigiert aus: „seine".

Der Grundsatz muß in der Konvention enthalten sein.

Punkt 11. Die EVG muß eine Besoldungsregelung treffen. Diese Besoldungsregelung soll nach gewissen Grundsätzen aufgestellt werden, hier kann sich bei den alliierten Truppen für die Übergangszeit eine Differenz ergeben. Darüber müssen Bestimmungen in der Konvention mit enthalten sein.

Punkt 1, 2 und 3.

Dr. Vialon: Nach der bisherigen Ansicht sollen die Stationierungskosten vom deutschen Beitrag abzugsfähig sein, so daß in den Haushalt der EVG nur der Rest eingesetzt würde. Diese Stationierungskosten sollten als abzugsfähige Kosten an die sogenannte Übergangskonvention des Verteidigungsbeitrags niedergelegt sein. Über die Höhe der Stationierungskosten müßte also zwischen den Ländern, die sich an der EVG beteiligen, gesprochen werden und Einvernehmen herrschen. Es besteht also schon aus diesem Grund eine enge und unlösbare Verbindung zwischen den Stationierungskosten und dem Beitrag an die EVG.

Wir haben uns die Lösung so gedacht: Die Planungsgruppe sollte geschaffen werden für die Zeit zwischen Unterschrift und Ratifikation. Sie sollte aus militärischen und finanziellen Experten bestehen und sollte von allen Staaten die militärischen Programme bzw. Haushaltspläne erhalten, von deutscher Seite einen Verwendungsplan. Unter weitgehender Aufrechterhaltung des Inhalts dieser Pläne sollte die Planungsgruppe den gemeinsamen Haushalt der EVG aufstellen. Dieser Haushaltsplan sollte später dem Ministerrat der EVG vorgelegt werden und rückwirkend vom Tag des Inkrafttretens in Wirksamkeit gesetzt werden. Bei der Aufstellung des deutschen Verwendungsplans sollten die Vertreter der Planungsgruppe mit den Ländern, die Truppen in Deutschland unterhalten, ohne Mitglied der EVG zu sein, in Verbindung treten. Der deutsche Beitrag wird zunächst einmal in Anspruch genommen für gewisse Ausgaben der EVG, auf die wir keinen Einfluß haben. Das ist die Behörde selbst, die Stäbe und die Schulen. Was dann übrig bleibt, wissen wir nicht. Dieser Rest sollte nun verteilt werden auf die Ausgaben für den Aufbau der deutschen Kontingente und auf die Ausgaben für die in Deutschland stationierten Truppen, und es sollte über die Verteilung dieser Ausgabegruppen Einvernehmen erzielt werden zwischen den Herkunftsländern und der Planungsgruppe. Die deutschen Vertreter in der Planungsgruppe würden also nicht frei sein, sondern würden mit den Vertretern der beteiligten Herkunftsländer diese Beträge aushandeln und im einzelnen dabei bestimmen, welche einzelnen Vorhaben nun auf den Teil Stationierungskosten und auf den Teil deutsche Aufbaukosten fallen, und wir hatten dabei die Vorstellung, daß ein ganz beträchtlicher Teil der jetzt als Stationierungskosten aufgemachten Ausgaben ohne weiteres in den deutschen Verwendungsplan aufgenommen werden könnte, weil die Zwecke europäisch sind. Da der Haushaltsplan einstimmig vom Ministerrat genehmigt werden muß, hat es Deutschland in der Hand, seine Vereinbarungen mit den Herkunftsländern auch durchzusetzen. Die Ausgaben sollten nach außen hin laufen, nach innen aber weitgehend einer Sonderbehandlung zugeführt werden. Man kann sich diese Sonderbehandlung so denken, daß im europäischen Haushalt steht: die aus dem deutschen Beitrag zu deckenden Stationierungskosten, ein Betrag und dann Hinweis auf eine Erläuterung, die zwischen den Ländern und der Planungsgruppe auszuhandeln wäre. Dieser Vorschlag scheint uns den Wünschen der Alliierten weitgehend gerecht zu werden. Eine Regelung, die sich zunächst nur auf das Jahr 1952 beschränkt.

Mr. *Harris* erbat zu den Ausführungen von Herrn Dr. Vialon noch ein paar ergänzende Ausführungen und nahm von ihnen Kenntnis.

VS-Bd. 58 (Büro Staatssekretär)

22

Bundeskanzler Adenauer an den amerikanischen Hohen Kommissar McCloy

II Geh. 105/52 **23. Januar 1952**

Herr Hoher Kommissar,

Auf Ihr Aide-mémoire vom 4. Januar 1952[1] betreffend das „Gesetz über die gegenseitige Verteidigungshilfe vom 26. Oktober 1951“[2] beehre ich mich, Ihnen mitzuteilen, daß die Bundesregierung mit Wirkung vom 24. Januar 1952 für die Lieferung von Waren der Kategorien A und B dieses Gesetzes[3] aus der Bundesrepublik nach den Sowjetblockstaaten ein Embargo anordnen wird.

Gleichzeitig überreiche ich in der Anlage eine Übersicht über die laufenden Verpflichtungen der Bundesrepublik aus Handelsverträgen mit den Staaten des Sowjetblocks sowie aus bereits erteilten, aber noch nicht ausgenutzten Lieferungsgenehmigungen für Waren der oben angeführten Listen. Da die Nichterfüllung dieser Verpflichtungen die wirtschaftlichen und handelspolitischen In-

1 Für den Wortlaut vgl. VS-Bd. 3177 (Abteilung 2).

2 In dem von Präsident Truman am 26. Oktober 1951 unterzeichneten Mutual Defense Assistance Control Act wurde ausgeführt: „The Congress of the United States [...] hereby declares it to be the policy of the United States to apply an embargo to the shipment of arms, ammunition, and implements of war, atomic energy materials, petroleum, transportation materials of strategic value, and items of primary strategic significance used in the production of arms, ammunition, and implements of war to any nation or combination of nations threatening the security of the United States, including the Union of Soviet Socialist Republics and all countries under its domination, in order to 1) increase the national strength of the United States and of the cooperating nations; 2) impede the ability of nations threatening the security of the United States to conduct military operations; and 3) to assist the people of the nations under the domination of foreign aggressors to reestablish their freedom.“ Vgl. UNITED STATES. STATUTES AT LARGE 1951, Bd. 65, S. 645.

3 Am 6. Dezember 1951 übergab die amerikanische Delegation im Coordinating Committee of the Paris Consultative Group of nations working to control export of strategic goods to Communist countries (COCOM) den übrigen Delegationen ein Aide-mémoire, das eine Spezifizierung der unter das Embargogesetz fallenden Waren enthielt: „In accordance with provisions of Title I of Act, Administrator under Act determined on Nov[ember] 25 list of items, known as Category A of Title I, which are to be considered ‚arms, ammunition, and implements of war and atomic energy materials‘ for purposes of Act. [...] In addition to above-named items, Administrator determined on Nov[ember] 25 a further list of items, known as Category B, which are for purposes of Title I of Act ‚petroleum, transportation materials of strategic value, and those items of primary strategic significance used in production of arms, ammunition, and implements of war‘.“ Vgl. FRUS 1951, I, S. 1221.

teressen der Bundesrepublik empfindlich schädigen würde, bitte ich um Zustimmung der zuständigen amerikanischen Stellen zur Einhaltung dieser übernommenen Verpflichtungen. Erforderlichenfalls ist die Bundesregierung selbstverständlich bereit, eine eingehende Begründung für die Notwendigkeit der beantragten Ausnahmen nachzureichen.

Genehmigen Sie, Herr Hoher Kommissar, den Ausdruck meiner ausgezeichnetsten Hochachtung.

gez. Adenauer

[Anlage]

Übersicht über die Verpflichtungen der Bundesrepublik aus Handelsverträgen mit Staaten des Sowjetblocks sowie aus bereits erteilten, aber nicht ausgenutzten Lieferungsgenehmigungen für Waren der Listen Titel I Kategorie A und B des „Gesetzes über die gegenseitige Verteidigungshilfe vom 26. Oktober 1951“.

Warenbezeichnung	Listen-Nummer	Bestimmungsland	Menge	Wert in US-$
a) Handelsvertragliche Verpflichtungen				
Leichtschrott	1630	Ungarn	10.000 t	600.000,00
Leichtschrott	1630	ČSR	10.000 t	600.000,00
bereits lizenziert (Handelsvertragsverpflichtung aus 1950):				
Leichtschrott	1630	ČSR	15.000 t	900.000,00
b) Nicht ausgenutzte Lizenzen				
Teile eines Handelseisenwalzwerks	1305	Ungarn	1.000 t	1.800.000,00
Landbagger zum Abtragen von Abraum	1305	ČSR	1 Stück im Gewicht von ca. 1715 kg	1.950.000,00
Lokomotiv-Ersatzteile	1481	ČSR	37 Stück	1.007,60
Kondensfolien	1602	Ungarn	4000 kg	6.489,60
Kugel- und Rollenlager	1601	Ungarn	1500 kg	15.554,20
Aluminiumröhre	1602	Polen	1355 kg	2.108,16

VS-Bd. 3177 (Abteilung 2)

23

Bundeskanzler Adenauer an den Geschäftsführenden Vorsitzenden der Alliierten Hohen Kommission, Kirkpatrick

Geheim **24. Januar 1952**[1]

Herr Hoher Kommissar,

Der Verlauf unserer letzten Besprechung am 22. Januar[2] gibt mir Veranlassung, noch einmal auf einen Gesichtspunkt zurückzukommen, den ich bereits im Verlauf dieser Sitzung angedeutet habe.

Die Verhandlungen über die Zusatzabkommen zum Generalvertrag haben in den Wochen seit der Pariser Konferenz[3] dank den gemeinsamen Anstrengungen aller Beteiligten wesentliche Fortschritte erzielt. Gleichwohl sind diese Fortschritte nicht ausreichend, um den Abschluß der Verhandlungen zu dem vorgesehenen Termin, d.h. dem Tage des Zusammentritts der Konferenz in Lissabon[4], zu gewährleisten. Es bleibt noch ein umfangreicher Verhandlungsstoff mit zahlreichen, bisher nicht gelösten Fragen zu bewältigen. Ich halte die Innehaltung des Termins von Lissabon aus allgemeinen politischen Gründen für unerläßlich. Es muß daher nach meiner Auffassung ein Verfahren gefunden werden, das die rechtzeitige Bewältigung aller noch ungelösten Fragen garantiert.

Erlauben Sie mir, offen auszusprechen, daß ich ein wesentliches Hindernis, rechtzeitig zu einem Endergebnis zu kommen, darin erblicke, daß vielen nebensächlichen Fragen auf alliierter Seite ein Gewicht beigemessen wird, das ihnen im Vergleich zu den großen Aufgaben, die von uns gemeinsam zu lösen sind, nicht zukommt.

Wenn das Ziel, das wir in diesen Verhandlungen gemeinsam erstreben – nämlich die Sicherung der freien Welt gegen die Bedrohung aus dem Osten und der Aufbau einer friedlich zusammenwirkenden europäischen und atlantischen Gemeinschaft unter Einbeziehung Deutschlands –, wirklich erreicht werden soll, dann ist dies nur durch großzügige und weitsichtige Entschlüsse möglich. Der psychologische Eindruck, den unser Vertragswerk auf das deutsche Volk machen muß und der unbedingt notwendig ist, um die Deutschen zu zuverlässigen und vollwertigen Gliedern der westlichen Verteidigungsgemeinschaft zu machen, kann leicht dadurch beeinträchtigt werden, daß die Zusatzverträge mit zu viel drückenden und im Grunde unnötigen Belastungen beschwert werden, die notwendig Ressentiments hervorrufen werden.

1 Durchdruck.

2 Für die Besprechung des Bundeskanzlers Adenauer mit den Hohen Kommissaren François-Poncet (Frankreich), Kirkpatrick (Großbritannien) und McCloy (USA) vgl. AAPD, Hohe Kommissare 1952, S. 7–13.

3 Zur Ministerkonferenz über eine Europäische Verteidigungsgemeinschaft vom 27. bis 30. Dezember 1951 in Paris vgl. Dok. 4. Vgl. auch AAPD 1951, Dok. 214–216.

4 Zur NATO-Ministerratstagung vom 20. bis 25. Februar 1952 vgl. Dok. 62.

Ich halte den gegenwärtigen Augenblick für günstig, um einen neuen Versuch zu machen, die sozialdemokratische Opposition für die Annahme des Verteidigungsbeitrages zu gewinnen. Das setzt jedoch voraus, daß wir in den Verhandlungen zu einer raschen und großzügigen Verständigung über die entscheidenden Grundfragen gelangen und uns nicht in einem Dickicht von Einzelheiten verstricken, die stimmungsmäßig verhängnisvoll wirken, ohne daß sie der alliierten Seite wirklich entscheidend helfen. Alle diese Gesichtspunkte veranlassen mich, an Sie und Ihre Herren Kollegen nochmals die dringende Bitte zu richten, daß der letzte Verhandlungsabschnitt nunmehr von allen nebensächlichen Fragen befreit werden möge, die uns nur aufhalten und die den Zugang zu den eigentlich entscheidenden Fragen versperren, die der Opposition eine Fülle von Angriffsflächen geben und es möglich machen, die Diskussion und die Würdigung des Gesamtwerkes durch die deutsche Öffentlichkeit auf Nebenpunkte abzulenken.

Was ich meine, wird vielleicht deutlicher, wenn ich einige Beispiele anführe. Es scheint mir der gegenwärtigen Situation in keiner Weise mehr zu entsprechen, wenn sich unsere Berichterstatter immer noch in langwierigen und mühevollen Verhandlungen mit der Frage der Gewerbefreiheit[5] abquälen müssen. Ob und in welchem Maße in Deutschland Gewerbefreiheit besteht, ist eine Frage, die mit unseren Verhandlungen nicht das Geringste zu tun hat. Es handelt sich um eine Frage des inneren Verfassungs- und Verwaltungsrechts, die vom Bundesverfassungsgericht endgültig geklärt werden muß. Eine uns in dieser Frage von außen aufgenötigte Bindung würde in Widerspruch zum Geiste des Generalvertrags stehen, welcher der Bundesrepublik die Bestimmung über ihre eigenen inneren Angelegenheiten überläßt.[6] Es ist mir bekannt, daß Ihre Sachverständigen die Gewerbefreiheit als eine Frage der Dekartellierung betrachten und sie damit zu den bisherigen Vorbehaltsgebieten des Besatzungsstatuts[7] rechnen. Ich möchte mich an dieser Stelle nicht dazu äußern, ob diese Auffassung richtig ist. Selbst wenn sie juristisch zutreffend wäre, was sie nicht ist, würde sie in der deutschen Öffentlichkeit auf Unverständnis stoßen. Es ist völlig unmöglich, der deutschen Öffentlichkeit heute noch plausibel zu machen, daß die Alliierten ein Recht und ein legitimes Interesse hätten, diese rein innerdeutsche Frage von sich aus zu regeln. Ich halte es daher für dringend geboten, daß im weiteren Verlauf der Verhandlungen Fragen dieser Art ausgeschieden werden.

5 Bei den Verhandlungen über die Gewerbefreiheit im Rahmen der Gespräche über ein neues Kartellgesetz strebten die Drei Mächte mit dem Verbot des „großen Befähigungsnachweises" eine liberale Regelung für die Niederlassung von Handwerksbetrieben an, während die Bundesregierung für die Beibehaltung des Nachweises eintrat. Vgl. dazu die Besprechung des Beratenden Ausschusses über Dekartellisierung und Entflechtung am 6. Dezember 1951; B 10 (Abteilung 2), Bd. 1422. Vgl. dazu auch AAPD 1951, Dok. 206.

6 Vgl. dazu die Präambel des Entwurfs vom 22. November 1951 für den Generalvertrag; AAPD 1951, Dok. 193.

7 Die Drei Mächte behielten sich im Besatzungsstatut vom 21. September 1949 unter anderem Befugnisse hinsichtlich der „Kontrolle über die Ruhr, die Restitutionen, Reparationen, Dekartellisierung, Dezentralisation, Ausschluß von Diskriminierungen in Handelsangelegenheiten, die ausländischen Interessen in Deutschland und die Ansprüche gegen Deutschland" vor. Vgl. AMTSBLATT DER AHK, Nr. 1 vom 23. September 1949, S. 13.

Einen anderen Punkt haben wir auf den letzten Sitzungen erörtert. Er betrifft den alliierten Vorschlag, das Oberste Wiedergutmachungsgericht mit drei alliierten und zwei deutschen Richtern zu besetzen.[8] Auch dieser Vorschlag wird in der deutschen Öffentlichkeit zu unerwünschten Reaktionen führen. Die von alliierter Seite gewünschte beschleunigte Abwicklung der Verfahren ist nach meiner Ansicht durch die von uns vorgeschlagene Besetzung des Gerichts[9] keineswegs gefährdet. Auch fragt es sich, ob ein geringfügiger Zeitunterschied die Nachteile und Gefahren aufwiegt, welche die alliierte Regelung mit sich bringt. Dabei handelt es sich keineswegs nur um Nachteile und Gefahren für die deutsche Seite, sondern in gleichem Maße um psychologische Rückwirkungen, die der gemeinsamen deutschen und alliierten Sache schädlich sind.

Um ein weiteres Beispiel zu erwähnen, verweise ich auf die Verhandlungen über den Truppenvertrag. Ihre Sachverständigen haben die gesetzliche Einführung von Strafvorschriften zum Schutze der Streitkräfte verlangt[10], die in schroffem Widerspruch zu den rechtsstaatlichen Grundsätzen stehen, welche gerade die alliierten Mächte nach 1945 in Deutschland wieder herzustellen bemüht waren. Man hat die Wiederherstellung von Strafvorschriften verlangt, wie sie in dieser Schärfe von Hitler in der letzten Phase des verlorenen Krieges 1944 eingeführt wurden. Unsere Sachverständigen sind von mir angewiesen, allen berechtigten Sicherheitswünschen der alliierten Seite so weit wie irgend möglich entgegenzukommen. Dieses Entgegenkommen darf jedoch nicht dazu führen, daß wir die großen rechtsstaatlichen Prinzipien verleugnen, die unserer Verfassung und unserer Politik und nicht minder auch der Politik der Drei Mächte zugrunde liegen.

Ich bitte auch, Verständnis dafür zu haben, daß das Weiterbestehen einer alliierten Kontrollgruppe[11] nach Abschluß unserer Abkommen innerpolitisch auf

[8] Vgl. dazu die Besprechung des Bundeskanzlers Adenauer am 8. Januar 1952 mit den Hohen Kommissaren François-Poncet (Frankreich), Kirkpatrick (Großbritannien) und McCloy (USA); AAPD, Hohe Kommissare 1952, S. 1–6.

[9] Zum Vorschlag der Bundesregierung, jede Abteilung des Gerichts mit drei alliierten, drei deutschen und einem neutralen Richter zu besetzen, vgl. Anlage 6 zur fünften Besprechung des Hauptausschusses am 5. Januar 1952; B 10 (Abteilung 2), Bd. 1417.

[10] Am 9. Januar 1952 übergaben die Drei Mächte der Delegation der Bundesrepublik im Unterausschuß für das Truppenabkommen einen überarbeiteten Entwurf für das Truppenabkommen. Artikel 15, Absatz 2 sah vor, daß auch bei strafbaren Handlungen von Bürgern der Bundesrepublik gegen die Streitkräfte „die Gerichtsbarkeit in erster Linie von den Behörden der Drei Mächte ausgeübt" werden solle. Vgl. B 10 (Abteilung 2), Bd. 1436.
Dazu erklärte Delegationsleiter Grewe in der zwölften Besprechung des Unterausschusses am 10. Januar 1952, eine „primäre alliierte Strafgerichtsbarkeit über deutsche Staatsangehörige auf deutschem Boden sei in den Augen der deutschen Bevölkerung auf Grund der Ereignisse während der Rheinlandbesetzung in den Jahren nach 1919 und der alliierten Besetzung Deutschlands nach 1945 so sehr mit einem Besatzungsregime verknüpft, daß sie nach deutscher Auffassung mit dem neuen Status der Bundesrepublik und der alliierten Streitkräfte unvereinbar erscheine". Vgl. B 10 (Abteilung 2), Bd. 1436.
Der Gegenvorschlag der Delegation der Bundesrepublik vom 23. Januar 1952 lautete: „Über Personen, die der deutschen Gerichtsbarkeit unterliegen und nicht Mitglieder der Streitkräfte (oder deren Angehörige) sind, üben die deutschen Behörden die ausschließliche Gerichtsbarkeit auch in solchen Strafsachen aus, die die Streitkräfte [...] berühren." Vgl. Anlage 1a zur 14. Besprechung des Unterausschusses für das Truppenabkommen am 23. Januar 1952; B 10 (Abteilung 2), Bd. 1436.

[11] Zur Absicht der Drei Mächte, die Entflechtung der Montan- und der chemischen Industrie in der Bundesrepublik auch nach Inkrafttreten des Generalvertrages von einer alliierten Behörde durchführen zu lassen, vgl. die Besprechung des Unterausschusses für Dekartellisierung und Entflechtung am 4. Dezember 1951; B 10 (Abteilung 2), Bd. 1422.

sehr große Schwierigkeiten stoßen wird. Es muß deswegen unser generelles Bestreben sein, die Funktionen der vorgesehenen Kontrollgruppe auf die Aufgaben zu beschränken, für deren Durchführung die deutsche Zuständigkeit nicht ausreicht. Alle anderen Aufgaben der Entflechtung, wie zum Beispiel die Regelung des Aktientausches[12], sollten im Rahmen unserer Verhandlungen so normiert werden, daß für deren Durchführung die Existenz einer Kontrollgruppe nicht erforderlich ist.

Es ist nicht möglich, an dieser Stelle eine Liste aller Einzelfragen zu geben, die nach meiner Auffassung nicht wert sind, daß sie die Verhandlungen stören und verzögern. Ich glaube, daß die oben angeführten Beispiele genügend deutlich zeigen, was ich im Auge habe. Ich möchte den dringenden Appell an Sie richten, Ihren Berichterstattern Weisungen zu geben, die sie veranlassen, Forderungen dieser Art fallen zu lassen. Nur wenn wir uns gemeinsam entschließen, das Verhandlungsverfahren zu beschleunigen und auf die großen entscheidenden Fragen zu konzentrieren, wird es uns gelingen, rechtzeitig zum Abschluß zu kommen. Ich wäre Ihnen aufrichtig dankbar, wenn Sie und Ihre Herren Kollegen sich entschließen würden, das gegenwärtig geübte Verhandlungsverfahren unter diesen Gesichtspunkten zu überprüfen. Vielleicht wäre es zweckmäßig, daß wir uns darüber auch bei unserer nächsten Zusammenkunft[13] eingehender unterhalten.

Ich darf die Gelegenheit benutzen, in diesem Zusammenhang noch eine andere Einzelfrage zu berühren. Wir haben bisher auf dem Gebiete der inneren Restitutionen keine Einigkeit über die Höhe der Schadensersatzansprüche gegen das Deutsche Reich bzw. gegen die Bundesrepublik erzielen können.[14] Es handelt sich bei diesen Forderungen um eine Summe, welche die Zahlungsfähigkeit der Bundesrepublik überhaupt in entscheidender Weise berührt. Jede Verpflich-

12 Die Gesetze Nr. 27 und Nr. 35 der AHK vom 16. Mai und 17. August 1950 sahen die Entflechtung der Montan- und der chemischen Industrie in der Bundesrepublik unter anderem durch die Übertragung von Gesellschaftsanteilen auf neue Anteilseigner vor. Die bisherigen Eigner sollten durch Anteile anderer Gesellschaften entschädigt werden. Für den Wortlaut der Gesetze vgl. AMTSBLATT DER AHK, Nr. 20 vom 20. Mai 1950, S. 299–316, und Nr. 31 vom 26. August 1950, S. 534–545. Vgl. dazu auch AAPD 1951, Dok. 206.

13 Für die Besprechung des Bundeskanzlers Adenauer am 5. Februar 1952 mit den Hohen Kommissaren François-Poncet (Frankreich), Kirkpatrick (Großbritannien) und McCloy (USA) vgl. AAPD, Hohe Kommissare 1952, S. 14–19.

14 In einem Memorandum für die AHK vom 10. Januar 1952 veranschlagte das Bundesministerium der Finanzen die rückerstattungsrechtlichen Geldansprüche der Opfer von Unterdrückungsmaßnahmen aus der Zeit des Nationalsozialismus gegen das Deutsche Reich auf fünf bis sieben Mrd. Reichsmark. Die Zahlungsfähigkeit der Bundesrepublik werde in entscheidendem Maße vom Umfang weiterer Verbindlichkeiten und Verpflichtungen der Bundesrepublik, etwa den Auslandsschulden und dem finanziellen Verteidigungsbeitrag, abhängen. Daher könne „die Regelung jeder einzelnen Schuldengruppe nach Höhe und Zahlungsweise nur unter Berücksichtigung des Ausmaßes aller finanziellen Verbindlichkeiten der Bundesrepublik erfolgen". Vgl. B 10 (Abteilung 2), Bd. 1425.
In der siebten Besprechung des Hauptausschusses am 19. Januar 1952 erklärte der Rechtsberater im amerikanischen Hochkommissariat, Debevoise, daß „die alliierte Seite von der Forderung nach einer bedingungslosen Verpflichtung der Bundesregierung, die gegen das Reich bestehenden und gerichtlich festgestellten Schadensersatzansprüche zu befriedigen, nicht abgehen werde. Das Memorandum des Bundesfinanzministeriums setze die Summen, um die es gehe, bei weitem zu hoch an." Die Drei Mächte seien „bereit, die Zahlungsfähigkeit der Bundesrepublik zu berücksichtigen. Dies könne aber nicht in der Formulierung und Gestaltung der Verpflichtung selbst, sondern nur hinsichtlich der Methode und der Fälligkeit der Erfüllungsleistungen geschehen". Vgl. B 10 (Abteilung 2), Bd. 1425.

tung, die wir in dieser Frage eingehen, beeinträchtigt daher notwendigerweise zugleich die Rechte und Ansprüche anderer Gläubiger. Aus diesem Grunde scheint es mir unerläßlich zu sein, daß diese Frage im Rahmen der Londoner Schuldenkonferenz geprüft wird. Dort kann die Frage im Gesamtzusammenhang des deutschen Schuldenproblems richtig gewürdigt werden.[15]

Genehmigen Sie, Herr Hoher Kommissar, den Ausdruck meiner ausgezeichnetsten Hochachtung.

gez. Adenauer

Handakten Grewe, Bd. 21*

24

Aufzeichnung des Vortragenden Legationsrats Salat

400-04 VI 00579/52 II **26. Januar 1952[1]**

Betr.: Besprechung mit Kultusminister-Konferenz und alliierten Erziehungsberatern[2]

Die gemeinsame Besprechung der Kultusminister mit den Erziehungsberatern der drei Hohen Kommissariate begann am 19. Januar um 9.45 Uhr in Königswinter unter Leitung des gegenwärtigen Vorsitzenden der Kultusminister-Konferenz, Kultusminister Dr. Sauer. Seine Begrüßungsansprache liegt bei (Anlage A).[3]

Zuerst wurden die alliierten Gäste um eine kurze Darstellung ihrer Arbeiten und Pläne gebeten.

1) Als erster nahm Gesandter Spitzmuller das Wort. Er unterstrich die Absicht der französischen Regierung, in der kommenden Botschaft einen Service Culturel zu errichten und die Zusammenarbeit mit der Bundesrepublik auf kulturellem Gebiet durch ein offizielles Kulturabkommen auf eine neue Basis zu stellen.[4] Es seien noch einige kleinere Schwierigkeiten zu überwinden, doch ist

15 Am 30. Januar 1952 antwortete der Geschäftsführende Vorsitzende der AHK, Kirkpatrick: „In spite of the criticisms you make, we are glad to note that you agree that considerable progress has been made since the Paris Conference on the negotiations of the supplementary conventions and that it is very important to complete them soon. We certainly agree that all the related conventions should be concluded as soon as possible in order that we may be in a position to sign them and the Convention on General Relations, together, at an early date. I and my colleagues have forwarded your letter to our Governments for their information; and we shall be glad to discuss with you the general issue it raises at our next meeting, should you so wish." Vgl. Handakten Grewe, Bd. 21.

* Bereits veröffentlicht in: ADENAUER, Briefe 1951–1953, S. 171–174.

1 Durchdruck.

2 G. C. Allen (Großbritannien), George R. Koopman (USA), Henry Spitzmuller (Frankreich).

3 Dem Vorgang nicht beigefügt.

4 Zur Aufnahme von Verhandlungen über ein deutsch-französisches Kulturabkommen vgl. AAPD 1951, Dok. 78.
Mit Schreiben vom 29. November 1951 übermittelte Vortragender Legationsrat Salat dem Referen-

zu hoffen, daß in Bälde ein endgültiger Text mit dem Auswärtigen Amt vereinbart werden könne. Um dem Kulturabkommen einen konkreten Inhalt zu geben, werde es nötig sein, mit den Kultusministern engst zusammenzuarbeiten. Herr Spitzmuller drückte schließlich die Hoffnung aus, daß die durch das Kulturabkommen festzulegende absolute Gegenseitigkeit sich auch darin äußern werde, daß in Paris ein deutsches Kulturzentrum geschaffen würde und daß in der Cité Universitaire recht bald das deutsche Haus errichtet werden kann, für das die französische Regierung die Hälfte der Baukosten zu übernehmen bereit ist.

2) Anschließend sprach Mr. Allen, der vor allem den Kultusministern der britischen Zone für die bisherige Zusammenarbeit dankte. Kein Kulturabkommen könne zu der schon bestehenden Basis gegenseitigen Respekts und Vertrauens etwas hinzufügen. Trotzdem begrüße auch die britische Regierung die Idee eines Kulturabkommens, an dessen Vorbereitung gearbeitet wird.[5] Seine weiteren Ausführungen waren wesentlich grundsätzlicher Natur, über den notwendigen Glauben an die Demokratie, den geistigen Kampf gegen das totalitäre Regime des Ostens, die Überzeugung, daß in der kulturellen Zusammenarbeit keiner der beiden Teile etwas verliere, sondern beide gewinnen. Selbstverständlich unterhalte die britische Regierung ein kulturell tätiges Personal in Deutschland aus englischen Interessen heraus, aber zugleich im Sinne der europäischen Zusammenarbeit. Mit Propaganda oder mit reeducation hätte diese Arbeit nicht das geringste zu tun. Sie sei wirklich eine „cooperation on equal terms".

Abschließend berichtete Mr. Allen davon, daß augenblicklich in der britischen Zone 23 Kulturzentren („Brücke") bestehen, außerdem eines in Frankfurt. Besonderer Wert werde gelegt auf den Austausch und die Zusammenarbeit auf dem Gebiet der Erwachsenenbildung. Es seien nicht genügend Mittel vorhanden, um weitere Zentren zu errichten, doch müsse die Zonenidee vollkommen überwunden werden, was teilweise bereits geschehen ist. So werden nach Wilton Park[6] Personen aus allen deutschen Ländern eingeladen. Das Kulturprogramm müsse organisch wachsen. Es sei zu hoffen, daß auch Deutschland in England in ähnlicher Weise tätig würde. Die Vorarbeiten für ein deutsch-englisches Institut in London seien ja bereits im Gange.

3) Mr. Koopman gab vor allem einen Überblick über die Umstellung der amerikanischen Kulturarbeit in Deutschland, die vor allem durch die bevorstehende Ablösung des Besatzungsstatuts, aber auch durch die wesentlich eingeschränkten Finanzmittel der Amerikaner bedingt sei. Die Kulturarbeit würde

Fortsetzung Fußnote von Seite 77
ten im französischen Hochkommissariat, Peyrefitte, den Vorschlag, ein Rahmenabkommen abzuschließen, „das nur die Grundsätze für die Behandlung der einzelnen Punkte enthält, deren konkrete Ausführung aber der normalen Kulturarbeit und vor allem den späteren Abmachungen einer gemischten Kulturkommission" vorbehalten bleiben solle. Vgl. B 90 (Referat 600), Bd. 145.

5 Mit Schreiben vom 5. Dezember 1951 übersandte Vortragender Legationsrat Salat dem Erziehungsberater im britischen Hochkommissariat, Allen, eine Liste mit mehreren Punkten, die Gegenstand eines Kulturabkommens werden sollten. Er führte dazu aus, daß die Bundesregierung ein Rahmenabkommen anstrebe, dessen Umsetzung „den späteren Vereinbarungen einer gemischten Kulturkommission" überlassen bleiben solle. Vgl. B 90 (Referat 600), Bd. 154.

6 Seit 1946 veranstaltete die britische Regierung in Wilton Park im Rahmen eines Erziehungsprogramms für deutsche Kriegsgefangene Seminare in politischer Bildung, die ab 1947 auch von zivilen Teilnehmern besucht werden konnten. Anfang der fünfziger Jahre nahmen an den Gesprächen in Wilton Park über aktuelle Themen deutscher und britischer Politik Vertreter des öffentlichen Lebens aus der Bundesrepublik und Berlin (West), Großbritannien sowie aus anderen europäischen Staaten teil.

im Rahmen der amerikanischen Botschaft durch eine Abteilung für öffentliche Angelegenheiten geleistet, die 13 Bezirksbüros und darunter 40 Zweigbüros unterhalten werde. Einzelheiten sind aus der beigelegten Übersetzung der Ansprache Mr. Koopmans ersichtlich (Anlage B).[7]

4) Die deutschen Berichte wurden eröffnet durch eine knappe Übersicht, die der Leiter des Schulausschusses der Kultusminister-Konferenz, Präsident Löffler, über den kulturellen Austausch zwischen Deutschland und dem Ausland, vor allem auf dem Gebiet der Erziehung, gab. Er erwähnte vor allem den Austausch von Lehrern, die Abordnung von Deutschlehrern zur Dienstleistung an ausländischen Schulen, die Veranstaltung von Ferienkursen, Seminaren, Arbeitsgemeinschaften und Treffen pädagogischer Art, die Studienreisen von Beamten der Unterrichtsverwaltungen ins Ausland, den Schüler- und Jugendaustausch, die Studiensemester im Ausland, das Problem deutscher Sprachzeugnisse, die im Ausland erworben werden können usw.

5) Als Vertreter des Auswärtigen Amts berichtete ich auf Wunsch über die Kulturabkommen, wobei ich im ersten Teil versuchte, die Grundsätze der Kulturarbeit der Bundesrepublik dem Ausland gegenüber darzulegen, außerhalb aller Propagandatendenz ohne staatliche Lenkung, aber doch mit aktiver Unterstützung seitens der staatlichen Behörden, wozu eben auch die im Kulturabkommen vorgesehenen gegenseitigen Erleichterungen gehören. Andererseits soll ein Kulturabkommen aber keine Einzelheiten regeln, es sei vielmehr eine Art von Meistbegünstigungsabkommen auf kulturellem Gebiet, das nur in kurzen Sätzen die Vergünstigungen aufzählt, die sich die beiden vertragschließenden Regierungen grundsätzlich zugestehen, vor allem auf dem Gebiet des Austauschs von Studenten, Professoren, Lektoren, Jugend usw., im Bereich der Wissenschaft, der Sprachförderung, des Buchaustauschs, der künstlerischen Zusammenarbeit, der Teilnahme an Tagungen, der Errichtung von Instituten und anderen kulturellen Einrichtungen, in einigen Fällen auch der Errichtung von Schulen usw. Eine gemischte Kommission sei dazu berufen, jedes Jahr wenigstens einmal die Entwicklung der Arbeit auf dem einen oder anderen dieser Gebiete zu prüfen und gemeinsam Vorschläge für die Weiterentwicklung auszuarbeiten, die konkrete Durchführung sei aber natürlich Sache der direkt betroffenen Kreise sowohl staatlicher wie privater Natur. Das bedeutet in Deutschland, daß die Kultusministerien maßgebend zur Durchführung beitragen müssen, ein Grund mehr für das Auswärtige Amt, um die Kultusminister-Konferenz bereits in die Vorbereitung der Kulturabkommen einzubeziehen. Dies sei bereits geschehen mit dem beinahe fertiggestellten deutsch-amerikanischen Kulturabkommen.[8] In Vorbereitung seien weitere Abkommen mit Frankreich, Großbritannien, Italien und Spanien.

7 Dem Vorgang nicht beigefügt.

8 Am 6. Dezember 1951 legte Vortragender Legationsrat Salat Staatssekretär Hallstein den amerikanischen Entwurf für ein Kulturabkommen mit den USA vor. Dazu führte er aus, daß „der amerikanische Entwurf weitgehend auf unsere Wünsche Rücksicht genommen hat, andererseits aber in Inhalt und Form den Voraussetzungen entspricht, die seine Annahme durch den amerikanischen Senat als sicher erscheinen lassen". Vgl. B 90 (Referat 600), Bd. 162.
Am 14. Januar 1952 übermittelte Generalkonsul I. Klasse Krekeler, Washington, dem Auswärtigen Amt den überarbeiteten amerikanischen Entwurf für ein Kulturabkommen. Der Referatsleiter im amerikanischen Außenministerium, Kellermann, habe ihm dazu am 11. Januar 1952 mitgeteilt, daß

6) Abschließend berichtete Professor Klauser über den Deutschen Akademischen Austauschdienst unter Hervorhebung vor allem des Stipendienaustauschs, der allmählich sehr erfreulich anläuft; aber auch der Professorenaustausch, der Praktikantenaustausch usw. wurden näher dargelegt.

7) In der ziemlich kurzen Aussprache – durch die Übersetzung der Referate war recht viel Zeit verlorengegangen – nahm Gesandter Spitzmuller noch einmal das Wort, um im Anschluß an meine Ausführungen auf die Frage der Sprachförderung einzugehen. Frankreich hoffe, daß die französische Sprache auch in den Ländern außerhalb der französischen Zone wieder mehr zur Geltung kommen könne. Dann ging er auf die Bedeutung des Buchaustauschs ein, der leider durch die Kontingentierung, Devisen- und Zollschwierigkeiten stark behindert sei. Vielleicht könne im Rahmen zweiseitiger oder europäischer Abkommen die freie Buchzirkulation wiederhergestellt werden.

Für die deutschen Kultusminister nahm Kultusminister Metzger das Wort. Er drückte seine Freude darüber aus, daß zwischen allen Stellen, Bund, Ländern und Alliierten eine weitgehende grundsätzliche Übereinstimmung bestünde, und hoffte, daß die Zonengrenzen nun wirklich definitiv verschwinden. Die konkreten Einzelfragen ließen sich sicher leichter regeln, auch in bezug auf die stärkere Berücksichtigung der französischen Sprache. Auch Mr. Allen nahm noch einmal das Wort, um den Gedanken der nichtstaatlichen Lenkung der Kulturarbeit zu unterstreichen. Auch die englische Tätigkeit sei großenteils auf private Initiative aufgebaut, doch müsse manches vom Staat mitgetragen werden. Von amerikanischer Seite meldete sich Mr. Selke zum Wort, der auf den Unterschied zwischen Kultur und Propaganda hinwies und in sehr freundlichen Worten an den großen Beitrag erinnerte, den gerade Deutschland an der Entwicklung des amerikanischen wissenschaftlichen und künstlerischen Lebens hätte. Es sei zu hoffen, daß Deutschland auch in Zukunft bereit sei, der Welt und besonders USA die Schätze seiner Kultur zu vermitteln.

Um 13 Uhr schloß Kultusminister Sauer die Sitzung mit Dankesworten und dem Ausdruck der Hoffnung, daß diese so glücklich begonnene Aussprache recht bald weitergeführt werden könne.

Sämtliche Teilnehmer blieben noch zum Mittagessen als Gäste der Kultusminister-Konferenz.

Salat[9]

B 90 (Referat 600), Bd. 145

Fortsetzung Fußnote von Seite 79

„dieser Entwurf dem letzten Stand der Verhandlungen, die für das Auswärtige Amt Herr Salat geführt hätte, entspräche". Vgl. den Schriftbericht; B 90 (Referat 600), Bd. 163.

9 Paraphe.

25

Außenministerkonferenz über eine Europäische Verteidigungsgemeinschaft in Paris

26. Januar 1952

Zu Beginn der Konferenz erklärt Staatssekretär *Hallstein*, daß er anregen möchte, nach außen hin nicht einen zu definitiven Charakter des Konferenzergebnisses hervortreten zu lassen, um die Parlamente nicht vor vollendete Tatsachen zu stellen. Die Außenminister pflichten dem lebhaft bei, da sie fast sämtlich in allernächster Zeit das Projekt der europäischen Armee vor ihren Parlamenten zu vertreten haben werden.

Die Tagesordnung besteht aus neun Punkten, denen als Punkt 10 die Abfassung des Schluß-Kommuniqués hinzugefügt wird. Die Außenminister stimmen dieser Tagesordnung zu. Zur Vervollständigung wird Botschafter Alphand im Laufe der Konferenz einen Überblick über die noch offenen Fragen des Vertrages geben, die die Delegationen unter sich zu erledigen hoffen, ohne damit die Außenminister zu befassen.

Punkt 1 – Die Diskussion über die Bezeichnung der Kollegialbehörde[1] wird von Herrn *van Zeeland* eröffnet, der „Comité Supérieur de Défense" oder etwas Ähnliches vorschlägt, falls das Wort „Kommissar" vermieden werden solle. Da sich nur Herr *de Gasperi* entschiedener gegen die Bezeichnung „Kommissariat" ausspricht, andererseits die Bezeichnung „Haute Autorité" keinen Anklang findet, einigt man sich verhältnismäßig schnell auf die Bezeichnung „Commissariat de la Communauté de Défense Européenne".

Herr de Gasperi stimmt dieser Formulierung zu, betont aber, daß sie provisorisch sei, bis die zukünftige europäische Föderation eine andere Bezeichnung wählt.

Punkt 2 – Zusammensetzung des Kommissariats

Die Diskussion bewegt sich zunächst um die Mitgliederzahl fünf oder sieben. Staatssekretär *Hallstein* spricht sich gegen die Zahl sechs bzw. sieben aus, weil sie eine Wiederholung der nationalen Repräsentation, also des Ministerrats, sei, und schlägt die Zahl fünf vor. Herr *Stikker* ist für die Zahl sieben. Herr *de Gasperi* ist für fünf, und wenn das nicht akzeptabel sei, entschieden nicht für sechs (um die nationale Repräsentation nicht zu wiederholen), sondern dann eher für sieben.

Staatssekretär *Hallstein* wendet sich erneut gegen die Identität von Zahl und Mitgliedern und regt an, wenn nicht fünf, dann neun Mitglieder zu nehmen. Davon sollen fünf volle Mitglieder des Kommissariats sein und vier eine stellvertretende Rolle spielen, die ein Stimmrecht nur im Falle der Verhinderung der fünf ausüben können. Ein französischer Vorschlag von fünf Mitgliedern und

[1] In Artikel 5 (Fassung vom 16. Januar 1952) des Entwurfs für den EVG-Vertrag wurden als Organe der EVG eine Hohe Behörde, eine Versammlung, ein Ministerrat und ein Gerichtshof genannt. Für den Wortlaut vgl. B 14 (Sekretariat Pleven-Plan), Bd. 48.

einem Ersatzmann wird deutscherseits angenommen, stößt aber sonst auf Widerspruch.

Herr *van Zeeland* spricht sich für sechs Mitglieder mit einer überwiegenden Rolle des Präsidenten aus, oder, wenn dies nicht angenommen wird, für neun Mitglieder. Die Geschäftsverteilung könne unter Umständen über den Artikel 11 F[2] durch die vom Kommissar auszuarbeitende Geschäftsordnung geregelt werden.

Die Zahl neun erregt zunächst lebhaften Widerspruch von Herrn *Schuman* und Herrn *de Gasperi*, weil sie eine zu starke Zersplitterung der Aufgaben und Befugnisse fürchten. Die Verteilung der Befugnisse könne allenfalls über Artikel 11 F auf einen inneren Kreis des Kommissariats beschränkt werden. Herr de Gasperi fürchtet, daß die Zahl neun in der Öffentlichkeit einen verheerenden Eindruck machen wird.

Es wird dann längere Zeit über die Möglichkeiten gesprochen, die Aufgaben zwischen den neun Kommissaren abwechseln zu lassen (roulement), doch findet auch dieser Gedanke keinen Anklang. Indessen befreunden sich die Minister langsam mit der Zahl neun. Herr *Schuman* schlägt vor, daß kein Staat mehr als zwei Mitglieder haben dürfe und daß man sich auch sonst an Artikel 10 des Schuman-Plans[3] anlehnen könne. Herr *de Gasperi* ist widerstrebend mit neun einverstanden, wenn in einem Artikel zum Ausdruck kommt, daß es sich dabei um ein Provisorium handelt. Ein Redaktionsausschuß wird beauftragt, einen derartigen Artikel für alle Institutionen auszuarbeiten sowie einen weiteren Artikel, der in Anlehnung an Artikel 10 Schuman-Plan die Neunerlösung präzisiert. Dieser soll am Sonntag[4] der Konferenz vorgelegt werden.

Punkt 3 – Zusammensetzung der Versammlung

Herr de Gasperi verliest einen italienischen Vorschlag, der für Deutschland, Frankreich und Italien je 24 Delegierte, für die Niederlande und Belgien je 10 Delegierte und für Luxemburg vier Delegierte vorsieht (insgesamt 96). Hierdurch soll die EVG, solange noch keine europäischen Organe – nämlich eine Versammlung entsprechend der Volkszahl der Staaten und eine erste Kammer mit gleicher Stimmenzahl für jedes Land – bestehen, dem Verteidigungsbeitrag jedes Landes im Gegensatz zu der mehr materialistischen Bewertung im Schuman-Plan Rechnung tragen.

Während Staatssekretär *Hallstein* dem italienischen Vorschlag zunächst zustimmt, sind Herr *Stikker* und Herr *van Zeeland* für eine dem Schuman-Plan entsprechende Aufteilung der Sitze.[5] Herr *Schuman* ist gegen den italienischen

2 Nach Artikel 11 F (Fassung vom 24. Januar 1952) des Entwurfs für den EVG-Vertrag oblag es der Hohen Behörde unter der Leitung ihres Präsidenten, die Aufgabenverteilung ihrer Mitglieder selbst zu bestimmen. Für den Wortlaut vgl. B 14 (Sekretariat Pleven-Plan), Bd. 48.

3 Artikel 10 des EGKS-Vertrages vom 18. April 1951 sah vor, daß die neun Mitglieder der Hohen Behörde nach Zustimmung von mindestens fünf der sechs Mitgliedstaaten durch deren Regierungen für eine Amtszeit von sechs Jahren ernannt werden. Alle zwei Jahre sollte ein Drittel der Mitglieder neu bestellt werden. Den Mitgliedstaaten blieb ein Vetorecht gegen Ernennungen vorbehalten, das im Wiederholungsfall jedoch vom Gerichtshof außer Kraft gesetzt werden konnte. Für den Wortlaut vgl. BUNDESGESETZBLATT 1952, Teil II, S. 450 f.

4 27. Januar 1952.

5 Artikel 21 des EGKS-Vertrages legte die Zahl der Abgeordneten für die Bundesrepublik, Frankreich und Italien auf je 18, für Belgien und die Niederlande auf je 10 sowie für Luxemburg auf 4 fest. Für den Wortlaut vgl. BUNDESGESETZBLATT 1952, Teil II, S. 453.

Vorschlag und wünscht die Identität der Versammlungen für die sich bildenden europäischen Organe zu sichern. Staatssekretär *Hallstein* betont, daß eine Vermehrung der Mitglieder mit dieser Identität nicht im Widerspruch stehe, daß aber andererseits kein Grund vorliege, das im Schuman-Plan wegen der Besonderheit der Produktionsverteilung gewählte Zahlenverhältnis für den vorliegenden andersartigen Fall beizubehalten. Herr *de Gasperi* wiederholt seinen Standpunkt.

Eine Einigung kommt vorerst nicht zustande. Die Frage soll in der nächsten Sitzung[6] wieder aufgenommen werden.

Punkt 4 – Stimmenwertung im Ministerrat

Herr *Schuman* erläutert zunächst, daß zwei Vorschläge vorliegen:

a) Ein neuer italienischer Vorschlag, der den deutschen, französischen und italienischen Ministern je fünf Stimmen im Ministerrat zuweist, den belgischen und niederländischen je zwei und dem luxemburgischen Minister eine Stimme. Die italienische Delegation glaubt, daß hierdurch dem besonderen Charakter des Verteidigungsbeitrages jedes Landes und seinem Gewicht besser Rechnung getragen wird, als durch Anwendung starrer, rein proportionaler, materieller oder zahlenmäßiger Berechnungen.

b) Der französische Vorschlag, wie er in Artikel 31 des Vertrages niedergelegt ist.[7]

Herr *van Zeeland* geht gleich auf Artikel 31 ein und nimmt Absatz 3 an. Zu Absatz 1 führt er aus, daß man versuchen muß, aus dem Dilemma der Stimmengleichheit herauszukommen und daß dabei der Beitrag an Menschen und an Mitteln zu berücksichtigen ist. Doch müsse ein erheblich höherer Prozentsatz ins Auge gefaßt werden als im französischen Vorschlag.

Für Absatz 2, den Fall der qualifizierten Mehrheit, wünscht er gleichfalls einen höheren Prozentsatz als die Hälfte des Beitrages, also als 51%, da die drei kleinen Länder sonst zu sehr benachteiligt werden. Anschließend führt er grundsätzlich aus, daß die Stimmenwägung, wie sie im italienischen Vorschlag vorgesehen ist, gegen das in Artikel 3[8] niedergelegte Prinzip der Nicht-Diskriminierung verstößt.

Herr *Stikker* unterstützt die Auffassung des belgischen Außenministers und weist darauf hin, daß man die Höhe der Beiträge an Menschen und Geld noch

6 Für die Sitzung am 27. Januar 1952 vgl. Dok. 27.

7 Der französische Vorschlag vom 18. Januar 1952 für Artikel 31 des Vertrages über die Europäische Verteidigungsgemeinschaft lautete: „1) Dans les cas où le présent Traité requiert un avis conforme ou une décision du Conseil, l'avis ou la décision sont réputés acquis s'ils recueillent: soit les voix de la majorité absolue des représentants des Etats membres; soit en cas de partage égal des voix, celles des représentants d'Etats membres mettant ensemble à la disposition de la Communauté plus de la moitié des contributions portées en recettes au budget commun. 2) Dans les cas où le présent Traité requiert un avis conforme ou une décision du Conseil à une majorité qualifiée, l'avis ou la décision sont acquis à la majorité ainsi déterminée, si cette majorité comprend les voix des représentants d'Etats membres mettant ensemble à la disposition de la Communauté plus de la moitié des contributions portées au budget commun. 3) Dans les cas où le présent Traité requiert un avis conforme ou une décision du Conseil à l'unanimité, l'avis ou la décision sont acquis s'ils recueillent les voix de tous les membres présents ou représentés au Conseil, les abstentions ne faisant pas obstacle à l'adoption de l'avis ou de la décision." Vgl. B 2 (Büro Staatssekretär), Bd. 6.

8 Vgl. Dok. 8, Anm. 4.

nicht kennt. Er erklärt sich mit Absatz 1 und 3 einverstanden, aber nicht mit Absatz 2.

Herr *Schuman* führt anhand des Artikels 31 erneut länger aus, daß eine Stimmenwägung nötig ist, um

1) bei der Stimmengleichheit von 3:3 zu einer Entscheidung zu kommen,

2) um ein weiteres Gewicht für die qualifizierte Mehrheit von zwei Dritteln zu finden, da diese bei sechs Mitgliedern der einfachen Mehrheit (4:2) entspricht.

Staatssekretär *Hallstein* führt aus, daß die Stimmenwägung keine Diskriminierung enthalte, Herr *de Gasperi* tritt ihm bei.

Der holländische Delegierte macht einen Versuch, für die qualifizierte Mehrheit fünf Sechstel in Vorschlag zu bringen, stößt aber auf Widerspruch Schumans. Herr *Schuman* und Herr *van Zeeland* vertiefen nochmals ihre Gedankengänge, ohne daß zunächst eine Einigung erzielt werden kann. Die Erörterung wird auf Sonntag vertagt.

B 2 (Büro Staatssekretär), Bd. 6

26

Aufzeichnung des Vortragenden Legationsrats von Kessel, Paris

27. Januar 1952

1) Herr Blankenhorn teilte mir mit, es sei eine Entscheidung des Kanzlers, daß Herr Strohm nicht nach Paris kommen solle.

2) Der Kanzler habe gebeten, die Frage unseres Beitrittes zum Atlantik-Pakt als die entscheidende Frage zu behandeln. Ich erwiderte Herrn Blankenhorn, wir hätten intern diese Frage eingehend behandelt und unsere Stellungnahme im Sinne der Wünsche des Kanzlers festgelegt, doch wüßten wir nicht, ob die Frage noch behandelt werden würde. Herr Blankenhorn bat daraufhin, der Herr Staatssekretär möge dann das Problem wenigstens informell zur Sprache bringen.[1]

Kessel

B 2 (Büro Staatssekretär), Bd. 6

[1] Für die Erklärung des Staatssekretärs Hallstein vom 27. Januar 1952 auf der Außenministerkonferenz über eine Europäische Verteidigungsgemeinschaft vgl. Dok. 29.

27

Außenministerkonferenz über eine Europäische Verteidigungsgemeinschaft in Paris

27. Januar 1952

Punkt 1 – Bezeichnung der Kollegialbehörde

Außenminister *Schuman* eröffnet die Sitzung und erläutert die neue Fassung von Artikel 5.[1] Zwei Veränderungen sind darin enthalten:

a) das Exekutiv-Organ erhält die Bezeichnung Kommissariat (Commissariat de la Communauté Européenne de Défense);

b) in einem neuen Absatz 2 zu Art. 5 wird niedergelegt, daß die Gesamtheit der Organe der Communauté provisorischen Charakter hat und außer Kraft tritt, wenn der zukünftige europäische Bund gemäß der in Art. 7 H[2] vorgezeichneten Entwicklung errichtet ist.

Staatssekretär *Hallstein* weist auf die Gefahr hin, daß mit der Klausel des Art. 5 Abs. 2 der Eindruck entstehen kann, als ob die Vertragsdauer begrenzt ist und anschließend eine neue Übereinkunft sämtlicher Vertragspartner nötig wird. Besser wäre eine Fassung etwa des Inhaltes, daß „im Augenblick der Errichtung der Föderation etwaige Veränderungen in der EVG in Betracht gezogen werden müssen". Sonst entsteht Gefahr, die Bemühungen um die Errichtung einer europäischen Föderation von vornherein damit zu belasten, daß die Verhandlungen über die EVG ganz neu begonnen werden müssen.

Herr *de Gasperi* führt aus, daß man der Substanz des Vertrags, nämlich der wechselseitigen Verpflichtung, sich zu verteidigen, bzw. der technischen Organisation der Armee soviel Sicherheit und Garantie geben muß wie möglich. Das politische und das Verwaltungselement des Vertrages aber müßten geändert werden, wenn die europäische Föderation zustande kommt.

Deshalb wünscht er einen festen Zeitpunkt für die Dauer und für die Revision des Vertrages festzulegen, die zweifellos kommen muß.

Herr *Stikker* glaubt, daß verschiedene Punkte etwas durcheinander laufen:

a) die Dauer des Vertrages, die auf der Tagesordnung steht und auf die man später zurückkommen kann;

1 Zur Diskussion über die Benennung der EVG-Organe (Artikel 5 des Entwurfs für den EVG-Vertrag) vgl. Dok. 25.

2 In Artikel 7 H (Fassung vom 21. Dezember 1951) des Entwurfs für ein Abkommen über die Übergangsbestimmungen wurde die Versammlung der EVG beauftragt, künftige Änderungen des Vertrages über die Europäische Verteidigungsgemeinschaft für die definitive Organisation der Gemeinschaft zu prüfen. Dabei sollte sie sich von dem Grundsatz leiten lassen, daß die EVG „ein Element für eine spätere föderative oder konföderative Struktur bilden kann, die auf dem Grundsatz der Trennung der Gewalten beruht und insbesondere über ein Zweikammersystem verfügt". Ferner sollte sie den Fragen nachgehen, „die sich aus dem Nebeneinanderbestehen verschiedener, bereits vorhandener oder zu schaffender Organisationen für europäische Zusammenarbeit ergeben, um deren Koordinierung im Rahmen der föderativen oder konföderativen Struktur soweit wie möglich sicherzustellen". Vgl. B 14 (Sekretariat Pleven-Plan), Bd. 48.

b) die Möglichkeit, den Vertrag abzuändern, die in Art. 76 vorgesehen ist[3];

c) die von Herrn Hallstein erhobenen Bedenken, daß die Verhandlungen über die europäische Föderation komplizierte neue Verhandlungen über den Vertragstext zur Folge haben werden. Nach seiner Auffassung kann dieser letzte Punkt den Sachverständigen zur Klärung überwiesen werden.

Außenminister *Schuman* unterstützt den Gedankengang de Gasperis, daß die verschiedenen Institutionen, die jetzt im Vertrag errichtet werden, provisorischen Charakter haben, bis die Föderation errichtet ist, und daß man aber in der Redaktion den von Professor Hallstein hervorgehobenen Fassungsbedenken Rechnung tragen müsse. Niemand in der Konferenz denke daran, daß ein Vakuum eintreten könne.

(Hinweis auf Art. 7 H der Übergangskonvention).

Herr *de Gasperi* bittet, ein Datum einzubauen, an dem die Frage der Föderation aufgenommen werden soll oder zumindest an die Revision gegangen wird. Er regt an: 18 Monate, nachdem die Regierungen der Mitgliedstaaten mit den Vorschlägen der Versammlung befaßt worden sind (Art. 7 H, letzter Absatz)[4].

Außenminister *Schuman* weist noch einmal darauf hin, daß der provisorische Charakter sowohl im Artikel 7 H wie in Artikel 5 ausgesprochen ist und daß es schwierig sein würde, der in Artikel 7 H vorgesehenen konstituierenden Versammlung vorzugreifen. Es stehe Herrn de Gasperi jedoch frei, einen zusätzlichen Änderungsvorschlag vorzulegen.

Einverständnis der Versammlung, daß Art. 5 Abs. 2 von den Sachverständigen im vom Präsidenten vorgeschlagenen Sinne redigiert werden soll.

Herr *van Zeeland* bittet die Konferenz, die Reihenfolge der in Art. 5 aufgeführten Institutionen zu ändern und den Ministerrat an die erste Stelle zu setzen. Er bezweckt damit keine Änderung des Vertragsinhaltes, glaubt aber, daß ihm dies seine Aufgabe vor dem belgischen Parlament wesentlich erleichtern werde.

Herr *Stikker* unterstützt diesen Vorschlag. Außenminister *Schuman* und Herr *de Gasperi* stimmen gleichfalls zu, nachdem von Herrn van Zeeland und Herrn Stikker versichert worden ist, daß diese Änderung nur eine äußerliche sein soll.

Botschafter *Alphand* weist darauf hin, daß das Vertragswerk vom Exekutiv-Organ her aufgebaut ist. Die Umstellung im Vertragstext würde eine schwerwiegende Umänderung des ganzen Vertrages nach sich ziehen.

3 Artikel 76 des Entwurfs vom 10. August 1951 für den EVG-Vertrag: „Die Regierung jedes Teilnehmerstaates und der Kommissar können Änderungen dieses Vertrages vorschlagen. Dieser Vorschlag ist dem Rat vorzulegen. Befürwortet dieser mit Zweidrittelmehrheit den Zusammentritt einer Konferenz der Vertreter der Regierungen der Teilnehmerstaaten, so wird diese unverzüglich durch den Präsidenten des Rates einberufen, um im gemeinsamen Einvernehmen die Änderungen, die die Bestimmungen des Vertrages erfahren sollen, festzulegen. Diese Änderungen treten in Kraft, nachdem sie von allen Teilnehmerstaaten gemäß deren jeweiligen verfassungsrechtlichen Bestimmungen ratifiziert worden sind." Vgl. B 14 (Sekretariat Pleven-Plan), Bd. 54.

4 Letzter Absatz des Artikels 7 H (Fassung vom 21. Dezember 1951) des Entwurfs für ein Abkommen über die Übergangsbestimmungen: „Die Vorschläge der Versammlung werden dem Rat innerhalb von sechs Monaten nach Aufnahme der Tätigkeit der Versammlung vorgelegt. Diese Vorschläge werden sodann mit der Stellungnahme des Rates vom Präsidenten der Versammlung den Regierungen der Mitgliedstaaten zugeleitet, die innerhalb von drei Monaten nach dem Zeitpunkt, zu dem sie damit befaßt wurden, eine mit der Prüfung der genannten Vorschläge beauftragte Konferenz einberufen werden." Vgl. B 14 (Sekretariat Pleven-Plan), Bd. 48.

Staatssekretär *Hallstein* unterstreicht Alphands Warnung, ist aber bereit, eine Umstellung in Art. 5 vorzunehmen, wenn im nachfolgenden Text die bisherige Reihenfolge bleibt.

Es wird entsprechend, d.h. unter Beschränkung der Umstellung auf den Text des Art. 5, beschlossen. Reihenfolge: Ministerrat, Versammlung, Kommissariat, Gerichtshof.

Punkt 2 – Zusammensetzung des Kommissariats

Präsident *Schuman* verliest eine Neufassung des Art. 11[5], in der der Beschluß des Vortages eingearbeitet ist, daß das Kommissariat aus neun Mitgliedern bestehen wird. Die neun Mitglieder werden für sechs Jahre ernannt. Darunter sollen sich nicht mehr als zwei Angehörige eines Mitgliedstaates befinden. Die Zahl der Mitglieder kann durch einstimmigen Beschluß des Ministerrates herabgesetzt werden.

Herr *de Gasperi* glaubt nicht, daß bei neun Mitgliedern sechs Jahre zweckmäßig sind. Am Vortage waren sechs Jahre im Zusammenhang mit abwechselnder Amtsführung (roulement) genannt worden. Er schlägt drei Jahre vor.

Außenminister *Schuman* macht daraufhin den Vorschlag, daß im Prinzip sechs Jahre aufrechterhalten bleiben sollen, aber daß für das erste Mal die Kommissare nur für drei Jahre ernannt werden, als eine Art Versuchszeit.

Staatssekretär *Hallstein* und Herr *Stikker* nehmen diesen Vorschlag an.

Außenminister *Schuman* wendet sich Artikel 11 Abs. 5 zu, worin Richtlinien für Ernennung und Zuwahl (Cooptation) des neunten Mitgliedes und für die Neuwahl nach den ersten drei Jahren niedergelegt sind.

Herr *de Gasperi* hat Bedenken wegen der Zuwahl des neunten Mitgliedes.

Staatssekretär *Hallstein* befürchtet gleichfalls Komplikationen aus der Zuwahl. Im Schuman-Plan war sie nur vorgesehen worden[6], um einen Gewerkschaftsvertreter einfügen zu können. Da eine solche Regelung hier überflüssig ist, wäre sie besser zu unterlassen.

Außenminister *Schuman* erläutert, daß er für den neunten Posten an einen Offizier gedacht hat, daß er aber nicht darauf besteht. Er verweist noch auf Abs. 6 und erläutert unter Zustimmung von Staatssekretär Hallstein, daß der Präsident[7] nicht verpflichtet sein soll, jedem der neun Mitglieder ein Ressort zuzuteilen, daß es vielmehr auch Kommissare ohne Geschäftsbereich geben könne. Das Nähere soll durch die Geschäftsordnung des Kommissariats bestimmt werden; dies ist in den einschlägigen Bestimmungen des Vertrages durch Aufnahme eines entsprechenden Zusatzes vorzusehen.

Übereinstimmung.

5 Artikel 11 (Fassung vom 17. und 24. Januar 1952) des Entwurfs für den EVG-Vertrag regelte Anzahl, Ernennungsverfahren, Amtsdauer und Aufgabenverteilung der Mitglieder des Kommissariats sowie das Beschlußverfahren des Organs. Für den Wortlaut vgl. B 14 (Sekretariat Pleven-Plan), Bd. 48.

6 Artikel 10, Absatz 1 des EGKS-Vertrages vom 18. April 1951: „Die Regierungen der Mitgliedstaaten ernennen im gemeinsamen Einvernehmen acht Mitglieder. Diese nehmen die Ernennung des neunten Mitglieds vor, das gewählt ist, wenn es mindestens fünf Stimmen erhält.“ Vgl. BUNDESGESETZBLATT 1952, Teil II, S. 450.

7 Korrigiert aus: „Kommissar“.

Punkt 3 und 4 – Zusammensetzung der Versammlung und Stimmenwägung im Ministerrat

Außenminister Schuman regt an, diese beiden Punkte zusammen zu prüfen.

Für die Zusammensetzung der Versammlung gibt es zwei Thesen:

a) Sie soll mit der Versammlung des Kohle-Stahl-Vertrages[8] identisch sein;

b) (italienische These) Die drei Staaten, deren Bevölkerung 40 Millionen übersteigt, sollen je 24 Sitze erhalten.

Staatssekretär *Hallstein* verliest auf Grund des Kohle-Stahl-Vertrages ermittelte Zahlen, wonach Luxemburg auf 90000 Einwohner, Belgien und die Niederlande auf 1 Million Einwohner, Frankreich auf 21/3 Millionen Einwohner, Deutschland und Italien auf 22/3 Millionen Einwohner jeweils einen Sitz erhalten würden.

Herr *de Gasperi* richtet einen Appell an die Minister, die Schwierigkeiten zu bedenken, die sich gegenüber den nationalen Parlamenten aus einer zu niedrigen Sitzezahl ergeben können. Desgleichen sollte man, was die Stimmenwägung betrifft, bei diesem Vertrag nicht nur nach den Kohle- und Stahl-Kriterien gehen, sondern auch die Bevölkerungszahl in Betracht ziehen. Die Unterstützung und die Mitarbeit der Parlamente ist notwendig, die Parteien müssen für das Werk interessiert werden. Deshalb erscheint es zweckmäßig, die Zahl der Sitze zu erhöhen.

Außenminister *Schuman* verweist auf die Sitzverteilung im Europarat (18, 7, 3)[9], die auf Grund von politischen und wirtschaftlichen Kriterien gefunden worden ist. Im italienischen Vorschlag sind indessen Zahlen enthalten, die in den anderen Versammlungen nicht erscheinen. Wenn in den anderen beiden Versammlungen (für die Großen) nur 18 Sitze sind, so wären laut italienischem Vorschlag in der Versammlung der EVG 24, also 6 weitere, die nur für Verteidigungsfragen hinzutreten.

Die Delegationen beraten unter sich.

Außenminister Schuman faßt zusammen, daß für die Versammlung nunmehr

a) 78 Mitglieder (entsprechend Schuman-Plan)

b) 96 Mitglieder (italienischer Vorschlag)

c) 71 Mitglieder (Europarat)

zur Wahl stehen.

Er geht sodann auf die Stimmenwägung im Ministerrat über und erläutert und begründet den französischen Vorschlag[10].

Herr *de Gasperi* führt noch einmal seinen Vorschlag aus: Italien, Deutschland, Frankreich je fünf Stimmen, Belgien und die Niederlande je zwei, Luxemburg eine Stimme.

8 Vgl. dazu Dok. 25, Anm. 5.

9 Gemäß Artikel 26 der Satzung des Europarats in der geänderten Fassung vom 18. Dezember 1951 verfügten die Bundesrepublik, Frankreich und Italien in der Beratenden Versammlung über je 18, Belgien und die Niederlande über je 7 sowie Luxemburg über 3 Sitze. Für den Wortlaut vgl. BUNDESGESETZBLATT 1954, Teil II, S. 1130.

10 Zum französischen Vorschlag vom 18. Januar 1952 vgl. Dok. 25, Anm. 7.

Kurze Verhandlungspause.

Herr *van Zeeland* plädiert in längeren Ausführungen nochmals dafür, der Versammlung der EVG die gleiche Mitgliederzahl zu geben wie im Kohle-Stahl-Pakt, da eine Vielheit der Versammlungen bedauerlich sei und Konfusion schaffen könne und da überdies die Lösung nur eine vorläufige sei. Äußerstenfalls würde er, wenn auch mit Bedauern, zustimmen, daß die großen Mächte je 21 Sitze erhalten. Die Stimmenwägung erscheint ihm nach wie vor betrüblich. Indessen ist er bereit, den von Frankreich in Art. 31 Abs. 3 formulierten Vorschlag anzunehmen, daß in den Fällen, in denen Einstimmigkeit verlangt ist, Stimmenthaltung nicht zählt. Desgleichen ist er bereit, der Stimmenwägung bei Stimmengleichheit gemäß Abs. 1 des französischen Vorschlags zuzustimmen, wenn in den drei Stimmen die Hälfte der Beiträge vertreten ist, die tatsächlich geleistet sind.

Den für die qualifizierte Mehrheit in Abs. 2 vorgeschlagenen Weg hält er nicht für gangbar. Er schließt sich dem Vorschlag von Herrn Stikker an, daß die qualifizierte Mehrheit fünf Stimmen betragen müsse, um einen Unterschied zur einfachen Mehrheit zu finden.

Staatssekretär *Hallstein* erklärt sich mit dem französischen Vorschlag einverstanden, weil er den großen Vorteil der Einfachheit hat. Er hat zunächst an die gleiche Verteilung der Sitze in Straßburg gedacht, ist indessen geneigt, den französischen Vorschlag anzunehmen und die Anregungen von Herrn van Zeeland zu prüfen. Doch müßten die Fälle neu geprüft werden, in denen die beiden Abstimmungsraten Anwendung finden. Ziel müsse sein, sich die Fälle, in denen eine qualifizierte Mehrheit verlangt wird, erheblich zu vermehren, so daß die qualifizierte Mehrheit die Regel werde.

Außenminister *Schuman* bittet Herrn Alphand, die Fälle aufzuzählen, in denen gegenwärtig eine qualifizierte Mehrheit nötig ist.

Herr *Alphand* nennt die Aufgliederung des gemeinsamen Budgets (das mit Einstimmigkeit aufgestellt werden muß) auf die verschiedenen Ausgabentitel und die Ausgaben für das Rüstungsprogramm. Weniger wichtige Fälle sind die Aufforderung an das Kommissariat, die Aufgaben seines Zuständigkeitsbereichs zu erfüllen, die zu einem Mißtrauensvotum der Versammlung führen kann, die Ernennung der beratenden Ausschüsse, etc.

Herr Alphand weist im Anschluß hieran den Präsidenten darauf hin, daß insbesondere die Vorschriften über die Stimmenmehrheit in Budgetfragen ein ausgewogenes, nur nach schwierigen Verhandlungen erreichtes Ganzes seien. Wenn die dort vorgesehenen Zweidrittelmehrheiten nunmehr auf Fünfsechstelmehrheiten erhöht würden, gehe das Gleichgewicht verloren, und alle Bemühungen, eine Lösung für das gemeinsame Budget zu finden, werden wiederum in Frage gestellt.

Außenminister *Schuman* resümiert, daß sich hier sehr komplizierte Folgen ergeben, daß er, was die Versammlung angeht, gerne eine Lösung vermeiden möchte, die zu den bestehenden Versammlungen noch eine dritte, anders geartete hinzufügt, und daß er jetzt zugeben muß, daß ihm für die qualifizierte Mehrheit die Fünfsechstellösung nicht zweckmäßig erscheint. Gerade in der Frage des gemeinsamen Budgets und der Rüstungsprogramme dürfen die Aussichten für eine Entscheidung nicht verkleinert werden, damit das ganze System wirksam arbeiten kann. Der Atlantikpakt liefert hierfür die Illustration, weil er Einstimmigkeit verlangt und deshalb schwerfällig arbeitet.

Die Konferenz vertagt sich zur Mittagspause.

B 10 (Abteilung 2), Bd. 1042

28

Aufzeichnung des Ministerialdirektors Blankenhorn

27. Januar 1952

Heute nachmittag, 16.00 Uhr, erschien Mr. Reber bei mir, der im Auftrag McCloys, mit dem er offenbar telefonisch Fühlung gehabt hat, folgendes ausführte:

Herr McCloy habe volles Verständnis dafür, daß der Herr Bundeskanzler in der Frage der Ernennung Grandvals zum Botschafter in Saarbrücken[1] stark reagiert habe. Die Ernennung Grandvals in diesem Augenblick sei ein politischer Fehler erster Ordnung. Auf der anderen Seite bitte Herr McCloy, die Haltung nicht noch zu versteifen. Er wäre dankbar, wenn es bei dem Kommuniqué, das heute vormittag ausgegeben worden sei[2], verbliebe und vor allem die an Staatssekretär Hallstein erteilte Weisung[3] nicht veröffentlicht würde, weil es sonst der französischen Regierung zu schwer gemacht werde, ihre Haltung zu revidieren. Leicht könne das gesamte europäische Vertragswerk gefährdet werden, wenn Deutschland jetzt eine zu harte Haltung einnähme. Von amerikanischer Seite sei man fest davon überzeugt, daß die Saarfrage schnellstens

1 Am 26. Januar 1952 teilte Staatssekretär Hallstein, z. Z. Paris, Bundeskanzler Adenauer mit, der französische Außenminister Schuman habe auf Anfrage erklärt, daß der französische Hohe Kommissar für die Saar den „persönlichen Titel eines Botschafters" erhalten habe. Die Funktionen des Botschafters unterschieden sich jedoch nicht von denen des Hohen Kommissars. Die Ernennung habe vielmehr „die fiskalische Bedeutung, daß die Kosten der Dienststelle nicht mehr aus Saar-, sondern aus französischen Mitteln gezahlt werden". Vgl. den Drahtbericht Nr. 26; VS-Bd. 70 (Büro Staatssekretär); B 150, Aktenkopien 1952. Vgl. dazu ferner ADENAUER, Erinnerungen 1945–1953, S. 517.

2 Die Bundesregierung erklärte am 27. Januar 1952, daß Staatssekretär Hallstein damit beauftragt worden sei, bei der französischen Regierung weitere Erläuterungen zur Verleihung des persönlichen Titels eines Botschafters an den französischen Hohen Kommissar für die Saar, Grandval, einzuholen. Angesichts der Ernennung sei es „zweifelhaft, ob die für den 7. und 8. Februar in Aussicht genommene Debatte über den Verteidigungsbeitrag im Bundestag stattfinden kann". Bundeskanzler Adenauer werde „keinesfalls vor Erörterung des gesamten Fragenkomplexes im Bundestag einem Abkommen über den Beitritt der Bundesrepublik zur europäischen Verteidigungsgemeinschaft in irgendeiner Form zustimmen". Vgl. BULLETIN 1952, S. 118.

3 Ministerialdirektor Blankenhorn übermittelte Staatssekretär Hallstein, z. Z. Paris, die Weisung des Bundeskanzlers Adenauer, „erneut nachdrückliche Vorstellungen zu erheben und weitere Klarstellungen zu erbitten". Hallstein werde gebeten, sich „bis auf weiteres bei etwaigen Beschlüssen der Konferenz über die europäische Verteidigungsgemeinschaft der Stimme zu enthalten". Vgl. den Drahterlaß Nr. 30 vom 27. Januar 1952; B 2 (Büro Staatssekretär), Bd. 6. Vgl. dazu ferner ADENAUER, Erinnerungen 1945–1953, S. 517 f.

gelöst werden müsse. Man könne sie einfach nicht mehr ungelöst lassen, weil sie bei jedem Schritt vorwärts von gewissen Kreisen als Störfeuer benutzt werde. Vielleicht sei jetzt der Augenblick gekommen, um diese Frage einmal grundsätzlich anzupacken. Herr McCloy sei über die ganze Entwicklung äußerst verstimmt und auch besorgt. Sein Unfall zwinge ihn voraussichtlich, bis zum 6. Februar im Krankenhaus zu bleiben. Er werde aber nach Kräften eine vernünftige Lösung dieser Krise unterstützen. Sollte der Herr Bundeskanzler Wünsche haben, so sei Herr Reber jederzeit bereit, sie entgegenzunehmen.

Hiermit dem Herrn Bundeskanzler mit der Bitte um Kenntnisnahme vorgelegt.

[gez. Blankenhorn][4]

Bundesarchiv Koblenz, N 1351 (Nachlaß Blankenhorn), Bd. 9 b

29

Außenministerkonferenz über eine Europäische Verteidigungsgemeinschaft in Paris

27. Januar 1952[1]

Außenministerkonferenz in Paris vom 26.–27. Januar 1952

Erklärung des Herrn Staatssekretärs betreffend Eintritt der Bundesrepublik in die NATO am 27. Januar 1952

Die Beziehungen zwischen der EVG und NATO (Punkt 7 der Tagesordnung) waren von den Außenministern[2] zur Klärung der verschiedenen Standpunkte erörtert worden. Außenminister *Schuman* faßte die vorgebrachten Auffassungen zusammen und stellte zu dem Thema „wechselseitige Verpflichtungen zwischen EVG und NATO“ fest:

Zunächst ist die Form, die die Erklärung der Atlantikpaktmächte in bezug auf die EVG erhalten wird, noch ungewiß. – Außerdem: Wird diese Vereinbarung als Zusatzerklärung (texte statuaire) erscheinen, ändert sie den Atlantikpakt, oder wird man ein gemeinsames Protokoll oder nur eine einfache Erklärung aufsetzen? Unsere Sachverständigen halten das Zusatzprotokoll für die geeignetste Form.

Außenminister Schuman weist sodann darauf hin, daß auch in Friedenszeiten eine enge militärische und technische Verbindung mit NATO gesichert werden muß. Bekanntlich wird die Atlantikpaktorganisation jetzt umgebaut. Wir müssen daher einen entsprechenden Vorschlag auf der Konferenz in Lissabon[3] vor-

4 Vermuteter Verfasser der nicht unterzeichneten Aufzeichnung.

1 Durchdruck.

2 Joseph Bech (Luxemburg), Alcide de Gasperi (Italien), Staatssekretär Hallstein, Robert Schuman (Frankreich), Dirk U. Stikker (Niederlande), Paul van Zeeland (Belgien).

3 Zur NATO-Ministerratstagung vom 20. bis 25. Februar 1952 vgl. Dok. 62.

bringen, da wir eine enge technische und politische Zusammenarbeit mit NATO brauchen. Das wird ein wichtiger Punkt für Lissabon. Er fragt, ob die Minister im wesentlichen mit seiner Darstellung des Problems einverstanden sind.

Wiedergabe der Erklärungen des Herrn *Staatssekretärs*:

Ich begrüße zunächst mit Genugtuung die Einstimmigkeit, die sich in dieser Zusammenkunft abzeichnet über die Probleme, die uns beschäftigen. Ich begrüße vor allem die Ergebnisse, die uns vorgelegt worden sind und die uns von den Sachverständigen zur weiteren Beratung übergeben worden sind. Ganz besonders heiße ich den Beitrag willkommen, den soeben Herr Stikker geleistet hat[4] und dem ich zu meiner großen Zufriedenheit zustimmen kann.

Ich glaube indessen, im Namen der Bundesregierung freimütig erklären zu müssen, daß noch ein Rest bleibt. Diese Lücke findet sich in der Frage der Beziehungen der EVG zu NATO oder, um es genauer zu sagen, in der Rolle, die die Bundesrepublik im Rahmen dieser Beziehungen spielen wird.

Es liegt auf der Hand, daß wir hier eine gewisse Anzahl von Verpflichtungen geregelt haben, die zwischen NATO und den Einzelstaaten der Verteidigungsgemeinschaft bestehen. Wir haben die Fragen einer Konsultation im Falle einer Bedrohung und besonders im Falle einer Einzelaktion besprochen. Wir haben die Frage der Hilfeleistung erwähnt, die von allen geleistet werden muß im Falle eines Angriffes gegen einen der Mitgliedstaaten. Damit ist aber noch nicht gedeckt die Mitarbeit Deutschlands in den Organen der NATO.

Handelt es sich bei dieser Art, die Angelegenheit zu betrachten, um eine Art von stillschweigender Übereinstimmung über den Beitritt der Bundesrepublik in den eigentlichen Rahmen von NATO? In diesem Falle wäre meine Bemerkung unbegründet. Aber ich glaube nicht, daß dies der Fall ist. Die Frage der aktiven Beteiligung Deutschlands ist, fürchte ich, vollständig außer acht gelassen worden. Ich bin darüber informiert, daß man in gewissen Kreisen die Beteiligung oder die Mitarbeit der Bundesrepublik bei NATO vorsieht. Aber diese Beteiligung bezieht sich auf eine Ebene, die ich die Funktionärsebene nennen möchte. Das ist nicht entscheidend.

Ich weiß wohl, daß einige unserer militärischen Sachverständigen zu gewissen Beratungen hinzugezogen werden sollen. Wir haben leider genügend militärische Sachverständige für russische Probleme. Aber damit ist dem Bedürfnis nicht genügt. Die wichtigen entscheidenden Gremien sind andere, z. B. der Rat.

Deshalb, meine Herren, will ich Ihnen nicht verbergen, daß wir vor einer gewissen Anzahl von Schwierigkeiten stehen, auf die der Herr Bundeskanzler bei verschiedenen Gelegenheiten hingewiesen hat: Schwierigkeiten gegenüber der Op-

4 Der niederländische Außenminister Stikker führte aus: „Il peut exister deux sortes d'attaques, une attaque armée en masse et une attaque isolée. Quand il y a une attaque en masse, je crois qu'il s'agit uniquement d'une question de fait. [...] Cependant, quand il y a une attaque isolée, c'est l'article 4 du Pacte Atlantique qui est en jeu. Cet article 4 du Pacte Atlantique dit que les parties se consulteront chaque fois que l'existence d'une d'elles, l'intégrité de son territoire, l'indépendance politique ou la sécurité de l'une de ces parties, seront menacées. Peut-être serait-il alors possible de faire une suggestion en disant que puisque dans l'organisation du Pacte Atlantique une consultation des membres du Pacte doit avoir lieu, une consultation entre les membres, non pas seulement du Pacte Atlantique, mais également de la Communauté de Défense, doit avoir lieu." Vgl. die Gesprächsaufzeichnung; B 2 (Büro Staatssekretär), Bd. 6. Vgl. dazu ferner FRUS 1952–1954, V/1, S. 605.

position und der öffentlichen Meinung, Schwierigkeiten und grundsätzliche Einwände. Das stärkste Argument, gegen das wir am schlechtesten angehen können, liegt darin, daß die deutsche Bundesrepublik Objekt von Entscheidungen sein wird, bei deren Zustandekommen sie nicht mitwirkt. Zweifellos liegt darin eine innere Unwahrhaftigkeit, wenn man uns bei einem System voller Partnerschaft eine volle Einflußnahme vorenthält.

Bitte, glauben Sie nicht, daß ich jetzt eine Reihe von Forderungen aufstellen will. Ich möchte Ihnen nur sagen, – Sie wissen, daß ich kein Freund von großen Worten bin und daß ich sie selten anwende – daß ich hier eine Warnung aussprechen muß. Wir gefährden nicht nur die Annahme des Werkes, an dem wir hier arbeiten, sondern die ganze europäische Idee könnte in Frage gestellt werden, wenn sie mit dem Makel der Diskriminierung verbunden würde.

Die Bundesrepublik kann daher auf den Grundsatz unserer vollständig gleichberechtigten Mitgliedschaft nicht verzichten. Aber bitte geben Sie dem, was ich soeben gesagt habe, keine falsche Ausdeutung, so als ob wir sofort eine derartige Forderung stellten. Wir kennen genau die politischen Schwierigkeiten, die dem in anderen Ländern entgegenstehen. Deshalb möchte ich mir erlauben, ohne Kompromiß-Vorschläge vorzubringen, zu denen ich in keiner Weise ermächtigt bin, mit allem Vorbehalt gewisse Überlegungen anzudeuten, Gedanken, die ich mir gemacht habe, um Ihre Aufgabe zu erleichtern. Diese werden Ihnen vielleicht erlauben, die Schwierigkeiten zu überwinden, denen Sie ausgesetzt sein werden. Ich glaube, daß die Schwierigkeiten, vor denen wir in unserem Parlament und vor unserer öffentlichen Meinung stehen werden, beträchtlich vermindert würden, wenn wir sagen könnten, daß eine andere Lösung lediglich für eine Übergangszeit gelten würde.

Meine Herren, ich füge hier eine Fußnote an, um den Einwand zu entkräften, daß ich mich hier an eine falsche Adresse wende, und daß es nicht Ihnen zusteht, in dieser Angelegenheit eine Entscheidung zu fällen. Wir sind uns vollkommen einig über diesen Punkt. Wenn ich überhaupt darüber spreche, so geschieht dies ja nur, damit Sie Ihrerseits Ihren Einfluß und Ihre Stimme einsetzen können dort, wo der Beitritt vollzogen werden muß. Schluß der Fußnote.

Wenn die Unmöglichkeit, uns als ordentliches Mitglied aufzunehmen, wirklich auf eine begrenzte Frist beschränkt werden könnte, so glaube ich, daß es hier folgende Möglichkeiten gäbe, die zu prüfen wären.

Zunächst könnte man sich vorstellen, daß die EVG als solche Mitglied des Atlantikpaktes wird. Ich weiß wohl, daß hiermit eine Abänderung des Paktes notwendig würde. Sie wäre aber nicht schwieriger als die, die sich durch den Beitritt eines neuen Mitgliedes ergeben würde.

Ich glaube jedenfalls, daß diese Abänderung möglich sein würde, denn der Atlantikpakt sieht wohl die Beteiligung von Staaten, nicht aber die Beteiligung eines so neuartigen Organismus vor, wie es die EVG ist, die wir schaffen wollen.

Wenn der Gedanke des Eintritts der EVG als Mitglied in den Atlantikpakt festgehalten wird, ergeben sich hieraus zwei weitere Lösungen:

Entweder tritt die Gemeinschaft als solche an die Stelle der bisher individuellen Mitglieder. Oder aber jeder Mitgliedstaat bleibt individuell Mitglied des Atlantikpaktes und die EVG als solche tritt als neues Mitglied hinzu.

Ich glaube, meine Herren, für die zweite Lösung spricht, daß der Rahmen und der sachliche Anwendungsbereich des Atlantikpaktes weiter ist als der der EVG. Der Atlantikpakt umfaßt z. B. Seekriegsführung, überseeische Gebiete etc. Das betrifft Sie alle, außer Luxemburg und Deutschland. Ich glaube, daß dies die beiden einzigen Staaten sind, die keine Flotte haben und nicht über überseeische Gebiete verfügen.

Schließlich gibt es noch eine letzte Lösung, die darin bestünde, daß alle hier vertretenen Staaten zwar Mitglieder des Atlantikpaktes bleiben, daß sie aber auf die Ausübung ihrer individuellen Rechte verzichten, wenn es sich um Fragen handelt, die die EVG betreffen, und sie sich bei den Entscheidungen über diese Fragen der vorherigen einstimmigen Beschlußfassung des Ministerrates unterwerfen.

Ich glaube nämlich, daß schon die Form, die wir unserer Konstruktion hier gegeben haben, gewisse Folgerungen unvermeidlich werden läßt. In Wirklichkeit ist es doch so, daß als Folge der Schöpfung der Gemeinschaft die Mitgliedstaaten über keine nationale Armee mehr verfügen, sondern die Gesamtheit ihrer Streitkräfte in einer gemeinsamen Armee verschmelzen, die ihrerseits wiederum den Entscheidungen des Ministerrates unterworfen ist.

In der Tat, ich wiederhole es: Die Armeen der verschiedenen Länder der EVG gehören ihnen nicht mehr, selbst wenn man sie sich als ein Werkzeug im Rahmen des Atlantikpaktes vorstellt.

Ich möchte Sie bitten, meine Herren, sich die Bemerkungen, die ich hier gemacht habe, zu überlegen. Ich bitte Sie, sie aufmerksam zu prüfen. Und ich glaube, im Namen meiner Regierung sagen zu können, daß diese bereit ist, Vorschläge zu prüfen, die ihr zu gegebener Zeit in dieser Hinsicht gemacht werden könnten. Meine Regierung wird sie mit all dem Ernst und mit dem guten Willen zu einer positiven Lösung prüfen, die ein Problem dieser Art verlangt.

Außenminister *Schuman* nimmt das Wort und erklärt: Ich glaube, meine Herren, daß wir nach dieser Mitteilung unsere Arbeit unterbrechen sollten, vielleicht auch, um hierüber zunächst genauer nachzudenken. Mit dieser Erklärung sind zweifellos neue Elemente in die Erörterung getreten, die bei weitem die Bedeutung der Frage übersteigen, die wir bisher behandelt haben.

Es handelt sich jetzt nicht allein um die Beziehungen unter uns in der EVG, sondern auch, und das verstehe ich vollkommen, um Beziehungen, die wir als EVG mit der atlantischen Gemeinschaft haben, und um die individuellen Beziehungen, die wir gleichfalls mit dieser atlantischen Gemeinschaft haben. Deutschland befindet sich in dieser Hinsicht in einer besonderen Lage, da es allein nicht Mitglied der atlantischen Gemeinschaft ist. Dieses Problem mußte eines Tages in Erscheinung treten. Jetzt steht es vor uns, und ich glaube nicht, daß wir es umgehen können. Aber es ist ein Problem, das die Zuständigkeit und die Vorbereitung einer Konferenz wie der unseren hier überschreitet. Ich glaube deshalb nicht, daß wir es heute hier erörtern sollten. Herr Hallstein hat uns aufgefordert, nicht nur für uns, sondern auch kollektiv mit unseren Regierungen darüber nachzudenken.

Der Präsident schlägt vor, daß nach der Pause in der Behandlung der restlichen Punkte der Tagesordnung fortgefahren wird.

Staatssekretär *Hallstein* ergreift noch einmal das Wort: Herr Präsident, nur ein Wort noch, um jedes Mißverständnis zu vermeiden, das sich aus einer Bemerkung ergeben könnte, die Sie eben gemacht haben. Es handelt sich hier nicht um eine neue Stellungnahme der Bundesregierung. Die Bundesregierung hat schon immer die gleiche Ansicht vertreten. Wenn sie heute und an dieser Stelle zum ersten Male vorgebracht wird, so ist es geschehen, weil zum ersten Male im Rahmen dieser Konferenz sich eine Erörterung der Beziehungen zwischen der EVG und NATO ergeben hat. Dies trifft gleichfalls auf eine Reihe anderer Punkte zu, die wir jetzt zum ersten Male erörtert haben.

Schuman: Ich habe zum Ausdruck bringen wollen, daß diese Frage zum ersten Male offiziell vor unserer Konferenz vorgebracht worden ist. An anderer Stelle ist sie schon erörtert worden.[5]

Herr *Stikker* kündigt an, daß er nach der Pause eine Bemerkung zu den Ausführungen von Staatssekretär Hallstein machen möchte.

Pause

Nach der Pause kommt Außenminister *Schuman* noch einmal auf die Frage zurück.

Er sagt etwa: Ich bitte noch um eine Erläuterung der Erklärung. Diese Erläuterung soll nicht den zweiten Teil, der als persönliche Gedanken bezeichnet war, betreffen, sondern den grundsätzlichen ersten Teil. Bedeutet die abgegebene Stellungnahme einen Wunsch der Bundesregierung, oder ist es das Ziel bzw. eine Bedingung der Bundesregierung? Glaubt also die Bundesregierung, den Vertrag nicht annehmen zu können oder zur Annahme bringen zu können, wenn das Ziel der unmittelbaren Mitgliedschaft bei NATO nicht erreicht wird?

Staatssekretär *Hallstein* antwortet etwa wie folgt: Hierzu habe ich überhaupt nicht Stellung genommen, weder im Positiven noch im Negativen. Das, was ich habe sagen wollen, ist: Es ist der Bundesregierung nicht möglich, bei der Behandlung der Beziehungen der Europäischen Verteidigungsgemeinschaft zu NATO einen zeitlich unbegrenzten Verzicht auf die Zugehörigkeit der Bundesrepublik zu NATO auszusprechen.

VS-Bd. 6587 (EVG-Delegation)

5 Zum Gespräch des Bundeskanzlers Adenauer und des Ministerialdirektors Blankenhorn am 11. Oktober 1951 mit dem amerikanischen Hohen Kommissar McCloy über einen Beitritt der Bundesrepublik zur NATO vgl. AAPD 1951, Dok. 165. Vgl. dazu auch FRUS 1951, III/2, S. 1549–1551.

30

Aufzeichnung des Ministerialrats Vialon, Paris

232-15 II/869/52 geh. **28. Januar 1952**[1]

Betr.: Europa-Armee

Die soeben abgeschlossene Konferenz der Außenminister in Paris vom 26. und 27.1.1952[2] wird wahrscheinlich die letzte Arbeitskonferenz vor der Unterzeichnung des Verteidigungsvertrages gewesen sein. Die Konferenz war die bisher erfolgreichste Zusammenkunft der beteiligten Minister und erledigte eine Reihe konstitutioneller und organisatorischer Fragen, die nach früheren Erfahrungen bis in die letzte Stunde vor der Unterzeichnung offen zu bleiben pflegten. Die noch ungeklärten Probleme sind zwar nicht klein, können aber wohl nach Fühlungnahme mit den Regierungen im Lenkungsausschuß der Konferenz entschieden werden. Die nächste Zusammenkunft könnte somit die Unterzeichnung des Vertrages bringen. Diese Tatsache ist im Abschluß-Kommuniqué der Sitzung[3] nicht zum Ausdruck gekommen, um das französische, belgische und holländische Parlament, die in der bevorstehenden Woche den Verteidigungsbeitrag diskutieren, äußerlich nicht vor vollendete Tatsachen zu stellen.

Die Zusammenkunft der Außenminister bestätigte erneut, daß die Regierungen der beteiligten sechs Staaten die Europa-Armee nicht mehr ablehnen können. Ob aber z.B. die holländische Regierung mit wirklichem Enthusiasmus bei der Sache ist, scheint sehr zweifelhaft. Gerade das nach der angeblich so sensationellen Rede Staatssekretär Hallsteins am 27.1.1952[4] zutage getretene starke Befremden der Beneluxstaaten und vor allem Hollands über den deutschen Anspruch auf einen demnächstigen Beitritt zum Atlantikpakt ließ erkennen, daß unter Umständen die Holländer (vielleicht auf englischen Einfluß) eine Gefährdung der Konferenz lieber gesehen hätten. Angesichts der unzweideutigen amerikanischen Erklärungen zur Europa-Armee dürfte aber keiner der europäischen Staaten es noch ernstlich wagen, die jetzt gefundene Konstruktion von der grundsätzlichen Seite her anzugreifen.

Die von Staatssekretär Hallstein vorgetragene Forderung entsprang einem echten rechtlichen und politischen Bedürfnis, aber auch dem Wunsch, einer gefährlichen Beanstandung des Vertrags durch die deutsche Opposition zuvorzukommen. Die nach Form und Inhalt hervorragende Rede bot den anderen Staaten so viele Möglichkeiten der Kompromisse, daß eine befriedigende Regelung der Atlantikpakt-Frage in kürzester Zeit erhofft werden kann. Am eindrucksvollsten war das Argument, daß die deutschen Einheiten den Befehlen einer

1 Durchdruck.
Hat Staatssekretär Hallstein am 1. Februar 1952 vorgelegen.

2 Vgl. dazu Dok. 25, Dok. 27 und Dok. 29.

3 Für den Wortlaut des Kommuniqués vom 28. Januar 1952 vgl. EUROPA-ARCHIV 1952, Bd. 1, S. 4731 f.

4 Für die Erklärung des Staatssekretärs Hallstein vom 27. Januar 1952 auf der Außenministerkonferenz über eine Europäische Verteidigungsgemeinschaft über einen Beitritt der Bundesrepublik zur NATO vgl. Dok. 29.

Instanz ausgesetzt sind, deren Grundlinien ohne deutschen Einfluß bestimmt werden.

Die Rede war von den Franzosen zunächst so empfunden worden, als ob sie eine direkte Antwort auf den törichten französischen Schritt in der Saar-Frage[5] bedeute. Diesen Verdacht glich der deutsche Sprecher mit einer Schlußerklärung aus, daß es sich bei der deutschen Forderung um einen alten, von Bundeskanzler Dr. Adenauer bereits erhobenen Anspruch handle.[6] Trotzdem konnte nicht ausbleiben, daß die Konferenz und insbesondere die Diskussion dieses Punktes von der Nervosität überschattet war, die durch die Zuspitzung des Saar-Problems entstanden ist. Auch aus französischen Kollegenkreisen war nicht zu ermitteln, aus welchem Grunde die Ernennung eines Botschafters in Saarbrücken gerade zu diesem Zeitpunkt erfolgte; in den gleichen Kreisen fand die Maßnahme der Regierung starke Kritik.

Unter den noch verbleibenden Fragen sind die finanziellen Probleme in den Hintergrund getreten, weil die grundsätzlichsten Entscheidungen gefallen sind und das sog. Budget-Problem in der Hauptsache als gelöst gilt.[7] Die Aufrechterhaltung dieses Eindrucks ist wichtig, um die noch schwebenden Restfragen ebenfalls zu einer befriedigenden Lösung zu bringen. Unter ihnen steht die Regelung der Außenhilfe[8] und das speziell deutsch-französische Problem des Verwendungsplans[9] an erster Stelle. Da hierüber eingehend berichtet worden ist, kann von näheren Darlegungen abgesehen werden.

5 Am 26. Januar 1952 teilte der französische Außenminister Schuman Staatssekretär Hallstein mit, daß dem französischen Hohen Kommissar für die Saar, Grandval, der persönliche Titel eines Botschafters verliehen worden sei. Vgl. dazu Dok. 28.

6 Vgl. dazu Dok. 29, Anm. 5.

7 Zum EVG-Budget und dem deutsch-französischen Vorschlag eines bereits für die Übergangsperiode gültigen Gemeinschaftshaushalts vgl. Dok. 4.
Am 24. Januar 1952 notierte Ministerialrat Vialon, Paris, daß „starker amerikanischer Druck das belgische Einschwenken auf die deutsch-französischen Vorschläge ausgelöst" habe. Sowohl Belgien als auch die Niederlande hätten ihren Widerstand gegen Mehrheitsentscheidungen über die Ausgaben der EVG aufgegeben und akzeptierten die Bildung einer Planungsgruppe, die das erste Gemeinschaftsbudget für die Übergangszeit aufstellen sollte. Vgl. VS-Bd. 6616 (EVG-Delegation); B 150, Aktenkopien 1952.

8 Zur finanziellen und materiellen Hilfe der USA an die Mitgliedstaaten der EVG vermerkte Ministerialrat Vialon, Paris, am 24. Januar 1952, daß die Bundesrepublik, Frankreich und Italien für direkte Hilfeleistungen an die Gemeinschaft einträten, während die Benelux-Staaten eine bilaterale Regelung der Hilfe zwischen den einzelnen Mitgliedstaaten und den USA bevorzugten. Die kleineren EVG-Staaten befürchteten, daß sie „a) im Falle der Empfangnahme aller Außenhilfe durch die Verteidigungsgemeinschaft zu kurz kommen; b) ihre NATO-Programme nicht durchführen können; c) zu Mehrausgaben an anderer Stelle genötigt sind". Vgl. VS-Bd. 6616 (EVG-Delegation); B 150, Aktenkopien 1952.

9 Am 3. Januar 1952 schlug der niederländische Finanzminister Lieftinck dem Beauftragten des Bundeskanzlers, Blank, bezüglich des EVG-Budgets vor, daß jeder Mitgliedstaat „einen Beitrag auf Grund der NATO-Vereinbarungen oder entsprechender Abmachungen" leisten solle. Die Mitgliedstaaten würden ferner nationale Verteidigungsprogramme vorlegen, die als Grundlage für die Festlegung der Ausgaben der EVG dienen sollten. In Ermangelung eines eigenen Verteidigungsprogramms könne die Bundesrepublik einen Verwendungsplan ausarbeiten, der den Programmen der übrigen Mitglieder entsprechen würde. Vgl. die Aufzeichnung von Blank vom 4. Januar 1952; Bundesarchiv-Militärarchiv; BW 9/3075.
Nachdem dieser Vorschlag zunächst sowohl von der Bundesregierung als auch von Frankreich unterstützt worden war, wich die französische Delegation im Finanzausschuß der EVG-Konferenz unmittelbar vor der Außenministerkonferenz am 26./27. Januar 1952 von diesem Konsens ab. Sie erklärte mit „erstaunlicher Offenheit [...], daß angesichts des Festliegens des gemeinschaftlichen Budgets durch die national gebilligten Programme der deutsche Beitrag ja die bewegliche Masse

Vom finanziellen Standpunkt aus sind die Ergebnisse der letzten Pariser Konferenz befriedigend; es kann sogar gesagt werden, daß ein noch besseres Resultat kaum hätte erzielt werden können. Für den künftigen deutschen Einfluß im Kommissariat waren entscheidend

a) Aufbau und Stimmrecht im Kommissariat,

b) das Stimmrecht im Ministerrat,

c) die Zusammensetzung der Versammlung.

Die Lösung mit neun Kommissaren[10] erscheint auf den ersten Blick wenig glücklich, war aber die beste Lösung, nachdem die Zahl von fünf Kommissaren nicht durchzusetzen war. Es wurde erreicht, daß die neun Kommissare keinen reinen, ressortlosen Senat bilden, sondern daß eine Anzahl von ihnen Ressortchefs werden. Da die Verteilung der Ressorts durch die Kommissare selbst stattfindet, wird die Auswahl der in Betracht kommenden Personen nach allgemeineren Gesichtspunkten stattfinden müssen. Außerdem bedeuten neun Kommissare eine nicht unbeträchtliche Steigerung der Ausgaben, da sie mit Büros und dergleichen versehen werden müssen. Die Lösung bringt es ferner mit sich, daß die Spitzenbeamten der Verwaltung zu großem Einfluß kommen werden. Diese Nachteile sollten aber in Kauf genommen werden können.

Die Gestaltung des Stimmrechts im Ministerrat[11] ist weitgehend nach deutschen Gedankengängen durchgeführt. Da alle Möglichkeiten vor dem Beginn der Aussprache durchgerechnet worden waren und die deutschen Vorschläge angenommen wurden, verletzt die Lösung keine deutschen Abstimmungsinteressen. Lediglich bei der einfachen Mehrheit können nach der jetzigen Lösung z.B. Deutschland und Frankreich von den übrigen vier Staaten, die nicht einmal

Fortsetzung Fußnote von Seite 97

bilde, die zugunsten der Verteidigungsgemeinschaft verwendet werden müsse". Vgl. die Aufzeichnung des Ministerialrats Vialon, Paris, vom 24. Januar 1952; VS-Bd. 6616 (EVG-Delegation); B 150, Aktenkopien 1952.

10 Im Schlußkommuniqué vom 28. Januar 1952 erklärten die Minister, daß die Mitglieder des Kommissariats „für die Dauer von sechs Jahren ernannt und auf Grund ihrer allgemeinen Eignung unter den Staatsangehörigen der Teilnehmerstaaten ausgewählt werden. Ihre Ernennung und Wiederwahl erfolgt nach den gleichen Grundsätzen, wie sie für die Gemeinschaft für Kohle und Stahl gültig sind." Vgl. EUROPA-ARCHIV 1952, Bd. 1, S. 4731.
Mit Runderlaß vom 11. März 1952 teilte Staatssekretär Hallstein dazu mit: „Die Zusammensetzung des Kommissariats aus neun Mitgliedern stellt eine Kompromißlösung dar. Durch sie wird der übernationale Charakter dieses Organs der Gemeinschaft gewahrt, der hinfällig geworden wäre, wenn man entsprechend dem Bestreben der Benelux-Staaten, sechs Mitglieder – d.h. praktisch für jeden Mitgliedstaat einen Kommissar – für das Kommissariat vorzusehen, entsprochen hätte. Eine unter sechs liegende Mitgliedzahl war nicht zu erreichen, da Holland, Belgien und Luxemburg Wert darauf legten, daß jedenfalls mindestens ein Angehöriger ihres Landes Mitglied des Kommissariats sei." Vgl. B 10 (Abteilung 2), Bd. 1042.

11 Dazu führte Staatssekretär Hallstein am 11. März 1952 aus: „Da die besondere Aufgabe des Ministerrats darin liegt, die einzelstaatlichen Interessen im Rahmen der Gemeinschaft zu wahren, ist grundsätzlich zunächst davon ausgegangen worden, daß jedem Mitgliedstaat eine Stimme zukommt. Mit Rücksicht auf die großen Unterschiede, die bei den von den einzelnen Mitgliedstaaten zur Verfügung gestellten Kräften bestehen, erschien es aber richtig, noch ein zusätzliches Kriterium für die Bewertung der Stimmen im Ministerrat einzuführen. Dieses ist in den Beiträgen der Mitgliedstaaten zu sehen, die nach einem Mischquotienten aus der Zahl der zur Verfügung gestellten Truppen und der zur Verfügung gestellten Mittel errechnet werden. Mit der Einführung dieses zusätzlichen Faktors haben sich die Außenminister den deutschen Gedankengängen weitgehend angeschlossen. Nur noch bei Beschlüssen, die mit einfacher Mehrheit gefaßt werden, besteht damit die Möglichkeit, daß Frankreich und Deutschland von den anderen Teilnehmerstaaten zusammen überstimmt werden." Vgl. den Runderlaß; B 10 (Abteilung 2), Bd. 1042.

40% der Bevölkerung vertreten, überstimmt werden. Es wurde versucht, diesem Mangel durch eine weitere Stimmenwägung auch bei der einfachen Mehrheit abzuhelfen; sie war aber nicht durchzusetzen. Es sollen nun die Fälle der einfachen Mehrheit weitgehend vermindert und die qualifizierte Mehrheit zur Regel gemacht werden.

Bei der Debatte über die Zusammensetzung der Versammlung[12] gelang es nicht, zwei von den drei Großmächten ein zahlenmäßiges Übergewicht zu verschaffen; die Stimmen von zwei Staaten bleiben um wenig hinter der Mehrheit zurück. Diesem Umstand kommt aber keine praktische Bedeutung zu, da nach den bisherigen Erfahrungen mit einer länderweisen Abstimmung der künftigen europäischen Abgeordneten kaum gerechnet werden kann.

Von den Ergebnissen der bisherigen Verhandlungen in den Finanzfragen nahmen die Minister Kenntnis. Das Resultat dieser Verhandlungen kann ohne Zweifel als ein starker Erfolg der drei großen Staaten gewertet werden; es ist gelungen, uneingeschränkt den Gedanken des gemeinschaftlichen Budgets durchzusetzen. Die den Beneluxstaaten gemachten Konzessionen sind allerdings nicht unbeträchtlich und liegen auf finanzwirtschaftlichem Gebiet. Hier kann nur die Hoffnung trösten, daß die Dynamik einer so umfangreichen Großorganisation, wie sie die europäische Verteidigung darstellt, entgegenstehende Länderinteressen überwinden wird. Die Konzessionen liegen ferner auf organisatorischem Gebiet; hier scheint es den Beneluxstaaten zu gelingen, den Einfluß der Versammlung stark herabzumindern, wie auch die Einstimmigkeit des Ministerrats bei der Festsetzung des Budget-Volumens ein bedeutendes und gerade für Deutschland nicht ungefährliches Entgegenkommen an die Benelux-Seite darstellt.

Die Verhandlungen sollen nun in den Experten-Komitees fortgesetzt werden. Zu dem Stand dieser Arbeiten ist zu sagen, daß die Texte sowohl des Vertrages als auch der Übergangskonvention wie auch der Annexe noch weitgehend ungeordnet sind und einer sorgfältigen Redaktion bedürfen. Bei allem Bemühen, nur den notwendigsten Stoff zur Unterzeichnung zurechtzumachen, wird gerade die Arbeit an den Texten noch mehrere Wochen in Anspruch nehmen.

gez. Dr. Vialon

B 10 (Abteilung 2), Bd. 1042*

12 Die Minister kamen überein, daß die Versammlungen der EGKS und der EVG identisch sein sollten. Für die EVG-Versammlung erhielten die Bundesrepublik, Frankreich und Italien jedoch drei zusätzliche Abgeordnete, so daß die drei großen Mitgliedstaaten über je 21 Sitze verfügen würden, Belgien und die Niederlande über je 10 und Luxemburg über 4 Sitze. Vgl. dazu das Kommuniqué vom 28. Januar 1952; EUROPA-ARCHIV 1952, Bd. 1, S. 4731.

* Bereits veröffentlicht in: BDFD I, S. 397–399.

31

Aufzeichnung des Gesandten I. Klasse Strohm

214-32 II 2459/52 **29. Januar 1952**

Betr.: Saargebiet
Vorgriffe auf den Friedensvertrag

Die Formel, daß die Saarfrage dem Friedensvertrag vorbehalten bleiben muß, taucht zum ersten Mal auf der Moskauer Außenministerkonferenz im April 1947[1] auf. Außenminister Marshall:

„Die Frage der endgültigen Trennung des Saargebiets von Deutschland und die endgültige Festlegung seiner Grenzen müssen in der deutschen Friedensregelung entschieden werden, bei der auch zahlreiche Einzelfragen hinsichtlich der Eigentumsrechte, der Schulden usw. ihre Regelung finden müssen."

Die französische Regierung hat seitdem, wenn immer ihre Maßnahmen im Saargebiet auf Kritik stießen, erklärt, der von ihr im Saargebiet geschaffene Zustand sei nur „provisorisch" und bedürfe der endgültigen Sanktionierung im Friedensvertrag (die consécration finale). Tatsächlich zielen diese Maßnahmen in ihrer Gesamtheit auf die Schaffung eines Zustandes hin, der den Charakter des Endgültigen trägt und von dem man bei Friedensverhandlungen behaupten wird, er habe sich im Laufe der Zeit so eingespielt, daß er ohne schwere Schädigung der Wirtschaft des Landes nicht mehr geändert werden könne. Eine Präjudizierung des Friedensvertrags ist insbesondere in folgenden Maßnahmen zu sehen:

1) In der Präambel der Saarverfassung wird der französischen Lösung der Saarfrage ein konstitutioneller Charakter gegeben[2] und damit die Erörterung jeder anderen Lösung durch die Saarbevölkerung verhindert.

2) Schaffung einer eigenen saarländischen Staatsangehörigkeit.

3) Angliederung von Teilen des Landes Rheinland-Pfalz an das Saargebiet.

4) Übereignung der reichseigenen Kohlengruben an die Saarregierung und Verpachtung derselben an eine französische Betriebsgesellschaft.

5) Entschädigungslose Wegnahme der deutschen Banken und Versicherungsbestände im Saargebiet.

6) Sequestermaßnahmen gegen die im deutschen Besitz befindlichen Hüttenwerke und Forderung auf Abtretung der Majorität an diesen Werken an französische Gesellschaften.

[1] Die Außenministerkonferenz der Vier Mächte fand vom 10. März bis 24. April 1947 statt.

[2] In der Präambel der Verfassung des Saarlandes vom 15. Dezember 1947 hieß es: „Das Volk an der Saar [...] gründet seine Zukunft auf den wirtschaftlichen Anschluß des Saarlandes an die französische Republik und die Währungs- und Zolleinheit mit ihr, die einschließen: die politische Unabhängigkeit des Saarlandes vom Deutschen Reich, die Landesverteidigung und die Vertretung der saarländischen Interessen im Ausland durch die französische Republik, die Anwendung der französischen Zoll- und Währungsgesetze im Saarland, die Bestellung eines Vertreters der Regierung der französischen Republik mit Verordnungsrecht zur Sicherstellung der Zoll- und Währungseinheit und einer Aufsichtsbefugnis, um die Beobachtung des Statuts zu garantieren." Vgl. AMTSBLATT DES SAARLANDES, Nr. 67 vom 17. Dezember 1947, S. 1077.

7) Versuche, der Saar bereits vor dem Friedensvertrag auch nach außen hin die Anerkennung als eines selbständigen Staats zu verschaffen:

a) durch den (gescheiterten) Versuch, die Saar schon vor der Bundesregierung in den Europarat zu bringen;

b) durch den (gescheiterten) Versuch, die Saar als gleichberechtigten Partner in die Europäische Gemeinschaft für Kohle und Stahl zu bringen;

c) durch die Aufnahme diplomatischer Beziehungen zwischen Frankreich und der Saarregierung. (Außenminister Schuman am 20. Februar 1951 im Senat: „Es ist sicher, daß wir bald, so schnell als möglich, dahin kommen müssen, daß die Souveränität der Saar nach außen anerkannt wird. Wir möchten, daß der Saarstaat – besonders auf politischem Gebiet – eine nach außen voll gültige Rechtsstellung erhält.“)[3]

Weitere zur Zeit in Vorbereitung befindliche Maßnahmen:

8) Übernahme der Vermögenswerte der deutschen Siedlungs- und Baugenossenschaften im Saargebiet durch die Saarregierung,

9) Verpachtung der Kohlenfelder im Warndt an die Charbonnages de France.

Hiermit Herrn Ministerialdirektor Blankenhorn[4] weisungsgemäß vorgelegt.

[gez. Strohm][5]

B 10 (Abteilung 2), Bd. 543

32

Gespräch des Staatssekretärs Hallstein mit dem amerikanischen Hohen Kommissar McCloy in München

Geheim **30. Januar 1952**

Anwesend auf deutscher Seite: Staatssekretär Hallstein, Staatssekretär Lenz, Ministerialdirektor Blankenhorn.

Auf amerikanischer Seite: Herr McCloy, Herr Reber, Herr Tomlinson, Herr Shepard Stone, der stellvertretende amerikanische Landeskommissar in Bayern[1].

Staatssekretär *Hallstein* leitet die Aussprache[2] mit einer Darstellung der Rückwirkungen ein, die die Ernennung Grandvals zum französischen Botschafter in Saarbrücken[3] hat, und zwar sowohl hinsichtlich der europäischen Verträge als

3 Vgl. Journal Officiel. Conseil de la République 1951, S. 532.
4 Hat Ministerialdirektor Blankenhorn vorgelegen.
5 Vermuteter Verfasser der nicht unterzeichneten Aufzeichnung.

1 Oron J. Hale.
2 Vgl. dazu auch Lenz, Zentrum, S. 240 f.
3 Vgl. dazu Dok. 28.

auch vor allem hinsichtlich der Situation in Deutschland selbst. Er trägt den Wunsch des Kanzlers vor, das State Department möge sich in Paris einschalten und dort den Vorschlag machen, daß die französische Regierung sich einmal erneut zu dem Inhalt des Briefwechsels vom 18. April 1951[4] bekenne, d.h. keine Tatsachen an der Saar schaffe, die in irgendeiner Weise eine zukünftige Friedensregelung präjudizieren, und andererseits freie Wahlen mit allen ihren Voraussetzungen für die Saar zusage.

McCloy war von der Darstellung der Auswirkungen der französischen Maßnahme stark beeindruckt. Er betonte, daß er die Ernennung Grandvals für einen höchst ungeschickten Zug der französischen Politik ansehe, daß er aber nicht glaube, daß diese Maßnahme den Charakter einer ausschließlichen Saarangelegenheit habe. Er glaube vielmehr, daß es sich hier um einen Schuß gewisser anti-europäisch eingestellter französischer Kreise auf das Europakonzept und insbesondere die Europäische Verteidigungsgemeinschaft handele. Er wisse genau, daß im französischen Außenministerium machtvolle Gruppen beständen, die mit Eifersucht diese Europapolitik verfolgten und die stets nach einer Möglichkeit gesucht hatten, sie zu torpedieren. Die Saarfrage spiele in der öffentlichen Meinung Frankreichs nicht dieselbe große Rolle wie in Deutschland, wo sie zu einer nationalen Frage geworden sei.

Mit Monnet sei er sich immer darüber einig gewesen, daß es falsch sei, die Lösung der Saarfrage bis zum Friedensvertrag zurückzustellen, denn eine solche offene Wunde im Körper Europas würde zwangsläufig immer wieder zu Komplikationen führen und das Gesamtfundament des Europabaues gefährden. Diese Auffassung teile auch François-Poncet.

Er sei sich noch nicht klar, wie man aus der gegenwärtigen Krise herauskomme, könne sich aber vorstellen, daß man ein Kommuniqué ausgeben solle, in dem eine round table Konferenz angekündigt werde, die sich mit dem Schicksal der Saar beschäftige.

Staatssekretär *Hallstein* führte demgegenüber aus, daß er zweifellos diese Anregung zu schätzen wisse, daß sie aber nicht ausreiche. Die beste Lösung sei nach Auffassung des Bundeskanzlers eine Verpflichtung Frankreichs, freie Wahlen an der Saar zuzulassen mit allen den dazugehörigen Voraussetzungen wie freie Parteienentwicklung, Pressefreiheit, freie Aus- und Einreise der Saarbevölkerung usw.

4 Mit Schreiben vom 18. April 1951 bat Bundeskanzler Adenauer den französischen Außenminister Schuman, die Erklärung zu bestätigen, daß „die Französische Regierung mit der Bundesregierung darüber übereinstimmt, daß die endgültige Regelung des Status der Saar nur durch den Friedensvertrag oder einen gleichartigen Vertrag erfolgt und daß die Französische Regierung in der Unterzeichnung des Vertrags über die Europäische Gemeinschaft für Kohle und Stahl durch die Bundesregierung keine Anerkennung des gegenwärtigen Status an der Saar durch die Bundesregierung erblickt". Vgl. EUROPA-ARCHIV 1951, Bd. 1, S. 4076.
Mit Schreiben vom gleichen Tag entsprach Schuman dieser Bitte: „Die französische Regierung erklärt [...], daß sie im Namen der Saar auf Grund ihres gegenwärtigen Status handelt, daß sie aber in der Unterzeichnung des Vertrages durch die Bundesregierung keine Anerkennung des gegenwärtigen Status der Saar durch die Bundesregierung erblickt. Sie ist nicht der Auffassung, daß der Vertrag über die Gründung der Europäischen Gemeinschaft für Kohle und Stahl dem endgültigen Status der Saar vorgreift, der durch einen Friedensvertrag oder durch einen an Stelle eines Friedensvertrages abgeschlossenen Vertrag zu regeln ist." Vgl. EUROPA-ARCHIV 1951, Bd. 1, S. 4077.

Staatssekretär *Lenz* wies darauf hin, daß für die CDU die Notwendigkeit bestehe, an der Saar eine neue Partei zu eröffnen. Die bestehende christlich-demokratische Partei unter Herrn Hoffmann sei unbrauchbar, und es sei zu befürchten, daß im Falle von Wahlen, die für September dieses Jahres in Aussicht stünden, eine starke Abwanderung zur SPD oder zu den radikalen Flügeln einsetzen werde. Der Konferenzgedanke sei nicht zweckmäßig, denn einige man sich auf dieser Konferenz nicht, dann sei die Position des Kanzlers besonders erschwert.

Staatssekretär *Hallstein* gibt anschließend eine eingehende Darstellung der Lage an der Saar. Besonders schildert er die Abhängigkeit Herrn Hoffmanns vom französischen Hohen Kommissariat, das Verbot der DPS[5], die Unmöglichkeit, beim Oberverwaltungsgericht eine Entscheidung über die Rechtmäßigkeit des Verbots durchzusetzen, das Fehlen eines Verfassungsgerichtshofes usw.

Im weiteren Verlauf der Unterhaltung betont *McCloy*, daß er im Grunde gegen eine Verzögerung der Debatte im Bundestag[6] sei. Jede Verzögerung bedeute eine Gefährdung der übrigen Termine, die äußerst knapp bemessen seien. Eine Verschiebung der Konferenz in Lissabon[7] komme nicht in Frage.

Staatssekretär *Hallstein* betont, daß es äußerst schwer sei, jetzt in diesem Stadium der Dinge vor das Parlament zu treten, es sei denn, daß gewisse Zusicherungen substantieller Art von seiten der Franzosen hinsichtlich der Abhaltung freier Wahlen gegeben würden.

McCloy war zweifelhaft, ob ein solches deutsches Petitum in Paris durchsetzbar sei. Die Situation, in der sich die Vereinigten Staaten gegenüber Frankreich befänden, lasse eine Demarche nicht als sehr erfolgversprechend erscheinen. Frankreich hätte sehr weitgehende Wünsche hinsichtlich der amerikanischen Unterstützung in Indochina. Die Vereinigten Staaten seien nicht bereit, hierauf einzugehen. Dies erschwere naturgemäß eine Demarche wegen des Saargebiets.

Staatssekretär *Lenz* ergänzt die Ausführungen Professor Hallsteins hinsichtlich der inneren Situation an der Saar mit dem besonderen Hinweis auf die Enteignungen von Industriewerken und auch das Problem des Warndt. – Die Aufrechterhaltung des Parteiengesetzes sei völlig unmöglich.[8] Dies sei vielleicht das stärkste Charakteristikum dafür, daß die politischen Verhältnisse an der Saar unfrei seien. Es komme nach seiner Auffassung also im wesentlichen darauf an, daß der Inhalt des Briefwechsels vom 18. April 1951 nachdrück-

[5] Korrigiert aus: „DRP".
Mit Schreiben vom 9. Mai 1951 verwies der französische Außenminister Schuman den saarländischen Ministerpräsidenten Hoffmann auf „den umstürzlerischen Charakter der Kampagne" der Demokratischen Partei des Saarlandes (DPS) gegen das Saarstatut. Die DPS wolle „dieses Statut durch ein Regime ersetzen, welches das Bestehen eines autonomen Saarlandes verneint und das die endgültige Regelung der Saarfrage durch Vorwegnahmen festlegt". Schuman stellte Hoffmann anheim, geeignete Maßnahmen gegen die DPS zu ergreifen. Vgl. B 10 (Abteilung 2), Bd. 486.
Am 21. Mai 1951 gab Hoffmann das Verbot der DPS bekannt.

[6] Vgl. dazu Dok. 28, Anm. 2.

[7] Zur NATO-Ministerratstagung vom 20. bis 25. Februar 1952 vgl. Dok. 62.

[8] Am 17. März 1952 verabschiedete der Landtag des Saarlandes das Gesetz betreffend die politischen Parteien, auf dessen Grundlage einer Partei die Zulassung verwehrt oder sie verboten werden konnte, wenn sie „die Beseitigung der in der saarländischen Verfassung festgelegten staatlichen oder demokratischen Ordnung anstrebt". Vgl. AMTSBLATT DES SAARLANDES, Nr. 16 vom 4. April 1952, S. 370.

lich bestätigt und die Garantie wirklich freier Wahlen (Aufhebung des Parteiengesetzes usw.) ausgesprochen werde.

Tomlinson, der soeben aus Paris eingetroffen ist, teilt mit, daß die Ernennung Grandvals viel mehr bedeute als eine Formalie. Offenbar handele es sich hier um einen Schuß auf die Verteidigungsgemeinschaft. Es gebe eben in Frankreich neben der offiziellen französischen Politik einflußreiche Gruppen, denen der Gedanke einer deutschen Armee, auch wenn sie sich im europäischen Gewande zeige, denkbar unsympathisch sei. Man wisse heute noch nicht, wie man dieser neuen Krise begegnen solle.

Das Ergebnis der Aussprache ist folgendes:

McCloy wird unmittelbar mit dem State Department telefonisch und telegrafisch Verbindung aufnehmen. Der deutsche Standpunkt wird dabei eingehend dargelegt werden. Der Vorschlag des Herrn Bundeskanzlers hinsichtlich einer Intervention der Vereinigten Staaten in Paris mit dem Ziel einer Erklärung der französischen Regierung über die Herbeiführung freier Wahlen – insbesondere Abänderung des Parteiengesetzes – im Saargebiet wird dem State Department übermittelt werden. McCloy wird seinerseits dem State Department vorschlagen, eine Erklärung des Außenministers Acheson herbeizuführen, in welcher dieser zu den Vorkommnissen an der Saar Stellung nimmt und eine umfassende Regelung auf einer der kommenden Außenministerkonferenzen vorschlägt.[9] Gleichzeitig wurde vereinbart, daß zwischen McCloy und dem Herrn Bundeskanzler enge Verbindung in dieser Frage aufrechterhalten wird.

VS-Bd. 70 (Büro Staatssekretär)

9 Mit Schreiben vom 30. Januar 1952 übermittelte der amerikanische Hohe Kommissar McCloy dem amerikanischen Außenministerium eine Aufzeichnung über das Gespräch vom selben Tag. Er habe gegenüber Hallstein seine Bereitschaft geäußert, sich in Washington für eine gemeinsame Erklärung der Drei Mächte, der Bundesrepublik und möglicherweise der Benelux-Staaten hinsichtlich einer unverzüglichen befriedigenden Lösung der Saarfrage einzusetzen. Darüber hinaus habe er die Möglichkeit einer amerikanischen Deklaration erwähnt, daß die USA es nicht hinnehmen könnten, wenn die Saarfrage die europäische Einigung blockieren würde. Abschließend führte er aus: „I recognize none of these suggestions seems entirely satisfactory but believe definite assurance from US that it is willing to take part in promptly working out a satisfactory solution may be of some help.“ Vgl. FRUS 1952–1954, VII/2, S. 1405.

33

Aufzeichnung des Ministerialrats Ophüls, Paris

31. Januar 1952[1]

Betr.: Verhältnis Deutschlands und der Verteidigungsgemeinschaft zur NATO

Ich hatte heute nachmittag ein Gespräch mit Botschafter Alphand, der gerade von einer Konferenz der stellvertretenden Ratsmitglieder der NATO in London zurückgekehrt war.

Alphand gab sich betont optimistisch und freundlich. Er sagte, sein Vertrauen in das Gelingen der Verteidigungsgemeinschaft sei in keiner Weise vermindert; daß sich in der öffentlichen Meinung bei der NATO-Frage Schwierigkeiten ergeben hätten, sei unvermeidbar gewesen; nach seiner Überzeugung könne man aber diese Schwierigkeiten durch eine Zwischenlösung überwinden, die sachlich den deutschen Forderungen genüge und deren interimistischen Charakter Deutschland betonen könne, während die französische Regierung ihn vielleicht nicht in gleicher Weise hervorheben würde.

Im einzelnen berührte das Gespräch folgende Punkte:

1) Wechselseitige Garantie zwischen den NATO-Mitgliedern und den Mitgliedern der Verteidigungsgemeinschaft

Alphand sagte, die deutsch-französischen Formulierungen der Artikelvorschläge A und B über die wechselseitige Garantie der Mitgliedstaaten untereinander und gegenüber den Mitgliedstaaten von NATO[2], die von der Außenministerkonferenz gebilligt worden sind, hätten nunmehr auch die Zustimmung der stellvertretenden Ratsmitglieder von NATO gefunden. Ebenso sehen diese keine Schwierigkeit darin, daß die NATO-Mitglieder in einem solemnen Zusatzprotokoll gegenüber den Mitgliedern der Verteidigungsgemeinschaft und deren Truppen reziproke Verpflichtungen übernähmen.

2) Stellung der Verteidigungsgemeinschaft und Deutschlands in der Organisation des Atlantikpaktes

1 Durchdruck.

2 Am 25. Januar 1952 wurde im Juristischen Ausschuß der EVG-Konferenz eine Einigung über die Artikel A und B eines Protokollentwurfs zu den Beistandsverpflichtungen unter den EVG-Mitgliedstaaten sowie zwischen EVG und NATO erzielt. Artikel A lautete: „Jeder bewaffnete Angriff gegen irgendeinen der Mitgliedstaaten oder gegen die europäischen Verteidigungsstreitkräfte wird als Angriff gegen alle Mitgliedstaaten angesehen. Die europäischen Verteidigungsstreitkräfte treten dieser Aggression mit der unbeschränkten Hilfe und Unterstützung der Mitgliedstaaten entgegen." Artikel B lautete: „Jeder in Europa oder Nordamerika erfolgende bewaffnete Angriff gegen irgendeinen der Mitgliedstaaten des Atlantikpaktes wird als ein gegen die europäischen Verteidigungsstreitkräfte gerichteter Angriff angesehen. Die vorstehende Bestimmung bezieht sich auf einen bewaffneten Angriff, wie er in Art. 6 des Nordatlantikpakts definiert ist und gilt insoweit, als eine gegenseitige Verpflichtung seitens der Mitgliedstaaten des genannten Paktes gegenüber allen Mitgliedstaaten der europäischen Verteidigungsgemeinschaft und deren Streitkräften besteht." Vgl. B 14 (Sekretariat Pleven-Plan), Bd. 17.

Alphand berichtete, der Gedanke, die Verteidigungsgemeinschaft zu einem vollen Mitglied der NATO zu machen[3], sei von den englischen und holländischen Vertretern entschieden abgelehnt worden. Auch der amerikanische Vertreter Spofford hielt diesen Weg im gegenwärtigen Zeitpunkt nicht für gangbar.

Hingegen seien die Anregungen des holländischen Außenministers Stikker auf der Außenministerkonferenz[4] von den stellvertretenden Ratsmitgliedern der NATO günstig aufgenommen worden. Man glaube, auf diesem Weg eine Lösung finden zu können. Man habe daran gedacht, eine ständige Verbindung zwischen dem NATO-Rat und dem Ministerrat der Verteidigungsgemeinschaft und in besonderen Fällen eine gemeinsame Beratung vorzusehen. Die Formulierung im einzelnen sei – wie er gegenüber meinem Einwand, daß eine solche Regelung den Sinn der Stikkerschen Anregung nicht erschöpfe, erwiderte – noch zu prüfen.

Alphand betonte weiter, daß die Frage der deutschen Beteiligung sich auch dadurch erleichtere, daß ein großer Teil der NATO-Kommissionen, in denen die einzelnen Länder vertreten seien, in Zukunft vermutlich wegfallen und durch Sachverständigen- und Funktionärsgremien ersetzt würden. In diesen werde eine Beteiligung der Gemeinschaft und damit auch eine proportionale Berücksichtigung Deutschlands sich leichter ermöglichen lassen.

3) Weitere Behandlung des Verhältnisses zur NATO

Nach den Angaben von Alphand beschäftigen sich die NATO-Juristen in London zur Zeit damit, die Möglichkeiten zu prüfen, die im einzelnen in der bezeichneten Richtung bestehen. Sie wollen im Lauf der nächsten oder übernächsten Woche nach Paris kommen, um die Fragen mit dem Juristen-Ausschuß der Konferenz im allgemeinen zu besprechen.

4) Allgemeine Vorbereitung der Konferenz in Lissabon[5]

Alphand führte – zweifellos zutreffend – aus, daß bis zur Konferenz in Lissabon das komplizierte Vertragswerk unmöglich fertiggestellt werden könne und daß, selbst wenn dies möglich wäre, die Konferenz dieses Vertragswerk nicht verstehen würde. Auch sähen die Beschlüsse von Rom nur einen Bericht über die von der Konferenz erzielten Fortschritte vor.[6]

Er schlägt daher vor, der Konferenz in Lissabon einen gemeinsamen Bericht der Pariser Konferenz vorzulegen. Die französische Delegation will Anfang nächster Woche einen Entwurf zur Vorbereitung dieses Berichts vorlegen.

gez. Ophüls

B 14 (Sekretariat Pleven-Plan), Bd. 17

3 Für die Erklärung des Staatssekretärs Hallstein vom 27. Januar 1952 auf der Außenministerkonferenz über eine Europäische Verteidigungsgemeinschaft vgl. Dok. 29.

4 Zu den Ausführungen des niederländischen Außenministers Stikker vom 27. Januar 1952 vgl. Dok. 29, Anm. 4.

5 Zur NATO-Ministerratstagung vom 20. bis 25. Februar 1952 vgl. Dok. 62.

6 Vgl. dazu das Schlußkommuniqué der NATO-Ministerratstagung vom 24. bis 28. November 1951; EUROPA-ARCHIV 1951, Bd. 2, S. 4587.

34

Aufzeichnung des Legationsrats I. Klasse Böker

020-13 E II 1832/52 **31. Januar 1952**[1]

Betr.: Deutsche UNO-Kommission

Während meines Aufenthaltes in Paris habe ich bezüglich der UNO-Kommission für gesamtdeutsche Wahlen folgendes festgestellt:

Die Antworten der an der Kommission beteiligten Staaten an den Generalsekretär[2] sind inzwischen alle eingetroffen. Polen hat mit Schreiben vom 18. Januar seine Teilnahme an der Kommission nochmals abgelehnt, und zwar unter Hinweis auf die bereits mehrmals in der Debatte vorgebrachten Argumente. Die anderen vier Mitgliedstaaten haben die folgenden Vertreter ernannt:

Pakistan den Botschafter Ali Haider Abbasi;

Brasilien den Gesandten Antonio Mendes Vianna, den derzeitigen brasilianischen Generalkonsul in Antwerpen;

Island den Gesandten in Washington, Herrn Thor Thors, der zur Zeit auch Leiter der isländischen Delegation bei der UNO ist;

die Niederlande den Leiter der Deutschlandabteilung im holländischen Außenministerium, Herrn Kohnstamm.

Das Generalsekretariat der UNO beabsichtigt, die Mitglieder der Kommission im Laufe der kommenden Woche zu einer konstituierenden Sitzung nach Paris einzuladen. Von einem vorherigen Zusammentreffen der Kommissionsmitglieder in Deutschland kann nicht die Rede sein.

Über das weitere Procedere wird die Kommission im Rahmen der ihr von der Versammlung übertragenen Aufgaben selbst entscheiden. Insbesondere ist die Frage noch ungelöst, ob die Kommission sich gleich nach ihrem Zusammentreten nach Deutschland begibt oder zunächst von Paris aus auf schriftlichem Wege um die Einreise in die verschiedenen Teile Deutschlands nachsucht. Der stellvertretende amerikanische Delegationsführer, Senator Cooper, versicherte mir nochmals ausdrücklich, daß er nach wie vor der Ansicht sei, die Kommission solle sich gleich nach ihrem Zusammentreten in Paris nach Berlin begeben, um von dort aus Einlaß in die verschiedenen Zonen Deutschlands zu begehren. Er sei nach wie vor an dieser Frage sehr interessiert und werde gleich nach Ende der UNO-Tagung nach Bonn kommen, um diesen Standpunkt auch gegenüber Herrn McCloy nochmals zu verteten.

Auch der holländische Vertreter im politischen ad-hoc-Ausschuß, Patijn, erklärte, daß er ein solches Vorgehen für sehr wirksam halte und daß Herr Dr. Kohnstamm vermutlich auch seine Meinung teile. Es sei ihm aber bekannt, daß die britischen Vertreter in der UNO die Idee einer Reise der Untersuchungskommission nach Berlin ablehnten und „aktiv dagegen arbeiteten“. Sie hätten

[1] Hat Referent Biermann am 11. Februar 1952 vorgelegen, der handschriftlich vermerkte: „Ministerium für gesamtdeutsche Fragen ist durch H[errn] Dr. Strohm benachrichtigt.“

[2] Trygve Lie.

insbesondere den pakistanischen Vertreter in der Kommission ganz in diesem Sinne beeinflußt.

In einem Gespräch mit dem isländischen Vertreter, der mir persönlich aus Washington bekannt ist, stellte ich fest, daß Herr Thor Thors noch zu keiner Entscheidung in dieser Frage gekommen war und dem Gedanken einer Reise der Kommission nach Berlin durchaus nicht ablehnend gegenübersteht.

Auch das Generalsekretariat und der Finanzausschuß der Vereinten Nationen, wie aus den anliegenden Drucksachen (Nr. A/C 5/434, A/2048)[3] hervorgeht, rechnen mit einer baldigen Reise der Kommission nach Deutschland. Das Budget des Untersuchungsausschusses, das ursprünglich auf 45000 Dollar veranschlagt war, ist inzwischen in der Annahme, daß die eigentliche Untersuchung zunächst doch nicht stattfinden kann, auf 17000 Dollar herabgesetzt worden. Diese Summe soll dazu dienen, der Kommission nach Zusammentreten in Paris eine Reise nach Deutschland und von da nach Genf, dem künftigen ständigen Sitz der Kommission, zu ermöglichen. Sollte sich dann herausstellen, daß die Untersuchung doch noch möglich ist, so werden zusätzliche Mittel aus dem Working Capital Fund der UNO bereitgestellt werden.

Hiermit Herrn Ministerialdirektor Blankenhorn[4] vorgelegt.

Alexander Böker

B 10 (Abteilung 2), Bd. 66

35

Generalkonsul I. Klasse Krekeler, Washington, an Staatssekretär Hallstein

232-09 II 910/52 geh. **Aufgabe: 31. Januar 1952, 15.17 Uhr**
Fernschreiben Nr. 42 **Ankunft: 1. Februar 1952, 08.30 Uhr**

Für Staatssekretär

Hatte heute aus Anlaß Verhandlungen über amerikanisches Verlangen nach Ergänzung zu „Made in Germany" längeres Gespräch mit Byroade in Gegenwart seines Stellvertreters Lewis. Dabei sagte Byroade über Verhältnis Bundesrepublik zu NATO etwa folgendes:

Bezüglich des Grundsatzes der völligen Gleichberechtigung Deutschlands mit den übrigen Partnern der Europäischen Verteidigungsgemeinschaft bestände zwischen der Auffassung des State Department und unseren Wünschen vollkommene Übereinstimmung. Er persönlich sei außerdem überzeugt, daß

3 Dem Vorgang beigefügt. Vgl. B 10 (Abteilung 2), Bd. 66.

4 Hat Ministerialdirektor Blankenhorn am 7. Februar 1952 vorgelegen, der die Weiterleitung an Staatssekretär Hallstein verfügte.
Hat Hallstein am 7. Februar 1952 vorgelegen.

Deutschland die Mitgliedschaft in der NATO zu dem Zeitpunkt sicher erworben haben würde, in dem deutsche Truppen tatsächlich zur Verfügung bereitständen und die NATO-Mitgliedschaft deshalb für Deutschland praktische Bedeutung hätte; im gegenwärtigen Augenblick sei für zweierlei zu sorgen: 1) daß nichts geschehe, was diese Entwicklung nachteilig präjudizieren könne und 2) eine Formel zu finden, die dem grundsätzlichen Anspruch Deutschlands Rechnung trage. Er, Byroade, glaube nicht, daß der erste Vorschlag des Herrn Staatssekretärs, daß die fünf Mitglieder der Europäischen Verteidigungsgemeinschaft zeitweilig ihre Mitgliedschaft im Atlantikpakt aufgeben sollten[1], gangbar sei. Der Atlantikpakt sei nicht nur eine militärische Organisation; denn Zielsetzung und Inhalt gingen über das Militärische hinaus. Man könne deshalb auch nicht vorübergehend auf einige der Mitglieder verzichten. Seines Erachtens handele es sich im gegenwärtigen Moment im wesentlichen darum, einen Weg zu finden, der Aussicht böte, daß das Vertragswerk der Europäischen Verteidigungsgemeinschaft sowohl im deutschen als auch französischen Parlament angenommen würde. Er sei nach wie vor der Meinung, daß eine unmittelbare Aussprache zwischen Herrn Bundeskanzler und Präsident Schuman der beste Weg sei, eine Lösung zu finden. Die Vereinigten Staaten könnten, weil es sich um das Abwägen zweier parlamentarischer Situationen handelt, den Beteiligten kaum einen guten Rat geben. Während Byroade zuversichtlich war, daß bezüglich NATO Lösung gefunden würde, meinte er, daß durch Ernennung französischen Botschafters[2] in ...[3] Saar geschaffene Lage ...[4] schwierig zu bereinigen sein würde. Ich erklärte Byroade gemäß Drahterlaß 23/1952 vom 28.1.1952, daß es an französischer Regierung sei, jetzt Vorschläge zur Lösung dieses Problems zu machen, erinnerte im übrigen an meinen Schritt im August vergangenen Jahres (siehe Drahtbericht 26/1951 vom 9. August[5] und Schriftbericht 46/1951 vom 13. August[6]). Byroade bemerkte noch, daß die französische Regierung seiner Kenntnis nach keine Botschaft in Saarbrücken errichten wollte, sondern daß man Herrn Grandval lediglich persönlichen Rang eines Botschafters verliehen hätte. Er meinte, daß unglückliche Form der Bekanntgabe der Ernennung durch französisches Außenministerium wesentlich zur Verschärfung der Lage beigetragen habe. Bei Verabschiedung sagte Byroade, es wäre gut, wenn mir doch noch irgendein Vorschlag zur Bereinigung einfallen würde. Er bemerkte ferner scherzhaft, er habe zwar schon vorher auf seinem Programm für Lissabon eine ganze Reihe von Punkten vorgemerkt gehabt, das Verhältnis NATO–

1 Für die Erklärung des Staatssekretärs Hallstein vom 27. Januar 1952 auf der Außenministerkonferenz über eine Europäische Verteidigungsgemeinschaft vgl. Dok. 29.

2 Am 26. Januar 1952 teilte der französische Außenminister Schuman Staatssekretär Hallstein mit, daß dem französischen Hohen Kommissar für die Saar, Grandval, der persönliche Titel eines Botschafters verliehen worden sei. Vgl. dazu Dok. 28.

3 Auslassung in der Vorlage.

4 Auslassung in der Vorlage.

5 Vgl. B 11 (Abteilung 3), Bd. 685.

6 Generalkonsul I. Klasse Krekeler, Washington, berichtete von einem Gespräch mit dem Abteilungsleiter im amerikanischen Außenministerium, Byroade, am 9. August 1951 über eine Pressemeldung bezüglich eines bevorstehenden Botschafteraustausches zwischen Frankreich und dem Saargebiet. Er, Krekeler, habe geäußert, daß ein solcher Vorgang „als außerordentlich bedenklich anzusehen sei“ sowie „einen Schlag für die europäische Idee und einen Schritt um viele Jahrzehnte zurück“ bedeute. Byroade habe erwidert, daß auch die USA einen solchen Vorstoß „für äußerst unerwünscht“ hielten. Vgl. B 10 (Abteilung 2), Bd. 468.

Bundesrepublik und die Saarfrage habe er aber erst jetzt hinzufügen müssen. Ich bemerkte im Verlauf der Unterhaltung in bezug auf die französischen Absichten: „I hope they do not want to wreck everything“, worauf Byroade sofort sagte, daß er fest überzeugt sei, dies sei nicht der Fall. Byroade gab übrigens seinem Bedauern über die verzerrte Wiedergabe der Feststellung des Herrn Staatssekretärs in Paris durch die französische Presse Ausdruck und meinte, es sei vielleicht gut, wenn der wirkliche Sachverhalt noch einmal in aller Form klargestellt würde. Das Gespräch verlief während seiner ganzen Dauer in besonders freundschaftlicher Atmosphäre.

[gez.] Krekeler

B 10 (Abteilung 2), Bd. 1018

36

Generalkonsul I. Klasse Krekeler, Washington, an Staatssekretär Hallstein

2. Februar 1952[1]

Sehr verehrter Herr Staatssekretär!

Nachdem die Delegation der Finanzsachverständigen zu den Verhandlungen mit Weltbank und Weltwährungsfonds jetzt ihre Gespräche beendet hat[2], möchte ich zu Ihrer persönlichen Information eine Zusammenfassung meiner Eindrücke geben:

Ich darf vorausschicken, daß die Hoffnungen, welche an die Entsendung der Herren zweifellos geknüpft worden sind, sich leider nicht erfüllt haben. Irgendwelche Erleichterungen im Zahlungsmodus sind Deutschland im Verlauf der Verhandlungen nicht zugestanden worden. Auf der anderen Seite ist leider eine gewisse Verhärtung in der Situation dadurch eingetreten, daß jetzt für eine Erhöhung der Quote von 330 auf 350 oder 360 Millionen Dollar offensichtlich nicht mehr die gleiche Bereitwilligkeit vorhanden ist wie zuvor.[3]

Die seitens des Bundesfinanzministeriums so entschieden in Zweifel gezogene Frage nach der Berechtigung des Verlangens einer Vollmacht wurde schon beim ersten Besuch der Delegation in der Weltbank wiederholt. Ich habe die Herren dann durch ein Schreiben von mir legitimiert.

1 Hat Staatssekretär Hallstein vorgelegen.

2 Vom 23. bis 30. Januar 1952 führte eine Delegation unter Leitung des Ministerialdirigenten Kremer, Bundesministerium der Finanzen, in Washington Gespräche über den Beitritt der Bundesrepublik zum Internationalen Währungsfonds (IWF) und zur Weltbank. Vgl. dazu die Aufzeichnung des Referenten Grosse, Washington, vom 6. Februar 1952; B 10 (Abteilung 2), Bd. 110.

3 Am 11. Oktober 1951 stellten die Vertreter des IWF und der Weltbank, Horne und Doucet, der Bundesregierung in einem Gespräch mit Referent Grosse, Washington, eine Quote zwischen 330 und 350 Mio. Dollar in Aussicht. Vgl. dazu AAPD 1951, Dok. 163.

Vom Standpunkt des Auswärtigen Amts aus ist es meines Erachtens durchaus zu begrüßen, daß die Herren sich hier durch eigene Unterrichtung davon überzeugen konnten, daß über die mir gegenüber zugestandenen Bedingungen hinaus nichts mehr für Deutschland zu erreichen war. Bei der Vielzahl der Ressorts, die in Deutschland ein berechtigtes Interesse an dem Ausgang dieser Verhandlungen haben, hätte das gleiche Ergebnis, wenn es lediglich aufgrund meiner Verhandlungen zustande gekommen wäre, Anlaß zu langwierigen Erörterungen zwischen den Ressorts und dem Amt gegeben und vielleicht zu dem Vorwurf geführt, daß hier nicht alle Möglichkeiten ausgenutzt worden wären. Außerdem ist die Reise sicherlich für die Mitglieder der Delegation auch durch die Herstellung zahlreicher wichtiger Kontakte wertvoll gewesen.

Vom außenpolitischen Gesichtspunkt aus ist es zweifellos zu bedauern, daß es nur schwer möglich sein wird, unsere Quote wenigstens um ein Geringes zu erhöhen. Wenn dies auch auf das zahlenmäßige Gewicht der zukünftigen Vertretungen der Bundesrepublik in beiden Institutionen bei Abstimmungen keinen entscheidenden Einfluß haben würde, so würde doch wenigstens dadurch unser grundsätzlicher Anspruch anerkannt, später einmal eine unserer Wirtschaftskraft angemessene Quote zugebilligt zu erhalten, die dann in ihrer Höhe etwa dem französischen Anteil entsprechen müßte. Diese Auffassung wurde in der abschließenden Aussprache, die ich gestern mit den Herren hatte, allgemein geteilt und insbesondere auch von Herrn von Mangoldt vertreten.

Alle Schritte der europäischen Integrierung konvergieren meiner Auffassung nach auf die enge finanzielle Zusammenarbeit der Partnerländer hin. Bei der Bewältigung der verschiedenen Probleme, die sich aus der Anpassung der einzelnen Nationalwirtschaften an den integrierten Markt ergeben, werden voraussichtlich Weltbank und Fonds eine bedeutsame Rolle spielen. Es kann auch vom außenpolitischen Gesichtspunkt aus nicht gleichgültig sein, wie unsere Position in beiden Einrichtungen ist. Ich bin deshalb der Auffassung, daß wir zumindest einen grundsätzlichen Anspruch auf spätere Adjustierung unserer Quote schon anläßlich unserer Stellungnahme zu den vorgeschlagenen Aufnahmebedingungen anmelden sollten, damit uns nicht später der so oft gegen uns erhobene Vorwurf des Revisionismus gemacht wird. Ich empfehle deshalb, trotz der offenbar geringer gewordenen Bereitwilligkeit, darauf einzugehen, doch noch den Antrag auf eine gewisse Erhöhung der Quote zu stellen. Ich werde diesen Stand in einem offiziellen Bericht vertreten, den ich übrigens mit den Herren der Delegation im Grundsatz abgesprochen habe.

Im Anschluß möchte ich noch hinzufügen, daß ich es als besonders angenehm empfunden habe, daß Herr Ministerialdirigent Dr. Kremer sich sofort nach seiner Ankunft mir gegenüber wegen der aufgetretenen Mißverständnisse, wie er sich ausdrückte, entschuldigt hat. Ein genaues Studium der vorliegenden Unterlagen hätte ihm gezeigt, daß die uns gegenüber erhobenen Vorwürfe[4] gänzlich

4 Am 24. November 1951 teilte Bundesminister Schäffer Bundeskanzler Adenauer mit, daß das Auswärtige Amt dem Bundesministerium der Finanzen am 24. Oktober 1951 einen Bericht des Generalkonsulats der Bundesrepublik in New York übermittelt habe, „in dem mitgeteilt war, daß die Bedingungen für den Beitritt zum Weltwährungsfonds dem Deutschen Generalkonsulat (Herrn Dr. Grosse) bereits mitgeteilt worden seien und daß dieses wünsche, daß das Generalkonsulat in New York mit der Führung der informellen Besprechungen beauftragt würde“. Da die informellen Besprechungen mit dem IWF in die übliche Zuständigkeit des Generalkonsulats fielen, habe er die Ent-

unberechtigt gewesen seien. Er gab dem Wunsch Ausdruck, daß die Angelegenheit dadurch beigelegt sein möge. Ich erwiderte, daß dies, soweit es mein Verhältnis zu ihm beträfe, der Fall sei, daß ich aber einer Erklärung des Herrn Bundesministers der Finanzen noch entgegensähe.[5] Im übrigen war die Zusammenarbeit mit den Herren der Delegation während der ganzen Dauer ihrer Anwesenheit persönlich sehr angenehm und freundschaftlich.

Mit verbindlicher Empfehlung

Ihr sehr ergebener
Krekeler

B 2 (Büro Staatssekretär), Bd. 65

Fortsetzung Fußnote von Seite 111

scheidung über die Erteilung einer Verhandlungsvollmacht dem Auswärtigen Amt überlassen. Weiter führte Schäffer aus: „Ich war aber sehr überrascht darüber, daß das Deutsche Generalkonsulat einen Entwurf für Bedingungen für den Beitritt der Bundesrepublik in den Internationalen Währungsfonds einfach nicht weitergibt [...]. Es wäre doch selbstverständlich, daß das Deutsche Generalkonsulat diese Bedingungen sofort übersendet und sich Instruktionen holt, ob diese Bedingungen für die Deutsche Bundesrepublik annehmbar sind, und welche Änderungen wünschenswert erscheinen. [...] Es ergibt sich, daß das Deutsche Generalkonsulat seit dem 12.10. den Entwurf in Händen hat und ihn bewußt nicht weiterleitet, weil es diesen Bericht sozusagen als Pfand betrachtet dafür, eine von ihm gewünschte Vollmacht zu erhalten, die ich übrigens für selbstverständlich und völlig überflüssig halte. Durch diese Geschäftsbehandlung bin ich als Bundesfinanzminister den Alliierten gegenüber in ein schiefes Licht gekommen. Die Sache ist dringend, und es sind nunmehr sechs Wochen nutzlos verloren worden." Vgl. B 10 (Abteilung 2), Bd. 109.

Am 13. Dezember 1951 antwortete Staatssekretär Hallstein, daß Generalkonsul Krekeler, New York, die Beitrittsbedingungen des IWF erst am 27. November 1951 erhalten habe. Sie seien sofort dem Bundesministerium der Finanzen zugesandt worden. Vgl. dazu B 10 (Abteilung 2), Bd. 109.

5 An dieser Stelle vermerkte Staatssekretär Hallstein handschriftlich: „H[errn] Kremer anrufen!" Dazu vermerkte Legationsrat Limbourg am 11. März 1952: „Erledigt."

37

Runderlaß des Staatssekretärs Hallstein

232-09 II 913/52 geh. **4. Februar 1952**

Die Frage der Beziehungen zwischen NATO und der Europäischen Verteidigungsgemeinschaft stand auf der Tagesordnung der Außenministerkonferenz vom 26. bis 27. Januar[1], so daß Behandlung dieses Problems durch deutsche Delegation in diesem Zeitpunkt zwangsläufig war. Nur durch die Auswirkung der von Frankreich im ungeeignetsten Augenblick vorgenommenen Ernennung Grandvals zum Botschafter[2] auf öffentliche Meinung ist der irrige Eindruck entstanden, als habe die Bundesregierung absichtlich Saarfrage mit NATO-Mitgliedschaft verbunden. Standpunkt der Bundesregierung zur Frage NATO-Mitgliedschaft geht unverändert davon aus, daß bei der Abhängigkeit des Einsatzes der Streitkräfte der Europäischen Verteidigungsgemeinschaft von NATO eine Gleichstellung der Bundesrepublik mit den übrigen Teilnehmern an der Europäischen Verteidigungsgemeinschaft nur dann erreicht werden kann, wenn alle Teilnehmer den gleichen Einfluß auf die Entscheidungen von NATO ausüben können. Dafür zeichnen sich theoretisch drei Lösungsmöglichkeiten ab:

a) Deutschland wird Mitglied von NATO, nachdem die andern fünf Teilnehmer der Europäischen Verteidigungsgemeinschaft schon NATO-Mitglieder sind;

b) die Europäische Verteidigungsgemeinschaft wird zunächst korporativ Mitglied von NATO, entweder indem die Mitgliedschaft der fünf bisherigen Mitglieder bestehen bleibt oder indem bis zum Zeitpunkt, in dem Deutschland auch Mitglied der NATO wird, die NATO-Mitgliedschaft der anderen Teilnehmer an der Europäischen Verteidigungsgemeinschaft insoweit ruht, als die Aufgaben von NATO und Verteidigungsgemeinschaft sich decken;

c) die Verteidigungsgemeinschaft wird nicht korporatives Mitglied der NATO, aber ihre Teilnehmer dürfen bis zum Zeitpunkt, in dem Deutschland gleichfalls Mitglied der NATO ist, ihre Stimme bei Entscheidungen der NATO, die die Europäische Verteidigungsgemeinschaft berühren, nur in Übereinstimmung mit einem einstimmigen Beschluß des Ministerrates der Verteidigungsgemeinschaft abgeben.

Formell habe ich erklärt, daß Teilnahme Bundesrepublik an Verteidigungsgemeinschaft nicht als Verzicht auf Beitritt zu NATO gedeutet werden dürfe. Für den Fall, daß sofortiger Beitritt auf unüberwindliche technische oder politische Schwierigkeiten stoße, habe ich als persönliche Gedanken Lösungsmöglichkeiten zu b) und c) zur Diskussion gestellt. Ich habe hinzugefügt, daß Bundesregierung Vorschlägen der anderen Konferenzpartner für Überbrückungslösung

1 Zur Außenministerkonferenz über eine Europäische Verteidigungsgemeinschaft in Paris vgl. Dok. 25 und Dok. 27.
Für die Erklärung des Staatssekretärs Hallstein vom 27. Januar 1952 über einen Beitritt der Bundesrepublik zur NATO vgl. Dok. 29.

2 Am 26. Januar 1952 teilte der französische Außenminister Schuman Staatssekretär Hallstein mit, daß dem französischen Hohen Kommissar für die Saar, Grandval, der persönliche Titel eines Botschafters verliehen worden sei. Vgl. dazu Dok. 28.

entgegensehe und sie in dem guten Geiste der Konferenz prüfen werde. Diese Gedanken schließen sich an Erörterungen an, die bereits in anderen Organen der Konferenz über Verhältnis Europäische Verteidigungsgemeinschaft zu NATO geführt worden sind. Das französische Bestreben, die von deutscher Delegation zur Debatte gestellten Lösungsmöglichkeiten als Novum darzustellen, ist daher als ungerechtfertigter Versuch anzusehen, Stimmung zu beeinflussen.

Von den bekannt gewordenen ausländischen Reaktionen zeigten vor allem die Bemerkungen von Dean Acheson, daß die deutsche Stellungnahme völlig richtig verstanden worden ist.[3] Günstig vor allem die Aufnahme in Vereinigten Staaten und den Niederlanden, überwiegend auch in England.

Hallstein[4]

B 10 (Abteilung 2), Bd. 1018

38

Botschafter Du Mont, Den Haag, an das Auswärtige Amt

Fernschreiben Nr. 23 **Aufgabe: 5. Februar 1952, 18.21 Uhr**[1]
Ankunft: 5. Februar 1952, 21.40 Uhr

In ausführlicher Unterredung mit Außenminister Stikker verwertete ich Argumente Drahterlasse 16[2] und 17[3] vom 4. Februar 1952. Stikker sagte, daß er in ständigem Kontakt mit London und Washington sei, um Lösung Frage NATO-Mitgliedschaft Bundesrepublik zu finden. Niederländischer Standpunkt sei: Am liebsten sofortige Aufnahme Deutschlands in NATO. Er habe stets Ansicht

3 Am 30. Januar 1952 erklärte der amerikanische Außenminister Acheson in einer Pressekonferenz, daß „eine einstweilige Verbindung zwischen der Bundesrepublik und dem Atlantikpakt beschlossen werden könne, die jedoch keine Präjudizierung einer möglichen vollen Mitgliedschaft Deutschlands darstellen würde". Vgl. den Artikel „Acheson hält vorläufige Verbindung Deutschlands und der NATO für möglich"; DIE NEUE ZEITUNG vom 31. Januar 1952, S. 1.

4 Paraphe.

1 Hat Staatssekretär Hallstein am 7. Februar 1952 vorgelegen, der handschriftlich vermerkte: „Dem Herrn Bundeskanzler (s[iehe] letzten Absatz)."
Für Botschaftsrat a. D. Kordt vermerkte Hallstein handschriftlich: „Botschafter z[ur] g[efälligen] K[enntnisnahme]. H[errn] Stikker danken. B[undes]k[anzler] wird erforderlichenfalls gern v[on] d[em] Anerbieten Gebrauch machen."
Hat Adenauer am 7. Februar 1952 vorgelegen.

2 Für den Runderlaß des Staatssekretärs Hallstein zu einem NATO-Beitritt der Bundesrepublik vgl. Dok. 37.

3 Staatssekretär Hallstein übersandte eine Sprachregelung zur Position der Bundesregierung in der Saarfrage: „Deutsche Bemühungen konzentrieren sich auf Beseitigung undemokratischer Zustände an der Saar. Dagegen sind Fragen Volksabstimmung oder Umwandlung der Saar in europäisches Territorium nicht aktuell. Französische Entgegnung, Bundesregierung sei rechtzeitig von Ernennung Grandvals unterrichtet worden, nicht stichhaltig [...]. Junktim zwischen Verhältnis Bundesrepublik-NATO und Saarfrage besteht nicht." Vgl. VS-Bd. 70 (Büro Staatssekretär); B 150, Aktenkopien 1952.

vertreten und wiederholte sie ausdrücklich: „Wenn man von Bundesregierung Wehrbeitrag fordere, müsse man ihr Gleichberechtigung zuerkennen. Begriff Gleichberechtigung verliere aber seinen Sinn, wenn nicht Bundesregierung in atlantische Gemeinschaft aufgenommen würde." Regierung und Parlament kännten und billigten seinen Standpunkt. Da er hiermit zur Zeit auf internationaler Ebene nicht durchdringe, habe er auf Pariser Außenminister-Konferenz 26. und 27. Januar[4] seinen bekannten Vermittlungsvorschlag gemacht, der darauf hinauslaufe, die in Artikel 4 NATO-Vertrag vorgesehene Konsultationspflicht[5] unter Einbeziehung Bundesrepublik auf alle Fälle auszudehnen, in denen Interessen der Europäischen Verteidigungsgemeinschaft berührt werden. Er sei bestrebt, in Besprechungen mit London und Washington diesen Kompromißvorschlag weiter auszuarbeiten und hoffe, daß sich eine für Bonn annehmbare Lösung finden lasse.

Schwieriger beurteilte Stikker Saarfrage. Er bezeichnete französischen Schritt[6] als „außerordentlich bedauerlich", als „politischen blunder". Einseitiges französisches Vorgehen sei geeignet, politischen Kurs Bundesrepublik, der Eingliederung in europäische Völkergemeinschaft zum Ziel habe, ernstlich zu gefährden, ganz abgesehen davon, daß Augenblick denkbar ungünstig. Es sei zu befürchten, daß mühsam überbrückte Kluft zwischen Deutschland und Frankreich wieder aufgerissen werde.

Stikker bat mich, Bundeskanzler ausdrücklich zu sagen, daß er in NATO wie in Saarfrage jederzeit zu vermitteln bereit sei. Er stelle sich gern zur Verfügung, um Gedanken oder Vorschläge Bundeskanzlers übrigen beteiligten Mächten näherzubringen.

[gez.] Du Mont

B 10 (Abteilung 2), Bd. 478

4 Vgl. Dok. 25, Dok. 27 und Dok. 29.

5 Artikel 4 des Nordatlantikvertrages vom 4. April 1949: „Die Parteien werden einander konsultieren, wenn nach Auffassung einer von ihnen die Unversehrtheit des Gebiets, die politische Unabhängigkeit oder die Sicherheit einer der Parteien bedroht sind." Vgl. BUNDESGESETZBLATT 1955, Teil II, S. 290.

6 Am 26. Januar 1952 teilte der französische Außenminister Schuman Staatssekretär Hallstein mit, daß dem französischen Hohen Kommissar für die Saar, Grandval, der persönliche Titel eines Botschafters verliehen worden sei. Vgl. dazu Dok. 28.

39

Aufzeichnung des Delegationsleiters Grewe

5. Februar 1952

Betr.: Truppenabkommen – Besonders drückende Forderungen der Alliierten

Während in dem Teil des Truppenabkommens, der die Rechte und Pflichten der Mitglieder der Streitkräfte behandelt, die drückendsten Forderungen der alliierten Seite in langwierigen Verhandlungen durch beiderseitiges Entgegenkommen auf ein allenfalls tragbares Maß zurückgeschraubt werden konnten, stehen in dem vor kurzer Zeit überreichten II. Teil des Truppenabkommens[1] hinsichtlich der Rechte und Pflichten der Streitkräfte noch überaus weitgehende Forderungen der alliierten Seite offen. Im wesentlichen handelt es sich um folgende Punkte:

1) Weitgehende Betätigungsrechte der Streitkräfte nach ihrem freien Ermessen

Auf verschiedenen Gebieten fordert die alliierte Seite für Streitkräfte Rechte zu freier Betätigung „ohne Einschränkung" oder sonstwie nach völlig freiem Ermessen. Dies trifft insbesondere zu für das Recht freien Verkehrs auf den deutschen Verkehrswegen einschließlich der Eisenbahnen.[2]

2) Unbegrenztes Manöverrecht[3]

Auch bei dem für die Streitkräfte geforderten freien Manöverrecht fehlt es an jeder Begrenzung durch eine gebührende Rücksichtnahme auf deutsche Interessen. Außerdem wird das Recht zur Durchführung der mit Manövern zusammenhängenden polizeilichen und sonstigen zivilen Verwaltungsmaßnahmen ausschließlich für die Streitkräfte beansprucht, unter Zurücksetzung der deutschen Verwaltungshoheit.

1 Für den Wortlaut des am 22. Dezember 1951 von den Drei Mächten vorgelegten Entwurfs für den zweiten Teil des Truppenabkommens vgl. B 10 (Abteilung 2), Bd. 1437.

2 Artikel 202(2), Absatz 1 des Entwurfs der Drei Mächte vom 22. Dezember 1951: „Die Streitkräfte und alle Luftfahrzeuge, Landfahrzeuge (einschl. Eisenbahnmaterial) und Wasserfahrzeuge, die von den Streitkräften oder für diese betrieben werden, sind ohne Einschränkung berechtigt, in das Gebiet hereinzukommen oder es zu verlassen und sich auf oder über ihm frei zu bewegen. Sie sind deutschen Rechtsvorschriften, einschließlich der Zulassungsbestimmungen, nicht unterworfen, mit der Maßgabe, daß die Streitkräfte Bestimmungen treffen, wonach die genannten Luftfahrzeuge, Wasserfahrzeuge und Landfahrzeuge die deutschen Verkehrsvorschriften zu beachten haben, soweit sie nicht mit den Aufgaben der Streitkräfte unvereinbar sind." Vgl. B 10 (Abteilung 2), Bd. 1437.

3 Artikel 202(2), Absatz 3 des Entwurfs der Drei Mächte vom 22. Dezember 1951: „Die Streitkräfte sind berechtigt, auf dem gesamten Gebiet Manöver und militärische Übungen abzuhalten und alle für deren befriedigende Durchführung erforderlichen Maßnahmen zu ergreifen. Wird es bei derartigen Manövern oder Truppenübungen notwendig, die normale Benutzung von Grundstücken, Straßen, Wasserstraßen, Luftverkehrslinien und anderen Einrichtungen irgendwelcher Art zeitweilig zu verbieten oder zu überwachen (to control), so wird die betreffende Maßnahme von den Streitkräften oder auf deren Ersuchen von den deutschen Behörden nach angemessener Konsultation getroffen werden." Vgl. B 10 (Abteilung 2), Bd. 1437.

3) Unmittelbare Beschaffung des Unterhaltsbedarfs durch die Streitkräfte[4]

Nach dem Vorschlag der alliierten Delegation sollen die Streitkräfte ihren Bedarf an Unterhaltsleistungen unmittelbar aus der deutschen Wirtschaft decken können. Dabei ist allerdings eine nähere Regelung durch das Wirtschafts- und Finanzabkommen vorbehalten. Nach deutscher Auffassung, die auch bereits mehrfach in Entschließungen des Bundestages zum Ausdruck kam, sollte dagegen das Beschaffungswesen Aufgabe deutscher Behörden sein, um eine unmittelbare staatliche Kontrolle über die wirtschaftliche Verwendung der Mittel und über eine angemessene Vergütung der erbrachten Leistungen zu gewährleisten.

4) Einstweilige Beibehaltung des Requisitionsrechts[5]

In dem alliierten Entwurf ist nicht nur die Beibehaltung der jetzt in Anspruch genommenen Leistungen unter dem alten Rechtstitel, sondern auch die einstweilige Beibehaltung des Requisitionsrechts für die Streitkräfte vorgesehen, und zwar bis zum Inkrafttreten eines „zufriedenstellenden“ deutschen Beschaffungsverfahrens gemäß dem Wirtschafts- und Finanzabkommen. Diese Beibehaltung des auf dem Besatzungsvölkerrecht beruhenden Requisitionsrechtes ist nicht nur systematisch mit dem neuen Vertragsregime nicht vereinbar, sondern erscheint auch politisch untragbar.

Es wäre dringend zu wünschen, daß die alliierte Seite ihre Forderungen im Zusammenhang mit den Betätigungsrechten und den Unterhaltsansprüchen der Streitkräfte auf ein an objektiven Gesichtspunkten ausgerichtetes und notfalls durch das Schiedsgericht[6] nachprüfbares Maß beschränkt.

[gez. Grewe][7]

VS-Bd. 5289 (Referat 507)

4 Artikel 204(4), Absatz 1 des Entwurfs der Drei Mächte vom 22. Dezember 1951: „Die Behörden der Drei Mächte haben im Gebiet im Einklang mit den einschlägigen Bestimmungen des Abkommens über Wirtschafts- und Finanzhilfe Anspruch auf Unterkünfte, Güter, Leistungen und Arbeitskräfte.“ Vgl. B 10 (Abteilung 2), Bd. 1437.

5 Artikel 204(4), Absatz 2 des Entwurfs der Drei Mächte vom 22. Dezember 1951: „Bis zur Einführung wirksamer, für die Behörden der Drei Mächte befriedigender Verfahren gemäß den Artikeln ... des Abkommens über den Wirtschafts- und Finanzbeitrag behalten die Behörden der beteiligten Mächte ihre gegenwärtigen Requisitionsbefugnisse.“ Vgl. B 10 (Abteilung 2), Bd. 1437.

6 Artikel IX des Entwurfs vom 22. November 1951 für den Generalvertrag sah die Errichtung eines Schiedsgerichts vor, das zuständig sein sollte „für alle Meinungsverschiedenheiten, die sich zwischen den Drei Mächten und der Bundesrepublik aus diesem Vertrag oder einem der beigefügten Abkommen ergeben, und welche die Parteien nicht durch Verhandlungen beizulegen vermögen“. Vgl. AAPD 1951, Dok. 193.

7 Vermuteter Verfasser der nicht unterzeichneten Aufzeichnung.

40

Aufzeichnung des Legationsrats I. Klasse Böker

244-13 II 2032/52 **6. Februar 1952**[1]

Bei der heutigen Besprechung im Wirtschaftsministerium über die Frage der Wiedergutmachung gegenüber Israel sind folgende Gesichtspunkte zu Tage getreten:

1) Die Gesamtsumme von einer Milliarde Dollar, die von der Bundesrepublik aufzubringen ist[2], liegt jenseits des Bereichs der tatsächlichen Möglichkeiten. Die gesamte deutsche Auslandsschuld wird sich auf Grund der Londoner Verhandlungen auf etwa zwei Milliarden Dollar belaufen.

2) Die maximale deutsche Leistungsfähigkeit beträgt ungefähr 50 Millionen Dollar Wiedergutmachungsleistungen pro Jahr.

3) Obwohl die Sachlieferungen an Israel ein Transferproblem nicht unmittelbar aufwerfen, so wird die deutsche Transferfähigkeit doch mittelbar dadurch berührt, daß Exportgüter, die normalerweise Devisen einbrächten, unter dem Wiedergutmachungsprogramm ohne Gegenwert ins Ausland geliefert werden. Hierdurch wird die deutsche Leistungsfähigkeit gegenüber anderen Schuldnern beeinträchtigt. Die Höhe der deutschen Leistungsfähigkeit hängt also zum Teil auch von der Bereitwilligkeit anderer Schuldner ab, ihre Forderungen an Deutschland zu reduzieren.

4) Aus diesem Grunde besteht ein unmittelbarer Zusammenhang zwischen den Brüsseler Verhandlungen und den Schuldenverhandlungen in London. Es muß daher ein enger Kontakt zwischen den beiden Verhandlungsdelegationen hergestellt werden. Ein Vorschlag von Herrn Ministerialrat Stedtfeld, die deutsch-israelischen Verhandlungen aus diesem Grunde von Brüssel nach London zu verlegen, wurde jedoch aus allgemeinen politischen Erwägungen heraus abgelehnt.

5) Das von Herrn Barou überreichte Lieferungsprogramm[3] bildet hinsichtlich der darin aufgeführten Warengruppen eine vernünftige Diskussionsgrundlage.

1 Am 7. Februar 1952 verfügte Legationsrat I. Klasse Böker handschriftlich die Weiterleitung an Referent Frowein.
Hat Frowein am 13. Februar 1952 vorgelegen.

2 Am 12. März 1951 teilte Israel den Vier Mächten mit, daß sich die israelischen Entschädigungs- und Reparationsforderungen an Deutschland auf 1,5 Milliarden Dollar beliefen. Vgl. dazu Dok. 92, Anm. 2.
In einem Gespräch mit Bundeskanzler Adenauer am 6. Dezember 1951 präzisierte der Vorsitzende des World Jewish Congress, Goldmann, die israelischen Forderungen dahingehend, daß eine Milliarde Dollar von der Bundesrepublik und eine halbe Milliarde Dollar von der DDR übernommen werden sollten. Vgl. dazu AAPD 1951, Dok. 204.
Adenauer teilte am 6. Dezember 1951 Goldmann mit, daß „die Bundesregierung den Zeitpunkt für gekommen erachtet, in dem [...] Verhandlungen beginnen sollten". Die Bundesregierung sei „bereit, bei diesen Verhandlungen die Ansprüche, die die Regierung des Staates Israel in ihrer Note vom 12.3.1951 gestellt hat, zur Grundlage der Besprechungen zu machen". Vgl. ADENAUER, Briefe 1951–1953, S. 150. Vgl. ferner AUSWÄRTIGER AUSSCHUSS, S. 784 f.

3 Mit Schreiben vom 5. Februar 1952 übermittelte der Vorsitzende der europäischen Sektion des World Jewish Congress, Barou, Ministerialdirektor Blankenhorn eine Zusammenstellung möglicher Lieferungen der Bundesrepublik an Israel. Neben Baumaterial und Fertighäusern wurden darin

Eine Anzahl der darin aufgeführten Waren ist jedoch so knapp und für Verteidigungszwecke so wichtig (z. B. Stahlröhren), daß Lieferungen nach Israel kaum stattfinden können. Überhaupt muß angestrebt werden, etwa 2/3 der deutschen Lieferungen durch sogenannte weiche Waren zu bestreiten. Bei einer elastischen Interpretation des Programms von Herrn Barou sollte dies jedoch möglich sein.

6) Das Wirtschaftsministerium verschließt sich nicht der Ansicht, daß die Wiedergutmachungslieferungen nach Israel auch konkrete wirtschaftliche Vorteile für die Bundesrepublik dadurch enthalten, daß hierdurch ein Bedarf für Zusatzlieferungen und damit ein sich ständig ausweitender Markt geschaffen wird. Gleichzeitig lehnt das Wirtschaftsministerium, insbesondere die Nah-Ost-Experten, die von Herrn Lewy propagierte Theorie ab, daß der Staat Israel in einer irgendwie absehbaren Zukunft das wirtschaftspolitische Einfallstor in den Nahen Osten darstellen könnte. Hierzu seien die wirtschaftlichen Spannungen zwischen Israel und den arabischen Ländern viel zu groß.

7) Größte Bedenken wurden geäußert, ob die drei Westmächte, insbesondere Amerika, ein Wiedergutmachungsprogramm diesen Umfangs überhaupt zulassen würden. Die Alliierten hätten zwei Eingriffsmöglichkeiten, um das Programm zu verbieten oder abzudrosseln:

a) auf Grund der im Rahmen der nordatlantischen Verteidigungsgemeinschaft eingeführten Produktions- und Lieferungsprioritäten für strategisch wichtige Güter und

b) auf Grund einer voraussichtlich auch in dem Generalvertrag aufrechterhaltenen Klausel, wonach Deutschland Leistungen an Ausländer nur gegen entsprechendes Entgelt machen darf. Bisher haben die Alliierten in fast allen Fällen die Genehmigung unentgeltlicher Leistungen ins Ausland verweigert.

8) Es entspann sich eine Diskussion darüber, ob es besser sei, die Alliierten, insbesondere die Amerikaner, schon vor Beginn der Verhandlungen[4] oder in einem sehr frühen Verhandlungsstadium einzuschalten oder zunächst einen bilateralen deutsch-israelischen Lieferungsplan auszuarbeiten und dann das Einverständnis der Alliierten zu suchen. Ich habe mit Nachdruck die Auffassung vertreten, daß es wichtig sei, zunächst unter Ausschluß der Alliierten bilateral vorzugehen, um unseren guten Willen gegenüber Israel eindeutig unter Beweis zu stellen. Sollten die Amerikaner dann gegen das Abkommen als Ganzes oder gegen einzelne Lieferungen Einspruch erheben, so würde der Onus nicht auf uns, sondern auf sie fallen.

9) Es wurde vereinbart, daß das Wirtschaftsministerium die Vorschläge von Herrn Barou im Licht der heutigen Besprechung schleunigst überprüfen und in spätestens zwei Wochen zu einer erneuten Ressortbesprechung einladen soll.[5]

Fortsetzung Fußnote von Seite 118

u. a. Industrieanlagen und -einrichtungen, landwirtschaftliche Materialien und Maschinen sowie Ausrüstungen für das Transportwesen (vor allem Fracht- und Passagierschiffe) erwähnt. Für den Wortlaut vgl. B 10 (Abteilung 2), Bd. 1676.

4 Die Verhandlungen über Wiedergutmachungsleistungen an Israel und die jüdischen Organisationen begannen am 20. März 1952 in Wassenaar.

5 In der Ressortbesprechung am 21. Februar 1952 wiesen Vertreter der Bank deutscher Länder und der Delegation für Auslandsschulden darauf hin, daß die Wiedergutmachungsverhandlungen und die Konferenz über deutsche Auslandsschulden eng miteinander verbunden seien. Delegationsleiter

Hierzu sollen dann auch Vertreter des Finanzministeriums und der Bank deutscher Länder hinzugezogen werden. Innerhalb des Wirtschaftsministeriums wird dieser Fragenkomplex in der Abteilung Zahlungsverkehr von Herrn Schöne und Herrn Stedtfeld federführend bearbeitet. Herr Prentzel wird die Warenseite besonders prüfen.

Eine von Herrn Dr. Kutscher ausgearbeitete prozentuale Detaillierung des Barouschen Programms liegt bei.[6]

Alexander Böker

B 10 (Abteilung 2), Bd. 1676

41

Generalkonsul I. Klasse Krekeler, Washington, an das Auswärtige Amt

223-00 II 948/52 geh. **Aufgabe: 6. Februar 1952, 18.47 Uhr**
Fernschreiben Nr. 55 **Ankunft: 7. Februar 1952, 08.00 Uhr**

Auf meinem gestrigen Empfang zu Ehren deutscher Finanzdelegation äußerte sich Byroade ungewöhnlich besorgt über Aussichten Lissabon-Konferenz[1]. Aufwerfung Saarfrage könnte auch in Lissabon zu unvorhergesehenen Komplikationen und Verzögerungen führen. Man müsse versuchen, Lösung Saarproblem noch einige Zeit zu verschieben, aber Lösung auf jeden Fall vor Abschluß Friedensvertrages zu finden. Amerikanische Regierung versuche alles, um Abgabe amtlicher Erklärung in Paris zu verhindern oder so zu beeinflussen, daß keine weitere Verwirrung entstehe. Auch setzte sie ihren ganzen Einfluß dafür ein, daß an Londoner Außenministerkonferenz[2] Bundeskanzler eingeladen würde, was offenbar sowohl in London als auch in Paris noch nicht endgültig beschlossen sei. Es steht für mich außer Zweifel, daß Washington alles Denkbare tun wird, um Erfolg Lissabon-Konferenz sicherzustellen. State Department kann es sich in diesem Wahljahr einfach nicht leisten, daß von ihm angestrebter Aufbau europäischer Verteidigungskräfte im letzten Augenblick durch politische

Fortsetzung Fußnote von Seite 119

Abs sei „über die ihm zu Ohren gekommenen Gerüchte über den Umfang der bevorstehenden Wiedergutmachungsansprüche Israels sehr beunruhigt, da sie das in London ausgearbeitete Konzept aufs Schwerste beeinträchtigen würden“. Ministerialrat Stedtfeld, Bundesministerium für Wirtschaft, machte auf „die Gefahr eines Re-exports deutscher Waren über Israel“ aufmerksam. Vgl. die Aufzeichnung des Legationsrats I. Klasse Böker; B 10 (Abteilung 2), Bd. 1676.

6 Dem Vorgang nicht beigefügt.

1 Zur NATO-Ministerratstagung vom 20. bis 25. Februar 1952 vgl. Dok. 62.

2 Zur Außenministerkonferenz der Drei Mächte vom 13. bis 19. Februar 1952 vgl. FRUS 1952–1954, V/1, S. 36–78.
Für die Besprechungen des Bundeskanzlers Adenauer mit den Außenministern Acheson (USA), Eden (Großbritannien) und Schuman (Frankreich) am 18./19. Februar 1952 vgl. Dok. 52, Dok. 53 und Dok. 55.

Quertreiberei bedroht wird. Möglichkeiten starker amerikanischer Pression sind so groß, daß ohne Zweifel von diesen Gebrauch gemacht wird.

[gez.] Krekeler

B 10 (Abteilung 2), Bd. 845

42

Aufzeichnung des Referenten von Plehwe

021-10 II 1729/52 **7. Februar 1952**[1]

Zusammengefaßtes Protokoll über die Sitzung in Bonn, Dahlmannstr. 7, vom 6. Februar 1952

Betr.: Weltpostverein

Anwesend:

1) Vom Bundesministerium für das Post- und Fernmeldewesen:

a) Ministerialdirigent Dr. Schuster

b) Ministerialrat Dr. Reiss

c) Oberpostrat Dr. Orth

d) Oberpostrat Schuch

2) Von der Dienststelle „Bundeskanzleramt – Der Rechtsberater für völkerrechtliche Angelegenheiten“:

a) Professor Dr. Kaufmann

b) Dr. Partsch

3) Vom Auswärtigen Amt:

a) Dr. Strohm

b) Dr. von Plehwe

Ausgehend von dem Brief der Alliierten Hohen Kommission vom 25. Januar 1952 – AGSEC (52) 70 POL[2] – wurde festgestellt, daß eine Beitrittserklärung der Bundesrepublik über die Alliierte Hohe Kommission an die französische Regierung mit erheblicher Wahrscheinlichkeit dazu führen würde, daß die Deut-

1 Gesandter I. Klasse Strohm leitete die Aufzeichnung am 8. Februar 1952 an Ministerialdirigent Schuster, Bundesministerium für das Post- und Fernmeldewesen, mit der „Bitte um baldmöglichste Stellungnahme“ weiter. Vgl. B 10 (Abteilung 2), Bd. 114.

2 Der Generalsekretär der AHK, Neate, teilte in dem Schreiben an Ministerialdirektor Blankenhorn mit, daß die AHK den Beitritt der Bundesrepublik zum Weltpostverein begrüßen würde. Ferner führte er aus: „The next meeting of the Universal Postal Congress is to take place in Brussels in May 1952. The Allied High Commission requests to be informed whether the Federal Government desires to accede to the Universal Postal Union; and suggests that, if this is the case, the Federal Government should prepare an instrument of accession addressed to the French Government well in advance of the date of the Congress, and that it forward this instrument to the Allied High Commission.“ Vgl. B 10 (Abteilung 2), Bd. 114.

sche Demokratische Republik ihrerseits auch in irgendeiner Form den Beitritt zu dem Weltpostverein vollzieht und dadurch die große Gefahr heraufbeschworen wird, daß das innerdeutsche Postnetz zerrissen und die Ostzone für die Bundesrepublik zum Postausland wird.

Zur Zeit erfolgt die gesamte postalische Abrechnung mit dem Ausland durch ein Fach-Komitee in Berlin. An dieses führen auch die Besatzungszonen und Berlin ihren anteilmäßigen Beitrag für den Weltpostverein ab. Der gesamte Betrag wird dann von diesem Komitee als der deutsche Beitrag (genannt Druckkostenersatz) dem Weltpostverein übergeben, weil allen Zonen die Einrichtungen des Weltpostvereins zugute kommen, obwohl eine Mitgliedschaft in ihm nicht besteht. So stellt diese Abrechnungsstelle noch eine auf vierzonaler Basis tätige und die Einheit Deutschlands nach außen hin dokumentierende Dienststelle dar.

Im Gegensatz zu der sonst ähnlichen Lage hinsichtlich des Beitritts zu anderen amtlichen internationalen Organisationen muß beim Weltpostverein damit gerechnet werden, daß infolge der Verbundenheit des Postnetzes der West- und der Ostzone einem Beitritt der Bundesrepublik eine Reaktion seitens der Deutschen Demokratischen Republik oder gar der UdSSR folgt, gleichgültig ob der Beitritt für die Bundesrepublik oder für das ganze Deutschland, also seitens der Bundesrepublik als Rechtsnachfolgerin des Deutschen Reiches vollzogen wird.

Ein Vorentscheid innerhalb des Weltpostvereins ist mangels eines hierfür zuständigen Organs des Weltpostvereins nicht möglich. Dieser Vorentscheid erfolgte hinsichtlich des Beitritts zu der Internationalen Organisation für das Fernmeldewesen[3], da dort der vorhandene Verwaltungsrat sich für die Aufnahme der Bundesrepublik entschieden hat. Es steht zu erwarten, daß bei dem Weltkongreß der Internationalen Organisation für das Fernmeldewesen im Oktober 1952 in Rio de Janeiro[4] seitens der UdSSR oder anderer Oststaaten Proteste hiergegen erhoben werden. Die daraus entstehende Debatte würde eine nützliche Aufklärung darüber liefern, wie die Frage des Beitritts zum Weltpostverein seitens der Bundesregierung zweckmäßigerweise weiterhin behandelt werden sollte.

Obwohl es allgemein erwünscht ist, daß die deutsche Mitgliedschaft zum Weltpostverein, der eine ursprünglich deutsche Gründung ist[5] und in dem Deutschland von jeher an hervorragender Stelle mitgearbeitet hat, baldigst wieder auflebt, muß doch anerkannt werden, daß mit der Erklärung des Beitritts zur Zeit ein erhebliches politisches Risiko entstehen würde, da die Frage der Rechtsnachfolge und die Gefahr einer daraus hergeleiteten Anerkennung der Deutschen Demokratischen Republik dadurch in aller Öffentlichkeit unzweckmäßigerweise besonders relevant werden könnte.

Da zudem eine unbedingt zu vermeidende Gefährdung des innerdeutschen Postverkehrs hervorgerufen werden könnte, bleibt uns zur Zeit keine andere Wahl,

3 Die Bundesrepublik trat der Internationalen Fernmeldeunion am 17. April 1952 bei.

4 Die Regierungskonferenz der Internationalen Fernmeldeunion fand vom 6. Oktober bis 22. Dezember 1952 in Buenos Aires statt.

5 Der Weltpostverein ging auf den am 9. Oktober 1874 in Bern gegründeten Allgemeinen Postverein zurück, zu dessen Gründungsmitgliedern das Deutsche Reich gehörte. Seit dem 1. Juli 1948 war er eine Sonderorganisation der UNO.

als eine de-jure-Mitgliedschaft im Weltpostverein zunächst noch nicht herbeizuführen, sondern zumindest zunächst die Entwicklung auf dem Weltkongreß der Internationalen Organisation für das Fernmeldewesen in Rio de Janeiro als Präzedenzfall abzuwarten.

Die Nachteile, daß dadurch noch einige Zeit auf Mitsprache innerhalb des Weltpostvereins verzichtet werden muß und der allgemein vorhandene Wunsch auf ständige Vermehrung der Mitarbeit in der internationalen Organisation gerade bezüglich einer sehr alten und recht bedeutenden, zudem rein technischen internationalen Organisation, zurückgestellt werden muß, sind sehr viel leichter in Kauf zu nehmen als die skizzierten außenpolitischen und innerdeutschen Schwierigkeiten, mit denen bei einem jetzigen Beitritt gerechnet werden muß.

Der Beitritt der Bundesrepublik würde auch in unerwünschter Weise eine Änderung des Aufgabenbereiches des genannten vierzonalen Abrechungskomitees in Berlin nach sich ziehen.

Es besteht daher bei den Sitzungsteilnehmern Einmütigkeit darüber, daß

1) der Anregung der Alliierten Hohen Kommission zum Beitritt zunächst nicht zu folgen ist. In der Antwort wäre vorerst lediglich darauf hinzuweisen, daß die notwendige Zustimmung der gesetzgebenden Körperschaften angesichts der derzeitigen Überbelastung viel Zeit benötigt[6];

2) die Beteiligung an den Arbeiten des Weltpostvereins unbedingt die Teilnahme als Beobachter am Weltpost-Kongreß im Mai 1952 in Brüssel erfordert und daher die Alliierte Hohe Kommission baldmöglichst darum zu ersuchen ist, die Zulassung als Beobachter zu erwirken. Hierbei wäre zweckmäßigerweise anzustreben, daß die deutschen Beobachter einer der Delegationen der Westmächte angeschlossen werden, damit sie bei möglichen Debatten um den deutschen Beitritt den Schutz gegenüber den Ostmächten genießen können;

3) zu gegebener Zeit darauf zu achten sei, daß auch in die kommende neue Konvention wieder eine erleichterte Beitrittsmöglichkeit für Deutschland aufgenommen wird analog zu dem Schlußprotokoll Art. XVII der Konvention von 1947[7].

Plehwe[8]

B 10 (Abteilung 2), Bd. 114

6 Mit Schreiben vom 6. März 1952 teilte Legationsrat I. Klasse Trützschler von Falkenstein dem Generalsekretär der AHK, Glain, mit: „Der Wunsch der Bundesregierung, dem Weltpostverein beizutreten, wird sich leider nicht mit der erstrebenswerten Schnelligkeit erfüllen lassen, da vor Abgabe der Beitrittserklärung die gesetzgebenden Körperschaften zugestimmt haben müssen und nach der bisherigen Erfahrung diese Zustimmung bis zum Beginn des Kongresses im Mai dieses Jahres nicht zu erlangen sein dürfte. Andererseits hat die Bundesregierung an der Arbeit des Kongresses naturgemäß ein dringendes Interesse, weswegen sie größten Wert darauf legt, an dem Weltpostkongreß in Brüssel als Beobachter teilnehmen zu können. Die Bundesregierung bittet daher die Alliierte Hohe Kommission, die Zulassung als Beobachter zu dem am 14. Mai 1952 in Brüssel beginnenden Weltpostkongreß erwirken zu wollen." Vgl. B 10 (Abteilung 2), Bd. 114.

7 Artikel XVII, Absatz 2 des Schlußprotokolls zum Weltpostvertrag vom 5. Juli 1947: „L'Allemagne, le Japon et la Corée, momentanément empêchés d'adhérer à la Convention et aux Arrangements pourront, sans se soumettre aux formalités prévues à l'article 3, adhérer à ces Actes au moment jugé opportun par l'autorité responsable." Vgl. ACTES, S. 98.

8 Paraphe.

43

Generalkonsul I. Klasse Krekeler, Washington, an das Auswärtige Amt

232-09 II 959/52 **Aufgabe: 7. Februar 1952, 20.27 Uhr**
Fernschreiben Nr. 63 **Ankunft: 8. Februar 1952, 09.10 Uhr**

Hatte längere Unterhaltung mit Byroade, in der ich ihn auf Grund Regelung Sprache durch Drahterlaß 31[1] und 32[2] über deutschen Standpunkt in bezug auf Beziehungen NATO–Bundesrepublik und Saarfrage eingehend unterrichtete. Byroade war über soeben über Fernschreiben eingegangene Meldung sehr beunruhigt, daß Bundeskanzler in Bundestagsdebatte angeblich erklärt habe, Bundesrepublik müsse darauf bestehen, Mitglied NATO zu werden.[3] Habe Byroade darauf hingewiesen, daß dies nach meinen Instruktionen in dieser Form nicht gesagt sein könne. Byroade gab zu, daß mangelnde Genauigkeit Presseberichterstattung leider ein sehr störendes Moment sei. Ich bitte, mich, nachdem Hellfunk noch nicht arbeitet, laufend drahtlich über Fortgang Bundestagsdebatte zu unterrichten, damit ich allen Falschmeldungen sofort entgegentreten kann. Byroade warf Frage auf, ob Bundesregierung sich über enge Verknüpfung Bewilligung finanzieller Hilfe durch Kongreß und Fortschritts bei Errichtung Europäischer Verteidigungsgemeinschaft bewußt sei. Bundesregierung habe leider nicht an Besprechungen NATO-Länder teilnehmen können, bei denen dieses Moment sehr zum Ausdruck gekommen sei, und er könne sich deshalb vorstellen, daß es in Bonn nicht so gegenwärtig sei wie für andere. Ich sagte Byroade, daß es finanziellen Moments gar nicht bedürfe, Politik Bundeskanzlers sei aus weit übergeordneten Gründen so auf europäische Integrierung ausgerichtet, daß finanzielle Fragen diese grundsätzliche Einstellung nicht ändern könnten.

1 Für den Runderlaß des Staatssekretärs Hallstein vom 4. Februar 1952 vgl. Dok. 37.

2 Für einen Auszug aus dem Runderlaß des Staatssekretärs Hallstein vom 4. Februar 1952 zur Position der Bundesregierung in der Saarfrage vgl. Dok. 38, Anm. 3.

3 Am 7. Februar 1952 erklärte Bundeskanzler Adenauer vor dem Bundestag, daß schon bei den Verhandlungen über die Ablösung des Besatzungsstatuts „die notwendige und natürliche Verbindung zwischen der europäischen Gemeinschaft und dem Atlantikpakt von allen bejaht worden“ sei. Weiter führte er aus: „Wenn wir in die europäische Verteidigungsgemeinschaft eintreten, wird doch die Folge davon sein, daß eine gewisse Zahl Deutscher in die europäische Armee kommt. Diese europäische Armee – darüber sind sich alle einig – wird, solange die gegenwärtigen Spannungen in der Welt dauern, der Organisation des Atlantikpakts unterstellt werden, die unter Eisenhower steht. Dieses Organ des Atlantikpakts unter Eisenhower untersteht wieder anderen Organen des Atlantikpakts. Nun ist doch bei Gott für jeden verständlich, daß wir unter keinen Umständen junge Deutsche einfach einem Organ unterstellen, auf dessen Funktionieren und Arbeit wir keinen Einfluß haben. Weil das in der Natur der Sache liegt, ist auch schon in der Präambel des Generalvertragsentwurfs und auch bei den Beratungen darüber davon die Rede gewesen, daß eine solche Verbindung hergestellt werden müsse. Es ist für mich gar kein Zweifel daran möglich, daß wir, wenn wir in die europäische Verteidigungsgemeinschaft eintreten, eines Tages auch Mitglied des Atlantikpakts werden, ganz von selbst, meine Damen und Herren!“ Vgl. BT STENOGRAPHISCHE BERICHTE, Bd. 10, S. 8103.

Byroade meinte, daß sowohl London- als auch Lissabon-Konferenz[4] um etwa drei Tage verschoben werden könnten, falls Beisetzung englischen Königs erst am 18. stattfände[5].

Byroade begab sich unmittelbar nach Gespräch mit mir zum Staatssekretär Acheson, so daß ich annehmen kann, er werde diesen von Inhalt Gesprächs unterrichten. Habe Byroade mein lebhaftes Bedauern darüber ausgedrückt, daß Tatsache, daß Bundesrat Ratifizierung Schumanplan einstimmig angenommen habe[6], einschließlich Stimmen der Opposition angehörenden Mitgliedern, in amerikanischer Öffentlichkeit gar nicht gewürdigt würde. Abstimmung sei besonders eindrucksvoller Beweis für unwandelbaren Entschluß verantwortlicher deutscher Kreise zur europäischen Integrierung.

[gez.] Krekeler

B 10 (Abteilung 2), Bd. 1018

44

Bundeskanzler Adenauer an den britischen Hohen Kommissar Kirkpatrick

MB 73/52 geh. **9. Februar 1952**[1]

Sehr verehrter Sir Ivone,

ich bestätige Ihnen dankend den Eingang Ihres Schreibens vom 23. Januar, in dem Sie sich mit den Bemühungen der Ägyptischen Regierung befassen, Mitglieder der ehemaligen deutschen Wehrmacht anzuwerben.[2]

4 Zur Außenministerkonferenz der Drei Mächte vom 13. bis 19. Februar 1952 in London vgl. FRUS 1952–1954, V/1, S. 36–78.
Für die Besprechungen des Bundeskanzlers Adenauer mit den Außenministern Acheson (USA), Eden (Großbritannien) und Schuman (Frankreich) am 18./19. Februar 1952 in London vgl. Dok. 52, Dok. 53 und Dok. 55.
Zur NATO-Ministerratstagung vom 20. bis 25. Februar 1952 in Lissabon vgl. Dok. 62.

5 Die Beisetzung des Königs George VI. fand am 15. Februar 1952 in London statt.

6 Am 1. Februar 1952 stimmte der Bundesrat dem Ratifizierungsgesetz zum EGKS-Vertrag vom 18. April 1951 zu. Vgl. dazu BR SITZUNGSBERICHTE, 77. Sitzung, S. 31–34.

1 Durchdruck.
Das Schreiben wurde am 12. Februar 1952 abgesandt.

2 Dazu teilte Vortragender Legationsrat Walther, Paris, am 9. Januar 1952 mit: „Verschiedene Informationsdienste, die in politischen Kreisen viel gelesen werden und nicht für die Veröffentlichung bestimmt sind, wie die ‚Agence des quatre Continents' und die ‚Information Confidentielle', bringen Meldungen über die Werbung deutscher Offiziere und Unteroffiziere für die Wehrmacht arabischer Staaten. Nach diesen Informationen besteht in der Bundesrepublik ein privates Werbebüro verschiedener arabischer Staaten. Leiter soll der ehemalige deutsche Major Hans Müller, heute Oberst Hanak Hassim Bey, sein. Ihm zur Seite sollen der ägyptische Oberst Ibrahim Muhamed Bey aus der Mobilisationsabteilung des ägyptischen Kriegsministeriums und ein jemenitischer Berater stehen. Die Informationen kommen immer wieder darauf zurück, daß die Bestimmung der Bundesverfassung, daß niemand in der Bundesrepublik für fremde Heere geworben werden darf, auf Verlangen der Besatzungsmächte umgangen wurde. Das Rekrutierungsbüro soll auf der Bank

Die Bundesregierung würde es mit Ihnen begrüßen, wenn sich ein Weg finden ließe, die Anwerbung ehemaliger deutscher Militärs durch Exponenten der Ägyptischen Regierung zu unterbinden. Die Bundesregierung ist in der Wahl der hierfür geeigneten Mittel indessen nicht frei. Der Paragraph 141a des Strafgesetzbuches[3], der die Anwerbung Deutscher zum Heeresdienst einer auswärtigen Macht unter Strafe stellte, ist durch das Kontrollrats-Gesetz Nr. 11 vom 30.1.1946, Art. I[4], aufgehoben worden. So sind also keine Mittel vorhanden, gegen die Anwerbung als solche strafrechtlich vorzugehen.

Es käme weiterhin in Frage, die Ausreise etwa Angeworbener zu verhindern. Doch bereitet auch dies erhebliche Schwierigkeiten. Da Pässe in der Regel mit Geltungsbereich für das In- und Ausland ausgestellt werden, ist im Einzelfalle nicht ersichtlich, wohin die Paßbewerber zu reisen beabsichtigen. Deutsche Staatsangehörige, denen die Ausstellung eines Passes verweigert wird, obwohl sie sich offensichtlich nicht einer Strafverfolgung oder Steuerpflicht durch die Ausreise zu entziehen suchen, können das Verwaltungsgericht mit Erfolg anrufen. Ein allgemeines Verbot der Ausreise nach Ägypten durch Beschränkung des Geltungsbereiches der Pässe würde eine Reise aus dem Auslande nach Ägypten nicht unmöglich machen. Die Bundesregierung ist indessen bereit, die Aufmerksamkeit ihrer Auslandsvertretungen, insbesondere auch der Botschaft in Buenos Aires, auf Paßanträge von Personen zu lenken, die sich offensichtlich als Militärs nach Ägypten zu begeben beabsichtigen und deren Bewilligung nach äußerster Möglichkeit zu erschweren.

Die hier angestellten Erhebungen haben ergeben, daß die in der in- und ausländischen Presse erschienenen Meldungen über das Vorhandensein regulärer Werbestellen für Ägypten in der Bundesrepublik nicht den Tatsachen entsprechen. Offensichtlich hat eine örtliche von Mund zu Mund gegebene Aufforderung eine Reihe von Offizieren der ehemaligen Wehrmacht veranlaßt, sich für die Stellung eines Militär-Beraters in Ägypten zu melden. Hierfür spricht auch die Tatsache, daß die nach den hiesigen Informationen in Ägypten anwesenden Offiziere in der Mehrzahl aus Bayern kommen. Sie weilen bereits seit Monaten in Ägypten. Da die Bundesrepublik dort bisher keine diplomatische oder konsularische Vertretung unterhält, sind zuverlässige Unterlagen hierüber nicht vorhanden. Insbesondere liegen keine Nachrichten darüber vor, daß deutsche Offiziere sich in den paramilitärischen Verbänden und Terroristengruppen betätigen.

Die Bundesregierung würde es dankbar begrüßen, wenn die Britische Regierung ihr Informationen zukommen lassen wollte, die irgend geeignet erscheinen, die

Fortsetzung Fußnote von Seite 125
deutscher Länder ein Guthaben in der Höhe von mehreren Millionen DM haben. Niemand wisse genau, auf welchem Wege dieses Geld transferiert worden sei. Gerüchteweise verlautet, daß es von den Besatzungsmächten stamme." Vgl. B 11 (Abteilung 3), Bd. 739.

3 Paragraph 141 a des Strafgesetzbuchs für das Deutsche Reich vom 1. Januar 1872 in der Fassung vom 28. Juni 1935: „Wer einen Deutschen zum Heeresdienst einer ausländischen Macht anwirbt oder ihren Werbern oder dem ausländischen Heeresdienst zuführt, wird mit Gefängnis nicht unter drei Monaten bestraft. Der Versuch ist strafbar. In besonders schweren Fällen ist die Strafe Zuchthaus bis zu zehn Jahren." Vgl. REICHSGESETZBLATT, Teil 1, Nr. 70 vom 5. Juli 1935, S. 840.

4 Für den Wortlaut des Artikels I des Gesetzes Nr. 11 über die Aufhebung einzelner Bestimmungen des deutschen Strafrechts vgl. AMTSBLATT DES KONTROLLRATS, Nr. 3 vom 31. Januar 1946, S. 55.

Werbung weiterer Militärs durch ägyptische Stellen im In- und Ausland zu unterbinden.

Mit freundlichen Grüßen bin ich

Ihr ergebener
gez. Adenauer

VS-Bd. 234 (Büro Staatssekretär)

45

Aufzeichnung des Ministerialrats Vialon, Paris

232-11 E II 995/52 geh. **11. Februar 1952**[1]

Betr.: Verhandlungen über die Höhe des deutschen finanziellen Verteidigungsbeitrags;
hier: Besprechung mit den „drei Weisen" (2. Besprechung am 10.2.1952)[2]

Die Herren Bundesminister Blücher, Erhard und Schäffer verhandelten am 10.2.52 mit dem Komitee der „drei Weisen" erneut über die Höhe des finanziellen deutschen Verteidigungsbeitrags. Die Besprechung, die in gutem Einvernehmen verlief, wurde von Mr. Harriman geleitet, der von Mr. Draper begleitet war. M. Monnet war ebenfalls anwesend; Sir Edwin Plowden ließ sich durch einen höheren englischen Finanzbeamten vertreten. Auf deutscher Seite nahmen außer den genannten Herren Bundesministern die Herren Oeftering, Strathus, Schleiminger, Seibt und Vialon an der Besprechung teil.

Mr. Harriman begrüßte die Teilnehmer und stellte als Zweck der Besprechung die Einholung weiterer Informationen und die Erörterung der anhängigen Fragen heraus.

Minister Blücher wies anschließend auf die Behandlung der Probleme des Verteidigungsbeitrags in der Debatte des Bundestages am 7. und 8.2.52[3] hin. Die soziale Ordnung in den betroffenen Staaten müsse unter allen Umständen aufrechterhalten bleiben.

Minister Schäffer berichtete sodann über den Gesamteindruck der Bundesregierung von der parlamentarischen Debatte in Bonn. Mit besonderem Nachdruck wies er auf die Entschließungen des Bundestags Nr. 3077[4] und 3079[5] hin.

1 Durchdruck.
Hat Staatssekretär Hallstein am 14. Februar 1952 vorgelegen, der handschriftlich die Weiterleitung an Oberregierungsrat Brückner verfügte.
Hat Brückner am 13. und 15. Februar 1952 vorgelegen.

2 Vgl. dazu auch FRUS 1952–1954, V/1, S. 32 f. Für eine Aufzeichnung über die Vormittagssitzung vgl. B 10 (Abteilung 2), Bd. 1026.

3 Vgl. BT Stenographische Berichte, Bd. 10, S. 8095–8243.

4 Am 8. Februar 1952 stellten die Fraktionen von FDP, CDU/CSU und Deutscher Partei (DP) den Antrag, der Bundestag möge die Bundesregierung bitten, „in den Verhandlungen über den finanziel-

Die Darlegungen des Bundesministers werden anschließend kurz zusammengefaßt:

„Die Debatte des Deutschen Bundestages über einen deutschen Verteidigungsbeitrag hat die Reihen derjenigen gestärkt, die zur Leistung eines solchen Verteidigungsbeitrags entschlossen sind. Nach Abschluß der Debatte hat der Bundestag einige Entschließungen gefaßt, in denen er die nach seiner Auffassung erforderlichen Voraussetzungen für einen solchen Verteidigungsbeitrag aufgestellt hat. Diese Voraussetzungen entsprechen den Vorstellungen aller zur Leistung eines Verteidigungsbeitrags Bereiten; ihnen muß auch die Bundesregierung beitreten. Sie lassen erkennen, unter welchen Voraussetzungen mit einer parlamentarischen Annahme des gesamten Vertragswerkes gerechnet werden kann. (Hinweis auf die bereits überreichten Dokumente Drucksachen 3077 und 3079, Ziffer 6[6], des Deutschen Bundestages.)

Der Deutsche Bundestag hat die Gleichberechtigung der Bundesrepublik besonders hervorgehoben. Diese Gleichberechtigung macht es erforderlich, daß die Bundesregierung auch über die Leistungen und Beiträge der anderen an der Verteidigung Westeuropas beteiligten Mächte durch konkrete und genaue Unterlagen unterrichtet ist, und zwar möglichst durch solche Unterlagen, die nicht bloße Planungen, sondern Ist-Leistungen enthalten. Es wäre deshalb sehr wünschenswert, wenn das TCC seinen Empfehlungen solche Unterlagen beifügen würde, die es der Bundesregierung ermöglichen würden, auf entsprechende Anfragen des Parlamentes konkrete Antworten zu erteilen.

Die in der Sitzung vom 4.2.1952[7] vom Sekretariat des TCC überreichten Tabellen über die Verwendung des Zuwachses am Sozialprodukt in einzelnen Ländern

Fortsetzung Fußnote von Seite 127

len Verteidigungsbeitrag dafür einzutreten, daß die Bundesrepublik bei der Einschätzung ihrer finanziellen Leistungsfähigkeit nach den gleichen Maßstäben behandelt wird wie die übrigen Staaten der westlichen Verteidigungsgemeinschaft. Die deutschen Sonderbelastungen müssen dabei hinreichend berücksichtigt werden. [...] Die gegenwärtige deutsche Steuerbelastung ist bereits die höchste aller europäischen Länder. Ein Versuch zu ihrer weiteren Steigerung würde mit Sicherheit den gegenteiligen Erfolg, nämlich Zurückgehen von Arbeitsleistungen und Produktivität, haben und damit einen deutschen Verteidigungsbeitrag gefährden." Vgl. BT ANLAGEN, Bd. 15, Drucksache 3077. Der Antrag wurde am selben Tag vom Bundestag angenommen. Vgl. dazu BT STENOGRAPHISCHE BERICHTE, Bd. 10, S. 8242.

5 Am 8. Februar 1952 stellten die Fraktionen von CDU/CSU, FDP und DP einen Antrag zur Beendigung des Besatzungsregimes. Für den Wortlaut vgl. BT ANLAGEN, Bd. 15, Drucksache 3079. Der Antrag wurde am selben Tag vom Bundestag angenommen. Vgl. dazu BT STENOGRAPHISCHE BERICHTE, Bd. 10, S. 8242.

6 Abschnitt 6 des Antrags der Fraktionen von CDU/CSU, FDP und DP vom 8. Februar 1952: „Es kann sowohl in militärischer wie in finanzieller Hinsicht nur einen einheitlichen deutschen Verteidigungsbeitrag geben. Dienstgruppen im Dienste der alliierten Streitkräfte sind daher in angemessener Frist aufzulösen. Die Gesamtsumme des deutschen finanziellen Verteidigungsbeitrages muß nach Maßgabe der wirtschaftlichen Leistungsfähigkeit der Bundesrepublik unter angemessener Berücksichtigung der besonderen Lasten erfolgen, die sie durch die Fürsorge für neun Millionen Vertriebene und durch die Unterstützung Berlins zu tragen hat. Aus diesem Gesamtbetrag müssen die Kosten für die im Gebiet der Bundesrepublik stationierten Truppen gedeckt werden." Vgl. BT ANLAGEN, Bd. 15, Drucksache 3079.

7 An der Sitzung in Paris nahmen die Bundesminister Blücher, Erhard und Schäffer sowie die Drei Weisen, vertreten durch William H. Draper (USA), Jean Monnet (Frankreich) und Edwin Plowden (Großbritannien), teil. Im Mittelpunkt der Besprechung stand die Erörterung des Memorandums der Bundesregierung vom 1. Februar 1952 zur Frage des deutschen Verteidigungsbeitrages. Für eine Gesprächsaufzeichnung vgl. B 10 (Abteilung 2), Bd. 1026.

würden für den in Ziffer 2 bezeichneten Zweck[8] nicht ausreichen. Dazu wäre erforderlich, daß nicht nur Prozentsätze, sondern absolute Wertangaben, vor allem aber die Ausgangszahlen der Prozentrechnung erkennbar werden. Die Tabelle enthält vielleicht auch sonst gewisse ungeklärte Punkte, z.B. hinsichtlich der Verwendung des Zuwachses am Bruttosozialprodukt, der nicht durch Investitionen, Privatverbraucher und Verteidigungsbeitrag aufgezehrt wird. Auch ist unklar, ob und inwieweit ein Außenbeitrag bei den Angaben der Tabelle berücksichtigt ist, obwohl der Begriff des Bruttosozialproduktes die Berücksichtigung eines Außenbeitrages wohl ausschließen würde.

Der Deutsche Bundestag hat außerdem eine angemessene Berücksichtigung der Flüchtlinge verlangt, dem an sich weitgehend dadurch entsprochen wurde, daß man auch schon in der letzten Sitzung den Grundsatz der Berechnung des Bruttosozialprodukts nach Pro-Kopf-Beträgen nicht bestritten hat. Der Umfang der Aufwendungen für die Flüchtlinge ist im übrigen in der Tabelle 3 des überreichten Memorandums über die deutsche Aufbringungsfähigkeit enthalten.[9]

Der Bundestag legt entschiedenen Wert auf eine Berücksichtigung der Aufwendung des Bundes für Berlin in der Weise, daß die Aufwendungen für Berlin als Verteidigungsausgaben anerkannt werden. Das entspricht voll der Auffassung der Bundesregierung.

Erforderlich ist eine Berücksichtigung der Ausgaben für die Polizei, soweit sie sich als Verteidigungsausgaben darstellen. In der Sitzung ist eine neue Zusammenstellung der Gesamtaufwendungen für die Polizei übergeben worden, von denen wir aber nur einen Teilbetrag als Verteidigungsausgaben anerkannt zu sehen wünschen. Die Berechnung ist die folgende:

Für die Bereitschaftspolizei, die kaserniert, an der Waffe ausgebildet und stets für Verteidigungszwecke einsatzfähig ist, werden 100 Mio. DM ausgegeben (Länder: 94 Mio. DM, Bund: 6 Mio. DM). Alle übrigen Polizeiverbände erfordern einen Gesamtaufwand von 698 Mio. DM, von denen aber von vornherein für die Verwaltungs-, Verkehrs-, und Kriminalpolizei 209,6 Mio. DM ausgeschieden wurden. Von dem Rest von rund 488 Mio. DM sind nur 270 Mio. DM als Verteidigungsausgaben in Ansatz gebracht. Diese 270 Mio. DM beziehen sich auf die kasernierte Sicherheitspolizei und die ihr gleichstehenden Polizeiverbände, die ähnlich wie die Bereitschaftspolizei jederzeit für Verteidigungszwecke einsatzfähig und an der Waffe ausgebildet sind.

Der Bundestag hält in seiner Entschließung eine weitere Steuererhöhung nicht mehr für möglich. Das entspricht angesichts der Steuererhöhungen vom Sommer 1951 auch der Auffassung der Bundesregierung. Trotz der außerordentlich hohen Steigerung des Steueraufkommens ergibt sich schon nach den im deutschen Memorandum zugrunde gelegten Ziffern ein Fehlbetrag von 1,5 Mrd. Ei-

[8] In Abschnitt 2 des Memorandums der Bundesregierung vom 1. Februar 1952 zur Frage des deutschen Verteidigungsbeitrages wurde die „Aufstellung eines Programms über die wirtschaftliche und finanzielle Aufbringung des künftigen Verteidigungsbeitrages" behandelt. Vgl. BULLETIN 1952, S. 222.

[9] In Tabelle 3 des Memorandums der Delegation für Auslandsschulden vom 20. November 1951 wurden für 1949 4,356 Mrd. DM, für 1950 5,81 Mrd. DM und für 1951 6,759 Mrd. DM an Versorgungs- und Unterstützungsleistungen der Bundesrepublik für Flüchtlinge aus der DDR und aus Osteuropa ausgewiesen. Vgl. dazu B 10 (Abteilung 2), Bd. 1531.

ne Möglichkeit zur Anleiheemission zur Deckung dieses Defizits hat Deutschland nach seinen Kapitalmarktverhältnissen nicht. Eine kurzfristige Verschuldung auf dem Geldmarkt wäre an sich nötig. Da aber zur Zeit eine beträchtliche Ausweitung der kurzfristigen Wirtschaftskredite festzustellen ist, muß unter Umständen im Zusammenhang mit der Entwicklung der Zahlungsbilanz mit einem neuen System von Kreditrestriktionen gerechnet werden. In einem solchen Zeitpunkt wäre eine kurzfristige Kreditaufnahme der öffentlichen Hand aber ebenfalls nicht oder nur sehr beschränkt möglich. Im übrigen dürfte der angebotene deutsche Beitrag mit an der Spitze der im Rahmen der EVG vorgesehenen Leistungen liegen.

Bei dieser Sachlage erhebt sich die Frage, ob die Leistungen, die von der deutschen Bundesregierung vorgeschlagen sind, genügen, um ihre Verbindlichkeiten gegenüber der EVG, nämlich sowohl für die gemeinsamen Ausgaben der EVG wie für die stationierten Truppen und die Aufstellung der deutschen Truppenkontingente zu erfüllen. Ich bin in der Lage, diese Frage zu bejahen. Dabei gehe ich allerdings davon aus, daß der Aufwand für die stationierten Truppen nicht den entsprechenden Aufwand für diese Truppenteile im Vorjahr übersteigt. Diese Unterstellung ist auch möglich, weil die hier in Rede stehenden Aufwendungen für Bauten (Errichtung und Unterhaltung), für Transport- und Dienstleistungen und für deutsche Arbeitskräfte im Dienste der Armee sich auch bei steigender Truppenzahl nicht erhöhen. Auf dieser Vorjahrsbasis läßt sich feststellen, welcher Betrag für die stationierten Truppen voraussichtlich in Betracht kommt. Der verbleibende Restbetrag wird ausreichen, um sämtliche Maßnahmen für die Aufstellung der deutschen Kontingente zu decken (mit Ausnahme der schweren Bewaffnung) und um die zentralen Einrichtungen der EVG (Kommissariat, Schulen) mitzufinanzieren.“

Bundesminister Erhard führte anschließend aus, daß die Bundesrepublik auch bei dem größten Optimismus hinsichtlich ihrer wirtschaftlichen Entwicklung nicht mehr leisten könne, als sie angeboten habe. Der Minister kam auf die Dollar-Bilanz zu sprechen und trug vor, daß die EZU-Lage in Deutschland[10] ein falsches Bild ergäbe und sich wohl bald grundlegend ändern werde. Die güterwirtschaftliche Situation werde bei der Aufrüstung immer schwerer werden und müsse berücksichtigt werden. Die von der Bundesregierung erhoffte Steigerung des Bruttosozialprodukts habe Voraussetzungen, deren Eintreffen sehr unsicher sei. Auf keinen Fall aber dürfte die Konsumrate gekürzt werden. Der Minister verwies sodann auf den Eingliederungsprozeß der 700.000 Menschen in die Beschäftigung; dieser Prozeß bringe eine Bewegung von zwei Mio. Menschen mit sich und erfordere zahllose Nebenmaßnahmen. Zum Schluß wies der Minister auf die güterwirtschaftlichen Unterschiede der Währungen hin und betonte, daß die deutsche Mark kaufkraftmäßig wesentlich mehr biete. Die deutsche Opposition lehne bekanntlich den Verteidigungsbeitrag ab, stelle aber einen beträchtlichen Teil der deutschen Arbeiterschaft dar. Diese könne nur gewonnen werden, wenn ihr Lebensstandard im wesentlichen unverändert bleibt.

M. Monnet griff den letzten Gedanken auf und meinte, daß Deutschland in der Tat seinen Verteidigungsbeitrag ohne radikale Änderung seiner wirtschaftlichen

10 Die Zahlungsbilanz der Bundesrepublik wies gegenüber den anderen Mitgliedstaaten der Europäischen Zahlungsunion (EZU) für 1951 erstmals einen Überschuß aus.

Situation leisten solle. Aber das heutige Vorbringen der Vertreter der Bundesregierung hätte die kürzlich von ihm bereits vorgetragenen Erwägungen nur bestätigt, nicht erschüttert. Deutschland brauche keinen Konsum-Verzicht zu leisten, um einen noch höheren Verteidigungsbeitrag aufzubringen. Die deutsche Absicht, die Zuwachsrate im Konsum nicht zu ändern und keine neuen Steuern einzuführen, beruhe zwar auf der Basis ruhiger Erwägungen, werde aber wohl der Situation nicht ganz gerecht. Bundesminister Erhard habe mit seinen Darlegungen die Diskussion lediglich zum alten Punkt zurückgeführt und nichts Neues vorgetragen.

Der Vizekanzler erinnerte anschließend an die Verhandlungen in der OEEC seit drei Jahren und an die dort angetroffene verständnisvolle Haltung gegenüber der deutschen Sonderlage. Die deutsche Vebrauchsquote liege bereits spürbar unter dem allgemeinen Durchschnitt und könne nicht weiter gesenkt werden. Deutschland wolle seine Produktion vermehren, müsse aber vor allem auf dem Gebiet der Kohle, des Verkehrs, der Energie und des Wohnungsbaus Beträchtliches investieren. Der Verteidigungsbeitrag müsse von der Mehrheit des deutschen Volkes getragen werden; die Bevölkerung verlange aber nach Sicherheit, fester Währung und einer Beibehaltung der bisherigen Möglichkeiten eines Wiederaufbaus der Kriegsschäden.

Man habe das gleiche Ziel, antwortete Herr Monnet, nämlich die volle Gleichberechtigung Deutschlands. „Die Komplexität der Probleme wird von uns durchaus gesehen. Ich muß aber meinen Eindruck wiedergeben, daß die deutschen Leistungen steigerungsfähig sind, und bringe Ihre Darlegungen schwer in Einklang mit den Unterlagen, die uns von anderen Staaten vorliegen.“

Der britische Vertreter des Herrn Plowden schloß sich diesen Darlegungen an und betonte auch seinerseits den Wunsch der britischen Regierung, daß Deutschlands Gleichberechtigung verwirklicht werden solle.

Bundesminister Schäffer erklärte hierauf die deutsche Überzeugung, daß das Gutachten über die deutsche Leistungsfähigkeit gerecht ausfallen werde und die deutsche Sonderlage berücksichtige. Man müsse aber auch das Vertrauen zur deutschen Regierung haben, daß sie am besten die politischen Voraussetzungen in Betracht ziehen könne, die in Deutschland vorlägen.

Der Minister führte sodann aus: „Ich muß hervorheben, daß die Bundesregierung bereits wesentliche Maßnahmen im Hinblick auf die Leistung des Verteidigungsbeitrags getroffen und der Bevölkerung beachtliche Opfer auferlegt hat. Sie hat das vorausschauend schon vor der Vorlage der Verteidigungsverträge im Parlament getan, um aus politischen Gründen zu vermeiden, daß das Parlament gleichzeitig mit den Verteidigungsverträgen auch Steuererhöhungen zu beschließen hat. Demzufolge hat sie seit 1950 unsere großen Steuern (Umsatz- und Einkommensteuer) um fast 100% gesteigert. Sie hat die gesamte Steuerlast in Bund, Ländern und Gemeinden um 55% gesteigert, und dabei handelt es sich hier immer um echte Ist-Zahlen. Die Bundesregierung wolle keinesfalls in das Jahr 1952/53 mit einem Fehlbetrag hineingehen, weil in diesem Jahr ohnedies der große Verteidigungsbeitrag zu leisten ist. Sie hat vorausschauend schon im Sommer 1951 für entsprechende Einnahmen im Jahr 1952/53 gesorgt.

In gleicher Voraussicht wie zu Ziffer 8[11] hat die Bundesregierung die Erhöhung des Bundesanteils an der Einkommen- und Körperschaftssteuer der Länder von 27 auf 40% vorgesehen. Das bedeutet einen starken Eingriff in die Haushaltswirtschaft der Länder und Gemeinden und hält diese trotz vorauszusehender Preis- und Lohnsteigerungen auf dem Niveau des Jahres 1951/52 fest. Das bedeutet, daß die Länder viele erwünschte Ausgaben und Investitionen zurückstellen müssen.

Neue steuerliche Maßnahmen würden auch eine starke Beunruhigung in die ohnedies überlastete Finanzverwaltung tragen und sie an einem ungestörten Arbeiten mit dem Ziel der restlosen Erfassung der schon jetzt gesetzlich geschuldeten Steuern stören. Dadurch würde das Steueraufkommen gefährdet werden.

Schließlich ist die Bundesregierung entschlossen, gegenüber allen Ausgabeerhöhungsbeschlüssen des Parlaments von ihrem Veto-Recht nach Art. 113 GG[12] Gebrauch zu machen. Auch das bedeutet eine Einschränkung oder doch wenigstens Verhinderung der Ausweitung von Ausgaben.

Wie sich aus den Ziffern 9–12[13] ergibt, hat die Bundesregierung vorausschauend in aller Stille bereits Leistungen im Hinblick auf den Verteidigungsbeitrag erbracht und Maßnahmen getroffen, die in ihrem Ergebnis dazu führen müssen, daß das deutsche Volk den Verteidigungsausgaben für die gemeinsame Sicherheit die Priorität einräumt.

Die Bundesregierung glaubt, bei dieser Sachlage das Vertrauen zu verdienen, daß sie nicht nur ein Programm für die Verteidigung aufgestellt hat, sondern es auch verwirklichen will, wozu sie allerdings die Zustimmung des Parlaments braucht. Es wird deshalb und angesichts der Entschließungen des Bundestags ein konkreter Vorschlag über weitere Leistungen der Bundesrepublik gar nicht mehr möglich sein."

Mr. Harriman betonte hierauf, daß die deutschen Darlegungen für ihn sehr wertvoll gewesen seien. Mr. Draper und er arbeiteten zusammen an der Frage, die es zu entscheiden gelte. Man habe diese Aufgabe nicht gesucht, sie sei auf besonderen Wunsch den „drei Weisen" vorgelegt worden. Es verstehe sich von selbst, daß die Beurteilung mit größter Objektivität durchgeführt werde. Statistische Vergleiche über die Leistungsfähigkeit von Ländern durchzuführen, sei schwer, da jedes Land seine besonderen Probleme habe. Es gälte, genauestens zu prüfen, wie ernsthaft diese Probleme seien.

Die Mitarbeiter der deutschen Minister hätten gute Arbeit geleistet und alles Wesentliche vorgetragen. Auf der anderen Seite aber bedürfe es nun auch eines

11 In Abschnitt 8 des Memorandums der Bundesregierung vom 1. Februar 1952 zur Frage des deutschen Verteidigungsbeitrages wurde die Erwartung „einer 5 bis 6%igen Steigerung des Sozialprodukts für 1952/53 gegenüber dem Vorjahr" ausgedrückt. Vgl. BULLETIN 1952, S. 223.

12 Artikel 113 des Grundgesetzes vom 23. Mai 1949: „Beschlüsse des Bundestages und des Bundesrates, welche die von der Bundesregierung vorgeschlagenen Ausgaben des Haushaltsplanes erhöhen oder neue Ausgaben in sich schließen oder für die Zukunft mit sich bringen, bedürfen der Zustimmung der Bundesregierung." Vgl. BUNDESGESETZBLATT 1949, Teil II, S. 15.

13 Die Abschnitte 9–12 des Memorandums der Bundesregierung vom 1. Februar 1952 zur Frage des deutschen Verteidigungsbeitrages enthielten Angaben zur Steuerbelastung in der Bundesrepublik sowie zur geschätzten Entwicklung des Bruttosozialprodukts und dessen erwarteter Verwendung. Für den Wortlaut vgl. BULLETIN 1952, S. 223 f.

besonders konstruktiven Gedankens, um die ganzen Untersuchungen zusammenzufassen und der europäischen Verteidigung einen möglichst hohen Beitrag zu sichern. Für besonders wichtig halte er, daß die Bevölkerung keine Angst haben dürfe; die Angst weiche aber nur, wenn alle Länder ihre höchsten Anstrengungen böten. Man hoffe auf eine große finanzielle Beteiligung Deutschlands und strebe im Rahmen dieses Beitrags eine enge wirtschaftliche Gemeinsamkeit an. Das Volk müsse nicht nur Vertrauen in die Währung, sondern auch Vertrauen in die Sicherheit haben. Selbstverständlich bedürfe es eines angemessenen Lebensstandards. Dieser Gesichtspunkt gelte aber wohl für alle Länder. Die „drei Weisen“ seien der Ansicht, daß die Schaffung europäischer Streitkräfte ein äußerst dringliches Problem darstelle und daß man andere Wünsche und Pläne zugunsten diese Zwecks zurückstellen müsse. Für die wirtschaftlichen, finanziellen und sozialen Rücksichten eine geeignete Formel zu finden, sei ausgeschlossen; jeder Statistiker beweise seinem Minister, daß sein Land am meisten leiste.

Die „drei Weisen“ würden sich bemühen, alle Faktoren bei ihrem Urteil zu berücksichtigen. Man werde Deutschland das Gutachten mitteilen, sobald man mit der Überprüfung am Ende sei und man werde bei dieser Gelegenheit der Bundesrepublik einige Statistiken und Methoden zugänglich machen, die man benutzt habe. Es sei klar, daß kein genauer Beweis für die behauptete Leistungsfähigkeit geführt werden könne; das Komitee werde aber alle Faktoren mitteilen, die es bei der Beurteilung der deutschen Leistungsfähigkeit berücksichtigt habe. Das Komitee übe eine Tätigkeit aus wie etwa ein Arzt bei einer Konsultation, ob den Beteiligten die Medizin gefalle, sei abzuwarten. Auch der Zeitpunkt des Gutachtens sei noch ungewiß. Die Empfehlungen würden der deutschen Bundesrepublik über die Hohe Kommission zugeleitet. Man werde sich bemühen, einen Maximalbeitrag zu finden, der eine wesentliche Grundlage für die Sicherheit der europäischen Völker abgebe.

Bundesminister Blücher erklärte abschließend, daß man auf eine Berücksichtigung der deutschen Darlegungen hoffe. Alles müsse getan werden, um den deutschen Lebensstandard nicht wesentlich absinken zu lassen und um einer bolschewistischen Unterwanderung im eigenen Lande vorzubeugen.

Am Nachmittag des 10.2.52 trafen sich auf Ersuchen des Wirtschaftsausschusses der NATO die Sachverständigen dieses Ausschusses mit den deutschen Sachverständigen zur Besprechung gewisser Fragen des deutschen Memorandums.

Auf seiten der NATO nahmen an der Besprechung teil die Herren: Durkley, Gilbert, Juri, Valer, Taylor, Weinstein (keine Garantie für die Namen).

Auf deutscher Seite nahmen die Herren Oeftering, Strathus, Schleiminger, Seibt und Vialon teil.

In der sehr langwierigen und schwierigen Besprechung wurden folgende Probleme erörtert:

Die NATO-Vertreter befaßten sich zunächst mit der Wachstumsquote des deutschen Sozialprodukts und besprachen im Zusammenhang damit die Konsumrate pro Kopf und die steuerliche Belastung der Bevölkerung, ferner die haushaltsmäßigen Aspekte. Sie legten dar, daß nach ihrer Auffassung die Produktivitätszunahme der deutschen Wirtschaft höher sein müsse, als sie ausgewiesen werde. Gerade in Deutschland, wo die Industrie einen großen Anteil am Sozialprodukt habe, müsse die Zuwachsrate wesentlich höher sein. Man wies demgegenüber von deutscher Seite insbesondere auf die Tatsache hin, daß der Satz der Produktivitätszunahme von 3½% von der Hohen Kommission stamme und daß der Unterschied zwischen 3 und 3½% nicht allzusehr ins Gewicht falle. Es sei richtig, daß die Zeit vom Juli 1950 bis Juli 1951 günstiger gewesen sei; diese Entwicklung habe sich aber ausgependelt. Inzwischen habe sich die industrielle Produktion um 12%, der Lohn um 20% gesteigert; eine Aufstiegsmöglichkeit sei daher kaum mehr ersichtlich.

Die alliierten Sachverständigen legten im weiteren Verlauf der Diskussion ihre Ansicht zu der deutschen Schätzungsmethode des Brutto-Sozialprodukts dar. TCC kommt zu einer höheren Schätzung als das deutsche Memorandum. Frage, ob die Bundesregierung bei ihrer Beurteilung die Auswirkungen der Rüstungskampagne berücksichtigt habe. Die Frage wurde von den deutschen Vertretern bejaht.

In der anschließenden Diskussion wünschten die alliierten Experten insbesondere Einzelheiten der Schätzungen über den industriellen Niederschlag des deutschen Verteidigungsbeitrags. Vor allem Herrn Gilbert erschien eine Zuwachsrate von 6% zu gering.

Die Schätzungen der künftigen industriellen Produktion wurden an Hand der deutschen Tabelle vom 4.1.52 erörtert; den Vertretern des NATO-Ausschusses wurden Einzelheiten dieser Tabelle bekanntgegeben. Der englische Experte trug hierauf in längeren Auslassungen seine Ansicht vor, daß der „explosive" Aufstieg der deutschen Wirtschaft keine sinkende Zuwachsrate rechtfertige. Die fallenden Zahlen drückten nur die Auswirkungen der im Zusammenhang mit der deutschen EPU-Krise des Vorjahres getroffenen Restriktionen[14] aus. Vielleicht könne Deutschland diese Restriktionen mildern und damit einem weiteren Fallen seiner Zahlen vorbeugen. Der Engländer kam alsdann auf die im Zusammenhang mit der erhofften Steigerung der Kohleförderung stehenden Fragen zurück und meinte, daß die deutschen Schätzungen der Kohleförderung keinen Niederschlag in den veranschlagten industriellen Produktionsziffern gefunden hätten. Bundesminister Erhard habe erklärt, daß man auf eine 9%ige Steigerung der Kohleförderung hoffe; nach einer Faustregel bedeute dies eine 18%ige Steigerung der Industrieproduktion. Herr Oeftering entkräftete diese Darlegungen mit dem Hinweis darauf, daß ein wesentlicher Teil der deutschen Kohlen-Mehrproduktion in den Hausbrand wandere und andererseits die Entwicklung der deutschen Dollar-Bilanz die Fortsetzung der amerikanischen Kohleeinfuhren verhindere.

Die Sitzungsteilnehmer erörterten abschließend das Verhältnis der Wachstumsrate des Sozialprodukts zum Steuermehr. Herr Oeftering versprach in diesem Zusammenhang den alliierten Vertretern die beschleunigte Zustellung eines

[14] Aufgrund des hohen Zahlungsbilanzdefizits der Bundesrepublik gegenüber den anderen Mitgliedstaaten der EZU im Jahr 1950 beschloß die Bundesregierung Anfang 1951, die Liberalisierungsliste für Importe in die Bundesrepublik außer Kraft zu setzen und die Einfuhren um bis zu 40% einzuschränken.

kleinen Gutachtens über die Auswirkung der Erhöhung des Sozialprodukts auf das Steueraufkommen im einzelnen. Die alliierten Sachverständigen hatten auf das Mißverhältnis der Erhöhung des Brutto-Sozialprodukts zum Steuermehr hingewiesen.

Die Diskussion wandte sich sodann der volkswirtschaftlichen und staatswirtschaftlichen Bedeutung der Einstellung neuer Beschäftigter in den Arbeitsprozeß zu. Hier wünschten die alliierten Vertreter eingehende Darlegungen der Einsparung der Staatsausgaben. Von deutscher Seite wurde die Methode der bisherigen Berechnungen dargelegt, eine ziffernmäßige Klärung aber noch zugesagt.

Die Notwendigkeit der Nachreichung eines dritten kleinen Memorandums ergab sich bei der anschließenden Erörterung des im deutschen Nationalhaushalt zu erwartenden Defizits für das Rechnungsjahr 1952/53. Besonderer Gegenstand der Erörterungen waren die deutschen Leistungen des Schuldendienstes und der Schuldentilgung. Die alliierten Vertreter interessierten sich insbesondere dafür, ob das von deutscher Seite erwartete Defizit ein absolutes oder ein relatives sei. Von den deutschen Vertretern wurde dargelegt, daß das Defizit rein haushaltsmäßiger Natur sei, also die Zinsen und Tilgungen der Bundesschuld bereits berücksichtige. Das Defizit stelle keine absolute Vergrößerung der Bundesschuld dar, sondern nur insoweit, als ein echtes Mehr an Verschuldung vorliege.

Die Verhandlungen wandten sich sodann dem von Herrn Bundesminister Erhard am Vormittag verwandten Argument zu, daß ein Vergleich der Verteidigungsbeiträge der einzelnen Staaten schwer möglich sei, weil die Kaufkraft der Währungen zu verschieden sei. Die alliierten Vertreter trugen vor, daß dieses Argument das genaue Gegenteil des vom deutschen Finanzminister vorgetragenen Arguments darstelle, wonach der Pro-Kopf-Anteil der deutschen Bevölkerung an der Konsum-Rate niedriger liege als bei den übrigen Staaten. Die alliierten Sachverständigen beschäftigten sich eingehend mit diesem Widerspruch. Von deutscher Seite wurde die Logik des gegnerischen Vorbringens übergangen und nochmals mit Nachdruck der Konsum-Vergleich herausgehoben, wie er sich nach den Ziffern des deutschen Memorandums ergibt. Es könne kein Zweifel sein, daß die deutsche Konsum-Quote unter dem Durchschnitt liege.

Vermutlich werden sich weitere alliierte Rückfragen zu diesem Punkte herausstellen.

Die Besprechung wurde abgebrochen, weil einige Teilnehmer die Rückfahrt antreten mußten. Von deutscher Seite wurde gebeten, etwaige weitere Fragen schriftlich mitzuteilen; man werde sich bemühen, schnellstens die Antworten zu übermitteln. In diesem Zusammenhang fiel von dem Sekretär des Ausschusses[15] die Äußerung, daß man beiderseits unter einem starken Zeitdruck stehe.

gez. Dr. Vialon

B 10 (Abteilung 2), Bd. 1026

15 William H. Draper.

46

Aufzeichnung des Legationsrats Much

Tgb.Nr. 340/52 **13. Februar 1952[1]**

Betr.: Ressortmäßige Zuständigkeit innerhalb der Bundesregierung für die Durchführung des Schuman-Planes

Für die Ingangsetzung der Organe der Montangemeinschaft und für die spätere geschäftsmäßige Bearbeitung aller mit dem Schuman-Plan zusammenhängenden Fragen innerhalb der Bundesressorts sind schon jetzt eine Reihe von organisatorischen Vorbereitungen und technischen Überlegungen notwendig. Die Prüfung und Entscheidung der Frage, welches Bundesministerium die federführende Zuständigkeit für die weitere innerdeutsche Behandlung des Schuman-Plans erhalten soll, ist daher dringend.

1) Die Vielfalt und die Verschiedenheit der durch den Schuman-Plan berührten Materien könnten es nahelegen, die Federführung für die geschäftsmäßige Behandlung den jeweilig zuständigen Bundesministerien zu übertragen, so daß sich das Auswärtige Amt, das Wirtschaftsministerium, das Justizministerium, das Finanzministerium, das Arbeitsministerium und das Verkehrsministerium in die verantwortliche Zuständigkeit für den Schuman-Plan je nach den zu behandelnden Sachfragen teilen würden.

Eine solche Aufsplitterung der Verantwortung wäre jedoch unzweckmäßig, da die Einheit der Behandlung des Schuman-Plans sowohl gegenüber den Organen der Montangemeinschaft als auch innerhalb der Bundesrepublik absolut notwendig ist. Die Frage einer Koordinierung und zusammenfassenden Zuständigkeit und Verantwortung ist daher unausweichlich.

2) Angesichts der vorwiegend wirtschaftlichen Materien des Schuman-Plans könnte es naheliegen, die vorerwähnte Koordinierung und Federführung für die innerdeutsche Behandlung des Planes dem Bundeswirtschaftsministerium zu übertragen. Folgende Gründe sprechen jedoch dafür, die Zuständigkeit für die Gesamtbehandlung des Schuman-Plans nach innen und nach außen beim Auswärtigen Amt auch in Zukunft zu belassen:

a) Eine Trennung und reinliche Abgrenzung der verschiedenen vom Schuman-Plan behandelten Sachgebiete ist nicht möglich. Auch in allen wirtschaftlichen Fragen, die im Rahmen der Durchführung des Schuman-Plans behandelt und entschieden werden müssen, sind wichtige politische Momente enthalten, die vom Standpunkt der europäischen Integration geltend gemacht werden müssen. Es ist unablässig, daß das Auswärtige Amt bei diesen politischen Fragen die führende Hand behält. Eine nur mitwirkende, nicht aber bestimmende Be-

1 Am 13. Februar 1952 vermerkte Legationsrat Much handschriftlich: „Herrn Staatssekretär Prof[essor] Hallstein ergebenst vorgelegt. Die Herren Professoren Mosler und Ophüls haben Durchdruck dieser Aufzeichnung erhalten."
Hat Hallstein vorgelegen.
Hat Oberregierungsrat Sahm vorgelegen.
Hat Legationsrat Limbourg am 13. Februar 1952 vorgelegen.

teiligung an den wirtschaftlichen Fragen, die gegenüber den Organen der Montangemeinschaft zu vertreten sind, wäre nicht ausreichend. So wie im innerstaatlichen Bereich der Bundesrepublik z.B. das Justizministerium bei allen von den Bundesministerien zu verhandelnden Sachfragen über die verfassungsrechtliche Konformität entscheidet, muß auch das Auswärtige Amt für alle Sachgebiete, die auf europäischer Ebene entschieden werden, die politischen Gesichtspunkte der europäischen Integration in eigener Zuständigkeit voll zur Wirkung bringen können. Ist das Bundesjustizministerium der „Hüter der Verfassung“ in der Regierungsarbeit der Bundesregierung, so sollte das Auswärtige Amt der „Hüter der europäischen Integration“ sein.

b) Im Zuge weiterer Integrationspläne ist es notwendig, daß das Zusammenspiel dieser Pläne einheitlich nach übergreifenden europäischen Gesichtspunkten politisch gesteuert wird. Als zuständige Stelle hierfür kann nur das Auswärtige Amt in Frage kommen.

c) Bei der innerdeutschen Behandlung des Schuman-Plans bedarf es einer Beteiligung der in Frage kommenden Länder der Bundesrepublik. Diese Verbindung zu den Bundesländern, insbesondere auch zu dem Sonderausschuß des Bundesrates[2], kann weitgehend nur unter Berücksichtigung politischer Gesichtspunkte erfolgen. Hierfür muß ein wirtschaftliches Fachministerium von vornherein als ungeeignet angesehen werden.

3) Diese Generalzuständigkeit des Auswärtigen Amts für alle Fragen der europäischen Integration und für die Durchführung bereits vorhandener Integrationspläne kann selbstverständlich nicht dazu führen, daß die fachlichen Fragen, die beispielsweise im Rahmen des Schuman-Plans auftauchen, in allen Einzelheiten vom Auswärtigen Amt bearbeitet werden. Hierfür werden weitgehend die einzelnen Fachministerien zuständig sein. Es muß jedoch organisatorisch und in technischen Einzelheiten des täglichen Geschäftsablaufs sichergestellt werden, daß die Generalzuständigkeit und die Generalverantwortung des Auswärtigen Amts zum Zuge kommen. Als Präzedenzfall kann hierfür die Zuständigkeit und die ressortmäßige Behandlung der früheren Verbindungsstelle zu den Alliierten herangezogen werden, die gewissermaßen als Schleuse des gesamten Amtsverkehrs zwischen den Dienststellen der Bundesrepublik und der Alliierten Hohen Kommission tätig war. Eine weitere Vergleichsmöglichkeit bietet die geschäftsmäßige Behandlung aller internationalen Angelegenheiten des Arbeitsministeriums, bei der das Auswärtige Amt ebenfalls als Schleuse und weitgehend als federführendes Organ gegenüber den internationalen Organisationen auftritt.

Unter Berücksichtigung der vorstehenden Gesichtspunkte wird man für die geschäftsmäßige Bearbeitung aller Angelegenheiten des Schuman-Plans in Anwendung des Paragraphen 11 der Geschäftsordnung der Bundesregierung vom 11.5.1951[3] (GMBL Nr. 15 S. 138) folgende Grundsätze aufstellen können:

2 Der Informationssausschuß des Bundesrats für Fragen des Schuman-Plans trat am 29. September 1952 erstmals zusammen.

3 Paragraph 11 der Geschäftsordnung der Bundesregierung (Auszug): „1) Mitglieder und Vertreter auswärtiger Regierungen sowie Vertreter zwischenstaatlicher Einrichtungen sollen nur nach vorherigem Benehmen mit dem Auswärtigen Amt empfangen werden. 2) Verhandlungen mit dem Ausland

a) Jede Abgabe verbindlicher Stellungnahmen einer deutschen Regierungsstelle gegenüber den Organen der Montangemeinschaft darf nur durch das Auswärtige Amt erfolgen. Dieses ist gehalten, bei allen Fragen, die den Geschäftsbereich eines Bundesministeriums nach der innerdeutschen Geschäftsverteilung berühren, das betreffende Bundesministerium vor Abgabe einer Erklärung hinzuzuziehen;

b) jedes Schreiben der Organe der Gemeinschaft, das eine Sachentscheidung einer deutschen Regierungsstelle erfordert, ist zunächst dem Auswärtigen Amt zuzuleiten. Keine deutsche Regierungsstelle darf eine Sachentscheidung treffen, ohne daß das Auswärtige Amt vorher beteiligt worden ist. Das Auswärtige Amt ist berechtigt, die Zuständigkeit für die Sachentscheidung an sich zu ziehen;

c) jeder von einem Organ der Gemeinschaft ausgehende Hoheitsakt (z.B. Entscheidungen oder Empfehlungen der Hohen Behörde, Urteile des Gerichtshofs usw.), der sich an die Bundesrepublik richtet, ist dem Auswärtigen Amt zuzuleiten. Die weitere Behandlung solcher Angelegenheiten obliegt dem Auswärtigen Amt unter Hinzuziehung der an der Frage interessierten Fachministerien;

d) alle fachlichen Angelegenheiten des Schuman-Plans, für die nach der innerdeutschen Geschäftsverteilung mehrere Ministerien zuständig sind, sind vom Auswärtigen Amt zu koordinieren und federführend weiter zu bearbeiten;

e) alle bei der Durchführung des Schuman-Plans auftauchenden Rechts- und Personalfragen sind federführend vom Auswärtigen Amt zu bearbeiten. Die zuständigen Ministerien sind hierbei entsprechend zu beteiligen;

f) jede vorstehend nicht aufgeführte Angelegenheit, die sich bei der Durchführung des Schuman-Plans ergibt, kann, wenn diese Angelegenheit von grundsätzlicher Bedeutung ist, nur im Einvernehmen mit dem Auswärtigen Amt bearbeitet und entschieden werden.

Much

Referat 200, Bd. 90 b

Fortsetzung Fußnote von Seite 137
oder im Ausland dürfen nur mit Zustimmung des Auswärtigen Amtes, auf sein Verlangen auch nur unter seiner Mitwirkung geführt werden." Vgl. MINISTERIALBLATT, Nr. 15 vom 5. Juni 1951, S. 4.

47

Gespräch des Beauftragten des Bundeskanzlers, Blank, mit dem Vorsitzenden der EVG-Konferenz, Alphand, in Paris

232-09 II 1014/52 **14. Februar 1952**[1]

Auf die Frage von Herrn *Blank*, ob Schwierigkeiten im Zusammenhang mit dem deutschen Entwurf eines Sonderberichtes[2] für die Lissaboner Konferenz[3] aufgetaucht seien, antwortet Botschafter *Alphand*, daß Meinungsverschiedenheiten nur in weniger wesentlichen Fragen vorhanden seien. Er glaube, daß man die Herren Chatenet und Professor Ophüls bitten könne, diese Punkte zu besprechen. Es bestehe jedoch leider nicht mehr die Möglichkeit, einen Lenkungsausschuß einzuberufen, da verschiedene Herren anderer Delegationen bereits nach Lissabon abgereist seien. Er schlage also vor, über diese Frage in Lissabon keinen schriftlichen Bericht vorzulegen, sondern von Herrn Außenminister Schuman lediglich eine mündliche Darstellung des Standes der Verhandlungen unter Berücksichtigung der in dem deutschen Berichtsentwurf enthaltenen Punkte abgeben zu lassen.

Herr *Blank* weist darauf hin, daß der erste Entwurf zu diesem Bericht davon spreche, daß der Konferenz von Paris von der Atlantikpakt-Konferenz der Auftrag erteilt worden sei, diese Frage zu prüfen.[4] Hinsichtlich der Verpflichtungen innerhalb der Gemeinschaft und derjenigen gegenüber NATO lägen ja die Ergebnisse der letzten Außenministerkonferenz[5] vor. Hierbei sei als von den Mitgliedstaaten innerhalb der Gemeinschaft zu übernehmende Garantie beschlossen worden, daß jeder bewaffnete Angriff auf einen Mitgliedstaat als Angriff gegen die Gemeinschaft zu werten sei und daß alle Mitgliedstaaten mit allen ihren Mitteln zur Abwehr diese Angriffes beitragen müßten. Man habe be-

1 Vervielfältigtes Exemplar.
Hat Referent von Hassell am 22. Februar 1952 vorgelegen, der handschriftlich vermerkte: „Abschrift wurde dem StS. am 19. II. 52 zugeleitet."

2 Am 12. Februar 1952 übermittelte der Beauftragte des Bundeskanzlers, Blank, dem Vorsitzenden der EVG-Konferenz, Alphand, den Entwurf für einen Sonderbericht der EVG-Konferenz über die Beziehungen zwischen der EVG, ihren Mitgliedern und der NATO, und regte an, den Entwurf zusammen mit dem französischen Entwurf vom 8. Februar 1952 in einer Sitzung des Lenkungsausschusses zu erörtern. Für das Begleitschreiben vgl. B 10 (Abteilung 2), Bd. 1018.
Für den deutschen Entwurf vom 12. Februar 1952 vgl. B 10 (Abteilung 2), Bd. 1018.

3 Zur NATO-Ministerratstagung vom 20. bis 25. Februar 1952 vgl. Dok. 62.

4 Dazu wurde im französischen Entwurf vom 8. Februar 1952 für einen Sonderbericht der EVG-Konferenz ausgeführt: „Les six gouvernements ont abordé le problème des relations qui doivent exister entre l'organisation du Traité de l'Atlantique Nord et la Communauté européenne de Défense, en tenant compte d'une double nécessité qui est rappelée dans la résolution adoptée à Rome par le Conseil Atlantique le 28 novembre 1951. Il y a lieu tout d'abord de procéder à la mise en harmonie des engagements souscrits par les Etats Parties au Traité de l'Atlantique Nord et par les Etats membres de la Communauté européenne de Défense. Cette mise en harmonie des engagements d'où il résulte une mise en harmonie des garanties fournies aux Etats signataires de l'un ou l'autre Traité est rendue nécessaire: a) d'une part, du fait que les deux Traités ont un objectif commun qui est de renforcer la défense de l'Europe occidentale; b) d'autre part, en raison de l'obligation contenue dans l'article 8 du Traité de l'Atlantique Nord, c'est-à-dire de ne souscrire aucun engagement international en contradiction avec le Traité en question." Vgl. B 10 (Abteilung 2), Bd. 1018.

5 Zur Außenministerkonferenz über eine Europäische Verteidigungsgemeinschaft am 26./27. Januar 1952 in Paris vgl. Dok. 25, Dok. 27 und Dok. 29.

wußt eine Bindung schaffen wollen, die über die in den Artikeln des NATO-Paktes festgelegten Verpflichtungen hinausgehe. Der erste Berichtsentwurf spreche jedoch von einer „doppelten Notwendigkeit", die bei der Bearbeitung dieser Frage berücksichtigt werden sollte.

Bei der Bearbeitung des Berichtsentwurfes in Bonn habe die Bezugnahme auf diesen Beschluß des Atlantikpakt-Rats besonders deswegen überrascht, weil der deutschen Delegation während des ganzen Ablaufs der Konferenz in keinem Augenblick von einem derartigen Beschluß Kenntnis gegeben worden war. (Botschafter Alphand unterbricht an dieser Stelle den Dolmetscher und überreicht Herrn Blank den Wortlaut des Beschlusses des Atlantikpaktes.)

Herr Blank weist erneut darauf hin, daß die Frage der wechselseitigen Garantien in den Artikeln A und B[6] formuliert und den Außenministern vorgelegt worden sei. Diese hätten die vorgelegten Texte gebilligt.

Botschafter *Alphand* erklärt hierzu, daß es sich um eine formelle Billigung der beiden Artikel schon deswegen nicht handeln könne, weil ihr Wortlaut unter der Überschrift „Arbeitstexte" verteilt worden sei und weil insbesondere Herr Außenminister de Gasperi Einwendungen im Hinblick auf parlamentarische Schwierigkeiten gemacht habe.

Herr *Chatenet*, der als Sachverständiger dem Gespräch beiwohnte, erklärt, daß auch seiner Ansicht nach eine formelle Billigung der Artikel nicht stattgefunden habe, daß die Minister offenbar jedoch grundsätzlich einig geworden seien. Bei der Behandlung des Sonderberichtes im Juristenausschuß seien jedoch von verschiedenen Delegationen erneut Einwendungen gemacht worden. Er frage sich, ob nicht, ohne an dem Wortlaut selbst etwas zu ändern, eine Zweiteilung von Artikel A durchgeführt und der zweite Teil an einer anderen Stelle im Vertrag seinen Platz finden könne. Es müsse, um den Bedenken verschiedener Delegationen entgegenzukommen, daran gedacht werden, einen Wortlaut zu finden, der demjenigen des Atlantikpaktes möglichst ähnlich sei. Es sei dies im wesentlichen eine Frage der Formulierung, wenn man sich über die Grundsätze einig sei.

Alle Fragen juristischer Systematik seien für ihn im Augenblick deswegen unverständlich, erklärt Herr *Blank*, weil die Texte der Artikel A und B von der Konferenz vorbereitet, vom Juristenausschuß formuliert, vom Lenkungsausschuß angenommen, als solche der Außenministerkonferenz vorgelegt und von dieser gebilligt worden seien. Er müsse also die klare Frage stellen, wer mit diesen Texten nun nicht mehr einverstanden sei, welche Delegationen im Auftrage ihrer Regierungen Einwendungen gemacht hätten. Er halte die Konferenz nicht mehr für befugt, an den einmal angenommenen Texten etwas zu ändern.

Botschafter *Alphand* weist noch einmal darauf hin, daß eine formelle Billigung der Texte seiner Ansicht nach nicht vorliege, daß eine derartige Auffassung jedoch verständlich sei. Eine Meinungsverschiedenheit liege hier ja auch nicht zwischen der deutschen und der französischen Delegation vor. Herr *Blank* bestätigt dies und fragt, ob es nicht möglich sei, den anderen Verhandlungspart-

6 Für den Wortlaut der Artikel A und B des Protokollentwurfs des Juristischen Ausschusses der EVG-Konferenz vom 25. Januar 1952 zu den Beistandsverpflichtungen zwischen EVG und NATO vgl. Dok. 33, Anm. 2.

nern gegenüber den – nach Alphand ja möglichen – Standpunkt einzunehmen, daß eine Einigung über die Substanz der Artikel vorliege. Er erinnere sich daran, daß die Holländer immer mit dem Argument gearbeitet hätten, nicht größere Verpflichtungen eingehen zu wollen als die, denen sie im NATO-Rahmen zugestimmt hätten, eine Auffassung, die Botschafter Alphand und er stets bekämpft hätten, weil man keine Klein-NATO, sondern eine Gemeinschaft schaffen wolle. Außenminister Stikker sei bei der letzten Außenministerkonferenz auf seine alte These auch nicht mehr zurückgekommen. Die ganze Frage sei in Bonn eingehend diskutiert worden, und es sei die feste Überzeugung des deutschen Außenministers, daß über die Artikel A und B auf der Außenministerkonferenz in Paris Einigung erzielt worden sei. Jetzt sei eine völlig neue Lage gegeben, und er sei gezwungen, darüber nach Bonn zu berichten, was zur Folge haben könne, daß Deutschland eine erneute Außenministerkonferenz beantragen würde.

Botschafter *Alphand* erklärt, daß eine solche Konferenz nur erforderlich sein würde, wenn die Frage nicht von den Sachverständigen gelöst würde. Er sei jedoch der Überzeugung, daß dies möglich sei.

Dem stimmt Herr *Blank* zu. Er werde keine großen Schwierigkeiten haben, dieses Thema nach Lissabon im Rahmen der Konferenz zu diskutieren, wenn dort kein Bericht darüber vorgelegt werde. Er stehe jederzeit nach Lissabon für die Behandlung dieser Frage zur Verfügung. Er wolle jedoch vermeiden, daß bei dem Stand der Dinge, wie er sie jetzt darstelle, in Lissabon ein Bericht übergeben werde, den er in allen Punkten hinterher angreifen müsse. Auf Grund der völlig neuen Lage im Zusammenhang mit Artikel A sei selbstverständlich eine Behandlung der Punkte 2 und 3 des deutschen Entwurfes[7] im Augenblick nicht erforderlich, da die Fragen, die Gegenstand dieser Absätze seien, alle eng miteinander zusammenhingen.

Herr Professor *Ophüls*, der als deutscher Sachverständiger dem Gespräch beiwohnt, stimmt dem Vorschlag von Botschafter Alphand zu, den deutschen Berichtsentwurf mit Herrn Chatenet auf Sachverständigenebene zu besprechen.

Abschließend wird noch einmal betont, daß die ganze Frage der gegenseitigen Garantien und der Beziehungen zwischen der Verteidigungsgemeinschaft und NATO nach Lissabon von der Konferenz behandelt werde und daß in Lissabon lediglich zum Ausdruck gebracht werde, daß diese Fragen noch in Bearbeitung seien.

B 10 (Abteilung 2), Bd. 1018

[7] Die Punkte II und III des Entwurfs vom 12. Februar 1952 für einen Sonderbericht der EVG-Konferenz betrafen „die Regelung der Konsultationen zwischen den an den beiden genannten Vertragssystemen beteiligten Staaten“ sowie die „institutionellen Fragen, die sich im Verhältnis der genannten Vertragssysteme und der ihnen vorgesehenen Organe ergeben“. Vgl. B 10 (Abteilung 2), Bd. 1018.

48

Aufzeichnung des Staatssekretärs Hallstein

14. Februar 1952

Aufzeichnung über eine Besprechung mit Herrn McCloy am 14.2.52

1) Verbindung zu NATO

Unsere Forderung ist, daß wir, wenn es sich um Fragen des Einsatzes unserer Leute in der Europaarmee handelt, an einem entscheidenden Punkt der NATO-Organisation mitsprechen müssen.

a) Daß zwischen den NATO-Regierungen und den EVG-Regierungen Konsultationen im Sinne des Art. 4 des Atlantikpaktes[1] stattfinden (Vorschlag Stikker – Beschluß der Ministerkonferenz in Paris)[2].

b) Gemeinsame Sitzungen des Atlantikpaktrates und des Ministerrates der EVG.

c) Anspruch auf NATO-Mitgliedschaft zu gegebener Zeit.

Erklärung McCloys, daß die Begründung des deutschen Anspruchs unangreifbar sei.

2) Saar-Problem

McCloy lege großen Wert darauf, die Saar-Frage aus dem Weg zu räumen, weil sie sich sonst immer wieder störend bemerkbar mache. Er wünsche aber nicht, daß die amerikanische Regierung von Anfang an sich in die Frage einmischt, sondern er möchte, daß aus den jetzigen Besprechungen in London[3] eine Erklärung herauskommt, daß Frankreich und Deutschland Verhandlungen über das Saar-Problem aufnehmen, und zwar ohne daß die Aufnahme dieser Verhandlungen von einer der beiden Seiten an irgendwelche Bedingungen bezüglich des Ergebnisses geknüpft wird. So werde die Saar-Frage zunächst einmal ausgeklammert aus den europäischen Angelegenheiten. Für eine Beteiligung Amerikas sei es immer noch an der Zeit, wenn sie scheitern.

Herr Bundeskanzler: Das deutsche Volk würde von einer Erklärung, Frankreich und die Bundesrepublik wollten gemeinsam eine Lösung suchen, nur dann befriedigt, wenn gleichzeitig für jeden sichtbar wird, daß die demokratischen Freiheiten an der Saar Platz greifen, insbesondere, wenn die Regelung über die Zulassung der Parteien und das Parteiengesetz wegfallen und die Parteien, die jetzt um Zulassung gebeten haben, zugelassen werden. Das Parteiengesetz dürfte auch nicht beschlossen werden.[4]

1 Für den Wortlaut des Artikels 4 des Nordatlantikvertrages vom 4. April 1949 vgl. Dok. 38, Anm. 5.

2 Vgl. dazu Dok. 29, Anm. 4, und Dok. 33.

3 Zur Außenministerkonferenz der Drei Mächte vom 13. bis 19. Februar 1952 vgl. FRUS 1952–1954, V/1, S. 36–78.
Für die Besprechungen des Bundeskanzlers Adenauer mit den Außenministern Acheson (USA), Eden (Großbritannien) und Schuman (Frankreich) am 18./19. Februar 1952 vgl. Dok. 52, Dok. 53 und Dok. 55.

4 Vgl. dazu Dok. 32, Anm. 8.

Anregung McCloy: Die Hohe Behörde des Schuman-Planes soll nach Saarbrükken gelegt werden und das Saargebiet unter gemeinsame deutsch-französische Verwaltung gestellt werden.

Herr Bundeskanzler betont, daß die Saarbevölkerung zustimmen muß.

McCloy: Herr François-Poncet habe ihm gesagt, daß die wirtschaftliche Zusammengehörigkeit zwischen Frankreich und der Saar nicht gestört werden dürfte, wie sie sich insbesondere in der einheitlichen Währung ausdrücke.

Zur Frage der Zulassung von Parteien habe François-Poncet geäußert, daß diese Parteien nicht die Rückannektierung des Saargebietes an Deutschland propagieren dürften, weil dadurch der wirtschaftliche Zusammenhang zwischen dem Saargebiet und Frankreich gestört würde.

3) Kriegsverbrecher

McCloy wiederholte seinen Gedanken, daß gemischte Kommissionen gebildet werden sollten, zusammengesetzt aus drei Alliierten und ebenso vielen Deutschen, die über die Freilassung der Verurteilten entscheiden und außerdem den Strafvollzug kontrollieren sollten, z. B. als Beschwerdeinstanz für Beschwerden der Gefangenen.[5]

McCloy hat auch darüber mit François-Poncet gesprochen. Schwierigkeiten bereite die Tatsache, daß die von französischen Gerichten verurteilten deutschen Kriegsverbrecher in französischen Gefängnissen ihre Strafe verbüßten. Es ist daher nach Auffassung von François-Poncet nicht möglich, sie zur Strafvollstreckung den Deutschen auszuliefern, zumal es sich bei den urteilenden Gerichten um ordentliche französische Gerichte handele.

Herr Bundeskanzler regt an, daß die Franzosen öffentlich mitteilen sollen, um welche Fälle es sich handelt und evtl. welche Vorstrafen die Verurteilten haben.

McCloy begrüßt das sehr und weist darauf hin, daß die Amerikaner mit ihrer Publizität gute Erfolge gehabt hätten, im Gegensatz auch zu den Engländern, die seines Erachtens zu zurückhaltend wären. McCloy weist weiter darauf hin, daß die Engländer ein „Panel-System“ vorziehen, d. h. daß über die von einem einzelnen alliierten Gericht Verurteilten eine Kommission entscheide, an der auch eine andere alliierte Nationalität mitwirkte. Daher die englische Sympathie für den Gedanken, die Kommission in einzelne Kammern (Panels) aufzulösen, in denen jeweils ein Alliierter mit einem Deutschen sitzt. McCloy erklärte, ein besonderes Problem bildeten die noch nicht Abgeurteilten. Hier müsse starker Druck ausgeübt werden, um diese Verfahren zum Abschluß zu bringen. Es gehe nicht an, den gegenwärtigen Zustand aufrechtzuerhalten.

4) Lastenausgleich

McCloy: Auszugehen sei von dem Vermittlungsvorschlag des Bundeskanzlers, es bei der Umschichtung des begünstigten Personenkreises bei den bisherigen Bestimmungen zu belassen, die Begünstigten von drei auf sechs Jahre auszudehnen.[6] Herr Acheson schlage vor, diese vermittelnde Lösung noch in der Rich-

[5] Vgl. dazu das Gespräch des Bundeskanzlers Adenauer mit dem amerikanischen Hohen Kommissar McCloy am 19. Dezember 1951; AAPD 1951, Dok. 208.

[6] In den drei westlichen Besatzungszonen Deutschlands wurden zur Abgeltung der aus Krieg und Vertreibung entstandenen Schäden und zur Milderung von Härten in der Folge der Währungsreform 1948 eine Reihe staatlicher Maßnahmen zum Lastenausgleich ergriffen. Dazu zählten das Gesetz

tung zu ergänzen, daß zwar nicht der Kreis der Begünstigten erweitert würde, sondern daß bestimmte Objekte, die durch ein Restitutionsurteil einem Verfolgten zugesprochen würden, vom Lastenausgleich befreit blieben.

Herr Bundeskanzler fragt, wie soll es sein, wenn die Parteien sich vergleichen?

McCloy: Das müsse geprüft werden. Wenn es bei dem Vergleich zur Herausgabe eines Restitutionsobjektes an einen Verfolgten komme, müsse nach seiner Auffassung auch in diesem Fall das Objekt von dem Lastenausgleich frei sein.

5) Finanzieller Verteidigungsbeitrag

McCloy: Er habe mit Harriman und Draper gesprochen, die beide in London seien, aber heute abend nach Paris zurückkehrten. Eine Entscheidung in der Frage des Verteidigungsbeitrages sei noch nicht gefallen. Er habe nicht eigens nach dem Stand der Sache und der persönlichen Auffassung der beiden Herren fragen wollen. Sie hätten ihn gefragt, wie man verfahren solle, wenn man zu einer Einigung unter den drei Weisen komme, was sie spätestens im Verlauf einer Woche erwarteten, ob dann diese Entscheidung veröffentlicht werden solle. Er, McCloy, habe geantwortet, man solle sich genau so verhalten, wie in allen anderen Fällen von Empfehlungen der drei Weisen. Da in diesen Fällen keine Veröffentlichung stattgefunden habe, sei von ihr auch im deutschen Fall abzusehen. Man möge also die Entscheidung den Hohen Kommissaren übermitteln, die sie ihrerseits dem Herrn Bundeskanzler übermitteln würden, und dann sei es Sache der Bundesregierung, entweder diese Entscheidung anzunehmen oder abzulehnen. Auf eine Frage fügte Herr McCloy an, daß in einer ganzen Anzahl von Fällen die Entscheidungen der drei Weisen von den Ländern angenommen worden seien. Soweit keine Übereinstimmung zwischen den Regierungen und den drei Weisen bestehe, seien die Differenzen minimal (im Falle Belgien handele es sich, soviel er wisse, nur um 1%), und sie seien jedenfalls viel kleiner als die Differenzen der Auffassungen im deutschen Fall.

6) Politische Lage in Frankreich

McCloy berichtet, daß Monnet ihn angerufen habe, er, Monnet, sei besorgt wegen des Ausganges der Parlamentsdebatte am Samstag.[7] Das Problem, das die

Fortsetzung Fußnote von Seite 143

zur Sicherung von Forderungen für den Lastenausgleich (Hypothekensicherungsgesetz) vom 2. September 1948, das Gesetz zur Milderung dringender sozialer Notstände (Soforthilfegesetz) vom 8. August 1949 und das Gesetz zur Förderung der Eingliederung von Heimatvertriebenen in die Landwirtschaft (Flüchtlingssiedlungsgesetz) vom 10. August 1949. Für den Wortlaut vgl. GESETZ- UND VERORDNUNGSBLATT, Nr. 18 vom 13. September 1948, S. 87; GESETZBLATT, Nr. 28 vom 18. August 1949, S. 205–214, sowie Nr. 29 vom 24. August 1949, S. 231 f.

Das Soforthilfegesetz sah eine Abgabe zur Finanzierung der Hilfeleistungen vor, von der Bürger der UNO-Mitgliedstaaten befreit waren. Die Bundesregierung beschloß am 1. Dezember 1950, im geplanten Lastenausgleichsgesetz keine Ausnahme von der Abgabepflicht mehr zuzulassen. Vgl. dazu KABINETTSPROTOKOLLE 1950, S. 852.

Auf Drängen der AHK erklärte sich die Bundesregierung jedoch zu einer Kompromißlösung bereit. In der Besprechung mit den Hohen Kommissaren François-Poncet (Frankreich), Kirkpatrick (Großbritannien) und McCloy (USA) am 5. Februar 1952 bot Bundeskanzler Adenauer eine Ausnahmeregelung für die Dauer von sechs Jahren an. Vgl. dazu AAPD, Hohe Kommissare 1952, S. 15.

7 Am 19. Februar 1952 stimmte die französische Nationalversammlung einem Resolutionsantrag der Regierung zu, den diese mit der Vertrauensfrage gekoppelt hatte. Die Resolution ermöglichte der Regierung die Fortführung der Verhandlungen über eine Europäische Verteidigungsgemeinschaft, verknüpfte sie jedoch mit mehreren Bedingungen. Unter anderem wurde verlangt, daß die Bundesrepublik erst nach Inkrafttreten des EVG-Vertrages mit dem Aufbau eigener Einheiten beginnen durfte. Mit dem Beitritt der Bundesrepublik zur EVG sei keinesfalls ihre NATO-Mit-

Deputierten am meisten bewege, sei die Frage der deutschen Rüstungsindustrie. Man befürchte die Entstehung eines neuen Rüstungszentrums an der Ruhr, das dann Europa beherrsche. Außerdem reagierten die französischen Parlamentarier sehr negativ auf den amerikanischen Zeitdruck, der auf sie ausgeübt werde. Er, Monnet, werde in diesen Tagen seinen ganzen Einfluß auf die Sozialisten aufbieten, um diese zu beruhigen, aber es sei besser, ihnen etwas Zeit zu lassen. In der sozialistischen Fraktion sei eine tiefgehende Spaltung eingetreten. Es gäbe zwei Hälften, die sich gegenseitig die Waage hielten (bei wiederholten Abstimmungen Stimmenverhältnisse von 23:24, 26:28 usw.).

McCloy hielt den Wunsch nach Zeitgewinn für schlechthin unerfüllbar und wies auf die sehr heikle Situation in Amerika hin, die auch Herrn Acheson sehr beunruhige. Nach Herrn Achesons Auffassung müsse Amerika spätestens im Laufe der nächsten drei Wochen volle Klarheit über die Entwicklung in Europa erlangen.

Hallstein

B 10 (Abteilung 2), Bd. 1042

49

Aufzeichnung des Abteilungsleiters Mosler

512-00 V 4613/52 **14. Februar 1952**[1]

Betr.: Einbeziehung Berlins in die zwischenstaatlichen Verträge der Bundesrepublik

Seit Anfang 1950 sind die von der Bundesrepublik abgeschlossenen zwischenstaatlichen Verträge und Abkommen in zunehmendem Maße auf Berlin erstreckt worden. Dies gilt insbesondere für die Handels- und Zahlungsabkommen, aus denen Berlin nicht ausgenommen werden kann, da es zum Wirtschafts- und Währungsgebiet der Bundesrepublik gehört. In einzelnen Fällen sind auch andere Verträge der Bundesrepublik, wie zum Beispiel der deutsch-französische Auslieferungsvertrag vom 29. November 1951[2], der noch nicht ratifiziert ist, auf Berlin erstreckt worden. Die Einbeziehung Berlins in die Verträge geschieht zumeist in der Form von besonderen Briefwechseln oder Zusatzprotokollen.

Fortsetzung Fußnote von Seite 144
gliedschaft verknüpft; darüber hinaus könnten nur Staaten Mitglieder der NATO werden, die keine Gebietsansprüche stellten. Ferner solle sich die französische Regierung nachdrücklich für die Beteiligung Großbritanniens an der EVG einsetzen. Für den Wortlaut der Resolution vgl. LE MONDE vom 19. Februar 1952, S. 2.

1 Durchdruck.

2 Für den Auslieferungsvertrag zwischen der Bundesrepublik Deutschland und Frankreich vom 29. November 1951 vgl. BUNDESGESETZBLATT 1953, Teil II, S. 152–157.

Die Besatzungsbehörden erheben grundsätzlich keine Bedenken gegen dieses Vorgehen, wollen aber hierfür ein Verfahren vorsehen, das ihnen die Möglichkeit gibt, Kontrollrechte über die Beteiligung Berlins an den Verträgen auszuüben. Sie stützen sich hierbei auf Art. 2 des Berliner Besatzungsstatuts, wonach die auswärtigen Angelegenheiten zu den Vorbehaltsgebieten gehören.[3] Im Hinblick darauf, daß nach dem Inkrafttreten des Generalvertrages und der Zusatzabkommen die Bundesrepublik in ihren vertraglichen Beziehungen mit fremden Staaten der alliierten Kontrolle nicht mehr unterliegen wird, legen die Besatzungsbehörden Wert darauf, daß eine solche Kontrolle hinsichtlich Berlins noch bestehen bleibt.

Die Alliierte Hohe Kommission hat daher bereits Anfang 1951 diese Angelegenheit mit der Bundesregierung aufgenommen. Nachdem der Regierende Bürgermeister von Berlin in einem Schreiben vom 9. April 1951 dem Herrn Bundeskanzler den ausdrücklichen Wunsch des Senats übermittelt, Berlin in alle zwischenstaatlichen Verträge einzubeziehen, welche die Bundesrepublik abschließt, und im Namen des Senats erklärt hatte, daß die in allen Abkommen enthaltenen Bedingungen von dem Land Berlin nach Maßgabe seiner Verfassung so erfüllt würden, als seien die Abkommen mit Berlin selbst abgeschlossen[4], wurde die übereinstimmende Stellungnahme der Bundesregierung und des Senats von Berlin der Alliierten Hohen Kommission mit Schreiben vom 23. Mai 1951 mitgeteilt (Anlage 1)[5].

Hierauf antwortete die Alliierte Hohe Kommission durch das als Anlage 2 in deutscher Übersetzung beigefügte Aide-mémoire vom 2. Oktober 1951[6], das ein sehr kompliziertes Verfahren vorsieht und auch insofern zu erheblichen Bedenken Anlaß gibt, als es den Anschein erweckt, daß Berlin ein besonderes Völkerrechtssubjekt darstellt. Im Einvernehmen mit dem Berliner Senat wurde die Angelegenheit zunächst in den deutsch-alliierten Verhandlungen über die Beziehungen zwischen der Bundesrepublik und Berlin behandelt. In der von der Bundesregierung abzugebenden Erklärung betreffend Hilfeleistungen für Berlin soll sich die Bundesrepublik verpflichten, die Einbeziehung Berlins in die von der Bundesrepublik abgeschlossenen internationalen Abkommen zu erleichtern, soweit dies nicht nach der Natur der betreffenden Abkommen ausgeschlossen

3 Für den Wortlaut des Artikels 2 (c) der Erklärung über die Grundsätze der Beziehungen der Stadt Groß-Berlin zu der Alliierten Kommandantur vom 14. Mai 1949 in der revidierten Fassung vom 7. März 1951 vgl. DOKUMENTE ZUR BERLIN-FRAGE, S. 163.

4 Für den Wortlaut des Schreibens des Regierenden Bürgermeisters von Berlin, Reuter, vgl. DOKUMENTE ZUR BERLIN-FRAGE, S. 174.

5 Dem Vorgang nicht beigefügt.
Ministerialdirektor Blankenhorn teilte dem Generalsekretär der AHK, Slater, mit, die Bundesregierung und der Senat von Berlin träten gemeinsam dafür ein, „daß Berlin nach Maßgabe seiner Verfassung für alle von der Bundesrepublik zu schließenden Abkommen die Verpflichtung übernimmt, sie in Berlin durchzuführen". Vgl. B 10 (Abteilung 2), Bd. 1316.

6 Dem Vorgang nicht beigefügt.
Die Drei Mächte regten an, der Senat von Berlin und die Bundesregierung mögen „ein allgemeines zweiseitiges Abkommen abschließen, wonach Berlin sich verpflichtet, die von der Bundesregierung abgeschlossenen Verträge anzuwenden". Die Beteiligung Berlins solle bei jedem Vertrag durch einen Notenwechsel zwischen dem Senat und der Bundesregierung geregelt werden. Vgl. B 10 (Abteilung 2), Bd. 1331.

ist.[7] Andererseits sollen die Drei Mächte in dem Entwurf ihres Schreibens den Bundesbehörden gestatten, die Vertretung Berlins und der Berliner Bevölkerung im Ausland sicherzustellen.[8]

Zu dem oben erwähnten Aide-mémoire der Alliierten vom 2. Oktober 1951 ist seitens der Bundesregierung bisher keine Stellungnahme erfolgt. Die Interalliierte Kommandatura in Berlin, die das Aide-mémoire auch dem Berliner Senat mitgeteilt hatte, drängte jedoch auf die Aufnahme mündlicher Verhandlungen über seinen Inhalt. Nachdem diese Angelegenheit zwischen dem Auswärtigen Amt und der Berliner Vertretung beim Bund mehrfach erörtert worden war, hat am 12. d.M. eine Besprechung auf der Berliner Kommandatura stattgefunden, an der als Vertreter Berlins die Senatoren Dr. Klein und Dr. Kielinger sowie als Beobachter der Bundesregierung Herr von Haeften von der Rechtsabteilung des Auswärtigen Amts teilgenommen haben.

Vor dieser Sitzung hatte Herr Dr. Klein zur Vorbereitung seiner mündlichen Erklärungen den als Anlage 3 beigefügten Entwurf eines deutschen Vorschlages zur Abänderung des alliierten Aide-mémoire vom 2. Oktober 1951 diktiert.[9] Darin wird u.a. in Aussicht genommen, daß die Bundesregierung bei wichtigen internationalen Vertragsverhandlungen, die die Interessen Berlins berühren, wegen der Wahrnehmung dieser Interessen möglichst eine Übereinstimmung mit dem Senat von Berlin herbeiführen werde. Ferner wurde die Frage offen gelassen, ob die Bundesregierung oder der Senat von Berlin die Kommandatura von den auf Berlin zu erstreckenden Verträgen in Kenntnis zu setzen hat. Herr von Haeften hat die Stellungnahme der Bundesregierung zu diesen beiden Punkten vorbehalten.[10]

Wegen der Besprechung mit der Kommandatura baten die alliierten Vertreter mehrfach, ihnen die Vorschläge des Senats von Berlin in schriftlicher Form zu

7 Die Delegation der Bundesrepublik stimmte dieser Formulierung (Absatz h der von der Bundesregierung abzugebenden Erklärung betreffend Hilfeleistungen für Berlin) in der zweiten Besprechung über Berlin betreffende Fragen am 19. Dezember 1951 unter der Bedingung zu, „daß die Verhandlungen über die von den Alliierten abzugebende Erklärung über die Beziehungen zwischen der Bundesrepublik und Berlin ein annehmbares Ergebnis haben würden". Andernfalls trete sie für die Formulierung ein, daß die Bundesrepublik Berlin in die von der Bundesrepublik abgeschlossenen internationalen Abkommen „einbeziehen wird". Vgl. Handakten Grewe, Bd. 4.

8 Für den Wortlaut der in dieser Frage identischen Entwürfe der beiden Delegationen vom 3. Januar 1952 vgl. B 10 (Abteilung 2), Bd. 1417. Vgl. dazu auch Dok. 19.

9 Dem Vorgang beigefügt. Für den Wortlaut vgl. VS-Bd. 5462 (Abteilung 5); B 150, Aktenkopien 1952.

10 Am 13. Februar 1952 vermerkte Vortragender Legationsrat von Haeften, daß er am 12. Februar 1952, vor der Besprechung mit der Alliierten Kommandatura Berlin am selben Tag, ein Gespräch mit dem Berliner Senator für Bundesangelegenheiten, Klein, und dem Berliner Senator für Justiz, Kielinger, geführt habe. Er habe sich dafür ausgesprochen, in einer Neufassung des Aide-mémoire der Drei Mächte vom 2. Oktober 1951 einen Zusatz in Anlehnung an Artikel 32, Absatz 2 des Grundgesetzes vom 23. Mai 1949 aufzunehmen: „Sofern ein Vertrag die besonderen Verhältnisse Berlins berührt, ist der Senat von Berlin vor Abschluß des Vertrages rechtzeitig zu hören." In der Besprechung mit den Vertretern der Alliierten Kommandatura Berlin, Adams (Großbritannien), Cuny (Frankreich) und Sutterlin (USA), habe Klein auf die Frage von Adams, ob das Aide-mémoire der Drei Mächte von deutscher Seite als undurchführbar angesehen werde, geantwortet, daß „seit dem 2. Oktober 1951 eine wesentliche Änderung eingetreten sei, da bei den Verhandlungen über die Hilfeleistung für Berlin in Bonn der Bundesrepublik zugestanden worden sei, die Vertretung Berlins im Auslande wahrzunehmen; im übrigen stimme der deutsche Vorschlag mit dem Aide-mémoire in dem wesentlichen Punkt überein, daß nämlich der Kommandatura ein Einspruchsrecht gegen die Einbeziehung Berlins in Verträge der Bundesrepublik eingeräumt werde". Vgl. B 80 (Referat 500), Bd. 178.

übermitteln, was Herr Dr. Klein zusagte. Danach sollen die Verhandlungen möglichst bald fortgesetzt werden. Der Senat von Berlin bittet die Bundesregierung, nunmehr auch die Verhandlungen mit der Alliierten Hohen Kommission über diese Angelegenheit wieder aufzunehmen.

Ich bitte daher um die Ermächtigung, mit Mr. George West, dem Sachbearbeiter im Amt des Amerikanischen Hohen Kommissars, der in diesem Monat den Vorsitz führt, in Verbindung zu treten und mit diesem einen Termin für eine Sitzung zu vereinbaren, an der deutscherseits außer mir ein Vertreter der Abteilung II des Auswärtigen Amts und Herr Dr. Klein als Beobachter Berlins teilnehmen sollten. Für die Stellungnahme der Bundesregierung schlage ich den als Anlage 4 beigefügten Entwurf[11] vor, der im wesentlichen mit dem Berliner Entwurf übereinstimmt.[12]

Hiermit dem Herrn Staatssekretär ergebenst vorgelegt.

gez. Mosler

VS-Bd. 5462 (Abteilung 5)

11 Dem Vorgang beigefügt. In dem Entwurf wurde angekündigt, der Senat von Berlin werde „auf Grund der ihm übertragenen Rechte und Vollmachten mit der Regierung der Bundesrepublik vereinbaren, daß das Land Berlin in die Verträge der Bundesrepublik einbezogen wird“. Im allgemeinen sollten „alle von der Bundesrepublik abgeschlossenen Verträge und Abkommen auf das Land Berlin erstreckt werden“. Vor diesem Hintergrund sei der im Aide-mémoire der Drei Mächte vom 2. Oktober 1951 vorgesehene Notenwechsel zwischen Senat und Bundesregierung für jeden einzelnen Vertrag überflüssig und könne fortfallen. Vgl. VS-Bd. 5462 (Abteilung 5); B 150, Aktenkopien 1952.

12 Am 21. Mai 1952 erklärte die Alliierte Kommandatura Berlin, daß sie „gegen die Einbeziehung Berlins in internationale Verträge und Verpflichtungen der Bundesrepublik unter folgenden Bedingungen keine Einwendungen erhebt: a) Die Regierung der Bundesrepublik Deutschland und der Senat von Berlin sind bereit, eine Vereinbarung mit dem Ziel zu treffen, daß 1) die Bundesrepublik – so weit wie möglich – Berlin in die internationalen Verpflichtungen der Bundesrepublik einbeziehen wird. 2) Nach Maßgabe der Befugnisse der Alliierten Kommandantur und der Verfassung von Berlin wird der Senat von Berlin die entsprechenden internationalen Verpflichtungen der Bundesrepublik in Berlin durchführen. 3) Der Name Berlin soll in dem Wortlaut solcher Verträge und Übereinkommen genannt werden. Sollte es aus irgendeinem Grunde nicht möglich sein, den Namen Berlin in den Wortlaut eines Vertrages einzufügen, so soll die Bundesrepublik entweder in der Urkunde, durch die sie dem Vertrag beitritt, oder in einer gesonderten Erklärung, die zur Zeit der Unterzeichnung des Vertrages ausgestellt wird, erklären, daß die Bestimmungen des Vertrages in Berlin angewendet werden. Bei Handels- und Zahlungsverträgen soll angenommen werden, daß Berlin als in den Vertrag einbezogen gilt, wenn der Vertrag die Angabe enthält, daß das Anwendungsgebiet des Vertrages das Währungsgebiet der DM-West ist. [...] 6) Die Bundesrepublik wird ermächtigt, Vertreter des Senats von Berlin zu internationalen Verhandlungen hinzuzuziehen. Der Senat von Berlin kann bei der Bundesrepublik beantragen, Vertreter Berlins an Verhandlungen teilnehmen zu lassen, wenn sich diese Verhandlungen auf den Abschluß eines Vertrages beziehen, in den Berlin eventuell einbezogen wird. b) Der Senat von Berlin verpflichtet sich, die Alliierte Kommandantur über internationale Verträge, in die Berlin einbezogen wird, möglichst vor der Unterzeichnung, spätestens jedoch sofort nach der Unterzeichnung durch die Bundesrepublik, zu unterrichten.“ Vgl. DOKUMENTE ZUR BERLIN-FRAGE, S. 175 f.
Für die Vereinbarung zwischen dem Senat von Berlin und der Bundesregierung vom 19. Dezember 1952 über die Einbeziehung Berlins in internationale Verträge und Verpflichtungen der Bundesrepublik vgl. DOKUMENTE ZUR BERLIN-FRAGE, S. 179–181.

50

Deutsch-schweizerische Wirtschaftsbesprechungen in Zürich

15. Februar 1952[1]

Von Schweizer Seite nahmen teil: Minister Hotz, Direktor der Handelsabteilung des Eidgenössischen Volkswirtschaftsdepartements Bern; Minister Zehnder, Direktor des Eidgenössischen Politischen Departements Bern; Dr. Probst, Vizedirektor der Handelsabteilung des Eidgenössischen Volkswirtschaftsdepartements Bern; Dr. Homberger, Delegierter des Vororts des Schweizerischen Handels- und Industrievereins in Zürich; Adjunkt Dr. Biber, Referent im Deutschland-Referat.

Von deutscher Seite waren anwesend: Hauptabteilungsleiter Dr. Albrecht, Bundesministerium für den Marshall-Plan; Dr. Schleiminger, Bundesministerium für den Marshall-Plan; Dr. Haas, Deutsches Generalkonsulat Zürich.

Herr Minister *Hotz* drückte in der Begrüßung seine Genugtuung darüber aus, mit den deutschen Herren die aktuellen Fragen über die Möglichkeiten einer Reform der Europäischen Zahlungsunion zu erörtern. Er wies einleitend auf die Hemmungen hin, die man von Schweizer Seite aus wirtschaftlichen, nicht aus politischen Gründen, beim Eintritt in die EZU[2] gehabt habe. Diese Hemmungen begründeten sich einmal auf die geringe Konsolidierung der übrigen europäischen Volkswirtschaften, zum anderen auf die Tatsache, daß die Clearingabrechnung der EZU nur die laufenden, nicht aber die Kapitaltransaktionen einbezieht. In der Gegenwart sehe sich die Schweiz veranlaßt, die Ausnutzung ihrer Gläubigerquote in der EZU sorgfältig zu überwachen, da eine großzügige Kreditgewährung von Schweizer Seite nicht als tragbar empfunden werde. Minister Hotz zitierte in diesem Zusammenhang eine Schweizer Pressestimme, die es als nicht zumutbar bezeichnete, daß der unzureichende Leistungswille der englischen Bergarbeiter und des französischen Landwirts durch Schweizer Kredite finanziert würde. Eine großzügige Kreditgewährung würde überdies die Gefahr einschließen, daß die EZU sich zu einem Inflationsinstitut entwikkeln würde. Herr Minister Hotz räumte aber ein, daß auch die Gläubiger an der letzten Entwicklung nicht ganz unschuldig seien. Eine Währungsstabilisierung der Schuldnerländer sei jedoch eine entscheidende Voraussetzung für die Multilateralität, andernfalls würden sich die guten Währungen gegen die schlechten Währungen zu verteidigen haben, was das Ende der Konvertibilität bedeuten würde.

Dr. Albrecht unterstrich die gemeinsame Auffassung, daß die EZU in jedem Falle nach Ablauf der zweijährigen Konvention am 30. Juni 1952[3] weiterge-

1 Die Gesprächsaufzeichnung wurde von Referent Haas, Zürich, und Referent Schleiminger, Bundesministerium für Angelegenheiten des Marshall-Planes, gefertigt.

2 Die Schweiz gehörte zu den 17 Gründungsmitgliedern, die das Abkommen über die Gründung einer Europäischen Zahlungsunion am 19. September 1950 unterzeichneten.

3 Artikel 36 des Abkommens über die Gründung einer Europäischen Zahlungsunion vom 19. September 1950 legte fest, daß das Abkommen nach dem 30. Juni 1952 außer Kraft trete, „wenn sich der Gesamtbetrag der Quoten der Vertragsparteien auf weniger als 50 v. H. der Summe der in Artikel 11 ursprünglich festgesetzten Quoten belaufen sollte". Vgl. BUNDESGESETZBLATT 1951, Teil II, S. 48.

führt werden müsse. Nach seiner Auffassung seien die gegenwärtigen Liquiditätsschwierigkeiten weniger eine Krise der EZU als eine Krise der Zahlungsbilanzen einzelner Mitgliedsländer. Die Erfahrungen des „deutschen Falles" wie auch die vernünftigen italienischen Maßnahmen zur Vermeidung einer extremen Gläubigerposition deuten darauf hin, daß eine Verstärkung des Einflusses des Direktoriums der EZU auf die nationale Wirtschaftspolitik der Mitgliedsländer eine Kardinalfrage für die Reform der EZU darstelle. Einer Verschärfung der Kreditbedingungen im Rahmen der Schuldnerquoten käme ebenfalls eine besondere Bedeutung zu, wenn auch dadurch die Gefahr einer früheren Anrufung des Artikels 3 der Konvention[4] heraufbeschworen werde.

Minister *Hotz* unterstrich nochmals die Forderung nach einer härteren Konzeption für die Wirtschaftspolitik der Schuldnerländer. Die gegenwärtige Entwicklung laufe auf eine Prämierung derjenigen Mitglieder hinaus, die die Konsequenzen ihrer Wirtschaftspolitik nicht begriffen hätten und unzureichende Maßnahmen zur Sanierung ihrer Zahlungsbilanzen unternehmen. Minister Hotz erklärte, daß er zur Einleitung der Besprechung den Schweizer Standpunkt bewußt so pointiert herausgestellt habe.

Dr. Homberger bezog sich auf die deutsche Studie über Notwendigkeiten und Möglichkeiten einer Reform der EZU und unterstrich seinerseits die weitgehende Gemeinsamkeit der deutschen und Schweizer Konzeption in dieser Frage. Er bezeichnete die Erhöhung der Dollarbasis der EZU als dringende Notwendigkeit und führte einen Teil der gegenwärtigen Schwierigkeiten der EZU darauf zurück, daß gerade die großen Schuldner zu zeitig die Notleine des Artikels 3 zögen, um Gold- bzw. Dollarverluste zu vermeiden. Ein Schweizer Vorschlag sähe daher eine frühere Goldzahlung innerhalb der Quotenausnutzung der Schuldner vor, habe jedoch in Kreisen der OEEC und der EZU eine frostige Aufnahme gefunden. Er sei sich im klaren darüber, daß ein größerer Druck auf die Schuldner zur Sanierung ihrer Zahlungsbilanz einen Anreiz zur Entliberalisierung zur Folge habe. Eine solche Entwicklung sei nach seiner Meinung jedoch gesünder als eine übermäßige Kreditgewährung der Gläubiger an die Union. Von Schweizer Seite werde in jedem Fall beabsichtigt, eine extreme Gläubigerposition zu vermeiden.

Dr. Albrecht regte an, die Möglichkeit einer Berücksichtigung auch des Zeitfaktors bei einer Verschärfung der Kreditbedingungen für Schuldner in Betracht zu ziehen, d.h. eine gewisse Rückzahlungspflicht der aufgelaufenen kurzfristigen Schulden gegenüber der EZU in das System einzubauen. Er machte auch darauf aufmerksam, daß diejenigen Länder, deren Partner ihnen großzügige private Kreditfazilitäten gewähren, begünstigt seien gegenüber anderen Ländern, die – wie z.B. Deutschland – noch auf keine Rembourskredite zurückgreifen können.

[4] Artikel 3 des Abkommens über die Gründung einer Europäischen Zahlungsunion vom 19. September 1950: „Zur Erfüllung des Zweckes der Union werden periodische Operationen [...] durchgeführt, wodurch die bilateralen Überschüsse und Defizite jeder Vertragspartei saldiert werden und ihr verbleibender Nettoüberschuß oder ihr verbleibendes Nettodefizit gegenüber allen anderen Vertragsparteien als Gesamtheit nach den Bestimmungen dieses Abkommens mit der Union abgerechnet wird." Vgl. BUNDESGESETZBLATT 1951, Teil II, S. 33.

Dr. Homberger stellte in der weiteren Aussprache auch die Fragen des langfristigen Kapitalaustausches zur Diskussion. Er berichtete, daß von Schweizer Seite kürzlich langfristige Anleihen an private Firmen in Belgisch-Kongo und Südafrika gewährt worden seien. Von Pariser Seite hätte man nunmehr den Wunsch geäußert, derartige Transaktionen im Wege des gebundenen Zahlungsverkehrs über die EZU zu leiten, um auf diese Weise deren Liquiditätslage zu entlasten. Dr. Homberger wies darauf hin, daß ein derartiges Entgegenkommen von Schweizer Seite nicht möglich sei, da die ausländischen Emittenten ausschließlich an konvertiblen Währungen und nicht an EZU-Verrechnungseinheiten interessiert seien. Eine Schleusung dieser Mittel über die EZU würde diesen Emittenten den Anreiz nehmen und sie veranlassen, ihre Anleihen in den USA aufzulegen. Er unterstrich jedoch, daß die Schweiz aus volkswirtschaftlichen Gründen, insbesondere im Hinblick auf ihre Überliquidität, anleihefreudig sei.

Dr. Albrecht führte hierzu aus, daß er ebenfalls nach Prüfung der letzten Entwicklung sich veranlaßt gesehen habe, seine ursprüngliche Auffassung hinsichtlich der Einbeziehung des langfristigen Kapitalausgleichs in die EZU aufzugeben. Zwar verdiene der langfristige Kapitalverkehr in jedem Falle die Förderung, seine Abwicklung müsse jedoch unabhängig und außerhalb der EZU erfolgen, da die Gläubiger ein verständliches Interesse hätten, ihre Anleihen nach eigenen Zielsetzungen und Wünschen zu gewähren.

Dr. Homberger nimmt als nächstes zur Frage der Wechselkursflexibilität Stellung und bezeichnet gewisse Vorschläge in der Schweizer Literatur als extrem und nicht repräsentativ für die offizielle Schweizer Haltung. Eine völlige Bewegungsfreiheit der Wechselkurse bedeute währungspolitische Anarchie und sei im Zusammenhang mit einer Reform der EZU indiskutabel. Dagegen seien Anpassungen von unrealistischen Wechselkursrelationen vermutlich auch in der Zukunft notwendig und gerechtfertigt. *Dr. Albrecht* ergänzte hierzu, daß auch das System der gebrochenen oder differenzierten Kurse unerwünscht sei. Die Schweizer Herren stimmen dieser Auffassung lebhaft zu.

Dr. Albrecht resümierte die Punkte, in denen die bisherige Aussprache eine Übereinstimmung der Auffassung gezeigt hat. Dies ist:

1) eine größere Einflußmöglichkeit des Direktoriums der EZU auf die nationale Wirtschaftspolitik der Regierungen der Mitgliedsländer im Sinne eines Ausgleichs der Zahlungsbilanzen dieser Länder;

2) eine Revision des Gold-Kreditanteils, insbesondere innerhalb der Schuldnerquoten im Sinne sowohl eines Vorziehens der Goldzahlung als auch einer zeitlichen Revision (Rückzahlungspflicht);

3) eine Konsolidierung alter Schulden zur Entlastung der Liquidität der EZU und der inneren finanziellen Stabilität der Gläubigerländer.

Zu dieser Frage wird von Schweizer Seite darauf aufmerksam gemacht, daß eine Konsolidierung an sich eine Durchbrechung des kumulativen Systems der EZU darstelle (Teilliquidierung) und daß dieses Verfahren durch die Verschuldung großer Länder, wie England und Frankreich, besonders kompliziert werde. Auch bestände die Gefahr, daß die Konsolidierung alter Schulden das unerwünschte Eingehen neuer Kreditverpflichtungen erleichtere. *Dr. Albrecht* erklärte, daß auch nach seiner Auffassung eine derartige Konsolidierung nur in Verbindung mit der oben erwähnten Verschärfung der Kreditbedingungen eventuell im Zusammenhang mit Amortisationsplänen zu verantworten sei. Einer solchen Kombination wurde von Schweizer Seite zugestimmt.

Dr. Homberger stellte die Frage, wie man sich deutscherseits die verstärkte Einflußnahme des EZU-Direktoriums vorstelle. *Dr. Albrecht* erläuterte die deutsche Auffassung dahingehend, daß man nicht an eine Emanzipierung des Direktoriums, sondern nur an die Formulierung von Empfehlungen denke, die dann der Ministerrat der OEEC an die Regierungen der betroffenen Länder auszusprechen hätte.

Die von der OEEC geplante Berufung eines neuen ständigen Handelsausschusses und seine Befassung insbesondere mit einer Stabilisierung der Liberalisierungspolitik wird nach Aussage von Dr. Homberger von Schweizer Seite begrüßt.

Dr. Homberger legte sehr großen Wert auf die Erklärung von Dr. Albrecht, daß die deutsche Bundesregierung eine Stärkung der OEEC befürworte. Von deutscher wie von Schweizer Seite sei man stärkstens daran interessiert, einer Schwerpunktverlagerung in der Behandlung europäischer Wirtschaftsfragen von der OEEC zur NATO oder anderen internationalen Organisationen vorzubeugen.

Unterabteilung 40, Bd. 153

51

Aufzeichnung des Legationsrats I. Klasse Böker, z.Z. London

MB 244/52 **17. Februar 1952**[1]

Am 17. Februar 1952 vormittags hatte ich weisungsgemäß eine längere Unterhaltung mit Herrn Nahum Goldmann in Gegenwart von Herrn Barou. Herr Goldmann und Herr Barou werden den Herrn Bundeskanzler heute nachmittag um vier Uhr aufsuchen.[2] Auf israelischer Seite stellt man sich den weiteren Verlauf der Dinge wie folgt vor:

1 Hat Vizekonsul Lahusen am 20. Februar 1952 vorgelegen, der handschriftlich die Weiterleitung an Referenten Frowein verfügte.
Hat Frowein am 21. Februar 1952 vorgelegen.

2 Am 18. Februar 1952 vermerkte Legationsrat I. Klasse Böker, z.Z. London, handschriftlich: „H[err] Goldmann u[nd] H[err] Barou sind am 17. Feb[ruar] nachmittags von dem H[errn] Bundeskanzler in Gegenwart des H[errn] StS u[nd] H[errn] Böhm empfangen worden. Es wurde vereinbart, daß H[err] Goldmann ein Kommuniqué über den Verhandlungsbeginn in Brüssel Mitte März herausgeben soll."
Dazu teilte der Vorsitzende der europäischen Sektion des World Jewish Congress, Barou, am 19. Februar 1952 dem israelischen Außenminister Sharett mit: „Our conversation with Alfred [Bundeskanzler Adenauer] lasted for an hour in a very pleasant and helpful atmosphere. Nahum handled the matter extremely well and during this conversation Alfred clearly confirmed that their delegation

1) Verhandlungsbeginn Mitte März in Brüssel.

2) Herausgabe zu einem möglichst frühen Zeitpunkt – vielleicht schon heute – eines kurzen Pressekommuniqués, wonach Herr Goldmann dem Herrn Bundeskanzler das Einverständnis der Regierung Israels zu den von dem Herrn Bundeskanzler vorgeschlagenen Verhandlungen mitgeteilt und der Herr Bundeskanzler zu einem Verhandlungsbeginn etwa Mitte März und zu Brüssel als Verhandlungsort zugestimmt habe.

3) Örtliche technische Vorbereitung für die Verhandlungen durch die Israelische und Deutsche Botschaft in Brüssel.

4) Sorgfältige ressortmäßige Vorbereitung der Verhandlungen auf deutscher Seite unter Hinzuziehung des Wirtschaftsministeriums, Finanzministeriums und der Bank deutscher Länder (eine erste Besprechung hat bereits stattgefunden[3], eine weitere Ressortbesprechung ist auf Ende der kommenden Woche angesagt[4]).

Herr Goldmann teilte mit, daß die jüdische Seite in Brüssel durch zwei Delegationen vertreten werde, und zwar eine für den Staat Israel, die andere für die „Conference on Jewish Claims“ (die in New York im Oktober 1951 gebildete Organisation jüdischer Verbände für eventuelle Verhandlungen mit Deutschland). Die beiden Delegationen werden jedoch aufs engste zusammenarbeiten und werden sich durch gemeinsame Experten so weit wie möglich zu integrieren versuchen. Der Staat Israel wird als Ausgangsbasis seiner Verhandlungen die runde Wiedergutmachungssumme von einer Milliarde Dollar, zahlbar in Waren über eine noch festzusetzende Zahl von Jahren, nehmen. Die Vertreter der „Conference on Jewish Claims“ werden bei den Verhandlungen folgende Wünsche vorbringen:

a) Verbesserung und Vereinheitlichung des individuellen Restitutions- und Wiedergutmachungsverfahrens innerhalb der Bundesrepublik.

b) Klärung des Eigentumsrechts an sogenanntem erbenlosen jüdischen Vermögen (Vermögen und Rechtsansprüche von Juden, die durch das Hitler-Regime vernichtet worden sind und keine rechtlichen Erben hinterlassen haben).

Da die Wünsche und Ansprüche der „Conference on Jewish Claims“ komplizierte Rechtsfragen involvieren, ist mit einer längeren Verhandlungsdauer zu rechnen als hinsichtlich der Ansprüche des Staates Israel. Nach Ansicht von Herrn Goldmann, der selbst die „Conference on Jewish Claims“ – und nicht den Staat

Fortsetzung Fußnote von Seite 152

will be ready to discuss and to handle the Israel claim, without waiting for legal and other discussions with the Conference. Alfred even made a joke that the lawyers of both parties would probably take a long time, and he did not see any reason why the Israel claim should not be dealt with straight away. He appreciated the fact that we put at their disposal the rough programme of deliveries and confirmed that all the operations should be handled only through his office via the Ministry of Foreign Affairs, and that he himself would deal with the Economic and Financial Ministries; he stressed that the negotiations would have his personal attention and the attention of his closest collaborators and he does not want them to get into the morass of the Financial or specialised Ministries. [...] My own impression of the talk is that Alfred not only has not lost interest in the subject but apparently continues to consider it something in which he is personally interested and for which he would like to take historical credit.“ Vgl. DOCUMENTS 1952, S. 87 f. Vgl. dazu ADENAUER, Erinnerungen 1953–1955, S. 139.

3 Zur Ressortbesprechung am 6. Februar 1952 vgl. Dok. 40.

4 Für die Ressortbesprechung am 21. Februar 1952 vgl. B 10 (Abteilung 2), Bd. 1676.

Israel – vertreten wird, würde es sich empfehlen, den Ansprüchen des Staates Israel absoluten Vorrang einzuräumen, weil durch eine befriedigende Lösung dieser Frage die Atmosphäre für eine Klärung der rechtlich komplizierteren, dem Umfange nach aber relativ unbedeutenden Ansprüche der „Conference on Jewish Claims" sehr verbessert würde.

Der Staat Israel wird als seine hauptsächlichsten Vertreter für die Brüsseler Verhandlungen zwei israelische Staatsbürger deutscher Herkunft, Herrn Josephthal und Herrn Shinnar (früher: Schneeball), benennen. Beide gehörten in Israel zu den entschiedenen Vertretern der gemäßigten Richtung. Herr Josephthal ist Kommissar für die Eingliederung jüdischer Emigranten in Israel. Herr Shinnar ist Leiter der Deutschland-Abteilung im israelischen Außenministerium. Im übrigen werde die israelische Delegation aus etwa fünf bis sechs weiteren Experten (meist Wirtschaftssachverständigen) bestehen.

Das Gerücht, daß Professor Franz Böhm (Universität Frankfurt) Leiter der deutschen Delegation werden solle, habe in jüdischen Kreisen freudige Zustimmung ausgelöst. Herr Goldmann würde es außerdem für sehr gut halten, wenn der deutschen Delegation wenigstens nominell auch Vertreter der wichtigsten Parteien des Bundestags beigegeben würden, damit die parlamentarische Zustimmung zu dem vorgesehenen Wiedergutmachungsabkommen erleichtert werde.

Alexander Böker

VS-Bd. 1 (Büro Staatssekretär)

52

Außenministerkonferenz in London

18. Februar 1952

Beginn: 10.15 Uhr, Ende 12.00 Uhr.[1]

Anwesenheitsliste siehe Anlage[2]

Außenminister *Eden* gibt eingangs seiner Freude über die Anwesenheit des Herrn Bundeskanzlers Ausdruck. Er bittet den Herrn Bundeskanzler, einige allgemeine Bemerkungen über das Stadium der Arbeiten zu machen. Der Herr *Bundeskanzler* beschränkt sich darauf zu sagen, er freue sich, daß man so weit gekommen sei, und hoffe, daß die Arbeit bald beendet sei.

Herr *Eden* schlägt daraufhin vor, die Punkte der Tagesordnung in derselben Reihenfolge zu behandeln, wie sie gestern in der Dreimächtebesprechung behandelt worden seien.[3] Danach komme zunächst die Frage der Kriegsverbrecher an die Reihe. Zu diesem Thema seien gestern dem Herrn Bundeskanzler einige Vorschläge überreicht worden[4], zu denen er sich jetzt vielleicht äußern wolle.

1 Zur Außenministerkonferenz vom 18./19. Februar 1952 in London vgl. auch ADENAUER, Erinnerungen 1945–1953, S. 524–527.
Zur Vormittagssitzung am 18. Februar 1952 vgl. auch FRUS 1952–1954, V/1, S. 59–64.

2 Dem Vorgang beigefügt. An der Sitzung nahmen u. a. teil für die Bundesrepublik: Bundeskanzler Adenauer, Staatssekretär Hallstein, Ministerialdirigent Herwarth von Bittenfeld, Generalkonsul I. Klasse Schlange-Schöningen, Legationsrat I. Klasse Böker, Legationsrat Limbourg, Dolmetscher Weber; für Frankreich: Außenminister Schuman, Generalsekretär Parodi, der stellvertretende Abteilungsleiter Jacquin de Margerie, Abteilungsleiter François Seydoux de Clausonne, Referatsleiter Sauvagnargues, Botschafter Alphand, der Hohe Kommissar François-Poncet, der Politische Berater im Hochkommissariat de Guiringaud; für Großbritannien: Außenminister Eden, Staatssekretär Strang, Abteilungsleiter Allen, Unterstaatssekretär Roberts, der Hohe Kommissar Kirkpatrick, der Politische Berater im Hochkommissariat O'Neill; für die USA: Außenminister Acheson, Staatssekretär Bruce, Abteilungsleiter Byroade, Abteilungsleiter Perkins, Botschafter Gifford, der Hohe Kommissar McCloy, der Politische Berater im Hochkommissariat Reber. Vgl. dazu B 10 (Abteilung 2), Bd. 1042.

3 In der Besprechung der Außenminister Acheson (USA), Eden (Großbritannien) und Schuman (Frankreich) am 17. Februar 1952 wurden folgende Themen behandelt: Kriegsverbrecher, finanzieller Verteidigungsbeitrag der Bundesrepublik, Rüstungsbeschränkungen der Bundesrepublik, Beziehungen zwischen EVG und NATO, Beistandsgarantie Großbritanniens und der USA für die EVG, Dekartellisierung und Saarfrage. Vgl. dazu FRUS 1952–1954, V/1, S. 55–58.

4 Am 17. Februar 1952 legten die Drei Mächte den Entwurf für einen Artikel des Überleitungsvertrages zur Behandlung von Kriegsverbrechern vor: „1) Die Drei Mächte werden zum Zeitpunkt des Inkrafttretens dieses Vertrags den Gewahrsam über Personen, die von einem Gericht einer alliierten Macht wegen Verbrechen gegen die Menschlichkeit und wegen während des Krieges begangener Verbrechen, gewöhnlich als ‚Kriegsverbrechen' bezeichnet, abgeurteilt worden sind und von ihnen zu diesem Zeitpunkt in Gefängnissen der Bundesrepublik festgehalten werden, auf die Bundesrepublik übertragen. Die Bundesrepublik wird den Gewahrsam über diese Personen übernehmen und die zu diesem Zeitpunkt geltende oder hiernach auf Grund der Ausübung des Begnadigungsrechts gemäß den im folgenden festgelegten Bestimmungen abgeänderte Strafe vollstrecken. 2) Hiermit wird ein Beratender Begnadigungsausschuß (Advisory Clemency Board) [...] errichtet, der aus sechs Mitgliedern besteht; drei Mitglieder werden von der Bundesrepublik und je ein Mitglied von den Drei Mächten ernannt. [...] 3) Das Recht der Begnadigung und Strafminderung für die in Absatz 1 genannten Personen wird von der Macht ausgeübt, welche die Strafe verhängt hat. Das Recht darf erst ausgeübt werden, wenn der Ausschuß zuvor eine Empfehlung erlassen hat. Eine einstimmige Empfehlung des Ausschusses ist für die Macht, welche die Strafe verhängt hat, bindend. [...] 4) Die Bundesregierung wird die in Absatz 1 genannten Personen unter denselben Bedingungen in

Bundeskanzler: Ich habe in dieser Hinsicht zunächst einige Wünsche, die nicht von materieller, aber von psychologischer Bedeutung sind. Ich möchte vorausschicken, daß niemand in Deutschland eine ungerechtfertigte Gnade für wirkliche Verbrecher wünscht. Es befinden sich unter den sogenannten Kriegsverbrechern eine Anzahl Leute, die schon nach dem deutschen Strafregister Vorstrafen hatten, und es wäre wünschenswert, wenn die öffentliche Meinung durch entsprechende Veröffentlichung über diese Vorstrafen darüber aufgeklärt würde, daß es sich hier um wirkliche Verbrecher handelt.

Eden: Ich kann hierin nur einen Vorteil sehen.

Schuman: Dies könnte Sache des vorgeschlagenen Konsultativkomitees sein. Dieses möge die einzelnen Fälle untersuchen und dann entsprechende Veröffentlichungen vornehmen, wenn in dem einen oder anderen Falle eine Begnadigung verweigert wird.

Bundeskanzler: Ich glaube, ich bin mißverstanden worden. Es sollte von vornherein gesagt und durch Beweise belegt werden, daß es unter den Kriegsverbrechern einige gibt, die Vorstrafen haben. Im übrigen kann diese Frage in Bonn erledigt werden.

Ich möchte aber einige Vorschläge zu dem gestrigen Entwurf machen. Nach meiner Ansicht sollte Punkt 2 Punkt 1 werden, und Punkt 3 würde dann Punkt 2. Die Ziffern 1–4 könnten vereinigt werden.

Ich verstehe, daß die Westmächte kein gerichtliches Revisionsverfahren zugestehen können. Das Wort „Gnade“ bedeutet aber in Deutschland implicite eine Anerkennung des Urteils; ich würde es daher begrüßen, wenn ein neutraleres Wort gefunden werden könnte. Man könnte zum Beispiel statt „Begnadigung“ „Straferlaß“ sagen.

Ich möchte auch noch einige Fragen stellen. In dem Entwurf sind nur Verbrechen gegen die Menschlichkeit und Kriegsverbrechen aufgeführt. Wir haben aber auch noch Verbrechen gegen den Frieden und Verbrechen aus der ersten Besatzungszeit sowie die Frage der in Frankreich Inhaftierten. Nein, ich muß mich berichtigen, es ist heute früh aus Bonn berichtet worden, daß die drei wegen Verbrechen gegen den Frieden Verurteilten inzwischen freigelassen worden sind. Wir können also diesen Punkt streichen.

Eden: Ich weiß nicht, was meine Kollegen über das Wort „Gnade“ denken. Es stammt aus dem juristischen Vokabular, und die Juristen müssen prüfen, ob ein Ersatz möglich ist. Vielleicht könnte man aber das Wort überhaupt vermeiden. Man könnte zum Beispiel von einem „Advisory Board“ sprechen.

Schuman: Man könnte von „Straferlaß“ und „Strafmilderung“ sprechen.

Eden: Es wären dann kleine Textänderungen im Paragraphen 6 notwendig, aber die brauchen wir hier nicht zu besprechen.

Fortsetzung Fußnote von Seite 155

Haft halten, die für ihre Festhaltung zum Zeitpunkt des Inkrafttretens dieses Vertrags maßgebend sind. Diese Bedingungen können nur im Einklang mit Beschlüssen des Ausschusses geändert werden. [...] 5) Der Ausschuß handelt auf Grund von Mehrheitsbeschlüssen seiner sechs Mitglieder. 6) Der Ausdruck ‚Begnadigung‘ bedeutet Beendigung und Minderung der Strafe sowie Entlassung auf Ehrenwort. 7) Der Ausschuß hat ausschließliche Vollmacht, Fragen der Strafunterbrechung aus Gnaden- oder anderen Gründen ohne Verweisung an die Regierungen nach Maßgabe der Verfahrensordnung, die er sich gibt, zu entscheiden.“ Vgl. B 10 (Abteilung 2), Bd. 1042.

Bundeskanzler: Und wie steht es mit der Umstellung der Paragraphen?

Eden: Ich stimme Ihrem Vorschlag zu.

Acheson: Ich bin auch ganz einverstanden.

Schuman: Ich möchte etwas sagen wegen der Personen, die in Frankreich inhaftiert oder verurteilt sind. Die gestern überreichten Vorschläge betreffen nur Personen, die in Deutschland inhaftiert sind. Soweit Personen in Frankreich inhaftiert sind, haben sie dort ihre Strafe verwirkt. Sie können also nicht in die hier vorgesehene Regelung einbezogen werden. Meine Regierung ist aber bereit, diese Fälle zu überprüfen und in zweiseitige Verhandlungen mit der Bundesregierung einzutreten.

Bundeskanzler: In Frankreich befinden sich in Haft 345 Deutsche, in Wittlich 152 Deutsche. Der Unterschied zwischen den drei Westmächten ist der, daß die Vereinigten Staaten und Großbritannien alle Urteile in Deutschland gefällt und vollstreckt haben, so daß alle Verurteilten unter das Abkommen fallen. Frankreich hat jedoch Leute verurteilt, die danach nicht unter das Abkommen fallen würden. Diese Frage muß man nicht unter streng juristischen, sondern unter psychologischen Gesichtspunkten sehen. Es ist daher wichtig, daß gleich bekanntgegeben wird, daß hier eine zweiseitige Regelung erfolgen wird.

Schuman: Ich möchte doch feststellen, daß der Unterschied daher rührt, daß Frankreich vier Jahre lang von einem gewissen Regime besetzt war. Die Zahl der noch in Frankreich Inhaftierten ist übrigens nur 311. Diese geringe Zahl beweist, daß wir in der Anlegung der Maßstäbe sehr fair waren. Außerdem gibt es in den Beneluxländern auch noch deutsche Kriegsverbrecher. Diese müssen alle eine gleiche Behandlung erfahren. Ich wiederhole, wir sind zu zweiseitigen Verhandlungen bereit, um die Vergangenheit vergessen zu machen und eine neue Zukunft zu bauen. Aber ich meine, daß diese Frage nicht für ein multilaterales Abkommen geeignet ist. Das würde eine Einmischung in die französische Rechtsprechung darstellen. Ich muß in dieser Frage auch nicht nur meine Regierung, sondern auch das Parlament befragen. Gerade jetzt ist es nötiger denn je, daß wir parlamentarische Debatten über solche Themen vermeiden.

Ich glaube tatsächlich, daß diese Frage außerhalb unseres Verhandlungsthemas liegt. Der Vorschlag zweiseitiger Verhandlungen scheint mir ein guter Weg zu sein.

Bundeskanzler: Ich lege aber großen Wert darauf, daß diese zweiseitigen Verhandlungen gleichzeitig mit der anderen Regelung angekündigt werden.

Schuman: Diese Ankündigung sollte aber durch die Bundesregierung erfolgen.

Eden: Ja, sicher nicht durch uns.

Besteht also Einverständnis? – Ja. Wir werden also den Text entsprechend ändern und eine neue Fassung in der nächsten Sitzung[5] vorlegen. Gibt es nun noch weitere Punkte?

Acheson: Sollte die Entscheidung über die Veröffentlichung der Vorstrafen gewisser Gefangener den Hohen Kommissaren und dem Herrn Bundeskanzler in Bonn überlassen bleiben?

5 Für die Nachmittagssitzung der Außenminister Acheson (USA), Adenauer, Eden (Großbritannien) und Schuman (Frankreich) am 18. Februar 1952 vgl. Dok. 53.

Eden: Die Hohen Kommissare und der Herr Bundeskanzler könnten gemeinsam untersuchen, was da zu machen ist. Wir können damit dieses Thema abschließen.

Sollen wir uns nun den Finanzfragen zuwenden? (Allgemeines Schmunzeln und Lachen) Das scheint als Witz aufgefaßt zu werden. Der Herr Bundeskanzler scheint sich zu freuen.

Der Herr Bundeskanzler hat gestern den Bericht der Drei Weisen erhalten. Er ist auf Grund derselben Methode zusammengestellt worden wie die Berichte über andere Staaten der westlichen Gemeinschaft. Nach diesem Bericht soll die Bundesrepublik einen Beitrag von 11,25 Milliarden DM für die EVG und für die nicht der EVG angehörigen Verteidigungstruppen in Deutschland aufbringen.[6] Wir hoffen, daß der Herr Bundeskanzler diese Zahl akzeptiert. Aber vielleicht will er hierzu einige Bemerkungen machen.

Bundeskanzler: Ich habe den Bericht mit sehr großem Interesse gelesen, und er enthält viel Gutes. Ich kann aber heute keine Entscheidung treffen. Meine Sachverständigen sitzen in Bonn, und es wäre nicht richtig, wenn ich hier eine Antwort gäbe, ohne sie befragt zu haben. Ich hoffe aber, daß der Bericht eine Einigung möglich machen wird.

Eden: Der Bericht wirft drei Fragen auf:

1) die Höhe des deutschen Beitrags für 1952/53,

2) die Modalitäten für die Festsetzung künftiger Beiträge,

3) die Finanzierung der nicht der EVG angehörigen Verteidigungstruppen in Deutschland.

Könnten wir nicht vielleicht in einem der anderen Punkte Fortschritte machen, während der Herr Bundeskanzler die Zahlen in Bonn prüfen läßt?

Bundeskanzler: Ich habe die Übersetzung des Berichtes erst gestern abend spät bekommen. Ich glaube daher nicht, daß eine Besprechung jetzt möglich ist. Eine Verzögerung wird dadurch auch nicht eintreten, da in Bonn sofort weiterverhandelt werden kann. Außerdem finden ja auch EVG-Verhandlungen statt. Ich glaube nicht, daß die Frage der Verteilung des deutschen Globalbeitrages zwischen EVG und nicht der EVG angehörigen Sicherheitstruppen über den Kopf der EVG hinweg verhandelt werden kann.

Acheson: Die Frage des finanziellen Verteidigungsbeitrags ist von entscheidender lebenswichtiger Bedeutung und sollte soweit als möglich entschieden werden, sobald der Herr Bundeskanzler seine Sachverständigen befragt hat. In Lissabon[7] wird man sich über alle anderen wesentlichen Fragen der EVG bereits einig sein. Ich hoffe daher sehr, daß auch über diese Frage noch eine Einigung erzielt werden kann, solange ich in Europa bin. Sonst wäre das von großem Nachteil für uns alle. Diese Fragen hängen alle eng miteinander zusam-

[6] In ihrem Bericht vom 16. Februar 1952 führten die Drei Weisen aus, daß „der mit den Beiträgen der hauptsächlichen Mitgliedstaaten der NATO vergleichbare von der Bundesrepublik im Rahmen ihrer finanziellen und wirtschaftlichen Leistungsfähigkeit für das am 1.7. beginnende Rechnungsjahr 1952/53 zu leistende Gesamtverteidigungsbeitrag 11,25 Milliarden DM zu Preisen von Oktober 1951 beträgt". Vgl. BULLETIN 1952, S. 208.

[7] Zur NATO-Ministerratstagung vom 20. bis 25. Februar 1952 vgl. Dok. 62.

men, und wir können keinen Fortschritt in den Verhandlungen mit Deutschland machen, wenn dieser Punkt nicht auch geklärt wird.

Bundeskanzler: Wie lange wird die Konferenz in Lissabon dauern?

Acheson: Wahrscheinlich bis Mittwoch in einer Woche[8].

Bundeskanzler: Bis dahin kann die Sache auch in Bonn entschieden sein.

Eden: Das wäre eine große Erleichterung für alle, die unsere Ansichten teilen und eine große Beunruhigung für die, die sie nicht teilen.

Schuman: Wir müssen aber schon vor Ende der Lissaboner Konferenz wissen, was die Entscheidung Bonns ist, denn wir müssen auf Grund dieser Entscheidung selbst in Lissabon Entschlüsse fassen.

Bundeskanzler: Ich verstehe durchaus, daß es keinen Zweck hat, wenn unsere Entscheidung erst eintrifft, wenn Sie schon ihre Koffer gepackt haben. Sie sollen unsere Antwort vorher bekommen.

Eden: Wir sollten also möglichst Ende dieser Woche die Entscheidung aus Bonn haben.

Bundeskanzler: Ich denke, das ist möglich.

Eden: Jetzt werden wir dem Herrn Bundeskanzler ein Dokument geben, in dem die Ideen unserer gestrigen Besprechung niedergelegt sind.

Bundeskanzler: Die Sache wäre für uns leichter, wenn wir nach Lissabon nur unseren Globalbeitrag, nicht aber die Verteilung unter die EVG-Staaten und die nicht der EVG angehörigen Staaten mitteilen müßten.

Schuman: Es ist schwierig, diese Fragen zu trennen. Das Problem hat drei verschiedene Aspekte: 1) die EVG, d.h. die sechs Mitgliedstaaten, 2) die NATO, 3) Großbritannien und die Vereinigten Staaten. Es scheint mir möglich, die Punkte 1 und 3 auch außerhalb Lissabons zu besprechen, aber da alle drei Punkte zusammenhängen, ist es schwierig, wenn wir sie jetzt hier nicht vollständig beraten.

Bundeskanzler: Lissabon hat doch nur ein Interesse: den Gesamt-Beitrag der Bundesregierung zu kennen. Ich fürchte, daß die Zeit zu kurz ist, um alle Fragen bis Ende der Woche zu beantworten.

Eden: Hier scheint eine mechanische Schwierigkeit zu liegen: Wir werden in Lissabon sein, während die Frage der Aufteilung des deutschen Beitrages zwischen Bonn und Paris diskutiert werden muß. Wäre es nicht möglich, einen Vertreter der EVG schon diese Woche in Bonn zu Besprechungen zu haben?

Schuman: Die EVG besteht ja noch gar nicht.

Bundeskanzler: Das spricht ja gerade für meine These: Wenn die EVG noch gar nicht besteht, ist es doch sicher genug, wenn wir den Globalbeitrag festlegen. Natürlich wäre es mir sehr recht, wenn Botschafter Alphand nach Bonn kommen könnte, aber er wird ja wohl in Lissabon unabkömmlich sein.

Schuman: Es stimmt, daß die Erklärung der Drei Weisen sich nur auf den Globalbeitrag bezieht. Es stehen aber noch andere Punkte auf unserer Tagesord-

[8] 27. Februar 1952.

nung. Wir müssen alle Mitglieder in Lissabon über die EVG-Finanzierung informieren.

Acheson: Wir müssen das große Ziel besser im Auge behalten. Vielleicht kommen wir dann einer Einigung näher. Es genügt nicht, wenn wir am Ende unserer Konferenz auseinandergehen und sagen: „Wir haben wieder einmal Fortschritte gemacht"; wir müssen tatsächlich etwas erreichen; wir müssen sagen können: „Wir haben die Deutschland betreffenden Fragen einer endgültigen Lösung zugeführt." Dann hätte die westliche Welt eine wirklich neue Etappe erreicht. Daher müssen wir heute hier besondere Anstrengungen machen. Die Hauptsache ist der Gesamtbeitrag, aber die Frage der Verteilung ist auch wichtig. Wir sollten uns nicht auf den Standpunkt stellen, daß wir das eine tun und das andere lassen werden, sondern wir sollten sagen: „Wir wollen versuchen, alle Fragen sobald wie möglich zu regeln."

Bundeskanzler: Ich erkenne an, was Herr Acheson gesagt hat, und habe auch den Wunsch, diese Fragen so bald wie möglich zu erledigen. Ich schlage daher vor, daß wir prinzipiell die Festsetzung des Globalbeitrages voranstellen und hierüber eine möglichst sofortige Einigung erzielen. Die Frage der Verteilung wollen wir auch sofort in Angriff nehmen, um sie wenigstens im Prinzip zu klären. Aber das ist ja eine Frage zwischen der EVG einerseits und den Vereinigten Staaten und Großbritannien andererseits.

Schuman: Ich bin damit einverstanden, daß der Globalbeitrag Vorrang hat. Es liegt aber ein Mißverständnis vor, wenn der Herr Bundeskanzler meint, daß die Verteilung nur die EVG und die Vereinigten Staaten und Großbritannien angeht. Die Frage der Verteilung des deutschen Beitrages ist auch ein Drei-Mächte-Anliegen, und daher ist Deutschland auch unabhängig von seiner Mitgliedschaft in der EVG damit befaßt. Es liegt mir daran, dieses Mißverständnis aufzuklären.

Eden: Ich glaube, wir haben jetzt Einvernehmen darüber erzielt, daß der Globalbeitrag bis Ende der Woche in Bonn entschieden werden soll und daß außerdem in Bonn angestrebt wird, die Verteilung wenigstens im Prinzip zu klären.

Ich möchte jetzt mit meinen Kollegen beraten, welche weiteren Punkte der Tagesordnung behandelt werden sollen. Es steht noch aus die Frage der Sicherheitskontrollen und die Beziehungen zwischen EVG und NATO. Ich habe eine Kabinettsitzung um zwölf Uhr und muß deshalb die jetzige Sitzung vertagen. Ich glaube, wir sollten der Presse ein kurzes Kommuniqué herausgeben.

Ein kurzes Presse-Kommuniqué wird redigiert und die Sitzung um 12.15 Uhr vertagt.

B 10 (Abteilung 2), Bd. 1042

53

Außenministerkonferenz in London

18. Februar 1952

Beginn: 16 Uhr, Ende: 20.00 Uhr.[1]

Anwesend: dieselben Delegationsmitglieder wie am Vormittag[2] unter Hinzuziehung einiger zusätzlicher Berater.

Die Sitzung wird von Außenminister *Eden* eröffnet. Es wird mit der Beratung des Berichts der Drei Weisen fortgefahren.

Eden: Wir müssen jetzt zu einer Entscheidung kommen, ob der TCC-Bericht veröffentlicht werden soll. Mir scheint es besser zu sein, ihn zu veröffentlichen, da sonst nur falsche Gerüchte aufkommen. Ist der Herr Bundeskanzler auch meiner Meinung?

Sie stimmen alle zu – gut.

Als nächsten Punkt müssen wir das Verhältnis der EVG zur NATO beraten. Ein schriftlicher Vorschlag hierfür liegt bereits vor.[3] Wir hoffen, daß der Herr Bundeskanzler ihn zufriedenstellend finden wird. Der wesentliche Inhalt unseres Vorschlags ist der, daß wir gemeinsame Besprechungen und Sitzungen der EVG und der NATO abhalten werden, wenn irgendeine der beteiligten Parteien dies aus dem Grunde wünscht, daß sie die Unverletzlichkeit ihres Gebietes, ihrer Sicherheit etc. tangiert sieht.

Bundeskanzler: Entscheidet hierüber eine Mehrheit des Rates?

Schuman: Nein, wenn ein Staat es verlangt, wird die gemeinsame Sitzung stattfinden.

Acheson: Wir könnten diesen Punkt klarer machen, indem wir in unserem Text sagen: „upon such a request a joint meeting will be held".

Außenminister *Schuman* entwirft diesen Paragraphen im Sinne des Vorschlags von Acheson neu und bedient sich dabei der englischen Sprache.

Eden: Sie entwerfen auf englisch viel besser als ich.

Bundeskanzler: Es bleibt noch eine Frage zu klären, die aber keine Schwierigkeiten machen wird; nämlich die, ob zwischen den zivilen und militärischen Diensten der beiden Organisationen eine enge Verbindung bestehen wird.

Schuman: Ich habe hier den Entwurf des EVG-Vertrages, der aller Wahrscheinlichkeit nach angenommen werden wird. Danach ist die Anwesenheit von Offizieren der EVG in den Stäben der NATO vorgesehen.[4]

1 Zur Nachmittagssitzung der Außenminister am 18. Februar 1952 vgl. auch FRUS 1952–1954, V/I, S. 66–71.

2 Vgl. dazu Dok. 52, Anm. 2.

3 Für den Wortlaut des amerikanischen Vorschlags vom 18. Februar 1952 vgl. B 10 (Abteilung 2), Bd. 1042.

4 Vgl. dazu Artikel A 2 des Entwurfs des Militärausschusses der EVG-Konferenz vom 7. Dezember 1951 für die allgemeine Organisation und Aufstellung der europäischen Verteidigungsstreitkräfte im Frieden; B 14 (Sekretariat Pleven-Plan), Bd. 73.

Bundeskanzler: Könnten wir den Text hier haben?

Schuman: Die EVG-Konferenz hat den Text entworfen, aber noch nicht angenommen. Wir haben hier keine Entscheidungen über den Text zu treffen, sondern wollen ihn nur zur Erläuterung unserer Absichten zuziehen.

Eden: Es scheint festzustehen, daß der Oberkommandierende Offiziere der EVG in seinem Stabe haben wird.

Acheson: Die Schwierigkeit ist wohl mehr technischer als tatsächlicher Natur. Wir sind mit dem Bundeskanzler ganz einig in dem Prinzip, daß Zivilbeamte und Offiziere der EVG den NATO-Organisationen attachiert werden sollen. Ohne den Text dieser Bestimmung hier formell anzunehmen, können wir uns im Prinzip auf ihn einigen und dann dafür Sorge tragen, daß er von der EVG und der NATO angenommen wird. Selbstverständlich muß der endgültige Text von dem Bundeskanzler wie von den anderen Regierungen gebilligt werden.

Bundeskanzler: Damit bin ich einverstanden.

Eden: Mir liegt jetzt der neue Text über Kriegsverbrecher vor.[5] Haben wir hierzu noch etwas zu sagen?

Bundeskanzler: Ich sehe hier eine sehr scharfe Formulierung, die ich gern ersetzt haben möchte. Ich möchte gern sagen: „Die Aufgabe dieses Ausschusses wird es sein, unbeschadet der Rechtskraft der Urteile Vorschläge usw. zu machen."

Eden: (Zu sich selbst und seinen Mitarbeitern: „What a terrible sentence.")
Laut: Sind meine Kollegen damit einverstanden?

François-Poncet: Wie würde es nochmals auf deutsch heißen?

Hallstein: „Unbeschadet der Rechtskraft der Urteile."

Eden: Nein, ich glaube, so geht es nicht.

Bundeskanzler: Mein Vorschlag ist inhaltlich derselbe wie der Entwurf; ich will die Sache nur in einem Nebensatz statt in einem Hauptsatz unterbringen, um das Augenmerk nicht so darauf zu lenken.

Schuman: Es ist aber ein Unterschied zwischen „validité" und „Rechtskraft". „Rechtskraft" bezieht sich auf die Form, „validité" auf die Substanz.

Bundeskanzler: Rechtskraft bedeutet sowohl formelle wie materielle Kraft, d.h. Gültigkeit.

Schuman: Diese Diskussion erinnert mich an meine Jugend. Ich habe nichts gegen den Gebrauch des Wortes Rechtskraft, sofern wir uns nur darüber klar sind, daß es auf englisch „validity" heißen soll.

5 Am 18. Februar 1952 legten die Drei Mächte den überarbeiteten Entwurf für einen Artikel des Überleitungsvertrages über die Behandlung von Kriegsverbrechern vor. Absatz 1 lautete: „Hiermit wird ein Gemischter Ausschuß errichtet [...]. Die Aufgabe dieses Ausschusses wird es sein, Empfehlungen für eine Aufhebung oder Herabsetzung der Strafe oder bedingte Strafaussetzung in Bezug auf solche Personen zu geben, die durch ein Gericht einer alliierten Macht wegen Verbrechens gegen die Menschlichkeit oder gegen die Gesetze und Gebräuche des Krieges oder wegen eines im Kriege begangenen Verbrechens – gemeinhin als Kriegsverbrechen bezeichnet – verurteilt worden sind und die von den Drei Mächten im Zeitpunkt des Inkrafttretens dieses Abkommens in Haftanstalten der Bundesrepublik verwahrt sind. Der Ausschuß wird alle in Betracht kommenden Umstände berücksichtigen, ohne dabei die Rechtskraft der Verurteilung in Frage zu stellen." Vgl. B 10 (Abteilung 2), Bd. 1042.

Eden: Wir sind uns also darüber einig, daß es auf englisch „validity" heißt und daß Sie auf deutsch sagen können, was Sie wollen.

Wir kommen jetzt zu dem schwierigsten Punkt, zu den Sicherungskontrollen. Wir haben vor uns den Entwurf einer Erklärung, die von deutscher Seite abgegeben werden soll.[6] – Es tritt eine lange Pause ein, während der der Herr Bundeskanzler und Herr Staatssekretär Hallstein den Text studieren.

Bundeskanzler: Es scheint, als sei dies der Entwurf einer Erklärung, die die Bundesregierung abgeben soll. Ich finde, die Erklärung geht ein bißchen weit. Wir sollen dreimal als Beweis unserer guten Absichten das und das und das versprechen. Ich bin mit dem Inhalt im großen und ganzen einverstanden; das ist ja auch alles schon im EVG-Vertrag enthalten. Bitte mißverstehen Sie mich aber nicht, wenn ich sage, das ist ein seltsamer Partner, der bei Eintritt in die Partnerschaft dreimal erklären soll, daß er ein anständiger Kerl ist und nur anständige Absichten hat. Um Ihnen zu zeigen, wie peinlich diese Erklärung für uns ist, möchte ich Ihnen einmal ein paar Stellen daraus vorlesen (der Herr Bundeskanzler liest die drei Stellen, die auf unsere friedlichen Absichten Bezug haben). Ich weiß wirklich nicht, warum wir den streng friedlichen Charakter hier noch einmal betonen sollen. Es muß sich doch jeder darüber klar sein, daß Erklärungen und Abkommen nichts bedeuten, wenn der gute Wille fehlt. Wenn man aber von einem Partner immer wieder verlangt, er müsse seinen guten Willen beweisen, das macht einen sehr schlechten Eindruck. Ich war gerade bei Herrn Churchill[7], und der hat mir in einem ganz anderen Zusammenhang ein sehr wahres Wort gesagt: „Großzügigkeit erzeugt Vertrauen". In dem Vertrag über die EVG steht, daß kein Mitglied eine eigene Verteidigungsmacht aufbauen oder irgendwelche Waffen produzieren darf, wenn es das Kommissariat nicht anordnet.[8] Alles, was hier von der Bundesregierung verlangt wird, ist in dem Vertrag über die EVG bereits enthalten. Die Vereinigten Staaten und England könnten natürlich sagen, daß das, was Deutschland im EVG-Vertrag verspricht, ihnen gegenüber keine Wirksamkeit hat. Man könnte mir auch von seiten der

6 Der Entwurf der Drei Mächte vom 16. Februar 1952 sah vor, daß sich die Bundesregierung im Rahmen der Unterzeichnung des Generalvertrages und des EVG-Vertrages zum friedlichen Charakter ihres Verteidigungsbeitrages bekennen und auf die Herstellung von ABC-Waffen, Langstrecken- und Lenkraketen, zivilen und militärischen Flugzeugen, Kriegsschiffen mit Ausnahme kleinerer Verteidigungseinheiten sowie Treibpulver und Kanonenrohren über 105 mm verzichten sollte. Ferner sollte sie erklären, daß sich der Aufbau von Polizeikräften auf das für die Aufrechterhaltung der inneren Ordnung notwendige Mindestmaß beschränken werde. Für den Wortlaut vgl. FRUS 1952–1954, V/1, S. 100f.

7 Bundeskanzler Adenauer traf am 18. Februar 1952 zu einem Gespräch mit Premierminister Churchill zusammen.

8 In Artikel 6 (Fassung vom 22. Dezember 1951) des Entwurfs für den EVG-Vertrag war der Grundsatz festgelegt, daß kein Mitgliedstaat über die Kontingente für die EVG hinaus nationale Streitkräfte unterhalten dürfe. Für den Wortlaut vgl. B 14 (Sekretariat Pleven-Plan), Bd. 48.
Gemäß Artikel 16 G (Fassung vom 17. Januar 1952) des Entwurfs für den EVG-Vertrag sollte eine Hohe Behörde „die Programme für Bewaffnung, Ausrüstung und laufende Versorgung der europäischen Verteidigungsstreitkräfte" vorbereiten und durchführen. Vgl. B 14 (Sekretariat Pleven-Plan), Bd. 48.
Artikel A 7 (Fassung vom 5. Februar 1952) des Entwurfs für den EVG-Vertrag legte fest, daß das Kommissariat nach Zustimmung des Rates mit Zweidrittelmehrheit Genehmigungen erteilen sollte für die „Erzeugung von Rüstungsmaterial, die Einfuhr und die Ausfuhr von Rüstungsmaterial aus bzw. nach dritten Ländern, die Maßnahmen, die unmittelbar auf die Erzeugung von Rüstungsmaterial abzielen, sowie die Herstellung von Mustern (Prototypen) und die technische Forschung auf dem Gebiete des Rüstungsmaterials". Vgl. B 14 (Sekretariat Pleven-Plan), Bd. 81.

EVG-Mitglieder entgegenhalten, daß, wenn die Bundesrepublik keine Waffenaufträge erhält, sie darin eine Diskriminierung nach Artikel 3[9] sehen könnte. Ich bin durchaus bereit, hierzu eine Erklärung dahingehend abzugeben, daß die Bundesrepublik mit Rücksicht auf die internationale Spannung und die geographische Lage keine Diskriminierung darin sieht, wenn sie solche Aufträge nicht bekommt. Ich bin auch bereit, gegenüber Großbritannien und den USA eine inhaltlich sich deckende Erklärung abzugeben. Ich bin auch bereit, eine Erklärung abzugeben, daß wir keine zivilen Flugzeuge herstellen wollen oder können. Ich bitte Sie aber sehr, daß Sie mir darin helfen, ihre Wünsche zu erfüllen, aber in einer solchen Weise, daß mir dadurch nicht unüberwindliche Hindernisse entstehen. Und ich habe noch einen weiteren Wunsch, wenn in der Bundesrepublik keine Waffen hergestellt werden, dann muß dafür gesorgt werden, daß das deutsche Kontingent mit denselben Waffen ausgerüstet wird wie alle anderen Kontingente.

Ich darf noch ein Wort sagen zu einer Frage, die jetzt zum ersten Mal auftaucht, und das ist die Polizei. Ich verstehe nicht, warum Sie solche Sorge haben wegen der deutschen Polizei, wenn diese keine Waffen hat. Bedenken Sie doch bitte die Situation, in der die Bundesrepublik sich jetzt auf eine ganze Reihe von Jahren hinaus befinden wird: Wir werden im Lande hoffentlich eine sehr große Zahl von englischen und amerikanischen Divisionen und von EVG-Truppen haben, die dem Kommando von SHAPE unterstehen. Wie kann sich da jemand fürchten vor Menschen ohne Waffen. Wenn wir noch lange über diesen Punkt verhandeln, dann gehe ich nach Hause mit dem Gefühl, daß wir sehr viel stärker sind, als ich je dachte (allgemeine Heiterkeit).

Eden: Wenn wir uns noch einmal dem Text zuwenden, ehe wir weiter über die Fundamente sprechen, kommen wir vielleicht zum Ziele. Ich selbst würde nichts dagegen einzuwenden haben, wenn wir die drei Stellen über die friedlichen Absichten der Bundesrepublik ausließen. Wenn die Erklärung so gekürzt ist, vermeiden wir vielleicht die Schwierigkeiten, die der Bundeskanzler angedeutet hat.

Bundeskanzler: Ich möchte den Herren kurz eine Stelle aus dem EVG-Vertrag vorlesen (der Herr Bundeskanzler verliest einen Absatz über den friedfertigen Charakter der EVG).

Schuman: Dieser Text stammt nicht aus dem Vertrag, sondern aus einem Bericht, den wir für Lissabon gemacht haben, es ist eine Art Kommentar.

Bundeskanzler: Darf ich dann die Präambel des Vertrags[10] vorlesen, wobei ich allerdings darauf hinweisen möchte, daß der erwähnte Kommentar von dem ausgezeichneten Vorsitzenden der EVG-Konferenz, Herrn Botschafter Alphand, stammt (der Herr Bundeskanzler verliest die Präambel des EVG-Vertrages). Sie sehen daraus, meine Herren, daß im Vertragsentwurf selbst der sehr friedliche Charakter stark herausgearbeitet ist. Wenn der EVG-Vertrag erst einmal ratifiziert ist, dann werden die in ihm enthaltenen Bestimmungen, wonach jede

9 Vgl. Dok. 8, Anm. 4.

10 Für den Wortlaut der Präambel (Fassung vom 26. Januar 1952) des Entwurfs für den EVG-Vertrag vgl. B 14 (Sekretariat Pleven-Plan), Bd. 48.

Waffenherstellung verboten ist, soweit sie nicht vom Kommissariat angeordnet ist, inneres deutsches Gesetz.

Eden: Ich danke Ihnen, Herr Bundeskanzler, für die Versicherung, die Sie gerade abgegeben haben. Ich glaube, es besteht ein gutes Maß von Übereinstimmung. Der Herr Bundeskanzler selbst hat den Text einer Erklärung vorgeschlagen. Dies ist eine Sache, die wir sehr gern zum Abschluß bringen möchten, ehe wir nach Lissabon fahren.

Bundeskanzler: Ich möchte nochmals hervorheben: Wenn der EVG-Vertrag durch den Bundestag ratifiziert ist, ist die Herstellung aller Waffen in der Bundesrepublik verboten, es sei denn, daß der Kommissar es selbst anordnet. Was Zivilflugzeuge anlangt, bin ich gern bereit, eine Erklärung abzugeben. Mir scheint aber, daß Sie die Rechtslage in Deutschland nicht genügend berücksichtigt haben.

Schuman: Ich bin auch der Ansicht, daß das Inkrafttreten des EVG-Vertrages eine juristische Situation schafft, wie der Herr Bundeskanzler sie geschildert hat. Der Vertrag bindet alle Mitgliedstaaten in gleicher Weise. Aber die Entscheidung über die Waffenproduktion wird von dem Kommissariat getroffen. Der Vertrag bestimmt nichts darüber, in welcher Weise das Kommissariat die Aufträge auf die einzelnen Länder verteilen soll. Das Kommissariat könnte daher entscheiden, daß Rüstungsaufträge nach Deutschland gegeben werden sollen. Das hängt ganz von den Männern in dem Kommissariat ab. Fünf von den neun Mitgliedern des Kommissariats bilden eine Mehrheit. Der Vertrag ist auf eine sehr lange Zeit abgeschlossen. Die Dinge können sich ändern. Ich bin ganz sicher, daß die gegenwärtige deutsche Regierung solche Waffenproduktion nicht wünscht, aber in der Zukunft kann es anders werden.

Ich möchte jetzt in aller Offenheit noch einige grundsätzliche Fragen klären. Dies ist eine Sache von großer „delicatesse“ für Sie und für uns. Sie liegt auf dem Gebiet der Psychologie. Der Gedanke einer Rüstungsproduktion in Deutschland erzeugt in einigen Ländern ganz besondere Wirkungen. Ich brauche Ihnen keine Gründe hierfür zu nennen. Ich denke hierbei nicht nur an die Mitgliedstaaten der EVG, sondern auch noch an andere Länder. Es könnte der Tag kommen, wo das Kommissariat gewisse Aufträge nach Deutschland vergibt, wodurch Rüstungsfabriken in Deutschland erstellt werden müßten, die zur Zeit nicht existieren. Ich bin zutiefst überzeugt, Herr Bundeskanzler, von Ihrer friedfertigen und solidarischen Einstellung. Aber wir sind nicht ebenso sicher, was ein künftiges Deutschland denken wird. Aus diesem Grunde sollte man dem Kommissariat eine Anleitung (règle) in die Hand geben, die es in seinen Entscheidungen leitet. Hierfür gäbe es zwei Wege: Es könnte entweder sein eine spontane Erklärung der Bundesregierung, daß sie die Herstellung gewisser Waffen nicht erlaubt. Dabei könnten wir den vorliegenden Entwurf abändern. Ich halte ihn nicht für perfekt. Oder wir könnten in dem Vertragstext Richtlinien aufstellen, nach denen die Aufträge verteilt werden. Dem müßten dann aber alle sechs Mitgliedstaaten zustimmen.

Bundeskanzler: Nach dem Vertrag muß das Programm des Kommissariats von einer Zweidrittelmehrheit des Ministerrats genehmigt werden. Das würde bedeuten, daß Frankreich nur überstimmt werden kann, wenn alle fünf anderen Länder gegen es sind. Man könnte auch den Vertrag ergänzen und gewisse Regeln aufstellen, wonach Aufträge mit Rücksicht auf die geographische Lage und die internationale Spannung nicht vergeben werden sollen.

Was die Rücksicht auf andere Länder angeht, die nicht in der EVG vertreten sind, also wohl Rußland, so könnte ich mir vorstellen, daß Rußland mit der ganzen Sache nicht sehr zufrieden ist. Im übrigen sagt der Vertrag, daß alle Länder, die verbotenermaßen Waffen herstellen, mit dem fünfzigfachen Betrag des Wertes bestraft werden.[11] Ich habe Ihnen auch bereits erklärt, daß ich eine Erklärung über Nichtdiskriminierung abgeben werde, das zusammen gibt ihnen doch alle erdenkliche Sicherheit.

Schuman: Was Rußland anlangt, haben Sie recht, Herr Bundeskanzler, aber auf die Satellitenstaaten müssen wir doch gelegentlich Rücksicht nehmen. Wir müssen hier auch ein Mißverständnis vermeiden: Programme aufstellen ist eine Sache, Programme ausführen etwas anderes. Der Ministerrat hat nichts mit der eigentlichen Vergabe der Aufträge zu tun. Das Programm legt nur fest, was produziert werden soll, aber nicht wo. Die Vergabe der Aufträge ist eine Sache des Kommissariats, und das Kommissariat hat keine Direktiven. Sie haben selbst gesagt, daß die geographische Lage in Betracht gezogen werden muß. In gewissen Regionen sollen gewisse Dinge nicht produziert werden. Um Ihnen zu zeigen, wie ernst es uns damit ist, will ich Ihnen ein Beispiel geben. Wir in Frankreich verlegen jetzt unsere Pulverfabriken nach Nordafrika, weil wir sie dort für weniger gefährdet halten, schon auch aus Gründen der Sabotage. Wenn eine solche Regel über die geographische Auftragsverteilung in den Vertrag eingebaut würde, wäre das sehr befriedigend.

Bundeskanzler: Der Ministerrat muß auch den Haushaltsplan genehmigen[12], der die Aufstellung der Länder enthält, in die Aufträge vergeben werden. Das Kommissariat ist also auch in dieser Hinsicht gebunden.

Acheson: Mir scheint, wir haben jetzt ein großes Maß von Übereinstimmung erreicht, beinahe vollständig. Vergessen wir die beiden Entwürfe und sehen wir einmal, in welchen Punkten wir übereinstimmen. Der Bundeskanzler hat gesagt, und zwar ganz richtig, daß nach Inkrafttreten des EVG-Vertrages Deutschland nach Völkerrecht und innerstaatlichem Recht gebunden ist. Die deutsche Verfassung ist in dieser Hinsicht wie die amerikanische Verfassung. Der Bundeskanzler ist bereit, dies noch einmal ausdrücklich zu erklären. Die Bundesregierung ist bereit, sich an diese Verpflichtung zu halten. Der Bundeskanzler hat ferner gesagt, daß er keinen Protest einlegen wird, wenn Deutschland gewisse Aufträge nicht bekommt, wobei es noch festzustellen gilt, was hier unter „gewissen Aufträgen" zu verstehen ist.

Der Bundeskanzler hat ferner gesagt, daß er dieselbe Verpflichtung gegenüber Großbritannien und USA einzugehen bereit ist. Es verbleiben nur zwei Punkte, in denen wir uns noch nicht einig sind. Erstens: Herr Schuman hat festgestellt, daß es keine Richtlinien gibt, nach denen das Kommissariat die Aufträge vergibt, aber dieselbe Schwierigkeit ist ja in unserem eigenen Vorschlag enthal-

11 Vgl. dazu Artikel A 7, Absatz 5 (Fassung vom 5. Februar 1952) des Entwurfs für den EVG-Vertrag; B 14 (Sekretariat Pleven-Plan), Bd. 81.

12 Vgl. dazu Artikel 57 A (Fassung vom 26. Januar 1952) des Entwurfs für den EVG-Vertrag; B 14 (Sekretariat Pleven-Plan), Bd. 81.

ten. Zweitens: Ist es möglich, in den EVG-Vertrag eine Klausel aufzunehmen, daß gewisse Aufträge nicht nach Deutschland vergeben werden sollen, welche Gründe man auch immer dafür angeben mag? Wenn dies möglich ist, dann müssen wir die einzelnen Gegenstände auf unserer Liste[13] untersuchen, und wenn wir das erfolgreich getan haben, dann haben wir hundertprozentige Übereinstimmung. Die einzige Frage, die jetzt noch verbleibt, ist also die: Welche Gegenstände sollen auf der Liste stehen?

(In der französischen Delegation herrscht sichtliche Verlegenheit. Eden und Acheson unterhalten sich sehr amüsiert mit ihren Mitarbeitern. Eden schlägt vor, man solle eine kleine Pause einlegen und einen Whisky trinken. Es folgt eine Pause.)

Eden: Ich schlage vor, daß unsere Berater nun den Text einer Erklärung entwerfen sollen. Dieser Text sollte die Ergebnisse unserer heutigen Besprechungen berücksichtigen. Wir wollen dieses Dokument dann morgen früh um 11 Uhr beraten.[14] Bis dahin müssen uns unsere Berater auch ein Schlußkommuniqué für die Konferenz vorlegen.

Schuman: Ich habe noch eine Frage, die ich dem Herrn Bundeskanzler vorlegen möchte. Das Programm der Dekartellisierung und Dekonzentrierung ist für uns von großer Dringlichkeit. Es ist neulich in meinem Parlament erörtert worden, und die Regierung hat den Auftrag erhalten, die Sache weiter zu verfolgen. Kann der Bundeskanzler diese Angelegenheit jetzt in Bälde regeln, damit keine Panne entsteht, wenn der Schuman-Plan in Kraft gesetzt wird?

Bundeskanzler: Wir haben dasselbe Interesse wie Herr Monnet: die Sache so schnell wie möglich zu regeln.

Schuman: Das Interesse von Herrn Monnet und mir.

B 10 (Abteilung 2), Bd. 1042

13 Artikel A 7 (Fassung vom 5. Februar 1952) des Entwurfs für den EVG-Vertrag war eine Liste mit Rüstungsgütern beigefügt, deren Herstellung der Genehmigung durch das Kommissariat bedurfte: schwere und leichte Kriegswaffen, einschließlich der für Luftwaffe und Kriegsmarine bestimmten Waffen; Atomwaffen, biologische und chemische Waffen; Panzermaterial; Marine-Rüstungsmaterial sowie Luftwaffen-Rüstungsmaterial. Vgl. dazu B 14 (Sekretariat Pleven-Plan), Bd. 81.

14 Für die Besprechung des Bundeskanzlers Adenauer mit den Außenministern Acheson (USA), Eden (Großbritannien) und Schuman (Frankreich) am 19. Februar 1952 in London vgl. Dok. 55.

54

Aufzeichnung des Vortragenden Legationsrats von Etzdorf

210-02 III 1135/52 **18. Februar 1952**

Betr.: Wiedereinrichtung diplomatischer Vertretungen in Spanien und Portugal

Abteilung III hat im Einvernehmen mit den Abteilungen IV, V, VI nachfolgend die Gründe zusammengestellt, die dartun, daß die Wiedereinrichtung diplomatischer Vertretungen in Spanien und Portugal keinen weiteren Aufschub leiden darf.

I. Politische Gründe

1) Spanien und Portugal sind seit etwa einem Jahr durch einen Botschafter[1] bzw. Gesandten[2] bei der Bundesrepublik vertreten. Nach internationalen Gepflogenheiten erwarten sie die entsprechende Errichtung deutscher Vertretungen in ihren Ländern. Den Wunsch danach haben sie wiederholt zu erkennen gegeben. Bei weiterem Ausbleiben amtlicher deutscher Vertretungen ist mit einer Verstimmung der Regierungen dieser Länder zu rechnen. Der hiesige portugiesische Gesandte hat bereits wiederholt zum Ausdruck gebracht, daß man in Lissabon in Anbetracht der loyalen Haltung Portugals gegenüber Deutschland für das deutsche Zögern kein Verständnis hat. Die iberischen Länder sind in Protokollfragen besonders empfindlich.

2) Die internationale Stellung Spaniens hat sich seit Aufhebung des Boykotts[3] wesentlich gehoben und wird sich weiter verstärken. Der spanische Außenminister[4] erklärte kürzlich mit offensichtlicher Befriedigung, daß noch niemals so viele ausländische Regierungen in Madrid akkreditiert gewesen seien. Um so mehr muß das Fehlen der Bundesrepublik auffallen. Die politische Bedeutung Portugals als Mitgliedstaat von NATO liegt auf der Hand.

3) Besonders in Spanien fehlt ein politisches Gegengewicht gegen das Auftreten der zahlreichen deutschen Nazis, die sich dort ständig oder vorübergehend aufhalten, von den offiziellen Kreisen auf Grund alter Beziehungen herzlich aufgenommen und vor allem über die Leistungen der Bundesregierung ungünstig und absprechend berichten werden.

4) Das Fehlen amtlicher deutscher Vertretungen wirkt sich höchst nachteilig auf den Geschäftsverkehr mit der spanischen bzw. portugiesischen Regierung aus.

[1] Antonio Maria Aguirre Gonzalo vertrat Spanien seit dem 12. Oktober 1950 als Gesandter und seit dem 30. Mai 1951 als Botschafter in der Bundesrepublik.

[2] Joao de Barros Ferreira da Fonseca vertrat Portugal seit dem 11. Januar 1951 als Gesandter in der Bundesrepublik.

[3] Am 12. Dezember 1946 verabschiedete die UNO-Generalversammlung eine Resolution, durch die Spanien die Mitgliedschaft in Sonderorganisationen der UNO und die Teilnahme an Konferenzen der UNO verwehrt sowie den UNO-Mitgliedstaaten empfohlen wurde, ihre Botschafter aus Madrid zurückzurufen. Vgl. die Resolution Nr. 39; UNITED NATIONS RESOLUTIONS, Serie I, Bd. I, S. 50 f. Mit der Resolution Nr. 386 vom 4. November 1950 hob die Generalversammlung den Beschluß vom 12. Dezember 1946 auf. Für den Wortlaut vgl. UNITED NATIONS RESOLUTIONS, Serie I, Bd. III, S. 90 f.

[4] Alberto Martin Artajo.

Deutsche Wünsche an die spanische bzw. portugiesische Regierung über deren hiesige Vertretungen heranzubringen, widerspricht dem diplomatischen Brauch, ist zeitraubend und zudem durch die Unzulänglichkeit der derzeitigen spanischen und portugiesischen Missionschefs sehr erschwert. In südlichen Ländern spielen informelle Gespräche auf Grund vertrauensvoller persönlicher Beziehungen eine große Rolle.

Die deutschen Staatsangehörigen in Spanien und Portugal bleiben weiter ohne amtlichen Schutz (Reiseausweise, Beglaubigungen und Legalisationen, Pensions-, Renten-, Sozialversicherungsversorgung, Hilfe bei Prozessen und Nachlaßabwicklungen, Heimschaffungen). Dieser Zustand ruft bei ihnen zunehmende Unzufriedenheit hervor.

II. Handelspolitische Gründe

Für die deutsche Exportwirtschaft ist es gerade jetzt von größter Bedeutung, sich in die umfangreichen Industrialisierungspläne der spanischen und der portugiesischen Regierung einzuschalten. Ohne einen ständigen persönlichen Kontakt zwischen einer deutschen amtlichen Mission und der Wirtschaft bzw. Regierung dieser Länder wird es schwer, wenn nicht unmöglich sein, unsere inzwischen errungene Position auf dem Markt beider Länder zu verbessern oder auch nur zu behaupten. Der laufende deutsch-spanische Handelsvertrag[5] hat den wertmäßigen Umfang des Vorkriegswarenaustausches erreicht, ohne daß Spanien Mitglied der EZU und des GATT ist. Die bei Durchführung des Handelsvertrages unvermeidlich auftauchenden Schwierigkeiten machen unmittelbare Beziehungen zu den spanischen Zentralbehörden immer dringlicher.

III. Juristische Gründe

Die Frage der Fortgeltung der Vorkriegsverträge mit beiden Ländern muß endlich geklärt werden; die hiesige spanische Botschaft erklärte sich hierfür für unzuständig. Der derzeitige Rechtshilfeverkehr mit beiden Ländern ist sehr umständlich und zeitraubend.

Deutsches Eigentum: Die Liquidierung des deutschen Vermögens in Spanien[6] ist zwar bereits weit fortgeschritten. Immerhin würde das Dasein eines deutschen Vertreters das spanische Vorgehen erschweren und sein Eingreifen, vorausgesetzt, daß er sich persönlich eine gute Stellung bei den maßgebenden Persönlichkeiten an Ort und Stelle zu verschaffen weiß, die Aussicht bieten, wenigstens Teile der noch nicht liquidierten Werte vor der Verschleuderung zu bewahren. Dies gilt beispielsweise von dem reichseigenen Sofindus-Vermögen (100 Millionen Peseten), dem deutschen Krankenhaus in Madrid, das zur Zeit aufs höchste gefährdet ist, und den deutschen Schulgebäuden. Die portugiesische Regierung hat sich bisher verhältnismäßig loyal verhalten, vermag sich

5 Für das Handelsabkommen mit Spanien vom 1. Mai 1950 vgl. BUNDESANZEIGER, Nr. 119 vom 24. Juni 1950, S. 2–5.
Am 8. Oktober 1951 unterzeichneten die Bundesregierung und die spanische Regierung ein Zusatzprotokoll über die Verlängerung der Gültigkeitsdauer des Abkommens bis zum 30. September 1952. Für den Wortlaut vgl. BUNDESANZEIGER, Nr. 223 vom 16. November 1951, S. 1–3.

6 Für die Vereinbarung zwischen den Drei Mächten und Spanien vom 10. Mai 1948 über die Beseitigung des wirtschaftlichen Potentials in Spanien, welches eine mögliche Gefahr für den Frieden darstellen könnte, und die Liquidierung der Salden und Zahlungsforderungen zwischen den Regierungen von Spanien und Deutschland vgl. DEUTSCHES VERMÖGEN IM AUSLAND, S. 414–416.

aber des ständigen Drängens der Alliierten auf Liquidation kaum mehr zu erwehren. Sie bedarf dringend der Unterstützung durch eine deutsche Gesandtschaft.

IV. Kulturpolitische Gründe

Auch die im Aufblühen begriffenen kulturellen Beziehungen zu Spanien und Portugal werfen fortlaufend Fragen auf, die nur an Ort und Stelle unter Mitwirkung amtlicher deutscher Vertretungen zu lösen sind.

Aus diesen Gründen hält Abteilung III es für nicht mehr tragbar, die Errichtung einer Botschaft in Madrid und einer Gesandtschaft in Lissabon weiter hinauszuschieben.

Hiermit über Abteilung I dem Herrn Staatssekretär[7] vorgelegt.

von Etzdorf

B 11 (Abteilung 3), Bd. 308

55

Außenministerkonferenz in London

19. Februar 1952

Beginn: 11.15 Uhr, Ende: 14.15 Uhr[1]

Anwesend: Dieselben Delegationsmitglieder wie am Vortage[2] unter Hinzuziehung einiger zusätzlicher Berater.

Die Sitzung wird eröffnet durch Außenminister *Eden*, der feststellt, daß die Sicherheitskontrollen weiterhin Gegenstand der Verhandlungen sind. Der Redaktionsausschuß habe am Vortage einen Entschluß ausgearbeitet, der nunmehr vorliege. Die neue Fassung des Artikels A 4 d des Vertrages der Europäischen Verteidigungsgemeinschaft[3] müsse nunmehr diskutiert werden.

Bundeskanzler: Soviel ich weiß, würde es für Frankreich genügen, von einer Dreiviertelmehrheit statt von Einstimmigkeit zu sprechen. Aus optischen Gründen wäre eine solche Abänderung von deutscher Seite zu begrüßen.

7 Hat Staatssekretär Hallstein am 27. Februar 1952 vorgelegen, der handschriftlich vermerkte: „Vortrag B[undes]K[anzler]."

1 Zur Sitzung der Außenminister Acheson (USA), Adenauer, Eden (Großbritannien) und Schuman (Frankreich) am 19. Februar 1952 vgl. auch FRUS 1952–1954, V/I, S. 74–77.

2 Vgl. dazu Dok. 52, Anm. 2.

3 Artikel A 4 (Fassung vom 4. Februar 1952) des Entwurfs für den EVG-Vertrag legte die Richtlinien fest, die das EVG-Kommissariat bei „der Vorbereitung und Durchführung der gemeinsamen Programme für Bewaffnung, Ausrüstung und Versorgung der europäischen Verteidigungsstreitkräfte" beachten sollte. Unter anderem seien die technischen und wirtschaftlichen Gegebenheiten der Mitgliedstaaten optimal zu nutzen sowie die Bewaffnung, Ausrüstung und Versorgung in Zusammenarbeit mit den zuständigen NATO-Stellen zu vereinfachen und zu standardisieren. Für den Wortlaut vgl. B 14 (Sekretariat Pleven-Plan), Bd. 81.

Schuman: Nach meiner Auffassung handelt es sich bei den in Artikel A 4 d genannten „allgemeinen Richtlinien" um Vorschriften mit Gesetzeskraft, die sich auf die Struktur des ganzen Vertrages beziehen. Bis jetzt gilt das Prinzip, daß an Produktionsstätten in strategisch gefährdeten Gebieten Aufträge für die Herstellung gewisser Waffen nicht erteilt werden dürfen. Wird dieses Prinzip durch Anordnungen geändert, so liegt darin eine Änderung des Vertrages, die nur mit Zustimmung aller Vertragspartner getroffen werden kann.

Bundeskanzler: Nach meiner Ansicht erfolgt die Zuteilung der Rüstungsaufträge im Wege rein administrativer Maßnahmen. Solche Maßnahmen können aber nach den einschlägigen Bestimmungen des Vertrages mit Dreiviertelmehrheit getroffen werden.

Schuman: Um diese Schwierigkeiten zu umgehen, schlage ich vor, das Wort „einstimmig" im Text des Artikels A 4 d zu streichen.

Bundeskanzler: Ich fürchte, daß trotz dieser Streichung, die ich begrüße, die Unterstellung der Richtlinien unter den technischen Ausdruck „allgemeine Richtlinien" bei der Durchführung des Vertrages zu erheblichen Meinungsverschiedenheiten führen wird. Im übrigen glaube ich, daß mit der Erörterung dieser Frage nicht allzuviel Zeit verbracht werden sollte. Ich würde vorschlagen, den Text des Artikels A 4 d möglichst kurz zu halten, wobei die genauere Formulierung den Sachverständigen in Paris überlassen bleiben kann.

Schuman: Ich glaube, Sie zu verstehen. Man wird einfach sagen, daß die Bundesrepublik keine Diskriminierung darin erblickt, wenn durch die Anwendung des Artikels A 4 d keine Produktionsaufträge an ihre Fabriken erteilt werden.

Mr. *Eden* verliest nunmehr den vom Redaktionsausschuß ausgearbeiteten Vorschlag.

Dieser wird Satz für Satz besprochen und teilweise geändert. Als Ergebnis der Diskussion einigt man sich auf die aus der Anlage ersichtliche Formulierung der Erklärung.[4] Die Änderungen dieses endgültigen Textes gegenüber dem ursprünglichen Entwurf des Redaktionskomitees sind gleichfalls aus der Anlage ersichtlich.

Bundeskanzler: Ich möchte zu dem Satz „sowie diese Typen notwendig sind, um ihre Verteidigungszwecke zu erfüllen" in dem Entwurf des Redaktionskomitees fragen, ob diese Wendung eine Beschränkung der Ausrüstung deutscher

4 Dem Vorgang beigefügt. Der Entwurf für die Erklärung des Bundeskanzlers lautete: „Mit Rücksicht auf die bestehende internationale Spannung und auf die Tatsache, daß die Bundesrepublik in einer strategisch exponierten Lage im Sinne von Artikel A 4 d des Vertrags über die Errichtung einer Europäischen Verteidigungsgemeinschaft ist, sieht die Bundesregierung keinen Fall von Diskriminierung darin, daß das europäische Verteidigungskommissariat bei der Verteilung von Produktionserlaubnissen für die in der Anlage II zum Vertrag aufgezählten Rüstungsmittel Aufträge an Produktionsstätten in der Bundesrepublik nur im Falle einstimmig erlassener allgemeiner Richtlinien des Ministerrats vergibt. Voraussetzung hierfür ist, daß deutsche Truppenkontingente der Europäischen Verteidigungsgemeinschaft in Bezug auf ihre Versorgung mit Rüstungsmitteln der oben genannten Arten nicht schlechter gestellt werden als die Kontingente anderer Mitgliedstaaten der Europäischen Verteidigungsgemeinschaft, gleichviel aus welcher Quelle diese versorgt werden. Die Bundesregierung ist gleichfalls und aus denselben Gründen bereit, die Forschung auf dem Gebiet dieser Waffentypen nur auf Verlangen der Europäischen Verteidigungsgemeinschaft zuzulassen. Dies gilt natürlich nicht für wissenschaftliche Forschung mit dem Ziel medizinischer, industrieller und anderer nichtmilitärischer Entwicklungen in reiner und angewandter Wissenschaft." Vgl. B 10 (Abteilung 2), Bd. 1042.

Kontingente gegenüber der der anderen Kontingente zum Ausdruck bringen soll.

Acheson: Die Verteidigungsaufgaben der einzelnen Mitglieder der EVG sind verschiedener Art, z.B. muß ein Staat seinen Verteidigungsbeitrag in erster Linie durch seine Hochseeflotte leisten, während ein anderer auf anderen Gebieten besondere Aufgaben zu erfüllen hat.

Bundeskanzler: Ich bin gleichwohl der Meinung, daß es sich hier um eine rein militärische Frage handelt, die nicht mit einem politischen Begriff belastet werden sollte. Die Entscheidung darüber, welche Waffen an welche Kontingente verteilt werden, wird in jedem Falle SHAPE obliegen.

Acheson: Vielleicht könnte man durch folgende Formel zu einer Einigung kommen: „which are necessary to fulfill their assigned tasks in the defence of Europe".

Diese Formulierung findet allgemeine Zustimmung und wird als endgültiger Text angenommen.

Acheson: Ich würde es begrüßen, wenn wir nunmehr den gesamten Text der Erklärung endgültig annehmen könnten.

Schuman: Meinerseits würde ich es für gut halten, wenn das Ergebnis der heutigen Besprechung lediglich als Grundlage der später auszuhandelnden Erklärung betrachtet würde.

Eden: Obwohl der Wortlaut des Entwurfs in einigen Teilen noch zu wünschen übrig läßt, bin ich doch der Meinung, daß wir dem Vorschlag von Mr. Acheson zustimmen sollten. Die bevorstehende Konferenz in Lissabon[5] macht die größtmögliche Beschleunigung unserer Arbeiten erforderlich.

Der Text der Erklärung in der revidierten Form wird nochmals verlesen und von den Beteiligten ohne Vorbehalte angenommen.

Eden: Ich freue mich, daß wir insoweit eine Einigung erzielt haben, und nehme an, daß der Bundeskanzler an die Vereinigten Staaten und Großbritannien ein Schreiben richten wird, in welchem er erklärt, daß die Bundesrepublik sich auch diesen beiden Staaten gegenüber den gleichen Beschränkungen unterwirft, wie sie dies gegenüber der EVG zu tun gedenkt.

Der Text eines entsprechenden deutschen Entwurfs wird durch den Dolmetscher verlesen und ohne weitere Bemerkungen von den Beteiligten gebilligt.

Eden: Ich darf nunmehr bitten, daß wir über die Liste der Waffen sprechen, deren Produktion der Bundesrepublik verboten sein soll. Diese Liste wurde bereits gestern erörtert[6], jedoch in der Zwischenzeit geändert.

Schuman: Nach meinem Dafürhalten bedarf insbesondere die Frage des Baues von Zivilflugzeugen noch der Klärung.

Bundeskanzler: Ich bin der Auffassung, daß die Erörterung dieser Liste den militärischen Sachverständigen in Paris überlassen bleiben sollte. Es handelt sich hier um technische Ausdrücke und Begriffe, deren Klärung die Aufgabe der

5 Zur NATO-Ministerratstagung vom 20. bis 25. Februar 1952 vgl. Dok. 62.

6 Zum Entwurf der Drei Mächte vom 16. Februar 1952 für eine Erklärung der Bundesregierung zum Verzicht auf die Herstellung bestimmter Rüstungsgüter vgl. Dok. 53, Anm. 6.

Sachverständigen sein sollte. Ich denke dabei etwa an Kanonen mit einem größeren Kaliber als 10,5 cm, an das hier erwähnte Treibpulver etc.

Eden: Es scheint mir dringend erforderlich zu sein, daß über die Liste in unserem Kreise eine Einigung erzielt wird.

Schuman: Es ist eine bekannte Tatsache, daß sich Außenminister in aller Regel leichter einigen als Soldaten.

Bundeskanzler: Ich finde im Gegenteil, daß die Militärs sich immer viel schneller zusammenfinden als Außenminister.

Eden: Dies ist aber wirklich ein sehr zentraler Punkt, ohne den unsere Arbeit hier nicht vollständig wäre. Wir müßten meiner Ansicht nach schon auf dieser Konferenz eine Einigung erzielen, denn in Paris sind weder die USA noch Großbritannien vertreten.

Bundeskanzler: Sie haben doch aber Beobachter.

Eden: Aber diese nehmen nicht an den Beratungen teil, und es handelt sich hier um eine politische Frage von großer Bedeutung.

Schuman: Die Liste fällt nicht in den Vertragstext, sie ist eine unabhängige Liste.

Bundeskanzler: Darf ich die Liste einmal in die Hand nehmen und lesen. Ich finde, daß zahlreiche der hier gebrauchten Ausdrücke sehr unklar sind. Was heißt z.B. chemische Waffen, und was ist der Unterschied zwischen weittragenden und ferngelenkten Geschossen? Was sind ferner kleinere Küstenschiffe, wie groß dürfen sie denn sein? Wir müssen weiter auch gewisse Pulverfabriken behalten, die wir für Sportwaffen und für die Polizei brauchen. Dann ist hier die Rede von Kanonenrohren von über 10,5 cm. Ich könnte mir gut vorstellen, daß die EVG eines Tages von uns wünscht, daß wir größere Kanonenrohre herstellen. Wir wollen das zwar nicht, und unsere Industrie will es auch nicht, aber es könnte sein, daß man es von uns wünscht. Ich habe auch schon erklärt, daß wir keine Flugzeuge herstellen wollen. Dieser Vertrag wird aber auf 50 Jahre geschlossen, und ich kann mich nicht bereit erklären, für 50 Jahre auf den Bau von Flugzeugen zu verzichten. Ich glaube nicht, daß man sagen kann, wir hätten unsere Arbeit hier nicht fertig gemacht, wenn wir das Detail dieser Liste den militärischen Experten überlassen.

Acheson: Mir scheint, hier stehen zwei verschiedene Arten von Fragen zur Diskussion. Erstens, die technischen Fragen. Da können wir als Laien uns auf die Liste im allgemeinen einigen und die technische Definition den Experten überlassen. Zweitens, die Fragen von politischer Wichtigkeit. Da sind jene Punkte der Liste, die der Bundeskanzler bereits hervorgehoben hat, nämlich Zivilflugzeuge, Kanonenrohre, weittragende und ferngelenkte Waffen und Treibpulver. Dies ist eine Frage, an der die Vereinigten Staaten außerordentlich interessiert sind. Der Bundeskanzler hat gesagt, daß die EVG unter Umständen von Deutschland verlangen könnte, es möchte einige der auf der Liste aufgeführten Waffen produzieren. Dies ist in der Tat sehr wahrscheinlich, und ich möchte noch hinzufügen, daß auch die amerikanische Regierung diesen Wunsch haben könnte, denn es besteht jederzeit überall an vielen dieser Waffen ein großer Mangel. Ich möchte deshalb vorschlagen, diese politischen Faktoren jetzt zu besprechen und zu sehen, ob unsere Standpunkte sehr weit voneinander entfernt sind oder nicht.

Eden: Ich bin bereit, dies zu tun.

Schuman: Herr Acheson hat die vor uns liegenden Fragen in technische und politische Fragen eingeteilt. Wenn diese Waffen in Deutschland produziert werden sollen, so müssen hierfür Fabriken, z. B. Pulverfabriken, errichtet werden, die jetzt gar nicht bestehen. Herr Acheson hat gesagt, die Alliierten könnten ein Interesse daran haben, dies zu tun. Könnten wir nicht hier versuchen, dieselbe Regel anzuwenden wie in dem EVG-Vertrag hinsichtlich anderer Waffen? Es ist vorstellbar, daß solche Waffenproduktion in Deutschland stattfinden könnte, wenn die EVG es wünscht. Unsere Politik wird sowieso zu einer immer größeren Intimität zwischen unseren Ländern führen und dadurch werden viele Schwierigkeiten, die heute bestehen, beseitigt werden. Im Hinblick darauf würde man in Artikel A 4 d des EVG-Vertrages einen neuen Absatz einfügen, in dem gesagt wird, daß die verbotenen Waffen produziert werden können, wenn die Lage in Deutschland es erlaubt und wenn die politische Situation es erfordert. Gleichzeitig würde man dann auch die Liste in Artikel A 4 d aufnehmen.

Bundeskanzler: Erlauben sie mir einige Ausführungen, die bisher noch nicht gemacht worden sind. Ich muß die Ungenauigkeit dieser Liste beanstanden. Was sind chemische Waffen, und sollen wir wirklich keine Pulverfabriken haben dürfen? Pulver brauchen wir z. B. auch für den Bergbau. Es ist auch unklar, was weittragende Waffen und V-Waffen heißen soll. Ich habe nichts gegen ein Verbot von V-Waffen. Über Flugzeuge muß noch gesprochen werden. Ich finde es z. B. auch unlogisch, daß wir schwere Panzer herstellen dürfen, wo wir keinen Wert darauf legen, daß wir aber keine Kanonenrohre von mehr als 10,5 cm fabrizieren dürfen. Ich fürchte sehr, hier wird auch das Sprichwort Geltung haben: „Wer das Kreuz hat, der segnet sich." Das gilt sicher auch für Waffen im Augenblick der Gefahr. In der Not bekommen dann die Deutschen die wenigst guten Waffen. Ich fürchte, daß alle diese Gesichtspunkte nicht genügend beachtet worden sind. Ich habe volles Verständnis dafür, daß man die Herstellung gewisser Waffen in Deutschland nicht wünscht. Es müssen aber alle Eingriffe in die deutsche Friedenswirtschaft vermieden werden, und es muß auch verhindert werden, daß sich ewige Streitereien aus der Auslegung des Textes ergeben.

Acheson: Ich glaube, hier gibt es ein gewisses Maß von Übereinstimmung. Ich mache folgenden Vorschlag: Wir akzeptieren die Liste, lassen aber Zivilflugzeuge, Kanonenrohre und Treibpulver aus. Den Rest der Liste würden wir unseren Experten zwecks besserer Definition übergeben. Ich bin auch der Ansicht, daß die Genauigkeit der Liste manches zu wünschen übrig läßt, z. B. läßt sie auch Giftgase aus. Die übrigen Fragen könnten wir hier heute, morgen oder später in Bonn besprechen. Ich finde, wir sollten für die Frage der Zivilluftfahrt eine Lösung ungefähr in dem von dem Bundeskanzler angeführten Sinne finden. Dann sollten wir jetzt hier ein paar Minuten über Kanonenläufe und Treibpulver sprechen. Viel weiter werden wir heute doch nicht kommen.

Eden: Sind wir uns hierüber einig? Mir scheint dies ein guter Vorschlag.

(Durcheinanderreden und Konfusion)

Schuman: Erlauben Sie mir noch eine Bemerkung, um Mißverständnisse zu vermeiden. Wenn wir jetzt gewisse Detailfragen in einem Schwebezustand halten, dann bleibt die Frage als Ganzes ungelöst. Ich möchte doch hoffen, daß wir eine endgültige Einigung erzielen werden. Dieser Gedankenaustausch, den wir hier haben, ist zwar peinlich, aber doch nützlich. Ich darf nochmals wiederholen, daß wir hier nur eine ganze Lösung anstreben sollen und daß eine Teillösung keine Lösung ist. Wir haben hier auch gewisse Instruktionen, an die wir gebunden sind.

Eden: Ich bin der Auffassung, daß wir die Liste nochmal genau durchgehen sollten. Wir haben hier eine Reihe von Punkten, in denen wir uns der Sache nach einig sind und nur noch über die Definition der Begriffe zu entscheiden haben. Hierzu würde ich die folgenden rechnen: atomische und biologische Waffen, chemische Waffen, ferngelenkte Geschosse, Militärflugzeuge, Kriegsschiffe mit Ausnahme kleinerer Verteidigungseinheiten. Offen sind dann noch die Fragen im Zusammenhang mit dem Treibpulver und den Geschützläufen. Diese bedürfen insbesondere im Hinblick auf die von französischer Seite geltend gemachten Bedenken noch der weiteren sachlichen Erörterung.

Acheson: Wir können hier heute keine endgültige Lösung erreichen, sondern nur eine Teillösung. Daher glaube ich, daß wir über die Waffen, die Mr. Eden zunächst aufgezählt hat, hier – vorbehaltlich näherer Definition durch die militärischen Sachverständigen – durchaus Einigkeit erzielen können. Offen bleibt dann die Regelung des Baues von Zivilflugzeugen sowie der Herstellung von Geschützläufen und Treibpulver. Was die Vereinigten Staaten anbetrifft, so kann ich erklären, daß sie mit einer Streichung dieser Gegenstände aus der Liste der verbotenen Produktion einverstanden wären.

Schuman: Ich bin einverstanden, daß man einen Katalog macht, aber ich bin der Ansicht, daß, wenn wir über Details nicht einig werden, so ist dies für meine Regierung keine Einigung über das Ganze. Das ist eine Frage der Prozedur. Es kann nur eine Einigung in toto geben.

Eden: Ich darf feststellen, daß wir alle damit einverstanden sind, daß die Liste in zwei Abschnitte aufgeteilt wird, und daß der erste Abschnitt nur noch hinsichtlich der Definition, der zweite dagegen auch noch sachlich zu klären ist. Wir müssen jetzt nur noch entscheiden, wo die weiteren Verhandlungen stattfinden sollen. Ich schlage Bonn vor.

Schuman: Ich bin für Paris, denn es handelt sich hier hauptsächlich um militärische und EVG-Fragen, und wir denken doch immer mehr daran, die Regelung der Industriebeschränkungen in den EVG-Vertrag aufzunehmen.

Bundeskanzler: Mir ist es gleichgültig.

Acheson: Mir scheint, daß, praktisch gesprochen, diese Verhandlungen gleichzeitig an verschiedenen Orten stattfinden müssen. Es muß in Paris über sie verhandelt werden; wir werden darüber in Lissabon sprechen und unsere Ideen dem Bundeskanzler über die Hohen Kommissare[7] mitteilen; und es kann auch in Bonn verhandelt werden. Wir können ja alle vier in Bonn sein.

Eden: Wo fangen wir an? Wir sollten nicht zu lange darüber diskutieren.

Bundeskanzler: Am besten fangen wir in Paris an und gehen dann nach Bonn.

Schuman: Mais on finit toujours à se mettre d'accord à Paris.

[7] André François-Poncet (Frankreich), Ivone Kirkpatrick (Großbritannien), John J. McCloy (USA).

Acheson: Die Hohen Kommissare und der Bundeskanzler werden aber in Bonn sein und können dort schon beginnen, während wir noch in Lissabon sind.

Eden: Wir fangen in Bonn an, und Sie teilen uns dann das Ergebnis nach Lissabon mit. Sollen wir jetzt noch das Problem der Zivilflugzeuge lösen? Ich würde gerne hören, was der Bundeskanzler darüber zu sagen hat.

Bundeskanzler: Ich war bereit, einen Brief an die britische Regierung und an andere interessierte Regierungen zu schreiben und ihnen mitzuteilen, daß die Bundesregierung keine Absicht hat, Zivilflugzeuge zu bauen, sondern sie kaufen möchte.

Eden: Das würde mich zufriedenstellen.

Schuman: Eine solche Erklärung kann man ja jederzeit zurückziehen, natürlich nicht Sie, Herr Bundeskanzler.

Bundeskanzler: Haben Sie doch Vertrauen. Zivilflugzeuge herzustellen ist so kostspielig, wenn man nicht gleichzeitig Militärflugzeuge herstellt, daß selbst, wenn mein Nachfolger völlig verrückt wäre, er nicht daran denken würde.

(Allgemeine Heiterkeit)

Schuman: Wir nehmen die Erklärung des Bundeskanzlers zur Kenntnis. Eine weitere Prüfung durch die französische Regierung muß ich mir vorbehalten. Ich komme noch einmal auf die Frage der Polizei zurück, die in dem dem Bundeskanzler übergebenen Dokument angeschnitten war. In dem EVG-Vertrag wird ja festgelegt, daß die Polizeikräfte national bleiben sollen.[8] Ich schlage vor, daß wir in den Vertrag auch eine Definition von Polizeikräften aufnehmen, und zwar etwa dahingehend, daß solche Polizeikräfte nicht über das normale Maß hinausgehen sollen.

Bundeskanzler: Ich möchte jetzt noch eine ganz andere Frage anschneiden. In der französischen Kammer ist neulich die Frage des Eintritts der Bundesrepublik in die Atlantikpaktorganisation erörtert worden.[9] Es ist dabei gesagt worden, daß Deutschland in die NATO nicht eintreten könne, weil es territoriale Forderungen habe. Ich möchte hier ausdrücklich feststellen, daß diese territorialen Forderungen nur mit friedlichen Mitteln vertreten werden. Außerdem möchte ich feststellen, daß die Bundesregierung durch ihre Zustimmung zu dem Artikel über die Verbindung zwischen EVG und NATO[10] nicht ihren Wunsch auf Mitgliedschaft in der NATO aufgegeben hat. Und schließlich verstehe ich diesen Artikel dahin, daß, wenn die Rechte und Pflichten der Mitgliedstaaten der EVG berührt werden, Deutschland gehört werden muß.

Schuman: Was die in der französischen Parlamentsdebatte gesagten Dinge anlangt, so spiegelt sich hier die gegenwärtige französische Geisteshaltung wider. Es lohnt sich nicht, darauf einzugehen, ob diese Geisteshaltung gerechtfertigt ist oder nicht. Sie ist jedenfalls eine politische Tatsache. Zur Aufnahme

8 Vgl. dazu Artikel 6, Absatz 7 (Fassung vom 6. Februar 1952) des Entwurfs für den EVG-Vertrag; B 14 (Sekretariat Pleven-Plan), Bd. 73.

9 Die Debatte in der französischen Nationalversammlung über die EVG fand vom 11. bis 19. Februar 1952 statt. Zur Resolution vom 19. Februar 1952 vgl. Dok. 48, Anm. 7.

10 Zur Einigung vom 25. Januar 1952 im Juristischen Ausschuß der EVG-Konferenz über die Artikel A und B eines Protokollentwurfs zu den Beistandsverpflichtungen unter den EVG-Mitgliedstaaten sowie zwischen EVG und NATO vgl. Dok. 33, Anm. 2. Vgl. dazu ferner Dok. 47.

neuer Mitgliedstaaten in die NATO ist ein französisches Gesetz nötig. Dies muß in diesem Zusammenhang beachtet werden. Was aber die Beziehungen zwischen der EVG und der NATO anlangt, so genügt der gestern vereinbarte Text. Ich bin überzeugt, daß unsere Zusammenarbeit sich weiter entwickeln wird, denn wir haben ja alle dieselben Absichten und Ziele.

Ich möchte die Gelegenheit wahrnehmen, um Ihnen folgendes mitzuteilen: Das französische Parlament hat uns ermächtigt, die Verhandlungen fortzusetzen, jedoch mit einer Mehrheit von nur 40 Stimmen, da 327 gegen 287 Abgeordnete sich für die Regierung ausgesprochen haben. Wir sind daher auf die Stimmen der Sozialisten in Frankreich angewiesen. Es gab bei dieser Abstimmung sehr viel mehr Abtrünnige im sozialistischen Lager als bei der letzten Abstimmung. Das bedeutet, daß wir in Zukunft noch mehr Schwierigkeiten haben werden. Aus diesem Grunde möchte ich jetzt sehr herzlich an meine drei Kollegen appellieren, sie möchten meine Politik nach Kräften unterstützen. Ich verfolge diese Politik, weil ich sie für einzig richtig für Frankreich und den Frieden halte. Aber es ist sehr wichtig für uns, Ihr Verständnis zu besitzen, was die Schwierigkeit unserer Lage anlangt. Wenn sich die Sozialisten bei der nächsten Abstimmung enthalten, dann haben wir keine Mehrheit mehr. Ich wollte Ihnen über diese Schwierigkeiten kurz berichten. Wir sind ihretwegen nicht entmutigt. Wir haben in der Vergangenheit schon große Schwierigkeiten überwunden, z. B. bei dem Schuman-Plan. Wir bleiben auch weiter hoffnungsvoll. Ich möchte aber meinen Kollegen für das bereits bewiesene Verständnis danken.

Eden: Ich danke Ihnen, Herr Schuman, wir haben es alle verstanden, und wir werden alles tun, Ihnen und einander zu helfen.

Acheson: Ich möchte mich dem anschließen, was Herr Eden Herrn Schuman gesagt hat. Ich werde in meinem Lande alles tun, um ihm zu helfen. Ich bin auch überzeugt, daß der Bundeskanzler ebenso denkt.

Auf Vorschlag von Außenminister *Eden* wird daraufhin ein im Entwurf bereits vorliegendes Kommuniqué von den Außenministern redigiert und angenommen.[11]

B 10 (Abteilung 2), Bd. 1042

[11] Für den Wortlaut des Kommuniqués vom 19. Februar 1952 vgl. BULLETIN 1952, S. 205.

56

Staatssekretär Hallstein an den Beauftragten des Bundeskanzlers, Blank

Geheim **20. Februar 1952**

Sehr geehrter Herr Blank!

Darf ich – nur zur Bestätigung unseres Gespräches von heute – noch einmal darum bitten, im Sinne dieses Gespräches für die Vorbereitung der folgenden Punkte Sorge zu tragen:

1) daß auch ein deutscher Vertragstext des EVG-Vertrages authentisch gemacht wird;

2) daß eine Formel für unsere Beteiligung an den technischen und militärischen Diensten der Atlantikorganisation gesucht wird;

3) daß die Liste der „gefährlichen Waffen"[1], für die eine Sonderregelung vorgesehen ist, durch Sachverständige geprüft wird. Herr McCloy sagte mir heute, daß er gern morgen unter seinem Vorsitz die alliierten und die deutschen Sachverständigen versammeln möchte. Die Sache ist dadurch sehr eilig geworden;

4) daß überlegt wird, wie dem Bedürfnis genügt wird, Verteidigungsanlagen herzustellen, ohne deshalb den Notstand im Sinne des Generalvertrags[2] erklären zu müssen. Ein alliierter Entwurf für die Regelung dieser Fragen geht Ihnen zu.[3] Er scheint mir, wie ich Herrn McCloy schon mitgeteilt habe[4], in der Frage der Übertragung von Befugnissen an die Militärkommandeure zu weit zu gehen;

1 Zum Entwurf der Drei Mächte vom 16. Februar 1952 für eine Erklärung der Bundesregierung zum Verzicht auf die Herstellung bestimmter Rüstungsgüter vgl. Dok. 53, Anm. 6.

2 Artikel V des Entwurfs vom 22. November 1951 für den Generalvertrag erlaubte es den Drei Mächten im Fall einer Gefährdung der Sicherheit ihrer in der Bundesrepublik stationierten Streitkräfte, im gesamten Gebiet oder in einem Teil der Bundesrepublik den Notstand zu erklären. Für den Wortlaut vgl. AAPD 1951, Dok. 193.

3 Am 21. Februar 1952 übermittelte Legationsrat I. Klasse Bottler dem Beauftragten des Bundeskanzlers, Blank, einen Entwurf der Drei Mächte vom 15. Februar 1952 für Artikel 2, Absatz 4 des Truppenvertrages über die Errichtung von Verteidigungsanlagen in der Bundesrepublik. Für das Begleitschreiben vgl. B 10 (Abteilung 2), Bd. 1042.
In dem Entwurf führten die Drei Mächte aus: „a) Die Bundesregierung wird auf Ersuchen der Streitkräfte, und die Streitkräfte können: 1) Verteidigungsanlagen und -werke und Sicherheitsvorrichtungen in dem Ausmaße, der räumlichen Lage und der Ausführungsart errichten, ändern oder beseitigen, 2) vor der Erklärung eines Notstandes, der zur wirksamen Durchführung militärischer Operationen und zur Gewährleistung der Sicherheit der in der Bundesrepublik stationierten bewaffneten Streitkräfte vor einem von außen kommenden Angriff oder einem drohenden Angriff erforderlich ist, diejenigen Maßnahmen ergreifen, wie sie durch den Oberbefehlshaber der beteiligten Streitkräfte als wesentlich für die gemeinsame Verteidigung in Erfüllung der Weisungen von SACEUR bestimmt werden. b) Maßnahmen, die auf Grund der Bestimmungen dieses Absatzes in die Wege geleitet oder ergriffen werden, stellen Maßnahmen dar, die auf Grund der in Artikel II des Generalvertrages genannten Rechte der Drei Mächte ergriffen werden." Vgl. B 10 (Abteilung 2), Bd. 1042.

4 Staatssekretär Hallstein führte gegenüber dem amerikanischen Hohen Kommissar McCloy am 15. Februar 1952 in London aus, daß die Bundesregierung den Entwurf der Drei Mächte prüfen werde. Er sehe jedoch Schwierigkeiten voraus, „insbesondere wenn es sich etwa um die Übertragung obrigkeitlicher Befugnisse an fremde Truppenkommandeure handele und nicht bloß um ihr Recht, von deutschen Behörden eine bestimmte Unterstützung zu fordern". Vgl. B 10 (Abteilung 2), Bd. 1042.

5) daß die Regelung im EVG-Vertrag so gestaltet wird, daß es eines besonderen deutschen Wehrgesetzes möglichst nicht bedarf;

6) daß die Frage der Termine für die Einziehungen geklärt wird. Zu diesem Punkt verweise ich besonders auf unsere Unterhaltung.

Mit herzlichen Grüßen

Ihr Hallstein[5]

B 10 (Abteilung 2), Bd. 1042

57

Staatssekretär Hallstein an den französischen Hohen Kommissar François-Poncet

214-21 II 15214/51 **22. Februar 1952[1]**

Herr Botschafter,

Wie die Bundesregierung aus saarländischen Pressemeldungen entnimmt, ist eine Verpachtung der Steinkohlefelder im Warndt durch die Régie des Mines de la Sarre an die Charbonnages de France, Sektion Lothringen, beabsichtigt.

Eine rechtliche Grundlage für eine solche Verpachtung könnte nur in der französisch-saarländischen Konvention über den Betrieb der Saargruben vom 3. März 1950[2] gefunden werden. Gegen diese Konvention hat die Bundesregierung mit ihrer Note vom 5. Mai 1950[3] Verwahrung eingelegt, weil sie in diesem Abkommen wie in den übrigen französisch-saarländischen Abkommen vom 3. März 1950[4] den Versuch erblicken mußte, die Grundlage für eine endgültige Lösung der Saarfrage zu schaffen. Eine solche Lösung aber ist nach der übereinstim-

5 Paraphe.

1 Vervielfältigtes Exemplar.

2 Artikel 4 der Konvention zwischen dem Saarland und Frankreich über den Betrieb der Saargruben sah vor, daß die Saargrubenverwaltung (Régie des Mines de la Sarre) Grundstücke und Einrichtungen der Gruben „verpachten, sie mit dinglichen Rechten belasten, sie im Wege des Verkaufs oder Tausches abtreten und entgeltlich oder unentgeltlich über alle beweglichen Güter oder nicht-körperlichen Rechte [...] verfügen“ könne. Vgl. AMTSBLATT DES SAARLANDES, Nr. 2 vom 5. Januar 1951, S. 25.

3 In dem Schreiben an den Geschäftsführenden Vorsitzenden der AHK, McCloy, wies Bundeskanzler Adenauer darauf hin, daß das Deutsche Reich als alleiniger Aktionär Eigentümer der Saargruben gewesen sei. Die französische Besatzungsmacht sei „auf die treuhänderische Verwaltung, Verwahrung, Erhaltung und Beschützung dieses Eigentums beschränkt. Eine Verfügung zu Gunsten des Treuhänders selbst, wie sie in der Überlassung des Betriebes der Gruben an den französischen Staat liegt, ist mit dieser Rechtslage nicht vereinbar.“ Vgl. B 10 (Abteilung 2), Bd. 473.

4 Der französische Außenminister Schuman und Ministerpräsident Hoffmann schlossen zwölf Abkommen über den Status des Saargebiets. Besondere Bedeutung kam neben der Konvention über die Saargruben der Allgemeinen Konvention sowie den Konventionen über die Durchführung der französisch-saarländischen Wirtschaftsunion und über den Betrieb der Eisenbahnen des Saargebiets zu. Für den Wortlaut vgl. AMTSBLATT DES SAARLANDES, Nr. 2 vom 5. Januar 1951, S. 3–52.

menden Auffassung der Bundesregierung und der alliierten Regierungen dem Friedensvertrag oder einem gleichartigen Vertrag vorbehalten.

Darüber hinaus sieht die französisch-saarländische Grubenkonvention vom 3. März 1950 selbst ausdrücklich vor, daß den Bestimmungen des Friedensvertrages nicht vorgegriffen werden soll.[5] Wenn aber die quantitativ und qualitativ bedeutendsten Kohlevorkommen des Saargebiets für angeblich fünfzig Jahre an die Charbonnages de France verpachtet würden, so würde damit wegen der grundlegenden Bedeutung der Montanindustrie für die saarländische Wirtschaft so tief in die Verhältnisse an der Saar eingegriffen, daß die Bundesregierung darin eine erneute Präjudizierung der endgültigen Lösung der Saarfrage erblikken müßte.

Die Bundesregierung ist weiter der Ansicht, daß durch eine langfristige Verpachtung der Kohlevorkommen im Warndt den Charbonnages de France, Sektion Lothringen, eine künstliche Vorzugsstellung innerhalb der Europäischen Gemeinschaft für Kohle und Stahl eingeräumt würde, die einen wesentlichen Vorteil im Zugang zu den Versorgungsquellen mit sich bringt. Durch die Kontrolle dieser Kohlevorkommen würde der normale Wettbewerb auf dem Gemeinsamen Markt beeinträchtigt werden. Die Europäische Gemeinschaft für Kohle und Stahl würde sich daher unter den Gesichtspunkten der Art. 65 und 66 des Vertrages vom 18.4.1951[6] vordringlich mit dieser Angelegenheit zu befassen haben.

Die Bundesregierung bittet deshalb die Regierung der Französischen Republik, das Vorhaben eines Pachtvertrags über die Warndtkohlefelder nicht weiterzuverfolgen.

Genehmigen Sie, Herr Botschafter, den Ausdruck meiner ausgezeichnetsten Hochachtung.

gez. Hallstein

B 17 (Saarfrage), Bd. 165*

[5] Vgl. dazu Artikel 1 der Konvention zwischen dem Saarland und Frankreich über den Betrieb der Saargruben; AMTSBLATT DES SAARLANDES, Nr. 2 vom 5. Januar 1951, S. 24.

[6] Artikel 65 des EGKS-Vertrages verbot „alle Vereinbarungen zwischen Unternehmen, alle Beschlüsse von Verbänden von Unternehmen und alle verabredeten Praktiken, die darauf abzielen würden, auf dem gemeinsamen Markt unmittelbar oder mittelbar den normalen Wettbewerb zu verhindern, einzuschränken oder zu verfälschen, insbesondere a) die Preise festzusetzen oder zu bestimmen, b) die Erzeugung, die technische Entwicklung oder die Investitionen einzuschränken oder zu kontrollieren, c) die Märkte, Erzeugnisse, Abnehmer oder Versorgungsquellen aufzuteilen". Vgl. BUNDESGESETZBLATT 1952, Teil II, S. 464 f.
In Artikel 66 war festgelegt, daß jeder Zusammenschluß von Unternehmen der Montanindustrie der vorherigen Genehmigung durch die Hohe Behörde der EGKS bedurfte. Für den Wortlaut vgl. BUNDESGESETZBLATT 1952, Teil II, S. 465–468.

* Bereits veröffentlicht in: BDFD I, S. 302 f.

58

Aufzeichnung des Oberregierungsrats Pühl, Bundeskanzleramt

22. Februar 1952

Dem Herrn Staatssekretär[1] vorzulegen.

Betr.: Ausfuhr von Sprengstoff nach Ägypten[2]

In der vorbezeichneten Angelegenheit habe ich weisungsgemäß heute mit dem Bundeswirtschaftsministerium verhandelt. Die zuständigen Herren, insbesondere Herr Dr. Kroll, vertraten die Ansicht, daß es sich um eine politisch so bedeutsame und gefährliche Angelegenheit handelt, daß die Entscheidung nur von der politischen obersten Instanz der Bundesregierung getroffen werden könne. Auf der anderen Seite aber bestände nicht mehr die Möglichkeit, die Versendung aufzuhalten, weil andernfalls eine Konventionalstrafe in Höhe von 600 000,- DM mit Sicherheit auf die Bundesrepublik zukommen würde, weil für die Suspendierung der Ausfuhrbewilligung eine Rechtsgrundlage nicht gegeben ist. Außerdem seien erhebliche innerpolitische Schwierigkeiten zu befürchten, die einmal durch eine Pressekampagne der betroffenen Firma ausgelöst werden könnten und zum anderen dadurch entstehen könnten, daß die Bundesregierung dem Parlament Rechenschaft über die Bereitstellung der Konventionalstrafe ablegen müßte. Die Bedenken, die gegen die Freigabe der Ausfuhr bestehen, werden jedoch dadurch abgemildert, daß für die erste Verschiffung nur 15% der für die Ausfuhr beabsichtigten Menge versandt wird. Es besteht durchaus noch die Möglichkeit, daß die restlichen 85% zurückgehalten werden, wenn eine durch das Wirtschaftsministerium eingeleitete sachliche Prüfung ergeben sollte, daß die Sprengstoffe auch für militärische Zwecke Verwendung finden könnten. Dies wird von sachverständiger Seite des Bundeswirtschaftsministeriums bestritten.

Es war nicht mehr möglich, über diese Frage mit Wahnerheide zu sprechen, weil die maßgeblichen Herren nicht mehr anwesend waren. Nach Rücksprache mit Dr. Rust hat Dr. Kroll es übernommen, morgen mit Mr. Trevelyan zu sprechen

1 Otto Lenz.

2 Mit Schreiben vom 16. Februar 1952 informierte der britische Stellvertretende Hohe Kommissar Ward Staatssekretär Lenz, Bundeskanzleramt, daß die ägyptische Regierung bei einem deutschen Unternehmen verschiedene Sprengstoffe, u. a. „Gelatine Donarit I" und „Gelatine Donarit II", bestellt habe. Dazu führte er aus: „In view of present conditions in Egypt, and the continuance of outrages against the British Forces in the Suez Canal Zone, there appears to be a strong risk that these materials might get into the hands of terrorists and be used against installations of the British Forces in Egypt. [...] In accordance with instructions from the Foreign Office, I am therefore writing to you to express the earnest hope of the British Government that the Federal Government will take the necessary steps to hold up the shipment of the two particular items referred to above." Vgl. Bundesarchiv Koblenz, B 136 (Bundeskanzleramt), Bd. 7805.
Hierzu teilte Regierungsrat Wirsching, Bundeskanzleramt, Staatssekretär Lenz, Bundeskanzleramt, am 18. Februar 1952 mit, daß die Ausfuhrgenehmigung, welche die Zentrale Genehmigungsstelle „dem Export-Kaufmann Lomberg [...], hinter dem die Troisdorfer Dynamit A.G. steht", am 23. Januar und am 13. Februar 1952 für 152 t Sprengstoff, 5000 m Zündschnur und 100.000 Sprengkapseln erteilt habe, vom Bundesministerium für Wirtschaft suspendiert worden sei. Vgl. Bundesarchiv Koblenz, B 136 (Bundeskanzleramt), Bd. 7805.

und ihm den deutschen Standpunkt darzulegen. Es ist allerdings zu befürchten, daß die Engländer sachlichen Argumenten nicht zugänglich sind, sondern die Dinge rein politisch sehen. Dann bliebe nur noch ein Gespräch auf höchster Ebene mit Mr. Ward möglich, das wohl mit Ihnen persönlich geführt werden müßte.[3]

Ich bin mit Dr. Kroll übereingekommen, daß dieser für den Fall, daß Ihre Einschaltung erforderlich ist, Sie morgen hiervon in Kenntnis setzt.

Pühl

Bundesarchiv Koblenz, B 136 (Bundeskanzleramt), Bd. 7805

59

Vorsitzender des Außenwirtschaftsausschusses des DIHT, Wenhold, an Bundeskanzler Adenauer

23. Februar 1952[1]

Der Außenwirtschaftsausschuß des Deutschen Industrie- und Handelstages stellt in seiner Tagung am 22. d. M. in Köln mit Besorgnis fest, daß immer noch in zahlreichen für den Warenverkehr mit Deutschland wichtigen Ländern amtliche Wirtschaftsvertretungen fehlen. Die gegenwärtige handelspolitische Lage Deutschlands erfordert eine ständige Steigerung des Exports und damit restlose Ausnutzung aller Möglichkeiten zur Information und Erweiterung unserer Geschäftsbeziehungen. Es kann daher nicht verantwortet werden, daß der deutschen Außenwirtschaft durch das Fehlen amtlicher Vertretungen ein der ausländischen Konkurrenz ohne weiteres zur Verfügung stehendes Hilfsmittel verschlossen bleibt und damit ein empfindlicher Nachteil im Wettbewerb auferlegt wird. Die Folgen dieser Verzögerung sind bereits jetzt festzustellen, insbesondere im Verkehr mit dem Nahen und Mittleren Osten sowie im Handel mit den afrikanischen Plätzen. Ein vorwiegendes Interesse besteht an der Errichtung amtlicher Vertretungen in Salisbury, Leopoldville, Luanda, Lourenco Marques, Nairobi, Liberia, Addis Abeba, Casablanca und Lagos.

Der Vorsitzende des Außenwirtschaftsausschusses des Deutschen Industrie- und Handelstages.

gez. Wenhold

Unterabteilung 40, Bd. 33

3 Am 22. Februar 1952 bestätigte Staatssekretär Lenz, Bundeskanzleramt, dem Bundesministerium für Wirtschaft das Ausfuhrverbot. Vgl. dazu Bundesarchiv Koblenz, B 136 (Bundeskanzleramt), Bd. 7805.

1 Das Schreiben wurde am 23. Februar 1952 vom Presse- und Informationsamt der Bundesregierung übermittelt.

60

Aufzeichnung des Legationsrats I. Klasse Trützschler von Falkenstein, z. Z. Genf

202-05 II 2607/52 **23. Februar 1952**[1]

Weisungsgemäß habe ich am 22. Februar den Vorsitzenden der Kommission der Vereinigten Nationen für die Überprüfung der Voraussetzungen freier Wahlen in Deutschland, den brasilianischen Minister Mendes Vianna, aufgesucht. Ich habe ihm mitgeteilt, daß ich in den nächsten Tagen nach Bonn zurückfahren und gerne meiner Regierung alle etwaigen Wünsche der Kommission übermitteln würde.

Herr Mendes Vianna, der meinen Besuch mit großer Freundlichkeit aufnahm, gab mir zunächst die Telegramme an die Alliierte Hohe Kommission[2] einerseits und General Tschuikow[3] andererseits zu lesen, die die Kommission in ihrer Sitzung am Freitag, den 22. Februar, angenommen hat. Diese Telegramme sollen 48 Stunden nach ihrer Absendung veröffentlicht werden.[4] Sie dürften also am Montag[5] in Bonn bekannt sein.

Diesen Telegrammen zufolge spricht die Kommission den Wunsch aus, am 17. März mit Vertretern der Bundesregierung die Frage zu besprechen, in welcher Form die Kommission ihre Aufgabe in der Bundesrepublik durchführen wird. Aus dem Gespräch ergab sich, daß die Kommission die Absicht hat, am 17. März in Bonn (oder in einer anderen von der Bundesregierung bestimmten Stadt) einzutreffen und diese Vorbesprechungen mit den Beauftragten der Bundesregierung zu führen. Die Kommission will sich anschließend nach Berlin begeben, um dort mit den Behörden West-Berlins ähnliche Besprechungen zu führen. Andere Mitglieder der Kommission wollen gleichzeitig in die sowjetische Besatzungszone reisen, falls die Verwaltung der sowjetischen Besatzungszone zu entsprechenden Verhandlungen bereit sein sollte.

Aus dem Gespräch ging eindeutig hervor, daß die Kommission ihre Tätigkeit in der Bundesrepublik und in West-Berlin auch dann durchführen wird, wenn die Zulassung in die sowjetische Besatzungszone verweigert werden sollte. Die Kommission glaubt, ihre Arbeiten in der Bundesrepublik in ein bis zwei Monaten zu Ende führen zu können. Sie wird dann in ihrem Bericht feststellen, daß

1 Am 26. Februar 1952 leitete Legationsrat I. Klasse Trützschler von Falkenstein die Aufzeichnung an Staatssekretär Hallstein weiter. Für den Begleitvermerk vgl. B 10 (Abteilung 2), Bd. 223.
Hat Hallstein am 26. Februar 1952 vorgelegen.
Hat Legationsrat Limbourg am 27. Februar 1952 vorgelegen, der handschriftlich die Weiterleitung an Legationsrat I. Klasse Böker verfügte.
Hat Böker am 27. Februar 1952 vorgelegen.

2 Für das Schreiben des Vorsitzenden der UNO-Kommission für gesamtdeutsche Wahlen, Vianna, vom 22. Februar 1952 an den Vorsitzenden des Rats der AHK, McCloy, vgl. B 10 (Abteilung 2), Bd. 223.

3 Für das Schreiben des Vorsitzenden der UNO-Kommission für gesamtdeutsche Wahlen, Vianna, vom 22. Februar 1952 an den Leiter der sowjetischen Kontrollkommission in der DDR, Tschujkow, vgl. B 10 (Abteilung 2), Bd. 223.

4 Vgl. dazu den Artikel „Deutschland-Kommission der UN lädt zu Wahlvorbesprechungen ein"; DIE NEUE ZEITUNG vom 25. Februar 1952, S. 1.

5 25. Februar 1952.

die Bundesrepublik entgegen den Behauptungen der Vertreter der Ostblockstaaten auf der Generalversammlung der Vereinigten Nationen alle Voraussetzungen zur Abhaltung freier und geheimer Wahlen erfüllt hat. Die gleichen Feststellungen wird die Kommission auch für West-Berlin treffen.

Offenbar ist der Präsident der Kommission gewillt, bei dem Aufenthalt der Kommission in der Bundesrepublik und vor allem in West-Berlin gegebenenfalls auch Aussagen über die Verhältnisse in der Sowjetzone entgegenzunehmen.

Ich habe unter Betonung meiner rein persönlichen Stellungnahme zum Ausdruck gebracht, daß diese Pläne der Kommission in der Bundesrepublik als wertvoller Beitrag für die Prüfung der Voraussetzungen zur Abhaltung freier gesamtdeutscher Wahlen gewiß lebhaft begrüßt werden würden. Herr Mendes Vianna sprach gewisse Besorgnisse darüber aus, daß die Ostblockstaaten ihre Haltung ändern und eine Zulassung der Kommission in der Sowjetzone ermöglichen könnten. Höchst unerwünscht wäre es auch, wenn etwa der Vertreter Polens sich nachträglich doch noch zu einer Beteiligung an den Arbeiten der Kommission entschließen sollte. Damit würde die Möglichkeit gegeben sein, die Arbeiten der Kommission, die im September an die Generalversammlung berichten soll, zu verschleppen. Interessant ist vielleicht noch, daß, wie Herr Mendes Vianna mitteilte, von amerikanischer Seite eine solche Änderung in der Haltung der Ostblockstaaten nicht erwartet wird.

Herr Mendes Vianna fährt am Sonntag[6] nach Brüssel und wird vor dem Wiederzusammentritt der Kommission in Genf am 9. März dem brasilianischen Botschafter in Bonn[7] einen persönlichen Besuch abstatten. Es dürfte also gegebenenfalls die Möglichkeit bestehen, mit Herrn Mendes Vianna in Bonn weitere private Gespräche zu führen.

Herr Mendes Vianna regte an, daß die Bundesregierung ihre zustimmende Antwort auf das Telegramm der Kommission möglichst bis zum 8. März der Kommission in Genf zukommen lassen sollte.[8] Die Kommission würde dann unter Hinweis auf die positive Antwort der Bundesregierung General Tschuikow nochmals ausdrücklich bitten, die Zulassung der Kommission in der sowjetischen Besatzungszone und eine Mitwirkung der Behörden dieser Zone bei den Arbeiten der Kommission herbeizuführen.

von Trützschler

B 10 (Abteilung 2), Bd. 223

6 24. Februar 1952.

7 Luis Pereira Ferreira de Faro.

8 Mit Schreiben vom 29. Februar 1952 teilte Bundeskanzler Adenauer dem Geschäftsführenden Vorsitzenden der AHK, McCloy, mit, daß die Bundesregierung den Beschluß der UNO-Kommission für gesamtdeutsche Wahlen begrüße, zu Vorbesprechungen mit Vertretern der Bundesrepublik, von Berlin (West) und der DDR zusammenzukommen. Für den Wortlaut vgl. B 10 (Abteilung 2), Bd. 1318. Vgl. auch BULLETIN 1952, S. 255.

61

Bundeskanzler Adenauer an den amerikanischen Außenminister Acheson

MB 283/52 **27. Februar 1952**[1]

Ihr persönlicher Appell an mich[2] hat mich sehr bewegt. Ich hoffe, Sie werden der Entscheidung der Bundesregierung[3] entnommen haben, wie sehr wir bestrebt waren, bis an die Grenze unserer Kraft auch an den Opfern teilzunehmen, die der freien Welt aufgezwungen sind. Seien Sie gewiß, daß sowohl die Bundesregierung wie das deutsche Volk sich wohl bewußt sind, mit welchem Verständnis Sie unsere besondere Lage stets gewürdigt haben und mit welcher Fairneß Sie sich bemüht haben, sie mit den Interessen der anderen beteiligten Länder

1 Das Schreiben wurde am 27. Februar 1952 um 17.10 Uhr telefonisch übermittelt.
Hat Staatssekretär Hallstein am 27. Februar 1952 vorgelegen.

2 Mit Schreiben vom 26. Februar 1952 teilte der amerikanische Außenminister Acheson, z. Z. Lissabon, Bundeskanzler Adenauer mit: „We have rec[eive]d your gov[ernmen]t's views on the financial matters. What you propose to do is good. What has been proposed to be said is bad. Eden, Schuman and I are sending you proposals for procedure and announcement. What I wish to add, personally, is the vast importance of your gov[ernmen]t's agreeing to our suggestions quickly. If the settlement of these questions [...] can be added to the achievements of London and Lisbon, we shall have made vast progress. Without it all is obscure. What is needed now is another of those acts of statesmanship of which you have proved yourself so capable in the past – an act of help to me in my efforts – which only you can give." Vgl. FRUS 1952–1954, V/1, S. 260.

3 Am 23. Februar 1952 berichtete der amerikanische Hohe Kommissar McCloy dem amerikanischen Außenministerium, daß die Bundesregierung einen Entwurf für eine Vereinbarung mit den Drei Mächten über den finanziellen Verteidigungsbeitrag der Bundesrepublik vorgelegt habe. Vgl. dazu FRUS 1952–1954, V/1, S. 256 f.
In dem undatierten Entwurf schlug die Bundesregierung vor, vom 1. April 1952 bis zum Inkrafttreten des EVG- und des Generalvertrages monatliche Leistungen von 500 Mio. DM für „die Anforderungen der Besatzungsmächte auf Grund des Besatzungsstatuts" zu erbringen. Nach dem Inkrafttreten der Verträge am 1. August 1952 sei sie bereit, bis zum 31. März 1953, dem Ende des NATO-Rechnungsjahres 1952/53, monatlich durchschnittlich 850 Mio. DM – eine Gesamtsumme von 8,8 Mrd. DM – zu bezahlen. Dieser Betrag ergebe sich aus der „Deckung der Kosten a) der neuen Truppenkontingente deutscher Abstammung, b) der sonstigen im Bundesgebiet stationierten Truppen, c) des sonstigen Aufwands der EVG (neue Gemeinschaftseinrichtungen)". Vgl. VS-Bd. 58 (Büro Staatssekretär); B 150, Aktenkopien 1952.
Am 26. Februar 1952 teilten die Außenminister Acheson (USA), Eden (Großbritannien) und Schuman (Frankreich) Bundeskanzler Adenauer dazu mit: „We have given immed[iate] consideration to a report just rec[eive]d of the Ger[man] proposals with regard to acceptance of the recommendations of the members of the exec[utive] bureau of the TCC for the amount of the German financial contribution to def[ense] in 1952–1953. [...] The substance of the position taken on the recommendations of the members of the exec[utive] bureau is satisfactory but this position is so obscured as to be unrecognizable. The agr[ee]m[en]t with us ought to be as straight-forward and simple as possible and ought to be divorced from Ger[man] domestic argumentation." Vgl. FRUS 1952–1954, V/1, S. 258 f.
In einem Kommuniqué vom 26. Februar 1952 teilte die Bundesregierung mit, daß „sie ihrem Verteidigungsbeitrag für das NATO-Jahr 1952/53 die von den Mitgliedern des Exekutivbüros des Temporary Council Committee empfohlene Zahl zugrunde legen wird. Dies bedeutet, daß die Bundesregierung zusätzlich zu den in ihren ordentlichen Haushaltsplänen vorgesehenen Ausgaben für Verteidigungszwecke einen durchschnittlichen Monatsbeitrag von 850 Millionen DM nach Errichtung der Europäischen Verteidigungsgemeinschaft leisten wird. Es ist vorgesehen, daß die Höhe der von Deutschland für Verteidigungszwecke zu zahlenden Gesamtbeträge selbstverständlich nach den gleichen Grundsätzen bestimmt werden wird, wie sie auf alle teilnehmenden Staaten Anwendung finden." Vgl. EUROPA-ARCHIV 1952, Bd. 1, S. 4797.

zum Ausgleich zu bringen. Das hat uns bei den schweren Entscheidungen, vor die wir gestellt waren, stets ermutigt. Ich danke Ihnen dafür und beglückwünsche Sie und Ihre Regierung zu dem großen Erfolg, den die Konferenzen in London[4] und Lissabon[5] für Sie bedeuten.

Adenauer[6]

VS-Bd. 28 (Büro Staatssekretär)

62

Aufzeichnung des Generalleutnants a.D. Speidel, Paris

27. Februar 1952[1]

Colonel Richardson meldete sich bei mir zu einem persönlichen Gespräch an, um von Lissabon[2] zu berichten. Das Gespräch fand am 27.2.1952, 18 Uhr bis 19.30 Uhr, statt – zunächst in Gegenwart von Herrn Major a.D. Buksch, dann unter vier Augen.

1) Ergebnisse der Tagung des Atlantikpaktrates in Lissabon:

Mit der grundsätzlichen Billigung des Planes einer Europäischen Verteidigungsgemeinschaft[3] sei auf der Regierungsebene kein Zurück mehr möglich. Der gleichberechtigte Einschluß Deutschlands sei, dem Wortlaut des Vertragsentwurfes entsprechend, sanktioniert worden. Bei der Schlußerklärung vor der Presse hätten alle Außenminister nicht nur die Einmütigkeit, sondern die großen Fortschritte der Konferenz öffentlich bekundet und einen Teil ihrer Konferenz-Schlußrede wiederholt. Nur Außenminister Schuman sei sehr zurückhaltend gewesen.

Richardson meinte voll Optimismus, die letzten Lücken des Vertrages seien im Prinzip geschlossen. Selbst die schwierige Frage der Aufschlüsselung der finan-

4 Zur Außenministerkonferenz am 18./19. Februar 1952 in London vgl. Dok. 52, Dok. 53 und Dok. 55.

5 Zur NATO-Ministerratstagung vom 20. bis 25. Februar 1952 vgl. Dok. 62.

6 Paraphe.

1 Durchdruck.
Hat Oberstleutnant a.D. de Maizière am 28. Februar 1952 vorgelegen, der handschriftlich die Weiterleitung an Vortragenden Legationsrat von Kessel verfügte.
Hat Kessel vorgelegen.
Mit Schreiben vom 28. Februar 1952 übermittelte Legationsrat von Heyden einen Durchdruck der Aufzeichnung an das Auswärtige Amt.

2 Die NATO-Ministerratstagung fand vom 20. bis 25. Februar 1952 statt. Vgl. dazu auch FRUS 1952–1954, V/1, S. 107–292.

3 Im Schlußkommuniqué vom 26. Februar 1952 wurde dazu ausgeführt, daß „die dem Vertrag zur Bildung der Europäischen Verteidigungsgemeinschaft zugrunde liegenden Prinzipien mit den Interessen der Partner des Nordatlantikpaktes in Einklang stehen". Der Ministerrat sei zu der Ansicht gelangt, daß „die Verpflichtungen und die Beziehungen zwischen den beiden Gemeinschaften auf dem Grundbegriff zweier eng miteinander verbundener Organisationen beruhen sollten, deren eine [...] im Rahmen und zur Verstärkung der anderen Organisation tätig sein soll". Vgl. EUROPA-ARCHIV 1952, Bd. 1, S. 4795.

ziellen Beiträge sei gelöst worden – und zwar, wie er glaube, in dem von Deutschland erwünschten Sinne.[4]

Die Beteiligung Deutschlands in allen Gremien der NATO, die sich mit der operativen Führung befassen würden, sei gesichert.[5] Er habe diese Frage auch mit General Gruenther noch einmal besprochen. Sitz der NATO soll das für die United Nations erbaute Gebäude vor dem Palais de Chaillot in Paris werden. Dort sollen von Anfang an in den entsprechenden Abteilungen auch deutsche Vertreter mitarbeiten.

Acheson habe in eindringlicher Weise bei jeder Gelegenheit – insbesondere bei Abschluß der Konferenz – die Notwendigkeit hervorgehoben, schnell zu greifbaren Ergebnissen zu kommen. Er habe sich nicht gescheut, in aller Deutlichkeit – an die Adresse Frankreichs gerichtet – vor jedem Versuche einer Verzögerung zu warnen. Ebenso habe auf dem militärischen Gebiete General Gruenther in Vertretung von Eisenhower den Zwang zur Beschleunigung hervorgehoben, obwohl von sowjetischer Seite keine neuen bedrohlichen Nachrichten vorliegen würden.

Nach der Einigung auf der Regierungsebene läge die Hauptaufgabe nunmehr in der Gewinnung der Parlamente für die Ratifizierung des Vertrages. Nach allgemeiner Auffassung sei es wesentlich einfacher, die Zustimmung auf breiter Basis in Deutschland zu finden als in Frankreich, da hier eine Fülle von Ressentiments vorläge. Es müsse nach Möglichkeiten gesucht werden, gewissen Wünschen auf politischer Ebene dem Scheine nach zu entsprechen, ohne an der Sache und dem gedachten Ablauf etwas zu ändern.

Es biete sich an, den Franzosen gewisse Besorgnisse zu nehmen, die sich aus ihren Verpflichtungen in Indochina und damit aus einer möglichen Herabsetzung des von ihnen zu stellenden europäischen Kontingentes ergeben könnten. Ich wies demgegenüber darauf hin, daß man sich nicht täuschen dürfe über psychologische und politische Schwierigkeiten, die auch in Deutschland zu überwinden wären (Haltung der Sozialdemokratie). Man könne auch dem deutschen Volke bzw. seiner parlamentarischen Vertretung nicht zuviel an Zugeständnissen in einem Augenblick zumuten, in dem auf französischer Seite von Mißtrauen erfüllte und sehr weitgehende Forderungen erhoben werden.

Zum Abschluß meinte Richardson, der Vertragstext müsse nun weitgehend „durchgepeitscht“ werden.

[4] Am 8. Februar 1952 verabschiedete das Temporary Council Committee einen Bericht über die NATO-Streitkräfteplanung von 1952 bis 1954, den es dem NATO-Ministerrat am 20. Februar 1952 in Lissabon vorlegte. Für den Wortlaut vgl. FRUS 1952–1954, V/1, S. 211–218.
Am 23. Februar 1952 nahm der NATO-Ministerrat in Lissabon die Vorschläge des Temporary Council Committee an. Vgl. dazu FRUS 1952–1954, V/1, S. 220–230.
Zur Festlegung des finanziellen Verteidigungsbeitrags der Bundesrepublik vgl. Dok. 61.

[5] Am 20. Februar 1952 verabschiedeten die stellvertretenden Ratsmitglieder der NATO einen Bericht über die Beziehungen zwischen EVG und NATO. Darin führten sie in Absatz 9 d aus: „Military agencies: It is understood that as soon as the European Defense Forces have been placed under the command of a NATO Commander, he will have officers of the European Defense Forces as members of his own headquarters and of the appropriate subordinate headquarters. NATO Commanders will ensure such liaison as may be necessary between European Defense Forces under their Command and the other military agencies of NATO.“ Vgl. FRUS 1952–1954, V/1, S. 250.
Am 22. Februar 1952 nahm der NATO-Ministerrat in Lissabon den Bericht an. Vgl. dazu FRUS 1952–1954, V/1, S. 139.

Im Verlaufe der Konferenz in Lissabon habe Acheson Frankreich angeboten, Indochina als Kriegsschauplatz der USA bzw. UN zu übernehmen, denn die dortige Auseinandersetzung könne nur im Rahmen des gesamten ostasiatischen Spannungsfeldes, d.h. mit Korea, Formosa, Indochina gesehen werden. Die Verpflichtungen würden nicht nur die Leistungskraft Frankreichs übersteigen, sondern auch alle Nachschublinien liefen nach den Vereinigten Staaten von Nordamerika und nicht nach Europa. Die Lage in Indochina scheine der wesentliche Grund für die Haltung des französischen Parlamentes auch in den Fragen der Europäischen Verteidigungsgemeinschaft zu sein. Frankreich habe jedoch bisher abgelehnt, dem Anerbieten der Vereinigten Staaten von Nordamerika zu entsprechen.

2) Ein weiterer Zweck seines Besuches war die Besprechung seiner bevorstehenden Deutschlandreise.

Er habe den Auftrag, von SHAPE aus folgende Fragen – hauptsächlich mit den Generalen Handy und Hays – zu klären:

a) Wie kann der deutsche Wehrbeitrag schon antizipiert werden, ehe der Vertrag unterzeichnet und ratifiziert ist? Diese Untersuchung soll in sich schließen: die sogenannten „Ausbildungshilfen“, das heißt die Verlegung deutscher Freiwilliger in die Vereinigten Staaten zur Ausbildung in allen Disziplinen, die finanzielle Deklarierung einer solchen Ausbildung und die Schaffung von Organisationsstäben in Deutschland, die weitgehend „zivil“ getarnt werden müßten.

b) Die Frage der Dislokation der alliierten und später der deutschen Verbände.

Hier sei ein Mißverständnis und eine erhebliche Auseinandersetzung durch einen Bericht des Oberbefehlshabers der Mittelfront, General Juin, entstanden, der eine Karte eingereicht habe, in der zum Beispiel vier deutsche Divisionen im Raume Hamburg/Schleswig-Holstein unter einem deutschen Korpskommando eingezeichnet gewesen wären, die anderen Kampfgruppen entsprechend der operativen Zweckmäßigkeit in Mittel- und Süddeutschland. Botschafter Alphand habe diese Karte in die Hände bekommen und sich entsetzt über diese „national-homogenen deutschen Korps“ geäußert (dieses gibt auch einen Schlüssel für die selbständige Änderung des Vertragstextes durch Botschafter Alphand!).

c) Behebung der psychologischen Schwierigkeiten in Deutschland, die durch den Einbau von Sprengkammern in Brücken entstanden sind. Ich wies ihn hierbei auf einige unverständliche und in ihrer fachlichen Bedeutung zweifelhafte Maßnahmen hin, die sich in jüngster Zeit in der französischen Besatzungszone abgespielt hätten. Unter anderem habe man sich im Schwarzwaldgebiet nicht mit der Anlage von Sprengkammern in Kunstbauten begnügt, sondern Sprengschächte in dem Unterbau der Schwarzwaldhochstraße und der Paßübergänge anbringen wollen.

Colonel Richardson ist mit großem Elan von Lissabon zurückgekommen, scheint aber die innerpolitischen Schwierigkeiten in Deutschland zu unterschätzen.

Speidel

VS-Bd. 6587 (EVG-Delegation)

63

Aufzeichnung des Referenten von Nostitz-Drzewiecki

210-02/55 III 56/52 geh. **28. Februar 1952**

Betr.: Errichtung einer deutschen inoffiziellen Vertretung in Wien[1]

I. Der Österreichische Generalkonsul suchte mich gestern von sich aus auf. Er begann die Unterhaltung mit der Frage, ob und wann Herr Junker nach Wien gehe. Ich erwiderte, daß mir davon nichts bekannt sei, fragte meinerseits, woher er die Information habe und erfuhr, daß der Herr Staatssekretär[2] ihm dies kürzlich mitteilte. Ich bemerkte dazu nur, daß die Ernennung m. W. noch nicht offiziell sei. In diesem Zusammenhang erwähnte Herr Schöner, daß von meiner Entsendung nach Wien „viel geredet" werde. Ich erwiderte ihm lachend, aber mit aller Deutlichkeit, daß bisher niemand an mich herangetreten sei, und ich gegebenenfalls bitten müsse, von meiner Person Abstand zu nehmen. So sehr mir Wien ans Herz gewachsen sei und so interessant die Aufgabe sein möge, würde ich es sachlich und persönlich für einen Fehler halten, als ersten deutschen Abgesandten einen Beamten nach Wien zu entsenden, der im Augenblick des Anschlusses der Gesandtschaft Wien angehörte.

Daraufhin fragte ich Herrn Schöner, ob denn der mit Herrn Junker besprochene Plan österreichischerseits überhaupt aufrechterhalten werde. Wir hätten seit unserem Gespräch vom 15. Januar[3] mit ihm nichts wieder über die Sache gehört. Herr Schöner tat so, als ob keine weitere Mitteilung der österreichischen

1 Am 4. Dezember 1951 notierte Vortragender Legationsrat Junker, er habe Gespräche mit der Dienststelle für Auswärtige Angelegenheiten im österreichischen Bundeskanzleramt geführt, in denen die österreichische Regierung ihrem Wunsch Ausdruck verliehen habe, „möglichst bald mit der Bundesrepublik Deutschland in diplomatische Beziehungen treten zu können". Dazu sei sie „grundsätzlich bereit, die Risiken zu laufen, die sich aus einer Außerachtlassung ihrer besatzungsrechtlichen Lage ergeben. Sie sieht sich hierzu um so eher in der Lage, als sie mit einer stillschweigenden Zustimmung der Westmächte rechnen zu können glaubt. Eine auch nur vertrauliche Unterrichtung ist indessen bisher nicht beabsichtigt. Dagegen wird der erwartete Widerspruch der UdSSR in Wien um so ernster genommen, als durch ihn die seit Jahren verfolgte ‚Politik des ungeteilten Österreich' gefährdet werden könnte." Österreich halte es daher für ratsam, den Aufbau einer Vertretung in Wien „in Stufen vorzunehmen, deren jede einzelne so klein sein sollte, daß sie allein keinen hinreichenden Anlaß zu einem sowjetischen Protest bzw. einem Schritt des Alliierten Rats bietet. Andererseits legt sie Wert auf einen amtlichen Abgesandten der Bundesregierung, mit dem sie diplomatisch verkehren kann. Sie würde es aber begrüßen, wenn dessen amtliche Eigenschaft nach außen nicht in Erscheinung treten würde und wenn deshalb die Bundesregierung sich [...] zunächst darauf beschränken würde, einen Vertreter ohne formelles Einführungsschreiben und Agrément nach Wien zu entsenden." Vgl. VS-Bd. 6873 (Abteilung 3); B 150, Aktenkopien 1952.

2 Walter Hallstein.

3 Am 15. Januar 1952 teilte Referent von Nostitz-Drzewiecki dem österreichischen Generalkonsul Schöner mit, daß die Bundesregierung bereit sei, „eine inoffizielle Vertretung in Wien" und „eine konsulatsähnliche Verbindungsstelle in einem der österreichischen Westländer" zu eröffnen. Ferner erklärte er: „Wir hielten es für zweckmäßig, wenn nicht sogar für notwendig, die hiesige Alliierte Hohe Kommission vorher von unserem Vorhaben zu verständigen und stellten anheim, das gleiche gegenüber den westlichen Alliierten in Österreich zu tun. Die Unterrichtung der Alliierten Hohen Kommission solle aber erst dann erfolgen, wenn wir mit der österreichischen Regierung auch im einzelnen einig geworden sind." Vgl. die Aufzeichnung von Nostitz-Drzewiecki vom 16. Januar 1952; VS-Bd. 6873 (Abteilung 3); B 150, Aktenkopien 1952.

Regierung nötig sei, und ich mußte ihn an den Inhalt unserer Unterhaltung erinnern. Herr Schöner bestätigte mir dann ausdrücklich, daß die Absprachen mit Herrn Junker bezüglich der Entsendung eines inoffiziellen Abgesandten nach Wien und der Eröffnung einer konsulatsähnlichen Stelle in den Westzonen nach wie vor zu Recht bestehen. Er meinte, daß sich alles Weitere finden werde, wenn der betreffende Abgesandte erst in Wien sei. Demgegenüber vertrat ich die Ansicht, daß der interne persönliche Status des Betreffenden besser vorher abzusprechen sei. Herr Schöner entgegnete, daß der Abgesandte grundsätzlich die diplomatischen Vorrechte erhalten würde, fügte aber hinzu: „vielleicht etwas weniger“. Als Beispiel für das Letztere erwähnte Herr Schöner die Frage einer Diplomatennummer am Auto, die der Betreffende selbst vielleicht gar nicht wünschen werde.

Zur Frage der Schaffung einer konsulatsähnlichen Stelle in den Westzonen äußerte Herr Schöner, daß es vielleicht besser sei, diese nicht gleich „Konsulat“ zu nennen, worin ich ihm zustimmte. Intern werde – so sagte Herr Schöner – der Abgesandte in Wien selbstverständlich der Vorgesetzte der zu errichtenden Dienststelle in den Westzonen und der Fürsorgestellen werden, unter denen er Salzburg, Klagenfurt, Graz, Linz – und etwas zögernd – Innsbruck nannte. Bezüglich der „Delegation Wien“ hielt er es für zweckmäßig, diese vorläufig ganz so zu belassen, wie sie zur Zeit ist.

Ich brachte sodann das Gespräch auf die Frage der Unterrichtung der Alliierten. Am zweckmäßigsten erschiene mir, daß einer unserer Beamten, der sowieso mit der AHK ständig zu tun hat, gelegentlich einer Vorsprache die AHK mündlich in möglichst loser Form von unseren Absichten unterrichtet. Herr Schöner war der gleichen Meinung und stimmte mir auch zu, daß diese Unterrichtung tunlichst erst dann erfolgen soll, wenn die Person des Abgesandten und das ungefähre Datum seiner Abreise geklärt sind. Ich bemerkte, daß wir wegen der Sowjets die ganze Angelegenheit bis auf weiteres als „geheim“ behandeln und hoffen, daß die Österreicher das gleiche tun werden. Herr Schöner stimmte zu und wird sich wegen der Frage der Unterrichtung der Alliierten nochmals nach Wien wenden.

Wir verabredeten ohne Datum eine neue Zusammenkunft, um die technischen Fragen durchzusprechen. Hierzu schlug Herr Schöner vor, dies an Hand der ihm zugegangenen Information über die Besprechung Junker in Wien und unserer Unterlagen zu tun. Diese Unterhaltung braucht m.E. erst nach Rückkehr aus meinem Urlaub (21.3.) stattzufinden.

Am Schluß unseres Gesprächs erzählte mir Herr Schöner, daß er demnächst ad personam den Gesandten-Titel erhalten werde. Auch dies sei ein Zeichen dafür, daß seine Regierung heute weniger vorsichtig zu sein brauche als bisher.

II. Der Österreichische Generalkonsul suchte mich heute mittag erneut auf. Er hatte mir schon vorher telefonisch angekündigt, daß er mich auf Grund einer ihm soeben zugekommenen Information im Zusammenhang mit unserer gestrigen Unterhaltung über gewisse Besorgnisse, die entstanden seien, zu unterrichten wünsche. Als er zu mir kam, fragte ich ihn gleich, ob sich diese Besorgnisse auf die heutige Meldung von Reuter/Bonn beziehen, nach welcher „die westlichen Alliierten in Wien den Wunsch der österreichischen Regierung zurückgewiesen haben, der Bundesrepublik die Entsendung einer inoffiziellen diplomatischen Vertretung nach Wien zu erlauben".[4]

Herr Schöner, der angab, diese Meldung nicht zu kennen, erklärte, er glaube, mich über die dieser falschen Meldung zugrunde liegenden Tatsachen aufklären zu können, und las mir aus einem Papier, das er bei sich hatte, folgendes vor:

„Von englischer und französischer Seite wurden gewisse Besorgnisse geäußert, daß die Entsendung eines deutschen Vertreters unerwünschte Reaktionen von gewisser Seite auslösen könnten. Diese Bedenken werden von der österreichischen Regierung nicht geteilt. Es sei den Engländern und Franzosen erklärt worden, daß sie etwaige Bedenken über ihre Hohen Kommissare[5] in der Bundesrepublik hier zur Sprache bringen sollten, falls sie dies für notwendig hielten."

Herr Schöner betonte mehrfach, daß die Besorgnisse nicht von den Amerikanern geäußert würden und daß die Bedenken von seiner Regierung nicht geteilt werden. Er bestätigte mir ausdrücklich, daß sich an unserer gestrigen Unterhaltung nichts geändert hat. Er habe uns nur unterrichten wollen. Dabei brachte er wiederum zum Ausdruck, daß seines Erachtens seitens der Sowjets keine Reaktionen zu befürchten seien; sonst hätten sie sich längst gegen seine eigene Entsendung nach Bonn gewandt oder als Ausgleich die Entsendung eines österreichischen Vertreters nach Ostdeutschland verlangt. Es war von Herrn Schöner nicht zu erfahren, wie es dazu kam, daß die Engländer und Franzosen obige Äußerungen tun konnten.

Wir erörterten dann, ob es unter diesen Umständen nicht doch besser sei, die AHK schon bald zu unterrichten, um ihr eventuell zuvorzukommen. Diese Frage wäre zu prüfen. Herr Schöner bat um Mitteilung, wann wir die Alliierten verständigen.

Ich habe den Eindruck, daß die österreichische Regierung kein klares Spiel spielt. Die kürzlichen Äußerungen des Generalsekretärs Vollgruber gegenüber Herrn Hirschfeld, die gestrigen Erklärungen Schöners an mich, die heutige Reuter-Meldung aus Bonn, die heutigen Mitteilungen Schöners an mich widersprechen sich. Die Angelegenheit muß deshalb m.E. mit großer Behutsamkeit behandelt werden. Auch aus diesem Grunde warne ich vor der Reise Herrn Junkers nach Salzburg zwecks Teilnahme an der Zusammenkunft der Leiter der Fürsorgestellen.[6]

4 Dazu vermerkte Referent von Nostitz-Drzewiecki am 29. Februar 1952, daß Oberregierungsrat von Tannstein, Presse- und Informationsamt, ihm am selben Tag mitgeteilt habe, „der hiesige Reuter-Korrespondent Frazer habe ihm vertraulich gesagt, daß der österreichische Außenminister Gruber dem britischen Botschafter und Hohen Kommissar in Wien, Caccia, ungefähr zu dem Zeitpunkt, als die Alliierten die Frage eines verkürzten Österreichischen Staatsvertrages zu erörtern begannen, den Wunsch der österreichischen Regierung auf Entsendung eines deutschen Vertreters nach Wien mitgeteilt habe. Der britische Botschafter habe sogleich erklärt, daß die Entsendung eines deutschen Vertreters nach Wien nicht in Frage komme [...]." Vgl. VS-Bd. 6873 (Abteilung 3); B 150, Aktenkopien 1952.

5 André François-Poncet (Frankreich) und Ivone Kirkpatrick (Großbritannien).

6 Am 10. Mai 1952 berichtete Referent von Nostitz-Drzewiecki über ein Gespräch mit dem österreichischen Gesandten Schöner vom Vortag, in dem dieser erklärt habe, daß Österreich seine Zustimmung zur Entsendung eines inoffiziellen Vertreters aufrechterhalte. Weiter führte Nostitz-Drzewiecki aus: „Herr Schöner wollte auch wissen, ob wir unsere Absicht auch dann durchführen werden, wenn die Hohe Kommission etwa negativ reagiert. Ich erwiderte ausweichend, daß man sich hierüber

Hiermit über Dg[7] D[8] vorgelegt.

Nostitz

VS-Bd. 6873 (Abteilung 3)

64

Aufzeichnung des Legationsrats I. Klasse Böker

MB 278/52 **28. Februar 1952**[1]
Geheim

Herr Barou aus London war heute als Vertreter von Herrn Goldmann bei mir, um einige auf die bevorstehenden Brüsseler Verhandlungen bezügliche Vorfragen zu klären.

1) Herr Barou berichtete, daß von israelischer Seite besondere Sicherheitsmaßnahmen in Brüssel getroffen würden, da gewisse Anzeichen dafür bestehen, daß radikale jüdische Kreise terroristische Störversuche unternehmen würden. Aus diesem Grunde lege die israelische Seite Wert darauf, als Verhandlungsort ein etwas außerhalb des Stadtzentrums von Brüssel gelegenes Hotel zu wählen. Es würde begrüßt werden, wenn die deutsche Botschaft in Brüssel entsprechend verständigt würde.

2) Herr Barou teilte mit, daß fast alle israelischen Delegationsmitglieder zwar fließend Deutsch sprächen, daß es aber aus innerpolitischen und optischen Gründen zunächst nötig sein würde, eine neutrale Verhandlungssprache zu wählen. Auf israelischer Seite besteht der Wunsch, daß die englische Sprache benutzt wird. Er bat mich festzustellen, ob Herr Professor Böhm des Englischen

Fortsetzung Fußnote von Seite 191

erst auf Grund des Verlaufs des Gesprächs schlüssig werden würde. Da wir aber einer Zustimmung der Hohen Kommission zur Entsendung eines inoffiziellen Vertreters nach Wien auch jetzt nicht bedürfen, könnte ich mir durchaus vorstellen, daß wir über die fehlende Zustimmung hinweggehen. Damit wollte ich vermeiden, daß Herr Schöner unter Umständen sofort zur Hohen Kommission läuft und sie zu einer negativen Stellungnahme veranlaßt." Vgl. VS-Bd. 6873 (Abteilung 3); B 150, Aktenkopien 1952.

Am 28. August 1952 notierte Ministerialdirektor Blankenhorn, daß er Ende Juli den Mitarbeiter im amerikanischen Hochkommissariat, Shinkman, gefragt habe, ob die Errichtung einer konsularischen oder diplomatischen Vertretung in Wien möglich sei: „Nach einiger Zeit hat mich Mr. Shinkman [...] verständigt, daß die Antwort der Amerikanischen Hohen Kommission in Wien negativ sei. Man halte den Zeitpunkt jetzt noch für ungeeignet und bitte, von entsprechenden Schritten abzusehen." Vgl. VS-Bd. 6873 (Abteilung 3); B 150, Aktenkopien 1952.

7 Hat Vortragendem Legationsrat von Etzdorf am 29. Februar 1952 vorgelegen.

8 Hat Botschaftsrat a. D. Kordt am 29. Februar 1952 vorgelegen.

1 Durchdruck.
Die Aufzeichnung wurde mit Begleitschreiben des Legationsrats I. Klasse Böker vom 28. Februar 1952 an Ministerialrat Kutscher, Bundesministerium für Wirtschaft, übermittelt.
Am 29. Februar 1952 vermerkte Legationsrat Limbourg handschriftlich: „Herr Prof[essor] Böhm hat Kenntnis genommen."

oder Französischen mächtig ist. Ich habe Herrn Barou nach Rückfrage bei Professor Böhm mitgeteilt, daß dies nicht der Fall ist, daß Professor Böhm aber bereit ist, seine Ausführungen durch einen Dolmetscher ins Englische übersetzen zu lassen. Herr Barou fügte hinzu, daß es sich im weiteren Verlauf der Verhandlungen vermutlich ganz von selbst ergeben würde, daß die beiden Delegationen sich der deutschen Sprache bedienen.

3) Was den Verhandlungsbeginn anlangt, so besteht auf israelischer Seite der Wunsch, statt am 17. März am 20., 21. oder 22. März zu beginnen.

4) Die israelische Regierung und die Conference on Jewish Claims werden jeweils nur kleine Delegationen von vier bis fünf Personen nach Brüssel entsenden. Es wird Wert darauf gelegt, daß auch die deutsche Delegation nicht sehr umfangreich sei und daß jeder „display“ unterbleibt. Ich erklärte Herrn Barou, daß dies auch mit den deutschen Wünschen übereinstimme und daß die Nähe Brüssels zu Bonn es auch ermögliche, Referenten aus den Ministerien kurzfristig als Sachverständige nach Brüssel kommen zu lassen.

5) Was den Gegenstand der Verhandlungen anlangt, so erklärte sich Herr Barou von den Vorbesprechungen, die er am gestrigen und heutigen Tage mit Herrn Bundesminister Erhard, Herrn Dr. Kutscher und Herrn Dr. Prentzel vom Bundeswirtschaftsministerium geführt hat, sehr befriedigt. Er ließ durchblicken, daß die israelische Seite in der Gesamtsumme von einer Milliarde Dollar keine unabdingbare Forderung sehe und daß man Verständnis dafür habe, daß wir uns auf eine so hohe Summe nicht festlegen könnten. Es käme in erster Linie an auf den sofortigen Beginn von Lieferungen solcher Art, die die Wirtschaftslage in Israel wesentlich erleichtern. Er verstehe auch, daß man ein Lieferungsprogramm zunächst nur bestenfalls für die nächsten zwei bis drei Jahre aufstellen könne. Danach müsse dann wieder weiter verhandelt werden. Wenn die Lieferungen erst einmal angelaufen seien, sei es auch sehr wohl möglich, daß Deutschland auf Grund der guten jüdischen Beziehungen zur amerikanischen Hohen Finanz Anleihen in Höhe von 1 bis 200 Millionen Dollar vermittelt würden.

Hiermit dem Herrn Staatssekretär vorgelegt.

[Böker][2]

VS-Bd. 1 (Büro Staatssekretär)

2 Verfasser laut Begleitschreiben.

65

Aufzeichnung des Delegationsleiters Grewe

29. Februar 1952

Betr.: Sicherheitsprotokoll

In dem Sachverständigenausschuß, der das den Truppenvertrag ergänzende Sicherheitsprotokoll verhandelt[1], ist in den meisten Fragen Einigkeit erzielt worden. In einer entscheidenden Frage bestehen jedoch noch schwerwiegende Meinungsverschiedenheiten:

Die Alliierten verlangen das Recht zur exklusiven Behandlung von sowjetischen Staatsangehörigen, Deserteuren aus den Satellitenstaaten und gewissen Zivilisten aus diesen Ländern. Bei anderen Personengruppen (Grenzläufern, Flüchtlingen usw.) verlangen sie keine exklusiven, sondern lediglich Prioritätsrechte.

Die deutsche Seite ist bereit, für eine Übergangszeit bis zum Aufbau eines eigenen deutschen Sicherheits- und Nachrichtendienstes gewisse Prioritätsrechte einzuräumen. Auf keinen Fall kann jedoch eine Befugnis zur exklusiven Behandlung der oben genannten Personengruppen zugestanden werden. Es ist daher verlangt worden, daß auch sowjetische Staatsangehörige, Deserteure aus den Satellitenstaaten usw. deutschen Behörden gegenübergestellt werden, ihnen gegenüber die Erklärung abgeben, ob sie Asylrecht in Anspruch nehmen und zum anderen von deutschen Beamten ausgefragt werden können. Als äußerstes Entgegenkommen ist von deutscher Seite die Bereitschaft angedeutet worden, daß diese Gegenüberstellung mit deutschen Behörden ohne Unterbrechung des alliierten Gewahrsams erfolgen könne.

Die alliierte Seite ist auf diesen weitgehenden Vermittlungsvorschlag nicht eingegangen, sondern besteht in einem am 27. 2. übergebenen Entwurf[2] nach wie vor auf exklusiven Rechten.

Ich bitte um eine Bestätigung, daß die bisher verfolgte deutsche Linie weiterhin aufrechterhalten werden soll. Es wäre sowohl für die interne Klärung als auch für die kommenden Verhandlungen wichtig, wenn ich in dieser Frage eines Rückhalts an höherer Stelle sicher wäre.

Grewe

VS-Bd. 5862 (Delegation Besatzungsstatut)

1 Der Sachverständigenausschuß „Zusammenarbeit in Sicherheitsfragen“ trat am 19. und 27. Februar 1952 zusammen.

2 Für den Wortlaut vgl. VS-Bd. 5862 (Delegation Besatzungsstatut).

66

Rundschreiben des Staatssekretärs Hallstein

213-02 II 643/52 Ang. I **1. März 1952**[1]

Betr.: Zustimmung der Bundesregierung zur Aufnahme von Verhandlungen mit der Regierung der Niederlande über Fragen der Grenzziehung

Die Gebiete von Elten und Selfkant wurden durch den Pariser Beschluß der Westalliierten vom 22. März 1949 unter niederländische Verwaltung gestellt.[2] Die amerikanische Hohe Kommission teilte der Bundesregierung in ihrer Note vom 20. Oktober 1949 hierzu mit, daß die Grenzfestlegung in der von den Kommissionen festgelegten Form bis zur Friedenskonferenz in Kraft bleiben werde.[3] In ihrer Antwortnote vom 17. Januar 1950 nahm die Bundesregierung davon Kenntnis, daß die an der deutsch-holländischen Grenze getroffenen Maßnahmen provisorisch sind und nur bis zu einer Friedenskonferenz in Kraft bleiben.[4] Am 22. Mai 1951 erhielt der Beschluß der Westalliierten in den Niederlanden durch Verabschiedung des Grenzkorrekturgesetzes Gesetzeskraft.

Seit der Wiederaufnahme der diplomatischen Beziehungen zwischen der Bundesrepublik und den Niederlanden[5] war das Grenzproblem als ein die deutsch-holländischen Beziehungen belastendes Element wiederholt zur Sprache gebracht worden. Von deutscher Seite wurde dabei kein Hehl daraus gemacht, daß die Bundesregierung die Pariser Verlautbarungen der sechs Mächte vom 22. März 1949 nicht anerkennen kann, da die Abtrennung eines deutschen Gebietsteiles mit deutscher Bevölkerung den Grundsätzen der Atlantikcharta[6] und, da die Bevölkerung nicht befragt wurde, dem Grundsatz des Selbstbestimmungsrechts der Völker widerspricht.

Nachdem der niederländische Außenminister[7] und maßgebliche Beamte des niederländischen Außenministeriums wiederholt die Ansicht zum Ausdruck

1 Vervielfältigtes Exemplar.

2 Am 22. März 1949 wurde in dem von Belgien, Frankreich, Großbritannien, Luxemburg, den Niederlanden und den USA gebildeten Ausschuß für die Westgrenzen Deutschlands ein Protokoll unterzeichnet, das eine Neuregelung des Grenzverlaufs mit Wirkung vom 23. April 1949 vorsah. Für den Wortlaut vgl. FRUS 1949, III, S. 436–444.
Im Schlußkommuniqué vom 28. März 1949 der Verhandlungen des Ausschusses wurde festgehalten, daß „das Problem der deutschen Grenzen [...] zur Zeit der endgültigen Friedensregelung neu überprüft und in seiner Gesamtheit endgültig geregelt werden" solle. Vgl. EUROPA-ARCHIV 1949, Bd. 1, S. 2028.
Auf der Grundlage des Protokolls vom 22. März 1949 legte die britische Militärregierung den Umfang der deutschen Gebiete fest, die „vorläufig der Verwaltung der Regierung Belgiens beziehungsweise der Niederlande überwiesen" werden sollten. Vgl. die Verordnung Nr. 184 der britischen Militärregierung vom 23. April 1949; AMTSBLATT DER MILITÄRREGIERUNG DEUTSCHLAND (Britisches Kontrollgebiet), Nr. 28, S. 1083–1087.

3 Für den Wortlaut vgl. B 10 (Abteilung 2), Bd. 389.

4 Für den Wortlaut vgl. B 10 (Abteilung 2), Bd. 390.

5 Am 4. April 1951 wurde die niederländische Botschaft in der Bundesrepublik, am 28. Juni 1951 die Botschaft der Bundesrepublik in den Niederlanden errichtet.

6 Für den Wortlaut der Gemeinsamen Erklärung des Präsidenten Roosevelt und des Premierministers Churchill (Atlantik-Charta) vom 14. August 1941 vgl. DzD I/2, S. 9–12.

7 Dirk U. Stikker.

gebracht hatten, daß die niederländische Regierung sich bereit finden werde, mit der Bundesregierung auf der Basis der Gleichberechtigung in zweiseitige Verhandlungen über die Grenzprobleme einzutreten, wurde dem deutschen Botschafter im Haag durch den Generalsekretär des niederländischen Außenministeriums[8] am 12. Januar d. J. das beiliegende Schriftstück mit Vorschlägen zu einem Abkommen über die deutsch-niederländische Grenzziehung übergeben.[9] Nach Ansicht des niederländischen Außenministeriums solle zunächst durch inoffizielle Abstimmung der beiderseitigen Wünsche eine Grundlage für offizielle Verhandlungen geschaffen werden. Wie der Generalsekretär im niederländischen Außenministerium Botschafter Du Mont gegenüber zum Ausdruck brachte, begreift die niederländische Regierung, daß ein Junktim zwischen den Grenzkorrekturen und dem Ems-Dollart-Problem für die Bundesregierung untragbar ist. Von niederländischer Seite könne jedoch die Regelung der Frage Elten-Selfkant nicht vorgenommen werden, wenn nicht gleichzeitig auch ein Weg für die Bereinigung des Ems-Dollart-Problems gefunden würde. Die beiden Probleme könnten dabei getrennt voneinander behandelt werden.

Die grundsätzliche Bereitschaft der Niederlande, die Gebiete von Elten und Selfkant vor Abschluß des Friedensvertrages zurückzugeben, stellt zweifellos ein Positivum dar. Eine den deutschen Wünschen entsprechende Regelung der Frage durch direkte Verhandlungen mit der niederländischen Regierung wäre nicht nur ein beachtlicher außenpolitischer Erfolg, sondern auch ein Vorgang, der für die Behandlung der übrigen Grenzfragen an der Westgrenze von Bedeutung sein müßte.

Das Dollart-Ems-Problem bildet seit langem Gegenstand der Erörterung in den Niederlanden. Dem Wunsche der niederländischen Regierung, das Dollartbecken einzudeichen, steht die Befürchtung entgegen, daß die Eindeichung und die damit verbundene Veränderung der Wasserverhältnisse für den Hafen von Emden und das Gebiet der unteren Ems überhaupt schwerwiegende Nachteile zur Folge haben würde. Ob eine Lösung des Problems möglich ist, ohne daß diese Folgen eintreten, müßte der Prüfung durch Sachverständige vorbehalten bleiben, wobei den vom Lande Niedersachsen geltend zu machenden Gesichtspunkten gebührend Rechnung zu tragen wäre. Zu diesen Sachverständigenberatungen könnten, wenn die technischen Gegebenheiten eine gemeinsame Erörterung aussichtsreich erscheinen lassen, zu einem späteren Zeitpunkt Sachverständige der niederländischen Regierung eingeladen werden. Die Frage, welche Rechtsform für eine etwaige gemeinsame Eindeichung des Dollart und eine gemeinsame Regelung der Schiffahrt in der Emsmündung gefunden werden kann, wäre wohl zunächst zurückzustellen, dagegen müßte der niederländischen Regierung gegenüber kein Zweifel darüber gelassen werden, daß die Bundesregierung eine Veränderung der Grenze im Dollart für überflüssig hält, da die von der niederländischen Regierung aufgeworfenen Fragen, wenn überhaupt, so durch die Schaffung gemeinsamer Einrichtungen und Organe gelöst werden könnten.

[8] Hendrik Nicolaas Boon.

[9] Dem Vorgang beigefügt. Vgl. B 10 (Abteilung 2), Bd. 392.

Die Bundesregierung wird gebeten, ihre Zustimmung zu geben, daß das Auswärtige Amt, nach vorheriger Unterrichtung der Länder Niedersachsen und Nordrhein-Westfalen, in dieser Angelegenheit Verhandlungen mit der niederländischen Regierung aufnimmt.

25 Abdrucke dieses Schreibens und seiner Anlage sind beigefügt. Den Herren Bundesministern sind je fünf Abdrucke, dem Herrn Chef des Bundespräsidialamts[10] zwei Abdrucke dieses Schreibens nebst Anlage unmittelbar übersandt worden.[11]

In Vertretung
gez. Hallstein

B 10 (Abteilung 2), Bd. 392

67

Aufzeichnung des Abteilungsleiters Mosler

1. März 1952[1]

Betr.: Rückgabe der Dokumente des Auswärtigen Amts[2]

A. Am 27. d.M. suchten mich Professor Noble, der Leiter der Historischen Abteilung des State Department in Washington, und Professor Wells, der Historiograph der Hohen Kommission, auf, um mit mir über die Frage der Rückgabe und Bearbeitung der Dokumente des Auswärtigen Amts zu sprechen, die zur Zeit in England lagern. Ich habe im Benehmen mit Herrn Dittmann Herrn Andres (Politisches Archiv) zugezogen.

Herr Noble befindet sich augenblicklich für einige Tage in Deutschland, um die deutsche Stellungnahme zu den in der alliierten Note vom Juli 1951 geäußerten Vorschlägen[3] zu erfahren. Er wird in der nächsten Woche in London an ei-

10 Manfred Klaiber.

11 Zur Entscheidung des Kabinetts, mit den Niederlanden Verhandlungen über die Grenzfrage aufzunehmen, vgl. Dok. 103, Anm. 4.

1 Durchdruck.

2 Zur Bitte des Bundeskanzlers Adenauer vom 17. Mai 1951 an die AHK um eine beschleunigte Rückgabe der Akten des Auswärtigen Amts aus der Zeit vor 1945 vgl. AAPD 1951, Dok. 85.

3 Mit Schreiben vom 6. Juli 1951 informierte der Geschäftsführende Vorsitzende der AHK, Kirkpatrick, Bundeskanzler Adenauer über die Bereitschaft der Drei Mächte, der Bundesregierung aus den Akten des Auswärtigen Amts von 1919 bis 1945 „eine vollkommene Sammlung aller bis jetzt angefertigten Mikrofilme sowie eine Kopie aller in Zukunft angefertigten Mikrofilme leihweise zu überlassen, so daß die Bundesbehörden von diesen Filmen Kopien anfertigen und die Orginalkopie zurückgeben können“. Des weiteren sollte ein Verbindungsbeamter mit uneingeschränktem Zugang zu allen Akten ermächtigt werden, „Wünsche der Bundesrepublik in bezug auf Kopien von Akten und Berichte aufgrund solcher Akten unter noch zu vereinbarenden Bedingungen zu erfüllen“. Zugleich wurde die Bundesregierung dazu eingeladen, einen deutschen Wissenschaftler zu bestimmen, der sich an der Auswahl und Veröffentlichung von Archivalien beteiligen sollte. Ferner kündigte die AHK die Rückgabe der politischen Verträge des Deutschen Reiches und der Akten der Kon-

ner Konferenz der amerikanischen, englischen und französischen Chief Editors[4] über die interalliierte Dokumentenpublikation für die Zeit vor dem 2. Weltkrieg teilnehmen und dann nach Washington zurückkehren.

Herr Noble fragte mich, wann wir auf die erwähnte alliierte Note antworten und welchen Inhalt unsere Stellungnahme haben würde. Ich betonte, daß die Bundesrepublik Eigentümerin dieser Dokumente sei und auf baldige Rückgabe Wert lege. Über die technische Seite der Rückführung und über die Berücksichtigung der Wünsche der Interalliierten Editionskommission könne man sich unterhalten. Ich schlug ihm vor, daß wir einen Beamten des Auswärtigen Dienstes mit archivalischen Kenntnissen nach London entsenden würden, um im einzelnen in Erfahrung zu bringen, um welche Akten es sich handle und in welcher Form und binnen welcher Fristen die Rückgabe erfolgen könne.

Herr Noble erklärte sich mit diesem Vorschlag einverstanden. Er sagte, daß das Prinzip der Rückgabe anerkannt werde, daß indes der Zeitpunkt davon abhänge, inwieweit die Akten von der Interalliierten Editionskommission für ihre Arbeiten noch benötigt würden. Einen Teil könne man sicherlich sofort zurückgeben, die anderen Teile nach ihrer Bearbeitung durch die Kommission.

Über die Arbeitsweise der Interalliierten Editionskommission sagte er, daß die drei beteiligten Länder je einen Chief Editor ernannt hätten. Die Akten würden von den Engländern im Original, von den Franzosen und Amerikanern in ihren Hauptstädten in Mikrofilmen bearbeitet. Von Zeit zu Zeit träfen die Chief Editors in London zusammen und wählten die zur Publikation geeigneten Dokumente aus. Bisher habe sich ergeben, daß ganz überwiegend (Herr Noble sprach von 90%) die gleiche Auswahl unabhängig voneinander in den drei Hauptstädten getroffen worden sei. Jeder Chief Editor habe das Recht zu verlangen, daß Dokumente aufgenommen würden, auch wenn seine Kollegen nicht dieser Auffassung seien. Die alliierte Seite schlage uns vor, ebenfalls einen deutschen Chief Editor zu ernennen, der den gleichen Status und die gleichen Rechte wie die drei anderen Editoren habe.

Ich erwiderte Herrn Noble, daß wir uns über die Beteiligung an der Editionskommission schlüssig werden würden, wenn der Archivbeamte des Auswärtigen Amts Gelegenheit gehabt habe, das Document Center in London zu sehen und sich über die Arbeit der Kommission näher zu orientieren. Vermutlich würden wir, falls wir auf die alliierten Vorschläge eingehen würden, einige – vielleicht drei – deutsche Historiker ernennen, um das Auswärtige Amt in der Frage der Publikation der Vorkriegsdokumente zu beraten. Es sei unser Ziel, die historischen Arbeiten an den Dokumenten zu einer gemeinsamen Sache der deutschen Historiker und Archivare zu machen. Es erscheine uns deshalb nicht richtig, einen Historiker allein herauszustellen. Es lasse sich jedoch darüber reden, daß die deutsche beratende Kommission einen Vorsitzenden wähle,

Fortsetzung Fußnote von Seite 197

sulate, der Abteilung Protokoll sowie der Haushalts- und Kassenakten an. Schließlich erklärten die Drei Mächte, „daß sie imstande sein werden, alle Archive aus der Zeit vor 1914 Anfang des Jahres 1952 zurückzugeben". In diesem Zusammenhang bat die AHK um eine Bestätigung, „daß die Akten späterhin den Wissenschaftlern aller Nationen zum Studium zur Verfügung stehen werden". Vgl. B 118 (Referat 117), Bd. 507.

4 Maurice Baumont (Frankreich), Margaret-Lambert (Großbritannien), Bernadotte E. Schmitt (USA).

der die Rechte des deutschen Chief Editors ausübe. Es sei für uns im Interesse der historischen Wahrheit und im Interesse der Wirkung der Aktenpublikation auf das deutsche Volk von größtem Interesse, die unabhängige deutsche Wissenschaft von Anfang an in größtmöglichem Umfange heranzuziehen und die Verantwortung für den Inhalt der Publikation ihr zu überlassen. Über die in Betracht kommenden Persönlichkeiten habe ich mich nicht ausgesprochen. Von amerikanischer Seite ist zwar seit längerer Zeit auf privatem Wege mitgeteilt worden, daß man Professor Gerhard Ritter, den Präsidenten des Deutschen Historikerverbandes, nicht gern von deutscher Seite herausgestellt sehen würde. Da ich der Auffassung bin, daß dieses Thema nicht in Besprechungen mit den Alliierten erörtert werden soll, habe ich es vermieden, Namen zu nennen, und mich darauf beschränkt zu erklären, daß wir der Auswahl der deutschen Historiker, die mit den Alliierten zusammenarbeiten sollten, die größte Aufmerksamkeit schenken würden.

B. Der Herr Staatssekretär[5] hat entschieden, daß Herr Dr. Klassen, dessen Einberufung in einer früheren Besprechung zwischen dem Herrn StS, Herrn Dittmann und mir in Aussicht genommen war, sofort einberufen werden soll, damit er Mitte nächster Woche nach London reisen könne. Die Personalabteilung ist davon verständigt worden.

C. Anläßlich der heutigen Sitzung des Hauptausschusses für die Ablösungsverhandlungen sprach Mr. Malcolm vom Amt des Britischen Hohen Kommissars mich auf die Entsendung von Herrn Klassen an. Er bat, Herrn Klassens Entsendung um einige Tage zu verschieben, bis die Konferenz der Chief Editors vorbei oder wenigstens im wesentlichen abgeschlossen sei. London habe ihn mit Rücksicht darauf, daß man mit den Franzosen noch nicht habe Fühlung nehmen können, gebeten, uns zu veranlassen, daß Herr Klassen nicht an der Konferenz der Chief Editors teilnehme. Dagegen sei Herr Klassen zum Studium der Dokumente und zur Erörterung der technischen Fragen willkommen. Ich erwiderte Herrn Malcolm, daß wir unsere Entscheidung, ob wir der Interalliierten Editionskommission beitreten, erst treffen würden, wenn Herr Klassen uns einen Bericht über die Informationen gegeben habe, die er in London bekommen werde. Die schnelle Entsendung von Herrn Klassen sei auf den dringenden Wunsch von Herrn Noble erfolgt, dessen Anwesenheit in London benutzt werden solle, um unseren Beauftragten im Document-Center einzuführen. Mit der Verschiebung der Reise um einige Tage seien wir einverstanden, legten aber Wert darauf, daß Herr Noble Herrn Klassen persönlich einführe.

Mr. Malcolm wird am Montag[6], wenn er erneut mit London telefoniert hat, wegen des genauen Termins der Reise des Herrn Klassen mit uns in Verbindung treten. Er betonte ausdrücklich, daß der Besuch erwünscht sei.[7]

5 Walter Hallstein.

6 3. März 1952.

7 Referent Klassen empfahl nach Abschluß seiner Besprechungen mit Vertretern der Drei Mächte vom 6. bis 17. März 1952 in London, daß sich die Bundesregierung in ihrer Antwort auf das Schreiben der Drei Mächte vom 6. Juli 1951 nicht auf die politischen und rechtlichen Aspekte der Aktenrückgabe beziehen solle: „Darauf einzugehen, würde bedeuten, daß wir die bisherige Form der Publikation unserer Akten durch alliierte Stellen als widerrechtlich und politisch untragbar ablehnten und den Anspruch erhöben, als eigentliche Herausgeber aufzutreten und die anderen zur Mitbeteiligung einzuladen. In der Erwägung, daß eine solche Lösung unmöglich von den Alliierten akzeptiert würde

Hiermit Abt. I, Herrn VLR Dr. Dittmann und Herrn Dr. Andres – je besonders –, zur gefälligen Kenntnisnahme ergebenst übersandt.

gez. Mosler

B 118 (Referat 117), Bd. 31

68

Runderlaß des Staatssekretärs Hallstein

214-26 II 799/52 II **4. März 1952**[1]

Auf schnellstem Wege!

Betr.: Behandlung der Saarfrage im Europarat

In der Anlage übersende ich Abschrift eines Schreibens an den Generalsekretär des Europarats[2] nebst einem beigefügten Memorandum über die Verletzung der Menschenrechte und Grundfreiheiten im Saargebiet[3].

Ich bitte, die Angelegenheit im dortigen Außenministerium zur Sprache zu bringen und dabei insbesondere auf folgende Gesichtspunkte hinzuweisen:

Fortsetzung Fußnote von Seite 199

und daß die Aktenpublikation dann ohne unsere Beteiligung weiterginge, wäre ich dafür, die Frage auf rein wissenschaftlicher Ebene zu behandeln und demgemäß auf das Memorandum zu antworten, daß wir die angebotene Beteiligung unter noch zu vereinbarenden Bedingungen akzeptieren." Ferner solle das Angebot der Drei Mächte, einen Verbindungsbeamten nach London zu entsenden, angenommen und zugleich der Wunsch geäußert werden, einen weiteren Verbindungsbeamten für die in den USA befindlichen deutschen Akten zu benennen. Vgl. die Aufzeichnung vom 21. März 1952; B 80 (Referat 500), Bd. 136.

1 Das Schreiben wurde von Gesandtem I. Klasse Strohm am 4. März 1952 konzipiert und am 6. März 1952 abgesandt.

2 Dem Vorgang beigefügt. Am 29. Februar 1952 unterrichtete Staatssekretär Hallstein den Generalsekretär des Europarats, Paris, von der Absicht der Bundesregierung, „bei der nächsten Tagung des Ministerkomitees des Europarats die Aufmerksamkeit der Außenminister auf die Tatsache zu lenken, daß im Saargebiet die politischen Grundfreiheiten nicht in der Weise gewährleistet sind, wie dies dem Geist und dem Wortlaut des Artikels 3 der Satzung des Europarats entspricht". Eine endgültige Lösung der Saarfrage im Friedensvertrag sei „nur möglich, wenn die Saarbevölkerung zuvor volle Freiheit erhält, sich über alle Lösungsmöglichkeiten frei auszusprechen". Vgl. B 10 (Abteilung 2), Bd. 528.

3 Dem Vorgang beigefügt. In der Anlage zum Schreiben vom 29. Februar 1952 übersandte Staatssekretär Hallstein dem Generalsekretär des Europarats, Paris, ein Memorandum, in dem die Bundesregierung ihrer Überzeugung Ausdruck gab, daß das Saargebiet mehrfach die in der Konvention zum Schutze der Menschenrechte und Grundfreiheiten festgelegten Individualrechte mißachtet habe. Das Verbot der DPS vom 21. Mai 1951 verstoße gegen die Grundrechte der freien Meinungsäußerung und der friedlichen Versammlung. Die mögliche Ausweisung von Personen ohne saarländische Staatsangehörigkeit aus dem Saargebiet widerspreche dem Recht auf Freiheit und Sicherheit. Ferner sei es der DPS trotz des in Artikel 13 der Konvention formulierten Rechts auf Beschwerdemöglichkeit bei Verletzung der Rechte oder Freiheiten der Konvention nicht gelungen, eine Rechtsentscheidung über die Zulässigkeit des Verbots herbeizuführen. Die Bundesregierung schlage daher vor, „der Europarat möge die vorstehenden Beschwerden der Saarregierung zur Kenntnis bringen und sie zu ihrer Abstellung anhalten". Vgl. B 10 (Abteilung 2), Bd. 528.

Die Bundesregierung ist mit der französischen Regierung in dem Briefwechsel, der anläßlich der Unterzeichnung des Schuman-Plans in Paris am 18. April v.J. erfolgte, übereingekommen, daß die endgültige Regelung des Status der Saar nur durch den Friedensvertrag oder einen gleichartigen Vertrag erfolgen kann.[4] Dies bedeutet, daß keine weiteren einseitigen Maßnahmen ergriffen werden dürfen, die die endgültige vertragliche Regelung präjudizieren, und daß die Bevölkerung des Saargebiets volle Freiheit erhalten muß, sich über eine endgültige Lösung offen auszusprechen. Diese Forderung auf Freiheit der politischen Meinungsäußerung fällt sachlich zusammen mit den Verpflichtungen, die die Saarregierung bei ihrer Zulassung zum Europarat als assoziiertes Mitglied[5] und insbesondere durch ihren Beitritt zu der Konvention über die Menschenrechte und Grundfreiheiten[6] übernommen hat. Die Bundesregierung kann es auch deshalb nicht zulassen, daß die Saarregierung in diesem Punkte die ihr obliegenden Pflichten vernachlässigt, weil die Bundesregierung damit die moralische Basis verlieren würde, von der aus sie ihren Kampf gegen die undemokratischen Verhältnisse in der sowjetischen Besatzungszone führt. Den äußeren Anlaß zu dieser Beschwerde über das Verhalten der Saarregierung bildet das im Mai v.J. ausgesprochene Verbot der Demokratischen Partei des Saarlandes.[7] Die Saarregierung hat der verbotenen Partei bisher kein rechtliches Gehör gegeben. Die Bundesregierung bedauert, daß das Verhalten der Saarregierung sie dazu zwingt, die Regierungen des Europarats mit dieser Angelegenheit zu befassen. Die Saarregierung hätte seit Monaten die Möglichkeit gehabt, den in dem Memorandum erhobenen und von der Bundesregierung vor dem Deutschen Bundestag wiederholt dargelegten Beschwerden so Rechnung zu tragen, daß die Behandlung der Frage vor dem Ministerkomitee hätte unterbleiben können.

Alle weiteren zweckdienlichen Argumente bitte ich, aus der Rede des Herrn Bundeskanzlers im Bundestag vom 30. Mai v.J.[8] zu entnehmen, die mit Erlaß vom 4. Juni v.J. – 214-00 II 6246/51 – dorthin übersandt wurde.

Für die Gesandtschaften Dublin und Oslo wird je ein Exemplar des Sitzungsberichts des Deutschen Bundestags vom 30. Mai beigefügt.[9]

Über das Veranlaßte bitte ich, drahtlich zu berichten.

In Vertretung
Hallstein[10]

B 10 (Abteilung 2), Bd. 528

4 Zum Briefwechsel des Bundeskanzlers Adenauer mit dem französischen Außenminister Schuman vgl. Dok. 32, Anm. 4.

5 Das Saargebiet wurde am 5. August 1950 als assoziiertes Mitglied in den Europarat aufgenommen.

6 Am 4. November 1950 unterzeichneten die Mitgliedstaaten des Europarats sowie die Bundesrepublik und das Saargebiet in Rom die Konvention zum Schutze der Menschenrechte und Grundfreiheiten. Für den Wortlaut vgl. BUNDESGESETZBLATT 1952, Teil II, S. 686–700. Vgl. dazu ferner AAPD 1949/50, Dok. 141.

7 Zum Verbot der DPS am 21. Mai 1951 vgl. Dok. 32, Anm. 5.

8 Für den Wortlaut der Erklärung des Bundeskanzlers Adenauer vom 30. Mai 1951 vor dem Bundestag vgl. BT STENOGRAPHISCHE BERICHTE, Bd. 7, S. 5664–5672.

9 Zusatz für das Generalkonsulat in Washington: „Ich bitte, eine Abschrift des Memorandums im State Department zu übergeben und auf die in dem Runderlaß dargelegten Gesichtspunkte besonders hinzuweisen."

10 Paraphe.

69

Bundeskanzler Adenauer an den Geschäftsführenden Vorsitzenden der Alliierten Hohen Kommission, François-Poncet

7. März 1952[1]

Herr Botschafter,

wie ich höre, werden Sie in diesen Tagen von Paris zurückkehren. Ich möchte diese Gelegenheit benutzen, um in Anknüpfung an frühere Besprechungen Ihre Aufmerksamkeit erneut auf das Problem der friedlichen Wiederherstellung der deutschen Einheit zu lenken.

Ich würde es im Hinblick auf die jüngsten sowjetischen und sowjetzonalen Erklärungen[2] für wünschenswert halten, wenn ich erfahren könnte, ob und welche Schritte die Westalliierten unternommen haben, um die den sowjetischen und sowjetzonalen Erklärungen zugrundeliegenden Absichten zu erkunden, und wenn ich über die Stellung, die die Westalliierten Regierungen gegenüber den Schritten der sowjetzonalen Regierung einzunehmen beabsichtigen, rechtzeitig unterrichtet würde.

Ich wäre Ihnen auch dankbar, wenn möglichst vorher eine Aussprache stattfinden könnte.

1 Durchdruck.
Das Schreiben wurde von Staatssekretär Hallstein am 7. März 1952 konzipiert und am 8. März 1952 abgesandt.

2 Am 13. Februar 1952 forderte die DDR in gleichlautenden Schreiben an Frankreich, Großbritannien, die UdSSR und die USA die Vier Mächte auf, „den Abschluß eines Friedensvertrages mit Deutschland zu beschleunigen". Der Vertrag sei „für das deutsche Volk notwendig, um die Spaltung Deutschlands zu beseitigen und einen einheitlichen, unabhängigen, demokratischen und friedliebenden Staat zu schaffen". Vgl. EUROPA-ARCHIV 1952, Bd. 1, S. 4793.
Am selben Tag übersandte Ministerpräsident Grotewohl der Bundesregierung eine Ausfertigung des Schreibens an die Vier Mächte. Er gab im Begleitschreiben der Erwartung Ausdruck, daß „die Regierung der Bundesrepublik diesen, den Wünschen und Interessen des deutschen Volkes entsprechenden, Vorschlägen beitritt". Vgl. EUROPA-ARCHIV 1952, Bd. 1, S. 4793.
Im Antwortschreiben an die DDR vom 20. Februar 1952 führte die UdSSR aus, daß „der unverzügliche Abschluß eines Friedensvertrages mit Deutschland in Übereinstimmung mit den Potsdamer Beschlüssen und unter Teilnahme Deutschlands notwendig ist". Da der Vertrag von größter Bedeutung für den Frieden in Europa sei, werde „die Sowjetregierung ihrerseits alles, was möglich ist, tun, um den Abschluß eines Friedensvertrages mit Deutschland und die Wiederherstellung des deutschen Staates zu beschleunigen". Vgl. EUROPA-ARCHIV 1952, Bd. 1, S. 4794.
Am 22. Februar 1952 bekannte sich die Bundesregierung in einer Erklärung zwar zu der Notwendigkeit, einen Friedensvertrag abzuschließen, wies aber darauf hin, daß der Vorschlag der UdSSR keine gleichberechtigte Teilnahme Deutschlands an der Friedenskonferenz vorsehe. Deutschland müsse jedoch „durch eine vom gesamten deutschen Volk in freier und geheimer Wahl autorisierte Regierung vertreten sein". Zusammenfassend stellte sie fest, daß „sowohl das Schreiben Grotewohls als auch die Antwort der Sowjetregierung keinerlei konkrete Angaben enthalten, wie eine Friedenskonferenz verwirklicht werden kann", und betonte: „Demgegenüber ist der Weg der Bundesregierung klar vorgezeichnet: Er führt über freie gesamtdeutsche Wahlen, über die Nationalversammlung und die gesamtdeutsche Regierung zur Friedenskonferenz." Vgl. BULLETIN 1952, S. 221.

Genehmigen Sie, Herr Botschafter, den Ausdruck meiner ausgezeichnetsten Hochachtung.

Adenauer[3]

VS-Bd. 109 (Büro Staatssekretär)

70

Aufzeichnung des Vortragenden Legationsrats Salat

400-03-80 VI 03338/52 **7. März 1952**[1]

Aufzeichnung für die Reise des Herrn Staatssekretärs in die USA[2]

Betr.: Kulturbeziehungen mit den Vereinigten Staaten

Ich erlaube mir, im folgenden den gegenwärtigen Stand einiger Fragen kurz darzulegen, auf die der Herr Staatssekretär möglicherweise angesprochen werden wird:

1) Kulturabkommen zwischen Bundesrepublik und USA

Der Text des Entwurfs[3] ist im gegenseitigen Einvernehmen nunmehr fertiggestellt und liegt zu einer letzten Begutachtung den zuständigen Abteilungen vor, die aber bereits den Vorentwurf gebilligt haben. Den deutschen Anregungen ist in allen Punkten Rechnung getragen worden. Nach Mitteilung von Mr. Kellermann (Deutschlandabteilung des State Department) soll das Kulturabkommen erst unterzeichnet werden, wenn der Ablösungsvertrag fertiggestellt ist. Es besteht anscheinend in Washington die Hoffnung, daß die Unterzeichnung anläßlich des erwarteten Besuchs des Herrn Bundeskanzlers stattfinden kann.[4]

2) Amerika-Austauschprogramm

Der auf Anregung von Herrn Dr. Gerstenmaier vom Bundestag angenommene Plan, 100 amerikanische Persönlichkeiten als Gäste der Bundesregierung nach Deutschland einzuladen, ist in voller Vorbereitung. In der Kulturabteilung ist eine eigene Dienststelle dafür errichtet worden, die im Januar die Arbeit begonnen hat. Allerdings steht immer noch die Zustimmung des Bundesfinanzministeriums aus, von dem ein Gesamtbetrag von 500000 DM erbeten wurde. Es ist jedoch zu hoffen, daß mindestens der halbe Betrag sofort genehmigt werden wird, so daß ab Beginn des neuen Haushaltsjahres die Einladungen erfolgen können.

3 Paraphe.

1 Durchdruck.

2 Staatssekretär Hallstein hielt sich vom 10. bis 18. März 1952 in den USA auf.

3 Zum Entwurf vom 11. Januar 1952 für ein Kulturabkommen mit den USA vgl. Dok. 24, Anm. 8.

4 Am 9. April 1953 vollzogen Bundeskanzler Adenauer und der amerikanische Außenminister Dulles in Washington einen Notenwechsel über den deutsch-amerikanischen Kulturaustausch. Für den Wortlaut vgl. BULLETIN 1953, S. 590. Vgl. dazu auch AAPD 1953.

3) Fulbright Act

Der Fulbright Act eröffnet die Möglichkeit für amerikanische Studenten, für ihr Studium im Ausland Regierungsbeihilfen aus einem Fonds zu erhalten, der aus dem Erlös von verkauftem amerikanischem Heeresgut stammt.[5] Er ist bisher noch nicht auf Deutschland anwendbar, doch scheinen jetzt die letzten devisenrechtlichen Schwierigkeiten überwunden zu sein. Es wäre sehr erfreulich, wenn der Fulbright Act möglichst bald auch für Deutschland gelten würde, damit amerikanische Studenten in größerer Anzahl hier studieren und deutsche Studenten für die Reisekosten nach USA Zuschüsse erhalten können. Die nötigen Geldmittel sind aus dem StEG-Account[6] schon seit längerem bereitgestellt.

4) Deutsche Institute in Italien

Trotz mehrerer Noten und persönlicher Briefe des Herrn Bundeskanzlers an die Alliierte Hohe Kommission und Mr. McCloy ist in der Frage der Rückgabe der deutschen Institute in Italien immer noch keine Entscheidung gefallen.[7] Die positive Einstellung des State Department zu den deutschen Vorschlägen ist bekannt. Wir erhoffen aber vom State Department eine stärkere Einflußnahme auf die Franzosen und Engländer. Anscheinend soll in den nächsten Wochen in Washington eine abschließende Besprechung zwischen den Alliierten über diese Frage stattfinden, die allmählich in der deutschen Öffentlichkeit und vor allem in den Kreisen der deutschen Wissenschaft große Besorgnis auslöst.

Herrn Staatssekretär Professor Hallstein ergebenst vorgelegt.

Salat[8]

B 90 (Referat 600), Bd. 72

5 Vgl. dazu Surplus Property Act of 1944, amendments, 1. August 1946; UNITED STATES STATUTES AT LARGE 1946, Bd. 60, Teil I, S. 754 f.

6 Von 1947 an wurde über die Staatliche Erfassungsgesellschaft für öffentliches Gut m. b. H. das sogenannte „Amerika-Geschäft" abgewickelt: das „SIM-(Surplus Incentive Material) Programm", bei dem aus Überschußbeständen des amerikanischen Heeres Bekleidung und Schuhwerk übernommen wurde; das „fallweise US-(QR) Geschäft", bei dem gegen die Erteilung einer Mengenquittung (Quantitive Receipt) amerikanische Militär-Dienststellen und Truppenteile „kurz nach der Kapitulation an verschiedene deutsche Dienststellen sanitäre und sonstige der öffentlichen Versorgung dienende Güter" abgaben, und das „Bulk-Deal-Programm", der Verkauf „überschüssiger amerikanischer Heeresgüter in vielen und großen Lagern der amerikanischen Besatzungszone Deutschlands (zum großen Teil technisches Gerät) zum herabgesetzten Preis (21 %)". Vgl. das Memorandum des Bundesministeriums für Wirtschaft vom 9. November 1951; B 10 (Abteilung 2), Bd. 1538.

7 Das Deutsche Archäologische Institut, das Deutsche Historische Institut und die Biblioteca Hertziana in Rom sowie das Kunsthistorische Institut in Florenz waren im Oktober 1945 beschlagnahmt worden und wurden seit Februar 1946 von der International Union of Institutes of Archaeology, History and History of Art in Rom treuhänderisch verwaltet. Am 14. November 1950 bat Bundeskanzler Adenauer den Geschäftsführenden Vorsitzenden der AHK, McCloy, einer Übernahme der Kulturinstitute in Italien durch die Bundesrepublik zuzustimmen. Vgl. dazu B 90 (Referat 600), Bd. 485. Am 30. November 1951 wies Bundeskanzler Adenauer den Geschäftsführenden Vorsitzenden der AHK, McCloy, darauf hin, daß er auf die Note vom 14. November 1950 noch keine Antwort erhalten habe. Der Zustand der Institute habe sich im vergangenen Jahr „keineswegs verbessert". Daher hoffe die Bundesregierung, noch vor Ablauf des Jahres 1951 „die Verwaltung der deutschen Institute in Rom und Florenz zurückzuerhalten". Vgl. B 90 (Referat 600), Bd. 489.

8 Paraphe.

71

Aufzeichnung des Generalleutnants a.D. Speidel, Paris

7. März 1952[1]

Bei Beginn der ersten Sitzung[2] der Militärischen Chefdelegierten nach mehrwöchiger Unterbrechung gab General de Larminat seinen Gedanken über die letzte Periode der Arbeit der Konferenz wie folgt Ausdruck:

Die jüngste Vergangenheit sei durch die Beschlüsse der Atlantikpakt-Organisation in Lissabon[3] sowie die Feststellungen der beiden Parlamente in Bonn[4] und Paris[5] gekennzeichnet. Während bisher infolge Unkenntnis der Einstellung dieser Gremien die Arbeit der Konferenz unter dem Zeichen der Zweideutigkeit gestanden habe, sei man nunmehr auf Grund der vorliegenden Stellungnahmen in der Lage, nach klaren Direktiven die Arbeiten abzuschließen.

Für die Angehörigen der Militärdelegation sei es in der Vergangenheit einfach gewesen, in allen wesentlichen Fragen zu für alle Gesprächspartner annehmbaren Übereinkünften zu gelangen. Dieses läge in der Natur der Sache; denn der Soldat brauche nicht in dem Maße wie der Politiker auf psychologische Strömungen Rücksicht zu nehmen. Er fälle seine Urteile vornehmlich nach dem gesunden Menschenverstande und nach den Grundsätzen der militärischen Vernunft, und infolgedessen ergebe sich für den Militärausschuß keine Notwendigkeit zu einer Änderung der bisherigen Einstellung, wenn nunmehr infolge größerer Anteilnahme und vermehrter Beeindruckung der Öffentlichkeit günstigere psychologische Voraussetzungen für die Arbeit unserer Regierungen geschaffen werden würden. Jedoch wirke sich dieser letztere Umstand günstig auf die militärischen Aufgaben insofern aus, als endlich der Vorsprung von den Politikern und von der öffentlichen Meinung eingeholt werde, den die Militärexperten bei ihren Vorbereitungen der gemeinsamen europäischen Streitkräfte bislang gehabt hätten. Für diese Experten sei die europäische Armee seit vielen Monaten ein feststehender Begriff, da sie sich bei ihren Festlegungen mehr und mehr dem europäischen Gedanken als selbstverständlicher Grundlage ihres Denkens verschrieben hätten. Jetzt gebe die Erörterung der Bildung gemeinsamer Streitkräfte in breiter Öffentlichkeit die Möglichkeit, die öffentliche Meinung nicht nur für den Gedanken des europäischen Zusammenschlusses allein, sondern auch für die Schaffung eines sichtbaren Machtausdruckes zu gewinnen. Er sehe eine wichtige Aufgabe der Militärdelegierten darin, die Arbeit in

1 Am 10. März 1952 verfügte Generalleutnant a. D. Speidel, Paris, die Weiterleitung an den Beauftragten des Bundeskanzlers, Blank, und vermerkte dazu handschriftlich: „Über meine ausführlichen Gespräche mit General Stehlin werde ich mündlich vortragen."
Hat Blank und Oberst a. D. Graf von Kielmansegg, Paris, vorgelegen.

2 Der Militärausschuß der EVG-Konferenz in Paris trat am 7. März 1952 zusammen. Für die Gesprächsaufzeichnung vgl. B 14 (Sekretariat Pleven-Plan), Bd. 70.

3 Zu den Ergebnissen der NATO-Ministerratstagung vom 20. bis 25. Februar 1952 in Lissabon vgl. Dok. 62.

4 Zur Debatte im Bundestag am 7./8. Februar 1952 über einen Verteidigungsbeitrag der Bundesrepublik vgl. Dok. 45.

5 Die Debatte in der französischen Nationalversammlung über die EVG fand vom 11. bis 19. Februar 1952 statt. Zur Resolution vom 19. Februar 1952 vgl. Dok. 48, Anm. 7.

der letzten Phase der Konferenz unter dem Gesichtspunkt zu betrachten, ihren Regierungen durch Hinweis auf die Einigkeit innerhalb des militärischen Gremiums die Stellungnahme der Regierungen sowie deren Aufklärungsarbeit gegenüber den Völkern zu erleichtern. Hierzu würden sich zahlreiche Einwirkungsmöglichkeiten für jeden einzelnen des militärischen Kreises ergeben.

Als Vertreter der französischen Militärdelegation habe er bisher stark unter dem Eindruck der zweideutigen Haltung seiner Regierung gestanden. Er dürfe nunmehr am Vorabend der Bildung einer neuen Regierung hoffen, bessere sachliche und psychologische Voraussetzungen für die Verwirklichung der europäischen Vorstellungen innerhalb des militärischen Rahmens zu finden.

Seine Worte im Sinne einer vermehrten Einflußnahme zur Unterstützung der Politiker dürften nicht dahingehend mißverstanden werden, das Primat der Politik gegenüber den militärischen Belangen anzuzweifeln. Der Grundsatz, daß der Soldat der Politik seiner Gemeinschaft zu dienen habe, solle unangetastet bleiben. Der Soldat könnte jedoch innerhalb seines militärischen Rahmens den Politikern bei ihrer Aufgabe behilflich sein, wenn er sich bemühen würde, das große verhaltende Eigengewicht der bestehenden Armeen oder der zu schaffenden Kontingente im Sinne des politischen Zusammenschlusses durch Förderung eines gemeinsamen europäischen Gedankens in seiner Bedeutung einzuschränken. Die militärischen Konferenzteilnehmer müßten alles tun, um der Gefahr zu begegnen, daß eines Tage ihre Arbeit infolge fehlender Unterstützung durch die Politiker zusammenbräche. Wenn die von einem europäischen Gemeinsinn getragenen Gedankengänge und Vorstellungen im gleichen Maße die Politiker erfüllen und in der breiten Öffentlichkeit eine rasche Ausweitung erfahren würden, könnte es keine Hindernisse auf dem Wege zu einer nahen Verwirklichung dieser Vorstellungen geben.

Er gestehe, in der vergangenen Zeit zuweilen in seiner Zuversicht in eine bevorstehende Realisierung der Konferenzpläne schwankend geworden zu sein. Nunmehr – da er gewisse Möglichkeiten einer Einwirkung des Soldaten auch auf den politischen Ablauf der Dinge in dem oben dargelegten Sinne zu sehen glaube – habe er diese Zuversicht wiedergewonnen.

Abschließend betonte General de Larminat, daß diese Überlegungen persönlichen Charakter trügen und daß er es begrüßen würde, wenn die militärischen Chefs der anderen Delegationen zu dieser Frage im Laufe der nächsten Woche auch ihrerseits in Form persönlicher Anregungen einen Beitrag leisten würden.

Im Verlaufe einer am Tage darauf erfolgten Unterredung von Herrn Oberst a.D. Fett mit Col. Herkel zeigte sich letzterer sehr überrascht über diese Bemerkungen von General de Larminat. Denn vor wenigen Tagen habe sich der General noch besonders verzagt geäußert. Es darf angenommen werden, daß der Umschwung auf die Einwirkung von General Stehlin zurückzuführen ist.

[Speidel][6]

Bundesarchiv-Militärarchiv, BW 9, Bd. 2048

6 Vermuteter Verfasser der nicht unterzeichneten Aufzeichnung.

72

Ressortbesprechung

8. März 1952[1]

Vertreten waren: Das Auswärtige Amt, das Bundesministerium der Finanzen, das Bundesministerium der Justiz, das Bundesministerium für Wirtschaft, das Bundesministerium des Inneren, das Bundesministerium für den Marshall-Plan, die Bank deutscher Länder (laut Anwesenheitsliste).

Anwesend ferner: Herr Prof. Dr. Franz Böhm, der vom Herrn Bundeskanzler ernannte Delegationsführer für die Konferenz mit Israel; Herr Dr. Küster, Staatsbeauftragter für die Wiedergutmachung in Stuttgart, in Aussicht genommen als stellvertretender Delegationsführer.

Der Herr *Staatssekretär* gab einleitend eine kurze Darstellung der bisherigen Verhandlungen zwischen dem Herrn Bundeskanzler einerseits und dem Vertrauensmann der Israelischen Regierung, Herrn Dr. Goldmann, andererseits im Anschluß an die Regierungserklärung vor dem Bundestag vom 27. September 1951[2]. Er nahm insbesondere Bezug auf den Brief des Herrn Bundeskanzlers vom 6. Dezember 1951 an Herrn Dr. Goldmann nach der ersten Besprechung in London.[3] In diesem Brief ist auf die Note der Israelischen Regierung an die vier Besatzungsmächte vom 12. März 1951 Bezug genommen, in der der Betrag von einer Mrd. Dollar von der Bundesrepublik gefordert wird.[4] In dem Briefe vom 6. Dezember 1951 begrüßt die Bundesregierung die Möglichkeit, durch Warenlieferungen zu dem Aufbau des Staates Israel einen Beitrag zu leisten.

Anläßlich des zweiten Besuches des Herrn Bundeskanzlers in London im Februar 1952 sei ihm von Herrn Dr. Goldmann die Bereitschaft der Israelischen Regierung zur Aufnahme von Verhandlungen mit der Bundesrepublik mitgeteilt worden.[5]

1 Die Gesprächsaufzeichnung wurde von Referent Frowein gefertigt, der am 10. März 1952 handschriftlich vermerkte: „Hiermit H[errn] Dr. v. Trützschler vorgelegt."

2 In der Erklärung führte Bundeskanzler Adenauer aus, daß im Namen des deutschen Volkes Verbrechen begangen worden seien, „die zur moralischen und materiellen Wiedergutmachung verpflichten, sowohl hinsichtlich der individuellen Schäden, die Juden erlitten haben, als auch des jüdischen Eigentums, für das heute individuell Berechtigte nicht mehr vorhanden sind. [...] Hinsichtlich des Umfangs der Wiedergutmachung – in Anbetracht der ungeheueren Zerstörung jüdischer Werte durch den Nationalsozialismus ein sehr bedeutsames Problem – müssen die Grenzen berücksichtigt werden, die der deutschen Leistungsfähigkeit durch die bittere Notwendigkeit der Versorgung der zahllosen Kriegsopfer und der Fürsorge für die Flüchtlinge und Vertriebenen gezogen sind. Die Bundesregierung ist bereit, gemeinsam mit Vertretern des Judentums und des Staates Israel, der so viele heimatlose jüdische Flüchtlinge aufgenommen hat, eine Lösung des materiellen Wiedergutmachungsproblems herbeizuführen, um damit den Weg zur seelischen Bereinigung unendlichen Leides zu erleichtern." Vgl. BT STENOGRAPHISCHE BERICHTE, Bd. 9, S. 6698. Vgl. auch DEUTSCH-ISRAELISCHER DIALOG, S. 46 f., sowie AAPD 1951, Dok. 145.

3 Zum Gespräch des Bundeskanzlers Adenauer am 6. Dezember 1951 mit dem Vorsitzenden des World Jewish Congress, Goldmann, sowie zum Schreiben von Adenauer an Goldmann vgl. Dok. 40, Anm. 2. Zum Schreiben von Adenauer vgl. ferner Dok. 110, Anm. 3.

4 Vgl. dazu Dok. 92, Anm. 2.

5 Bundeskanzler Adenauer hielt sich anläßlich der Beisetzung des Königs George VI. sowie einer Au-

Ferner habe der Vertreter der Israelischen Regierung auf der Londoner Schuldenkonferenz, Herr Keren, am 29. Februar 1952 über die Forderungen Israels und der jüdischen Organisationen eine offizielle Erklärung abgegeben.[6]

Der Vorsitzende[7] gab darauf dem Präsidenten der deutschen Delegation bei der Londoner Schuldenkonferenz, Herrn Abs, das Wort.

Herr *Abs* erklärte:

1) Er habe in der Eröffnungssitzung der Schuldenkonferenz in London vom 28. Februar auf die Notwendigkeit hingewiesen, die Gesamtheit aller gegen Deutschland erhobenen Forderungen in die Erörterungen einzubeziehen, um zu vermeiden, daß das Ergebnis der Konferenz durch weitere Forderungen gefährdet würde.[8]

2) Nach dieser Rede seien die Vertreter Israels an ihn herangetreten mit der Frage, ob er hiermit auch auf die Forderungen Israels angespielt habe und ob es sich bei seiner Erklärung um eine überlegte Erklärung der Bundesregierung gehandelt habe. Er habe geantwortet, daß er unter anderem auch die Forderungen Israels im Sinne habe und selbstverständlich seine Erklärung im Sinne der Bundesregierung sei.

3) Daraufhin sei in der zweiten Plenarsitzung am 29. Februar 1952 die Erklärung des israelischen Vertreters, Herrn Keren, abgegeben worden.

4) Nach den ihm von der israelischen Delegation übermittelten Informationen handele es sich bei den von Israel und den jüdischen Weltorganisationen geltend gemachten Forderungen um vier Gruppen:

a) um die Forderung des Staates Israel auf Zahlung von einer Milliarde Dollar,

b) um die Forderung der jüdischen Weltorganisationen bezüglich der im Ausland gegen das Judentum begangenen Verbrechen,

c) um die Forderungen auf Grund der innerdeutschen Wiedergutmachung, insbesondere die sogenannten erbenlosen Ansprüche,

d) um die individuellen Wiedergutmachungsansprüche.

5) Als Ziel der Ansprüche der israelischen Delegation seien ihm genannt worden:

Fortsetzung Fußnote von Seite 207

ßenministerkonferenz mit den Drei Mächten vom 14. bis 19. Februar 1952 in London auf. Vgl. dazu Dok. 52, Dok. 53 und Dok. 55.

Zum Gespräch mit dem Vorsitzenden des World Jewish Congress, Goldmann, am 17. Februar 1952 vgl. Dok. 51, Anm. 2.

6 Der israelische Beobachter bei der Konferenz über deutsche Auslandsschulden in London, Keren, erläuterte die Ansprüche, die Israel gegenüber Deutschland erhebe, und erklärte, daß die israelische Regierung und die Bundesregierung übereingekommen seien, „in unmittelbare Verhandlungen über alle Fragen im Zusammenhang mit der Befriedigung der israelischen und jüdischen Forderungen einzutreten". Abschließend führte Keren aus, die israelische Regierung sei sich „zwar dessen bewußt, daß die genannten Forderungen über den Rahmen dieser Konferenz hinausgehen, sie ersucht jedoch die Konferenz, von ihrem Bestehen Kenntnis zu nehmen, da keine Gesamtregelung den deutschen Auslandsverpflichtungen gerecht oder realistisch wäre, die diese Ansprüche nicht berücksichtigen würde". Vgl. DEUTSCHLANDS WEG NACH ISRAEL, S. 48. Vgl. ferner AUSWÄRTIGER AUSSCHUSS, S. 788.

7 Walter Hallstein.

8 Für den Wortlaut der Erklärung des Delegationsleiters Abs, London, bei der Konferenz über die deutschen Auslandsschulden vgl. B 10 (Abteilung 2), Bd. 1557.

a) Änderung bzw. Ergänzung der Wiedergutmachungsgesetzgebung[9], insbesondere bezüglich der erbenlosen Ansprüche,

b) Anerkennung sämtlicher Ansprüche durch die Bundesrepublik dem Grunde nach,

c) Anerkennung sämtlicher Ansprüche durch die Bundesregierung der Höhe nach,

d) Vereinbarung eines entsprechenden Transfers.

6) Außerdem wünsche Israel insgesamt für seine Forderungen den Vorrang vor allen anderen Gläubigern.

7) Er (Abs) habe mit dem Vorsitzenden der amerikanischen Delegation[10] gesprochen, auch dieser sei mit ihm der Ansicht, daß die Konferenz Israel nur in enger Beziehung mit der Londoner Konferenz geführt werden könne.

8) Herr Abs betonte abschließend, eine Zusage auf der Israelkonferenz könne die deutsche Delegation nicht abgeben; vielmehr schlage er vor, daß auf dieser Konferenz zunächst lediglich die Höhe und die Begründung sämtlicher von Israel und den Organisationen geltend gemachter Forderungen festgestellt werden sollen.[11]

Dr. Frowein gab eine kurze Übersicht über die Art der von Israel geltend gemachten Forderungen, wobei er betonte, daß dem Grunde und der Höhe nach lediglich die Forderung des Staates Israel auf eine Milliarde Dollar gemäß der Note vom März 1951 feststehe. Hier sei zu beachten, daß diese Forderung außerhalb aller übrigen Wiedergutmachungsansprüche geltend gemacht werde.

Dagegen sei aus den bisherigen Unterlagen nicht zu entnehmen, welche Forderungen im einzelnen durch die jüdischen Organisationen zu erwarten sind.

Herr Staatssekretär *Hallstein* bat darauf, lediglich das prozessuale Vorgehen zu besprechen, insbesondere das Verhältnis der Verhandlungen Israels zur Londoner Schuldenkonferenz.

9 Die Wiedergutmachung nationalsozialistischen Unrechts wurde innerhalb der Bundesrepublik grundsätzlich durch Landesgesetze geregelt. Vgl. dazu AAPD 1951, Dok. 5.
Auf Bundesebene trat rückwirkend zum 1. April 1951 das Gesetz vom 11. Mai 1951 zur Regelung der Wiedergutmachung nationalsozialistischen Unrechts für Angehörige des öffentlichen Dienstes in Kraft. Für den Wortlaut vgl. BUNDESGESETZBLATT 1951, Teil I, S. 291–296.
Darüber hinaus wurde am 18. März 1952 das Gesetz zur Regelung der Wiedergutmachung nationalsozialistischen Unrechts für die im Ausland lebenden Angehörigen des öffentlichen Dienstes erlassen. Für den Wortlaut vgl. BUNDESGESETZBLATT 1952, Teil I, S. 137 f.

10 Warren Lee Pierson.

11 Zu einer Besprechung mit Delegationsleiter Abs am 7. März 1952 vermerkte Franz Böhm im Rückblick: „Herr Abs gab seiner Bestürzung Ausdruck, daß der Bundeskanzler entgegen seinem ausdrücklichen Abraten die Einladung zu Verhandlungen an die israelische Regierung habe ergehen lassen, ohne das Ergebnis der Schuldenregelungskonferenz abzuwarten, von dem es doch abhänge, ob wir überhaupt nennenswerte Entschädigungsleistungen an Israel würden zahlen können. Wir könnten doch nicht von den Gläubigern des Reiches die Gewährung von Schuldennachlässen erwarten, wenn wir gleichzeitig, sozusagen hinter ihrem Rücken, in einer getrennten Verhandlung, mit Israel eine neue Schuld kontrahierten, zu deren Übernahme wir völkerrechtlich nicht verpflichtet seien. [...] Herr Abs sah den einzig praktikablen Ausweg darin, daß wir uns in Den Haag darauf beschränkten, die Forderungen der beiden Delegationen entgegenzunehmen, über deren Berechtigung dem Grunde und der Höhe nach zu verhandeln und unsere Bereitschaft dazu damit zu begründen, daß es uns darauf ankomme, zu verhüten, daß auf der Londoner Konferenz Entscheidungen erfolgen, die geeignet seien, israelische und jüdische Ansprüche, die wir für begründet hielten, zu gefährden." Vgl. BÖHM, Abkommen, S. 449 f.

Herr *Abs* erklärte, die personelle Verbindung der beiden Konferenzen werde durch Herrn MR von Spindler, BMF, hergestellt, der Mitglied seiner Delegation sei und auch zur Delegation für die Konferenz mit Israel abgeordnet werden solle.

Man müsse sich bezüglich der jüdischen Forderungen klar werden, ob es sich um Nachkriegs- oder Vorkriegsforderungen handele; es sei auch noch unklar, ob alle diese Forderungen als Auslandsforderungen anzusehen seien. Die Anerkennung als Auslandsschuld könne die Bundesrepublik seiner Ansicht nach nur mit Zustimmung der Drei-Mächte-Konferenz vornehmen.

Seiner Ansicht nach sei eine direkte Einbeziehung der Israelkonferenz in die Londoner Schuldenkonferenz nicht zweckmäßig. Vielmehr müßten die auf der Israelkonferenz vorgetragenen jüdischen Forderungen der Schuldenkonferenz in London vorgelegt werden.

Der *Vorsitzende* regte an, ob es zweckmäßig sei, anzustreben, daß bei der Israelkonferenz ein amerikanischer Beobachter zugegen sei.

Herr *Abs* bejahte diese Frage, wobei er aber darauf hinwies, daß zweifellos nur ein Beobachter entsandt werden würde, der keine verbindlichen Erklärungen abgeben könne.

Herr Abs wies ferner darauf hin, daß jede Warenlieferung ein echter Transfer sei und deshalb nur mit Zustimmung der Alliierten durchgeführt werden könne. Er betonte wiederholt, daß keine Zusicherungen gegeben werden dürfen, vielmehr solle die deutsche Delegation sich die jüdischen Forderungen nur anhören.

Herr Professor *Böhm* stimmte zu, daß die deutsche Delegation in der Israelkonferenz keine Zusagen machen könne bezüglich der Anerkennung der Forderungen. Er regte an, ob die Delegation sich dafür einsetzen könne, den jüdischen Forderungen die Priorität vor den anderen Auslandsforderungen zu sichern.

Herr *Abs* widersprach dem, es sei nicht möglich, daß die deutsche Delegation bezüglich der Priorität unabhängig von der Londoner Schuldenregelung Zusagen mache. Er erklärte, der Herr Bundeskanzler habe ihm ausdrücklich bestätigt, daß bisher keinerlei Verpflichtungen bestehen. Seiner Ansicht nach könne daher die Delegation bei der Israelkonferenz die jüdischen Forderungen nur zur Kenntnis nehmen.[12]

Da Herr Staatssekretär Professor Hallstein für den Rest der Verhandlungen anderweitig verhindert war, übernahm nunmehr den Vorsitz Herr Dr. von Trützschler.

Herr *Dr. von Trützschler* fragte, ob die Hinzuziehung eines amerikanischen Beobachters nicht die Stellung der deutschen Delegation gegenüber dem israelitischen Vertragspartner erheblich stärken könne.

12 Dazu vermerkte Hermann Josef Abs im Rückblick: „Am 22. Februar hatte ich dem Kanzler die schwierige Situation geschildert, in die mich die Gleichzeitigkeit der beiden Verhandlungen voraussichtlich bringen würde, und vorgeschlagen, die israelischen Ansprüche in die Londoner Schuldenkonferenz mit einzubeziehen. In dem Gespräch, das ich am Montag darauf mit Adenauer führte, bestätigte er mir – zu diesem Zeitpunkt wußte ich von seinem Brief an Goldmann noch nichts –, daß bisher gegenüber Israel keinerlei Bindung vorliege. Die Verhandlungen, die für Mitte März angesetzt waren, sollten noch zu keinen Verpflichtungen oder Festlegungen führen und in engem Einvernehmen mit den zuständigen Ressorts und der deutschen Delegation für Auslandsschulden geführt werden." Vgl. ABS, Entscheidungen, S. 126 f.

Herr *Abs* bezweifelte das, da der Beobachter nur eine rein passive Rolle spielen könne.

Herr Professor *Böhm* erklärte, es müsse mit offenen Karten gespielt werden. Seiner Ansicht nach könne es sich also bei den beabsichtigten Verhandlungen in Den Haag vorläufig nur um eine Vorkonferenz handeln. Diese nunmehr veränderte Lage müsse Israel vor der Konferenz mitgeteilt werden.

Herr MDg *Dr. Schöne* bemerkte, seiner Ansicht nach könne die Israelkonferenz nur Zubringerdienst für London sein.

Herr *Dr. Küster* trat der Auffassung von Professor Böhm bei. Die nunmehr veränderte Lage müsse mit Israel vor Beginn der Konferenz geklärt werden.

Er stellte an Herrn Abs die Frage, ob nicht zu unterscheiden sei zwischen der Anerkennung von Forderungen und der Zusage eines Transfers. Seiner Ansicht nach könne erstere erfolgen ohne Zustimmung der Drei-Mächte-Konferenz.

Herr *Abs* war der Ansicht, daß auch die Anerkennung als Auslandsschulden grundsätzlich von der Bundesregierung nicht ohne Zustimmung der Drei-Mächte-Konferenz vorgenommen werden könne.

Im übrigen sei sehr genau die Aktivlegitimation der Gegenseite zu prüfen, insbesondere die der jüdischen Organisationen, die für die im Ausland geschädigten nichtjüdischen Staatsangehörigen auftreten. Es sei denkbar, daß die ausländischen Staaten, in deren Gebiet Verbrechen gegen ihre eigenen jüdischen Staatsangehörigen vorgekommen seien, auf Grund dieser Tatbestände nun mit eigenen Ansprüchen hervortreten.

Herr *Dr. von Trützschler* regte an, ob es nicht möglich sei, aus politischen Gründen in beschränktem Umfange Warenlieferungen an Israel sofort anlaufen zu lassen.

Herr *Abs* erklärte entschieden, dies sei ohne Abstimmung mit der Londoner Schuldenkonferenz völlig ausgeschlossen.

Herr *Dr. Fricke* gab für das Finanzministerium die Erklärung ab, er teile voll die Ansicht von Herrn Abs, im übrigen müsse er für sein Ministerium darauf hinweisen, daß aus dem Haushalt keinerlei Mittel für Lieferungen an Israel zur Verfügung ständen. Derartige Lieferungen würden sowohl den Wehrbeitrag wie die Fortsetzung der innerdeutschen Wiedergutmachung gefährden. Das Finanzministerium sehe einen Ausweg nur in einer Auslandsanleihe an die Bundesrepublik, für die vielleicht die Juden in Amerika gewonnen werden könnten.

Frau Landesgerichtsrätin *Dr. Becker* erklärte für das Justizministerium, durch die Lieferungen an Israel dürfe unter keinen Umständen eine Schmälerung der innerdeutschen Wiedergutmachung eintreten. Aus dieser seien Forderungen von insgesamt fünf Milliarden DM zu erwarten. Sie regte an, ob die Forderung Israels auf eine Milliarde Dollar nicht in irgendeine Verbindung zur innerdeutschen Wiedergutmachung gebracht werden könne.

Herr Professor *Böhm* erklärte, die Lage werde durch die Stellungnahme des Finanzministeriums verschärft. Selbst wenn die Londoner Schuldenkonferenz bezüglich des Transfers eine Leistung an Israel anerkenne, wolle das Finanzministerium die für die innere Aufbringung notwendigen Beträge nicht geben. Das müsse klar gestellt werden.

Herr *Abs* erklärte, er begrüße die Stellungnahme des Finanzministeriums und des Justizministeriums. Seiner Ansicht nach sei allerdings die Zeit für eine amerikanische Anleihe noch nicht reif. Zu den Bedenken von Professor Böhm sei zu sagen, daß nach seiner Ansicht diejenigen Summen, die echt transferiert werden könnten, auch im Innern aufzubringen seien.

Herr MDg *Dr. Schöne* referierte sodann über die Ressortbesprechung im Wirtschaftsministerium, in der eine vorläufige Warenliste des Herrn Dr. Barou, Londoner Vertrauensmann des Herrn Dr. Goldmann, besprochen wurde.[13]

Das Wirtschaftsministerium habe eine Prüfung dieser Liste zugesagt, um zunächst einmal darauf vorbereitet zu sein, mit Lieferungen an Israel sofort beginnen zu können, falls diese in Frage kämen.

Herr *Abs* erklärte, er glaube nicht, daß eine Akontoleistung aus einer derartigen Warenliste geeignet sei, zur Verbesserung der Atmosphäre beizutragen. Außerdem betone er erneut, daß der Beginn von Lieferungen an Israel im Widerspruch zu den Argumenten der deutschen Delegation in London stehen würde, die darauf hinziele, ein Moratorium von zwei bis drei Jahren für die Bundesrepublik zu erreichen.

Herr Abs schlug vor, bei der Israelkonferenz zu erklären[14], man habe geschwankt, ob der heutige Zeitpunkt zu direkten Verhandlungen mit Israel der richtige wäre, habe sich aber entschlossen, die Verhandlungen jetzt zu führen, um möglichst schnell über sämtliche zu erwartenden Ansprüche unterrichtet zu werden, ehe die Londoner Schuldenkonferenz bereits eine endgültige Festlegung der deutschen Auslandsschulden ergeben habe und damit die Befriedigung der von uns etwa gebilligten jüdischen Ansprüche gefährde.

Herr *Dr. von Trützschler* faßte zum Schluß als Ergebnis der hier vorgetragenen Stellungnahmen der Ressorts zusammen:

1) Es sei zur Zeit nur möglich, auf einer Konferenz mit Israel die Forderung der Gegenseite entgegenzunehmen, wobei man im Sinne von Herrn Abs folgendermaßen argumentieren solle:

Die Bundesrepublik könne ohne Stellungnahme der Londoner Schuldenkonferenz keinerlei definitive Zusagen bezüglich der Forderungen Israels und der jüdischen Weltorganisationen machen; sie lege aber Wert darauf, möglichst schnell sämtliche in Frage kommenden Forderungen zu erfahren und zu erörtern, um zu verhindern, daß die Befriedigung dieser Forderungen, soweit sie vom Bund als gerechtfertigt anerkannt werden, gefährdet wird infolge Festlegung der deutschen Auslandsverschuldung in London ohne Berücksichtigung dieser israelitischen und jüdischen Ansprüche.[15]

[13] Zur Ressortbesprechung vom 6. Februar 1952 vgl. Dok. 40.

[14] Korrigiert aus: „klären".

[15] Mit Drahtbericht vom 11. März 1952 ersuchte Delegationsleiter Abs, London, das Auswärtige Amt um „möglichst umgehende Unterrichtung über Inhalt der Mitteilung der Bundesregierung an Regierung Israel über Charakter und Tragweite bevorstehender deutsch-israelischer Beratungen im Haag". Vgl. B 10 (Abteilung 2), Bd. 1676.
Am 12. März 1952 antwortete Bundeskanzler Adenauer, daß sich die Verhandlungen mit Israel über zwei Phasen erstrecken würden: „In der ersten Phase würde die deutsche Delegation sich darauf beschränken müssen, die Forderungen des Staates Israel und der jüdischen Organisationen kennenzulernen, um diese hinsichtlich Höhe und Art zu erörtern. Das Ergebnis dieser Aussprache würde

2) Sofortlieferungen an Israel seien nicht möglich, weil

a) das Finanzministerium keinerlei Mittel im Innern zur Verfügung stellen könne,

b) derartige Lieferungen nach Ansicht von Herr Abs mit den Londoner Verhandlungen unvereinbar seien,

c) eine Verbesserung der Atmosphäre durch derartige Lieferungen nach Ansicht von Herrn Abs kaum erwartet werden könne.

Professor *Böhm* sowie *Dr. Küster* machten ihre Mitwirkung bei der Israelkonferenz ausdrücklich davon abhängig, daß die veränderte Sachlage vor Beginn der Konferenz[16] dem Lande Israel in geeigneter Form mitgeteilt würde.

Bundesarchiv Koblenz, N 1351 (Nachlaß Blankenhorn), Bd. 17

73

Berliner Senator für Bundesangelegenheiten, Klein, an Staatssekretär Lenz, Bundeskanzleramt

8. März 1952[1]

Sehr geehrter Herr Staatssekretär!

Der Generalvertrag sieht im Artikel II und VI Bestimmungen über Berlin vor.[2] Artikel II beläßt den drei Mächten die von ihnen bisher ausgeübten Rechte hinsichtlich Berlins, und er verpflichtet die Bundesrepublik, diese Rechte zu respektieren. Artikel VI gewährt der Bundesrepublik hinsichtlich der Ausübung der alliierten Rechte in Berlin ein Konsultationsrecht. Gleichzeitig verpflichtet er die Bundesrepublik zu einer Hilfeleistungserklärung hinsichtlich Berlins gegenüber den drei Mächten. Dieser Vertragsentwurf ist ohne Hinzuziehung Berlins zustande gekommen. In ihm ist bedauerlicherweise nicht zum Ausdruck gebracht, daß zur Wahrung der demokratischen Freiheit und der Aufrechterhal-

Fortsetzung Fußnote von Seite 212

dann der Londoner Schuldenkonferenz zugeleitet. Bundesregierung ist der Auffassung, daß diese Wiedergutmachungsverpflichtungen sui generis sind und deshalb entsprechend behandelt werden müssen. [...] Sobald die Londoner Schuldenkonferenz ihre Verhandlungen über die Aufnahme des israelischen Schuldenkomplexes in eine Gesamtregelung der deutschen Schulden abgeschlossen hat, wird in der zweiten Phase der Verhandlungen im Haag die Frage der Modalitäten der Zahlung (Warenlieferungen) erörtert werden." Vgl. B 10 (Abteilung 2), Bd. 1676.

16 Die Verhandlungen über Wiedergutmachungsleistungen an Israel und die jüdischen Organisationen begannen am 20. März 1952 in Wassenaar.

1 Hat Delegationsleiter Grewe am 26. April 1952 vorgelegen, der für Ministerialrat Gumbel, Bundeskanzleramt, handschriftlich vermerkte: „Die Berliner Auffassung ist am 26.4. von Reg[ierendem] B[ür]g[er]m[eister] Reuter dem St[aats]Sekr[etär] des AA vorgetragen worden. Die Frage ist daraufhin auf die Tagesordnung der nächsten Besprechung des B[undes]kanzlers mit den Hohen Kommissaren gesetzt worden."

2 Für den Wortlaut der Artikel II und VI des Entwurfs vom 22. November 1951 für den Generalvertrag vgl. AAPD 1951, Dok. 193.

tung des Lebens in Berlin eine Rechtsangleichung (Assimilation) an die Verhältnisse des Bundes eintreten müsse.[3]

In dem Zusatzabkommen gibt es einen Unterabschnitt „Berlin betreffende Fragen“. In diesem Abschnitt wird die vorerwähnte Hilfeleistungserklärung des Bundes bezüglich Berlin behandelt. Berlin hat auf die Abgabe einer derartigen Erklärung keinen entscheidenden Wert gelegt, da es aus dieser Erklärung keine Rechte herleiten kann; diese stehen allein den alliierten Mächten zu. Die Formulierung dieser Hilfeleistungserklärung ist im wesentlichen zwischen den drei Mächten und der Bundesregierung vereinbart worden, jedoch hat Berlin bei der Formulierung mitwirken dürfen. Ein Exemplar der jetzt vorliegenden Hilfeleistungserklärung wird beigefügt.[4]

Sehr viel wichtiger für Berlin war das von deutscher Seite angeregte alliierte Schreiben an den Bundeskanzler betreffend die Beziehungen zwischen der Bundesrepublik und Berlin. Zu unserem großen Bedauern ist die jetzt gefundene Fassung für Berlin sehr unbefriedigend. Die von deutscher Seite (Auswärtiges Amt: Staatssekretär Hallstein und Prof. Dr. Grewe) vorgeschlagene Fassung des Briefes[5] ist von den Alliierten leider nicht akzeptiert worden. In einer abschließenden Besprechung der Hohen Kommissare mit dem Herrn Bundeskanzler, an der der Regierende Bürgermeister von Berlin teilnahm, wurde am 22. Januar[6] dieses Jahres eine Verständigung auf der Grundlage der alliierten Vorschläge erzielt.[7] Ich erlaube mir, den Entwurf des Briefes, der bei Abschluß des Generalvertrages übergeben werden wird, beizufügen und in Fußnoten auf die abweichende deutsche Formulierung hinzuweisen. Durch den deutschen Vorschlag hätte das Verhältnis zwischen Bundesrepublik und Berlin eine gewisse Erleichterung dadurch erfahren, daß die Übernahme von Bundesrecht vereinfacht und die Verflechtung Berlins mit der Bundesrepublik stärker verankert worden wäre. Bei dem gegenwärtigen Stand der Angelegenheit sehe ich jedoch keine Möglichkeit mehr, die vom Herrn Bundeskanzler mit den Hochkommissaren getroffene Vereinbarung über das Schreiben der drei Mächte zu ändern. Demgemäß werden die Vorbehalte der Militärgouverneure zu den Artikeln 23, 144 Abs. 2 GG hinsichtlich Berlins auch weiterhin gelten.[8] Berlin bittet des-

3 Zur Übernahme von Bundesgesetzen in Berlin (West) vgl. Dok. 19.

4 Dem Vorgang nicht beigefügt.
In der dritten Besprechung mit der AHK über Berlin betreffende Fragen am 3. Januar 1952 wurde weitgehend Einigkeit über die Erklärung der Bundesregierung betreffend Hilfeleistungen für Berlin erzielt. Für den Wortlaut des Entwurfs vom 3. Januar 1952 vgl. Handakten Grewe, Bd. 4.

5 Zum Entwurf der Delegation der Bundesrepublik vom 5. Januar 1952 für ein Schreiben der Drei Mächte betreffend die Beziehungen zwischen der Bundesrepublik und Berlin vgl. Dok. 19.

6 Korrigiert aus: „29. Januar“.

7 Für das Gespräch des Bundeskanzlers Adenauer und des Regierenden Bürgermeisters von Berlin, Reuter, am 22. Januar 1952 mit den Hohen Kommissaren François-Poncet (Frankreich), Kirkpatrick (Großbritannien) und McCloy (USA) vgl. AAPD, Hohe Kommissare 1952, S. 7–13.
Für den Wortlaut des auf der Grundlage dieses Gesprächs abgefaßten Entwurfs vom 22. Februar 1952 vgl. Handakten Grewe, Bd. 4. Zum Entwurf der AHK vom 5. Januar 1952 für ein Schreiben der Drei Mächte betreffend die Beziehungen zwischen der Bundesrepublik und Berlin vgl. Dok. 19.

8 Artikel 23 des Grundgesetzes vom 23. Mai 1949: „Dieses Grundgesetz gilt zunächst im Gebiete der Länder Baden, Bayern, Bremen, Groß-Berlin, Hamburg, Hessen, Niedersachsen, Nordrhein-Westfalen, Rheinland-Pfalz, Schleswig-Holstein, Württemberg-Baden und Württemberg-Hohenzollern. In anderen Teilen Deutschlands ist es nach deren Beitritt in Kraft zu setzen.“ Vgl. BUNDESGESETZBLATT 1949, Teil II, S. 3 f.
Artikel 144, Absatz 2 des Grundgesetzes vom 23. Mai 1949: „Soweit die Anwendung dieses Grund-

halb, daß im Briefentwurf der drei Mächte ein Zusatz etwa des Inhalts aufgenommen wird, daß die drei Mächte bereit sind, erneut in Verhandlungen mit der Bundesrepublik über die Aufrechterhaltung oder die Lockerung der Berlin-Vorbehalte einzutreten, wenn die Bundesrepublik dies wünschen sollte. Hierbei müßte besonders zum Ausdruck gebracht werden, daß die drei Mächte sich bemühen werden, Berlin in weitestmöglichem Maße in das Rechts-, Wirtschafts- und Finanzsystem des Bundes einzufügen. Eine derartige Ergänzung des Schreibens der Alliierten würde die Versteinerung des Besatzungsrechts in Berlin verhindern. Die Tatsache, daß der Generalvertrag Revisionsmöglichkeiten allgemein vorsieht[9], kann nicht als Beweis für die Überflüssigkeit dieser Forderung dienen, denn die Bundesregierung hat trotz dieser Revisionsmöglichkeit auf bestimmten Gebieten des Generalvertrages (z.B. Kartellgesetz oder der Gesetzgebung betreffend Restitutionen) Sicherungen hinsichtlich der Entschließungsfreiheit des deutschen Gesetzgebers durchgesetzt. Auch hinsichtlich des Verhältnisses Bund–Berlin ist es notwendig, solche Sicherungen einzubauen, um zu verhindern, daß Berlin seinen höchst unglücklichen staatsrechtlichen Status gegenüber der Bundesrepublik länger aufrechterhalten muß, als es nach deutscher Ansicht notwendig ist.

Mit besten Empfehlungen

Ihr sehr ergebener
G. Klein

Bundesarchiv Koblenz, B 136 (Bundeskanzleramt), Bd. 2103

Fortsetzung Fußnote von Seite 214

gesetzes in einem der in Artikel 23 aufgeführten Länder oder in einem Teile eines dieser Länder Beschränkungen unterliegt, hat das Land oder der Teil des Landes das Recht, gemäß Artikel 38 Vertreter in den Bundestag und gemäß Artikel 50 Vertreter in den Bundesrat zu entsenden." Vgl. BUNDESGESETZBLATT 1949, Teil II, S. 19.
Berlin (West) war gemäß dem Schreiben der Militärgouverneure der Drei Mächte Clay (USA), Koenig (Frankreich) und Robertson (Großbritannien) vom 12. Mai 1949, das die Genehmigung des Grundgesetzes mit einem Vorbehalt u. a. gegen die in Artikel 23 vorgesehene Einbeziehung von Berlin (West) in den Geltungsbereich des Grundgesetzes verknüpfte, nicht Teil der Bundesrepublik. Für den Wortlaut des Schreibens vgl. DzD II/2, S. 344–346.

9 Artikel X des Entwurfs vom 22. November 1951 für den Generalvertrag sah eine Revision des Vertrages vor „1) auf Ersuchen einer der vertragschließenden Parteien im Falle der Wiedervereinigung Deutschlands oder der Schaffung einer europäischen Föderation, 2) oder bei Eintritt irgendeines anderen Ereignisses, das nach Auffassung aller Signatarstaaten von ähnlich grundlegendem Charakter ist". Vgl. AAPD 1951, Dok. 193.

74

Aufzeichnung des Ministerialdirektors Blankenhorn

MB 416/52 **11. März 1952**[1]

Aufzeichnung von Herrn MD Blankenhorn für den Herrn Bundeskanzler.

Bei einem Studium der sowjetischen Note[2] erheben sich Fragen, ohne deren eindeutige Klärung eine Bewertung der sowjetischen Vorschläge nicht möglich ist. Diese Fragen sind folgende:

1) Wie soll eine gesamtdeutsche Regierung gebildet werden? Auf Grund echter freier Wahlen oder durch Schaffung eines gemischten Beratungsgremiums von Mitgliedern der Bundesregierung und der Regierung der Deutschen Demokratischen Republik?

2) Nach Punkt 2 der in der sowjetischen Note aufgeführten politischen Leitsätze sollen sämtliche Streitkräfte der Besatzungsmächte spätestens ein Jahr nach Inkrafttreten des Friedensvertrages aus Deutschland abgezogen werden. Bedeutet dies, daß die sowjetischen Truppen nach Polen oder der Tschechoslowakei oder nach der Sowjetunion abziehen?

3) Nach Punkt 5 der sowjetischen Leitsätze darf auf dem Territorium Deutschlands das Bestehen von Organisationen, die der Demokratie und der Erhaltung des Friedens gegenüber feindlich eingestellt sind, nicht geduldet werden.[3] Bedeutet dies die Aufrechterhaltung des sogenannten Friedensschutzgesetzes der Deutschen Demokratischen Republik[4], so wie es jetzt in der Ostzone praktisch gehandhabt wird?

1 Vermutetes Datum der nicht datierten Aufzeichnung.

2 Die UdSSR forderte am 10. März 1952 Frankreich, Großbritannien und die USA in einer Note auf, „unverzüglich die Frage eines Friedensvertrages mit Deutschland zu erwägen, damit in nächster Zeit ein vereinbarter Friedensvertragsentwurf vorbereitet und einer entsprechenden internationalen Konferenz unter Beteiligung aller interessierten Staaten zur Prüfung vorgelegt" werden könne: „Es versteht sich, daß ein solcher Friedensvertrag unter unmittelbarer Beteiligung Deutschlands, vertreten durch eine gesamtdeutsche Regierung, ausgearbeitet werden muß. Hieraus folgt, daß die UdSSR, die USA, Großbritannien und Frankreich, die in Deutschland Kontrollfunktionen ausüben, auch die Frage der Bedingungen prüfen müssen, die die schleunigste Bildung einer gesamtdeutschen, den Willen des deutschen Volkes ausdrückenden Regierung fördern." Der beigefügte Vertragsentwurf sah unter anderem die Wiedervereinigung Deutschlands in den Grenzen vor, „die durch die Beschlüsse der Potsdamer Konferenz der Großmächte festgelegt" worden seien, den Abzug sämtlicher Streitkräfte der Besatzungsmächte innerhalb eines Jahres sowie die Verpflichtung des vereinigten Deutschland, „keinerlei Koalitionen oder Militärbündnisse einzugehen, die sich gegen irgendeinen Staat richten, der mit seinen Streitkräften am Krieg gegen Deutschland teilgenommen hat". Zugleich sollte es Deutschland „gestattet sein, eigene nationale Streitkräfte (Land-, Luft- und Seestreitkräfte) zu besitzen, die für die Verteidigung des Landes notwendig sind", sowie Kriegsmaterial in den durch den Friedensvertrag festzusetzenden Grenzen herzustellen. Vgl. EUROPA-ARCHIV 1952, Bd. 1, S. 4832 f.

3 Für den Wortlaut des Paragraphen 5 des Abschnitts über politische Leitsätze im sowjetischen Entwurf vom 10. März 1952 für einen Friedensvertrag mit Deutschland vgl. EUROPA-ARCHIV 1952, Bd. 1, S. 4833.

4 Das Gesetz zum Schutze des Friedens vom 15. Dezember 1950 hatte zum Ziel, „Kriegspropaganda" zu verhindern. Es sah u. a. die Bestrafung jeder Person vor, die „andere Völker oder Rassen schmäht, gegen sie hetzt, zum Boykott gegen sie auffordert, um die friedlichen Beziehungen zwischen den Völkern zu stören und das deutsche Volk in einen neuen Krieg zu verwickeln", oder die „eine Aggres-

4) Nach Punkt 7 der sowjetischen Leitsätze soll sich Deutschland verpflichten, keinerlei Koalitionen einzugehen, die sich gegen irgendeinen Staat richten, der mit seinen Streitkräften am Krieg gegen Deutschland teilgenommen hat.[5] Soll darunter verstanden werden, daß Deutschland seine Mitwirkung am Aufbau einer freiheitlichen europäischen Föderation aufgibt?

5) Nach dem Wortlaut der sowjetischen Note ist das Territorium Deutschlands durch die Grenzen bestimmt, die durch die Beschlüsse der Potsdamer Konferenz der Großmächte[6] festgelegt wurden. Sowjetrußland und auch die sowjetzonalen Stellen legen die Bestimmungen des Potsdamer Vertrages so aus, als ob die deutschen Grenzen darin festgelegt und das Gebiet östlich der Oder-Neiße endgültig von Deutschland abgetrennt worden sei.[7] In scharfem Gegensatz hierzu steht die Auffassung der Westalliierten und der Bundesregierung, daß auf der Potsdamer Konferenz keine Grenzen festgelegt worden sind, sondern daß deren Festsetzung einer frei vereinbarten Friedensregelung vorbehalten bleiben muß. Soll mit der Sowjetnote Deutschland gezwungen werden, endgültig auf die Gebiete östlich der Oder-Neiße zu verzichten?

[Blankenhorn]

VS-Bd. 109 (Büro Staatssekretär)

Fortsetzung Fußnote von Seite 216

sionshandlung, insbesondere einen Angriffskrieg propagiert oder in sonstiger Weise zum Kriege hetzt". Vgl. GESETZBLATT DER DDR, Nr. 141 vom 22. Dezember 1950, S. 1199.

5 Für den Wortlaut des Paragraphen 7 des Abschnitts über politische Leitsätze im sowjetischen Entwurf vom 10. März 1952 für einen Friedensvertrag mit Deutschland vgl. EUROPA-ARCHIV 1952, Bd. 1, S. 4833.

6 Die Konferenz fand vom 17. Juli bis 2. August 1945 statt.

7 Im Kommuniqué vom 2. August 1945 über die Konferenz von Potsdam (Potsdamer Abkommen) wurde dazu ausgeführt: „Die Konferenz prüfte einen Vorschlag der sowjetischen Regierung, daß bis zur endgültigen Entscheidung der territorialen Fragen bei der Friedensregelung der an die Ostsee grenzende Abschnitt der Westgrenze der Union der Sozialistischen Sowjetrepubliken von einem Punkt an der Ostküste der Danziger Bucht nach Osten nördlich von Braunsberg-Goldap bis zum Schnittpunkt der Grenzen Litauens, der Polnischen Republik und Ostpreußens verlaufen soll. Die Konferenz hat grundsätzlich dem Vorschlag der sowjetischen Regierung betreffend die endgültige Übergabe der Stadt Königsberg und des vorstehend beschriebenen angrenzenden Gebiets an die Sowjetunion vorbehaltlich einer Prüfung der tatsächlichen Grenze durch Sachverständige zugestimmt." Vgl. DzD II/1, S. 2115.
Zur Westgrenze Polens wurde erklärt: „Die drei Regierungschefs bekräftigten ihre Auffassung, daß die endgültige Festlegung der Westgrenze Polens bis zur Friedensregelung zurückgestellt werden soll. Die drei Regierungschefs kommen überein, daß bis zur endgültigen Bestimmung der Westgrenze Polens die früheren deutschen Gebiete östlich einer Linie, die von der Ostsee unmittelbar westlich von Swinemünde und von dort die Oder entlang bis zur Einmündung der westlichen Neiße und die westliche Neiße entlang bis zur tschechoslowakischen Grenze verläuft, einschließlich des Teils von Ostpreußen, der im Einklang mit der auf dieser Konferenz erzielten Vereinbarung nicht der Verwaltung der Union der Sozialistischen Sowjetrepubliken unterstellt wird, und einschließlich des Gebiets der früheren Freien Stadt Danzig der Verwaltung des polnischen Staates unterstellt werden und insofern nicht als Teil der sowjetischen Besatzungszone in Deutschland betrachtet werden sollen." Vgl. DzD II/1, S. 2118.

75

Staatssekretär Hallstein, z.Z. Washington, an Bundeskanzler Adenauer

Fernschreiben Nr. 113 **Aufgabe: 11. März 1952, 23.37 Uhr**
Citissime **Ankunft: 12. März 1952, 14.50 Uhr**

Für Herrn Bundeskanzler

Wurde heute nachmittag in Begleitung Geschäftsträgers[1] von Acheson empfangen. Überbrachte Grüße des Herrn Bundeskanzlers, die Acheson mit Worten dankbarer Würdigung des Anteils Bundeskanzlers an den Erfolgen der letzten Woche erwiderte. Im Vordergrund Unterhaltung stand dic Sowjet-Note[2]. Acheson beabsichtigt dazu entweder in Pressekonferenz morgen früh oder in schriftlicher Erklärung noch heute folgendes zu sagen: Note bringe nichts Neues über das hinaus, was seit 1945 von den Sowjets immer wieder erklärt worden sei. Es werde kein konstruktiver Vorschlag gemacht, während die Westmächte durch Einschaltung der UNO-Kommission einen praktischen Weg zur Lösung der Frage der Wiedervereinigung und der Friedensregelung gezeigt hätten. Er wünschte die deutsche Reaktion auf den sowjetischen Schritt zu wissen. Ich erwiderte, daß die Bundesregierung in der Würdigung der Note sicher mit der amerikanischen Regierung übereinstimmen werde. Sie werde materiell die Haltung der Bundesregierung in keiner Weise verändern. Wichtig sei aber im Hinblick auf die deutsche öffentliche Meinung, daß der Abweisung des russischen Schritts ein positiver Aspekt durch Hinweis auf die anlaufende Arbeit der UNO-Kommission gegeben werde. Es träfe sich glücklich, daß am Montag[3] die UNO-Kommission in Bonn empfangen werde.[4] Wenn diese Kommission in der Sowjet-Zone nicht zugelassen werde, so werde das in den Augen des deutschen Volkes den sowjetischen Schritt völlig entwerten. Acheson betonte, daß eine Stellungnahme des Bundeskanzlers möglichst noch vor Veröffentlichung der amerikanischen Stellungnahme die Situation außerordentlich erleichtern werde.

Deutliche Beunruhigung zeigte Acheson wegen der bevorstehenden Erörterung unseres Saar-Memorandums[5] im Ministerrat des Europarats. Er habe gehofft, daß die Unterhaltung zwischen Herrn Schuman und dem Herrn Bundeskanzler[6] zu irgendeiner gemeinsamen Erklärung führen werde, die eine Vereinbarung über bevorstehende Verhandlungen enthielte und den Schritt bei Europa-

[1] Heinz Krekeler.

[2] Zur sowjetischen Note vom 10. März 1952 an die Drei Mächte vgl. Dok. 74, Anm. 2.

[3] 17. März 1952.

[4] Vgl. dazu Dok. 80.

[5] Zum Memorandum der Bundesregierung vom 29. Februar 1952 über die Einschränkung der Menschenrechte und Grundfreiheiten im Saargebiet vgl. Dok. 68.

[6] Anläßlich der Außenministerkonferenz am 18./19. Februar 1952 in London fand ein Gespräch zwischen Bundeskanzler Adenauer und dem französischen Außenminister Schuman über die Saarfrage statt: „Wir kamen nicht zu einer abschließenden Lösung, aber es zeichnete sich die Möglichkeit zu einer Verständigung ab. Sowohl Schuman wie auch ich trafen uns in der Überzeugung, daß weder Frankreich noch die Bundesrepublik über das Schicksal der Saar endgültig eine Entscheidung treffen konnten, ohne daß die Saarbevölkerung selbst hierzu Stellung nahm." Vgl. ADENAUER, Erinnerungen 1945–1953, S. 526.

rat überflüssig mache. Ich erläuterte demgegenüber eindringlich die Zwangslage, in der sich Bundeskanzler befand, nachdem er wiederholt diesen Schritt angekündigt hatte. Ich wies auf öffentliche Meinung in Deutschland hin und kritisierte, daß Saar-Regierung in den vergangenen Monaten es unterlassen habe, irgendeine Änderung der Haltung vorzunehmen, was der Bundesregierung die Unterlassung des Schrittes ermöglicht hätte. Ich betonte, daß Memorandum keine Spitze gegen französische Regierung habe und daß Deutschland sich nur als Unterzeichner der Menschenrechtskonvention über die Saar-Regierung als Mitunterzeichner beschwere. Ich wies auch darauf hin, daß wir gemeinsam mit dem schwedischen Gesandten[7] schon nach einem Weg suchten, die Sache auf eine unsensationelle Weise zu lösen. Vor allem versuchte ich, Acheson darüber zu beruhigen, daß aus der bevorstehenden Erörterung sich keine Gefahr für den Willen der Bundesregierung ergäbe, die beiden Vertragswerke zu vollenden. Acheson meinte, daß sich vielleicht doch Schwierigkeiten bei den Ratifikationsverhandlungen in den beteiligten Parlamenten ergeben könnten. Acheson fragte, ob vielleicht vor der Verhandlung der Sache noch in einem Gespräch zwischen Herrn Schuman und dem Herrn Bundeskanzler ein Verfahren ...[8] werden ...[9], das die Erörterung des Falles vor dem Ministerrat vermeide. Ich sagte, ich ...[10] das nicht für ausgeschlossen, da der Herr Bundeskanzler bereits am Dienstag[11] in Paris einträfe, während die Sitzung erst am Mittwoch begänne.

Im übrigen war ...[12] an unserem Zeitplan für die Verhandlungen in Paris und in Bonn sehr interessiert. Ich legte diesen Plan dar, der ihn sichtlich befriedigte. Er deutete an, daß er in Aussicht genommen habe, zur Unterzeichnung nach Europa zu kommen, worüber ich meinerseits große Befriedigung ausdrückte.

In einer vorhergehenden Unterhaltung mit Herrn Byroade hatte dieser vor allem die Sowjet-Note erörtert und uns einen Entwurf einer offiziellen ablehnenden Stellungnahme des State Department vorgelegt. Er akzeptierte die Anregung, diesen Entwurf noch in positiver Richtung zu verbessern, indem auf die bevorstehende Wirksamkeit der UNO-Kommission hingewiesen wird.

Auch Byroade zeigte sich sehr besorgt wegen der Überreichung des Saar-Memorandums. Es sei für ihn eine Überraschung gewesen. Er halte in jedem Fall eine Regelung des Saar-Problems vor dem Friedensvertrag für erwünscht. Um zu vermeiden, daß die jetzt schwebenden Vertragsverhandlungen gestört würden, sollte man zweckmäßig Saar-Verhandlungen erst nach deren Abschluß führen. Dies sollte nach amerikanischer Auffassung der Inhalt einer gemeinsamen Erklärung von Schuman und dem ...[13] sein. Es wurden dann noch die Herren der Deutschland-Abteilung (etwa 15) versammelt zu einer längeren Aussprache über deutsche Probleme. Die Aussprache gab mir Gelegenheit, den deutschen

7 Ragnar Kumlin.
8 Auslassung in der Vorlage.
9 Auslassung in der Vorlage.
10 Auslassung in der Vorlage.
11 18. März 1952.
12 Auslassung in der Vorlage.
13 Auslassung in der Vorlage.

Standpunkt in einer Anzahl von wichtigeren Fragen darzulegen, brachte aber in bezug auf amerikanische Beurteilung nichts Neues.

[gez.] Hallstein

VS-Bd. 109 (Büro Staatssekretär)

76

Vortragender Legationsrat von Kessel, Paris, an das Auswärtige Amt

232-09 II 1152/52 **Aufgabe: 12. März 1952, 12.20 Uhr**[1]
Fernschreiben Nr. 94 **Ankunft: 12. März 1952, 12.50 Uhr**

Anläßlich eines Privatgesprächs mit Herrn Blank erklärte Botschafter Alphand gestern, weitgehendes russisches Angebot in deutscher Frage[2] stelle ersten Erfolg der NATO- und EVG-Politik dar. Schon diese Abreden, die bisher nur auf dem Papier ständen, veranlaßten Sowjets zu Entgegenkommen. Dies sei ein Beweis für Richtigkeit des bisher eingeschlagenen Weges, auf dem man mit vermehrter Kraft fortschreiten müsse, um Sowjets zu noch größerem Entgegenkommen in allen Fragen zu zwingen.

[gez.] Kessel

B 10 (Abteilung 2), Bd. 1019

1 Hat Referent von Plehwe am 12. März 1952 vorgelegen.
2 Zur sowjetischen Note vom 10. März 1952 an die Drei Mächte vgl. Dok. 74, Anm. 2.

77

Botschafter Du Mont, Den Haag, an das Auswärtige Amt

Fernschreiben Nr. 51 **Aufgabe: 12. März 1952, 19.26 Uhr**[1]
Ankunft: 13. März 1952, 08.05 Uhr

Außenminister Stikker beurteilte mir gegenüber russische sogenannte Friedensnote[2] wie folgt: Einziger Zweck sei, Eingliederung Bundesregierung in westliche Verteidigungsfront zu vereiteln. Noch so verführerisch gewählte russische Phraseologie könne über diese Absicht nicht hinwegtäuschen. Er wolle nur hoffen, daß Bundesregierung sich ablehnend verhalten werde. Erörterung Note würde sich viele Monate hinschleppen, ohne daß bei bekannter Verhandlungstaktik Russen Erfolg erzielt würde. Kostbare Zeit würde verlorengehen und Fortschritte, die auf westlicher Seite in den letzten beiden Jahren errungen seien, würden illusorisch gemacht werden. Aber das wolle Rußland gerade. Wenn Russen geeintes Deutschland aufrichtig wünschten, so sei hierfür in bekannter UNO-Kommission Plattform geschaffen.

Politischer Teil zeige, daß es Rußland wie bereits seit langem um möglichst baldigen Abzug alliierter Truppen zu tun sei. An innerpolitischem Regime Ostzone würde sich nichts ändern, da sich Russen in Nummer 5 Möglichkeit Verbots unliebsamer Organisationen offenhielten.[3]

Andererseits sei Note von symptomatischer Bedeutung. Sie lasse erkennen, daß Rußland Erstarken Bundesrepublik durch Eingliederung in westliche Verteidigungsfront fürchte und Gesetz des Handelns an sich reißen wolle, um das zu verhindern.

Stikker begrüßte bei dieser Gelegenheit Wahlen in Südweststaat[4], in denen niederländische Regierung unbedingten Erfolg Bundeskanzlers und seiner Politik sehe.

Er bat mich schließlich, Herren Blankenhorn und Hallstein für Übersendung Redetextes zu danken.

[gez.] Du Mont

B 10 (Abteilung 2), Bd. 223

1 Hat Legationsrat I. Klasse Trützschler von Falkenstein am 13. März 1952 vorgelegen.

2 Zur sowjetischen Note vom 10. März 1952 an die Drei Mächte vgl. Dok. 74, Anm. 2.

3 Zum Paragraphen 5 des Abschnitts über politische Leitsätze im sowjetischen Entwurf vom 10. März 1952 für einen Friedensvertrag mit Deutschland vgl. Dok. 74.

4 Am 9. März 1952 fanden in Baden, Württemberg-Baden und Württemberg-Hohenzollern Wahlen für die Verfassunggebende Landesversammlung des neuen Landes Baden-Württemberg statt.

78

Bundeskanzler Adenauer an Staatssekretär Hallstein, z. Z. Washington

MB 81/52 geh. **12. März 1952**[1]

Fernschreiben Nr. 71 **Aufgabe: 13. März 1952, 15.00 Uhr**

Citissime

Für Staatssekretär Hallstein persönlich:

Um Mißdeutungen der Haltung der Bundesregierung gegenüber bedeutsamen politischen Vorgängen wie der kürzlichen Sowjetnote[2] zu vermeiden, wäre ich Ihnen dankbar, wenn Sie Ihre Stellungnahme hierzu[3] vorher mit mir abstimmen wollten.

[gez.] Adenauer

VS-Bd. 109 (Büro Staatssekretär)

1 Hat Ministerialdirektor Blankenhorn am 12. März 1952 vorgelegen, der handschriftlich vermerkte: „Auf Weisung des Herrn Bundeskanzlers."

2 Zur sowjetischen Note vom 10. März 1952 an die Drei Mächte vgl. Dok. 74, Anm. 2.

3 Am 12. März 1952 erklärte Staatssekretär Hallstein, z. Z. Washington, die sowjetische Note vom 10. März 1952 „enthalte nichts Neues und sei lediglich eine Wiederholung von alten Erklärungen im neuen Gewande. Der Vorschlag der Sowjetunion habe ihn nicht im geringsten überrascht. Interessant sei nur, was die Sowjets darin nicht gesagt hätten. ‚Was uns interessiert, ist, wie die deutsche Gesamtregierung gewählt werden kann. Wir haben in dieser Beziehung ganz bestimmte Überzeugungen.'" Vgl. den Artikel „Kaiser fordert sorgsame Prüfung"; FRANKFURTER ALLGEMEINE ZEITUNG vom 13. März 1952, S. 1.

Am folgenden Tag teilte Generalkonsul I. Klasse Krekeler, Washington, mit, daß die Agentur Reuters eine Meldung verbreitet habe, „nach der Staatssekretär Hallstein auf seiner Pressekonferenz in Washington am 12. März gesagt haben soll, [...] ‚das Endziel der Einigung aller Teile des europäischen Kontinents sei in östlicher Richtung bis zum Ural'. Diese Meldung ist eine unrichtige Interpretation der Antwort, die Staatssekretär Hallstein auf die Frage eines Pressevertreters erteilt hat, welche Bedeutung die europäische Integration für die Staaten östlich des eisernen Vorhangs haben würde. Der Staatssekretär antwortete, er hoffe, sie werde eine attraktive Wirkung auf viele dieser Staaten haben, auch sei die deutsche Regierung sehr darauf bedacht gewesen, den späteren Einschluß Ostdeutschlands nicht auszuschließen." Vgl. den Drahtbericht Nr. 117; B 10 (Abteilung 2), Bd. 2329. Vgl. dazu ferner den Artikel „Hallstein in der Georgetown-Universität"; FRANKFURTER ALLGEMEINE ZEITUNG vom 14. März 1952, S. 3.

In der Kabinettssitzung vom 14. März 1952 stellte Bundeskanzler Adenauer fest, daß die sowjetische Note vor allem gegen den Abschluß des Generalvertrages und des Vertrages über die Gründung der Europäischen Verteidigungsgemeinschaft gerichtet sei. Weiter führte er aus: „Oberste Pflicht sei es jetzt zu schweigen. Zu seinem Bedauern müßte er feststellen, daß ja Hallstein in USA zu viel geredet hätte. Seine Bemerkung wegen des Ural sei empörend und klinge nach Hitler." Vgl. LENZ, Zentrum, S. 276.

79

Staatssekretär Hallstein, z.Z. Washington, an Bundeskanzler Adenauer

747-00 II 3574/52 **Aufgabe: 14. März 1952, 19.20 Uhr**
Fernschreiben Nr. 126 **Ankunft: 15. März 1952, 07.30 Uhr**
Citissime

Für Bundeskanzler

Fortsetzte heute vormittag und nachmittag mit Besprechungen mit zahlreichen Herren der Deutschlandabteilung und der Europaabteilung des Staatsdepartements über laufende Fragen.

Mitteilte Mr. Lewis, stellvertretendem Leiter der Deutschlandabteilung, Absicht des Herrn Bundeskanzlers, Frage des Vorgehens im Ministerrat in der Saarabteilung vorher mit Mr. Schuman zu erörtern.[1] Mr. Lewis ausdrückte lebhafte Befriedigung über diese Absicht, die völlig Intentionen von Mr. Acheson entsprechen.

Auf Anregung, Pariser Sitzung[2] zur Erörterung der Sowjetnote[3] mit englischem und französischem Außenminister[4] und amerikanischem Geschäftsträger[5] zu benutzen, antwortete Mr. Lewis, daß er nicht sicher sei, ob zu diesem Zeitpunkt die Überlegungen bereits so weit gediehen seien, daß die Erörterung zwischen den vier Mächten nützlich sei. Er fügte aber nachdrücklich hinzu, daß es ganz sicher sei, daß der Herr Bundeskanzler vor einem alliierten Schritt konsultiert werden würde. Es sei nur ein Zeitproblem, ob das in der Form einer Besprechung in Paris stattfinden werde oder auf andere Weise späterhin.

[gez.] Hallstein

B 10 (Abteilung 2), Bd. 2329

1 Zum Gespräch des Bundeskanzlers Adenauer mit dem französischen Außenminister Schuman am 20. März 1952 in Paris vgl. Dok. 83.
2 Das Ministerkomitee des Europarats tagte am 19./20. März 1952 in Paris.
3 Zur sowjetischen Note vom 10. März 1952 an die Drei Mächte vgl. Dok. 74, Anm. 2.
4 Anthony Eden und Robert Schuman.
5 James Clement Dunn.

80

Memorandum der Bundesregierung

202-05 II 3885/52 **18. März 1952**[1]

Die Bundesregierung beehrt sich, der Kommission der Vereinten Nationen zur Untersuchung der Voraussetzungen für freie Wahlen in Deutschland in Beantwortung des Memorandums vom 17. März 1952[2] folgendes zu erklären:

I. Die Bundesregierung ist, wie sie wiederholt zum Ausdruck gebracht hat, bereit und willens, der Kommission bei ihrer Tätigkeit jede mögliche Unterstützung und Erleichterung zuteil werden zu lassen.

Die Bundesregierung stimmt daher den von der Kommission in ihrem Memorandum zum Ausdruck gebrachten Wünschen zu und erklärt folgendes:

1) Die der Kommission angehörenden Delegationen, deren Personal und das der Kommission beigegebene Sekretariat der Vereinten Nationen haben das Recht, die Gebiete, die den Behörden der Bundesrepublik unterstehen, zu betreten, sich in ihnen aufzuhalten und sich frei darin zu bewegen.

2) Den Delegationen der Kommission, ihrem Personal und dem der Kommission beigegebenen Sekretariat der Vereinten Nationen werden die vollen diplomatischen Vorrechte und Immunitäten, die durch das Völkerrecht anerkannt sind, gewährt werden.

3) Die Delegationen der Kommission, ihr Personal und das der Kommission beigegebene Sekretariat der Vereinten Nationen haben das Recht des freien Zutritts zu allen Personen, Orten und einschlägigen Dokumenten, bezüglich derer es die Kommission gegebenenfalls im Verlauf der Ausführung ihres Auftrages für erforderlich hält.

1 Durchdruck.
Das Memorandum wurde der UNO-Kommission für gesamtdeutsche Wahlen am 19. März 1952 von Bundesminister Blücher übergeben.
Hat Legationsrat I. Klasse Böker am 19. März 1952 vorgelegen, der für Legationsrat I. Klasse Trützschler von Falkenstein handschriftlich vermerkte: „Anliegendes Memorandum, das der H[err] Vizekanzler heute der UNO-Kommission übergeben hat, ist von dem Justizministerium im Wortlaut gebilligt u[nd] mit Protokoll u[nd] Abt[eilung] V (H[errn] Dr. Voigt) abgestimmt."
Hat Trützschler von Falkenstein am 19. März 1952 vorgelegen, der handschriftlich die Weiterleitung an Referent Biermann verfügte.
Hat Biermann am 20. März 1952 vorgelegen.

2 Am 17. März 1952 übergab der Vorsitzende der UNO-Kommission für gesamtdeutsche Wahlen, Vianna, Bundeskanzler Adenauer ein Memorandum, in dem die Kommission die Bedingungen formulierte, die für ihre Arbeit in Deutschland erfüllt sein müßten. Sie halte es für erforderlich, „a) daß den der Kommission angehörenden Delegationen, deren Personal und dem der Kommission beigegebenen Sekretariat der Vereinten Nationen das Recht gewährt wird, die Gebiete, die den von Ihnen vertretenen Behörden unterstehen, zu betreten, sich in ihnen aufzuhalten und sich frei darin zu bewegen, und b) daß den Delegationen der Kommission, deren Personal und dem der Kommission beigegebenen Sekretariat der Vereinten Nationen die normalen und anerkannten diplomatischen Vorrechte und Immunitäten gewährt werden." Ferner müsse der Kommission Zugang zu allen Personen, Orten und Dokumenten gewährt werden, die sie für relevant erachte. Die befragten Personen dürften wegen ihres Kontakts zur Kommission nicht benachteiligt, bestraft oder diskriminiert werden. Vgl. BEMÜHUNGEN, S. 77 f.

4) Die Kommission hat das Recht, Zeugen vorzuladen, die sie gegebenenfalls zu vernehmen oder deren Aussagen sie gegebenenfalls zu erhalten wünscht.

5) Die Kommission erhält die besondere Zusicherung, daß diejenigen Personen, welche die Kommission gegebenenfalls zu befragen oder zu vernehmen wünscht und von denen sie gegebenenfalls mündliche oder schriftliche Aussagen zu erhalten wünscht, in keiner Weise daran gehindert werden, mit der Kommission zusammenzutreffen, und daß solche Personen oder deren Angehörige in keiner Weise und zu keiner Zeit benachteiligt, bestraft oder diskriminiert werden, weil sie mit der Kommission zusammengetroffen sind oder vor ihr Aussagen gemacht haben, und daß solche Personen in keiner Weise und zu keiner Zeit gezwungen werden, den Inhalt ihrer Aussagen bekanntzugeben.

6) Die Delegationen der Kommission, ihr Personal und das der Kommission beigegebene Sekretariat der Vereinten Nationen erhalten das Recht und die Möglichkeit, durch alle amtlichen und nichtamtlichen Nachrichtenmittel ungehindert mit der Bevölkerung der Bundesrepublik Deutschland Verbindung aufzunehmen und sich an diese zu wenden, soweit dies die Kommission im Zusammenhang mit der Ausführung ihres Auftrages anordnet.

7) Die Kommission erhält die besondere Zusicherung, daß Mitteilungen an Delegationen der Kommission, an ihr Personal und an das der Kommission beigegebene Sekretariat der Vereinten Nationen und Mitteilungen, die von diesen Organen ausgehen, gegen Prüfung, Zensur, Verzögerung oder Unterdrückung geschützt sind.

8) Die Kommission erhält die besondere Zusicherung, daß die Personen, an welche die Kommission oder ihre Delegationen, ihr Personal und das der Kommission beigegebene Sekretariat der Vereinten Nationen Nachrichten senden oder von denen diese Organe Nachrichten erhalten, und die Personen, die mit der Übermittlung solcher Nachrichten zu tun haben, oder die Verwandten der vorstehend aufgeführten Personen in keiner Weise und zu keiner Zeit benachteiligt, bestraft oder diskriminiert werden, weil sie diese Verbindung aufgenommen haben, und daß diese Personen in keiner Weise und zu keiner Zeit gezwungen werden, den Inhalt solcher Nachrichten bekanntzugeben.

9) Die Kommission wird die Möglichkeit erhalten, mit den Behörden der Bundesrepublik diejenigen weiteren Abmachungen zu treffen, die sie zu gegebener Zeit für erforderlich hält, damit ihr die Durchführung ihres Auftrages ermöglicht wird.

II. Um diese Zusicherungen zu erfüllen, wird die Bundesregierung unverzüglich diejenigen gesetzgeberischen Maßnahmen einleiten, die erforderlich sind,

1) um den Delegationen der Kommission und deren Personal und dem der Kommission beigegebenen Sekretariat der Vereinten Nationen die vollen diplomatischen Vorrechte und Immunitäten zu gewähren, die durch das Völkerrecht anerkannt sind,

2) um den Mitgliedern und dem Generalsekretär der Kommission den erforderlichen strafrechtlichen Schutz zu gewähren,

3) um in Ausführung von I Ziffer 5 und 8 sicherzustellen, daß die dort genannten Personen in keiner Weise und zu keiner Zeit gezwungen werden, den Inhalt ihrer Aussagen oder der in I Ziffer 8 bezeichneten Nachrichten bekanntzugeben,

und um sicherzustellen, daß keine Aussage, die eine Person vor der Kommission gemacht hat, zur Grundlage eines Verfahrens gegen sie gemacht oder in einem gerichtlichen oder behördlichen Verfahren zu ihren Ungunsten verwendet wird.[3]

Der Stellvertreter des Bundeskanzlers
Blücher

VS-Bd. 108 (Büro Staatssekretär)*

81

Bundeskanzler Adenauer an den französischen Außenminister Schuman

Streng geheim! **19. März 1952[1]**

Sehr verehrter Herr Präsident,
Anliegend überreiche ich Ihnen

1) eine Skizze unserer bisherigen Besprechungen über die zukünftige Gestaltung der Verhältnisse an der Saar.

Ich bitte um Ihre Zustimmung, daß ich in aller Vorsicht mit einigen Herren in Bonn über diese Regelung mich bespreche.

Ich überreiche Ihnen

2) den Entwurf der Erklärung, die ich in der morgigen Sitzung des Ministerrates des Europarates zu den Punkten 17 a und b[2] abzugeben beabsichtige[3], vorausgesetzt, daß die obengenannte Skizze Ihre Zustimmung findet.

3 Am 26. März 1952 stimmte der Bundestag, am 28. März 1952 der Bundesrat dem Gesetz zur Sicherung und Erleichterung der Aufgaben der Kommission der Vereinten Nationen in Deutschland zu, das in Teilen rückwirkend zum 16. März und in Gänze am 4. April 1952 in Kraft trat. Zur Aussprache im Bundestag vgl. BT STENOGRAPHISCHE BERICHTE, Bd. 11, S. 8648–8650. Zum Beschluß des Bundesrats vgl. BR SITZUNGSBERICHTE 1952, 81. Sitzung, S. 149. Für den Wortlaut des Gesetzes vgl. BUNDESGESETZBLATT 1952, Teil I, S. 228.

* Bereits veröffentlicht in: BULLETIN 1952, S. 330.

1 Abschrift.

2 Die Tagesordnungspunkte 17 a und b der Sitzung des Ministerkomitees des Europarats am 19./20. März 1952 in Paris bezogen sich auf die Schreiben des Staatssekretärs Hallstein an den Generalsekretär des Europarats, Paris, vom 31. Januar bzw. 29. Februar 1952. Für den Wortlaut der Tagesordnung vgl. COUNCIL OF EUROPE, MINISTERS, DOCUMENTS, 1952, S. 86.
Am 31. Januar 1952 wies Hallstein Paris bezüglich der Unterzeichnung zweier Vereinbarungen des Europarats über die soziale Sicherheit der Staatsangehörigen der Mitgliedstaaten des Europarats darauf hin, daß sich die Bundesregierung gezwungen sehe, „im Ministerkomitee die Frage der Zulassung der Saarregierung zur Unterzeichnung von Abkommen, die im Rahmen des Europarats geschlossen werden, grundsätzlich zur Erörterung zu stellen“. Für das Saargebiet bestehe kein Statut, „auf Grund dessen dieses Land als völkerrechtlich handlungsfähig legitimiert wäre“. Vgl. B 10 (Abteilung 2), Bd. 461.
Zum Schreiben vom 29. Februar 1952 über die Verletzung der in der Konvention zum Schutze der Menschenrechte und Grundfreiheiten festgelegten Individualrechte durch die Regierung des Saargebiets vgl. Dok. 68, Anm. 2 und 3.

Ich habe noch eine Bitte. Ich sprach Ihnen gestern von den noch bestehenden Ausweisungen aus dem Saargebiet[4] und ihren großen menschlichen Härten. Die Ausweisung von Menschen, die an der Saar geboren sind oder seit Jahrzehnten dort gelebt haben, halte ich für mehr als hart. Ich wäre Ihnen aus menschlichen und aus politischen Gründen besonders dankbar, sehr verehrter Herr Präsident, wenn es Ihnen gelingen würde, diese Ausweisungen unverzüglich rückgängig zu machen. Ich würde eine solche Geste auch politisch für ungemein wertvoll halten.

Ich darf Ihnen sagen, daß es mir am Herzen liegt, daß das Verhältnis zwischen Frankreich und Deutschland, das – wie ich zu empfinden glaube – vor Jahresfrist besser war als heute, wieder möglichst bald auf die Basis gebracht werden könnte, die wir beide wünschen.

Auf meinen Vorschlag, diesem Ausschuß je einen Vertreter Frankreichs, der Bundesregierung, Großbritanniens und der Vereinigten Staaten zuzuordnen, mache ich Sie ausdrücklich aufmerksam.

Mit verbindlichen Grüßen

Ihr sehr ergebener
[gez.] Adenauer

[Anlage]

1) Diese Regelung soll anstelle der für den Friedensvertrag oder einen ähnlichen Vertrag vorgesehenen Regelung treten. Sie bedarf daher der Zustimmung der beiden anderen Westalliierten, Großbritannien und der Vereinigten Staaten, sowie ferner der Zustimmung der Bevölkerung an der Saar.

2) Saarbrücken wird Sitz der Schuman-Plan-Behörden.

3) Das Saargebiet erhält Selbstverwaltung unter dem Ministerrat des Europarates.

4) Sobald dieser Status erreicht ist, ist das Saargebiet politisch, kulturell und wirtschaftlich völlig frei.

5) Die Zustimmung der Saarbevölkerung zu dieser geplanten Regelung soll durch einen neuen, völlig frei gewählten Landtag erfolgen.

6) Frankreich und Deutschland enthalten sich jeder Beeinflussung der Stellungnahme des Saargebietes.

7) Ein Teil des gegenwärtigen Saargebietes, über dessen Abgrenzung verhandelt werden muß, kommt zur Bundesrepublik Deutschland, und zwar zum Lande Rheinland-Pfalz.

Fortsetzung Fußnote von Seite 226

[3] Für die Erklärung des Bundeskanzlers Adenauer vom 20. März 1952 im Ministerkomitee des Europarats vgl. COUNCIL OF EUROPE, MINISTERS, DOCUMENTS, 1952, S. 76.

[4] Paragraph 5 des Gesetzes vom 29. Juli 1948 über den Aufenthalt im Saarland sah ein Aufenthaltsverbot für Personen ohne saarländische Staatsangehörigkeit vor, deren „Verhalten geeignet ist, wichtige Belange des Saarlandes zu gefährden". Vgl. AMTSBLATT DES SAARLANDES, Nr. 83 vom 6. November 1948, S. 1324.

[Anlage]

Zwischen dem französischen Außenminister und dem Außenminister der Bundesrepublik Deutschland sind Besprechungen eingeleitet worden, um schon vor Abschluß des Friedensvertrages oder eines diesem gleichen Vertrages zu einer Ordnung der Saarfrage zu gelangen. Diese Ordnung bedarf der Zustimmung der beiden anderen westalliierten Mächte, Großbritannien und der Vereinigten Staaten. Sie bedarf ferner der Zustimmung der Saarbevölkerung durch den neu zu wählenden Landtag. Vertreter der französischen Regierung und der Regierung der Bundesrepublik sollen sofort zusammentreten, um mit Vertretern der Saarregierung zu prüfen, ob die Voraussetzungen für die Durchführung freier demokratischer Wahlen gegeben sind.

Im Hinblick auf diese Verhandlungen, die Erfolg versprechen, verzichte ich darauf, weitere Ausführungen über die Frage der gegenwärtigen Handhabung der Menschenrechte an der Saar gemäß den Bestimmungen des Statuts des Europarates[5] zu machen.

Ich verzichte ferner zunächst darauf, im Hinblick auf diese in Aussicht genommene – wie man annehmen kann – alsbaldige Regelung, den bereits in Rom im November 1950 erhobenen Widerspruch gegen die Unterzeichnung von Konventionen durch die Regierung des Saargebietes[6] von neuem zu begründen.

VS-Bd. 3236 (Abteilung 2)*

82

Gespräche des Bundeskanzlers Adenauer mit Vertretern der Drei Mächte in Paris

20./21. März 1952

Am Donnerstag, den 20. 3., fand im Anschluß an die Tagung des Ministerrates des Europarates[1] eine Besprechung der Außenminister Frankreichs und Großbritanniens mit dem Herrn Bundeskanzler über den Inhalt der alliierten Antwortnote auf die Note der Sowjetregierung vom 10. 3.[2] statt. Von amerikanischer Seite nahmen der amerikanische Botschafter in Paris, Dunn, und der Councillor Minister Holmes der amerikanischen Botschaft in London teil.

5 Für den Wortlaut der Satzung des Europarats in der geänderten Fassung vom 18. Dezember 1951 vgl. BUNDESGESETZBLATT 1954, Teil II, S. 1126–1132.

6 Anläßlich der Tagung des Ministerkomitees des Europarats am 3./4. November 1950 in Rom erläuterte Staatssekretär Hallstein, z. Z. Rom, dem Generalsekretär des Europarats, Paris, den Rechtsstandpunkt der Bundesregierung zur Unterzeichnung der Konvention zum Schutze der Menschenrechte und Grundfreiheiten durch das Saargebiet. Vgl. dazu AAPD 1949/50, Dok. 141.

* Bereits veröffentlicht in: BDFD I, S. 303–305.

1 Das Ministerkomitee des Europarats tagte am 19./20. März 1952 in Paris.

2 Zur sowjetischen Note vom 10. März 1952 an die Drei Mächte vgl. Dok. 74, Anm. 2.

Herr *Schuman* eröffnete die Besprechung, indem er darauf hinwies, daß die Sowjetnote nichts über die Bildung einer gesamtdeutschen Regierung auf der Grundlage freier Wahlen enthalte. Außerdem erhebe sich die Frage, ob die neu zu bildende gesamtdeutsche Regierung bis zum Friedensvertrag in ihrer Politik frei sei oder nicht. Mit anderen Worten: ob sie wie Österreich behandelt werden solle.[3] Ihm erscheine es wichtig, daß man einige wesentliche Probleme in der Antwort berühre, daß man aber nicht zu allen sich bietenden Problemen Fragen aufwerfen solle.[4] Er wäre dankbar, wenn der Herr Bundeskanzler den versammelten Herren seine Auffassung darlegen wolle.

Bundeskanzler: Es sei wohl zweckmäßig, wenn er über die psychologische Lage in Deutschland berichte. Die nationalistischen Gruppen seien bisher ohne Bedeutung gewesen, weil sie an keiner starken ausländischen Macht Rückhalt gefunden hätten. Dies könne sich aber leicht ändern, wenn Sowjetrußland sich ihrer annähme. Die Erklärungen in der Sowjetnote hinsichtlich der Behandlung der früheren Nazis und Offiziere[5] sowie hinsichtlich der Errichtung einer nationalen Armee würden sicher diesen nationalistischen Gruppen Auftrieb geben. Es bestehe für ihn kein Zweifel, daß Sowjetrußland bereit sei, erhebliche Geldmittel für diese Gruppen zur Verfügung zu stellen. Sowjetrußland habe wieder einmal eine Schwenkung seiner Politik vorgenommen und sich auf Nationalismus umgestellt. Bei der Beantwortung der Note müsse man vermeiden, den Sowjets die Möglichkeit zur Eröffnung langer Gespräche zu geben; man müsse vor allem eine Konferenz vermeiden, die den Sowjets Zeit gäbe, diese nationalistischen Kräfte in Deutschland in eine neue Partei einzubauen. In Deutschland sei auf beiden Seiten des Eisernen Vorhangs der Wunsch nach Wiedervereinigung sehr stark. Die Antwortnote der Alliierten dürfe nicht den Eindruck erwecken, als ob für eine Wiedervereinigung kein Interesse bestehe, andererseits müsse das Ziel der bisherigen Politik, die Integration Europas, stark herausgestellt werden. Man müsse bedenken, daß dieses Ziel schneller erreicht werden müsse als bisher geplant. Die Notwendigkeit der Integration Europas habe sich aus den Erfahrungen der letzten Jahrzehnte ergeben, vor allem infolge der sowjetischen Politik, die den Frieden bedrohe. Wolle man den Frieden, so müsse man die Integration wollen. Selbstverständlich müsse die Note die Forderung nach freien Wahlen als Voraussetzung eines gesamtdeutschen Staates fordern;

3 Seit dem 14. Januar 1947 verhandelte die österreichische Regierung mit den Vier Mächten über ein Abkommen, wonach Österreich als souveräner Staat in den Grenzen von 1937 wiederhergestellt werden sollte. Der Staatsvertrag wurde am 15. Mai 1955 unterzeichnet und trat am 27. Juli 1955 in Kraft.

4 Der französische Außenminister Schuman erwähnte drei Punkte, die in der Antwort der Drei Mächte enthalten sein sollten: „First, before there can be an all-Ger[man] gov[ernmen]t, there must be elections and he mentioned our intention of emphasizing the role of the UN commission. Second, the Ger[man] gov[ernmen]t must be free to carry on in the period between the election and the treaty. Third, we c[ou]ld not ignore certain points raised by Sov[iet]s re[garding]: Treaty itself; for example, national forces, restrictions on political liberty of Ger[man] gov[ernmen]t etc." Vgl. FRUS 1952–1954, VII/1, S. 187.

5 Paragraph 6 des Abschnitts über politische Leitsätze der sowjetischen Note vom 10. März 1952 an die Drei Mächte: „Allen ehemaligen Angehörigen der deutschen Armee, einschließlich der Offiziere und Generäle, allen ehemaligen Nazis, mit Ausnahme derer, die nach Gerichtsurteil eine Strafe für von ihnen begangene Verbrechen büßen, müssen die gleichen bürgerlichen und politischen Rechte wie allen anderen deutschen Bürgern gewährt werden zur Teilnahme am Aufbau eines friedliebenden, demokratischen Deutschland." Vgl. EUROPA-ARCHIV 1952, Bd. 1, S. 4833.

man müsse auf die Tätigkeit der UNO-Kommission und auf die Haltung der sowjetzonalen Behörden gegenüber dieser Kommission[6] hinweisen; es sei wohl nicht zweckmäßig, in der Antwort die Funktion einer gesamtdeutschen Regierung zu behandeln. Die Antwort müsse so kurz und so einfach wie möglich gehalten sein.

Herr *Schuman* stellte die Frage, ob man in der Note von den Potsdamer Beschlüssen[7] sprechen solle.

Der *Bundeskanzler* bejahte dies mit Nachdruck und betonte ferner, daß man keine Fragen an die Sowjets stellen solle, vor allem nicht den Eindruck erwekken solle, als ob man eine Konferenz wünsche.

Der englische Außenminister *Eden* trat den Ausführungen des Herrn Bundeskanzlers mit großer Zustimmung bei. Man solle schnell handeln, um nicht den Eindruck zu erwecken, als ob das alliierte Lager geteilter Meinung sei.

Auch der amerikanische Botschafter *Dunn* stellte eine Übereinstimmung der Meinungen fest.

Eine zweite Aussprache fand am Freitag vormittag, den 21.3. um 11.30 Uhr, ebenfalls im Quai d'Orsay (ebenfalls im Arbeitszimmer von Herrn Schuman) statt.

Herr Schuman war verhindert teilzunehmen. An seiner Stelle nahm Herr Parodi den Vorsitz. Gegenstand der Unterhaltung war ein in französischer Sprache gehaltener Notenentwurf (s. Anlage[8]).

6 Am 11. Dezember 1951 erläuterte der Stellvertretende Ministerpräsident der DDR, Bolz, vor dem Politischen Ad Hoc-Ausschuß der UNO-Generalversammlung den Standpunkt der DDR zur Bildung einer UNO-Kommission, welche die Voraussetzungen für die Durchführung freier gesamtdeutscher Wahlen untersuchen sollte: „The German people itself must settle the question of how those elections should be held [...]. Moreover, the organization of elections was a domestic matter which came within the competence of the German people. The creation of a commission of investigation and supervision would constitute intervention in the domestic affairs of the German people and would be contrary both to the interests and wishes of that people and to the principles of the Charter, especially the principles of non-intervention, equality of peoples and the right of peoples to self-determination." Vgl. UN GENERAL ASSEMBLY, OFFICIAL RECORDS, AD HOC POLITICAL COMMITTEE, 1951–52, S. 104.

7 Für den Wortlaut des Kommuniqués vom 2. August 1945 über die Konferenz von Potsdam (Potsdamer Abkommen) vgl. DzD II/1, S. 2101–2148.

8 Dem Vorgang beigefügt. In dem Entwurf vom 20. März 1952 wurde unter anderem ausgeführt: „4) En soumettant ses propositions relatives au traité de paix allemand, le Gouvernement soviétique s'est déclaré prêt à discuter également d'autres propositions éventuelles. Le Gouvernement français prend acte de cette déclaration. A son avis, il ne sera pas possible d'entamer des discussions approfondies sur un traité de paix avant que n'aient été établies les conditions permettant des élections libres et la formation d'un Gouvernement allemand libre susceptible de prendre part à ces discussions. D'autres questions fondamentales doivent d'ailleurs également être résolues. 5) [...] Le Gouvernement français doit rappeler qu'en fait les frontières définitives de l'Allemagne n'ont pas été fixées par les décisions de Potsdam aux termes desquelles il est clairement prévu que la décision définitive en ce qui concerne les questions territoriales est renvoyée au traité de paix. 6) [...] Le Gouvernement français a pris l'initiative de plans conçus pour assurer la coopération de l'Allemagne à une communauté européenne de caractère purement défensif, destinés à sauvegarder la liberté, à établir la sécurité contre l'agression et à prévenir la renaissance du militarisme allemand. Il est opposé à la formation de l'armée nationale allemande proposée par le Gouvernement soviétique qui mettrait en danger la cause de l'unité européenne." Vgl. VS-Bd. 109 (Büro Staatssekretär); B 150, Aktenkopien 1952.

Der Herr *Bundeskanzler* erklärte sich im allgemeinen mit diesem Entwurf der Antwortnote einverstanden. Er bemängelte jedoch sofort den Punkt 3) der Note, der folgendermaßen lautet:

„Le Gouvernement français constate que les propositions du Gouvernement soviétique ne définissent pas les pouvoirs que possèderait un Gouvernement de l'Allemagne unifiée jusqu'à la conclusion d'un traité de paix. C'est une question qui exigera un examen approfondi, compte-tenu de l'expérience des sept années de négociations stériles sur le traité autrichien. Le Gouvernement français considère que le Gouvernement de l'Allemagne unifiée devrait avoir la faculté de participer à toute forme d'association compatible avec les principes et les buts des Nations-Unies."

Hier könnte Sowjetrußland die Ausführungen der Alliierten so verstehen, als ob ein mit der Bundesrepublik geschlossener Generalvertrag im Falle der Errichtung einer gesamtdeutschen Regierung als nicht existent angesehen und daß völlig neue Verhandlungen über die Funktion einer endgültigen deutschen Regierung gewünscht würden. Diese Formulierung war offenbar auf französischen Vorschlag in die Note eingefügt worden. Herr *Parodi* erklärte sich nach einer längeren Erörterung zur Streichung des ersten Satzes des Punktes 3) bereit. In der endgültigen Fassung wurde, offenbar wieder auf französischen Einfluß, der Gedanke, wenn auch in sehr stark abgeschwächter Form, wieder aufgenommen. Wenn man in der endgültigen Fassung (s. Anlage[9]) den ersten Satz zusammen mit dem zweiten interpretiert, dann scheinen keine Bedenken gegeben, wohl aber wenn man den ersten Satz für sich allein liest.[10] Der Herr *Bundeskanzler* entschloß sich, hiergegen keinen Widerspruch mehr einzulegen.

Ein weiterer Punkt, der bei dieser zweiten Erörterung eine Rolle spielte, war die Fassung des Artikel 6), in welchem der Charakter der Defensive der Europäischen Integration noch stärker zum Ausdruck kommen sollte. Die endgültige Fassung trägt diesem Wunsch weitgehend Rechnung.[11] Es wurde beschlossen, die Note, nach Abstimmung der drei westlichen alliierten Mächte untereinander, den Sowjets am Montag oder spätestens Dienstag, den 24./25. März, zu übergeben[12], mit einer Sperrfrist hinsichtlich der Veröffentlichung.

Die Aussprache des Herrn Bundeskanzlers mit den drei westlichen Außenministern oder ihren Vertretern war von einem besonders verständnisvollen Ton

9 Dem Vorgang beigefügt. Für den Wortlaut des Entwurfs der Drei Mächte vom 23. März 1952 für eine Note an die UdSSR vgl. VS-Bd. 109 (Büro Staatssekretär); B 150, Aktenkopien 1952. Vgl. ferner FRUS 1952–1954, VII/1, S. 189 f.

10 Artikel 3 des Entwurfs der Drei Mächte vom 23. März 1952 für eine Note an die UdSSR: „The Soviet Government's proposals do not indicate what the international position of an all-German Government would be. The U.S. Government considers that the all-German Government should be free both before and after the conclusion of a peace treaty to enter into associations compatible with the principles and purposes of the U.N." Vgl. VS-Bd. 109 (Büro Staatssekretär); B 150, Aktenkopien 1952.

11 In Artikel 6 des Entwurfs der Drei Mächte vom 23. März 1952 für eine Note an die UdSSR wurde ausgeführt: „Being convinced of the need of a policy of European unity, the U.S. Gov[ernmen]t is giving its full support to plans designed to secure the participation of Germany in a purely defensive European community which will preserve freedom, prevent aggression, and preclude the revival of national militarism." Vgl. VS-Bd. 109 (Büro Staatssekretär); B 150, Aktenkopien 1952.

12 Die Noten der Drei Mächte wurden der UdSSR am 25. März 1952 übergeben. Für den Wortlaut der mit den Noten Frankreichs und Großbritanniens identischen Note der USA vgl. EUROPA-ARCHIV 1952, Bd. 1, S. 4833 f.

getragen. Die Vertreter der alliierten Mächte waren offensichtlich bemüht, die etwaigen Wünsche des Herrn Bundeskanzlers zu berücksichtigen.

VS-Bd. 109 (Büro Staatssekretär)

83

Aufzeichnung des Bundeskanzlers Adenauer, z.Z. Paris

Streng geheim! **20. März 1952**[1]

Aufzeichnung über das Gespräch des Herrn Bundeskanzlers mit Außenminister Schuman in Paris am 20. März 1952.

Am 20. März hatte ich eine Besprechung mit Außenminister Schuman im Quai d'Orsay über meinen Brief an ihn vom 19. März nebst Anlagen[2].

Herr Minister Schuman erklärte zunächst, daß er von der Rede des Botschafters Grandval zur Saarfrage[3] erst heute vormittag aus der Presse erfahren habe. Er sei über diese Rede sehr unwillig, er habe die französische Außenpolitik zu führen und niemand anderes. Er werde eine Untersuchung einleiten und das Nötige veranlassen.

Darauf bat er um folgende Erläuterungen zur Anlage 1 meines Schreibens vom 19. März 1952:

Zu Ziffer 1:

Er bat um Aufklärung, was ich mit den Worten „oder einen ähnlichen Vertrag" gemeint habe. Ich habe ihm erklärt, daß bei all den Vertragsentwürfen, die in Bonn in der letzten Zeit angefertigt worden seien, man immer gesagt habe „Friedensvertrag oder einen ähnlichen Vertrag", weil man ja zum Abschluß des Friedensvertrages die Zustimmung Sowjetrußlands nötig habe. Man habe dabei an einen „Ersatzfriedensvertrag" der drei Westmächte mit der Bundesrepublik gedacht. Herr Schuman erklärte, er habe die Frage gestellt, um genau festzustellen, daß die Zustimmung Rußlands nicht nötig sei. Er fragte, ob ich etwas dagegen habe, wenn das in Aussicht genommene Abkommen über die Saar auch von den Beneluxländern unterschrieben würde. Ich erklärte, dagegen hätte ich keine Einwände.

1 Durchdruck.

2 Vgl. Dok. 81.

3 Am 19. März 1952 erklärte der französische Hohe Kommissar für die Saar, Grandval, in Paris: „Jede Partei im Saarland, die die Rückkehr des Saarlandes an Deutschland propagiert oder sich dafür einsetzt, ist verfassungswidrig. [...] Wenn das Saarland unter den wirtschaftlichen Einfluß Deutschlands gerät, würde die französische Kohle- und Stahlerzeugung nur 27 und die Deutschlands 42 Prozent – in der Montanunion – ausmachen. Dies würde zu einer sehr schlechten Kräfteverteilung führen. Es wäre töricht von mir, zu sagen, was Frankreich tun wird, während das Saarproblem erörtert wird. Nach meiner Ansicht aber sollte die französische Regierung kategorisch den Gedanken ablehnen, das Saarland politisch an Deutschland anzuschließen." Vgl. den Artikel „Jede Propaganda für Deutschland verboten"; FRANKFURTER ALLGEMEINE ZEITUNG vom 20. März 1952, S. 1.

Zu Ziffer 2:

Die Französische Regierung könne sich nur dafür einsetzen, daß Saarbrücken Sitz der Schuman-Plan-Behörden werde. Ich habe ihm erwidert, so sei der Satz auch zu verstehen.

Zu Ziffer 3:

Dieser Satz sei doch wohl nicht so gemeint, daß der Ministerrat des Europarats unmittelbar die Verwaltung des Saargebiets vornehme. Das Saargebiet solle doch wohl eine Regierung und einen Landtag behalten, und der Ministerrat des Europarats solle nur die Vollmacht bekommen, dafür zu sorgen, daß die Grundsätze demokratischer Freiheit usw. gewahrt bleiben. Ich habe ihm erklärt, so sei es gemeint. Im übrigen hätte ich in diesem Satz die Worte gebraucht, die er in London gebraucht habe.[4]

Zu Ziffer 4:

Was die wirtschaftliche Freiheit der Saar angehe, so müsse – damit kein Vakuum entstehe – unverzüglich, nachdem der Landtag der Saar dem neuen Status der Saar zugestimmt habe, auch über die wirtschaftlichen Fragen, die in den mit Frankreich abgeschlossenen Konventionen[5] behandelt seien, entschieden werden. Das brauche ja nicht in der Abstimmung selbst über den zukünftigen Status der Saar zu erfolgen, aber es müsse doch unverzüglich die Entscheidung getroffen werden, damit, wie gesagt, kein Vakuum und Unsicherheit entstehen.

Zu Ziffer 7:

Die Bevölkerung des an die Bundesrepublik zurückzugebenden Teiles des gegenwärtigen Saargebietes müsse ja auch über die Frage der Rückkehr zu Deutschland entscheiden. Ich habe ihm erwidert, damit sei ich einverstanden. Auch das liege in der Natur der Sache.

Schuman erklärte, er halte es für richtig, daß ich jetzt mit den in Frage kommenden Herren in Bonn in dieser Sache Fühlung nehme.

[Adenauer][6]

VS-Bd. 3236 (Abteilung 2)

[4] Zum Gespräch des Bundeskanzlers Adenauer mit dem französischen Außenminister Schuman anläßlich der Außenministerkonferenz am 18./19. Februar 1952 in London vgl. Dok. 75, Anm. 6.

[5] Zu den Abkommen zwischen Frankreich und dem Saargebiet vom 3. März 1950 vgl. Dok. 57.

[6] Vermuteter Verfasser der nicht unterzeichneten Aufzeichnung.

84

Botschafter Du Mont, Den Haag, an das Auswärtige Amt

244-13 II 4054/52 **Aufgabe: 24. März 1952, 11.10 Uhr**[1]
Fernschreiben Nr. 63 **Ankunft: 24. März 1952, 14.20 Uhr**

Ägyptischer Gesandter[2] aufsuchte mich, um mir mitzuteilen, daß Arabische Liga, die mit Vertretung aus Israel geflüchteter Araber betraut sei, Anspruch auf Teilwiedergutmachungsleistungen Bundesrepublik an Israel erhebe.

Erwiderte, ich sei nicht befugt, Anmeldung arabischer Ansprüche entgegenzunehmen. Anheimstellte, Bundesregierung von Wünschen Arabischer Liga zu unterrichten.

Auf Frage, ob Bundesregierung bereit wäre, von sich aus oder auf Empfehlung UNO Juden zugestandene Leistungen zugunsten Arabischer Liga zu blockieren, entgegnete ich, Entscheidung hierüber nur von Bundesregierung getroffen werden könnte.

[gez.] Du Mont

VS-Bd. 183 (Büro Staatssekretär)

1 Hat Legationsrat I. Klasse Trützschler von Falkenstein am 25. März 1952 vorgelegen, der die Weiterleitung an Oberregierungsrat Brückner verfügte.
Hat Brückner am 27. März 1952 vorgelegen.

2 Mohamed Ali Sadek Bey.

85

Aufzeichnung des Ministerialdirektors Blankenhorn

24. März 1952

Sofort vorzulegen.

Herr Reber erschien um 11.30 Uhr bei mir und teilte mir folgendes mit:

Der Wortlaut der Note stehe jetzt im wesentlichen fest. Er entspreche dem Wortlaut, der mir am Sonntag[1] übergeben worden sei (siehe Anlage).[2] Das einzige Wort, das noch Gegenstand von Erörterungen sei, sei das Wort „Wiederaufleben des nationalen Militarismus". Hier wünschten Engländer und Amerikaner das Wort „national" zu streichen. Herr Schuman müsse hierzu noch seine Genehmigung geben. Die Note werde, wenn der Herr Bundeskanzler keine Bedenken habe, heute noch Herrn Reuter zur Kenntnis gegeben und dann morgen in Moskau übergeben werden.[3]

Ich darf daher vorschlagen, daß der Herr Bundeskanzler sofort von dem Inhalt der Note Kenntnis nimmt[4], damit eventuelle Änderungswünsche noch vorgebracht werden können.

Hiermit dem Herrn Bundeskanzler vorgelegt.

[Blankenhorn][5]

VS-Bd. 109 (Büro Staatssekretär)

1 23. März 1952.

2 Dem Vorgang beigefügt. Für den Wortlaut des Entwurfs der Drei Mächte vom 23. März 1952 für eine Note an die UdSSR vgl. VS-Bd. 109 (Büro Staatssekretär); B 150, Aktenkopien 1952. Für Auszüge vgl. Dok. 82, Anm. 11 und 12.

3 Die Noten der Drei Mächte wurden der UdSSR am 25. März 1952 übergeben. Für den Wortlaut der mit den Noten Frankreichs und Großbritanniens identischen Note der USA vgl. EUROPA-ARCHIV 1952, Bd. 1, S. 4833 f. Vgl. ferner Dok. 82.

4 Dazu handschriftliche Bemerkung des Ministerialdirektors Blankenhorn vom 24. März 1952: „Die Note hat dem Bundeskanzler vorgelegen. In Gegenwart von StS Hallstein und Herrn v. Eckardt vom Kanzler gebilligt. Entsprechende Mitteilung an Herrn Reber telef[onisch] durchgegeben."

5 Vermuteter Verfasser der nicht unterzeichneten Aufzeichnung.

86

Aufzeichnung des Ministerialdirigenten Herwarth von Bittenfeld

25. März 1952

Betr.: Besuch des Herrn Bundeskanzlers beim Englischen Außenminister in der Englischen Botschaft in Paris am 21. März 1952 von 10.45–11.10 Uhr

Anwesend von englischer Seite: Stellvertretender Unterstaatssekretär Sir Pierson Dixon; Mr. Allen, Leiter der Deutschlandabteilung im Foreign Office.

Anwesend von deutscher Seite: der Unterzeichnete.

Mr. Eden gratulierte dem Herrn Bundeskanzler zu dem Wahlerfolg im Südweststaat und zu der erfolgreichen Nachwahl in Niedersachsen.[1] Der Herr Bundeskanzler gab der Überzeugung Ausdruck, daß die Wahlen von 1953[2] von den Koalitionsparteien gewonnen werden müßten und auch gewonnen werden würden. Ein Mißerfolg bei diesen Wahlen würde die bisherige Linie der Außenpolitik der Bundesrepublik gefährden und gleichzeitig auch unangenehme Rückwirkungen auf die Politik der westlichen Welt haben.

Mr. Eden gab sodann seiner Befriedigung über den Verlauf der Tagung des Ministerkomitees des Europarats[3] Ausdruck. Er dankte dem Herrn Bundeskanzler für sein staatsmännisches europäisches Verhalten in der Saarfrage. Ihm und auch den Amerikanern sei ein Stein vom Herzen gefallen, als eine Einigung zwischen dem Bundeskanzler und Schuman in der Saarfrage erzielt worden sei.[4]

Mr. Eden fragte den Herrn Bundeskanzler, ob er damit einverstanden sein würde, wenn der Generalvertrag von den vier Außenministern[5] in Bonn unterzeichnet würde. Er hoffe, daß der Generalvertrag in etwa drei Wochen fertiggestellt sei. Der Herr Bundeskanzler stimmte dem zu und erwiderte, daß ihm der Besuch der drei Außenminister in Bonn eine besondere Freude sein würde.

Mr. Eden erkundigte sich sodann nach dem Stande der Verhandlungen über die Europäische Verteidigungsgemeinschaft. Bei dieser Gelegenheit erwähnte er

1 Bei den Wahlen für die Verfassunggebende Landesversammlung des neuen Landes Baden-Württemberg am 9. März 1952 erreichten die CDU 35,9 %, die SPD 28 %, die Demokratische Volkspartei (DVP) 18 %, der Bund der Heimatvertriebenen und Entrechteten (BHE) 6,3 % und die KPD 4,4 % der Stimmen.
Am 17. März 1952 fand im Wahlkreis 31 (Oberharz) eine Nachwahl zur Bundestagswahl vom 14. August 1949 statt, bei der der Kandidat der DP, der von der CDU unterstützt wurde, die Mehrheit der Stimmen erhielt.

2 Die Bundestagswahlen fanden am 6. September 1953 statt.

3 Das Ministerkomitee des Europarats tagte am 19./20. März 1952 in Paris.

4 Zum Gespräch des Bundeskanzlers Adenauer mit dem französischen Außenminister Schuman am 20. März 1952 in Paris vgl. Dok. 83.

5 Dean Acheson (USA), Konrad Adenauer, Anthony Eden (Großbritannien), Robert Schuman (Frankreich).

die von französischer Seite ausgesprochene Bitte, daß England Frankreich für den Fall eines Konfliktes, der den Bündnis-Mechanismus der Europäischen Verteidigungsgemeinschaft[6] auslöse, eine ähnliche Garantie gäbe, die den Verpflichtungen Englands aus dem Brüsseler Pakt[7] entsprechen. Dies sei etwas schwierig. Er suche noch nach einer Formel, die die Franzosen befriedigen könnte. Es sei sein Bestreben, der französischen Regierung und vor allem Schuman, deren Stellung nicht eben stark sei, zu helfen. Der Herr Bundeskanzler bemerkte in Anknüpfung an ein Gespräch in London, „geben Sie den Franzosen Selbstvertrauen".

Das Gespräch verlief in einer besonders freundschaftlichen Atmosphäre.

Herwarth

VS-Bd. 86 (Büro Staatssekretär)

[6] Am 25. Januar 1952 wurde im Juristischen Ausschuß der EVG-Konferenz eine Einigung über einen Protokollentwurf zu den Beistandsverpflichtungen zwischen den EVG-Mitgliedstaaten erzielt. Vgl. dazu Dok. 33, Anm. 2.

[7] In Artikel 4 des Brüsseler Vertrages vom 17. März 1948 waren die Beistandsverpflichtungen der unterzeichnenden Staaten festgelegt: „If any of the High Contracting Parties should be the object of an armed attack in Europe, the other High Contracting Parties will, in accordance with the provisions of Articel 51 of the Charter of the United Nations, afford the Party so attacked all the military and other aid and assistance in their power." Vgl. UNTS, Bd. 19, S. 57. Für den deutschen Wortlaut vgl. EUROPA-ARCHIV 1948, S. 1263.

87

Botschaftsrat Richter, Neu Delhi, an das Auswärtige Amt

Ber. Nr. 5/52 **25. März 1952**[1]

Betr.: Fühler der Sowjetzonenregierung wegen Errichtung einer Vertretung in Indien

Der Generalsekretär des Indischen Außenministeriums, G. S. Bajpai, sagte mir gestern im Verlauf einer längeren Unterredung, die Regierung der deutschen Sowjetzone habe vor mehreren Monaten durch ihre Vertretung in Peking und Vermittlung des dortigen Indischen Botschafters[2] in Delhi wegen Errichtung einer dauernden Vertretung angefragt. Die Anfrage sei jedoch auf seine persönliche Veranlassung ablehnend beantwortet worden, da die Indische Regierung die Teilung Deutschlands nicht anerkenne und für sie lediglich die Regierung der Bundesrepublik in Bonn existiere. In diesen Tagen sei erneut ein Herr Stillmann, angeblich Leiter der Ostdeutschen Außenhandelsorganisation, der zur Zeit Indien bereise, an ihn wegen Intensivierung der Handelsbeziehungen zwischen Indien und der Sowjetzone, Entsendung von Technikern aus Ostdeutschland nach Indien usw. herangetreten. Er beabsichtige, auch diesen Fühler ablehnend zu behandeln.

Mr. Bajpai bat um streng vertrauliche Behandlung dieses Vorgangs; ich möchte nicht verfehlen, ihn zu berichten, da ich nicht weiß, ob er dort bereits durch Vermittlung der Indischen Gesandtschaft bekannt ist.

Richter

VS-Bd. 4651 (Abteilung 3)

1 Botschaftsrat Richter, Neu Delhi, übermittelte den Bericht am 28. März 1952 an Vortragenden Legationsrat Melchers mit dem Vermerk, er wolle ihn „nicht gern durch die Büros laufen lassen". Hat Melchers am 7. April 1952 vorgelegen, der handschriftlich vermerkte: „Über Herrn von Etzdorf Herrn Kordt vorgelegt."
Hat Vortragendem Legationsrat von Etzdorf vorgelegen. Vgl. den Vermerk von Richter; VS-Bd. 4651 (Abteilung 3); B 150, Aktenkopien 1952.
Hat Botschaftsrat a. D. Kordt am 8. April 1952 vorgelegen, der handschriftlich vermerkte: „H[errn] Melchers erg[ebenst]. M. E. ist es erforderlich, H[errn] Blankenhorn und – nach Rückkehr vom Urlaub – auch d[en] H[errn] St.S. zu unterrichten. Bitte geben Sie auch H[errn] Kossmann Kennt[nis]."
Hat Vizekonsul Lahusen am 9. April 1952 vorgelegen, der handschriftlich vermerkte: „1) Zunächst H[errn] Kossmann z[ur] g[efälligen] K[enntnisnahme]. Durchschlag (geheim) steht zur Verfügung. 2) W[ieder]v[orlage] bei mir."
Hat Legationsrat I. Klasse Kossmann am 9. April 1952 vorgelegen. Vgl. den Vermerk von Kordt; VS-Bd. 4651 (Abteilung 3); B 150, Aktenkopien 1952.
Hat Melchers am 10. April 1952 erneut vorgelegen, der handschriftlich vermerkte: „Über Herrn Min[isterial]Dir[ektor] Blankenhorn dem Herrn Staatssekretär (nach Rückkehr) vorgelegt." Vgl. den Vermerk von Melchers; VS-Bd. 4651 (Abteilung 3); B 150, Aktenkopien 1952.
Hat Blankenhorn am 12. April 1952 vorgelegen, der die Weiterleitung an Bundeskanzler Adenauer verfügte.
Hat Adenauer am 15. April 1952 vorgelegen.

2 Kavalam Madhava Panikkar.

88

Aufzeichnung des Vortragenden Legationsrats von Kessel, Paris

232-00 II 1266/52 geh. **28. März 1952**[1]

Die EVG-Konferenz ist gestern auf etwa eine Woche vertagt worden, und zwar, wie der Vorsitzende Botschafter Alphand angab, weil die englische Antwort auf gewisse Fragen noch ausstände. Bei diesen Fragen handelt es sich um folgende zwei Probleme:

1) Eine englisch-amerikanische Garantie an die EVG gegen den vorzeitigen Austritt eines ihrer Mitglieder;

2) Eine englische Einschaltung in die Garantieverpflichtung gegen jeden Angriff von außen.

Zu diesem zweiten Punkt ist folgendes zu bemerken:

Sowohl deutscherseits – wie auch im schwächeren Umfange französischerseits – besteht der Wunsch, bei der Verpflichtung zur Hilfeleistung im Angriffsfalle über die Bestimmung des Artikels 5 des Atlantikpakts[2] hinauszugehen und eine automatische Hilfeleistungsverpflichtung in den EVG-Vertrag aufzunehmen.[3] Gegen eine solche Vermehrung ihrer Pflichten wenden sich in erster Linie die Holländer; aber auch bei den anderen Benelux-Ländern und sogar bei gewissen Franzosen bestehen zweifellos Bedenken gegen eine derartige Übernahme weiterer Bindungen. Deutscherseits dagegen ist naturgemäß der dringende Wunsch vorhanden, eine Hilfeleistungsverpflichtung nach Art des Brüsseler Pakts[4] herbeizuführen. Der französische Delegationschef, Botschafter Alphand, teilt den deutschen Standpunkt.

1 Durchdruck.
Die Aufzeichnung wurde von Legationsrat von Heyden, Paris, am 28. März 1952 an Referent von Hassell „zur Kenntnisnahme und Vorlage beim Herrn Staatssekretär und Herrn Min.Dir. Blankenhorn übersandt". Vgl. das Begleitschreiben; B 10 (Abteilung 2), Bd. 970.
Hat Legationsrat I. Klasse Trützschler von Falkenstein vorgelegen, der dazu vermerkte: „Über Herrn Ministerialdirektor Blankenhorn Herrn Staatssekretär Hallstein ergebenst vorgelegt."
Hat Blankenhorn vorgelegen.

2 Artikel 5 des Nordatlantikvertrages vom 4. April 1949: „Die Parteien vereinbaren, daß ein bewaffneter Angriff gegen eine oder mehrere von ihnen in Europa oder Nordamerika als ein Angriff gegen sie alle angesehen wird; sie vereinbaren daher, daß im Falle eines solchen bewaffneten Angriffs jede von ihnen in Ausübung des in Artikel 51 der Satzung der Vereinten Nationen anerkannten Rechts der individuellen oder kollektiven Selbstverteidigung der Partei oder den Parteien, die angegriffen werden, Beistand leistet, indem jede von ihnen unverzüglich für sich und im Zusammenwirken mit den anderen Parteien die Maßnahmen, einschließlich der Anwendung von Waffengewalt, trifft, die sie für erforderlich erachtet, um die Sicherheit des nordatlantischen Gebiets wiederherzustellen und zu erhalten. Von jedem bewaffneten Angriff und allen daraufhin getroffenen Gegenmaßnahmen ist unverzüglich dem Sicherheitsrat Mitteilung zu machen. Die Maßnahmen sind einzustellen, sobald der Sicherheitsrat diejenigen Schritte unternommen hat, die notwendig sind, um den internationalen Frieden und die internationale Sicherheit wiederherzustellen und zu erhalten." Vgl. BUNDESGESETZBLATT 1955, Teil II, S. 290.

3 Am 25. Januar 1952 wurde im Juristischen Ausschuß der EVG-Konferenz eine Einigung über einen Protokollentwurf zu den Beistandsverpflichtungen zwischen den EVG-Mitgliedstaaten erzielt. Vgl. dazu Dok. 33, Anm. 2.

4 Zu Artikel 4 des Brüsseler Vertrages vom 17. März 1948 vgl. Dok. 86, Anm. 7.

Um festzustellen, wie die Engländer zu diesem Problem stehen, haben Herr Blank und ich heute den englischen Botschaftsrat Hayter aufgesucht und den ganzen Fragenkomplex in aller Offenheit mit ihm besprochen. Hayter erklärte, von holländischer und französischer Seite sei man an seine Regierung mit der Bitte herangetreten, eine den Bestimmungen des Brüsseler Pakts entsprechende Hilfeleistungsverpflichtung auch auf die diesem Pakt nicht angehörenden Staaten, nämlich Deutschland und Italien, auszudehnen. Nur dann werde es Holland möglich sein, der Aufnahme einer entsprechenden Hilfeleistungsverpflichtung in den EVG-Vertrag zuzustimmen. Das britische Außenministerium habe einen entsprechenden Entwurf fertiggestellt und der britischen Regierung zugeleitet. Er glaube, daß die britische Regierung in den nächsten Tagen, d.h. Anfang der nächsten Woche, über diesen Entwurf entscheiden werde. Aus den Ausführungen Hayters klang hindurch, daß er selber die Übernahme einer entsprechenden Hilfeleistungsverpflichtung durch England für möglich, wenn auch noch nicht für gesichert hält. Es bestehen über diesen Punkt anscheinend gewisse Divergenzen innerhalb der Regierung. (Der niederländische Delegationsführer[5] äußerte sich in dieser Beziehung gestern pessimistischer.) Hayter meinte, daß eine solche Garantie als besonderes von Großbritannien und den EVG-Mitgliedern zu unterzeichnendes Protokoll gegebenenfalls dem Vertrag beigefügt werden würde. In diesem Zusammenhang führte der britische Botschaftsrat aus, die Schwierigkeit für England bestände darin, daß seitens der europäischen Staaten immer weitere Forderungen an Englands Mitwirkung bei der Integration Europas gestellt würden. Kaum habe England in dem einen Punkt Entgegenkommen gezeigt, so würden von den kontinentalen Mächten neue Punkte in die Debatte geworfen, bei denen man ein englisches Mitwirken oder eine englische Garantie in dringender Form erbitte. Er persönlich sei durchaus für ein Hilfeleistungsversprechen an die EVG zu haben, allerdings unter der einen Voraussetzung, daß die Kontinentalmächte dann von jeder Nachforderung endgültig absähen.

Herr Blank hat im Verlauf der Unterhaltung mit dem britischen Botschaftsrat immer wieder zum Ausdruck gebracht, ein wie großes Interesse auch die Bundesregierung daran habe, daß England das erbetene Hilfeleistungsversprechen abgäbe und dadurch die niederländischen Bedenken aus dem Wege räume, um so ein rasches Zustandekommen der EVG zu ermöglichen. Ich hatte den Eindruck, daß diese Erklärungen von Herrn Blank von Herrn Hayter mit großer Befriedigung aufgenommen wurden. Der britische Botschaftsrat fügte im übrigen noch hinzu, wenn Holland auf die britische Garantie so großen Wert lege, so befinde sich England bezüglich der Vereinigten Staaten in der gleichen Lage. Es würde für die britische Regierung sehr viel leichter sein, dem holländischen Wunsch zu entsprechen, wenn Amerika seinerseits die in dem Atlantikpakt enthaltenen Garantien verstärken würde. Das aber sei den Amerikanern aus konstitutionellen Gründen nicht möglich.

Was die Frage einer britisch-amerikanischen Garantie an die EVG gegen den vorzeitigen Austritt eines ihrer Mitglieder anbelangt, so meinte Hayter hierzu, eine solche Garantieerklärung werde nach seiner Auffassung auf keine großen

5 Baron Carel van Boetzelaer van Oosterhout.

Schwierigkeiten stoßen; im übrigen sei dies Thema ja nicht vordringlich, sondern könne noch auf einige Monate vertagt werden.

gez. Kessel

B 10 (Abteilung 2), Bd. 970

89

Aufzeichnung des Vortragenden Legationsrats von Kessel, Paris

28. März 1952[1]

Bei der heutigen Unterhaltung zwischen Herrn Blank, dem britischen Botschaftsrat Hayter und mir nahm ich Gelegenheit, Herrn Hayter nach seiner Meinung über die russische Note[2] und das in Zukunft zu erwartende russische Vorgehen anzusprechen. Ich habe das insbesonders deswegen getan, weil Herr Hayter vor dem Krieg lange Zeit in Moskau auf Posten war[3] und als Rußlandexperte gelten kann.

Hayter versuchte erst, eine ausweichende Antwort dahingehend zu geben, er habe sich mit der sowjetischen Note und allen damit im Zusammenhang stehenden Fragen nur flüchtig beschäftigt. Auf eine Zwischenfrage von Herrn Blank gab er indessen zu, daß er der Überzeugung ist, daß die Sowjets ihre durch die Überreichung der Note eingeleitete diplomatische Strategie ernst nehmen. Es sei falsch, diese Aktion als reines Propagandamanöver anzusehen. Natürlich würden die Westmächte jede nur denkbare Garantie gegen irgendwelche faulen Tricks der Russen fordern müssen. Auf der anderen Seite werde es schwer sein, ein russisches Angebot auf Abhaltung von freien Wahlen in Deutschland unter Vier-Mächte-Kontrolle abzulehnen. Er sei, wie gesagt, der Überzeugung, daß die Sowjets jetzt endlich bereit seien, einen Preis für die politische Entspannung mit dem Westen zu zahlen. Die Westmächte müßten diesen Preis hoch ansetzen und sich alle Garantien verschaffen, daß er auch wirklich gezahlt werde.

Kessel

B 10 (Abteilung 2), Bd. 225

1 Die Aufzeichnung wurde von Vortragendem Legationsrat Walther, Paris, am 31. März 1952 an das Auswärtige Amt gesandt. Vgl. dazu das Begleitschreiben; B 10 (Abteilung 2), Bd. 225.
Hat Referent von Plehwe am 3. April 1952 vorgelegen.
Hat Legationsrat I. Klasse Trützschler von Falkenstein am 6. April 1952 vorgelegen.
Hat Oberregierungsrat Sahm am 7. April 1952 vorgelegen.
Hat Referent Biermann am 10. April 1952 vorgelegen.

2 Zur sowjetischen Note vom 10. März 1952 an die Drei Mächte vgl. Dok. 74, Anm. 2.

3 William G. Hayter war von 1934 bis 1937 Botschaftssekretär in Moskau.

90

Aufzeichnung des Beauftragten des Bundeskanzlers, Blank

S/2-955-05-407/52 geh. **29. März 1952**[1]

Betr.: Der sowjetische Friedensschritt und die Folgen seines eventuellen Scheiterns

Aus verschiedenen ostzonalen und Karlshorster[2] Quellen, die unabhängig voneinander berichten und sich bisher immer als zuverlässig erwiesen haben, ging eine Reihe von Nachrichten ein, die in ihrer Abstimmung und nach sorgfältiger Kontrolle folgende Lagebeurteilung auf seiten der Sowjetunion und vom Blickwinkel der SED-Führung her ermöglichen.

1) Die SED-Führung (Ulbricht usw.) war von dem sowjetischen Angebot[3] vorher nicht unterrichtet worden. Das gleiche gilt für die Führung der französischen und italienischen Kommunistischen Partei. So war der erste Eindruck des sowjetischen Angebotes für diese ausgesprochen bestürzend. Man hält es für wahrscheinlich, daß die Sowjetunion tatsächlich bereit ist, die deutsche Einheit hinzunehmen, wenn damit die Heraushaltung Deutschlands aus jener Mächtegruppierung erreicht wird, die man in Moskau als „Angriffsblock“ bezeichnet. Diesen „Angriffsblock“ sieht man in erster Linie in einer immer enger werdenden Militärallianz USA–Westdeutschland, die sich nach sowjetischer Auffassung zwangsläufig aus der deutschen Wiederaufrüstung ergeben muß.

Im Gegensatz zu diesem „Angriffsblock“ stehend wird der „Händlerblock“ gesehen, der unter Führung Englands Frankreich, Italien und die Beneluxstaaten umfassen wird und eine langfristige Verständigung mit der Sowjetunion erstrebt. Truman und Dean Acheson neigen nach sowjetischer Auffassung mehr dem „Händlerblock“ zu, während Eisenhower, noch mehr aber Gruenther, Ridgway und das Pentagon im Endergebnis ihrer Politik die bewaffnete Auseinandersetzung erstreben.

Der Zeitpunkt für die sowjetische Note war mit Vorbedacht gewählt. Der politische Nachrichtendienst Moskau meldete aus Westdeutschland und Frankreich übereinstimmend, daß der Europagedanke und damit die Bereitschaft zu einer gemeinsamen deutsch-französischen Verteidigungsfront einen ungewöhnlichen Tiefstand erreicht habe, daß aber auch gleichzeitig in Deutschland nach dem Ergebnis der letzten Wahlen mit einem gesicherten Fortbestand der jetzigen Regierungskoalition zu rechnen sei. Allerdings nimmt man an, daß sich nach den Wahlen im Herbst 1953[4] der politische Schwerpunkt innerhalb der Koalition er-

[1] Hat Staatssekretär Lenz, Bundeskanzleramt, am 2. April 1952 vorgelegen.
Hat Bundeskanzler Adenauer am 3. April 1952 vorgelegen.
Hat Legationsrat I. Klasse Böker am 4. April 1952 vorgelegen, der die Weiterleitung an Ministerialdirektor Blankenhorn verfügte und handschriftlich vermerkte: „Ein besonders interessanter Bericht.“
Hat Blankenhorn vorgelegen.

[2] Berlin-Karlshorst war der Sitz der Sowjetischen Kontrollkommission.

[3] Zur sowjetischen Note vom 10. März 1952 an die Drei Mächte vgl. Dok. 74, Anm. 2.

[4] Die Bundestagswahlen fanden am 6. September 1953 statt.

heblich nach rechts verlagern werde und daß man mit einer „Rechtsregierung" einen dauerhafteren politischen und wirtschaftlichen Kontakt halten könne als mit einer Regierung etwa der Weimarer Koalition.

In der SED-Führung, die damit rechnet, kaltherzig geopfert zu werden, wenn damit das sowjetische Ziel erreicht wird, war man befriedigt von der ersten spontanen Ablehnung des Moskauer Angebotes durch Bonn[5]. Man hatte befürchtet, Westdeutschland werde bei allen Vorbehalten doch mit eigenen konstruktiven Gegenvorschlägen antworten. Am stärksten befürchtete man, Westdeutschland werde angesichts der immer wieder durch Frankreich verzögerten Europa-Armee-Lösung den Gedanken einer deutschen Nationalarmee aufgreifen und damit der „Volkspolizei" die politische und weltanschauliche Grundlage entziehen. Ferner war man in Sorge darüber, Westdeutschland werde nicht starr die nationalstaatliche Rückgabe der Gebiete jenseits von Oder/Neiße fordern, sondern sich bereit erklären, etwa nach dem Beispiel der Saarvorschläge[6], in Verhandlungen einzutreten, die neuartige staatsrechtliche und personenrechtliche Lösungen in den 1945 von den Polen und Tschechen übernommenen Gebieten[7] erstreben.

2) Die jetzt in Moskau überreichte Antwortnote der Westmächte[8] wird in SED-Kreisen praktisch als Absage und damit als Scheitern des sowjetischen Frie-

5 Am 16. März 1952 erklärte Bundeskanzler Adenauer auf der ersten Evangelischen Arbeitstagung der CDU in Siegen: „Es gibt drei Möglichkeiten für Deutschland: den Anschluß an den Westen, Anschluß an den Osten und Neutralisierung. Die Neutralisierung bedeutet für uns die Erklärung zum Niemandsland. Damit würden wir zum Objekt und wären kein Subjekt mehr. Ein Zusammenschluß mit dem Osten aber kommt für uns wegen der völligen Verschiedenheit der Weltanschauungen nicht in Frage. Ein Zusammenschluß mit dem Westen bedeutet [...] in keiner Weise einen Druck gegen den Osten, sondern er bedeutet nichts anderes als die Vorbereitung einer friedlichen Neuordnung des Verhältnisses zur Sowjetunion, zur Wiedervereinigung Deutschlands und zur Neuordnung in Osteuropa." In der Note vom 10. März 1952 schlage die UdSSR vor, „daß eine gesamtdeutsche Regierung geschaffen wird. Eine gesamtdeutsche Regierung kann aber nur geschaffen werden auf Grund gesamtdeutscher und freier Wahlen." Die Note bringe „wenig Neues. Abgesehen von einem starken nationalistischen Einschlag will sie die Neutralisierung Deutschlands und sie will den Fortschritt in der Schaffung der europäischen Verteidigungsgemeinschaft und in der Integrität von Europa verhindern. Es soll sich aber kein Deutscher dadurch täuschen lassen, daß die Sowjetregierung einem Gesamtdeutschland eine eigene Wehrmacht zubilligen wird. [...] Es gehören ungeheure Summen dazu, auch nur einige Divisionen auszurüsten. Mittel, an die wir gar nicht denken können, und deshalb ist dieser Teil der sowjetischen Note weiter nichts als Papier und sonst gar nichts!" Das Ziel der Bundesregierung sei es, zu erreichen, „daß der Westen so stark wird, daß er mit der Sowjetregierung in ein vernünftiges Gespräch kommen kann [...]. Wenn wir so fortfahren, wenn der Westen unter Einbeziehung der Vereinigten Staaten so stark ist, wie er stark sein muß, wenn er stärker ist als die Sowjetregierung, dann ist der Zeitpunkt gekommen, an dem die Sowjetregierung ihre Ohren öffnen wird." Vgl. den Artikel „Keine Zusammenarbeit mit bolschewistischem Osten!"; SIEGENER ZEITUNG vom 17. März 1952, S. 1.

6 Zur Erklärung des Bundeskanzlers Adenauer vom 20. März 1952 im Ministerkomitee des Europarats vgl. Dok. 81.

7 Durch das Potsdamer Abkommen vom 2. August 1945 wurden die deutschen Gebiete östlich von Oder und Neiße vorbehaltlich der Regelung durch einen Friedensvertrag unter polnische und sowjetische Verwaltung gestellt. Vgl. dazu Dok. 74.
Im Londoner Protokoll vom 12. September 1944 wurde die Wiederherstellung Deutschlands in den Grenzen vom 31. Dezember 1937 festgelegt. Daraus ergab sich, daß das Sudetenland, das durch das Münchener Abkommen vom 29. September 1938 in das Deutsche Reich eingegliedert worden war, wieder zum tschechoslowakischen Staatsgebiet gehörte. Für den Wortlaut des Londoner Protokolls vgl. DOKUMENTE DES GETEILTEN DEUTSCHLAND, S. 25–27. Für den Wortlaut des Münchener Abkommens vgl. ADAP, D, II, Dok. 675.

8 Für den Wortlaut der mit den Noten Frankreichs und Großbritanniens identischen Note der USA vom 25. März 1952 vgl. EUROPA-ARCHIV 1952, Bd. 1, S. 4833 f. Vgl. ferner Dok. 82.

densschrittes gewertet. Man ist von dieser Entwicklung hochbefriedigt, da sie den Fortbestand des kommunistischen Regimes in der Zone gewährleistet.

Die in Moskau überreichte Note hat nach SED-, aber auch nach Karlshorster Informationen folgende Vorgeschichte:

England und Amerika seien ursprünglich geneigt gewesen, in versöhnlichem Sinne zu antworten und eine Viererkonferenz für Mai vorzuschlagen. Wortführer dieses Vorschlages seien Anthony Eden und Dean Acheson gewesen. Churchill und Truman, ursprünglich auf der Linie ihrer Außenminister liegend, seien jedoch umgefallen, als sich Eisenhower in die Verhandlungen eingeschaltet habe. Auch Frankreich, unterstützt von Eisenhower, sei schärfster Gegner einer wirklich versöhnlichen Antwort gewesen. Die Gründe für dieses Zusammengehen Eisenhower–Schuman seien durchsichtig:

Eisenhower erstrebe noch vor dem 1. Juni, also der wahrscheinlichen Rückkehr in die Staaten und der offiziellen Nominierung für die Präsidentschaftswahlen[9], das Zustandekommen des Generalvertrages und die allseitige Anerkennung der Verteidigungsklauseln[10], könne also eine Viererkonferenz von unabsehbarer Dauer in diesem Augenblick am wenigsten brauchen.

Schuman und mit ihm das gesamte Frankreich aber fürchteten nichts mehr als die deutsche Einheit und eine eventuelle deutsche Nationalarmee, seien also bereit, zu ihrer Verhinderung einen hohen Preis, also die Zustimmung zur Europa-Armee zu zahlen.

In Karlshorster Kreisen will man wissen, daß der deutsche Bundeskanzler sich der Eisenhower-Schuman'schen Auffassung angeschlossen habe.

Während man jedoch in Karlshorst annimmt, der Kreml werde die Bemühungen fortsetzen, glaubt die SED-Führung, Rußland werde unter keinen Umständen zustimmen, daß die politischen Verhältnisse in der Zone durch eine neutrale Kommission offiziell als das festgestellt werden, was sie tatsächlich sind, nämlich als Terrorregime einer kleinen Minderheit, und Rußland werde ebensowenig in ein Gespräch über die deutsche Einheit eintreten, wenn es dem einheitlichen Deutschland gestattet werde, nach seiner Wiederbewaffnung sich dem „Angreiferblock“ anzuschließen. So hält man nach Auffassung der SED-Führung die Verhandlungen praktisch für gescheitert und stellt befriedigt fest, daß die Sowjetunion nun die zweite Seite ihrer Aktivität, nämlich die Drohung, forciert.

3) Für diese Drohung liegen die z. T. bereits gemeldeten Tatsachen vor:

- Beschleunigung der Ausbildung und Ausrüstung von Heer und Luftwaffe, sowohl in der Zone als auch mit den Schwerpunkten in Polen, Ungarn und Bulgarien, in zweiter Linie in der Tschechoslowakei und Rumänien,
- Zuführung einer weiteren Panzerdivision in den sächsischen Raum, Aufstellung eines starken Verbandes, wahrscheinlich einer Panzerdivision im Raum

9 General Eisenhower wurde vom Konvent der Republikanischen Partei am 11. Juli 1952 zum Kandidaten für die Präsidentschaftswahlen am 4. November 1952 nominiert.

10 Am 25. Januar 1952 erzielte der Juristische Ausschuß der EVG-Konferenz eine Einigung über einen Protokollentwurf zu den Beistandsverpflichtungen zwischen EVG und NATO. Vgl. dazu Dok. 33, Anm. 2.

Wünsdorf, Vorbereitungen zum Aufstellen eines ähnlichen gepanzerten Verbandes nördlich Berlin,

- Vorbereitungen zum alsbaldigen und auf jeden Fall um Wochen früheren Abmarsch der sowjetischen Kampfdivisionen in die Sommerübungsräume, die – operativ gesehen – Aufmarschräume darstellen,
- schließlich die Vorbereitung von Spontanaktionen in Parteien, Gewerkschaften und Betrieben, die eine Umwandlung der Volkspolizei in eine „Nationalarmee" fordern.

Die Vorbereitungen zu dieser Aktion laufen seit etwa einer Woche. Die Parteien, Gewerkschaften und Betriebe haben Anweisung erhalten, öffentlich die Notwendigkeit einer „deutschen Nationalarmee" zu behandeln. Die ersten Flugblätter sind soeben den Betrieben zugegangen. Die SED-Führung – in der Gewißheit, daß diese Aktion alle Möglichkeiten einer Verständigung ein für allemal zunichte macht und die Existenz der Partei sichert – geht mit ungewöhnlichem Eifer an die Arbeit.

4) Es verdient jedoch, ausdrücklich hervorgehoben zu werden, daß man in Karlshorst den „Fortbestandsoptimismus" der SED-Führung nicht teilt, sondern fest davon überzeugt ist, dem „Händlerblock" zum Siege verhelfen zu können. Man verweist darauf, daß

a) ein Friedensschluß in Korea, einem anlaufenden oder gewählten amerikanischen Präsidenten als Morgengabe gebracht, diesen Präsidenten einer Verständigung auf die Dauer geneigt machen wird,

b) ein Zurückpfeifen von Ho-Tschi-Minh und eine Beendigung des kostspieligen und unpopulären Indochinakrieges Frankreich endgültig auf die Europa-Armee und die westdeutsche Aufrüstung verzichten läßt,

c) die Drohung mit der in der Zone und den Satellitenstaaten konzentrierten militärischen Macht in Verbindung mit verlockenden Handelsangeboten England gleichfalls von allen europäischen Risiken, also der Europa-Armee, zurückhalten wird.

Blank

VS-Bd. 28 (Büro Staatssekretär)

91

Delegationsleiter Abs, London, an Bundeskanzler Adenauer

243-18 II 4432/52 **Aufgabe: 31. März 1952, 20.40 Uhr**
Fernschreiben Nr. 114 **Ankunft: 31. März 1952, 21.50 Uhr**

Mit Bezug auf heutiges Ferngespräch wiederhole mir zugegangene Mitteilung aus Haag, wonach deutsche Delegationsführung morgen, Dienstag, bei Ihnen, Staatssekretär Hallstein und Ministerialdirektor Blankenhorn vorsprechen will. Dabei will deutsche Delegation Haager Konferenz Ihre Ermächtigung erreichen, gegenüber dem Staat Israel erklären zu können, Anspruch Israels in Höhe von drei Milliarden Deutsche Mark[1] halte sie für vertretbar. Im Falle entsprechender Ermächtigung will man dann um Ostern in Tel Aviv über Zahlungsart und Zahlungsfristen verhandeln. Falls Sie diese Ermächtigung nicht erteilen, wird bei deutscher Delegation Haager Konferenz erwogen, mindestens persönliche Erklärung über Vertretbarkeit des israelischen Anspruchs in Höhe von drei Milliarden abzugeben. Mit Rücksicht auf Verhandlungslage Londoner Konferenz und auf die Höhe der hier zu regelnden Schulden ist eine Festlegung im Haager Komplex völlig unmöglich, da ein Scheitern hiesiger Verhandlungen die wahrscheinliche Folge wäre. Wenn London scheitert, wäre aber Bundesrepublik auch nicht zur Erfüllung irgendeiner Leistung an Israel imstande.

Bin durch äußerst schwierige Verhandlungen diese Woche an London gebunden. Rückkehre Sonnabend, 5. April, nach Bonn. Londoner Konferenz tritt 12. Mai wieder zusammen. Verhandlungspause muß zu Bonner Entscheidungen für London und Haag benützt werden, die weder hier noch im Haag vorzeitig festgelegt werden dürfen. Ich freue mich über völlige Übereinstimmung Ihrer Auffassung mit der meinen und lege im Sinne unserer Absprache auf weitere jeweils rechtzeitige Beteiligung an innerdeutscher Beratung des Haager Komplexes entscheidenden Wert.

[gez.] Abs

B 10 (Abteilung 2), Bd. 1676

1 Zur Note der israelischen Regierung vom 12. März 1951 an die Vier Mächte über die Forderungen Israels an Deutschland vgl. Dok. 92, Anm. 2.

92

Aufzeichnung des Delegationsleiters Böhm und des Stellvertretenden Delegationsleiters Küster

1. April 1952[1]

Anspruch des Staates Israel[2]

1) Die Forderung wird folgendermaßen begründet:

a) Als Entschädigungsanspruch des Staates Israel wegen entstandener Eingliederungskosten. Es wird geltend gemacht, daß seit dem Beginn der Judenverfolgung im Dritten Reich bis zum heutigen Tage rund 500000 Opfer dieser Verfolgung vom Staat Israel haben aufgenommen werden müssen. Für jede Person wird ein Eingliederungskostenbetrag in Höhe von 3000 Dollar geltend gemacht. Auf diese Weise errechnet sich die Gesamtsumme auf 1,5 Milliarden Dollar. Zwei Drittel dieses Betrages, also eine Milliarde Dollar, werden von der Bundesrepublik, der Rest von der Ostdeutschen Demokratischen Republik gefordert.

b) Hilfsweise wird die Forderung mit dem Unrecht der Judenverfolgung begründet, wobei auf die Tatsache hingewiesen wird, daß rechenmäßig der Wert des Genommenen sehr viel größer ist als der Wert dessen, was bereits zurückerstattet worden ist und in Zukunft zurückerstattet werden wird.

1 Hat Ministerialdirektor Blankenhorn am 3. April 1952 vorgelegen, der handschriftlich vermerkte: „Über den Herrn Staatssekretär Herrn Bundeskanzler vorzulegen."
Hat Hallstein am 4. April 1952 vorgelegen.
Hat Adenauer am 5. April 1952 vorgelegen.

2 In einer Note vom 12. März 1951 an die Vier Mächte führte die israelische Regierung aus, daß während der nationalsozialistischen Herrschaft sechs Millionen Juden getötet und jüdisches Eigentum im Wert von sechs Milliarden Dollar geraubt worden sei. Ein derartiges Verbrechen könne zwar niemals wieder gutgemacht werden, jedoch sollten die Erben der Opfer und die Überlebenden durch das deutsche Volk entschädigt werden. Ferner solle sich Deutschland an den Kosten beteiligen, die Israel durch die Ansiedlung von vor der Herrschaft der Nationalsozialisten geflohenen Juden entstanden seien. Israel müsse daher Reparationsleistungen von Deutschland erhalten: „When the victorious Allies at the end of the war allocated the reparations due from Germany, the Jewish people had as yet no locus standi in the community of sovereign nations. As a result, its claims, though morally perhaps stronger than those of any other people that had suffered at the hands of the Nazis, went by default. The time has come to rectify this omission. Israel is the only State which can speak on behalf of the Jewish people – the people, membership of which was the cause of the death of the six million. [...] The amount to be claimed must be related, on the one hand, to the losses suffered by the Jewish people at the hands of the Germans, and on the other, to the financial cost involved in the rehabilitation in Israel of those who escaped or survived the Nazi regime. The Government of Israel is not in a position to procure and submit full data of the Jewish property confiscated and plundered by the Germans [...]. It can base its claim only on the expenditure incurred and anticipated in connection with the resettlement of the Jewish immigrants from the countries formerly under Nazi control. Their number is estimated at about 500,000, which would involve an overall expenditure of one and half billion dollars. This figure corresponds approximately to the value of exports from Western Germany alone in 1950, which, in view of Germany's economic recovery, is likely to increase considerably during 1951. If spread over a period of years and transferred partly in the form of goods, a reparation payment of this total would not be beyond the capacity of the German people." Vgl. DOCUMENTS 1951, S. 168 f. Für den deutschen Wortlaut vgl. DEUTSCH-ISRAELISCHER DIALOG, S. 33–39.

Es wird von der israelischen Delegation betont, daß es sich hier um einen Anspruch sui generis handele. Es handele sich weder um einen Reparationsanspruch noch um die Geltendmachung individueller Schadensforderungen.

Die israelische Delegation beruft sich darauf, daß der Herr Bundeskanzler sowohl in seiner Erklärung vor dem Bundestag[3] als auch in seinem Brief vom 6. Dezember 1951 an Herrn Dr. Goldmann[4] eine moralische Pflicht zur Wiedergutmachung nicht nur der individuellen Schäden, sondern auch gegenüber dem Staat Israel anerkannt habe, der so viele Verfolgte aufgenommen hat.

Es wird von israelischer Seite nicht behauptet, daß die rechnerische Differenz zwischen Genommenem und Erstattetem sich in Gestalt von irgendwelchen Werten zu irgendeinem Zeitpunkt im Besitz der Bundesrepublik befunden habe. Aber es wird auf die Tatsache hingewiesen, daß sich die Gesamtheit des Genommenen einmal im Besitz des Reiches befunden hat.

2) Ansatzpunkte der Kritik

Einwendungen könnten erhoben werden

a) gegen die genannte Zahl von Personen, die aus dem ehemaligen Reichsgebiet und den während des Krieges besetzten Gebieten in den Staat Israel eingewandert sind. Diese Zahl wird mit rd. 500 000 angegeben. Sie mag vielleicht etwas geringer sein, aber eine erhebliche Differenz dürfte nicht nachgewiesen werden können.

b) gegen den Kausalzusammenhang zwischen Hitler-Verfolgung und Einwanderung. Die israelische Delegation hat mit sachlich gewichtigen Gründen den Kausalzusammenhang eindrucksvoll nachzuweisen versucht. Sie hat freilich die deutsche Delegation nicht in vollem Umfang zu überzeugen vermocht. Die Möglichkeiten einer Erörterung dieses Problems mit der israelischen Delegation sind indessen erschöpft. Die israelische Delegation hat ihre Ausführungen zu diesem Punkt im weiteren noch schriftlich fixiert.[5] Bei genauer Prüfung der Frage wird sich der Kausalzusammenhang für gewisse Gruppen von Eingewanderten mit beachtlichen Gründen bestreiten lassen. Jedoch dürfte sich dadurch die Gesamtzahl der Eingewanderten, bei denen ein Kausalzusammenhang zwischen Verfolgung und Einwanderung nicht bestritten werden kann, nicht wesentlich verringern.

[3] Zur Erklärung des Bundeskanzlers Adenauer vom 27. September 1951 vor dem Bundestag vgl. Dok. 72, Anm. 2.

[4] Vgl. dazu Dok. 40, Anm. 2, sowie Dok. 110, Anm. 3.

[5] In einem Memorandum vom 30. März 1952 erklärte die israelische Delegation, daß die Hauptursache für die Auswanderung von Juden aus Ost- und Mitteleuropa nach Israel die nationalsozialistische Herrschaft gewesen sei: „Es war der Zweck der riesenhaft organisierten antisemitischen Propaganda, in allen Ländern die Diskreditierung des Juden als Einzelnem und der jüdischen Gesamtheit herbeizuführen. [...] Der Virus des Antisemitismus ist tief in die Seelen der Bevölkerung Mittel- und Osteuropas eingedrungen als Ergebnis der nationalsozialistischen Herrschaft. Seine Auswirkungen können in keiner Weise mit der Art des Antisemitismus, der in einzelnen Ländern schon vor dem Kriege bestanden hat, verglichen werden. [...] Wir erklären, daß es den Juden Mittel- und Osteuropas nicht zugemutet werden konnte, das Risiko des Pariatums von neuem auf sich zu nehmen und damit auch als Einzelne für immer das seelische Gleichgewicht zu verlieren und auf das Mindestmaß der Selbstachtung zu verzichten. Wir erklären, daß es den Juden Mittel- und Osteuropas nicht zugemutet werden konnte, den Aufbau eines neuen Lebens zu versuchen zwischen den Gräbern der Vergangenheit und dem Konkurrenzneid und Haß der Gegenwart." Vgl. VS-Bd. 2 (Büro Staatssekretär); B 150, Aktenkopien 1952.

c) gegen die Höhe der Eingliederungskosten. Geltend gemacht werden Kosten in Höhe von 3000 Dollar je Person. Die Zusammensetzung dieser Kosten ist in Gegenwart des Herrn Ministerialdirigenten Middelmann vom Bundesministerium für Vertriebene eingehend erörtert worden. Nach Ansicht des Sachverständigen, Ministerialdirigent Dr. Middelmann, ist die vom Staat Israel geltend gemachte Höhe der Eingliederungskosten zu groß. MDg Middelmann hält einen Betrag von 2500 Dollar für billig.

3) Die von der deutschen Delegation dem Grunde und der Höhe nach als vertretbar erachtete Gesamthöhe der israelischen Forderung

Berücksichtigt man alle Einwendungen, die billigerweise gegen die Berechnung der israelischen Delegation geltend gemacht werden können, so wird man dazu gelangen, einen Gesamtanspruch des Staates Israel gegen die Bundesrepublik in Höhe von drei Milliarden DM als gerechtfertigt anzuerkennen.

Es ist jedoch darauf hinzuweisen, daß es sich bei der genannten Summe noch nicht um den Betrag handelt, der in der endgültigen Vereinbarung deutscherseits zugestanden werden soll, sondern zunächst bloß um denjenigen Betrag, der sozusagen in die Konkurstabelle eingetragen werden soll. Jedenfalls ist bei der Errechnung des Betrages auf die deutsche Leistungsfähigkeit noch keine Rücksicht genommen worden. Die deutsche Delegation war nicht bevollmächtigt, in der ersten Phase der Verhandlungen zu der Frage der deutschen Leistungsfähigkeit und der Erfüllungsmodalitäten irgendwelche Erklärungen abzugeben. Der Unterschied zwischen den Verhandlungen über die „Forderung zur Tabelle“ und den Verhandlungen über die Festlegung einer von der Bundesrepublik zu erfüllenden Verpflichtung wurde von unserer Delegation nachdrücklich betont und von der israelischen Delegation akzeptiert.

Die deutsche Delegation empfiehlt, die Forderung des Staates Israel gegen die Bundesrepublik als Tabellenforderung in Höhe von drei Milliarden DM anzuerkennen und die deutsche Schuldenregelungsdelegation in London zu ermächtigen, die Forderung in dieser Höhe in das Gesamtverzeichnis der Schulden einzusetzen.

4) Berücksichtigung der deutschen Leistungsfähigkeit

Entsprechend den Weisungen, die unserer Delegation erteilt worden sind, ist die deutsche Leistungsfähigkeit bei den Verhandlungen in Den Haag noch nicht berücksichtigt worden. Es konnte das auch nicht geschehen, weil in diesem Punkte ein notwendiger Zusammenhang mit der Londoner Schuldenkonferenz besteht. Es gibt nur eine deutsche Leistungsfähigkeit, und diese eine Leistungsfähigkeit muß den Verhandlungen der Bundesrepublik mit allen ihren Gläubigern zugrunde gelegt werden. Es gehört zu den Aufgaben der Londoner Schuldenkonferenz, zu einer Verständigung über den Umfang der deutschen Leistungsfähigkeit (Aufbringungsfähigkeit und Transferfähigkeit) zu gelangen. Bevor sich auf der Londoner Schuldenkonferenz eine Verständigung über den Umfang dieser Leistungsfähigkeit noch nicht wenigstens abgezeichnet hat, kann eine Delegation, die nur mit einem oder mit zwei Gläubigern gesondert verhandelt, den Londoner Abmachungen nicht vorgreifen. In diejenige Leistungsfähigkeit, über die man sich in London einigt, müssen sich alle Gläubiger der Bundesrepublik (unbeschadet etwaiger Rangunterschiede) teilen.

Aus diesem Grunde ist die Berücksichtigung der deutschen Leistungsfähigkeit in Den Haag der zweiten Verhandlungsphase vorbehalten worden.

5) Bekanntgabe des Tabellenbetrags an die israelische Delegation vor Eintritt in die Verhandlungspause

Die israelische Delegation legt entscheidenden Wert darauf, daß ihr von seiten unserer Delegation vor Eintritt in die Verhandlungspause mitgeteilt wird, in welcher Höhe unsere Delegation der Bundesregierung empfehlen wird, die Tabellenforderung des Staates Israel anzuerkennen. Unsere Delegation hat es bisher abgelehnt, eine solche Mitteilung zu machen. Sie ist jedoch der Meinung, daß die israelische Delegation einen Anspruch darauf hat, dies zu erfahren. Aus folgenden Gründen:

Bisher ist allen anderen Gläubigern gegenüber so verfahren worden. Dies ist sowohl in London hinsichtlich einer Reihe von Forderungen geschehen, die bisher nach Grund und Höhe noch nicht bindend festgestellt waren. Dies geschieht auch seitens unserer Delegation in den Verhandlungen mit der Weltorganisation (Conference on Jewish Claims against Germany; im folgenden zitiert als Conference-Delegation). Hier wird zu jeder einzelnen Position festgestellt, in welcher Höhe unsere Delegation dem geltend gemachten Anspruch zustimmt und welche Empfehlungen die Delegation in ihrem Bericht an die Bundesregierung auszusprechen beabsichtigt.

Der Anspruch der israelischen Delegation ist der einzige Anspruch, bei dem bisher anders verfahren worden ist. Die israelische Delegation hat zwar die Gründe respektiert, die unsere Delegation bisher bewogen haben, über ihre eigene Stellungnahme völliges Stillschweigen zu beobachten. Die israelische Delegation erkennt aber nicht an und kann auch nicht anerkennen, daß hinsichtlich des von ihr geltend gemachten Anspruchs deutscherseits auch in Zukunft eine vom Üblichen abweichende Behandlungsweise beobachtet wird. Sie ist schon dadurch in eine schwierige Lage geraten, daß die Bundesregierung bei Beginn der Verhandlungen eine Zerlegung der Verhandlungen in Abschnitte verlangt und unsere Delegation für den ersten Abschnitt mit lediglich informatorischen Vollmachten ausgestattet hat. Sie konnte nach den bisherigen Verlautbarungen der Bundesregierung und des Herrn Bundeskanzlers mit einer solchen Prozedur nicht rechnen und war deshalb geneigt, in unserem Hinweis auf den Zusammenhang des Gegenstandes der Haager Verhandlungen mit der allgemeinen Schuldenregelung nicht nur eine Verzögerung, sondern eine Gefährdung ihres Anspruches zu erblicken. Unter dem Eindruck der von unserer Delegation gegebenen schriftlichen Erläuterungen zu der Frage des Zusammenhangs mit der Londoner Schuldenregelung[6] hat sich die israelische Delegation

6 In einem Memorandum vom 24. März 1952 verwies die israelische Delegation auf das Schreiben des Bundeskanzlers Adenauer vom 6. Dezember 1951 an den Vorsitzenden des World Jewish Congress, Goldmann: „Nach Inhalt und Geist dieses Schreibens sollen unsere Verhandlungen hier mit keiner anderen Konferenz oder anderen Schulden Deutschlands in Zusammenhang gebracht oder mit der Bestimmung der finanziellen Leistungsfähigkeit Deutschlands verknüpft werden. [...] Was den Zusammenhang zwischen dieser Konferenz und den Londoner Verhandlungen angeht, so müssen wir daran erinnern, daß zur Zeit, als Dr. Adenauer seine Verpflichtung in dem genannten Schreiben einging, das Vorhandensein anderer äußerer Verpflichtungen Deutschlands wohl bekannt war. Jedoch enthielt das Schreibens des Kanzlers keinerlei Bedingungen dieser Art, da Klarheit darüber bestand, daß die Verpflichtungen gegenüber uns sui generis sind und nicht mit irgendwel-

allerdings schon in den ersten Tagen der Besprechung von der sachlichen Berechtigung des deutschen Standpunktes überzeugt und die Zerlegung in Abschnitte akzeptiert. Um so mehr aber besteht sie darauf, daß dann wenigstens die informatorische Phase mit einer Einigung oder wenigstens einer Mitteilung über das Ergebnis der informatorischen Aussprache abgeschlossen wird, wie dies in allen anderen analogen Fällen üblich ist. Die israelische Delegation erwartet, daß unsere Delegation nunmehr die Bundesregierung über diese ihre Erwartung unterrichtet und daß die Bundesregierung, falls sie ihre eigene Stellungnahme vorerst noch nicht äußern möchte, unsere Delegation wenigstens ermächtigt, vor Eintritt in die Verhandlungspause ihre eigene Stellungnahme mitzuteilen.

Der Grund, aus dem unsere Delegation dieser Erwartung der israelischen Delegation bisher noch nicht entsprochen hat, war der, daß angesichts der Bedeutung, die gerade diesem Wiedergutmachungsanspruch in der Weltöffentlichkeit beigemessen wird, jede deutsche Stellungnahme über die Höhe, möge sie so vorläufig und so unverbindlich sein wie immer, geeignet ist, das Resultat der endgültigen Vereinbarung vorwegzunehmen und die Freiheit der Entscheidung für die Bundesregierung psychologisch zu beeinträchtigen. Die Delegation befürchtete, daß sie damit auch dem Ergebnis der Londoner Verhandlungen vorgreifen könnte, was nach ihrer Überzeugung sachlich und politisch nicht verantwortet werden kann.

Unsere Delegation ist jedoch der Auffassung, daß für die Bundesregierung heute irgendwelche Gründe nicht mehr vorliegen, die es rechtfertigten, der israelischen Delegation die Meinungsäußerung der deutschen Delegation vorzuenthalten. Die Fairneß gegenüber London würde im heutigen Zeitpunkt vollständig gewahrt sein. Alle Gläubiger der Bundesrepublik wissen, daß im Haag über die Forderung Israels verhandelt wird. Alle Gläubiger kennen die Erklärung des Herrn Bundeskanzlers. Alle Gläubiger kennen auch die Höhe der Forderung des Staates Israel. Alle Gläubiger haben ein Interesse daran zu erfahren, in welcher Höhe die Bundesregierung diese Forderung für diskutabel hält. Zwischen der deutschen Schuldenregelungsdelegation und unserer Delegation besteht Übereinstimmung darüber, daß die Vereinbarung über eine Wiedergutmachungsleistung an den Staat Israel ausschließlich Aufgabe der Haager Delegation ist und nicht zu den Aufgaben der Schuldenregelungskonferenz in London gehört. Die Verhandlungen in Den Haag sind, was die erste Phase betrifft, im

Fortsetzung Fußnote von Seite 250

chen anderen Verpflichtungen in Zusammenhang gebracht werden können." Vgl. VS-Bd. 2 (Büro Staatssekretär); B 150, Aktenkopien 1952.

Am selben Tag antwortete die Delegation der Bundesrepublik: „Auch wir sind der Auffassung, daß die Feststellung der israelischen Forderung nicht zur Zuständigkeit der Londoner Konferenz gehört. [...] Es wird also die Prüfung der israelischen Forderung dem Grunde und der Höhe nach nicht auf der Londoner Konferenz stattfinden, auch nicht in der Form, daß sie in unserer Konferenz nur vorgeprüft und sodann in der Londoner Konferenz festgestellt wird, vielmehr ist die Behandlung dieses Anspruchs Sache unserer Konferenz. Jedoch muß sich die Bundesregierung nach Klärung alles dessen, was an Beurteilungsgrundlagen in der ersten Phase dieser Konferenz festgestellt werden kann, vorbehalten, mit der deutschen Schuldendelegation Fühlung zu nehmen, um ein Urteil über die Festlegung der Aufbringung und des Transfers zu gewinnen. [...] Denn eine gerechte und realistische Regelung des hier zu behandelnden israelischen Anspruchs ist nach Auffassung der Bundesregierung nur möglich, wenn auch dieser Anspruch in den Kreis der Londoner Erörterungen über die deutsche Leistungs- und Transferfähigkeit einbezogen wird." Vgl. VS-Bd. 2 (Büro Staatssekretär); B 150, Aktenkopien 1952.

wesentlichen abgeschlossen; etwa noch mögliche Erörterungen über Einzelpunkte werden kaum Momente zutage fördern, die an den bis jetzt gewonnenen Urteilsgrundlagen Wesentliches ändern.

Auch der Gesichtspunkt, daß es sich bei der dem Staate Israel gegenüber zu übernehmenden Wiedergutmachungspflicht nicht so sehr um eine Rechtspflicht im strengen Sinne als um eine moralische Pflicht handelt, kann gegen eine Bekanntgabe der Stellungnahme der Delegation nicht ins Treffen geführt werden, da der Herr Bundeskanzler im Namen der Bundesregierung vor dem Bundestag das Bestehen einer moralischen Verpflichtung anerkannt hat. Auch wenn man eine rechtliche Verpflichtung bestreitet, so bedeutet das doch keineswegs, daß es sich deutscherseits etwa bloß um eine Gefälligkeitsverpflichtung handelt.

Vielmehr handelt es sich um eine echte Wiedergutmachung. Dem Grunde nach hat die durch Vertrag zu übernehmende Schuldverpflichtung den Charakter einer Unrechtsschuld. Begehrt wird eine Entschädigung für Schäden, die aus einem nicht zu bestreitenden Unrecht einem Staat entstanden sind, der zur Zeit, als das Unrecht geschah, noch nicht als Staat existierte.

Sowohl unter wirtschaftlichen Gläubigern und Schuldnern als auch unter Gläubigerstaaten und Schuldnerstaaten ist es allerdings nicht alltäglich, daß Forderungen aus unerlaubter Handlung ziffernmäßig eine große Bedeutung haben. Es ist die Schuld der Hitlerregierung, daß dies im vorliegenden Falle anders ist. Einen Rechtssatz, daß Vertragsschulden vor Deliktschulden rangieren, gibt es nicht. Ebensowenig gibt es einen Satz der politischen Moral, der besagt, daß ein Staat, der nicht in der Lage ist, seine Vertragsschulden voll zu erfüllen, daran gehindert sein soll, durch Vertrag eine Wiedergutmachungspflicht zu begründen, die ihren Grund in einer Unrechtshandlung und in einem durch diese Unrechtshandlung verursachten Schaden hat.

Es ist ferner zu berücksichtigen, daß im vorliegenden Fall das Bestehen einer vertraglosen Deliktschuld nur wegen der historischen Einmaligkeit der staatsrechtlichen Zusammenhänge bestritten werden kann. Dies wiederum hat aber seinen Grund in der historischen und staatsrechtlichen Einmaligkeit des begangenen Verbrechens.

In Rücksicht auf die Höhe des Anspruchs, auf die Tatsache, daß die Bekanntgabe einer deutschen Stellungnahme die Interessen aller übrigen Gläubiger der Bundesrepublik in Mitleidenschaft zieht, und auf die Folgen für die Bundesfinanzen erscheint es der Delegation allerdings unerläßlich, daß ihr die nachgesuchte Ermächtigung nicht ohne Zuziehung des Herrn Bundesfinanzministers[7] und des Leiters der deutschen Schuldendelegation[8] erteilt wird.

6) Unsere Delegation ist allerdings der Ansicht, daß diese Ermächtigung vor der Osterpause erteilt werden müßte. Sie fühlt sich verpflichtet, mit großem Ernst auf die Verschlechterung der Atmosphäre hinzuweisen, die eine notwendige Folge jeder weiteren Verzögerung sein müßte. Durch jede Verzögerung wird der moralische und politische Endeffekt der Zugeständnisse vermindert, die in einem späteren Zeitpunkt gemacht werden. Die Delegation glaubt auch, darauf

7 Fritz Schäffer.
8 Hermann Josef Abs.

aufmerksam machen zu müssen, daß jede weitere Hinausschiebung der Entscheidung nur die Wirkung haben kann, die Widerstände derjenigen Gläubigergruppen, die an einer Ablehnung oder unzureichenden Berücksichtigung der israelischen Forderungen interessiert sind, zu ermutigen. Die Wahrscheinlichkeit ist naheliegend, daß diese Widerstände organisiert werden und sich propagandistisch geltend machen. Durch eine Verzögerung würden ferner bei anderen Gläubigern Hoffnungen erweckt, die später zu enttäuschen entweder mißlich oder unmöglich ist. Nach der Überzeugung unserer Delegation erfordert die Rücksicht auf unsere finanzielle und politische Kreditfähigkeit eine schnelle Entscheidung, die heute mindestens insoweit schon getroffen werden kann, als unsere Delegation ermächtigt wird, den Betrag zu nennen, den sie der Bundesregierung zu empfehlen gedenkt.

Auch für die Verhandlungen in London kann es nur förderlich sein, wenn der von der Bundesregierung in Betracht gezogene Tabellenbetrag so bald wie möglich bekannt wird.

7) Nach der Überzeugung unserer Delegation hat die Vereinbarung einer Wiedergutmachungspflicht gegenüber dem Staat Israel im deutschen Interesse nur dann eine politische und moralische Außenwirkung, wenn eine eindrucksvolle Leistung angeboten wird. Das gleiche gilt für die innenpolitische Wirkung. Eine Vereinbarung, die so beschaffen ist, daß sie von der Regierung des Staates Israel nur mit Gefühlen der Bitterkeit abgeschlossen werden würde, würde politisch nur nachteilige Wirkungen für die Bundesrepublik haben, gleichwohl aber dem deutschen Steuerzahler Lasten auferlegen, deren Sinn mehr als fragwürdig sein würde. Es würde dann schon vorzuziehen sein, daß die Bundesregierung offen erklärt, mit Rücksicht auf ihre derzeitige Aufbringungs- und Transferfähigkeit sich auf die Erstattung individueller Entschädigungsansprüche beschränken und die Übernahme einer rechtlich nicht existierenden Deliktschuld durch Vertrag gegenüber dem Staat Israel für die nächste Zukunft überhaupt ablehnen zu müssen.

Böhm
Küster

Bundesarchiv Koblenz, N 1351 (Nachlaß Blankenhorn), Bd. 17

93

Runderlaß des Ministerialdirektors Blankenhorn

202-05 II 4226/52 **3. April 1952**[1]

Betr.: Besuch der UN-Kommission zur Prüfung der Voraussetzungen für freie Wahlen in Deutschland

Bezug: Erlaß vom 4. Februar 1952 – 020-13 II 15120/51 –[2]

1) Die „United Nations Commission to investigate conditions for free elections in Germany“ hat im Februar ihre Arbeiten aufgenommen. Ursprünglich sollte die Kommission aus fünf Mitgliedern bestehen; da aber die polnische Regierung ihre Mitarbeit verweigert hat, umfaßt sie nur Vertreter Brasiliens, Islands, der Niederlande und Pakistans. Nach vorbereitenden Besprechungen in Paris siedelte die Kommission nach Genf über, wo sie im Palais des Nations ihren ständigen Sitz hat. Von dort aus machte sie mit Schreiben vom 22. Februar dem Vorsitzenden der Alliierten Hohen Kommission in der Bundesrepublik und dem Vorsitzenden der sowjetischen Kontrollkommission den Vorschlag zur Einleitung von Besprechungen über die Durchführung ihrer Aufgabe, die betreffenden Gebiete zu besuchen.[3] Am 1. März wurde der Kommission mitgeteilt, daß der Herr Bundeskanzler die Mitglieder der Kommission am 17. März in Bonn empfangen würde[4] und am 21. März ein Zusammentreffen mit dem Berliner Senat stattfinden sollte.

2) Die Kommission traf am 16. März in folgender Zusammensetzung in Bonn ein: Kristjan Albertson (Gesandtschaftsrat an der isländischen Vertretung in Paris), Max Kohnstamm (Direktor der Deutschland-Abteilung im niederländischen Außenministerium), Antonio Mendes Vianna (brasilianischer Generalkonsul in Antwerpen). Den Platz des verhinderten pakistanischen Vertreters[5]

1 Vervielfältigtes Exemplar.
Hat Referent Biermann am 7. April 1952 vorgelegen, der handschriftlich die Weiterleitung an Legationsrat I. Klasse Böker verfügte.
Hat Böker am 15. April 1952 vorgelegen.

2 In dem am 6. Februar 1952 übermittelten Runderlaß unterrichtete Ministerialdirektor Blankenhorn die Auslandsvertretungen über den Beschluß der UNO-Generalversammlung vom 20. Dezember 1951, eine Kommission einzusetzen, welche die Voraussetzungen für die Durchführung freier gesamtdeutscher Wahlen untersuchen sollte. Dazu führte er aus: „Die Bundesregierung hat mit diesem Beschluß das Ziel erreicht, das sie sich gesteckt hatte, als sie die Angelegenheit durch Vermittlung der Westmächte vor die UN brachte. Im Fall einer Ablehnung der Untersuchungskommission durch die Sowjetzone ist vor dem deutschen Volk und der Weltöffentlichkeit klargestellt, daß die von dieser Seite erhobene Forderung nach gesamtdeutschen Wahlen niemals ernsthaft gemeint war, jedenfalls nicht, wenn darunter freie, gleiche und geheime Wahlen verstanden werden. Die Versuche der Sowjetunion, bei Behandlung dieser Angelegenheit auf das Potsdamer Abkommen zurückzugreifen und so auf diesem Wege den alliierten Kontrollrat wieder aufleben zu lassen, sind als gescheitert anzusehen.“ Vgl. B 10 (Abteilung 2), Bd. 66.

3 Für die Schreiben des Vorsitzenden der UNO-Kommission für gesamtdeutsche Wahlen, Vianna, an den Vorsitzenden des Rats der AHK, McCloy, und den Leiter der sowjetischen Kontrollkommission, Tschuikow, vgl. B 10 (Abteilung 2), Bd. 223. Vgl. dazu auch Dok. 60.

4 Für den Wortlaut des Schreibens des Bundeskanzlers Adenauer vom 29. Februar 1952 an den Geschäftsführenden Vorsitzenden der AHK, McCloy, vgl. B 10 (Abteilung 2), Bd. 1318. Vgl. auch BULLETIN 1952, S. 255.

5 Ali Haider Abbasi.

nahm der Botschafter Pakistans in der Bundesrepublik, Herr Omar Hayat Malik, ein. Den Vorsitz in der Kommission, der monatlich wechselt, führte im März Herr Albertson. Als Chefsekretär der Kommission ist der indische Staatsangehörige, Herr T. G. Narayanan, Mitglied des UNO-Sekretariats, tätig.

Am 17. März nahm die Kommission mit einem Besuch bei der Alliierten Hohen Kommission ihre offiziellen Besprechungen auf. Um 12 Uhr des gleichen Tages wurde sie von Herrn Bundeskanzler im Beisein des Herrn Vizekanzlers[6], des Bundesministers für gesamtdeutsche Fragen[7], des Bundesministers des Innern[8] und des Staatssekretärs im Bundesministerium der Justiz[9] empfangen. Vor dem Palais Schaumburg war anläßlich des Besuches neben der Bundesflagge die UN-Fahne gehißt.

In seiner Begrüßungsansprache wies der Herr Bundeskanzler auf die vielfachen Versuche der Bundesregierung hin, die unnatürliche Zerteilung Deutschlands zu beseitigen. Er überreichte der Kommission das vom Ministerium für gesamtdeutsche Fragen zusammengestellte Weißbuch über die Bemühungen der Bundesregierung zur Wiederherstellung der deutschen Einheit.[10] Die Einsetzung der UN-Kommission sei in der Bundesrepublik mit besonderer Freude begrüßt worden, so führte der Herr Bundeskanzler weiter aus, weil damit die Gewähr für eine objektive und gewisse Prüfung dieser Lebensfrage des deutschen Volkes durch das höchste Gremium der Völkergemeinschaft gegeben sei. Abschließend gab der Kanzler der Hoffnung Ausdruck, die Kommission möchte ihre Aufgabe zu einem glücklichen Ende führen und sich auch nicht durch etwa auftretende Verzögerungen von ihrem Ziel abbringen lassen.

Der Vorsitzende der Kommission erklärte in seiner Antwort, daß ein gespaltenes Deutschland eine Quelle der Unsicherheit und Gefahr im Herzen Europas bedeute und die Vereinigung Deutschlands daher nicht nur im Interesse des deutschen Volkes, sondern auch im Interesse des europäischen Friedens, ja sogar des Weltfriedens, liege. Herr Albertson überreichte dann dem Herrn Bundeskanzler ein Memorandum, in dem die von der Kommission zur Durchführung ihrer Arbeit für notwendig erachteten Garantien präzisiert waren. Ein gleichlautendes Memorandum war bereits vorher der Alliierten Hohen Kommission übergeben worden und wurde später auch dem Berliner Senat überreicht (Text s. Anlage).[11]

Anschließend an diese erste Besprechung mit der Bundesregierung fand ein Frühstück statt, bei dem die Mitglieder der Kommission Gelegenheit hatten, auch mit Vertretern des Bundestags und anderen Persönlichkeiten des öffentlichen Lebens Fühlung aufzunehmen. Am Nachmittag veranstaltete die Kommission eine stark besuchte Pressekonferenz für die deutschen und ausländischen Korrespondenten. Namens der Kommission sprach Herr Kohnstamm im Rundfunk über den Auftrag der Kommission, wobei er hervorhob, daß es sich bei diesem Besuch nur um vorbereitende Besprechungen handele.

6 Franz Blücher.
7 Jakob Kaiser.
8 Robert Lehr.
9 Walter Strauß.
10 Vgl. dazu BEMÜHUNGEN.
11 Dem Vorgang beigefügt. Vgl. B 2 (Büro Staatssekretär), Bd. 38. Vgl. dazu auch Dok. 80, Anm. 2.

Die weiteren Verhandlungen zwischen Bundesregierung und Kommission fanden unter Vorsitz des Herrn Vizekanzlers statt, da sich der Herr Bundeskanzler nach Paris begeben mußte.[12] Das Hauptthema bildete das von der Kommission überreichte Memorandum. Da die Kommission Wert darauf legte, daß ihre Wünsche Punkt für Punkt beantwortet würden, wurde ein gemeinsamer Redaktionsausschuß eingesetzt, in dem die Antwort der Bundesregierung[13] erörtert wurde. Es ergab sich dabei die Notwendigkeit, zur Erfüllung gewisser Forderungen der Kommission, für die in der Bundesrepublik bisher keine gesetzliche Grundlage besteht, ein besonderes Gesetz zu schaffen. Die Antwort der Bundesregierung wurde der Kommission am 19. März durch den Herrn Vizekanzler überreicht. Die in diesem Memorandum angekündigten gesetzgeberischen Maßnahmen wurden dann dem Bundestag durch einen gemeinsamen Initiativ-Antrag sämtlicher Fraktionen des Bundestages (die kommunistischen Abgeordneten haben nicht Fraktionsstärke) als „Entwurf eines Gesetzes zur Sicherung und Erleichterung der Aufgaben der Kommission der Vereinten Nationen in Deutschland" vorgeschlagen (Text s. Anlage[14]).

In seiner Sitzung vom 26. März hat der Bundestag dem Gesetzentwurf zugestimmt[15] mit der Maßgabe, daß dieses Gesetz auch in Berlin Geltung haben soll, wenn seine Anwendung dort beschlossen wird. Gegen das Gesetz stimmten nur die Kommunisten; ein Abgeordneter der extremen Rechten enthielt sich der Stimme.

3) Begleitet von dem Staatssekretär im Bundeskanzleramt[16] reiste die Kommission am 20. März nach Berlin weiter. Am folgenden Tage statteten die Mitglieder den Stadtkommandanten von Berlin[17] einen Besuch ab und wurden dann von dem Regierenden Bürgermeister, Professor Reuter, empfangen. Bei dieser Gelegenheit wurde der Kommission eine Sammlung von Dokumenten über die Vorgeschichte der Spaltung Berlins und die gegenwärtige Lage der Stadt überreicht. Auch in Berlin veranstaltete die Kommission eine große Pressekonferenz, zu der ausnahmsweise auch Pressevertreter aus der Sowjetzone eingeladen wurden. Diese stellten jedoch überraschenderweise keine Fragen. Die Mitglieder der Kommission vermieden es aber, sich selbst in den Ostsektor der Stadt zu begeben.

Hervorzuheben ist die starke Anteilnahme der Berliner Bevölkerung an dem Besuch der UN-Kommission. Daß in der Sowjetzone das Eintreffen der Kommis-

12 Bundeskanzler Adenauer hielt sich vom 18. bis 21. März 1952 anläßlich der Tagung des Ministerkomitees des Europarats sowie zu Gesprächen mit Vertretern der Drei Mächte über die sowjetische Note vom 10. März 1952 in Paris auf. Vgl. dazu Dok. 82 und Dok. 83.

13 Für das Memorandum der Bundesregierung vom 19. März 1952 vgl. Dok. 80.

14 Dem Vorgang beigefügt. Der gemeinsame Entwurf der Fraktionen von CDU/CSU, SPD, FDP, DP und der Föderalistischen Union (FU) vom 21. März 1952 sicherte den Mitgliedern der UNO-Kommission die gleichen diplomatischen Vorrechte und Immunitäten zu, die den in der Bundesrepublik akkreditierten ausländischen Diplomaten zustanden. Ferner stellte er Angriffe auf Mitglieder der Kommission unter Strafe und enthielt u. a. ein Verbot der Benachteiligung, Bestrafung oder Diskriminierung von Personen, die gegenüber der Kommission aussagten. Für den Wortlaut vgl. B 2 (Büro Staatssekretär), Bd. 38. Vgl. ferner BT ANLAGEN, Bd. 16, Drucksache 3223.

15 Vgl. dazu Dok. 80, Anm. 3.

16 Otto Lenz.

17 Pierre Carolet (Frankreich), Cyril Frederick Charles Coleman (Großbritannien), Lemuel Mathewson (USA).

sion als sehr unbequem empfunden wurde, zeigte sich u. a. in den plumpen Presseangriffen auf ihre Mitglieder und in der Ausschmückung des Sowjetsektors mit UN-freundlichen Plakaten und Transparenten.

4) Nach seiner Rückkehr nach Genf hat sich Herr Albertson vor der Presse sehr befriedigt über den herzlichen Empfang in Bonn und Berlin geäußert und festgestellt, daß der Kommission dort alle Erleichterungen gewährt wurden, die sie verlangt hat. Herr Albertson erklärte weiter: „Dieser erste Schritt ist von Erfolg gekrönt worden. Es bleibt jedoch ein Schatten im Bild auf Grund der Tatsache, daß General Tschuikow, der Vorsitzende der sowjetischen Kontrollkommission, noch nicht auf die Briefe vom 22. Februar und 10. März geantwortet hat, in denen die Kommission ihren Wunsch ausdrückte, mit den Behörden der Sowjetzone Deutschlands und Berlins die Maßnahmen zu besprechen, die es ihr erlauben würden, ihre Aufgabe zu erfüllen.“ Die Kommission hat jetzt einen neuen Versuch unternommen, ihre Zulassung in der Sowjetzone zu erreichen.

Bereits bei ihren Bonner Besprechungen hat die Kommission keinen Zweifel darüber gelassen, daß sie sich auf Grund der Entschließung der Vollversammlung der UN vom 20. Dezember 1951[18] nur zur Durchführung einer gleichzeitigen Untersuchung in allen Gebieten Deutschlands für berechtigt hält. Wenn die Sowjetzone also auf ihrer Weigerung beharrt, die Kommission zuzulassen, wird die Untersuchung nicht stattfinden können. Entsprechend der UN-Entschließung soll die Kommission so bald wie möglich dem Generalsekretär der UN[19] einen Bericht darüber vorlegen, welche Maßnahmen sie getroffen hat, um die zur Durchführung ihres Auftrages notwendigen Vereinbarungen mit den beteiligten Parteien zu treffen. Dieser Bericht soll von den vier Besatzungsmächten geprüft und den anderen Mitgliedern der UN zur Kenntnisnahme mitgeteilt werden. Falls die Kommission die erforderlichen Vereinbarungen nicht zustande bringen kann, soll sie einen neuen Versuch unternehmen und dem Generalsekretär bis spätestens 1. September 1952 über die Ergebnisse ihrer Tätigkeit berichten.

5) Der Standpunkt der Bundesregierung gegenüber der UN-Kommission läßt sich kurz wie folgt zusammenfassen:

Die Bundesregierung, auf deren Initiative die Einsetzung der Kommission zurückgeht[20], hat alles in ihrer Macht stehende getan, um der Kommission die Durchführung ihrer Aufgabe zu ermöglichen. Sollte trotzdem die Untersuchung über die Voraussetzungen für die Abhaltung freier Wahlen in Deutschland durch die Haltung der Sowjetregierung vorerst verhindert werden, so legt sie doch größten Wert darauf, daß die Kommission ihre Bemühungen fortsetzt. Schon die Tatsache der Existenz dieser Kommission bedeutet einen ständigen Druck auf die Machthaber der Sowjetzone, dem sie vielleicht doch eines Tages nachgeben werden. Außerdem bietet das Vorhandensein der Kommission eine

18 Für den Wortlaut der Resolution Nr. 510 der UNO-Generalversammlung zur Einsetzung einer Kommission, welche die Voraussetzungen für die Durchführung freier gesamtdeutscher Wahlen untersuchen sollte, vgl. UNITED NATIONS RESOLUTIONS, Serie I, Bd. III, S. 176 f. Für den deutschen Wortlaut vgl. EUROPA-ARCHIV 1952, Bd. 1, S. 4660 f.

19 Trygve Lie.

20 Zum Vorschlag der Bundesregierung, eine Kommission der UNO einzusetzen, welche die Voraussetzungen für freie gesamtdeutsche Wahlen prüfen sollte, vgl. Dok. 2, Anm. 15.

gewisse Gewähr dafür, daß die zur Wiedervereinigung Deutschlands erforderlichen Schritte in der Reihenfolge geschehen, die allein als sinngemäß anzusehen ist.

Erst wenn die Voraussetzungen für die Abhaltung freier Wahlen sorgfältig geprüft sind, können gesamtdeutsche Wahlen unter internationaler Kontrolle stattfinden. Und andererseits kann nur eine aus solchen Wahlen hervorgegangene Regierung das Recht in Anspruch nehmen, bei Verhandlungen über einen Friedensvertrag als Sprecher Gesamtdeutschlands aufzutreten. Der Herr Bundeskanzler hat in einer Rede vor dem Verein der ausländischen Presse am 25. März besonders auf diese Zusammenhänge hingewiesen und erklärt, daß die Wiedervereinigung Deutschlands und die Bildung einer gesamtdeutschen Regierung nur auf dem Wege über wirklich freie, international kontrollierte Wahlen erfolgen kann.[21]

Ich würde es begrüßen, wenn die vorstehend wiedergegebenen Gesichtspunkte bei sich bietender Gelegenheit zur Geltung gebracht würden.

gez. Blankenhorn

B 2 (Büro Staatssekretär), Bd. 38

94

Aufzeichnung der Delegation bei der EVG-Konferenz, Paris

232-00 II 1294/52 geh. **4. April 1952**[1]

Betr.: Deutsches und französisches Stimmrecht im Ministerrat der Europäischen Verteidigungsgemeinschaft

Am 3.4.52 fand bei Botschafter Alphand im französischen Außenministerium eine Besprechung der Frage des deutschen und französischen Stimmrechts im Ministerrat der EVG statt. Von deutscher Seite nahmen an der Besprechung die Herren von Kessel, Ophüls und Vialon teil. Botschafter Alphand entwickelte bei dieser Gelegenheit den Gedanken einer deutsch-französischen Parität auf

21 Bundeskanzler Adenauer führte ferner aus, die „Bedingungen für gesamtdeutsche Wahlen müßten von der Kommission der Vereinten Nationen geprüft werden. Ferner müsse es einer gesamtdeutschen Regierung freistehen, Zusammenschlüssen beizutreten, die mit den Grundsätzen und Zielen der Vereinten Nationen in Einklang stünden." Adenauer wies darauf hin, daß „die Potsdamer Beschlüsse nicht die Grenzen eines vereinten Deutschlands bestimmen könnten. Die künftigen deutschen Grenzen könnten nach Auffassung der Westmächte und der Bundesregierung erst in einem Friedensvertrag unter Beteiligung Deutschlands festgelegt werden." Vgl. den Artikel „Am Ausgleich mit dem Osten interessiert"; FRANKFURTER ALLGEMEINE ZEITUNG vom 27. März 1952, S. 3.

1 Durchdruck.
Hat Legationsrat I. Klasse Trützschler von Falkenstein am 8. April 1952 vorgelegen, der handschriftlich die Weiterleitung an Referent von Plehwe verfügte.
Hat Plehwe am 10. April 1952 vorgelegen, der handschriftlich vermerkte: „Auskunft von H[errn] Bottler v[om] 10.4.: St.S. hat mit Herrn Blank hierüber gesprochen. Angelegenheit sei damit erledigt."

dem Gebiet des Stimmrechts, hielt aber in der bekannten Frage, ob die Übernahme der Stationierungskosten eine alleinige deutsche Verpflichtung darstellt, an der bisherigen französischen These fest. Nach französischer Ansicht übernimmt die Bundesrepublik neben der Verpflichtung zur Leistung von Beiträgen in die Kasse der EVG die Verpflichtung zur Übernahme von Stationierungskosten; ein Stimmrecht für diese Kosten könne Deutschland nach dieser Ansicht nicht gewährt werden. Sollte Deutschland ein solches Stimmrecht erhalten, wünsche Frankreich ebenfalls eine Berücksichtigung seines Indochina-Aufwands (anstelle der bisherigen Stimmrechtsklausel, wonach nur die effektiv geleisteten finanziellen Beiträge bei der Bildung des Mischquotienten berücksichtigt werden sollen).

Das Gespräch wurde absprachegemäß am 4.4.52 bei Herrn Valéry fortgesetzt, der mit drei weiteren Herren des französischen Außenministeriums erschienen war. Es hatte folgendes Ergebnis:

1) Die französische Delegation beharrt auf der These, daß die Übernahme der Stationierungskosten eine ausschließlich deutsche Verpflichtung bedeutet. Sie müsse auch als solche gekennzeichnet werden. Eine Übernahme der Verpflichtung durch die EVG komme nicht in Betracht; sonst sehe sich das französische Parlament der Tatsache gegenüber, daß es auf dem Umweg über die EVG hinsichtlich der bisherigen Besatzungskosten Rechtsnachfolger des seitherigen Schuldners geworden sei.

Von deutscher Seite wurde der in Paris[2] durch den Herrn Bundeskanzler und den Herrn Staatssekretär des Auswärtigen vertretene Standpunkt vorgetragen.

Eine Annäherung der beiderseitigen Auffassungen ist in folgenden Punkten denkbar:

a) Der Betrag der Stationierungskosten wird durch eine Dreier-Vereinbarung (Alliierte, EVG und Bundesrepublik) festgelegt. Die französischen Erklärungen, ob eine solche Vereinbarung sich nicht nur auf die Zeit nach dem 30.6.53, sondern auch auf den Zeitraum seit dem Inkrafttreten des Vertrages bezieht, blieben ungenau und wurden nicht vertieft.

b) Die deutsche Verpflichtung zur Leistung von Stationierungskosten für den Zeitraum nach dem 30.6.53 kann unter Umständen in einer so vorsichtigen Formulierung niedergelegt werden, daß sie deutscherseits akzeptabel erscheint. Zum Beispiel:

Die Höhe der Stationierungskosten wird durch eine Dreier-Vereinbarung festgelegt. Die so festgesetzten Summen werden dem deutschen Beitrag entnommen. (Deutscher Vorschlag)

Der französische Vorschlag lautet:

Die so festgesetzten Summen gehen zu Lasten Deutschlands.

2) Die Franzosen wiederholten ihren Vorschlag einer absoluten Stimmrechtsparität zwischen Deutschland und Frankreich auch für die Zukunft, und zwar für das gesamte Stimmrecht (gebildet aus den finanziellen und militärischen Beiträgen).

2 Zur Ministerkonferenz über eine Europäische Verteidigungsgemeinschaft vom 27. bis 30. Dezember 1951 in Paris vgl. Dok. 4. Vgl. auch AAPD 1951, Dok. 214, Dok. 215 und Dok. 216.

Der Berechnung zugrunde gelegt werden sollen hinsichtlich des finanziellen Teils die effektiven Beiträge, die von den einzelnen Staaten an die EVG geleistet und von dieser verwaltet werden. Zugunsten des deutschen Beitrags sollen die Stationierungskosten auf Grund einer besonderen Vertragsvorschrift einbezogen werden. Das sich hiernach ergebende deutsche und französische Stimmrecht soll addiert und jedem Staat zur Hälfte zugeteilt werden.

Die Franzosen befürchten, daß dieser Vorschlag vielleicht von den Holländern nicht angenommen wird. Holland könne sagen, daß seine gesamten Wehrkosten (im Sinne der NATO-Richtlinien) stimmberechtigt sein müßten, wenn für Deutschland die Stationierungskosten angerechnet würden. (Aus diesem Grunde und überhaupt bevorzuge Frankreich, der Berechnung des Stimmrechts die globalen Verteidigungsbeiträge der Staaten zugrunde zu legen. Man mache diesen Vorschlag jetzt aber nur hilfsweise, da man nach dem Gespräch mit Botschafter Alphand am Vortage mit einer deutschen Annahme der Globalklausel nicht rechne.)

Die deutschen Vertreter sprachen sich (aus taktischen und anderen Gründen) im Sinne der Effektivklausel, also gegen die Globalbeitragslösung, aus, erklärten aber, die Frage nochmals gründlich prüfen zu wollen.

Herrn Staatssekretär Professor Dr. Hallstein

mit der Bitte um beschleunigte Erteilung einer Instruktion ergebenst vorgelegt.

Die drei unterzeichneten Delegierten schlagen folgende Weisung an die Delegation vor:

1) Die deutsche Delegation stimmt der von der französischen Delegation vorgeschlagenen Paritätsklausel zu und ist damit einverstanden, daß diese Parität nicht nur für die Übergangszeit bis zum 30.6.53, sondern auf Dauer vereinbart wird.

2) Der Berechnung des Stimmrechts sollen die effektiv an die EVG geleisteten Finanzbeiträge (neben den militärischen Kontingenten) zugrunde gelegt werden. Die Delegation wird aber ermächtigt, einer Lösung auf der Basis der Globalbeiträge zuzustimmen, falls die Paritätsklausel nicht anders durchgesetzt werden kann.

3) Die Berechnung des Stimmrechts auf Grund der Effektivbeiträge (einschließlich der deutschen Stationierungsleistung) soll auf die Zeit bis zum 30.6.53, höchstens bis zum 30.6.54, beschränkt werden; der Ministerrat der EVG soll aber ermächtigt sein, nach Ablauf der Übergangszeit mit Einstimmigkeit eine andere Handhabung des Stimmrechts zu beschließen.

Begründung:

1) Die Paritätsklausel zwischen Deutschland und Frankreich erscheint politisch sehr wünschenswert.

2) Die Berechnung des Stimmrechts auf Grund der Globalbeiträge kann unter Umständen sogar eine Verbesserung des deutschen Stimmrechts mit sich bringen, hat aber das Bedenken gegen sich, daß sie keinen Anreiz für die Staaten bietet, durch Leistungen an die EVG das eigene Stimmrecht zu verbessern.

3) Ein Abbau der Ausgaben in Indochina oder gar eine Aufgabe Indochinas bringt bei der Effektivklausel Frankreich und Deutschland eine echte Stimmverbesserung.

Dem Herrn Delegationschef[3] ist eine Abschrift dieser Vorlage unmittelbar mit der Bitte vorgelegt worden, Ihnen beschleunigt seine Stellungnahme zu dem vorstehenden Vorschlag mitzuteilen. Es wäre erwünscht, wenn die oben erbetene Weisung am 5.4.52 bis spätestens zwölf Uhr in Paris einträfe.

gez. Kessel gez. Vialon gez. Ophüls

B 10 (Abteilung 2), Bd. 970

95

Besprechung unter Vorsitz des Bundeskanzlers Adenauer

Streng geheim! **5. April 1952**[1]

Protokoll über die Sitzung im Palais Schaumburg am 5. April 1952

Anwesend: der Herr Bundeskanzler, der Herr Bundesvizekanzler[2], der Herr Bundesminister für Wirtschaft[3], Herr Staatssekretär Hallstein, AA, Herr Staatssekretär Hartmann, BfW, Herr Hermann J. Abs, Führer der deutschen Delegation für Schuldenregelung in London, Herr Prof. Böhm, Führer der deutschen Delegation für Wiedergutmachungsverhandlungen im Haag, Herr Rechtsanwalt Küster, stellvertretender Führer der deutschen Delegation für Wiedergutmachungsverhandlungen im Haag, Herr Ministerialdirektor Wolff, BdF, Herr Ministerialdirektor Blankenhorn, AA, Herr Dr. Frowein, AA, als Protokollführer.

Beginn der Besprechung: 11.30 Uhr

Der Herr *Bundeskanzler* erklärte, er habe von Herrn McCloy gestern erfahren, daß dieser von Minister Acheson angerufen worden sei mit der Mitteilung, man befürchte in USA den Sturz der Regierung Israels, dies müsse auf jeden Fall verhindert werden.[4] Die Verhandlungen im Haag dürften nicht scheitern. Er

3 Theodor Blank.

1 Die Gesprächsaufzeichnung wurde von Referent Frowein am 6. April 1952 gefertigt. Vgl. dazu auch ABS, Entscheidungen, S. 136, sowie BÖHM, Abkommen, S. 453 f.

2 Franz Blücher.

3 Ludwig Erhard.

4 Am 4. April 1952 teilte der amerikanische Außenminister Acheson dem amerikanischen Hohen Kommissar McCloy mit, daß sich die israelische Botschaft in Washington an das amerikanische Außenministerium gewandt habe. Sie habe der Befürchtung Ausdruck gegeben, daß die Bundesrepublik bei den Wiedergutmachungsverhandlungen mit Israel und den jüdischen Organisationen ein Angebot unterbreiten könne, das Israel aus innenpolitischen Gründen ablehnen müsse. Darauf sei erwidert worden: „1) No reason believe Ger[man]s are not acting in good faith; 2) size of claims obviously makes it difficult for Ger[man]s quickly evolve settlement plan; 3) reasonable to expect Ger[man]s w[ou]ld want time to examine claims in light other obligations, and US w[ou]ld not want to press Ger[man]s into commitments which might increase Ger[man] dependence on US aid [...];

(Bundeskanzler) habe erwidert, Herr Abs fürchte schlechte Rückwirkungen auf die Verhandlungen in London durch etwaige Zugeständnisse im Haag. Herr McCloy bitte darum um möglichst baldigen Besuch von Herrn Abs.

Herr *Abs* erklärte, Herr McCloy habe um den Besuch des Leiters der amerikanischen Delegation zur Londoner Schuldenkonferenz[5] gebeten. Dieser sei aber aus London nicht abkömmlich gewesen. Aus einem Gespräch mit dem israelischen Delegierten zur Londoner Schuldenkonferenz[6] habe er (Abs) entnommen, daß die israelische Regierung sich auch aus anderen Gründen (nicht nur wegen der Verhandlungen im Haag) in starken Schwierigkeiten befinde, insbesondere wohl wegen der verzweifelten wirtschaftlichen und finanziellen Lage des Staats.

Der Herr *Bundeskanzler* erklärte, aus seinen Informationen sei zu entnehmen, daß man sich in Washington ernste Sorgen mache, insbesondere im State Department. Acheson sei offensichtlich stark beunruhigt.

Herr *Abs* erklärte, wichtig sei es festzustellen, daß, wenn die Londoner Verhandlungen scheiterten, die Bundesrepublik zu keiner Leistung, an wen auch immer, fähig sei. Darüber sei sich auch Israel im klaren.

Der Herr *Bundeskanzler* erklärte, wenn USA so starkes Interesse an dem Zustandekommen eines Abkommens zwischen der Bundesrepublik und Israel haben, so sollen sie uns helfen, damit wir wirklich leisten können.

Herr Staatssekretär *Hallstein* fragte, ob zu der vorgesehenen Besprechung zwischen Herrn Abs und Herrn McCloy ein Mitglied der deutschen Delegation im Haag zugezogen werden soll.

Der Herr *Bundeskanzler* verneinte das. Das liege nicht in der Absicht des verabredeten Gesprächs.

Er bitte die Anwesenden, kein Wort über die hier geführten Verhandlungen nach außen dringen zu lassen, weder an die Presse noch an sonstige Dritte.

Nach seinem Eindruck legten die USA weniger Wert auf die Ansprüche der jüdischen Weltorganisation als auf die des Staates Israel.

Herr *Abs* erklärte, dies leuchte ihm sehr ein, da die Amerikaner entlastet werden wollten von den Beiträgen, die sie regelmäßig für den Staat Israel leisten müssen.

Der Herr *Bundeskanzler* entgegnete Herrn Abs, er sehe das falsch. Er (Bundeskanzler) glaube, daß man in USA politische Rückwirkungen durch einen Sturz der Regierung in Israel befürchte.

Rechtsanwalt *Küster* erklärte, die Bevorzugung des Staates Israel vor den jüdischen Weltorganisationen liege in der Richtung der bisherigen Verhandlungen im Haag.

Fortsetzung Fußnote von Seite 261

5) Dep[artmen]t hopes Israel can find way to give Ger[man]s adequate time fully explore this complicated problem." Acheson wies McCloy an: „Believe it desirable you sh[ou]ld inform Adenauer of serious polit[ical] difficulties confronting Israel Gov[ernmen]t and that US considers it important that conference not be allowed to fail. Ger[man]s sh[ou]ld recognize unfortunate repercussions which w[ou]ld ensue if they now appear to have been insincere in their offer to negotiate." Vgl. FRUS 1952–1954, IX/1, S. 913 f.

5 Warren Lee Pierson.

6 Moshe Keren.

Der Herr *Bundeskanzler* bat darauf Professor Böhm, über die bisherigen Verhandlungen zu berichten.

Prof. *Böhm* berichtete über den vom Staate Israel geltend gemachten Anspruch. Es handele sich um einen Entschädigungsanspruch, der berechnet werde nach der Höhe der Eingliederungskosten für die vom Staate Israel aufgenommenen Flüchtlinge aus dem Machtbereich von Nazi-Deutschland.

Der Herr *Bundeskanzler* unterbrach. Er betonte, man müsse aufpassen, daß die israelischen Vertreter uns nicht „beschwindelten". Es handele sich ja gar nicht um eine Entschädigung. Es handele sich um ein Zeichen der Versöhnung. Deutschland könne keine Forderung von Israel anerkennen.

Prof. *Böhm* erklärte, auch in den Verhandlungen im Haag sei zum Ausdruck gekommen, daß erst der dort zu schließende Vertrag die Grundlage für eine Forderung schaffe. Israel sei sich darüber klar, daß es sich nur auf die Erklärung der Bundesregierung vom 27. 9. 51[7] im rechtlichen Sinne stützen kann.

Der Herr *Bundeskanzler* war der Ansicht, daß man in die Zahlen nicht hereinsteigen soll.

Für ihn sei entscheidend wichtig die Frage: Wie sollen wir es bezahlen?

Prof. *Böhm* erklärte, die Beurteilung dieser Frage könne nur von der Delegation zur Londoner Schuldenkonferenz vorgenommen werden.

Der Herr *Bundeskanzler* wies darauf hin, es sei wichtig, wie und in welcher Zeit bezahlt werden könne. Er fragte, ob bekannt sei, daß Israel bereits jetzt Waren in Griechenland angeboten habe, die es hoffe, auf Grund der Verhandlungen im Haag von Deutschland zu erhalten.

Prof. *Böhm* erklärte, daß die israelischen Vertreter hierüber völlig offen gesprochen hätten.

Der Herr *Bundeskanzler* war der Ansicht, Israel beabsichtige, sich durch die von Deutschland geforderten Leistungen zu industrialisieren. Es wolle zwei Fliegen mit einer Klappe schlagen, nämlich möglichst große Leistungen erhalten und sich außerdem die Märkte im Orient sichern. Aber damit werde man sich abfinden müssen.

Prof. *Böhm* wies darauf hin, daß die israelischen Vertreter ausdrücklich eine Antidumpingklausel angeboten hätten und über diesen Punkt überhaupt zu weiteren Sicherungen im Verhandlungswege bereit seien.

Der Herr *Bundeskanzler* erklärte, es könne jetzt keine Forderung anerkannt werden, um später über die Erfüllung zu verhandeln.

Rechtsanwalt *Küster* erklärte, daß sich die deutsche Delegation im Haag vollkommen hinter Herrn Abs gestellt habe und daher über Erfüllungsmöglichkeiten nicht verhandelt habe.

Der Herr *Bundeskanzler* fragte Herrn Abs, ob es seine Verhandlungen auch störe, wenn man jetzt die Ausstattung eines Krankenhauses oder eines Altersheims direkt an Israel liefert.

Herr *Abs* erklärte, er halte das für verfrüht.

[7] Zur Erklärung des Bundeskanzlers Adenauer vom 27. September 1951 vor dem Bundestag über die Anerkennung israelischer Ansprüche an die Bundesrepublik vgl. Dok. 72, Anm. 2.

Die Delegation im Haag sehe sich jetzt vor die Frage gestellt, ob sie der Regierung die Anerkennung einer bestimmten Summe empfehlen soll. Dies sei seiner Ansicht nach nicht möglich.

Man müsse vorher den gesamten Notenwechsel zwischen Israel und USA kennen, insbesondere die Antwortnote von USA an Israel auf die Note vom März 1951[8].

Entscheidend sei: Was können wir leisten? Wenn immer von Warenlieferungen gesprochen werde, so vernebele das das Problem der Leistungsfähigkeit. Es sei dann noch besser, in harten Dollars zu zahlen, als durch Warenlieferungen, wodurch unsere Märkte verdorben würden.

Israel wolle eine Milliarde Dollar in fünf Jahren. Darüber sei überhaupt nicht zu diskutieren.

Der Herr *Bundeskanzler* erklärte, in seinen Gesprächen mit Herrn Goldmann sei von fünf Jahren nie die Rede gewesen. Goldmann wollte damals sofortige und sichtbare Leistungen.

Herr *Abs* erklärte, den Israelen müsse klar gemacht werden, daß im Verhältnis zu dem in London verhandelten Schuldenkomplex für Israel nicht mehr als etwa 10 bis 15 Millionen Dollar Jahresannuitäten in Frage kämen, und nicht, wie sie erwarteten, 200 Millionen. Die Härte der Enttäuschung werde nur herausgeschoben, aber niemals aufgehoben werden können.

Prof. *Böhm* wies daraufhin, daß im Briefe des Bundeskanzlers an Dr. Goldmann vom 6.12.51[9] die Bemerkung stehe, es sei nunmehr die Zeit gekommen, um Verhandlungen aufzunehmen. Er (Böhm) sei der Ansicht, man habe jetzt elementare Verpflichtungen, die Härte und das Ausmaß der Enttäuschung unverzüglich dem Verhandlungspartner mitzuteilen. Unmöglich sei die Haltung, dies noch weiter hinauszuschieben. Unter Umständen sei es seiner Ansicht nach besser, den Israel-Anspruch in toto abzulehnen und nur über individuelle Wiedergutmachung zu verhandeln.

8 Korrigiert aus: „März 1952".
Zur Note der israelischen Regierung vom 12. März 1951 an die Vier Mächte über die Forderungen Israels an Deutschland vgl. Dok. 92, Anm. 2.
In ihrer Antwort vom 5. Juli 1951 wiesen die USA darauf hin, daß sie bereits während der nationalsozialistischen Herrschaft und auch danach Tausenden Juden Zuflucht gewährt und – gemeinsam mit Frankreich und Großbritannien – wesentlich zur Finanzierung der IRO beigetragen hätten. Auf der Reparationskonferenz vom 9. November 1945 bis 13. Januar 1946 in Paris sei ferner beschlossen worden, Opfer der nationalsozialistischen Gewaltherrschaft aus einem Teil der deutschen Guthaben im Ausland und dem in Deutschland von den alliierten Mächten aufgefundenen Gold zu entschädigen: „From that conference emerged the Paris Reparation Agreement, which not only determined the percentage share in reparation of the signatories but also provided that the reparation receipts shall be regarded as covering all their claims against Germany arising out of the war but without prejudice to the final settlement of German reparations. The effect of these decisions is to preclude the assertion by the Government of the United States, on its own behalf or on behalf of other States, of further reparation demands on Germany pending a definitive settlement in the nature of a peace treaty. [...] The Government of the United States therefore regrets that it cannot impose on the Government of the German Federal Republic an obligation to pay reparation to Israel as a condition to implementation of the decision reached by the Foreign Ministers at their conference in Brussels to place Allied-German relations on a new basis. The Government of the United States wishes to emphasize, however, that the new relationship will not affect a definitive settlement of all problems arising out of the war, nor prejudice the consideration at the time of such a settlement of any unresolved questions deemed appropriate to it." Vgl. DOCUMENTS 1951, S. 440 f.

9 Vgl. dazu Dok. 40, Anm. 2, sowie Dok. 110, Anm. 3.

Der Herr *Bundeskanzler* erklärte, es bestehe doch offenbar keine erhebliche Differenz zwischen den Standpunkten im Haag und in London.

Herr *Abs* wandte sich noch einmal mit größter Entschiedenheit gegen die Anerkennung einer bestimmten Summe auch nur in der Form der Empfehlung durch die Delegation. Er selbst verhandele in London mit 31 Staaten; und er erkenne selbst verbriefte Forderungen nicht an. Er habe zunächst Aussicht gehabt, ein vierjähriges Moratorium zu erhalten. Die Aussicht sei aber durch die im Haag angemeldeten Wiedergutmachungsforderungen praktisch erledigt. Zu beachten sei auch die von den USA beanspruchte unbedingte Priorität der Nachkriegsforderungen. Eine Anerkennung irgendeiner Forderung komme erst in Frage, wenn die Leistungsfähigkeit festgestellt sei.

Der Herr *Bundeskanzler* wies auf den Unterschied hin, der zwischen den Forderungen Israels und den Forderungen aller übrigen Gläubiger bestehe. Dieser Unterschied müsse gesehen werden und deswegen seien getrennte Verhandlungen berechtigt. Der innere Zusammenhang zwischen den Verhandlungen liege im Transfer-Problem.

Herr *Abs* meinte, er könne eine Verschiedenheit der Ansprüche zum mindesten dann nicht mehr anerkennen, wenn einmal der Anspruch Israels vertraglich vereinbart sei. Dann sei er zu erfüllen wie alle anderen.

Der Herr *Bundeskanzler* wies noch einmal darauf hin, daß die USA helfen müßten, um für die Bundesrepublik eine Erfüllungsmöglichkeit zu schaffen.

Herr *Abs* erklärte mit Entschiedenheit, er wünsche keine Nennung einer Zahl vor der Osterpause.

Minister *Erhard* war der Ansicht, daß Warenlieferungen auf jeden Fall der Zahlung in Valuta vorzuziehen seien. Er könne sich vorstellen, daß mit Warenlieferungen sofort begonnen werden könne, wenn man eine Größenordnung wähle, die die Londoner Verhandlungen nicht störten. Er denke so etwa für die nächsten fünf Jahre an Lieferungen von jährlich 100 Millionen DM.

Herr *Abs* erwiderte, auch derartige Lieferungen würden entschieden stören. Er glaube nicht, daß er seine Aufgabe weiterführen könne, falls derartige Lieferungen erfolgen. Er wolle ja jetzt nichts anderes, als nur eine gewisse Zeitspanne, um wirklich klar zu sehen.

Rechtsanwalt *Küster* erwiderte, gerade um diese Zeitspanne handele es sich. Sie sei für die israelischen Vertreter untragbar. Die deutsche Delegation wünsche lediglich die Ermächtigung, im Haag genauso weit gehen zu können wie in London, d.h. man müsse die von dem Gläubiger erhobene Forderung ziffernmäßig prüfen und imstande sein, seine Ansicht über das Ergebnis dieser Prüfung auszudrücken.

Herr Vizekanzler *Blücher* wies auf die entscheidende Bedeutung der Rücksprache zwischen Herrn Abs und Herrn McCloy hin. Wir dürften nicht den Boden der Wirklichkeit verlassen und deswegen nicht vorzeitig Zahlen nennen. Die Aussprache Abs/McCloy müsse auch die Frage der Priorität klären. Vielleicht könne man erreichen, daß USA bezüglich der Priorität der Nachkriegsschulden Konzessionen machen.

Auch in London sei für die Anerkennung einer Forderung der Höhe nach die Transfermöglichkeit entscheidend.

Der Herr *Bundeskanzler* erklärte, es solle Herrn McCloy gesagt werden, daß nur USA helfen könnten. „Wo nichts ist, hat der Kaiser sein Recht verloren."

Rechtsanwalt *Küster* erklärte, die Delegation wolle erreichen, daß Israels Forderung in einer bestimmten rechnungsmäßig nachgeprüften Höhe sozusagen zur Konkurstabelle angemeldet werde. Nach seiner Ansicht verlören wir sonst das Gesicht mit Rücksicht auf den Brief vom 6. 12. 52.

Herr *Abs* entgegnete, in der in London aufgestellten Schuldenliste würden alle Gläubiger in der Höhe ihrer Anmeldungen berücksichtigt. Es gebe keine anerkannten Forderungen. In dieser Liste ständen auch die Forderungen des Staates Israel und der jüdischen Verbände in der Höhe wie angemeldet.

Wenn man jetzt irgendeine Zahl nenne, ehe die Leistungsfähigkeit festgestellt sei, handele man unehrlich.

Prof. *Böhm* erklärte, für ihn stelle sich die Frage so: Sollen wir jetzt im Haag erklären, in London ist die Israel-Forderung in voller Höhe in der Schuldenliste eingetragen, oder sollen wir sagen: Die deutsche Delegation empfiehlt, die Israel-Forderung in London mit drei Milliarden DM einzusetzen.

Der Herr *Bundeskanzler* fragte, ob die Delegation also lediglich eine Ermächtigung dafür wünsche zu erklären, daß man die Unterlagen geprüft habe und zu der und der Höhe gelangt sei.

Prof. *Böhm* bejahte das.

Der Herr *Bundeskanzler* wandte sich an Herrn Abs mit der Bemerkung, er sehe dann wirklich keinen Grund mehr, diese Ermächtigung zu versagen.

Herr *Abs* wies darauf hin, welche Hoffnung bei Israel durch eine solche Erklärung geweckt werde. Er halte sie für zu gefährlich.

Staatssekretär *Hallstein* gab zu bedenken, ob man in der Beantwortung der von Prof. Böhm gestellten Frage überhaupt noch frei sei und ob nicht vielmehr durch den Brief vom 6. 12. 51 eine Verpflichtung zur Beantwortung besteht.

Minister *Erhard* gab zu bedenken, daß gegenüber den anderen Gläubigern die Interessenlage bei Israel eine andere sei. Israel wolle keine Zinsen und keine Amortisation, sondern Kapitalrückzahlungen in möglichst kurzer Frist.

Der Herr *Vizekanzler* erklärte, wenn der Anregung von Rechtsanwalt Küster zur Anmeldung einer bestimmten Forderung zur Konkurstabelle gefolgt werde, ergebe sich daraus dreierlei:

1) Festsetzung einer Quote,

2) Zahlungen in etwa 20–25 Jahren,

3) Kürzung auch aller übrigen Gläubigerforderungen.

Herr *Abs* wies darauf hin, daß die Israel-Forderung nicht Gegenstand von London sei.

Der Herr *Bundeskanzler* stellte noch einmal klar, daß keine andere Ermächtigung verlangt würde als die, daß eine Summe genannt werden dürfe, die auf Grund der vorgelegten Unterlagen rechnungsmäßig geprüft sei.

Wenn das richtig sei, so glaube er, daß die deutsche Delegation im Haag offenbar lediglich eine psychologische Wirkung erzielen solle. Er stelle sich dann die Erklärung etwa so vor: Wir haben uns überzeugt davon, daß die und die Kosten Israel entstanden sind. Wann und wie sie gezahlt werden, wissen wir nicht.

Dann müsse Herr Abs zu Herrn McCloy gehen und diesen um Hilfe bitten.

Herr *Abs* erklärte, er wehre sich gegen jede Erklärung, ob in dieser nun eine Anerkennung zu sehen sei oder nicht.

Er wolle noch einmal auf die Note von USA an Israel zurückkommen. Wisse irgend jemand, was in dieser Note stehe?

Prof. *Böhm* erwiderte, er wisse das nicht, sondern könne nur aus der Antwortnote Israels an die USA entnehmen, daß USA gewisse Einwendungen erhoben haben.

Prof. Böhm verlas dann eine Note der USA an Israel vom 24. Januar 1952, in der diese ihre Sympathie zu dem Anspruch Israels zum Ausdruck bringen.[10]

Nach kurzen Erörterungen zwischen dem Herrn Bundeskanzler, dem Herrn Vizekanzler und Herrn Abs über die möglichen Rückwirkungen einer solchen Erklärung wird die Sitzung auf eine Viertelstunde unterbrochen, damit die deutschen Delegierten für die Verhandlungen im Haag die Möglichkeit haben, die Erklärung schriftlich zu formulieren. Während der Pause erklärte der Herr Bundeskanzler, Herr McCloy habe gestern eine Besprechung mit sichtbarer Erregung verlassen mit der Erklärung, er habe soeben die Meldung bekommen, die Verhandlungen im Haag seien geplatzt, er müsse sofort feststellen, ob das richtig sei.[11]

Nach Wiederaufnahme der Besprechung wurde die schriftliche Formulierung der Erklärung vorgelegt und auf Anregung des Herrn Bundeskanzlers ein weiterer Satz am Schluß hinzugefügt.[12]

Der Herr *Bundeskanzler* gab nun die Weisung, daß Prof. Böhm und Herr Küster Herrn Abs bei der Besprechung mit Herrn McCloy begleiten sollen, er habe seine Ansicht in diesem Punkte geändert. Herrn McCloy solle die Erklärung, so wie sie nunmehr vorliege, als endgültige gezeigt werden. Es solle ferner mit Herrn McCloy erörtert werden, ob irgendeine Möglichkeit bestehe, daß USA die Bundesrepublik in Stand setze, gegenüber Israel seine der Höhe nach noch zu bestimmenden Verpflichtungen zu erfüllen.[13]

Die Sitzung schloß gegen 13.45 Uhr.

Bundesarchiv Koblenz, N 1351 (Nachlaß Blankenhorn), Bd. 17

10 In der Note erklärte der amerikanische Außenminister Acheson: „The United States Government has been and is of the opinion that a settlement of the Israel claim against Germany should be effected through direct negotiations between the Israel Government and the Government of the German Federal Republic. [...] The United States Government will await with sympathetic interest the outcome of the negotiations." Vgl. DOCUMENTS 1952, S. 50.

11 Zum Gespräch des Bundeskanzlers Adenauer mit den Hohen Kommissaren François-Poncet (Frankreich), Kirkpatrick (Großbritannien) und McCloy (USA) am 4. April 1952 vgl. AAPD, Hohe Kommissare 1952, S. 34–56.

12 Zur Erklärung des Delegationsleiters Böhm, Wassenaar, vom 7. April 1952 bei den Wiedergutmachungsverhandlungen mit Israel und den jüdischen Organisationen vgl. Dok. 97.

13 Zum Gespräch mit dem amerikanischen Hohen Kommissar McCloy am 5. April 1952 vermerkte Hermann Josef Abs im Rückblick: „Ich unterbreitete McCloy drei Vorschläge, auf welche Weise die Vereinigten Staaten zu einem Fortschritt der Verhandlungen beitragen könnten: 1) Israel sollte die Auflegung einer internationalen Anleihe ermöglicht werden. 2) Für die Wiedergutmachung könnte

96

Aufzeichnung des Botschaftsrats a.D. Kordt

210-02-37 III 4891/52 **7. April 1952[1]**

Betr.: Aufnahme normaler diplomatischer Beziehungen mit Japan

Herr von Etzdorf hat in den beiden letzten Wochen mehrfach mit dem Leiter der hiesigen japanischen Vertretung, Herrn Teraoka, über die Aufnahme normaler diplomatischer Beziehungen zwischen der Bundesregierung und Japan gesprochen. Beide haben hierfür das folgende Procedere ins Auge gefaßt:

1) Zwischen Herrn Teraoka und einem Vertreter des Auswärtigen Amts werden die aus der Anlage[2] ersichtlichen Schreiben des Herrn Bundeskanzlers und Außenministers an den japanischen Ministerpräsidenten und Außenminister und vice versa ausgetauscht. In diesen Schreiben ist zum Ausdruck gebracht, (1) daß die beiden Regierungen beschlossen haben, normale diplomatische Beziehungen wiederaufzunehmen, und zwar zu dem Zeitpunkt, an dem der am 8. September 1951 in San Francisco gezeichnete Friedensvertrag mit Japan erstmalig in Kraft tritt[3]; (2) daß die beiderseitigen Vertretungen den Rang von Botschaften erhalten sollen.

Mit diesem Verfahren hat sich SCAP, wie Herr Teraoka sagte, ausdrücklich einverstanden erklärt. Unsererseits das Einverständnis von HICOG einzuholen, ist nicht mehr vonnöten im Hinblick auf die Note der Alliierten Hohen Kommission vom 25. September 1951, Aktenzeichen AGSEC (51) 148 POL, worin der Wunsch der Bundesregierung, „eine Handelsdelegation in Japan zu errichten", zur Kenntnis genommen und erwidert wurde: „... erhebt die Alliierte Hohe Kommission ihrerseits keine Einwendungen gegen die Herstellung konsularischer, diplomatischer oder sonstiger Beziehungen, über die die Bundesregierung mit dem Oberkommando in Japan und der japanischen Regierung eine Vereinbarung treffen könnte..."[4]. Wir brauchen auch SCAP („... mit dem Oberkommando in Japan ...") nicht mehr zu befassen, da die von SCAP der Japanischen

Fortsetzung Fußnote von Seite 267

der Erlös aus dem beschlagnahmten deutschen Auslandsvermögen in den Vereinigten Staaten verwendet werden. 3) Die ersten Zahlungen für die Tilgung der Verbindlichkeiten aus der amerikanischen Nachkriegswirtschaftshilfe sollten um fünf Jahre hinausgeschoben werden, um die deutsche Transferkapazität in den ersten Jahren zu entlasten. Natürlich konnte McCloy während des Gesprächs nicht mehr tun, als zuzusichern, diese Vorschläge in Washington prüfen zu lassen. Er teilte aber meine Ansicht, daß von dem Betrag von drei Mrd. D-Mark, wenn er einmal genannt sei, nicht mehr abgegangen werden könne." Vgl. ABS, Entscheidungen, S. 137. Vgl. dazu auch BÖHM, Abkommen, S. 454.

1 Hat Gesandtem I. Klasse Schwarz am 8. April 1952 vorgelegen.

2 Dem Vorgang beigefügt. Vgl. B 11 (Abteilung 3), Bd. 346.

3 Vom 4. bis 8. September 1951 wurde in San Francisco über einen Friedensvertrag mit Japan verhandelt, der am 8. September 1951 von 48 Staaten – darunter Frankreich, Großbritannien und die USA, nicht jedoch die UdSSR – unterzeichnet wurde und am 28. April 1952 in Kraft trat. Für den Wortlaut vgl. UNTS, Bd. 136, S. 45–164.

4 Für den Wortlaut der Note des Generalsekretärs der AHK, Glain, an Ministerialdirektor Blankenhorn vgl. B 10 (Abteilung 2), Bd. 1331.

Regierung abgegebene Erklärung analog auch für uns gilt. Es bestehen also gegen den vorgesehenen Notenaustausch keine Bedenken.

Da es sich bei den Schreiben der Außenminister nicht um eine Note und Antwortnote handelt, sondern um gleichzeitig abzugebende einseitige Erklärungen, ist in den Texten zum Ausdruck gebracht, daß die Regierungen beschlossen haben, normale diplomatische Beziehungen wiederaufzunehmen. Spräche man lediglich von dem Wunsch um Wiederaufnahme diplomatischer Beziehungen, würde dies nochmals eine Antwort erfordern und bis zum Abschluß unnötigerweise weitere Zeit vergehen.

2) Der Friedensvertrag von San Francisco wird erstmalig in Kraft treten, sobald er außer von Japan und den Vereinigten Staaten von mindestens fünf der folgenden Staaten ratifiziert ist: Australien, Ceylon, Frankreich, Großbritannien, Indonesien, Kanada, Niederlande, Neuseeland, Pakistan und Philippinen. Japan sowie Großbritannien, Australien, Neuseeland und Ceylon haben bereits ratifiziert. Repräsentantenhaus und Senat der USA haben zugestimmt; es fehlt hier lediglich noch die Unterschrift des Präsidenten.[5] Zeitungsnachrichten zufolge soll auch Pakistan in den letzten Tagen ratifiziert haben.[6] Es ist also damit zu rechnen, daß der in den beiderseitigen Schreiben vorgesehene Zeitpunkt noch im Verlauf dieses Monats eintritt.

3) Die Japanische Regierung würde es gern sehen, wenn die beiden Schreiben mit dem 11. April datiert werden. Dadurch würde ermöglicht, worauf die Japaner Wert legen, daß die beiderseitigen Vertretungen mit dem erstmaligen Inkrafttreten des San Franciscoer Vertrages sogleich den Rang von Botschaften erhalten, selbst wenn der Akt des Austausches der beiden Schreiben erst danach erfolgen sollte. Bedenken hiergegen dürften nicht bestehen.[7] Bis zum Tage der Übergabe der Beglaubigungsschreiben durch die zu ernennenden Botschafter würden alsdann die beiden Botschaften von Geschäftsträgern (Herrn Northe in Tokyo und Herrn Teraoka in Bonn) geleitet werden. Ein Gleiches sei, wie Herr Teraoka Herrn von Etzdorf sagte, mit den übrigen in Frage kommenden Ländern verabredet worden.

Hiermit Herrn Ministerialdirektor Blankenhorn vorgelegt mit der Bitte, die Entscheidung des Herrn Bundeskanzlers herbeiführen zu wollen. Reinschrift eines vom Herrn Bundeskanzler zu unterzeichnenden Schreibens ist beigefügt.[8]

Kordt

B 11 (Abteilung 3), Bd. 346

5 Am 15. April 1952 unterzeichnete Präsident Truman die Ratifikationsurkunde, die am 28. April 1952 im amerikanischen Außenministerium hinterlegt wurde.

6 Am 17. April 1952 hinterlegte Pakistan in Washington seine Ratifikationsurkunde.

7 Für den Wortlaut des Notenwechsels vom 11. April 1952 zwischen Bundeskanzler Adenauer und Ministerpräsident Yoshida vgl. B 11 (Abteilung 3), Bd. 346.
Am 15. April 1952 tauschten Botschaftsrat a. D. Kordt und der Geschäftsträger der japanischen Vertretung in der Bundesrepublik, Teraoka, Noten über die Aufnahme diplomatischer Beziehungen aus. Vgl. dazu die Aufzeichnung des Vizekonsuls a. D. Betz vom 15. April 1952; B 11 (Abteilung 3), Bd. 346.

8 Dem Vorgang nicht beigefügt.

97

Aufzeichnung des Delegationsleiters Böhm, Wassenaar

7. April 1952[1]

Habe heute vormittag Erklärung abgegeben und insbesondere Sinn und Tragweite des letzten Abschnitts mit Ernst erläutert, um zu verhindern, daß bei Wiederbeginn der Verhandlungen nach Osterpause eine neuerliche Verstimmung eintritt.[2]

Israelische Delegation zog sich zu halbstündiger Beratung zurück und gab dann folgende Erklärung ab:

Durch deutsche Erklärung sei eine ernste Situation eingetreten. Die israelische Delegation müsse vor Weiterverhandlung Entscheidung ihrer Regierung einholen. Die Delegation bitte uns, der Bundesregierung mitzuteilen, daß die deutsche Erklärung als unbefriedigend empfunden werde. Die israelische Delegation sei tief enttäuscht über den bisherigen Verlauf der Verhandlungen. Weder die israelische Regierung noch Dr. Goldmann seien vor Eintritt in Haager Verhandlungen im klaren gewesen, daß die Forderung der israelischen Regierung nach deutscher Auffassung irgendwelche Verbindung mit Forderungen anderer Regierungen habe. Sie hätten geglaubt, daß die Verhandlungen geführt würden auf der Basis einer besonderen deutschen Wiedergutmachungsanstrengung, absolut getrennt von irgendwelchen anderen Verpflichtungen. Diese Illusion sei ihnen nicht genommen worden, bevor ihre Delegation nach dem Haag gekommen sei.

1 Durchdruck.
Vgl. dazu auch DOCUMENTS. COMPANION VOLUME 1952, S. 78 f.

2 Delegationsleiter Böhm, Wassenaar, erklärte: „Der Staat Israel hat gegen die Bundesrepublik einen Anspruch auf Bezahlung von einer Milliarde Dollar = 4,2 Milliarden DM erhoben. [...] Die Delegierten der Bundesrepublik haben die Forderung, entsprechend der ihr vom Staat Israel gegebenen Motivation, unter dem Gesichtspunkt der Eingliederungskosten geprüft. Die Delegation ist zu dem Ergebnis gelangt, daß dem Staat Israel solche Kosten in Höhe von 4,5 Milliarden DM erwachsen, wovon demnach auf die Bundesrepublik ein Anteil von drei Milliarden DM entfällt. Sie empfiehlt der Bundesregierung, sich dieses Ergebnis zu eigen zu machen. Bei der heutigen wirtschaftlichen und finanziellen Lage der Bundesrepublik sind die Delegierten zur Zeit nicht im Stande, eine Erklärung darüber abzugeben, in welcher Höhe und zu welchen Terminen Leistungen der Bundesrepublik für möglich gehalten werden." Vgl. B 11 (Abteilung 3), Bd. 259. Vgl. ferner AUSWÄRTIGER AUSSCHUSS, S. 789.
Dazu erläuterte er, daß „der Begriff ‚Höhe' und im letzten Satz ‚zu welchen Terminen' sich nicht nur bezieht auf die Höhe der einzelnen Zahlungen, sondern auch auf die Gesamtleistung". Die Frage der Schuldentilgungsmöglichkeiten sei „ja der Gegenstand, wie unsere Delegation von Anfang an hervorgehoben hat, der Londoner Schuldenkonferenz, wobei die Lage der gesamten Gläubiger im Auge behalten werden muß. Die Ziffern der Leistungen an die gesamten Gläubiger, also auch die von nichtdeutscher Seite für möglich gehaltenen Ziffern, liegen weit hinter dem von der Delegation genannten Betrag. Aus diesem Grunde bestanden und bestehen auch Bedenken für unsere Delegation, überhaupt eine Ziffer zu nennen, damit der Bundesrepublik nicht der Vorwurf gemacht werden kann, sie versuche in den Verhandlungen Erwartungen zu wecken, die später enttäuscht werden müssen, und Fragen zu übergehen in einer Weise, die später zu Enttäuschungen führen müsse. [...] Wir haben nun bei unserem diesmaligen Besuch in Bonn Gewißheit darüber erlangt, daß die Schuldenregelungsdelegation in der Lage ist, im Laufe der Verhandlungspause, die am 19. Mai endet, einen Schuldentilgungsplan auszuarbeiten, der so beschaffen ist, daß unsere Delegation in der Lage ist, Ihnen Vorschläge für eine abschließende Verhandlung unserer Vereinbarung vorzulegen." Vgl. die Gesprächsaufzeichnung; B 11 (Abteilung 3), Bd. 259.

Die israelische Delegation sehe keine Möglichkeit, die deutsche Erklärung der Öffentlichkeit vorzuenthalten.

Dr. Josephthal fügte bei, daß die Haltung unserer Delegation für ihn eine persönliche Enttäuschung gewesen sei. Nach seiner Meinung sei diese Haltung der Würde des Gegenstandes nicht gerecht geworden.

Ich erklärte, daß es sich bei der Verbindung zwischen der Forderung des Staates Israel und den Forderungen der anderen Gläubiger der Bundesrepublik nicht um eine Verbindung handele, deren Anerkennung im politischen Belieben der Bundesregierung oder der Regierung des Staates Israel stehe, sondern um eine Verbindung, die in der Natur der Sache selbst begründet sei.

Diese eherne Tatsache sei ursprünglich von deutschen Stellen in ähnlicher Weise übersehen worden wie heute von der Regierung Israels. Ich persönlich hätte mich von Anfang an dafür eingesetzt, daß sie beachtet werden müsse, und hätte in Voraussicht der daraus erwachsenden Spannungen die Leitung der Delegation übernommen. Jede andere Behandlung der Frage sei nach der Überzeugung der deutschen Delegation unrealistisch und irreführend. Mir persönlich falle es nicht leicht, das Vertrauen der israelischen Delegation und vieler Freunde in aller Welt aufs Spiel zu setzen, sei aber dazu bereit und entschlossen.

Sodann verlas ich die deutsche Eröffnungserklärung und stellte fest, daß in dieser Erklärung mit eindeutiger Klarheit der Zusammenhang mit den Londoner Schuldenverhandlungen festgestellt worden sei.[3] Vom ersten bis zum letzten Tag habe unsere Delegation nachdrücklich betont, daß die Bundesregierung in der ersten Phase der Verhandlungen irgendwelche Anerkennungen nicht aussprechen werde und könne.

Dies wurde von der israelischen Delegation zugestanden.

3 Am 21. März 1952 führte Delegationsleiter Böhm in der ersten Sitzung der Wiedergutmachungsverhandlungen mit Israel und den jüdischen Organisationen aus: „Was den Gang des Verfahrens betrifft, so erlaubt sich die deutsche Delegation, auf bestimmte Tatsachen hinzuweisen, die eine Zerlegung der Verhandlungen in Abschnitte notwendig machen. Diese Tatsachen sind im wesentlichen folgende: einmal die auf alliierten Gesetzen und auf bestehenden und abzuschließenden Verträgen mit Gläubigerländern beruhende Beschränkung der deutschen Verfügungsmacht über den Transfer und über entgeltlose Sachwertlieferungen nach dem Ausland. Zum anderen die Grenzen der deutschen Leistungsfähigkeit, die durch die Gesamtheit der Verpflichtungen der Bundesrepublik gesetzt sind. Von diesen Tatsachen ist es vor allem die erste, die es für die Bundesregierung unerläßlich macht, dafür Sorge zu tragen, daß die von ihr zu übernehmenden Verpflichtungen, soweit sie in Devisen oder durch Lieferung von Waren getilgt werden sollen, mit der umfassenden und endgültigen Gesamtregelung des deutschen Schuldenproblems in Einklang gebracht werden. Die Bundesregierung bezieht sich in diesem Zusammenhang auf die Erklärungen, die der Leiter der deutschen Delegation für Auslandsschulden in ihrem Auftrag in seiner Eröffnungserklärung vom 28. Februar 1952 abgegeben hat, sowie auf die Ausführungen des Leiters der israelischen Delegation, Herrn M. Keren, auf der Londoner Konferenz vom 29. Februar 1952. Dementsprechend sieht die Bundesregierung das Ziel der Verhandlungen im ersten Abschnitt darin, daß die Kategorien der von israelischer und jüdischer Seite gegen die Bundesrepublik erhobenen Ansprüche, ihre Begründung und Höhe im einzelnen geklärt werden. [...] Die Bundesregierung wird alsdann, sobald sie das Ergebnis dieser unserer ersten Beratungen geprüft hat, in Abstimmung mit dem bis dahin erzielten Ergebnis der Verhandlungen der Londoner Schuldenkonferenz sich darüber schlüssig machen, wie die israelischen und jüdischen Forderungen in den Rahmen der deutschen Leistungsfähigkeit und damit in das Gesamtprogramm einer deutschen Schuldenregelung eingefügt werden können.“ Vgl. VS-Bd. 2 (Büro Staatssekretär); B 150, Aktenkopien 1952. Vgl. ferner AUSWÄRTIGER AUSSCHUSS, S. 788 f.

Dr. Shinnar forderte sodann eine schriftliche Erklärung der deutschen Delegation über den spätesten Zeitpunkt, in dem eine endgültige Erklärung der Bundesregierung über

1) effektive Gesamthöhe der an Israel zu leistenden Zahlungen (Lieferungen),

2) die Erfüllungszeiten (präzis),

3) die Modalitäten (in grundsätzlichen Umrissen)

erwartet werden könne.

Ich deutete an, daß eine solche Erklärung im Zeitpunkt des Wiederzusammentritts der Londoner Schuldenregelungskonferenz (19. Mai) insoweit möglich sein könne, als Zahlungshöhe, Erfüllungszeiten und Modalitäten von deutscher Entscheidung abhängig seien. Bei einer solchen Erklärung müsse dann aber davon ausgegangen werden, daß solche von der Entscheidung anderer Mächte abhängigen Momente, die das deutsche Angebot verbessern könnten, solange außer Betracht bleiben müßten, bis solche Entscheidungen anderer Mächte bindend vorliegen.

Ich hielte es für meine Pflicht, schon jetzt darauf aufmerksam zu machen, daß eine derartig eingeschränkte Erklärung geeignet sein werde, eine neue Enttäuschung hervorzurufen. Immerhin seien dann nur noch Verwendungen in melius, dagegen nicht in peius[4] zu erwarten.

Dieser Hinweis wurde unwidersprochen hingenommen.

Herr Küster und ich sind auf Grund der Besprechungen mit Herrn Abs und Ministerialdirektor Wolff[5] der Auffassung, daß unsererseits eine in solcher Weise begrenzte Erklärung abgegeben werden kann. Wir sind ferner der Meinung, daß sie abgegeben werden sollte, weil bei ihrer Verweigerung ein Abbruch der Verhandlungen nicht ausgeschlossen. Israelische Regierung steht offenbar unter dem Eindruck, daß sie hingehalten wird und daß eine fortdauernde Ungewißheit über den Zeitpunkt solcher Entscheidungen innenpolitisch ihren Fortbestand gefährdet.

Sachverständige des Finanzministeriums und Dr. Frowein haben Bedenken, ob Bundesregierung in der Lage sein wird, bis 19. Mai eine Erklärung der genannten Art abzugeben. Herr Küster und ich empfehlen Fühlungnahme mit Ministerialdirektor Wolff, der heute noch in Bonn. Küster und ich empfehlen dringend, die Erklärung abzugeben, und halten Entscheidung der Bundesregierung bis zum 19. Mai für ohne weiteres möglich und für dringendst geboten. Verweigerung würde zur Zeit bestehende günstige Lage ohne sachlichen Grund völlig verändern und ernste Gefahr des Abbruchs unnötigerweise heraufbeschwören. Die Frage Shinnars bedeutet Brückenschlag.[6]

[gez.] Professor Böhm

VS-Bd. 3 (Büro Staatssekretär)

4 Korrigiert aus: „tejus".

5 Zur Ressortbesprechung am 5. April 1952 vgl. Dok. 95.

6 Am 9. April 1952 erklärte Delegationsleiter Böhm, Wassenaar, auf Weisung des Bundeskanzlers Adenauer gegenüber der israelischen Delegation: „Wie alle Leistungen außerhalb des normalen Wirtschaftsverkehrs müssen auch Zahlungen und Leistungen anderer Art an den Staat Israel bei

98

Aufzeichnung des Ministerialdirektors Blankenhorn

MB 529/52 **8. April 1952**

Der italienische Botschafter Babuscio Rizzo wurde heute vormittag im Auftrag seines Ministerpräsidenten vorstellig in der Frage des Abschlusses des deutsch-italienischen Handelsvertrages. Er überreichte hierbei das anliegende Memorandum[1] und bat dringend, den deutschen Standpunkt aufzugeben, das Einfuhrkontingent für Gemüse in zwei Kategorien (zwölf Millionen und vier Millionen Dollar) zu unterteilen und die vier Millionen einer besonderen Gefahrenklausel zu unterstellen. Herrn de Gasperi liege ganz besonders daran, das Gemüsekontingent zu sichern, da, wie mir Herr Rizzo vertraulich mitteilte, hieran der Erfolg der Wahlen der italienischen Christlichen Demokraten hängt. Denn sollte der deutsch-italienische Handelsvertrag über der Frage des Gemüsekontingents scheitern, so sei bei der bevorstehenden administrativen Wahl[2] mit einer starken Schwenkung der heute noch an die Christlichen Demokraten gebunden Landbevölkerung zu rechnen.

Ich habe dem Herrn Bundeskanzler die von Herrn Rizzo geschilderte Situation vorgetragen und dabei betont, daß alle Positionen des Vertrages unter der Gefahrenklausel stehen, also auch das Gemüsekontingent in Höhe von 16 Millionen Dollar. Ich wies gleichzeitig auf die nachdrücklichen Vorstellungen Minister Erhards hin, der dringend um eine Annahme der italienischen Wünsche ersuchte. Das deutsch-italienische Verhältnis werde stark beeinträchtigt, wenn

Fortsetzung Fußnote von Seite 272

der deutschen Gesamtschuldenkonferenz berücksichtigt werden. Hierzu sind nicht nur Entschließungen der Bundesregierung und der deutschen parlamentarischen Körperschaften, sondern auch Verhandlungen mit den drei Besatzungsmächten, USA, Großbritannien und Frankreich, sowie mit dem Dreimächte-Ausschuß der Londoner Schuldenkonferenz erforderlich. Die deutsche Delegation wird deshalb erst etwa einen Monat nach Wiederbeginn der Londoner Verhandlungen eine Erklärung über Gesamthöhe, Termine und Modalitäten von Zahlungen und Leistungen anderer Art an den Staat Israel abgeben können." Vgl. AUSWÄRTIGER AUSSCHUSS, S. 790.
Am selben Tag teilte die israelische Delegation bei den Wiedergutmachungsverhandlungen dem israelischen Außenministerium dazu mit: „Israel's reply to the Germans: 1) Their announcement is an additional negative factor. 2) It is clear that very little remains of the special basis for negotiations that was reflected in Adenauer's letter. 3) There is no prospect for an Israel Government decision to continue negotiations without an explicit declaration by the Germans reconfirming the Adenauer letter and emphasizing that the German government will do everything in its power to satisfy the reparations claims." Vgl. DOCUMENTS. COMPANION VOLUME 1952, S. 81.

1 Dem Vorgang beigefügt. Die italienische Regierung teilte mit, daß sie an dem bereits vereinbarten Einfuhrkontingent für italienisches Obst und Gemüse in Höhe von 16 Millionen Dollar festhalten werde: „Großen Eindruck hat in Rom auch die Tatsache gemacht, daß im Vergleich zu den Einschränkungen, die man Italien auferlegen möchte und die deshalb einen diskriminatorischen Charakter haben, anderen Ländern auf dem Gebiete der Gartenbauerzeugnisse weit größere Zugeständnisse gemacht worden sind, unter anderen z. B. Holland, welches ein Kontingent von 20 Millionen Dollar erhalten hat." Sollte die Bundesregierung an ihrer Entscheidung festhalten, das Kontingent auf zwölf Millionen Dollar zu verringern, könne sich Italien „nicht der Notwendigkeit entziehen, auch Deutschland gegenüber Einschränkungsmaßnahmen über die totale oder partielle Einstellung der autonomen Liberalisierung zu treffen, die sie bereits vor einiger Zeit anderen Ländern gegenüber, die keinen Wirtschaftsvertrag mit Italien abgeschlossen haben, angewandt hat". Vgl. B 2 (Büro Staatssekretär), Bd. 63.

2 Am 25./26. Mai 1952 fanden in Italien Provinz- und Gemeinderatswahlen statt.

es zum Scheitern dieses Vertrages komme. Die Mailänder Messe, die in der nächsten Woche eröffnet werde[3], umfasse allein 900 deutsche Aussteller, die in wirkungsvoller Weise für den deutschen industriellen Absatz werben wollten. Diese Werbung werde aber sinnlos, wenn es zu einer Krise der deutsch-italienischen wirtschaftlichen Beziehungen komme.

Auf meinen Vortrag hat der Herr Bundeskanzler entschieden, daß den italienischen Wünschen entsprochen werden solle unter der Voraussetzung, daß in der Tat die Gefahrenklausel das Gesamtgemüsekontingent von 16 Millionen Dollar umfaßt. Der Herr Bundeskanzler hat mich angewiesen, mit Herrn Minister Niklas oder Herrn Staatssekretär Sonnemann Verbindung aufzunehmen und ihnen seine Entscheidung mitzuteilen. Leider waren die Herren am Dienstag nachmittag, 8. April, nicht zu erreichen.

Nach erneuter Rücksprache mit dem Bundeswirtschaftsministerium, insbesondere Herrn Dr. von Maltzan, habe ich deshalb den italienischen Botschafter heute nachmittag um 18 Uhr von der Entscheidung des Herrn Bundeskanzlers in Kenntnis gesetzt.

Dieser Aufzeichnung ist ferner eine Darstellung des Ergebnisses der deutsch-italienischen Wirtschaftsverhandlungen beigefügt, die[4] aus der Feder des deutschen Delegationsleiters Herrn Dr. von Maltzan stammt.[5]

Blankenhorn

B 2 (Büro Staatssekretär), Bd. 63

3 Die Mailänder Mustermesse wurde am 12. April 1952 eröffnet.

4 Korrigiert aus: „das".

5 Dem Vorgang beigefügt. Ministerialdirektor von Maltzan, Bundesministerium für Wirtschaft, führte aus, daß die italienische Regierung nicht von ihrer Position abweichen werde. Sollte daher die Bundesregierung an ihrem Standpunkt festhalten, „wird ein vertragsloser Zustand, evtl. der Ausbruch eines Handelskrieges mit Italien nicht zu vermeiden sein". Er fügte hinzu: „Wenn wir auch einen Handelskrieg mit Italien im Hinblick auf die starke Einfuhr- und Ausfuhrabhängigkeit Italiens von uns letzten Endes rein wirtschaftlich nicht zu befürchten haben – obwohl nicht unerhebliche Schwierigkeiten in unserer Rohstoffversorgung und schwere Exporteinbußen bei lohnintensiven Fertigwaren zu erwarten sind –, so dürfte unser gesamtes Verhältnis zu Italien infolge der zu erwartenden wirtschaftlichen Repressalien und Gegenrepressalien doch schweren Schaden nehmen. [...] Da ich es nicht für möglich halte, auf dem Verhandlungswege die Wünsche des Bundesernährungsministeriums über das bereits Erreichte hinaus durchzusetzen, und bei der nicht von der Hand zu weisenden Möglichkeit des Eintritts eines vertraglosen Zustandes mit den geschilderten politischen und wirtschaftlichen Nachteilen bitte ich, eine Entscheidung dahin herbeizuführen, daß das Vertragswerk in der vorliegenden Fassung unterzeichnet werden kann." Vgl. die Aufzeichnung vom 7. März 1952; B 2 (Büro Staatssekretär), Bd. 63.
Am 19. April 1952 unterzeichneten die Bundesrepublik und Italien ein Handelsabkommen, das u. a. italienische Obst- und Gemüseimporte im Wert von 16 Millionen Dollar vorsah. Für den Wortlaut vgl. BUNDESANZEIGER, Nr. 92 vom 14. Mai 1952, S. 1–3.

99

Vortragender Legationsrat von Kessel, Paris, an das Auswärtige Amt

Fernschreiben Nr. 113 **Aufgabe: 8. April 1952, 20.45 Uhr**[1]
Geheim **Ankunft: 9. April 1952, 09.40 Uhr**

Britische Regierung hat heute unserer Konferenz mitteilen lassen, sie sei bereit, den Mitgliedstaaten der EVG sowie europäischer Armee im Falle eines Angriffs militärische und andere Hilfe zu leisten. Garantieformel entspricht etwa Klausel des Brüsseler Paktes[2]. Sie ist in ihrer Dauer auf Gültigkeit Nordatlantikpaktes beschränkt. Wortlaut[3] folgt mit morgigem Kurier. Britischer Delegierter[4] erklärte weiterhin, Großbritannien sei zu engster Zusammenarbeit auf den verschiedensten Gebieten mit EVG bereit, könne aber der EVG nicht betreten. Im übrigen bat britischer Delegierter, das Garantieangebot seiner Regierung bis auf weiteres absolut geheim zu behandeln.

[gez.] Kessel

B 10 (Abteilung 2), Bd. 999

1 Hat Referent von Plehwe am 9. April 1952 vorgelegen, der handschriftlich vermerkte: „Dienststelle Blank hat 10. 4. Abschrift erhalten."

2 Zum Artikel 4 des Brüsseler Vertrages vom 17. März 1948 vgl. Dok. 86, Anm. 7.

3 Britischer Entwurf vom 8. April 1952 für ein Beistandsabkommen mit den EVG-Mitgliedstaaten: „1) Wenn in einem Augenblick, an dem das Vereinigte Königreich Mitglied des Nordatlantik-Paktes ist, einer der Vertragspartner des Vertrages über die Europäische Verteidigungsgemeinschaft, der ... unterzeichnet wurde, oder die in Durchführung dieses Vertrages geschaffenen Europäischen Verteidigungsstreitkräfte Gegenstand eines bewaffneten Angriffs in Europa sind, wird das Vereinigte Königreich gemäß den Bestimmungen von Art. 51 der Charta der Vereinten Nationen dem so angegriffenen Vertragspartner oder den angegriffenen Europäischen Verteidigungsstreitkräften Hilfe und Unterstützung mit allen in seiner Macht stehenden militärischen und anderen Mitteln gewähren. 2) Solange Art. 1 in Kraft bleibt, kommen die Mitgliedstaaten des Vertrages über die Europäische Verteidigungsgemeinschaft überein, daß im Falle eines bewaffneten Angriffs in Europa gegen das Vereinigte Königreich oder seine Streitkräfte diese Mitgliedstaaten und die Europäischen Verteidigungsstreitkräfte (ihnen) Hilfe und Unterstützung mit allen in ihrer Macht stehenden militärischen und anderen Mitteln gewähren werden." Vgl. B 10 (Abteilung 2), Bd. 999.

4 Oliver C. Harvey.

100

Aufzeichnung des Generalleutnants a.D. Speidel, Paris

9. April 1952

Aufzeichnung über ein Gespräch mit General Gruenther am 9.4.1952, 9.00 Uhr, bei SHAPE.

1) Dank an SHAPE

Zunächst sprach ich meinen Dank für die Mitwirkung der militärischen Vertreter von SHAPE bei den Verhandlungen aus, die in sehr wesentlicher und sachlicher Weise zur Erfüllung unseres gemeinsamen Anliegens beigetragen haben. Ich nannte dabei insbesondere General Michaelis, der in absehbarer Zeit Kommandant von Westpoint werden wird.

General Gruenther sagte in diesem Zusammenhang jede weitere Unterstützung zu und bat nur um entsprechende Anforderungen.

2) Konferenzarbeit

General Gruenther erkundigte sich nach dem möglichen Zeitpunkt der Unterzeichnung des Vertrages. Ich antwortete ihm, daß dies eine politische Frage sei und nicht mehr von den militärischen Arbeiten unserer Gruppe abhängen würde. Die bisherige Verschleppung sei auf rein politische Gründe zurückzuführen, die nicht von deutscher Seite resultieren.

Die einzige Frage, in der bei uns noch die Entscheidung ausstehen würde, sei die der territorialen Organisation. Er sei ja über das Problem voll orientiert, und ich könne ihm auch versichern, daß hier eine gemeinsame Auffassung der Soldaten aller Nationen, vor allem auch Frankreichs, vorliegen würde. Wir können alle nicht von einer militärischen vernünftigen Lösung aus fadenscheinigen politischen Gründen einer derzeitigen Regierung abgehen.

General Gruenther billigte voll meine Auffassung, die ich noch im einzelnen auseinandersetzte.

3) Dislokation der Truppen in Deutschland

Ich bat General Gruenther um eine Übersicht der augenblicklichen und der geplanten Dislokation der alliierten Truppen im deutschen Bundesgebiet, um nicht nur theoretische Planungsvorarbeiten leisten zu können, sondern auch die Wünsche der augenblicklichen Besatzungsmächte besser beurteilen zu können.

General Gruenther sagte mir, leider sei die Dislokation, wie sie ihm vorschwebe, noch nicht so weit festgelegt, wie es ihm notwendig erscheine. Er habe in der allernächsten Zeit eine Besprechung mit General Juin und werde dann sobald wie möglich mich unterrichten. Wenn dies auch nicht bis zum letzten Detail möglich sei, hoffe er doch einen erschöpfenden Überblick geben zu können.

Er frug mich nach den Unterbringungsabsichten der aufzustellenden ersten Welle von sechs Divisionen, wobei ich ihm sagte, daß wohl zwei Divisionen südlich des Maines, d.h. je eine in Württemberg und in Bayerisch-Franken und je zwei in Mitteldeutschland und im Raum Hannover–Hamburg–Bremen vorgesehen sei, doch sei dies keine bindende Antwort, da uns ja die SHAPE-Unterlagen fehlen würden.

General Gruenther meinte, in der Gesamtkonzeption teile er durchaus unsere Auffassungen, d.h. gegebenenfalls eine Operation von sicheren Flanken her führen zu müssen; doch müsse dafür auch die Mitte ausreichend stark sein, um nicht durchbrochen zu werden.

4) Eindruck der sowjet-russischen Vorschläge

General Gruenther stellte die Frage nach dem Eindruck der diplomatischen Offensive von „Väterchen Stalin“ in Deutschland. Er glaube, daß Moskau zur Paralysierung der europäischen Integration und zur Stärkung des „Neutralismus“ und der pazifistischen Strömungen zu großen Zugeständnissen, auch in bezug auf die Oder-Neiße-Linie, bereit sein könne. Deshalb sei die Meinungserforschung in Deutschland für ihn so wichtig.

Ich gab ihm meine persönlichen Auffassungen über Rückwirkungen und Strömungen wieder.

General Gruenther meinte, man müsse die Ruhe bewahren und in vorsichtigen Verhandlungen Lage und Absichten Stalins klären, vor allem auch aus den aufgezeigten psychologischen Gründen in Deutschland die Türe für Verhandlungen nicht zuschlagen. Je stärker der Westen werde, desto besser sei das Klima für ein solches versuchsweises Vorgehen.

5) „Kriegsverbrecher“-Frage

Bei der Erörterung der psychologischen Gegebenheiten in Deutschland schnitt ich auch erneut die Frage der noch in fremdem Gewahrsam befindlichen Deutschen an. Sie gewinne bei der Jugend, und nicht zuletzt bei der akademischen, zunehmende Bedeutung für einen eventuellen deutschen Verteidigungsbeitrag. Ich erläuterte ihm Einzelfälle der ehemals führenden militärischen Persönlichkeiten, die heute in Landsberg und Werl sind, und ihre Rückwirkung auf unsere gemeinsamen Zukunftsabsichten. Ich besprach die bekannten Lösungsmöglichkeiten[1], um ein zeitraubendes Verfahren und eine Desavouierung der Rechtsprechung der ehemaligen Alliierten zu vermeiden. General Gruenther teilte voll meine Auffassung über diese entscheidende psychologische Frage und bedauerte, daß sie nicht seiner Entscheidung unterliege. Er sagte mir aber volle Unterstützung zu und will gleich heute abend bei einem Diner mit General Eisenhower und General Handy dieses Problem aufgreifen und besprechen. Wir würden auch in dieser Frage in einer engen Verbindung bleiben.

gez. Speidel

Bundesarchiv-Militärarchiv, BW 9/3256

1 Zu den Entwürfen der Drei Mächte vom 17. und 18. Februar 1952 für einen Artikel des Überleitungsvertrages über die Behandlung der wegen Kriegsverbrechen verurteilten Deutschen vgl. Dok. 52 und Dok. 53.

101

Aufzeichnung des Oberstleutnants a.D. de Maizière

232-18 II 1300/52 geh. **9. April 1952**[1]

Aufzeichnung über zwei Verhandlungen mit den Alliierten über das Verzeichnis 2 betreffend zu verbietende Rüstungsproduktion im Museum König am 7. und 8. April 1952[2]

Nachstehende Aufzeichnung bezieht sich im wesentlichen nur auf die Ergebnisse der Verhandlungen. Ein genaues Protokoll der Sitzungen wird vom Auswärtigen Amt zusammengestellt.[3]

1) Revisionsklausel

Der von Ministerialdirektor Blankenhorn vorgetragenen Bitte um Aufstellung einer allgemeinen Revisionsklausel wurde mit dem Hinweis auf den Artikel 116 des EVG-Vertrages[4] begegnet. Auch bei späteren Vorschlägen für Revisionsmöglichkeiten wurde immer wieder auf den gleichen Artikel verwiesen. Dieser Artikel sieht allerdings für eine Änderung des Vertrages nur die Möglichkeit des Zusammentritts einer Konferenz und die Notwendigkeit einer Ratifizierung jeder Änderung vor. Dieses ist ein so kompliziertes Verfahren, daß es mir erforderlich scheint, bei den Verhandlungen in Paris den Versuch zu machen, in irgendeiner Form für den Artikel 100 und seine beiden Anlagen[5] einfachere Revisionsmöglichkeiten zu erreichen.

2) Ziviler Schutz

Es wurde geklärt, daß Forschung und Produktion auf dem Gebiet des zivilen Schutzes grundsätzlich erlaubt sind. Es werde überhaupt nur der Teil der Liste 1 des Artikels 100 diskutiert, der für die strategisch exponierten Gebiete zu verbieten sei.

3) Kein Verbot des zivilen Bedarfs

In diesem Zusammenhang wurde klar herausgestellt, daß nur Waffen oder bestimmte Teile von Waffen verboten würden, nicht aber Teile, Stoffe, Geräte und Ausrüstungen, die für den zivilen Bedarf benötigt würden. Als Beispiel wurde die Radarröhre genannt. Wenn eine solche speziell für eine Waffe entworfen sei, falle sie unter das Verbot. Radarröhren für den zivilen Bedarf jedoch seien

1 Durchdruck.
Hat Referent von Plehwe und Legationsrat I. Klasse Trützschler von Falkenstein am 10. April 1952 vorgelegen.

2 Der „Ausschuß für Industriebeschränkung" trat am 7. April 1952 zu seiner ersten Sitzung zusammen. Die Delegation der Bundesrepublik wurde von Ministerialdirektor Blankenhorn, die Delegation der Drei Mächte von Brigadier Harvey geleitet.

3 Vgl. B 10 (Abteilung 2), Bd. 1246.

4 Für den Wortlaut des Artikels 116 des Entwurfs für den EVG-Vertrag (Fassung vom April 1952) vgl. Dok. 116.

5 Zu den Bestimmungen über die Beschränkung der Rüstungsproduktion der EVG-Mitgliedstaaten vgl. Artikel 107 mit Anlagen I und II des EVG-Vertrages vom 27. Mai 1952; BUNDESGESETZBLATT 1954, Teil II, S. 371–375. Vgl. dazu auch Dok. 141 und Dok. 148.

frei. Es trete ja auch selten der Fall auf, daß solche Teile ohne jede Änderung für eine Waffe und für den zivilen Bedarf verwendbar seien.

Das gleiche gelte für die Produktionsmittel. Zu verbieten seien lediglich die Produktionsmittel, die eigens für die Produktion der zu verbietenden Waffen entworfen seien. Damit scheint mir sichergestellt, daß eine Kontrolle oder gar ein Verbot von Forschung und Produktion für den zivilen Bedarf nicht beabsichtigt ist.

4) Definition des zivilen Bedarfs

Bei der erbetenen Definition des zivilen Bedarfs wurde erklärt, daß jedes Land der EVG hierfür die Verantwortung selbst zu übernehmen habe. Die EVG könne einschreiten, wenn sie den Eindruck haben müsse, daß die Produktion gewisser Güter nicht mehr den zivilen Bedürfnissen entspreche.

Die Frage des Exportes wurde in diesem Zusammenhang nicht angeschnitten, ebensowenig die Möglichkeiten einer Lagerung im Auslande (zum Beispiel Uranium). Es wurde aber zum Beispiel gesagt, daß eine Verwendung chemischer Stoffe, welcher Art auch immer, für Friedensverwendung nicht verboten sei.

5) Einzelheiten

a) Raketenwaffen

Lediglich nicht ferngelenkte Raketen zur taktischen Verwendung fallen nicht unter das Verbot. Dagegen soll jede Rakete, die nach dem Start von außen beeinflußt wird, verboten werden.

Das ist allerdings eine schwerwiegende Einschränkung, da dadurch auch alle nur für den defensiven Zweck bestimmten Raketenwaffen mit kurzer Reichweite betroffen sind, wie zum Beispiel Flakraketen u.ä. M.E. müßte hier noch einmal der Versuch gemacht werden, eine Lockerung dieser Bestimmung zu erreichen.

b) Kriegsschiffe

Der deutschen Forderung auf Erhöhung der Mindesttonnage von 1500 t wurde zunächst nicht stattgegeben. Es wurde jedoch freigestellt, den deutschen Antrag noch einmal schriftlich zu begründen und dem Vorsitzenden der alliierten Kommission zu übersenden.[6] Es besteht die Möglichkeit, daß eine geringfügige Auflockerung hier noch erreicht wird.

6) Militär-Flugzeuge

Hier wurde eine genaue Übersetzung bzw. Definition der für ein Verbot vorgesehenen Einzelteile von Militär-Flugzeugen zugesagt. Im übrigen besteht kein Zweifel, daß es sich bei den Einzelteilen nur um solche von Militär-Flugzeugen handelt, daß damit aber nicht zum Beispiel eine Kontrolle der Motoren-Produktion im allgemeinen gemeint ist.

Über das Problem der Sport- und Touristik-Flugzeuge folgt eine gesonderte Aufzeichnung.

6 Am 10. April 1952 ersuchte Ministerialdirektor Blankenhorn den Vorsitzenden der Delegation der Drei Mächte im Ausschuß für Industriebeschränkung, Harvey, die zulässige Wasserverdrängung für Kriegsschiffe der Bundesrepublik von 1500 auf 4000 Tonnen zu erhöhen. Andernfalls müßte die Bundesrepublik auf die Herstellung der für die Küstenverteidigung notwendigen schnellen Minenleger und Zerstörer verzichten. Für den Wortlaut des Schreibens vgl. B 10 (Abteilung 2), Bd. 1246.

7) Weiterer Verlauf

Es wurde für Mittwoch, den 16. April, 15.00 Uhr, eine neue Sitzung mit den Alliierten vereinbart. Auf dieser Sitzung soll ein von deutscher Seite zu erarbeitender Formulierungsvorschlag für das Verzeichnis 2 diskutiert werden. Man hofft, auf dieser Sitzung zu einem abschließenden Ergebnis zu kommen.[7]

Zur Vorbereitung findet am Mittwoch, 16. April, 9.30 Uhr, in der Dienststelle eine Arbeitsbesprechung statt, an der außer den Angehörigen der Dienststelle die verschiedenen Fachexperten sowie Herr Ministerialdirigent Schmid vom Bundeswirtschaftsministerium teilnehmen werden.

de Maizière

B 10 (Abteilung 2), Bd. 1246

102

Aufzeichnung des Obersten a.D. Graf von Kielmansegg

10. April 1952

Aufzeichnung für Herrn MD Blankenhorn über die Pariser EVG-Verhandlungen am 8. und 9. April

1) Das wichtigste Ereignis der beiden letzten Tage war die Bekanntgabe der englischen Bereitschaft, ein Abkommen zwischen dem Vereinigten Königreich und der EVG im Sinne einer gegenseitigen Beistandspflicht abzuschließen. Der Text dieses Abkommens liegt dem Auswärtigen Amt vor.[1]

Die Bekanntgabe dieser Tatsache soll auf englischen Wunsch im gleichen Wortlaut zur gleichen Zeit in allen sieben Hauptstädten am Dienstag, den 15. April, erfolgen. Der Präsident der Konferenz, M. Alphand, wird den gemeinsamen Wortlaut[2] und die genaue Zeitangabe für die Bekanntgabe den beteiligten Regierungen übermitteln.

Es ist anzunehmen, daß die beteiligten Regierungen bei der Bekanntgabe jeweils auf die besondere politische Bedeutung dieses Abkommens hinweisen werden.

2) Auf italienischen Antrag wurde die Frage des Sitzes der Organe der Gemeinschaft besprochen. Italien schlug als Sitz für die Versammlung Turin vor, für Ministerrat und Kommissariat einen Sitz in der Nähe von SHAPE bzw. NATO,

7 Am 16. April 1952 verzichtete die Delegation der Bundesrepublik im Ausschuß für Industriebeschränkung auf eine Erhöhung der Tonnage der zum Bau freigegebenen Kriegsschiffe über 1500 Tonnen hinaus. Meinungsverschiedenheiten blieben bei der Produktionsbeschränkung für Kernbrennstoff und ferngesteuerte Raketen bestehen. Vgl. dazu die Aufzeichnung des Oberstleutnants a.D. de Maizière vom 17. April 1952; B 10 (Abteilung 2), Bd. 1246.

1 Vgl. Dok. 99, Anm. 3.

2 Für die britische Erklärung vom 15. April 1952 vgl. EUROPA-ARCHIV 1952, Bd. 1, S. 4865.

d.h. also Paris. Belgien und Holland schlossen sich dem italienischen Vorschlag an, letzteres beantragte noch, Den Haag als Sitz des Gerichtshofes zu wählen.

Deutschland behielt sich die Stellungnahme bis nach Einholung der Ansicht der deutschen Regierung vor, ebenso Frankreich. Dieses äußerte außerdem Bedenken gegen die Dezentralisation der verschiedenen EVG-Organe.

Gemeinsam wurde beschlossen, daß die Frage des Sitzes den Ministern vorbehalten bleiben solle und daß diese sich zweckmäßigerweise gleichzeitig mit den Sitzen der Organe der Montan-Union und der EVG befassen sollten.

3) In den Finanzfragen wurde eine weitere Annäherung erzielt[3] und die Prüfung des deutschen Verwendungsplanes[4] fortgesetzt.

4) Offen geblieben ist die Frage des Stimmgewichts im Ministerrat. Der in die Diskussion geworfene Gedanke einer dauernden Parität Deutschland–Frankreich[5] fand bisher nicht die Zustimmung von Benelux. Italien ist dafür, wenn es auch die Parität erhält, welch letzteres nicht offiziell ausgesprochen wurde.

Es besteht die Möglichkeit, daß vor allem Holland darauf beharren wird, diese Frage erneut vor die Ministerkonferenz zu bringen.

5) Die Einsetzung eines Interimsausschusses zur Fortführung der Arbeiten nach Unterzeichnung des Vertrages wurde einstimmig gebilligt. Die Konferenz wird den Ministern einen diesbezüglichen Protokollentwurf zur gleichzeitigen Un-

3 Am 9. April 1952 einigten sich in Paris Ministerialrat Vialon und der Vorsitzende der EVG-Konferenz, Alphand, mit der AHK auf eine Formulierung zur Regelung des finanziellen Verteidigungsbeitrags der Bundesrepublik: „1) Aus dem Beitrag der Bundesrepublik zur Verteidigung sind bestimmte Summen für die auf dem Gebiet der Bundesrepublik stationierten Truppen bestimmt. 2) Für den Zeitraum vom Inkrafttreten des Vertrags und der entsprechenden Vereinbarungen bis zum 30.6.1953 belaufen sich die Summen, die für den Unterhalt der amerikanischen, britischen und französischen Truppen bestimmt sind, auf ... Milliarden DM. 3) Nach dem 30.6.1953 werden die Summen im Sinne der Ziffer 1, die zum Unterhalt der stationierten Truppen auf dem Gebiet der Bundesrepublik bestimmt sind und die nur für solche Truppen, deren Heimatländer nicht der Verteidigungsgemeinschaft angehören, festgelegt durch Verhandlungen zwischen der Bundesrepublik und der EVG sowie den beteiligten Staaten. 4) Die für den Unterhalt der stationierten Truppen bestimmten Beträge sind im Beitrag der Bundesrepublik zur Verteidigungsgemeinschaft enthalten, laufen durch das Budget der Verteidigungsgemeinschaft und werden von dieser den beteiligten Mächten überwiesen. Sie bringen keine Belastung der europäischen Verteidigungsgemeinschaft mit sich, die keine andere Verpflichtung hat, als die Summen weiterzuleiten; die Verteidigungsgemeinschaft übt auch keine Kontrolle bei der Verwendung der Beträge aus. Die Beträge werden der Bundesrepublik bei der Berechnung ihres Stimmrechts im Ministerrat der EVG angerechnet." Vgl. die Aufzeichnung des Ministerialrats Vialon vom 10. April 1952; VS-Bd. 6616 (EVG-Delegation); B 150, Aktenkopien 1952.

4 Am 24. März 1952 trat erstmals ein Sonderausschuß zur Begutachtung eines von der Bundesregierung vorgelegten Verwendungsplans zusammen, der als Grundlage zur Festlegung des deutschen EVG-Beitrags dienen sollte. Der Ausschuß bestand aus dem Militär- und dem Finanzausschuß der EVG-Konferenz sowie Vertretern von SHAPE und der AHK. Im Mittelpunkt der Besprechung standen die Fragen, wie viele und welche militärischen Einheiten in der Bundesrepublik während des ersten Jahres nach Inkrafttreten des EVG-Vertrages aufzustellen seien, ob die Aufstellung deutscher Einheiten parallel zur Aufstellung der EVG-Divisionen erfolgen solle und welche Personalzahlen für Luftwaffe und Küstenschutz zugrundegelegt werden sollten. Vgl. dazu die Aufzeichnung des Ministerialrats Vialon, Paris, vom 25. März 1952; VS-Bd. 6616 (EVG-Delegation); B 150, Aktenkopien 1952.

5 Zum französischen Vorschlag einer deutsch-französischen Stimmenparität im EVG-Ministerrat vgl. Dok. 94.

terzeichnung mit dem Vertrag vorlegen, der im wesentlichen dem deutschen Vorschlag[6] entspricht.

6) Die Frage der Beziehungen EVG–NATO wurde zu einem vorläufigen Abschluß gebracht. Die notwendigen Texte sind im einzelnen noch zu revidieren. Es handelt sich um drei Probleme:

a) wechselseitige Garantien,

b) wechselseitige Beziehungen und Institutionen,

c) Verpflichtungen der EVG-Staaten untereinander.

Zu a) und c) ist nichts Besonderes zu bemerken. Bei der Behandlung von b) stellten sich erneut die praktischen Schwierigkeiten heraus, im Rahmen der Londoner Abmachungen[7] die deutschen Interessen zu wahren. Die Londoner Abmachungen sehen Einzelappellationsmöglichkeiten nur im Falle der Bedrohung vor, nicht aber zur Wahrung einzelstaatlicher Interessen. Es muß noch geklärt werden, unter welchen Bedingungen der EVG-Rat verpflichtet sein würde, eine gemeinsame Sitzung mit dem NATO-Rat herbeizuführen. Selbst wenn nicht Einstimmigkeit, sondern nur Zweidrittelmehrheit als verpflichtend anerkannt wird, besteht für Deutschland die Gefahr, überspielt zu werden. Die anderen fünf EVG-Staaten sind gleichzeitig NATO-Mitglieder und können direkt im NATO-Rat vorstellig werden, wenn ihre Interessen berührt sind. Deutschland als einziger Staat kann dies nur auf dem Umweg über den EVG-Rat. Es ist zumindestens fraglich, ob es gelingen würde, zur Wahrung rein deutscher Interessen eine Zweidrittelmehrheit im EVG-Rat zusammenzubringen. Nach Ostern wird versucht werden, hier im EVG-Vertrag selbst noch etwas zu erreichen. Falls aber die anderen Staaten den Standpunkt vertreten, die Londoner Abmachungen reichten aus, ist ein Erfolg in dieser Frage zweifelhaft.

7) Gesamteindruck

Die Arbeiten der Konferenz sind im Gegensatz zu den letzten zwei Wochen beschleunigt und mit positiven Ergebnissen weitergeführt worden. Die Franzosen drängen nunmehr stark auf Abschluß des Vertragsentwurfs bis Ende April, nachdem sie vorher offensichtlich verzögert hatten.

Abgesehen von der Gesamtredaktion des Vertrages, bei welcher einige noch nicht verhandelte Artikel und Fragen bearbeitet werden müssen (z.B. Vertragsdauer und Vertragsgebiet), sind noch an wesentlichen Punkten offen: die Finanzfragen bezüglich Aufteilung des deutschen Beitrages, die Rüstungsfragen bezüglich der Liste II (verbotene Waffen) sowie die militärische Territorialor-

6 Am 13. März 1952 schlug die Delegation der Bundesrepublik dem Vorsitzenden der EVG-Konferenz, Alphand, die Einsetzung eines Interimsausschusses vor, der folgende Aufgaben übernehmen solle: „a) Vorbereitung der Organisation und der Aufstellung des Kommissariats. b) Bearbeitung von Empfehlungen für Maßnahmen, die nach Inkrafttreten des Vertrages von den Teilnehmerstaaten durchzuführen sein werden. c) Vorbereitung der Richtlinien und Anordnungen, die das Kommissariat unmittelbar nach Aufnahme seiner Tätigkeit herausgeben muß. [...] d) In Ausführung der im Vertrag niedergelegten Grundsätze Fertigstellung der zur Vervollständigung des Vertragswerkes nötigen Arbeiten, insbesondere derjenigen, die später durch einstimmige Annahme seitens des Rates Wirksamkeit erhalten werden." Vgl. B 10 (Abteilung 2), Bd. 1062.

7 Zur Besprechung auf der Außenministerkonferenz am 18. Februar 1952 in London über die Beziehungen zwischen EVG und NATO vgl. Dok. 53.

ganisation. Von deutscher Seite aus besteht kein Hindernis, damit im April fertig zu werden.

Die auffällige, von den Franzosen nunmehr angestrebte Beschleunigung, zum Abschluß der Verhandlungen zu kommen, ist zweifellos auf die englische Zustimmung zu einem Abkommen zurückzuführen, aber wohl auch auf französische Vermutungen wegen möglicher Rückwirkungen der neuen russischen Note[8] in Deutschland. Die Franzosen befürchten eine deutsche Geneigtheit, sich mit den russischen Vorschlägen zu befassen. Dies kann, richtig ausgenutzt, die deutsche Stellung in den Verhandlungen über die noch offenen Punkte stärken.

8) Herr Blank bittet, über die vorstehenden Punkte, insbesondere über Punkt 1, dem Herrn Bundeskanzler baldmöglichst vorzutragen, da Herr Blank den Herrn Bundeskanzler heute nicht erreichen konnte.

Im Auftrag
[gez.] Graf Kielmansegg

Bundesarchiv-Militärarchiv, BW 9/2043

103

Botschafter Du Mont, Den Haag, an Legationsrat I. Klasse Trützschler von Falkenstein

212-02/390 **10. April 1952[1]**

Lieber Herr von Trützschler,

unter Bezugnahme auf meinen Drahtbericht Nr. 68 vom 25.3.1952[2] möchte ich nochmals auf die Frage einer Neuregelung der deutsch-niederländischen Grenzziehung zurückkommen.

Wie Sie sicherlich wissen werden, hat die niederländische Regierung vorgeschlagen, die zur Zeit unter holländischer Verwaltung stehenden Gebiete von Elten und Selfkant an Deutschland zurückzugeben und dafür ein deutsch-niederländisches Kondominium über die Emsmündung zu errichten. Dieser Vorschlag wurde uns am 12.1. unterbreitet.[3] Das letzte, was ich hierüber hörte, war, daß Herr Dr. Strohm eine Vorlage an das Kabinett vorbereitete, in der zu

8 Zur sowjetischen Note vom 9. April 1952 an die Drei Mächte vgl. Dok. 104, Anm. 2.

1 Hat Legationsrat I. Klasse Trützschler von Falkenstein am 12. April 1952 vorgelegen.

2 Botschafter Du Mont berichtete, daß der Generalsekretär des niederländischen Außenministeriums, Boon, ihm mitgeteilt habe, er sei vom französischen Botschafter in Den Haag, Garnier, auf die deutsch-niederländischen Grenzverhandlungen angesprochen worden. Boon habe erwidert, daß „es sich um informelle Gespräche handele. Gegenwärtiger Zustand sei nicht ideal, es sei daher natürlich, daß niederländische Regierung in Meinungsaustausch mit Bundesregierung eingetreten sei." Boon habe ihm, Du Mont, gegenüber hinzugefügt: „Angesichts Tatsache, daß im Juni allgemeine Wahlen in Niederlanden stattfinden, wäre es gut, Erörterung Problems nicht zu lange hinauszuschieben." Vgl. B 11 (Abteilung 3), Bd. 664.

3 Zum niederländischen Vorschlag vom 12. Januar 1952 vgl. Dok. 66.

dem niederländischen Vorschlag in positiver Weise Stellung genommen werden sollte.

Seither sind Monate vergangen, ohne daß ich von Bonn etwas weiteres über dieses Thema gehört hätte.

Im niederländischen Außenministerium wurde ich bereits mehrfach auf das Grenzziehungsproblem angesprochen. Auch bei meinem heutigen Besuch beim Leiter der Deutschlandabteilung erwähnte Herr Dr. Wellenstein, daß er es für äußerst bedauerlich halten würde, wenn mit den Verhandlungen über die Grenzregelung nicht während der Amtsperiode der derzeitigen Regierung begonnen werden könnte. Ein neuer Minister wäre in dieser Frage vielleicht weniger entgegenkommend als Herr Stikker. Er deutete auch an, daß die niederländische Regierung im allgemeinen innerhalb von drei Monaten eine Antwort auf ihre Vorschläge zu erhalten pflege.

Ich setzte Herrn Wellenstein nochmals all die Gründe auseinander, die es der Bundesregierung unmöglich machten, schon jetzt zu dem niederländischen Angebot Stellung zu nehmen.

Ich möchte aber doch darauf hinweisen, daß es im Interesse einer Engergestaltung der deutsch-niederländischen Beziehungen sehr vorteilhaft wäre, wenn es möglich sein würde, den niederländischen Vorschlag zu beantworten. Es handelt sich hierbei immerhin um das Schicksal von mehr als 10 000 Deutschen.[4]

Ich wäre Ihnen daher sehr dankbar, wenn Sie sich der Sache annehmen und mich zu gegebener Zeit vom Stand der Dinge unterrichten wollten.

Mit den besten Grüßen verbleibe ich

Ihr sehr ergebener
Du Mont

B 10 (Abteilung 2), Bd. 392

4 Am 2. Mai 1952 legte Staatssekretär Hallstein dem Bundeskabinett folgenden Beschlußantrag vor: „Die Bundesregierung ist damit einverstanden, daß das Auswärtige Amt im Einvernehmen mit den beteiligten Bundesministerien und den Landesregierungen Niedersachsen und Nordrhein-Westfalen mit der niederländischen Regierung in Verbindung tritt, um zunächst durch inoffizielle Abstimmung der beiderseitigen Wünsche eine Grundlage für offizielle Verhandlungen über alle aktuellen deutsch-holländischen Grenzfragen zu schaffen.“ Vgl. B 10 (Abteilung 2), Bd. 392.
Das Kabinett stimmte dem Antrag am 13. Mai 1952 zu. Vgl. dazu KABINETTSPROTOKOLLE 1952, S. 320.

104

Generalkonsul I. Klasse Krekeler, Washington, an das Auswärtige Amt

202-06 II 4999/52 **Aufgabe: 11. April 1952, 12.56 Uhr**[1]
Fernschreiben Nr. 182 **Ankunft: 11. April 1952, 10.00 Uhr**

State Department übermittelte mir heute zur persönlichen und vertraulichen Information russische Antwortnote[2], die morgen veröffentlicht wird. Mitglied der Deutschlandabteilung State Departments gab mir gegenüber Meinung Ausdruck, daß diese Note keine so schwierige Situation hervorrufen würde wie befürchtet, weil sie nicht so konkret sei, wie man erwartet habe. Es sei für die Handlungsfreiheit der Westmächte z.B. gut, daß bezüglich des Niveaus, auf dem die vorgeschlagenen Gespräche stattfinden sollen, keine spezifizierten Vorschläge gemacht wurden. Man könne daher in Downing Street als Träger der Verhandlungen die ganze Skala von den Staatsoberhäuptern abwärts als Verhandlungspartner in Betracht ziehen. Ich bemerkte daraufhin, daß es wohl sehr darauf ankomme, sich in der Fortsetzung der Verhandlungen über den baldigen Abschluß der vertraglichen Abmachungen nicht beirren zu lassen. Mein Gesprächspartner bestätigte ausdrücklich, daß dies auch der hiesigen Auffassung entspräche. Erbitte fortlaufend drahtliche Unterrichtung über Stellungnahme Bundesregierung.

[gez.] Krekeler

B 10 (Abteilung 2), Bd. 225

1 Hat Legationsrat I. Klasse Trützschler von Falkenstein am 12. April 1952 vorgelegen, der handschriftlich die Weiterleitung an Legationsrat I. Klasse Thierfelder verfügte.
Hat Thierfelder vorgelegen.

2 In ihrer Note vom 9. April 1952 an die Drei Mächte bekräftigte die UdSSR ihre Vorschläge vom 10. März 1952. Darüber hinaus führte sie u.a. aus, daß die Einsetzung der UNO-Kommission für gesamtdeutsche Wahlen im Widerspruch zu Artikel 107 der UNO-Charta stehe, der eine Einmischung der UNO in deutsche Angelegenheiten ausschließe. Eine Prüfung der Voraussetzungen für gesamtdeutsche Wahlen könne „durch eine Kommission vorgenommen werden, die von den vier in Deutschland Besatzungsfunktionen ausübenden Mächten zu bilden wäre". Ferner erklärte sie: „Was die Grenzen Deutschlands betrifft, so hält die Sowjetregierung die entsprechenden Beschlüsse der Potsdamer Konferenz [...] für vollauf ausreichend und für endgültig." Vgl. EUROPA-ARCHIV 1952, Bd. 1, S. 4866 f.

105

Aufzeichnung des Ministerialdirektors Blankenhorn

11. April 1952[1]

1) Stark betonen den Willen der drei Westmächte und der Bundesregierung zur Wiederherstellung eines nach allen Richtungen freien geeinten Deutschlands.

2) Infolgedessen Bereitschaft zur Vierer-Konferenz unter folgenden Voraussetzungen:

3 a) daß man sich nach den Erfahrungen mit Österreich, Korea, Palais Rose[2] über das Fundamentale wenigstens in einer gewissen Übereinstimmung befindet;

b) daß gesamtdeutsche Regierung von Anfang an herangezogen werden kann.

Zu a): Mächte bedauerten außerordentlich, daß Rußland darauf beharrte, daß wesentliche Grundsätze seien: Neutralisierung, Nationale Armee, Anerkennung der Oder-Neiße-Linie.

Das seien drei wesentliche Elemente, die auch nach Konsultation mit Bundesregierung nicht als wesentliche Bestandteile einer Friedensregelung anerkannt werden könnten.

Westmächte ständen unverrückbar auf ihrem Standpunkt, daß Deutschland vor und nach Friedensschluß frei sein müsse, sich Koalition anzuschließen, wie es wolle.

Von Sowjets vorgeschlagene Viermächte-Kommission zur Prüfung Voraussetzungen freier gesamtdeutscher Wahlen besitze nicht die gleiche Autorität in der Welt wie UNO-Kommission. Zuständigkeit UNO in gesamtdeutscher Frage, die mit überwältigender Mehrheit UNO anerkannt sei, könne nicht übergangen werden.

Was ist unter letztem Absatz[3] zu verstehen? Generalvertrag (Art. X)[4] sieht für den Fall Wiedervereinigung Überprüfung aller Verträge vor. Also keine Festlegung der Teilung Deutschlands.

[Blankenhorn][5]

Bundesarchiv Koblenz, N 1351 (Nachlaß Blankenhorn), Bd. 11

1 Vermutetes Datum der nicht datierten handschriftlichen Aufzeichnung.
Dazu vermerkte Ministerialdirektor Blankenhorn am 11. April 1952: „Vormittags Besprechung beim Bundeskanzler. Herr von Eckardt anwesend. Der Bundeskanzler legt in großen Zügen die deutsche Stellungnahme zu der Note fest.“ Vgl. Bundesarchiv Koblenz, N 1351 (Nachlaß Blankenhorn), Bd. 11.

2 Auf der Vorkonferenz der Vier Mächte vom 5. März bis 22. Juni 1951 in Paris berieten die stellvertretenden Außenminister über die Tagesordnung einer von der UdSSR angeregten Außenministerkonferenz. Während die Drei Mächte die Wiedervereinigung Deutschlands sowie die Beziehungen zwischen den Vier Mächten in den Mittelpunkt rücken wollten, schlug die UdSSR Gespräche über den Abschluß eines Friedensvertrages mit Deutschland, den Abzug der Besatzungstruppen und die Entmilitarisierungsbestimmungen des Potsdamer Abkommens vor. Vgl. dazu AAPD 1951, Dok. 51.

3 Letzter Absatz der sowjetischen Note vom 9. April 1952: „Die Sowjetregierung schlägt der Regierung der Vereinigten Staaten erneut vor, gemeinsam mit den Regierungen Großbritanniens und Frankreichs die Erörterung eines Friedensvertrages mit Deutschland sowie der Frage der Vereinigung

106

Drahterlaß des Legationsrats I. Klasse Trützschler von Falkenstein

021-08 II 4994/52 **12. April 1952**[1]
Citissime

Bundesregierung verhandelt seit einigen Monaten über Aufnahme Bundesrepublik in Internationalen Währungsfonds. Geschäftsträger Washington[2] hat am 1. April Währungsfonds Annahme der von diesem ausgearbeiteten Aufnahmebedingungen[3] mitgeteilt, gleichzeitig aber zum Ausdruck gebracht, daß Bundesregierung eine Heraufsetzung der vom Fonds errechneten Quote, die Stimmrecht bei Wahl der Direktoren bestimmt, von 330 auf 360 Mio. Dollar für angemessen hält.[4] Obgleich ausdrücklich erklärt wurde, daß Annahme der Aufnahmebedingungen nicht von Erhöhung der Quote abhängig gemacht werde, hat Aufnahmekomitee Entscheidung über Aufnahmeantrag auf Mittwoch, 16.4., vertagt, da nach Auffassung einiger Mitglieder durch deutsche Argumentation für Quotenerhöhung politische Fragen aufgeworfen seien, die Fühlungnahme mit ihren Regierungen nötig mache.

Ich bitte, sich in geeigneter Form bei dortiger Regierung für schnelle positive Entscheidung über deutschen Aufnahmeantrag einzusetzen. Wunsch nach Quotenerhöhung erscheine Bundesregierung durch Wirtschaftspotential der Bundesrepublik voll gerechtfertigt. Bundesregierung werde jedoch, wie bereits in der Note des Geschäftsträgers ausgeführt, unter Aufrechterhaltung grundsätzlichen Standpunkts Aufnahmebedingungen auch bei Nichterhöhung Quote annehmen.[5]

Trützschler[6]

B 10 (Abteilung 2), Bd. 111

Fortsetzung Fußnote von Seite 286
Deutschlands und der Bildung einer gesamtdeutschen Regierung aufzunehmen. Die Sowjetregierung sieht keinen Grund, die Lösung dieser Frage aufzuschieben. Gerade gegenwärtig entscheidet sich die Frage, ob Deutschland als einheitlicher, unabhängiger, friedliebender, zur Familie der friedliebenden Völker Europas gehörender Staat wiederhergestellt wird oder ob die Spaltung Deutschlands und die damit verbundene Gefahr eines Krieges in Europa bestehen bleibt." Vgl. EUROPA-ARCHIV 1952, Bd. 1, S. 4867.

4 Vgl. dazu Dok. 73, Anm. 9.

5 Vermuteter Verfasser der nicht unterzeichneten Aufzeichnung.

1 Der Drahterlaß war an die Vertretungen in London und Paris gerichtet.

2 Heinz Krekeler.

3 Am 12. Oktober 1951 wurde Referent Grosse, Washington, ein Entwurf der Aufnahmebedingungen für die Bundesrepublik informell übergeben. Vgl. dazu AAPD 1951, Dok. 163.

4 Dazu berichtete Generalkonsul I. Klasse Krekeler, Washington, am 2. April 1952, der Vorsitzende des Aufnahmekomitees des IWF, Melville, habe ihm erklärt, daß alle von der Bundesregierung „angeführten Punkte einschließlich der Festsetzung der DM-Parität Schwierigkeiten nicht bereiten würden. Lediglich der Wunsch auf Erhöhung der Quote von 330 auf 360 Millionen könnte unter Umständen zu mehrmonatlicher Verzögerung führen." Vgl. den Drahtbericht Nr. 160; B 10 (Abteilung 2), Bd. 110.

5 Am 15. April 1952 berichtete Generalkonsul I. Klasse Schlange-Schöningen, London, die britische Regierung habe mitgeteilt, daß eine Quote von 330 Millionen Dollar „den Wünschen Deutschlands

107

Botschafter Meyer, Neu Delhi, an das Auswärtige Amt

Ber.Nr. 19/52 **15. April 1952**[1]

Betr.: Erste Besprechungen mit Ministerpräsident Nehru und anderen maßgebenden indischen Beamten

Am zweiten Tag nach meiner Ankunft empfing mich in Begleitung von Botschaftrat Richter der Ministerpräsident und Außenminister Jawaharlal Nehru. Die schlanke, kleine, fast zierliche Gestalt mit Gesichtszügen, die deutliche Spuren der jahrzehntelangen physischen und psychischen Anstrengungen und Leiden aufweisen, vermittelt schnell den Eindruck auch höchster Kultiviertheit, seltenen Intellekts, großer Willensstärke, überragenden Menschentums und dazu völliger politischer Klarheit.

Die Unterhaltung dauerte über eine halbe Stunde. Nehru versicherte zunächst seine herzliche Freude über die Errichtung einer Deutschen Botschaft in Indi-

Fortsetzung Fußnote von Seite 287

absolut gerecht werde und in keiner Weise Diskriminierung Deutschlands bedeuten könne. Sie sehe sich deshalb außerstande, Washingtoner Vertreter Anweisung auf Erhöhung dieses Betrages zu geben." Vgl. den Drahtbericht Nr. 137; B 10 (Abteilung 2), Bd. 111.

Am selben Tag teilte Vortragender Legationsrat von Walther, Paris, dem Auswärtigen Amt mit: „Heute abend stattfindet Besprechung Außenministerium mit federführendem Finanzministerium zur Herbeiführung Anweisung an den französischen Vertreter, für Erhöhung von 330 Millionen auf 360 Millionen Dollar zu stimmen. Außenministerium glaubt, daß Erteilung dieser Instruktion [...] keine Schwierigkeiten entgegenstehen werden." Vgl. den Drahtbericht Nr. 118; B 10 (Abteilung 2), Bd. 111.

Am 16. April 1952 berichtete Generalkonsul I. Klasse Krekeler, Washington, daß ihm der Vorsitzende des Aufnahmekomitees des IWF, Melville, mitgeteilt habe, die „Stellungnahme Bundesregierung zum Entwurf der Aufnahmebedingung sei durch Aufnahmekomitee geprüft worden. Trotz erneuter Beratung der verschiedenen Kalkulationen und Betrachtungen, die zu Quotenvorschlag 330 Millionen führte, hätte Komitee sich nicht entschließen können, dem Executive-Board in diesem Augenblick höhere Quote vorzuschlagen. In dieser Entscheidung sei Komitee bestärkt worden durch Wunsch der Bundesregierung, der von Komiteemitgliedern geteilt wurde, jede weitere Verzögerung in Zulassung der Bundesrepublik zu Fonds und Bank zu vermeiden. Komitee verweise auf Artikel III section 2 der Satzung, wonach jederzeit Quotenberichtigung auf Anforderung des betreffenden Mitglieds erfolgen kann. Vorsitzender sei sicher, daß Fonds eine entsprechende und wohlwollende Berücksichtigung für jeden Vorschlag auf Quotenrevision finden würde, den Bundesrepublik, nachdem sie Fondsmitglied geworden sei, stellen würde." Vgl. den Drahtbericht Nr. 193; B 10 (Abteilung 2), Bd. 111.

Am 21. April 1952 informierte Legationsrat I. Klasse Trützschler von Falkenstein die Vertretung in Washington, daß sich die Bundesregierung „vorbehaltlich der Zustimmung des Bundestages mit den Aufnahmebedingungen des Internationalen Währungsfonds und der Weltbank, insbesondere mit Fondsquote von 330 Millionen Dollar und mit Erwerb von 3300 Weltbank-Anteilen sowie mit Festsetzung einer Frist für die endgültige Annahme in beiden Fällen bis 15. August 1952 einverstanden" erkläre. Vgl. den Drahterlaß Nr. 139; B 10 (Abteilung 2), Bd. 111.

Am 14. August 1952 trat die Bundesrepublik dem IWF und der Weltbank bei.

6 Paraphe.

1 Durchdruck.

Am 2. Mai 1952 verfügte Legationsrat I. Klasse Bottler die Weiterleitung der Erstausfertigung über Ministerialdirektor Blankenhorn an Staatssekretär Hallstein und vermerkte handschriftlich: „Hat Dg i. V. vorgel[egen]."

Hat Botschaftsrat a. D. Kordt am 4. Mai 1952 vorgelegen.

en[2]. Er beklagte sodann das mangelnde Verständnis, das Indien für seine besonderen politischen Aufgaben oft im Ausland fände. Entsprechendes gelte vom Urteil des Auslandes über Indiens innere Verhältnisse. „Wenn die Amerikaner in unsere Dörfer kommen“, so berichten sie über Analphabetentum und Armut und übersehen, daß die große Mehrheit der Bevölkerung froh und zufrieden in seinem Gemeinschaftsleben verbunden ist. „Wenn die Amerikaner nach Benares kommen“, so behalten sie in ihren Köpfen Bilder von Schmutz und sonstigem Übel und vergessen, daß die Stadt schon vor über zweieinhalb Jahrtausenden zu Buddhas Zeiten ein altes Zentrum hoher Kultur war. Indien habe in seiner Geschichte viel Schlechtes neben Gutem aufzuweisen – und es werde so bleiben –, aber es bekunde in der einzigartigen Kontinuiertheit seines großen kulturellen Lebens weniger Zynismus und Nihilismus, was auch in politischer Hinsicht gelte, als anderswo vorhanden sei. Politischer Idealismus und Realismus seien verknüpft, ohne daß die Gefahr eines Abgleitens in politische Utopie drohe. Er verstehe unter solchem politischen Idealismus und Realismus eine Haltung, die sich hohe Ziele setze und nicht in der Tagespolitik erschöpfe. Er begrüße den Fortschritt der Technik, glaube aber nicht, daß der Mensch sich ihm bisher gewachsen gezeigt habe. Das Gespräch kam hierbei auf die Barbarei der Schaffung von Millionen von Flüchtlingen in Asien und Europa; es kam auch auf die Entwicklung der Atomwissenschaft zu primär militärischen Zwekken. Nehru erklärte, daß er an sich die Atomwissenschaft begrüße. Sie werde es gerade für Indien hoffentlich möglich machen, große Wüstensteppen dem Ackerbau zuzuführen. Auch auf die Bewässerungspläne Indiens mit Hilfe der Errichtung von Staudämmen ging er im Zusammenhang ein.

Alsdann beklagte er die ständige Bedrohung des Friedens durch die gegenwärtige Zweiblock-Politik. Es genüge unter ihr, daß die Vernunft bei nur einem der beiden führenden Staatsmänner aus irgendwelchen Gründen zu kurz komme, um alsbald die Gefahr eines Weltbrands heraufzubeschwören. Die einschlägigen Bemerkungen Nehrus machten völlig klar, daß er in seiner Politik des bedächtigen Fernhaltens von den Blocksystemen des Ostens und Westens fortzufahren entschlossen ist, und zwar auch unbeschadet der großen Aktivität, die heute gerade die Vereinigten Staaten in Indien zum Teil mittels wirtschaftlicher und finanzieller Zugeständnisse bekanntlich entfalten.

Ebensowenig will Indien aber auch in ein Panasiatisches Blocksystem sich einfügen. Mit überraschender Schärfe betonte dies der Generalsekretär des Indischen Auswärtigen Amts, Sri G.S. Bajpai, den ich in Abwesenheit des stellvertretenden Außenministers, Dr. B.V. Koskar, sodann aufsuchte. Er teilte mir in der gleichfalls etwa 1/2-stündigen Unterredung mit der Bitte um vertrauliche Behandlung mit, daß das amerikanische State Department, unter dem Einfluß des amerikanischen Kriegsministeriums, die Befürchtung gegenüber der Indischen Regierung geäußert habe, daß Indien danach strebe, einen großasiatischen Block zusammen mit China und Japan zu bilden, und daß Indien hauptsächlich aus solchem Grunde den Anschluß an den amerikanischen Friedensvertrag mit Japan[3] abgelehnt habe. Diese amerikanische Auffassung sei barster Unsinn. Man könne überhaupt nicht verstehen, wie vernünftige Leute derarti-

2 Die Botschaft der Bundesrepublik in Neu Delhi wurde am 22. April 1952 errichtet.
3 Zum Friedensvertrag mit Japan vom 8. September 1951 vgl. Dok. 96, Anm. 3.

ge Gedankengänge ernsthaft verfolgen möchten. Einst habe die amerikanische Politik China zu vollem Unrecht als ungefährliche quantité négligeable hingestellt. Nunmehr wittere sie überall gefährliche Verschwörungen von dessen und von anderer Seite her. Indiens Armee sei – wenn auch für die indische Politik an sich ausreichend – zur Unterstützung derartiger angeblicher Experimente viel zu schwach und unmodern; denn sie besitze eigentlich nur Kriegsmaterial, das von den Engländern seinerzeit zurückgelassen worden sei. Überdies aber lägen zwischen Indien und China sowie Japan derart weite Landstrecken anderer asiatischer Länder, daß auch aus solchem Grunde ein panasiatisches Bündnis absurd erscheinen müsse. Die amerikanische Politik habe sich von entsprechenden indischen Darlegungen seinerzeit befriedigt gezeigt, scheine aber doch ihre Besorgnisse noch immer nicht aufgegeben zu haben. Die indische Politik sei nichts anderes wie eine Friedenspolitik und begegne sich insofern sicherlich auch mit den Wünschen der deutschen Regierung und des deutschen Volkes, das wisse, es werde durch einen Atomkrieg am allerersten endgültig um seine Existenz gebracht werden. Aus solchen Gründen der Friedenswahrung und der Beseitigung von Konflikten wünsche Indien auch sehnlichst die Wiederherstellung der deutschen Einheit. Es sei ein heikler Augenblick gewesen (vgl. fürs Folgende den Bericht von Herrn Botschaftsrat Dr. Richter vom 25.3.52, Nr. 5/52[4]), als Indien die Aufnahme diplomatischer Beziehungen mit der Deutschen Regierung der Sowjetzone nahegelegt worden sei. Selbstverständlich habe Indien vermeiden wollen, daß eine Ablehnung des Ansinnens als Zeichen einer antisowjetischen Haltung mißdeutet werden könne. Maßgebend sei bei der Ablehnung der Akkreditierung zweier deutscher Botschafter aber gewesen, auch nicht den Anschein eines Einverständnisses Indiens mit der willkürlichen Teilung Deutschlands nähren zu helfen. Für ihn sei freilich, wie er offen gestehen müsse, schwer zu erkennen, wie Deutschland eine Wiedervereinigung werde erreichen können, wenn es nicht – dies war der von ihm gebrauchte Ausdruck – eine „Politik der Neutralität" gegenüber Ostblock und Westblock verfolge.

Deutschland sei, so fuhr er fort, in jeder Beziehung befugt, eine Wiedervereinigung zu verlangen; denn es bilde keine künstliche, sondern völlige natürliche Einheit, herbeigeführt durch gemeinsame Geschichte, gemeinsame Sprache und Kultur. Das Werk Bismarcks sei insoweit alles andere als ein Werk der Machtpolitik gewesen.

Der Generalsekretär wurde, je länger er sich äußerte, um so lebhafter und in seiner Ausdrucksweise wärmer. Seine Worte wirkten gleichzeitig wie ein persönliches Bekenntnis, zumal er beim Abschied betonte, er werde in etwa 14 Tagen endgültig aus seinem Amt scheiden, ohne etwa noch einen Botschafterposten im Ausland zu übernehmen. Seine Worte verdienen nicht mindere Beachtung als diejenigen Nehrus, weil sie der Grundeinstellung auch der noch folgenden Gespräche, also der Gesamtauffassung der maßgebenden Männer des indischen Außenministeriums entsprechen.

Wenn ich in dieser Übersicht, die der Charakterisierung der gegenwärtigen indischen Politik auf Grund indischer Darstellung gilt, auch davon absehe, ei-

4 Vgl. Dok. 87.

gene Gesprächsäußerungen anzuführen, so darf ich doch erwähnen, daß ich die Ablehnung der Akkreditierung einer zweiten Deutschen Botschaft in Indien u.a. mit der Bemerkung begrüßte, daß ich selbst ein Sohn Schlesiens sei und mir die hiesige Wahrung seiner Interessen wie jener aller Mittel- und Ostdeutschen ebenso am Herzen liege wie jener der Westdeutschen.

Ich suchte sodann den Foreign Secretary (d.h. den Leiter der außenpolitischen Abteilung) Sri K.P.S. Menon auf. Ebenso wie Bajpai und die Nachgenannten ist er aus dem britischen Indian Civil Service hervorgegangen. Jawaharlal Nehru selbst hatte sich für die Übernahme dieser Beamten-Kategorie ohne jede Vorwürfe etwa der „Kollaboration" eingesetzt. Es war eine Freude, auch K.P.S. Menon kennenzulernen. Als höchst willkommen bezeichnete er meine Mitteilung, daß die Botschaft nicht gar zu klein gehalten werden sollte, um tatsächlich eine einigermaßen wirksame Arbeit Deutschlands auf dem indischen Subkontinent von nahezu der Größe Europas zu gewährleisten. Er versprach, die Arbeit der Botschaft in jeder Weise zu fördern. Indien seinerseits habe sich gern zur Errichtung einer Botschaft in Bonn entschlossen[5]; die Mitgliedschaft zu dieser gehöre zu den begehrtesten im indischen Auswärtigen Dienst.

Der folgende Besuch führte mich zu Sri R.K. Nehru, einem Neffen des Ministerpräsidenten, der sich gleichfalls für deutsche Probleme lebhaft interessiert zeigte. Er glaube (nach allen seinen Beobachtungen – an sich liegen ihm die Commonwealth-Beziehungen Indiens ob –) fest an die Wiedergewinnung einer auch äußeren Machtstellung Deutschlands. Er habe 1935 J. Nehru, seinen Onkel, nach Deutschland begleitet, um dessen sterbenskranke Frau in Badenweiler mitaufzusuchen. Er betonte insbesondere die Verdienste, die sich die deutsche Forstwissenschaft um die indische Forstwissenschaft erworben habe, und erwartete nicht zuletzt von der deutschen Agrar-Wissenschaft und -Praxis eine Förderung indischer Interessen in intensiver Zusammenarbeit.

Dies war endlich auch Teil der Ausführungen des Leiters des Deutschlandreferats, Sri B.F.H.B. Tyabji. Überraschenderweise berührte er sogar den Gedanken der Entsendung einiger deutscher Landwirte nach Indien, die in der Bewirtschaftung großer Güter sowie auf agrargenossenschaftlichem Gebiet Erfahrung besäßen. Tyabji hat mehrfach Deutschland besucht. Stark ist auch sein Glaube an die Fähigkeit der deutschen Industrie, einen namhaften Beitrag für den wirtschaftlichen Aufbau Indiens zu leisten. Er verkenne nicht, daß es in dieser Hinsicht Schwierigkeiten gäbe, aber er hoffe sehr, daß sie sich beseitigen lassen würden. Indien wolle sich nicht ausschließlich der Wirtschaftshilfe der angelsächsischen Länder bedienen; unter den kontinentaleuropäischen Ländern aber beanspruche Deutschland nach seiner Auffassung die führende Stelle.

Aus den Gesprächen dürfte sich bestätigen, daß die Möglichkeiten der Zusammenarbeit auf wirtschaftlichem Gebiet, und zwar auf industriellem wie agrarischem, beträchtlich sind. Gleiches dürfte von den kulturellen Beziehungen gelten, auch wenn sie bei den vorerwähnten Gelegenheiten nicht eigentlich erörtert wurden. Eine deutsche Vernachlässigung gerade kultureller Interessen in dem Riesenlande, das einer neuen Entwicklung entgegengeht – potentiell ver-

5 Die indische Botschaft in Bonn wurde am 4. April 1951 errichtet.

gleichbar, wenn auch keineswegs potentiell identisch mit der amerikanischen Entwicklung –, könnte in historischem Ausmaß verhängnisvoll werden.

Auf politischem Gebiet ist die Zusammenarbeit sicherlich schwieriger. Trotzdem bin ich überzeugt, daß sich bedeutsame Berührungspunkte häufig zu ergeben vermögen, nicht zuletzt verwertbar auch dann, wenn anderwärts die deutsche Politik nicht genügendes Verständnis findet. Vielleicht gilt dies in beträchtlichem Maße für Wahrnehmung deutscher Interessen im Rahmen der UNO, deren Zukunft nicht vornehmlich durch die Zweiblockspannungen bestimmt zu sehen ein stark betontes Ziel indischer Außenpolitik ist. Das Prestige oder vielmehr die überragende Persönlichkeit namentlich von Jawaharlal Nehru gehört im übrigen noch zu den unverbrauchten, ja fast unberührten Aktiva für die Gestaltung einer friedlichen Welt, was auch die derzeitigen Großmächte zu begreifen begonnen haben.

Ernst Wilhelm Meyer

B 11 (Abteilung 3), Bd. 341

108

Bundesminister Erhard an Bundeskanzler Adenauer

16. April 1952[1]

Betr.: Schuldenkonferenz und Wiedergutmachungsleistungen gegenüber Israel

Sehr verehrter Herr Bundeskanzler!

Auf Grund einer mündlichen Besprechung, die ich heute morgen mit Herrn Ministerialdirektor Blankenhorn in obiger Sache führte, erlaube ich mir, Ihnen meine Auffassung schriftlich darzulegen.

1) Die aus den Londoner Verhandlungen sich ergebenden Zahlungsverpflichtungen sowie die in den Haager Verhandlungen noch festzulegenden Leistungen stellen sich insoweit als ein einheitlicher Fragenkomplex dar, als sowohl die Zinsen und Amortisationsraten aus den öffentlichen Schulden als auch die Leistungen an Israel im Rahmen des öffentlichen Haushalts aufzubringen sind und deshalb eine zusätzliche Etatbelastung bedeuten. Der Zusammenhang ist auch dadurch gegeben, daß bei nur beschränkter Aufbringungsmöglichkeit ein Mehr an Schuldentilgung unsere Leistungskraft gegenüber Israel schwächt und umgekehrt. Über die Höhe der möglichen Belastung ist in erster Linie der Herr Finanzminister auszusagen berufen.

2) Neben der Frage der Aufbringung erhebt sich bei jeder Regelung zugleich auch die Frage der Transferierung. Unter diesem Aspekt aber sind die Leistun-

[1] Abschrift.

gen an Israel wesentlich anders als der Zinsen- und Amortisationsdienst für öffentliche und private Auslandsschulden zu bewerten. Während die letzteren in Valuta und hier teilweise sogar in Dollar zu entrichten sind, bieten die Zahlungen an Israel in Form von Waren keine dem vergleichbare Schwierigkeiten. Das heißt mit anderen Worten, daß wir für den Zinsen- und Amortisationsdienst echte Exportüberschüsse erzielen müssen, während die Leistungen an Israel (vergleichbar mit Reparationsleistungen) mit den Warenlieferungen ihre endgültige Verrechnung finden.

3) Ein weiterer Unterschied zwischen den beiderseitigen Leistungen besteht neben der verschiedenartigen Rechtsgrundlage vor allem aber auch darin, daß es unseren Anleihegläubigern in erster Linie auf die Anerkenntnis der Schuld und erst dann auf den Modus der Verzinsung und der Rückzahlung ankommt, während Israel zweifellos möglichst kurzfristige, aber relativ große Kapitalübertragungen wünscht. Dieser Unterschied belastet die Verhandlungen nach beiden Seiten, denn wir können bei den Londoner Verhandlungen angesichts der beschränkten deutschen Leistungskraft nur schwer einen bescheidenen Zinsen- und Amortisationsdienst zugestanden erhalten, wenn wir gleichzeitig Israel die Bezahlung größerer Wiedergutmachungsbeträge zusagen. Ich sehe hier nur eine Lösung, wenn in einer politischen Entscheidung Amerika uns unterstützt und unsere Gläubiger zu einer größeren Reserve veranlaßt.

4) In Ansehung der unter 1–3 erwähnten Gesichtspunkte müssen die möglichen Leistungen an Israel sicherlich hinter den von diesem Land gehegten Erwartungen zurückbleiben. Es wird für uns auch nicht möglich sein, Verpflichtungen auf längere Sicht einzugehen, da die weltwirtschaftliche und konjunkturelle Lage einem steten Wechsel und raschen Wandlungen unterworfen ist. Wenn ich, von der Augenblickssituation ausgehend, eine jährliche Warenleistung in der Größenordnung zwischen 100 und 200 Millionen DM als realisierbar betrachten wollte (die Deckungsmöglichkeiten vorausgesetzt), dann würde ich bei einer solchen Größenordnung die Bedenken zurückstellen können, die bei unserer letzten Unterhaltung hinsichtlich der Störung unserer Wirtschaftsbeziehungen aus solchem Anlaß geäußert wurden. Es wurde bekanntlich eingewandt, daß Israel einen Teil dieser Waren selbst exportieren und damit unsere eigenen Absatzmärkte stören würde. Dagegen ließen sich Sicherungen durch entsprechende Verpflichtungen Israels einbauen, aber selbst unter der Annahme, daß ein Viertel bis ein Drittel der von Deutschland gelieferten Waren von Israel wieder veräußert werden, so könnten solche Exporte Israels unseren eigenen Außenhandel kaum nennenswert beeinträchtigen. Nur am Rande sei vermerkt, daß bei der gegenwärtigen Konjunkturlage mindestens Lieferungen von Fertigwaren unserer deutschen Wirtschaft sogar fruchtbare Impulse verleihen und m. E. sogar eine höhere Kreditbeanspruchung des Fiskus rechtfertigen würden. Ich gebe aber zu, daß diese Fragen nicht aus Augenblickssituationen heraus beurteilt werden dürfen.

5) Wenn in der richtigen Abstimmung zwischen den Verhandlungen in London und Den Haag zwischen allen Beteiligten ein Übereinkommen erzielt sein wird, dann stellt sich der Zinsen- und Amortisationsdienst zweifellos als das schwerer lösbare Problem dar. Ich vertrete dabei den Standpunkt, daß eine exakte Vorausberechnung der deutschen Leistungsfähigkeit praktisch unmöglich ist

und man deshalb wohl gar nicht darauf verzichten kann, ähnlich wie bei den sogenannten Katastrophenklauseln in unseren Handelsverträgen, bei ungünstiger weltwirtschaftlicher Entwicklung eine Art Notbremse vorzusehen. So wäre z.B. unsere Zahlungsfähigkeit bzw. Transferierungsmöglichkeit von Schuldverpflichtungen in Dollars auf Grund rationaler Erwägungen von vornherein zu verneinen, denn die sogenannte Dollarlücke gehört zu den chronischen Erscheinungen, und wir vermögen heute kaum abzuschätzen, ob und inwieweit durch direkte Aufträge der amerikanischen Besatzungsarmee oder durch off shore-Käufe bzw. amerikanische Außenhilfe (MSA) das Dollar-Defizit gedeckt werden kann. Ich möchte damit sagen, daß mir der Zinsen- und Amortisationsdienst vom Standpunkt der Transferierung mehr Sorge bereitet als eine etwaige Verpflichtung gegenüber Israel.

6) Wenn ich trotzdem der Meinung bin, daß wir die moralische Verpflichtung gegenüber Israel nicht nur zu einer platonischen Erklärung werden lassen sollen, und daneben nicht zuletzt auch zwecks Rückgewinnung unserer Kreditwürdigkeit für eine ehrliche Bedienung unserer Vor- und Nachkriegsschulden eintrete, so gründet sich diese Haltung auf den Optimismus, daß der in den letzten Jahren erreichte wirtschaftliche Fortschritt anhalten wird. Wenn wir dieses Vertrauen verlieren, ist dieses Problem wie so viele innerdeutsche, insbesondere auch soziale Probleme unlösbar. Aus einer statischen Betrachtung heraus sind wir weder in der Lage, Zinsen und Amortisationen zu leisten, und noch weniger befähigt, Wiedergutmachungsansprüche von seiten Israels zu befriedigen. Diese Alternative ist m.E. nach klar gestellt und erfordert eine verantwortungsbewußte Entscheidung.

7) Ich persönlich bin der Auffassung, daß wir uns selbst preisgeben, wenn wir nicht auf die weitere wirtschaftliche Expansion setzen und vertrauen würden. Dieser Entwicklungstrend liegt auch durchaus in der Zielsetzung der amerikanischen Politik, die für die europäischen Volkswirtschaften für die nächsten Jahre eine 25%ige Steigerung der Produktion bzw. Erhöhung des Sozialprodukts annimmt. Unter den in Nr. 5 erwähnten Sicherungsklauseln würde ich also den Standpunkt vertreten, daß es im deutschen Interesse liegt, uns zu unseren Verpflichtungen zu bekennen, um das Vertrauen der Welt zurückzugewinnen. Das bedeutet aber mit anderen Worten, daß das Meiste und Beste, was wir in den Verhandlungen für uns erreichen können, im Zweifelsfalle nicht die niedrigste Zahlungsverpflichtung ist. Hier ergibt sich ein schweres Dilemma: Jeder Verhandlungsführer wird aus seiner Verantwortung heraus bestrebt sein, die deutschen Zahlungsverpflichtungen so weit als möglich herabzudrücken, denn selbst der optimale Erfolg wird uns noch schwer genug belasten. In einer mehr dynamischen Beurteilung der Entwicklung und vor allem unter politischem Aspekt könnte es aber durchaus sein, daß eine höhere Schuldanerkenntnis im Endeffekt den deutschen Interessen besser dient – dann nämlich, wenn wir die deutsche Kreditwürdigkeit stärken und schließlich vielleicht sogar die Juden der Welt mit der deutschen Vergangenheit versöhnen. Die Schwierigkeit liegt darin, daß diese Chance nicht wägbar und nicht meßbar ist und bei der Beurteilung in der deutschen Öffentlichkeit deshalb auch nicht durchschlägt. Solche Erwägungen setzen sich gewiß auch wieder dem Vorwurf eines übertriebenen Optimismus aus, aber schließlich darf ich darauf verweisen, daß es allein die großen wirtschaftlichen Fortschritte waren, die uns einen ausgegliche-

nen Haushalt ermöglichten und damit eine stabile deutsche Währung sicherten. Ohne diese wirtschaftlichen Erfolge hätte jede Haushaltskunst versagen müssen, und die Stabilität unserer Währung wäre höchst problematisch geworden.

8) Dem Ziele der Wiederherstellung der deutschen Kreditwürdigkeit in der Welt würde es meines Erachtens nach mehr dienen, wenn wir unsere Anstrengungen stärker auf die Herabsetzung der Kapitalschuld als auf die Reduzierung der Zins- und Amortisationszahlungen richten würden. Das Opfer einer Herabsetzung der Kapitalschuld wird man schließlich verschmerzen und vergessen, während die Zinszahlungen und Amortisationen auf längere Sicht den Maßstab für die deutsche Kreditwürdigkeit und Zahlungswilligkeit abgeben würden. Ich könnte mir vorstellen, daß man in privaten Gesprächen eine Vorklärung herbeiführt, ob es nicht im Falle einer nach weltwirtschaftlichen Normen vollen Zinszahlung und sehr bescheidener Amortisation möglich wäre, einen Teil (etwa die Hälfte) dieser Rückzahlungsbeträge Deutschland sofort wieder als neuen Kredit, gegebenenfalls mit Zweckbindung, einzuräumen. Ich bin überzeugt, daß Herr Abs solche Erwägungen ebenfalls gepflogen hat, aber ich verkenne mit ihm auch nicht die Schwierigkeiten, die sich aus einer solchen Kombination taktisch und verhandlungstechnisch ergeben. Hinter solchen Erwägungen steht natürlich immer zuletzt die Frage der haushaltsmäßigen Aufbringung, aber es ist doch nicht von der Hand zu weisen, daß sich etwas mehr Wagemut vielleicht doch bezahlt macht.

Ich bin mir, sehr verehrter Herr Bundeskanzler, selbstverständlich bewußt, daß ich mit diesen Ausführungen nur Aphorismen zu der sehr schwerwiegenden Entscheidung gegeben habe, aber immerhin mögen Sie aus dieser Stellungnahme doch ersehen, daß ich persönlich bereit wäre, die Verantwortung auch für eine etwas mutigere Lösung mitzutragen. Es würde zu weit führen, wenn ich zu all den Einwendungen, die ich von seiten meines Kollegen Schäffer und von Herrn Abs voraussehe, vorsorglich gleich Stellung nehmen wollte, aber ich kann zum Schluß nur noch einmal betonen, daß wir entweder uns zu nichts verpflichten können (das ist die statische Betrachtung) oder aber auf den Fortschritt vertrauen und damit vielleicht den deutschen Interessen zuletzt doch besser dienen. Selbstverständlich bin auch ich der Auffassung, daß wir nicht leichtfertige Zusagen geben dürfen, um dann schließlich zu scheitern, aber wir können an Ansehen nicht verlieren, wenn wir uns zu einer maximalen Erfüllung bereit erklären, billigerweise aber dann verlangen, daß man der von keiner Seite voraussehbaren Entwicklung Rechnung trägt und uns in entsprechendem Maße entlastet. Wenn ich die amerikanische Mentalität richtig einschätze, wird man für diese Haltung mehr Verständnis haben als für eine bloße Negation, und so komme ich denn im ganzen zu dem Ergebnis, daß etwas mehr Wagemut mehr im Sinne Ihrer Politik liegen dürfte als das Vorbringen zu vieler Wenn und Aber.

Ich habe mir über diese Fragen wirklich sehr viele Gedanken gemacht, und der Rat, den ich Ihnen vorbringen darf, entspringt einer ernsten und gewissenhaften Prüfung. Entweder wir haben eine Zukunft, und dann dürfen wir etwas wagen, oder aber wir sind verloren, und dann sind alle Abmachungen bedeutungslos. Ich weiß mich Ihnen in der Führung Ihrer Außenpolitik so eng und unlösbar verbunden, daß Sie auf dem von Ihnen beschrittenen Wege meiner Zustimmung auch nach außen sichtbar stets gewiß sein können.

In aufrichtiger Verbundenheit
(vor Abreise diktiert)

[Erhard][2]

Bundesarchiv Koblenz, N 1351 (Nachlaß Blankenhorn), Bd. 11

109

Aufzeichnung des Ministerialdirektors Blankenhorn

244-10 II 275/52 geh. **18. April 1952**

Am Freitag, den 18.4.1952, um 10 Uhr fand im Hause des Herrn Bundeskanzlers in Rhöndorf eine Aussprache über den gesamten deutschen Schuldenkomplex statt. An dieser Aussprache nahmen teil: Herr Minister Schäffer, Herr Abs, Herr Prof. Böhm, Herr Dr. Küster, Herr MD Blankenhorn.

Im Mittelpunkt der Aussprache stand ein Bericht des Herrn Abs über das Schuldenproblem. Am 19.5. erwarte die Londoner Schuldenkonferenz eine Erklärung der Deutschen Regierung, was Deutschland insgesamt leisten könne. Hinsichtlich der Nachkriegsschulden erwarte man, soweit bis jetzt bekannt geworden sei, eine Annuität von 73,4 Millionen Dollar, d.h. 311 Millionen DM; hinsichtlich der Vorkriegsschulden seien noch Berechnungen im Gange. Die bis jetzt bekannte erste Berechnung habe eine Maximal-Forderung der Gläubiger ergeben, die bei einer Jahreszahlung von einer Milliarde DM stehe. Nach allgemeiner Auffassung sei eine Leistung in dieser Höhe undurchführbar.

Die zweite Berechnung, d.h. ein Minimal-Angebot, sei noch nicht abgeschlossen. Nach Beseitigung der Goldklausel, nach Beschränkung auf das Territorium der Bundesrepublik, nach erheblicher Reduzierung der Zinsen, nach Streichung aller rückständigen Zinsen bewege sich die Annuität für die Vorkriegsschulden um 40 Millionen Dollar, d.h. 170 Millionen DM. Davon entfielen 60% auf öffentliche und 40% auf private Schulden. Er, Abs, glaube, daß es sehr schwer sein werde, mit diesem Minimal-Angebot durchzukommen. Vor dem 19.5. müßte sich die Bundesregierung aber klar sein über die Höhe ihres Angebots und die Zahlungsmodalitäten. Hinsichtlich der Forderung Israels werde die Bundesregierung einen Monat nach dem 19.5. eine verbindliche Erklärung abgeben müssen. Die Summe, die der Haager Regelung zugrunde gelegt würde, müsse auch in London rechtzeitig genannt werden, da sonst einerseits die Gläubiger der Londoner Konferenz, andererseits die Mitglieder der Haager Konferenz das Gefühl hätten, durch Manipulationen der Bundesregierung in der Höhe der Forderungen gedrückt zu werden. Die Ziffer für den jüdischen Wiedergutmachungskom-

[2] Das Schreiben wurde im Auftrag des Bundesministers Erhard von Referent Mohr unterzeichnet.

plex müsse zu den Ziffern der Vorkriegs- und Nachkriegsschulden in einer bestimmten Relation stehen.

Der gesamte Komplex im Haag unterteile sich wie folgt:

a) 500 Millionen Dollar Forderungen der jüdischen Organisationen (Goldmann),

b) eine Milliarde Dollar Forderung Israels,

c) der gesamte Komplex der Individual- und Kollektiv-Ansprüche: 5,7 Milliarden DM.

Selbstverständlich bestehe auf der Seite der Londoner Gläubiger keine Bereitschaft, den Komplex der jüdischen Wiedergutmachung in vollem Umfang in die Londoner Verhandlungen einzubeziehen. Deshalb seien getrennte Verhandlungen notwendig. Es gäbe aber nur eine Leistungs- und eine Transferfähigkeit. So, wie sich die Dinge heute darstellten, ergebe sich folgende Mindestsumme als Annuität: Vorkriegsschulden: 40 Millionen Dollar, Nachkriegsschulden: 73 Millionen Dollar, insgesamt: 113,4 Millionen Dollar.

Man könne also für den Gesamtkomplex bestenfalls eine Summe von 120 Millionen Dollar in Ansatz bringen.

Herr Minister Schäffer schaltete hier ein, daß dies die Höchstsumme sei, die er haushaltsmäßig aufbringen könne.

Herr Abs war der Auffassung, daß ein endgültiges Urteil sich hier noch nicht ermöglichen lasse.

Herr Abs berichtete dann ferner über seine Besprechungen mit Mr. McCloy[1] und die von ihm an McCloy gegebenen Anregungen, nämlich

1) Herausschiebung der Dollar-Annuitäten,

2) Rückgabe des deutschen Eigentums zugunsten Israels,

3) sehr langfristige niedrig verzinsliche Anleihe.

Mr. McCloy habe hierzu noch nicht Stellung genommen. Er hoffe, daß Mr. McCloy anläßlich seines kommenden Aufenthaltes in den Vereinigten Staaten[2] die Frage prüfen werde. Nach Auffassung des Herrn Abs unterscheide sich der jüdische Wiedergutmachungskomplex – besonders die israelischen Forderungen – von den Forderungen der Londoner Konferenz darin, daß Israel möglichst kurzfristig, d. h. innerhalb von fünf bis zehn Jahren nennenswerte Beträge erwarte, Annuitäten, die sich auf 35 Jahre verteilten, seien für Israel nicht interessant. Es bleibe nur der Weg der Anleihe.

Eine solche würde aber nur zustande gebracht werden können, wenn das Schuldenproblem auf der Londoner Konferenz zu einem befriedigenden Ende geführt werde.

Der Herr Bundeskanzler machte im Anschluß an den Bericht des Herrn Abs Ausführungen zur politischen Lage. Er betonte seine Sorge hinsichtlich der Entwicklung der Gewerkschaften; die Wahl Fettes zum Vorsitzenden sei unwahr-

1 Zum Gespräch der Delegationsleiter Abs und Böhm sowie des Stellvertretenden Delegationsleiters Küster am 5. April 1952 mit dem amerikanischen Hohen Kommissar McCloy vgl. Dok. 95.

2 Der amerikanische Hohe Kommissar McCloy hielt sich vom 2. bis 16. Juni 1952 in den USA auf.

scheinlich[3], man werde wohl mit einer Kandidatur Freitags und damit mit einer Radikalisierung der Gewerkschaften rechnen müssen, die in diesen Tagen mit einer Forderung nach einer 40-Stunden-Woche herausgekommen seien[4]. Man müsse überhaupt in der kommenden Zeit eine stärkere Beunruhigung der wirtschaftlichen Lage durch Forderungen der Gewerkschaften und auch durch Manöver der SPD erwarten. Auch auf außenpolitischem Gebiet machten sich drei Unsicherheitsfaktoren besonders bemerkbar, einmal Sowjetrußland, dann Frankreich und schließlich die Präsidentschaftskampagne in den Vereinigten Staaten. Das Vertragswerk mit den Alliierten würde auf amerikanischen Druck hin beschleunigt abgeschlossen werden. Der Bundeskanzler glaube, daß nach Abschluß dieses großen Vertragswerkes auch die Regelung der Schuldenfrage leichter vor sich gehen werde. Man müsse aber möglichst schnell sich Klarheit über die deutsche Leistungsfähigkeit und Transferfähigkeit machen.

Die Teilnehmer an der Besprechung kommen überein, daß vom Auswärtigen Amt schnellstens ein Ausschuß der verschiedenen zuständigen Ministerien, insbesondere des Finanz-, Wirtschafts- und Justiz-Ministeriums, einberufen wird, der zusammen mit Vertretern der Schuldendelegation London und der Wiedergutmachungsdelegation Haag Richtlinien ausarbeitet, die schnellstens dem Bundeskabinett zur Beschlußfassung vorgelegt werden sollen.[5]

Herrn von Trützschler mit der Bitte um Rücksprache.

Blankenhorn

VS-Bd. 3211 (Abteilung 2)

3 Der zweite Bundeskongreß des Deutschen Gewerkschaftsbundes wählte auf seiner Tagung vom 13. bis 17. Oktober 1952 den ersten Vorsitzenden der Industrie-Gewerkschaft Metall, Freitag, zum Bundesvorsitzenden.

4 In einem vorab veröffentlichten Aufruf anläßlich der Mai-Kundgebung in Berlin (West) forderte der Deutsche Gewerkschaftsbund „von den herrschenden Gewalten und den gesetzgebenden Körperschaften zur Abwehr sozialer und wirtschaftlicher Katastrophen Verkürzung der Arbeitszeit durch Einführung der Vierzig-Stunden-Woche; Hebung des allgemeinen Lebensstandards muß das Gebot der Stunde sein". Vgl. den Artikel „Die Vierzig-Stunden-Woche gefordert"; FRANKFURTER ALLGEMEINE ZEITUNG vom 16. April 1952, S. 3.

5 Die Sachverständigenbesprechungen fanden am 22. und 25. April 1952 unter dem Vorsitz des Legationsrats I. Klasse Weiz statt. In der zweiten Besprechung teilten die Vertreter des Bundesministeriums für Wirtschaft, Ministerialrat Aschner, Oberregierungsrat Beelitz und Referent Bohlen, mit, daß „ihre internen Beratungen über die zu liefernden Warengattungen und Warenwerte noch nicht abgeschlossen seien [...]. Vorbehaltlich der Stellungnahme des Bundesfinanzministeriums sei man im Bundeswirtschaftsministerium zunächst von einem Schätzungsbetrag von 100 Millionen DM als Wert der jährlich an Israel zu liefernden Waren ausgegangen." Oberregierungsrat Schneider, Bundesministerium der Finanzen, führte dazu aus, daß „der Bundeshaushalt diesen zusätzlichen Betrag voraussichtlich nicht werde tragen können". Die Besprechung wurde beendet „ohne Anberaumung eines neuen Termins in der Annahme, daß die vorbereitenden Aufgaben, die diesem Kreise gestellt waren, als erfüllt anzusehen sind". Vgl. die Aufzeichnung von Weiz vom 25. April 1952; VS-Bd. 3 (Büro Staatssekretär); B 150, Aktenkopien 1952.

110

Gespräch des Bundeskanzlers Adenauer mit dem Vorsitzenden des World Jewish Congress, Goldmann

19. April 1952

Das Gespräch wurde durch Ausführungen Dr. Goldmanns eingeleitet. *Dr. Goldmann* gab der Enttäuschung der israelischen und jüdischen Seite Ausdruck über den bisherigen Gang der Verhandlungen, insbesondere über die Verschiebung der Wiederaufnahme der Besprechungen im Haag auf den 19. Juni. Es sei nach israelischer Auffassung unmöglich, daß zunächst der Schuldenkonferenz in London, nämlich am 19. Mai, deutsche Vorschläge vorgelegt würden und daß dann gleichsam die Reste für die israelische und jüdische Wiedergutmachung übrig blieben. Israel würde auf dieses Verfahren nicht eingehen können. Er müsse das schon im gegenwärtigen Zeitpunkt mit allem Nachdruck betonen. Es handele sich bei der jüdischen Forderung ja nicht nur um eine kommerzielle, sondern um eine moralische Forderung. Moralische Forderungen hätten grundsätzlich den Vorrang vor rein kommerziellen Schulden.[1] Dies habe die Bundesregierung in ihrer Erklärung vor dem Bundestag[2] und der Herr Bundeskanzler in seiner schriftlichen Stellungnahme vom 6. Dezember[3] eindeutig festgelegt. Man hoffe sehr, daß die deutsche Regierung bei ihrer Auffassung beharre und sich nicht eines Bruchs ihrer Zusagen schuldig mache. Die Auswirkungen würden in der ganzen jüdischen und auch in der übrigen Welt äußerst nachteilig sein. Er verstehe, daß die Transfer- und Aufbringungsfrage Schwierigkeiten mache, Deutschland müsse aber in irgendeiner Form ein echtes Opfer bringen. Heute schon lebe der deutsche Bürger wesentlich besser als der israelische in Israel, wo ausgesprochene Not an Lebensmitteln, Medikamenten und allen nötigen Haushaltsgeräten bestehe. Er appelliere an den Herrn Bundeskanzler, eine wirkliche Geste zu tun, und schlage deshalb vor, daß man zu dem Abschluß eines Übereinkommens – zunächst einmal für die Dauer von drei Jahren – komme, das jederzeit der Überprüfung unterliegen könne, wenn sich die wirtschaftlichen Voraussetzungen wesentlich ändern würden. Es sei ein großer Fehler, wenn man in diesem Stadium an die Hilfe Amerikas appelliere und etwa die Aufgabe der Priorität der Nachkriegsforderungen der Vereinigten Staaten, eine Anleihe oder eine Freigabe deutschen Eigentums zur Beglei-

1 Dazu notierte Nahum Goldmann im Rückblick, er habe erklärt, „daß die Verhandlungen in den letzten Wochen von dem hohen moralischen Niveau, das ihnen der Bundeskanzler in den ersten Besprechungen gegeben hat, durch die sogenannten Experten und Finanzleute in den Morast eines finanziellen Kuhhandels hinabgezogen wurden. Nichts Ungünstigeres hätte eintreten können. Nur wenn die deutschen Leistungen an Israel und an das jüdische Volk als Ehrenschuld aufgefaßt werden, die nicht mit denselben Methoden behandelt werden können wie kommerzielle Schulden, ist eine Einigung möglich." Vgl. GOLDMANN, Staatsmann, S. 324 f.

2 Zur Erklärung des Bundeskanzlers Adenauer vom 27. September 1951 vor dem Bundestag über die Anerkennung israelischer Ansprüche an die Bundesrepublik vgl. Dok. 72, Anm. 2.

3 Am 6. Dezember 1951 teilte Bundeskanzler Adenauer dem Vorsitzenden des World Jewish Congress, Goldmann, mit, daß „die Bundesregierung in dem Problem der Wiedergutmachung vor allem auch eine moralische Verpflichtung sieht und es für eine Ehrenpflicht des deutschen Volkes hält, das Möglichste zu tun, um das an dem jüdischen Volk begangene Unrecht wiedergutzumachen". Vgl. ADENAUER, Briefe 1951–1953, S. 150. Vgl. dazu auch Dok. 40, Anm. 2.

chung der jüdischen Wiedergutmachung vorschlage.[4] Das Judentum in Israel würde sich gegen solche Anregungen wenden. Man könne aber sicher mit der amerikanischen Bereitschaft rechnen, wenn Deutschland gegenüber Israel und dem Judentum erst einmal eine echte Verpflichtung eingegangen sei. Dann ließe sich sicher über alle möglichen Fazilitäten, vor allem auch über echte Kredite, sprechen.

Der Herr *Bundeskanzler* gab hierzu die bekannte Auffassung der Bundesregierung wieder. Er erklärte, daß sich an seiner Bereitschaft zu einer echten Wiedergutmachung nichts geändert habe, daß aber die Regelung des Schuldenkomplexes der Londoner Konferenz vordringlich sei, um die Kreditwürdigkeit Deutschlands wiederherzustellen und um damit auch in die Lage versetzt zu werden, eine Wiedergutmachung an Israel zu leisten. Deshalb diese Vorwegnahme der Londoner Regelung. Im übrigen habe er in Übereinstimmung mit den Herren Abs und Minister Schäffer eine Kommission eingesetzt, die ihre Arbeiten in der kommenden Woche aufnehme.[5] Ihm scheine im gegenwärtigen Moment lediglich übrig zu bleiben, daß man Lieferungen von Waren nach Israel in Betracht ziehe, die keinen Transfer darstellten. Er schlage deshalb vor und stimme mit ähnlichen Anregungen Dr. Goldmanns überein, daß israelische Sachverständige sich am 28. d.M. zur Verfügung hielten, um mit den deutschen Sachverständigen die Frage derartiger „weicher Warenlieferungen" zu klären (Kisten für Apfelsinen, Holzhäuser, Medikamente, Haushaltsgegenstände etc.).[6]

Herr *Goldmann* sprach dann die Bitte aus, den Herrn Bundeskanzler rechtzeitig vor dem Beginn der Haager Konferenz noch einmal sprechen zu dürfen, um sich mit ihm über die Größenordnung der Wiedergutmachung ein Bild zu verschaffen. Es sei wichtig, vor der Konferenz festzustellen, ob die angebotene Ziffer Israel als ausreichend erscheine, damit es nicht innerhalb der wiederbegonnenen Konferenz sofort zu einer Krise komme, die unter Umständen das ganze Werk scheitern lasse.

4 Zu den Vorschlägen des Delegationsleiters Abs vom 5. April 1952 gegenüber dem amerikanischen Hohen Kommissar McCloy vgl. Dok. 95, Anm. 13, und Dok. 109.

5 Zu den Sachverständigenbesprechungen am 22. und 25. April 1952 über Warenlieferungen an Israel vgl. Dok. 109, Anm. 5.

6 Dazu teilte der Leiter der israelischen Delegation bei den Wiedergutmachungsverhandlungen, Shinnar, z.Z. London, am 25. April 1952 dem israelischen Außenminister Sharett mit: „The idea of a meeting at the expert's level was raised in Goldmann's talk with Adenauer. It seems to have originated with Barou, and was supported by Blankenhorn, both of whom were present at the meeting. Barou thought that the meeting should be held in Germany and that the Israelis should make available all the data required to move the negotiations forward. It would seem that Barou did not fully consider the implications of his proposal and did not understand that such meetings weaken Israel's tactical position and contradict the Israeli policy adopted at the time of the suspension of the Hague talks. [...] Following the meeting with Adenauer, the Israel delegation met for consultations. Shinnar and Josephthal, joined by Horowitz, rejected the entire idea of experts and made it clear to Goldmann that the time has come for the Germans to state, off the record, what they are proposing, even at the risk of their initial proposal being unsatisfactory." Vgl. DOCUMENTS. COMPANION VOLUME 1952, S. 89.

Am 1. Mai 1952 teilte die israelische Delegation dem israelischen Außenministerium mit: „After many discussions, it has been decided not to take part in the meeting of experts." Vgl. DOCUMENTS. COMPANION VOLUME 1952, S. 97.

Dazu vermerkte Hermann Josef Abs im Rückblick: „Auch verschiedene Besprechungen auf Referentenebene, bei der mögliche Warenlisten, zum Teil im Beisein israelischer Vertreter, erörtert wurden, brachten keine entscheidenden Fortschritte." Vgl. ABS, Entscheidungen, S. 139. Vgl. dazu auch GOLDMANN, Staatsmann, S. 325.

Der Herr *Bundeskanzler* erklärte sich damit einverstanden. Als nächster Termin für die Aussprache wurde der 3. Mai festgelegt.[7]

Bundesarchiv Koblenz, N 1351 (Nachlaß Blankenhorn), Bd. 17

111

Delegationsleiter Abs an Bundeskanzler Adenauer

22. April 1952

Betr.: Londoner Schuldenkonferenz und Wiedergutmachungsleistungen gegenüber Israel

Sehr verehrter Herr Bundeskanzler!

Ich bin Ihnen aufrichtig dankbar, daß Sie mir das an Sie gerichtete Schreiben des Herrn Bundesministers für Wirtschaft vom 16.4.52[1] in Abschrift übersandt haben. Obwohl ich mich über die Behandlung und die Tragweite der beiden Schuldenkomplexe aus den wiederholten Unterhaltungen mit Ihnen einig weiß, fühle ich mich veranlaßt, zu den in dem Schreiben von Herrn Professor Dr. Erhard geäußerten Ansichten Stellung zu nehmen, einmal, weil sie in den zentralen Punkten meiner grundsätzlichen Auffassung widersprechen, zum anderen, weil sie von der Spitze des Ressorts kommen, das für die entscheidende Transferfrage zuständig ist.

Zum Londoner Schuldenkomplex darf ich zunächst folgendes festhalten:

Der Standpunkt des Herrn Bundeswirtschaftsministers, wonach es unseren Anleihe-Gläubigern in erster Linie auf die Anerkenntnis der Schulden und erst dann auf den Modus der Verzinsung und der Rückzahlungen ankommt, geht völlig an den Tatsachen und an der bisherigen Entwicklung vorbei, denn das Schuldenanerkenntnis ist bereits mit der Erklärung der Bundesregierung vom 6.3.1951[2] klar ausgesprochen worden. Wäre die Ansicht von Herrn Prof. Dr.

7 Dazu vermerkte Nahum Goldmann im Rückblick: „Ich schilderte dem Kanzler die Unruhen der jüdischen und israelischen Öffentlichkeit, das verbreitete Mißtrauen gegen Deutschlands guten Willen, sich zu einer wirklich großzügigen Tat aufzuschwingen, und bat ihn, spätestens bis Anfang Mai eine Klärung des deutschen Angebotes zu veranlassen, da um diese Zeit in Israel eine Sitzung des Zionistischen Aktionskomitees stattfinden werde, welches hauptsächlich über die Verhandlungen mit Deutschland diskutieren werde. Meine Position in dieser Debatte würde sich wesentlich leichter gestalten, wenn ich den Teilnehmern eine Vorstellung vom deutschen Angebot geben könnte.“ Vgl. GOLDMANN, Staatsmann, S. 325.
Am 1. Mai 1952 teilte die israelische Delegation bei den Wiedergutmachungsverhandlungen dem israelischen Außenministerium mit: „The Germans announced that they were unable to keep their promise to present a final and authoritative proposal on 3 May, but would do so in two weeks. [...] Consequently, Goldmann is cancelling his trip to Bonn and will fly to israel.“ Vgl. DOCUMENTS. COMPANION VOLUME 1952, S. 97.

1 Vgl. Dok. 108.

2 Für das Schreiben des Bundeskanzlers Adenauer an den Geschäftsführenden Vorsitzenden der AHK, François-Poncet, vgl. AAPD 1951, Dok. 48.

Erhard zutreffend, hätte sich mein Auftrag, in London Verhandlungen über die Regelung, d.h. Zahlung der deutschen Auslandsschulden, zu führen, weitgehend erübrigt. Daß die Gläubiger über die Schuldenanerkenntnis hinaus die baldige Aufnahme eines Schuldendienstes wünschen, ergibt sich nicht nur aus Ihrem Schriftwechsel mit der Alliierten Hohen Kommission vom 6.3.51[3], sondern auch aus den bisherigen Londoner Verhandlungen, über die ich nicht nur Ihnen, sondern auch den Mitgliedern des Kabinetts laufend berichtet habe.

Unsere Bestrebungen in London gehen seit Wochen dahin, den endgültig von Deutschland zu zahlenden Schuldenbetrag angesichts der beschränkten deutschen Leistungskraft auf ein zur Wiederherstellung des deutschen Kredits tragbares Minimum herabzudrücken. Auf Seite 2 seines Schreibens anerkennt Herr Prof. Dr. Erhard die beschränkte deutsche Leistungsfähigkeit und fordert dementsprechend zur Bewerkstelligung eines Schuldendienstes u.a. amerikanische Unterstützung, die ich nur für den Komplex des Dollar-Transfers für notwendig halte. Im späteren Verlauf seines Schreibens dagegen warnt er vor einer statischen Betrachtung der deutschen Lage und glaubt, daß wir bei einer mehr dynamischen Beurteilung der Entwicklung eine höhere Leistung versprechen könnten. Ich selbst habe, wie Sie wissen, immer die Auffassung vertreten, daß wir den Mut haben müssen, trotz der augenblicklich schwierigen Transfersituation, eine Mindestleistung anzubieten, die von unseren Vor- und Nachkriegsgläubigern als fair und damit als Basis für die Wiederherstellung unseres Kredits akzeptiert wird. Ich glaube aber nicht, daß es realistisch wäre, aus einer fortschreitenden Expansion des deutschen Außenhandels herzuleiten, wie es der Herr Bundeswirtschaftsminister tut, daß wir in der Lage wären, mehr an das Ausland zu leisten; denn nach Lage der Verhältnisse bei unseren Handelspartnern und dem – diesem Umstand Rechnung tragenden – gebundenen Zahlungsmechanismus in Europa und Übersee wird jede Exportsteigerung über kurz oder lang verstärkte Importe nach sich ziehen, d.h. zum Ausgleich der Handelsbilanz bilateral oder multilateral führen. Für einen Schuldendienst würde daher, in längeren Zeiträumen gemessen, nur eine beschränkte Marge verbleiben. Ich bin dabei völlig der Auffassung von Herrn Prof. Dr. Erhard, daß auf die Dauer ein Zinsen- und Amortisationsdienst hinsichtlich der Auslandsschulden nur aus echten Exportüberschüssen geleistet werden kann.

Ich gehe auch nicht mit dem Herrn Bundeswirtschaftsminister einig, daß der Wiederherstellung des deutschen Kredits besser gedient sei, wenn wir das Schwergewicht unserer Bemühungen stärker auf den Kapitalschnitt als auf die Reduzierung der Zinsen- und Amortisationszahlungen legen. Man ist auf der Gläubigerseite, wie wir in London mehrfach festgestellt haben, eher bereit, auf die rückständigen Zinsen zu verzichten und evtl. einer gewissen Herabsetzung der laufenden Zinssätze zuzustimmen als einer Kapitalherabsetzung, zumal die rückständigen Zinsen in eine Zeit fallen, in der es Deutschland unmöglich war, Zahlungen an das Ausland zu leisten, und die Zinsrückstellungen der Schuldner weitgehend der von alliierter Seite inspirierten Währungsreform zum Opfer gefallen sind. Selbstverständlich ist es bei den Reichsschulden mein Ziel, neben der Zinsreduzierung auch die Kapitalherabsetzung zu betrei-

3 Für das Schreiben des Geschäftsführenden Vorsitzenden der AHK, François-Poncet, an Bundeskanzler Adenauer vgl. EUROPA-ARCHIV 1951, Bd. 1, S. 3854. Vgl. dazu auch AAPD 1951, Dok. 48.

ben, ein Gesichtspunkt, der bei der Dreimächtekommission mit Rücksicht auf die beschränkte territoriale Zuständigkeit der Bundesrepublik Verständnis gefunden hat. Dagegen wird ein Kapitalschnitt bei den privaten Schulden, von Ausnahmen abgesehen, keinesfalls durchzuhalten sein.

Zu den Ausführungen des Herrn Bundeswirtschaftsministers über die Bedeutung des Israel-Komplexes möchte ich folgendes bemerken: Da es den Vorkriegsgläubigern Deutschlands, wie ich ausgeführt habe, nicht in erster Linie um die Anerkenntnis der Schulden geht, sondern um effektive Zahlungen auf ihre Ansprüche, kann der Israel-Komplex keinesfalls isoliert betrachtet werden. Prof. Dr. Erhard gibt dies an anderer Stelle seines Briefes selbst zu, indem er als Beweis für die geringeren Schwierigkeiten im Falle von Warenlieferungen an Israel ausführt, daß die öffentlichen und privaten Auslandsschulden Deutschlands in Valuta, teilweise sogar in Dollar abzutragen sind.

Inwiefern nun Warenlieferungen unsere Transferkraft nicht oder nur wenig berühren sollen, ist mir völlig unverständlich. Ich kann dies in beschränktem Maße nur für den Fall zugeben, daß es sich um Waren handelt, die weder direkt noch indirekt devisenwertig sind (ausländische Rohstoffanteile, Anteile an inländischen Rohstoffen, soweit sie zu den für den Export wichtigen Mangelwaren gehören, z.B. Eisen und Stahl, Kohle, Holz). Hierunter fällt nur ein äußerst beschränkter Kreis von Gütern. Die Vertreter Israels selbst haben mir erklärt, daß sich nur etwa 15–20% der in Waren zu leistenden Wiedergutmachungsbeträge auf minderwertige Konsumgüter beziehen, die Deutschland ohnehin nicht exportiert und deren Herstellung unter dem Gesichtspunkt der Beschäftigungslage als für die deutsche Industrie positiv zu betrachten seien, während die restlichen 80–85% wertvollere Konsumexportgüter und industrielle Ausrüstungen umfassen sollen.

Es kommt nun sehr auf die Prüfung der von israelischer Seite vorzulegenden Warenliste an, um feststellen zu können, ob und inwieweit sie unseren Devisenhaushalt auf der Import- oder Exportseite berühren. M.E. scheiden die von jüdischer Seite genannten industriellen Ausrüstungen, Schiffe, devisenwertige Konsumgüter usw., die kapazitätsmäßig beschränkt vorhanden, stark devisenwertig sind und die anderweitig gegen Devisen abgesetzt werden können, von vornherein aus. Demgegenüber ist die evtl. für diesen Kreis von Waren positiv zu beurteilende Beschäftigungsfrage in diesem Zusammenhang von minderer Bedeutung, zumal gerade bei der von Herrn Prof. Dr. Erhard erwarteten Expansion der Produktion und des Außenhandels sehr bald eine völlige Inanspruchnahme fast aller Kapazitäten und Arbeitsreserven eintreten würde.

Daß ferner eine Weiterlieferung deutscher Waren an das Ausland durch Israel unseren Außenhandel kaum nennenswert beeinträchtigen würde, ist m.E. bei der gegebenen Wettbewerbssituation auf den Weltmärkten ebenfalls unzutreffend. Konsumgüter vor allem sind heute schwer absetzbar und werden es in Zukunft noch mehr sein, so daß sich unmittelbare Rückwirkungen auf unseren normalen Export ergeben würden, selbst bei einem relativ geringfügigen Umfang solcher Transitwaren. Ich gehe ohne weiteres davon aus, daß die israelische Regierung Zusicherungen, die empfangenen deutschen Waren nicht zu transitieren oder jedenfalls nicht unter Preis in dritten Ländern zu verkaufen, ernsthaft abgeben würde und auch bestrebt sein wird, ein solches Versprechen einzuhalten. Praktisch wird sie aber, da die Einkäufe über den Handel erfolgen werden und Israel auf einen Gegenwert in Devisen angewiesen ist, nicht verhindern können, daß die an sich schon schwer absetzbaren deutschen Konsumartikel im Ausland unter Preis angeboten werden. Dies bedeutet für unsere Exportwirtschaft und deren Niederlassungen und Vertretungen draußen schwere Nachteile, die heute bereits auf nur allmählich verkäuflichen Stocks sitzen. Hinzu kommt – und das ist das Entscheidende – daß die Bundesrepublik, der es durch ihre Wirtschaftspolitik gelungen ist, sich von den Dumping-Vorwürfen aus der Vorkriegszeit zu befreien, sich angesichts der Exportschwierigkeiten, mit denen praktisch alle Länder zu kämpfen haben, schweren Anschuldigungen aussetzen wird, wenn deutsche Fertigwaren zu Preisen angeboten werden, die womöglich weit unter denen der ausländischen Konkurrenz liegen. Es ist kein Zweifel, daß deutsche Fertigerzeugnisse im Ausland als solche sofort erkennbar sind, auch wenn sie von dritter Seite angeboten werden.

Alles in allem kann ich nicht erkennen, wieso der Israel-Komplex keine besonderen Schwierigkeiten für die Bundesrepublik bereiten würde. Dies um so weniger als die von Herrn Prof. Dr. Erhard genannten Größenordnungen dem gleichkommen, was wir auch bei optimistischer Betrachtung in London und im Haag insgesamt anzubieten in der Lage sind. Ganz abgesehen davon, fordert allein der Staat Israel neben dem Warentransfer einen in Devisen zu leistenden Betrag, der dem von dem Herrn Bundeswirtschaftsminister als möglich genannten Warentransferwert in etwa entspricht.

Ich bitte Sie, sehr verehrter Herr Bundeskanzler, die Ausführlichkeit meiner Stellungnahme zu entschuldigen. Ich fühlte mich jedoch angesichts der grundsätzlichen Bedeutung der Schuldenfrage verpflichtet, meinen Standpunkt nochmals eingehend darzulegen.

Anliegend überreiche ich Ihnen Abschrift meiner Niederschrift über die Besprechung, die ich am vergangenen Samstag, den 19.4.52, mit den Herren Dr. Nahum Goldmann, Barou und Shinnar hatte, zur gefälligen Kenntnisnahme.[4]

[4] Dem Vorgang nicht beigefügt.
Am 22. April 1952 teilte der Leiter der israelischen Delegation bei den Wiedergutmachungsverhandlungen, Shinnar, z.Z. London, dem israelischen Außenminister Sharett mit: „In the meeting with Abs, the Israelis emphasized in detail the unique aspects of the Israeli claim. Abs's reaction was as follows: 1) Until the London talks resume on 19 May he will work in full coordination with the Israelis on how to present the accord with Israel to the London Conference. 2) In principle, he accepts the Israeli proposal for a special transfer from the European Payments Union. 3) He stressed that the monthly sums demanded by Israel in foreign currency are excessive, but agreed that part of the payment be in cash and the remainder in merchandise. 4) He reiterated the need for simultaneous agreement in The Hague and in London as a prerequisite for Germany's continued economic development and emphasized once again that everything depends on Germany's economic capacity." Vgl. DOCUMENTS. COMPANION VOLUME 1952, S. 85.
Dazu notierte Hermann Josef Abs im Rückblick: „Goldmann kam auf meine Erklärung vor dem Arbeits- und Organisationsausschuß der Londoner Schuldenkonferenz zurück, in der ich die jüdischen Forderungen auf zwölf Mrd. D-Mark beziffert hatte. Er hielt diesen Betrag für wesentlich überhöht. Von den Forderungen des Staates Israel abgesehen, könne er sich unter Einbeziehung aller angemeldeten Ansprüche, einschließlich der individuellen Restitutionsforderungen, vorstellen, daß ein Gesamtbetrag von drei bis vier Milliarden Mark ausreichen werde. Shinnar berichtete, wie die israelische Delegation sich eine Regelung vorstelle. Es sollten drei bis vier Jahre monatlich umgerechnet drei bis fünf Millionen Dollar in Devisen gezahlt werden. [...] Damit ließe sich etwa ein Drittel der angemeldeten Forderungen erfüllen. Die restlichen zwei Drittel müßten in Form von Warenlieferungen geleistet werden. Sie sollten jährlich einem Betrag von hundert Millionen Dollar

Aus der heutigen Sitzung im Auswärtigen Amt[5] wurde mir berichtet, daß Herr Professor Böhm mitgeteilt habe, daß noch vor Wiederzusammentritt der Londoner Schuldenkonferenz über eine Sofortlieferung an Israel in Höhe von DM 100–200 Millionen an Waren verhandelt werden solle, mit dem Ziel eines sofortigen Abschlusses. Mir ist eine solche Weisung bisher nicht bekannt gewesen. Ich wollte daher nicht versäumen, meine Bedenken zu wiederholen, die für die ohnehin äußerst schwierige Londoner Verhandlung in einer Vorleistung dieser Art liegen würde.

Es wird m. E. verkannt, daß die Leistungen an Israel die Behandlung der Sperrmarkguthaben der ausländischen Restitutionsberechtigten präjudizieren. Die Leistungen an die übrigen Berechtigten müssen daher m. E. mit in Rechnung gestellt werden. Ich darf darauf aufmerksam machen, daß es sich bekanntlich hierbei um Milliarden-Beträge handelt.

Ich empfehle mich Ihnen, sehr verehrter Herr Bundeskanzler, mit dem Ausdruck meiner vorzüglichen Hochachtung.

Ihr sehr ergebener
Abs

Bundesarchiv Koblenz, N 1351 (Nachlaß Blankenhorn), Bd. 16

Fortsetzung Fußnote von Seite 304

entsprechen und könnten zu fünfzehn bis zwanzig Prozent aus solchen Konsumgütern bestehen, die vom Standpunkt der deutschen Beschäftigung aus von Bedeutung seien, von Deutschland jedoch nicht exportiert würden und deren Lieferung an Israel daher das Transferproblem nicht berühre. Der überwiegende Teil sollte wertvollere Konsumgüter, wie Deutschland sie normalerweise ins Ausland liefere, und industrielle Ausrüstungen umfassen, die nur zu einem geringen Teil als devisenwertig anzusehen seien." Vgl. ABS, Entscheidungen, S. 138.

5 Zur Sachverständigenbesprechung über Warenlieferungen an Israel vgl. Dok. 109, Anm. 5.

112

Runderlaß des Ministerialdirektors Blankenhorn

MB 90/52 geh. **23. April 1952**[1]

Zur Information

Hinsichtlich Sowjetnote vom 9. April[2] und bevorstehender Antwortnote der Westmächte wird gebeten, folgende Sprachregelung zu beachten:

Note unterscheidet sich nur geringfügig von vorhergehender Sowjetnote vom 10. März[3], und zwar in folgender Hinsicht:

1) Ist im Ton schärfer.

2) Ist deutlicher und kompromißloser hinsichtlich deutscher Ostgrenze.

3) Bietet als Ersatz für UNO-Kommission eine Viermächtekommission zur Prüfung Voraussetzungen freier Wahlen an. Hierin ist nur scheinbares Zugeständnis zu sehen, da Ablehnung unparteiischer UNO-Instanz mangelnde Bereitschaft der Sowjets zu wirklich freien Wahlen dartut. Deutscherseits wird nach wie vor größter Wert auf Voruntersuchung durch wirklich unparteiisches Organ wie UNO gelegt. Es muß auch Klarheit erlangt werden, ob Sowjetrußland bereit ist, aus Feststellungen einer Untersuchungskommission gegebenenfalls nötige Konsequenzen zu ziehen.

Bundesregierung hält für besonders unannehmbar in sowjetrussischer Note folgende drei Punkte:

1) Koalitionsverbot (Neutralisierung)

2) Nationale Armee

3) Oder-Neiße-Linie

Zu 1): Deutschland muß vor und nach Friedensschluß frei sein, sich jeder gewünschten Koalition anzuschließen. Koalitionsverbot bedeutet Isolierung Deutschlands vom Westen und damit tatsächlich Neutralisierung bzw. Abgleiten in Sowjetsphäre. Vermutliche Absicht Sowjetrußlands außerdem Verhinderung europäischer Integration durch Ausklammerung Deutschlands. Sowjets sollten daher gezwungen werden, Farbe zu bekennen, ob Koalitionsverbot auch Aufgabe Schuman-Plans und politischer und wirtschaftlicher Integration Europas bedeutet.

Zu 2): Schaffung einer nationalen deutschen Armee würde jede Hoffnung auf die auch im deutschen Interesse dringend erforderliche Integration Europas zer-

[1] Hat Legationsrat I. Klasse Böker am 25. April 1952 vorgelegen, der handschriftlich die Weiterleitung an Legationsrat I. Klasse Trützschler von Falkenstein und Botschaftsrat a. D. Kordt verfügte.
Hat Trützschler von Falkenstein am 28. April 1952 vorgelegen, der handschriftlich die Weiterleitung an Referent Kaumann verfügte.
Hat Kaumann am 28. April 1952 vorgelegen.
Hat Kordt am 29. April 1952 vorgelegen, der handschriftlich die Weiterleitung an Vortragenden Legationsrat Schueller verfügte.
Hat Schueller am 30. April 1952 vorgelegen.

[2] Korrigiert aus: „10. April".
Zur sowjetischen Note vom 9. April 1952 an die Drei Mächte vgl. Dok. 104, Anm. 2.

[3] Zur sowjetischen Note vom 10. März 1952 an die Drei Mächte vgl. Dok. 74, Anm. 2.

stören, indem sie Mißtrauen und Furcht unter Deutschlands Nachbarn hervorriefe. Zudem wäre nationale Armee bei heutigem Stand der Waffentechnik außerstande, Neutralität Deutschlands wirksam zu schützen. Hinsichtlich Größenordnung deutscher Nationalarmee nach russischen Plänen ist interessant, daß Sowjetregierung im Vorjahre für Japan Landheer von 130000 Mann und nur 200 Panzer und Luftwaffe von nur 200 leichten Flugzeugen vorgeschlagen hat.

Hinsichtlich eventueller Viermächtekonferenz wird deutscherseits gewünscht, daß nach Erfahrungen mit österreichischem Staatsvertrag, Vorkonferenz im Palais Rose[4] und Waffenstillstandsverhandlungen Korea[5], Verhandlungen erst dann beginnen, wenn über wesentliche Grundzüge einer Regelung bereits eine gewisse Übereinstimmung besteht.

Wichtig ist Feststellung, daß entgegen sowjetischer Behauptung durch Unterzeichnung Generalvertrags und Zusatzverträge die Spaltung Deutschlands nicht verewigt wird, da Generalvertrag selbst im Falle Wiedervereinigung eine Überprüfung aller Verträge vorsieht.

Blankenhorn[6]

VS-Bd. 109 (Büro Staatssekretär)

113

Aufzeichnung des Legationsrats I. Klasse Kossmann

210-00 III 5677/52 **24. April 1952**[1]

Betr.: Ostpolitik

I. Es ist die erste Aufgabe einer neuen deutschen Ostpolitik, deutlich von der nazistischen Ostpolitik abzurücken. Deren Kern bildete die Lehre von der Minderwertigkeit der östlichen Völker und vom Führungsanspruch des deutschen Menschen.

Unsere heutige geistige Einstellung zum Osten setzt die Gleichberechtigung und Gleichwertigkeit der östlichen Völker in den Mittelpunkt. Sie erkennt deren Kulturbeitrag als vollgültige Leistung an.

In diesem neuen Geist soll jede Gelegenheit benutzt werden, um die Barrieren des Hasses abzutragen, die eine irregeleitete Vergangenheit errichtet hat.

4 Zur Vorkonferenz der Vier Mächte vom 5. März bis 22. Juni 1951 in Paris vgl. Dok. 105, Anm. 2.

5 Am 10. Juli 1951 wurden in Kaesong Waffenstillstandsverhandlungen zwischen den UNO-Truppen sowie den Streitkräften Nordkoreas und der Volksrepublik China aufgenommen. Am 27. Juli 1953 wurde in Panmunjon ein Waffenstillstandsabkommen zur Beendigung des Korea-Krieges geschlossen.

6 Paraphe.

1 Durchdruck.
Am 26. April 1952 verfügte Legationsrat I. Klasse Kossmann handschriftlich die Weiterleitung an Legationsrat I. Klasse Bottler.

II. Der allgemeine nationale Egoismus einer nahen Vergangenheit hat die Völker Mitteleuropas in die gemeinsame Katastrophe gestürzt. Es gibt daraus nur einen Ausweg in der Überwindung des nationalistischen Egoismus durch die Gemeinschaftsziele eines einigen Europa. Was jetzt im Westen mit neuer Energie für die Schöpfung eines einigen Europa geschieht, wird sich daher auch für die Völker des Ostens segensreich auswirken. Eine fortschreitende Integration Westeuropas wird mehr und mehr die nationale Ostpolitik der einzelnen Staaten gegenüber den gesamteuropäischen Interessen zurücktreten lassen.

Die Europäische Bewegung[2] mit ihrer mittel- und osteuropäischen Kommission und der Europarat mit seinem Sonderausschuß für die Nichtmitgliederstaaten im Europarat sind als ermutigende Symptome dieser Entwicklung zu werten.

Als Mitglieder des neuen Europa sind alle diejenigen europäischen Länder willkommen, deren Staatsform auf demokratischer Freiheit und Ordnung beruht. Dies gilt wie für den Westen so auch für die Völker jenseits des Eisernen Vorhangs.

III. Das oberste Ziel der Politik der Bundesregierung ist die Wiederherstellung eines einigen und freien Deutschlands in einem einigen und freien Europa. Die Auffassung der Bundesregierung zu dieser Frage der Wiedervereinigung ist hier als bekannt vorauszusetzen. Es sei nur darauf hingewiesen, daß im Entwurf zum Generalvertrag vereinbart worden ist, durch gemeinsame Politik aller vier Unterzeichner die Vereinigung Deutschlands in Frieden herbeizuführen.[3]

IV. Das Gebiet östlich der Oder und Neiße hat nie aufgehört, ein Teil Deutschlands zu sein. Das Potsdamer Abkommen hat die Festlegung der deutschen Ostgrenze der künftigen Friedensregelung vorbehalten[4] und im Entwurf des Generalvertrages ist vorgesehen, daß diese Friedensregelung frei vereinbart werden muß.[5]

Die deutsche Bundesregierung hofft ihrerseits, daß es ihr möglich sein wird, durch ein freundschaftliches Übereinkommen mit Polen die Frage der deutschen Ostgebiete zu lösen. Eine künftige Regelung wird die Interessen Deutschlands wie die Interessen der neuangesiedelten polnischen Bevölkerung zu wahren haben. Wir sind bereit, den polnischen Neusiedlern entgegenzukommen und die materielle Last der Wiederherstellung des Rechtszustandes unter internationaler Kontrolle mitzutragen. Auch den Tschechen wollen wir die Wiederbeschreitung dieses Pfades der Rechtlichkeit erleichtern. So bietet sich ein Weg, die Frage der deutschen Ostgebiete, die heute trennend zwischen uns und unseren slawischen Nachbarn steht, zu einem völkerverbindenden, gemeinsamen Auftrag zu gestalten.

[2] Die Europäische Bewegung wurde am 25. Oktober 1948 in Paris als Dachorganisation verschiedener, sich für die europäische Einheit einsetzender Verbände gegründet.

[3] In der Präambel des Entwurfs vom 22. November 1951 für den Generalvertrag wurde „die Schaffung eines völlig freien und vereinigten Deutschlands auf friedlichem Wege und die Herbeiführung einer frei vereinbarten friedensvertraglichen Regelung“ als „grundlegendes und gemeinsames Ziel der Signatarstaaten“ bezeichnet. Vgl. AAPD 1951, Dok. 193.

[4] Zu den Bestimmungen im Potsdamer Abkommen vom 2. August 1945 über die deutschen Gebiete östlich von Oder und Neiße vgl. Dok. 74, Anm. 7.

[5] Für den Wortlaut des Artikels VII des Entwurfs vom 22. November 1951 für den Generalvertrag vgl. AAPD 1951, Dok. 193.

Mit dieser neuen Last wollen wir zu unserem Teil daran mittragen, daß das Gefühl der Rechtssicherheit in der Welt wiederhergestellt wird. Wir können es nicht wahrhaben, daß das polnische und tschechische Volk aus ihrer europäischen und christlichen Verantwortung heraus es auf die Dauer ablehnen können, einen ihnen gebotenen und näher zu vereinbarenden Weg zu betreten, der uns gemeinsam wieder in die Welt der Ordnung zurückführen würde. Andernfalls kann in Zukunft niemand auf dieser Welt sicher sein, daß er nicht auch eines Tages ein ähnliches Schicksal erleidet wie unsere Heimatvertriebenen. Unseren Völkern und der ganzen gegenwärtigen Generation ist darin eine gemeinsame Aufgabe, vielleicht die wichtigste Aufgabe des XX. Jahrhunderts, gestellt.

V. Die Frage unserer Beziehungen zu den Völkern des östlichen Mitteleuropas wird durch die Lösung der Frage der deutschen Ostgebiete ihrer schwersten Belastung entledigt sein. Im übrigen sind wir daran interessiert, gleichberechtigt mit den westlichen Staaten die Handelsbeziehungen zu jenen Staaten aufrechtzuerhalten und auszubauen. Auch sonst wird sich unsere Politik gegenüber diesen Staaten auf einer gemeinsamen Linie mit derjenigen anderer europäischer Partner bewegen.

VI. Die Entwicklung der tatsächlichen Verhältnisse im Osten selbst wird jedoch weiterhin in erster Linie von der Sowjetunion abhängen. Sie hat es auch heute noch in vollem Umfang in der Hand, die Voraussetzungen für einen Ausgleich mit Deutschland unter Mitwirkung des Westens zu schaffen. Die erste Voraussetzung für einen solchen Ausgleich, der ein friedliches Zusammenleben Deutschlands und Rußlands sichern würde, ist die Respektierung der deutschen Lebensformen durch die Sowjets. Einen wesentlichen Beitrag würde die Sowjetunion durch Freigabe der festgehaltenen deutschen Kriegsgefangenen leisten.

Wir sind auch der Sowjetunion gegenüber daran interessiert, gleichberechtigt mit den anderen Staaten des Westens die Handelsbeziehungen wieder aufzunehmen.

Zu einem späteren Zeitpunkt wird es anzustreben sein, gleich den Westmächten direkte Beziehungen mit der Sowjetunion zu pflegen.

[Kossmann][6]

VS-Bd. 7072 (Handakten Hallstein)

6 Vermuteter Verfasser der nicht unterzeichneten Aufzeichnung.

114

Aufzeichnung des Legationsrats I. Klasse Thierfelder

221-78 II 5598/52 **25. April 1952**

Betr.: Eden-Plan für Europarat

Es liegen an:

1) Das ursprüngliche britische Memorandum (Anl. 1)[1]

2) Die Erklärung Edens vor dem Ministerkomitee am 19.3.52 (Anl. 2)[2]

3) Das neue britische Memorandum (Anl. 3)[3]

Das neue britische Memorandum soll zur Vorbereitung der Beratungen dienen, mit denen das Ministerkomitee die Stellvertreter der Minister beauftragt hat.[4] Obwohl uns das Memorandum fest für den 9. April zugesagt worden ist, hat es Herr Male von der britischen Hohen Kommission erst am 22.4.52 übergeben.

Inhalt des Memorandums: Es bezieht sich nur auf das Ministerkomitee, die Beratende Versammlung und das Generalsekretariat des Europarats bzw. auf die entsprechenden Organe von EVG und Montanunion. Die übrigen Organe der Sonderbehörden werden nicht erfaßt.

Ministerkomitee und Versammlung sollen nach einem „zweischichtigen System" arbeiten. Sie treten teils auf 15-Mächte-Basis, teils auf 6-Mächte-Basis zusammen.

1 Dem Vorgang beigefügt. Im Aide-mémoire der britischen Regierung vom 17. März 1952 wurde vorgeschlagen, die Verabschiedung eines neuen Statuts für den Europarat mit einer umfassenden Neuordnung der europäischen Organisationen zu verbinden: „The adoption of the draft Statute as it now stands would undoubtedly cause grave difficulties for the United Kingdom and it is believed that a more promising future for the Council would lie in a remodelling of the organisation so that its organs could serve as the institutions of the Schuman Plan, the European Defence Community and of any other future organisations of the same structure and membership. By such a reorganisation there would be valuable work to be done by the Council of Europe in addition to that which it is already doing; the duplication of European bodies would be avoided; and the Schuman Plan and the European Defence Community would be provided with a readymade machinery. This reorganisation would be a logical development of the role which the Council of Europe has so far played as a mainspring of plans for the European community." Vgl. B 10 (Abteilung 2), Bd. 839.

2 Dem Vorgang beigefügt. In der Erklärung wiederholte der britische Außenminister die Ausführungen des Aide-mémoires vom 17. März 1952 und fügte hinzu: „Ich möchte es von Anfang an klar machen, daß nach unserer Ansicht der Europarat damit fortfahren sollte, so wie er es jetzt tut, die in Art. 1 des Statuts aufgestellten Ziele zu verfolgen. Im besonderen halten wir es für wertvoll, daß der Europarat damit fortfährt, regelmäßige Berichte von der OEEC zu empfangen und zu diskutieren. Er sollte auch Fragen erörtern, die die europäische Gemeinschaft angehen und die die anderen Länder Westeuropas allgemein interessieren." Vgl. B 10 (Abteilung 2), Bd. 839. Für den englischen Wortlaut vgl. COUNCIL OF EUROPE, MINISTERS, DOCUMENTS, 1952, S. 46.

3 Dem Vorgang beigefügt. Für das Memorandum vom 11. April 1952 vgl. B 10 (Abteilung 2), Bd. 839. Vgl. auch FRUS 1952–1954, VI/1, S. 60–65. Für den deutschen Wortlaut vgl. B 10 (Abteilung 2), Bd. 579.

4 In der Sitzung des Ministerkomitees vom 20. März 1952 wurde folgender Vorschlag des Vorsitzenden Unden angenommen: „At the conclusion of the debate [...] the Chairman proposed that the Committee should instruct the Ministers' Deputies to study the United Kingdom proposals in the light of the comments made by all representatives on the Committee during the debate; the Deputies should submit the result of their work to the Committee of Ministers in sufficient time to enable the latter to give its views thereon during its Eleventh Session [...]." Vgl. COUNCIL OF EUROPE, MINISTERS, DOCUMENTS, 1952, S. 74.

Treten sie auf 6-Mächte-Basis zusammen, so können die anderen Staaten aufgefordert werden, Vertreter als Beobachter (oder in anderer Eigenschaft) zu entsenden. Was unter „andere Eigenschaft" zu verstehen ist, wird nicht näher erläutert.

Das Statut des Europarats kann unverändert bleiben. Die Bestimmungen, die neu erforderlich werden, sollen in einem Zusatzprotokoll zusammengefaßt werden, das aber nur den Charakter einer Ermächtigung hat. Die Entscheidung, ob und wann die Bestimmungen des Protokolls in Kraft treten, soll den sechs Mächten überlassen bleiben.

In Ziffer 6 a) bis c) sind die Punkte zusammengefaßt, über die sich die Regierungen der Mitgliedstaaten als Inhalt des Protokolls einigen müssen.

Das wichtigste ist:

1) Es wird angeregt, ob die Zahl der Vertreter zur Beratenden Versammlung nicht – entsprechend der für die Pleven-Plan-Versammlung festgelegten Zahlen – auch für die übrigen Mitgliedstaaten erhöht werden soll.[5]

2) Die Versammlungen von EVG und Montanunion sind an die Geschäftsordnung der Beratenden Versammlung des Europarats nicht gebunden.

3) Tritt das Ministerkomitee auf 6-Mächte-Basis zusammen, so brauchten die Vertreter nicht die Außenminister zu sein. Entsenden die Regierungen andere Vertreter als die Außenminister, so treten diese in eigener Eigenschaft und nicht als Vertreter der Außenminister auf.

4) Für das Ministerkomitee auf engerer Basis gilt die Geschäftsordnung des Ministerkomitees nicht.

5) Sekretariat

Das Generalsekretariat des Europarats kann dem Ministerkomitee und der Versammlung auf beschränkter Basis „gewisse gemeinsame Dienste leisten". Wegen des geheimen Charakters der EVG-Arbeiten wird es allerdings eines selbständigen Sekretariats für die EVG-Fragen bedürfen, der Leiter dieses Sekretariats soll aber dem Generalsekretär des Europarats unmittelbar verantwortlich sein. Dieses Sekretariat würde mit den übrigen Arbeiten des Europarats nichts zu tun haben, könnte sich aber aus Ersparnisgründen der allgemeinen Verwaltungsdienste des Generalsekretariats bedienen, z. B. in bezug auf Unterbringung oder Gehaltszahlung.

In Ziff. 7 des Memorandums wird den schwedischen Bedenken[6] insofern Rechnung getragen, als stark betont wird, daß in den Europarat nur die politischen Institutionen der EVG einbezogen werden.

5 Großbritannien schlug vor, daß die Bundesrepublik, Frankreich und Italien je 21 Sitze, Belgien und die Niederlande je 10 Sitze sowie Luxemburg 4 Sitze erhalten sollten. Vgl. dazu B 10 (Abteilung 2), Bd. 839.

6 Dazu berichtete Gesandter Sieveking, Stockholm, am 5. April 1952: „Schweden hat sich bisher im Europarat ständig dagegen gewehrt, daß Verteidigungsfragen in die Tagesordnung aufgenommen wurden. Wenn auf Grund des Eden-Plans eine enge Verbindung zwischen dem Europarat und der Europäischen Verteidigungsgemeinschaft hergestellt werden sollte, so würde dies Schweden, das an seiner traditionellen Neutralitätspolitik unbedingt festzuhalten gewillt ist, in eine schwierige Lage bringen. [...] Es besteht kaum ein Zweifel, daß Schweden nicht die Absicht hat, aus dem Europarat auszutreten, sondern nach einem Wege suchen wird, sich von Debatten im Europarat, die Verteidigungsfragen betreffen, fernzuhalten." Vgl. den Schriftbericht; B 10 (Abteilung 2), Bd. 839.

Das Schwergewicht der britischen Vorschläge liegt m. E. in zwei Punkten:

1) Heranziehung der Vertreter der übrigen Staaten zu Sitzungen von Ministerkomitee und Versammlung im Rahmen von EVG und Montanunion. Für sofort bleibt wohl zu entscheiden, ob die Möglichkeit eröffnet werden kann, solche Vertreter in beobachtender Eigenschaft zu einzelnen Tagesordnungspunkten hinzuzuziehen. Vielleicht könnte man auch an das Recht der Beratung denken. Ob darüber hinausgehende Funktionen zugebilligt werden können, wird wohl sicher erst nach Ablauf einer geraumen Erfahrungszeit entschieden werden können.

2) Die Verquickung der Sekretariate. Hier bestehen m. E. ernste Bedenken gegen die britischen Vorschläge. Nicht nur die Arbeiten der EVG-Organe, sondern auch die der Montanunion-Organe, insbesondere des Ministerrats, haben zweifellos in vielen Fällen geheimen Charakter. Durch jede Form von Sekretariatsverschmelzung ist aber die Gefahr gegeben, daß keinerlei Geheimhaltung mehr möglich ist.

Ich habe mit Herrn Prof. Ophüls eine Besprechung über die britischen Vorschläge für Montag[7] vormittag in Paris verabredet. Prof. Ophüls teilte mir mit, daß er über die Grundeinstellung des Herrn Staatssekretärs zu den englischen Vorschlägen orientiert sei.

Hiermit über Herrn Dr. von Trützschler Herrn Staatssekretär vorgelegt.[8]

Herr MD Blankenhorn[9] erhält Durchschlag.

Thierfelder

B 10 (Abteilung 2), Bd. 839

7 28. April 1952.

8 Wurde laut handschriftlichem Vermerk des Legationsrats I. Klasse Bottler vom 25. April 1952 Staatssekretär Hallstein von Legationsrat I. Klasse Thierfelder vorgetragen.
Dazu handschriftlicher Vermerk von Hallstein vom 26. April 1952: „Rücksprache mit Prof. Ophüls, sobald dieser zurück in Bonn ist.“

9 Hat Ministerialdirektor Blankenhorn am 27. April 1952 vorgelegen.

115

Aufzeichnung des Ministerialdirektors Haas

25. April 1952[1]

Mit Beziehung auf meine am 22. April erfolgte Vernehmung durch den Untersuchungsausschuß Nr. 47 des Bundestages[2] wiederhole ich folgende von mir gemachte Ausführungen zur Ergänzung des Vernehmungsprotokolls.

Zu den Grundsätzen der von mir beachteten Personalpolitik verweise ich auf die Antwort der Dienststelle für Auswärtige Angelegenheiten auf die Fragen 8 und 10 des mit der Prüfung der Personalpolitik der Dienststelle beauftragten Unterausschusses des Auswärtigen Ausschusses des Bundestages.[3] Eine Abschrift der Fragen sowie der Antworten füge ich dieser Aufzeichnung bei.[4] Ich bemerke, daß die Bewährungs- und Anstellungsgrundsätze von dem genannten Unterausschuß ausdrücklich gebilligt worden sind und daß jeder Personalreferent mit diesen Grundsätzen vertraut war. Ich kann daher für die praktische Anwen-

1 Abschrift.

2 Auf Antrag der SPD-Fraktion vom 12. Oktober 1951 beschloß der Bundestag am 24. Oktober 1951, einen Untersuchungsausschuß einzusetzen, um die Frage zu prüfen, „ob durch die Personalpolitik Mißstände im Auswärtigen Dienst eingetreten sind". Vgl. BT ANLAGEN, Bd. 13, Drucksache 2680, und BT STENOGRAPHISCHE BERICHTE, Bd. 9, S. 7035.
Der Untersuchungsausschuß Nr. 47 tagte erstmals am 16. November 1951. Zu seiner Tätigkeit vgl. HAAS, Beitrag, S. 227–487.

3 Am 20. Juli 1950 setzte der Ausschuß für das Besatzungsstatut und auswärtige Angelegenheiten des Bundestages den Unterausschuß „Auswärtiger Dienst" ein, der sich am 27. September 1950 konstituierte. Vgl. dazu AUSWÄRTIGER AUSSCHUSS, S. 118.
Am 27. September 1950 übermittelte der Vorsitzende Seelos Staatsrat Haas einen Fragenkatalog zur Personalpolitik der Dienststelle für Auswärtige Angelegenheiten. Für den Wortlaut vgl. HAAS, Beitrag, S. 134 f.
Für die Antwort der Dienststelle für Auswärtige Angelegenheiten vgl. HAAS, Beitrag, S. 136–159. Zum Bericht von Seelos vom 26. Oktober 1950 im Ausschuß für das Besatzungsstatut und auswärtige Angelegenheiten über die Tätigkeit des Unterausschusses vgl. AUSWÄRTIGER AUSSCHUSS, S. 142–148.

4 Dem Vorgang beigefügt. Auf die Frage 8, welche Grundsätze der Einstellung früherer Beamter des Auswärtigen Dienstes zugrunde gelegt würden, antwortete die Dienststelle, die Bewerbungen würden „nach den für alle Bewerbungen geltenden Grundsätzen behandelt: fachliche Eignung, politische Verläßlichkeit im Sinne des demokratischen Staatsgedankens, soziales Verantwortungsgefühl und charakterliche Festigkeit". Auf die Frage 10, ob „grundsätzlich alle Beamten des Auswärtigen Amts, die ‚Nicht-P[artei]g[enossen]' waren oder ‚entlastet' sind, wieder angenommen" würden, antwortete die Dienststelle: „Bei der Bewertung der politischen Verläßlichkeit ehemaliger Mitglieder der NSDAP wird die Einstufung bei der Entnazifizierung nicht als allein maßgeblich angesehen, da die Entlastungen häufig ohne genügende Kenntnis der Zusammenhänge erfolgt sind, andererseits aber auch die Haltung mancher Entlasteter unter dem nationalsozialistischen Regime mehr Achtung verdient als diejenige mancher ‚Nicht-Pg's'. In vereinzelten Fällen können auch im summarischen Verfahren als ‚Mitläufer' eingestufte, die auf Einspruch und ein mögliches Entlastungsverfahren verzichtet haben, den ‚Entlasteten' gleichgestellt werden. Zu beachten ist auch, daß sich unter den Beamten, die ‚Nicht-Pg's' waren, zahlreiche befinden, die einen Antrag auf Aufnahme in die NSDAP gestellt haben, aber aus Gründen, die keineswegs immer zu ihren Gunsten sprechen, abgelehnt wurden. [...] Beamte, die ‚Nicht-Pg' waren, werden bevorzugt eingestellt, und zwar: 1) Beamte, die aus politischen, rassischen oder religiösen Gründen vom Nationalsozialismus verfolgt worden sind; 2) Beamte, die aus politischen Gründen eine dienstliche Zurücksetzung erdulden mußten; 3) Die übrigen ‚Nicht-Pg'. Ihnen gleichgestellt werden solche früheren Pg, die sich als aktive Gegner des Nazi-Regimes erwiesen haben und auch bei Anlegung des schärfsten Maßstabes als zurecht entlastet angesehen werden müssen." Vgl. B 2 (Büro Staatssekretär), Bd. 32. Vgl. ferner HAAS, Beitrag, S. 144.

dung dieser Grundsätze für meinen Zuständigkeitsbereich die Gewähr übernehmen. Soweit meine Zuständigkeit auf dem Gebiet der Personalien des Auswärtigen Dienstes nicht gegeben war, bemerke ich ausdrücklich, daß ich überzeugt bin, daß sowohl Herr Ministerialdirektor Blankenhorn als auch mein Nachfolger als Leiter der Personalabteilung, Herr Vortragender Legationsrat Dittmann, die gleichen Grundsätze für den Bereich und die Zeit ihrer personalpolitischen Zuständigkeit angewandt haben.

Zur praktischen Anwendung der personalpolitischen Grundsätze führe ich folgendes aus:

Es ist von einigen Mitgliedern des Untersuchungsausschusses die Auffassung vertreten worden, daß Fachkräfte bei der Personalauswahl überbewertet worden sind, während berufsneue Kräfte unterbewertet wurden.

Demgegenüber verweise ich darauf, daß die Personalabteilung eine liberale Auffassung hinsichtlich der Qualifikation zum Beamten mit Nachdruck vertreten hat. So zum Beispiel bei der Beratung des Abänderungsgesetzes zum Konsulargesetz, wo sich die Auffassung der Personalabteilung über die Befähigung zum Dienst des höheren Konsularbeamten[5] nicht gegen den unter beamtenrechtlichen Gesichtspunkten vertretenen Standpunkt des Justizministeriums[6] und des Innenministeriums durchsetzen konnte.[7] Ebenso zeigte es sich bei den Vorschlägen zur Verbeamtung im gehobenen mittleren Dienst, daß der Bundespersonalausschuß strengere Merkmale anwendet, als sie von der Personalabteilung bei der Begründung der Ernennungsvorschläge für ausreichend gehalten wurden. Diese strenge Auffassung des Bundespersonalausschusses hat zur Folge gehabt, daß es der Personalabteilung bis heute nicht gelungen ist, einen als Probefall gedachten Vorschlag zur Ernennung einer Frau zur Beamtin im

5 Entwurf des Auswärtigen Amts vom 3. Februar 1950 für ein Abänderungsgesetz zum Konsulargesetz: „1) Zum Berufskonsul kann jeder deutsche Staatsangehörige ernannt werden, der die für dieses Amt vorgeschriebene Prüfung bestanden hat. Von dem Erfordernis der Ablegung dieser Prüfung kann abgesehen werden, wenn der zu ernennende Berufskonsul nach Persönlichkeit, Kenntnissen und Erfahrungen für das ihm zu übertragende Amt besonders geeignet ist. 2) Mit der verantwortlichen Bearbeitung von Rechtsangelegenheiten bei einer berufskonsularischen Behörde kann nur ein deutscher Staatsangehöriger betraut werden, der die im Paragraph 1 bezeichnete Prüfung bestanden hat oder die Befähigung zum Richteramt im Bundesgebiet besitzt." Vgl. B 10 (Abteilung 2), Bd. 1916.

6 Undatierter Entwurf des Bundesministeriums der Justiz für ein Abänderungsgesetz zum Konsulargesetz: „1) Zum Berufskonsul kann nur ein deutscher Staatsangehöriger ernannt werden, der eine abgeschlossene Hochschulausbildung besitzt und sich auf Grund seiner besonderen Kenntnisse und Erfahrungen für dieses Amt eignet. Von dem Erfordernis der abgeschlossenen Hochschulausbildung kann abgesehen werden, wenn der zu ernennende Berufskonsul wegen seiner langjährigen beruflichen Tätigkeit, von der ein angemessener Teil im Ausland geleistet sein muß, für die Übernahme des Amtes besonders geeignet ist. 2) Mit der verantwortlichen Bearbeitung von Rechtsangelegenheiten bei einer berufskonsularischen Behörde kann nur ein deutscher Staatsangehöriger betraut werden, der die Befähigung zum Richteramt im Bundesgebiet besitzt." Vgl. B 10 (Abteilung 2), Bd. 1916.

7 Im Gesetz vom 16. Dezember 1950 zur Änderung des Konsulargesetzes wurde ausgeführt: „[...] 7) Zum Berufskonsul kann jeder deutsche Staatsangehörige ernannt werden, der die für dieses Amt vorgeschriebene Prüfung bestanden hat oder sich sonst durch seine Lebens- und Berufserfahrung für das ihm zu übertragende Amt als besonders geeignet erwiesen hat. [...] 7a) Hat der Leiter einer berufskonsularischen Vertretung die in Paragraph 7 Abs. 1 bezeichnete Prüfung nicht abgelegt und weder die Befähigung zum Richteramt noch zum höheren Verwaltungsdienst auf Grund der dafür vorgeschriebenen Prüfungen in einem deutschen Lande erlangt, so soll ihm für die verantwortliche Bearbeitung von Rechtsangelegenheiten mindestens ein Beamter zugeteilt werden, der eine dieser Voraussetzungen erfüllt." Vgl. BUNDESGESETZBLATT 1950, S. 784 f.

gehobenen mittleren Dienst zur positiven Entscheidung zu bringen. Es ergibt sich aus den genannten Beispielen, daß die Auffassung der Personalabteilung liberaler und fortschrittlicher ist als diejenige der bei der Beamtenernennung mitwirkenden inneren Ressorts.

Es ist von einem der Herren Mitglieder des Ausschusses darauf hingewiesen worden, daß das Auswärtige Amt sich in stärkerem Maße, als dies bei den übrigen Bundesministerien der Fall sei, aus dem Ressort, dessen Nachfolge es angetreten hat, aufzubauen bestrebt sei.

Ich bemerke dazu, daß, sofern ein solcher Unterschied unserer Personalpolitik zu derjenigen anderer Ministerien bestehen sollte, was wohl der Bestätigung bedürfte, die inneren Ressorts bei ihrer Personalauswahl auf den gesamten Personalbestand des allgemeinen Verwaltungsdienstes zurückgreifen können, während der Auswärtige Dienst außer der allgemeinen Verwaltungsausbildung fordern muß, daß seine Beamten eine ausreichende Beherrschung der englischen und französischen Sprache, daneben auch Kenntnisse in anderen Sprachen sowie Kenntnisse auf dem Gebiet des Völkerrechts, der Volks- und Weltwirtschaft aufweisen und Auslandserfahrung besitzen. Der Kreis der danach für den Auswärtigen Dienst in Frage kommenden Personen ist somit um ein Vielfaches geringer als derjenige für den Dienst in den inneren Ressorts. Die genannten besonderen Voraussetzungen finden sich naturgemäß vor allem bei im Auswärtigen Dienst geschulten Beamten, während sie bei Bewerbern aus dem allgemeinen Verwaltungsdienst oder aus anderen Berufen verhältnismäßig selten vorliegen. Die Auswahl geeigneter Personen für den Auswärtigen Dienst, gleichgültig, ob sie Beamte des alten Auswärtigen Dienstes waren oder aus anderen Berufen kommen, wird noch dadurch erschwert, daß der Auswärtige Dienst bei der Überprüfung der politischen Vergangenheit seiner Bewerber einen schärferen Maßstab anlegen muß – und tatsächlich anlegt – als die inneren Ressorts.

Einer der Herren Abgeordneten hat darauf aufmerksam gemacht, daß die ECA-Missionen in Paris und Washington[8] ohne Hinzuziehung von Beamten des alten Auswärtigen Dienstes und nur unter Verwendung von Personen, die nicht der NSDAP angehört haben, vollwertige Auslandsvertretungen geworden sind, woraus zu entnehmen sei, daß die Verwendung alter Fachbeamter nicht erforderlich sei.

Hierzu bemerke ich, daß die wichtigste dieser beiden Vertretungen, nämlich die ECA-Mission bei der OEEC in Paris, zwei höhere Beamte des alten Auswärtigen Dienstes und von diesen einen als stellvertretenden Missionschef einschloß. Ferner ist zu beachten, daß der für die beiden Missionen erforderliche Stab zahlenmäßig nur einen kleinen Bruchteil des Bedarfs für den Auswärtigen Dienst ausmacht sowie daß die beiden ECA-Missionen in einer Zeit gebildet wurden, zu der der verhältnismäßig geringe Vorrat an geeigneten und erfahrenen Personen, die nicht der NSDAP angehört haben, noch uneingeschränkt zur Verfügung stand. Auch die erste Serie der von uns errichteten Auslandsvertretungen wurde in gleicher Weise mit völlig unbelastetem Personal ausgestattet, und die Zahl der ihnen zugeteilten Beamten des Auswärtigen Dienstes hielt sich in

8 1948 bzw. 1949 wurden bei der OEEC in Paris und bei der ECA in Washington „Bizonal Delegations“ errichtet. Aus diesen Delegationen gingen Ende 1949 die ersten beiden Vertretungen der Bundesrepublik im Ausland bei der OEEC und der ECA hervor.

dem gleichen oder in einem engeren Rahmen wie bei der ECA-Mission in Paris. Im übrigen sind verschiedene Angehörige der ECA-Mission inzwischen vom Auswärtigen Dienst übernommen worden.

Von einem der Herren Abgeordneten ist ferner darauf hingewiesen worden, daß in den Verwaltungen der Länder vorwiegend völlig unbelastetes Personal verwendet worden ist, während die Zahl ehemaliger Pg's im Auswärtigen Dienst höher sei als bei jenen.

Hierzu bemerke ich, daß die Länderverwaltungen sich in den ersten Nachkriegsjahren formierten und naturgemäß die sich sofort zur Verfügung stellenden, unbelasteten Kräfte eingestellt haben. Abgesehen davon, daß der Personalbedarf von Länderministerien weit hinter dem unseren zurückbleibt und deshalb leichter mit völlig unbelasteten Kräften zunächst gedeckt werden konnte, haben sich auch die Länderverwaltungen, wie mir aus meiner eigenen Erfahrung beim Senat in Bremen[9] bekannt ist, schließlich doch gezwungen gesehen, bei der Ausweitung der Verwaltungen auf ehemalige Pg's zurückzugreifen. Das Bestreben der Personalabteilung war, die bei den Länderverwaltungen vorhandenen, für unseren Dienst geeigneten Kräfte für sich zu gewinnen. Dies ist tatsächlich in erheblichem Umfang gelungen. Schwierigkeiten ergaben sich häufig daraus, daß die Einstufung in Gehaltsgruppen bei den Ländern sehr viel günstiger erfolgt, als es im Auswärtigen Dienst nach dem diesem bewilligten Stellenplan möglich ist. Wertvolle Kräfte, die mit der bei uns möglichen Einstufung nicht zufrieden waren, gingen deshalb für uns verloren. Die Personalabteilung war jederzeit bemüht, aus den inneren Ressorts des Bundes und aus den Länderverwaltungen für den Auswärtigen Dienst geeignete Kräfte zu gewinnen.

Zu dem Vorwurf, daß zu wenig berufsneue Kräfte in leitenden Stellen des Auswärtigen Amts tätig seien und Beamte des alten Auswärtigen Dienstes offensichtlich bevorzugt würden, führe ich folgendes an:

Der Aufbau des neuen Auswärtigen Dienstes erfordert bei den meisten leitenden Posten sachliche Erfahrung. Dies gilt insbesondere für die mit der Organisation des Dienstes beauftragten Beamten. Die Personal- und Verwaltungsabteilung mußte deshalb, um ihrer Aufgabe gerecht werden zu können, auf Kräfte zurückgreifen, die eine plastische Vorstellung von dem Organisationsziel haben. Das gleiche gilt für die Leiter und die meisten Referenten der Abteilung II (Verbindungsstelle zur AHK) und der Abteilung III (Länderabteilung), jedoch wurden von Beginn an in diesen Abteilungen berufsneue Kräfte eingearbeitet, von denen inzwischen einige zu Referatsleitern bestellt worden sind. Die Verzögerung im Aufbau der Auslandsvertretungen hat zudem dazu geführt, daß die zum Aufbau der Zentrale und zur späteren Abstützung der Auslandsvertretungen, wie sie von dem Herrn Bundeskanzler angeordnet worden ist, einberufenen ehemaligen Beamten des Auswärtigen Dienstes nicht in dem gewünschten Maße ins Ausland abströmen und damit für die inzwischen eingearbeiteten neuen Kräfte Platz machen konnten. Die dadurch ebenfalls verursachte Verzögerung in der Einberufung weiterer neuer Kräfte hat zu Angriffen ungeduldig gewordener Bewerber und der sie empfehlenden Persönlichkeiten geführt.

9 Staatsrat Haas war 1948/49 Leiter der Präsidialabteilung des Senats von Bremen.

Als ein besonderes Hindernis für die Verwendung qualifizierter neuer Kräfte auf leitenden Posten der Zentrale hat sich erwiesen, daß gerade die hochqualifizierten Bewerber sich mit wenig Ausnahme zu weigern pflegen, zum Dienst in der Zentrale einberufen zu werden. Sie fordern ihre Verwendung auf Auslandsposten, wobei materielle und ideelle Gründe angeführt werden. Hochqualifizierte und politisch völlig unbelastete Kräfte, die in der Wirtschaft oder in freien Berufen unter sehr günstigen finanziellen Bedingungen tätig sind, sind nicht bereit, ihren Beruf zugunsten der Tätigkeit eines Inlandsbeamten zu wechseln. Wenn sie überhaupt bereit sind, ihre hochbezahlten Stellungen aufzugeben, dann nur für einen gutbezahlten Posten im Ausland. Die Abneigung der Bewerber gegen eine Tätigkeit im Auswärtigen Amt wird vor allem aber durch die Besorgnis gefördert, daß sie persönlichen Angriffen und Verunglimpfungen ausgesetzt werden, wie sie gegen die Mitglieder des Auswärtigen Amts seit geraumer Zeit gerichtet werden.[10]

Bei dem Personalaufbau der Auslandsvertretungen wird der Weisung des Herrn Bundeskanzlers entsprechend verfahren, indem den großen Vertretungen mindestens zwei, den kleineren Vertretungen mindestens ein Beamter des alten Auswärtigen Dienstes zugeteilt werden. In einzelnen Fällen muß aus Mangel an Beamten des alten Dienstes auf eine solche Zuteilung verzichtet werden. Ich darf bemerken, daß gerade diejenigen Chefs von Auslandsvertretungen, die noch über keine Erfahrung im Auswärtigen Dienst verfügen, nachdrücklich die Zuteilung möglichst zahlreicher Beamter des alten Auswärtigen Dienstes zu fordern pflegen.

Die geschilderte Praxis unserer Personalpolitik ist dem Unterausschuß des Auswärtigen Ausschusses in ausführlicher schriftlicher Beantwortung der von ihm gestellten Fragen vorgetragen und mit einem im Februar 1951 gefaßten Votum[11] ausdrücklich gebilligt worden. Nach diesem Zeitpunkt sind die gleichen Grundsätze in gleicher Weise angewandt worden.

gez. Dr. Haas

B 2 (Büro Staatssekretär), Bd. 32

10 Im September 1951 erhob der Journalist Mansfeld den Vorwurf, daß im Auswärtigen Amt Personen Verwendung fänden, die durch ihre Tätigkeit im Auswärtigen Amt in Berlin zur Zeit des Nationalsozialismus diskreditiert seien. Er gab Informationen über das Verhalten einzelner namentlich genannter Amtsangehöriger und warnte davor, „mit dem Ruf nach Fachleuten der Wilhelmstraße ein neues Heim in der Koblenzer Straße in Bonn zu geben". Vgl. die fünfte Folge der Artikelserie von Michael Mansfeld: „‚Ihr naht euch wieder...'. Einblicke in die Personalpolitik des Bonner Auswärtigen Amtes"; FRANKFURTER RUNDSCHAU vom 6. September 1951, S. 2. Vgl. dazu ferner die Folgen eins bis vier; FRANKFURTER RUNDSCHAU vom 1., 3., 4. und 5. September 1951, jeweils S. 2.

11 Im Januar 1951 äußerte der Abgeordnete des Zentrums, Reismann, die Kritik, der Auswärtige Dienst der Bundesrepublik sei durch „gesellschaftliche Exklusivität" gekennzeichnet: „Es kann uns [...] nicht gleichgültig sein, daß gerade die Personal- und Spitzenbeamten der Zentrale im Ausland einen ungünstigen Eindruck, einen politisch unerträglichen Eindruck, den Eindruck des Beziehungsklüngels ohne Rücksicht auf Tüchtigkeit machen, einen Eindruck, dem die Kenner der Verhältnisse im Inland die Berechtigung nicht absprechen können." Vgl. den Artikel von Bernhard Reismann „Der Auswärtige Dienst in Bonn – Geschlossene Gesellschaft"; ZENTRUM, Nr. 1, Erste Januarausgabe 1951, S. 1 f.
Am 25. Januar 1951 gab die Pressestelle des Bundestags bekannt: „Der Ausschuß für das Besatzungsstatut und Auswärtige Angelegenheiten hat sich in seiner Sitzung vom 24. Januar 1951 u. a. mit den von dem Abgeordneten Dr. Reismann in der Zeitschrift ‚Zentrum' erhobenen Vorwürfen gegen die Personalpolitik der Dienststelle für Auswärtige Angelegenheiten im Bundeskanzleramt

116

Besprechung des Ausschusses für Industriebeschränkung

232-18 II 1393/52 geh. **25. April 1952**[1]

Anwesend: sieben Herren der alliierten Delegation, sieben Herren der deutschen Delegation, zwei Dolmetscher, eine Sekretärin.

Brigadier *Harvey* eröffnet um 14.10 Uhr die Sitzung und stellt fest, daß zunächst die beiden noch offenstehenden Definitionen zur Diskussion ständen, über die in der letzten Sitzung[2] keine Einigung erzielt werden konnte: Punkt Ic (Produktion von Kernbrennstoff) und Punkt IVa und d (Ferngelenkte Geschosse für Panzer- und Luftabwehr).

Er bittet, zunächst Punkt IV zu behandeln. Er teilt mit, daß entsprechende Nachforschungen über die Verwendung von solchen Waffen ergeben hätten, daß ferngelenkte Geschosse mit kurzer Reichweite in Korea bislang nicht zur Anwendung gelangen. Stabsoffiziere haben ihm gesagt, daß dies auf einem Mißverständnis bezüglich des Ausdruckes eines ferngelenkten Geschosses mit kurzer Reichweite beruhen müsse. Annäherungszünder, einschließlich der Zielsuchköpfe für die herkömmlichen Waffen zur Luft- und Panzerabwehr seien nicht als ferngelenkte Geschosse anzusehen. Die Unterscheidung zwischen ferngelenkten Geschossen mit kurzer Reichweite und großer Reichweite sei sehr schwer, wenn nicht gar unmöglich.

Brigadier Harvey schlug abschließend als Kompromißlösung vor, daß Annäherungszünder und Zielsuchköpfe zum Zwecke der Verwendung in herkömmlichen Waffen zur Panzer- und Luftabwehr ausdrücklich aus dem Verbot für die Herstellung ferngelenkter Geschosse ausgeschlossen werden sollten. Sollte aber auf Grund der zukünftigen Forschung ein ferngelenktes Geschoß von kurzer Reichweite entwickelt werden, müsse in diesem Fall der Artikel 116 des EVG-Vertrages Anwendung finden, der den entsprechenden Apparat für eine Revisionsmöglichkeit schaffe.

Ministerialdirigent *Schmid* erklärt, die Besprechung zwischen den Hohen Kommissaren und dem Herrn Bundeskanzler habe eindeutig ergeben, daß der Herr Bundeskanzler bei seiner Erklärung in London[3] nur an Angriffswaffen im Sinne der früheren deutschen V-Waffen gedacht habe, die über viele Kilometer selbst-

Fortsetzung Fußnote von Seite 317

befaßt. Es wurde festgestellt, daß diese Personalpolitik in größter Ausführlichkeit in einem Unterausschuß des Auswärtigen Ausschusses behandelt worden war, dem Dr. Reismann angehörte. Der Ausschuß hat sämtliche Vorwürfe geprüft und für unbegründet befunden. Es erscheint dem Ausschuß um so bedauerlicher, daß diese Vorwürfe nach Abschluß der Tätigkeit des Unterausschusses erneut erhoben worden sind.“ Vgl. HAAS, Beitrag, S. 51 f. Vgl. dazu ferner AUSWÄRTIGER AUSSCHUSS, S. 249.

1 Durchdruck.
Die Gesprächsaufzeichnung wurde von Referent von Hassell am 26. April 1952 konzipiert.

2 Zur Besprechung des Ausschusses für Industriebeschränkung am 16. April 1952 vgl. Dok. 101, Anm. 7.

3 Zum Gespräch des Bundeskanzlers Adenauer mit den Außenministern Acheson (USA), Eden (Großbritannien) und Schuman (Frankreich) am 19. Februar 1952 in London vgl. Dok. 55.

tätig gesteuert werden. Dies sei von Herrn McCloy bestätigt worden.[4] Wenn es keine Abgrenzungsmöglichkeit gebe, müsse er vor einer endgültigen Stellungnahme erneut mit dem Herrn Bundeskanzler sprechen. Er habe geglaubt, wenn es eine technische Abgrenzung nicht gebe, sei eine Abgrenzung von der taktischen Seite her möglich, derart, daß man sagen könne, ferngelenkte Geschosse für Angriffszwecke seien verboten, für Verteidigungszwecke jedoch erlaubt. Gegebenenfalls könne ja auch eine gewisse Entfernung als Grenze gewählt werden (z.B. bis zu 40 km). Er betont nochmals mit allem Nachdruck, daß sich bei der Annahme durch das Parlament erhebliche Schwierigkeiten ergeben würden, wenn man keine Abgrenzungsmöglichkeit finde und die Alliierte Hohe Kommission auf dem Verbot dieser Waffen zu Verteidigungszwecken bestehen werde. Im Falle eines Konfliktes mit dem Osten, dessen Luftwaffe ja sehr zahlreich sei, wäre dann die Bundesrepublik für eine wirksame Luftabwehr, die sich im letzten Krieg als sehr entscheidend erwiesen habe, auf die Lieferungen von auswärts angewiesen und könne bei Nachschubschwierigkeiten nicht einmal die notwendigen Ersatzteile herstellen. Er glaube nicht, daß die Deutschen dazu bereit wären, ihre Köpfe hinzuhalten, wenn man ihnen zur Abwehr nur die herkömmlichen Verteidigungswaffen gestatte.

Brigadier *Harvey* betont nochmals, daß es solche Waffen mit kurzer Reichweite in Korea nicht gebe und er nur den Vorschlag machen könne, die Annäherungszünder und Zielsuchköpfe, die in jeder Art von konventioneller Verteidigungswaffe zur Anwendung kommen, von dieser Definition auszunehmen. Sollte bis zum Zeitpunkt eines eventuellen Konfliktes ein derartiges ferngelenktes Geschoß von kurzer Reichweite geschaffen worden sein, könne hier der Artikel 116 des EVG-Vertrages Anwendung finden. Wenn die deutschen technischen Experten keine genaue Definition der Waffen geben könnten, um die es sich handelt, könne eine Sonderregelung für ferngelenkte Geschosse mit kurzer Reichweite nicht angenommen werden.

Ministerialdirigent *Schmid* stellt fest, daß Deutschland zu Ende des letzten Krieges derartige Geschosse gegen Flugzeuge bereits entwickelt habe. Die Bundesrepublik wäre also daran gehindert, Verteidigungswaffen, die Deutschland früher bereits besessen hat, herzustellen. Er glaube nicht, daß Artikel 116 des EVG-Vertrages im Ernstfall in kurzer Zeit die Möglichkeit zur Abänderung der Verbote der Liste 2[5] geben werde. – Ministerialdirigent Schmid verliest den genannten Artikel 116 mit folgendem Wortlaut:

„Die Regierung jedes Mitgliedstaates und das Kommissariat können Änderungen zu diesem Vertrag vorschlagen. Dieser Vorschlag ist dem Rat vorzulegen. Befürwortet dieser mit Zweidrittelmehrheit den Zusammentritt einer Konferenz der Vertreter der Regierungen der Mitgliedstaaten, so wird diese unverzüglich durch den Präsidenten des Rates einberufen, um im gemeinsamen Einvernehmen die Änderungen an den Vertragsbestimmungen festzulegen. Diese Ände-

4 Zum Gespräch des Bundeskanzlers Adenauer am 21. April 1952 mit den Hohen Kommissaren François-Poncet (Frankreich), Kirkpatrick (Großbritannien) und McCloy (USA) vgl. AAPD, Hohe Kommissare 1952, S. 81–100.

5 Zu den Bestimmungen im EVG-Vertrag über die Beschränkung der Rüstungsproduktion der Bundesrepublik vgl. Dok. 141 und Dok. 148.

rungen treten in Kraft, nachdem sie von allen Mitgliedstaaten gemäß deren jeweiligen verfassungsrechtlichen Bestimmungen ratifiziert worden sind."

Ministerialdirigent Schmid führt aus, daß die Herstellung also erst erlaubt sei, wenn die Änderung von allen Parlamenten angenommen worden sei. Dies sei jedoch für den Ernstfall kein brauchbares Verfahren. Es würde mindestens ¾ bis 1 Jahr in Anspruch nehmen. Es komme hinzu, daß von dem Augenblick ab, in dem diese Möglichkeit auf Grund von Artikel 116 gegeben wäre, durch die allgemeine Bestimmung der Liste 2 erst mit der Produktion von Spezialmaschinen für die Herstellung solcher Waffen begonnen werden könne. So würde also vom Zeitpunkt der Genehmigung bis zum Beginn der tatsächlichen Produktion wiederum ein Jahr vergehen. Unter normalen Bedingungen würde es also nahezu zwei Jahre dauern, bis man mit der Produktion einer Abwehrwaffe beginnen könne, die Deutschland bereits 1945 gehabt habe.

Brigadier *Harvey* macht auf den Artikel 100 des Vertragsentwurfs aufmerksam.

Ministerialdirigent *Schmid* trägt den Wortlaut vor und führt aus, daß es sich um Artikel 100, Ziffer 2 bis handele:

„Das Kommissariat darf in den strategisch gefährdeten Gebieten hinsichtlich der in der Anlage 2 des vorstehenden Artikels angegebenen Positionen keine Genehmigungen geben, es sei denn, auf Grund einer einstimmigen Zustimmung des Rates."

Ministerialdirigent Schmid betont nochmals, daß Deutschland zu Ende des letzten Krieges ein ferngesteuertes Geschoß entwickelt habe, das zur Abwehr von Flugzeugen dienen sollte und eine beachtliche Höhe erreichte (1000–1100 m). Diese Entwicklung sei notwendig geworden, da ein schnellfliegendes Flugzeug mit Düsenantrieb von der normalen Flak nicht oder kaum abgewehrt werden konnte. Die Fluggeschwindigkeiten seien so groß, daß auch ein automatisch gesteuertes Abwehrgeschütz nicht mehr wirksam sein könne. Sollte eine Abgrenzung, die die Herstellung solcher Abwehrwaffen zuläßt, nicht möglich sein, müsse er versuchen, dem Herrn Bundeskanzler den Standpunkt vorzutragen und seine Stellungnahme zu erbitten.

Der *alliierte Sachverständige* führt aus, der einzige Punkt, in dem eine einstimmige Genehmigung des Rates erforderlich sei, wäre die Produktion einer Waffe, bei der das Geschoß nach dem Abschuß von außen gelenkt werden kann. Die Herstellung von Geschossen mit Zielsuchkopf oder Annäherungszünder sollte dagegen von dem Verbot nicht betroffen werden.

Der *deutsche Sachverständige* erklärt, daß für den Einsatz im modernen Luftkrieg eine normale 8,8, 10,5 oder 12,5 Flakgranate nicht mehr geeignet und wirksam sei. Sie wird von der modernen Taktik durch die Flakrakete ersetzt. Zu Ende des Krieges habe man in Deutschland solche, die unter den Decknamen „Wasserfall", „Rheintochter" und „Enzian" liefen, entwickelt. Diese ferngelenkten Geschosse seien vom Boden aus durch eine Fluglenkanlage gesteuert worden, die unter dem Namen „Kogge" lief. Das feindliche Flugzeug wurde durch ein Radargerät in einem fadenkreuzähnlichen Anzeigeverfahren erfaßt; mittels einer Funkanlage wurde das feindliche Ziel vom Boden aus verfolgt. Entsprechend wurde das Geschoß vom Boden aus gesteuert; erst wenn es durch diese

Bodensteuerung auf ein bis drei Kilometer an das Ziel herangebracht war, wurde es durch einen selbsttätigen Zielsuchkopf geführt. Es bestehe der Wunsch, diese Waffen einsetzen zu dürfen.

Ministerialdirigent *Schmid* erläutert hierzu, daß diese Abwehrwaffen neben dem Zielsuchkopf im übrigen eine Einrichtung besitzen, mit der die Flugrichtung beeinflußt werden kann.

Brigadier *Harvey* bittet die deutschen Experten, in groben Umrissen den Unterschied zwischen ferngelenkten Geschossen mit kurzer Reichweite und solchen mit großer Reichweite darzulegen.

Der *alliierte Sachverständige* stellt die Frage, ob eine Hinzufügung zu IV derart, daß ferngelenkte Geschosse mit kurzer Reichweite für Luftabwehrzwecke von dem Verbot ausgenommen seien, den deutschen Wünschen entspreche.

Die Frage wurde von Ministerialdirigent Schmid und dem deutschen Sachverständigen bejaht.

Der *deutsche Sachverständige* schlägt vor, den Unterschied zwischen den beiden oben genannten Geschossen schriftlich abzufassen. Ein genereller Unterschied sei darin zu sehen, daß man eine grundsätzliche Leistungsbeschränkung des Antriebs fordern könne.

Ministerialdirigent *Schmid* schlägt die Beschränkung auf eine bestimmte Entfernung, bis zu der die Triebkraft der Rakete reichen soll, vor. Dies kann bestimmt werden durch die Art der Brennkammern, die Vorratsmenge von Brennstoff usw.

Der *alliierte Sachverständige* bringt seine persönliche Meinung zum Ausdruck und erklärte, er wolle versuchen, von seiner Regierung die Genehmigung zu erhalten, daß ferngelenkte Geschosse für die Luftabwehr von diesem Verbot ausgeschlossen werden sollen.

Der *französische Sachverständige* äußerte Bedenken und führt aus, daß dies nicht die einzige Seite des Problems sei. Es sei wohl auch sehr schwierig, einen Unterschied zwischen der Einrichtung für die Herstellung von Geschossen mit kurzer und die Einrichtung für die Herstellung von Geschossen mit großer Reichweite festzustellen. Das Ziel sei es, auch die Errichtung von Einrichtungen zu vermeiden, die gefährliche Artikel herstellen. Es seien also zwei Seiten des Problems, einerseits das Geschoß selbst und andererseits die dafür notwendige Einrichtung.

Ministerialdirigent *Schmid* führt aus, daß es zwei Unterschiede gibt. Ein Geschoß mit kurzer Reichweite sei nicht mal einen Meter groß, während ein solches von großer Reichweite etwa 10–15 Meter groß sei. Die Apparatur zur Herstellung der kleinen Raketen sei demzufolge in ihrem Umfang und Anlage eine völlig andere. Der zweite Unterschied liege in der Verschiedenheit des Materials. Die kleine Rakete habe eine kurze Flugdauer, und man könne für die Brennkammern Einrichtungen benutzen, die kurzzeitig hoch beansprucht werden. Die Produktion von Geschossen mit großer Reichweite setze gänzlich andere Einrichtungen voraus, und sie würden auch aus andersartigem Material hergestellt. Er wisse zufällig genau, welche Schwierigkeiten es gemacht habe, die richtigen Brennkammern zu entwickeln und die Baustoffe zu finden, die für die V-Waffen geeignet waren. Die Einrichtung der Brennkammern und die Ausführung des Triebwerkes ist völlig unterschiedlich, also auch Unterschiede in der Apparatur selbst.

Abschließend bemerkt Ministerialdirigent Schmid, daß nun in der Erörterung wohl ein klarer konstruktiver Unterschied zwischen den beiden Arten von Geschossen herausgestellt worden sei.

Brigadier *Harvey* geht zur Erörterung der anderen noch offenstehenden Definition, der Produktion von Kernbrennstoff, über.

Mr. *Wendell* erklärt, die deutsche Delegation habe geltend gemacht, daß sie für die Herstellung eins Reaktors mehr als 500 Gramm pro Jahr haben möchte, weil man in Deutschland spezielle Isotopen für die Wissenschaft noch nicht herstellen könne.[6] Sie hätten ferner geäußert, daß sie diese nicht in England beziehen könnten. Er habe deshalb Erkundigungen angestellt und glaube, daß dies in England möglich sein müsse, und außerdem könne man sich ja an die Atom-Kommission der Vereinigten Staaten wenden. Er erkenne die Schwierigkeiten beim Ankauf dieser Isotopen schon an, die Gründe für einen größeren Reaktor seien aber nicht ausreichend. Die alliierte Delegation sehe sich gezwungen, die alte Fassung beizubehalten:

Jede Menge von Kernbrennstoff, die in einem Jahr hergestellt wird und über 500 Gramm hinausgeht, wird als Material betrachtet werden, das eigens für eine Atomwaffe entworfen oder wesentlich ist.

Prof. *Wirtz* weist nochmals darauf hin, daß die Lieferung dieser Isotopen in England große Schwierigkeiten mache, weil dort für die Produktion lediglich ein Reaktor zur Verfügung stehe, der überlastet ist. Mit der Atom-Kommission der Vereinigten Staaten habe man schlechte Erfahrungen gemacht, z.B. bei den deklassifizierten Arbeiten. Der Form nach sei dies zwar möglich, aber nicht in der Tat. Deutscherseits bestehe der Wunsch, einen Reaktor zu besitzen, der diese Dinge herstellen könne. Er habe nochmals alles genauestens durchgesprochen, und man sei erneut übereingekommen, daß man auf den hohen Neutronenfluß auf keinen Fall verzichten könne. Ein Ausweg sei gegeben, wenn die Alliierten eine Möglichkeit aufzeichnen könnten, wie man mit einem Reaktor von 500 Gramm trotzdem einen hohen Neutronenfluß erzeugen könne. Dies sei mit einem Graphitreaktor nicht zu erreichen.

Brigadier *Harvey* führt aus, daß er diese Frage mit dem Versorgungsministerium (Ministry of Supply) besprochen habe. Diesem seien bisher keine Beschwerden bekannt, es sei aber sehr an Einzelheiten interessiert. Es brauche wohl oft eine längere Zeit, bis im Brenner die entsprechende Menge Isotopen hergestellt

6 Am 16. April 1952 erklärte das Mitglied der Delegation der Bundesrepublik, Wirtz, in der dritten Besprechung des Ausschusses für Industriebeschränkung, es „bestehe deutscherseits der Wunsch, einen Kernbrennstoff errichten zu können, der mit einer höheren Energie betrieben werden kann als 1200–1500 kW, die einer Menge von 500 Gramm Plutonium entsprechen. Der Grund hierfür ist, daß ein Brenner, der radioaktive Isotopen in einer heute angemessenen Form produziert, eine Spitzenleistung von rund 6000 kW haben muß. [...] Dieser Brenner würde in der Tat sehr viel mehr Plutonium produzieren, nämlich 2000–3000 Gramm pro Jahr. Jedoch scheint es, daß dieses Plutonium, das zum Teil sehr verdünnt an den Rändern des Reaktors gebildet wird, kaum als Kernbrennstoff anzusprechen ist, es sei denn, man extrahiere es. Das Ziel der deutschen Delegation ist es also, eine Erhöhung der Energieleistung zu erreichen, während sie gleichzeitig in eine Beschränkung von reinem Kernbrennstoff einwilligt." Vgl. die Gesprächsaufzeichnung; B 10 (Abteilung 2), Bd. 1246.

werde, aber diese gehe jedenfalls nur die technische Seite der Produktion an. Er glaube, die deutsche Argumentation sei nicht ganz gerechtfertigt.

Mr. *Wendell* macht geltend, daß man auf der alliierten Seite erstaunt gewesen sei, daß Deutschland einen Graphitreaktor im Auge habe, da dieser eigentlich weniger leistungsfähig sei gegenüber dem Schwerwasserreaktor. In diesem könne auch ein höherer Neutronenfluß erzielt werden. In Chicago befinde sich ein solcher Schwerwasserreaktor kleineren Ausmaßes von 300 kW, der einen Neutronenfluß von 10^{12} ergeben habe. Er glaube, daß ein Teil der Schwierigkeiten von dem Wunsch nach einem Graphitreaktor herrühre.

Prof. *Wirtz* begründete dies mit der Schwierigkeit, genügend schweres Wasser herzustellen. Er wäre aber sehr daran interessiert zu erfahren, wo man im Ausland schweres Wasser kaufen könne.

Mr. *Wendell* entgegnet, er wisse nicht genau, wie es mit der berühmten Quelle in Norwegen stehe. Die Anlage arbeite jedenfalls noch.

Prof. *Wirtz* wirft ein, daß ein Import von schwerem Wasser Deutschland bisher verboten sei. Er habe aber erfahren, daß Norwegen für lange Zeit ausverkauft sei. Er müsse also wenigstens die Forderung der Erhöhung auf 2000–3000 Gramm im Jahr aufrechterhalten, bis es gelungen wäre, einen Schwerwasserreaktor zu errichten, wofür er einen Bedarf von sieben Tonnen nennt.

Ministerialdirigent *Schmid* führt aus, daß das militärische Sicherheitsamt bisher noch nie eine Lizenz zur Einfuhr von schwerem Wasser erteilt habe. Im übrigen entsprächen die für die Errichtung eines Schwerwasserreaktors erforderlichen sieben Tonnen schweren Wassers praktisch der Produktion der norwegischen Anlage von zwei Jahren. Er betonte nochmals, daß es der Bundesrepublik keineswegs daran liege, Kernbrennstoff für Kriegszwecke zu erzeugen. Man benötige nur für die Wissenschaft einen solchen Reaktor, um die notwendigen Isotopen herstellen zu können. Es handele sich lediglich um einen ausreichend hohen Neutronenfluß, auf den man nicht verzichten könne.

Brigadier *Harvey* äußert nochmals, daß die Zahl von 500 Gramm von Fachleuten ausgearbeitet worden sei. Als sie diesen den deutschen Wunsch vorgetragen hätten, sei man allgemein der Auffassung gewesen, daß für die genannten Zwecke die bewilligte Menge U-Element ausreichen müßte. Jede weitere Produktion könne zu einer gefährlichen Lagerung führen, vor allem in bezug auf die geographische Lage. Im übrigen stände er unter dem Eindruck, daß die deutschen Forderungen sich gegenseitig widersprächen. Der Reaktor mit 2500 Gramm sei gefordert worden, weil er für die Herstellung von Isotopen notwendig sei. Nachdem die Bezugsmöglichkeit von Isotopen aus dem Ausland entgegengehalten worden wäre, habe die deutsche Seite ihre Forderung auf die Notwendigkeit der Möglichkeit zur Erzeugung eines starken Neutronenflusses gestützt. Wenn darauf ein Schwerwasserreaktor vorgeschlagen worden sei, habe die deutsche Seite, abgesehen von dem Problem der Beschaffung des schweren Wassers, wieder von dem Wunsch nach Isotopen gesprochen.

Ministerialdirigent *Schmid* erklärt im Hinblick auf die geographische Lage, daß dieser Reaktor keineswegs in Göttingen errichtet werden soll. Die Auswahl des Ortes sei von einer Reihe von Faktoren abhängig, z.B. eine ausreichende Kühlwassermenge, die Frage der Umgebung usw. Der Ort werde sicher näher am Rhein als an der Elbe liegen. Um einen Ort zu nennen, könne es etwa Frankfurt oder Heidelberg sein. Er halte deshalb die geographische Lage nicht für so gefährlich. Er regt an, ob es nicht möglich sei, mit den vorhandenen Mitteln einen Graphitreaktor zu bauen, der dann durch einen Reaktor kleinerer Leistungsfähigkeit ersetzt werden muß, wenn schweres Wasser in genügender Menge zur Verfügung steht.

Mr. *Wendell* schlägt vor, eine Lösungsmöglichkeit darin zu finden, zunächst eine Definition zu finden und das übrige dem Brief zu überlassen.

Prof. *Wirtz* betont, daß die Menge von 500 Gramm nur dann anerkannt werden könne, wenn die nötige Menge schweres Wasser gesichert sei. Die deutsche Industrie sei nicht in der Lage, sieben Tonnen schweres Wasser herzustellen.

Brigadier *Harvey* hält die angegebenen Gründe nicht für ausreichend.

Prof. *Wirtz* führt nochmals aus, daß nur mit einem hohen Neutronenfluß diese speziellen Isotopen hergestellt werden könnten, weshalb die deutsche Delegation ihre Forderung aufrechterhalten müsse. Die Wissenschaft benötigt diese zu den verschiedensten Forschungszwecken.

Brigadier *Harvey* schlägt vor, die Sache nochmals den Hohen Kommissaren und dem Herrn Bundeskanzler zu übergeben. Er werde sich zwischenzeitlich bemühen, weiter Instruktionen zu erhalten.

Ministerialdirigent *Schmid* stellt nochmals fest, daß die deutsche Delegation ohne weites bereit ist, die Fassung anzunehmen, wenn gesichert ist, daß die Bundesrepublik in der Zeit, die nötig ist, um einen solchen Reaktor zu bauen, die erforderliche Menge schweres Wasser erhält.

Brigadier *Harvey* regt an, in die Diskussion über den Brief des Herrn Bundeskanzlers einzutreten.

Ministerialdirigent *Schmid* glaubt, daß dies weitgehend von der Entscheidung der Hohen Kommissare, die noch über die beiden offenstehenden Fragen herbeigeführt werden muß, abhängt.

Mr. *Wendell* erwähnt zwei Dinge, die mit dieser Entscheidung nicht zusammenhängen:

1) Die Verpflichtung der Produktionskontrolle

2) Die Frage der deutschen Gesetzgebung auf diesem Gebiet

Ministerialdirigent *Schmid* glaubt, daß man eine klare Lösung finden wird. In dem übermittelten Text des Gesetzes 22 und der Zusatzgesetze 53 und 68[7] ständen eine Reihe von Dingen, die nicht mehr hereingehörten, aber auch Dinge, die unbedingt herein müßten. Er schlägt vor, der Brief des Herrn Bundeskanzlers solle das Gesetz enthalten. – Der Punkt 3 des Briefes enthalte die Verpflichtung der Bundesrepublik, alle Maßnahmen zu ergreifen, um sicherzu-

7 Für den Wortlaut des Gesetzes Nr. 22 der AHK vom 2. März 1950 über die Überwachung von Stoffen, Einrichtungen und Ausrüstungen auf dem Gebiete der Atomenergie, das am 15. März 1950 in Kraft trat, vgl. AMTSBLATT DER AHK, Nr. 12 vom 7. März 1950, S. 122–132.
Für den Wortlaut des Gesetzes Nr. 53 der AHK vom 26. April 1951 zur Abänderung des Gesetzes Nr. 22 vgl. AMTSBLATT DER AHK, Nr. 54 vom 9. Mai 1951, S. 882 f.
Für den Wortlaut des Gesetzes Nr. 68 der AHK vom 20. Dezember 1951 zur zweiten Abänderung des Gesetzes Nr. 22, das am 12. Januar 1952 in Kraft trat, vgl. AMTSBLATT DER AHK, Nr. 72 vom 28. Dezember 1951, S. 1361–1364.

stellen, daß Informationen, die die Sicherheit berühren, unbefugten Personen nicht zugänglich gemacht werden. Er halte es für zweckmäßig, wenn dies auf den Verrat militärischer Geheimnisse ausgedehnt würde. An sich solle der Brief sich ja nur auf die Atomfragen beziehen, man müsse aber den gesamten Komplex berücksichtigen. Die Bundesregierung sei bereit, jede Verpflichtung einzugehen, um die Sicherheit zu gewährleisten.

Prof. *Wirtz* fragt, ob bis zur Fertigstellung des ersten Reaktors mehr als neun Tonnen Plutonium produziert werden können.

Mr. *Wendell* kann diese Frage nicht beantworten, da sie nicht in formeller Weise vorgelegt worden ist.

Prof. *Wirtz* schlägt für den Brief des Bundeskanzlers folgenden Punkt vor:

Bis zur Herstellung des ersten Reaktors wird die Bundesrepublik versuchen, soviel Uran wie möglich herzustellen, bis die Erfordernisse des Reaktors erfüllt sind. Enthält der Reaktor mehr als neun Tonnen, wird die Bundesrepublik versuchen, mehr als neun Tonnen herzustellen.

Prof. Wirtz fragt, ob mehr als 18 Tonnen in einem fremden Staat gelagert werden dürfen.

Brigadier *Harvey* kann darüber noch keine Diskussion anstellen, da die alliierte Antwort noch nicht vorliegt.

Prof. *Wirtz* bezeichnet dies als offizielle Frage, ob die Bundesrepublik, falls sie einen Überschuß produzieren sollte, diesen Überschuß in einem fremden Land, das vom Standpunkt der EVG als sicher angesehen wird (z.B. England), als Eigentum der Bundesrepublik lagern kann.

Ministerialdirigent *Schmid* äußert abschließend die Bitte, daß die Alliierten die Fragen wohlwollend prüfen mögen. Die Erläuterungen hätten ja dazu beigetragen, den deutschen Standpunkt zu beleuchten.[8]

B 10 (Abteilung 2), Bd. 1246

8 Am 28. April 1952 schlug Bundeskanzler Adenauer den Hohen Kommissaren François-Poncet (Frankreich), Kirkpatrick (Großbritannien) und McCloy (USA) vor, daß der Bundesrepublik ein Reaktor für höchstens 500 Gramm Kernbrennstoff genehmigt werden und die entsprechende Menge Plutonium von Großbritannien und den USA geliefert werden solle. Nach drei Jahren solle diese Regelung überprüft werden. Vgl. dazu die Gesprächsaufzeichnung; AAPD, Hohe Kommissare 1952, S. 125–147.
In einem Schreiben des Bundeskanzlers Adenauer vom 7. Mai 1952 an die Drei Mächte verpflichtete sich die Bundesregierung zu weitgehenden Kontrollen der zivilen und militärischen Nutzung von Atomenergie. Sie werde „im Wege der Gesetzgebung verbieten: a) die Entwicklung, die Herstellung und den Besitz von Atomwaffen, wie sie in Anhang II zu Artikel 107 des Vertrages der Europäischen Verteidigungsgemeinschaft definiert werden; b) die Einfuhr oder die durch irgendein Verfahren erfolgende Herstellung von Kernbrennstoff in Mengen von mehr als 500 Gramm für die Dauer eines Jahres für das gesamte Gebiet der Bundesrepublik; c) die Entwicklung, die Konstruktion oder den Besitz von Kernreaktoren oder sonstigen Geräten oder Einrichtungen, die geeignet sind, Atomwaffen herzustellen oder Kernbrennstoff in Mengen von mehr als 500 Gramm während eines Jahres im gesamten Gebiet der Bundesrepublik zu erzeugen; dabei wird die Jahresleistung von 500 Gramm Kernbrennstoff im Falle eines Kernreaktors als Gegenwert einer Wärmeerzeugung von 1,5 Megawatt angesehen; d) die Herstellung oder die Einfuhr von Uranium in irgendeiner chemischen Form in Mengen, die größer sind als der Gegenwert von neun Tonnen Uraniumelement während der Dauer eines Jahres [...]; in einer Übergangszeit ist die Bundesrepublik jedoch ermächtigt, eine Uraniummenge herzustellen, die nicht höher sein darf als der für den anfänglichen Bedarf eines Reaktors erforderliche Gegenwert von 30 Tonnen Uraniumelement; e) die Lagerung von

117

Botschafter Du Mont, Den Haag, an das Auswärtige Amt

202-06 II 5668/52 **Aufgabe: 25. April 1952, 23.50 Uhr**
Fernschreiben Nr. 99 **Ankunft: 26. April 1952, 00.20 Uhr**

Hatte Gelegenheit, Generalsekretär Außenministeriums Boon unseren Standpunkt zur Sowjet-Note vom 10. April[1] gemäß Drahterlaß 57[2] ausführlich darzulegen. Boon aufnahm unsere Argumente mit großem Interesse und betonte überragende Bedeutung Problems für Zukunft Europas. Besonders interessierte ihn, daß Bundesregierung auch weiterhin größten Wert auf Fortbestehen UNO-Kommission zur Prüfung freier Wahlen lege. Angesichts gegenteiliger Stimmen aus Deutschland habe hierüber Ungewißheit geherrscht. Niederländische Regierung begrüße feste Haltung Bundesregierung. Im Haag bestehe kein Zweifel, daß Sowjets wirklich freie Wahlen nicht wünschten und nicht wünschen könnten. Um sie zu zwingen, Farbe zu bekennen, werde im Außenministerium Gedanke erwogen, UNO-Kommission zu beauftragen, eine Art Wahlreglement aufzustellen und Bedingungen für Durchführung freier Wahlen festzulegen. Diese Bedingungen könnten in Antwortnote an Sowjetregierung eingebaut werden. Boon sagte ausdrücklich, Kabinett sei noch nicht befaßt. Falls es zustimme, würde Vorschlag beteiligten Mächten unterbreitet werden.

Zu Bedeutung Koalitionsverbot erklärte Boon, daß er unsere Gedanken unbedingt teile, vor allem Feststellung, daß Koalitionsverbot gleichbedeutend mit Neutralisierung Deutschlands sei. Das aber würde nach Ansicht niederländischer Regierung größte Gefahr für Europa darstellen.

Schaffung nationaler deutscher Armee sei mit Rücksicht auf französische Besorgnisse, auch wenn diese nach holländischer Ansicht übertrieben seien, zu vermeiden.

Daß niederländische Regierung deutschen Standpunkt in Frage Oder-Neiße-Linie teile, sei eine Selbstverständlichkeit, die keinerlei weiteren Kommentars bedürfe.

[gez.] Du Mont

B 10 (Abteilung 2), Bd. 225

Fortsetzung Fußnote von Seite 325

Uranium in irgendeiner chemischen Form außer in der Form von nicht-aufbereitetem Erz in einer den Gegenwert von 18 Tonnen Uraniumelement übersteigenden Menge für das gesamte Gebiet der Bundesrepublik zusätzlich zu dem anfänglichen Reaktorbedarf". Ferner drückte Adenauer die Erwartung aus, daß „Ihre Regierungen damit einverstanden sind, daß die oben für die Erzeugung und den Erwerb von Kernbrennstoff angegebene Beschränkung nach Ablauf eines Zeitraums von zwei Jahren nach Inkrafttreten der am 26. Mai 1952 zwischen Ihren Regierungen und meiner Regierung unterzeichneten Verträge überprüft wird". Vgl. BUNDESGESETZBLATT 1954, Teil II, S. 417.

1 Zur sowjetischen Note vom 9. April 1952 an die Drei Mächte vgl. Dok. 104, Anm. 2.

2 An dieser Stelle vermerkte Legationsrat I. Klasse Trützschler von Falkenstein am 26. April 1952 handschriftlich: „Bitte mir diesen Drahterlaß vorzulegen."
Für den Runderlaß des Ministerialdirektors Blankenhorn vom 23. April 1952 vgl. Dok. 112.

118

Generalkonsul I. Klasse Krekeler, Washington, an das Auswärtige Amt

Fernschreiben Nr. 226 **Aufgabe: 28. April 1952, 18.27 Uhr**[1]
Geheim **Ankunft: 29. April 1952, 06.30 Uhr**

Wie mir bereits Byroade kürzlich sagte, sei State Department besorgt wegen der Möglichkeit irgendwelcher russischer Maßnahmen gegen Berlin. Politischer Referent[2] hat Riesser gegenüber heute gleiche Befürchtung zum Ausdruck gebracht mit dem Bemerken, daß es sich nicht etwa um irgendwelche Nachrichten über russische Absichten handele, sondern um das Ergebnis von Überlegungen, zu welchen Schritten die Russen fähig sein könnten, um Vertragswerk zu sabotieren. Es sei zweifellos, daß eine russische Aktion gegen Berlin geeignet sein könnte, die ganze Außenministerkonferenz[3] kurz vor oder am Tag der Unterzeichnung auffliegen zu lassen. Es würden deswegen Überlegungen angestellt, ob und wie man eventuellen Sabotageversuchen entgegentreten könnte.

[gez.] Krekeler

VS-Bd. 3207 (Abteilung 2)

1 Hat Staatssekretär Hallstein am 29. April 1952 vorgelegen, der handschriftlich vermerkte: „Dem Herrn Bundeskanzler vorzutragen."
2 Elwood Williams.
3 Die Außenminister Acheson (USA), Adenauer, Eden (Großbritannien) und Schuman (Frankreich) trafen sich vom 24. bis 26. Mai 1952 in Bonn anläßlich der Unterzeichnung des Generalvertrages und der Zusatzverträge.

119

Generalkonsul I. Klasse Krekeler, Washington, an das Auswärtige Amt

241-27ª II 286/52 geh. **Aufgabe: 28. April 1952, 18.28 Uhr**[1]
Fernschreiben Nr. 225 **Ankunft: 29. April 1952, 06.30 Uhr**

Politischer Referent Deutschlandabteilung Staatsdepartement[2] sagte Riesser, Acheson wünsche unter allen Umständen, daß Unterzeichnung Vertragswerk wenn irgend möglich am 9. Mai erfolgt. Sollte dies nicht möglich sein, so sei als letzter Termin 20. Mai angesetzt worden, da jede weitere Verzögerung Einbringung und Behandlung Gesetzesvorlage im Kongreß[3], auf die Staatsdepartement größten Wert lege, wegen der Wahl[4] und eventueller Ferien des Kongresses unmöglich machen würde. Es werde deshalb zur Zeit größter Druck auf Beendigung EDC-Verhandlung möglichst bis zum morgigen Tag ausgeübt, da Franzosen erklärt hätten, sie brauchten mindestens noch eine Woche, um Zustimmung Regierung zu Abmachungen zu erhalten.

[gez.] Krekeler

B 10 (Abteilung 2), Bd. 1416

1 Hat Referent von Hassell und Legationsrat I. Klasse Trützschler von Falkenstein am 29. April 1952 vorgelegen.
2 Elwood Williams.
3 Am 2. Juni 1952 legte Präsident Truman dem amerikanischen Senat den Generalvertrag vor, dem dieser am 1. Juli 1952 zustimmte.
4 Die amerikanischen Kongreß- und Präsidentschaftswahlen fanden am 4. November 1952 statt.

120

Bundeskanzler Adenauer an den CDU/CSU-Fraktionsvorsitzenden Heinrich von Brentano

29. April 1952[1]

Sehr geehrter Herr von Brentano!

Ich bedaure sehr, daß es mir nicht möglich war, Sie nach Empfang Ihres Briefes vom 25. April[2] noch in der vergangenen Woche zu sprechen. Ich hätte gern den Inhalt dieses Briefes mündlich mit Ihnen erörtert. Ich hoffe aber, daß sich dazu noch eine Gelegenheit bieten wird.

Ohne dieser Unterhaltung vorzugreifen, möchte ich Ihnen heute sagen, daß ich die Schwierigkeiten, die durch das Bedürfnis nach beschleunigtem Abschluß von Generalvertrag und Zusatzverträgen entstehen, durchaus würdige. Auch mir wäre es lieber, wenn wir mehr Zeit hätten. Leider ist aber das Bedürfnis nach Beschleunigung durch völlig unabweisbare Notwendigkeiten der internationalen Lage begründet. Der amerikanische Kongreß vertagt sich Ende Juni mit Rücksicht auf die Präsidentenwahlen[3] bis zum Januar. Noch vor dieser Vertagung soll dem Kongreß das Vertragswerk zur Genehmigung vorgelegt werden.[4] Ferner sind die Hearings über die finanzielle Hilfe an Deutschland (die an sich für die Woche nach Ostern geplant waren) verschoben worden auf die Zeit nach der Unterzeichnung des Vertragswerks[5]. Erst nach diesen wird über

1 Durchdruck.
Hat Staatssekretär Hallstein vorgelegen.

2 Der Fraktionsvorsitzende der CDU/CSU, Heinrich von Brentano, teilte Bundeskanzler Adenauer mit, daß „in diesen Tagen immer mehr Stimmen in der Fraktion laut wurden, die mir ihre Besorgnis über den Inhalt des Vertragswerkes, soweit es überhaupt bekannt wurde, mitteilten [...]. Dieser Eindruck wurde in der heutigen Vorstandssitzung noch bestärkt." Der Parteivorstand habe ihn einstimmig gebeten, Adenauer mitzuteilen, „daß bei dem gegenwärtigen Stand der Verhandlungen, oder sagen wir richtiger der Unterrichtung, eine Zustimmung zu dem ganzen Vertragswerk mehr als zweifelhaft sei". Ernste Bedenken bestünden gegen Artikel 7, Absatz 3 des Entwurfs für den Generalvertrag: „Mit dem Ziele, das dort gemeinschaftlich festgelegt wird, stimmen wir vollkommen überein, denn auch wir hoffen und wünschen, daß ein vereinigtes Deutschland demnächst in die Rechte und Pflichten aus dem Vertrag eintreten soll. Die vertragliche Bindung, wie sie im Abs. 3 des Art. VII vorgesehen wird, löst aber nicht nur rein verfassungsrechtliche Bedenken aus – denn wir können den Gesetzgeber, d. h. eine freie deutsche Nationalversammlung, nicht durch eine solche Bestimmung mit verpflichtender Wirkung binden –, sondern auch politische Vorbehalte. Wir dürfen uns also nicht dem Vorwurf aussetzen, daß wir im umgekehrten Sinne das tun, was wir in den beiden Noten der Sowjetunion beanstanden, nämlich die Entscheidungsfreiheit eines neuen Parlamentes für Gesamtdeutschland beschränken oder seine Entscheidungen präjudizieren." Ferner bestünden Bedenken gegen die Freistellung des Auslandsvermögens von Steuern und Abgaben für weitere drei Jahre im Rahmen des geplanten Lastenausgleichs. Auch die Regelung der Kriegsverbrecherfrage müsse überprüft werden. Die vorgesehene Vollstreckung ergangener Urteile durch die Bundesrepublik sei „politisch und staatsrechtlich unannehmbar". Zum Truppenvertrag sowie zur Dekartellisierung und Entflechtung könne er nicht Stellung nehmen, da ihm hierzu keine Unterlagen vorlägen. Abschließend bat Brentano Adenauer, einem Arbeitskreis der Fraktion, den er aus zehn bis zwölf Fraktionsmitgliedern zusammenstellen werde, das gesamte vorliegende Vertragswerk zur Verfügung zu stellen. Vgl. BRIEFWECHSEL ADENAUER-BRENTANO, S. 93–95.

3 Die amerikanischen Präsidentschaftswahlen fanden am 4. November 1952 statt.

4 Am 2. Juni 1952 legte Präsident Truman dem amerikanischen Senat den Generalvertrag vor.

5 Der Generalvertrag und die Zusatzverträge wurden am 26. Mai 1952 in Bonn unterzeichnet.

die Bewilligung der Mittel für Deutschland entschieden werden.[6] Beide Entscheidungen bedeuten eine Festlegung der amerikanischen Außenpolitik auf die bisherige Europapolitik. Wenn es nicht zu einer Unterzeichnung und deren Billigung durch den amerikanischen Kongreß[7] vor dessen Vertagung kommt, so sind die internationalpolitischen Folgen unabsehbar. Ich brauche das angesichts der zu erwartenden sowjetrussischen Aktivität nicht näher zu begründen. Die Rücksichtnahme auf diese amerikanischen Termine geschieht also nicht im Interesse der Vereinigten Staaten, sondern im vitalen Interesse Deutschlands.

Was die Information der Fraktion anlangt, so darf ich zunächst auf den Sonderausschuß[8] verweisen, der ja bereits tief in die Materie eingedrungen ist und seine Besprechungen unter Beteiligung des Auswärtigen Amts und aller Sachverständigen und Berichterstatter fortsetzt. Die Vertreter der Fraktion haben hier eine gute Möglichkeit, nicht nur den Text des Vertragswerkes kennenzulernen, sondern ihn auch in jeder Weise erläutert zu bekommen. Sie werden so in den Stand gesetzt, ihrerseits den Fraktionsvorstand zu unterrichten. Daneben einen größeren Fraktionsausschuß in gleicher Weise unmittelbar zu informieren, wie den Sonderausschuß des Kabinetts und der Koalitionsfraktionen, stößt auf erhebliche Schwierigkeiten. Gleiches gilt – in noch stärkerem Maße – für die Unterrichtung der gesamten Fraktion. So sehr ich also auch daran interessiert bin, schon bei der Unterzeichnung mit der erforderlichen Mehrheit für die Ratifikation rechnen zu können, ist es doch nicht möglich, die eingehende Erörterung in der Fraktion, die bei der Ratifizierung notwendig ist, in die Zeit vor der Unterzeichnung vorzuverlegen. Vor allem gerate ich den alliierten Verhandlungspartnern gegenüber, die auf Geheimhaltung (auch gegenüber ihren Parlamenten) großes Gewicht legen und mich wiederholt dazu verpflichtet haben, in eine sehr schwierige Lage, wenn ich die Texte diesem größeren Kreis zur Verfügung stelle; denn praktisch würde das auf eine Veröffentlichung hinauslaufen.

6 Am 10. Juni 1952 nahm der amerikanische Senat das Auslandshilfegesetz für das Finanzjahr 1952/53 an, das von Präsident Truman am 1. Juli 1952 unterzeichnet wurde. Nach dem von Truman am 16. Juli 1952 unterzeichneten Appropriationsgesetz waren für die Bundesrepublik 113 Millionen Dollar vorgesehen.

7 Am 1. Juli 1952 stimmte der amerikanische Senat dem Generalvertrag zu.

8 Am 21. April 1952 trat auf Anregung des Bundesministers Blücher erstmals ein Sonderausschuß zusammen, der bis zum 11. Mai 1952 achtmal tagte. Neben dem Vorsitzenden Blücher gehörten dem Ausschuß unter anderen die Bundesminister Schäffer und Dehler, der Fraktionsvorsitzende der CDU/CSU, Heinrich von Brentano, die CDU-Abgeordneten Gerstenmaier, Kiesinger und Pünder, der CSU-Abgeordnete Strauß, der DP-Abgeordnete von Merkatz sowie die FDP-Abgeordneten Pfleiderer, Preusker, Schäfer und Schneider an. Dem Ausschuß wurden sämtliche Vertragstexte zugänglich gemacht und von den Mitgliedern der Delegation bei den Verhandlungen über die Ablösung des Besatzungsstatuts erläutert. Vgl. dazu VOGEL, Diplomat, S. 203–208.
Am 25. April 1952 berichtete der CDU-Abgeordnete Tillmanns in der Vorstandssitzung der CDU/CSU-Fraktion über „Bedenken, die in den Informationsgesprächen der Regierung mit den Koalitionsparteien über den Generalvertrag aufgetaucht sind. Besondere Bedenken wurden im Hinblick auf die zeitliche Rivalität dieses Vertragswerkes mit der Behandlung des L[asten]A[usgleichs]G[esetzes] geäußert. Von den bisher fertig formulierten Vertragsteilen ist beanstandet worden die Notstandsklausel, die unbedingte und enge Bindung an den Westen in Art. 3 im Hinblick auf die Wiedervereinigung Deutschlands, die Sanktionierung der Reparationsleistungen, der Verzicht auf deutsche Vermögensansprüche im Ausland und die finanziellen Verpflichtungen der Ziff. 3, 6 und 9." Vgl. CDU/CSU-FRAKTION, S. 539 f.

Ich bitte um Verständnis dafür, wenn ich im Gegenteil selbst bitten muß, mir die Vertreter der Fraktion für den Sonderausschuß namentlich zu bezeichnen, damit ich weiß, wer die persönliche Verantwortung für die Geheimhaltung der überlassenen Dokumente trägt. Es macht jede Kontrolle der Verteilung der Dokumente unmöglich, wenn die Vertreter der Fraktionen in den verschiedenen Sitzungen des Sonderausschusses wechseln – ganz abgesehen davon, daß dadurch eine zusammenhängende Information der Fraktionen selbst durch diese Herren erschwert, wenn nicht unmöglich gemacht wird.

Auf Einzelheiten der Vertragsteile schriftlich einzugehen, würde zu weit führen. Um vollständig zu sein, müßte ich alles wiederholen, was auszuführen gerade in die Tätigkeit des Sonderausschusses gehört. Ich bin aber selbstverständlich gern bereit, mit Ihnen über die Punkte, die Sie erwähnt haben, noch einmal zu sprechen. Zu den wichtigsten Punkten, die Sie berühren, möchte ich folgendes sagen: Die Dekartellierungs- und Entflechtungsfragen sind in engstem Einvernehmen mit Vertretern der Koalitionsfraktionen verhandelt worden, zu denen von der CDU die Herrn Etzel und Schröder gehört haben. In der Kriegsverbrecherfrage will ich heute mit den Hohen Kommissaren eine Lösung erörtern, die den Bedenken des Sonderausschusses Rechnung trägt.[9] Die Bedenken gegen die Lastenausgleichslösung werden, wie ich glaube, überschätzt, wenn man von „verhängnisvollen“ Folgen spricht.

Schließlich möchte ich bemerken, daß ich die allgemeine Kritik an dem Ergebnis der Verhandlungen für zu weitgehend halte. Ich denke, daß die Darlegungen in dem Sonderausschuß zeigen werden, daß in den Verhandlungen der deutsche Standpunkt mit äußerster Energie und Zähigkeit vertreten worden ist und daß dort das Äußerste erreicht worden ist, was erreicht werden konnte. Alle Ressorts haben sich an diesen Verhandlungen mit Aufbietung aller Kräfte beteiligt. Ein Vergleich mit den Ausgangsforderungen der Alliierten macht das sehr deutlich. Aber niemand wäre natürlich in der Lage gewesen, im Wege der Verhandlungen den verlorenen Krieg in einen gewonnenen zu verwandeln. Und schließlich ist das Ganze doch praktisch ein Vorfriedensvertrag.

Mit besten Grüßen

Ihr
[gez.] Adenauer

VS-Bd. 5309 (Referat 507)

9 Am 28. April 1952 führte Bundeskanzler Adenauer in einer Besprechung mit den Hohen Kommissaren François-Poncet (Frankreich), Kirkpatrick (Großbritannien) und McCloy (USA) aus, „das Bundesverfassungsgericht könne von jedem als Kriegsverbrecher Verurteilten angerufen werden. Es könne die Verurteilten dann freilassen. Um dem vorzubeugen, sei ihm folgender Gedanke gekommen. Für jedes alliierte Gefängnis solle ein deutscher Direktor ohne besondere Funktion ernannt werden. Damit bleibe die Vollstreckung in alliierter Hand.“ Vgl. AAPD, Hohe Kommissare 1952, S. 133.
Es wurde eine Einigung dahingehend erzielt, daß sich die Drei Mächte im Überleitungsvertrag das Recht vorbehalten sollten, die Gefangenen in ihrem Gewahrsam zu behalten, bis die Bundesregierung in der Lage sei, die Gefangenen zu übernehmen. Für den Wortlaut des Artikels 6, Absatz 4 des Überleitungsvertrages vom 26. Mai 1952 vgl. BUNDESGESETZBLATT 1954, Teil II, S. 163.

121

Bundeskanzler Adenauer an den Geschäftsführenden Vorsitzenden der Alliierten Hohen Kommission, Kirkpatrick

313-00 II 233/52 geh. **29. April 1952**[1]

Herr Hoher Kommissar,

ich beehre mich, Ihnen auf Ihr Schreiben vom 20. März 1952 – AGSEC (52) 270[2] – über den Verkehr mit Westberlin und den Interzonenhandel folgendes mitzuteilen:

Die Bundesregierung hat davon Kenntnis genommen, daß die Alliierte Hohe Kommission damit einverstanden ist, den Interzonenhandel auf der Basis von Gegenseitigkeitsgeschäften durchzuführen, bis das Berliner Abkommen[3] in Kraft gesetzt werden kann. Die Bundesregierung ist ebenfalls der Auffassung, daß diese Form des Handels mit der sowjetischen Besatzungszone nur als eine zeitlich befristete Zwischenlösung betrachtet werden sollte. Sie wird zu gegebener Zeit erneut versuchen, in Verhandlungen mit den sowjetzonalen Stellen eine befriedigende Regelung in der Frage des Westberlin-Verkehrs zu erzielen, um im Sinne Ihres Schreibens vom 1. Februar 1952 – AGSEC (52) 102[4] – das Interzonenhandelsabkommen mit den aus dem Zeitablauf notwendig gewordenen Änderungen in Gang zu setzen.

1 Durchdruck.

2 Für den Wortlaut des Schreibens der Alliierten Hohen Kommission an Bundeskanzler Adenauer vgl. VS-Bd. 85 (Büro Staatssekretär).

3 Für den Wortlaut des Abkommens vom 20. September 1951 über den Handel zwischen den Währungsgebieten der Deutschen Mark (DM-West) und den Währungsgebieten der Deutschen Mark der Deutschen Notenbank (DM-Ost) (Berliner Abkommen) vgl. BUNDESANZEIGER, Nr. 186 vom 26. September 1951, S. 3. Vgl. dazu auch AAPD 1951, Dok. 155.

4 Der stellvertretende Geschäftsführende Vorsitzende der AHK, Hays, setzte Bundeskanzler Adenauer von der Auffassung der AHK in Kenntnis, daß „die seit dem Frühsommer von den Behörden der Sowjetzone durchgeführten verschiedenen Störungsmanöver gegen die Verbindungen zwischen Westberlin und dem Bundesgebiet nunmehr im wesentlichen aufgehört haben“. Nach Ansicht der AHK könne die Bundesregierung daher „alsbald Schritte ergreifen, um den Interzonenhandel nach Maßgabe des Berliner Abkommens wieder aufzunehmen“. Vgl. B 10 (Abteilung 2), Bd. 1331. Am 8. März 1952 teilte Bundeskanzler Adenauer dem Geschäftsführenden Vorsitzenden der AHK, François-Poncet, mit, daß es auch nach Ansicht der Bundesregierung keine wesentlichen Störungen des Verkehrs zwischen der Bundesrepublik und Berlin (West) mehr gebe. Jedoch habe „sich die Erwartung auf eine befriedigende Regelung in der Frage der Behandlung der Westberliner Warenbegleitscheine nicht voll erfüllt“. Weiter führte Adenauer aus: „Unter diesen Umständen hat die Bundesregierung davon absehen müssen, das Interzonenabkommen (Berliner Abkommen) in Gang zu setzen. Sie ist jedoch der Auffassung, daß das Ausbleiben einer formellen Vereinbarung über das für die Behandlung der Warenbegleitscheine in Aussicht genommene gemeinsame Verfahren eine völlige Stillegung des Interzonenhandels nicht rechtfertigen würde [...]. Die Bundesregierung beabsichtigt daher, während der Zeit der Suspendierung des Berliner Abkommens den Warenaustausch auf der Grundlage von Kompensationsgeschäften durchzuführen. Sie wird dafür Sorge tragen, daß durch eine zentrale Überwachung und Steuerung der Kompensationsgeschäfte die Gefahr vermieden wird, daß die sowjetzonalen Behörden den Interzonenhandel in der Bundesrepublik und in Westberlin politisch und wirtschaftlich in ihrem Sinne beeinflussen können. Hierzu wird auf dem Verordnungswege sichergestellt werden, daß Kompensationsverträge ausschließlich von der Treuhandstelle für den Interzonenhandel mit den Stellen im sowjetisch besetzten Gebiet abgeschlossen werden dürfen.“ Vgl. B 10 (Abteilung 2), Bd. 1318.

Wie bereits in den vorangegangenen Besprechungen zwischen den betreffenden Sachverständigen ausgeführt wurde, ist beabsichtigt, zwischen der Treuhandstelle für den Interzonenhandel und dem sowjetzonalen Ministerium für Außenhandel und innerdeutschen Handel jeweils Vereinbarungen in globaler Form über auszutauschende Waren zu treffen. Die Bundesregierung wird die Alliierte Hohe Kommission über derartige Vereinbarungen rechtzeitig unterrichten und, soweit dies erforderlich ist, ihre Zustimmung zu diesen Vereinbarungen einholen.[5]

Ihrem Schreiben habe ich ferner entnommen, daß die Alliierte Hohe Kommission die weitere Aufrechterhaltung der Handelsluftbrücke nicht mehr für notwendig hält und demzufolge sich auch nicht in der Lage sieht, für ihren Betrieb künftig einen finanziellen Beitrag zu leisten. Die Bundesregierung wird nunmehr ihrerseits im Benehmen mit dem Senat Berlin die Frage der weiteren Aufrechterhaltung der Handelsluftbrücke prüfen und die Alliierte Hohe Kommission über das Ergebnis zu gegebener Zeit unterrichten.

Die zuständigen deutschen Stellen werden die Entwicklung im Verkehr Westberlins mit dem Bundesgebiet sorgfältig beobachten und durch geeignete Maßnahmen dafür sorgen, daß künftig hierüber laufend genaue und vollständige Berichte aus Berlin vorliegen. Die Bundesregierung ist entsprechend Ihrer Anregung damit einverstanden, daß alliierte und deutsche Sachverständige in gemeinsame Beratungen eintreten, um anhand dieser Berichte die jeweilige Lage des Verkehrs mit Westberlin festzustellen.

Genehmigen Sie, Herr Hoher Kommissar, den Ausdruck meiner ausgezeichnetsten Hochachtung.

gez. Adenauer

VS-Bd. 3207 (Abteilung 2)

5 Am 6. Mai 1952 gab das Bundesministerium für Wirtschaft bekannt, daß die Treuhandstelle für den Interzonenhandel mit dem Regierungsbeauftragten der DDR für den Interzonenhandel, Orlopp, eine „Einigung über die Durchführung gegenseitiger vordringlicher Liefergeschäfte in Höhe von 61 Millionen DM" erzielt habe. Vgl. den Artikel „Bonn gibt Einigung über vordringliche Liefergeschäfte mit Sowjetzone bekannt"; DIE NEUE ZEITUNG vom 7. Mai 1952, S. 1.

122

Aufzeichnung des Delegationsleiters Grewe

30. April 1952

Betr.: Nicht-Anwendbarkeit des Truppenvertrages auf EVG-Mitglieder (Frankreich)[1]

In der Verhandlung vom 30.4.1952 über den Truppenvertrag[2] ist von deutscher Seite folgender neuer Formulierungsvorschlag übergeben worden:

„(1) Auf Streitkräfte der Drei Mächte oder einer anderen Macht, die Teile der Europäischen Verteidigungsgemeinschaft sind, findet dieses Abkommen keine Anwendung."

Es hat sich im Laufe der Verhandlungen immer mehr als dringlich erwiesen, eindeutig klarzustellen, daß die französischen Truppen in Deutschland vom Inkrafttreten der Verträge an als Europäische Streitkräfte gelten und daher nicht unter die Bestimmungen des Truppenvertrages fallen.

Eine Ausnahme von diesem Grundsatz ist nur in finanzieller Hinsicht für eine Übergangszeit vorgesehen, insoweit, als das Finanzabkommen bestimmt, daß in der Zeit bis zum 30.6.1953 auch der Unterhalt der französischen Truppen aus den Stationierungskosten der Drei Mächte bestritten wird.[3] Hierbei handelt es sich um eine Übergangsregelung, die zudem ausschließlich auf das finanzielle Gebiet beschränkt ist. Unannehmbar dürfte der offenbar auf französischer Seite verfolgte Plan sein, den französischen Truppen zunächst für diese Übergangszeit auch die übrigen Rechte aus dem Truppenvertrag zu sichern. Die deutsche Öffentlichkeit würde darin den Beweis sehen, daß Frankreich seine Verpflichtungen im Rahmen der EVG nicht aufrichtig zu erfüllen gewillt sei. Man würde in dieser Übergangsperiode nur einen Versuch sehen, sich dem Truppenstatut der EVG überhaupt zu entziehen und die vorteilhaftere Stellung des Truppenvertrags zu bewahren.

1 An dieser Stelle vermerkte Delegationsleiter Grewe handschriftlich: „finanzielle und andere Fragen; keine DM; alliierte Truppen behandelt; bekommen Geld von EVG".

2 Zur 25. Besprechung des Unterausschusses für das Truppenabkommen vgl. B 10 (Abteilung 2), Bd. 1438.

3 In Artikel 4 des Finanzvertrages vom 26. Mai 1952 zwischen der Bundesrepublik und den Drei Mächten wurde ausgeführt: „1) Die Vorschriften dieses Artikels finden vom Inkrafttreten dieses Vertrages bis zum 30. Juni 1953 Anwendung. 2) Die Bundesrepublik leistet einen monatlichen Verteidigungsbeitrag von durchschnittlich 850 Millionen DM, der ausschließlich als ihr Beitrag zur Europäischen Verteidigungsgemeinschaft und als Mittel für den Unterhalt der Streitkräfte bestimmt ist." Dieser Beitrag werde „im Haushalt der Europäischen Verteidigungsgemeinschaft als Durchlaufposten behandelt". Die Gemeinschaft habe „keine weitere Verpflichtung als die, die vereinbarten Beträge in der zwischen der Gemeinschaft, der Bundesrepublik und den beteiligten Mächten zu vereinbarenden Weise den Streitkräften zuzuleiten". Vgl. BUNDESGESETZBLATT 1954, Teil II, S. 137 f. Vgl. dazu auch Dok. 102, Anm. 3.
In Artikel 1 des Finanzvertrages wurde ausgeführt, daß der Begriff „Streitkräfte" bezogen sei auf die „im Bundesgebiet stationierten bewaffneten Streitkräfte der Drei Mächte und anderer Entsendestaaten mit der Maßgabe, daß der Ausdruck [...] auf die im Bundesgebiet stationierten Streitkräfte der beteiligten Mächte, die auf Grund des Vertrages über die Errichtung der Europäischen Verteidigungsgemeinschaft Kontingente der Europäischen Verteidigungsgemeinschaft geworden sind, nur bis zum 30. Juni 1953 Anwendung findet". Vgl. BUNDESGESETZBLATT 1954, Teil II, S. 135.

Aus allen diesen Gründen ist die im Abs. 1 des neuen deutschen Vorschlags versuchte Klarstellung unerläßlich.

Man wird mit dem Gegenargument zu rechnen haben, daß das Zugeständnis einer finanziellen Übergangsperiode sinnlos sei, wenn ihr nicht eine Übergangsperiode auch in anderer Hinsicht entspreche. Es habe keinen Zweck, den Franzosen gewisse finanzielle Mittel zuzubilligen, wenn man nicht zugleich die französischen Streitkräfte als selbständiges Subjekt bestehen lasse, dem diese Mittel zugute kommen sollten. Dieses Argument ist nicht schlüssig. Es ist durchaus vorstellbar, daß die französischen Truppen als Kontingente der EVG nach dem Recht der EVG leben und zugleich nach Maßgabe des Finanzvertrages aus den Stationierungskosten finanziert werden.

Grewe

VS-Bd. 5256 (Referat 507)

123

Gespräch des Bundeskanzlers Adenauer mit dem Oberbefehlshaber der NATO-Streitkräfte in Europa, Eisenhower

Geheim **2. Mai 1952**[1]

Einleitend gab der Herr *Bundeskanzler* seiner Freude darüber Ausdruck, daß General Eisenhower vor seiner Abreise nach den Vereinigten Staaten[2] nach Bonn gekommen sei, und dankte ihm für seine Bemühungen zur Lösung bestehender Schwierigkeiten. General *Eisenhower* wies darauf hin, daß man sich im Hinblick auf die Ratifizierung der neuen Verträge mit Verständnis und Geduld wappnen müsse. Um so höher seien deshalb die Anstrengungen zu würdigen, die der Herr Bundeskanzler zur Beilegung der deutsch-französischen Schwierigkeiten und zur Schaffung einer Grundlage für die Zusammenarbeit mit allen westeuropäischen Völkern unternommen habe. Die wichtigste Aufgabe bestehe im Augenblick darin, zu verhüten, daß der Schwung der augenblicklichen Entwicklung nachlasse. Nur wenn dies gelinge, könne man Westeuropa zu weiterem Aufstieg verhelfen und nicht nur dessen Sicherheit gewährleisten, sondern auch Frieden und Wohlstand. Aus einzelnen Äußerungen und Urteilen in den Vereinigten Staaten könne man, wie General Eisenhower ausführte, manchmal den Eindruck einer gewissen Ignoranz und Naivität gewinnen, andererseits seien sich aber die Amerikaner heute über gewisse Grundtatsachen voll und ganz im klaren. Eine dieser Tatsachen sei die Erkenntnis, daß das künftige

1 Die Gesprächsaufzeichnung wurde von Dolmetscher Weber gefertigt.
Vgl. dazu auch FRUS 1952–1954, V/1, S. 649–651.

2 Am 10. April 1952 wurde Dwight D. Eisenhower auf eigenen Wunsch mit Wirkung zum 1. Juni 1952 als Oberbefehlshaber der NATO-Streitkräfte in Europa entlassen.

Schicksal der Vereinigten Staaten untrennbar mit dem Westeuropas verknüpft sei. Dies habe auch zu den Investierungen Anlaß gegeben. Nach dem verfassungsmäßig vorgeschriebenen Verfahren erfolgten die Zuweisungen jeweils in Jahresabständen.[3] Hieraus ergebe sich die Notwendigkeit einer Prüfung, ob die Investierungen gut gewesen seien oder nicht. Vom Ergebnis dieser Untersuchungen hänge es dann ab, ob weitere Geldmittel zur Verfügung gestellt würden oder eine Kürzung eintrete. Die Vereinigten Staaten seien sich weiterhin der Tatsache bewußt, daß ein Rückzug der amerikanischen Truppen aus Westeuropa eine Katastrophe für die Vereinigten Staaten bedeuten würde.

Ferner habe sich in den Vereinigten Staaten die Überzeugung durchgesetzt, daß Westeuropa auf eigenen Beinen stehen müsse. Zu diesem Zwecke müsse eine wirtschaftliche Vereinigung der Länder Westeuropas sowie eine tatsächliche politische Föderation erfolgen. Solange dies nicht der Fall sei, bestünden keine festen Aussichten auf Sicherheit, Friede und Wohlstand. Gewiß würden in Amerika die Schwierigkeiten hierbei oft etwas unterschätzt. Man gehe aber davon aus, daß für Westeuropa keine andere Möglichkeit bestehe als die der Vereinigung und für Amerika keine andere als die, Investierungen in Westeuropa vorzunehmen. Über all diesen politischen und wirtschaftlichen Erfordernissen dürfe Europa aber auch nicht die geistigen Anstrengungen außer acht lassen, die auf dem Wege zu diesem Ziele erforderlich seien. Er, General Eisenhower, halte in dem EVG-Vertrag, der hoffentlich bald paraphiert und unterzeichnet werde[4], den Teil für den wichtigsten, in dem der Beratenden Versammlung der Auftrag erteilt werde, Pläne für einen Zusammenschluß der westeuropäischen Länder auszuarbeiten.[5] General Eisenhower wies darauf hin, daß er seinen Standpunkt, den er auch für den in Amerika allgemein vertretenen halte, dem Herrn Bundeskanzler etwas ausführlicher dargelegt habe, um zum Ausdruck zu bringen, daß er diese Pläne nicht nur unterstützen, sondern sich dafür voll und ganz einsetzen und „ein Kreuzfahrer“ dafür sein wolle. Er gehe nämlich von der Überzeugung aus, daß nur auf diese Weise die Rettung Westeuropas möglich sei.

3 Zum amerikanischen Auslandshilfegesetz vom 1. Juli 1952 für das Finanzjahr 1952/53 vgl. Dok. 120, Anm. 6.

4 Zur Unterzeichnung des EVG-Vertrages am 27. Mai 1952 in Paris vgl. Dok. 151.

5 Artikel 38 des EVG-Vertrages vom 27. Mai 1952: „1) Innerhalb der in Paragraph 2 dieses Artikels vorgesehenen Fristen untersucht die Versammlung a) die Bildung einer Versammlung der Europäischen Verteidigungsgemeinschaft durch Wahl auf demokratischer Grundlage; b) die Befugnisse, die einer solchen Versammlung zu übertragen wären; c) die Änderungen, die gegebenenfalls an den Vorschriften dieses Vertrages über die übrigen Organe der Gemeinschaft vorgenommen werden müßten, insbesondere, um eine angemessene Vertretung der Staaten sicherzustellen. Bei ihren Untersuchungen hat sich die Versammlung insbesondere von nachstehenden Grundsätzen leiten zu lassen: Die endgültige Organisation, die an die Stelle der vorläufigen Organisation treten wird, soll so beschaffen sein, daß sie den Bestandteil eines späteren bundesstaatlichen oder staatenbündischen Gemeinwesens bilden kann, das auf dem Grundsatz der Gewaltenteilung beruhen und insbesondere über ein Zweikammersystem verfügen soll. Die Versammlung hat ferner die Fragen zu prüfen, die sich aus dem Nebeneinander verschiedener, bereits vorhandener oder zu schaffender Organisationen für europäische Zusammenarbeit ergeben, um deren Zusammenfassung im Rahmen des bundesstaatlichen oder staatenbündischen Ausbaus sicherzustellen. 2) Die Vorschläge der Versammlung sind dem Rat binnen sechs Monaten nach Aufnahme ihrer Tätigkeit vorzulegen. Diese Vorschläge sind sodann mit der Stellungnahme des Rates vom Präsidenten der Versammlung den Regierungen der Mitgliedstaaten zuzuleiten; diese haben binnen drei Monaten eine Konferenz zur Prüfung der Vorschläge einzuberufen.“ Vgl. BUNDESGESETZBLATT 1954, Teil II, S. 354.

Der Herr *Bundeskanzler* erwiderte, daß er die Auffassung General Eisenhowers völlig teile und daß die Föderation Europas die einzig mögliche Lösung sei. Dies gelte auch auf wirtschaftlichem und kulturellem Gebiet. Westdeutschland habe bereits einen asiatischen Druck auszuhalten; denn das heutige Rußland könne nicht mit dem zaristischen Rußland verglichen werden. Er verstehe, daß die Schwierigkeit und das Zögern Westeuropas in Amerika manchmal nur schwer verständlich seien. Was die Lage Deutschlands betreffe, so sei sie etwas einfacher, da Deutschland nach dem letzten Krieg alles verloren habe und politisch und wirtschaftlich wieder ganz von vorne habe anfangen müssen. Im übrigen sei es erstaunlich, wie rasch sich mit zunehmender Entfernung von der russischen Grenze die europäische Mentalität ändere.

Zwei Tatsachen wolle er General Eisenhower vor dessen Abreise jedoch besonders vortragen, um damit in Amerika das Vertrauen dafür zu stärken, daß das gemeinsame Ziel erreicht werde. Im Verlaufe der letzten zwei Jahre habe die europäische Einigung beträchtliche Fortschritte gemacht. Dies komme nicht nur in dem Abschluß von Verträgen zum Ausdruck, sondern auch vor allem in einer neuen geistigen Einstellung. Vor einigen Wochen habe er mit M. Schuman, Mr. Eden und dem amerikanischen Botschafter in Paris[6] die westliche Antwortnote auf die erste sowjetische Note erörtert[7], und bei dieser Gelegenheit habe Mr. Eden darauf hingewiesen, daß in den zwanziger und dreißiger Jahren eine ähnliche Übereinstimmung der Auffassungen, wie dies heute der Fall sei, unmöglich gewesen wäre. Die zweite Tatsache sei die Begeisterung der Jugend für den Gedanken eines europäischen Zusammenschlusses. Die heutige Jugend sei nicht mehr mit den bedrückenden Erinnerungen der älteren Generation belastet und sehe deswegen klarer und hoffnungsvoller in die Zukunft, die für sie in der europäischen Föderation liege.

Der Herr Bundeskanzler führte weiter aus, daß bei der Durchführung von Jugendaustauschprogrammen zwischen Deutschland und Frankreich dennoch gewisse Schwierigkeiten aufgetreten seien, die nicht unbedingt politischer Natur zu sein brauchen. Ein besseres Funktionieren dieser Programme würde sehr viel zur Politik der Verständigung und guten Nachbarschaft beitragen. Falls General Eisenhower in dieser besonderen Frage helfen könne, wäre er dem General sehr verbunden.

Auf die geistige und psychologische Situation Deutschlands eingehend, erklärte der Herr Bundeskanzler, Deutschland sei heute noch psychisch krank. Dies lasse sich vielleicht verstehen, wenn man die politische Entwicklung seit 1914 berücksichtige sowie die Tatsache, daß der Nationalsozialismus die Menschen in ihrer geistigen Entwicklung gehemmt habe. Die junge Generation habe diese Erfahrungen jedoch nicht gemacht, weshalb er so große Hoffnungen auf die Jugend setze.

Der Herr Bundeskanzler kam sodann auf die Frage des Abschlusses des Generalvertrags und des Vertrags über die Errichtung der Europäischen Verteidi-

6 James C. Dunn.

7 Zum Gespräch des Bundeskanzlers Adenauer am 20. März 1952 mit Vertretern der Drei Mächte in Paris vgl. Dok. 82.

gungsgemeinschaft zu sprechen. Er hoffe, daß die Verträge bis zum 20. Mai abgeschlossen sein könnten, obschon noch viel Arbeit und Klärung erforderlich sei.

Hinsichtlich der russischen Gefahr gab der Herr Bundeskanzler seiner Überzeugung Ausdruck, daß diese nirgendwo so sehr in ihrem ganzen Ausmaß erkannt werde wie in Deutschland. Dies sei vor allem auf die Erfahrungen ehemaliger Kriegsgefangener in der Sowjetunion sowie auf die aus der Sowjetzone einlaufenden Nachrichten zurückzuführen. Wenn General Eisenhower in die Vereinigten Staaten zurückkehre, dürfe er überzeugt sein, daß in keinem Staate Westeuropas soviel Aufgeschlossenheit und Verständnis für die Europapolitik der Vereinigten Staaten zu finden sei wie in der Bundesrepublik. Außerdem werde der größte Teil des deutschen Volkes nicht vergessen, was die Vereinigten Staaten nach dem Zusammenbruch für die deutsche Bevölkerung getan hätten. Abschließend wiederholte der Kanzler, daß die Vereinigten Staaten auch weiterhin in der Bundesrepublik eine Stütze für ihre Europapolitik finden würden.

General *Eisenhower* erkundigte sich im Zusammenhang mit dem Jugendaustauschprogramm nach den Schwierigkeiten und deren Ursachen.

Der Herr *Bundeskanzler* erwiderte, daß es sich wohl um finanzielle, aber auch um organisatorische Schwierigkeiten handle. So habe z.B. die Bundesregierung u.a. auch die gebührenfreie Ausstellung eines Jugendpasses für Jugendliche bis zu 24 Jahren zur freien Reise durch westeuropäische Länder vorgeschlagen[8], jedoch sei die Anregung nicht aufgenommen worden. Die Bundesregierung werde aber ihre Bemühungen fortsetzen und vor allem nach wie vor um eine deutsch-französische Verständigung bestrebt sein. So seien auch vor kurzem französische Bischöfe in Deutschland gewesen[9], und deutsche Bischöfe würden demnächst einen Gegenbesuch in Frankreich abstatten. Auch zwischen deutschen und französischen Protestanten bestünden gute Beziehungen.

General *Eisenhower* fragte nach den Zuständen in der Sowjetzone und insbesondere nach den kommunistischen Methoden im Hinblick auf Gerichtsverfahren, Durchsetzung von Vorschriften, Behandlung der Bevölkerung, Bestrafung ohne Gerichtsverhandlung usw. Der Herr *Bundeskanzler* erwiderte, daß die Methoden zweimal so schlimm wie die der Nationalsozialisten und asiatischer seien. Die gegenwärtige Lage in der Sowjetzone lasse sich in einem Satz zusammenfassen: Die Menschen lebten ohne Rechte in Furcht und Schrecken. Sein Sohn, der kürzlich im Ostsektor Berlins gewesen sei, habe ihm berichtet, daß man schon am Gesichtsausdruck der Menschen in der Ostzone ablesen könne, was sie zu leiden haben.

8 Mit Schreiben vom 9. Februar 1951 schlug Bundeskanzler Adenauer dem Geschäftsführenden Vorsitzenden der AHK, McCloy, die Schaffung eines Jugendpasses vor, der „zunächst von den europäischen Regierungen geschaffen und später auch in einem weiteren Rahmen eingeführt werden" könne: „Gelänge es, durch Erleichterung des Paß- und Visumszwanges die demokratische Jugend untereinander näher bekanntzumachen, so wäre ein bedeutender Schritt auf dem Wege der Verständigung der Völker getan." Vgl. ADENAUER, Briefe 1949–1951, S. 344 f.
In einem dem Schreiben beigefügten Memorandum wurde dazu ausgeführt, daß der Paß an Jugendliche zwischen 14 und 25 Jahren ausgegeben werden solle, „die einer von der Regierung des Landes anerkannten demokratischen Jugendorganisation angehören". Der Paß solle den Aufenthalt in einem fremden Staat bis zu einer Dauer von drei Monaten gestatten. Für einen längeren Aufenthalt sollten die normalen Visumsvorschriften gelten. Vgl. B 10 (Abteilung 2), Bd. 1315.

9 Am 21. April 1952 traf Kardinal Frings in Köln den Bischof von Chartres, Harsouët.

General *Eisenhower* bemerkte hierzu, man müsse eigentlich annehmen, daß die Russen versuchen würden, sich von einer besseren Seite zu zeigen, um sich die Gunst der Bevölkerung und auch Westdeutschlands zu erwerben.

Hierzu bemerkte der Herr *Bundeskanzler*, daß die russische Politik nicht immer logisch und überlegt erscheine. So habe auch der Vorschlag der ersten Sowjetnote, Deutschland eine eigene Armee zu geben[10], zwar bei einigen deutschen Nationalisten Anklang gefunden, die Franzosen jedoch vor den Kopf gestoßen. Wenn der EVG-Vertrag im französischen Parlament ratifiziert werde, sei dies zu einem großen Teil ein Verdienst der Russen. Die Fehlentscheidungen der Russen seien zum Teil auch darauf zurückzuführen, daß die örtlichen kommunistischen Funktionäre keine eigenen Entschlüsse treffen könnten, sondern sich für Instruktionen an Moskau zu wenden hätten. Moskau sei aber nicht immer mit den jeweiligen örtlichen Gegebenheiten vertraut.

Mr. *McCloy*, der im Laufe der Unterredung eintraf, bat den Herrn Bundeskanzler, einige Ausführungen über die augenblickliche Situation im Hinblick auf die Beantwortung der zweiten Sowjetnote[11] zu machen, und fragte, ob der Herr Bundeskanzler bestimmte Vorstellungen habe, wie das Antwortschreiben der Westmächte abzufassen wäre. Wie könnte die deutsche Bevölkerung davon überzeugt werden, daß es die Westmächte mit der deutschen Einheit ernst meinten und gleichzeitig die Absicht hätten, die politische Integration in das westliche System fortzusetzen.

Der Herr *Bundeskanzler* vertrat die Auffassung, daß es wichtig sei, mit dem Antwortschreiben zu erreichen, daß die Russen ihre wirklichen Absichten offenbarten. Man müsse sie zwingen, Farbe zu bekennen, und dann werde sich auch herausstellen, daß sie einer Wiedervereinigung Deutschlands in Freiheit nicht zustimmen würden. In dem Antwortschreiben müßten gewisse Fragen an die Russen gerichtet werden. So hätten z. B. die Russen auch wieder in ihrer zweiten Note die Neutralisierung Deutschlands als Voraussetzung und Grundlage eines Friedensvertrags vorgeschlagen.

In diesem Zusammenhang wies der Herr Bundeskanzler darauf hin, daß man in der Bundesrepublik versuchen müsse, das Interesse der Öffentlichkeit an politischen Fragen, das auf Grund der Erfahrungen während des Naziregimes sehr gelitten habe, wieder zu fördern. Es sei für ihn erschütternd gewesen, daß bei einer bei 2000 bis 3000 Menschen veranstalteten Umfrage über den Generalvertrag, über den die Zeitungen und der Rundfunk doch seit Wochen berichteten, 81% der Befragten nichts von einem Generalvertrag gewußt hätten. Er hoffe jedoch, daß nach Abschluß der Verträge und angesichts der weiteren politischen Entwicklung in Deutschland und Europa das politische Interesse der Bevölkerung wieder zunehmen werde.

Mr. *McCloy* fragte sodann den Herrn Bundeskanzler, ob er im Augenblick eine Konferenz mit den Russen für erforderlich halte, um der deutschen Bevölkerung zu beweisen, daß die russischen Vorschläge nicht ernst gemeint seien oder ob er einen Notenaustausch für ausreichend erachte.

10 Zur sowjetischen Note vom 10. März 1952 an die Drei Mächte vgl. Dok. 74, Anm. 2.
11 Zur sowjetischen Note vom 9. April 1952 an die Drei Mächte vgl. Dok. 104, Anm. 2.

Der Herr *Bundeskanzler* stellte fest, daß im Augenblick eine Konferenz mit den Russen seiner Auffassung nach ein Unglück wäre, solange diese nicht sorgfältig vorbereitet sei. Die amerikanischen Herren müßten doch sicher einige Erfahrungen auf Konferenzen mit den Russen seit 1947 haben. Er befürworte jederzeit eine Konferenz mit den Russen, falls diese entsprechend vorbereitet und die Verhandlungsgegenstände eindeutig bestimmt und umrissen seien. Hätten sich die Russen bei der Abfassung ihrer Noten größere Zurückhaltung auferlegt und nicht von der Neutralisierung Deutschlands, von einer nationalen Armee und von der Oder-Neiße-Linie gesprochen, so wäre die Beantwortung heute für die Westmächte schwieriger. Da die Russen diese Punkte jedoch als Voraussetzung für den Abschluß eines Friedensvertrages vorgesehen hätten, dürfte die Beantwortung der Note verhältnismäßig einfach sein. In einer Rede, die er am Mittwoch in Wetzlar vor 12000 Zuhörern, darunter 9000 Arbeitern, gehalten habe[12], sei die Mehrheit der Zuhörer mit der von ihm gegebenen Darstellung der Lage voll und ganz einverstanden gewesen.

Mr. *McCloy* erinnerte an eine Unterhaltung, die er vor kurzem mit einem Deutschen geführt habe und in der dieser auf den gefährlichen Charakter der augenblicklichen Lage hingewiesen habe. Bisher habe sich die Bevölkerung Westdeutschlands im großen und ganzen nach Westen orientiert. Auf Grund der Sowjetnoten und der damit verbundenen Agitation über die deutsche Einheit bestehe im Augenblick vielleicht die Gefahr einer Entfremdung. Die Vereinigten Staaten dürften jetzt keine zu starre Haltung einnehmen und nicht den Eindruck erwecken, als ob die Integration Westdeutschlands und der deutsche Verteidigungsbeitrag wichtiger als die Wiedervereinigung Deutschlands wären. Der betreffende Deutsche sei kein SPD-Mitglied gewesen und habe besonders betont, daß der Westen alles tun müsse, um zu zeigen, daß er wirkliche Bemühungen zur Herbeiführung der deutschen Wiedervereinigung unternehme. Andernfalls bestehe durchaus die Gefahr der oben angedeuteten Entwicklung.

Der Herr *Bundeskanzler* hielt diese Befürchtung für etwas übertrieben. Er habe in Wetzlar den Eindruck gewonnen, daß die Mehrheit seiner Zuhörer – und er glaube, auch die Mehrheit der westdeutschen Bevölkerung – den augenblicklichen Kurs verstehe und billige. Er habe auch erfahren, daß Dr. Niemöller und Dr. Heinemann anläßlich eines Besuchs in der Ostzone[13] wegen der

[12] Am 30. April 1952 erklärte Bundeskanzler Adenauer auf einer Wahlkundgebung der CDU, daß der Generalvertrag, der Truppenvertrag und die Mitgliedschaft in der EGKS der Freiheit und dem Frieden der Bundesrepublik dienten. Weiter führte er aus, daß die „Anerkennung der Oder-Neiße-Linie und eine Neutralisierung Deutschlands als Diskussionsgrundlage für ein Gespräch mit Sowjet-Rußland [...] für die Bundesrepublik unannehmbar" seien. Vgl. den Artikel „Adenauer hebt erneut Verbundenheit Deutschlands mit dem Westen hervor"; DIE NEUE ZEITUNG vom 1./2. Mai 1952, S. 1.

[13] Der Präsident der Evangelischen Kirche in Hessen und Nassau, Niemöller, hielt sich vom 31. Dezember 1951 bis 2. Januar 1952 unmittelbar vor seiner Weiterreise nach Moskau in Ost-Berlin auf. Nach seiner Rückkehr aus der UdSSR betonte er, „daß er bei seinem kurzen Aufenthalt in Berlin mit keinen Politikern der Sowjetzone gesprochen habe". Vgl. den Artikel „Niemöller durfte keine Gefangenen sprechen"; FRANKFURTER ALLGEMEINE ZEITUNG vom 11. Januar 1952, S. 1.
Am 12. März 1952 hielt sich der Präses der Synode der Evangelischen Kirche in Deutschland, Heinemann, in Ost-Berlin auf. In einem Gespräch mit dem CDU-Vorsitzenden in der DDR, Nuschke, erklärte er zur Oder-Neiße-Linie, daß „es zwar für viele Deutsche eine schmerzliche Feststellung sein wird, aber diese Frage gegenüber der Erhaltung des Friedens doch zweitrangig sei". Jede künftige gesamtdeutsche Regierung müsse sich mit den Grenzen im Osten abfinden. Er fügte jedoch hinzu, daß „in dem Vorschlag des Friedensvertrages eine Garantie-Erklärung der Signatarmächte einschließlich Deutschland über die Unantastbarkeit des im Friedensvertrag festgelegten Territo-

von ihnen vertretenen Politik starken Vorwürfen aus Freundeskreisen ausgesetzt gewesen seien. Nach wie vor bleibe das Ziel, dem auch die SPD in der Bundestagsdebatte zugestimmt habe[14], die Wiedervereinigung Deutschlands in Freiheit und in einem freien Europa.

General *Eisenhower* erwähnte ein anderes Problem von geringerer Bedeutung, das im Augenblick aufgeschoben worden sei. Es handle sich um die Stationierung von dänischen Truppen zum Schutz des Kieler Kanals.

Der Herr *Bundeskanzler* erklärte, er habe die Frage mit Sir Ivone Kirkpatrick besprochen und sei dankbar, daß sie zurückgestellt worden sei. Die Stationierung dieser Truppen könne zu politischen Schwierigkeiten Anlaß geben.

General *Eisenhower* bemerkte, er habe erst in Europa vom Bestehen solcher Schwierigkeiten erfahren und würde sich freuen, wenn der Herr Bundeskanzler ihm mitteilen könne, mit wem Besprechungen in dieser Frage aufgenommen werden könnten, sobald die vordringlicheren und schwierigeren Probleme im Bundestag gelöst worden seien. Sir Ivone habe ihm mitgeteilt, daß der örtliche Ministerpräsident bereits Alternativvorschläge ausgearbeitet habe, die nach deutscher Ansicht die militärischen Erfordernisse im Zusammenhang mit der Stationierung der dänischen Truppen befriedigen würden.

Der Herr *Bundeskanzler* teilte mit, daß er diese Frage im Laufe der nächsten Woche mit Ministerpräsident Lübke erörtern und entsprechende Vorschläge unterbreiten werde.

Abschließend wies General *Eisenhower* darauf hin, daß es nicht seine Absicht sei, politische Schwierigkeiten zu schaffen, es handle sich hier um eine Organisationsfrage im Zusammenhang mit der Verteidigung des Kieler Kanals gegen einen eventuellen Angriff.

VS-Bd. 87 (Büro Staatssekretär)

Fortsetzung Fußnote von Seite 340

riums enthalten" sein müsse. Schließlich schlug Heinemann Nuschke vor, „die Regierung der DDR dahin zu bestimmen, daß man den Vertretern der UNO die Einreise in die DDR zur Überprüfung der Voraussetzungen von Wahlen gestattet und gleichzeitig Bonn verpflichtet, den zweiten Auftrag dieser UNO-Kommission mit derselben Leidenschaftlichkeit zu unterstützen wie den ersten Auftrag, nämlich die Durchführung freier, geheimer, demokratischer Wahlen ganz Deutschlands in Angriff zu nehmen". Vgl. die Gesprächsaufzeichnung; Archiv für Christlich-Demokratische Politik, III-013-342/1.

14 Am 7. Februar 1952 führte der stellvertretende SPD-Vorsitzende, Ollenhauer, in der Debatte des Bundestags über einen Verteidigungsbeitrag der Bundesrepublik aus: „Das deutsche Volk in seiner erdrückenden Mehrheit fühlt sich unlösbar verbunden mit den Lebensvorstellungen der westlichen Welt, und wir wissen, daß seine nationale Existenz und seine Zukunft von der Erhaltung des Friedens und eines freien demokratischen und sozialen Europas abhängt." Vgl. BT STENOGRAPHISCHE BERICHTE, Bd. 10, S. 8110.

124

Aufzeichnung des Bundesministers Schäffer

6. Mai 1952[1]

Vermerk über Gespräch[2] mit Mr. Harris und Prof. Bode am 5.5.1952 nachts in der Wohnung von Mr. Harris.

I. Überhöhte Anforderungen an Besatzungskosten in den Monaten März und April

Die Herren gaben ausdrücklich zu, daß sie sehr betreten gewesen seien, als ich ihnen das erste Mal die Eröffnung machte, daß die Besatzungskosten des Monats März den Betrag von 1460 Mio. DM erreichen.[3] Sie hätten selbst nichts zu antworten gewußt, als daß trotzdem die wirklichen Aufwendungen des Haushaltsjahres 1951/52 für Besatzungskosten im Rahmen des Haushaltsvoranschlags bleiben.[4]

Ich erklärte,

a) daß das gar nicht zuträfe. Der Ansatz im Bundeshaushalt 1951 für anerkannte Besatzungskosten (Einzelplan XXIV und XXV) sei zusammen gewesen 6.843.277.000 DM. Wir hätten bis zum 31.3.1952 in diesem Haushaltsjahr eine Istausgabe von 7.567 Mio. DM, im Einzelplan XXVII seien veranschlagt gewesen im Bundeshaushalt 814.650.000 DM.

Wir würden bis zum 31.3. davon ausgeben 375 Mio. DM. Dieser Teil sei aber der deutsche Teil, der sie nichts angeht. Die Überzahlung der anerkannten Besatzungskosten betrüge über den Haushaltsvoranschlag hinaus (das Bundesgebiet einschließlich Berlin) 723.732.000 DM, ohne Berlin betrüge die Überzahlung für die anerkannten Besatzungskosten über den Haushaltsvoranschlag hinaus 672.314.000 DM.

1 Die Aufzeichnung wurde von Bundesminister Schäffer am 6. Mai 1952 an Bundeskanzler Adenauer weitergeleitet. Dazu führte Schäffer aus: „Am Montag abend war ich in das Haus Harris eingeladen und hatte dort eine ausführliche Besprechung, die nicht nur in günstiger Atmosphäre verlief, sondern sogar zu ausgesprochen freundschaftlichen Äußerungen geführt hat. Ich lege einen Vermerk über diese Besprechung bei. Ich habe die Hoffnung, daß die Anschauungen, die ich geäußert habe, zumindest bei der amerikanischen Seite volles Verständnis finden.“ Vgl. das Begleitschreiben; VS-Bd. 5375 (Referat 507); B 150, Aktenkopien 1952.
Hat Adenauer am 8. Mai 1952 vorgelegen.
Hat Staatssekretär Hallstein am 10. Mai 1952 vorgelegen, der handschriftlich vermerkte: „Anlage für Brief v[om] 6.5.52 an Herrn Bundeskanzler.“

2 An dieser Stelle fügte Staatssekretär Hallstein handschriftlich ein: „von H[errn] Minister Schäffer“.

3 Am 1. Mai 1952 übermittelte Bundeskanzler Adenauer den Hohen Kommissaren François-Poncet (Frankreich), Kirkpatrick (Großbritannien) und McCloy (USA) ein Memorandum des Bundesministers der Finanzen. Schäffer führte darin aus, daß sich die Besatzungskosten für den Monat März 1952 auf 1,4 Milliarden DM beliefen. Für April 1952 würden sie auf 850 Millionen DM und für die Monate Mai bis Juli 1952 auf durchschnittlich jeweils 600 Millionen DM geschätzt. Vgl. dazu FRUS 1952–1954, VII/1, S. 48 f.

4 Am 2. Mai 1952 erklärte der amerikanische Hohe Kommissar McCloy in einem Gespräch mit Bundesminister Schäffer: „We pointed out that liquidation or reduction of carryover in itself created a healthier situation and that we w[ou]ld do everything in our power to keep occupation cost expenditure within the four months period Apr[il] 1 to July 31 to total of DM 2.4 billion on an average monthly rate of DM 600 million regardless of fact that Apr[il] expenditure amounted to DM 900 million.“ Vgl. FRUS 1952–1954, VII/1, S. 51.

b) Anhand der Berichte der einzelnen Länder legte ich ihnen dar, daß die Länder festgestellt haben, daß Löhne und Gehälter für mehrere Monate im Monat März für Rechnung dieses Monats allein angefordert wurden, daß große Vorräte[5] im Monat März aufgekauft wurden (das Drei- bis Vierfache des sonst normalen Bedarfs), daß in vielen Fällen auch rein unnötige Ausgaben (auch Bauten im Monat März) auf Grund des Rundschreibens der EUCOM, das ich seinerzeit sofort beanstandet hatte, gemacht worden sind.

c) Ich erklärte ihnen, daß der Gesichtspunkt des Überhangs keine Rechtfertigung des Verhaltens bietet. Ich hätte die Verhandlungen über den Verteidigungsbeitrag abgeschlossen unter der Voraussetzung, daß einmal in der Verwendung der Besatzungskosten der bisher übliche Geschäftsgang weiter eingehalten wird und außerdem daß in dem Verteidigungsbeitrag von monatlich 850 Mio. DM alles enthalten sei, was die Bundesrepublik (neben den bereits im Haushalt enthaltenen, von den Drei Weisen selbst als anrechnungsfähig anerkannten Ausgaben für Verteidigung) für Verteidigungszwecke überhaupt ausgeben würde, zumindest alles, was bisher in den Besatzungskostenhaushalten (anerkannte und nicht anerkannte Besatzungskosten) enthalten war.[6]

Ich wies darauf hin, daß bisher am Ende des Haushaltsjahres 1949 zum Jahr 1950 und vom Jahr 1950 zum Jahr 1951 immer ungefähr der gleiche Überhang vorhanden gewesen wäre, weil es natürlich sei, daß die Anforderungen für das Haushaltsjahr jeweils nie voll ausgegeben würden, sondern immer ein Rest erst im kommenden Haushaltsjahr zur tatsächlichen Auszahlung gelangt.

Bei den Verhandlungen über den Verteidigungsbeitrag sei die selbstverständliche Voraussetzung gewesen, die übrigens auch ausdrücklich erklärt worden wäre, daß die Summe von insgesamt 8.800 Mio. DM die Leistungskraft Deutschlands voll ausschöpfe und daß es daneben unmöglich sei, der Bundesrepublik noch zuzumuten, den Überhang der Vorjahre mit rd. 1½ Mrd. DM neben den 8.800 Mio. DM zu bezahlen.

d) Ich habe in diesem Zusammenhang erklärt, ich könnte den Generalvertrag vor dem Bundestag nicht vertreten, wenn ich mich vor dem Bundestag nicht rechtfertigen könnte dahin, daß ich alles getan hätte, um die überhöhten Anforderungen des März und April auszugleichen.

Ich teilte ihnen mit, daß ich in meinem Haus bereits Anweisung gegeben habe, in keinem Monat künftig mehr als 500 Mio. DM für sämtliche drei Besatzungsmächte an Zahlungen anzuweisen; wenn diese Summe um 1 DM überschritten würde, müßte für die Zahlungsanweisung meine persönliche Zustimmung eingeholt werden.

Ich habe wörtlich den Herren dabei erklärt:

„Wenn Ihnen das nicht gefällt, bleibt Ihnen nichts anderes übrig, als bei Herrn Bundeskanzler meine Entlassung zu beantragen. Sie würden mir damit den größten Gefallen tun."

5 Der Passus „Löhne und Gehälter ... große Vorräte" wurde von Bundeskanzler Adenauer hervorgehoben. Dazu vermerkte er handschriftlich: „Ergänzendes Material."

6 Zum Ergebnis der Verhandlungen über den finanziellen Verteidigungsbeitrag der Bundesrepublik vgl. Dok. 61, Anm. 3.

Ich habe den bestimmten Eindruck, daß die alliierten Mächte nichts unternehmen und sich den Tatsachen fügen werden.

Ich habe ihnen weiter erklärt, ich muß dem Bundestag sagen können, daß ich in Verhandlungen mit den Besatzungsmächten stehe mit dem Ziel, den Tatbestand aufzuklären, die Überzahlungen festzustellen und einen Ausgleich für diese Überzahlungen zu finden.

(Vertraulich: Mein Ziel ist, Schritt für Schritt die Alliierten dazu bereit zu machen, daß sie auf Grund des Gentleman's Agreement über das Hilfsversprechen die Überzahlung über den Haushaltsvoranschlag hinaus in Form einer Außenhilfe der Bundesrepublik in den letzten Monaten des Haushaltsjahrs zu Verfügung stellen.)

II. Wir haben uns in diesem Zusammenhang ausführlich über die Verteilung des deutschen Verteidigungsbeitrags von 850 Mio. DM und über die Zweckbestimmung dieser 850 Mio. DM unterhalten.

a) Ich erklärte ihnen, daß ich mir als Verteilungsschlüssel die von mir bereits genannte Zahl vorstelle: 4.600 Mio. DM (für zwölf Monate) für fremde Kontingente, 5.600 Mio. DM für die deutschen europäischen Kontingente.

Das sei monatlich ein Verhältnis von 380:470 Mio. DM. (Ich erklärte hierzu, das könne in kleinen Einzelheiten vielleicht noch geändert werden, wenn das Verhältnis als solches sonst bleibt.)

Vertraulich weiß ich aus Paris, daß sich die Amerikaner selbst schon mit einem Verhältnis 450 – deutsch – zu 400 – fremd – befassen.

b) Ich erklärte weiter, daß ich mit Herz und Seele an dem Gedanken des Generalvertrags und Verteidigungsbeitrags hänge, daß es aber eine Grenze gebe, die ich nie überschreiten würde. Diese Grenze liege da, wo die Anforderungen auf Grund des Verteidigungsbeitrags so hoch würden, daß die deutschen Finanzen in Unordnung gerieten und eine inflationäre Gefahr entsteht. Eine inflationäre Entwicklung mache alle Aufwendungen für den militärischen Sinn zwecklos. Von diesem Grundgedanken aus erklärte ich,

c) die Kosten für Räumung und Umsiedlung seien ein Teil der Kosten der Unterkunft der Truppen und müßten deshalb in den Verteidigungsbeitrag für das entsprechende Kontingent mitinbegriffen sein.

Das gleiche gelte für die Besatzungsschäden. Sie gehörten ebenso entweder zur dienstlichen Übung (Manöverschäden) oder zur Unterkunft (Belegungsschäden) oder zum Transport (Personenschäden aus Verkehrsunfällen) und müßten deshalb in den Verteidigungsbeitrag eingerechnet werden. Diese Beträge neben dem Verteidigungsbeitrag zu leisten, gehe über die finanzielle Kraft.[7]

d) Ich erklärte weiter, daß ich die Bestimmungen über die innere Rückerstattung in der jetzigen Form nicht akzeptieren könnte. Die jetzige Form laute, daß die Geldwertverbindlichkeiten voll im Verhältnis 1:1 umgestellt werden müßten, daß sie nur begrenzt seien durch die absolute Zahl von 1,5 Mrd. DM.[8]

[7] Der Passus „c) die Kosten ... finanzielle Kraft" wurde von Bundeskanzler Adenauer hervorgehoben. Dazu vermerkte er handschriftlich: „Erläutern."

[8] Die Drei Mächte vertraten die Position, daß die Geldsummenansprüche an die Bundesrepublik (Ansprüche auf Naturalrestitution entzogener Geldsummen) im Verhältnis zehn zu eins umgestellt, die Geldwertansprüche (Schadensersatzansprüche in Geld für unmögliche Naturalrestitution verlore-

Das hätte die politische Rückwirkung, daß die Bundesregierung dem Druck, die Geldwertforderungen der deutschen Staatsbürger aus verlorenem Auslandsvermögen, Patenten und Lizenzen, beschlagnahmten Schiffen, Demontageschäden, Besatzungsschäden usw. im selben Verhältnis umzustellen, nachgeben müßte. Diese Schäden würden heute nach Berechnungen, die ich gemacht habe, auf 37 Mrd. DM Nennwert geschätzt. Ich müsse vorschlagen, die Bestimmung so zu fassen, daß sie etwa heißt:

Die Bundesrepublik verpflichtet sich, die Umstellung auf dem Gebiet der inneren Rückerstattung durch Gesetzgebung zu regeln, und zwar nach dem Grundsatz, daß der Nichtdeutsche nicht schlechter behandelt werden dürfe wie der Deutsche.[9] Daneben könne die absolute Grenze von 1,5 Mrd. DM für diese Ansprüche ruhig bleiben.[10]

e) Ich erklärte, daß ich auch die schwersten Bedenken gegen die Bestimmungen über die Wiedergutmachungsansprüche hätte. Wir könnten aber die Frage dann beruhen lassen, wenn wir uns über die Auslegung der Fassung einig werden. Die Fassung heißt, daß die Bundesrepublik sich verpflichtet, die Leistungen für die Wiedergutmachung (die derzeit die Länder zu machen haben) „sicherzustellen". Wenn man darauf bestünde, daß der Bund durch seine Gesetzgebung (Rahmengesetz) dafür sorgt, daß die Länder tatsächlich die Wiedergutmachungsansprüche entsprechend ihrer Finanzkraft erfüllen, sei ich einverstanden.[11]

Fortsetzung Fußnote von Seite 344

ner Sachen) hingegen vollständig erfüllt werden sollten. Zugleich sollte die Höhe des von der Bundesrepublik zu leistenden Betrages auf 1,5 Milliarden DM begrenzt werden. Vgl. dazu die Aufzeichnung der Delegation für die Ablösung des Besatzungsstatuts vom 8. April 1952; B 10 (Abteilung 2), Bd. 1426. Vgl. dazu ferner AAPD, Hohe Kommissare 1952, S. 38 f. und 47 f.

Am 9. April 1952 erklärte sich Bundeskanzler Adenauer gegenüber den Hohen Kommissaren François-Poncet (Frankreich), Kirkpatrick (Großbritannien) und McCloy (USA) mit einer Begrenzung der Leistungspflicht der Bundesrepublik auf 1,5 Milliarden DM einverstanden. Vgl. dazu AAPD, Hohe Kommissare 1952, S. 71.

9 Der Passus „Die Bundesrepublik ... wie der Deutsche." wurde von Bundeskanzler Adenauer hervorgehoben. Dazu vermerkte er handschriftlich: „Erläutern."

10 An dieser Stelle handschriftlicher Vermerk des Bundeskanzlers Adenauer: „Sicherstellen."

In Artikel 2 des Dritten Teils des Überleitungsvertrages vom 26. Mai 1952 verpflichtete sich die Bundesrepublik, die Rückerstattung feststellbarer Vermögenswerte an Opfer der nationalsozialistischen Verfolgung „in vollem Umfange und mit allen ihr zur Verfügung stehenden Mitteln beschleunigt durchzuführen". Vgl. BUNDESGESETZBLATT 1954, Teil II, S. 182.

Artikel 4, Absatz 2 des Dritten Teils sah u. a. vor, daß „Urteile und Entscheidungen, die sich auf Reichsmarkverpflichtungen des früheren Reiches gründen und Geldsummenansprüche betreffen, in einem Verhältnis von zehn Reichsmark zu einer Deutschen Mark in Deutsche Mark umzustellen sind". In Absatz 3 wurde ausgeführt: „Die Verpflichtung der Bundesrepublik gegenüber den Drei Mächten hinsichtlich von Geldurteilen und -entscheidungen [...] ist erfüllt, wenn diese Urteile und Entscheidungen bezahlt sind, oder wird, wenn die Bundesrepublik dies wünscht, als erfüllt angesehen, wenn die Bundesrepublik hierfür eine Gesamtsumme von 1,5 Milliarden DM gezahlt hat. Die Bundesrepublik kann bei der Festsetzung der Zeit und Methode der Zahlung auf Grund solcher Urteile und Entscheidungen ihre Zahlungsfähigkeit berücksichtigen." Vgl. BUNDESGESETZBLATT 1954, Teil II, S. 185 f.

11 Im Vierten Teil des Überleitungsvertrages vom 26. Mai 1952 wurde dazu ausgeführt: „1) Die Bundesrepublik erkennt die Verpflichtung an, Personen, die wegen ihrer politischen Überzeugung, ihrer Rasse, ihres Glaubens oder ihrer Weltanschauung verfolgt wurden und hierdurch Schaden an Leben, Körper, Gesundheit, Freiheit, Eigentum, Vermögen oder in ihrem wirtschaftlichen Fortkommen erlitten haben (mit Ausschluß feststellbaren Vermögens, das der Rückerstattung unterliegt), eine angemessene Entschädigung [...] sicherzustellen. [...] 2) In Erfüllung dieser Verpflichtung übernimmt es die Bundesrepublik: a) in Zukunft die einschlägigen Rechtsvorschriften im Bundesgebiet für die Anspruchsberechtigten nicht ungünstiger zu gestalten als die gegenwärtig geltenden Rechts-

Wenn man darauf bestünde, daß der Bund das, was die Länder bisher an Verpflichtungen übernommen haben, aus eigenen Mitteln zu zahlen hätte, müsse ich es ablehnen. Es handle sich nicht nur um einen Kapitalbetrag von etwa 3½ Mrd. DM, es handele sich auch darum, daß ich den Ersatz der Gelder, die der Bund ausgibt, für diesen Zweck von den Ländern gar nicht erhalten könne. Ich verwies in diesem Zusammenhang auf das Ringen um den Bundesanteil von 40% und das Zustimmen der Länder.

III. Die Herren haben weiterhin dann geäußert, daß ihrer Kenntnis nach der EVG-Vertrag in diesen Tagen, Dienstag[12] oder Mittwoch[13], in Paris von den Delegationsführern paraphiert werden soll und wenige Tage darauf von den Ministern gezeichnet werden soll.[14] In diesen wenigen Tagen Zwischenzeit soll die Frage der Aufteilung des deutschen Verteidigungsbeitrags endgültig geklärt werden. Sie nahmen an, daß ich hierzu nach Paris kommen würde. Ich erklärte, daß ich nach Paris nur gehe, wenn ich eine besondere Aufforderung erhalten werde, aber dann auch jederzeit zur Verfügung stehe. Sie glaubten, daß die Verhandlungen in Paris in das entscheidende Stadium am Freitag[15] oder Samstag[16] dieser Woche treten würden. Ich verwies auf die Pläne des Herrn Bundeskanzlers bezüglich der Beratung des Generalvertrags mit den Koalitionsparteien[17] und dem Kabinett[18] und ersuchte sie, wenn diese Tage tatsächlich in Frage kämen, sich sofort mit dem Herrn Bundeskanzler in das Benehmen zu setzen. Ich hielte allerdings den Abschluß der Verhandlungen bei der EVG in Paris für das wichtigste.

Ich habe dann auch gefragt, wie sie sich die Dinge wegen der Ratifizierung des Generalvertrags vorstellen. Ich hielte es für parlamentarisch unmöglich, auch wenn die Paraphierung am 20.5. erfolgt, daß die Ratifizierung im Parlament noch Anfang Juni geschehen könnte.

Wenn der amerikanische Kongreß bis zum 4.7. die Ratifizierung vorgenommen haben sollte, dann müsse der amerikanische Kongreß vor dem Deutschen Bun-

Fortsetzung Fußnote von Seite 345

vorschriften; b) ferner beschleunigt Rechtsvorschriften zu erlassen, welche die gegenwärtig in den verschiedenen Ländern geltenden Rechtsvorschriften ergänzen und abändern und welche, vorbehaltlich der Bestimmungen des vorstehenden Unterabsatzes a), im gesamten Bundesgebiet eine nicht weniger günstige Grundlage für die Entschädigung bilden als die gegenwärtig in den Ländern der amerikanischen Zone geltenden Rechtsvorschriften. [...] f) die Bereitstellung ausreichender Mittel durch die Bundesrepublik zur Befriedigung aller Ansprüche auf Grund der in Unterabsatz a) und b) bezeichneten Rechtsvorschriften nach Maßgabe des Absatzes 3 dieses Artikels sicherzustellen. 3) Die Zahlungsfähigkeit der Bundesrepublik kann bei der Festsetzung der Zeit und Methode für Entschädigungszahlungen gemäß Absatz 1 dieses Teiles sowie bei der Bereitstellung ausreichender Mittel gemäß Unterabsatz (f) des Absatzes 2 dieses Teiles berücksichtigt werden." Vgl. BUNDESGESETZBLATT 1954, Teil II, S. 194 f.

12 6. Mai 1952.

13 7. Mai 1952.

14 Am 9. Mai 1952 wurde der EVG-Vertrag in Paris paraphiert und am 27. Mai 1952 unterzeichnet.

15 9. Mai 1952.

16 10. Mai 1952.

17 Zu den Beratungen über den Generalvertrag und die Zusatzverträge durch Vertreter des Kabinetts und der Koalitionsfraktionen in dem dafür eingerichteten Sonderausschuß vgl. Dok. 120, Anm. 8.

18 Das Kabinett beriet am 10., 11., 12., 13., 14., 16., 20. und 23. Mai 1952 über den Generalvertrag und die Zusatzverträge. Vgl. dazu KABINETTSPROTOKOLLE 1952, S. 273–302, 308–318, 322–326, 332–335, 346–349 und 353. Vgl. dazu ferner LENZ, Zentrum, S. 317–340 und 342–344.

destag ratifizieren (was ich bei der politischen Lage im Bundestag sogar für sehr zweckmäßig hielte).[19]

Sie erklärten mir, das sei die amerikanische Absicht. Der amerikanische Kongreß wird als erstes Parlament den Vertrag ratifizieren.

IV. Die Einladung in das Haus Harris ist offensichtlich auf Anregung von McCloy geschehen. Das Ergebnis des Gesprächs wird offensichtlich über McCloy nach Washington gesandt. Es wird vermutlich auch die Vorbereitung für die nächste Besprechung auf höchster Ebene sein.

[Schäffer][20]

VS-Bd. 5375 (Referat 507)

125

Aufzeichnung des Rechtsberaters Kaufmann

Geh. Nr. 189/52 **6. Mai 1952**[1]

Aufzeichnung über Art. 7 und 10 des Generalvertrages.

(1) Art. 7 des Generalvertrages hat zum Inhalt die Einigkeit der Bundesregierung und der Drei Mächte über die von ihnen gemeinsam zu verfolgende Politik

1) über eine zwischen dem gesamten Deutschland und seinen ehemaligen Gegnern frei vereinbarte friedensvertragliche Regelung (Absatz 1)[2],

2) bis dahin über eine Zusammenarbeit für ihr gemeinsames Ziel, die Herbeiführung einer Wiedervereinigung Deutschlands (Absatz 2)[3].

Bezüglich des Status des wiedervereinigten Deutschlands sind die Drei Mächte und die Bundesrepublik über bestimmte Punkte einig:

1) daß es eine liberale demokratische Verfassung nach der Art des Grundgesetzes haben soll, nicht etwa eine autoritäre oder totalitäre Verfassung nationalsozialistischer oder sowjetischer Prägung,

19 Am 1. Juli 1952 stimmte der amerikanische Senat dem Generalvertrag zu.
Am 19. März 1953 nahm der Bundestag die Ratifizierungsgesetze zum EVG-Vertrag und zum Generalvertrag an.

20 Vermuteter Verfasser der nicht unterzeichneten Aufzeichnung.

1 Hat Staatssekretär Hallstein am 10. Mai 1952 vorgelegen.

2 Für den Wortlaut des Artikels 7, Absatz 1 des Entwurfs vom 24. April 1952 für den Generalvertrag vgl. B 10 (Abteilung 2), Bd. 1416.

3 Artikel 7, Absatz 2 des Entwurfs vom 24. April 1952 für den Generalvertrag: „Bis zum Abschluß der friedensvertraglichen Regelung werden die Bundesrepublik und die Drei Mächte zusammenwirken, um mit friedlichen Mitteln ihr gemeinsames Ziel zu verwirklichen: ein wiedervereinigtes Deutschland, das eine freiheitlich-demokratische Verfassung wie die Bundesrepublik besitzt und das in die westeuropäische Gemeinschaft integriert ist." Vgl. B 10 (Abteilung 2), Bd. 1416.

2) daß es in die westeuropäische Gemeinschaft eingegliedert sein soll, nicht etwa in die östliche Gemeinschaft und auch nicht in irgendeiner Form neutralisiert werden soll.

Weil diese beiden inhaltlichen Bestimmungen verwirklicht werden und andere ausgeschlossen sein sollen, können die Bundesrepublik und die Drei Mächte sich zu einer Zusammenarbeit für die Wiedervereinigung Deutschlands verpflichten. Es handelt sich demnach nicht nur um eine gemeinsame declaration of policy, sondern um eine gegenseitige Verpflichtung, an diesen Zielen festzuhalten, bis und wann die Wiedervereinigung zur Entscheidung steht.

Die Bedeutung des Absatz 3[4] besteht darin, daß er das in Absatz 2 bezüglich der Eingliederung in die westeuropäische Gemeinschaft Gesagte konkretisieren soll. Die Verträge, die zwischen der Bundesrepublik und den Drei Mächten bzw. zwischen der Bundesrepublik und anderen Mitgliedern der europäischen Gemeinschaft geschlossen sind, sollen mit ihren Rechten und Pflichten auf das wiedervereinigte Deutschland eine der neuen Lage angepaßte Anwendung finden. Dies kann entweder geschehen auf Grund von Bestimmungen der betreffenden Verträge oder mangels solcher auf Grund von Vereinbarungen der Partner dieser Verträge. In welcher Weise diese Anpassung einmal vor sich gehen wird, hängt von den heute im einzelnen nicht übersehbaren Umständen der dann bestehenden Lage ab.

Diese Vereinbarung zwischen der Bundesrepublik und den Drei Mächten steht nicht in Widerspruch mit der Tatsache, daß die Wiedervereinigung Deutschlands, ebenso wie der Friedensvertrag Gesamtdeutschlands mit seinen ehemaligen Gegnern eine Viermächteangelegenheit ist. Auf dieser Viermächtegrundlage beruhen die drei Vorbehalte des Artikels 2[5]. Wie Artikel 4[6], 5[7] und 6[8] die

4 Artikel 7, Absatz 3 des Entwurfs vom 24. April 1952 für den Generalvertrag: „Die Bundesrepublik und die Drei Mächte sind darüber einig, daß ein wiedervereinigtes Deutschland durch die Verpflichtungen der Bundesrepublik gemäß diesem Vertrag, den Zusatzverträgen und den Verträgen über die Bildung einer integrierten europäischen Gemeinschaft – in einer gemäß ihren Bestimmungen oder durch Vereinbarung der beteiligten Parteien dieser Veränderung angepaßten Fassung – gebunden sein wird, und daß dem wiedervereinigten Deutschland ebenso die Rechte der Bundesrepublik aus diesen Vereinbarungen zustehen werden." Vgl. B 10 (Abteilung 2), Bd. 1416.

5 Artikel 2 des Entwurfs vom 24. April 1952 für den Generalvertrag: „1) Im Hinblick auf die internationale Lage behalten die Drei Mächte die bisher von ihnen ausgeübten oder innegehabten Rechte in bezug auf a) die Stationierung von Streitkräften in Deutschland und den Schutz von deren Sicherheit, b) Berlin und c) Deutschland als Ganzes einschließlich der Wiedervereinigung Deutschlands und einer friedensvertraglichen Regelung. 2) Die Bundesrepublik wird sich jeder Maßnahme enthalten, welche diese Rechte beeinträchtigt, und wird mit den Drei Mächten zusammenwirken, um ihnen die Ausübung dieser Rechte zu erleichtern." Vgl. B 10 (Abteilung 2), Bd. 1416.

6 Artikel 4 des Entwurfs vom 24. April 1952 für den Generalvertrag: „1) Die Aufgabe der von den Drei Mächten im Bundesgebiet stationierten Streitkräfte wird die Verteidigung der freien Welt sein, zu der die Bundesrepublik und Berlin gehören. 2) In bezug auf die Stationierung dieser Streitkräfte im Bundesgebiet werden die Drei Mächte die Bundesrepublik konsultieren, soweit es die militärische Lage erlaubt. Die Bundesrepublik wird, nach Maßgabe dieses Vertrages und der Zusatzverträge, in vollem Umfang mitwirken, um diesen Streitkräften ihre Aufgabe zu erleichtern. 3) Außer im Falle eines Angriffs oder eines unmittelbar drohenden Angriffs von außen werden die Drei Mächte nur nach vorheriger Einwilligung der Bundesrepublik Truppen eines Staates, der zur Zeit keine Kontingente stellt, als Teil ihrer Streitkräfte im Bundesgebiet stationieren. 4) Die Bundesrepublik wird sich an der Europäischen Verteidigungsgemeinschaft beteiligen, um zur gemeinsamen Verteidigung der freien Welt beizutragen." Vgl. B 10 (Abteilung 2), Bd. 1416.

7 Artikel 5 des Entwurfs vom 24. April 1952 für den Generalvertrag: „1) Die Drei Mächte werden bei der Ausübung ihres Rechtes, die Sicherheit der in dem Bundesgebiet stationierten Streitkräfte zu schützen, die Bestimmungen der folgenden Absätze dieses Artikels einhalten. 2) Die Drei Mächte

Modalitäten regeln, in der die Drei Mächte die beiden Vorbehalte unter (a) und (b) (Stationierung der Truppen und deren Sicherheit, Berlin) ausüben werden, so regelt Artikel 7 die Modalitäten von (c) (Deutschland als Ganzes, einschließlich der Wiedervereinigung Deutschlands und einer Friedensregelung). Wenn demnach auch die Sowjetunion bei der Wiedervereinigung Deutschlands mitzusprechen haben wird, so sind die Drei Mächte der Bundesregierung gegenüber verpflichtet, die als gemeinsam vereinbarten Gesichtspunkte der Sowjetregierung gegenüber zu vertreten und zur Geltung zu bringen. Das ist der bedeutsame Sinn der in Art. 7 festgelegten Einigung zwischen der Bundesrepublik und den Drei Mächten über ihre gesamtdeutsche Politik.[9]

(2) Geht man von der These aus, daß die Bundesrepublik mit dem Deutschen Reich identisch ist und daß sie nur vorläufig tatsächlich an der Ausübung der Staatsgewalt außerhalb des Bundesgebietes gehindert ist, so könnte man geneigt sein, daraus zu schließen, daß die Bundesrepublik befugt ist, auch für das wiedervereinigte Deutschland bindende Verpflichtungen einzugehen. Dies wäre jedoch nicht zutreffend, da feststeht, daß unbeschadet der Identitätsthese die Bundesrepublik nur ein vorläufiges Gebilde ist, das seiner Vollendung durch die Wiedervereinigung Deutschlands harrt. Wenn daher auch das deutsche Volk in den elf Ländern beim Erlaß des Grundgesetzes zugleich in Vertretung der Deutschen gehandelt hat, denen mitzuwirken versagt war, so ist das Grundgesetz nur eine neue Ordnung für eine Übergangszeit, und verliert das Grundge-

Fortsetzung Fußnote von Seite 348

können im gesamten Bundesgebiet oder in einem Teil des Bundesgebietes einen Notstand erklären, falls sie zu der Auffassung gelangen, daß die Sicherheit der Streitkräfte durch einen Angriff auf die Bundesrepublik oder Berlin oder durch eine umstürzlerische Störung der freiheitlich-demokratischen Grundordnung oder durch eine schwere Störung der öffentlichen Sicherheit und Ordnung oder durch den ernstlich drohenden Eintritt eines dieser Ereignisse gefährdet wird und daß die Bundesrepublik und die Europäische Verteidigungsgemeinschaft außerstande sind, der Lage Herr zu werden. 3) Nach Erklärung des Notstandes können die Drei Mächte diejenigen Maßnahmen (einschließlich des Gebrauchs von Waffengewalt) ergreifen, die erforderlich sind, um die Ordnung aufrechtzuerhalten oder wiederherzustellen und die Sicherheit der Streitkräfte zu gewährleisten. 4) Die Erklärung wird ihr Anwendungsgebiet genau bezeichnen. Die Erklärung des Notstandes darf nicht länger aufrechterhalten werden, als zur Behebung der Notlage erforderlich ist. 5) Vor der Erklärung und während der Dauer eines Notstandes werden die Drei Mächte die Bundesregierung im weitestmöglichen Ausmaß konsultieren. In gleichem Ausmaß werden sie sich der Unterstützung der Bundesregierung und der zuständigen deutschen Behörden bedienen. 6) Heben die Drei Mächte die Erklärung des Notstandes nicht innerhalb von dreißig Tagen auf, nachdem die Bundesregierung darum ersucht hat, so kann die Bundesregierung den Nordatlantikrat ersuchen, die Lage zu überprüfen und zu erwägen, ob der Notstand beendet werden soll. Gelangt der Rat zu dem Ergebnis, daß die Aufrechterhaltung des Notstandes nicht länger gerechtfertigt ist, so werden die Drei Mächte den Normalzustand so schnell wie möglich wiederherstellen. 7) Abgesehen vom Falle eines Notstandes ist jeder Militärbefehlshaber berechtigt, im Falle einer unmittelbaren Bedrohung seiner Streitkräfte die angemessenen Schutzmaßnahmen (einschließlich des Gebrauchs von Waffengewalt) unmittelbar zu ergreifen, die erforderlich sind, um die Gefahr zu beseitigen. 8) In jeder anderen Hinsicht bestimmt sich der Schutz der Sicherheit dieser Streitkräfte nach den Vorschriften des in Artikel 8 genannten Vertrages über die Rechte und Pflichten ausländischer Streitkräfte und ihrer Mitglieder in der Bundesrepublik Deutschland." Vgl. B 10 (Abteilung 2), Bd. 1416.

8 Artikel 6 des Entwurfs vom 24. April 1952 für den Generalvertrag: „1) Die Drei Mächte werden die Bundesrepublik hinsichtlich der Ausübung ihrer Rechte in bezug auf Berlin konsultieren. Die Bundesrepublik wird mit den Drei Mächten zusammenwirken, um es ihnen zu erleichtern, ihren Verantwortlichkeiten in bezug auf Berlin zu genügen. 2) Die Bundesrepublik wird ihre Hilfeleistung für den politischen, kulturellen, wirtschaftlichen und finanziellen Wiederaufbau von Berlin fortsetzen; sie wird Berlin insbesondere die Unterstützung gewähren, die in der anliegenden Erklärung der Bundesrepublik (Anhang ... dieses Vertrages) umschrieben ist." Vgl. B 10 (Abteilung 2), Bd. 1416.

9 Der Passus „Wenn demnach ... gesamtdeutsche Politik" wurde von Staatssekretär Hallstein hervorgehoben.

setz gemäß Artikel 146 seine Gültigkeit an dem Tage, an dem eine Verfassung in Kraft tritt, die von dem deutschen Volke in freier Entscheidung beschlossen sein wird.[10] Es versteht sich, daß die frei gewählte gesamtdeutsche Volksvertretung die letzte Entscheidungsgewalt über die gesamtdeutsche Verfassung hat. Aber der pouvoir constituant ist nicht, wie Carl Schmitt behauptet hat, eine an keine Normen gebundene souveräne Diktatur. Vielmehr ist auch der pouvoir constituant an gewisse letzte vorgegebene Normen, die das Wesen einer liberalen, demokratischen und rechtsstaatlichen Verfassung ausmachen, gebunden.

Entsprechendes gilt für den Status Gesamtdeutschlands. Trotz der Identität der Rechtspersönlichkeit des Deutschen Reiches und des wiedervereinigten Deutschlands wird das wiedervereinigte Deutschland nicht im luftleeren Raum, sondern in einer völlig veränderten Staatenwelt stehen. Sein Status bedarf einer internationalen Fixierung, schon im Hinblick auf die Anerkennung des wiedervereinigten Deutschlands durch die Mitglieder der internationalen Gemeinschaft. Für die Festlegung dieses Status ist es von außerordentlicher Bedeutung, daß die Drei Mächte sich der Bundesrepublik gegenüber in Absatz 3 des Artikel 7 verpflichten, die bestehenden Verträge zur Grundlage zu nehmen und sie der neuen Situation anzupassen. Denn jedenfalls werden die Drei Mächte hierbei ein gewichtiges Wort mitzusprechen haben. Sie sind mit der Bundesrepublik einig und ihr gegenüber verpflichtet, weder einer östlichen Eingliederung noch einer Neutralisierung des wiedervereinigten Deutschlands zuzustimmen.[11]

(3) Die Revisionsklausel des Artikel 10[12] behält daneben ihre Bedeutung. Wenn die in Absatz 3 des Artikel 7 vorgesehene Anpassung der bestehenden Verträge an die neue Lage nicht möglich ist, werden die Vertragsparteien auf Ersuchen einer von ihnen den Generalvertrag und die Zusatzverträge in gegenseitigem Einvernehmen ändern, soweit dies im Hinblick auf die völlig veränderte Lage notwendig oder angebracht ist.

Kaufmann

VS-Bd. 5316 (Referat 507)

10 Für den Wortlaut des Artikels 146 des Grundgesetzes vom 23. Mai 1949 vgl. BUNDESGESETZBLATT 1949, S. 19.

11 Der Passus „Denn jedenfalls ... Deutschland zuzustimmen" wurde von Staatssekretär Hallstein hervorgehoben.

12 Artikel 10 des Entwurfs vom 24. April 1952 für den Generalvertrag: „Die Bundesrepublik und die Drei Mächte werden die Bestimmungen dieses Vertrages und der Zusatzverträge überprüfen: a) auf Ersuchen eines der Unterzeichnerstaaten im Falle der Wiedervereinigung Deutschlands oder der Bildung einer europäischen Föderation, b) oder bei Eintritt irgendeines anderen Ereignisses, das nach Auffassung aller Unterzeichnerstaaten von ähnlich grundlegendem Charakter ist. Hierauf werden sie in gegenseitigem Einvernehmen diesen Vertrag und die Zusatzverträge in dem Umfang ändern, der durch die grundlegende Änderung der Lage erforderlich oder ratsam geworden ist." Vgl. B 10 (Abteilung 2), Bd. 1416.

126

Generalkonsul I. Klasse Krekeler, Washington, an das Auswärtige Amt

202-03 II 311/52 geh. **7. Mai 1952**[1]
Fernschreiben Nr. 252 **Aufgabe: 8. Mai 1952, 09.30 Uhr**
Ankunft: 8. Mai 1952, 14.15 Uhr

Stellvertreter britischen Botschafters, Sir Christopher Steel, erklärte Riesser, daß alliierte Verhandlungen mit Rußland sofort beginnen müßten. Besprechungen sollten parallel laufen mit den Verhandlungen in Bonn und dürften als Gegenstand lediglich Frage der freien Wahlen in Gesamtdeutschland haben. Französische Einwendungen seien unberechtigt. Hierzu gab politischer Referent Deutschland-Abteilung State Departments[2] Riesser gegenüber folgende Erläuterungen: Obwohl an sich grundsätzlich beschlossen worden sei, russische Note[3] bereits diesen Sonnabend[4] zu beantworten, sei es fraglich, ob dies geschehen könne, da zwischen London, Paris und Washington noch starke Meinungsverschiedenheiten beständen. Diese bezögen sich zunächst darauf, zu welchem Zeitpunkt Besprechungen beginnen sollten.[5] Obwohl State Department ursprünglich mit britischer Regierung über Bereitschaft zu sofortigen Besprechungen einverstanden gewesen sei, setze sich jetzt Standpunkt des Bundeskanzlers durch, daß erst Vertragswerk unterschrieben werden müsse, bevor man sich zusammensetze. Eine solche Taktik habe Vorteil, daß bis zur Ratifizierung Verträge die öffentliche Meinung vor allem in Deutschland über die Sinn- und Zwecklosigkeit der russischen Vorschläge unterrichtet und dadurch die Chan-

1 Hat Referent Kaumann vorgelegen.
Hat Legationsrat I. Klasse Trützschler von Falkenstein am 8. Mai 1952 vorgelegen.

2 Elwood Williams.

3 Zur sowjetischen Note vom 9. April 1952 an die Drei Mächte vgl. Dok. 104, Anm. 2.

4 10. Mai 1952.

5 Mit Schreiben vom 30. April 1952 teilte der amerikanische Außenminister Acheson dem amerikanischen Botschafter in London, Gifford, in einer Instruktion für die Besprechungen der Drei Mächte in London über eine Antwort auf die sowjetische Note vom 9. April 1952 u. a. mit: „Fourth, since talks of some sort are probably necessary, it is therefore desirable to take the initiative in proposing them in order to convince Ger[man]s we mean business and are not afraid to talk, and to control level, substance and timing of talks. Dep[artmen]t has come increasingly to conclusion in this regard that we have much to gain and nothing to lose by making specific proposal in this reply for talks [...]. Timing will be about right so that talks w[ou]ld not begin until after signature of EDC treaty and contractuals, but early in ratification period. Believe also that talks in Berlin w[ou]ld have good effect there and provide some protection against any unpleasant Sov[iet] moves there this summer." Vgl. FRUS 1952–1954, VII/1, S. 218 f.
Am 2. Mai 1952 informierte der amerikanische Hohe Kommissar McCloy über Gespräche mit britischen und französischen Vertretern in der Bundesrepublik: „Brit[ish] express concern that in the present phase of Bundestag opposition to contractual agreements negot[iation]s would be slowed up by an early offer to talk to the Sov[iet]s and signature might not therefore take place before talks began thus delaying it indefinitely. They argue that possibility of early talks may strengthen those elements which are reluctant go ahead and increase the Chancellor's difficulties in obtaining authority to sign. They suggest therefore that a more general offer be made which would not tie us down until the Sov[iet]s had accepted our conditions and since quadripartite talks would not thus be as imminent, the more general offer would not have same result in slowing up present negot[iation]s." Vgl. FRUS 1952–1954, VII/1, S. 223 f.

cen der Ratifizierung verstärkt werden könnten. Dieser Standpunkt habe sich, wie aus einem heute eingegangenen Telegramm aus London hervorgehe, jetzt auch in England durchgesetzt. Schwierigkeiten bereiteten noch Franzosen. François-Poncet sei für Aufnahme Verhandlungen mit Rußland, während Quai d'Orsay überhaupt von Unterhaltungen mit Moskau abrate.[6]

[gez.] Krekeler

VS-Bd. 3185 (Abteilung 2)

127

Delegationsleiter Böhm, z.Z. Frankfurt/Main, an Ministerialdirektor Blankenhorn

8. Mai 1952

Betr.: Amtsniederlegung des stellvertretenden Delegationsleiters

Sehr geehrter Herr Ministerialdirektor!

Am 7. Mai hat im Bundesfinanzministerium eine von mir erbetene Besprechung mit dem Herrn Bundesfinanzminister stattgefunden. Anwesend waren der Herr Bundesfinanzminister, Ministerialdirektor Oeftering, Rechtsanwalt Küster und ich.

6 Am 6. Mai 1952 berichtete der französische Vertreter bei den Besprechungen der Drei Mächte in London, Crouy-Chanel, über eine Antwort auf die sowjetische Note vom 9. April 1952, daß der französische Außenminister Schuman der Ansicht sei, die Antwort der Drei Mächte dürfe die Hoffnung der Bundesrepublik auf eine Vereinigung Deutschlands nicht verstärken und freie gesamtdeutsche Wahlen nicht in den Mittelpunkt rücken: „This is a subj[ect] on which, if the Russians wish, it would be easy to agree quickly, but if elections were held while Four Power control were maintained, Sov[iet]s would be in a position to feed out concessions bit by bit, thus maintaining themselves for years in a strong bargaining position. To prevent this situation the Western reply must be directed toward bringing out the fact that it is the Sov[iet] purpose to keep Ger[many] under the closest Four Power control possible and therefore to show the Ger[man]s that their interests require not only free elections and a reunited Ger[many], but a free Ger[many]. [...] Fr[ance] therefore propose that the obtaining of suitable guarantees of the freedom of Ger[many] during period after elections and before treaty should be made condition to holding of quadripartite m[ee]t[in]g, in addition to condition suggested by Eden that impartial investigation of conditions for holding elections must first be held." Vgl. FRUS 1952–1954, VII/1, S. 227.
In ihrer Note vom 13. Mai 1952 an die UdSSR erklärten die Drei Mächte, daß ein Friedensvertrag nur ausgearbeitet werden könne, „wenn eine gesamtdeutsche Regierung besteht, die auf Grund freier Wahlen gebildet und in der Lage ist, in voller Freiheit an der Erörterung eines derartigen Vertrages teilzunehmen. Es ist daher nicht möglich, im gegenwärtigen Zeitpunkt Besprechungen über die Bestimmungen eines deutschen Friedensvertrages abzuhalten. [...] Die aus freien Wahlen hervorgehende deutsche Regierung muß selbst frei sein. Diese Freiheit ist sowohl vor als auch nach der Aushandlung eines Friedensvertrages wesentlich. Die Regierung muß in der Lage sein, ihren wahrhaft repräsentativen Charakter aufrechtzuerhalten; sie muß ferner in der Lage sein, ihre Verantwortlichkeiten als Regierung eines wiedervereinigten Deutschlands zu übernehmen und in vollem Umfange an der Erörterung des Friedensvertrages teilzunehmen. Diese Frage der Freiheit ist daher untrennbar von der Frage der Wahlen." Vgl. EUROPA-ARCHIV 1952, Bd. 1, S. 4964.

In der Besprechung trat die ablehnende Haltung des Bundesfinanzministers gegen den vom Herrn Bundeskanzler namens der Bundesregierung gewünschten Abschluß eines Wiedergutmachungsvertrags mit Israel schärfer zutage als bei der ersten Aussprache am 7. März[1]. Der Minister vertrat die Ansicht, daß mit dem Beschluß des Auswärtigen Ausschusses des israelischen Parlaments, die Verhandlungen erst fortzusetzen, wenn ein festumrissener Vorschlag der Bundesregierung eingegangen sei[2], die Wiedergutmachungsverhandlungen mit Israel gegenstandslos geworden seien. Nach diesem Beschluß, den er offenbar als eine Provokation empfand oder aufgefaßt wissen wollte, werde sich das Weitere etwa folgendermaßen abspielen: Die Bundesregierung könne keinen Vorschlag machen, weder jetzt noch später, weil für die Erfüllung oder Übernahme irgendwelcher Verpflichtungen keinerlei Haushaltsmittel zur Verfügung stünden. Infolgedessen werde niemand nach Den Haag reisen, weder die israelische noch die deutsche Delegation.

Ich stellte demgegenüber dar, daß ich am 9.4. im Auftrag des Bundeskanzlers der israelischen Delegation im Haag mitgeteilt hätte, die Bundesregierung sei in der Lage, etwa einen Monat nach Wiederzusammentritt der Londoner Schuldenregelungskonferenz, also etwa Mitte Juni, einen Vorschlag über Höhe, Termine und Leistungsmodalitäten zu machen. Die israelische Delegation habe erklärt, diese Mitteilung ihrer Regierung unterbreiten und deren Entscheidung abwarten zu müssen.[3] Die Alternative für die israelische Regierung sei gewesen: entweder Fortsetzung der Verhandlungen nach Kenntnisnahme vom deutschen Angebot oder Abbruch. Die Opposition habe den Abbruch gefordert, die Regierung sich für Wiederaufnahme der Verhandlungen nach Eingang des Angebots ausgesprochen. Die Regierung habe gesiegt. An eine Wiederaufnahme der Verhandlungen vor Vorliegen eines deutschen Angebots habe keine der beiden Seiten gedacht. Wir wüßten nicht, was wir im Haag verhandeln sollten. Nach den Erklärungen des Bundeskanzlers[4] habe die israelische Regierung erwarten dürfen, daß die deutsche Delegation sofort einen deutschen Vorschlag unterbreite. Da die deutsche Delegation hierzu infolge des Widerspruchs Bonner Ressorts und des Leiters der Londoner Delegation nicht ermächtigt gewesen sei, sei bereits in der ersten Phase eine Krise entstanden. Der Beschluß des israelischen Parlaments sei durchaus versöhnlich.

Der Minister meinte, die Sache müsse ohnehin in einer der nächsten Kabinettssitzungen besprochen werden.[5]

[1] Zur Besprechung des Delegationsleiters Böhm mit Delegationsleiter Abs am 7. März 1952 vgl. Dok. 72, Anm. 11.

[2] Am 7. Mai 1952 lehnte das israelische Parlament den Antrag der Opposition ab, die Verhandlungen mit der Bundesrepublik unverzüglich abzubrechen. Es beschloß jedoch, die Gespräche erst dann wieder aufzunehmen, wenn „ein konkretes, befriedigendes und verbindliches Angebot über die Entschädigungssumme und die Zahlungsfrist" vorliege. Vgl. den Artikel „Israel kritisiert Bonner Restitutions-Politik"; DIE NEUE ZEITUNG vom 8. Mai 1952, S. 3.

[3] Zur Erklärung des Delegationsleiters Böhm, Wassenaar, bei den Wiedergutmachungsverhandlungen und zur Antwort der israelischen Delegation vgl. Dok. 97, Anm. 6.

[4] Zur Erklärung des Bundeskanzlers Adenauer vom 27. September 1951 vor dem Bundestag vgl. Dok. 72, Anm. 2.
Zum Schreiben des Bundeskanzlers Adenauer vom 6. Dezember 1951 an den Vorsitzenden des World Jewish Congress, Goldmann, vgl. Dok. 40, Anm. 2, sowie Dok. 110, Anm. 3.

[5] Zur Kabinettssitzung vom 16. Mai 1952 vgl. Dok. 138.

Der Minister wiederholte sodann die Vorwürfe, die den Inhalt seines Schreibens an Staatssekretär Hallstein vom 2. Mai[6] bilden, und drohte, seine Herren aus unserer Delegation zurückzuziehen, wenn wir künftighin ohne seine Zustimmung Angebote machten, die finanzielle Verpflichtungen für die Bundesrepublik nach sich ziehen könnten. Ich erklärte, daß wir bisher keine solchen Angebote gemacht hätten, daß ich dergleichen auch nicht vor der Presse behauptet habe und daß in dem inkriminierten Zeitungsbericht auch nichts dergleichen stehe. Vielmehr gebe dieser Bericht ganz korrekt meine Mitteilung wieder, daß deutsche Angebote erst etwa Mitte Juni zu erwarten seien.[7] Herr Schäffer ließ darauf diesen Punkt fallen, kam aber später in anderem Zusammenhang auf den Vorwurf eigenmächtiger Vollmachtsüberschreitung zurück.

Ich stellte sodann dem Minister die mißliche Situation dar, in der sich meine Delegation befunden habe, die nach Den Haag geschickt worden sei, um über eine deutsche Wiedergutmachung und eine genau bezifferte Forderung Israels zu verhandeln, der es aber strikt untersagt worden sei, auch nur andeutungsweise über Größenordnungen zu sprechen oder über Erfüllungsmodalitäten zu verhandeln. Nicht einmal theoretische oder hypothetische Gespräche über Erfüllungsmodalitäten (Geld oder Warenleistungen, Termine, Annuitäten, Sicherungsklauseln usw.) hätten wir führen dürfen. Unsere Delegation tue sich einiges darauf zugute, daß es ihr gelungen sei, der israelischen Delegation eine solche Verhandlungsweise akzeptabel zu machen.

Aber nicht nur der gute Wille Israels, sondern auch der meinige seien auf eine harte Probe gestellt worden. Denn auch vor mir selbst sei alles, was möglicherweise zugesagt oder geleistet werden könne, sorgfältig geheimgehalten worden. Ich sei nach dem Haag gefahren ohne jede Ahnung und Vorstellung davon, was bei den von mir zu führenden Verhandlungen herauskommen könne. Bisher habe lediglich der Bundeswirtschaftsminister Zahlen genannt, aber auch er habe den Vorbehalt der Aufbringungsmöglichkeit machen müssen[8], in welcher Frage der Bundesfinanzminister zuständig sei. Als Delegationsführer hätte ich aber

6 Bundesminister Schäffer erklärte, Ausführungen des Delegationsleiters Böhm vor der Presse müßten dahingehend verstanden werden, „daß Deutschland ein Angebot von drei Mrd. DM gegenüber dem Staat Israel und von sechs bis acht Mrd. DM gegenüber den jüdischen Weltorganisationen macht. Herr Prof. Böhm und Herr Rechtsanwalt Küster haben es nicht für notwendig befunden, mit dem Bundesfinanzministerium vorher in das Benehmen zu treten. Ich muß Sie dringend bitten, den Herren mit allem Nachdruck zu erklären, daß niemand berechtigt ist, Erklärungen, die finanzielle Verpflichtungen für die Bundesrepublik unmittelbar oder mittelbar bedeuten können, ohne Zustimmung des Bundesfinanzministers abzugeben. Ich bitte, ihnen zu erklären, daß ich meine Herren aus der Delegation zurückziehen werde, wenn sich die Delegation an diese Richtlinien nicht hält." Vgl. B 10 (Abteilung 2), Bd. 1689.

7 Am 30. April 1952 wurde in der Presse berichtet: „Der Leiter der deutschen Delegation bei den deutsch-israelischen Verhandlungen in Den Haag, Professor Dr. Böhm, hat auf einer Pressekonferenz am Dienstag in Frankfurt eine baldige Entscheidung der Bundesregierung über die jüdischen Forderungen angekündigt. Ein konkretes deutsches Angebot wird spätestens am 20. Juni erfolgen. Professor Böhm wies darauf hin, daß jedem Angebot eine Feststellung der deutschen Leistungsfähigkeit vorausgehen müsse. [...] Professor Böhm betonte, daß die Forderung Israels auf 4,2 Milliarden Mark auf keiner Rechtsgrundlage beruhe und es sich hierbei nicht um eine klare internationale Schuldenverpflichtung handele. Der Berechtigung dieser Forderung habe sich jedoch die deutsche Delegation nach eingehender Prüfung der Sachlage nicht entziehen können." Vgl. den Artikel „Wiedergutmachung und Leistungsfähigkeit"; FRANKFURTER ALLGEMEINE ZEITUNG vom 30. April 1952, S. 3.

8 Für das Schreiben des Bundesministers Erhard vom 16. April 1952 an Bundeskanzler Adenauer vgl. Dok. 108.

schließlich einen Anspruch darauf, informiert zu werden. Denn auch ich hätte einen Ruf aufs Spiel zu setzen, zumal ich deshalb mit der Leitung der Delegation beauftragt worden sei, weil ich bei israelischer und jüdischer Seite Vertrauen besitze.

Der Minister erwiderte, ich sei auch von ihm – und zwar am 7. März – mit aller wünschenswerten Klarheit informiert worden. Er habe mir damals erklärt, daß Haushaltsmittel für Wiedergutmachungsleistungen an Israel nicht zur Verfügung stünden, daß eine deutsche Anleihe ebenfalls nicht in Betracht komme und daß nur die Möglichkeit einer amerikanischen Anleihe übrig bleibe. Er wundere sich, daß ich dieser seiner Erklärung offenbar keine Bedeutung beigemessen habe, sondern nach Den Haag gefahren sei und dort verhandelt hätte, als ob diese Erklärung nicht existiere.

Ich machte den Minister darauf aufmerksam, daß meine Delegation ihre Instruktionen vom Herrn Bundeskanzler bzw. vom Auswärtigen Amt erhalte, daß ich dem Auswärtigen Amt unverzüglich Bericht über den Inhalt meiner Aussprache mit ihm erstattet und erklärt habe, daß ich Bedenken habe, unter solchen Umständen die Verhandlungen zu führen. Man habe mir jedoch erklärt, die Entscheidung über die Aufbringung der Mittel liege letzten Endes beim Kabinett bzw. beim Bundestag. Bis zum Vorliegen einer Kabinettsentscheidung könne ich mich auf die Erklärungen des Bundeskanzlers vor dem Bundestag und in seinem Brief an Dr. Goldmann vom 6. Dezember 51 verlassen, welche die Grundlagen der Verhandlungen bildeten und von denen nicht abgegangen werde.

Der Minister gab seinem Erstaunen Ausdruck, daß in solcher Weise über seine ausdrücklich gemachten Erklärungen hinweggegangen werde.

Ich erinnerte den Minister an den Verlauf der Besprechung vom 7.3. Er habe damals die Möglichkeiten mit mir durchgesprochen, die Haager Verhandlungen von der finanziellen Seite doch zu einem annehmbaren Erfolg zu führen. Seinen Hinweis darauf, daß keine Haushaltsmittel zur Verfügung stünden, hätte ich nicht als eine endgültige und apodiktische Weigerung aufgefaßt und sei in dieser Auffassung auch vom Auswärtigen Amt bestärkt worden. Jeder Finanzminister der Welt werde in solchen Fällen zunächst einmal nein sagen.

Der Minister verwahrte sich gegen eine solche Auffassung. Wenn er eine Erklärung abgebe, so sei sie ernst und endgültig gemeint. Niemand habe das Recht, sich darüber hinwegzusetzen. Er betone nochmals: Für eine Wiedergutmachung an Israel stünden keine Haushaltsmittel zur Verfügung. Das sei von ihm kein Spaß. Ich erklärte mit Nachdruck: Diese Erklärung des Finanzministers stehe in klarem und unvereinbarem Widerspruch zu den Erklärungen, die der Bundeskanzler in feierlicher Weise namens der Bundesregierung am 27. September 51 vor dem Bundestag und sodann am 6. Dezember 1951 in einem Brief dem Präsidenten der Jüdischen Weltverbände gegenüber mit der Bitte um Weiterleitung an die israelische Regierung abgegeben habe. Auch diese Erklärung sei zweifellos in vollem Ernst abgeben; hinter ihr stehe das Ansehen und die Ehre des Bundeskanzlers und der Bundesrepublik. Im Vertrauen auf sie hätte ich mein Amt angenommen und die Verhandlungen im Haag geführt.

Nach einer kurzen Pause sagte Minister Schäffer: „Also, sagen Sie dem Herrn Bundeskanzler...“. Hier unterbrach Herr Küster und sagte, er bitte mich, dagegen Verwahrung einzulegen, daß wir zu Botengängern zwischen den Ressorts gemacht würden. Damit würden die Funktionen und Zuständigkeiten verwischt. Es könne dabei nur Unglück herauskommen. Der Minister bat Herrn Küster mit einiger Schärfe, es ihm möglich zu machen, sich mit mir, dem Delegationsleiter, zu unterhalten. Herr Küster erwiderte, er sei ebenfalls bevollmächtigtes Mitglied der Delegation. Daraufhin forderte der Minister Herrn Küster auf, ihn mit mir allein zu lassen.

Als wir uns beide erhoben, machte der Minister eine zum Wiedereinnehmen der Sitze einladende beschwichtigende Armbewegung.

Ich nahm Platz, Herr Küster blieb stehen. Ich sagte, Herr Küster und ich hätten allerdings Grund, gereizt zu sein. Denn seitdem wir im Auftrag des Bundeskanzlers uns für eine gewiß schwierige Aufgabe zur Verfügung gestellt und pflichtgemäß im Dienste der Regierung tätig geworden seien, sei uns von seiten seines Ressorts eine Behandlung zuteil geworden, die ich nur als feindselig bezeichnen könne. Aber ich wisse, daß der Minister einer noch sehr viel schwereren Belastung mit Sorgen und Nervenanspannung ausgesetzt sei.

Der Minister meinte, es scheine ihm jetzt zweckmäßig zu sein, zu praktischen Ergebnissen zu gelangen, und leitete ein abschließendes Gespräch ein, indem er zweimal das Wort auch an Herrn Küster richtete, der jedesmal antwortete. Bei der Verabschiedung reichte der Minister mir die Hand, ignorierte aber Herrn Küster vollständig und wandte ihm in brüsker und verletzender Weise den Rücken zu.

Am gleichen Vormittag richtete Herr Küster an den Herrn Bundeskanzler einen Brief, in dem er ihm seinen Auftrag zurückgab.[9]

Ich brauche nicht zu betonen, was der Verlust der Mitarbeit des Herrn Küster für mich und die Sache in diesem Stadium der Verhandlungen bedeutet. Ich befürchte aber auch sehr ungünstige Rückwirkungen auf die öffentliche Meinung sowohl bei uns als in Israel, wenn der Rücktritt jetzt bekannt wird. Ich bitte

[9] Am 7. Mai 1952 teilte der stellvertretende Delegationsleiter Küster Bundeskanzler Adenauer mit: „Minister Schäffer machte uns den Vorwurf, uns nicht an die Erklärungen gehalten zu haben, die er am 7. März Herrn Professor Böhm gegenüber dahin abgegeben habe, daß für eine Leistung an Israel weder Haushaltsmittel noch inländische Anleihemittel, sondern lediglich etwaige ausländische Anleihemittel zur Verfügung gestellt werden können. Es war notwendig, darauf hinzuweisen, daß wir unseren Auftrag nicht vom Bundesfinanzminister, sondern von Ihnen erhalten hätten, und daß es Sache des Bundesfinanzministers gewesen wäre, bei Ihnen eine Beschränkung unserer Instruktion auf die Möglichkeit der Auslandsanleihe zu erwirken, eine Beschränkung, die selbstverständlich dazu geführt haben würde, daß wir den Auftrag gar nicht übernommen hätten. [...] In der Folge hat Minister Schäffer Herrn Professor Böhm erneut angesonnen, derjenige zu sein, der den Standpunkt des Finanzministers dem Bundeskanzler übermittele. Hier habe ich eingegriffen und Professor Böhm gebeten, es abzulehnen, nochmals den Boten zwischen zwei Bundesressorts zu machen, da aus diesem geschäftsordnungswidrigen Verfahren nur Unglück entstehen könne. Dies hat zu einer Brüskierung meiner Person durch Minister Schäffer geführt, die hinzunehmen ich keinen Grund habe, auch wenn ich die Sorgenlast des Bundesfinanzministers noch so sehr würdige. Zu meinem Schmerz sehe ich mich daher veranlaßt, Ihnen, hochverehrter Herr Bundeskanzler, hiermit meinen Auftrag zurückzugeben." Vgl. Bundesarchiv Koblenz, N 1351 (Nachlaß Blankenhorn), Bd. 17.
Am 12. Mai 1952 antwortete Adenauer: „Ich möchte Sie sehr bitten, diesen Entschluß zurückzustellen, bis ich Gelegenheit gehabt habe, diese Angelegenheit mit Ihnen und Herrn Minister Schäffer zu besprechen. Ich glaube, daß ein Weg gefunden werden kann, der es Ihnen ermöglichen wird, Ihre verantwortungsvolle Aufgabe im Haag fortzusetzen. Auf alle Fälle möchte ich Sie bitten, an der für Mittwoch, den 14. Mai, vormittags 11 Uhr festgesetzten Besprechung teilzunehmen." Vgl. Bundesarchiv Koblenz, N 1351 (Nachlaß Blankenhorn), Bd. 17.

Sie dringend, alle Möglichkeiten auszuschöpfen, um eine Lage herbeizuführen, die es Herrn Küster möglich macht, seinen Schritt rückgängig zu machen.

Mit der Versicherung meiner vorzüglichen Hochachtung und den besten Grüßen

Ihr sehr ergebener
Böhm

Bundesarchiv Koblenz, N 1351 (Nachlaß Blankenhorn), Bd. 17

128

Aufzeichnung des Referenten von Plehwe

8. Mai 1952[1]

Betr.: Zusammenarbeit der Bundesregierung mit internationalen Organisationen. Einschaltung des Auswärtigen Amts.

In allgemeiner Hinsicht läßt sich der Eindruck nicht verleugnen, daß der Zusammenarbeit mit den internationalen Organisationen bei mehreren Bundesministerien und auch mehreren Stellen innerhalb des Auswärtigen Amts bisher nicht die ihr zukommende Bedeutung beigemessen wird. Es gibt Anhaltspunkte dafür, daß Regierungen anderer Länder der erfolgten und weiter zunehmenden Verlagerung eines Teils der außenpolitischen und diplomatischen Tätigkeit von dem zwischenstaatlichen Verkehr über die ständigen ausländischen Vertretungen auf die Zusammenarbeit mittels der internationalen Organisationen in stärkerer Weise Rechnung tragen.

Insbesondere ist die Einschaltung des Auswärtigen Amts in den Verkehr mit den internationalen Organisationen noch nicht in dem Umfange erfolgt, der einem Außenministerium grundsätzlich zukommt. Das ist eine zwangsläufige Folge des Nachhinkens des Aufbaus des Auswärtigen Amts hinter dem Ausbau der anderen Bundesministerien in den letzten vergangenen Jahren und Monaten. Mangels entsprechender Unterstützung durch das organisch und personell nicht ausreichende Auswärtige Amt nahmen die Bundesministerien in teilweise erheblichem Umfange daher einen selbständigen und unmittelbaren Verkehr mit den amtlichen internationalen Organisationen auf. Es kommt nun darauf an, die Bundesministerien an die dem Auswärtigen Amt zustehende Einschaltung bald wieder zu gewöhnen. Die einzige bisherige Grundlage hierfür bietet das in Abschrift anliegende Rundschreiben des Bundeskanzleramts vom 9. September 1950[2], das bei den meisten Ministerien bereits in Vergessenheit geraten

1 Hat Referent Kaumann am 10. Mai 1952 vorgelegen.

2 Dem Vorgang beigefügt. In dem Rundschreiben führte Oberlandesgerichtsrat Dittmann, Dienststelle für Auswärtige Angelegenheiten, aus: „Es ist für die Arbeiten der Dienststelle für Auswärtige Angelegenheiten notwendig, einen vollständigen Überblick über die deutsche Mitarbeit in amtlichen internationalen Organisationen zu erhalten. Es wird deshalb um möglichst beschleunigte Mitteilung gebeten, in welchen amtlichen internationalen Organisationen das dortige Ministerium mitarbeitet,

ist und durch die im Entwurf beigefügte Kabinettsvorlage[3] ersetzt und auf breitere Basis gestellt werden sollte. Die Notwendigkeit einer solchen Regelung illustrieren folgende Beispiele:

Aus einer internationalen Monatszeitschrift wurde die Jahrestagung des Internationalen Tierseuchenamtes (amtliche internationale Organisation) vom 12. bis 19. Mai 1952 in Paris bekannt. Der am 6. Mai telefonisch befragte Sachbearbeiter im Bundesernährungsministerium teilte mit, daß die Delegation längst zusammengestellt und in Paris angemeldet sei. Die Notwendigkeit einer Einschaltung des Auswärtigen Amts sei unbekannt, es wurde aber nachträgliche Orientierung des Auswärtigen Amts zugesagt. Der Hinweis, daß die Delegation sich nach Eintreffen in Paris in der üblichen Weise mit der Diplomatischen Vertretung der Bundesrepublik in Verbindung setzen möge, wurde zunächst dahingehend beantwortet, daß diese mit Absicht unterbleiben werde, weil die Behandlung seitens der Diplomatischen Vertretung im vergangenen Jahre zu wenig entgegenkommend gewesen sei. (Es stellte sich im weiteren Gespräch heraus, daß diese Haltung nur auf Unkenntnis der Gepflogenheiten beruhte, und es wurde Einverständnis über die zukünftige Einschaltung des Auswärtigen Amts und der ausländischen Vertretungen erzielt.)

In zwei Fällen wurde 1952 von einem Bundesministerium die Benachrichtigung des Auswärtigen Amts über den erfolgten Beitritt zu einer internationalen amtlichen Organisation unterlassen.

Es erscheint daher sowohl im Interesse der Bundesministerien wie im Interesse eines einheitlichen Eindrucks nach außen wünschenswert und ohne besondere Schwierigkeiten möglich, daß diese Fragen, in Sonderheit das Beitrittsverfahren und der Schriftverkehr mit den internationalen Organisationen, bald grundlegend geregelt werden.

Schwieriger dürfte jedoch eine allseits befriedigende Abgrenzung der Zuständigkeit für die Zusammenarbeit mit internationalen Organisationen innerhalb des Auswärtigen Amts zu finden sein. Bisher kommt es immer noch laufend vor, daß die Abteilungen einen ihnen zugestellten Eingang dieser Art sofort selbständig bearbeiten, auch wenn er inhaltlich nicht ausschließlich in ihre Zuständigkeit fällt. So hat in vielen Fällen im Laufe dieses Winters die Abteilung V im Verkehr mit internationalen Organisationen Vorgänge erledigt, in denen kei-

Fortsetzung Fußnote von Seite 357

seit wann dies der Fall ist, ob die Mitarbeit sich auf eine ordentliche oder außerordentliche Mitgliedschaft mit oder ohne Stimmrecht gründet oder ob nur Beobachter entsandt werden. Die Dienststelle für Auswärtige Angelegenheiten wäre ferner dafür dankbar, wenn sie über Verlauf und Ergebnisse der Tagungen amtlicher internationaler Organisationen, bei denen amtliche deutsche Vertreter mitarbeiten, auf dem laufenden gehalten würde." Vgl. B 10 (Abteilung 2), Bd. 122.

3 Dem Vorgang beigefügt. In dem Entwurf des Referenten von Plehwe vom 16. Januar 1952 wurde ausgeführt, daß vor einem Beitritt zu einer amtlichen internationalen Organisation das Auswärtige Amt, gegebenenfalls im Einvernehmen mit dem den Beitritt vorschlagenden Bundesministerium, „die politischen und völkerrechtlichen Voraussetzungen für den Vollzug des Beitritts sowie das der Beitrittserklärung vorausgehende innerstaatliche Verfahren" zu prüfen habe. Nach dem Beitritt könne „die Federführung des fachlichen Schriftverkehrs mit dieser Organisation durch das zuständige Bundesministerium übernommen werden, wobei es der Verantwortung dieses Bundesministeriums überlassen bleibt, das Auswärtige Amt in allen grundsätzlichen und in allen sein Aufgabengebiet berührenden Fragen zu beteiligen. In jedem Fall ist das Auswärtige Amt über auftretende Fragen mit politischem oder völkerrechtlichem Inhalt zu unterrichten." Der Beitritt zu einer nichtamtlichen internationalen Organisation könne in der Regel durch das fachlich zuständige Bundesministerium vorgenommen werden. Vgl. B 10 (Abteilung 2), Bd. 122.

nerlei rechtliche Fragestellung enthalten war, deren Inhalt vielmehr protokollarischen oder rein politischen Charakters war. Bei Abteilung IV und VI ergaben sich ähnliche Lagen, sobald die Haupteingangsstelle ihnen ein Schreiben solchen Inhalts zustellte. Die Folge war, daß es mehrfach vorkam, daß Sachbearbeiter in anderen Ministerien mit zwei bis drei Referenten aus verschiedenen Abteilungen wegen der Teilnahme an einem Kongreß Rücksprache zu nehmen hatten.

Gewiß werden diese Friktionen sich wohl kaum ganz vermeiden lassen, aber es dürfte schon viel damit gewonnen werden, wenn es durch entsprechende Weisung zu einer laufenden Übersicht und Statistik über die Mitgliedschaft in internationalen Organisationen und die Mitarbeit in Form von Teilnahme an Kongressen – zunächst nur hinsichtlich der amtlichen internationalen Organisationen – bei einer Abteilung käme. Dies könnte voraussichtlich nur die Abteilung II sein. Bezüglich der zahlreichen nichtamtlichen internationalen Organisationen interessieren auch hinsichtlich allgemeiner Übersicht und Statistik nur diejenigen, in denen die Bundesrepublik Mitglied ist. Diese müßten in absehbarer Zeit durch Rundschreiben erst noch erschöpfend erfaßt werden. Sodann würde eine erneute genaue Absprache mit den Abteilungen V und insbesondere Abteilung VI erforderlich, da diese Abteilungen sachlich weitgehend an der Zusammenarbeit mit diesen Organisationen interessiert sind.

Um die Einschaltung des Auswärtigen Amts in den Verkehr mit amtlichen internationalen Organisationen, der sich ja nach völkerrechtlichen Regeln abspielt, den Bundesministerien gegenüber in einer jeden Zweifel ausschließenden Form zu verankern, wäre sogar in der beabsichtigten Kabinettsvorlage oder in einer späteren Verfügung die Festlegung in Erwägung zu ziehen, daß das Auswärtige Amt es sich vorbehalten kann, zu Welt- und Jahreskongressen aller amtlichen internationalen Organisationen einen eigenen Vertreter der deutschen Delegation beizugeben. Daß eine solche Beteiligung mit eigenem Vertreter dann später in der Praxis aus Personalmangel und Mangel an Haushaltsmitteln nur in besonders interessierenden Fällen erfolgen würde, sollte die Aufstellung eines solchen Grundsatzes nicht hindern. Es wird angestrebt werden, in nächster Zeit diesbezügliche Regelung in anderen Ländern in genauere Erfahrung zu bringen.

Hiermit Herrn Dr. von Trützschler[4] mit der Bitte um Kenntnisnahme und Überprüfung des anliegenden Entwurfes vorgelegt.

Den Abteilungen V und VI sind die vorangegangenen Entwürfe der anliegenden Kabinettsvorlage zur Kenntnis gebracht worden.

Die Stellungnahme der Abteilung V ist in den Entwurf vom 16. Januar bereits hineingearbeitet. Mit den zuständigen Referenten der Abteilung VI haben Rücksprachen stattgefunden und sind einige grundsätzliche Klärungen herbeigeführt. Am 7. Mai hat mich Herr Salat um eine Rücksprache in den nächsten Tagen ersucht.

Plehwe

B 10 (Abteilung 2), Bd. 122

4 Hat Legationsrat I. Klasse Trützschler von Falkenstein vorgelegen.

129

Aufzeichnung des Legationsrats I. Klasse Trützschler von Falkenstein

021-10 II 6211/52 **9. Mai 1952**[1]

Betr.: Weltpostverein

Am 8. Mai suchte mich Mr. West von der HICOG auf und erbat Auskunft, warum die Bundesrepublik noch nicht wieder die Mitgliedschaft im Weltpostverein beantragt habe.

Ich habe erwidert, daß wir uns auf Grund ausführlicher Besprechungen und Verhandlungen bisher zu einer Einleitung des Beitrittsverfahrens noch nicht entschließen konnten, da eine mögliche unfreundliche Reaktion der Oststaaten auf einen solchen Schritt unter Umständen dazu führen könnte, daß das innerdeutsche Postnetz gestört und die Sowjetzone eventuell dadurch sogar zum Postausland wird.

Mr. West hielt diesen Grund für einleuchtend, fragte jedoch, ob außerdem noch ein politischer Grund dabei mitspiele. Ich habe betont, daß wir grundsätzlich den Wunsch haben, unsere Mitarbeit in den internationalen Organisationen ständig zu steigern, daß aber hinsichtlich des Weltpostvereins zur Zeit ein zu großes Risiko im Hinblick auf die möglichen nachteiligen Folgen gegeben ist. Ein politischer Gesichtspunkt stehe dabei zwangsläufig insofern im Hintergrund, als bei Eintritt der möglichen nachteiligen Folgen die Politik der Bundesregierung von der Öffentlichkeit hierfür verantwortlich gemacht würde; denn es handele sich immerhin um unter Umständen sehr empfindliche und ganz unmittelbare Auswirkungen auf die Bevölkerung.

Ich habe hinzugefügt, daß eine Überprüfung der Frage, ob ein Beitritt ratsam sei, spätestens im Herbst erfolgen könne, da dann die Erfahrungen des jetzt beginnenden Weltpostkongresses[2] vorliegen würden und auch die Reaktion der Oststaaten auf unseren Beitritt zum Internationalen Fernmeldeverein bei dem im Herbst stattfindenden Kongreß dieser Organisation[3] noch genauer bekannt werden würde.

Mr. West äußerte sich befriedigt über diese ihm zuteil gewordene Auskunft.[4]

[1] Hat Legationsrat I. Klasse Bottler am 17. Juni 1952 vorgelegen.

[2] Der Weltpostkongreß tagte vom 14. Mai bis 12. Juli 1952 in Brüssel.

[3] Die Regierungskonferenz der Internationalen Fernmeldeunion, der die Bundesrepublik am 17. April 1952 beitrat, fand vom 6. Oktober bis 22. Dezember 1952 in Buenos Aires statt.

[4] Am 27. Juni 1952 vermerkte Referent von Plehwe, der amerikanische Vertreter beim Weltpostkongreß, Tomlinson, habe ihn am 24. Mai 1952 in Brüssel darauf hingewiesen, die Bundesrepublik könne bis zum Inkrafttreten des Generalvertrages „ohne jede Schwierigkeit gemäß Artikel 17 des Schlußprotokolls der Weltpostkonvention von 1947 ihren Beitritt durch Übersendung einer Beitrittserklärung an die französische Regierung aussprechen. Wie in diesem Artikel festgelegt, ist dazu lediglich die Erklärung der kompetenten Behörde (hier Alliierte Hohe Kommission) erforderlich, daß der Beitritt der Bundesrepublik angebracht sei. Sobald der Generalvertrag in Kraft tritt, entfalle die kompetente Behörde, die eine solche Erklärung abgeben könne. Es sei dann sehr fraglich, ob die französische Regierung unter den so geänderten Umständen eine Beitrittserklärung der Bundesregierung annehmen werde. Tut die französische Regierung dies nicht – womit man rechnen müs-

Hiermit über Herrn MD Blankenhorn[5] Herrn Staatssekretär[6] mit der Bitte um Kenntnisnahme vorgelegt.

von Trützschler

B 10 (Abteilung 2), Bd. 114

130

Aufzeichnung des Abteilungsleiters Mosler

9. Mai 1952[1]

Im Auftrage des neuen Präsidenten des Deutschen Roten Kreuzes (DRK), Minister a. D. Weitz, suchte mich der Generalsekretär, Herr Hartmann, auf, um unsere Stellungnahme zu dem beabsichtigten Antrag an das Internationale Komitee vom Roten Kreuz auf Anerkennung des DRK zu erbitten.

Die Anerkennung ist Voraussetzung für die offiziellen Beziehungen zwischen dem Internationalen Komitee und den nationalen Rot-Kreuz-Gesellschaften sowie für die Aufnahme in die Internationale Liga der Rot-Kreuz-Gesellschaften. Nachdem die Bundesregierung im vergangenen Jahre die deutsche Gesellschaft anerkannt hat[2], ist die Anerkennung durch das Internationale Komitee der nächste Schritt, um dem DRK die gleichen Wirkungsmöglichkeiten wie den anderen nationalen Rot-Kreuz-Gesellschaften und Sitz und Stimme in internationalen Rot-Kreuz-Gremien zu verschaffen. In einer Besprechung in Genf zwischen dem Internationalen Komitee, der Liga und dem DRK wurde der in der Anlage beigefügte Text des Aufnahmeantrags[3] vereinbart.

Bei dieser Besprechung wurden die Frage der Zweiteilung Deutschlands und die sich daraus ergebenden Probleme erörtert. Das Internationale Komitee und die Liga behalten sich vor, die etwaige Bildung einer Rot-Kreuz-Gesellschaft in

Fortsetzung Fußnote von Seite 360

se –, dann wäre nur der Beitritt der Bundesrepublik nach Artikel 3 der Weltpostkonvention möglich, d. h. die Aufnahme kann dann nur mit 2/3-Mehrheit erfolgen. Mr. Tomlinson hielt es für durchaus fraglich, ob die Bundesrepublik die 2/3-Mehrheit erhalten würde, da hierbei alle Enthaltungen wie Gegenstimmen zählen." Er, Plehwe, habe diese Einschätzung dem Delegationsleiter, Ministerialdirektor Lapp, mitgeteilt. Dieser habe entschieden, daß die Vertretung in Paris beauftragt werden solle, „bei der französischen Regierung anzufragen, in welcher Weise sie auf ein Aufnahmegesuch der Bundesregierung unter Bezugnahme auf Artikel 17 nach Inkrafttreten des Generalvertrages reagieren würde". Vgl. B 10 (Abteilung 2), Bd. 114.

Am 21. Juli 1952 notierte Plehwe, Legationsrat I. Klasse Trützschler von Falkenstein habe entschieden, „daß die Beauftragung der Diplomatischen Vertretung Paris mit einer derartigen Anfrage beim französischen Außenministerium unterbleiben solle". Vgl. B 10 (Abteilung 2), Bd. 114.

5 Hat Ministerialdirektor Blankenhorn vorgelegen.

6 Hat Staatssekretär Hallstein vorgelegen.

1 Durchdruck.

2 Die Bundesregierung erkannte das Deutsche Rote Kreuz (DRK) am 26. Februar 1951 an.

3 Dem Vorgang beigefügt. Vgl. VS-Bd. 5462 (Abteilung 5); B 150, Aktenkopien 1952.

der Ostzone ebenfalls anzuerkennen. Es wurde auch erwogen, ob dem Aufnahmeantrag des DRK ein Begleitbrief hinzugefügt würde, in dem als der Wunsch des DRK zum Ausdruck gebracht wird, daß eine entsprechende Organisation der Ostzone entstehe. Ferner wurde die Frage erörtert, ob in dem Aufnahmeantrag oder in einem Begleitschreiben darauf hingewiesen werden solle, daß das DRK nicht ganz Deutschland, sondern nur die Bundesrepublik umfasse. Dieser Gedanke wird von Professor Carlo Schmid unterstützt. Herr Hartmann bat um die Stellungnahme des Amtes.

Ich bin der Auffassung, daß dem Aufnahmeantrag in der Form des anliegenden Entwurfs zugestimmt werden kann. Dagegen halte ich ein Begleitschreiben oder einen Zusatz, der das Internationale Komitee auf die Möglichkeit der Zulassung eines ostzonalen Roten Kreuzes oder auf die Teilung Deutschlands ausdrücklich hinweist, für nicht diskutabel. Die Anerkennung des DRK hat u. a. den Vorteil, daß Vertreter des DRK an der im Sommer in Toronto stattfindenden internationalen Tagung[4] mit beschließender Stimme teilnehmen können, während andernfalls nur ein Beobachterstatus gewährt werden kann. Da das DRK zwar eine staatlich anerkannte Gesellschaft, aber weder eine öffentlich rechtliche Körperschaft ist noch unter staatlicher Leitung steht, entsteht die politische Anerkennungsfrage im Verhältnis zur ostzonalen Regierung nicht. Überdies haben wir auf eine vertrauliche Anfrage nach einer etwaigen Teilnahme der Bundesregierung an der Konferenz von Toronto, die an Herrn von Trützschler in Genf gerichtet worden ist, zum Ausdruck gebracht, daß wir eine Einladung wünschen. Wir haben uns allerdings noch nicht festgelegt, ob wir sie annehmen. Für den Fall, daß das Auswärtige Amt sich entschließt, in diesen humanitären Angelegenheiten die Teilnahme von zwei deutschen Regierungsvertretungen hinzunehmen, ist a majore ad minus gegen die Teilnahme von zwei Rot-Kreuz-Gesellschaften nichts einzuwenden. Sollte sich die Regierung nicht zur Teilnahme entschließen, so ist die vollberechtigte Anwesenheit der Deutschen Rot-Kreuz-Gesellschaft besonders nötig.[5]

Mit Rücksicht auf die Notwendigkeit, dem DRK so bald wie möglich die volle Wirkungsmöglichkeit auch im internationalen Bereich zu verschaffen, schlage ich vor, gegen den Aufnahmeantrag in der aus der Anlage ersichtlichen Form keine Einwendungen zu erheben. Das DRK unterstreicht diesen Wunsch nach-

4 Die Internationale Konferenz des Roten Kreuzes fand vom 26. Juli bis 7. August 1952 statt.

5 Am 28. Mai 1952 vermerkte Abteilungsleiter Mosler für Staatssekretär Hallstein: „Mit Rücksicht auf den besonderen Charakter des internationalen Rotkreuz-Rechts schlage ich vor, daß die Bundesregierung sich die These des Internationalen Komitees vom Roten Kreuz, die Rechte und Pflichten aus den Genfer Konventionen abweichend vom allgemeinen Völkerrecht nicht an die Identität der Rechtsperson, sondern an die öffentlichen Gewalten auf dem Gebiet des ursprünglich verpflichteten Staats zu binden, zu eigen macht. Der allgemeine Grundsatz, daß Rechte und Pflichten aus völkerrechtlichen Abkommen nicht teilbar sind, sondern sich grundsätzlich nur auf dieselbe Rechtsperson beziehen, ist für die politischen Verträge entwickelt worden. Die humanitären Zwecke der Genfer Konventionen rechtfertigen eine andere Beurteilung. Die im Jahre 1949 in Genf teils revidierten, teils neu abgeschlossenen Rotkreuz-Konventionen tragen dem Gedanken eines humanitären Sonderrechts dadurch Rechnung, daß sie auch Konflikte regeln, die keinen internationalen Charakter tragen; sie binden z. B. die Parteien eines Bürgerkrieges an bestimmte Vorschriften. Die Bundesregierung kann daher m. E. hinnehmen, daß der ostzonale Staat mit der Begrenzung auf das von ihm beherrschte Teilgebiet die Rechte und Pflichten des Deutschen Reichs hat. Der Standpunkt der Bundesregierung in der Frage der Anerkennung des ostzonalen Staats ist dadurch nach meiner Auffassung nicht präjudiziert." Vgl. B 10 (Abteilung 2), Bd. 1921.

drücklichst. Nur mit Rücksicht auf die derzeitige Belastung des Herrn Staatssekretärs hat Herr Weitz davon abgesehen, diese Bitte persönlich vorzutragen.[6]

Hiermit über Abteilung II (Herrn Dr. von Trützschler) dem Herrn Staatssekretär ergebenst vorgelegt.

gez. Mosler

VS-Bd. 5462 (Abteilung 5)

131

SPD-Vorsitzender Schumacher an Bundeskanzler Adenauer

10. Mai 1952[1]

Sehr geehrter Herr Bundeskanzler!

Bundestag und Bundesregierung haben in voller Einigkeit vor der Welt ihrem gemeinsamen Wunsch Ausdruck gegeben, sich durch eine Wiedergutmachung um Frieden mit Israel zu bemühen.[2] Deshalb erfüllt es mich mit wachsender Sorge, daß die Verhandlungen mit dem Staate Israel ins Stocken geraten sind. Offenbar spielt es hierbei auch eine Rolle, daß der Gedanke aufgekommen ist, zwischen den mit dem Staate Israel begonnenen Verhandlungen und der Konferenz über die deutschen Auslandsschulden in London müsse irgendeine Verbindung hergestellt werden. Ich darf feststellen, daß hiervon bisher keine Rede war, weder in der von Ihnen abgegebenen Regierungserklärung noch in den Erklärungen der Partei im Bundestag. Eine Verkopplung beider Verhandlungen würde daher nicht nur eine dem gemeinsamen Willen der Bundesregierung und aller demokratischen Fraktionen des Bundestages nicht entsprechende Veränderung in der gemeinsamen Grundlage sein, sondern auch zwei Aufgaben miteinander verknüpfen, die in keinem Zusammenhange stehen. Denn die Wiedergutmachung ist als die Erfüllung eines sittlichen Gebots nach Grund und Rang ein vollkommen andersartiges Anliegen als die in London diskutierte Regelung kommerzieller Schulden.

6 Am 16. Juli 1952 gab die Bundesregierung bekannt, daß das Internationale Komitee vom Roten Kreuz das DRK „als die im Gebiet der Bundesrepublik Deutschland tätige Rotkreuz-Gesellschaft" anerkannt habe. Die Anerkennung habe zur Folge, daß das DRK „nunmehr an der Internationalen Rotkreuz-Konferenz in Toronto vom 26.7. bis 8.8.1952 als vollberechtigtes Mitglied an den Beschlüssen und Empfehlungen dieser Konferenz teilnehmen" werde. Vgl. BULLETIN 1952, S. 908.
Auf der Konferenz in Toronto wurde das DRK in die Liga der Rotkreuzgesellschaften aufgenommen.

1 Abschrift.

2 Zur Erklärung des Bundeskanzlers Adenauer vom 27. September 1951 vor dem Bundestag vgl. Dok. 72, Anm. 2.
Zu den Erklärungen des Fraktionsvorsitzenden der CDU/CSU, Heinrich von Brentano, der stellvertretenden Fraktionsvorsitzenden der FDP, Schäfer, und der DP, von Merkatz, sowie der Abgeordneten Löbe (SPD) und Reismann (Zentrum) vom 27. September 1951 vgl. BT STENOGRAPHISCHE BERICHTE, Bd. 9, S. 6698 f. Vgl. ferner DEUTSCH-ISRAELISCHER DIALOG, S. 48 f.

Außerdem ist sogar die rein technische Problematik beider Fragen eine verschiedene. Die Schwierigkeiten in der Regelung der deutschen Auslandsschulden durch die Londoner Konferenz beruhen zu einem erheblichen Teil auf der deutschen Devisennot. Dagegen läßt sich dem Staate Israel ein befriedigendes Angebot machen, welches Transferschwierigkeiten im wesentlichen ausschließt, da Sachlieferungen möglich sind, die ohne Belastung der deutschen Handels- und Zahlungsbilanz geleistet werden können. Aus diesen Gründen bitte ich Sie, in der Wiedergutmachungsfrage an der gemeinsamen Basis, die ohnehin nicht ohne Zustimmung aller demokratischen Parteien verlassen werden sollte, unbedingt festzuhalten und die für die Verhandlungen mit dem Staate Israel bestellten Unterhändler ganz unabhängig von dem Verlauf und den Ergebnissen der Londoner Schuldenkonferenz zu ermächtigen, jetzt ein befriedigendes Angebot über Zahlungssumme und Zahlungsfrist zu machen. Sie werden mit mir darin einig sein, wie viel für die moralische und politische Rehabilitierung Deutschlands davon abhängt, die Verhandlungen mit dem Staate Israel durch den Beweis unseres guten Willens zu einem beiderseits befriedigenden Erfolg zu führen.

Mit vorzüglicher Hochachtung!

Ihr ergebener
gez. Schumacher

Bundesarchiv Koblenz, N 1351 (Nachlaß Blankenhorn), Bd. 16*

132

Delegationsleiter Böhm an Staatssekretär Hallstein

244-10 II 359/52 **13. Mai 1952**[1]
Geheim

Zu meiner großen Bestürzung ist mir heute vormittag mitgeteilt worden, daß die Behandlung der Israelfrage in der Sitzung des Auswärtigen Ausschusses von heute nachmittag abgesetzt worden sei; ich wurde angewiesen, im Auswärtigen Ausschuß nicht zu erscheinen.

Wie mir inzwischen mitgeteilt wurde, ist der Auswärtige Ausschuß hierüber nicht unterrichtet worden und hatte den Punkt auch nicht von seiner Tagesordnung abgesetzt. Durch einen Zufall ist dem Auswärtigen Ausschuß bekannt geworden, daß ich mich im Auswärtigen Amt befand, worauf mich Prof. Schmid bitten ließ, in der Sitzung zu erscheinen.

* Bereits veröffentlicht in: SCHUMACHER, Reden, S. 1005 f.

1 Hat Legationsrat I. Klasse Bottler am 15. Mai 1952 vorgelegen, der handschriftlich vermerkte: „1) H[err] St.S. hat Kenntnis. 2) Abt[eilung] II zust[ändigkeits]halber."
Hat Referent Frowein und Legationsrat I. Klasse Trützschler von Falkenstein am 16. Mai 1952 vorgelegen.

Da ich hierzu nicht befugt war, hat der Ausschuß den Punkt abgesetzt und die Behandlung auf Freitag, den 16. Mai, 14.30 Uhr anberaumt.[2]

Durch den Ausfall dieser Sitzung ist die letzte Möglichkeit versäumt worden, auf den Verlauf der für morgen vormittag unter dem Vorsitz des Bundeskanzlers anberaumten Sitzung einen günstigen Einfluß zu nehmen.

Ich möchte mit großem Ernst betonen, daß die Dinge einen sehr ungünstigen Verlauf genommen haben.

Wie ich schon gestern berichtete, hat Minister Erhard gestern nachmittag zur Überraschung der Beamten seines Hauses seinen ursprünglich angenommenen Standpunkt geändert und Jahreslieferungen in Höhe von 150 Millionen DM als das Höchstmaß erklärt, das er vertreten könne.[3] In seinem bekannten Brief hatte er von einer Größenordnung von 100–200 Millionen gesprochen und sich bereit erklärt, auch eine etwas mutigere Lösung zu verantworten.[4] In den Verhandlungen der Sachbearbeiter des Wirtschaftsministeriums mit Herrn Barou über die Warenlisten[5] haben sich dann erheblich günstigere Lösungsmöglichkeiten ergeben. Die Berechnungen ergaben zusätzliche Warentransfermöglichkeiten bis zu drei und dreieinhalb Millionen DM. Wie ich erfahren habe, ist die Sinnesänderung von Minister Erhard völlig überraschend erfolgt.

Herr Abs erhob zwar gegen den von Herrn Erhard genannten Betrag Einwendungen, zog dann aber eine Jahresleistung von 150 Millionen als diskutabel in Betracht. Ich halte es nicht für ausgeschlossen, daß diese überraschende Einigung vereinbart war.

Herr Müller-Graaf teilte mit, daß er in der Schweiz von einer jüdischen Persönlichkeit, die in engster Verbindung mit israelischen Regierungskreisen stehe, erfahren habe, daß sich die Regierung Israels mit einer Gesamtsumme von zweieinhalb Milliarden DM zufrieden geben werde. Wie ich inzwischen zuverlässig erfahren habe, kann hiervon keine Rede sein. Vielmehr ist man in offiziellen israelischen Kreisen davon überzeugt, daß die Regierung eine nochmalige Reduktion der drei Milliarden parlamentarisch nicht überleben werde. Aber abgesehen davon würde dieser Betrag international niemals als eine diskutable Wiedergutmachung anerkannt werden und ein Verlassen der von uns anerkannten Verhandlungsgrundlage bedeuten.

In der gestrigen Sitzung wurde aber auch noch vorgeschlagen, diese verminderte Gesamtsumme in einem Zeitraum von 16 (!) Jahren zu erfüllen. Israel hatte bis-

2 Die für die Sitzung des Ausschusses für das Besatzungsstatut und auswärtige Angelegenheiten am 13. Mai 1952 geplante Berichterstattung des Delegationsleiters Böhm über die Wiedergutmachungsverhandlungen mit Israel und den jüdischen Organisationen wurde auf Antrag des CDU-Abgeordneten Gerstenmaier von der Tagesordnung abgesetzt. Vgl. dazu AUSWÄRTIGER AUSSCHUSS, S. 743 f. Nach dem Bericht von Böhm und dessen Erörterung am 16. Mai 1952 veröffentlichte der Ausschuß ein Kommuniqué, in dem erklärt wurde, daß „die Verhandlungen deutscherseits unter dem Gesichtspunkt weitergeführt werden sollten, daß die Verpflichtung zur Wiedergutmachung, zu der sich Bundestag und Bundesregierung Israel gegenüber bekannt haben, nur dann voll erfüllt wird, wenn ihr gegenüber das Recht auf bevorrechtigte Befriedigung anerkannt wird". Vgl. AUSWÄRTIGER AUSSCHUSS, S. 803.

3 Vgl. dazu das Schreiben des Delegationsleiters Böhm vom 12. Mai 1952 an Staatssekretär Hallstein; B 10 (Abteilung 2), Bd. 1689.

4 Für das Schreiben des Bundesministers Erhard vom 16. April 1952 an Bundeskanzler Adenauer vgl. Dok. 108.

5 Vgl. dazu Dok. 110, Anm. 6.

her an einer Erfüllungszeit von fünf bis sieben Jahren bei Zugrundelegung eines Gesamtbetrages von einer Milliarde Dollar gerechnet und war bereit, eine weitere Streckung etwa bis auf zehn Jahre zu diskutieren. Die Abzahlung eines fast bis auf die Hälfte reduzierten Betrages in einem um das dreifache verlängerten Zeitraum ist schlechthin indiskutabel; ich bin nicht in der Lage, einen derartigen Vorschlag zu überbringen.

In der Sitzung morgen[6] werden also die Herren Erhard und Abs die Lösung: 2,5 Milliarden in 16 Jahren bei flexibel gehaltenen Jahresraten gemeinsam vertreten.

Diese Lösung wird sodann auf den heftigsten Widerstand des Finanzministers[7] stoßen, der sich nach langen Diskussionen, wie angenommen wird, schließlich mit der Aufbringung von 100 Millionen im Jahr höchstens einverstanden erklären wird. Aber auch dies ist mehr als ungewiß. Die Erwartung geht dann dahin, daß sich der Bundeskanzler für den Vorschlag Erhard/Abs entscheiden wird und daß dieses Ergebnis sodann als ein Erfolg meiner Delegation dargestellt wird.

Eine weitere Komplikation ist morgen zu erwarten hinsichtlich des Claims-Komplexes. Wird Herr Küster nicht anwesend sein, so fällt unsererseits der entscheidende Sachverständige aus. Erscheint aber Herr Küster, so wird nach einer uns zugegangenen Mitteilung (MD Wolff) der Finanzminister sich weigern, in Anwesenheit von Herrn Küster zu verhandeln. Die Überspitzung von Meinungsverschiedenheiten über Fragen dritter und vierter Ordnung würde dann taktisch dazu benutzt werden, die Verhandlungsatmosphäre zu beeinträchtigen.

Über die Zusammensetzung des Gremiums brauche ich nichts zu sagen; die Zuziehung von Prof. Meyer, der inzwischen ein außerordentlich wichtiges Gutachten vorgelegt hat, würde meine Lage ganz entscheidend verbessert haben.

Es kommt dazu, daß der Zeitpunkt, in dem nun die Entscheidung in aller Eile getroffen werden soll, von Herrn Abs sehr geschickt gewählt worden ist. Herr Abs hat sich seit Februar bis vor wenigen Tagen einer solchen Entscheidung mit Energie widersetzt. Seit den jüngsten Ereignissen (Generalvertrag, Abruf großer Beträge seitens der Alliierten) besteht er plötzlich auf sofortiger Entscheidung und kann diese Auffassung mit dem Hinweis auf den Wiederzusammentritt der Londoner Konferenz[8] auch plausibel begründen.

Herr Abs wird vermutlich fordern, daß er ermächtigt wird, die Entscheidung in der Israelfrage der Londoner Konferenz unverzüglich mitzuteilen. Dies widerspricht aber der ausdrücklich geäußerten Bitte der israelischen Regierung, ihr die deutsche Entscheidung zunächst vertraulich mitzuteilen, um ihr die Gelegenheit zu geben, sich in voller Freiheit über ihre Schritte schlüssig zu werden. Herr Abs hat bisher von meiner Delegation verlangt, daß sie sich jeder Andeutung über ein deutsches Angebot enthalte. Aus diesem Grunde haben die Verhandlungen bisher einen beklagenswerten Verlauf genommen. Ich muß jetzt

6 Zur Ressortbesprechung am 14. Mai 1952 über die Wiedergutmachungsleistungen an Israel und die jüdischen Organisationen vgl. Dok. 135.

7 Fritz Schäffer.

8 Die Verhandlungen über deutsche Auslandsschulden in London wurden am 19. Mai 1952 wieder aufgenommen.

fordern, daß Herr Abs seinerseits sich in London jeder Mitteilung über den Inhalt einer etwaigen Entscheidung enthält, bis sich Israel zu dieser Entscheidung geäußert hat.

Nach dem wenig günstigen Verlauf der bisherigen Verhandlungen kann die Lage nur dadurch wiederhergestellt werden, daß deutscherseits ein akzeptables Angebot gemacht wird, das alle Zweifel an der Ernsthaftigkeit der Erklärungen des Herrn Bundeskanzlers ausschließt.

Ein solches Angebot müßte meiner Überzeugung nach mindestens folgenden Inhalt haben:

Gesamtsumme neun Milliarden DM, erfüllbar in einer Rahmenzeit von 7–12 Jahren, in flexiblen Warenleistungen. Ferner sofortiger Beginn von Lieferungen in der Größenordnung von mindestens 200–300 Millionen DM in den ersten beiden Jahren. Dies wird auf Grund der neuesten Ermittlungen für möglich gehalten. Ferner streng vertrauliche Behandlung dieses Angebotes bis zum Vorliegen einer Antwort Israels.

Sollte sich der Bundeskanzler zu einer solchen Lösung in dieser Woche noch nicht entschließen können, so ist eine Vertagung einer ungünstigen Entscheidung vorzuziehen.

Es erscheint mir unerläßlich, daß der Bundeskanzler die politische und moralische Seite der Frage sowie die Tatsache seiner weitgehenden Gebundenheit mit Nachdruck in den Vordergrund rückt.

Anläßlich der Wichtigkeit der Sache muß ich darauf bestehen, daß mir Gelegenheit gegeben wird, die Angelegenheit mit Ihnen und Herrn Blankenhorn vor Beginn der Sitzung vorzubesprechen. Wie die Dinge jetzt liegen, kann ich es nicht verantworten, es darauf ankommen zu lassen, wie die regiemäßig sehr geschickt gestellte Verhandlung morgen ablaufen wird.

In großer Sorge

stets Ihr
Böhm

VS-Bd. 3211 (Abteilung 2)

133

Generalkonsul I. Klasse Krekeler, Washington, an Bundeskanzler Adenauer

14. Mai 1952[1]

Hochverehrter Herr Bundeskanzler!

Aus Anlaß der bevorstehenden Unterzeichnung des Deutschlandvertrages und der Abmachungen über die Europäische Verteidigungsgemeinschaft erlaube ich mir, Ihnen die nachfolgenden Ausführungen zu unterbreiten:

Es ist vorauszusehen, daß in der Zeit zwischen Unterzeichnung und der Ratifikation durch die Parlamente, die, wie ich zuversichtlich hoffe, in absehbarer Zeit stattfinden kann, sowohl in der Öffentlichkeit als auch in parlamentarischen Kreisen leidenschaftliche Erörterungen über diese Verträge und ihre Folgen stattfinden werden. Ich glaube nicht, daß die amerikanische Regierung Schwierigkeiten haben wird, die Ratifikation im Kongreß[2] zu beeinflussen. Dagegen werden die Russen sicher nichts unversucht lassen, um die beteiligten europäischen Parlamente unter Druck zu setzen. Obwohl ich mich seit vielen Jahren mit Rußland eingehend beschäftigt habe und auch die Sprache einigermaßen verstehe, glaube ich doch, daß es Berufenere gibt, um die russische Haltung zu beurteilen. Ich kann von hier aus nur sagen, daß man in den Vereinigten Staaten davon überzeugt ist, Rußland werde und könne es nicht zum Kriege kommen lassen. Man erwartet aber, daß die „Politik der Nadelstiche" in gesteigerter Intensität fortgesetzt wird. Ich nehme an, daß in Europa dadurch die Aufmerksamkeit sehr stark auf die Frage gelenkt wird, welches die Haltung der Sowjets sein wird, je nach dem, ob die Verträge ratifiziert werden oder nicht. Die mindestens ebenso wichtige Frage, welches die Konsequenzen bezüglich der zukünftigen Politik der Vereinigten Staaten bei dieser Alternative sein werden, wird, so fürchte ich, demgegenüber unverdienter Weise in den Hintergrund treten.

Man wird sich vielleicht damit begnügen, vorauszusagen, daß ein Nichtzustandekommen der Verträge einen völligen Zusammenbruch der Europapolitik der Demokraten unter dem Präsidenten Truman bedeuten würde und damit eine Wendung zu der Politik veranlassen könnte, die man als Neo-Isolationismus bezeichnet. Manche europäischen Politiker werden das vielleicht gar nicht einmal so ungern sehen, in der Meinung, daß dadurch die bestehenden Spannungen zwischen Ost und West gemildert werden würden.

Ich glaube, hochverehrter Herr Bundeskanzler, daß es ein gefährlicher Trugschluß wäre, dies als die allein mögliche Reaktion der amerikanischen Politik auf ein solches Ereignis anzunehmen.

1 Hat Ministerialdirektor Blankenhorn am 20. Mai 1952 vorgelegen, der die Weiterleitung an Bundeskanzler Adenauer verfügte.
Hat Adenauer vorgelegen.

2 Am 1. Juli 1952 stimmte der amerikanische Senat dem Generalvertrag zu.

Ich habe von zahlreichen ausländischen Diplomaten, mit denen ich in Verbindung stehe, immer wieder gehört, daß sie die Möglichkeit plötzlicher Entschlüsse der Vereinigten Staaten auf dem Gebiet der auswärtigen Politik in Betracht ziehen und zweifellos in diesem Sinn an ihre Regierungen berichten. Ich möchte, wenn ich von diesen Dingen spreche, eines voraussetzen: Es besteht allgemeine Übereinstimmung, die ich nach meinen Beobachtungen in diesem Land durchaus teile, daß die leitenden Männer der amerikanischen Regierung ebensowenig an einen Präventivkrieg denken wie die führenden Persönlichkeiten des Kongresses. Aber außerhalb dieses Kreises erfahrener Politiker gibt es nicht wenige Menschen im Pentagon, in der Industrie, ja selbst in Gewerkschaftskreisen, die allmählich die Geduld verlieren und ganz offen den Gedanken ventilieren, ob nicht drastische Maßnahmen erforderlich seien, um den Kalten Krieg mit Rußland zu beenden. Die schleppenden Waffenstillstandsverhandlungen in Korea[3] liefern für diese Leute Wasser auf die Mühle, die meinen, daß ein „Zuschlagen" in absehbarer Zeit nicht zu vermeiden sei. Ich darf hierzu nur auf die letzten Äußerungen eines so besonnenen und in allen Kreisen hochgeachteten Staatsmannes wie John Foster Dulles hinweisen. Ich möchte in diesem Zusammenhang auch erwähnen, daß man die unter der Oberfläche schwelende Unzufriedenheit und Erbitterung der amerikanischen Bevölkerung über den Gang der Dinge im Fernen Osten gar nicht ernst genug einschätzen kann. In gewissen Kreisen der republikanischen Partei spricht man davon, daß selbst ein Mann wie der General Eisenhower unter Umständen gezwungen sein würde, im Falle seiner Wahl zum Präsidenten die hinhaltende Politik der Demokraten durch eine aktivere oder dynamischere Politik, wie es Dulles ausgedrückt hat, zu ersetzen.

Zusammenfassend möchte ich sagen, daß es gewiß äußerst schwierig ist, zu prophezeien, was sich im einzelnen ereignen würde, sollte das Vertragswerk nicht zustande kommen. Es besteht aber zweifellos neben der Möglichkeit, daß eine neue Welle des Isolationismus über das Land geht, die Gefahr, daß die Persönlichkeiten, welche hier für eine Politik der „Starken Hand" sind, aus Zorn und aus Verärgerung über das dann in drastischer Weise offenbare Mißlingen der jahrelangen Europa- und Asienpolitik des State Departments Oberwasser bekommen und mit weit größerer Energie als bisher dafür eintreten werden, den gordischen Knoten durch einen Schwertstreich zu lösen. Ich werde diese Entwicklung mit größter Aufmerksamkeit verfolgen und weiterhin mit Nachdruck betonen, daß die europäische Integrierung die einzig wirklich konstruktive politische Idee unserer Zeit ist, die aktiv zu einer Stabilisierung der Weltlage und damit zu einer Entspannung beitragen kann. Ich glaube, daß man vor allem versuchen muß, den maßgebenden hiesigen Stellen, sei es Demokraten oder Republikanern, mit allem Nachdruck vor Augen zu führen, daß die europäische Integration als solche nicht in erster Linie als Mittel zum Zweck einer Aufrüstung angesehen werden darf, sondern daß das Bestehen eines eini-

3 Am 10. Juli 1951 wurden in Kaesong Waffenstillstandsverhandlungen zwischen den UNO-Truppen sowie den Streitkräften Nordkoreas und der Volksrepublik China aufgenommen. Am 27. Juli 1953 wurde in Panmunjon ein Waffenstillstandsabkommen zur Beendigung des Korea-Krieges geschlossen.

gen Europas durch sein eigenes Gewicht eine stabilisierende Wirkung ausüben kann und dem Frieden dient.

Ich habe mich zu diesen Ausführungen, hochverehrter Herr Bundeskanzler, vor allem deshalb entschlossen, weil ich den Eindruck habe, daß öffentliche Meinung und politische Kreise in Deutschland in der Erörterung dieser Frage in der letzten Zeit zu sehr den Blick nach Osten gewandt haben und sich nicht genügend damit befassen, welches die Konsequenzen in den Vereinigten Staaten sein könnten, falls die Entwicklung eine negative Wendung nehmen sollte.

Genehmigen Sie, hochverehrter Herr Bundeskanzler, den Ausdruck meiner ausgezeichnetsten Hochachtung.

Krekeler

VS-Bd. 53 (Büro Staatssekretär)

134

Aufzeichnung der Delegation für Auslandsschulden

II Geh. 312/52 **15. Mai 1952**[1]

Betr.: Deutscher Vorschlag zur Regelung der Auslandsschulden für die Schuldenkonferenz in London

I. Die Deutsche Schuldendelegation hat Anfang April 1952 vor Unterbrechung der Konferenz in London erklärt, sie werde bei Wiederzusammentritt der Konferenz am 19. Mai 1952 einen konkreten Vorschlag für den Schuldenregelungsplan vorlegen.[2] Bei diesem Vorschlag kommt es darauf an, zwischen den Erwartungen der Gläubiger und der beschränkten deutschen Leistungsfähigkeit eine

1 Die Aufzeichnung wurde von Staatssekretär Hallstein am 15. Mai 1952 an Bundeskanzler Adenauer geleitet. Im Begleitschreiben vermerkte Hallstein: „In der Anlage füge ich bei eine Aufzeichnung mit Vorschlägen für die weitere deutsche Haltung auf der Londoner Schuldenkonferenz, die auf Weisung von Herrn Abs auf der Grundlage der Besprechung ausgearbeitet ist, die am 14. Mai d[iese]s J[ahre]s unter dem Vorsitz des Herrn Bundeskanzlers stattgefunden hat." Die in den Paragraphen VI und VII formulierten Vorschläge halte er „politisch für unvertretbar".
Hat Adenauer vorgelegen.
Hat Legationsrat I. Klasse Bottler am 29. Mai 1952 vorgelegen.
Hat Legationsrat I. Klasse Trützschler von Falkenstein am 30. Mai 1952 vorgelegen, der die Weiterleitung an Referent Frowein verfügte.
Hat Frowein am 30. Mai 1952 vorgelegen. Vgl. VS-Bd. 3212 (Abteilung 2); B 150, Aktenkopien 1952.

2 Am 4. April 1952 führte Delegationsleiter Abs, London, in der Plenarsitzung der Konferenz über deutsche Auslandsschulden aus: „Die deutsche Delegation ihrerseits wird [...] die Osterpause dazu benutzen, gemeinsam mit den zuständigen Stellen in Deutschland eingehend zu prüfen, was die Bundesrepublik zur Erfüllung ihrer Auslandsverbindlichkeiten leisten zu können glaubt. Ich hoffe, daß auf Grund des Ergebnisses dieser Beratungen, welches ich Ihnen im Mai unterbreiten werde, gemeinsam mit Ihnen ein Weg gefunden wird, eine allseitig befriedigende Regelung für die einzelnen Schuldenarten und damit für das gesamte Schuldenproblem auszuarbeiten." Vgl. B 10 (Abteilung 2), Bd. 1558.

für beide Teile tragbare Synthese zu finden, die zum Erfolg der Schuldenkonferenz führt.

II. Das oberste Ziel der Londoner Konferenz ist die Wiederherstellung des deutschen Kredits im Ausland. Dieses Ziel ist bei realistischer Betrachtung der heutigen und für die weitere Zukunft voraussehbaren deutschen Wirtschafts- und Finanzlage nur zu erreichen, wenn die deutschen Gläubiger die Überzeugung gewinnen, daß das deutsche Angebot das Äußerste dessen darstellt, was die Bundesrepublik und die deutsche Wirtschaft unter Berücksichtigung aller ihrer sonstigen Verpflichtungen und Belastungen werden leisten können. Wegen der im ganzen gesehen völlig unzureichenden deutschen Leistungsfähigkeit werden die von den Londoner Gläubigern erwarteten erheblichen Zugeständnisse nur dann durchzusetzen sein,

a) wenn mit der Erfüllung dieses Angebots wirkliche Opfer auf der deutschen Seite verbunden sind und

b) wenn die Bundesrepublik von ihren übrigen Auslandsgläubigern entsprechende, der deutschen Leistungsfähigkeit angepaßte Zugeständnisse fordert.

Der deutsche Vorschlag muß auf der anderen Seite so bemessen sein, daß der einmal vereinbarte Schuldendienst nach menschlichem Ermessen auch auf die Dauer erfüllt werden kann.

III. Die der Zuständigkeit der Londoner Schuldenkonferenz unterliegenden deutschen Auslandsverbindlichkeiten umfassen unter Zugrundelegung der ursprünglichen Vertragsbedingungen einen Gegenwert von 15,7 Milliarden DM, davon 4,6 Milliarden DM rückständige Zinsen. Hinzu kommen die Schulden aus der sogenannten Nachkriegswirtschaftshilfe der USA, Großbritanniens, Frankreichs und Dänemarks, die diese Gläubigerländer bereits von ca. 16,2 Milliarden DM auf 6,9 Milliarden DM einschließlich Zinsen bedingt reduziert haben.[3]

Selbst eine langfristige Fundierung allein dieser Schuldenmasse würde sowohl die deutsche Aufbringungs- als auch Transferfähigkeit erheblich übersteigen. Die Deutsche Delegation hat daher mit den zuständigen Ressorts Untersuchungen darüber angestellt, welche Leistungen von der Bundesrepublik und den privaten deutschen Schuldnern für diesen Komplex ohne ernste Schäden für den öffentlichen Haushalt, für die Wirtschaft und die handelspolitischen Beziehungen mit dem Ausland etwa erbracht werden können. Das Ergebnis dieser sorgfältigen – wenngleich weitgehend auf Schätzungen beruhenden – Untersuchung ist folgendes:

a) Gesamtleistungen für einige Anlaufjahre (Verzinsung ohne allgemeine Tilgung) rund 500 Millionen DM jährlich, davon öffentliche Hand (Bund, Länder, Gemeinden) rund 400 Millionen DM.

b) Gesamtleistung nach Ablauf dieser Anlaufjahre (Verzinsung und allgemeine Tilgung) rund 580 Millionen DM jährlich, davon öffentliche Hand rund 440 Millionen DM.

Die Gesamtschuld würde sich bei Durchsetzung der in London in Vorschlag zu bringenden Regelung anstatt der oben genannten 22,6 Milliarden DM auf rund

3 Zur Erklärung der Drei Mächte vom 6. Dezember 1951, ihre Forderungen aus der Nachkriegswirtschaftshilfe an die Bundesrepublik zu reduzieren, vgl. AAPD 1951, Dok. 210.

zwölf Milliarden DM stellen, einschließlich der Schweizer Clearing-Regelung. Davon würden rund neun Milliarden DM auf die öffentlichen Schulden entfallen. Dieses Angebot bedeutet eine erhebliche Reduzierung der ursprünglichen Schuld. Dabei sind die von der Dreimächte-Kommission bereits bedingt reduzierten Nachkriegsverbindlichkeiten (6,9 Milliarden DM) als feste Größe eingesetzt.

Die Deutsche Delegation hofft auf Grund des Schriftwechsels der Bundesregierung mit der Alliierten Hohen Kommission vom 6. März 1951 (Schuldenerklärungsdokument)[4] und der vorangegangen Londoner Verhandlungen[5], vor allem für folgende Gründe bei ihren Gläubigern Verständnis zu finden.

1) Allgemeine Gesichtspunkte:

a) territoriale Beschränkung der Herrschaftsgewalt der Bundesrepublik (hinsichtlich der vom Bund übernommenen öffentlichen Auslandsschulden);

b) Sonderbelastungen der öffentlichen Haushalte durch Kriegs- und Kriegsfolgeschäden und durch den Verteidigungsbeitrag;

c) Beschlagnahme des deutschen Auslandsvermögens, Demontagen, Kriegsschäden usw.;

d) Auswirkungen der Währungsreform.

2) Rechtliche Gesichtspunkte:

e) Ablehnung der Goldklausel im Hinblick auf die Gesetzgebung und Rechtsprechung mehrerer Auslandsstaaten;

f) Inländerbehandlung ausländischer Reichsmark- und Goldmark-Forderungen.

Der vorstehende Vorschlag stellt nach Auffassung der Deutschen Delegation das Mindestmaß dessen dar, was den Auslandsgläubigern angeboten werden muß, um zu einem Ergebnis zu gelangen.

IV. Die Bereitstellung der erforderlichen Devisen für den unter III. vorgeschlagenen Schuldendienst wird noch schwieriger sein als die Aufbringung der Beträge in DM, weil der Bund über keine nennenswerten Devisenreserven und Einkünfte aus Auslandsvermögen verfügt, so daß der Transfer grundsätzlich nur aus laufenden Außenhandelsüberschüssen bewerkstelligt werden kann.

Eine langfristige Vorausschau des deutschen Außenhandels ist wegen der Unberechenbarkeit der weltwirtschaftlichen Entwicklung und der weltpolitischen Einflüsse nicht möglich. Bei vorsichtiger Beurteilung aller Faktoren kann bezweifelt werden, ob Deutschland ohne die Wiedervereinigung mit den Ostgebieten und ohne Wiederbelebung des Handels mit den Ostblockländern in der Lage sein wird, zu einem langfristig gesicherten Ausgleich seines Außenhandels zu kommen. Auf jeden Fall erfordert dies auch bei einer günstigen Entwicklung äußerste deutsche Anstrengungen und eine früher vermißte Bereitschaft der Gläubiger zu einer entsprechenden Handelspolitik, insbesondere einer liberalen Importpolitik. Angesichts der bestehenden Dollarlücke bildet der Transfer von effektiven Dollar ein besonderes Problem. Die Bundesrepublik kann die-

4 Zum Notenwechsel des Bundeskanzlers Adenauer vom 6. März 1951 mit der AHK vgl. AAPD 1951, Dok. 48.

5 Zu den Besprechungen vom 26. November bis 10. Dezember 1951 in London über die deutschen Nachkriegsschulden vgl. AAPD 1951, Dok. 198 und Dok. 210.

ses Problem nicht aus eigener Kraft lösen, sondern ist – wie die meisten anderen westeuropäischen Staaten – vorerst auf die Hilfe der USA angewiesen.

Die Aufnahme des Schuldendienstes stellt somit ein großes Wagnis dar. Dieses Wagnis kann nur übernommen werden, wenn in die Londoner Schuldenregelung gewisse Sicherungen, insbesondere handelspolitischer Art, eingebaut werden, die in Anlage 1[6] skizziert sind.

V. In den unter III. genannten Beträgen sind die während des Zweiten Weltkriegs entstandenen Ansprüche der Schweiz gegen die frühere Deutsche Verrechnungskasse (sogenannte Clearing-Milliarde) enthalten. Entgegen den ursprünglichen Plänen der Dreimächte-Kommission werden diese Ansprüche im Rahmen der Londoner Schuldenkonferenz geregelt werden. Nach einem noch nicht unterzeichneten Übereinkommen ergeben sich jährliche Transferverpflichtungen in Höhe von 15,4 Millionen Schweizer Franken für einen Zeitraum von etwa 30 Jahren.[7]

VI. In den in Ziffer III aufgeführten Beträgen sind ferner nicht enthalten die von Israel mit 4,2 Milliarden DM als Wiedergutmachungsforderung erhobenen Ansprüche auf Erstattung von Eingliederungskosten für 500 000 Flüchtlinge.[8] Über diese Ansprüche wird gesondert in Den Haag verhandelt werden. Wegen des Zusammenhangs in der Aufbringungs- und Transferfrage und wegen der Vorbehalte der Dreimächte-Kommission hinsichtlich der Aufnahme von Auslandsverpflichtungen durch die Bundesrepublik wird die deutsche Schuldendelegation in London zur Regelung der israelischen Ansprüche eine Erklärung abgeben müssen. Diese soll sich auf die Mitteilung beschränken, daß die Bundesregierung zunächst für eine Reihe von Jahren Warenlieferungen im Werte von 100 Millionen DM an Israel erwäge, wobei die Frage der Aufbringung des DM-Gegenwertes noch nicht gelöst sei. Die Bundesregierung erwäge außerdem die Erschließung zusätzlicher Quellen zur Befriedigung der Ansprüche Israels, wobei sie insbesondere an die Aufnahme einer äußeren Anleihe denke.

VII. Nicht berücksichtigt sind ferner die individuellen Ansprüche von im Ausland Ansässigen auf Rückerstattung und Entschädigung, für die Schätzungen zwischen vier und sechs Milliarden DM vorliegen. Hinzu kommen die von den jüdischen Weltverbänden erhobenen Ansprüche aus erbenlosen Nachlässen,

6 Dem Vorgang beigefügt. Als Sicherungsklauseln für die Aufnahme des Schuldendienstes wurden genannt: „a) Aufschub des Transfers in frei konvertierbarer Währung (Dollar), wenn die Deckung des Versorgungsbedarfs an lebenswichtigen Gütern gegen Bezahlung in frei konvertierbarer Währung oder die Unterhaltung angemessener Reserven in frei konvertierbarer Währung gefährdet ist; b) hinsichtlich des Transfers zugunsten von EZU-Ländern wird es für ausreichend gehalten, wenn die allgemeinen Ausweichklauseln des Liberalisierungs-Kodex der OEEC zur Anwendung gelangen; c) bei Ländern, mit denen Deutschland einen bilateralen Leistungsaustausch unterhält (z.B. Brasilien), ist die Einbeziehung des Transfers des auf diese Länder entfallenden Schuldendienstes in den bilateralen Leistungsaustausch vorzubehalten. Dieser Vorbehalt könnte auch bei Wegfall des multilateralen Handels- und Zahlungssystems der OEEC und der EZU Bedeutung gewinnen." Vgl. VS-Bd. 3212 (Abteilung 2); B 150, Aktenkopien 1952.

7 Am 26. August 1952 unterzeichneten die Bundesrepublik und die Schweiz das Abkommen über die deutschen Vermögenswerte in der Schweiz sowie das Abkommen über die Regelung der Forderungen der Schweizerischen Eidgenossenschaft gegen das ehemalige Deutsche Reich. Für den Wortlaut vgl. BUNDESGESETZBLATT 1953, Teil II, S. 17–23.

8 Zur Note der israelischen Regierung vom 12. März 1951 an die Vier Mächte über die Forderungen Israels an Deutschland vgl. Dok. 92, Anm. 2.

die mit 2,1 Milliarden DM geltend gemacht worden sind. Transferleistungen in bezug auf diese Ansprüche werden bis auf weiteres nicht für möglich gehalten.

VIII. Schließlich erwachsen laufend Verpflichtungen gegenüber dem Ausland aus Zinsen und sonstigen Erträgnissen aus gesperrten DM-Forderungen und Vermögenswerten von Ausländern in Deutschland. Diese gesperrten Werte werden auf rund acht Milliarden DM geschätzt. Es ist damit zu rechnen, daß nach Abschluß der Londoner Schuldenkonferenz Transferansprüche hinsichtlich dieser Vermögenserträgnisse, wie Dividenden, Miet- und Pachtzinsen, Gewinne aus Beteiligungen usw. geltend gemacht werden.

IX. Die Bundesrepublik wird den nach Ziffer III und VI anzubietenden Schuldendienst keinesfalls erfüllen können, wenn darüber hinaus weitere Ansprüche geltend gemacht werden. Hierzu gehören insbesondere die nach dem Wunsch der Dreimächte-Kommission aus der Behandlung und Regelung auf der Londoner Schuldenkonferenz ausgeschlossenen Ansprüche gegen das Deutsche Reich aus der Zeit der beiden Weltkriege, insbesondere Ansprüche auf Reparationen. Die deutsche Delegation wird daher bei ihren Verhandlungen in London geltend machen müssen, daß der anzubietende Schuldendienst unter der Voraussetzung steht, daß Ansprüche der vorgenannten Art späterhin gegen sie nicht erhoben werden.[9]

VS-Bd. 3212 (Abteilung 2)

9 Am 23. Mai 1952 legte Delegationsleiter Abs, London, auf der Konferenz über deutsche Auslandsschulden eine geringfügig überarbeitete Fassung des Vorschlags vom 15. Mai 1952 zur Regelung der deutschen Auslandsschulden vor. Dazu führte er vor dem Arbeits- und Organisationsausschuß der Konferenz am selben Tag aus: „Die Bundesregierung hat in der Osterpause ernsthaft und sorgfältig geprüft, welche jährliche Leistung auf die den Gegenstand der Londoner Schuldenkonferenz bildenden Ansprüche angeboten werden kann. Sie ist dabei zu dem Ergebnis gekommen, daß eine jährliche Leistung in Höhe von äußerstens 500 Mio. DM zu verantworten ist. Hinsichtlich der in diesem Betrag enthaltenen Vorkriegsschulden hält sie es für möglich, nach einigen Anlaufsjahren für eine verstärkte Tilgung einen weiteren Jahresbetrag von allenfalls 100 Mio. DM zu leisten. [...] Nach Deckung der Nachkriegsschulden gemäß Vorschlag vom 6. 12. 1951 und gewisser anderer Schulden würde für den eigentlichen Londoner Vorkriegsschuldenkomplex während der ersten Anlaufsjahre eine jährliche Leistung von rund 170 Millionen DM verbleiben, die nach Ablauf dieser Anlaufszeit auf höchstens 270 Millionen DM ansteigen würde. Von der Gesamtjahressumme von zunächst 500 Millionen DM würden während der ersten Jahre auf die öffentliche Hand, d. h. auf den Bund, die Länder, die Gemeinden und öffentlich-rechtlichen Körperschaften, rund 400 Millionen DM entfallen, während für die privaten Schuldner rund 100 Millionen DM verbleiben würden. Bei dieser Gelegenheit darf ich darauf hinweisen, daß es angesichts der besonderen Belastung der Haushalte nur unter den äußersten Anstrengungen möglich gemacht werden kann, die auf die öffentlichen Schuldner entfallenden Annuitäten in DM aufzubringen, um den vorgesehenen Transfer durchführen zu können. Einer Reihe von privaten Schuldnern dürfte es zwar möglich sein, zur Abgeltung ihrer Verpflichtungen mehr D-Mark aufzubringen, als bei der von deutscher Seite vorgeschlagenen Regelung erforderlich wäre. Diese zusätzlichen D-Mark-Beträge könnten aber nicht in das Ausland transferiert werden, weil die Ihnen genannte jährliche Gesamtleistung das Äußerste dessen darstellt, was die Bundesrepublik leisten zu können glaubt." Vgl. B 10 (Abteilung 2), Bd. 1561.

Am 30. Mai 1952 lehnten die Gläubiger das Angebot der Bundesregierung vom 23. Mai 1952 als unzureichend ab und erklärten: „As stated by the Creditors representatives on numerous occasions, the capacity of German debtors private and public to pay in their own currency is a primary consideration, and not any temporary incapacity of the German Federal Republic to transfer into foreign currencies. German debtors are expected to pay for the benefit of their foreign Creditors to the full extent of their abilities, regardless of any limitation which may for the time being exist on the capacity to transfer. [...] The amounts offered (transfer of 170 million D.Ms. per annum rising to 270 million D.Ms. per annum) will have to be very substantially increased." Vgl. B 10 (Abteilung 2), Bd. 1562.

Am 8. August 1952 wurde von der Konferenz ein Schlußbericht mit Empfehlungen für das ausste-

135

Aufzeichnung des Delegationsleiters Böhm

Geheim **15. Mai 1952**

Betr.: Fortführung der Verhandlungen mit Israel

1) Vor der Osterpause hat die Deutsche Delegation für Verhandlungen mit Israel im Haag der Israelischen Delegation mit Ermächtigung der Bundesregierung erklärt, sie werde bis zum 19.6.1952 ein definitives Angebot über Höhe, Zahlungszeit und Zahlungsmodus der durch Staatsvertrag gegenüber Israel anzuerkennenden Verpflichtung im Haag unterbreiten.[1]

Durch Zeitungsmeldungen ist inzwischen bekannt geworden, daß das Israelische Parlament beschlossen hat, die Verhandlungen in Den Haag nicht eher wieder aufzunehmen, bis ein für Israel akzeptables Angebot im obigen Sinne seitens der deutschen Regierung ergangen sei.[2]

2) Die verhältnismäßig lange Verhandlungspause war deutscherseits deshalb für notwendig gehalten worden, um das Angebot an Israel abzustimmen auf die Londoner Schuldenverhandlungen sowie auf die durch diese ermittelte deutsche Leistungsfähigkeit. Die Vorarbeiten der Schuldenregelungsdelegation sind jedoch soweit fortgeschritten, daß die Entscheidung über ein deutsches Angebot an Israel heute schon getroffen werden kann. Herr Abs hat eine solche Beschleunigung auch im Interesse der Londoner Verhandlungen für geboten erachtet, weil die Verhandlungen in London nicht gefördert werden können, wenn unsere dortigen Verhandlungspartner nicht bestimmte Angaben über die Höhe derjenigen Auslandsschuldverpflichtungen erhalten, die nicht Gegenstand des Londoner Abkommens sind.

Die beiden deutschen Delegationen stimmen also darin überein, daß ein Angebot in London nur gleichzeitig mit einem solchen gegenüber Israel abgegeben werden kann.

3) In der Besprechung vom 14. Mai unter Vorsitz des Herrn Bundeskanzlers sollten beide Komplexe erörtert und die für London und für Den Haag zu treffenden Entscheidungen vorbereitet werden. Es wurde dann aber nur über das in London abzugebende Angebot eine Einigung erzielt, über das Angebot an Israel jedoch nicht. Darüber, welche Leistungen an Israel angeboten und erfüllt

Fortsetzung Fußnote von Seite 374

hende Abkommen über die Regelung der deutschen Auslandsschulden angenommen. Für den Wortlaut vgl. BERICHT.

Dazu notierte Abs im Rückblick: „Mißt man das im Schlußbericht Festgehaltene an dem, was die Gläubiger gut zwei Monate zuvor bei der Ablehnung des deutschen Angebots gefordert hatten, so läßt sich feststellen, daß sich beide Seiten jeweils teilweise durchgesetzt haben. Den Gläubigern gelang es nicht, die Leistungsfähigkeit des Schuldners in D-Mark zum Maßstab der Regelung zu machen, sondern allein die Transferierbarkeit war das ausschlaggebende Moment. [...] Dem Wunsch auf wesentliche Erhöhung des deutschen Angebots wurde stattgegeben. Nach den zunächst kursierenden Berechnungen waren als deutsche Leistung für die ersten fünf Jahre 567 Mio. D-Mark, danach 765 Mio. D-Mark vorgesehen.“ Vgl. ABS, Entscheidungen, S. 194.

[1] Zur Erklärung des Delegationsleiters Böhm, Wassenaar, vom 9. April 1952 vgl. Dok. 97, Anm. 6.

[2] Vgl. dazu Dok. 127, Anm. 2.

werden können, gingen vielmehr die Meinungen weit auseinander. Die Meinungsverschiedenheiten waren so groß, daß schließlich davon Abstand genommen wurde, zur Frage der Gesamtsumme und Erfüllungszeit Stellung zu nehmen. Dies aber sind die für die Einigung wesentlichen Punkte. Man beschränkte sich schließlich auf die Erörterung der Frage, in welcher Höhe für die nächsten Jahre Jahresleistungen in Waren angeboten werden können. Mein Vorschlag, daß gerade für die ersten Jahre Lieferungen im Wert von mindestens 200 bis 300 Millionen angeboten werden müßten, konnte sich nicht durchsetzen. Der Herr Bundeswirtschaftsminister[3] hielt unter dem Gesichtspunkt unserer Transferleistungsfähigkeit Jahreslieferungen im Wert von 150 Millionen DM für vertretbar. Herr Abs glaubte, daß ohne Gefährdung des Londoner Abschlusses über 100 Millionen nicht hinausgegangen werden könne. Der Herr Bundesfinanzminister erklärte, für die Aufbringung ständen aus dem Haushalt für absehbare Zeit Mittel nicht zur Verfügung.[4]

Damit entfällt die Möglichkeit, an Israel ein diskutables Angebot zu machen. Darüber konnten sich auch die Sitzungsteilnehmer nicht im unklaren sein. Es wurden deshalb Ausweichmöglichkeiten erörtert, die aber nur mit fremder Hilfe verwirklicht werden können und völlig hypothetischer Natur sind.

4) Da die Londoner Verhandlungen nur durchgeführt werden können, wenn in London ein deutsches Angebot an Israel mitgeteilt wird, bleiben nur zwei Möglichkeiten. Entweder wird ein solches Angebot unverzüglich beraten und beschlossen, oder aber beide Verhandlungen werden bis auf weiteres vertagt und erst wieder aufgenommen, wenn die Möglichkeit besteht, an Israel ein Angebot zu machen, das Aussicht auf Annahme hat.

5) Gegen eine Vertagung beider Verhandlungen habe ich die schwersten Bedenken. Ich halte es zwar für möglich, daß sich die wirtschaftlichen Verhältnisse der Bundesrepublik bessern, wenn die Londoner und Haager Verhandlungen zu einem befriedigenden Ergebnis geführt haben. Aber ich halte dies für ausgeschlossen, wenn die Verhandlungen vertagt werden. Mit anderen Worten, die günstige Zukunftsentwicklung kann nicht die Folge deutschen Abwartens, sondern nur die Folge eines deutschen Entschlusses sein. Bei diesem Entschluß

3 Ludwig Erhard.

4 Zur Ressortbesprechung vom 14. Mai 1952 notierte Hermann Josef Abs im Rückblick: „Obwohl die Kabinettssitzung schon zwei Tage später stattfinden sollte, zeigte sich eine bemerkenswerte Vielfalt der Meinungen. Schäffer, von Adenauer gebeten, einen Überblick über die finanzielle Lage des Bundes zu geben, glaubte, daß die öffentliche Hand höchstens 400 Mio. D-Mark bereitstellen könnte. ‚Wenn durch Zusagen im Haag nun Belastungen hinzuträten, erschiene es ihm fast unmöglich, die Ordnung der Finanzen aufrechtzuerhalten.‘ [...] Vocke betonte die Schwierigkeiten des Transfers. Er, der schon immer für eine Vertagung der Schuldenkonferenz eingetreten war, sah sich darin plötzlich vom Kanzler unterstützt, der auf die entscheidende Bedeutung von Eisenhowers Nominierung als amerikanischer Präsidentschaftskandidat hinwies. Adenauer fragte daher zunächst, ob man die Verhandlungen in London bis zum Parteikonvent, der über die Nominierung entscheide, hinausschieben könne. Dies war nun schlecht möglich, da der 19. Mai als Termin für das deutsche Angebot feststand [...]. Das in Aussicht genommene deutsche Angebot wurde allgemein als das Minimum dessen angesehen, was den Gläubigern zugemutet werden könnte. Es wurde durch die in noch stärkerem Maße auseinandergehenden Meinungen kompliziert, welche Leistungen zugunsten Israels erbracht werden könnten. Hier konnte Böhm mit seiner Ansicht nicht durchdringen, und so wurde als Ergebnis festgehalten, daß aus öffentlichen Mitteln 400 Mio. D-Mark zur Finanzierung der in London präsentierten Forderungen bereitgestellt werden könnten. Um die israelischen Ansprüche abzudecken, sollten Waren im Wert von 100 Mio. D-Mark pro Jahr geliefert werden, wobei die Aufbringung noch nicht feststand.“ Vgl. ABS, Entscheidungen, S. 154 f.

muß davon ausgegangen werden, daß er günstige politische und wirtschaftliche Wirkungen haben wird. Ohne diese Annahme kann weder in London noch im Haag verhandelt werden. Dazu kommt, daß jedes weitere Zuwarten insbesondere die Chancen einer Lösung der Wiedergutmachungsfrage verschlechtert, weil sich während der Wartezeit sowohl die deutsche öffentliche Meinung als auch die deutschen Auslandsgläubiger an den Gedanken gewöhnen, daß der deutschen Wirtschaft und dem deutschen Steuerzahler nennenswerte Wiedergutmachungsopfer erspart bleiben.

6) Die hinhaltende Führung der Haager Verhandlungen hat die Aussichten auf ein Entgegenkommen Israels nicht etwa verbessert, sondern verschlechtert. Ich halte mich für verpflichtet, davor zu warnen anzunehmen, daß die israelische Regierung, um ihr Prestige zu retten, darauf angewiesen sei, im Hinblick auf die wirtschaftlichen Schwierigkeiten des Landes ein Abkommen um jeden Preis zu schließen. Die israelische Regierung sieht sich umgekehrt dem Vorwurf ausgesetzt, sich zum Schaden des Landes auf die hinhaltende Taktik der deutschen Verhandlungsführung eingelassen zu haben. Sie kann sich heute Zugeständnisse weniger leisten als zu Beginn der Verhandlungen.

7) Nach der Überzeugung meiner Delegation ist der Mindestinhalt eines deutschen Angebots, das Aussicht auf Annahme hat, folgender: Gesamtsumme drei Milliarden DM, erfüllbar in einer Zeit von acht bis zwölf Jahren. Erfüllung zunächst in Warenlieferung, deren Jahreswert und Zusammensetzung flexibel zu halten wären. Es sollen insbesondere solche Sachlieferungen vereinbart werden, die nach Möglichkeit aus unterbeschäftigten Wirtschaftszweigen stammen, möglichst wenig Importrohstoffe enthalten und nach Möglichkeit auf ausschließliche Verwendung im Empfangsland zugeschnitten sind. Daneben ist die Erfüllung in Devisen vorzubehalten, soweit sich für die Bundesrepublik die Möglichkeit der Aufnahme einer äußeren Anleihe oder die Erschließung anderer Quellen bieten sollte. In Erfüllung dieser Gesamtverpflichtung sollen für die ersten beiden Jahre Jahresleistungen in Waren im Werte von 200 bis 300 Millionen DM angeboten werden.

Sollte ein Angebot dieser Art beschlossen werden, so sollte die Londoner Delegation bemüht sein, in London darauf hinzuweisen, daß bei der beabsichtigten Auswahl der Waren eine höchstmögliche Schonung der deutschen Transferfähigkeit gewährleistet wird.

8) Wird ein solches Angebot durch den Vorbehalt einer Katastrophenklausel und von Re-Exportsicherungsklauseln gesichert sein, so müßte es, gleichbleibende Wirtschaftsentwicklung vorausgesetzt, erfüllbar sein. Da die zu bringenden Opfer den Importanreiz vermindern und den Exportanreiz verstärken, kann von der Aufbringung eine günstige Einwirkung auf die Devisenlage ausgehen, vorausgesetzt, daß es gelingt, die Umstellungsschwierigkeiten der Produktion zu minimalisieren. Hierzu kann die Vereinbarung einer auch den deutschen Interessen entschieden Rechnung tragenden Warenliste Entscheidendes beitragen. Ich halte es für ausgeschlossen, daß ein solches Abkommen die Londoner Verhandlungen ernsthaft gefährdet.

9) Wird ein solches Abkommen geschlossen, so würde die Londoner Delegation zu ermächtigen sein, den Inhalt in London mitzuteilen, nachdem er zuvor der israelischen Regierung zugeleitet worden ist und sich die israelische Regierung

damit einverstanden erklärt hat, ihn zum Gegenstand der Verhandlungen zu machen.

10) Dagegen muß ich entschieden widersprechen, daß vor dem Herausgehen eines deutschen Angebots an Israel in London irgendwelche Mitteilungen über deutsche Absichten gemacht werden. Es sind doch nur zwei Möglichkeiten denkbar: Entweder kommt ein Vertrag mit Israel zustande, dann wird an Israel geleistet, was vertraglich vereinbart ist. Oder es kommt kein Vertrag zustande, dann wird an Israel nichts geleistet. Eine Mitteilung, wie sie in Ziff. VI der gleichzeitig vorgelegten Aufzeichnung betreffend Schuldendelegation[5] vorgeschlagen wird, würde den Inhalt eines später an Israel zu machenden Angebots festlegen. Bei Jahreslieferungen in Höhe von 100 Millionen DM müßte dann entweder die Leistungszeit auf 30 Jahre erstreckt oder aber die Gesamtsumme auf ein Drittel herabgesetzt werden. Beides ist indiskutabel.

Böhm

VS-Bd. 3212 (Abteilung 2)

136

Aufzeichnung des Botschaftsrats a.D. Kordt

210-01/35 III 6756/52 **15. Mai 1952**[1]

Betr.: Besuch des syrischen Generalkonsuls in Angelegenheit der Wiedergutmachungszahlungen an Israel

Heute suchte mich der syrische Generalkonsul, Herr Dr. I. Istuani, auf und teilte mir mit, daß er von seiner Regierung beauftragt worden sei, in Angelegenheit der Wiedergutmachungsansprüche Israels an die Bundesrepublik vorstellig zu werden.

Herr Istuani führte aus, daß die Wiedergutmachungsansprüche Israels an die Bundesrepublik sowohl vom juristischen wie vom moralischen Gesichtspunkt aus betrachtet werden könnten. Es lohne sich nicht, auf die juristische Seite der Angelegenheit einzugehen. Betrachte man aber die moralische Seite, dann sei festzustellen, daß der Forderung Israels auf Entschädigung für die Gewalttaten, die den Juden während des Naziregimes zugefügt worden seien[2], ein moralischer Anspruch der arabischen Palästina-Flüchtlinge gegenüberstünde – für

5 Zum Vorschlag der Delegation der Bundesrepublik vom 15. Mai 1952 zur Regelung der deutschen Auslandsschulden vgl. Dok. 134.

1 Die Aufzeichnung wurde von Legationssekretär a. D. Munzel am 15. Mai 1952 konzipiert.
Hat Legationsrat I. Klasse Bottler am 6. Juni 1952 vorgelegen, der die Weiterleitung an Vortragenden Legationsrat von Etzdorf verfügte.
Hat Etzdorf am 7. Juni 1952 vorgelegen.

2 Zur Note der israelischen Regierung vom 12. März 1951 an die Vier Mächte über die Forderungen Israels an Deutschland vgl. Dok. 92, Anm. 2.

den schweren Schaden, den sie durch den Zionismus erlitten hätten. Die Lage der Flüchtlinge, deren Zahl Herr Istuani mit rund einer Million angab – von ihnen sollen nach seinen Angaben ca. 100000 in Syrien leben –, sei furchtbar. Die Syrische Regierung schlage daher vor, daß die Bundesregierung Wiedergutmachungsbeträge nicht direkt an Israel zahlen, sondern an ein internationales Gremium, wie die Vereinten Nationen, überweisen sollte. Auf diese Weise könnten, sobald sich Israel zur Zahlung von Entschädigungen an die Palästina-Flüchtlinge bereit erklärt habe, entsprechende Beträge abgezweigt werden.

Herr Istuani machte darauf aufmerksam, daß sich auf Veranlassung seiner Regierung die Arabische Liga mit den Entschädigungsansprüchen Israels an die Bundesrepublik beschäftigt habe. Es sei der Beschluß gefaßt worden, daß die Mitgliedstaaten der Liga bei den Vereinten Nationen und bei den Alliierten (den USA, Großbritannien und Frankreich) sowie bei der Bundesrepublik vorstellig werden sollten, damit die an Israel von der Bundesrepublik zu zahlenden Wiedergutmachungsbeträge mit den Entschädigungsansprüchen der arabischen Palästina-Flüchtlinge an Israel gekoppelt werden. Es dürfe daher damit gerechnet werden, daß auch die anderen arabischen Staaten in dieser Angelegenheit vorstellig würden.

Abschließend hob Herr Istuani hervor, daß seine Regierung es begrüßen und als eine freundschaftliche Handlung ansehen werde, wenn die Bundesregierung den Standpunkt der Syrischen Regierung hinsichtlich der Wiedergutmachungszahlungen der Bundesrepublik an Israel einer wohlwollenden Prüfung unterzöge.

Ich habe mich darauf beschränkt, Herrn Istuani zu erwidern, daß ich meiner Regierung von der Unterhaltung Kenntnis geben werde.[3]

Hiermit dem Herrn Staatssekretär[4] vorgelegt. Herr MD Blankenhorn hat Abdruck erhalten.

Kordt

VS-Bd. 183 (Büro Staatssekretär)

[3] Mit Schreiben vom 7. Juni 1952 wies das „Arabische Hohe Komitee für Palästina" die Bundesregierung darauf hin, daß nicht alle deutschen Juden nach Israel ausgewandert seien, einige hätten von ihrem Vermögen in Deutschland wieder Besitz genommen. Weiter wurde ausgeführt: „Diejenigen Juden, die Ersatz für die Verluste und Leiden des deutschen Judentums fordern, haben sich selbst gegen die Araber in Palästina eine ungemein brutale Aggression und unmenschliche Verfolgung zuschulden kommen lassen. Daher sind die Araber diejenigen, die entschädigt und unterstützt zu werden verdienen." Das Komitee bitte die Bundesregierung, „die erforderlichen Maßnahmen zu ergreifen, um etwaige Beträge, welche die deutsche Regierung den Juden als Entschädigung etwa zu zahlen beschließt, flüssig zu machen und zur Zahlung an die arabischen Palästinaflüchtlinge als teilweisen Ausgleich für ihre Verluste zu bestimmen". Vgl. VS-Bd. 183 (Büro Staatssekretär); B 150, Aktenkopien 1952.
Dazu vermerkte Botschaftsrat a. D. Kordt am 3. Juli 1952, das „Arabische Hohe Komitee für Palästina" könne sich nicht als „Vertretung der arabischen Bevölkerung Palästinas ausgeben, da es selbst auf den sich nicht in jüdischem Besitz befindlichen Teil Palästinas keinen Einfluß" habe. Daher schlage er vor, das Schreiben des Komitees „unbeantwortet zu lassen, da schließlich auch der gegenwärtige Stand der Wiedergutmachungsverhandlungen mit Israel keine Verkoppelung der Ansprüche der arabischen Flüchtlinge Palästinas an Israel mit den Ansprüchen Israels an die Bundesrepublik" gestatte. Vgl. VS-Bd. 183 (Büro Staatssekretär); B 150, Aktenkopien 1952.

[4] Hat Staatssekretär Hallstein am 17. Mai 1952 vorgelegen.

137

Aufzeichnung des Legationsrats I. Klasse Trützschler von Falkenstein

221-01 II 6639/52 **16. Mai 1952**[1]

Betr.: Tagung des Minister-Komitees des Europarats in Straßburg am 22. Mai 1952

Die Tagesordnung des Minister-Komitees des Europarats am 22. Mai 1952 liegt noch nicht vor. Sie wird vielmehr von den Ministerstellvertretern vorbereitet, deren Tagung heute begonnen hat. Dr. Thierfelder, der die Bundesregierung auf dieser Tagung vertritt, wird bei der Tagung des Minister-Komitees anwesend sein und den Herrn Staatssekretär über die endgültige Tagesordnung und den Verlauf der Tagung der Ministerberater unterrichten können.

Soweit sich bisher übersehen läßt, kann angenommen werden, daß folgende wesentliche Punkte auf der Tagung des Minister-Komitees behandelt werden.

1) Der sogenannte Eden-Plan über das Verhältnis des Europarats zu den besonderen europäischen Gemeinschaften (Schuman-Plan, Verteidigungsgemeinschaft usw.)

Grundlage der Aussprache bildet das in der Anlage 1 beigefügte britische Memorandum, das die Erklärungen Außenminister Edens auf der Pariser Tagung des Minister-Komitees im März 1952 und das damals dem Minister-Komitee vorgelegte britische Memorandum zur gleichen Frage[2] ergänzt und erweitert.[3] Die Ministerstellvertreter haben die in den britischen Vorschlägen enthaltenen Fragen in einem Fragebogen zusammengefaßt (Anlage 2[4]), zu dem die Regierungen auf der gegenwärtigen Tagung der Ministerstellvertreter Stellung nehmen sollen. Die Instruktionen, die der Herr Staatssekretär Herrn Dr. Thierfelder in der Besprechung am Mittwoch, den 14. Mai, abends gegeben hat, liegen hier nicht vor, da sie Herr Thierfelder nach Straßburg mitgenommen hat. Sie laufen im wesentlichen darauf hinaus zu verhindern, daß die Nichtmitglieder der europäischen Gemeinschaften auf dem Wege über den Europarat Einfluß- und Informationsmöglichkeiten erhalten, ohne ihrerseits gegenüber den Ge-

[1] Die Aufzeichnung wurde von Legationsrat I. Klasse Trützschler von Falkenstein am 16. Mai 1952 an Staatssekretär Hallstein weitergeleitet. Dazu vermerkte er: „Die Aufzeichnung ist lückenhaft, da die Tagesordnung noch nicht feststeht, sondern erst von den gegenwärtig in Straßburg versammelten Ministerstellvertretern festgesetzt wird. Außerdem ist der Referent Dr. Thierfelder bereits in Straßburg und hat die wichtigsten Unterlagen mitnehmen müssen. Insbesondere fehlt mir die am Mittwochabend besprochene Aufzeichnung über den Eden-Plan. Herr Dr. Thierfelder wird während der Tagung des Minister-Komitees in Straßburg sein und Ihnen vor der Tagung eingehenden Vortrag halten können."
Hat Hallstein vorgelegen.
Hat Legationsrat I. Klasse Bottler am 24. Mai 1952 vorgelegen. Vgl. das Begleitschreiben; B 10 (Abteilung 2), Bd. 579.

[2] Zum Aide-mémoire der britischen Regierung vom 17. März 1952 vgl. Dok. 114, Anm. 1.
Zur Erklärung des britischen Außenministers Eden am 19. März 1952 im Ministerkomitee des Europarats vgl. Dok. 114, Anm. 2.

[3] Dem Vorgang beigefügt. Zum britischen Memorandum vom 11. April 1952 vgl. Dok. 114.

[4] Dem Vorgang beigefügt. Vgl. B 10 (Abteilung 2), Bd. 579.

meinschaften irgendwelche Verpflichtungen zu übernehmen. Dr. Thierfelder ist u. a. angewiesen worden, sich gegen die Einladung der Mitglieder des Minister-Komitees des Europarats zur Teilnahme an den Beratungen des jeweiligen Minister-Komitees der Gemeinschaften auszusprechen. Das gleiche gilt für die Beratende Versammlung und die Teilnahme an den Beratungen der Versammlungen der Gemeinschaften. Eine Zusammenlegung der Sekretariate der Gemeinschaften mit dem Sekretariat des Europarats ist nicht möglich, da erstere Exekutivorgane der Gemeinschaften sind und im übrigen auch aus Gründen der Geheimhaltung eine Zusammenlegung der vorgeschlagenen Art nicht tragbar ist.

Als Begründung soll u. a. angeführt werden, daß es den Mitgliedstaaten der Gemeinschaften nicht möglich ist, Entscheidungen im Sinne der britischen Vorschläge zu treffen, ehe die Gemeinschaften selbst konstituiert sind, da die Gemeinschaften ihre Entschlüsse korporativ fassen müssen. Im übrigen ist Dr. Thierfelder angewiesen worden zu erklären, daß die britischen Vorschläge nicht geeignet seien, den Europarat zu aktivieren, da sie den Europarat mit wesensfremden Aufgaben belasten und ihn von einer organischen Entwicklung im Sinne einer europäischen Föderation wegführen würden.

Wie Dr. Thierfelder heute telefonisch mitgeteilt hat, haben sich die Ministervertreter in der soeben durchgeführten ersten Aussprache über den Eden-Plan verhältnismäßig positiv geäußert. Auch der holländische Vertreter[5] ist zum mindesten in der Form recht entgegenkommend gewesen. Die Italiener haben eine Erklärung abgegeben, daß sie bereit seien, den britischen Vorschlägen näherzutreten, falls es gelingen sollte, alle Organe der verschiedenen europäischen Gemeinschaften und des Europarats an einem Ort zu vereinigen. Es scheint mir vieles dafür zu sprechen, daß diese Forderung nach Konzentrierung aller Organe in einer Stadt nur vorgebracht wird, um die tatsächliche Verwirklichung der britischen Pläne zunächst einmal hinauszuschieben. Sehr zurückhaltend hat sich, wie erwartet, der Vertreter Schwedens[6] geäußert.

2) Frage der Unterzeichnung von Konventionen des Europarats durch die Saarregierung

Diese Frage wird im Zusammenhang mit der Verabschiedung der Abkommen über soziale Sicherheit und über die gegenseitige Anerkennung von Diplomen[7] zur Sprache kommen. Die Bundesregierung hat in dem in Anlage 3 beigefügten Schreiben vom 31. Januar 1952[8] gefordert, daß die Regierung des Saargebiets nicht zur Unterzeichnung derartiger Abkommen zugelassen wird, daß jedoch die vertragschließenden Teile sich verpflichten sollen, die Bestimmungen der Ab-

5 Sweder Godfried Maria Baron van Voorst tot Voorst.

6 S. Dahlman.

7 Am 11. Dezember 1953 unterzeichneten die Mitgliedstaaten des Europarats das Vorläufige Europäische Abkommen über soziale Sicherheit unter Ausschluß der Systeme für den Fall des Alters, der Invalidität und zugunsten der Hinterbliebenen, das Vorläufige Europäische Abkommen über die Systeme der sozialen Sicherheit für den Fall des Alters, der Invalidität und zugunsten der Hinterbliebenen, das Europäische Fürsorgeabkommen sowie das Europäische Übereinkommen über die Gleichwertigkeit der Reifezeugnisse. Für den Wortlaut vgl. BUNDESGESETZBLATT 1956, Teil II, S. 508–530, 531–549, 564–580, und BUNDESGESETZBLATT 1955, Teil II, S. 600–603.

8 Dem Vorgang beigefügt. Für das Schreiben des Staatssekretärs Hallstein an den Generalsekretär des Europarats, Paris, vgl. B 10 (Abteilung 2), Bd. 579. Vgl. dazu auch Dok. 81, Anm. 2.

kommen auch in ihrem Verhältnis zum Saargebiet anzuwenden unter der Voraussetzung, daß nach dem im Saargebiet geltenden Recht die Gegenseitigkeit gewährleistet ist. In dem Abkommensentwurf über soziale Sicherheit ist demgemäß die Einfügung des folgenden Artikels (17) gefordert worden:

„1) Die hohen vertragschließenden Parteien verpflichten sich, die in dem Abkommen enthaltenen Bestimmungen in ihrem Verhältnis zum Saargebiet anzuwenden, soweit die Gegenseitigkeit durch das in diesem Gebiet geltende Recht gewährleistet ist.

2) Der Generalsekretär des Europarats soll die hohen vertragschließenden Parteien von Maßnahmen unterrichten, die im Saargebiet getroffen worden sind und die auf dieses Abkommen Bezug haben."

Der Herr Bundeskanzler hat auf der März-Tagung des Ministerkomitees im Hinblick auf die damaligen Besprechungen mit Außenminister Schuman erklärt, daß er zunächst darauf verzichte, den bereits früher erhobenen Widerspruch gegen die Unterzeichnung von Konventionen durch die Regierung des Saargebiets von neuem zu begründen.[9] Der deutsche Vertreter bei den folgenden Tagungen der Ministerstellvertreter ist jedoch angewiesen worden, auf der Forderung nach Einfügung der oben zitierten Bestimmung zu bestehen.

3) Saarfrage – Verletzung der Menschenrechte und Grundfreiheiten

Dem Generalsekretär des Europarats ist am 29. Februar 1952 das in Anlage 4 beigefügte Memorandum über die Verletzung der Menschenrechte und Grundfreiheiten im Saargebiet[10] übersandt worden. Gleichzeitig wurde angekündigt, daß der Herr Bundeskanzler dieses Memorandum im Minister-Komitee vorzutragen beabsichtige.

Auf der Tagung des Minister-Komitees im März 1952 hat der Herr Bundeskanzler nach seinen Besprechungen mit Außenminister Schuman über die Saarfrage[11] zu dem Memorandum folgendes erklärt:

„Im Hinblick auf diese Verhandlungen, die Erfolg versprechen, verzichte ich darauf, weitere Ausführungen über die Frage der gegenwärtigen Handhabung der Menschenrechte an der Saar gemäß den Bestimmungen des Statuts des Europarats zu machen."

Nachdem die Verhandlungen mit Frankreich über die Saar zum Stillstand gekommen sind, stellt sich die Frage, ob die Bundesregierung auf der bevorstehenden Tagung des Minister-Komitees auf das erwähnte Memorandum zurückkommen will. Dr. Thierfelder ist angewiesen worden zu erklären, daß er hierüber keine Instruktionen habe, falls das Thema bei der Vorbereitung der Tagesordnung des Minister-Komitees zur Sprache kommen sollte.

4) Laufende Fragen

Soweit bisher festgestellt werden kann, stehen keine Fragen von größerer Bedeutung auf der Tagesordnung. Zu erwähnen sind vielleicht die Annahme des Berichts des Minister-Komitees an die Beratende Versammlung, der gegenwärtig von den Ministerstellvertretern ausgearbeitet wird, die Verfahrensord-

9 Zur Erklärung des Bundeskanzlers Adenauer vom 20. März 1952 vgl. Dok. 81.

10 Dem Vorgang beigefügt. Vgl. B 10 (Abteilung 2), Bd. 579. Vgl. dazu auch Dok. 68, Anm. 3.

11 Zum Gespräch von Adenauer mit Schuman am 20. März 1952 in Paris vgl. Dok. 83.

nung für das besondere Verbindungskomitee für Flüchtlingsfragen, für die ein Entwurf des Sekretariats vorliegt, der mir zweckmäßig erscheint, und die Frage einer Gehaltserhöhung des Personals des Europarats zum Ausgleich der angezogenen Lebenskosten.

[gez.] von Trützschler

B 10 (Abteilung 2), Bd. 579

138

Delegationsleiter Böhm, z. Z. Frankfurt/Main, an Bundeskanzler Adenauer

18. Mai 1952[1]

Hochverehrter Herr Bundeskanzler!

In der Kabinettssitzung vom 16. Mai ist Herr Abs gegen meinen Rat ermächtigt worden, bei Herrn Dr. Shinnar wegen einer Lösung der Wiedergutmachungsfrage zu sondieren.[2] Die Lösung ist derart beschaffen, daß sie nach meiner Überzeugung deutscherseits nicht mit Vertretern Israels erörtert werden durfte. Sie ist nicht vereinbar mit dem politischen und moralischen Gewicht der uns obliegenden geschichtlichen Aufgabe. Der beabsichtigte Schritt wird unserem Ansehen sehr schaden.

Ich habe es deshalb auch ablehnen müssen, Herrn Abs zu begleiten und die Mitverantwortung dafür zu übernehmen, daß Eröffnungen dieses Inhalts gemacht werden.

1 Hat Ministerialdirektor Blankenhorn am 20. Mai 1952 vorgelegen, der die Weiterleitung an Bundeskanzler Adenauer verfügte.

2 In der Kabinettssitzung erklärte Delegationsleiter Böhm zum Vorschlag des Delegationsleiters Abs, bei dem Leiter der israelischen Delegation bei den Wiedergutmachungsverhandlungen in Wassenaar, Shinnar, gemeinsam zu sondieren, er müsse seine Teilnahme davon abhängig machen, „daß er wisse, was die Bundesrepublik äußerstenfalls anbieten könne". Sonst entstehe der Eindruck, daß die Bundesregierung die von ihr geweckten Hoffnungen nicht erfüllen wolle. Vgl. KABINETTSPROTOKOLLE 1952, S. 330.
Dazu notierte Böhm im Rückblick: „In der Kabinettssitzung vom 16. Mai 1952 erstattete Herr Abs sein Referat und berichtete, daß die Gleichzeitigkeit der Israelverhandlung eine Einigung in London erschwere und daß es deshalb erwünscht sei, Israel für ein Provisorium zu gewinnen. Er denke an das Angebot einiger Jahreslieferungen für die nächsten vier Jahre und hoffe, die Ermächtigung zu erhalten, in diesem Sinne zu sondieren. Eine Aussprache fand nicht statt. Vielmehr wurde die Sitzung unterbrochen, weil die Anwesenheit der Bundesregierung im Plenum des Bundestages gewünscht wurde. Im Gedränge sah ich, wie sich Herr Abs vom Bundeskanzler verabschiedete. Als es mir gelungen war, zum Kanzler vorzudringen, bat ich ihn inständig, die erbetene Ermächtigung nicht zu erteilen, weil der Vorschlag für Israel unzumutbar sei und bindenden Erklärungen der Bundesregierung zuwiderlaufe. Adenauer antwortete, er habe seine Zusage schon gegeben. Wenn ich so große Bedenken hätte, dann sei er damit einverstanden, daß ich Herrn Abs nach London begleite. Ich entgegnete, das müsse ich ablehnen: Ich hielte die beabsichtigte Sondierung für verhängnisvoll und könne mich nicht auch noch an ihr beteiligen." Vgl. BÖHM, Abkommen, S. 458.
Zum Gespräch zwischen Abs und Shinnar am 19. Mai 1952 vgl. Dok. 139.

Leider ist zu befürchten, daß sie von Israel als kränkend empfunden werden. Sollte sich diese Befürchtung bewahrheiten, so können wir nachträglich nicht mehr mit einem angemessenen Angebot hervortreten, ohne daß der frühere Vorschlag einer hinter dem Angemessenen und Erfüllbaren so weit zurückbleibenden Lösung einen sehr peinlichen Eindruck hinterlassen muß.

Sollte aber Israel gegen alles Erwarten in den Vorschlägen, die Herr Abs überbringen wird, eine mögliche Verhandlungsgrundlage erblicken, dann würde ich mich gleichwohl nicht entschließen können, die Verhandlungen weiterzuführen, weil ich mich – bei aller Würdigung des Sachverstands der zuständigen Ressorts – in keiner Weise davon habe überzeugen können, daß die von mir als vertretbar bezeichneten Mindestleistungen bei gutem Willen nicht sollten erfüllt werden können. Hinter dem Erfüllbaren zurückzubleiben, ist aber auch dann nicht zu verantworten, wenn es sich im gegenwärtigen Augenblick als möglich erweisen sollte.

Bei nochmaliger reiflicher Überlegung sehe ich mich zu meinem Schmerz gezwungen, Sie zu bitten, mich von meinem Auftrag zu entbinden und die Führung der Delegation in andere Hände zu legen. Eine eingehende Begründung habe ich Herrn Blankenhorn zugeleitet.[3]

Ich möchte diesen Brief nicht abschießen, ohne Ihnen, sehr verehrter Herr Bundeskanzler, aufrichtig für das große Vertrauen zu danken, das sie mir durch die Erteilung dieses ehrenvollen Auftrags erwiesen haben. Es war mein Wunsch, diesen Auftrag in Ihrem Sinne und zum Besten unseres Landes auszuführen.

Mit der Versicherung meiner aufrichtigen Verehrung verbleibe ich, hochverehrter Herr Bundeskanzler,

Ihr sehr ergebener
Böhm

Bundesarchiv Koblenz, N 1351 (Nachlaß Blankenhorn), Bd. 17

3 In dem Schreiben vom 19. Mai 1952 erklärte Delegationsleiter Böhm, z. Z. Frankfurt/Main, er habe „das Ringen in Bonn verloren", und führte weiter aus: „Nur ganz massive Ereignisse können noch eine Wendung zum Besseren herbeiführen. Nämlich eine explosive Reaktion Israels und der Juden auf die Sondierung des Herrn Abs in Verbindung mit unserem Rücktritt, der, wenn er wirksam sein soll, der israelischen Reaktion zeitlich nicht nachfolgen darf. [...] Das von mir vorgeschlagene Vertragsangebot ist nach meiner Überzeugung erfüllbar. Würde es beschlossen worden sein, so würde das weder ein Scheitern der Londoner Konferenz zur Folge gehabt haben, noch würde Herr Abs die Leitung seiner Delegation niedergelegt haben. Der Herr Bundesfinanzminister hätte freilich überstimmt werden müssen. Israel würde das Angebot angenommen, der Bundestag den Vertrag ratifiziert haben. Die Möglichkeit einer Anleihe würde sich binnen der ersten beiden Jahre der Vertragserfüllung ergeben haben. Das Abkommen würde von Israel, von den Juden, von der Weltöffentlichkeit als Beweis ernsthaften deutschen Wiedergutmachungswillens gewürdigt worden sein und die Stellung Deutschlands gefestigt haben. Es würden sich zwischen Israel, den Juden und Deutschland Beziehungen angebahnt haben, die uns den erzieherischen Kampf im Innern unseres Landes gegen den Antisemitismus erleichtert und alle dahinzielenden Bestrebungen ermutigt haben würden. Ich fürchte, daß die jetzt mit dem Auftrag an Herrn Abs eingeschlagene Linie in allem die gegenteiligen Wirkungen hervorrufen und die trüberen Seiten unseres Nationalcharakters stärken wird." Vgl. Bundesarchiv Koblenz, N 1351 (Nachlaß Blankenhorn), Bd. 17.

139

Aufzeichnung des Delegationsleiters Abs und des Ministerialdirektors Wolff, London

19. Mai 1952

Notiz über die Unterhaltung der Unterzeichneten, Herrn Abs und Herrn Ministerialdirektor Wolff, mit Mr. Shinnar und Mr. Keren am Montag, den 19. Mai 1952, von 17.30 bis 19.00 Uhr[1]

Herr Abs legte eingangs dar, daß die Bundesregierung im Wort sei, bis zum 19. Juni d.J. ein verbindliches Angebot dem Staate Israel gegenüber zu machen. Inzwischen sei aus der Presseveröffentlichung in Bonn bekannt geworden, daß die israelische Regierung die Wiederaufnahme der Verhandlungen auf Grund eines Parlamentsbeschlusses davon abhängig mache, daß das deutsche Angebot befriedigend sei.[2] Herr Abs wolle die Unterhaltung führen, um festzustellen, was darunter zu verstehen sei. Er hätte Wert darauf gelegt, mit den Vertretern des Staates Israel zu sprechen, ehe das Angebot in London für die Vor- und Nachkriegsschulden gemacht würde. Er hätte heute erreicht, daß die deutsche Delegation einige Tage Zeit gewonnen hätte, um zunächst mit den Vertretern des Staates Israel darüber zu sprechen, was die Bonner Regierung erwäge.

Die Regelung des Londoner Komplexes bedeute annähernd DM 320 Millionen Jahresleistung für die Nachkriegsverpflichtungen, und für die Regelung der Vorkriegsverpflichtungen sei ein Betrag vorgesehen, der noch nicht 50% dieser Summe erreiche. Darüber hinaus müßte die Bundesrepublik noch Annuitäten leisten für gewisse Schulden außerhalb der Konferenz, wie Dänemark, Schweiz u.a.

Die Bundesregierung sei sich des Umstandes bewußt, daß Israel sich in einer Lage befände, die zwingend Leistungen verlange, die in den nächsten fünf bis acht Jahren erfüllt werden müssen, während die deutsche Leistungsfähigkeit – und das sei auch der Maßstab für die Londoner Regelung – Leistungen Deutschlands ins Auge fasse, die sich über einen Zeitraum von mindestens 35 Jahren erstrecken. Diese Erkenntnis zwinge dazu, daß neben direkten Leistungen der Bundesrepublik auch weitere Quellen eröffnet werden müssen, aus denen jeweils einmalige Leistungen an Israel vollbracht werden könnten. Dabei sei einmal gedacht an das Freimachen des deutschen Vermögens in Amerika, wobei es sich um einen Betrag von 120–140 Millionen Dollar handele, und wir hätten bei aller Schwierigkeit, die auch wir sähen, noch keine Nachricht erhalten, daß eine Bemühung um Freimachen völlig aussichtslos sein würde. Daneben käme zu gegebener Zeit die Aufnahme einer äußeren Anleihe in Frage, und es wäre durchaus denkbar, daß die Bundesregierung in einem etwaigen Übereinkommen mit Israel sich verpflichte, in einer genau festzulegenden Höhe die erste sich bietende Möglichkeit einer Anleihe auszunutzen, um den vollen Erlös einer solchen Anleihe Israel zur Verfügung zu stellen. Bei der Schwierigkeit des Auf-

1 Vgl. dazu auch DOCUMENTS. COMPANION VOLUME 1952, S. 111 f., und SHINNAR, Bericht, S. 39–41.
2 Vgl. dazu Dok. 127, Anm. 2.

bringens neben der Schwierigkeit des Transferproblems könne endlich noch darin eine Erleichterung gesehen werden, wenn es gelänge, die Vereinigten Staaten zu einem mehrjährigen Hinausschieben der Annuitäten auf die Nachkriegsschulden zu bewegen. Das Risiko, ob diese Quellen eröffnet werden könnten, solle nicht zu Lasten des Staates Israel gehen, sondern es könne in Aussicht genommen werden, in dem Maße, wie sich diese Möglichkeiten nicht eröffneten, weitere Warenlieferungen, abgesehen von denen, die Herr Abs noch erwähnen werde, seitens der Bundesrepublik an Israel zu machen, sofern die Erfahrungen mit den zwischenstaatlichen Warenlieferungen sowohl beim Empfängerland als auch beim leistenden Land positiv wären. Darüber hinaus wäre erwogen, direkte Warenlieferungen, die schon im Juli d. J. einsetzen könnten, von etwa DM 100 Millionen im Jahr zu machen. Die Zusammensetzung dieser Waren bedürfe der Abstimmung und Vereinbarung zwischen den Vertretern des Staates Israel und der Bundesregierung. Es hätten darüber ja schon gewisse Gespräche stattgefunden[3], und Herr Abs hätte davon gehört, daß Listen aufgestellt worden seien, die er aber im einzelnen selbst nicht kenne. Im übrigen sei bei den Erwägungen der Bundesregierung zu berücksichtigen, daß neben den Forderungen des Staates Israel ja auch noch andere Forderungen ähnlichen Charakters gegen die Bundesregierung geltend gemacht würden, darunter seien vor allem die Individual-Wiedergutmachungsansprüche zu erwähnen, die mindestens sechs Milliarden DM betrügen und zu deren Erfüllung sich die Bundesregierung im Generalvertrag verpflichten wolle.[4] Der überwiegende Teil dieser Ansprüche müsse gegenüber ausländischen Berechtigten erfüllt werden. Darüber hinaus gäbe es noch die Ansprüche der Organisationen, die zunächst mit 500 Millionen Dollar vorgebracht worden seien. Zwar wäre in der Besprechung, die Herr Abs mit Mr. Shinnar und Mr. Goldmann vor einem Monat in Bonn gehabt habe, von Mr. Goldmann die Gesamtsumme nur mit drei bis vier Milliarden DM bezeichnet worden[5], es gäbe aber noch keine volle Übersicht, um welche Beträge es sich insgesamt handele. Der Bundesregierung läge die Erfüllung der Individual-Wiedergutmachungsansprüche am Herzen, bei denen es sich sehr oft um Fälle wirklichen Notstandes handele. Mr. Goldmann habe ja in der vorerwähnten Besprechung dargelegt, daß nach den Ansprüchen Israels in erster Linie die Individual-Ansprüche in Frage kämen und erst dann die Organisationen, wobei sich die Erfüllung der verschiedenen Gruppen von Ansprüchen überschneiden könnte.

3 Zu den Sachverständigenbesprechungen am 22. und 25. April 1952 über Warenlieferungen an Israel vgl. Dok. 109, Anm. 5, und Dok. 110, Anm. 6.

4 Vierter Teil, Abschnitt 1 des Überleitungsvertrages vom 26. Mai 1952: „Die Bundesrepublik erkennt die Verpflichtung an, Personen, die wegen ihrer politischen Überzeugung, ihrer Rasse, ihres Glaubens oder ihrer Weltanschauung verfolgt wurden und hierdurch Schaden an Leben, Körper, Gesundheit, Freiheit, Eigentum, Vermögen oder in ihrem wirtschaftlichen Fortkommen erlitten haben (mit Ausschluß feststellbaren Vermögens, das der Rückerstattung unterliegt), eine angemessene Entschädigung [...] sicherzustellen. Ferner werden Personen, die aus Gründen der Nationalität unter Mißachtung der Menschenrechte verfolgt wurden und gegenwärtig politische Flüchtlinge sind, die den Schutz ihres früheren Heimatlandes nicht mehr genießen, eine angemessene Entschädigung erhalten, soweit ihnen ein dauernder Gesundheitsschaden zugefügt worden ist." Vgl. BUNDESGESETZBLATT 1954, Teil II, S. 194.

5 Zum Gespräch am 19. April 1952 vgl. Dok. 111, Anm. 4.

Mr. Shinnar legte dar, daß er eigentlich erwartet habe, daß wir ihm heute das in Aussicht gestellte deutsche Angebot hätten machen wollen. Aus den gemachten Darlegungen von Herrn Abs ersähe er zu seiner Überraschung, daß wir noch kein vollständiges Angebot machten, und die einzige präzise Ziffer, die überhaupt von Herrn Abs erwähnt worden sei, seien die 100 Millionen DM Warenlieferungen im Jahre. Er könne nicht nur als persönliche Meinung, sondern zugleich auch im Namen des Staates Israel – wozu er ausdrücklich ermächtigt sei – erklären, daß ein Angebot in der von Herrn Abs dargelegten Höhe für Israel völlig unannehmbar sei. Sie würden es dann vorziehen, gar nichts zu erhalten, und würden schon – und das versichere er – jeden Pfennig einkassieren. Er legte dar, daß das Freimachen des deutschen Vermögens in Amerika für den Zweck der Hergabe an Israel völlig aussichtslos sei. Das habe Mr. Goldmann auch schon festgestellt; das Erschließen einer Anleihe sei so vage, daß sich darauf Israel nicht einlassen könnte. Die dagegen in Aussicht gestellten weiteren Warenlieferungen seien von Erfahrungen abhängig gemacht, wobei er sich nicht vorstellen könne, was diese Abhängigkeit bedeuten solle. Israel habe seine Forderungen mit einer Milliarde Dollar genannt[6] und halte daran fest. Die von der deutschen Delegation vor dem Auseinandergehen im Haag genannte Ziffer von drei Milliarden DM[7], die nicht einmal ein Angebot gewesen sei, sei völlig einseitig und nicht etwa von Israel akzeptiert. Sie hätten ihre Forderungen in der Besprechung in Bonn ja genannt. Sie bestünden aus der Zahlung von drei bis fünf Millionen in Dollar oder anderen Devisen im Monat und darüber hinaus aus dem Gegenwert von weiteren 100 Millionen Dollar jährlicher Warenlieferungen. Sie hätten diese Forderung nicht gestellt, um eine Ausgangsposition zu beziehen, und es könne über die Forderungen, die sie erhoben hätten, nicht gehandelt werden. Sie beriefen sich auf den Brief des Bundeskanzlers vom 6. Dezember 1951[8], und Mr. Shinnar wolle fragen, ob die Bundesregierung zu diesem Brief stände oder nicht.

Herr Abs hat demgegenüber erklärt, daß es ja gerade der Wunsch des Bundeskanzlers sei – und in dessen Auftrag führe er auch das Gespräch – festzustellen, wie denn das deutsche Angebot aussehen müsse, um die Wiedereröffnung der Verhandlungen zu ermöglichen. Selbstverständlich stünde der Bundeskanzler unverändert zu seinem Brief, in dem dargelegt sei, nach Möglichkeit durch Warenlieferungen am Aufbau Israels zu helfen. Was aber die Forderung selbst angehe, so habe uns die 2/3 : 1/3-Teilung bereits bei unseren Verhandlungen in der Schweiz gestört, und wir hätten Mühe gehabt, unsere Forderung durchzusetzen, die dahin geht, daß wegen der territorialen Beschränkung die Gesamtforderung gegen Deutschland auf 50% für die Bundesrepublik herabgesetzt werden müsse.[9]

6 Zum Gespräch des Bundeskanzlers Adenauer am 6. Dezember 1951 mit dem Vorsitzenden des World Jewish Congress, Goldmann, vgl. Dok. 40, Anm. 2.

7 Zur Erklärung des Delegationsleiters Böhm, Wassenaar, vom 7. April 1952 bei den Wiedergutmachungsverhandlungen mit Israel und den jüdischen Organisationen vgl. Dok. 97, Anm. 2.

8 Zum Schreiben des Bundeskanzlers Adenauer an den Vorsitzenden des World Jewish Congress, Goldmann, vom 6. Dezember 1951 vgl. Dok. 40, Anm. 2, sowie Dok. 110, Anm. 3.

9 Zu den Verhandlungen mit der Schweiz und der AHK über das deutsche Vermögen in der Schweiz vgl. Dok. 1 sowie Dok. 134.

Herr Abs unterstrich dann noch einmal, daß das Risiko des Nichtfreimachens des deutschen Vermögens in Amerika oder einer Erfolglosigkeit der Aufnahme einer Anleihe nicht auf Kosten Israels gehen solle – daher auch die über 100 Millionen DM hinaus in Aussicht genommenen Warenlieferungen. Es könne keine Rede davon sein, daß die Darlegung, die Herr Abs gemacht hätte, ein Angebot Deutschlands darstellte –, dazu seien wir gar nicht ermächtigt, und die dazu notwendigen Entscheidungen seien seitens der Bundesregierung auch noch nicht getroffen.

Bezugnehmend auf den Brief von Mr. Goldmann an den Bundeskanzler[10], was man unter ein unvollständigen Lösung verstehen könne, antwortete Mr. Shinnar, daß eine Zusage der Bundesregierung auf mindestens drei Jahre gegeben werden müsse, die insgesamt mindestens 45% der Ausgangsforderung des Staates Israel erreichen müsse. Das wären etwa 600 Millionen DM im Jahr. Von dieser Summe müßten etwa 1/3 in Devisen gezahlt und 2/3 in Ware geliefert werden. Die Forderung, die er namens Israels schon in Bonn erhoben habe, sei bei einer vorläufigen Regelung also das Minimum eines deutschen Angebots. Es müsse ferner dann vereinbart weden, daß man nach einer gewissen Zeit – etwa sechs Monate – sich zusammensetze, um eine endgültige Lösung zu versuchen.

Herr Abs hat die schon eingangs gegebene Bestätigung wiederholt, daß die Bundesregierung bis zum 19. Juni d.J. ein Angebot machen wolle, und die Vertreter Israels blieben ein solches Angebot erwartend. Mr. Shinnar ist bis auf weiteres über die israelische Gesandtschaft in London zu erreichen.

Herr Abs hat im Laufe des 20. Mai versucht, Mr. Goldmann zu erreichen, der aber nicht in London, sondern in Paris war.

Abs
Wolff

Bundesarchiv Koblenz, N 1351 (Nachlaß Blankenhorn), Bd. 16

10 In dem Fernschreiben vom 16. Mai 1952 führte der Vorsitzende des World Jewish Congress, Goldmann, aus: „Nachdem zweimal unsere beabsichtigte Besprechung Ihrerseits verschoben wurde, ist es dringender denn je, daß in den nächsten Tagen mit Wiederbeginn der Londoner Konferenz ein Angebot an uns gemacht wird, sei es für die Gesamtregelung, sei es, wie wir es erörtert haben, für die ersten drei Jahre als Basis für die Wiederaufnahme der Haager Konferenz zur Erörterung der Gesamtregelung. [...] Ich weiß, wie sehr Sie, Herr Bundeskanzler, einen positiven Ausgang der Haager Konferenz wollen, deswegen erlaube ich mir, Ihnen dringend ans Herz zu legen, ein akzeptables Angebot schnellstens herbeizuführen und dies nicht länger aufzuschieben. Ausbleiben solchen Angebots in den nächsten Tagen könnte bedauerliche Verschärfung der Situation und sehr unerwünschte Folgen haben." Vgl. B 10 (Abteilung 2), Bd. 1689.

140

Außenministerkonferenz über eine Europäische Verteidigungsgemeinschaft in Paris

19. Mai 1952[1]

Präsident *Schuman* eröffnet um 17 Uhr die Sitzung. Er macht Ausführungen zur Tagesordnung, und es wird beschlossen, die Frage des deutschen Kostenbeitrags als Punkt 15 in die Tagesordnung aufzunehmen.

Als erstes wird behandelt: Artikel 9, Absatz 2[2] (Zusammensetzung der Streitkräfte, zusätzliche Beantragung der deutschen Delegation):

Staatssekretär *Hallstein*: Ich verstehe, daß die anderen Delegationen, mit Ausnahme der niederländischen, der Aufnahme eines solchen Zusatzes nicht zustimmen. Zur Begründung möchte ich sagen: Es handelt sich praktisch um ein Problem, das gleichzeitig Gegenstand der Verhandlungen mit unseren Vertragspartnern in Bonn über den Deutschland-Vertrag gebildet hat. Dort ist vorgesehen, daß sog. Dienstgruppen aufgelöst werden.[3] Unter Dienstgruppen verstehe ich Einheiten, die auf dem Wege zivilrechtlichen Vertrages geworben und den Alliierten zur Verfügung gestellt werden, die aber militärischen Charakter haben. Die öffentliche Meinung in Deutschland hat seit geraumer Zeit Anstoß genommen. Wir haben über diesen Punkt verhandelt mit dem Ergebnis, daß ein Einverständnis über die Beseitigung dieser sog. Dienstgruppen zustande kam. Allgemeiner Wunsch ist zurückblickend, daß bei der künftigen Lösung, ob das deutsche Wehrpotential für fremde Anwerbung zur Verfügung stehen sollte, grundsätzlich die EVG ein Monopol zur Ausschöpfung dieses Wehrpotentials hat, wenn ich mich so ausdrücken soll. Das kann nur geschehen, wenn wir eine solche Bestimmung in den Vertrag aufnehmen. Es scheint mir richtig zu sein, so zu verfahren. Wir wollen, daß die Anstrengungen, die jede der beteiligten Nationen zur Herbeiführung der Verteidigungsgemeinschaft macht, an die Grenzen dessen geht, wozu jede fähig ist.

(Staatssekretär Hallstein verliest den deutschen Vorschlag.[4] Als eine Klausel, falsche Interpretation zu verhüten, wird hinzugefügt: „Unter Anwerbung in

1 Durchdruck.

2 Artikel 9, Absatz 2 des Entwurfs für den EVG-Vertrag (Fassung vom 19. Mai 1952): „Kein Mitgliedstaat darf nationale Streitkräfte rekrutieren oder unterhalten außer denen, die in Artikel 10 vorgesehen sind." Vgl. B 10 (Abteilung 2), Bd. 1043.

3 Zur Einigung zwischen Bundeskanzler Adenauer und den Hohen Kommissaren François-Poncet (Frankreich), Kirkpatrick (Großbritannien) und McCloy (USA) über die Behandlung ziviler Dienstgruppen vgl. die Besprechung am 21. April 1952; AAPD, Hohe Kommissare 1952, S. 85 f.
Artikel 45, Absatz 2 des Truppenvertrages vom 26. Mai 1952: „Bestehende zivile Dienstgruppen, die sich aus Deutschen zusammensetzen, werden a) im Benehmen mit den zuständigen Behörden der Bundesrepublik spätestens vierundzwanzig Monate nach Inkrafttreten dieses Vertrages aufgelöst. Die Bundesrepublik und die Drei Mächte treten vor dem Ende der Übergangsperiode in Verhandlungen ein, um Maßnahmen zu treffen, die gewährleisten sollen, daß die Stärke und die Schlagkraft der Streitkräfte infolge dieser Auflösung nicht beeinträchtigt werden; b) nicht zu Diensten außerhalb des Bundesgebietes verwendet." Vgl. BUNDESGESETZBLATT 1954, Teil II, S. 123.

4 Undatierter Entwurf der Delegation der Bundesrepublik für Artikel 9, Absatz 2 des EVG-Vertrages: „Die Mitgliedstaaten verpflichten sich: keinem Nichtmitgliedstaat zu gestatten, auf ihrem Hoheitsgebiet Maßnahmen zur Anwerbung ihrer Staatsangehörigen zu treffen; nicht vorzusehen, selbst

diesem Sinne ist nicht zu verstehen die Beschäftigung von zivilem Personal im Rahmen ziviler Arbeit.")

Diskussion.

Außenminister *Schuman* schlägt Zusatzprotokoll in dieser Frage vor.

Staatssekretär *Hallstein*: Es ist mit Recht vermerkt worden, daß es sich um zwei verschiedene Probleme handelt. Ich möchte den zweiten Satz zuerst besprechen. – Wenn man die Klausel streicht, worüber sich reden läßt, hat das die Folge, daß der Staat, der dies nicht will, ein Gesetz erläßt, während nach unserer Lösung dieses Gesetz überflüssig ist. Denn mit der Ratifikation ergibt sich diese Lösung schon von selbst. Was den zweiten Fall, den Fall des Ausschlusses einer Anwerbung Angehöriger siebter, achter oder neunter Staaten, d.h. solcher Staaten, die nicht Mitglied der Verteidigungsgemeinschaft sind, angeht, so ist richtig, daß das ein Problem ist, das mit verpflichtender Wirkung für diese Staaten nur in einem Abkommen mit ihnen behandelt werden kann. Das schließt nicht aus, daß man sich in einem Vertrag verpflichtet, eine solche Erlaubnis zur Anwerbung zu geben. Vielleicht habe ich mich nicht deutlich genug ausgedrückt: Der Grundgedanke war der, daß wir meinten, es sollte in diesem Vertrag von den sechs Mitgliedstaaten die Verpflichtung übernommen werden, ihr Wehrpotential ganz für die Europäische Verteidigungsgemeinschaft zur Verfügung zu stellen, also nicht die Möglichkeit offen zu lassen, daß ein Teil der Wehrkraft zugunsten anderer verwendet wird. Das ist der eigentliche Rahmen. Das andere hatte ich nur angeführt. Und es ist vielleicht überhört worden, daß die Tatsache, daß wir diese Erörterung gemacht haben, uns auf dieses allgemeine Problem gebracht hat.

Darf ich noch einen Gedanken hinzufügen: Wir haben geglaubt, daß wir durch Gebote der Logik veranlaßt sind, einen solchen Vorschlag zu machen. Wir haben schon die Vorschrift, daß sogar für nationale Bedürfnisse der Mitgliedstaaten keine Truppen vorhanden sein dürfen, daß also das, was an Wehrkraft vorhanden ist, der Verteidigungsgemeinschaft zur Verfügung stehen muß. Was liegt näher, als zu sagen, wenn den Staaten nicht einmal erlaubt wird, für ihre eigenen Bedürfnisse aus ihrer Wehrkraft zu schöpfen, dürfen sie dies auch nicht tun für die nationalen Armeen anderer Staaten.

Diskussion.

Staatssekretär *Hallstein*: Ich habe, wenn ich dies noch sagen darf, für unseren Fall natürlich an die Gefahr gedacht, daß irgendwann einmal vom Osten her in irgendeiner Zwischensituation irgendeine Versuchung herantreten könne an eine irgendwie geartete Regierung, Rekrutierungen zuzulassen. Wir hätten das ganz gerne gestoppt. Aber ich sehe ein, die Deutung dieses Vorgangs ist eine weitere Beschränkung der Souveränität der Mitgliedstaaten. Wir wären bereit, sie anzunehmen, da aber keine allgemeine Neigung dazu besteht, will ich nicht insistieren. Ich wäre aber dankbar, wenn die zweite Frage, wie vorgeschlagen, als Annex zu diesem Vertrag behandelt würde.

Fortsetzung Fußnote von Seite 389

solche Maßnahmen auf dem Hoheitsgebiet der anderen Mitgliedstaaten zu ergreifen." Vgl. B 10 (Abteilung 2), Bd. 1043.

Da Tagesordnungspunkt 9 in Zusammenhang mit Artikel 10 steht[5], wird er jetzt behandelt und u.a. vorgeschlagen, das Wort „insbesondere" in Ziffer 2 zu streichen.

Staatssekretär *Hallstein*: Ich habe noch Bedenken, ohne daß ich jetzt sagen kann, daß ich die Tragweite dieser vorgeschlagenen Änderungen ganz durchschaue. Ich glaube, Sie haben mit Recht den Änderungsvorschlag in Beziehung gesetzt zu dem Änderungspunkt von unserer Seite, Punkt 1. Auch hier handelt es sich darum, ob wir Bewegungsfreiheit für die einzelnen Staaten behalten. Vorhin war das Argument, daß man in der Beschränkung der Souveränität nicht zu weit gehen solle, da es unangemessen wäre, daß man nicht in die Zukunft blicken kann. Wenn das Argument dort gilt, und im Augenblick finde ich, gilt es auch hier, ist es eine Beschränkung der Bewegungsfreiheit der Staaten, wenn wir ihnen nur dann erlauben, eigene Kräfte für gemeinsame Ziele einzusetzen, wenn das unter dem Schirm der Vereinten Nationen geschieht. Ich könnte mir andere Fälle denken, wie der Herr Präsident vorhin für die Anwerbung von Soldaten ausgeführt hat. Ich könnte mir denken, daß NATO z.B. eine solche gemeinsame Aktion ins Leben setzt. Und ich persönlich würde meinen, es besteht dann kein geringerer Grund für die Staaten zu sehen, ob sie nicht aus ihren nationalen Kräften zur Erfüllung solcher Missionen noch etwas leisten können.

Außenminister *Schuman* bringt seine Bedenken gegenüber diesen Ausführungen zum Ausdruck und verliest Gegenvorschlag.

Staatssekretär *Hallstein*: Diese letzte Lösung war, glaube ich, schon erörtert worden auf der letzten Minister-Konferenz[6], jedenfalls der Grundgedanke, und war nicht gebilligt worden. Ich würde dies nicht mehr für diskussionsfähig halten.

Außenminister *Schuman* ist der Ansicht, daß diese Lösung nicht erörtert worden sei.

Staatssekretär *Hallstein*: Ich werde mir das Protokoll nochmals ansehen. Zusammen mit dem Notfall, es war nur ein Inzident erörtert worden.

Auf Anregung von Außenminister *Schuman* wird die Frage zurückgestellt, bis der französische Gegenvorschlag verteilt und von den Delegationen erörtert worden ist.

5 Punkt 9 der Tagesordnung: „Zusammensetzung der Streitkräfte – Artikel 10, Paragraph 2 (französische Delegation)." Vgl. B 10 (Abteilung 2), Bd. 1043.
Artikel 10, Paragraph 2 des Entwurfs für den EVG-Vertrag (Fassung vom 19. Mai 1952): „Die Mitgliedstaaten dürfen ferner nationale Streitkräfte rekrutieren und unterhalten zur Durchführung internationaler Aufgaben, die von ihnen übernommen und außerhalb des in Artikel 119 Paragraph 1 umschriebenen Gebietes der Gemeinschaft zu erfüllen sind; dies gilt insbesondere für ihre Aufgaben in Berlin, in Österreich und diejenigen Aufgaben, die sich aus ihren Verpflichtungen gegenüber den Vereinten Nationen ergeben. Nach Beendigung dieser Aufgaben werden diese Truppen aufgelöst oder der Gemeinschaft zur Verfügung gestellt. Mit Zustimmung des zuständigen Oberkommandierenden der Atlantikpakt-Organisation können die Truppen durch Austausch mit Einheiten, die aus Kontingenten der in Betracht kommenden Mitgliedstaaten bestehen und zu den Europäischen Verteidigungsstreitkräften gehören, abgelöst werden." Vgl. B 10 (Abteilung 2), Bd. 1043.

6 Zur Außenministerkonferenz über eine Europäische Verteidigungsgemeinschaft am 26./27. Januar 1952 in Paris vgl. Dok. 25, Dok. 27 und Dok. 29.

Punkt 2[7]:

Staatssekretär *Hallstein*: Darf ich einen Vorschlag zur Tagesordnung machen, nachdem Herr Minister Stikker vorgeschlagen hat, daß über einen deutschen Verteidigungsbeitrag gesprochen wird. Da dieser Punkt aufs engste mit dem vorher besprochenen zusammenhängt, würde ich vorschlagen, ihn mit dem Punkt 15 zu verbinden. Ich tue dies aus taktischem Grunde, da die Verhandlungen bei dieser Frage noch in dieser Stunde in Bonn schweben. Jede Stunde, die wir gewinnen, setzt mich in den Stand, mehr zu sagen. Und wenn ich Herrn Minister Stikker recht verstanden habe, will er möglichst viel wissen. Ob ich schon alles sagen kann, weiß nicht nicht.

Minister *Stikker* ist einverstanden. Außenminister *Schuman* macht auf das Risiko aufmerksam, daß die Frage dann hier vielleicht nicht mehr behandelt werden könnte, falls die Bonner Verhandlungspartner sich dort bis zum Ende der Pariser Sitzung nicht einigen würden.

Staatssekretär *Hallstein*: Ich glaube, ich bin mißverstanden worden, das ist natürlich meine Schuld. Ich habe nicht sagen wollen, daß ich die Sache nur erörtern will, nachdem man in Bonn zur Übereinstimmung gekommen ist. Ich habe eine Zwischenbemerkung hinzugefügt, daß ich das nicht weiß. Ich habe gesagt, um die Sache konkret behandeln zu können, so daß man schon eine Ahnung davon hat, was sie in Ziffern bedeutet. Eines ist ganz sicher, morgen besteht die Chance, daß wir mehr wissen. Ob wir schon die Lösung wissen? ...[8] Daß wir sie unter allen Umständen auf dieser Konferenz behandeln müssen, damit stimme ich vollkommen mit dem Herrn Präsidenten überein. Es liegt uns sogar sehr viel daran.

Die Frage wird bis zum Abschluß der Besprechungen vorbehalten.[9]

Punkt 3: Sitz oder Sitze der Organe.[10]

Staatssekretär *Hallstein*: Ich habe die Instruktion von meiner Regierung, darum zu bitten, daß diese Frage heute nicht entschieden wird. Die Gründe sind folgende: Wir haben bei der Unterzeichungskonferenz über den Schuman-Plan-Vertrag[11] vor derselben Frage gestanden. Auch damals hatte die Sachverständigen-Konferenz die Frage reserviert für eine Entscheidung eben dieser Konferenz, die der heutigen entspricht. In jener Sitzung, ich glaube im selben Saal, sind die Minister übereingekommen, die Frage nicht zu entscheiden. Aus dem Grunde vor allem, daß es ihnen politisch angemessen erschien, die Schwierigkeiten der Ratifikation, die in den Parlamenten bestand, nicht dadurch zu vermehren, daß die Gesichtspunkte, die im Zusammenhang mit der Wahl des Sitzes standen, Wirkung hatten auf das Pro und Kontra. Meine Regierung ist der Meinung, daß dieselbe Situation hier gegeben ist. Sie möchte auch hier die politi-

7 Punkt 2 der Tagesordnung: „Stimmverteilung – Artikel 42 und 42a – [...] allgemeiner Vorbehalt im Zusammenhang mit dem finanziellen Beitrag." Vgl. B 10 (Abteilung 2), Bd. 1043.

8 Auslassung in der Vorlage.

9 Zum Zusammenhang zwischen finanziellem Verteidigungsbeitrag der Bundesrepublik und Stimmengewichtung im EVG-Ministerrat vgl. Dok. 144.

10 Punkt 3 der Tagesordnung: „Sitz der einzelnen Organe – Artikel 117 – vorbehalten." Vgl. B 10 (Abteilung 2), Bd. 1043.

11 Die Außenministerkonferenz über eine Europäische Gemeinschaft für Kohle und Stahl fand vom 12. bis 18. April 1951 in Paris statt.

sche Erörterung in den nationalen Parlamenten und die Beschäftigung in der öffentlichen Meinung nicht dadurch komplizieren, daß sie diese Frage zu einer Frage macht, die auf das Urteil über das Gesamtwerk abfärbt. Aus diesem Grunde ist beim Schuman-Plan so verblieben worden, daß die Frage in eine spätere Vereinbarung der Regierungen verwiesen wurde, vorzubereiten durch Gutachten des Interimsausschusses. Im Namen meiner Regierung darf ich vorschlagen, selbiges Verfahren hier anzuwenden.

Ein weiterer Grund: Die Frage der Wahl des Sitzes hängt nach Auffassung der Regierung zusammen mit der Wahl der Sitze für die Organe des Schuman-Plans. Man muß sich mindestens klar werden, ob sie zusammenhängt. Eine der Lösungsmöglichkeiten, die damals für den Schuman-Plan im Interimsausschuß vorgesehen war, bestand darin, die Organe an bestimmter Stelle zu konzentrieren. Wenn man sich dazu entschließt, hat das möglicherweise Rückwirkungen. Hinzu kommt: Für meine Regierung hängt die Frage möglicherweise zusammen mit der Lösung anderer Probleme von europäischer Bedeutung. Die Bundesregierung möchte gerne Zeit gewinnen und möchte nicht in diesem Augenblick genötigt sein, schon zu der Sitzfrage Stellung zu nehmen.

Minister *Bech* schlägt vor, in diesem Vertragswerk dieselbe Bestimmung wie im Schuman-Plan[12] einzufügen.

Längere Diskussion über diese Frage.

Stikker glaube, daß der EVG-Vertrag nicht vor Dezember im holländischen Parlament ratifiziert werden kann.[13] *Taviani* ist der Ansicht Staatssekretär Hallsteins. *Van Zeeland* spricht sich für den Vorschlag von Minister Bech aus.

Minister *Schuman* schlägt Sitzung der Minister über diese Frage nach Ratifizierung des Schuman-Plans durch die beiden restlichen Länder (Belgien[14] und Italien) zwischen dem 15. und 20. Juni 1952 vor.

Staatssekretär *Hallstein*: Ich möchte sehr gerne schon der Vereinbarung eines Datums zustimmen, aber ich sehe gewisse Schwierigkeiten, weil eines der Motive für uns, die Lösung hinauszuschieben, nämlich der Grund, die Einbeziehung der Frage in den Ratifikationsvorgang zu vermeiden, das erreichen wir nicht, wenn die Sitzung schon im Juni ist. Ich darf hinzufügen, daß wir entschlossen sind, die Ratifikation noch vor den parlamentarischen Ferien durchzuführen.[15] Wir werden uns aus einer ganzen Anzahl von Gründen anstrengen, dies zu tun. Es ist wohl so, daß nach dem bisher vorgesehenen Verfahren zunächst die Sitzung des Interimsausschusses abgewartet werden sollte, der ja Empfehlungen austeilen sollte.

...[16]

12 Artikel 77 des EGKS-Vertrages vom 18. April 1951: „Der Sitz der Organe der Gemeinschaft wird durch Übereinkommen der Regierungen der Mitgliedstaaten festgelegt.“ Vgl. BUNDESGESETZBLATT 1952, Teil II, S. 471.

13 Am 23. Juli 1953 stimmte das niederländische Parlament dem Ratifizierungsgesetz zum EVG-Vertrag zu.

14 Der belgische Senat stimmte dem Ratifizierungsgesetz zum EVG-Vertrag am 12. März 1954 zu.

15 Am 19. März 1953 nahm der Bundestag das Ratifizierungsgesetz zum EVG-Vertrag an, das am 30. März 1954 von Bundespräsident Heuss unterzeichnet wurde.

16 Auslassung in der Vorlage.

Staatssekretär *Hallstein*: Ich habe aber den Gedanken der bisherigen Debatte so verstanden, daß man diese Fragen nicht getrennt voneinander beantworten kann. So war doch der Vorschlag des Herrn italienischen Kollegen.

Der von Minister Bech vorgeschlagene Text wird eingefügt und eine Minister-Sitzung zum Meinungsaustausch über diese Frage für Mitte Juni vorgesehen.

Pause

Punkt 4[17]:

Außenminister *Schuman* schlägt vor, die Frage einem einstimmigen Beschluß des Ministerrats zu unterwerfen.

Staatssekretär *Hallstein*: Ich möchte dem Vorschlag des Herrn Präsidenten beitreten, vorzusehen, daß mit einstimmigem Beschluß des Ministerrats die Sprachenfrage geregelt wird. Vielleicht wäre in Erwägung zu ziehen, unter Berücksichtigung des von Herrn Taviani Gesagten, durch Auftrag an den Interimsausschuß der Europäischen Verteidigungsgemeinschaft ergänzt, dort Sprachenfrage zu klären. Ich darf hinzufügen, zu dem, was Herr Kollege Taviani gesagt hat, daß zwei Fragen im Interimsausschuß noch nicht geregelt sind. Diese werden bei der nächsten Sitzung geregelt werden müssen, und ich zweifle nicht daran, daß sie geregelt werden. Dann kann der Interimsausschuß der Verteidigungsgemeinschaft vielleicht Nutzen ziehen aus dem, was der Interimsausschuß erdacht hat und praktisch läuft die Gesamtlösung auf das Gleiche hinaus wie im Schuman-Plan. Auch dort sind die Arbeiten des Interimsausschusses nur Empfehlungen an die Regierungen, d.h. die Regierungen müssen sich darüber beraten und beschließen.

Außenminister *Schuman* schlägt abwartende Formulierung vor und liest Formulierungsvorschlag zu Art. 118[18] vor.

Staatssekretär *Hallstein*: Verzeihung, Herr Präsident, ich weiß nicht, ob es des Hinweises auf Kapitel V bedarf. Denn das ist ja eine Regelung für die Armee, während wir hier von den Organen der Gemeinschaft sprechen. Es ist aber eine Frage der Redaktion. Ich möchte hier Verwirrung vermeiden.

...[19]

Staatssekretär *Hallstein*: Wir würden in der deutschen Rechtssprache sagen: Die Bestimmungen von Kapitel V bleiben unberührt. Wenn das gemeint ist?

Diskussion über Bezugssprache und Hilfssprache.

Minister *Schuman* schlug vor, in diesem Zusammenhang Punkt 12 zu behandeln (Ziffer 2, Kapitel V, S. 43)[20].

17 Punkt 4 der Tagesordnung: „Sprachenregelung – Artikel 118 – vorbehalten." Vgl. B 10 (Abteilung 2), Bd. 1043.

18 Korrigiert aus: „Art. 117".

19 Auslassung in der Vorlage.

20 Punkt 12 der Tagesordnung: „Hilfssprache (Protokoll über die militärischen Bestimmungen: Kapitel V, I, Paragraph 2)." Vgl. B 10 (Abteilung 2), Bd. 1043.
Kapitel V, Paragraph 2 des Entwurfs für ein Militärprotokoll (Fassung vom 19. Mai 1952): „Um die Schwierigkeiten abzuschwächen, die sich aus der Verwendung von verschiedenen Sprachen durch die nationalen Kontingente der Europäischen Verteidigungsstreitkräfte ergeben, werden in den Ausbildungsschulen alle Maßnahmen für einen im wesentlichen praktischen Unterricht in einer gemeinsamen Hilfssprache allgemeiner Vorbereitung ergriffen werden. [...]" Vgl. B 10 (Abteilung 2), Bd. 1043.

Staatssekretär *Hallstein*: Um es ganz klar zu sagen: Wir wissen noch nicht, ob wir außerhalb der militärischen Dienststellen, die dem Kommissariat unterstellt sind, überhaupt eine Bezugssprache haben werden. Wie der Satz in Kapitel V es sagt: nicht für andere Beziehungen als diejenigen zu den ihm unterstellten militärischen Dienststellen.

Diskussion, ob Englisch als Hilfssprache gewählt werden soll.

Staatssekretär *Hallstein*: Ich habe das Gefühl, jetzt die Fassung des Kapitels V zu kritisieren. Hier gehen zwei Motive durcheinander, von denen nur das eine in dem Paragraphen 2 ausgesprochen worden ist. Wir haben vorhin gehört, daß es gut ist, und ich spreche jetzt von dem Vorschlag von Minister Stikker, auch für die Verwaltung zu sorgen und es als Hilfssprache anzunehmen. Weil wir ja auch Kontakte, dies ergibt sich schon im Zusammenhang mit NATO, mit Dienststellen haben, die leichter in der englischen Sprache anzusprechen sind. Was drin steht, ist etwas anderes. Es steht jetzt darin: Um die Schwierigkeiten zu vermeiden ...[21]

Ich gebe zu, daß dies auch ein Motiv ist. Aber es ist das gleiche, und infolgedessen führt die Verfolgung des Motives vielleicht nicht zu dem gleichen Resultat. Ich bin sehr glücklich über diese Formulierung, die darin steckt. Können wir nicht so verfahren, daß wir dieses Motiv, Beziehungen mit NATO-Kräften zu erleichtern, ruhig anerkennen. Wir haben dies ja ganz offiziell im Vertrag geregelt.

Diskussion.

Außenminister *Schuman* ist für mehr elastische Formulierung und gegen Einführung einer Standardsprache. Minister *Stikker* ist mit Staatssekretär Hallsteins Auffassung einverstanden. *Taviani* ist gegen Festsetzung.

Minister *Schuman* schlägt eine Regelung außerhalb des Vertrages vor, die dann nicht ratifizierungsbedürftig ist. Der Interimsausschuß könnte sich dann mit der Frage befassen.

Staatssekretär *Hallstein*: Ich möchte einen anderen Vorschlag machen. Ich habe gewisse Bedenken dagegen, daß dieser Text ganz aus dem ratifizierungsbedürftigen Text herausgenommen wird. Ich sehe die Schwierigkeiten, die dem entgegenstehen, daß das Englische ausdrücklich als Hilfssprache erklärt wird. Hier haben sowohl die französische wie die italienische Delegation Bedenken erhoben. Ich teile auch die Auffassung von Minister Stikker, daß auch die Frage in Ziffer 7[22] insbesondere gestellt ist und klare Antwort gegeben werden muß. Diese klare Antwort vermisse ich in der Ziffer 2, denn ein gewisser Zusammenhang zwischen Ziffer 2 und 6/7 besteht doch. Es ist notwendig, wenn ein Terminus technicus verwendet wird, daß er in den verschiedenen Texten dasselbe bedeute. Ich möchte juristische Sauberkeit auch diesem Texte zugestehen. Was sagt nun aber Ziffer 2 zur Hilfssprache. Sie ist meines Erachtens so beschrieben, daß sie den Gebrauch der englischen Sprache ausschließt, und ich glaube, das

21 Auslassung in der Vorlage.

22 Kapitel V, Paragraph 7 des Entwurfs für ein Militärprotokoll (Fassung vom 19. Mai 1952): „Die Hilfssprache muß als eine Zusatzsprache angesehen werden, die für alle nachrichtentechnischen Verfahren (Funk, Schlüssel, Parolen usw.) und bei Schwierigkeiten in der Verwendung der anderen Sprachen angewandt werden muß.“ Vgl. B 10 (Abteilung 2), Bd. 1043.

will niemand. Artikel 2 sagt ungefähr folgendes: Im Lande A ist die Sprache A, im Lande B die Sprache B. Die Tatsache, daß die beiden miteinander zu operieren haben, schafft diese Schwierigkeiten. Diesen Schwierigkeiten weichen wir dadurch nicht aus, daß wir eine Sprache wählen, die weder A noch B verstehen. Was das Ergebnis sein würde, wenn man dieser Schwierigkeit ausweichen würde, wird man schwer jemandem klar machen können. Durch die Wahl der englischen Sprache beseitigen wir die Schwierigkeiten in Ziffer 2 nicht. Ich würde ungefähr folgendes vorbehaltlich näherer Präzisierung vorschlagen:

Um die Schwierigkeiten auszuräumen, die sich aus der Sprachenverschiedenheit innerhalb der Verteidigungsgemeinschaft der Erfüllung der gemeinsamen Aufgaben der Truppen entgegenstellen, wird eine Hilfssprache gewählt.

Diese Formulierung würde auch die Notwendigkeit einschließen, mit anderen Ländern zu operieren als denen, die in der Europäischen Verteidigungsgemeinschaft sind, ohne daß das Problem nun so deutlich bezeichnet wird, daß sich daraus die politischen Schwierigkeiten ergeben, die wir in den Parlamenten befürchten.

Längere Diskussion.

Staatssekretär Hallstein wird gebeten, in der morgigen Sitzung eine entsprechende Formulierung vorzulegen.

Ende der Sitzung 20.30 Uhr.

Nächste Sitzung: Dienstag, 20. 5. 52, 10.30 Uhr.

Eine weitere Sitzung wird für Dienstag nachmittag vorgesehen und für Mittwoch nachmittag.[23] Der Lenkungsausschuß soll sich am Mittwoch vormittag mit dem Statut der Streitkräfte und einigen Fragen der belgischen Delegation beschäftigen.

VS-Bd. 53 (Büro Staatssekretär)

23 Zu den Besprechungen der Außenminister am 20. und 21. Mai 1952 über eine Europäische Verteidigungsgemeinschaft vgl. Dok. 141, Dok. 142 und Dok. 144.

141

Außenministerkonferenz über eine Europäische Verteidigungsgemeinschaft in Paris

20. Mai 1952[1]

Die Sitzung wird mit Punkt 6 (Art. 127) der Tagesordnung[2] begonnen. Minister *Stikker* macht einen Zusatzvorschlag zu Art. 127.

Staatssekretär *Hallstein*: Darf ich zur Geschäftsordnung die Bitte aussprechen, daß wir die Formulierung, die Herr Minister Stikker vorgetragen hat, vorgelegt bekommen.

Diskussion.

Außenminister *Schuman* spricht sich für eine Dauer von 50 Jahren aus. Für den Fall, daß der NATO-Pakt früher aufhöre, könnten sich die EVG-Mitgliedstaaten über die zu ergreifenden Maßnahmen verständigen.

Staatssekretär *Hallstein*: Darf ich in wenigen Worten den grundsätzlichen Standpunkt meiner Regierung beschreiben. Er ist in den Erklärungen, die der Herr Bundeskanzler in der letzten Sitzung abgegeben hat[3], schon deutlich geworden. Wir glauben nicht, daß der Vertrag über die Europäische Verteidigungsgemeinschaft zu verstehen ist als eine Funktion des Atlantikpaktes. Die Ziele der Verteidigungsgemeinschaft reichen über die Notwendigkeit weit hinaus, der aktuellen Lage zu begegnen. Sie reichen auch hinaus über die Ziele des Atlantikpaktes. Sie tun es insofern, als wir immer verstanden haben – insbesondere ist es die Überzeugung meiner Regierung gewesen –, daß die EVG ein Beginn der europäischen Föderation ist. Sie selbst, Herr Präsident, haben diesem Gesichtspunkt in der letzten Sitzung in einer sehr eindrucksvollen Weise Ausdruck verliehen. Der Herr Bundeskanzler ist insbesondere wiederholt auf Ihre Bemerkung zurückgekommen, daß eine Abschwächung der Verteidigungsgemeinschaft nach 17 Jahren möglicherweise den Zusammenhalt der europäischen Verteidigung in einem Augenblick schwächen könnte, wo diese Europäische Verteidigungsgemeinschaft am allerwenigsten dafür ausgerüstet ist, einer solchen Gefahr der Auflösung zu begegnen, und zwar deshalb, weil dann eine andere Generation sich den Problemen der europäischen Föderation widmen müßte. Das sollte vermieden werden durch die Dauer von 50 Jahren, ebenso wie

1 Durchdruck.

2 Punkt 6 der Tagesordnung: „Geltungsdauer des Vertrages – Artikel 127, Artikel 17 Paragraph 4, niederländischer Vorbehalt." Vgl. B 10 (Abteilung 2), Bd. 1043.
Artikel 127 des Entwurfs für den EVG-Vertrag (Fassung vom 19. Mai 1952): „Dieser Vertrag gilt für die Dauer von fünfzig Jahren vom Zeitpunkt seines Inkrafttretens an." Vgl. B 10 (Abteilung 2), Bd. 1043.
Artikel 17, Paragraph 4 des Entwurfs für den EVG-Vertrag (Fassung vom 19. Mai 1952): „Erlischt der Atlantikpakt vor diesem Vertrag, wird es Aufgabe der Mitgliedstaaten sein, in gemeinsamem Einvernehmen die Stelle zu bestimmen, der die Führung und die Verwendung der Europäischen Verteidigungsstreitkräfte anvertraut werden." Vgl. B 10 (Abteilung 2), Bd. 1043.

3 Zur Besprechung des Bundeskanzlers Adenauer mit den Außenministern Acheson (USA), Eden (Großbritannien) und Schuman (Frankreich) am 19. Februar 1952 in London vgl. Dok. 55.

wir es beim Schuman-Plan vorgesehen haben.[4] Obwohl ich etwas zögere, von dieser Linie überhaupt in etwa abzuweichen, die von der Bundesregierung strikt eingenommen wird, hätte ich persönlich keine Bedenken, eine Formel anzunehmen. Aber ich sehe außerordentliche Schwierigkeiten für die Bundesregierung, im Zugeständnis an das hier Vorgeschlagene über ihren eigenen Vorschlag hinauszugehen.

Diskussion.

Staatssekretär *Hallstein*: Ich möchte doch nochmals auf die grundsätzliche Bedeutung dieser Frage zurückkommen. Es ist nicht nur die technische Frage, wie lange unsere Verpflichtungen, die wir übernommen haben, dauern. Es ist sehr viel mehr. Der ganze Vertrag ist so konstruiert, daß dieser starke Zusammenhalt, der hier gewählt worden ist und Ausdruck findet in der Formel „supranationale Organisation", doch nur gerechtfertigt ist, wenn man diesen Vertrag auf die Dauer schließt. Wenn wir uns auf die Möglichkeit einrichten, daß nach 17 Jahren das Ganze wieder gesprengt wird, dann werden eine ganze Anzahl von Bestimmungen, die wir gewählt haben, eigentlich sinnlos. Ein Vertrag für eine so kurze Zeitdauer fordert nicht den Aufwand, den wir hier getrieben haben. Er rechtfertigt nicht das schwere Gerüst von Institutionen, das wir ihm gegeben haben. Wir müssen also, wenn wir uns auf eine solche Möglichkeit einrichten, den ganzen Vertrag nochmals überdenken, ob wir nicht in bezug auf Verzichte von Souveränität zuviel getan haben. – Und ein Zweites, gleichzeitig als Antwort auf den Einwand von Herrn Minister van Zeeland: Eine solche kurzfristige Dauer wirft natürlich ihren Schatten voraus. Die Staaten, die sich so verpflichten, richten sich nicht so definitiv auf den Bestand dieser Gemeinschaft ein, wie wir immer gewünscht haben, daß man sich einrichte. Sie sehen diese Sache eben unter dem Gesichtspunkt temporärer Notwendigkeit, werden selbstverständlich ihren Pflichten nachkommen, aber man erfüllt sie anders, wenn man ins Auge faßt, daß sie sich nach 17 Jahren ändern. Darin sehe ich die eigentliche Gefahr.

Van Zeeland erklärt, er sei im Grunde mit den Ausführungen von Staatssekretär Hallstein einverstanden und frage sich, ob nicht ein Mißverständnis vorliege. Eine neue Vereinbarung werde ja nur notwendig, falls die 50 Jahre nicht eingehalten würden, z.B. infolge Beendigung des Atlantikpakts.

Staatssekretär *Hallstein*: Ich habe keineswegs überhört, daß die Bedingung gleichfalls eingefügt worden ist. Aber ich glaube nicht, daß damit das Bedenken überwunden wird. Es ist doch so, wir haben für die Jahre und die Jahrzehnte, die kommen, es mit einer Auseinandersetzung zu tun zwischen Tendenzen, die europäisch sind und solchen, die weniger europäisch sind. Dieses europäische Werk wird nochmals bedroht sein in der Psychologie der Völker. Wenn wir nun sagen, wenn binnen 17 Jahren die europäische Gesamtgemeinschaft nicht erreicht ist, dann kann man sich lösen, dann stärken wir meines Erachtens die nichteuropäischen Tendenzen, und sie brauchen es ja nur dazu zu bringen, daß es innerhalb der 17 Jahre zu keiner Föderation kommt. Eigentlich soll doch erreicht werden, daß man einen Schritt in diese europäische Zukunft hinein tut,

[4] Artikel 97 des EGKS-Vertrages vom 18. April 1951: „Dieser Vertrag gilt für die Dauer von fünfzig Jahren vom Zeitpunkt seines Inkrafttretens an." Vgl. BUNDESGESETZBLATT 1952, Teil II, S. 475.

der unwiderruflich ist. Dann werden auch die, die kühler gegenüberstehen, sich damit abfinden, und sie werden sich einrichten auf diese Situation, und ihre Phantasie wird beflügelt in einem mehr positiven Sinne gegenüber der europäischen Idee.

Nochmalige Diskussion.

Minister *van Zeeland* erklärt, er müsse sich bei einem eventuellen holländischen Vorbehalt seinem Kollegen Stikker anschließen. Es wird vorgeschlagen, den Text des Präsidenten anzunehmen und eine Zusatzbestimmung anzufügen, für den Fall, daß in der Zwischenzeit die europäische Föderation nicht zustande käme.

Staatssekretär *Hallstein*: Ich habe keine Bedenken gegen diese Lösung. Ich möchte aber wörtlich sagen, wenn ich vorhin erklärt habe, daß ich glaube, daß wir dem Vorschlag des Herrn Präsidenten zustimmen könnten, daß das dann so gemeint war, daß dieser Vorschlag die niederländische Reserve ersetzt. Ich bin nicht in der Lage, heute zu erklären, daß ich dieser Reserve zustimme. Wenn die Reserve aufrechterhalten bleibt, muß ich mir für diesen Fall die Stellungnahme meiner Regierung zum Kompromißvorschlag vorbehalten.

Anschließend Diskussion über die Frage der Wiedervereinigung Deutschlands (s. Sonderprotokoll[5]).

Punkt 7 der Tagesordnung.[6]

Außenminister *Schuman* nimmt Stellung zu diesem Punkt der Tagesordnung.

Staatssekretär *Hallstein*: Die Frage ist in dem Text des Art. 46, wenn ich recht unterrichtet bin, so formuliert, daß hinter dem Wort „der Rat entscheidet darüber" offen ist „statuant à". Ich schlage vor zu streichen „statuant à". Dann ergibt sich von selbst, daß diese Entscheidung mit einfacher Mehrheit ergeht. Das entspricht den Regeln, die der Vertrag selber aufstellt und die ganz allgemein in Vertragsregelungen dieser Art gelten. Ich sehe keine Gründe gegen diese Lösung. Wenn dem gefolgt wird, so würde ich bereit sein, den Änderungsvorschlag[7], der von deutscher Seite gemacht worden ist, und der, wie ich hoffe, verteilt worden ist, fallen zu lassen.

Diskussion.

5 Vgl. Dok. 142.

6 Punkt 7 der Tagesordnung: „Gemeinsame Sitzungen des Rates der Gemeinschaft und des Rates der Nordatlantikpakt-Organisation – Artikel 46 – Frage ist durch die Minister zu klären." Vgl. B 10 (Abteilung 2), Bd. 1043.
Artikel 46 des Entwurfs für den EVG-Vertrag (Fassung vom 19. Mai 1952): „1) Der Rat entscheidet darüber, ob eine gemeinsame Sitzung des Atlantikpaktrates und des Rates der Gemeinschaft beantragt werden soll. 2) Die Beschlüsse, welche einstimmig im Verlaufe der gemeinsamen Sitzungen der beiden Räte getroffen werden, sind für die Organe der Gemeinschaft bindend." Vgl. B 10 (Abteilung 2), Bd. 1043.

7 Undatierter Entwurf der Delegation der Bundesrepublik für Artikel 46 des EVG-Vertrages: „1) Der Rat beschließt mit einfacher Mehrheit, ob es geboten ist, eine gemeinsame Sitzung mit dem Rat des Nordatlantikpakt-Vertrages zu beantragen. Er ist gehalten, diesen Antrag jedesmal dann zu stellen, wenn Fragen auftreten, die wesentliche Belange der Gemeinschaft oder einer ihrer Mitgliedstaaten betreffen oder die nicht auf dem Wege einer einfachen Beratung geregelt werden können. 2) Die im Verlauf der gemeinsamen Sitzungen des Nordatlantikpakt-Rates und des Rates der Gemeinschaft einstimmig gefaßten Beschlüsse sind für die Organe der Gemeinschaft bindend." Vgl. B 10 (Abteilung 2), Bd. 1043.

Außenminister *Schuman*: Wir könnten vielleicht in besonderem Text sagen: der Rat, der hierüber mit der Mehrheit (oder mit absoluter Mehrheit) der teilnehmenden Regierungen oder Staaten beschließt, entscheidet darüber.

Staatssekretär *Hallstein*: Dann führen wir eine neue Mehrheitsregelung ein. Ich sehe keine Gründe dafür.

Unterstellen wir, Sie haben es selbst getan, Herr Präsident, es käme zu einer Stimmenwägung in bestimmten Fällen, so sehe ich keinen Grund, in diesem Falle anders zu entscheiden.

Weitere Ausführungen *Schumans* zu diesem Thema.

Staatssekretär *Hallstein*: Ich kann dem nicht folgen. Es handelt sich darum, wie stelle ich den Willen der Gemeinschaft als ihren Willen fest. Das ist eine Frage der inneren Ordnung der Gemeinschaft. Es muß innerhalb der Gemeinschaft zu einer genügend gewichtigen Willensentscheidung kommen, die eine Handlung der Gemeinschaft begründet. Es gibt auch keine Wägung aus dem Verhältnis zu der anderen, zu dem Partner dieser Erklärung, also NATO. Wenn überhaupt eine Stimmenwägung stattfindet, dann gilt sie auch für die Frage, ob ein genügendes Interesse der Gemeinschaft besteht.

Nach erneuter Diskussion wird beschlossen, „statuant à“ zu streichen. Der deutsche Vorschlag wird zurückgezogen.

Punkt 8 (Art. 106) der Tagesordnung.[8]

Alphand schlägt vor, die Frage bis zum Erhalt der notwendigen Angaben aus Bonn vorzubehalten.

Staatssekretär *Hallstein*: Ich wollte, wenn Sie erlauben, Herrn Alphand etwas fragen. Mir sind die Verhandlungen fremd. Die Liste muß bis zur Unterzeichnung ja fertig sein. Dieser Kreis muß doch wohl darüber befinden, in welcher Form die Liste akzeptiert werden soll. Ich könnte einige tatsächliche Aufklärungen über den Stand der Dinge in Bonn geben, wenn das gewünscht wird.

In Bonn liegt es so: Zunächst einmal bezüglich des Punktes 1 C, das ist die Frage der Atomenergie, die sich konzentriert hat auf gewisse technische Probleme, die ich hier nicht wiederhole, weil ich nichts davon verstehe. In Bonn ist der Bundeskanzler mit den Hohen Kommissaren zum Teil einig geworden[9], und so muß ich die Mitteilung von Herrn Alphand ergänzen. Man hat von deutscher Seite materiell den Wünschen, die die drei Hohen Kommissare im Namen ihrer Regierung ausgesprochen haben, entsprochen. Der Bundeskanzler hat aber daran die Bedingung geknüpft, daß die Revisionsfrist für diesen Punkt

8 Punkt 8 der Tagesordnung: „Anlage II zu Artikel 106 betr. Rüstung.“ Vgl. B 10 (Abteilung 2), Bd. 1043.
Anlage II zu Artikel 106 des Entwurfs für den EVG-Vertrag (Fassung vom 19. Mai 1952) enthielt eine Definition von Waffen, deren Herstellung in der Bundesrepublik vom Kommissariat der EVG nur nach einstimmigem Beschluß des Rates genehmigt werden durfte. Dazu gehörten Atomwaffen, chemische und biologische Waffen, weittragende und gelenkte Geschosse sowie Influenzminen, Kriegsschiffe und Militärflugzeuge. Vgl. dazu B 10 (Abteilung 2), Bd. 1043.

9 In der Besprechung am 15./16. Mai 1952 einigten sich Bundeskanzler Adenauer und die Hohen Kommissare François-Poncet (Frankreich), Kirkpatrick (Großbritannien) und McCloy (USA) darauf, daß der Bundesrepublik ein Atombrenner von 1,5 Megawatt sowie der Erwerb von 30 Tonnen Uranerzen im ersten und jährlich 9 Tonnen in den folgenden Jahren genehmigt werden sollten. Nach drei Jahren sollte über eine Revision dieser Regelung verhandelt werden. Vgl. dazu AAPD, Hohe Kommissare 1952, S. 227.

von drei Jahren auf 18 Monate herabgesetzt werden soll. Der amerikanische Hohe Kommissar hat dem noch nicht entsprechen können und hat vorgeschlagen, daß diese Frage auf der Sitzung der Außenminister, d.h. auf der Bonner Sitzung[10], entschieden werden soll. Das würde für uns hier bedeuten, daß diese Konferenz, wenn sie es wünscht, erklären müßte, daß sie die dortige Lösung in der Revisionsfrage akzeptiert. Soviel zu diesem Punkt. – In der zweiten Frage, nämlich der der Punkte 4 A und B der Liste 2[11], ist noch keine Einigung in Bonn erzielt, und man hat sich so aus der Affäre gezogen wie in einem anderen Falle. Man hat sie uns vorgelegt.

Schuman: Dann müssen wir das Problem näher betrachten.

Staatssekretär *Hallstein*: Es handelt sich um folgendes Problem: (4 A und B) Es ist unsere Auffassung, daß von dieser Aufführung der Waffen in der Liste 2 ausgenommen werden sollen: gesteuerte Flak- und Panzerabwehr-Raketen. Es handelt sich um ausgesprochene und reine Verteidigungswaffen, die nach unserer Auffassung nicht der Sonderbehandlung unterworfen werden sollen. Diese sollten der Regelung in Liste 1 nach unserer Auffassung unterworfen werden, d.h ihre Herstellung ist grundsätzlich verboten, aber das Kommissariat könnte Lizenzen zur Herstellung erteilen.[12] – Ich fühle mich außerstande, hier über diese Dinge zu sprechen.

Schuman fühlt sich in derselben Lage.

Staatssekretär *Hallstein*: Wir müssen also einen Modus des Verfahrens finden, durch das Sachverständnis unserer Mitarbeiter ein Urteil. Ich würde vorschlagen, daß vielleicht ein Unterkomitee, vielleicht das Militärkomitee oder der Lenkungsausschuß, sich mit der Frage beschäftigt. Der kürzeste Modus ist wahrscheinlich der der Befassung des Lenkungsausschusses unter Zuziehung der militärischen Sachverständigen.

Schuman stellt Frage, ob die Angelegenheit nicht von den vier Ministern in Bonn behandelt werden sollte.

[10] Bundeskanzler Adenauer und die Außenminister Acheson (USA), Eden (Großbritannien) und Schuman (Frankreich) trafen vom 24. bis 26. Mai 1952 in Bonn anläßlich der Unterzeichnung des Generalvertrages zusammen. Vgl. dazu Dok. 148.

[11] Ziffer IV der Anlage II zu Artikel 106 des Entwurfs für den EVG-Vertrag (Fassung vom 19. Mai 1952): „a) Mit der unter d) gemachten Einschränkung gelten als weittragende Geschosse und gelenkte Geschosse [...] Geschosse, die so beschaffen sind, daß die Geschwindigkeit oder die Bewegungsrichtung nach dem Augenblick des Abschusses durch eine Vorrichtung oder einen Mechanismus innerhalb oder außerhalb des Geschosses beeinflußt werden kann. Hierin sind die Waffen der V-Bauart, die während des letzten Krieges entwickelt wurden, und ihre weiteren Abwandlungen eingeschlossen. Die Verbrennung wird als ein Mechanismus betrachtet, der in der Lage ist, die Geschwindigkeit zu beeinflussen. b) Mit der unter d) gemachten Einschränkung gelten als Influenzminen solche Seeminen, deren Explosion selbsttätig durch allein von außen kommende Einflüsse ausgelöst werden kann. Hierin sind Influenzminen, die während des letzten Krieges entwickelt wurden, und ihre weiteren Abwandlungen eingeschlossen. [...] d) Von diesen Definitionen sollen ausgenommen sein Annäherungszünder (Zielsuchköpfe und gelenkte Geschosse für Tank- und Luftabwehr – deutscher Vorschlag –)." Vgl. B 10 (Abteilung 2), Bd. 1043.

[12] Anlage I zu Artikel 107 des EVG-Vertrages vom 27. Mai 1952 enthielt eine Liste mit Rüstungsmaterial, dessen Herstellung gemäß Artikel 107, Paragraphen 1 und 2, verboten war. Paragraph 2 sah zugleich vor, daß Anlage I „auf Initiative des Kommissariats oder eines Mitgliedes des Rates mit Zustimmung einer Zweidrittel-Mehrheit des Rates geändert werden" könne. Für den Wortlaut vgl. BUNDESGESETZBLATT 1954, Teil II, S. 371–373.

Staatssekretär *Hallstein*: Ich persönlich sehe keine Bedenken, es an die Minister wieder zurückzugeben. Nur es bedeutet natürlich, daß wir für diesen Vertrag hier damit einem anderen Gremium die Macht erteilen, einen Teil unseres Vertrages zu formulieren. Wenn man das will, ich persönlich habe nichts dagegen, daß dies in Bonn behandelt wird.

Frage wird vorläufig vorbehalten.

Pause.

Punkt 9 der Tagesordnung.[13]

Die einzelnen Minister werden um ihre Stellungnahme gebeten.

Staatssekretär *Hallstein*: Ich habe nur eine Bemerkung zu machen, die wohl nur redaktionellen Charakter hat. Es sollte die neue Formulierung, die uns gestern vorgelegt war, von der alten sich nur dadurch unterscheiden, daß das „notamment" gestrichen wurde. Es ist aber in der neuen Fassung auch weggefallen die Beschränkung internationaler Missionen auf das Gebiet außerhalb des Vertragsgebietes. Ich nehme an, daß dies nur ein Versehen ist und daß das noch hinzugefügt wird. Ich muß also die Fassung so lesen, wenn ich recht habe: (verliest den Wortlaut).

Schuman: In unserem Vorschlag hat es zwei Texte: Artikel 10, gegenwärtige Lage, und einen neuen Text für zukünftige Lage.

Staatssekretär *Hallstein*: Dann würde also meine Anregung für den neuen Artikel gelten, für den ich mir aber im übrigen die Stellungnahme noch vorbehalten muß.

Diskussion.

Schuman verliest den Text von Art. 10, der angenommen wird.[14]

Staatssekretär *Hallstein*: Soll jetzt über den neuen Artikel gesprochen werden?

Schuman: Ja, über den alten wir einig.

13 Zu Punkt 9 der Tagesordnung vgl. Dok. 140, Anm. 5.

14 Artikel 10 des EVG-Vertrages vom 27. Mai 1952: „1) Die Mitgliedstaaten können nationale Streitkräfte zur Verwendung in außereuropäischen Gebieten, für die sie die Verteidigungspflicht übernommen haben, rekrutieren und unterhalten; das gleiche gilt für die Einheiten, die im Mutterland zur Ergänzung und Ablösung dieser Streitkräfte erforderlich sind. 2) Die Mitgliedstaaten dürfen ferner zur Durchführung zwischenstaatlicher Aufgaben, die sie in Berlin, in Österreich oder gemäß Entscheidungen der Vereinten Nationen übernommen haben, nationale Streitkräfte rekrutieren und unterhalten. Nach Beendigung dieser Aufgaben werden diese Truppen aufgelöst oder der Gemeinschaft zur Verfügung gestellt. [...] 4) Die Mitgliedstaaten können nationale Seestreitkräfte unterhalten, und zwar einerseits zum Schutz der nichteuropäischen Gebiete, für die sie die in Paragraph 1 genannte Verteidigungspflicht übernommen haben, sowie zum Schutz der Verbindungen mit und zwischen diesen Gebieten, andererseits zur Erfüllung ihrer Verpflichtungen aus den in Paragraph 2 genannten zwischenstaatlichen Aufgaben und aus Abmachungen, die vor Inkrafttreten dieses Vertrages im Rahmen des Nordatlantikpaktes getroffen worden sind. 5) Die Gesamtstärke der genannten nationalen Streitkräfte darf einschließlich der Ersatzeinheiten keinen solchen Umfang annehmen, daß der durch Regierungsabkommen der Mitgliedstaaten festgelegte Beitrag der Mitgliedstaaten zu den Europäischen Verteidigungsstreitkräften beeinträchtigt wird. Die Mitgliedstaaten können Einzelpersonen zwischen den den Europäischen Verteidigungsstreitkräften zur Verfügung gestellten Kontingenten und den Streitkräften, die diesen nicht angehören, austauschen; doch darf sich daraus keine Verringerung der Europäischen Verteidigungsstreitkräfte ergeben." Vgl. BUNDESGESETZBLATT 1954, Teil II, S. 347 f.

Staatssekretär *Hallstein*: Ich habe gewisse Zweifel, ob der Weg, der mit dem neuen Artikelvorschlag beschritten ist, ein guter Weg ist. Jedenfalls, wenn man es in die Hand jeder einzelnen Regierung stellt, zusammen mit einem Auftrag der Vereinten Nationen und dem Einverständnis des NATO-Oberbefehlshabers, die EVG zu schwächen. Darauf läuft es ja hinaus, denn es kann, ohne daß alle Mitglieder der Verteidigungsgemeinschaft zustimmen, ein Teil ihrer militärischen Kraft herausgenommen und für internationale Aufgaben verwendet werden. Ich wiederhole: Ich habe Bedenken gegen eine solche Lösung. Wir haben das Problem des Einsatzes von Verteidigungsstreitkräften für Zwecke, die nicht Zwecke der gesamten Gemeinschaft sind, ja an einigen Stellen des Vertrags bereits gelöst, für den Notstandscharakter insbesondere.[15] Ich meine, daß diese Lösung doch zuwiderläuft dem Gedanken, daß die europäischen Verteidigungskräfte dazu da sind, in erster Linie die europäische Verteidigung zu garantieren. Das ist das Motiv, aus dem heraus sie auf Souveränitätsrechte verzichten. Wenn das so ist, müßte man für die Herauslösung von Kontingenten die Zustimmung aller Länder fordern, und deshalb würde mein praktischer Vorschlag darauf hinauslaufen, am Ende des ersten Satzes nicht zu sagen: „le Conseil informé", sondern zu sagen „mit Zustimmung des Rates, der einstimmig darüber beschließt". Darf ich noch mit ein paar Sätzen meinen Gedanken erläutern. Die bisherigen Möglichkeiten, Kontingente der Verteidigungsgemeinschaft zu entziehen, sind geregelt in Art. 12 und 13. 12 ist der Fall, daß innerhalb eines Mitgliedstaates schwere Störungen oder Gefahr schwerer Störungen entstehen. Das sind Dinge, die die Existenz dieses Staates selbst berühren. Natürlich ist es auch im Interesse der Gemeinschaft, daß die Mitglieder gesund und lebendig bleiben. 13 ist schon problematisch, und ich gestehe, daß wir Art. 13 nur mit Widerstreben zugestanden haben. Wir haben uns schließlich dabei beruhigt, daß wir die Staaten so, wie sie sind, also auch im Verfassungsmäßigen fortsetzen. Beiden Fällen ist aber gemeinsam, daß die Notwendigkeit, diese Kräfte einzusetzen, von außen kommt, d.h. ohne den Willen des Mitgliedstaates an ihn herantritt. Wenn wir jetzt dem gemachten Vorschlag folgen, gehen wir weit über diese Grenzen hinaus. Wir lassen das Abziehen von Kräften auch zu in Fällen, wo der Staat nur freiwillig eine Mission übernommen hat auf Grund seines Mitgliedsverhältnisses, und es handelt sich um ein Territorium, das nicht

15 Artikel 12 des EVG-Vertrages vom 27. Mai 1952: „1) Bei bestehenden oder drohenden Unruhen im europäischen Gebiet eines Mitgliedstaates wird diesem auf seinen Antrag vom Kommissariat der Teil seiner zu den Europäischen Verteidigungsstreitkräften beigesteuerten Kontingente zur Verfügung gestellt, der erforderlich ist, um der Lage zu begegnen; der Rat wird unterrichtet. [...] 2) Falls Katastrophen oder Notstände eine sofortige Hilfe erforderlich machen, haben die zu wirksamem Einschreiten fähigen Einheiten der Europäischen Verteidigungsstreitkräfte, gleich welchen Ursprunges, ihre Mithilfe zur Verfügung zu stellen." Vgl. BUNDESGESETZBLATT 1954, Teil II, S. 348. Artikel 13 des EVG-Vertrages vom 27. Mai 1952: „Bei einer schweren Krise in einem außereuropäischen Gebiet, für das ein Mitgliedstaat die Verteidigungspflicht übernommen hat, wird diesem Mitgliedstaat auf seinen Antrag vom Kommissariat mit Zustimmung des zuständigen Oberbefehlshabers der Nordatlantikpakt-Organisation der Teil seiner zu den Europäischen Verteidigungsstreitkräften beigesteuerten Kontingente zur Verfügung gestellt, der erforderlich ist, um der Krise zu begegnen; der Rat wird unterrichtet. Die so abgestellten Kontingente unterstehen nicht mehr der Gemeinschaft, bis sie ihr, sobald ihr Einsatz nicht mehr erforderlich ist, wieder zur Verfügung gestellt werden. Die militärischen, wirtschaftlichen und finanziellen Auswirkungen des oben bezeichneten Abzugs werden in jedem einzelnen Fall vom Kommissariat geprüft und mit Zustimmung einer Zweidrittel-Mehrheit des Rates geregelt." Vgl. BUNDESGESETZBLATT 1954, Teil II, S. 348.

zum Staatsgebiet oder Protektoratsgebiet gehört, sondern um ein fernes Land. Ich will damit nicht sagen, daß die Vergebung von EVG-Kräften für solche Fälle ausgeschlossen werden soll, im Gegenteil. Ich finde nur, nachdem die Kräfte in einen gemeinsamen Topf geworfen wurden, daß daraus die Konsequenz gezogen werden muß, daß solche Aufgaben nur gemeinsam übernommen werden können, das heißt, daß alle Mitglieder der Gemeinschaft zustimmen.

Noch eine letzte Überlegung: Wir haben im Art. 122 den Fall, wo europäische Kräfte zur Verfügung gestellt werden für einen Zweck, der nicht der unmittelbaren Verteidigung unserer Zwecke dient.[16] Auch dort fordern wir Einstimmigkeit. Wenn wir sie dort fordern, und dort handelt es sich um „nécessités graves et urgentes", so müssen wir sie auch fordern in einem Falle, wo wir Truppen der Verteidigungsgemeinschaft einsetzen, der individuell betont ist.

Allgemeine Diskussion.

Schuman schlägt vor: sauf avis contraire, émis par le Conseil.

Staatssekretär *Hallstein*: Entschuldigung, wenn ich Sie unterbreche. Es wäre nur eine Minderheit. Eine Minderheit würde genügen...[17]

Schuman macht neuen Vorschlag: „mit Zustimmung des Ministerrats, der mit Mehrheit beschießt".

Staatssekretär *Hallstein*: Ich habe Bedenken.

Schuman: Es wird versucht werden, einen Text abzufassen, der überzeugend ist.

Punkt 10 der Tagesordnung (Art. 30).[18]

Die französischen Bedenken werden von General de Larminat vorgetragen.

Staatssekretär *Hallstein*: Herr Präsident, offen gestanden, ich bin nicht ganz vorbereitet auf den Vorschlag, und ich habe etwas Schwierigkeiten, ihn so schnell zu verarbeiten. Wenn Sie uns etwas Zeit ließen, darüber nachzudenken, so könnte ich vielleicht morgen eine Erklärung dazu geben. Wir hatten uns selber auch etwas überlegt, das aber nicht identisch ist mit dem, was General de Larminat vorgeschlagen hat. Ich weiß nicht, ob es einen Sinn hat, es jetzt noch vorzutragen. Ich möchte es mir lieber überlegen. Könnten wir vielleicht den Text bekommen?

Schuman gibt noch einige Erläuterungen zu diesem Punkt. Er soll später wieder aufgegriffen werden.

[16] Für den Wortlaut des Artikels 122 des Entwurfs für den EVG-Vertrag (Fassung vom 9. Mai 1952) vgl. VS-Bd. 6886 (Abteilung 3).

[17] Auslassung in der Vorlage.

[18] Punkt 10 der Tagesordnung: „Verleihung der Dienstgrade – Artikel 30, Paragraphen 1 und 2 (französische Delegation)." Vgl. B 10 (Abteilung 2), Bd. 1043.
Artikel 30 des Entwurfs für den EVG-Vertrag (Fassung vom 19. Mai 1952): „1) Die höheren Dienstgrade als die des Kommandeurs einer national homogenen Grundeinheit werden durch Entscheidung des Kommissariats mit einstimmiger Zustimmung des Rates verliehen. 2) Einstweilig werden die Dienstgrade in den national homogenen Einheiten der Europäischen Verteidigungsstreitkräfte je nach Belieben der einzelnen Mitgliedstaaten: entweder auf Vorschlag der zuständigen nationalen oder europäischen Behörden durch Beschluß des Kommissariats oder auf Vorschlag des Kommissariats von den zuständigen nationalen Behörden verliehen. [...]" Vgl. B 10 (Abteilung 2), Bd. 1043.

Punkt 11 der Tagesordnung (Art. 120).[19]

Schuman verliest einen von Prof. Ophüls ausgearbeiteten Vorschlag (Ziffer 2 wurde von deutscher Seite hinzugefügt).[20]

Staatssekretär *Hallstein*: Die Anregung geht zurück auf eine Lösung, die sich im Schuman-Plan findet, und wir haben das Gefühl, wo eine Analogie gegeben ist, und wir glauben, hier ist eine, daß man sich der Lösungen bedienen solle, die im Schuman-Plan schon entwickelt sind. Im Schuman-Plan haben wir in Kapitel X (Handelspolitik): Durch den Beitritt zu der Organisation des Schuman-Plans entstehen bestimmte Folgen für die Handelspolitik der Länder, d.h. bestimmte Folgen für die Art, wie sie ihre Handelsverträge schließen. Diese dürfen nicht im Widerspruch mit den Bindungen stehen, die sich aus dem Schuman-Plan ergeben. Diesen Gedanken haben wir fortgeführt, indem wir sagten, es genügt nicht die Verpflichtung, sondern man sollte möglichst schon in den Fällen, die zu einer Diskussion Anlaß geben, die Mitgliedstaaten verpflichten, einander oder die Organe des Schuman-Plans über das, was vorgeht, zu informieren. Die Bestimmung, die wir im Auge haben, ist Art. 75 des Schuman-Plans.[21] Er besagt: (verliest Text). Nachdem im Text des Vertrages über die Verteidigungsgemeinschaft vorgesehen ist, daß die Mitgliedstaaten sich verpflichten, keine Bindungen einzugehen, die im Widerspruch zu ihren Aufgaben stehen, scheint es mir nötig zu sein, daß man in Fällen, die Anlaß zur Diskussion geben können, eine entsprechende Informationspflicht schafft. Das ist das Wesentliche des deutschen Vorschlags: Absatz 2, Satz 1, Verpflichtung, das Kommissariat unmittelbar auf dem laufenden zu halten. Der Rest von Absatz 2 ist eine Interpretierung des Gedankens von Satz 1 ins Technische.

Diskussion.

Staatssekretär *Hallstein*: Die Idee war, es gerade nicht auf diese regressiven Sicherungen ankommen zu lassen, sondern präventive Sicherungen zu schaffen. Es war der Gedanke, daß es der Atmosphäre der Gemeinschaft nicht dienlich

19 Punkt 11 der Tagesordnung: „Pläne für internationale Verpflichtungen – Artikel 120 (deutsche Delegation)." Vgl. B 10 (Abteilung 2), Bd. 1043.
Artikel 120 des Entwurfs für den EVG-Vertrag (Fassung vom 19. Mai 1952): „Die Mitgliedstaaten verpflichten sich, keine im Widerspruch zu diesem Vertrag stehende internationale Verpflichtung einzugehen." Vgl. B 10 (Abteilung 2), Bd. 1043.

20 Undatierter Entwurf der Delegation der Bundesrepublik für Artikel 120 des EVG-Vertrages: „1) Die Mitgliedstaaten verpflichten sich, keine zu diesem Vertrag in Widerspruch stehende internationale Verbindlichkeit einzugehen. 2) Sie halten das Kommissariat und den Rat über die geplanten internationalen Verbindlichkeiten, soweit diese die Gemeinschaft berühren, auf dem laufenden. Falls ein Entwurf für eine derartige Verpflichtung Klauseln enthält, die der Anwendung dieses Vertrages entgegenstehen, richtet das Kommissariat innerhalb von zehn Tagen nach Erhalt der ihm gemachten Mitteilung die notwendigen Empfehlungen an den betreffenden Staat; in jedem anderen Falle kann er seine Stellungnahme abgeben." Vgl. B 10 (Abteilung 2), Bd. 1043.

21 Artikel 75 des EGKS-Vertrages vom 18. April 1951: „Die Mitgliedstaaten verpflichten sich, die Hohe Behörde über Entwürfe von Handelsabkommen oder Abmachungen gleicher Wirkung insoweit auf dem laufenden zu halten, als diese Kohle und Stahl oder die Einfuhr anderer Rohstoffe und von Spezialausrüstungen betreffen, die für die Kohle- und Stahlerzeugung in den Mitgliedstaaten erforderlich sind. Enthält der Entwurf für ein Abkommen oder eine Abmachung Klauseln, welche der Anwendung dieses Vertrages entgegenstehen, so richtet die Hohe Behörde an den beteiligten Staat innerhalb einer Frist von zehn Tagen nach Eingang der an sie erfolgten Mitteilung die erforderlichen Empfehlungen; sie kann in jedem anderen Falle Stellungnahmen abgeben." Vgl. BUNDESGESETZBLATT 1952, Teil II, S. 471.

ist, die Dinge sich entwickeln zu lassen bis zu einem Prozeß ...[22] Ich möchte Minister Stikker eines zugeben, daß man vielleicht in der Ausarbeitung der Konsequenzen dieser Informationspflicht etwas zu genau gewesen ist. Ich weiß nicht, ob ich alle Bedenken von Herrn Stikker ausräume, wenn ich sage, das Gewicht unseres Vorschlages liegt nicht so sehr im zweiten Satz, sondern das Gewicht des Vorschlages liegt in der Konsultationspflicht im ersten Satz. Es mag sein, daß wir nicht ganz deutlich definiert haben, welches der Tatbestand der Verpflichtung ist. Es kann auch sein, daß es eine schlechte Übersetzung ins Französische ist, und ich bitte, es uns zu verzeihen. Ich habe keine große Schwierigkeit, ein Beispiel zu nennen, nachdem wir die Diskussion hatten über die Möglichkeit internationaler Verpflichtungen zur Zurverfügungstellung gewisser Kontingente außerhalb der Gemeinschaft. Das wäre ein solcher Fall. Wenn wir dort zu einer allgemeinen Klausel kämen, würde die Übernahme einer solchen Verpflichtung ein Fall sein, von dem wir denken würden, es entspricht dem guten Geiste der Partnerschaft in diesem Vertrag, daß man sich vorher darüber unterhält. Wenn es die Bedenken von Herrn Stikker befriedigt, bin ich bereit, den Satz 2 des Absatzes 2 fallen zu lassen und Satz 1 etwas schärfer zu fassen.

Schuman spricht sich gegen den Vorschlag und auch gegen die abgeschwächte Form aus. *Van Zeeland* schließt sich der Ansicht von Stikker an.

Staatssekretär *Hallstein*: Wir waren vielleicht zu stürmische Europäer gewesen. Ich will nicht insistieren. Aber ich glaube, ich habe einen Punkt gut für die Zukunft.

Punkt 12 der Tagesordnung.[23]

Außenminister *Schuman* verliest den inzwischen verteilten neuen Text und macht auf die Änderungen aufmerksam.

Der Text wird angenommen.[24]

Punkt 13 der Tagesordnung.[25]

Minister *Stikker* macht längere Ausführungen zum niederländischen Vorbehalt.

Diskussion.

Staatssekretär *Hallstein*: Kommt es überhaupt auf die Frage an, die Herr Kollege Taviani aufgeworfen hat? Da es auf das nationale Konto geht, ist es abzugsfähig nach NATO-Regeln. Also die Gemeinschaft trägt es so oder so.

22 Auslassung in der Vorlage.

23 Zu Punkt 12 der Tagesordnung vgl. Dok. 140, Anm. 20.

24 Fünfter Titel, Artikel 28 des Militärprotokolls vom 27. Mai 1952: „1) Jeder Angehörige der Europäischen Verteidigungsstreitkräfte verwendet seine Muttersprache, vorbehaltlich der Bestimmungen dieses Titels. 2) Um innerhalb der Gemeinschaft das Studium der verschiedenen Nationalsprachen der Mitgliedstaaten zu fördern, werden nach Bestimmungen, die bei der Prüfung des Programms für die europäischen Schulen festzulegen sind, entsprechende Maßnahmen getroffen werden. 3) Soweit sich aus praktischen Notwendigkeiten die Kenntnis einer gemeinsamen Hilfssprache als erforderlich erweist, wird nach Bestimmungen, die vom Kommissariat mit einstimmiger Zustimmung des Rates festzulegen sind, in den Ausbildungsschulen ein solcher Sprachunterricht erteilt werden." Vgl. BUNDESGESETZBLATT 1954, Teil II, S. 389 f.

25 Punkt 13 der Tagesordnung: „Pensionen – Spezialakkord über Besoldung und Pensionen (niederländische Delegation)." Vgl. B 10 (Abteilung 2), Bd. 1043.

Schuman: Herr Taviani will nicht wissen, wer zahlt, sondern wieviel gezahlt wird, damit in jedem Land jeder das gleiche bekommt.

Diskussion.

Schuman macht zuletzt einen Vorschlag für eine provisorische Regelung (un régime particulier s'inspirant du principe de l'identité des droits en matière de pension tant que nécessaire), der Zustimmung findet.[26]

Ende der Sitzung: 20.30 Uhr.

VS-Bd. 53 (Büro Staatssekretär)

142

Außenministerkonferenz über eine Europäische Verteidigungsgemeinschaft in Paris

20. Mai 1952[1]

Außenminister *Schuman* greift im Zusammenhang mit Punkt 6 der Tagesordnung[2] folgende andere wichtige Frage auf: Was wird aus dem Vertrag an dem Tage, da es wieder ein geeintes Deutschland gibt?

Er führt dazu aus: Ich möchte eine Frage ansprechen, die von großer Bedeutung ist und besonders schwerwiegend im Zusammenhang mit diesem Vertragswerk. Ich glaube, man würde es nicht verstehen, wenn diese Frage unerwähnt bliebe. Es handelt sich um die Frage, was geschieht mit dem Vertragswerk, wenn die Vereinheitlichung Deutschlands durchgeführt wird. Was geschieht an dem Tage, an dem eine gemeinsame deutsche Regierung gebildet wird? Auch dieser Punkt birgt eine gewisse Unsicherheit in sich, die nicht von vornherein in Texten festzulegen ist. Für uns ist die Frage die: Wenn nach Inkrafttreten des Vertrages eine einheitliche deutsche Regierung die Gewalt in Deutschland übernimmt, dann müssen wir gemeinsam einen Beschluß fassen, ob das Gebiet von Ostdeutschland in das Verteidigungsgebiet einbezogen wird, welche Übergangslösungen getroffen werden müssen, und wir müssen diese aufeinander abstimmen. Ein Meinungsaustausch darüber hat schon stattgefunden, aber es sind Unsicherheiten vorhanden. Die sechs Regierungen werden sich, wenn erforderlich, zusammensetzen und sich bemühen müssen, Lösungen zu finden. Im politischen Leben befinden wir uns jeweils in Ungewißheit einer neuen Gege-

26 Artikel 9, Absatz 1 des Protokolls vom 27. Mai 1952 über die Besoldungsgrundlagen des Militär- und Zivilpersonals der Gemeinschaft und über dessen Ruhegehaltsansprüche: „Eine Vorschrift der Europäischen Verteidigungsgemeinschaft über die Ruhegehaltsordnung, die auf die Anwendung des Grundsatzes der Gleichheit der Ansprüche auf Ruhegehälter abzielt, wird vom Kommissariate mit einstimmiger Zustimmung des Rates abgefaßt werden.“ Vgl. BUNDESGESETZBLATT 1954, Teil II, S. 407.

1 Durchdruck.

2 Zu Punkt 6 der Tagesordnung vgl. Dok. 141, Anm. 2.

benheit gegenüber. Nicht daß wir dann alles von vorn anfangen wollen, nein, aber wir müssen uns an die neue Lage anpassen. So verstehe ich die Formel: „sie werden sich ins Benehmen setzen über die zu ergreifenden Maßnahmen" und lege erneut Wert auf sie. Ich entschuldige mich, dieses Problem aufgegriffen zu haben, aber es ist ein Problem unserer Gemeinschaft, und es muß untersucht werden. Wir haben im Augenblick weder die Absicht noch die Möglichkeit, eine Stellungnahme im einzelnen festzulegen. Wir haben nur die Möglichkeit, denen, die nach uns kommen werden und die Verantwortung tragen werden, Vertrauen zu schenken.

Staatssekretär *Hallstein*: Da die Frage aufgeworfen worden ist, was wird, wenn Deutschland wieder vereint ist, möchte ich nur sagen, daß ich, wenn ich den Ausführungen des Herrn Präsidenten nichts entgegne, das nicht so zu verstehen bitte, als ob ich ihnen in allem und im einzelnen zustimme. Es gibt noch andere Möglichkeiten der Auffassung. Ich möchte die Diskussion jetzt nicht aufnehmen. Ich möchte nur nicht, daß aus meinem Schweigen irgendwelche Folgerungen gezogen werden.

Außenminister *Schuman*: Ohne hierüber in eine Diskussion eintreten zu wollen, möchte ich mir erlauben, Herrn Hallstein zu sagen, daß trotzdem in einem Punkte kein Zweifel zwischen uns herrschen darf. Wir werden bei der Ratifizierung von den Parlamenten dazu befragt werden, was eintritt, wenn durch die Fortsetzung der Verhandlungen über die Vereinigung Deutschlands eine Lage geschaffen werden kann, die nach Inkrafttreten der Verteidigungsgemeinschaft eines Tages eine einheitliche deutsche Regierung als Nachfolge der Bundesregierung herstellen wird. Art. 128[3] ist in diesem Falle anwendbar. Es ist der einzige Artikel, der eine Auslegung dieses Falles vorsieht. Ich glaube aber nicht, daß die Bundesregierung sich einer solchen Formulierung anschließen würde, und ich glaube auch nicht, daß die französische Regierung diese Formel wählen würde. Eine weitere Möglichkeit ist die einer Ausdehnung des gegenwärtigen Gebietes unter Zunahme eines neuen Gebietes. Ich glaube, das wäre eine die Frage sehr erleichternde Lösung. Die dritte Möglichkeit wäre die einer Fusion von Gebieten zu einer Gesamtheit. Auf jeden Fall muß das Einverständnis der sechs Signatarstaaten herbeigeführt und die Lage gemeinsam geregelt werden. Man kann nicht daran denken, daß den anderen Unterzeichnerstaaten die Ausdehnung des Gebietes aufgezwungen wird, ohne daß sie an der Ausarbeitung des Textes mitwirken können. Bei den Verhandlungen über den Deutschland-Vertrag in Bonn wurden Formulierungen diskutiert, und unsere Freunde hier haben das Recht, das zu wissen. Wir haben in Aussicht genommen, daß ein wiedervereinigtes Deutschland der Rechtsnachfolger der unterzeichnenden Bundesregierung sein würde.[4] Es wird kein Grund zur Auflösung oder Annullierung des Vertrages sein, nur die Angleichung an eine neue Lage wird erfor-

[3] Artikel 128 des EVG-Vertrages vom 27. Mai 1952: „Dieser Vertrag gilt für die Dauer von fünfzig Jahren vom Zeitpunkt seines Inkrafttretens an. Erlischt der Nordatlantikpakt vor der Errichtung eines europäischen Bundesstaates oder Staatenbundes oder tritt in der Zusammensetzung der Nordatlantikpaktorganisation eine wesentliche Änderung ein, so beraten die Hohen Vertragschließenden Teile gemeinsam über die so entstandene neue Lage." Vgl. BUNDESGESETZBLATT 1954, Teil II, S. 379.

[4] Zu Artikel 7, Absatz 3 des Entwurfs vom 24. April 1952 für den Generalvertrag vgl. Dok. 125, Anm. 4.

derlich sein, aber ohne daß wir uns von der Gemeinschaft, die wir aufgestellt haben, trennen könnten. Ich glaube, das ist auch Ihre Meinung. Die Debatte dürfte sehr schwierig sein und wir können sie heute nicht vorwegnehmen. Es müßte zum Ausdruck gebracht werden, daß wir uns darüber einig sind, daß sich aus einer solchen Debatte kein Grund für eine Auflösung des Vertrages ergeben darf.

Staatssekretär *Hallstein*: Ich bin sehr dankbar für diese weitere Aufklärung. Sie macht mir Ihre Auffassung klar, Herr Präsident. Wenn ich vorhin diese Bemerkung gemacht habe, so bitte ich, nicht zuviel hineinzulegen. Von dem, was Sie sagten, wird meine Regierung sehr Wesentliches ohne weiteres akzeptieren. Wir denken nicht daran, daß unsere Mitgliedschaft in der Verteidigungsgemeinschaft aufhören soll, wenn eine Wiedervereinigung Deutschlands stattfindet. Dies ist eine Punkt, der außer Diskussion steht. Ich bin auch mit Ihnen einig, daß eine Lösung auf dem Weg über Art. 128 nicht gefunden werden kann, wenn die Sowjetzone mit der Bundesrepublik vereinigt wird.

Eine andere Form ist die der Fusion. Ich weiß nicht, ob da dieselbe Lage vorliegt, aber wahrscheinlich Rechtsnachfolge. Ich weiß nicht, ob es noch andere Lösungen gibt, ich glaube nicht. Vielleicht gibt es eine solche Lösung, die ein völlig neues Staatsgebilde entstehen läßt. Halten wir uns damit nicht auf. Ich bin mit Ihnen einig, daß die Anpassung des Vertragswerkes an die neue Lage es notwendig macht, daß man darüber spricht. Das Vertragswerk kann nicht beschränkt bleiben auf einen Teil des neuen Staatsgebietes, man wird also über diese Dinge sprechen müssen. Insoweit besteht also Übereinstimmung. Ich wollte nicht, daß die Debatte so verstanden wird, als ob wir auf die Frage nicht eingehen wollten.

Außenminister *Schuman* dankt Staatssekretär Hallstein für seine Ausführungen und fügt hinzu: Ich hatte das Gefühl, wenn wir nicht darüber gesprochen hätten, hätte uns bei den Parlamentsdebatten ein Vorwurf gemacht werden können.

VS-Bd. 53 (Büro Staatssekretär)

143

Legationsrat I. Klasse Trützschler von Falkenstein an Oberst a.D. Graf von Kielmansegg, Paris

232-10 II 1588/52 geh. **21. Mai 1952**
Fernschreiben Nr. 169
Cito

Für Deutsche Delegation, Graf Kielmansegg

In den Truppenverhandlungen haben die Franzosen beantragt, daß sie auch nach Inkrafttreten des EVG-Vertrages weiterhin bestimmte Rechte aus dem Truppenvertrag für sich in Anspruch nehmen. Es handelt sich bis zum 30.6.53 u.a. um

1) Art. 15 Truppenvertrag. Organisation einschließlich wirtschaftlicher Unternehmen im Dienste der Truppen.

2) Art. 16 Verpflichtung der Bundesrepublik zu Leistungen aller Art.[1]

3) Art. 16 B Sach- und Werkleistungen, einschließlich Prioritäten hierfür.[2]

4) Art. 16 BB Bauleistungen.[3]

1 Entwurf der Drei Mächte für Artikel 16 (Fassung vom 2. Mai 1952) des Truppenvertrages: „1) Die Bundesrepublik verpflichtet sich, nach Maßgabe der Bestimmungen dieses Vertrages oder eines anderen Zusatzvertrages sicherzustellen, daß der Bedarf der Streitkräfte und ihrer Mitglieder auf den folgenden Gebieten insoweit befriedigt wird, als dies für die Erfüllung ihrer Verteidigungsaufgaben erforderlich ist: a) Liegenschaften (Artikel 16 a), b) Sach- und Werkleistungen einschließlich Leistungen der öffentlichen Versorgung (Artikel 16 b), Dienste der öffentlichen Verwaltung (Artikel 16 ee), d) Verkehrsleistungen (Artikel 16 d), e) Nachrichtenleistungen (Artikel 16 e). 2) Die Bundesrepublik trägt dafür Sorge, daß den Streitkräften im Rahmen der geltenden arbeitsrechtlichen Bestimmungen die für ihren Bedarf erforderlichen geeigneten zivilen Arbeitskräfte durch die zuständigen deutschen Stellen vermittelt werden (Artikel 16 f). 3) Die Bundesrepublik erklärt sich bereit, geeignete Maßnahmen zu ergreifen, um sicherzustellen, daß der Bedarf der Streitkräfte sowie in gleicher Weise der Bedarf anderer in Deutschland stationierter Verteidigungstruppen den Vorrang gegenüber dem Export- und Inlandsbedarf erhält, der erforderlich und angemessen ist, um eine ausreichende Deckung für die Streitkräfte zu gewährleisten." Vgl. B 10 (Abteilung 2), Bd. 1439.

2 Entwurf für Artikel 16 b (Fassung vom 14. Mai 1952) des Truppenvertrages: „1) Die Beschaffung von Sach- und Werkleistungen im Bundesgebiet für die Streitkräfte und deren Mitglieder gegen DM oder andere Währungen erfolgt im Rahmen periodischer Programme, wobei die so beschafften Mengen die in diesen Programmen festgelegten Mengen nur mit Zustimmung der deutschen Behörden um mehr als 10 v.H. übersteigen dürfen. Die periodischen Programme berücksichtigen den Bedarf an Baumaterialien, wie er in Durchführung der Bestimmungen von Artikel 16 bb dieses Vertrages entsteht. Nicht unter die Programme fallen kleinere Beschaffungen, die in Übereinstimmung mit den einschlägigen Vorschriften der Streitkräfte erfolgen. 2) Es wird ein gemeinsamer Versorgungsausschuß errichtet; er besteht aus Vertretern der Bundesrepublik und Vertretern der Drei Mächte. Die EVG kann gegebenenfalls Vertreter in den Ausschuß entsenden. Der Ausschuß ist dafür verantwortlich, daß die periodischen Programme für die Deckung des Bedarfs der Streitkräfte und der EVG, sofern diese im Ausschuß vertreten ist, im Einvernehmen aufgestellt und die Schwierigkeiten geregelt werden, die sich bei der Durchführung dieser Programme ergeben können. [...] 5) Die Behörden der beteiligten Macht sind berechtigt, im Rahmen der Bestimmungen von Absatz 1 zur Deckung des Bedarfs der Streitkräfte und deren Mitglieder Sach- und Werkleistungen unmittelbar zu beschaffen oder die deutschen Behörden zu ersuchen, solche Beschaffungen für sie durchzuführen. Die Bundesrepublik erklärt sich bereit, geeignete Maßnahmen zu ergreifen, um zu gewährleisten, daß den Anforderungen der Streitkräfte derjenige Vorrang vor dem nicht der Verteidigung dienenden Export und dem innerdeutschen Bedarf gewährt wird, der notwendig und geeignet ist, um die rechtzeitige Belieferung der Streitkräfte sicherzustellen. [...]" Vgl. B 10 (Abteilung 2), Bd. 1440.

3 Entwurf für Artikel 16 bb (Fassung vom 14. Mai 1952) des Truppenvertrages: „1) Sofern vereinbart

5) Art. 16 L Fortdauer bestehender Requisitionen.[4]

6) Art. 14 Devisenverkehr.

7) Art. 11 Inanspruchnahme von Anlagen.[5]

8) Art. 30 Befreiung von Zöllen.[6]

Fortsetzung Fußnote von Seite 410
wird, daß ein Teil des Liegenschaftsprogrammes, wie es gemäß Art. 16 a vorgelegt wird, durch Neubauten gedeckt wird, unterrichten die Behörden der Streitkräfte die deutschen Behörden in Zeitabständen, die mit der Programmaufstellung gemäß Art. 16 b abgestimmt sind, über Einzelheiten der Art, des Ausmaßes, der Lage und des geforderten Zeitpunktes der Fertigstellung für jedes einzelne Bauvorhaben und, soweit erforderlich, über ergänzende Einzelheiten und Änderungen. Die deutschen Behörden teilen den Behörden der Streitkräfte unverzüglich ihre Stellungnahme mit. Erforderlichenfalls finden gemeinsame Beratungen mit dem Ziele statt, ein Einvernehmen herbeizuführen, das den Streitkräften die Erfüllung ihrer Verteidigungsaufgabe ermöglicht. 2) Die Durchführung der Bauvorhaben, die aus dem deutschen Verteidigungsbeitrag bezahlt werden, erfolgt durch die deutschen Baubehörden gemäß den deutschen Rechtsvorschriften und den für das Bauwesen geltenden Bestimmungen. [...] Die Behörden der Streitkräfte können sich jederzeit über den Fortgang der Bauarbeiten unterrichten, die Bauunterlagen einsehen und Auskünfte verlangen. Die Behörden der Streitkräfte können zu jeder Zeit die Bauarbeiten besichtigen; sie üben jedoch die Überwachung des Bauvorhabens durch die deutschen Baubehörden aus. [...]“ Vgl. B 10 (Abteilung 2), Bd. 1440.

4 Entwurf für Artikel 16 l (Fassung vom 17. Mai 1952) des Truppenvertrages: „1) Die Bundesrepublik erläßt zur Erfüllung der von ihr in Teil II Abschnitt 3 dieses Vertrages übernommenen Verpflichtungen geeignete Gesetze über die Inanspruchnahme von Sachleistungen, die Beschaffung von Land und die Errichtung von Schutzbereichen. 2) Bis zum Inkrafttreten der in Absatz 1 genannten Bundesgesetze werden diese Verpflichtungen unter Beachtung der Bestimmungen des Grundgesetzes durch angemessene Anwendung der folgenden Gesetzesbestimmungen erfüllt, soweit sie sich auf die Inanspruchnahme von Sachleistungen die Beschaffung von Land und die Errichtung von Schutzbereichen beziehen: Gesetz [...] über die Landbeschaffung für Zwecke der Wehrmacht vom 29. März 1935 und Gesetz über die Beschränkung von Grundeigentum aus Gründen der Reichsverteidigung (Schutzbereichgesetz) vom 24. Januar 1935. Die Anwendung der in Satz 1 erwähnten Reichsgesetze erstreckt sich nicht auf die Bemessung der Vergütungs- und Entschädigungsansprüche, die gemäß Artikel 8 und 11 des Finanzvertrags erfolgt. 3) Sind Sachen, Werkleistungen oder Liegenschaften vor Inkrafttreten dieses Vertrages durch die Behörden der beteiligten Macht in Anspruch genommen worden oder zu Lasten des Besatzungskosten- oder Auftragsausgabenhaushalts zur Verfügung gestellt worden und dauert die Inanspruchnahme durch die Streitkräfte danach noch an, so gelten diese Sachen, Werkleistungen und Liegenschaften von diesem Zeitpunkt an für die Dauer eines Jahres als nach den gemäß Absatz 1 und 2 anzuwendenden Gesetzesbestimmungen unanfechtbar in Anspruch genommen. 4) Sofern die Inanspruchnahme von Sachen, Werkleistungen oder Liegenschaften für Zwecke der Streitkräfte oder ihrer Mitglieder über die in Absatz 3 genannte Frist hinaus erforderlich ist, gewährleistet die Bundesrepublik die weitere Zurverfügungstellung nach Maßgabe des Verfahrens der einschlägigen Bundesgesetze.“ Vgl. B 10 (Abteilung 2), Bd. 1440.

5 Entwurf für Artikel 11, Absatz 1 (Fassung vom 16. Mai 1952) des Truppenvertrages: „Innerhalb und über ihren Anlagen können die Behörden der Streitkräfte alle im Interesse der Durchführung ihrer Aufgabe notwendigen Maßnahmen unter der Voraussetzung treffen, daß sie die deutschen Vorschriften auf den Gebieten der öffentlichen Gesundheit und Sicherheit beachten, soweit nicht ihre eigenen Vorschriften auf diesen Gebieten gleichwertige oder höhere Anforderungen stellen. Insoweit, als ihre eigenen Vorschriften auf den Gebieten der öffentlichen Gesundheit und Sicherheit solche Anforderungen nicht vorschreiben, sowie auf anderen Gebieten, sofern nicht in diesem Vertrage oder in einem anderen einschlägigen Vertrage eine besondere Regelung getroffen worden ist, können die Behörden der Streitkräfte ihre eigenen Vorschriften unter der Voraussetzung anwenden, daß sie hiermit nicht die öffentliche Gesundheit, Sicherheit und Ordnung außerhalb der Anlagen gefährden. Sie werden die deutschen Behörden rechtzeitig davon benachrichtigen, in welchem Umfange sie von den deutschen Vorschriften auf den Gebieten der öffentlichen Gesundheit und Sicherheit abzuweichen beabsichtigen.“ Vgl. B 10 (Abteilung 2), Bd. 1440.

6 Entwurf für Artikel 30, Absatz 1 (Fassung vom 9. Mai 1952) des Truppenvertrages: „Nach Maßgabe der Bestimmungen dieses Abkommens und irgend eines sonstigen Abkommens zwischen der Bundesrepublik und den drei beteiligten Mächten und nach Maßgabe der Bestimmungen des Abkommens über die Europäische Verteidigungsgemeinschaft insoweit, als es sich um deren Mitglieder handelt, sind die Streitkräfte grundsätzlich von der deutschen Zollgesetzgebung und -kontrolle

Alle diese Punkte bedeuten eine Besserstellung gegenüber der für die übrigen EVG-Truppen getroffenen Regelung im EVG-Vertrag.

Darüber hinaus wollen die Franzosen für die gesamte Dauer des EVG-Vertrages Prioritäten und selbständige Teilnahme im gemischten Versorgungsausschuß neben dem EVG-Vertreter.

Die Dienststelle Blank bittet, diesen französischen Forderungen bei der Konferenz der Herren Außenminister[7] mit Nachdruck entgegenzutreten.

Trützschler[8]

B 10 (Abteilung 2), Bd. 1020

144

Außenministerkonferenz über eine Europäische Verteidigungsgemeinschaft in Paris

21. Mai 1952[1]

Beginn der Sitzung: 9.45 Uhr.

Punkt 14 der Tagesordnung.[2]

Taviani legt ausführlich den italienischen Standpunkt zu dieser Frage dar. *Schuman* nimmt dazu Stellung und macht einen Änderungsvorschlag.

Staatssekretär *Hallstein*: Diesen Vorschlag, Herr Präsident, akzeptiere ich.

Diskussion. Frage soll später wieder aufgegriffen werden.

Van Zeeland kommt in diesem Zusammenhang auf die Frage der Steuerbefreiung einer gewissen Anzahl von Beamten der Organe der Gemeinschaft[3] zu sprechen und macht einen Änderungsvorschlag (Steuerbefreiung nicht streichen,

Fortsetzung Fußnote von Seite 411

und von den Bestimmungen befreit, die für das Verbringen von Waren in das oder aus dem Bundesgebiet gelten." Vgl. B 10 (Abteilung 2), Bd. 1440.

7 Zur Außenministerkonferenz vom 19. bis 21. Mai 1952 in Paris über eine Europäische Verteidigungsgemeinschaft vgl. Dok. 140, Dok. 141, Dok. 142 und Dok. 144.

8 Paraphe.

1 Durchdruck.

2 Punkt 14 der Tagesordnung: „Abkommen über das Steuer- und Handelsrecht der Gemeinschaft – Paragraph 1 des Titels 1 (französische und italienische Delegation)." Vgl. B 10 (Abteilung 2), Bd. 1043.

Titel 1, Artikel 1 des Entwurfs für ein Abkommen über das Steuer- und Handelsrecht der Gemeinschaft (Fassung vom 19. Mai 1952): „Die von der Europäischen Verteidigungsgemeinschaft [...] auf dem Gebiet der Mitgliedstaaten erworbenen Waren sowie die Lieferungen und sonstigen Leistungen, die für die Gemeinschaft von Unternehmungen, die auf dem Gebiet eines Mitgliedstaates ihren Sitz haben, ausgeführt werden, unterliegen den in dem betreffenden Lande geltenden Zöllen und Abgaben. Diese Vorgänge gelten weder als Ausfuhr noch als Einfuhr, und zwar sowohl auf steuerlichem wie handelspolitischem Gebiet." Vgl. B 10 (Abteilung 2), Bd. 1043.

3 Vgl. dazu Titel 2 des Entwurfs für ein Abkommen über das Steuer- und Handelsrecht der Gemeinschaft (Fassung vom 9. Mai 1952); VS-Bd. 6886 (Abteilung 3).

aber die Steuern, erhoben nach nationalem Steuerrecht, der EVG zufließen zu lassen als Einnahme der Gemeinschaft).

Schuman hat Bedenken gegen eine solche Regelung, weil sie dann auf alle internationalen Organisationen ausgedehnt werden müsse.

Staatssekretär *Hallstein*: Ich muß gestehen, daß ich den Vorschlag von Herrn van Zeeland sehr gut finde. Er vermeidet, wie schon gesagt worden ist, die Unzuträglichkeit, daß ein Privileg geschaffen wird für einige Leute, die besonders hoch bezahlt werden, was sich in der öffentlichen Meinung sehr ungünstig präsentiert, das ist kein Zweifel. Hinzu kommt ein Zweites. Je mehr wir hineinwachsen in föderative Teillösungen, um so fragwürdiger wird die Begründung für diese Steuerbefreiung. Sie stammt aus einer Zeit, wo sie einem Raum angehörten, der weder ein nationaler noch ein supranationaler Raum war, sondern zwischen den Nationen schwebte. Es war eine Art neutrale Ebene, auf der sich das bewegte. Das wird doch zunehmend anders. Es ist abzusehen, daß dies auf die Dauer nicht angeht. Warum sollen wir aus dieser Überlegung nicht heute schon die Konsequenz ziehen. Vielleicht haben wir schon beim Schuman-Plan[4] einen Fehler gemacht. Aber da war die Sache auch noch nicht so wichtig. Sie wird immer wichtiger, je mehr Instanzen wir haben. Ein dritter Gedanke: Die Folge des Vorschlags von Herrn van Zeeland wäre eine sehr erfreuliche. Es wird das öffentliche Bewußtsein in Europa daran gewöhnen, daß es so etwas gibt und psychologisch den Boden für die Anerkennung irgendeiner Gemeinschaft, zu der wir irgendwann einmal kommen müssen, vorbereiten. Ich möchte aus all diesen Gründen mich zugunsten dieses Vorschlages aussprechen. Ich darf noch einen Gedanken als einen vierten Punkt berühren. Ich erkenne an, daß der Nachteil dieser Lösung eine Inkonsequenz gewissen anderen Lösungen gegenüber, z.B. Schuman-Plan, ist. Dies wird wohl dadurch ausgeschlossen, daß bei der Festsetzung der Bezüge für diese höchsten Würdenträger dieser Gemeinschaft die Steuer berücksichtigt wird, die abgezogen wird. Ich weiß nicht, ob ich mich deutlich ausgedrückt habe. Sie bekommen dann eben entsprechend mehr Gehalt.

Längere Diskussion.

Staatssekretär *Hallstein*: Ich möchte versuchen, ein Bedenken auszuräumen, das gegen den Vorschlag gemacht wurde, nämlich das Bedenken, daß es etwas zu weit gehen würde, wenn wir hier dem Ursprungsstaat dieser europäischen Funktionäre ihre Steuern vorenthalten. Diese Erwägung ist nicht ganz zweckmäßig. Denn daß diese Steuern in diesem Ursprungsstaat einbehalten werden, ist ganz normal. Die Regel ist, daß der Staat, in dem sie sich aufhalten und ihren Wohnsitz haben, diese Steuern einzieht, also, wenn wir die Lösung, die hier vorgeschlagen worden ist, projizieren auf die Ebene des normalen Völkerrechts, nehmen wir nur dem Aufenthaltsstaat etwas weg, aber nicht dem Herkunftsland. Das wäre vollkommen gerechtfertigt, denn er soll keinen Vorteil davon haben, daß die Hohe Behörde in diesem Land errichtet wird.

4 Artikel 11 des Protokolls vom 18. April 1951 über die Vorrechte und Immunitäten der EGKS sah die „Befreiung von allen Steuern hinsichtlich der von der Gemeinschaft gezahlten Gehälter und Bezüge" für die Mitglieder der Hohen Behörde und Beamte der Gemeinschaft vor. Vgl. BUNDESGESETZBLATT 1952, Teil II, S. 480.

Längere Diskussion. Die Sachverständigen sollen sich mit all den vorgeschlagenen Formeln befassen und bis heute nachmittag eine endgültige Formulierung finden.

Punkt 15 der Tagesordnung (s. Sonderprotokoll).[5]

13.00 Uhr: Pause

14.10 Uhr wird die Sitzung wieder aufgenommen. Die Behandlung von Punkt 15 der Tagesordnung wird fortgesetzt.

Van Zeeland schlägt vor, deutsche und italienische Idee zu vereinigen, indem man für die Übergangszeit eine Pauschalfestsetzung wählt.

Staatssekretär *Hallstein*: Herr Präsident, ich bin sehr dankbar, daß Herr van Zeeland einen mittleren Weg gesucht hat zwischen den bisherigen Vorschlägen, die gegeneinander stehen. Ich bin weiter dafür dankbar, daß er dem Vorschlag eine Form gegeben hat, die das Prinzip von Art. 42[6] in aller Stärke wiederholt. Dieses Prinzip ist das Ergebnis, wir wissen es alle, einer sehr langen und schwierigen Verhandlung in diesem Kreise gewesen, und ich habe nicht das Gefühl, daß eine neue Aufnahme der prinzipiellen Frage uns Vorteile bringen würde. Wir stehen alle unter dem Druck der Zeit. Ich habe inzwischen durchgedacht, wie man eine Lösung finden könnte, und möchte Ihnen einen anderen Vorschlag machen. Die Schwierigkeit ist daraus entstanden, daß das Problem der Stationierungskosten in Deutschland besteht. Ich möchte, daß die Arznei, die ich vorschlage, um diese Schwierigkeit zu heilen, sich in ihrer Wirkung beschränkt eben auf diese Schwierigkeit, d. h. das Stationierungskostenproblem seiner störenden Wirkung auf unsere Lösung zu entkleiden. Das heißt, es beschränkt sich meine Lösung darauf, zu dem Punkt des finanziellen Beitrags etwas anderes vorzusehen. Hier ist mein Vorschlag. Ich bitte zu überlegen, ob wir nicht aus der Schwierigkeit dadurch herauskommen, daß wir, vorbehaltlich der Formulierung, sagen, soweit ein Mitgliedstaat Beiträge macht, in denen solche Stationierungskosten enthalten sind, wird die Frage, wie weit dieser Stationierungskostenanteil zählt bei der Berechnung des Stimmgewichts nach Paragraph 4, entschieden durch den Ministerrat, der dabei einstimmig entscheidet. Das heißt, wir geben in diesem Falle – es ist ein Vorschlag, der

5 Dem Vorgang nicht beigefügt.
Zu Punkt 15 der Tagesordnung vgl. Dok. 140.

6 Artikel 42 des Entwurfs für den EVG-Vertrag (Fassung vom 19. Mai 1952): „1) Eine nach diesem Vertrag erforderliche Zustimmung oder mit einfacher Mehrheit zu beschließende Entscheidung des Rates ist erteilt bzw. erlassen, wenn ihr zustimmen: die absolute Mehrheit der Vertreter der Mitgliedstaaten; bei Stimmengleichheit die Vertreter der Mitgliedstaaten, die der Gemeinschaft insgesamt mindestens zwei Drittel der gesamten Beiträge der Mitgliedstaaten zur Verfügung stellen. 2) Ist in diesem Vertrag eine mit qualifizierter Mehrheit zu beschließende Zustimmung oder Entscheidung des Rates verlangt, so ist hierzu die so festgelegte Mehrheit dann erreicht, wenn in dieser Mehrheit die Stimmen der Vertreter derjenigen Mitgliedstaaten enthalten, die der Gemeinschaft insgesamt mindestens zwei Drittel der gesamten Beiträge der Mitgliedstaaten zur Verfügung stellen. 3) Ist in diesem Vertrag eine einstimmige Zustimmung oder Entscheidung des Rates verlangt, so sind hierzu die Stimmen aller im Rat anwesenden oder vertretenen Mitglieder erforderlich, wobei Stimmenthaltungen der Annahme der Zustimmung oder der Entscheidung nicht entgegenstehen. 4) In Paragraph 1 dieses Artikels ist unter dem Wort ‚Beiträge' der Mittelwert zwischen dem prozentualen Anteil an den während des vorangegangenen Haushaltsjahres tatsächlich geleisteten finanziellen Beiträgen und dem prozentualen Anteil an den Effektivstärken der Europäischen Verteidigungsstreitkräfte am ersten Tage des laufenden Halbjahres zu verstehen." Vgl. B 10 (Abteilung 2), Bd. 1043.

sehr weit geht in der Preisgabe unseres bisherigen Standpunktes, ich bin mir darüber vollkommen klar – einem Mitgliedstaat bei ungünstiger Bewertung ein Vetorecht gegen eine ihm unerwünschte Lösung. Es kann also nur vorgegangen werden in Zusammenwirkung aller Standpunkte. Wir unterwerfen uns damit dem allgemeinen Willen im Ministerrat. Wir tun das im guten Vertrauen darauf, daß man, wenn man die Probleme konkret sieht, zu einer guten Lösung kommen kann. Ich mache diesen Vorschlag weiter in der Absicht, diese Debatte abzukürzen, denn ich sehe nicht, wie wir sonst rasch zu einer Lösung kommen. Gegenüber dem oben gemachten Vorschlag – und im Prinzip stimme ich mit Herrn van Zeeland überein – hat diese Lösung den Vorteil, daß sie das Prinzip stärker sichert gegen die Gefahr, die sonst besteht, daß die Übergangslösung[7] doch zur Dauerlösung wird.

Schuman: Wenn ich Herrn Hallstein richtig verstanden habe, wird der Ministerrat den Wert festsetzen, und jeder Staat hätte Vetorecht, es müßte also Einstimmigkeit nicht nur über ein Prinzip, sondern über eine Zahl erreicht werden. Das scheint mir schwierig.

Staatssekretär *Hallstein*: Ich glaube, die Antwort auf diese Frage ist nicht sehr schwierig. Solange keine Übereinstimmung erzielt ist über die Bewertung dieses Anteils an dem finanziellen Beitrag, hat Deutschland keine Stimme oder wird bei der Bemessung seiner Stimme dieser Anteil seiner Leistung nicht berücksichtigt. Das bedeutet, es ist genötigt, derjenigen Lösung zuzustimmen, die die meisten Chancen hat, angenommen zu werden. Ich bin mir vollkommen darüber klar, daß wir dieses Risiko laufen. Aber ich bin bereit, es zu tun, da ich glaube, wenn wir erst einmal soweit sind, daß wir dann annehmbare Lösungen finden werden.

Schuman dankt für den großzügigen Vorschlag Staatssekretär Hallsteins, ist aber doch mehr für Pauschallösung und den von Minister van Zeeland gemachten Vorschlag. *Stikker* schließt sich ihm an.

Staatssekretär *Hallstein*: Ich glaube, jetzt ist nach den Begründungen, die gegeben worden sind, das Prinzip des Art. 42 selber in Frage gezogen. Die Begründungen greifen im Grunde dieses Prinzip an, daß das Stimmgewicht nach dem Maße der Leistung stattfindet. Ich glaube, daß ich mit Herrn van Zeeland einig bin, daß dieses Prinzip aufrechterhalten werden soll. Auch dieses Prinzip führt dahin, daß diese Leistungen berechnet werden müssen und daß sich der Stimmanteil danach richtet. Was mich stört, ist die Tatsache, daß jeder einzelne Staat gegen die Inkraftsetzung des Prinzips ein Vetorecht hat. Das ist kein Prinzip mehr, das in seiner Ingeltungsetzung abhängig ist vom Widerspruch

7 Artikel 42a des Entwurfs für den EVG-Vertrag (Fassung vom 19. Mai 1952): „In Zusammenhang mit der in Artikel 42 vorgesehenen Errechnung des Stimmenverhältnisses im Rat: A. Gelten als an die Gemeinschaft geleistete finanzielle Beiträge: 1) bis zum 31. Dezember des unvollständigen ersten Haushaltsjahres und gegebenenfalls bis zu dem späteren Zeitpunkt der Annahme des Budgets für das erste vollständige Haushaltsjahr: die im Budget des unvollständigen ersten Haushaltsjahres verzeichneten Beiträge; 2) vom 1. Januar des ersten vollständigen Haushaltsjahres ab oder gegebenenfalls späterhin von dem Zeitpunkt ab, an dem das Budget des ersten vollständigen Haushaltsjahres angenommen wird: die in diesem Budget verzeichneten Beiträge. B. Gelten als der Gemeinschaft zur Verfügung gestellte Effektivstärken: bis zu dem Zeitpunkt, der für die Durchführung des Planes zur Aufstellung der ersten Welle der Streitkräfte festgesetzt worden ist: die in diesem Plan vorgesehenen Effektivstärken." Vgl. B 10 (Abteilung 2), Bd. 1043.

eines Staates. Das ist kein Prinzip mehr für eine Lösung, sondern nur noch eine Chance. Wir haben uns nach langer Überlegung zu dieser Lösung bekannt, angeschlossen an die Analogie des Schuman-Plans. Wir halten es für ein gesundes Prinzip, weil durch seine Inkraftsetzung eine Stimulanz geschaffen wird für jeden Mitgliedstaat, das meiste, was in seinen Kräften steht, beizutragen. Dies ist unser wesentliches Motiv. Diese Stimulanz beseitigen wir, wenn wir uns auf eine schematische Lösung einlassen, deren Außerkraftsetzen durch das Veto eines Staates verhindert werden kann.

Schuman schlägt kleine Umformulierung vor.

Staatssekretär *Hallstein*: Es würde das mein Bedenken etwas vermindern, aber nicht beseitigen. Ich möchte die Ingeltungsetzung des Prinzips garantieren. Hier würde eine Minderheit schon die Ingeltungsetzung des Prinzips verhindern.

Schuman: Der Grundsatz, den Sie erwähnten, ist in dem von Herrn van Zeeland vorgeschlagenen Text nach wie vor enthalten.

Staatssekretär *Hallstein*: Das Prinzip ist nur dem Worte nach darin enthalten. Ich habe schon gesagt, der Sache nach ist der Grundsatz aufgegeben, weil die Anwendung durch eine Stimme oder eine Minderheit verhindert werden kann. Was wir ins Auge fassen könnten – aber ich zögere etwas, es zu sagen, ich bitte, es als ein Selbstgespräch, als ein lautes Denken zu nehmen – das wäre, daß man diese Regelung gelten läßt bis zum Ende des Übergangszeitraums, der im Art. 42 B II insgesamt behandelt wird. Der letzte Zeitpunkt ist, wenn ich recht sehe, der, der unter B steht, daß dann aber automatisch das Prinzip des Art. 42 gilt. Wenn ich recht verstanden habe, ist der Sinn der Begründung, die für den Vorschlag gegeben worden ist, daß man an die Stelle dieser Fiktionen diese Vergleichslösung setzen sollte. Diese sogenannten Fiktionen enden aber in diesem Augenblick, und dann kann das Prinzip zu spielen beginnen.

Schuman hält auf den ersten Blick diese Formulierung für annehmbar, möchte aber noch darüber nachdenken.[8]

Van Zeeland gibt anschließend für Belgien eine längere Erklärung zur Frage der Dauer der Dienstzeit ab. Die Frage soll am Freitag in Straßburg[9] wieder aufgegriffen werden.

(Außenminister van Zeeland hat inzwischen den Vorsitz übernommen, da Außenminister Schuman sich zur Sitzung des französischen Kabinetts begeben mußte.)

8 Auf der Außenministerkonferenz am 23. Mai 1952 in Straßburg über eine Europäische Verteidigungsgemeinschaft wurde folgender Entwurf für Artikel 42a, Paragraph 2 des EVG-Vertrages beschlossen: „In der in vorstehendem Paragraphen definierten Übergangszeit gilt die Höhe der in Artikel 42 Paragraph 1 geforderten Beiträge als erreicht, wenn sie mindestens 9/14 des Gesamtwerts der Pauschalbeiträge der Mitgliedstaaten erreicht." Vgl. B 10 (Abteilung 2), Bd. 1043.

9 Auf der Außenministerkonferenz über eine Europäische Verteidigungsgemeinschaft am 23. Mai 1952 in Straßburg wurde eine Übereinkunft erzielt, daß dem EVG-Vertrag ein Protokoll beigefügt werden sollte, in dem die Mitgliedstaaten die Festlegung der Dienstzeit auf unbestimmte Zeit verschoben. Vgl. dazu die Aufzeichnung des Sekretariats der EVG-Konferenz vom 24. Mai 1952; B 10 (Abteilung 2), Bd. 1043. Für den Wortlaut des Protokolls vom 27. Mai 1952 vgl. BUNDESGESETZBLATT 1954, Teil II, S. 410.

Art. 30[10] des Vertrages kommt anschließend zur Sprache. Ein deutscher Vorschlag wird verteilt, zu dem General de Larminat Erläuterungen gibt.

Alphand: Wenn alter Wortlaut von Ziffer 1 beibehalten und der neue deutsche Vorschlag zu Ziffer 2 angenommen würde, so könnte ich dem zustimmen.

Staatssekretär *Hallstein*: Einverstanden. Ziffer 1 wird in der alten Form beibehalten.

Van Zeeland macht kleinen Abänderungsvorschlag zu dem deutschen Vorschlag zu Ziffer 2.

General *de Larminat* gibt weitere Erläuterungen zum deutschen Standpunkt.

Staatssekretär *Hallstein*: General de Larminat hat meinen Standpunkt besser begründet, als ich es hätte tun könnten. Ich schließe mich ihm an.

De Larminat empfiehlt den deutschen Vorschlag zur Annahme.

Van Zeeland macht Kompromißvorschlag: Die Alternative an die entsprechende Stelle des bisherigen Wortlautes zu setzen und den alten Wortlaut von Ziffer 2 im übrigen beizubehalten.

Stikker schließt sich dem Vorschlag an.

Staatssekretär *Hallstein*: Und was wird aus den integrierten Einheiten gemacht?

Van Zeeland: Ist das nicht durch Ziffer 1 geregelt?

Staatssekretär *Hallstein*: Nein.

Van Zeeland: Könnten wir dann die deutsche Formel anfügen? Ziffer 2 würde dann heißen: (verliest den Text).

Staatssekretär *Hallstein*: Es wird dann fortgefahren wie in dem deutschen Vorschlag, nicht wahr?

Allgemeines Einverständnis zu Ziffer 2.[11]

De Larminat: Die deutsche Delegation schlägt eine Ziffer 3 vor.

Van Zeeland hat verfassungsmäßige Bedenken und ist gegen Aufnahme der Ziffer 3.

Staatssekretär *Hallstein*: Ich hatte es anders gedacht. Ich hatte gedacht, daß es sich nur um die sonstigen Offiziersdienstgrade handelt, damit die nationalen Dienststellen sich nicht mit der Ernennung von Unteroffizieren zu befassen haben aus Gründen, die eben von General de Larminat dargelegt wurden. Ich verstehe nicht ganz, ob wirklich verfassungsmäßige Schwierigkeiten bei der Ernennung von Unteroffizieren entstehen können. Ich dachte, das könne nur bei Offizieren sein. Aber wenn Sie Bedenken haben, können wir natürlich auch die nationalen Dienststellen bei der Ernennung von Unteroffizieren beteiligen.

10 Für Artikel 30 des Entwurfs für den EVG-Vertrag (Fassung vom 19. Mai 1952) vgl. Dok. 141, Anm. 18.

11 Artikel 30, Paragraph 2 des Entwurfs für den EVG-Vertrag (Fassung vom 21. Mai 1952): „Einstweilig werden die Dienstgrade in den national homogenen Einheiten der europäischen Verteidigungsstreitkräfte je nach Belieben der einzelnen Mitgliedstaaten: entweder auf Vorschlag des Kommissariats von den zuständigen nationalen Behörden; oder auf Vorschlag der betreffenden vorgesetzten Dienststellen nach Anhörung nationaler Behörden vom Kommissariat verliehen.“ Vgl. B 14 (Sekretariat Pleven-Plan), Bd. 57. Vgl. dazu auch Dok. 141, Anm. 18.

Ich halte es für absolut unpraktisch. Wenn Sie aber darauf bestehen, will ich für meine Seite keine Schwierigkeiten in diesem Punkt machen.

Ziffer 3 wird gestrichen.

Wiederaufnahme von Punkt 9 der Tagesordnung (Art. 10).[12]

Alphand verliest den von den Sachverständigen abgefaßten und eben verteilten Text.

Staatssekretär *Hallstein*: Es liegt ein Mißverständnis vor. Wir waren nicht darüber einig, daß eine solche Entscheidung hier ergehen könne vorbehaltlich eines Beschlusses des Ministerrats. Ich hatte vorgeschlagen, daß eine solche Maßnahme nur ergehen könne mit einstimmigem Beschluß des Ministerrats.

Taviani: Herr Schuman hatte im letzten Augenblick von der Mehrheit, nicht von der Einstimmigkeit gesprochen.

Staatssekretär *Hallstein*: Ja, aber ich hatte dem nicht zugestimmt.

Alphand schlägt vor zu sagen: „mit Zustimmung des Rates" anstelle von „vorbehaltlich der Zustimmung des Rates".

Staatssekretär *Hallstein*: Darf ich einmal zu dem Verpflichtungsargument Stellung nehmen, das gestern immer verwendet wurde.[13] Durch die Schaffung dieser Gemeinschaft hören die Länder auf, die Verfügung über diese Kräfte zu behalten, soweit sie nicht nationale Kräfte sind. Es ist selbstverständlich, daß ein Schuldner nur mit seinem Vermögen haften kann. Die Kontingente scheiden aus, sie gehen über in die Verfügung dieser Gemeinschaft, d.h. praktisch in die Verfügung supranationaler Instanzen. So wenig ein Staat durch den Beitrag zur Verteidigungsgemeinschaft etwa gehindert werden kann, die allgemeine Wehrpflicht auf seinem Gebiet beizubehalten, ebenso sehr ist es ihm möglich, sich an eine größere Gemeinschaft anzuschließen und sich der Verfügung über seine Kräfte zu begeben. Ich möchte dies zur Abwehr des Arguments sagen, daß jene alten Verpflichtungen stärker sind. Ein anderes Argument noch. Dieses Argument der Verpflichtungen war begreiflich, solange man von der Beschränkung gegenüber Verpflichtungen an die Vereinten Nationen ausging, nicht aber von den Verpflichtungen, die erst eingegangen werden. Ich kann unter keinen Umständen zugeben, daß diese neu zu schaffenden Verpflichtungen die Gesamtheit der Gemeinschaft schwächen. Das war es, was ich gestern versucht habe darzulegen, daß die Verteidigungskraft der europäischen Armee nicht geschwächt werden darf, ohne daß alle Mitglieder mit dieser Schwächung einverstanden sind.

Diskussion.

Staatssekretär *Hallstein*: Darf ich zunächst Herrn Stikker antworten. Wir sind es ja nicht gewesen, die die Veränderung beantragt haben. Ich bin jeden Augenblick bereit, die alte Fassung des Art. 10 wiederherzustellen. Was wir jetzt mit den neuen Artikeln vermehrt bekommen, das ist nicht eine geringere Schwächung, sondern eine größere der Gemeinschaft. Ich wäre bereit, einen Gedan-

12 Zu Punkt 9 der Tagesordnung vgl. Dok. 140, Anm. 5.

13 Zur Besprechung des Staatssekretärs Hallstein und der Außenminister Bech (Luxemburg), de Gasperi (Italien), Schuman (Frankreich), Stikker (Niederlande) und van Zeeland (Belgien) am 20. Mai 1952 in Paris vgl. Dok. 141.

ken wie den in Art. 10 ausgestrichenen wieder aufzunehmen. Worin ist der Unterschied? Die alte Lösung sah die Übernahme von internationalen Aufgaben vor, aber als eine zusätzliche Anstrengung, die der Staat leisten muß, nachdem er seine Verpflichtung gegenüber der EVG erfüllt hat, d.h. sie konnten nie auf Kosten der Verteidigungsgemeinschaft geschehen. Das ist gerade der Unterschied der alten von der neuen Lösung. Ich halte den Vorschlag für etwas, das schon an die Substanz der Verteidigungsgemeinschaft greift, wie wir sie verstanden haben. Wobei ich unter Substanz verstehe diesen Gedanken der Fusion der Streitkräfte, aus der man sich nicht um individueller Ziele willen lösen kann.

In größere Verlegenheit hat mich die Bemerkung von Herrn Taviani gesetzt, da er wieder das bewährte Argument gegen das Vetorecht ausgespielt hat. Dieses Argument hat natürlich immer Aussicht auf Erfolg. Aus dieser Schwierigkeit kann ich mich nicht anders befreien, als mit der Frage: ob etwa Kompromiß in Form der qualifizierten Mehrheit möglich. Das schließt Gedanken des Vetorechts aus. Aber weiter zurückgehen kann ich nicht.

Der neue Artikel wird angenommen mit folgender Abänderung: Beschluß des Ministerrates mit Zweidrittelmehrheit.

Frage der Pensionen: *Alphand* verliest den neu ausgearbeiteten Text.

Diskussion.

Staatssekretär *Hallstein*: Könnte man vielleicht „s'inspirant" ersetzen durch etwas anderes, das vielleicht deutlicher den Gedanken zum Ausdruck bringt, daß es sich um eine politische Zielsetzung handelt mit den Attributen, die Herr Taviani bezeichnet hat. Wenn man etwa sagte: „unter Berücksichtigung des Prinzips", „en tenant compte".

Diskussion.

Schließlich wird der Text mit folgender Abänderung angenommen: „abzielend auf die Anwendung des Grundsatzes der Gleichheit".[14]

Nachdem noch einige Fragen von geringerer Bedeutung besprochen wurden, wirft *van Zeeland* nochmals die Frage der Vertragsdauer auf. Die einzelnen Regierungsvertreter können noch keine Antwort auf seine gestrige Frage[15] geben.

Alphand führt aus, daß Präsident Schuman deshalb sich zur Zeit in der Kabinettssitzung befinde. Die Auffassung seines Ministers sei die, daß er selbstverständlich größten Wert auf die Beteiligung von Holland und Belgien an der Gemeinschaft lege, daß eine Gemeinschaft nicht denkbar wäre ohne die Benelux-

14 Der dem Entwurf für den EVG-Vertrag (Fassung vom 19. Mai 1952) hinzugefügte Artikel 14 lautete: „Wird einem Mitgliedstaat eine zwischenstaatliche Aufgabe übertragen, die er außerhalb des in Artikel 120 Paragraph 1 bezeichneten Gebietes durchzuführen hat, so wird der Teil seiner zu den Europäischen Verteidigungsstreitkräften beigesteuerten Kontingente, der zur Durchführung dieser Aufgabe erforderlich ist, ihm auf seinen Antrag mit Zustimmung des zuständigen Oberbefehlshabers der Nordatlantikpakt-Organisation vom Kommissariat zur Verfügung gestellt; der Rat muß mit Zweidrittel-Mehrheit zustimmen. Die so abgestellten Kontingente unterstehen nicht mehr der Gemeinschaft, bis sie ihr, sobald ihr Einsatz nicht mehr erforderlich ist, wieder zur Verfügung gestellt werden. In einem solchen Fall findet Artikel 13 Abs. 2 Anwendung." Vgl. BUNDESGESETZBLATT 1954, Teil II, S. 348.

15 Zur Besprechung der Außenminister am 20. Mai 1952 über eine Europäische Verteidigungsgemeinschaft vgl. Dok. 141.

staaten. Er sähe aber auf der anderen Seite nicht, wie ein solcher Vorbehalt in den Vertrag aufgenommen werden könnte, da dies, wie auch andere Herren gesagt hätten, die Gemeinschaft in Gefahr bringen könnte.

Staatssekretär *Hallstein*: Ich bin genau in derselben Lage wie Botschafter Alphand. Ich möchte für mich persönlich genau dieselbe Erklärung abgeben wie er. Die Frage soll in Straßburg erneut behandelt werden.[16]

Alphand zählt anschließend die noch in Straßburg zu behandelnden Punkte auf. Die Sitzung in Straßburg wird für Freitag[17] nachmittag vorgesehen.

Ende der Sitzung: 17.15 Uhr.

VS-Bd. 53 (Büro Staatssekretär)

145

CDU/CSU-Fraktionsvorsitzender Heinrich von Brentano an Bundeskanzler Adenauer

23. Mai 1952[1]

Sehr verehrter Herr Bundeskanzler,

in den informatorischen Gesprächen über den Deutschlandvertrag und die[2] Annex-Verträge[3] habe ich mich bemüht, nur einige wenige Punkte anzuschneiden, die mir von ganz besonderer Bedeutung zu sein schienen. Ich weiß im Augenblick noch nicht, inwieweit es in den Gesprächen mit den Beauftragten der Alliierten gelungen ist, diesen Bedenken Rechnung zu tragen. Ich erinnere hier

16 Auf der Außenministerkonferenz am 23. Mai 1952 in Straßburg über eine Europäische Verteidigungsgemeinschaft wurde folgender Entwurf für Artikel 127 des EVG-Vertrages beschlossen: „Dieser Vertrag gilt für die Dauer von fünfzig Jahren vom Zeitpunkt seines Inkrafttretens an. Erlischt der Atlantikpakt vor der Errichtung eines europäischen Bundesstaates oder Staatenbundes oder tritt in der Zusammensetzung der Atlantikpaktorganisation eine wesentliche Änderung ein, so beraten die Hohen Vertragschließenden Teile gemeinsam über die dadurch entstandene neue Lage." Vgl. B 10 (Abteilung 2), Bd. 1043.
Ferner wurde Einigkeit über eine gemeinsame Erklärung erzielt, in der dem Wunsch Ausdruck gegeben wurde, „daß die Bestimmungen über die Dauer des Atlantikpaktes an diejenigen des [...] Artikels 127 angeglichen werden". Vgl. B 10 (Abteilung 2), Bd. 1043.

17 23. Mai 1952.

1 Hat Staatssekretär Lenz, Bundeskanzleramt, am 23. Mai 1952 vorgelegen, der die Weiterleitung an Bundeskanzler Adenauer verfügte.
Hat Adenauer vorgelegen.
Hat Lenz erneut am 29. Mai 1952 vorgelegen, der die Weiterleitung an Staatssekretär Hallstein verfügte.
Hat Hallstein am 30. Mai 1952 vorgelegen.
Hat Legationsrat Limbourg am 4. Juni 1952 vorgelegen, der die Weiterleitung an die Delegation für die Ablösung des Besatzungsstatuts verfügte.

2 Korrigiert aus: „der".

3 Zu den Beratungen über den Generalvertrag und die Zusatzverträge durch Vertreter des Kabinetts und der Koalitionsfraktionen in dem dafür eingerichteten Sonderausschuß vgl. Dok. 120, Anm. 8.

vor allem an die meiner Überzeugung nach sehr unerfreuliche Formulierung des Art. 5 des Generalvertrages[4] und an die meines Erachtens unmögliche Fassung des Art. 6 des Truppenvertrages[5].

Meine ganz besondere Sorge aber gilt nach wie vor dem Art. 7 Abs. 3 des Generalvertrags[6]. Sie sagten uns heute morgen, daß in den Gesprächen mit den Hohen Kommissaren es nicht gelungen sei, eine Abänderung herbeizuführen.[7] Ich bat Sie daraufhin heute morgen schon, diese Frage in Ihrer Konferenz mit den Außenministern[8] noch einmal anzuschneiden und möchte diese Bitte schriftlich noch einmal wiederholen.

Betrachten Sie diesen Wunsch bitte nicht als die Anregung eines einzelnen. Aus den Gesprächen im Fraktionsvorstand[9], in dem Kreis derjenigen, die in den letzten Wochen über das Vertragswerk informiert wurden, und in der Fraktion selbst[10] habe ich den Eindruck gewonnen, daß Art. 7 Abs. 3 tatsächlich eine Klippe sein wird, an der das ganze Vertragswerk scheitern könnte. Eine erhebliche Anzahl unserer Fraktionskollegen wird, wie ich nicht nur befürchte, sondern wie ich zu wissen glaube, von der Regelung dieser Frage die endgültige Entscheidung abhängig machen. Darüber hinaus habe ich den Eindruck aus den Gesprächen mit der Koalition, daß die gleichen Schwierigkeiten sowohl bei der FDP wie bei der DP zu erwarten sind.

4 Vgl. Dok. 125, Anm. 7.

5 Artikel 6 des Truppenvertrages vom 26. Mai 1952 regelte die Zuständigkeit von Behörden der Drei Mächte und der Bundesrepublik in Fragen der Gerichtsbarkeit. Für den Wortlaut vgl. BUNDESGESETZBLATT 1954, Teil II, S. 83–85.

6 Vgl. Dok. 125, Anm. 4.

7 Am 23. Mai 1952 berichtete Bundeskanzler Adenauer in einer Sondersitzung des Kabinetts, an der auch die Fraktionsvorsitzenden der CDU/CSU, Heinrich von Brentano, und der FDP, Schäfer, teilnahmen, über die Besprechung am 21. Mai 1952 mit den Hohen Kommissaren François-Poncet (Frankreich), Kirkpatrick (Großbritannien) und McCloy (USA). Die von ihm, Adenauer, vorgeschlagene „Streichung des Art. 7 Abs. 3 werde von der Gegenseite nicht erwogen. Offenbar bestehe bei den Drei Mächten ein gewisses Mißtrauen, wenn es auch nicht zum Ausdruck gekommen sei. Dagegen sei in Aussicht genommen, daß bei der Unterzeichnung des Deutschlandvertrages auch ein Briefwechsel über die Begrenzung des Vorbehaltes in Art. 2 hinsichtlich der Wiedervereinigung Deutschlands stattfinden soll. Er beabsichtige aber, nochmals außerhalb der Tagesordnung in einer privaten Aussprache auf den Vorschlag der Streichung des Art. 7 Abs. 3 zurückzukommen." Vgl. KABINETTSPROTOKOLLE 1952, S. 353.
Am selben Tag notierte Staatssekretär Lenz, Bundeskanzleramt: „Nachmittags rief der BK nochmals Dr. Globke, Blankenhorn und mich zusammen, um über die Frage der Abänderung der Art. 7 Abs. 3 zu sprechen. Mir war inzwischen berichtet worden, daß er in den Verhandlungen am Vortage nicht so besonders stark für die Abänderung des Abs. 3 gekämpft habe. Er war aber offenbar doch von den Erklärungen der Fraktionsführer beeindruckt und versuchte eine Abänderungsformel dahin zu finden, daß bei der Wiedervereinigung die Rechte und Pflichten der Bundesrepublik aus den Verträgen nicht beeinträchtigt werden dürften. Das war genau so gut, als wenn der Art. 7 Abs. 3 gestrichen würde. Er veranlaßte mich, zu den Fraktionsführern der Koalitionsparteien zu gehen und sie zu bitten, ihm noch Briefe zu schreiben, daß sie auf der Abänderung des Abs. 3 bestünden. [...] Die Führer der Koalitionsfraktionen erklärten sich damit einverstanden, am nächsten Morgen zu schreiben, ich selbst diktierte den Entwurf für die CDU." Vgl. LENZ, Zentrum, S. 344.

8 Bundeskanzler Adenauer und die Außenminister Acheson (USA), Eden (Großbritannien) und Schuman (Frankreich) trafen vom 24. bis 26. Mai 1952 in Bonn anläßlich der Unterzeichnung des Generalvertrages und der Zusatzverträge zusammen. Vgl. dazu Dok. 148.

9 Der Vorstand der CDU/CSU-Fraktion beriet am 25. April, 8. und 12. Mai 1952 über den Generalvertrag. Vgl. dazu CDU/CSU-FRAKTION, S. 539 f. und 549–551.

10 Die CDU/CSU-Fraktion beriet am 23. April, 2., 13. und 17. Mai 1952 über den Generalvertrag. Vgl. dazu CDU/CSU-FRAKTION, S. 538 f., 543–545 und 552–556.

Ich würde es für unverantwortlich halten, wenn die Alliierten diesen Bedenken nicht Rechnung tragen würden, und ich wiederhole daher meine Bitte, den drei Außenministern diesen Wunsch mit allem Nachdruck und mit aller Festigkeit vorzutragen. Wir alle wissen, was es bedeuten würde, wenn das Vertragswerk nicht ratifiziert würde. Es wird sogar auf jede Stimme ankommen. Ich kann Ihnen aber nicht verschweigen, daß zahlreiche Kollegen aus der Fraktion heute ihre Stimmenabgabe im Plenum gegen den sozialdemokratischen Antrag[11] ausdrücklich von der Erklärung mir gegenüber abhängig gemacht haben, daß sie damit die endgültige Entscheidung nicht vorweg nehmen würden und daß eine Beibehaltung des Art. 7 Abs. 3 es ihnen unmöglich machen würde, in der Schlußabstimmung zu dem Vertragswerk Ja zu sagen.

Ich würde Sie auf diese Situation nicht in letzter Minute so eindringlich aufmerksam machen, wenn ich mir nicht aus den Gesprächen der letzten Tage und Wochen darüber klar geworden wäre, daß hier das zentrale Problem liegt, das gelöst werden muß, wenn Ihre und unsere Politik nicht scheitern soll.

Mit aufrichtigen Empfehlungen und Grüßen

Ihr sehr ergebener
Brentano

VS-Bd. 5316 (Referat 507)

11 Am 13. Mai 1952 stellte die SPD-Fraktion im Bundestag den Antrag, „dem Ausschuß für das Besatzungsstatut und auswärtige Angelegenheiten vor der Unterzeichnung des Generalvertrages und des Vertrages über die Europäische Verteidigungsgemeinschaft die vollen Texte der Vertragswerke vorzulegen". Vgl. BT ANLAGEN, Bd. 17, Drucksache 3363.
Auf Antrag des CDU-Abgeordneten Gerstenmaier beschloß der Bundestag am selben Tag, den Antrag an den Ausschuß für das Besatzungsstatut und auswärtige Angelegenheiten zu überweisen. Vgl. dazu BT STENOGRAPHISCHE BERICHTE, Bd. 11, S. 9357.
Im Anschluß an eine sofort einberufene Sitzung des Ausschusses für das Besatzungsstatut und auswärtige Angelegenheiten erklärte der CDU-Abgeordnete Kopf als Berichterstatter des Ausschusses am selben Tag im Bundestag, der Ausschuß habe „übereinstimmend das Bedürfnis nach ausreichender und sachgemäßer Information zum Ausdruck gebracht. Er hat von der Bereitschaftserklärung des Herrn Bundeskanzlers Kenntnis genommen, ihm diese Informationen in den nächsten Tagen zukommen zu lassen. In der Erwartung, daß bis zum 20. Mai 1952 die fertiggestellten Teile der Vertragstexte den Mitgliedern des Ausschusses vorgelegt werden und dem Ausschuß über die noch strittigen Punkte Bericht erstattet wird, hat der Ausschuß beschlossen, die Beschlußfassung über den Antrag Drucksache Nr. 3363 zurückzustellen." Vgl. BT STENOGRAPHISCHE BERICHTE, Bd. 11, S. 9393.
Am 20. und 23. Mai 1952 informierten Bundeskanzler Adenauer beziehungsweise Delegationsleiter Grewe den Ausschuß über die am 19./20. Mai 1952 übermittelten Entwürfe des EVG-Vertrages sowie des Generalvertrages und der Zusatzverträge. Der Ausschuß entschied, daß die Bundesregierung der im Antrag der SPD gestellten Aufforderung nachgekommen sei. Vgl. dazu AUSWÄRTIGER AUSSCHUSS, S. 805–898.
In einem weiteren Antrag vom 21. Mai 1952 ersuchte die SPD-Fraktion den Bundeskanzler, „den Abgeordneten des Deutschen Bundestages in einem Weißbuch sämtliche Texte des Generalvertrags und des Vertrags über die Europäische Verteidigungsgemeinschaft vorzulegen, um dem Bundestag vor der Unterzeichnung Gelegenheit zur Unterrichtung und Stellungnahme zu geben". Am 28. Mai 1952 solle der Ausschuß für das Besatzungsstatut und auswärtige Angelegenheiten dem Plenum über die Verträge Bericht erstatten. Vgl. BT ANLAGEN, Bd. 17, Drucksache 3392.
Am 23. Mai 1952 lehnte der Bundestag den Antrag der SPD ab, eine Aussprache über den Bericht des Ausschusses für das Besatzungsstatut und auswärtige Angelegenheiten bezüglich des Antrags vom 16. Mai 1952 sowie über den Antrag vom 21. Mai 1952 auf die Tagesordnung zu setzen. Vgl. dazu BT STENOGRAPHISCHE BERICHTE, Bd. 12, S. 9420.

146

Aufzeichnung des Delegationsleiters Böhm, z. Z. Frankfurt/Main

24. Mai 1952[1]

Bericht über die Besprechungen mit Dr. Goldmann und den israelischen Delegationsmitgliedern vom 23. Mai 52 in Paris.

Die erste Besprechung fand um 11 Uhr mit Dr. Goldmann allein statt und war um 12 Uhr beendet.

Daran schloß sich eine zweite Besprechung, an der auf Einladung von Dr. Goldmann die Herren Dr. Josephthal, Dr. Shinnar, Avner und Dr. Barou von der israelischen Delegation teilnahmen. Sie dauerte bis 15 Uhr.

1) Besprechung mit Dr. Goldmann

Ich unterrichtete Herrn Goldmann davon, daß ich zwar im Auftrag des Herrn Bundeskanzlers komme, aber nicht ermächtigt sei, Vorschläge der Bundesregierung zu überbringen. Vielmehr sei ich lediglich beauftragt, den Inhalt eines Vorschlags mitzuteilen, den ich selbst der Bundesregierung unterbreitet hätte in der Überzeugung, daß er eine geeignete Grundlage für die weiteren Verhandlungen im Haag sein könne.[2] Über diesen Vorschlag habe die Bundesregierung noch keinen Beschluß gefaßt. Der Herr Bundeskanzler wünsche vielmehr, die Stellungnahme des Herrn Goldmann und der israelischen Regierung zu diesem Vorschlag inoffiziell kennenzulernen, bevor die Regierung ein eigenes Angebot der israelischen Regierung zuleite.

Mein Vorschlag habe folgenden Inhalt: Gesamtsumme: drei Milliarden DM; Erfüllungszeit: minimal acht, maximal zwölf Jahre; Erfüllungsart: vorbehaltlich einer besseren Lösung ausschließlich in Waren. Höhe und Zusammensetzung der Jahreslieferungen solle beweglich gehalten und jeweils von einer gemischten Kommission festgelegt werden.

Alternative Erfüllungsmöglichkeit: Sobald es der Bundesrepublik möglich sei, eine Auslandsanleihe zu erhalten, solle der Anleihebetrag in der betreffenden Auslandswährung zur Verfügung gestellt werden unter Anrechnung auf die Gesamtschuld. Die Bundesregierung halte es für möglich, daß es ihr gelingen werde, binnen weniger Jahre nach dem Abschluß des Haager und des Londoner Vertragswerkes eine solche Anleihe zu erhalten, und daß sie dann in der Lage sein werde, ihre Gesamtverpflichtung vor Ablauf der vorgeschlagenen Mindesterfüllungszeit von acht Jahren abzutragen, im günstigsten Fall sehr viel früher.

Anfangsannuitäten: Binnen der ersten zwei Jahre Warenlieferungen im Betrag von jeweils 200 Millionen DM. Diese niedrigen Anfangsleistungen seien in Rücksicht auf die außergewöhnliche Inanspruchnahme unserer Aufbringungsfähigkeit durch die bekannten Verpflichtungen neuesten Datums vorgesehen. Dabei

1 Durchdruck.
Vgl. ferner BÖHM, Abkommen, S. 461 f., und GOLDMANN, Staatsmann, S. 328 f.

2 Zum Vorschlag des Delegationsleiters Böhm vom 13. Mai 1952 für ein Angebot der Bundesregierung bei den Wiedergutmachungsverhandlungen in Wassenaar vgl. Dok. 132.

sei ich mir durchaus bewußt, daß im Interesse des Vertragserfolgs überdurchschnittliche Anfangsleistungen wünschenswert seien.

Dr. Goldmann nahm diesen Vorschlag ausgesprochen freundlich auf. Es handle sich hier um eine zweifellos sehr ernste Bekundung der Wiedergutmachungsabsicht, die, wie er glaube sagen zu können, bei der israelischen Regierung auf eine positive Aufnahme zählen könne. Jedenfalls werde durch diese heutige Sondierung eine Atmosphäre geschaffen, die der Regierung Israels eine Fortsetzung der Verhandlungen wieder als aussichtsreich erscheinen lassen dürfte, nachdem die Eröffnungen vom vergangenen Montag in London[3] bei der israelischen Regierung Niedergeschlagenheit und Erbitterung hervorgerufen hätten. Es beeindrucke ihn vor allem, daß in meinem Vorschlag eine geschlossene Gesamt- und Endlösung dargeboten werde, die in der Tat erhebliche Wiedergutmachungsleistungen vorsehe. Das sei eine ernsthafte Grundlage.

Vom israelischen Standpunkt enthalte mein Vorschlag freilich Schönheitsfehler, deren Korrektur angestrebt werden sollte. Er hoffe, daß es der Bundesregierung möglich sei, diese Korrekturen bereits in ihrem offiziellen Angebot anzubringen; andernfalls könne über sie im Haag verhandelt werden.

Die Schönheitsfehler erblicke er in folgendem:

1) in den zu geringen Anlaufsannuitäten,

2) in der Beschränkung auf Warenleistungen vor der Realisierung der Anleihemöglichkeit,

3) in dem zu weit gespannten Zeitrahmen für die Erfüllung (acht bis zwölf Jahre).

Sodann kam Dr. Goldmann auf die Globalforderung der von ihm repräsentierten jüdischen Verbände zu sprechen. Er nehme an, daß sich diese Forderung einen recht erheblichen Schnitt werde gefallen lassen müssen. Angenommen, die Bundesregierung gestehe nur 20 bis 25 % der geforderten Summe zu (also etwa 400 bis 500 Millionen DM im ganzen), dann sei damit zu rechnen, daß bei den Juden, insbesondere bei den amerikanischen Juden, eine sehr erhebliche Verstimmung eintreten werde (nicht nur gegenüber der Bundesrepublik, sondern auch gegenüber Israel). Er habe sich deshalb überlegt, ob es nicht zu empfehlen sei, wenn die Bundesregierung den Betrag, den sie der Conference on Jewish Claims against Germany zuzugestehen gedenke, der Gesamtsumme, die Israel angeboten werde, zuschlage und es Israel anheimstelle, sich über die Verteilung der Gesamtentschädigung mit den Weltverbänden zu einigen. Israel sei dann der alleinige Gläubiger der Bundesrepublik und der Empfänger der deutschen Warenleistungen, übernehme aber gleichzeitig durch Vertrag den Verbänden gegenüber eine in Geld zahlbare Schuld in Höhe der vereinbarten Quote der jeweiligen deutschen Jahresleistungen an Israel. So sei dann beiden Teilen geholfen: Israel erhalte die Waren, die es brauche, und die Verbände erhielten Geld für Unterstützungsleistungen an bedürftige Juden.

Dr. Goldmann betonte, daß er diesen Vorschlag ohne Fühlungnahme mit Israel und ohne Autorisation mache. Er glaube aber, daß sowohl die israelische als

[3] Zum Gespräch des Delegationsleiters Abs mit dem Leiter der israelischen Delegation bei den Wiedergutmachungsverhandlungen in Wassenaar, Shinnar, am 19. Mai 1952 vgl. Dok. 139.

auch die Claims-Delegation auf eine solche Lösung eingehen würden, falls die von der Bundesregierung angeboten werden sollte. Jedenfalls werde er persönlich sich bemühen, unsere Verhandlungspartner dafür zu gewinnen.

Ich erklärte mich bereit, diese Anregung in Bonn zur Sprache zu bringen[4], hob aber hervor, daß eine Geldleistung an die Verbände nur in der Form einer Sperrmarkgutschrift angeboten werden könne, während die mit Israel zu vereinbarende Gesamtsumme in Waren, im Anleihefall in Devisen geleistet werden müsse. Bei Annahme des Goldmannschen Vorschlags entstehe also für uns ein zusätzliches Transferproblem. Dr. Goldmann räumte das ein.

Zum Schluß bat mich Dr. Goldmann, dem Herrn Bundeskanzler zu berichten, daß nach seiner Auffassung sehr viel darauf ankomme, daß die Entscheidung der Bundesregierung sehr bald erfolge. Er würde es ganz außerordentlich begrüßen, wenn der Herr Bundeskanzler schon bei seiner Anwesenheit in Paris zu Beginn der nächsten Woche ihm, Goldmann, gegenüber gewisse bindende Erklärungen über den Gesamtrahmen eines zu schließenden Abkommens abgeben könne.[5] Falls es dem Herrn Bundeskanzler möglich sein sollte, in den erwähnten Punkten entgegenzukommen, so könnte im Anschluß an die Besprechung bereits ein Presse-Communiqué herausgegeben werden, in dem auch schon ein Datum für den Wiederbeginn der Haager Verhandlungen festgesetzt werden könnte. Dieses Communiqué werde dann die erste außenpolitische Entscheidung der souveränen Bundesrepublik sein und als solche in die Geschichte eingehen. Diese Geste werde auf Israel und die Juden einen tiefen Eindruck machen.[6]

2) Besprechung mit den Herren Dr. Goldmann, Dr. Josephthal, Dr. Shinnar, Mr. Avner und Dr. Barou

Die Herren der Israel-Delegation äußerten sich ebenfalls positiv zu meinem Vorschlag, zeigten sich aber in höherem Grad als Dr. Goldmann darüber beunruhigt, daß, abgesehen von der Anleihemöglichkeit, keine Devisenzahlungen vorgesehen seien. Die sehr eingehenden Erörterungen befaßten sich vorwiegend mit diesem Punkt.

Herr Avner wies darauf hin, daß Israel seinen lebenswichtigen Bedarf an Öl nur bei englischen Lieferanten decken könne, aber von Sterling-Devisen fast völlig

4 Vgl. dazu den Drahtbericht Nr. 152 des Delegationsleiters Böhm, z. Z. Paris, vom 23. Mai 1952 an Ministerialdirektor Blankenhorn; B 10 (Abteilung 2), Bd. 1677.

5 Am 28. Mai 1952 teilte die israelische Delegation bei der Konferenz über deutsche Auslandsschulden in London dem israelischen Außenministerium mit: „Goldmann met Adenauer, who promised him a binding formal proposal on 9 June. Goldmann believes that in the interim it should be possible to incorporate some of the better terms demanded by Israel. Adenauer reported that during the discussions in Paris both Acheson and Eden had approached him about the reparations issue in a manner that left no room for doubt. Their intervention will help him within his own cabinet." Vgl. DOCUMENTS, COMPANION VOLUME 1952, S. 124. Vgl. dazu auch GOLDMANN, Staatsmann, S. 329.

6 In dem Kommuniqué der Bundesregierung vom 28. Mai 1952 wurde ausgeführt, Bundeskanzler Adenauer habe in dem Gespräch am selben Tag mit dem Vorsitzenden des World Jewish Congress, Goldmann, seiner Entschlossenheit Ausdruck gegeben, „die Verhandlungen mit Israel und den jüdischen Organisationen zu einem positiven Ergebnis zu führen. Der Bundeskanzler und Dr. Goldmann waren sich darüber einig, daß es wünschenswert sei, die offiziellen Verhandlungen baldigst wiederaufzunehmen. Um dies zu erreichen, wurde eine erneute Besprechung für die nahe Zukunft in Aussicht genommen, in der ein konkreter Vorschlag zur Befriedigung der Forderungen Israels und der jüdischen Organisationen unterbreitet werden soll." Vgl. DEUTSCH-ISRAELISCHER DIALOG, S. 73.

entblößt sei. Hier sehe sich Israel einem Engpaß gegenüber, der das gesamte Aufbauprogramm gefährden könne. Da die Bundesrepublik über Sterlingguthaben verfüge, liege der israelischen Regierung viel daran, von deutscher Seite gerade in dieser Hinsicht Hilfe zu erhalten.

Dr. Shinnar erläuterte noch einmal den bereits früher diskutierten israelischen Vorschlag betreffend die Devisenzahlungen.

Monatszahlungen: Betrag: drei Millionen Dollar.

Davon zahlbar:

1,4 Millionen Dollar in englischer Währung = 500 000 Pfund Sterling,
1,6 Millionen in amerikanischer Währung.

Dies ergibt eine Jahresleistung von 36 Millionen Dollar = 151,2 Millionen DM.

Davon zahlbar:

16,8 Millionen Dollar in englischer Währung = 6 Millionen Pfund Sterling,
19,2 Millionen Dollar in Dollar-Währung.

Diese Jahresleistungen sollten in den ersten vier Jahren erbracht werden. Also Gesamt-Devisenzahlung = 144 Millionen Dollar oder rund 600 Millionen DM.

Auf meine Frage, ob diese Zahlungen auf die Jahres-Warenlieferungen angerechnet werden sollten, sagte Dr. Shinnar, es komme darauf an, wie hoch die Warenleistungen in den ersten vier Jahren sein sollten. Könne die Bundesrepublik zunächst nur 200 Millionen DM in Waren anbieten, so sollte nach seiner Ansicht die Jahreszahlung in Höhe von rund 150 Millionen DM hinzutreten. Wenn aber die deutsche Absicht dahin gehe, den ganzen Vertrag in acht Jahren zu erfüllen, also Jahresannuitäten im Durchschnittsbetrag von 375 Millionen DM zu leisten, so würde Israel selbstverständlich damit einverstanden sein, daß der Devisenbetrag voll auf die Annuität angerechnet werde. In diesem Fall seien dann jeweils nur 225 Millionen DM in Waren zu leisten.

Dr. Shinnar betonte, daß nach dem Statut der EZU Guthaben eines Mitgliedsstaates bei einem anderen Mitgliedsstaat von dem Gläubigerstaat an einen Nicht-Mitgliedsstaat abgetreten werde könnten und daß in diesem Fall nur die Zustimmung des Schuldnerstaats, nicht etwa die Zustimmung der Union erforderlich sei. Die Bundesrepublik könne also seine Sterling-Guthaben an Israel abtreten und bedürfe hierzu nur der Zustimmung Englands. England werde seine Zustimmung vermutlich davon abgängig machen, daß sich Israel zu Warenbestellungen in England verpflichte. Hierzu sei Israel bereit.

Ich erklärte mich zwar bereit, der Bundesregierung zu berichten, daß Israel großen Wert auf Devisenzahlungen lege, betonte aber, daß nach meiner Überzeugung der Bundesrepublik Devisenzahlungen in dieser Höhe nicht möglich seien. Der vorgeschlagene Betrag absorbiere etwa die Hälfte des gesamten für Schuldendienst zur Verfügung stehenden Devisenvorrats für die Dauer von vier Jahren. Selbst wenn man in Betracht ziehe, daß die deutschen Zahlungen aus dem Londoner Abkommen erst 18 Monate nach Abschluß einsetzen werden, sei zu befürchten, daß im Fall einer solchen Zusage an Israel das Londoner Abkommen scheitern werde, womit niemandem gedient sei, auch Israel nicht. Wenn mein Vorschlag – abgesehen von der Anleihemöglichkeit – nur Warenleistungen vorsehe, dann deshalb, weil in diesem Falle die Transferkonkurrenz mit den anderen Gläubigern der Bundesrepublik entfalle. Die deutschen Leistungen stellten dann zur Hauptsache eine rein deutsche Anstrengung, ein Opfer der Bevölkerung dar, während im Falle von Devisenzahlungen andere Nationen und Gläubigergruppen das Opfer zu bringen haben würden.

Dr. Shinnar räumte das ein, machte aber nochmals auf die bedrängte Lage seines Landes aufmerksam.

Des ferneren wies ich auf die empfindliche Dollarlücke hin, die insbesondere dem Bundeswirtschaftsminister[7] schwere Sorge bereite.

Dr. Josephthal unterzog sodann meinen Vorschlag einer zusammenfassenden Kritik. Der Vorschlag lasse vier Punkte offen, die er nach dem Grad ihrer Wichtigkeit ordnen wolle:

1) Die Frage des Devisenanteils. Seine Delegation habe sich durch Sondierungen in London davon überzeugt, daß die Vereinbarung von Devisenzahlungen keineswegs auf unüberwindlichen Widerstand stoßen werde. Es handle sich für Israel nicht geradezu um eine Lebensfrage, aber doch um eine Frage von großer Wichtigkeit.

2) Die Geringfügigkeit der ersten Jahreszahlungen. Seine Delegation habe bisher immer die Wichtigkeit besonders großer Anfangsleistungen betont. Im Stadium der ersten Aufbauphase sei der Warenhunger und der Investitionsbedarf seines Landes besonders groß. Für Israel handle es sich um einen Start. Auch psychologisch sei es von großer Bedeutung, daß die Bundesrepublik gerade in den ersten Jahren eindrucksvolle Erfüllungsleistungen erbringe. Seit Beginn der Haager Verhandlungen sei der Glaube an einen ernsthaften deutschen Erfüllungswillen in Israel immer schwächer geworden. Er bedürfe dringend der Belebung.

3) Die lange Erfüllungsdauer (acht bis zwölf Jahre). Acht Jahre könnten hingenommen werden. Zwölf Jahre aber seien zu lang.

4) Die Gesamtsumme. Bisher habe die deutsche Delegation die von ihr der Bundesregierung vorgeschlagene Herabsetzung auf drei Milliarden DM noch nicht begründet. Aber diese Frage stehe für Israel an letzter Stelle. Er wolle nicht auf sie zurückkommen.

Auf meine Frage, ob Israel die Verhandlungen wieder aufnehmen werde, wenn die Bundesregierung den von mir mitgeteilten Vorschlag zum Inhalt eines Angebots an die israelische Regierung mache, antwortete Dr. Josephthal, er befürchte, daß die Beratungen im Haag sehr bald wieder auf einen toten Punkt geraten würden, wenn die Bundesregierung in ihrem Angebot nicht schon zu Beginn wenigstens den beiden zuerst aufgezählten Wünschen Israels entgegenkomme.

Dr. Goldmann bat mich, diese letzte Antwort Dr. Josephthals nicht dahin zu verstehen, als ob ein Eingehen auf die hier erörterten israelischen Abänderungswünsche in irgendeiner Weise zur Bedingung für die Fortsetzung der Verhandlungen gemacht werde oder daß ein deutsches Angebot, das meinem Vorschlag entspreche, bei der israelischen Regierung eine Reaktion des Unwillens hervorrufen werde. Wenn ihm der Herr Bundeskanzler in Paris erkläre, daß die Bun-

7 Ludwig Erhard.

desregierung über meinen Vorschlag nicht hinausgehen wolle, dann werde die israelische Regierung vielleicht zunächst außerhalb der Haager Verhandlungen in inoffizieller Weise versuchen, auf eine Verbesserung des deutschen Angebots hinzuwirken, damit dann die Verhandlungen im Haag ohne Spannungen zu Ende geführt werden könnten. Denn die Besorgnis vor neuerlichen Rückschlägen sei bei der israelischen Regierung groß. Die Verhandlungen würden dann im schlimmsten Fall etwas später beginnen. Aber der Inhalt meines Vorschlags biete keinen Anlaß zu apodiktischen Erklärungen oder Beanstandungen.

Dr. Goldmann betonte abschließend noch einmal seine Bitte um möglichste Beschleunigung und wiederholte seinen Vorschlag, der Herr Bundeskanzler möge dem Angebot dadurch, daß er es zu dem ersten außenpolitischen Akt der souveränen Bundesrepublik mache, eine besondere Weihe geben.

Nach dem Ende der Besprechung nahm Dr. Goldmann noch eine Gelegenheit wahr, mich allein zu sprechen. Er bat mich, dem Herrn Bundeskanzler seine Grüße zu übermitteln und ihm als seine Überzeugung mitzuteilen, daß die Regierung Israels meine Entsendung nach Paris und den Inhalt meiner Eröffnungen ebenso würdigen werde wie er selbst. Er werde in der ersten Wochenhälfte in Paris sein und stehe jederzeit zur Verfügung, wenn der Herr Bundeskanzler die Absicht habe, ihn zu empfangen.

3) Besprechung mit Dr. Josephthal

Bei meiner Abfahrt von Paris erwartete mich Dr. Josephthal auf dem Bahnsteig und machte mir folgende Eröffnung.

Er habe das Bedürfnis, mir zu erklären, aus welchem Grund für die israelische Regierung der Wunsch, Devisen zu erhalten, so dringend geworden sei. Israel habe in den letzten Wochen versucht, in London eine Anleihe zu erhalten, und sei mit diesem Versuch gescheitert. Herr Abs habe Kenntnis von diesem Vorgang. Die Verlegenheit, die damit für Israel entstanden sei, veranlasse ihn, mir zu erklären, daß Israel bereit sei, in eine Herabsetzung der Gesamtsumme zu willigen, wenn sich die Bundesrepublik dazu verstehen könne, einen Teil der Jahresleistungen für die nächsten Jahre in Devisen zu erfüllen.

Dr. Shinnar sei bereit, diese Frage mit dem Herrn Bundeswirtschaftsminister zu erörtern, falls dies erwünscht sein sollte. Er bitte, ihm gegebenenfalls den Termin an seine Londoner Adresse mitzuteilen.

[Böhm][8]

B 10 (Abteilung 2), Bd. 1689*

[8] Vermuteter Verfasser der nicht unterzeichneten Aufzeichnung.
* Bereits veröffentlicht in: DEUTSCH-ISRAELISCHER DIALOG, S. 67–72.

147

FDP-Fraktionsvorsitzender Schäfer an Bundeskanzler Adenauer

24. Mai 1952[1]

Sehr verehrter Herr Bundeskanzler!

Zu den Teilen des in diesen Tagen zur Unterzeichnung vorliegenden Vertragswerkes, gegen die noch ernste Bedenken und Einwände bestehen, gehört infolge der zugespitzten öffentlichen Erörterung in besonderem Maße die Bestimmung des Artikels 7 Absatz 3 des Deutschland-Vertrages[2]. Ohne im gegenwärtigen Stadium der Verhandlungen auf andere Einzelheiten der Verträge einzugehen, fühle ich mich verpflichtet, nochmals darauf zu verweisen, daß gegen Artikel 7 Absatz 3 in der Fraktion der FDP von zahlreichen Mitgliedern sehr betonte Einwände erhoben worden sind, so daß ich die Befürchtung nicht von der Hand weisen kann, daß allein schon um dieser Bestimmung willen die spätere Annahme des Vertragswerkes gefährdet werden könnte. Die Bedenken gehen vor allen Dingen hervor aus der Befürchtung, daß sowohl die innerdeutsche Opposition als auch die sowjetische Politik daraus Vorwände ableiten könnten, die der Bejahung des Vertragswerkes und seiner Zielgedanken psychologische und politische Hindernisse ersten Charakters bereiten könnten. Die mit dem Artikel 7 Absatz 3 verfolgte Tendenz gehört so zum eigentlichen Sinne des gesamten Vertragswerkes, daß ihre besondere Hervorhebung in dieser so leicht mißzudeutenden Form unbegründet erscheint. Infolgedessen besteht zwischen dem Sinngehalt des genannten Satzes und den von ihm zu erwartenden propagandistischen Störungen ein solches Mißverhältnis, daß schon deshalb der Verzicht auf ihn vernünftig erscheint. Es wäre doch verhängnisvoll, wenn durch eine im Grunde abstrakte Formel die Bevölkerung Berlins und der Sowjetzone zu einer Stimmung des Zweifels oder gar des Widerstandes gegenüber dem Vertragswerk durch die vertragschließenden Teile selbst verleitet würde.

Es wird der bisher seitens der Fraktion der FDP verfolgten Politik auch weiterhin entsprechen, daß die angestrebte gesamtdeutsche Entwicklung nach ihrer Verwirklichung im Einklang bleibt mit den eigentlichen Grundgedanken und Zielen des in diesen Tagen vor der Unterzeichnung stehenden Vertragswerkes. Wir möchten aber nicht, daß der Politik der Bundesregierung und der sie tragenden Koalitionsparteien zusätzliche Schwierigkeiten dadurch erwachsen, daß man der Opposition im Innern wie den sowjetischen Machthabern in Mittel-

1 Hat Staatssekretär Lenz, Bundeskanzleramt, am 26. Mai 1952 vorgelegen, der die Weiterleitung an Bundeskanzler Adenauer verfügte.
Hat Adenauer vorgelegen.
Hat Lenz erneut am 28. Mai 1952 vorgelegen, der die Weiterleitung an Staatssekretär Hallstein verfügte.
Hat Hallstein am 30. Mai 1952 vorgelegen.
Hat Legationsrat Limbourg am 3. Juni 1952 vorgelegen, der die Weiterleitung an die Delegation für die Ablösung des Besatzungsstatuts verfügte.

2 Vgl. Dok. 125, Anm. 4.

und Ostdeutschland äußere Anlässe bietet, den Wesensgehalt des Vertragswerkes vor dem deutschen Volke zu mißdeuten.

Mit dem Ausdruck vorzüglicher Hochachtung bin ich

Ihr ergebener
Schäfer

VS-Bd. 5316 (Referat 507)

148

Außenministerkonferenz

Tgb.Nr. 916/52 geh. **24./25. Mai 1952**[1]

Kurze Niederschrift über die Konferenz des Herrn Bundeskanzlers mit den Außenministern der Drei Mächte am Sonnabend, den 24. Mai 1952, 16.45 bis 18.30 Uhr, und Sonntag, den 25. Mai 1952, 10.35 bis 13.30 Uhr in Mehlem, Großer Konferenzsaal.[2]

I. Am Sonnabend, den 24. Mai 1952, erörterte Fragen

Mr. *Acheson* bringt einleitend zum Ausdruck, sein englischer und sein französischer Kollege hätten ihm vorgeschlagen, daß er bei der Konferenz den Vorsitz übernehme. Er fragt den Bundeskanzler, ob er damit einverstanden sei. Der *Bundeskanzler* bejaht dies.

Mr. *Acheson* stellt an den Bundeskanzler weiter die Frage, ob er vor Eintritt in die Tagesordnung eine allgemeine Erklärung abzugeben wünsche. Der *Bundeskanzler* erwidert, er habe nicht das Bedürfnis; er sei glücklich, die Herren in Deutschland zu sehen, und hoffe, daß am kommenden Montag der erste Teil eines großen und guten Werkes getan sei.

1) Überschrift des Generalvertrages

Mr. *Acheson* erklärt, der erste Punkt der Tagesordnung betreffe die Überschrift des Vertrages, den die Außenminister am Montag, den 26. Mai 1952, zu unterzeichnen hofften.

1 Die Gesprächsaufzeichnung wurde am 26. Mai 1952 von den Mitgliedern der Delegation für die Ablösung des Besatzungsstatuts, Determann und Schwartz, gefertigt.
Vgl. auch AAPD, Hohe Kommissare 1952, S. 340–358, sowie FRUS 1952–1954, VII/1, S. 95–100 und 104–109.

2 Auf seiten der Delegation der Bundesrepublik nahmen u. a. teil: Bundeskanzler Adenauer, Staatssekretär Hallstein, Ministerialdirektor Blankenhorn, Delegationsleiter Grewe; auf amerikanischer Seite Außenminister Acheson, Sonderbotschafter Jessup, Hoher Kommissar McCloy, Abteilungsleiter Perkins; auf britischer Seite Außenminister Eden, Unterstaatssekretär Roberts, Hoher Kommissar Kirkpatrick, Stellvertretender Hoher Kommissar Ward; auf französischer Seite Außenminister Schuman, Delegationsleiter Alphand, Hoher Kommissar François-Poncet, Abteilungsleiter François Seydoux de Clausonne, Referatsleiter Sauvagnargues.

Es sei viel darüber gesprochen worden, ob man zu dem bereits vereinbarten offiziellen Titel eine weitere abgekürzte offizielle Überschrift vereinbaren solle.[3] Eine Reihe von Vorschlägen hierzu hätten jedoch keine allgemeine Zustimmung gefunden. Amerikanischerseits sei man der Auffassung, daß am besten keine zusätzliche offizielle Überschrift vereinbart werde; jedem Staat solle es freigestellt sein, einen inoffiziellen Kurztitel zu gebrauchen. Im Laufe der Zeit werde sich dann ein allgemeiner Zusatztitel herausbilden.

Der *Bundeskanzler* stimmt diesen Ausführungen zu.

[4]2) Vereinbarung über früheres Inkrafttreten gewisser Teile des Vertragswerkes vor der vollständigen Ratifikation des EVG-Vertrages durch dessen Unterzeichnerstaaten (Entwurf eines Schreibens der Außenminister an den Bundeskanzler)

Mr. *Acheson* führt aus, der nächste Punkt der Tagesordnung betreffe das frühere Inkrafttreten gewisser Bestimmungen der hier verhandelten vertraglichen Abmachungen; hierzu seien von deutscher Seite vor einiger Zeit Vorschläge gemacht worden. Es sei davon gesprochen worden, daß gewisse Bestimmungen der Verträge nach der Ratifizierung dieser Verträge durch alle Unterzeichnerstaaten in Kraft treten sollten, auch wenn der EVG-Vertrag noch nicht von allen Staaten ratifiziert worden sei.

In dieser Hinsicht bestünden auf alliierter Seite gewisse Schwierigkeiten. Die hier verhandelten Verträge seien in vielen Bestimmungen von dem EVG-Vertrag abhängig, es sei daher nicht weise, einzelne Bestimmungen der einen Vertragsgruppe in Kraft treten zu lassen, bevor die andere Vertragsgruppe vollständig ratifiziert worden sei. Vielmehr solle man Sorge tragen, daß die Ratifizierung des EVG-Vertrages raschestmöglich durch alle Unterzeichnerstaaten erfolge; es sei die Absicht der Regierung der Vereinigten Staaten, das hier verhandelte Vertragswerk möglichst während der nächsten Woche dem Parlament der Vereinigten Staaten vorzulegen[5], und er hoffe, daß dies auch in den anderen Staaten der Fall sein werde. Vorläufig solle man auf die raschestmögliche Ratifizierung aller Verträge durch alle Unterzeichnerstaaten hoffen; erfülle sich diese Hoffnung nicht, dann könne die neue Situation von den Unterzeichnerstaaten der hier verhandelten Verträge beraten werden. Die Außenminister der Drei Mächte seien bereit, hierüber ein Schreiben an den Bundeskanzler zu richten.

Mr. Acheson verliest den Entwurf dieses Schreibens.

Für den Wortlaut des Entwurfes ist Anlage I[6] zu vergleichen (ohne den durch Unterstreichung kenntlich gemachten Schlußhalbsatz).

[3] In der Besprechung mit den Hohen Kommissaren François-Poncet (Frankreich), Kirkpatrick (Großbritannien) und McCloy (USA) am 19. Mai 1952 äußerte Bundeskanzler Adenauer den Wunsch, dem Vertrag über die Beziehungen zwischen der Bundesrepublik Deutschland und den Drei Mächten die Bezeichnung „Deutschlandvertrag" hinzuzufügen. Dies wurde von François-Poncet mit dem Hinweis abgelehnt, daß es sich allein um einen Vertrag über die Bundesrepublik handele, der nur ein Vorspiel zu einem Deutschlandvertrag sei. Vgl. dazu AAPD, Hohe Kommissare 1952, S. 250 f.

[4] Beginn Seite 2.

[5] Am 2. Juni 1952 legte Präsident Truman dem amerikanischen Senat den Generalvertrag vor, dem dieser am 1. Juli 1952 zustimmte.

[6] Dem Vorgang beigefügt. Die Außenminister der Drei Mächte erklärten, „daß unsere Regierungen bereit sein werden, nach Ratifizierung der Verträge durch alle daran beteiligten Parteien, sofern

Der *Bundeskanzler* erwidert, er verkenne nicht die auf alliierter Seite bestehenden Schwierigkeiten. Die Alliierten müßten jedoch auch die Schwierigkeiten der westeuropäischen Völker in Betracht ziehen. Die Bundesregierung beabsichtige, das Vertragswerk spätestens Ende Juli 1952, jedenfalls so rasch wie möglich, dem Bundestag vorzulegen. Der Bundestag werde seine Sitzungsperiode eventuell um 14 Tage verlängern, um das Vertragswerk noch vor den Ferien zu behandeln.[7] Wenn man bedenke, daß der Vertrag über die Gründung der Europäischen Gemeinschaft für Kohle und Stahl (Schuman-Plan), der im April 1951 unterzeichnet worden sei, gegenwärtig noch nicht von Italien und Belgien ratifiziert worden sei[8], dann sei die Besorgnis in bezug auf den Zeitpunkt des Inkrafttretens der hier verhandelten Verträge und der Aufstellung deutscher Kontingente nicht unbegründet. Es sei vorgesehen, daß die Bundesrepublik bis 1954 zwölf Divisionen aufzustellen habe; werde das Inkrafttreten der Verträge verzögert, so werde es der Bundesrepublik sehr schwer fallen, diese Verpflichtung zu erfüllen. Dies werde jedenfalls dann der Fall sein, wenn der EVG-Vertrag nicht in viel kürzerer Zeit als der Schuman-Plan ratifiziert werde. Es sei bekannt, daß die Niederlande vor kurzem erklärt hätten, daß mit der Ratifizierung des EVG-Vertrages nicht vor Dezember zu rechnen sei; die ganze Frage sei von weitgehender politischer Bedeutung. Würden die Verträge nicht bald in Kraft treten, so würden in der Bundesrepublik noch größere innenpolitische Schwierigkeiten entstehen, die Bevölkerung müsse baldmöglichst in den Genuß der Vorteile der hier verhandelten Verträge kommen. Die innenpolitische Schwierigkeit dieser Terminfrage ergebe sich auch daraus, daß das Jahr 1953 in der Bundesrepublik ein Wahljahr sei.[9] Diese seine Ausführungen hätten den Zweck, die Notwendigkeit beschleunigter Ratifizierung des EVG-Vertrages zu betonen. Für ihn seien dabei hauptsächlich innenpolitische Gründe maßgebend. Auch in Paris[10] werde er auf diese Umstände hinweisen.

Der Bundeskanzler schlägt vor, den von Mr. Acheson vorgelegten Entwurf durch etwa folgende Klausel zu ergänzen: „... und zur Prüfung der Frage, ob die Verträge oder Teile derselben früher in Kraft gesetzt werden können".

Mr. *Eden* bringt zum Ausdruck, daß die vom Bundeskanzler vorgeschlagene Ergänzung nach seiner Auffassung vorgenommen werden könne.

M. *Schuman* erwidert, es handele sich um eine sehr theoretische Lösung; man müsse sich doch über die Teile der Verträge klar werden, die für eine frühere Inkraftsetzung in Frage kämen. Zu diesem Zwecke müsse man den Bundeskanzler bitten, die von ihm erwähnten Schwierigkeiten näher zu beschreiben.

Fortsetzung Fußnote von Seite 431

seitens anderer Mächte eine untunliche Verzögerung in der Ratifizierung des Vertrages über die Errichtung der Europäischen Verteidigungsgemeinschaft eintritt, mit der Bundesregierung zu einer Konferenz zusammenzutreten, um die Lage zu prüfen und zu beschließen, ob Vereinbarungen getroffen werden können, um gewisse in den Verträgen enthaltene Bestimmungen vor Inkrafttreten der Verträge in Kraft zu setzen". Vgl. B 2 (Büro Staatssekretär), Bd. 186.

7 Am 9./10. Juli 1952 fand im Bundestag die erste Lesung der Ratifizierungsgesetze zum EVG- und zum Generalvertrag statt.

8 Am 12. Juni 1952 nahm die belgische Kammer, am 16. Juni 1952 die italienische Abgeordnetenkammer das Ratifizierungsgesetz zum EGKS-Vertrag an.

9 Am 6. September 1953 fanden Bundestagswahlen statt.

10 Am 27. Mai 1952 unterzeichneten Bundeskanzler Adenauer sowie die Außenminister Bech (Luxemburg), de Gasperi (Italien), Schuman (Frankreich), Stikker (Niederlande) und van Zeeland (Belgien) in Paris den EVG-Vertrag.

Der *Bundeskanzler* führt demgegenüber aus, die Lösung sei zwar theoretisch, aber sie biete für die deutsche innenpolitische Diskussion immerhin etwas, und ein Brief mit der von ihm vorgeschlagenen Ergänzung würde ihm in der innenpolitischen Diskussion eine große Hilfe sein. Mr. *Acheson* weist darauf hin, daß für eine solche Erweiterung entsprechend den Ausführungen von M. Schuman diejenigen Bestimmungen feststehen müßten, deren Inkraftsetzung vorweggenommen werden solle.

M. *Schuman* betont, er müsse besonderen Wert darauf legen, daß der von dem Bundeskanzler vorgeschlagene Zusatz die Rechtslage berücksichtige. Dies sei für die Behandlung der Verträge im französischen Parlament, insbesondere in der Kammer, von großer Bedeutung. Es werde eine ungünstige Reaktion beim französischen Parlament hervorrufen und die Lage eher verschlechtern, wenn der Eindruck entstehe, daß seinen Entscheidungen vorgegriffen werde. Der *Bundeskanzler* erklärt, es handele sich wohl um ein Mißverständnis; er habe lediglich vorgeschlagen, den Wortlaut des von Mr. Acheson vorgelegten Entwurfes des Briefes der Außenminister an ihn so zu lassen, wie er vorgelegt sei, und diesem Wortlaut die von ihm vorgeschlagene Ergänzung anzufügen. Damit sei völlig klargestellt, daß eine frühere Inkraftsetzung gewisser Vorschriften der Verträge nur mit Genehmigung der Parlamente erfolgen könne. Er habe nur darum gebeten, daß das frühere Inkrafttreten dieser Bestimmungen geprüft werde. Er wiederhole, daß es sich nicht um eine Frage der parlamentarischen Zustimmung handele.

Mr. *Acheson* bittet darum, darlegen zu dürfen, was nach seiner Auffassung vom Bundeskanzler gewünscht werde: Für den Fall, daß das Inkrafttreten des EVG-Vertrages ungehörig verzögert werde, solle eine Besprechung abgehalten werden, in der geprüft werden solle, welche Bestimmungen der hier verhandelten Verträge oder von Teilen derselben vor dem Inkrafttreten dieser Verträge in Kraft gesetzt werden könnten. M. *Schuman* bringt hierzu zum Ausdruck, es bestünden zwei Möglichkeiten: Erstens entstünden verfassungsrechtliche und parlamentarische Schwierigkeiten in Frankreich, wenn gewisse Teile der Verträge vor dem Inkrafttreten der Verträge selbst wirksam werden sollten; zweitens könnten gewisse Teile der Verträge herausgegriffen und in einer Form in Kraft gesetzt werden, welche nicht die Zustimmung des Parlaments erfordere.

Der *Bundeskanzler* hält den letzteren Vorschlag von M. Schuman für gut; es komme ihm darauf an, daß der Brief der Außenminister an ihn einen nicht allzu theoretischen Inhalt habe.

Mr. *Acheson* erklärt, wenn er richtig verstanden habe, so handele es sich darum, gewisse Bestimmungen der Verträge, welche gegenwärtig Teile dieser Verträge seien, vor dem Inkrafttreten dieser Verträge wirksam werden zu lassen, jedoch nicht formell als Teile der Verträge, sondern nur inhaltlich gleich. Eine Formulierung dieses Wunsches könne von den Sachverständigen der Vier Mächte ausgearbeitet und nach der Abendpause vorgelegt werden.

Diesem Vorschlag wird allgemein zugestimmt.

Mr. *Acheson* betont zum Schluß, die Vereinigten Staaten legten sehr großen Wert auf eine schnelle Ratifizierung aller Verträge. Auch er habe davon gehört, daß die Niederlande erst im Dezember parlamentarische Arbeiten in Angriff nehmen wollten. Er wolle auch noch auf einen Punkt hinweisen, der für die

Vereinigten Staaten von großer Bedeutung sei: Er hoffe, daß der Senat die Verträge im Juli ratifizieren werde; der Austausch der Ratifikationsurkunden könne jedoch erst nach der Ratifikation des EVG-Vertrages erfolgen. Dieser Austausch sei eine schwierige Sachverständigen-Arbeit. Es sei sicher, daß nach der Präsidentenwahl in den Vereinigten Staaten[11] andere Beamte tätig sein würden. Schon um zu vermeiden, daß die neuen Beamten sich in diese Materie einarbeiten müßten, sei eine raschestmögliche Ratifikation zu wünschen. Damit solle jedoch nicht gesagt sein, daß in der Außenpolitik der Vereinigten Staaten ein Wechsel eintreten werde; aber es werde schwierig sein, die sicher an die Stelle der bisherigen Beamten tretenden neuen Beamten in die Materie einzuarbeiten, so daß es günstig sein würde, wenn diese Arbeiten vor dem Wechsel abgeschlossen werden könnten.

Fortsetzung vgl. unten S. 19.[12]

3) Produktion von Atomenergie durch die Bundesrepublik

Mr. Acheson führt aus, es handele sich nur noch um die Frage, nach welcher Zeit die Revision der getroffenen Vereinbarungen erfolgen solle. Der Bundeskanzler habe eine Frist von 18 Monaten vorgeschlagen, die alliierten Vertreter hätten bisher eine Frist von drei Jahren genannt. Nunmehr sei man auf alliierter Seite bereit, sich auf eine Frist von zwei Jahren zu einigen.

Der *Bundeskanzler* ist damit einverstanden.

4) Produktion von ferngelenkten Raketengeschossen und Annäherungszündern mit kurzer Reichweite (Nr. IV (a) und (d) der Anlage II zu Artikel 107 (ex 106)[13] und Artikel 107 (ex 106) Paragraph 4 (b) Absatz (2) des EVG-Vertrages[14])

Mr. *Acheson* unterbreitet einen neuen Vorschlag für Nr. IV (a) und (d) der Anlage II zu Artikel 107 (ex 106) des EVG-Vertrages.

Der Wortlaut dieses Vorschlages ist in Anlage II Ziff. 1 enthalten.[15]

11 Die Präsidentschaftswahlen fanden am 4. November 1952 statt.

12 Vgl. Anm. 33.

13 Zu Ziffer IV der Anlage II zu Artikel 107 (in der Fassung vom 19. Mai 1952 Artikel 106) des EVG-Vertrages vgl. Dok. 141, Anm. 11.

14 Artikel 107, Paragraph 4 (Fassung vom 25. Mai 1952) des Entwurfs für den EVG-Vertrag: „Für die Ausstellung von Genehmigungen durch das Kommissariat gelten folgende Bestimmungen: a) Das Kommissariat darf für strategisch gefährdete Gebiete keine Genehmigung hinsichtlich der in der anliegenden Liste II erwähnten Waffengruppen erteilen, falls der Rat dies nicht einstimmig beschließt. b) [Absatz 1] Das Kommissariat erteilt Genehmigungen für die Errichtung von neuen Pulverfabriken für militärische Zwecke nur innerhalb eines durch Abkommen zwischen den Regierungen der Mitgliedstaaten festgelegten Gebietes. Es erteilt diese Genehmigungen unter der Bedingung, daß ein Aufsichtsbeamter ernannt wird, der die Einhaltung der Bestimmungen dieses Artikels durch das betreffende Unternehmen laufend überwacht. [Absatz 2] Dasselbe Verfahren soll auf ferngelenkte Geschosse mit kurzer Reichweite für Luftabwehr angewendet werden, wie sie in der Ziffer IV der Liste II definiert sind. [...]" Vgl. B 10 (Abteilung 2), Bd. 1021.

15 Dem Vorgang beigefügt. Entwurf der Drei Mächte für Ziffer IV (a) der Anlage II zu Artikel 107 des EVG-Vertrages: „Mit der unter (d) gemachten Einschränkung gelten als weittragende Geschosse und gelenkte Geschosse solche Geschosse, die ...". Entwurf der Drei Mächte für Ziffer IV (d) der Anlage II zu Artikel 107 des EVG-Vertrages: „Von diesen Definitionen sind ausgenommen Annäherungszünder und gelenkte Geschosse mit kurzer Reichweite für die Luftabwehr von weniger als zwei Metern Länge mit Zielsuchköpfen (Durchmesser des Geschosses 30 cm, Geschwindigkeit 660 m/sec., Reichweite 32 km, Sprengkopf einschließlich Füllung 22,5 kg)." Vgl. B 2 (Büro Staatssekretär), Bd. 186.

Mr. Acheson bemerkt, der Wortlaut müsse noch redaktionell überarbeitet werden.

Der Vorschlag wird vom *Bundeskanzler* und den Sachverständigen angenommen.

Mr. *Eden* führt aus, nach seiner Auffassung habe der Bundeskanzler jedenfalls zugestimmt, daß die Herstellung dieser Waffen nicht in strategisch gefährdeten Gebieten erfolgen dürfe, d.h. nicht ostwärts des Rheines. Mr. *Acheson* bringt zum Ausdruck, daß dies in einer Anlage zum EVG-Vertrag – jetzt Abkommen gemäß Artikel 107 (Paragraph 4 (b)) – geregelt werde. Der Bundeskanzler sei mit dieser Anlage einverstanden gewesen. M. *Schuman* fragt, ob dann sichergestellt sei, daß es sich um die gleiche Zone wie die für die Herstellung von Treibpulver usw. vorgesehene handele. Mr. *Acheson* bestätigt das. Mr. *Eden* ergänzt dies mit dem Hinweis, daß in diesem anliegenden Abkommen nur der Ort der Fabrikation geregelt werde, nicht jedoch der Umfang dessen, was hergestellt werden könne. Hierüber verhielten sich Artikel 107 und seine Anlagen I[16] und II des EVG-Vertrages.

Sir Ivone Kirkpatrick bemerkt nach einer kurzen, während der Besprechung abgehaltenen Verständigung der beiderseitigen Sachverständigen, deren Verlauf nicht protokolliert werden konnte, abschließend, es sei auch rechtstechnisch sichergestellt, daß für die in Nr. IV (d) genannten ferngelenkten Raketengeschosse und Annäherungszünder mit kurzer Reichweite die gleiche Zoneneinteilung gelte wie für die Herstellung von Treibpulver usw. Von deutscher Seite sei soeben ein Formulierungsvorschlag für einen Absatz (2) zu Artikel 107 Paragraph 4 (b) des EVG-Vertrages übergeben worden.

Wegen dieses Vorschlages vgl. Anlage II Ziff. 2.[17]

Der deutsche Vorschlag werde von alliierter Seite angenommen; die Frage könne damit als erledigt betrachtet werden.

[18]5) Französischer Vorbehalt zu Artikel 1 Absatz (1) Satz 2 des Sechsten Teiles des Vertrages zur Regelung aus Krieg und Besatzung entstandener Fragen (Verbot von Entnahmen aus der laufenden Produktion zu Reparationszwekken)[19]

Mr. *Acheson* gibt M. Schuman das Wort.

M. *Schuman* führt aus, er wisse, daß die Frage der Reparationen von besonderer Bedeutung für Bundesregierung und Bundeskanzler sei. Es gebe drei Kategorien von Reparationen: 1) Entnahme von Produktionseinrichtungen aus dem be-

16 Vgl. dazu Dok. 141, Anm. 12.

17 Dem Vorgang beigefügt. Entwurf der Delegation der Bundesrepublik für Artikel 107, Paragraph 4 (b), Absatz 2 des EVG-Vertrages: „Dasselbe Verfahren soll auf ferngelenkte Geschosse mit kurzer Reichweite für Luftabwehr angewendet werden, wie sie in der Ziffer IV (d) der Anlage II definiert sind." Vgl. B 2 (Büro Staatssekretär), Bd. 186.

18 Beginn Seite 10.

19 Artikel 1 (Fassung vom 1. Mai 1952) des Entwurfs für den Sechsten Teil des Überleitungsvertrages: „1) Die Frage der Reparationen wird durch den Friedensvertrag zwischen Deutschland und seinen ehemaligen Gegnern oder vorher durch diesbezügliche Abkommen geregelt werden. Die Drei Mächte verpflichten sich, zu keiner Zeit Forderungen auf Reparationen aus der laufenden Produktion der Bundesrepublik geltend zu machen. 2) Bis zu der in Absatz 1 dieses Artikels vorgesehenen endgültigen Regelung gelten die folgenden Bestimmungen." Vgl. VS-Bd. 5234 (Referat 507); B 150, Aktenkopien 1952.

siegten Lande und Überführung in die Gläubigerländer (Demontage), 2) die Verwertung von in den Gläubigerländern gelegenem Auslandsvermögen des Schuldnerstaates und seiner Staatsangehörigen und 3) die Entnahme von Gütern aus der laufenden Produktion des Schuldnerstaates. Unter den gegenwärtigen Umständen sei es nicht vorgesehen, daß die Drei Mächte auf die letztere Art von Reparationen zurückgreifen. Es sei für Frankreich jedoch schwierig, jetzt formell auf diese Art von Reparationen zu verzichten; insbesondere würden sich parlamentarische Schwierigkeiten ergeben. Daher schlage er vor, dieses Problem noch nicht endgültig zu regeln. Nach seiner Auffassung solle daher Satz 2 des ersten Absatzes gestrichen werden und der erste Absatz nur aus Satz 1 bestehen, der die Regelung des Reparationsproblems dem Friedensvertrag vorbehalte und bis zum Abschluß des Friedensvertrages auf die in den Artikeln 2 ff. enthaltene Regelung[20] verweise. Er sei damit einverstanden, daß dem Sechsten Teil ein neuer Artikel 6 angefügt werde, nach dem die Drei Mächte nicht beabsichtigten, auf Reparationen aus der laufenden Produktion zurückzugreifen. Auf die Frage des *Bundeskanzlers* bestätigt M. *Schuman*, daß der von ihm vorgeschlagene neue Artikel 6 nicht eine unverbindliche Erklärung einer Absicht sei, sondern eine Verpflichtung der Drei Mächte enthalten würde.

Der *Bundeskanzler* legt den von M. Schuman gemachten Vorschlag eines neuen Artikels 6 dahin aus, daß dessen Inhalt gemäß Artikel 1 Absatz (1) nur bis zum Abschluß der friedensvertraglichen[21] Regelung gelten solle, daß offenbar die Drei Mächte sich für den Friedensvertrag die Forderung von Reparationen in Form von Entnahmen aus der laufenden Produktion vorbehielten.

M. *Schuman* bestätigt diese Auslegung, weist aber darauf hin, daß der Friedensvertrag von Deutschland verhandelt und unterzeichnet würde. Der *Bundeskanzler* gibt der Auffassung Ausdruck, daß dieser französische Vorschlag eine sehr bedeutsame Änderung des bisherigen Textes des Sechsten Teils mit sich bringe, über den seiner Meinung nach schon Einigkeit bestanden habe. M. *Schuman* erwidert, der bisherige Text des Sechsten Teils sei ein Vorschlag der Sachverständigen der Unterzeichnerstaaten und von den Regierungen, insbesondere der französischen Regierung, noch nicht gebilligt worden. Der von den Sachverständigen vorgeschlagene Text des Sechsten Teiles könne von der französischen Regierung nicht angenommen werden. Er habe mit seinem Vorschlag für einen neuen Artikel 6 einen Text angeboten, der den Bundeskanzler befriedigen könne; mit seinem Vorschlag sei er sogar über das hinausgegangen, wozu er von seiner Regierung ermächtigt worden sei. Der *Bundeskanzler* führt demgegenüber aus, er habe keinesfalls die Absicht gehabt zu behaupten, daß der gegenwärtig vorliegende Text des Sechsten Teiles bereits die Billigung der Regierungen gefunden hätte; es sei sicher, daß die von den Sachverständigen vorgeschlagenen Texte von den Regierungen bzw. den Außenministern genehmigt werden müßten. Er sehe jedoch den Grund für den französischen Vorbehalt noch nicht ein. Es sei doch beabsichtigt, so bald als möglich Verhandlungen mit

20 Die Artikel 2 bis 5 (Fassung vom 1. Mai 1952) des Entwurfs für den Sechsten Teil des Überleitungsvertrages regelten die Behandlung des deutschen Auslandsvermögens und anderer im Wege der Reparationen oder Rückerstattung erfaßter Vermögensgegenstände. Für den Wortlaut vgl. VS-Bd. 5234 (Referat 507); B 150, Aktenkopien 1952. Für den identischen Wortlaut der Artikel 2 bis 5 des Überleitungsvertrages vom 26. Mai 1952 vgl. BUNDESGESETZBLATT 1954, Teil II, S. 202–204.

21 Ende Seite 10.

der Sowjetunion aufzunehmen, mit denen diese veranlaßt werden solle, ihre Forderungen auf Entnahmen aus der laufenden Produktion aufzugeben und die Entnahmen aus der laufenden Produktion der Sowjetzone einzustellen. Dies sei, soviel er wisse, stets der Wunsch der Regierungen der Drei Mächte gewesen. M. *Schuman* führt aus, in jedem Lande sei die parlamentarische Lage anders, und daher könne nicht von der Bundesrepublik auf Frankreich geschlossen werden. Was das Verhältnis zur Sowjetunion anlange, so glaube er, daß die Drei Mächte bereits 1949 bei den im Palais Rose in Paris geführten Verhandlungen[22] gezeigt hätten, daß sie stets versucht hätten, Rußland zum Verzicht auf seine Forderungen nach Reparationsleistungen aus der laufenden Produktion der Bundesrepublik zu bewegen. Die ganze Frage könne jedoch erst durch die Parlamente entschieden werden und alle vier Mächte einschließlich der Sowjetunion müßten in dieser Frage gleich entscheiden, was wegen der politischen Lage jedoch später erst erfolgen könne. Daher glaube er, daß es richtig sei, die Frage der friedensvertraglichen Regelung vorzubehalten. Der *Bundeskanzler* bestätigt, daß es in jedem Parlament bestimmte Punkte gebe, die besonders schwierig seien. Jedoch sei sicher der Schuldner von Reparationen in der schwierigsten Lage. Er habe den Inhalt der Verträge, auch den des Sechsten Teiles zur Regelung aus Krieg und Besatzung entstandener Fragen, an Vertrauensmänner der Koalitionsparteien bekanntgegeben. Die heutigen Zeitungen enthielten daraufhin massive Angriffe auf die Bundesregierung wegen der von ihr beabsichtigten Aufgabe des beschlagnahmten Auslandsvermögens. Wenn er dem jetzigen französischen Vorschlag zustimme, werde die deutsche Presse diese neue Regelung sicher dahin auslegen, daß die Drei Mächte auf Reparationen in Form von Entnahmen aus der laufenden Produktion bei den Verhandlungen über den Friedensvertrag zurückkommen. Zweifellos würde es im Friedensvertrag geregelt werden, aber der unterlegene Verhandlungspartner sei bei diesen Verhandlungen immer in einer schwierigen Lage. Die frühere britische Regierung habe ausdrücklich erklärt, daß die Reparationsfrage mit den Demontagen und der Beschlagnahme des Auslandsvermögens erledigt sei. Er bitte M. Schuman darum, ihm hier entgegenzukommen und seinen Vorbehalt fallen zu lassen. Er sei dafür bereit, ihm in der Frage der Anwendung des Truppenvertrages auf Streitkräfte von der EVG angehörenden Staaten entgegenzukommen.

M. *Schuman* betont, er habe in den meisten Punkten nachgegeben. Er glaube, daß in seinem Vorschlag das für den Bundeskanzler Wesentliche enthalten sei. Vielleicht sei es auch nur ein Formulierungs-Problem. Frankreich habe keine Reparationen in Form von Entnahmen aus der laufenden Produktion gefordert und werde keine solchen Reparationen fordern. Aus Artikel 1 des Sechsten Teiles ergebe sich die erneute Behandlung der Frage bei den Verhandlungen über die friedensvertragliche Regelung; diese werde frei und ohne Zwang ausgehandelt werden. Die Bundesrepublik werde sich bei diesen Verhandlungen in einer beneidenswerten Lage befinden, welche keinesfalls mit der Lage zu vergleichen sei, wegen der die Reparationen gefordert würden. Zweifellos sei der Schuldner von Reparationen empfindlich; ebenso empfindlich sei aber der Gläubiger, der den Schaden erlitten habe. Auch vom psychologischen Standpunkt

22 Die Außenministerkonferenz der Vier Mächte fand vom 23. Mai bis 20. Juni 1949 statt. Für den Wortlaut des Schlußkommuniqués vom 20. Juni 1949 vgl. EUROPA-ARCHIV 1949, Bd. 2, S. 2327 f.

aus bitte er den Bundeskanzler darum, auf seiner Weigerung nicht weiter zu bestehen. Der von ihm gemachte Vorschlag habe hauptsächlich das Interesse an einer raschen Ratifikation im Auge gehabt und habe keine Hintergedanken.

Der *Bundeskanzler* weist darauf hin, daß der innenpolitische Kampf um die hier verhandelten Verträge in der Bundesrepublik außerordentlich scharfe Formen angenommen habe; er habe einen Hitzegrad erreicht, an den niemand gedacht hätte. Es sei bekannt, daß Dr. Schumacher vor kurzem erklärt habe, wer den Generalvertrag unterzeichne, sei kein guter Deutscher mehr, und es sei ein Schande für jeden Sozialdemokraten, dem Unterzeichnungsakt beizuwohnen.[23] Angesichts dieser Tatsachen sei für ihn eine sehr schwierige Lage entstanden. Er fürchte sehr, daß, wenn er hier nachgebe und dem französischen Vorschlag zustimme, in der Bundesrepublik ganz sicher geglaubt würde, daß später von den Drei Mächten Reparationen in Form von Entnahmen aus der laufenden Produktion gefordert würden. Diesem Argument zu begegnen, sei für ihn fast aussichtslos. Er bitte darum, dies zu berücksichtigen und zu versuchen, ihm seine schwierige Lage zu erleichtern. Ergänzend erlaube er sich auch darauf hinzuweisen, daß vor kurzem in der Bremer Bürgerschaft ein KPD-Antrag die Unterstützung der SPD, der SRP und des BHE gefunden habe, gemäß dem die Bremer Bürgerschaft beschlossen habe, die Bundesregierung aufzufordern, den Generalvertrag nicht zu unterschreiben.[24]

M. *Schuman* erwidert, auch in Frankreich werde durch die Kommunisten dauernde Unruhe in der Reparations- und Entschädigungsfrage geschaffen. Die KPF werde ganz sicher darauf hinweisen, daß die Geschädigten in Rußland besser ständen, da die Sowjetunion auch Reparationen in Form von Entnahmen aus der laufenden Produktion erhalte. Dies sei eine schlechte Propaganda; die Weigerung des Bundeskanzlers, dem französischen Vorschlag zuzustimmen, werde diese schlechte Propaganda jedoch schüren. Dem Bundeskanzler müsse es genügen, daß von den Drei Mächten während der Geltung der hier verhandelten Verträge keine Reparationen aus der laufenden Produktion gefordert würden. Im Friedensvertrag müßten ohnehin eine Reihe von Fragen verhandelt werden, welche in diesen Verträgen nicht erledigt werden könnten. Er fordere lediglich eine platonische Geste, die jedoch von großer psychologischer Bedeutung für Frankreich sei. Der Bundeskanzler möge an die Vorteile denken, welche die hier verhandelten Abmachungen ihm dadurch bieten würden, daß es sich um vertragliche Regelungen handele.

Die Konferenz wird um 18.35 Uhr unterbrochen. Die Außenminister vereinbaren, daß über die soeben abgehaltene Besprechung keine Mitteilungen an die Presse gegeben werden sollen. Es wird vereinbart, die Konferenz planmäßig am späteren Abend fortzusetzen. Die Wiederaufnahme der Besprechungen erfolgt jedoch erst am Sonntag, den 25. Mai 1952 um 10.35 Uhr.

23 Vgl. dazu den Artikel „Schumacher wiederholt Angriffe gegen den Generalvertrag"; DIE NEUE ZEITUNG vom 23. Mai 1952, S. 1 f. Vgl. dazu auch SCHUMACHER, Reden, S. 902–904.

24 Am 20. Mai 1952 stellte die KPD-Fraktion in der Bremer Bürgerschaft folgenden Dringlichkeitsantrag zur Abstimmung: „Die Bürgerschaft protestiert gegen die beabsichtigte Unterzeichnung des Generalvertrages (Deutschlandvertrag)." Vgl. SENAT UND BÜRGERSCHAFT, Nr. 13 vom 26. Mai 1952. Die Bürgerschaft stimmte dem Antrag am 21. Mai 1952 zu. Vgl. dazu VERHANDLUNGEN, Nr. 8 vom 26. Mai 1952, S. 260.

II. Am Sonntag, den 25. Mai erörterte Fragen

Mr. *Acheson* eröffnet die Sitzung um 10.45 Uhr und schlägt vor, zunächst die Fragen von finanzieller Bedeutung zu erörtern. Es handle sich dabei um die mit Art. 50 des Truppenvertrages[25] und Art. 7 und 3 des Finanzvertrages[26] zusammenhängenden Probleme.

Zu 5) Französischer Vorbehalt zu dem Verbot von Entnahmen aus der laufenden Produktion zu Reparationszwecken, (Art. 1 Abs. (1) S. 2 des Sechsten Teiles des Überleitungsvertrages).

Vgl. oben Seite 10 ff.[27]

Mr. Acheson erklärt, er habe einen neuen Vorschlag zu machen. Art. 1 Abs. (1) Satz 2 des Sechsten Teiles solle in seiner jetzigen Formulierung ohne Änderung aufrechterhalten bleiben. Die französische Stellungnahme zu der dortigen Verpflichtung der Drei Mächte solle in einem besonderen Protokoll niedergelegt werden, das folgendermaßen laute:

Vgl. Anlage IV.[28]

M. *Schuman* legt die Position des französischen Vorschlages dar. Die eben verlesene Stellungnahme werde unter dem Vorbehalt abgegeben, daß man sich auch über die sonstigen noch offenen Fragen von finanzieller Tragweite einige. Mr. *Acheson* fügt hinzu, wenn M. Schuman erklärt habe, daß alle Fragen von finanzieller Tragweite in einem gewissen Zusammenhang stünden, so sei damit gemeint, daß man mit einem Entgegenkommen des Bundeskanzlers in bezug auf die Frage der Anwendung des Art. 50 des Truppenvertrages und des Art. 7 des Finanzvertrages auf die der EVG angehörenden Truppenkontingente rechne.

6) Anwendung des Truppenvertrages auf EVG-Streitkräfte (Art. 50)

Anwendung des Finanzvertrages auf EVG-Streitkräfte (Art. 7 und 3, Stand 23.5.52)

Der *Bundeskanzler* schlägt vor, die französischen und deutschen Experten den neuen französischen Vorschlag zu Art. 50 des Truppenvertrages – vgl. Anla-

25 Artikel 50 des Truppenvertrages vom 26. Mai 1952 regelte dessen Anwendung „auf im Bundesgebiet stationierte Truppen einer der Drei Mächte oder eines anderen Entsendestaates, die Mitglieder der Europäischen Verteidigungsgemeinschaft sind“. Vgl. BUNDESGESETZBLATT 1954, Teil II, S. 126. Vgl. dazu auch Dok. 143.

26 Artikel 7 des Finanzvertrages vom 26. Mai 1952 legte die „Einrichtungen und Leistungen“ fest, die „von den Streitkräften für eigene Zwecke und für Zwecke ihrer Mitglieder unentgeltlich benutzt oder in Anspruch genommen“ werden. Vgl. BUNDESGESETZBLATT 1954, Teil II, S. 140.
Artikel 3 des Finanzvertrages vom 26. Mai 1952 regelte die Modalitäten des finanziellen Verteidigungsbeitrags der Bundesrepublik. Für den Wortlaut vgl. BUNDESGESETZBLATT 1954, Teil II, S. 136 f.

27 Vgl. Anm. 18.

28 Dem Vorgang beigefügt. Amerikanischer Vorschlag zu Artikel 1, Absatz (1), Satz 2 des Sechsten Teils des Überleitungsvertrages: „Die Regierungen der Vereinigten Staaten und des Vereinigten Königreichs erklären, daß sie irgendwelche Reparationsansprüche aus der laufenden Produktion nicht geltend gemacht haben und nicht geltend zu machen beabsichtigen. Sie haben sich der Forderung solcher Reparationen durch irgendeine andere Macht beharrlich widersetzt und beabsichtigen, dies auch in Zukunft zu tun. Die französische Regierung nimmt von dieser tatsächlichen Lage Kenntnis und macht sich Artikel I des Teils VI des Vertrages zur Regelung aus Krieg und Besatzung entstandener Fragen zu eigen.“ Vgl. B 2 (Büro Staatssekretär), Bd. 186.

ge III[29] – noch während der Sitzung innerhalb der nächsten Stunde prüfen zu lassen. Er sei überzeugt, daß man zu einer Einigung kommen werde. M. *Schuman* erklärt, wenn er den Bundeskanzler recht verstanden habe, solle die ganze Debatte über diese Frage erneut eröffnet werden. Er glaube nicht, daß dies die Absicht von Mr. Acheson gewesen sei. Mr. *Acheson* stimmt letzterem zu. Wenn er den Vorschlag des Bundeskanzlers richtig verstanden habe, so bedeute er nur, daß die Sachverständigen sich zurückziehen sollten, um die sich aus Art. 50 des Truppenvertrages ergebenden Schwierigkeiten zu besprechen. Der *Bundeskanzler* betont, er habe nur sagen wollen, daß die Probleme des Art. 50 erörtert werden sollten. Es seien noch etwa 15 Einzelpunkte zu prüfen. Er sei sicher, daß man sich einigen werde. M. *Schuman* erklärt, es handele sich in der Tat nur um Detailfragen. Diese seien allerdings schon sehr häufig geprüft worden. Er glaube, daß man inzwischen soweit sei, den Art. 50 in der französischerseits vorgeschlagenen letzten Fassung insgesamt annehmen zu können. Der *Bundeskanzler* entgegnet, der letzte französische Vorschlag sei erst gestern überreicht worden. Man hätte noch nicht genügend Zeit gehabt, um ihn zu prüfen. Die deutschen Sachverständigen hätten jetzt etwa eine Stunde Zeit, um sich mit den alliierten Experten zu einigen. Sie hätten entsprechende Weisung erhalten. M. *Schuman* erklärt, ihn beängstige die vorgeschlagene Zeit von einer Stunde. Dies sei eine lange Zeit zur Klärung einiger weniger Fragen. Er wende sich gegen eine neue Rückverweisung der Frage an die Sachverständigen und ihre Diskussion, damit die bereits erreichte grundsätzliche Übereinstimmung nicht gefährdet werde. Der *Bundeskanzler* erklärt, eine Stunde habe nur 60 Minuten.

Mr. *Eden* betont, es seien noch andere Fragen zu besprechen, die man, während die Experten verhandelten, erörtern könnte. Er glaube, man könne sich glück-

29 Dem Vorgang beigefügt. Französischer Entwurf für Artikel 50 des Truppenvertrages: „1) Gewisse Bestimmungen dieses Vertrages finden unter den im Anhang ... genannten Bedingungen für eine Übergangszeit auf Kontingente der EVG Anwendung, die durch eine der Drei Mächte oder durch einen anderen in Art. 1 Abs. (3) dieses Vertrages genannten Staat entsandt werden. 2) Jede Signatarmacht dieses Vertrages, die Mitglied der EVG ist, übernimmt für die Dauer dieses Vertrages die Rechte und Pflichten aus Art. 3 Abs. (3) und Anhang A (soweit sie sich auf Straftaten, die im Bundesgebiet begangen wurden, und gegen die in Berlin stationierten Truppen gerichtet sind, beziehen) und aus Art. 17 Abs. (8) (soweit es sich um die Kontrolle des Luftverkehrs zwischen der Bundesrepublik und Berlin handelt). 3) Die französischen Truppen in Berlin werden weiterhin für die Dauer dieses Vertrages die gleichen Versorgungsmöglichkeiten im Bundesgebiet genießen wie die anderen alliierten Streitkräfte, die in Berlin stationiert sind. Anhang zu Art. 50: I. 1) Vom Zeitpunkt des Inkrafttretens des Vertrages über die Errichtung der EVG an übernehmen die in Abs. (2) und (3) des Art. 1 dieses Vertrages genannten Mächte, die Mitglieder der EVG sind, unter den folgenden Bedingungen nur die Rechte und Pflichten, die nachstehend aufgezählt sind und die aus diesem Vertrag und seinen Anhängen hervorgehen, wobei davon ausgegangen wird, daß das in Abs. (4b) des Art. 1 dieses Vertrages vorgesehene Verfahren auf andere als eine der Drei Mächte angewendet wird. 2) Bis zum 30. Juni 1953 die Rechte und Pflichten aus Art. 3 (Abs. (1) und, soweit sie sich auf die Erfüllung des Bedarfs der Streitkräfte beziehen, Abs. (2) und (4)), Art. 32 (Abs. (1), (2), und (3)), Art. 33 (soweit dieser Artikel sich auf die Steuerbefreiungen der Streitkräfte bezieht), Art. 36, 37, 38, 39, 40, 41 , 42, 44, 45 und 48. 3) Bis zum Inkrafttreten des Bundesgesetzes über den Schutz der Truppen die Rechte und Pflichten aus dem Art. 3 Abs. (3) und dem Anhang A. 4) Als Übergangsregelung und bis zu einem Zeitpunkt, der im Einzelnen im Einvernehmen mit der Bundesrepublik festgesetzt wird, und in keinem Fall später als dem 30. Juni 1953, die Rechte und Pflichten aus den Artikeln 4, 17, 18, 19, 20, 21, 34, 35 (soweit es sich um dienstliche Versetzungen handelt), sowie 43 und 46. II. Die Bestimmungen des Art. 17 Abs. (8), 9 Abs. (2) und des Anhanges B Abs. (3), soweit sie sich auf die EVG beziehen, werden durch Abs. (1) nicht berührt." Vgl. B 2 (Büro Staatssekretär), Bd. 186.

lich schätzen, wenn man die mit Art. 50 zusammenhängenden Fragen innerhalb einer Stunde lösen würde.

Mr. *Acheson* schlägt vor, die Sachverständigen sollten eine Stunde, keinesfalls aber länger, verhandeln und dann zurückkehren. Falls die Sachverständigen vorher fertig würden, sollten sie eher zurückkommen. Sein Kompromißvorschlag müsse unter Berücksichtigung der Zusicherung des Bundeskanzlers verstanden werden, daß man in der vorliegenden Frage deutscherseits entgegenkommen werde. M. *Schuman* betont, es sei wichtig, den Sachverständigen gewisse Richtlinien zu geben. Er wünsche keine grundsätzliche Debatte unter den Experten, vielmehr könne es sich lediglich um Fragen und Auskünfte handeln. Seine Bemerkungen bezögen sich auf Art. 50 des Truppenvertrages und Art. 7 des Finanzvertrages. Der *Bundeskanzler* versichert M. Schuman, er könne beruhigt sein. Er glaube, daß der Unterschied in den Auffassungen ganz gering sei. M. *Schuman* stimmt dem zu. Mr. *Acheson* stellt fest, er hoffe, daß man nun entsprechend seinem Vorschlag verfahren könne.

Die Sachverständigen verlassen um 11.08 Uhr vorübergehend die Konferenz.

Fortsetzung vgl. unten Seite 25.[30]

7) Aufteilung des deutschen Verteidigungsbeitrages

Mr. Acheson erklärt, der einzige finanzielle Punkt, über den er noch volle Klarheit haben wolle, sei, ob man sich über die Aufteilung des Verteidigungsbeitrages wirklich in der Weise geeinigt habe, wie es in der Besprechung des Bundeskanzlers mit den Hohen Kommissaren am 21. 5. 1952 beschlossen worden sei.[31]

Vgl. die kurze Niederschrift darüber; Tgb.Nr. 919/52 geh.[32]

M. *Schuman* erklärt, auch er sei einverstanden mit der dort gefundenen Regelung, allerdings unter dem Vorbehalt, daß man sich über die Gesamtheit der noch offenen finanziellen Fragen einig werde.

Im übrigen entscheide man ja auch über die Rechte anderer Staaten. Diese müßten Gelegenheit haben, sich zu äußern. Einige Staaten hätten bereits diesbezügliche Besorgnisse geäußert, insbesondere in Straßburg.[33] Mr. *Eden* betont, die hier abgeschlossenen Verträge unterlägen der Verantwortung der Vier Mächte.

Mr. *Acheson* erklärt, es sei richtig, wenn M. Schuman betont habe, daß alle finanziellen Fragen miteinander verknüpft seien.

Was den zweiten Teil der Bemerkung von M. Schuman betreffe, so sei zu sagen, daß die anderen betroffenen Staaten von den Verhandlungen laufend unterrichtet worden seien und mit der jetzt verabredeten Regelung wirklich zufrie-

30 Vgl. Anm. 45.

31 In der Besprechung einigten sich Bundeskanzler Adenauer sowie die Hohen Kommissare François-Poncet (Frankreich), Kirkpatrick (Großbritannien) und McCloy (USA) darauf, daß bei einem Inkrafttreten der beiden Vertragswerke am 1. November 1952 die Bundesrepublik monatlich einen Durchschnittsbetrag von 600 Millionen DM für Besatzungskosten und 300 Millionen DM für Besatzungsschäden übernehmen werde. Der Betrag, der an Besatzungskosten über 600 Millionen DM hinaus entstehe, solle auf den Verteidigungsbeitrag angerechnet werden. Vgl. dazu AAPD, Hohe Kommissare 1952, S. 283.

32 Für die Gesprächsaufzeichnung vgl. B 2 (Büro Staatssekretär), Bd. 186. Vgl. auch AAPD, Hohe Kommissare 1952, S. 279–284.

33 Zur Außenministerkonferenz am 23. Mai 1952 in Straßburg über eine Europäische Verteidigungsgemeinschaft vgl. Dok. 144.

dengestellt werden würden. Wenn man sich heute unter den Vier Mächten einig werde, so stelle dies eine echte Einigung für alle betroffenen Länder dar.

[34]Zu 2) Entwurf eines Schreibens der Außenminister an den Bundeskanzler, betr. besondere Vereinbarungen für das Inkrafttreten von Teilen des Vertragswerkes vor Ratifikation des EVG-Vertrages durch die Sechs Mächte.

Vgl. zunächst oben S. 2 ff.[35]

Mr. *Acheson* erklärt, der letzte Satz des Schreibens sei noch zu besprechen. Der Entwuf habe folgenden Wortlaut:

Vgl. Anlage I (durch Unterstreichung kenntlich gemachter Schlußabsatz).

Dieser Entwurf habe bereits informell die Zustimmung der Mächte gefunden.

Der *Bundeskanzler* erklärt, das Wort „arrangements" sei schlecht übersetzt. Statt „Vereinbarungen" solle man „Vorkehrungen" sagen. Diese Übersetzung wird akzeptiert. Mr. *Acheson* stellt die Einigung über das Schreiben ausdrücklich fest.

[36]8) Klausel über die Wiedervereinigung Deutschlands (Art. 7 Abs. (3) des Deutschlandvertrages)[37]

Alliiertes Schreiben zur Auslegung des gesamtdeutschen Vorbehalts (Art. 2 Abs. (1) (c) des Deutschlandvertrages)[38]

Mr. Acheson stellt fest, Art. 7 Abs. (3) des Generalvertrages habe dem Bundeskanzler erhebliche politische Schwierigkeiten gemacht. Man habe daher einen neuen Text ausgearbeitet, der diese wohl beheben werde.

Der Vorschlag wird überreicht; zum Inhalt vgl. Anlage V.[39]

Der Vorschlag enthalte zwei Gedanken. Einmal wollten die Drei Mächte auch einem wiedervereinigten Deutschland die sich aus dem Vertragswerk ergebenden Rechte zubilligen, sofern es auch die Pflichten, die die Verträge Deutschland auferlegten, übernehme. Zum anderen solle sich die Bundesrepublik jeder Abmachung enthalten, die die sich aus den Verträgen ergebenden Rechte oder Pflichten beeinträchtigen könnten.

Der *Bundeskanzler* erklärt, der neue Vorschlag könne wohl als Basis für eine Einigung angesehen werden. Dabei gehe er allerdings davon aus, daß die Drei Mächte dieselbe Verpflichtung wie die Bundesrepublik treffe. Er bitte Mr. Ache-

34 Beginn Seite 19.
35 Vgl. Anm. 4.
36 Beginn Seite 20.
37 Vgl. Dok. 125, Anm. 4.
38 Vgl. Dok. 125, Anm. 5.
39 Dem Vorgang beigefügt. Vorschlag der Drei Mächte für Artikel 7, Absatz 3 des Generalvertrages: „Im Falle der Wiedervereinigung Deutschlands werden die Drei Mächte die Rechte, welche die Bundesrepublik auf Grund dieses Vertrages und der Zusatzverträge hat, auf ein wiedervereinigtes Deutschland ausdehnen und werden ihrerseits zustimmen, daß die Rechte auf Grund der Verträge über die Bildung einer integrierten Europäischen Gemeinschaft in gleicher Weise ausgedehnt werden, wenn ein wiedervereinigtes Deutschland die Verpflichtungen der Bundesrepublik gegenüber den Drei Mächten oder einer von ihnen auf Grund dieser Verträge übernimmt. Soweit nicht alle Parteien dieses Vertrages ihre gemeinsame Zustimmung erteilen, wird die Bundesrepublik kein Abkommen abschließen noch einer Abmachung beitreten, welche die Rechte der Drei Mächte auf Grund der genannten Verträge beeinträchtigen oder die Verpflichtungen der Bundesrepublik auf Grund dieser Verträge mindern würden." Vgl. B 2 (Büro Staatssekretär), Bd. 186.

son um die Freundlichkeit, den neuen alliierten Vorschlag zu verlesen. Mr. *Acheson* verliest den Text.

Vgl. Anlage V.

Der *Bundeskanzler* erklärt, die Bundesrepublik übernehme nach Satz 2 des neuen Vorschlags die Verpflichtung, die Verträge nicht zu beeinträchtigen. Er nehme an, daß die Drei Mächte dieselbe Verpflichtung wie die Bundesrepublik übernähmen. Mr. *Acheson* entgegnet, die vom Bundeskanzler aufgeworfene Frage sei bereits in einer seiner letzten Besprechungen mit den Hohen Kommissaren erörtert worden.[40]

Die Frage wurde am 21.5.1952 besprochen, jedoch ohne Hinzuziehung eines Protokollführers. Vgl. Tgb.Nr. 919/52 geh.

Soweit die Drei Mächte betroffen seien, beziehe sich die Frage auf Art. 2 Abs. (1) (c) des Deutschlandvertrages, der den Drei Mächten gewisse Befugnisse einräume, dem Vertrag zuwiderzuhandeln.

Gesamtdeutscher Vorbehalt, vgl. den veröffentlichten Text.[41]

Um zu verhindern, daß der Verdacht entstehe, die Drei Mächte wollten aus dem gesamtdeutschen Vorbehalt weitergehende Befugnisse herleiten, habe man den Entwurf eines Schreibens übergeben. Dieser Entwurf laute:

Vgl. Anlage VI.[42]

40 Dazu teilte der amerikanische Hohe Kommissar McCloy am 21. Mai 1952 dem amerikanischen Außenministerium mit, Bundeskanzler Adenauer habe den Hohen Kommissaren François-Poncet (Frankreich), Kirkpatrick (Großbritannien)und ihm, McCloy, von der Kritik im Bundeskabinett und in den Koalitionsfraktionen bezüglich des Artikels 7, Absatz 3 des Generalvertrages berichtet: „Considerable fears were expressed, according to the Chancellor, that negot[iation]s between the three powers and Sov[iets] might be resumed which would lead to the re-establishment of four power control prior to the establishment of a unified Ger[many] whose rights were adequately protected under Article 7, para[graph] 3. Chancellor desires to protect against abuse of this ‚gap period' as a preliminary to extended negot[iation]s on unification. We agreed to consider possibility of a letter from Fo[reig]nMin[inster]s which would reassure Chancellor that our reservation re[garding] Ger[many] as a whole does not permit us to alter obligations we have assumed vis-à-vis the Fed[eral]Rep[ublic] in conventions. [...] The other question raised by cabinet related to desirability of suppressing Article 7, para[graph] 3 altogether from convention as giving SPD opportunity to claim it blocks unification or at least freedom to negotiate. Whereas Chancellor recognizes this argument, he and majority of cabinet are prepared to retain text if Allies consider it desirable. In these circumstances, we made no change." Vgl. FRUS 1952–1954, VII/1, S. 86 f. Vgl. dazu auch RAPPORTS, Bd. 1, S. 714 f.

41 Artikel 2, Absatz 1 des Generalvertrages vom 26. Mai 1952: „Die Drei Mächte behalten im Hinblick auf die internationale Lage die bisher von ihnen ausgeübten oder innegehabten Rechte in bezug auf a) die Stationierung von Streitkräften in Deutschland und den Schutz von deren Sicherheit, b) Berlin und c) Deutschland als Ganzes einschließlich der Wiedervereinigung Deutschlands und einer friedensvertraglichen Regelung." Vgl. BUNDESGESETZBLATT 1954, Teil II, S. 62.
Ende Seite 20.

42 Dem Vorgang beigefügt. Entwurf der Drei Mächte für ein Schreiben an Bundeskanzler Adenauer zu Artikel 2, Absatz 1 (c) des Generalvertrages: „Im Laufe unserer jüngsten Erörterungen baten Sie uns, zu bestätigen, daß das Recht bezüglich Deutschlands als ein Ganzes, das von den Drei Mächten in Artikel 2 Absatz 1 (c) des Vertrages über die Beziehungen zwischen der Bundesrepublik und den Drei Mächten vorbehalten worden ist, nicht so ausgelegt werden kann, daß es ihnen gestattet, die Beziehungen, die zwischen der Bundesrepublik und ihnen durch die heute unterzeichneten Verträge geschaffen worden sind, nachteilig zu beeinflussen. Ich beehre mich, Ihnen mitzuteilen, daß unsere Regierungen das in Frage stehende Recht nicht so auslegen, daß es den Drei Mächten gestattet, von ihren Verpflichtungen, die sie in dem heute unterzeichneten Vertrag der Bundesrepublik gegenüber übernommen haben, abzuweichen." Vgl. B 2 (Büro Staatssekretär), Bd. 186.

Mr. *Eden* betont, Art. 7 Abs. (3) des Deutschlandvertrages betreffe nur die deutschen Rechte und Verpflichtungen, nicht die alliierten. Aus diesem Grunde sei die Feststellung der alliierten Rechte und Pflichten in dem Entwurf eines Schreibens das genaue Gegenstück zu Art. 7 Abs. (3). Er bestätige hiermit den alliierten Entwurf dieses Schreibens zu Art. 2 Abs. (1) (c).

Vgl. Anlage VI.

M. *Schuman* erklärt, er möchte nur bemerken, daß er der Erklärung von Mr. Eden voll beipflichte, auch in bezug auf den Wortlaut des Schreibens, an dessen Formulierung man sich französischerseits beteiligt habe.

Der Satz 2 des neuen Vorschlages zu Art. 7 Abs. (3) widerspreche nicht der allgemeinen politischen Linie. Man habe ihn wohl nicht richtig verstanden. Der Brief betreffe nur den gesamtdeutschen Vorbehalt. Der letzte Satz des neuen Vorschlages zu Art. 7 Abs. (3) enthalte dagegen eine generelle Verpflichtung der Bundesrepublik, die nicht nur ein wiedervereinigtes, sondern auch ein noch nicht vereinigtes Deutschland betreffe.

Sir Ivone geht zum Bundeskanzler, um ihm den neuen Vorschlag zu erläutern.

Der *Bundeskanzler* erklärt, Sir Ivone habe ihn noch nicht überzeugen können. Der Brief beziehe sich lediglich auf Art. 2 Abs. (1) (c), d.h. auf die Fragen, die Deutschland als Ganzes beträfen. Er stelle eine authentische Interpretation dieser Bestimmung dar. In Satz 2 des neuen Vorschlags zu Art. 7 Abs. (3) sei auch für den Fall, daß es sich nicht um die Wiedervereinigung Deutschlands handele, der Bundesrepublik die Verpflichtung auferlegt, vertragstreu zu sein. Man sei durchaus bereit, eine solche Verpflichtung einzugehen, er habe aber den Wunsch, daß auch die Drei Mächte eine gleiche Verpflichtung übernähmen.

Mr. *Acheson* erklärt, er wolle den Argumenten von Sir Ivone noch die folgenden hinzufügen. Wie er das Schreiben verstehe, sage es genau das, was der Bundeskanzler meine. Wenn die Alliierten sich keine Rechte vorbehalten hätten, entstünde die ganze Frage nicht. Da es aber erforderlich gewesen sei, einen gesamtdeutschen Vorbehalt zu machen, erklärten die Drei Mächte in dem Brief, daß dieses Vorbehaltsrecht nicht so ausgelegt werden dürfe, daß besondere Befugnisse der Drei Mächte daraus gefolgert werden könnten, die das Vorbehaltsrecht nicht decke.

Es müsse zwei verschiedenen Lagen Rechnung getragen werden. Es gehe um Art. 7 Abs. (3) Satz 2 und das Schreiben zu Art. 2.

Bezüglich des Satzes 2 des Absatz (3) des Artikels 7 sei das Bild das folgende: Die Bundesrepublik schließe zunächst für sich Verträge ab. Das bleibe entweder so, dann entstünde keine neue Lage. Es könne aber auch der Fall eintreten, daß diese Rechnung nicht aufgehe, sondern weitere deutsche Gebiete hinzukämen. Aus diesem Grunde sehe der Satz (2) des Abs. (3) vor, daß die sich aus den Verträgen ergebenden Rechte und Pflichten nicht beeinträchtigt werden dürften.

Was den gesamtdeutschen Vorbehalt anlange, so habe eine nicht ausgeschlossene zu weitgehende Auslegung von deutscher Seite Bedenken ausgelöst. Aus diesem Grunde sei das Schreiben übergeben worden.

Dies seien die beiden Situationen, mit denen man sich in verschiedener Weise auseinanderzusetzen habe.

Der Bundeskanzler bittet, Staatssekretär Hallstein das Wort zu erteilen.

Staatssekretär *Hallstein* erklärt, ob es sich nicht [...][43] Fragen handele, als es bei Art. 2 Abs. (1) (c) lediglich um die Begrenzung eines Vorbehaltsrechtes, bei Art. 7 Abs. (3) Satz 2 dagegen um die Einschränkung normaler Hoheitsbefugnisse eines Staates gehe. Die Bundesrepublik verpflichte sich nach Satz 2 z.B., mit Sowjetrußland keinen Vertrag abzuschließen, der dem Generalvertrag entgegenstehe. Die deutschen Vertragspartner, die Drei Mächte, übernähmen dagegen keine derartige Verpflichtung. Sie wären also theoretisch in der Lage, einen Vertrag zu schließen, der von dem vorliegenden Vertragswerk abweiche. Diese Möglichkeit schließe der Brief nicht aus, sondern lediglich, daß ein derartiger Vertrag auf Grund eines Vorbehaltsrechts abgeschlossen werden könne. Frage sei also, ob das Recht, z.B. einen Vertrag mit Sowjetrußland zu schließen, lediglich den Drei Mächten vorbehalten bleiben solle.

M. *Schuman* fragt Staatssekretär Hallstein nach seiner Auffassung über die Rechtsnatur der Vorbehaltsrechte. Staatssekretär *Hallstein* erklärt, es handele sich dabei um Rechte, deren Grundlagen nicht Verträge, sondern Abmachungen der Vier Mächte seien. M. *Schuman* erwidert, ob Staatssekretär Hallstein nicht auch glaube, daß naturgemäß dem die Initiative zum Abschluß von Verträgen überlassen bleibe, dessen Rechte betroffen seien. Staatssekretär *Hallstein* betont nochmals, daß es sich in Art. 7 Abs. (3) Satz 2 um eine andere Frage handele, die nicht die Vorbehaltsrechte der Alliierten betreffe, sondern die Befugnis zur Eingehung vertraglicher Verpflichtungen, wie sie international allgemein üblich seien. Ob es nicht in der Logik derartiger Verträge liege, daß eine Verpflichtung wie die in Satz 2 begründete von allen Vertragspartnern übernommen werde.

Der *Bundeskanzler* erklärt, er sei in dieser Frage anderer Ansicht als Staatssekretär Hallstein. Nach seiner Auffassung korrespondiere Satz 2 des Abs. (3) mit dessen Satz 1, in dem die Alliierten sich bereit erklärten, die Rechte auf Grund des Deutschlandvertrages und der Zusatzverträge auf ein wiedervereinigtes Deutschland zu erstrecken, sofern das wiedervereinigte Deutschland die entsprechenden Pflichten übernehme. In Satz 2 verpflichte sich dafür die Bundesrepublik zu der Gegenleistung, daß sie keine Abkommen abschließen werde, welche die Rechte der Drei Mächte oder die Verpflichtungen der Bundesrepublik auf Grund der vorliegenden Verträge mindern würden. Satz 2 enthalte demnach nicht eine allgemeine Verpflichtung, sondern müsse in einem engen Zusammenhang mit Satz 1 gesehen werden. Mr. *Acheson* betont, was der Bundeskanzler hier ausgeführt habe, spiegele in der Tat die wirkliche Lage wider. Satz 2 sei ein Teil des Abs. (3), der sich mit der Frage beschäftige, die hier gerade erörtert werde. Es gehe dabei um dasselbe Problem wie in Art. 2 Abs. (1) (c), der sich auf den gesamtdeutschen Vorbehalt beziehe. Dabei hätten sich die Alliierten in dem Schreiben verpflichtet, daß keine Schmälerung der deutschen Rechte eintreten werde. Umgekehrt müsse sich daher die Bundesrepublik verpflichten, daß sie keine Vereinbarungen treffen werde, die die alliierten Rechte beeinträchtige.

43 Unleserlicher Passus in der Vorlage.

Wenn man über diese Frage Einigung erzielt habe, könne man wohl die mit der Erörterung des Art. 50 des Truppenvertrages und der Art. 7 und 3 des Finanzvertrages befaßten Sachverständigen zu sich bitten. Der *Bundeskanzler* ist mit letzterem Vorschlag einverstanden. Nach der Erörterung über die mit Artikel 50 zusammenhängenden Fragen wolle er sich mit Staatssekretär Hallstein über die vorliegende Frage verständigen.

In Art. 7 Abs. (3) der bisherigen Fassung des Deutschlandvertrages sei eine Anpassungsklausel enthalten, die man auch in die neue Formulierung aufnehmen könne. Auf Frage von Mr. Eden, an welcher Stelle der neuen Formulierung dieser Gedanke eingefügt werden solle, entgegnet der Bundeskanzler, die Anpassungsklausel gehöre in Satz 1 des Abs. (3). Mr. *Acheson* schlägt vor, hinter die Worte „...Wiedervereinigung Deutschlands...“ die Formulierung: „...– vorbehaltlich einer zu vereinbarenden Anpassung – ...“ aufzunehmen.

Man einigt sich über die Einfügung dieser Klausel in Satz 1 des Abs. (3) des Art. 7.

Vgl. amtlichen veröffentlichten Text.[44] Ein von den Alliierten herzustellender entsprechender neuer Text soll noch während der Sitzung übergeben und geprüft werden. Vgl. dazu unten S. 27.[45] Bezüglich des Briefes zu Art. 2 Abs. (1) (c) vgl. ebenfalls unten S. 27.

[46]Zu 6) Anwendung des Truppenvertrages auf EVG-Streitkräfte (Art. 50)
Anwendung des Finanzvertrages auf EVG-Streitkräfte
(Art. 7 und 3, Stand: 23.5.1952)

Mr. *Acheson* bittet um den Bericht der Sachverständigen.

M. *Sauvagnargues* erklärt, die Sachverständigen hätten sich über den neuen Text des Art. 50 und seinen Anhang C[47] geeinigt, der die Bestimmungen aufzähle, die die Rechte enthielten, die vom Zeitpunkt der Ratifikation bis zum 30.6.1953 auch den französischen Truppen zugestanden werden sollten. Über die einzelnen Bestimmungen bestünden insoweit keine Differenzen mehr. Dagegen hätten die deutschen Sachverständigen hinsichtlich des Verzichts auf ihren Vorschlag der Übertragung gewisser Befugnisse auf das Hohe Kommissariat der EVG bei der Versorgung der Truppen Vorbehalte gemacht.

44 Artikel 7, Absatz 3 des Generalvertrages vom 26. Mai 1952: „Im Falle der Wiedervereinigung Deutschlands werden die Drei Mächte – vorbehaltlich einer zu vereinbarenden Anpassung – die Rechte, welche der Bundesrepublik auf Grund dieses Vertrages und der Zusatzverträge zustehen, auf ein wiedervereinigtes Deutschland erstrecken und werden ihrerseits darin einwilligen, daß die Rechte auf Grund der Verträge über die Bildung einer integrierten europäischen Gemeinschaft in gleicher Weise erstreckt werden, wenn ein wiedervereinigtes Deutschland die Verpflichtungen der Bundesrepublik gegenüber den Drei Mächten oder einer von ihnen auf Grund der genannten Verträge übernimmt. Soweit nicht alle Unterzeichnerstaaten ihre gemeinsame Zustimmung erteilen, wird die Bundesrepublik kein Abkommen abschließen noch eine Abmachung eingehen, welche die Rechte der Drei Mächte auf Grund der genannten Verträge beeinträchtigen oder die Verpflichtungen der Bundesrepublik auf Grund dieser Verträge mindern würde.“ Vgl. BUNDESGESETZBLATT 1954, Teil II, S. 65.

45 Vgl. Anm. 49.

46 Beginn Seite 25.

47 Für den Wortlaut des Anhangs C zum Truppenvertrag vgl. BUNDESGESETZBLATT 1954, Teil II, S. 134.

Weiter hätte die Frage der Anwendbarkeit der[48] Art. 7 und 3 des Finanzvertrages auf die französischen Truppen noch nicht geklärt werden können.

Mr. *Acheson* bittet M. Schuman um seine Stellungnahme. M. *Schuman* erklärt, er sei aus zwei Gründen gegen Befugnisse des Hohen Kommissariats in Fragen der Versorgung. Einmal sei die Kommission nicht zuständig, er sehe nicht recht ein, inwiefern eine Zuständigkeit begründet sein sollte, zum anderen unterlägen die Unterhaltungskosten nicht der Zuständigkeit des Hohen Kommissariats. Seine Einschaltung sei nicht notwendig. Schließlich könne man nicht schon im voraus ein Datum festsetzen. Wenn eine dritte Instanz da wäre, werde sich das, wie er glaube, nur störend auswirken.

Was Art. 7 und 3 des Finanzvertrages betreffe, so sei er für ein salomonisches Urteil, in dem er Art. 3 dem Bundeskanzler überlassen wolle, wenn der Bundeskanzler ihm die Rechte aus Art. 7 zugestehe. Der *Bundeskanzler* erklärt, er sei grundsätzlich gerne bereit, einem wirklichen salomonischen Vorschlag zuzustimmen.[49]

Was aber die Befugnisse des Hohen Kommissariats angehe, so bitte er M. Schuman, sich die deutschen Gedanken durch den Kopf gehen zu lassen. Das Hohe Kommissariat werde insbesondere in der ersten Zeit seine Befugnisse nicht irgendwie gegen Frankreich ausnutzen können, so daß materiell in dem Zusatz nichts enthalten sei. Er glaube, daß gewisse Mitglieder der EVG dadurch sicherlich beruhigt würden. Wenn M. Schuman diesen Wunsch geringer bewerte, so sei er auch bereit, seinem Vorschlag zuzustimmen. Aber er bitte doch, sich das gut zu überlegen, da leicht der Argwohn entstehen könnte, daß man zwischen und für Deutschland und Frankreich eine Sonderstellung vereinbart habe. M. *Schuman* bleibt bei seiner Meinung und entgegnet, er befürchte nicht, daß die Partner auf den Gedanken kämen, daß zwischen Deutschland und Frankreich Heimlichkeiten bestünden. Er glaube, daß die Zusammensetzung des Kommissariats und der EVG nichts Heimliches zulasse. Frankreich werde nicht als einziges Land Nutzen daraus ziehen. Vielmehr würden auch Luxemburg und Belgien in den Genuß dieser Vorteile kommen, vielleicht später sogar noch andere Länder. Er wolle gern, daß sich alles offen abspiele.

In diesem Sinne dürfe er dem Bundeskanzler für seine Geste Dank sagen. Dadurch seien sehr heikle Fragen geklärt worden. Die Außenminister schienen also doch nicht ganz überflüssig zu sein. Mr. *Acheson* erklärt, er glaube, daß auch Mr. Eden so denke. M. *Schuman* dankt seinem amerikanischen und britischen Kollegen. Mr. *Acheson* erklärt abschließend, daß er die erfolgte Übereinstimmung so verstehe, daß man Einigung über alle bisher noch offenen finanziellen Fragen erzielt habe.

[50]Zu 8) Klausel über die Wiedervereinigung Deutschlands (Art. 7 Abs. (3) des Deutschlandvertrages)

Schreiben der Alliierten zu Art. 2 Abs. (1) (c) des Deutschlandvertrages

Vgl. zunächst oben S. 20 f.[51]

[48] Korrigiert aus: „des".
[49] Ende Seite 25.
[50] Beginn Seite 27.
[51] Vgl. Anm. 35.

Mr. *Acheson* erklärt, es bleibe noch die Prüfung des revidierten Textes von Art. 7 Abs. (3) des Deutschlandvertrages übrig. Der neue Text laute folgendermaßen:

Vgl. veröffentlichten Text.

Diese Fassung wird als endgültig angenommen.

Des weiteren wird ausdrücklich eine Einigung über den Text des Briefes zu Art. 2 Abs. (1) (c) des Deutschlandvertrages erzielt.[52]

Vgl. Anlage VI und oben S. 20 f.

9) Begnadigung von Kriegsverbrechern nach Unterzeichnung der Verträge

Mr. *Acheson* stellt fest, es bleibe noch eine Frage zu erörtern. Der Bundeskanzler wünsche, daß die Alliierten ihre Gnadenakte zwischen Unterzeichnung und Inkrafttreten der Verträge nicht einstellten. Er sei ermächtigt festzustellen, daß die Drei Mächte nicht die Absicht hätten, die Begnadigungen einzustellen. Der *Bundeskanzler* betont, er sei sehr dankbar für diese Erklärung. Seine Bitte gehe allerdings noch etwas weiter. Er wünsche Gnadenakte in größerem Umfange kurze Zeit nach Unterzeichnung der Verträge. Er denke dabei nicht an die Begnadigung wirklicher Verbrecher. Aber die Atmosphäre, in der die Kriegsverbrecherurteile nach 1945 ausgesprochen worden seien, beschäftige die deutsche Öffentlichkeit ganz außerordentlich. Früher sei die Geburt eines Königs Anlaß zu Gnadenakten gewesen. Wenn die Geburt des Generalvertrages unter dem gleichen Zeichen stünde, würde die öffentliche Meinung in Deutschland in bezug auf ihn sicherlich positiver reagieren. Man werde einen echten Fortschritt in dem vorliegenden Vertragswerk sehen, anderenfalls sicherlich nicht, da zu viel aus der Vergangenheit bestehen bleibe.

Mr. *Acheson* erkundigt sich, ob M. Schuman oder Mr. Eden noch etwas zu sagen hätten. M. *Schuman* erklärt, die Zahl der Häftlinge in der französischen Zone werde ständig geringer. Im übrigen sei er befugt mitzuteilen, daß die französische Regierung die Absicht habe, eine „Kollektivbegnadigung" vorzunehmen. Er wolle jedoch ausdrücklich feststellen, daß mit dieser Erklärung nicht irgendeine Verpflichtung begründet werden könne, da die französische Regierung für diese Frage nicht allein zuständig sei. Wenn er von dieser „Kollektivbegnadigungsaktion" spreche, meine er nicht in jedem Falle eine Freilassung des Gefangenen, sondern eine Aktion, die eine jedem einzelnen Fall angepaßte Regelung vorsehen werde.

Mr. *Eden* erklärt, man habe die Frage der Kriegsverbrecher seit der Londoner Konferenz[53] weiter überprüft. Das Ergebnis sei gewesen, daß die Zahl von 200

52 Schreiben der Hohen Kommissare François-Poncet (Frankreich), Kirkpatrick (Großbritannien) und McCloy (USA) vom 26. Mai 1952 an Bundeskanzler Adenauer: „Im Verlauf unserer kürzlichen Besprechungen baten Sie uns um Bestätigung, daß das Recht in bezug auf Deutschland als Ganzes, das sich die Drei Mächte in Absatz 1 (c) des Artikels 2 des Vertrages über die Beziehungen zwischen der Bundesrepublik Deutschland und den Drei Mächten vorbehalten haben, nicht dahin ausgelegt werden kann, daß ihnen hierdurch gestattet wird, die zwischen ihnen und der Bundesrepublik durch die heute unterzeichneten Verträge hergestellten Beziehungen nachteilig zu beeinflussen. Wir beehren uns, Ihnen mitzuteilen, daß unsere Regierungen das in Frage stehende Recht nicht dahingehend auslegen, als erlaube es den Drei Mächten, von ihren der Bundesrepublik in den heute unterzeichneten Verträgen gegenüber eingegangenen Verpflichtungen abzuweichen." Vgl. BUNDESGESETZBLATT 1954, Teil II, S. 244.

53 Zu den Besprechungen des Bundeskanzlers Adenauer am 18./19. Februar 1952 mit den Außenministern Acheson (USA), Eden (Großbritannien) und Schuman (Frankreich) vgl. Dok. 52, Dok. 53 und Dok. 55.

gefangenen Kriegsverbrechern auf 100 reduziert worden sei.[54] Er habe die Ausführungen des Bundeskanzlers zur Kenntnis genommen und Verständnis dafür. Er sei aber dennoch für die Beibehaltung des bisherigen Systems, da sich auf diesem Wege das Problem schon bald – bis auf eine kleine Anzahl von Ausnahmen – lösen werde. Im übrigen könne er sagen, daß das bisherige Begnadigungsverfahren nicht verlangsamt, sondern möglicherweise sogar etwas beschleunigt werden werde.

Mr. *Acheson* erklärt, es sei dem Bundeskanzler ja bekannt, daß die USA eine eingehende Prüfung der Kriegsverbrecherurteile vornähmen und entsprechende Maßnahmen ergriffen hätten. Man beabsichtige, dieses Verfahren unter Beachtung der Ausführungen des Bundeskanzlers fortzusetzen.

Der *Bundeskanzler* betont erneut, daß es sehr wichtig sei, wenn man dem deutschen Volke sichtbar machen würde, daß mit der Unterzeichnung der Verträge eine andere, neue Situation bestehe als seinerzeit nach 1945.

Weniger aus menschlichen als vielmehr aus politischen Gründen wolle er in diesem Zusammenhang die Aufmerksamkeit der westlichen Außenminister noch auf einen anderen Punkt lenken, nämlich die in Spandau festgehaltenen Kriegsverbrecher[55], jedenfalls einige von ihnen, z.B. von Neurath, vielleicht auch andere. Es handele sich dabei zum Teil um besonders traurige Fälle. Er wisse dabei, daß der Zeitpunkt seines Vorbringens vielleicht nicht sehr günstig gewählt sei, und ferner, daß evtl. gewisse Schwierigkeiten mit Sowjetrußland entstehen könnten. Dennoch wolle er seinen Wunsch heute aus politischen Gründen vortragen.

M. *Schuman* erklärt, wenn er gut informiert sei, so beabsichtigten die Drei Mächte in Berlin, Schritte gegenüber den russischen Behörden zu ergreifen, um gewisse Erleichterungen für die in Spandau festgehaltenen Kriegsverbrecher herbeizuführen.

10) Frage der in Frankreich verurteilten und festgehaltenen Kriegsverbrecher

Mr. *Acheson* erkundigt sich, ob noch weitere Fragen bestünden. Der *Bundeskanzler* erklärt, er wolle gern noch mit M. Schuman besprechen, ob nicht Schritte bezüglich der in Frankreich festgehaltenen Gefangenen unternommen werden könnten. M. *Schuman* erklärt sich bereit, die Frage sofort im Anschluß an die Sitzung zu erörtern.

11) Pressekommuniqué, Schlußworte

Mr. *Acheson* stellt fest, daß man alle Punkte der Tagesordnung besprochen und erledigt habe, und erkundigt sich, ob noch andere Punkte zu erörtern seien.

Mr. *Eden* erklärt, es bleibe noch zu klären, was man der Presse sage. Mr. *Acheson* schlägt vor, die Presseoffiziere sollten vielleicht ein Kommuniqué ausarbeiten, dessen ermutigendster Punkt sein würde, daß die vier Außenminister Übereinstimmung in allen Punkten erzielt hätten.

[54] Am 15. Mai 1952 waren 119 wegen Kriegsverbrechen Verurteilte in der britischen Haftanstalt in Werl in Haft. Vgl. dazu die Aufzeichnung des Referenten Born vom 17. Juli 1952; B 10 (Abteilung 2), Bd. 2096.

[55] Karl Dönitz, Rudolf Heß, Konstantin Freiherr von Neurath, Erich Raeder, Baldur von Schirach, Albert Speer.

Der *Bundeskanzler* stellt zur Diskussion, ob es nicht vielleicht genüge, wenn mitgeteilt werde, daß die Verträge zur Unterschrift bereit lägen. Mr. *Acheson* ist einverstanden und meint, diese Form sei wohl die beste.

M. *Schuman* erklärt, man könnte in dem Kommuniqué sagen, daß die endgültige Fassung der Verträge festliege und das Vertragswerk zur Unterschrift fertiggestellt sei.

Mr. *Acheson* stellt fest, daß die Verträge vollständig formuliert seien und die Billigung der vier Regierungen gefunden hätten. Dies sei eine Erklärung, die richtig und gut sei.[56]

Mr. *Eden* betont, was noch zu tun bliebe, sei, dem Vorsitzenden für seine vorzügliche Verhandlungsführung zu danken. Mr. *Acheson* dankt seinerseits Mr. Eden aufs herzlichste und erklärt, daß er niemals an einer Konferenz teilgenommen habe, die so glückliche Ergebnisse erzielt habe. Es sei ihm ein Bedürfnis, allen Anwesenden seinen aufrichtigen Dank auszusprechen.

Schuman fügt hinzu, er glaube im Namen aller zu sprechen, wenn er allen Sachverständigen und Mitarbeitern herzlich für die große Arbeit danke, die sie in den letzten Monaten geleistet hätten; eine Arbeit, die zu größter Zuversicht berechtige und dem Frieden in der Welt diene.

Der *Bundeskanzler* betont, den Hohen Kommissaren gebühre ganz besonderer Dank. Der Tag der Unterzeichnung sei wohl wirklich ein historisches Datum für Deutschland. Es sei vielleicht schwer für die Alliierten, sich die deutsche Situation vorzustellen, die mit der Vollendung des Vertragswerks entstehe, eine Lage, welche neue Aspekte eröffne, nachdem man 1945 vor einem völlig niedergebrochenen Deutschland gestanden habe. Besonderer Dank gebühre neben den Hohen Kommissaren auch den Außenministern, die an dem großen Werk letzte Hand angelegt hätten. Mr. *Acheson* erklärt, der Vorsitzende der Alliierten Hohen Kommission[57] habe ihn gebeten, dem Bundeskanzler zu sagen, daß die Atmosphäre in den Verhandlungen zwischen dem Bundeskanzler und ihnen vorzüglich und daß der Bundeskanzler zweifellos der Ausdauerndste gewesen sei.
Abschließend wolle er noch einen Wunsch äußern: Er bitte den Bundeskanzler zu veranlassen, daß morgen am Tage der Unterzeichnung die Sonne scheine.

Die Konferenz wird damit um 13.30 Uhr beendet.

B 2 (Büro Staatssekretär), Bd. 186

56 Vgl. dazu den Artikel „Außenminister erzielen volle Einigung"; DIE NEUE ZEITUNG vom 26. Mai 1952, S. 1 f.

57 John J. McCloy.

149

Generalkonsul I. Klasse Krekeler, Washington, an das Auswärtige Amt

241-27 II 7151/52 **Aufgabe: 27. Mai 1952, 14.17 Uhr**[1]
Fernschreiben Nr. 273 **Ankunft: 27. Mai 1952, 19.30 Uhr**

Hatte längere Unterhaltung mit amtierendem Staatssekretär Bruce. Er erklärte, Vorlage über Ratifikation deutsch-alliierter Verträge solle binnen einer Woche Senat zur Ratifikation vorgelegt werden. Er hoffe, diese werde noch im Laufe Juni erfolgen.[2] Jedenfalls werde man nicht warten, bis Verhandlungen im deutschen Bundestag über Ratifikation beendet sein würden. Bruce sprach dann über Lage in Frankreich, die er gegenwärtig für viel stabiler halte, als noch vor zwei Monaten. Es sei hoffnungsvoll, daß französische Sozialisten sich für Verteidigungsbeitrag ausgesprochen hätten.[3]

Zur russischen Note[4] sagte Bruce, sie sei wohl die schwächste unter bisherigen Deutschland-Noten der Sowjetregierung. Beunruhigend sei lediglich Hinweis, daß gesamtdeutsche Regierung völlige Freiheit bezüglich der jetzt getroffenen Abmachungen haben solle. Ich wies darauf hin, daß nach meiner Überzeugung keine deutsche Partei außer den Kommunisten bereit wäre, die von den Sowjets geforderte Wiederherstellung des Kontrollratstatus und der endgültigen Anerkennung der Oder-Neiße-Linie gutzuheißen. Hierüber bestünden keine Meinungsverschiedenheiten zwischen Regierung und sozialdemokratischer Partei. Bruce meinte, daß im Falle sowjetrussischer Reaktionen auf Unterzeichnung des Vertragswerks Wien nicht als Objekt ausersehen werden würde. Es sei wahrscheinlicher, daß weitere Aktionen gegen Berlin erfolgen würden.[5] Man dürfe

1 Hat Referent Kaumann am 28. Mai 1952 vorgelegen, der die Weiterleitung an Legationsrat I. Klasse Trützschler von Falkenstein verfügte.
Hat Trützschler von Falkenstein am 28. Mai 1952 vorgelegen.

2 Am 2. Juni 1952 legte Präsident Truman dem amerikanischen Senat den Generalvertrag vor, dem dieser am 1. Juli 1952 zustimmte.

3 Die Debatte in der französischen Nationalversammlung über die EVG fand vom 11. bis 19. Februar 1952 statt. Zur Resolution vom 19. Februar 1952 vgl. Dok. 48, Anm. 7.

4 In einer Note vom 24. Mai 1952 an die Drei Mächte erklärte die UdSSR, der Generalvertrag und die Zusatzverträge seien „ein offenes Kriegsbündnis der USA, Großbritanniens und Frankreichs mit der Regierung Westdeutschlands, mit dessen Hilfe das deutsche Volk von der Bonner Regierung in die Vorbereitung eines neuen Krieges hineingezerrt wird". Der EVG-Vertrag führe zu „einer weiteren Verschärfung des aggressiven Charakters der nordatlantischen Mächtegruppierung". Die sowjetische Regierung schlug erneut Verhandlungen der Vier Mächte über einen Friedensvertrag, die Vereinigung Deutschlands und die Bildung einer gesamtdeutschen Regierung vor und erklärte, sie gehe davon aus, „daß keinerlei von dem einen oder anderen Teil Deutschlands mit den Regierungen anderer Staaten abgeschlossene separate Abkommen der gesamtdeutschen Regierung irgendwelche Verpflichtungen auferlegen und daß eine gesamtdeutsche Regierung, die den Friedensvertrag unterzeichnet, alle Rechte besitzen wird, über die die Regierungen anderer unabhängiger und souveräner Staaten verfügen". Vgl. EUROPA-ARCHIV 1952, Bd. 1, S. 4986.

5 Am 26. Mai 1952 wurde in der DDR die „Verordnung über Maßnahmen an der Demarkationslinie zwischen der Deutschen Demokratischen Republik und den westlichen Besatzungszonen Deutschlands" erlassen. Das Ministerium für Staatssicherheit wurde beauftragt, „unverzüglich strenge Maßnahmen zu treffen für die Verstärkung der Bewachung der Demarkationslinie zwischen der Deutschen Demokratischen Republik und den westlichen Besatzungszonen, um ein weiteres Eindringen

sich aber unter keinen Umständen aus der Ruhe bringen lassen. Wenn die Sowjets tatsächlich den Krieg wollten, dann sei es gleichgültig, an welchem Punkt dieser ausbrechen würde. Wollten sie jedoch keinen Krieg, dann dürfe man sich durch Zwischenfälle nicht von dem gemeinsamen Ziel abbringen lassen.

[gez.] Krekeler

B 10 (Abteilung 2), Bd. 1406

150

Aufzeichnung des Vortragenden Legationsrats Salat

401-01-22 VI 07693/52 **27. Mai 1952**

Betr.: Deutsch-französisches Kulturabkommen

Da ich anläßlich des Besuchs der Außenminister in Bonn[1] dem Herrn Präsidenten Schuman zugeteilt war, hatte ich reichlich Gelegenheit, Fragen der kulturellen Zusammenarbeit zwischen Deutschland und Frankreich zur Sprache zu bringen. Dabei habe ich festgestellt, daß Herr Minister Schuman dem in Vorbereitung befindlichen deutsch-französischen Kulturabkommen große Bedeutung beimißt. Beim Abschiedsfrühstück am Montag[2] auf Schloß Ernich hat er mich mit Herrn Gesandten Spitzmuller, dem Leiter der Kulturabteilung im französischen Hohen Kommissariat, in ein langes Gespräch über das Kulturabkommen gezogen, und noch am Flugplatz bat er mich, dem Herrn Bundeskanzler mitzuteilen, wie sehr er hoffe, daß der Kulturvertrag recht bald unterzeichnet werden könne, wenn irgend möglich noch bevor in der französischen Kammer die Diskussion über die Ratifizierung der beiden eben unterzeichneten Verträge beginne. Er lege großen Wert darauf zu zeigen, daß gerade auf kulturellem Gebiet eine enge Zusammenarbeit zwischen beiden Ländern in die Wege geleitet sei. Deshalb wünsche er auch, daß die Unterzeichnung in einem feierlichen Rahmen vor sich gehe, über den er allerdings keine näheren Angaben machte.

Ich habe nun auch feststellen können, daß Herr François-Poncet ursprünglich gewünscht hatte, die Unterzeichnung des Kulturabkommens gleichzeitig mit der des Generalvertrags vorzunehmen. Der Vorentwurf des Kulturabkommens ist aber noch nicht im französischen Außenministerium voll gebilligt worden und

Fortsetzung Fußnote von Seite 451

von Diversanten, Spionen, Terroristen und Schädlingen in das Gebiet der Deutschen Demokratischen Republik zu verhindern". Vgl. GESETZBLATT DER DDR, Nr. 65 vom 27. Mai 1952, S. 406.

Am 27. Mai 1952 begann die DDR, die Grenze zum Bundesgebiet zu schließen und eine fünf Kilometer tiefe Sperrzone entlang der Zonengrenze zu errichten.

[1] Zur Konferenz des Bundeskanzlers Adenauer sowie der Außenminister Acheson (USA), Eden (Großbritannien) und Schuman (Frankreich) vom 24. bis 26. Mai 1952 in Bonn vgl. Dok. 148.

[2] 26. Mai 1952.

liegt nunmehr dem französischen Erziehungsministerium zur Stellungnahme vor. Man hofft aber, daß innerhalb von sechs Wochen in Frankreich der Text unterzeichnungsreif gemacht werden könne. In Frankreich werden die Kulturabkommen nicht der Kammer zur Ratifizierung vorgelegt, sondern treten normalerweise wenige Tage nach der Unterzeichnung automatisch in Kraft. Unser gemeinsamer Vorentwurf sieht 14 Tage Frist vor.

Die Kulturabteilung wird sich bemühen, auch auf deutscher Seite die Prüfung des Vorentwurfs durch die zuständigen Stellen möglichst zu beschleunigen, um jedenfalls noch im Monat Juni einen schon geprüften Entwurf dem Herrn Bundeskanzler vorlegen zu können.[3]

Dem Herrn Staatssekretär Professor Hallstein[4] ergebenst vorgelegt.

Salat

B 90 (Referat 600), Bd. 146

151

Runderlaß des Ministerialdirektors Blankenhorn

30. Mai 1952[1]

Betr.: Deutschlandvertrag und Vertrag über die Europäische Verteidigungsgemeinschaft

Am Freitag, dem 23. Mai, trafen die Außenminister der Vereinigten Staaten[2], des Vereinigten Königreichs[3] und Frankreichs[4] in Bonn zur Unterzeichnung des Deutschlandvertrags ein. Noch am selben Abend hatten die Außenminister mit ihren jeweiligen Hohen Kommissaren[5] und deren Mitarbeitern interne Besprechungen. Am Vormittag und frühen Nachmittag des 24. Mai fanden Drei-Mächte-Besprechungen der Westalliierten am Sitz des amerikanischen Hohen Kommissars in Mehlem statt.[6] Am späteren Nachmittag des 24. Mai erweiterten sich die Besprechungen zu einer Vier-Mächte-Konferenz mit dem Herrn Bun-

3 Das Kulturabkommen mit Frankreich wurde am 23. Oktober 1954 in Paris unterzeichnet.

4 Hat Staatssekretär Hallstein am 28. Mai 1952 vorgelegen.

1 Durchdruck.

2 Dean Acheson.

3 Anthony Eden.

4 Robert Schuman.

5 André François-Poncet (Frankreich), Ivone Kirkpatrick (Großbritannien) und John J. McCloy (USA).

6 In der Besprechung am Nachmittag des 24. Mai 1952 verständigten sich die Außenminister Acheson (USA), Eden (Großbritannien) und Schuman (Frankreich) auf gemeinsame Positionen u. a. bei folgenden Themen: Inkrafttreten einiger Teile des Generalvertrages und der Zusatzverträge vor Ratifikation des EVG-Vertrages, Begnadigung von Deutschen, die wegen Kriegsverbrechen verurteilt wurden, Reparationen, Beschränkung der Rüstungsproduktion der Bundesrepublik, Anwendung des Truppenvertrages auf Streitkräfte von EVG-Mitgliedstaaten, finanzieller Verteidigungsbeitrag der Bundesrepublik. Vgl. dazu FRUS 1952–1954, VII/1, S. 89–95.

deskanzler und seinen Mitarbeitern. Die Besprechungen fanden am Sonntag, dem 25. Mai, mittags ihren Abschluß. Gegenstand dieser Verhandlungen waren einige Bestimmungen des Vertragswerkes, wie z. B. die Bindungsklausel des Artikels VII/3[7], die auf höchster Ebene eine endgültige Formulierung finden mußten. Die Verhandlungen fanden in einer bemerkenswert freundschaftlichen und vertrauensvollen Atmosphäre statt.[8]

Auch außerhalb des Konferenzsaales hatten die drei westlichen Außenminister Gelegenheit zu persönlichen Fühlungnahmen mit dem Herrn Bundeskanzler, so u. a. auf einem Diner, das die drei Hohen Kommissare am Samstag abend in der Redoute in Bad Godesberg gaben, wie auf dem Empfang des Herrn Bundeskanzlers in der Redoute am Sonntag nachmittag, auf dem Diner des Herrn Bundeskanzlers im Haus Schaumburg am Sonntag abend und bei einem informellen Abschiedsfrühstück am Montag mittag, ebenfalls im Haus Schaumburg.

Die Unterzeichnung des Hauptvertrages und seiner Zusatzverträge fand am Montag, dem 26. Mai, vormittags um 10 Uhr im Bundesratssaal des Bundeshauses in Anwesenheit zahlreicher deutscher und alliierter Gäste statt. Bei dieser Gelegenheit hielten der Herr Bundeskanzler und der französische Außenminister M. Schuman kurze Ansprachen, deren Wortlaut in der Anlage beigefügt ist.[9] Im Anschluß an die Unterzeichnung fand eine Pressekonferenz statt, auf der die vier Außenminister je eine Erklärung abgaben, deren Texte ebenfalls aus der Anlage ersichtlich sind.[10]

7 Vgl. Dok. 148, Anm. 43.

8 Zur Außenministerkonferenz vom 24. bis 26. Mai 1952 vgl. Dok. 148.

9 Dem Vorgang nicht beigefügt.
Bundeskanzler Adenauer erklärte, daß der Generalvertrag zusammen mit dem EVG-Vertrag „eine Epoche des Friedens und der Zusammenarbeit“ einleiten und der erste Schritt zur Wiedervereinigung Deutschlands sein werde. Der französische Außenminister Schuman führte im Namen der Drei Mächte aus, daß „die drei Regierungen den Weg zum Frieden, auf dem eine wichtige Etappe erreicht worden sei, weiter beschreiten“ würden. Vgl. den Artikel „Deutsch-alliiertes Abkommen unterzeichnet“; DIE NEUE ZEITUNG vom 27. Mai 1952, S. 1.

10 Dem Vorgang nicht beigefügt.
Bundeskanzler Adenauer beschrieb die Unterzeichnung des Generalvertrages und der Zusatzverträge sowie die vorgesehene Unterzeichnung des EVG-Vertrages als Ereignis von historischer Bedeutung: „Hier ist ein Schlußstrich gezogen worden unter den schrecklichen Krieg und die Nachkriegszeit. Wir Deutsche werden frei, um in Europa an der gemeinsamen Aufgabe, ein geeintes Europa zu schaffen, mitzuwirken. Wir Deutsche treten ein in eine politische Gemeinschaft, in der wir alle Rechte, aber auch alle Pflichten haben. [...] Wir sind der Überzeugung, daß der Weg, den wir eingeschlagen haben, der einzig mögliche Weg ist, um zu einer Wiedervereinigung Deutschlands in Frieden und Freiheit zu kommen. Der amerikanische Außenminister Acheson hob die Bedeutung des unterzeichneten Vertragswerks für alle beteiligten Staaten hervor und führte weiter aus, daß die Vorbehaltsrechte der Drei Mächte „nicht aus irgendwelchen Gründen erfolgten, die sich auf die Bundesrepublik beziehen“. Vielmehr bezögen sie sich „ausschließlich auf andere Faktoren, nämlich auf die Notwendigkeit der Anwesenheit unserer Truppen, deren Aufgabe die Sicherung und Verteidigung Deutschlands und darüber hinaus Europas und der Freiheit der Welt ist und auf die Tatsache, daß Deutschland noch nicht wieder geeint werden konnte“. Der britische Außenminister Eden betonte, daß „die Aufforderung zur Zusammenarbeit an Frieden und Freiheit an alle Nationen gerichtet sei und daß keine Drohung an irgendeine Adresse ausgesprochen werde“. Der französische Außenminister Schuman erklärte: „Mit den Verträgen, die wir heute unterschrieben haben, legen wir den Grundstein einer neuen Zusammenarbeit, die auf einem wahren Vertrauen beruhen soll und muß. [...] Ich sage es nochmals: Wir wollen den Frieden und wollen ihn durch friedliche Mittel erlangen.“ Vgl. den Artikel „Die Außenminister vor der Weltpresse“; DIE NEUE ZEITUNG vom 27. Mai 1952, S. 1 und 6.

Am Nachmittag des 26. Mai begaben sich die vier Außenminister in getrennten Flugzeugen nach Paris, wo am Dienstag, dem 27. Mai, nachmittags im Uhrensaal des Quai d'Orsay der Vertrag über die Europäische Verteidigungsgemeinschaft mit seinen Zusatzabkommen und ergänzenden Erklärungen und Protokollen[11] unterzeichnet wurde.

In der Anlage werden die Texte der wichtigsten Verträge, Protokolle und Briefwechsel der beiden Vertragskomplexe in doppelter Ausführung übersandt. Ebenso werden je ein Leitfaden durch das Bonner und Pariser Vertragswerk und eine Liste sämtlicher unterzeichneter Verträge, Protokolle und Briefwechsel beigefügt.[12]

In der Weltöffentlichkeit scheint der Eindruck entstanden zu sein, daß die deutsche öffentliche Meinung hinsichtlich dieser Verträge sehr gespalten ist und ihnen im großen und ganzen ablehnend gegenübersteht. Dies entspricht nicht den Tatsachen. Die Agitation der Kommunisten und kleinerer rechtsradikaler Gruppen fällt zahlenmäßig nicht ins Gewicht. Es ist richtig, daß die sozialdemokratische Opposition in öffentlichen Erklärungen in sehr scharfer Weise gegen die beiden Vertragswerke Stellung nimmt. Mit einer negativen Haltung der Opposition mußte leider schon seit längerer Zeit gerechnet werden. Dem Herrn Bundeskanzler ist es jedoch gelungen, die an der Regierung beteiligten Koalitionsparteien trotz mancher in letzter Zeit geäußerter Bedenken davon zu überzeugen, daß die Annahme der beiden Vertragswerke durch die Bundesrepublik den einzig möglichen Weg darstellt, um die Bundesrepublik und Berlin in den Genuß größerer Freiheiten und größeren Schutzes vor der sowjetischen Bedrohung zu bringen und um sichere Grundlagen für die Wiedervereinigung Deutschlands und die Schaffung einer europäischen Föderation zu legen. Die Gedankengänge des Herrn Bundeskanzlers sind in einem am 28. Mai über die meisten deutschen Rundfunkstationen gesendeten Gespräch mit dem Journalisten Dr. Ernst Friedländer näher entwickelt worden. Der Text dieses Gespräches liegt ebenfalls als Anlage bei.[13]

[11] Für den Wortlaut des EVG-Vertrages und der Zusatzprotokolle vgl. BUNDESGESETZBLATT 1954, Teil II, S. 345–436.

[12] Dem Vorgang nicht beigefügt.
Für den Wortlaut des Generalvertrages und der Zusatzverträge vgl. BUNDESGESETZBLATT 1954, Teil II, S. 61–332.

[13] Dem Vorgang nicht beigefügt.
Adenauer erklärte, „der Vertrag über die Verteidigungsgemeinschaft sei zweifellos das wichtigere der Vertragswerke, da er die Zukunft neu gestalte. Das Bonner Abkommen schaffe allerdings die Voraussetzungen dazu, indem es die Vergangenheit bereinige." Die Verträge seien das einzige Mittel, um die Vereinigung Deutschlands zu erreichen. Ferner führte er aus: „In der harten Welt der Tatsachen gibt es für die Bundesrepublik nur zwei Wege: ein Zusammengehen mit dem Westen oder aber ein Zusammengehen mit den Sowjets. Alles, was dazwischen liegt, ist nicht Politik, sondern Illusion. Denn alles, was dazwischen liegt, versetzt uns in die Ohnmacht des Alleinseins und macht uns zum Spielball widerstreitender Kräfte." Auch nach der Ratifizierung, die er bis zum Beginn der Parlamentsferien am 20. Juli 1952 erwarte, sollten Verhandlungen mit der UdSSR angestrebt werden. Sollte der Ratifizierungsprozeß jedoch scheitern, sehe er nicht, „wie diese oder irgendeine andere deutsche Regierung nach einer Ablehnung der Verträge durch den Bundestag auch nur annähernd das wieder erreichen könnte, was in dem jetzt unterzeichneten Vertragswerk erreicht worden ist. Man soll doch nicht glauben, wir könnten den Westen mit einem Nein des Bundestages erpressen." Vgl. den Artikel „Bundeskanzler erwartet Ratifizierung der Vertragswerke bis Mitte Juli"; DIE NEUE ZEITUNG vom 30. Mai 1952, S. 1 und 3.

Die Bundesregierung hat das Vertragswerk heute dem Bundesrat zugeleitet und wird dafür Sorge tragen, daß die Verträge noch vor den für Ende Juli bis Anfang August ins Auge gefaßten Parlamentsferien ratifiziert werden.[14]

[gez.] Blankenhorn

VS-Bd. 53 (Büro Staatssekretär)

152

Memorandum des Delegationsleiters Abs, London

7. Juni 1952

1) Grundlage für die nachstehenden Betrachtungen ist der Bericht des Herrn Professor Dr. Franz Böhm vom 24. Mai 1952 über seine Besprechung mit Herrn Dr. Goldmann und den israelischen Delegationsmitgliedern vom 23. Mai 1952 in Paris.[1] Die Betrachtungen berücksichtigen ferner die Aussprache des Herrn Bundeskanzlers mit Herrn Dr. Goldmann am 28. Mai 1952 in Paris.[2]

2) In den Erörterungen, über die Herr Professor Böhm berichtet, ist die Erwähnung der individuellen Wiedergutmachungsansprüche zu vermissen. Wir sehen in der Berücksichtigung dieser Ansprüche die stärkste Begründung für eine Begrenzung der jährlichen Leistungen an Israel. Wir verweisen in diesem Zusammenhang auf Artikel 4 Absatz 3 des dritten Teils und Absatz 2 und 3 des vierten Teils des zum Deutschland-Vertrag gehörigen Vertrages zur Regelung aus Krieg und Besatzung entstandener Fragen.[3]

Durch alsbaldige und wirksame Leistungen die vielfach große Notlage der hier in Betracht kommenden anspruchsberechtigten Einzelpersonen zu beseitigen oder doch wenigstens zu mildern, muß der Bundesregierung naturgemäß besonders am Herzen liegen. Eine Erfüllung dieser Ansprüche, die, um überhaupt effektiv zu sein, ebenfalls in verhältnismäßig kurzer Zeit – etwa in zehn Jahren – beendet sein müßte, würde, soweit es sich dabei um Anspruchsberechtigte mit Wohnsitz im Ausland handelt, nach überschlägiger Schätzung bereits einen jährlichen Gesamtaufwand von DM 300–400 Millionen erfordern, die aber nicht nur aufzubringen, sondern im Laufe der Zeit auch zu transferieren wären.

14 Am 19. März 1953 nahm der Bundestag die Ratifizierungsgesetze zum EVG- und Generalvertrag an, die am 30. März 1954 von Bundespräsident Heuss unterzeichnet wurden.

1 Zum Gespräch des Delegationsleiters Böhm mit dem Vorsitzenden des World Jewish Congress, Goldmann, und den israelischen Delegationsmitgliedern bei den Wiedergutmachungsverhandlungen in Wassenaar, Avner, Barou, Josephthal und Shinnar, vgl. Dok. 146.

2 Zum Gespräch des Bundeskanzlers Adenauer mit dem Vorsitzenden des World Jewish Congress, Goldmann, vgl. Dok. 146, Anm. 5 und 6.

3 Zu Artikel 4, Absatz 3 des Dritten Teils des Überleitungsvertrages vom 26. Mai 1952 über Innere Rückerstattung vgl. Dok. 124, Anm. 10.
Zu den Absätzen 2 und 3 des Vierten Teils des Überleitungsvertrages vom 26. Mai 1952 über die Entschädigung für Opfer nationalsozialistischer Verfolgung vgl. Dok. 124, Anm. 11.

Die Bundesregierung muß daher auch im Hinblick auf die schon erwähnte Notwendigkeit einer Berücksichtigung aller außerhalb des normalen Wirtschaftsverkehrs zu erbringenden Leistungen sowohl im Rahmen der Londoner Schuldenverhandlungen als auch im Rahmen der Verhandlungen mit dem Staate Israel ihre vordringliche Verpflichtung zur Erfüllung dieser individuellen Wiedergutmachungsleistungen, die im übrigen mit den vom Staate Israel erhobenen Forderungen in einem gewissen motivischen Zusammenhang stehen, besonders in Rechnung stellen.

3) Die Tatsache der Nichterwähnung der individuellen Forderungen in den Pariser Erörterungen von Professor Böhm wiegt um so schwerer, als er mit Herrn Dr. Goldmann die Behandlung der Globalforderung der von Herrn Dr. Goldmann vertretenen jüdischen Organisationen erneut besprochen hat.

4) Es fällt auf, daß sich Professor Böhm bei dem Pariser Gespräch nicht mit genügendem Nachdruck auf die begrenzte Leistungsfähigkeit der Bundesrepublik berufen hat. Professor Böhm berichtet über seine eigenen Ausführungen in diesem Zusammenhang:

„Anfangsannuitäten: Binnen der ersten zwei Jahre Warenlieferungen im Betrag von jeweils DM 200 Millionen. Diese niedrigen Anfangsleistungen seien in Rücksicht auf die außergewöhnliche Inanspruchnahme unserer Aufbringungsfähigkeit durch die bekannten Verpflichtungen neuesten Datums vorgesehen. Dabei sei ich mir durchaus bewußt, daß im Interesse des Vertragserfolgs überdurchschnittliche Anfangsleistungen wünschenswert gewesen seien."

Nach unserer Auffassung sind DM 200 Millionen Jahresleistung, wenn sie überhaupt aufgebracht und an Israel geleistet werden können, als das Äußerste anzusehen und verdienen daher nicht das Attribut „niedrig". Der Herr Bundeskanzler hat sich sowohl in seiner Erklärung vor dem Deutschen Bundestag[4] wie in seinem Schreiben an Herrn Dr. Goldmann[5] auf die deutsche Leistungsfähigkeit als Grenze der Wiedergutmachung ausdrücklich berufen. Den gleichen Vorbehalt hat die Bundesregierung auch bei den Verhandlungen über die oben zitierten Bestimmungen der einschlägigen Zusatzabkommen zum Deutschland-Vertrag gemacht. Dem Vorbehalt ist durch die Formulierung dieser Bestimmungen Rechnung getragen. Für selbstverständlich erachtet die Bundesregierung den Vorbehalt deswegen, weil sie, wie schon vor der Londoner Schuldenkonferenz erklärt worden ist, keine Verpflichtung übernehmen kann, deren Erfüllung – das heißt Aufbringung und Transferierung – ihr ohne eine schwere, schließlich auch die Interessen der Gläubiger schädigende Gefährdung der deutschen Wirtschaft und Finanzen nicht möglich erscheint. Dabei ist es für die Bundesregierung ebenso selbstverständlich, daß in Anbetracht der besonderen Art der vom Staate Israel, von den einzelnen Wiedergutmachungsberechtigten und von den jüdischen Organisationen erhobenen Ansprüche von ihr die äußersten Anstrengungen zu machen sein werden, um den als berechtigt anzuerkennenden Ansprüchen in dem Umfange, in den Modalitäten und in dem Zeitraum zu genügen, wie das von den Partnern billigerweise erwartet werden kann.

4 Zur Erklärung des Bundeskanzlers Adenauer vom 27. September 1951 vgl. Dok. 72, Anm. 2.

5 Zum Schreiben des Bundeskanzlers Adenauer vom 6. Dezember 1951 vgl. Dok. 40, Anm. 2, und Dok. 110, Anm. 3.

5) Die deutsche Delegation hat sich in den Londoner Schuldenverhandlungen bemüht, die Gläubiger von der beschränkten deutschen Leistungsfähigkeit zu überzeugen, die neben den in London zu behandelnden Schulden auch durch die übrigen außerordentlich hohen Verpflichtungen beansprucht wird, denen sich die Bundesrepublik und die deutsche Wirtschaft gegenübersieht. Eine entsprechende Bezugnahme in den Erklärungen von Professor Böhm gegenüber der israelischen Seite fehlt völlig. Im übrigen darf darauf hingewiesen werden, daß in dem Schriftwechsel zwischen der Bundesregierung und der Alliierten Hohen Kommission vom 6. März 1951[6] stets von der Rücksichtnahme auf die gesamte deutsche Zahlungsfähigkeit gesprochen worden ist. Aus dieser Argumentation ergibt sich der von uns wiederholt gekennzeichnete untrennbare Zusammenhang zwischen den Forderungen der Londoner Gläubiger auf der einen Seite und den Ansprüchen Israels und den übrigen Auslandsforderungen auf der anderen Seite.

6) Dieser Zusammenhang war auch der Grund, weshalb die deutsche Delegation für die Israel-Verhandlungen unter dem 9. April 1952 der Delegation des Staates Israel mitgeteilt hat, daß eine Erklärung über Gesamthöhe, Termine und Modalitäten von Zahlungen und sonstigen Leistungen an Israel von deutscher Seite erst einen Monat nach Wiederbeginn der Londoner Verhandlungen abgegeben werden könne.[7] Die deutsche Delegation für die Israel-Verhandlungen ging dabei, nachdem sie die deutsche Delegation für die Londoner Schuldenverhandlungen konsultiert hatte, davon aus, daß alsbald nach Wiederbeginn der Londoner Verhandlungen von der deutschen Delegation für die Israel-Verhandlungen entsprechend ihrer vor der Osterpause gemachten Zusage ein deutscher Vorschlag für eine allgemeine Schuldenregelung der Konferenz unterbreitet werde und daß nach Ablauf eines Monats jedenfalls ein ungefährer Überblick gewonnen sein würde, wie voraussichtlich Umfang und Modalitäten einer künftigen Regelung der auf der Londoner Konferenz zu behandelnden deutschen Auslandsschulden gestaltet werden könnten. Die Londoner Verhandlungen haben am 19. Mai 1952 wiederbegonnen. Am 23. Mai 1952 hat die deutsche Delegation für diese Verhandlungen ihre Erklärung zur Schuldenregelung abgegeben.[8] Sie hat in dieser Erklärung darauf hingewiesen, daß sich die Bundesregierung auch erheblichen Forderungen des Staates Israel sowie jüdischer Organisationen und Einzelpersonen gegenübersehe, – Forderungen, deren Erfüllung in relativ kurzer Zeit verlangt werde, deren Jahresbeträge sich aber noch nicht absehen ließen. Jedenfalls würden auch sie eine weitere fühlbare Belastung des deutschen Bundeshaushalts bedeuten. In der Erklärung ist sodann auch gesagt, daß daran gedacht sei, die Forderungen des Staates Israel in erster Linie durch Warenlieferungen abzudecken, die zum Wiederaufbau des Staates Israel beitragen sollten, daß aber in Anbetracht der beschränkten deutschen Leistungsfähigkeit und des Bedürfnisses des Staates Israel nach schneller Leistung die Lösung des Problems schließlich in der Aufnahme einer äußeren Anleihe gesucht werden müsse.

6 Zum Notenwechsel des Bundeskanzlers Adenauer mit der AHK vgl. AAPD 1951, Dok. 48.

7 Zur Erklärung des Delegationsleiters Böhm, Wassenaar, bei den Wiedergutmachungsverhandlungen mit Israel und den jüdischen Organisationen vgl. Dok. 97, Anm. 6.

8 Vgl. dazu Dok. 134, Anm. 9.

7) Wir würden es für richtig halten, wenn die Anregung, die Herr Dr. Goldmann in seinem Schreiben vom April 1952 an Herrn Ministerialdirektor Blankenhorn gegeben hat, aufgenommen würde. Diese Anregung ging dahin, zunächst nur eine Absprache für drei Jahre zu treffen, in deren Verlauf die Bundesrepublik bestimmte Warenlieferungen leistet und vor deren Ablauf eine endgültige Regelung angestrebt werden soll.[9]

8) Die neben London gleichzeitig geführten Verhandlungen mit Israel und das Eingehen auf diese Forderungen hat die Haltung der in London vertretenen Gläubiger erheblich versteift. Die in den Londoner Vorverhandlungen[10] in Aussicht genommene, über Jahre verteilt steigende Transferleistung hat keine Aussicht mehr, durchgesetzt zu werden. Wir versuchen noch, uns für die nächsten Jahre nur auf Zinszahlungen zu beschränken und erst nach einigen Jahren Anlauf mit einer Tilgung zu beginnen. Die Gläubiger haben die Sorge, daß ihnen Zahlungen vorenthalten werden, um andere Verpflichtungen zu erfüllen. Wir haben ihnen nach der Fühlungnahme mit den Vertretern des Staates Israel in großen Zügen über den Stand der Verhandlungen mit dem Staate Israel berichtet und dabei erwähnt, daß die in Aussicht genommene Jahresleistung von DM 100 Millionen in Warenlieferungen von seiten des Staates Israel auf Ablehnung gestoßen ist. Man rechnet hier wohl damit, daß die Bundesrepublik ihre Leistungen an Israel über die DM 100 Millionen Jahresleistung hinaus erhöht.

Inzwischen haben die Gläubiger am 30. Mai 1952 die deutschen Vorschläge für die allgemeine Schuldenregelung als unbefriedigend bezeichnet und gefordert, daß die angebotene Leistung von DM 170 Millionen jährlich auf die Vorkriegsschulden sehr erheblich erhöht werden müsse.[11] Es ist zu befürchten, daß die hier vertretenen Gläubiger ihre Forderungen auf höhere Leistungen nach dem Angebot der Bundesrepublik an Israel ausrichten werden. Wir werden große Mühe haben, ohne empfindliche Rückwirkung die Erhöhung der Jahresleistung der Bundesrepublik an Israel auf DM 200 Millionen vertretbar erscheinen zu lassen, und ich sehe mit allem Ernst in dieser Summe – jedenfalls für die ersten Jahre – das Maximum des Vertretbaren bereits erreicht.

Der Zusammenhang der Leistungen an Israel und an die hier vertretenen Gläubiger ergibt sich nicht nur aus der Aufbringung, sondern auch daraus, daß die Gläubiger Warenlieferungen als eine echte Transferleistung ansehen.

9) Der Bundesfinanzminister[12] hat bereits bei den ersten Beratungen, als es noch um ein Angebot von DM 100 Millionen Warenlieferungen jährlich ging, erklärt, daß die Frage der Aufbringung dieses Betrages noch nicht gelöst sei. Diese Frage ist, wenn nunmehr ein Angebot von DM 200 Millionen jährlich an Warenlieferungen gemacht werden soll, erst recht ungelöst. Da nach diesen Erklärungen des Bundesfinanzministers mindestens für das laufende Haushaltsjahr Haushaltsmittel zur Bezahlung von Warenlieferungen an Israel nicht ver-

[9] Für den Wortlaut des Schreibens des Vorsitzenden des World Jewish Congress, Goldmann, vom 24. April 1952 an Ministerialdirektor Blankenhorn vgl. DOCUMENTS 1952, S. 185 f.

[10] Zu den Besprechungen über die deutschen Vorkriegsschulden vom 5. bis 17. Juli 1951 vgl. AAPD 1951, Dok. 123.

[11] Vgl. dazu Dok. 134, Anm. 9.

[12] Fritz Schäffer.

fügbar gemacht werden können, müßte geprüft werden, ob nicht auf einem anderen Wege die Bezahlung dieser Warenlieferungen möglich gemacht werden könnte. Dem Bundesfinanzminister schwebt vor, die Lieferfirmen nicht bar, sondern mit mittelfristigen, nur lombardfähigen Schatzanweisungen zu bezahlen. Auf diese Weise würde gewährleistet, daß diese Schatzanweisungen außerhalb des Plafonds der Bundesregierung bei der Bank deutscher Länder laufen könnten. Hierzu wäre auch die Zustimmung des Zentralbanksystems einzuholen. Dieser Weg ist zur Überbrückung dies- und nächstjähriger Budgetschwierigkeiten äußerstenfalls denkbar.

10) Wie aus dem Bericht Böhm hervorgeht, verlangen die Vertreter Israels zusätzliche Zahlungen in Devisen. Mit Recht hat Böhm darauf hingewiesen, daß die Bundesrepublik zu Devisenzahlungen nicht imstande ist. Bei dieser von Böhm in Paris vertretenen Ablehnung muß es auch unseres Erachtens bleiben. Die Begründung dafür ergibt sich zusätzlich auch aus unserer Argumentation in London.

11) Falls das Angebot der Bundesrepublik an Israel nicht auf eine unvollständige und vorläufige Lösung von drei Jahren abgestellt werden kann, ergibt sich die Notwendigkeit, die Jahresleistungen in festen Höchstgrenzen zu halten. Dabei darf, wie ausgeführt, für die ersten Jahre eine Jahresleistung von äußerst DM 200 Millionen keinesfalls überschritten werden. Für die späteren Jahre könnte eine Erhöhung der Jahresleistung auf allenfalls DM 250 Millionen unter Umständen in Erwägung gezogen werden.

Bei diesen Warenlieferungen muß es sich ganz im Sinne der Zusage des Bundeskanzlers um einen Beitrag zum Wiederaufbau des Staates Israel handeln. Darauf müßte bei der Festlegung der zu liefernden Waren besondere Rücksicht genommen und zugleich der Weiterverkauf in dritte Länder ausgeschlossen werden.

12) Ich darf noch darauf hinweisen, daß die Vertreter des Staates Israel in der Besprechung mit Herrn Böhm eine Herabsetzung der Gesamtsumme für den Fall von Devisenzahlungen angeboten haben. In diesem Zusammenhang ist weiterhin von Bedeutung, daß ich in meiner Unterhaltung mit Herrn Shinnar die Aufnahme einer äußeren Anleihe als eine Lösung bezeichnet habe, die es ermöglichen würde, dem Staate Israel effektive Devisenzahlungen zu geben.[13] Es müßte daher meines Erachtens bei der Festlegung einer Gesamtsumme vorbehalten werden, daß bei einer auch teilweisen vorzeitigen Ablösung in Devisen eine angemessene Ermäßigung der Gesamtsumme erfolgt.

Abs

Bundesarchiv Koblenz, N 1351 (Nachlaß Blankenhorn), Bd. 10

13 Zum Gespräch des Delegationsleiters Abs mit dem Leiter der israelischen Delegation bei den Wiedergutmachungsverhandlungen in Wassenaar, Shinnar, am 19. Mai 1952 in London vgl. Dok. 139.

153

Aufzeichnung des Referenten Frowein

13. Juni 1952[1]

Niederschrift über die Besprechung zwischen den Herren Goldmann, Shinnar, Staatssekretär Hallstein, Prof. Böhm, Dr. Frowein und Herrn Abs am 10. Juni 1952.[2]

Als Inhalt eines von der Bundesrepublik Deutschland am 19. Juni 1952 bei der Wiederaufnahme der Verhandlungen mit dem Staate Israel und der Conference of Jewish Claims[3] zu machenden Angebots wird gemeinsam ins Auge gefaßt:

1) Die Forderungen des Staates Israel und der Jewish Claims Conference für erblose Ansprüche werden gemeinsam behandelt. Die Bundesrepublik leistet im Einverständnis mit der Conference ausschließlich an Israel. Die Abfindung der durch die Conference vertretenen Ansprüche wird Verhandlungen zwischen Israel und der Conference überlassen.

2) Als Gesamtsumme der Leistungen gemäß Ziffer 1 wird ein Betrag von 3,4 oder 3,5 Milliarden DM in Aussicht genommen.

3) a) Die beiden ersten Annuitäten (Zeitraum vom Inkrafttreten des Vertrages bis zum 31. 3. 54): 2 x 200 Millionen DM = 400 Millionen DM.

b) Vom 1. 4. 54 an zehn Jahresraten von je 250 Millionen DM.

c) Der nicht gedeckte Teil (500 bzw. 600 Millionen DM) soll in erster Linie abgedeckt werden aus dem Erlös einer äußeren Anleihe, die Deutschland aufzunehmen sich bemüht, oder aus anderen Quellen, die die Bundesrepublik zu erschließen suchen wird. Sollte sich entgegen den Erwartungen der Bundesrepublik diese Möglichkeit nicht oder nicht in vollem Umfange erschließen, so wird in Aussicht genommen, die zehn Jahresraten von je 250 Millionen DM um jährlich 50–60 Millionen zu erhöhen. Mit Rücksicht auf die Höhe der jährlichen Belastung behält sich die Bundesrepublik jedoch vor, etwa nach drei Jahren mit dem Staate Israel in Verhandlungen einzutreten mit dem Ziele, gegebenenfalls

1 Abschrift.
Am 13. Juni 1952 übermittelte Referent Frowein den Bundesministern Dehler und Erhard die „Abschrift einer in Gegenwart des Herrn Bundeskanzlers am 10. Juni 1952 stattgehabten Besprechung in der Frage Israel und jüdische Weltverbände". Vgl. das Begleitschreiben; B 10 (Abteilung 2), Bd. 1677.
Vgl. dazu auch DOCUMENTS 1952, S. 297 f.

2 Dazu teilte die israelische Delegation bei den Wiedergutmachungsverhandlungen, z. Z. London, am 13. Juni 1952 dem Generaldirektor des israelischen Außenministeriums, Eytan, mit: „The formal session took place in the afternoon, with the participation of Adenauer. Adenauer opened by asking Abs to what extent the agreement reached to date would interfere with his activities at the London Debts Conference. Abs replied that these arrangements would not constitute an obstacle to his work there. [...] To the astonishment of all present Adenauer then announced that, in light of the great progress made thus far, the time had come to commit the agreement to writing. Abs objected, arguing that he had to leave in order to return to London, but Adenauer forced him, albeit in an elegant manner, not only to stay, but also to take an active part in the wording of the document, along with Hallstein, Shinnar, and Goldmann. Adenauer left the room, returning later to see the final draft." Vgl. DOCUMENTS. COMPANION VOLUME 1952, S. 138.

3 Die Wiedergutmachungsverhandlungen in Wassenaar wurden am 24. Juni 1952 wieder aufgenommen.

diese zusätzlichen 50–60 Millionen Jahresleistungen durch zwei weitere an den Schluß anzuhängende Jahresleistungen zu tilgen.

4) Sollten die Bemühungen, die die Bundesrepublik unternehmen wird, den Erfolg haben, höhere Beträge als die vorhin genannten 500–600 Millionen DM zu erschließen, so werden solche Beträge zur Ablösung der jeweils letztfälligen Jahresraten verwendet werden.

5) Die Zusammensetzung der von der Bundesrepublik an den Staat Israel zu liefernden Waren bleibt noch besonderen Verhandlungen und Vereinbarungen vorbehalten. Grundsätzlich sollen die Waren nicht auf Waren deutscher Herstellung beschränkt sein. Vielmehr sollen, soweit es die Handelsverträge und die zwischenstaatlichen Zahlungsvereinbarungen zulassen, in weiter abzusprechendem Umfange auch Waren eingeschlossen werden, die selbst oder bezüglich ihres Rohstoffanteiles aus dritten Ländern bezogen sind.

6) Die Waren sollen grundsätzlich dem Aufbau Israels dienen. Der etwaige Verkauf der gelieferten Waren außerhalb Israels wird im beiderseitigen Einvernehmen geregelt.

7) Katastrophenklausel.[4]

[gez.] Frowein

B 10 (Abteilung 2), Bd. 1677[*]

[4] Am 11. Juni 1952 teilte der Vorsitzende des World Jewish Congress, Goldmann, z. Z. Bad Neuenahr, Bundeskanzler Adenauer mit: „Sie werden verstehen, daß, wenn, wie ich hoffe, die Israel-Regierung und die Claims-Konferenz das gestrige Übereinkommen als Basis der endgültigen Vereinbarung annehmen werden, dies eine erhebliche Konzession seitens Israel darstellt. Dies gilt in noch höherem Maße von der Claims-Konferenz. Ich betone dies, um Sie zu bitten, das Gesamtangebot in jedem Falle bei den in Aussicht genommenen 3,5 Milliarden DM zu belassen. Ich hoffe zuversichtlich, daß die Bundesregierung die gestrige Vereinbarung bestätigen wird und nicht durch irgendwelche neuen Schwierigkeiten eine neue Krisis herbeigeführt werden wird. Sollte die Bundesregierung das Übereinkommen bestätigen, dann würden die offiziellen Verhandlungen in wenigen Tagen im Haag beginnen können und könnten, glaube ich, ziemlich schnell zum Abschluß gebracht werden." Schließlich dankte Goldmann Adenauer für dessen Mitwirkung und Verständigungsbereitschaft: „Wenn, wie ich bestimmt hoffe, die Verhandlungen in Kürze endgültig abgeschlossen sein werden, werden Sie, Herr Bundeskanzler, wenn ich es sagen darf, diesen Erfolg bestimmt als eine der wesentlichen Leistungen Ihres bedeutsamen Lebenswerkes betrachten dürfen." Vgl. Bundesarchiv Koblenz, N 1351 (Nachlaß Blankenhorn), Bd. 17.
Am 17. Juni 1952 antwortete Adenauer, „daß das Kabinett sich in seiner heutigen Sitzung dem zwischen Ihnen und Herrn Shinnar einerseits und Herrn Hallstein und Herrn Böhm andererseits in der vergangenen Woche skizzierten Angebot im wesentlichen angeschlossen und entsprechende Instruktionen der deutschen Delegation erteilt hat". Vgl. das Schreiben an Goldmann; ADENAUER, Briefe 1951–1953, S. 228.

[*] Bereits veröffentlicht in: GOLDMANN, Staatsmann, S. 465 f.

154

Aufzeichnung des Generalleutnants a.D. Speidel, Paris

14. Juni 1952[1]

Betr.: Französische Verzögerungstaktik in der Frage der Ratifizierung

Bezug: Anruf des Oberstleutnant de Maizière am 14. Juni 1952 nachmittags

Nachstehende Bemerkungen erfolgen in Ergänzung der Aufzeichnungen meiner Gespräche mit General Gruenther[2] und den Oberstkorpskommandanten Dr. Frick und de Montmollin.[3]

Französische und amerikanische Gesprächspartner griffen in den letzten Tagen wiederholt die Frage einer möglichen französischen Verzögerungstaktik in den Fragen der Europäischen Verteidigungsgemeinschaft auf. Dabei werden Möglichkeiten und Gründe verschiedenartig beurteilt.

Von gaullistischer Seite wird betont, daß eine integrierte Armee militärisch nie wirksam werden, sondern nur ein in einer Koalition gebundenes nationales Heer die vorgesehenen Aufgaben erfüllen könne. Das Pferd dürfe nicht am Schwanz aufgezäumt, d.h. Wirtschafts- und Militärverträge abgeschlossen werden, ehe nicht eine politische europäische Spitze existent sei.

General Weygand äußerte gestern einem meiner Bekannten, die Europa-Armee werde nur geschaffen, um Mantel oder Rahmen für eine deutsche Armee zu geben.

1 Hat dem Beauftragten des Bundeskanzlers, Blank, am 17. Juni 1952 vorgelegen, der handschriftlich vermerkte: „Die drei Berichte (vielleicht gekürzt) zu einem Bericht an d[en] H[errn] Bundeskanzler zusammengefaßt."
Für die Zusammenfassung vgl. das Schreiben von Blank vom 19. Juni 1952 an Bundeskanzler Adenauer; B 10 (Abteilung 2), Bd. 987.

2 Zum Gespräch des Generalleutnants a.D. Speidel mit dem Stabschef beim Oberbefehlshaber der NATO-Streitkräfte in Europa, General Gruenther, am 9. April 1952 in Paris vgl. Dok. 100.

3 Am 10. Juni 1952 berichtete Generalleutnant a.D. Speidel, Paris, über Gespräche mit dem Chef des Generalstabes der schweizerischen Armee, Oberstkorpskommandant de Montmollin, und dem Chef der Gruppe für Ausbildung der schweizerischen Armee, Oberstkorpskommandant Frick, am 2. Juni 1952: „Die Unterzeichnung des EVG-Vertrages wurde von beiden begrüßt. Man habe aber den Eindruck, daß die Ratifikation, vor allem in Frankreich, auf erhebliche Schwierigkeiten stoßen und eine Verzögerungstaktik auf dem politischen Gebiete sichtbar werde. Die Franzosen litten nach wie vor unter einem schweren Minderwertigkeitskomplex, der noch verstärkt würde durch die Leistungen Deutschlands in allen Fragen des geistigen und materiellen Wiederaufbaues. Man sei sich darüber klar, daß wenn Deutschland nach der Ratifizierung zu einem militärischen Beitrag aufgerufen werde, es diesen Beitrag in kürzester Frist verwirklichen werde. Dann trete aber ein Zustand ein, der unter keinen Umständen sich verwirklichen dürfe, nämlich daß ein deutsches Wehrkontingent stärker als das französische sei. Der innere Zustand in der französischen Armee sei nicht besser geworden. Dies hänge mit der organisatorischen Ziellosigkeit, dem Fehlen einer Idee und der Lage in Indochina zusammen. Innerhalb der Armee werde in zunehmendem Maße der de Gaulle'schen Auffassung zugestimmt, daß nur eine nationale Armee den Erfordernissen der Zukunft entsprechen würde, auch die These des Generals de Gaulle über den ‚Verrat an der französischen Armee' durch die derzeitigen Regierenden und die Vertreter einer integrierten Europa-Armee werde kolportiert. Eine akute Kriegsgefahr als Folge der Unterzeichnung des EVG-Vertrages wird nicht als gegeben betrachtet, zumal nach Berichten aus Moskau in den Satellitenstaaten keine Veränderungen innerhalb der sowjetischen Weltmacht festzustellen seien." Vgl. Bundesarchiv-Militärarchiv, BW 9/2296.

Die augenblickliche Regierungskoalition bis weit in die Sozialisten hinein fühlt sich durch die Schnelligkeit, mit der der EVG-Vertrag zum Schluß paraphiert und unterzeichnet wurde, mehr oder weniger „überfahren" und wünscht nun eine Atempause. Dabei wird eine Bedrohung aus dem Osten dem immer wachen Mißtrauen gegenüber Deutschland nachgeordnet.

Die schärfsten Widersacher gegen die schnelle Verwirklichung einer Europäischen Verteidigungsgemeinschaft sollen in der Ministerialbürokratie des Quai d'Orsay zu finden sein, als deren Exponent der Außenseiter Parodi genannt wird. – Dort wurde u. a. geäußert, man müsse gegebenenfalls auf eine Neuverhandlung des Vertragstextes drängen, da der jetzige in seinem Inhalt für Frankreich nicht tragbar sei und Deutschland zu viele Rechte gebe.

Ein Vierergespräch mit Moskau auf der Ebene der Hohen Kommissare[4] wird aus folgenden Gründen begrüßt:

1) aus echter Angst heraus,

2) aus dem Wunsch nach friedlicher Beilegung des „kalten Krieges",

3) aus dem Wunsch nach „Kampf um Zeitgewinn",

4) aus unverhohlener Genugtuung, den Deutschen zeigen zu können, daß sie trotz Unterzeichnung der Verträge noch im Besatzungsregime leben und über sie hinweg verhandelt wird.

Ministerpräsident Pinay will sich, zumal bei der zunehmenden Schwäche der innerpolitischen Stellung Schumans, nicht auf außenpolitische Kraftproben einlassen, vor allem nicht auf dem militärpolitischen Gebiet.

So sind augenblicklich die Gefühle der französischen Politiker – denn um solche handelt es sich – recht verworren, während die dem Europagedanken zugewandten Soldaten weiterhin auf einen baldigen Beginn der Arbeiten des Interimsausschusses[5] hinstreben. Aber gerade das ist den Politikern unerwünscht, weil eine solche militärische Arbeit zwangsläufig weitere faits accomplis schaffen und den deutschen Verteidigungsbeitrag, d. h. also die Aufstellung deutscher Soldaten, beschleunigen könnte.

Es verdient aber hervorgehoben zu werden, daß der „Mann auf der Straße" in den Fragen des deutsch-französischen Verhältnisses und eines deutschen Verteidigungsbeitrages gesünder und zukunftsträchtiger denkt. Dies rührt nicht zuletzt von den Kontakten in Krieg und Gefangenschaft her. Diese Einstellung gibt auch vielfach echte Hoffnung und steht im Gegensatz zur „Aschermittwochsstimmung" der genannten Kreise.

Speidel

Bundesarchiv-Militärchiv, BW 9/2296

4 André François-Poncet (Frankreich), Ivone Kirkpatrick (Großbritannien) und John J. McCloy (USA).

5 Der Interimsausschuß der EVG-Konferenz nahm seine Tätigkeit am 24. Juni 1952 auf.

155

Aufzeichnung des Ministerialdirektors Blankenhorn

Streng geheim! **15. Juni 1952**[1]

Freitag, 13. Juni, nachmittags 16.30 Uhr

Kirkpatrick entwickelt dem Kanzler die Haltung der britischen Regierung zur Vermittlung zwischen der französischen und amerikanischen Auffassung[2] und verliest die folgende Stelle aus einem vorläufigen Entwurf[3].

Bundeskanzler äußert sofort die folgenden schweren Bedenken:

a) Der Entwurf konzentriere das Schwergewicht auf die impartial commission und auf die Garantien für eine freie gesamtdeutsche Regierung. Das mache es den Sowjets sehr leicht, auf die Sache positiv einzugehen.

b) Die Folge einer solchen Note sei, daß die Ratifikation in Deutschland stark verzögert, wenn nicht gar bis auf weiteres ganz zurückgestellt würde. Alle die „neutralistischen Kreise", die die Ratifikation bekämpften, würden starken Auftrieb erhalten. Man werde dann auch in den der Ratifikation geneigten Kreisen sagen, „laßt uns erst einmal das Ergebnis dieser Besprechungen mit den Sowjets abwarten; stören wir diesen Versuch nicht mit unseren Ratifikationsverhandlungen".

c) Komme es aber zur Konferenz und habe sie ein negatives Ergebnis, so könne man dann nur sehr schwer ratifizieren, weil eine Ratifikation dann wie eine „Drohung" an die sowjetische Adresse aussehen würde, die drohende Gegenmaßnahmen der Sowjets auslösen könne.

d) Er halte es für besser, wenn in der Antwortnote man zwar allgemein seine Bereitschaft zu einer Viererkonferenz erkläre, dann aber Punkt für Punkt die noch von den Sowjets unbeantworteten Fragen der letzten alliierten Note vom 13. Mai[4] aufgeführt und auf diese eine präzise Antwort gefordert würde. Vor allem die Frage des Verbots, daß Deutschland sich einer Mächtegruppierung

1 Durchdruck.

2 Am 9. Juni 1952 legte die französische Regierung den Entwurf für eine Antwort auf die sowjetische Note vom 24. Mai 1952 vor, in dem u. a. ausgeführt wurde: „The French Gov[ernmen]t [...] is no less prepared to contemplate an immediate meeting of rep[resentative]s of the four powers for the purpose of discussing the problem presented by the unification of Ger[many] and the peace treaty. It hopes that the Sov[iet] Gov[ernmen]t will agree and thus permit the prompt establishment of a rep[resentative] all-Ger[man] Gov[ernmen]t." Vgl. FRUS 1952–1954, VII/1, S. 262.

3 Undatierter britischer Entwurf für eine Antwort auf die sowjetische Note vom 24. Mai 1952: „In order to avoid further delay, Her Majesty's Government, in concert with the United States and French Governments, are prepared to take part in an early meeting of representatives of the Four Governments, provided the Soviet Government will make clear that they are in favour of free elections throughout Germany and of the participation of a free all-German Government in the negotiation of a German Peace Treaty. This meeting would discuss: (i) How to set up an impartial commission to investigate conditions to enable free elections to be held throughout Germany, and (ii) the rest of the programme for the formation of an all-German Government contained in the final paragraph of the French Government's note of the 13th May." Vgl. Bundesarchiv Koblenz, N 1351 (Nachlaß Blankenhorn), Bd. 10.

4 Zur Note der Drei Mächte vgl. Dok. 126, Anm. 6.

nach freiem Willen anschließen könne, müßte erörtert und seine Aufgabe durch die Sowjets verlangt werden (keine „Neutralisierung“ Deutschlands). Hier liege das zentrale Problem, das man nicht einfach beiseite lassen dürfe. Das heiße, die Dinge den Sowjets zu einfach zu machen.

Kirkpatrick versprach, diese Gedanken des Kanzlers schnellstens nach London zu berichten.

Freitag, nachmittags 17.00 Uhr

Anschließend begab ich mich im Auftrag des Kanzlers sofort zu Reber nach Mehlem und gab ihm eindringlich von den Ausführungen des Kanzlers Kenntnis. Ich setzte entsprechend der Weisung des Bundeskanzlers hinzu, daß, wenn eine dem Inhalt des britischen Vorschlags ähnliche Note an die Sowjets gerichtet werde, der Kanzler überprüfen müsse, ob er das Vertragswerk dem Bundestag zur Ratifikation vorlegen werde. Denn mit einer solchen Antwort werde das ganze Werk der europäischen Integration in Frage gestellt werden.

Reber versprach, den Inhalt dieser Mitteilungen sofort nach Washington durchzugeben.[5]

Sonnabend, 14. Juni, mittags 12.30 Uhr

Der Kanzler schickt mich zu Kirkpatrick nach Wahnerheide, um ihm erneut seine Sorgen hinsichtlich der Antwortnote mitzuteilen. Ich verwies Kirkpatrick dabei besonders auf den anliegenden Bericht der Neuen Zürcher Zeitung vom 13. Juni aus London[6].

Kirkpatrick las mir sein Telegramm vor, das er im Anschluß an die Besprechung mit dem Bundeskanzler vom Vortage nach London gesandt hatte. Das Telegramm gab in sehr eindringlichen Worten alle Einzelheiten des Gesprächs wieder. Kirkpatrick erklärte die englische Haltung mit dem geradezu traditionellen Bedürfnis der Engländer, alle Möglichkeiten zur Lösung der schwierigen Lage zu erkunden. Er gebe zu, daß darin gewisse Gefahren lägen. In manchem sei er an die Chamberlainschen Versuche erinnert. Er werde nochmals die Haltung des Bundeskanzlers nach London berichten. Wie O'Neill mir Sonntag vormittag telefonisch mitteilte, ist dies unmittelbar nach meinem Gespräch am Sonnabend telefonisch geschehen.

Im weiteren Verlauf des Gesprächs erzählte mir Kirkpatrick, daß die vorzeitige Veröffentlichung der Haltung der französischen Regierung in Washington sehr verstimmt habe. Acheson habe Eden telegrafisch seinem Unmut Ausdruck gegeben und dringend gebeten, daß er sich jeder öffentlichen Stellungnahme hierzu enthalte.

5 Vgl. dazu FRUS 1952–1954, VII/1, S. 269 f.

6 Dem Vorgang nicht beigefügt.
In dem Artikel „Andeutungen Edens im Unterhaus“ wurde berichtet, der britische Außenminister Eden habe auf eine Anfrage des Unterhausabgeordneten Noel-Baker erklärt, daß er den Gedanken an eine Vier-Mächte-Konferenz nicht ausschließen wolle. Hinsichtlich des britischen Interesses an solchen Gesprächen wurde ausgeführt: „Ohne eine vorherige Viererkonferenz wäre es schwierig, das gemäßigte Element, und unmöglich, den linken Flügel der Labourpartei für die Ratifizierung zu gewinnen. Eine Viererkonferenz könnte dazu führen, daß der Widerstand der Opposition sich auf eine Stimmenthaltung des linken Labourflügels reduzieren ließe.“ Vgl. NEUE ZÜRCHER ZEITUNG vom 13. Juni 1952, Bl. 1.

Sonnabend, 14. Juni nachmittags

Parteiausschuß der Bundes-CDU, vor allem die Vertreter der Berliner CDU (einschließlich des Ostsektors) und die Exil-CDU, dringen auf möglichst schnelle Ratifizierung. Ihr Sprecher Dr. Tillmanns, Berlin, bezeichnet das Zwischenschieben einer Konferenz mit den Sowjets zwischen Unterschrift und Ratifizierung als verhängnisvoll und als den größten Fehler, den man machen könne. Entsprechender Beschluß (s. Anlage)[7]. Ebenfalls Ausführungen des Bundeskanzlers vor dem Parteiausschuß.

Sonnabend, 14. Juni abends

François-Poncet sucht abends 19.00 Uhr den Bundeskanzler in Rhöndorf auf, um ihm den Standpunkt der französischen Regierung zu erklären und ihn für den französischen Vorschlag zu gewinnen. Der Bundeskanzler lehnt dies ab unter Hinweis auf die für die deutsche Regierung maßgebenden Gründe. François-Poncet bittet um eine schriftliche Mitteilung, wie sich der Bundeskanzler etwa eine Antwort vorstelle, damit man in Paris sich eine Vorstellung von den deutschen Wünschen machen könne. Der Bundeskanzler sagt zu, sich dies bis Montag vormittag zu überlegen.

Sonntag, 15. Juni vormittags

Der Kanzler übergibt mir um 9.45 Uhr die schriftliche Fixierung seines Standpunkts (s. Anlage)[8]. Anschließend Besprechung mit von Eckardt: keine Übergabe einer deutschen Stellungnahme an François-Poncet.

11.00 Uhr Besprechung mit Reber im Schaumburg: Das Problem sei, Frankreich zu beruhigen und die Ratifizierung in Deutschland in keiner Weise zu behindern. Hier müsse eine gute Formel gefunden werden. Er sei dagegen, daß man François-Poncet eine schriftliche Stellungnahme zum Problem gebe; man könne ihn ja mündlich unterrichten.

12.30 Uhr Unterredung mit dem Kanzler in Anwesenheit von Eckardt. Telefongespräch mit Reber: Reber hat eine Mitteilung aus Washington erhalten, danach solle der Entwurf etwa so aussehen:

Einleitung: Aufzählung der Punkte, die bis jetzt von Sowjets nicht beantwortet seien; dann Forderung der Untersuchung der Voraussetzungen für freie Wahlen und entsprechende Garantien, daß künftige deutsche Regierung sich frei an Verhandlungen über einen Friedensvertrag beteiligen könne. Nur wenn hier volle Klarheit geschaffen sei, Bereitschaft zu einer Konferenz.

Der Bundeskanzler ist hiermit nicht einverstanden. Er verlangt völlige Klärung der von den Sowjets noch nicht beantworteten Fragen der alliierten Note vom 13. Mai; vor allem des entscheidenden Punktes, daß Deutschland nicht gehindert sei, sich frei einer Mächtegruppe anzuschließen (Ausschaltung der Möglichkeit der Neutralisierung Deutschlands).

Reber verspricht, dies nochmals nach Washington zu berichten.

Der Bundeskanzler erhält gleichzeitig Kenntnis des abschriftlich anliegenden Drahtberichts Krekelers über Äußerungen Bruces zur Ratifizierung des Ver-

7 Dem Vorgang nicht beigefügt.

8 Dem Vorgang beigefügt. Vgl. Dok. 156.

tragswerks durch den amerikanischen Senat und die mögliche Verschiebung durch eine vorzeitige Konferenz mit den Sowjets.[9]

[gez. Blankenhorn][10]

VS-Bd. 7063 (Materialsammlung Blankenhorn)

156

Aufzeichnung des Bundeskanzlers Adenauer

Streng geheim! **15. Juni 1952**[1]

Ich bin der Auffassung, daß es das Ziel sein muß, mit Sowjetrußland in ein erfolgversprechendes Gespräch zu kommen. Der Zeitpunkt dazu wird gekommen sein, wenn a) Sowjetrußland erkannt hat, daß es die Einbeziehung Deutschlands in die westliche Abwehrgemeinschaft nicht mehr verhindern kann, daß es ihm also unmöglich geworden ist, durch die Neutralisierung der Bundesrepublik diese in seinen Machtbereich zu bekommen, b) wenn der Westen stark genug ist, um Sowjetrußland als ein ernstzunehmender Verhandlungspartner zu erscheinen.

Weder a) noch b) treffen zur Zeit zu.

Ein Zusammentreten zu einer Viererkonferenz, gleichviel auf welcher Ebene, würde nach dem vorangegangenen Notenwechsel[2] ein starker diplomatischer Erfolg Sowjetrußlands sein und dementsprechend in der ganzen Welt gewertet werden. Dieser diplomatische Erfolg Sowjetrußlands würde in Deutschland diejenigen, die glauben, daß nicht alle Westalliierten es mit Deutschland ehrlich meinen, in ihrem Argwohn bestärken und ein völliges Einschwenken auf die Linie der sozialdemokratischen Opposition bedeuten.

9 Dem Vorgang nicht beigefügt.
Am 13. Juni 1952 berichtete Generalkonsul I. Klasse Krekeler, Washington, über ein Gespräch mit dem Staatssekretär im amerikanischen Außenministerium, Bruce: „Auf meine Frage, ob der französische Vorschlag auf die Haltung des Senats in der Ratifizierung des Deutschlandvertrages Einfluß haben könne, sagte Mr. Bruce, daß der Senat sich zwischen dem 1. und 3. Juli vertagen würde. Man hoffe immer zuversichtlicher, daß bis dahin die Ratifizierung erfolgen werde. Voraussetzung dafür sei aber, daß nicht durch die Anberaumung einer Konferenz mit den Sowjets inzwischen eine neue Situation entstände, weil dieses den Senat wahrscheinlich zu einer Verschiebung der Ratifikation veranlassen würde. Es ankäme deshalb alles darauf, daß bis zu diesem Zeitpunkt kein Vierergespräch angesetzt würde." Vgl. den Drahtbericht Nr. 296; Bundesarchiv Koblenz, N 1351 (Nachlaß Blankenhorn), Bd. 10.

10 Vermuteter Verfasser der nicht unterzeichneten Aufzeichnung.

1 Dazu handschriftlicher Vermerk des Ministerialdirektors Blankenhorn: „Sprachregelung Bundeskanzler zur Sowjetnote (Viererkonferenz)."

2 Zu den sowjetischen Noten vom 10. März, 9. April und 24. Mai 1952 vgl. Dok. 74, Anm. 2, Dok. 104, Anm. 2, und Dok. 149, Anm. 4..
Zu den Antwortnoten der Drei Mächte vom 25. März und 13. Mai 1952 vgl. Dok. 82 und Dok. 126, Anm. 6.

Ich halte es für ausgeschlossen, daß in Deutschland die Ratifizierung dann erfolgen würde, ehe der Erfolg oder Mißerfolg dieser Vorkonferenz feststünde. An der Haltung der Opposition würde sich, wie zuverlässig feststeht, durch den Mißerfolg einer Vorkonferenz nichts ändern; sie lehnen den Inhalt der Verträge als solchen ab.

Daß nach einem solchen Zwischenspiel überhaupt noch eine Ratifizierung in Deutschland möglich ist, halte ich für völlig ausgeschlossen. Auf dem Parteiausschuß der Bundes-CDU in Bonn am 14. Juni 1952, auf dem über hundert Delegierte anwesend waren, drangen gerade die Vertreter der Berliner CDU (einschließlich der des Ostsektors) und der Exil-CDU auf möglichst schnelle Ratifizierung. Ihr Sprecher Dr. Tillmanns, Berlin, bezeichnete das Zwischenschieben irgendeiner Konferenz zwischen Unterschrift und Ratifizierung als verhängnisvoll und als den größten Fehler, den man machen könne.

Ich würde den Faden nicht abreißen lassen, aber in der Antwortnote auf die Nichtbeantwortung der in der vorhergehenden Note gestellten Fragen – im einzelnen – hinweisen, um eine Antwort ersuchen und zum Schluß, wie bisher, betonen, daß man zu einer Konferenz bereit sei, sobald durch Klärung der Grundfragen eine Aussicht auf erfolgreichen Verlauf einer Konferenz sich zeige.

Das Anerbieten einer Vorkonferenz, gleichgültig auf welcher Ebene, würde mit einer an Sicherheit grenzenden Wahrscheinlichkeit das Zustandekommen einer aussichtsreichen Konferenz unmöglich machen, da damit eine Ratifizierung vereitelt werden würde.

[gez. Adenauer][3]

VS-Bd. 7063 (Materialsammlung Blankenhorn)

3 Vermuteter Verfasser der nicht unterzeichneten Aufzeichnung.

157

Aufzeichnung des Bundeskanzlers Adenauer

16. Juni 1952[1]

Ich kann nach wie vor nur wiederholen, daß eine Viererkonferenz zur Schaffung eines freien, vereinigten Deutschlands notwendig ist. Die Voraussetzungen für die Schaffung eines solchen wiedervereinigten, freien Deutschlands sind in den bisherigen Noten der drei Westalliierten[2] sehr klar und eindeutig gekennzeichnet. Es sind Fragen an die Sowjetregierung gestellt, die diesen Fragenkomplex betreffen. Auf diese Fragen hat die Sowjetregierung in ihrer letzten Note[3] keine Antwort gegeben. Wenn die Sowjetregierung diesen Fragen positiv gegenüberstände, hätte sie zweifellos eine Antwort gegeben. Aus der Tatsache der Nichtbeantwortung muß man berechtigterweise den Schluß ziehen, daß sie ihnen negativ gegenübersteht. So erwünscht das Zusammentreten einer Konferenz ist, so scheint mir bei allen Erfahrungen, die die Westalliierten auf ihren Konferenzen mit Sowjetrußland gemacht haben, und bei den Erfahrungen, die jetzt im letzten Notenwechsel mit Sowjetrußland wieder gemacht worden sind, eine Konferenz ohne die vorherige Klärung der von den Westalliierten gestellten Fragen völlig aussichtslos. Eine aussichtslose Konferenz würde den Zustand der gegenwärtigen Unsicherheit auf eine unbestimmte Zeit verlängern und damit die Aussichten auf eine vernünftige Beilegung der gegenwärtigen Spannungen in der Welt verschlechtern. Es kommt noch hinzu, daß es wohl überall – insbesondere kann ich das von Deutschland sagen – als ein diplomatischer Erfolg ersten Ranges für Sowjetrußland betrachtet werden würde, wenn die drei Westmächte ohne Beantwortung der Fragen und ohne die vorherige Klärung dieser Voraussetzungen sich nunmehr zu einer Konferenz bereit erklären. Mir scheint als der einzig gangbare Weg, um möglichst schnell zu einer Verständigung zu kommen, die Beibehaltung des bisher eingeschlagenen Weges, d.h. von Sowjetrußland die Beantwortung der gestellten Fragen zu erbitten und die Ratifizierung der abgeschlossenen Verträge schnellstens durchzuführen.

[gez. Adenauer][4]

Bundesarchiv Koblenz, N 1351 (Nachlaß Blankenhorn), Bd. 10

1 Dazu handschriftlicher Vermerk des Ministerialdirektors Blankenhorn: „Vom Kanzler mir übergeben am 16. 16.00 [Uhr]."
Zur Entstehung der Aufzeichnung notierte Blankenhorn am 16. Juni 1952: „Nachmittags Besprechung mit dem Bundeskanzler über Sowjetnote. Der Kanzler entwirft eine Sprachregelung für mein Gespräch mit François-Poncet. [...] Das Gespräch wird am späteren Nachmittag auf Dienstag verschoben." Vgl. Bundesarchiv Koblenz, N 1351 (Nachlaß Blankenhorn), Bd. 10.

2 Zu den Noten der Drei Mächte vom 25. März und 13. Mai 1952 vgl. Dok. 82 und Dok. 126, Anm. 6.

3 Zur sowjetischen Note vom 24. Mai 1952 vgl. Dok. 149, Anm. 4.

4 Vermuteter Verfasser der nicht unterzeichneten Aufzeichnung.

158

Aufzeichnung des Legationsrats I. Klasse Brückner

313-00 II Geh. 380/52 **17. Juni 1952**

Aufzeichnung über eine Besprechung des Handelspolitischen Ausschusses (Leitung: Ministerialdirektor Dr. Reinhardt vom Bundeswirtschaftsministerium) am 17. Juni 1952 betr. Aufhebung der Zahlungssperre gegenüber Rot-China.[1]

Herr Dr. Kroll (Bundeswirtschaftsministerium) führte hierzu aus: Die Aufhebung der Zahlungssperre gegenüber Rot-China sei ein ganz dringendes Erfordernis geworden. Man müßte sie sofort bei den Amerikanern beantragen, ohne die Ratifizierung des Generalvertrags abzuwarten. Es handele sich um die letzte Handelsdiskriminierung, die untragbar sei, und er glaube, wenn er mit den Verhandlungen beauftragt würde, daß er sicher einen Erfolg erzielen könnte. Die amerikanische Einstellung zu dem Problem sei durchaus nicht einhellig. Die ganze Angelegenheit sei mehr eine innerpolitische Frage der USA, die die Bundesrepublik nicht kümmern sollte, ihre Entscheidungen zu treffen, wie sie für Deutschland am günstigsten wären. Insbesondere von seiten der Hansestädte werde immer wieder die Aufhebung der Zahlungssperre gefordert. Auch die Auflösung der englischen Handelsniederlassung in China[2] sei nicht so zu verstehen, als ob England beabsichtige, seinen Handel mit Rot-China einzuschränken, wie neue Handelsvertragsverhandlungen zwischen Großbritannien und Rot-China in Berlin am besten bewiesen.

Die Ausführungen fanden die ausdrückliche oder stillschweigende Zustimmung fast aller Teilnehmer des Handelspolitischen Ausschusses, auch des Vertreters der Bank deutscher Länder.

Herr Dr. Becker von der Abteilung IV des Auswärtigen Amts war aus dienstlichen Gründen gezwungen gewesen, vor Erörterung dieses Punktes zusammen mit Herrn von Maltzan diese Sitzung zu verlassen. Die verbliebenen Mitglieder der Abteilung IV haben keine Stellung genommen.

Ganz offensichtlich war das Bestreben der meisten Anwesenden, die wirtschaftlichen Argumente allein gelten zu lassen und die politischen als völlig bedeutungslos anzusehen.

Ferner behauptete Herr Dr. Kroll, mit Herrn MD Blankenhorn über die Angelegenheit gesprochen zu haben, und dieser hätte keine wesentlichen Bedenken geäußert, bereits im gegenwärtigen Augenblick Vorstellungen zu erheben. Es wäre noch ein telefonischer Anruf vereinbart gewesen, zu dem es nicht gekommen sei, aber der Tenor der Unterhaltung sei doch Zustimmung des Auswärtigen Amts gewesen.

1 Am 22. August 1951 ordnete die Bank deutscher Länder eine Zahlungssperre für die Volksrepublik China an.

2 Am 19. Mai 1952 übermittelte der britische Geschäftsträger in Peking, Lamb, dem Außenministerium der Volksrepublik China eine Note, in welcher der Beschluß britischer Firmen bekanntgegeben wurde, ihre Niederlassungen in der Volksrepublik China zu schließen. Vgl. dazu den Artikel „British Firm's Decision to Leave China"; THE TIMES vom 20. Mai 1952, S. 6.

Es wurde auch erwähnt, daß sogar das Leben Deutscher in China in Gefahr geraten könnte, wenn die deutsche Seite sich weiter weigere, selbst Vorauszahlungen, die von Rot-China geleistet worden sind, zurückzuerstatten.

Als Vertreter der Abteilung II habe ich auf die politische Seite hingewiesen und erklärt, daß von seiten des Auswärtigen Amts stärkste Bedenken dagegen bestünden, sofort einen Antrag an die Amerikaner zu stellen. Der gegenwärtige Zeitpunkt sei keineswegs besonders geeignet, mit den Amerikanern über eine Aufhebung unserer Zahlungssperre gegenüber Rot-China zu verhandeln. Alle Anzeichen sprächen dafür, daß sich die amerikanische Einstellung in dieser Frage noch verschärfen werde. Ich führte dazu im einzelnen folgendes aus:

a) Die Amerikaner hätten ihren gesamten Handel gegenüber Rot-China gestoppt. Die Gesamtausfuhr im Jahre 1951 habe sich auf 181 Dollar belaufen. Die Stimmung der USA gegenüber Rot-China in den Fragen der Ausfuhr wäre besonders klar erst am 11.[3] Juni d.J. wieder auf der Tagung des Wirtschafts- und Sozialrates der Vereinten Nationen in einer Rede des amerikanischen Vertreters zum Ausdruck gekommen. Dieser hat anhand von Beispielen nachgewiesen, daß die Sowjetunion jede Basis für einen freien Ost-West-Handel systematisch zerstöre.[4]

b) Die Schließung der britischen Handelsvertretung in Rot-China werde den englisch-rotchinesischen Handel sehr wesentlich einschränken. Das schließe nicht aus, daß die Engländer in ihren Einschränkungen nicht so weit gingen wie die Amerikaner und einen gewissen Resthandel mit China aufrechtzuerhalten versuchen und diesbezüglich auch Verhandlungen geführt werden.

c) Die Vereinigten Staaten sind dazu übergegangen, um den Handel auch anderer Staaten mit Rot-China zu unterbinden, Dollarguthaben innerhalb ihres Machtbereichs zu sperren. So haben sie es gegenüber der Schweiz, Holland und der Sowjetzone Deutschlands getan.[5] Diese Maßnahmen sind bisher nicht aufgehoben. Die Möglichkeit wäre auch gegenüber Westdeutschland gegeben. Der amerikanische Finanzminister[6] ist zu diesen Sperrungen auf Grund der Foreign Assets Control Regulations vom 17. Dezember 1950[7] berechtigt und hat jede gesetzliche Handhabe, um Überweisungen zugunsten von Rot-China zu verhindern. Er wird von diesen gesetzlichen Möglichkeiten erfahrungsgemäß so lange Gebrauch machen, wie die Unterstützung Nordkoreas durch Rot-China weitergeht.

d) Aus all diesen Gründen empfiehlt es sich, den Antrag auf Aufhebung der Zahlungssperre gegenwärtig nicht zu stellen, da die Amerikaner voraussichtlich nicht zu bewegen sein werden, ihre Haltung aufzugeben. Nach Ratifizierung

3 Korrigiert aus: „12."

4 Für den Wortlaut der Rede des amerikanischen Gesandten, Lubin, vgl. ECOSOC 1952, S. 219–221.

5 Am 17. März 1952 wurde in der Presse berichtet, daß das amerikanische Finanzministerium eine Sperre der Dollarguthaben der Deutschen Notenbank der DDR, des Schweizer Bankhauses Julius Bär & Co., Zürich, und des niederländischen Bankhauses Slavenberg, Rotterdam, wegen finanzieller Transaktionen mit der Volksrepublik China verfügt habe. Vgl. dazu den Artikel „3 Alien Banks' Dollar Funds Frozen by U. S."; New York Herald Tribune vom 17. März 1952, S. 3.

6 John W. Snyder.

7 Für den Wortlaut vgl. B 10 (Abteilung 2), Bd. 1781.

des Generalvertrags ist der Zeitpunkt bestimmt günstiger. Es wäre daher zu empfehlen, die Frage bis dahin zurückzustellen.

Nach meiner Unterrichtung ist auch von Herrn MD Blankenhorn eine endgültige Entscheidung über diese Frage noch nicht getroffen worden. Das Ausbleiben des Telefongesprächs als Zusage anzusehen, wie es anscheinend von Herrn Dr. Kroll aufgefaßt worden sei, muß auf einem Mißverständnis beruhen.

Beschluß des Handelspolitischen Ausschusses:

Der stellvertretende Vorsitzende des Handelspolitischen Ausschusses, Herr Ministerialdirektor Dr. Reinhardt, wird sich mit Herrn MD Blankenhorn in Verbindung setzen und um Zurückstellung der politischen Bedenken des Auswärtigen Amts bitten. Ich habe mir vorbehalten, meiner vorgesetzten Dienststelle hierüber sofort zu berichten.

Vorschlag:

Die politischen Argumente sind meines Erachtens so bedeutungsvoll, daß ein Kabinettsbeschluß herbeigeführt werden sollte oder zumindest die Entscheidung des Herrn Staatssekretärs[8].

Die Angelegenheit ist insofern eilbedürftig, da Herr Dr. Kroll in den nächsten Tagen bereits nach Washington fliegen will und bei dieser Gelegenheit die Frage selbst mit den Amerikanern besprechen möchte, vorausgesetzt, daß das Auswärtige Amt hierzu seine Zustimmung gibt.[9] In diesem Falle müßte auch Herr Krekeler eingeschaltet werden. Der korrekte Weg ist über die amerikanische Hohe Kommission, und es ist mir sehr zweifelhaft, ob es richtig ist, sie auszuschalten und sich unmittelbar an Washington zu wenden. Auch dies muß noch geklärt werden.

Hiermit über Herrn Dr. Kaumann[10] Herrn MD Blankenhorn[11] vorgelegt.

Dr. Brückner

VS-Bd. 3175 (Abteilung 2)

8 Walter Hallstein.

9 Gesandter a. D. Kroll, Bundesministerium für Wirtschaft, hielt sich vom 1. Juli bis 5. August 1952 in Washington auf.

10 Hat Referent Kaumann am 17. Juni 1952 vorgelegen.

11 Hat Ministerialdirektor Blankenhorn am 26. Juni 1952 vorgelegen, der handschriftlich die Wiedervorlage bei Legationsrat I. Klasse Brückner verfügte.
Hat Brückner am 26. Juni 1952 vorgelegen.

159

Gespräch des Bundeskanzlers Adenauer mit dem amerikanischen Hohen Kommissar McCloy

Streng geheim **17. Juni 1952**[1]

Aufzeichnung über eine Unterredung zwischen dem Herrn Bundeskanzler und Mr. McCloy, am 17. Juni 1952 von 16–18 Uhr im Hause des Herrn Bundeskanzlers, in Gegenwart des Herrn Staatssekretärs des Auswärtigen Amts und des Herrn Ministerialdirektors Blankenhorn.

Mr. *McCloy* berichtete zunächst über seinen Aufenthalt in den Vereinigten Staaten[2] und stellte einleitend fest, daß neben den Wahlschlachten[3] dem Deutschlandprogramm das größte Interesse entgegengebracht werde. In den Befragungen vor den Senatsausschüssen habe er den Eindruck gewonnen, daß kein Zweifel daran bestehe, daß die Verträge vor den Parlamentsferien ratifiziert würden, solange nicht etwas völlig Unvorhergesehenes eintrete. Sowohl der Auswärtige wie auch der Finanzausschuß hätten an der Lage in Deutschland, der Art und dem Inhalt der Verträge sowie den Verhältnissen in Berlin sehr großes Interesse gezeigt. Allerdings sei man über die Haltung der deutschen Opposition und besonders Dr. Schumachers etwas beunruhigt. In diesem Zusammenhang wies Mr. McCloy auf einen Artikel, den die Wochenzeitschrift „Time" über Dr. Schumacher veröffentlicht habe, hin.[4] In einigen Kreisen werde wie folgt argumentiert: Wenn die Haltung der Opposition den Verträgen gegenüber so ablehnend sei, so erscheine es unklug, die Ratifizierung der Verträge durch den Senat zu sehr zu beschleunigen.[5]

Die Hauptfragen, die Mr. McCloy von den Ausschüssen vorgelegt worden seien, hätten sich auf die in Deutschland erzielten Fortschritte bezogen sowie darauf, ob man sich auf die in Deutschland geschaffene Regierungsform verlassen könne. Außerdem sei man daran interessiert gewesen, zu erfahren, ob ein Zusammengehen der Sozialdemokraten mit den Kommunisten wahrscheinlich wäre. Mr. McCloy gab seiner Hoffnung Ausdruck, daß alle Zweifel und Unklarheiten beseitigt worden seien und daß der Senat durchaus bereit sei, die Ratifizierung sehr bald vorzunehmen. Die Einstellung des Senats sei durchaus positiv. Er habe auch keine Opposition seitens der Juden feststellen können. Es seien ihm verschiedene Briefe von jüdischen Organisationen zugegangen, in denen die bisher verfolgte Politik sowie die Verträge gutgeheißen worden seien. Im übrigen habe er auch mit Vertretern Israels gesprochen und erfahren, daß man auf Grund der bisherigen Verhandlungen zur Abgabe einer Erklärung bereit sei.

1 Die Gesprächsaufzeichnung wurde von Dolmetscher Weber gefertigt.

2 Der amerikanische Hohe Kommissar McCloy hielt sich vom 2. bis 16. Juni 1952 in den USA auf.

3 Die amerikanischen Kongreß- und Präsidentschaftswahlen fanden am 4. November 1952 statt.

4 In der Wochenzeitschrift „Time" wurde berichtet, daß der SPD-Vorsitzende Schumacher gegenüber einem Engländer geäußert habe: „I will fight the signature of the European Defense Community. If it is signed, I will fight its ratification. If it is ratified, I will campaign against it while the soldiers are being mobilized. If I were then elected (Chancellor), I would repudiate the treaty as soon as possible." Vgl. den Artikel „Tiger, Burning Bright"; TIME vom 9. Juni 1952, S. 22.

5 Der amerikanische Senat stimmte dem Generalvertrag am 1. Juli 1952 zu.

Der Herr *Bundeskanzler* bemerkte hierzu, daß das Kabinett am Vormittag beschlossen habe, die Herrn Goldmann und Herrn Shinnar unterbreiteten Vorschläge[6] den Vertretern Israels als offizielle Vorschläge der Bundesregierung zu unterbreiten.[7]

Mr. *McCloy* kam sodann auf die in Paris und London gemachten Vorschläge zur Abhaltung einer Viermächtekonferenz[8] und zur Festlegung der Bestimmungen eines Friedensvertrages mit Deutschland zu sprechen. Er stellte dabei fest, daß sich hierbei sehr große Meinungsverschiedenheiten bemerkbar gemacht hätten. Mr. Acheson habe daraufhin Telegramme nach Paris und London gesandt, um die Angelegenheit klarzustellen.[9] Außerdem wollte man auch den Herrn Bundeskanzler um seine Ansicht zu dieser Frage bitten. Mr. McCloy komme die ganze Angelegenheit etwas mysteriös vor, er glaube jedoch, sie sei wieder ins Reine gebracht worden, und Mr. Eden wie auch die französische Regierung verfolgten wieder den alten Kurs.

Mit dem Finanzausschuß, der für die Zuteilung der Auslandshilfe zuständig sei, habe Mr. McCloy keine formelle Zusammenkunft gehabt. In privaten Gesprächen habe er jedoch auf die Notwendigkeit fortgesetzter wirtschaftlicher und militärischer Hilfeleistungen an Deutschland hingewiesen. Die Ausschußmitglieder hätten selbstverständlich keine bindenden Verpflichtungen eingehen können, er habe jedoch versucht, den Fall Deutschlands so überzeugend und eindringlich darzulegen wie möglich.

Über die politische Situation sprechend, erklärte Mr. McCloy, daß General Eisenhower nach seiner Rückkehr[10] kaum an Einfluß gewonnen habe. Außerdem komme hinzu, daß Eisenhower selbst eigene Ansichten vertrete, andererseits aber nicht ohne seine Berater, Senator Lodge und Mr. Hoffman, auskommen könne. Dadurch werde bei der Öffentlichkeit manchmal der Eindruck erweckt, daß Eisenhower seiner selbst nicht sicher sei und auch zwischen seinen Beratern schwanke. Man spreche in diesem Zusammenhang häufig von einem Mangel an Erfahrungen. Dennoch habe Eisenhower eine so große Zahl von

6 Zur Besprechung am 10. Juni 1952 mit dem Vorsitzenden des World Jewish Congress, Goldmann, und dem Leiter der israelischen Delegation bei den Wiedergutmachungsverhandlungen in Wassenaar, Shinnar, an der Bundeskanzler Adenauer, Staatssekretär Hallstein, die Delegationsleiter Abs und Böhm sowie Referent Frowein teilnahmen, vgl. Dok. 153.

7 Vgl. dazu KABINETTSPROTOKOLLE 1952, S. 394–398.

8 Zum französischen Entwurf vom 9. Juni 1952 für eine Antwort auf die sowjetische Note vom 24. Mai 1952 vgl. Dok. 155, Anm. 2.
Zum undatierten britischen Entwurf für eine Antwort vgl. Dok. 155, Anm. 3.

9 Am 10. Juni 1952 wies der amerikanische Außenminister Acheson die amerikanischen Botschafter in London und Paris, Gifford und Dunn, an, die Außenminister Eden (Großbritannien) und Schuman (Frankreich) an die Übereinkunft zu erinnern, die zwischen den Außenministern der Drei Mächte am 28. Mai 1952 in Paris hinsichtlich der Antwort auf die sowjetische Note vom 24. Mai 1952 erzielt worden sei: „In our last note we put up to them certain definite proposals to which we agreed the Sov[iet] reply was utterly unresponsive. We agreed therefore that in our next note we sh[ou]ld point out these facts but also indicate that the proposals already made are still open. If we sh[ou]ld now reserve our direction and propose an immediate m[ee]t[in]g particularly in such broad terms as have been suggested, we w[oul]d be in effect denying the soundness of the position taken in our previous notes. It w[ou]ld seem in many quarters that we had abandoned a firm position which had been generally accepted in the public opinion of Ger[many], Fr[ance], Great Britain and U[nited] S[tates]." Vgl. FRUS 1952–1954, VII/1, S. 263 f.

10 Am 10. April 1952 wurde Dwight D. Eisenhower auf eigenen Wunsch mit Wirkung zum 1. Juni 1952 als Oberbefehlshaber der NATO-Streitkräfte in Europa entlassen.

Delegierten hinter sich, daß man über den Ausgang der Wahl des Kandidaten noch nicht Endgültiges sagen könne. Wenn es Senator Taft nicht gelinge, im ersten Wahlgang die erforderliche Mehrheit auf sich zu vereinigen, seien noch alle Möglichkeiten offen. Mr. McCloy glaubte, daß Eisenhower zwar gewisse Aussichten habe, der Ausgang der Wahl jedoch noch sehr zweifelhaft sei. Hierbei könne er sich auch auf Präsident Truman berufen, der die gleiche Ansicht vertrete. Zwei entscheidende Ereignisse in diesem Zusammenhang seien die Ernennung von Harriman zum Vorsitzenden des Parteikonvents sowie die an General MacArthur gerichtete Bitte gewesen, auf dem Parteikongreß das Hauptreferat zu halten. Zahlreiche Amerikaner sähen darin eine Analogie zu der Wahl von 1912, in der Theodore Roosevelt durch den Vater des jetzigen Senators Taft verdrängt wurde. Es könne zwar immer noch eine Reaktion in der anderen Richtung einsetzen; dabei sei aber wahrscheinlich der Wunsch der Vater des Gedankens. Eisenhower sei zwar immer noch der populärste Kandidat. Seine Taktik, über die öffentliche Meinung einen Einfluß auf die Parteidelegierten auszuüben und sie in ihrer Entscheidung zu beeinflussen, sei bisher jedoch nicht erfolgreich gewesen.

Was das demokratische Lager betreffe, so bestehe kein Zweifel, daß Präsident Truman nicht mehr kandidieren werde. Wie Präsident Truman Mr. McCloy mitteilte, bestünden bei den demokratischen Bewerbern, Senator Russell und Mr. Harriman, gewisse Schwierigkeiten, die ihre Aussichten auf Erfolg stark beeinträchtigten. Großes Erstaunen hätten die bisherigen Erfolge von Senator Kefauver hervorgerufen. Auf Grund seiner Aufrichtigkeit und Einfachheit sei es ihm bisher gelungen, eine große Anzahl von Delegierten auf sich zu vereinigen. Außerdem verfügten die Demokraten noch über Stevenson, der sich bereit erklärt habe, sich aufstellen zu lassen, falls Senator Taft nominiert werde.

Mr. McCloy überbrachte dem Herrn Bundeskanzler Glückwünsche vom Präsidenten Truman zum Abschluß der Verträge. Präsident Truman sei überzeugt, daß auch der Herr Bundeskanzler die geschichtliche Bedeutung der Verträge für Deutschland und Europa zu würdigen wisse. Er freue sich auch auf den Besuch des Herrn Bundeskanzlers in den Vereinigten Staaten, bitte jedoch, unter keinen Umständen während des Wahlfeldzugs zu kommen; denn während der Wahlvorbereitungen zeige Amerika nicht sein wahres Gesicht, und alle Menschen seien verrückt.[11]

Der Herr *Bundeskanzler* dankte Mr. McCloy nicht nur für das, was er in den Vereinigten Staaten für Deutschland und die Sache Europas gesagt, sondern vor allem auch für das, was er dafür getan habe. Er gab sodann einen Überblick über die politische Lage in Deutschland und erwähnte zunächst, daß sich der Bundesrat wie auch das Bundesverfassungsgericht[12] in einer etwas peinli-

[11] Bundeskanzler Adenauer besuchte die USA vom 6. bis 18. April 1953. Vgl. dazu AAPD 1953.

[12] Am 31. Januar 1952 beantragten 144 Abgeordnete der SPD- und der FU-Fraktion im Bundestag beim Bundesverfassungsgericht unter Bezugnahme auf Artikel 93, Absatz 1, Ziffer 2 des Grundgesetzes vom 23. Mai 1949 die Feststellung, „daß Bundesrecht, welches die Beteiligung Deutscher an einer bewaffneten Streitmacht regelt oder Deutsche zu einem Wehrdienst verpflichtet, ohne vorangegangene Ergänzung und Abänderung des Grundgesetzes weder förmlich noch sachlich mit dem Grundgesetz vereinbar ist". Vgl. WEHRBEITRAG I, S. 4.
Die Antragsteller erweiterten ihren Antrag mit Schriftsätzen vom 7. Juni und 7. Juli 1952. Das Bundesverfassungsgericht wurde um die Feststellung gebeten, daß die Zustimmungsgesetze zum

chen Situation befänden, da sie nicht eine Verantwortung übernehmen wollten, der sie nicht gewachsen wären. Der Bundesrat werde in einigen Tagen die Ratifizierungsgesetze ohne Diskussion an den Bundestag weiterleiten[13], und er, der Kanzler, hoffe, daß nach Behandlung der Gesetze im Bundestag und Rückverweisung an den Bundesrat dort genügend vernünftige Leute seien, die nach Abkühlung der politischen Leidenschaften die wahre Bedeutung der Verträge zu würdigen bereit wären. Innerhalb der Koalition setzten sich die CDU/CSU und die DP für eine baldige Ratifizierung, d.h. in der ersten Hälfte des Augusts, ein. Die FDP sei sich über ihre Haltung noch nicht ganz schlüssig, er glaube jedoch, daß auch die FDP schließlich eine baldige Ratifizierung befürworten werde. Im Gegensatz hierzu trete die SPD dafür ein, die Verträge erst im September oder Oktober zu behandeln.

Die erste Lesung werde nächste Woche im Bundestag stattfinden.[14] Im Anschluß hieran gingen die Texte an die Ausschüsse, wo die Beratungen ungefähr drei bis vier Wochen dauern würden. Das Ergebnis der Abstimmung liege auf Grund der Mehrheitsverhältnisse im großen und ganzen bereits fest. Mit der zweiten und dritten Lesung könne dann im August[15] gerechnet werden.

Sehr störend im Zusammenhang hiermit habe sich jedoch der Vorschlag der französischen Regierung zur Abhaltung einer Viermächtekonferenz ausgewirkt. Wenn nämlich in unmittelbarer Zukunft mit einer Viermächtekonferenz zu rechnen sei, werde es der Bundestag unter Umständen für ratsamer halten, die Ratifizierung hinauszuschieben und das Ergebnis einer solchen Konferenz abzuwarten. Das sei gerade das, was die Russen erstrebten.

Fortsetzung Fußnote von Seite 476
EVG- und Generalvertrag ohne vorherige Änderung des Grundgesetzes verfassungswidrig seien. Für den Wortlaut vgl. WEHRBEITRAG I, S. 218–227 und 242–251.
Am 30. Juli 1952 verkündete der Erste Senat des Bundesverfassungsgerichts, daß der Antrag unzulässig sei, da die gesetzgebenden Körperschaften ihre Beratung noch nicht abgeschlossen hätten. Zum Wortlaut des Urteils vgl. WEHRBEITRAG II, S. 436–446.
Mit Schreiben vom 10. Juni 1952 ersuchte Bundespräsident Heuss das Bundesverfassungsgericht unter Berufung auf Paragraph 97 des Bundesverfassungsgerichtsgesetzes vom 12. März 1951 um die Erstattung eines Rechtsgutachtens über die verfassungsrechtliche Frage, ob der EVG-Vertrag mit dem Grundgesetz vereinbar sei: „Steht der vorbezeichnete Vertrag im Widerspruch zum Grundgesetz für die Bundesrepublik Deutschland, soweit durch ihn auf Grund des Art. 24 des Grundgesetzes die zwischenstaatliche Einrichtung der Europäischen Verteidigungsgemeinschaft berechtigt wird, europäische Wehrhoheit unter Zugrundelegung der Wehrpflicht der Staatsbürger der Mitgliedstaaten auszuüben?“ Vgl. WEHRBEITRAG II, S. 2.
Am 4. August 1952 bat Heuss darum, auch den Generalvertrag und die Zusatzverträge in die verfassungsrechtliche Prüfung miteinzubeziehen. Für den Wortlaut des Schreibens vgl. WEHRBEITRAG II, S. 4.

13 Am 20. Juni 1952 erklärte der Bundesrat sämtliche ihm vorgelegten Ratifizierungsgesetzentwürfe zum EVG- und Generalvertrag in einer von seinem Auswärtigen Ausschuß empfohlenen Stellungnahme für zustimmungsbedürftig: „Weiter ist die Frage der Verfassungsmäßigkeit noch ungeklärt. Sie ist bereits Gegenstand eines beim Bundesverfassungsgericht anhängigen Verfahrens. Inzwischen hat auch der Herr Bundespräsident das Bundesverfassungsgericht um Erstattung eines Rechtsgutachtens ersucht. Es erscheint angezeigt, das Ergebnis der Prüfung durch das Bundesverfassungsgericht abzuwarten. Auch aus diesem Grund muß der Bundesrat seinen Entschluß bis zum zweiten Durchgang vorbehalten.“ Vgl. BR SITZUNGSBERICHTE 1952, S. 271. Vgl. ferner BR DRUCKSACHEN Nr. 218/52 und Nr. 219/52.

14 Die erste Lesung der Ratifizierungsgesetze zum EVG- und Generalvertrag fand am 9./10. Juli 1952 statt.

15 Die zweite und dritte Lesung der Ratifizierungsgesetze zum EVG- und Generalvertrag fanden vom 3. bis 5. Dezember 1952 bzw. am 19. März 1953 statt.

Anläßlich einer Tagung des CDU-Parteiausschusses[16], an dem ungefähr hundert CDU-Vertreter aus dem gesamten Bundesgebiet sowie aus Ostberlin und Vertreter der Exil-CDU teilgenommen hätten, sei die Politik des Bundeskanzlers einstimmig gebilligt und ausdrücklich darauf hingewiesen worden, daß keine Verzögerung in der Ratifizierung eintreten dürfe.

Der Herr Bundeskanzler sprach sodann über die Antwort der Westmächte auf die letzte Sowjetnote[17]. Mr. Reber habe ihn in dieser Angelegenheit Mitte letzter Woche aufgesucht. Sir Ivone habe ebenfalls eine Besprechung darüber mit ihm gehabt.[18] Es sei ihm zwar noch kein vollständiger Entwurf vorgelegt worden, sondern nur der Teil der Erwiderung, der sich mit dem entscheidenden Problem befasse, d.h. mit der Abhaltung einer Viermächtekonferenz auf irgendeiner Ebene und mit dem Verhandlungsgegenstand. Der Herr Bundeskanzler habe nach Kenntnisnahme von diesem Entwurf Sir Ivone mitgeteilt, daß er nicht an die Möglichkeit einer baldigen Ratifizierung der Verträge glaube, falls eine solche Antwort an die Russen gesandt werde. Er habe den britischen Hohen Kommissar gebeten, die Reaktion des Bundestags auf eine solche Fassung der Antwortnote berücksichtigen zu wollen. Sir Ivone habe daraufhin einen sehr ausführlichen Bericht an Mr. Eden gesandt, den er auch Herrn Blankenhorn vorgelesen habe.

Der Herr Bundeskanzler führte weiter aus, daß ihn der französische Hohe Kommissar am vergangenen Samstag um 19.30 Uhr in seiner Rhöndorfer Wohnung aufgesucht und ihn um eine schriftliche Fixierung seiner Stellungnahme zu der letzten Sowjetnote gebeten habe. Er habe M. François-Poncet erwidert, daß er sich die Frage überlegen werde, aber keine schriftliche Stellungnahme abgeben könne.[19]

Für Mr. McCloy fügte der Herr Bundeskanzler hinzu, er habe auf jeden Fall seine Rückkehr abwarten wollen. Darum habe er dem französischen Hohen Kommissar lediglich zugesagt, ihm am Montag[20] in dieser Angelegenheit Bescheid zu geben. Da Mr. McCloy erst heute – Dienstag – gekommen sei, habe er diese Absicht nicht verwirklichen können und werde deshalb heute abend Herrn Blankenhorn zu M. François-Poncet entsenden. Der dem französischen Hohen Kommissar zu übermittelnde Bescheid werde selbstverständlich vom Ausgang des heutigen Gesprächs mit Mr. McCloy abhängen.[21]

16 Der Bundesparteiausschuß der CDU tagte am 14. Juni 1952.

17 Zur sowjetischen Note vom 24. Mai 1952 vgl. Dok. 149, Anm. 4.

18 Zu den Besprechungen des Bundeskanzlers Adenauer mit dem britischen Hohen Kommissar Kirkpatrick und dem amerikanischen Stellvertretenden Hohen Kommissar Reber am 13. bzw. 15. Juni 1952 vgl. Dok. 155.

19 Zur Besprechung des Bundeskanzlers Adenauer mit dem französischen Hohen Kommissar François-Poncet am 14. Juni 1952 vgl. Dok. 155.

20 16. Juni 1952.

21 Zur Besprechung mit dem französischen Hohen Kommissar François-Poncet am 17. Juni 1952 vermerkte Ministerialdirektor Blankenhorn: „Ich erkläre, in Gegenwart von Bérard, François-Poncet die Auffassung des Bundeskanzlers: a) grundsätzliche Bereitschaft für eine Viermächtekonferenz; b) vorher eindeutige Klärung aller der in der alliierten Note vom 13. Mai aufgeführten Fragen, die von den Sowjets in ihrer Antwortnote vom 24. Mai unbeantwortet gelassen sind. c) Man dürfe auf keinen Fall im deutschen Volk mittels einer Note Erwartungen erwecken, als ob die Einigung mit Sowjetrußland unmittelbar bevorstehe – Erwartungen, die sich sehr schnell als unbegründet erweisen würden –, weil auf diese Weise die Gefahr bestehe, daß das Ratifikationswerk zurückgestellt

Der französische Vorschlag habe die Abhaltung einer Viererkonferenz auf irgendeiner Ebene – es sei die Ebene Riddleberger vorgeschlagen worden – und die Beschränkung auf zwei Fragen vorgesehen: die Voraussetzungen für freie Wahlen und die Rechte einer gesamtdeutschen Regierung. Diesem Vorschlag könne er, der Kanzler, sich nicht anschließen. Wenn er Russe wäre, würde er diesen Vorschlag sofort annehmen und versuchen, die Verhandlungen auf mindestens sechs Monate zu erstrecken und dadurch eine Verzögerung herbeizuführen.

Auf die letzte Sowjetnote eingehend, wies der Herr Bundeskanzler auf die sowjetische These hin, daß bei der Ausarbeitung eines Friedensvertrages mit Deutschland die Bestimmungen des Potsdamer Abkommens[22] zur Richtschnur genommen werden müßten und daß eine gesamtdeutsche Regierung ebenfalls durch die Potsdamer Beschlüsse auch nach dem Abschluß eines Friedensvertrages gebunden sei.

Die letzte Note der Westmächte[23] sei ausgezeichnet formuliert gewesen. Die Sowjets hätten in ihrer Antwort darauf wieder verschiedene Fragen unbeantwortet gelassen. Ihr Standpunkt unterscheide sich in wesentlichen Punkten grundsätzlich von der Politik und den Zielen der Westmächte. Er, der Kanzler, könne daher nicht verstehen, wie gerade jetzt nach dieser Note der Vorschlag zur Abhaltung einer Viermächtekonferenz gemacht werden könne.

Der Herr Bundeskanzler hob erneut hervor, daß eines Tages eine Konferenz mit den Russen stattfinden müsse, daß hierzu jedoch der richtige Augenblick zu wählen sei, d.h. wenn die europäische Integration größere Fortschritte gemacht habe und der EVG-Vertrag ratifiziert worden sei. Daher erfordere die Antwortnote der Westmächte eine sehr sorgfältige Formulierung, die der der zweiten Antwortnote der Westmächte an Geschicklichkeit gleichkomme. Jener Note habe auch die SPD ihre Zustimmung nicht versagt. Man dürfe aber nicht vergessen, daß die SPD nicht bekehrt werden könne. Er habe zufällig die vertrauliche Information darüber erhalten, daß man in den innersten Kreisen der SPD die Ratifizierung der Verträge auf jeden Fall ablehnen werde, ohne Rücksicht darauf, ob eine Konferenz mit den Russen zustande komme oder nicht. Daher sei es zwecklos, auf eine Änderung in der Haltung der SPD zu warten. Die Bevölkerung der Bundesrepublik unterstütze die bisherige Politik der Regierung und

Fortsetzung Fußnote von Seite 478
würde; d) stelle man das Ratifikationswerk zurück und scheitere, wie zu erwarten, die Viermächtekonferenz, dann werde die Ratifikation nicht mehr erfolgen können, da die Ratifikation dann als eine Drohung an Sowjetrußland gewertet würde. François-Poncet stimmt im wesentlichen mit diesen Gesichtspunkten überein und betont, daß die Haltung der französischen Regierung sich in Evolution befinde, d.h. daß sie sich dem amerikanischen Standpunkt nähere. – Bérard greift in die Unterhaltung ein und erklärt folgendes: Die Antwort, wie sie sich gegenwärtig der französischen Regierung darstelle, müsse zwei Teile enthalten. Im ersten Teil sollten lediglich die Punkte aufgeführt werden, auf die die Sowjetregierung bisher nicht reagiert habe. Im zweiten Teil wolle man klare Präzisionen hinsichtlich der folgenden zwei Punkte verlangen: 1) die Untersuchungskommission – Zusammensetzung und Funktionen, 2) Status einer gesamtdeutschen Regierung vor den Friedensvertragsverhandlungen. Ich erkläre hierauf, daß ein solcher Entwurf den Herrn Bundeskanzler nicht befriedige, da mit Sicherheit anzunehmen sei, daß die Russen auf diese beiden Punkte eingehen werden und so andere, zum Teil sehr viel wichtigere Gesichtspunkte beiseite schieben würden." Vgl. Bundesarchiv Koblenz, N 1351 (Nachlaß Blanklenhorn), Bd. 10.

22 Für den Wortlaut des Kommuniqués vom 2. August 1945 über die Konferenz von Potsdam (Potsdamer Abkommen) vgl. DzD II/1, S. 2101–2148.

23 Zur Note der Drei Mächte vom 13. Mai 1952 vgl. Dok. 126, Anm. 6.

verlange einen klaren Kurs. Eine Meinungsbefragung, die vor kurzem über die Politik des Bundeskanzlers angestellt worden sei, habe zum ersten Mal ergeben, daß eine Mehrheit von 53% der Befragten die Politik des Kanzlers für gut hielt. Vor einem Jahr hätten sich nur 30% der Befragten zur Regierungspolitik bekannt. Der Herr Bundeskanzler gab seiner Überzeugung Ausdruck, daß der Bundestag die Verträge ratifizieren werde, falls die Abgeordneten durch eine Viermächtekonferenz nicht zu einer zögernden oder abwartenden Haltung veranlaßt würden. Im letzteren Falle würde das Schicksal Europas ausschließlich in den Händen der Russen liegen.

Auf den neuerlichen Flüchtlingsstrom eingehend, berichtete der Herr Bundeskanzler, daß im Verlauf der letzten zwei bis drei Wochen 6000 Flüchtlinge in das Bundesgebiet gekommen seien. Die Bevölkerung von ganzen Ortschaften habe unter Zurücklassung ihrer gesamten Habe Zuflucht in der Bundesrepublik gesucht. Er gehe davon aus, daß es sich bei den Absperrungsmaßnahmen der Sowjets[24] um eine Blockierung der Sowjetzone gegenüber der Bundesrepublik handele, die in der Absicht durchgeführt werde, das Eindringen demokratischer und freiheitlicher Ideen in die Sowjetzone zu verhindern. Der Verkehr von Deutschen nach Berlin sei jedoch ungehindert, ebenso seien die Verhandlungen über den Ost-Westhandel nie so gut verlaufen wie im Augenblick.[25]

Zusammenfassend stellte der Herr Bundeskanzler fest, daß der amerikanische Senat durch eine baldige Ratifizierung der Verträge sehr große Hilfe leisten könne, und bat Mr. McCloy, falls dies möglich sei, durch einen entsprechenden Bericht darauf hinwirken zu wollen, daß die Verträge noch vor den Parlamentsferien des Senats ratifiziert würden.

Mr. *McCloy* erwiderte, daß man in den Vereinigten Staaten mit offenen Augen die Ereignisse in Europa verfolge und mit einiger Besorgnis Feststellungen zur Kenntnis nähme, wie z.B. die von Dr. Schumacher, daß er die Verträge nicht anerkennen würde, falls er Bundeskanzler würde. Er glaube daher, daß für das Verhalten des amerikanischen Senats maßgebend sei, was in Europa geschähe.

Darauf eingehend, entgegnete der Herr *Bundeskanzler*, daß er das verstehe, und was die Ratifizierung durch die europäischen Parlamente angehe, auch wisse, daß z.B. Frankreich nicht vor Oktober an eine Ratifizierung denke. Ganz Europa warte auf Deutschland. Es sei ihm klar, daß Frankreich nicht vor Deutschland ratifizieren werde und daß die übrigen Parlamente keine Schritte unternehmen würden, so lange nicht Deutschland und Frankreich ratifiziert hätten. Deutschland müsse daher als erstes Land vorangehen, und dies sei auch der Zweck aller seiner Bemühungen. Die Vorschläge für eine Viermächtekonferenz kämen jedoch zu diesem Zeitpunkt sehr ungelegen.

Mr. *McCloy* bestätigte, daß auch in den Vereinigten Staaten die französischen Vorschläge Bestürzung und Verwirrung hervorgerufen hätten. Es habe einiger Anstrengungen bedurft, um die Senatoren wieder zu beruhigen. Einige Senatoren hätten sogar vorgeschlagen, die Befragungen vor den Ausschüssen nicht weiter fortzusetzen. Dennoch müsse die letzte Sowjetnote beantwortet werden. Einzelheiten darüber werde er morgen mit Mr. George Kennan, der aus Moskau

24 Vgl. dazu Dok. 149, Anm. 5.
25 Vgl. dazu Dok. 121.

komme, besprechen.[26] Er persönlich halte im Hinblick auf die Ungewißheit, die noch über die Ratifizierung bestehe, den gegenwärtigen Zeitpunkt für die Abhaltung einer Viererkonferenz nicht für geeignet. Er sehe nicht ein, warum man wegen einer schwachen Note ein Risiko eingehen solle, ohne durch diese Note dazu gezwungen zu sein. Dies sei auch die Ansicht Mr. Achesons. Es habe ihn überrascht, daß Mr. Eden plötzlich eine andere Richtung als die bei seinem Aufenthalt in Bonn[27] vertretene verfolgt habe.

Bei Beantwortung der Note müsse man seiner, Mr. McCloys, Auffassung zufolge die Schwächen der letzten Sowjetnote ausnützen und erneut darauf hinweisen, daß eine Kommission zunächst feststellen müsse, ob in ganz Deutschland die Voraussetzungen für die Abhaltung freier Wahlen gegeben seien. Er persönlich würde nicht weiter gehen.

Was den Bescheid an den französischen Hohen Kommissar betreffe, so schlage er dem Herrn Bundeskanzler vor, die oben entwickelten Gedanken in allgemeinen Zügen vorzutragen und besonders auf die in dem französischen Vorschlag enthaltenen Gefahren hinzuweisen. Die Drei Alliierten seien augenblicklich noch nicht in der Lage, einen gemeinsamen Entwurf vorzulegen, was auf Meinungsverschiedenheiten mit den Engländern und Franzosen zurückzuführen sei. Falls der Herr Bundeskanzler nachdrücklich auf die Befürchtungen hinweise, die er gegen den französischen Vorschlag habe, könne dies dazu beitragen, die Ausarbeitung eines gemeinsamen alliierten Vorschlages zu beschleunigen.

Er, Mr. McCloy, neige zu der Auffassung, daß es sich bei den Vorschlägen um eine französisch-britische Verschwörung handle. Mr. McCloy bat den Herrn Bundeskanzler ausdrücklich, in seiner Antwort an M. François-Poncet unter keinen Umständen Anlaß zu der Annahme zu geben, daß er, der Kanzler, im gegenwärtigen Zeitpunkt die Abhaltung einer Viermächtekonferenz für gut halte.

Der Herr *Bundeskanzler* wies darauf hin, daß er dies bereits getan habe. Der französische Hohe Kommissar habe ihn am vergangenen Samstag[28] unter dem Vorwand aufgesucht, ihm über die Sitzung der Hohen Kommissare in Berlin[29] zu berichten, worüber M. François-Poncet jedoch kein Wort gesagt habe. Im Verlauf des Besuchs habe er ihn dann um einen schriftlichen Entwurf einer deutschen Stellungnahme gebeten. Dies habe er, der Kanzler, jedoch nicht getan, da er die verschiedenartigen Strömungen am Quai d'Orsay kenne und nicht wisse, was alles mit einer solchen schriftlichen Stellungnahme geschehen wäre. Daher sei eine gewisse Vorsicht geboten gewesen. Er werde nun dem französischen Hohen Kommissar die soeben mit Mr. McCloy erörterten Argumente vortragen lassen.

[26] Zur Besprechung des amerikanischen Hohen Kommissars McCloy mit dem amerikanischen Botschafter in Moskau, Kennan, am 18. Juni 1952 vgl. Dok. 164.

[27] Außenminister Eden hielt sich anläßlich der Unterzeichnung des Generalvertrages vom 23. bis 26. Mai 1952 in Bonn auf.

[28] 14. Juni 1952.

[29] Die Hohen Kommissare François-Poncet (Frankreich), Kirkpatrick (Großbritannien) und McCloy (USA) erörterten am 12. Juni 1952 in Berlin (West) mit den Stadtkommandanten Carolet (Frankreich), Coleman (Großbritannien) und Mathewson (USA) die aktuelle Lage der Stadt.

Mr. *McCloy* schnitt anschließend die Frage seiner Rückkehr in die Vereinigten Staaten an. Sowohl persönliche, familiäre wie auch stichhaltige politische Gründe ließen es ihm geraten erscheinen, im Laufe des Sommers von seinem Amt zurückzutreten. Sein Nachfolger werde mit aller Wahrscheinlichkeit Mr. Donnelly sein, ein Berufsdiplomat, der bisher in Südamerika und als Hoher Kommissar in Österreich tätig gewesen sei. Er halte es für richtig, daß sein Nachfolger sobald wie möglich seinen Posten antrete, um sich mit den neuen Aufgaben vertraut zu machen.[30]

Mr. McCloy hielt es nicht für zweckmäßig, bis zur Ratifizierung der Verträge in Deutschland zu bleiben, da einerseits der Zeitpunkt noch ungewiß sei und andererseits diese Tatsache falsch ausgelegt werden könne. Selbstverständlich werde er noch hierbleiben, solange er gebraucht werde, und deswegen Deutschland auch noch nicht Ende Juni verlassen. Als Reisetag habe er den 10. oder 21. Juli ins Auge gefaßt. Bevor er sich endgültig entschließe, wolle er den Herrn Bundeskanzler um seine Meinung bitten.

Der Herr *Bundeskanzler* erklärte, er verstehe die Gründe sehr wohl, wolle aber nicht verheimlichen, daß er sich im Verlauf der letzten drei Monate nie so sehr Sorge um die Zukunft gemacht habe, wie gerade in der zweiten Hälfte der vergangenen Woche. Er bitte daher auch Mr. McCloy, so lange wie möglich in Deutschland zu bleiben und mit seiner Rückkehr zu warten, bis die Schwierigkeiten in London und Paris überwunden seien. Er hoffe zwar, daß Mr. Acheson bei seinem Besuch in London[31] sehr viel dazu beitragen könne, dennoch sei dort die Lage sehr kritisch. Churchill sei ein alter Mann, Eden stehe weitgehend unter seinem Einfluß, innerhalb der konservativen Partei zeichneten sich ernste Meinungsverschiedenheiten ab, und das Schattenkabinett der Labour Party sei vor kurzem bei einem Besuch in Bonn eingehend von der SPD informiert worden. Die augenblickliche Lage sei wirklich ernst und beunruhigend. Es liege deshalb im gemeinsamen Interesse, wenn Mr. McCloy nicht vor dem 21. Juli abreise. Er, Mr. McCloy, würde sich bestimmt auch Vorwürfe machen, falls bei einer verfrühten Rückkehr nach Amerika etwas eintreten würde, was durch sein Hiersein hätte vermieden werden können. Falls Mr. McCloy zu früh abreise, könne dies eine Schwächung der amerikanischen Position gegenüber den britischen und französischen Hohen Kommissaren bedeuten, die beide durch sehr strikte Instruktionen ihrer Regierungen gebunden seien.

Der Herr Bundeskanzler glaubte, nicht zu pessimistisch zu sein, wenn er feststelle, daß die Lage in Deutschland und in Europa sehr gefährlich und kritisch werde, wenn die starke Hand der Vereinigten Staaten fehle. Die französische Haltung erinnere ihn an Leute, die zwar einen Badeanzug angezogen hätten, aber doch zu bange seien, ins Wasser zu springen.

Herr Ministerialdirektor *Blankenhorn* bemerkte hierzu, daß nie zuvor eine einflußreiche und starke amerikanische Persönlichkeit in Deutschland mehr vonnöten gewesen sei als gerade jetzt. Es handele sich dabei nicht nur um die Möglichkeit eines Gedankenaustausches und gegenseitiger Mitteilung zwischen

30 Der amerikanische Hohe Kommissar McCloy verließ die Bundesrepublik am 21. Juli 1952. Sein Nachfolger Walter J. Donnelly nahm seine Tätigkeit am 1. August 1952 auf.

31 Der amerikanische Außenminister Acheson hielt sich vom 23. bis 27. Juni 1952 in Großbritannien auf.

den Regierungen, sondern auch um den Einfluß, den eine solche Persönlichkeit auf alle politischen Elemente ausüben könne. Es liege in der menschlichen Natur, daß der Rat ausländischer Persönlichkeiten mehr als der der eigenen Landsleute geschätzt werde. Die gegenwärtige Krise sei so ernst, daß ein so schwerwiegender Personalwechsel nicht nur das amerikanische, sondern auch das deutsche und europäische Interesse berühre.

Mr. *McCloy* verstand diese Gründe, glaubte aber doch, daß sein Nachfolger sich sobald wie möglich mit den Verhältnissen und Problemen vertraut machen müsse; denn auch im Herbst und Winter werde es noch zahlreiche ernste und schwierige Fragen zu lösen geben. Er werde versuchen, bis zum 21. Juli in Deutschland zu bleiben, und hoffe, daß bis zu diesem Zeitpunkt die Schwierigkeiten in London und Paris beseitigt seien. Evtl. könne er selbst in den letzten Tagen seines Aufenthaltes in Europa noch nach Paris und London fahren, um sein Teil hierzu beizutragen.

Der Herr *Bundeskanzler* machte Mr. McCloy den Vorschlag, selbst bei einer Rückkehr am 21. Juli sein Amt noch nicht endgültig aufzugeben und die Möglichkeit einer Rückkehr, falls sie erforderlich sein sollte, offen zu halten. Bei dem Ansehen, das Mr. McCloy genieße, halte er im Interesse Deutschlands und der Vereinigten Staaten die Anwesenheit Mr. McCloys bis zur Ratifizierung durch den Bundestag für unbedingt erforderlich. Wenn der Senat und der Bundestag die Verträge ratifiziert hätten, würde dies eine gewisse Beruhigung und Stabilität der Lage mit sich bringen.

Auf den Vorschlag des Herrn Bundeskanzlers erwiderte Mr. *McCloy*, daß eine nicht endgültige Aufgabe des Amtes aus praktischen Gründen wohl kaum möglich sei. Sollte seine Rückkehr nach Europa jedoch unbedingt erforderlich werden, so bestünde vielleicht die Möglichkeit, gewissermaßen als Sonderbotschafter oder Sonderbeauftragter zurückzukehren. Er wolle Mr. Acheson diesen Vorschlag unterbreiten.[32] Zusammenfassend wies Mr. McCloy darauf hin, daß man trotz des Ernstes der Lage die Fortschritte nicht vergessen dürfe, die durch die gemeinsame Arbeit erzielt worden seien; sie kämen insbesondere zum Ausdruck in der Haltung des amerikanischen Senats und in der Reaktion der Russen.

Besonders eindrucksvoll sei auch die Haltung der deutschen Bevölkerung in der Ostzone, wo vor kurzem durch amerikanische Beauftragte eine Meinungsbefragung durchgeführt worden sei. Die den 500 Befragten vorgelegten Fragen behandelten das Problem, ob das sowjetische Angebot in bezug auf Deutschland

32 Am 26. Juni 1952 teilte Bundeskanzler Adenauer dem amerikanischen Außenminister Acheson mit, daß er die Abberufung des amerikanischen Hohen Kommissars McCloy bedauere: „Herr McCloy verläßt Deutschland in einem Augenblick, in dem der Beginn des europäischen Integrationswerkes, an dem er persönlich so viel Anteil genommen hat, durch den Spannungszustand in der Welt besonders gefährdet ist. Wenn wir die guten Ansätze, die dieses Werk in den europäischen Ländern und insbesondere in Deutschland genommen hat, zu voller Entwicklung bringen wollen, dann bedarf es gerade in den nächsten Wochen und Monaten einer Persönlichkeit wie die John McCloys, die nicht nur über große Sachkenntnis, sondern auch über Autorität verfügt, die nötig ist, um an der Überwindung der großen Schwierigkeiten mitzuwirken und das Interesse und Gewicht der Vereinigten Staaten wirkungsvoll zur Geltung bringen." Adenauer gab zu bedenken, „ob es nicht im Interesse der amerikanischen Politik und Europas läge, wenn Herr McCloy wenigstens für die schwierige Übergangszeit dieses und des nächsten Jahres als amerikanischer Botschafter nach Europa entsandt würde, um die Bemühungen um das Werk des europäischen Zusammenschlusses zu unterstützen und, wenn nötig, zu koordinieren". Vgl. ADENAUER, Briefe 1951–1953, S. 231 f.

angenommen werden solle und ob es richtig gewesen sei, daß Westdeutschland die vertraglichen Abmachungen abgeschlossen habe. Im ersten Fall hätten 73% mit Nein, 15% mit Ja geantwortet. Bei der zweiten Frage hätten 80% der Befragten den Abschluß der Verträge für richtig gehalten.

Abschließend bat der Herr *Bundeskanzler* Mr. McCloy noch einmal, Deutschland unter keinen Umständen zu früh zu verlassen.

B 2 (Büro Staatssekretär), Bd. 186

160

Botschaftsrat von Walther, Paris, an das Auswärtiges Amt

221-20/Nr. 2139 **18. Juni 1952**[1]

Betr.: Aussichten für die Ratifizierung des EVG-Vertrages

Nach der Unterzeichnung des EVG-Vertrages hat sich die französische Presse etwa zwei Tage lang mit diesem Ereignis in erstaunlich ruhigem Ton befaßt. Seither wird das ganze Problem von der Presse behandelt, als ob es sich um ein außerhalb des französischen Kreises liegendes Problem handle, das nur vom Standpunkt eines neutralen Beobachters internationaler Entwicklungen interessant sei. Kaum ein Journalist nimmt zu der typisch französischen Seite des Problems Stellung. Auf der anderen Seite ist gar kein Zweifel, daß die Einstellung zu der Frage der Europa-Armee unter der Oberfläche alle politisch interessierten Kreise aufs höchste bewegt.

Wenn man sich die Frage stellt, wie sich die Kräfte bei einer Ratifizierung der Europa-Armee verteilen werden, so muß zunächst gesagt werden, daß sämtliche Parteien der „Assemblée Nationale“ in der Frage des Für und Wider in sich gespalten sind. Dies trifft nicht nur für die Regierungsparteien, sondern auch für die Oppositionsparteien, mit Ausnahme der Kommunisten, zu. Die Sozialisten sind durch die russischen Noten[2] mit ihrer Forderung nach einer deutschen National-Armee in ihrem größeren Teil in das Lager der Anhänger der Europa-Armee herübergetrieben worden. Komplizierter liegt die Sache bei den Gaullisten. Die eigentlichen Anhänger de Gaulles würden bestimmt alles tun, um die Europa-Armee zu Fall zu bringen. Zurückzuführen ist diese negative Einstellung auf die Haltung der Armee, in deren Reihen de Gaulle seine stärk-

1 Hat Referent Kaumann am 21. Juni 1952 vorgelegen, der handschriftlich die Weiterleitung über Ministerialdirektor Blankenhorn an Staatssekretär Hallstein verfügte.
Hat Blankenhorn am 26. Juni 1952 vorgelegen.
Hat Hallstein am 26. Juni 1952 vorgelegen, der die Weiterleitung an Bundeskanzler Adenauer verfügte und handschriftlich vermerkte: „Sofort.“
Hat Adenauer laut handschriftlichem Vermerk des Legationsrats Limbourg am 3. Juli 1952 vorgelegen.

2 Zu den sowjetischen Noten vom 10. März, 9. April und 24. Mai 1952 vgl. Dok. 74, Anm. 2, Dok. 104, Anm. 2, und Dok. 149, Anm. 4.

sten Anhänger hat. Das Offizierskorps ist teilweise im Bewußtsein der großen militärischen Überlieferung Frankreichs, zum großen Teil aber wohl aus Furcht vor der Konkurrenz innerhalb einer Europa-Armee heftiger Gegner der gesamten Idee. In diesen Kreisen würde wohl eine deutsche National-Armee im Rahmen des Atlantikpaktes weit eher hingenommen werden als eine integrierte föderalistische Armee.

Aber auch die Dissidenten-Gruppe der Gaullisten wird wohl in ihrer weitaus größeren Majorität gegen die EVG sein. Es ist nicht uninteressant, daß der General Billotte, der prominenteste militärische Führer dieser Gruppe, vor einigen Tagen bei Pinay war und mit ihm eine längere Unterredung hatte. Über die Unterredung ist im einzelnen nichts bekannt. In politisch interessierten Kreisen aber wird die Ansicht geäußert, daß er vielleicht das Angebot gemacht habe, die Dissidenten-Gruppe (44 Abgeordnete) an die Regierung heranzuführen, wenn dafür die Europa-Armee fallen gelassen wird. Voraussichtlich würde dies ein Abspringen der MRP zur Folge haben. Auf der anderen Seite aber würde Pinay damit über eine Rechtsbasis für seine Regierung verfügen, die ihm eine konstruktive Wirtschaftspolitik ermöglichen würde. Dieses Zuwachsen der gaullistischen Dissidenten wäre für Pinay um so reizvoller, als auch in der wiedervereinigten Bauernpartei sich die ersten Anzeichen für ein Abfallen bemerkbar machen. Die Haltung der „Unabhängigen" wird sich nach der Lage im Augenblick der Abstimmung richten.

Völlig unübersichtlich ist die Einstellung Pinays zur EVG-Frage. Die Gefahr besteht, daß er eine negative Haltung einnimmt, wenn er dadurch glaubt, seine wirtschaftlichen Ideen erfolgreich durchsetzen zu können. Leider ist die Stellung des hauptsächlichen Verfechters der EVG-Idee, Schumans, schlecht.

Soweit die Beurteilung der parlamentarischen Lage.

In den Kreisen der hohen Bürokratie bildet sich, wie aus allen Gesprächen hervorgeht, zur Frage des EVG-Vertrages eine Tendenz zum Zeitgewinnen heraus, da sowohl der französischen öffentlichen Meinung gegenüber als auch aus politischen Gründen vor der Ratifizierung auf jeden Fall die Möglichkeit einer Unterredung mit den Sowjets ausgeschöpft werden und nach Möglichkeit der Ausgang der amerikanischen Wahlen[3] abgewartet werden muß. Aus Gesprächen im Außenministerium scheint hervorzugehen, daß auch Schuman dieser Meinung zuneigt. Diese Einstellung ist einerseits auf die wirkliche Überzeugung zurückzuführen, daß ein Gespräch mit den Russen vielleicht irgendwelche konkreten Lösungen ergibt. Andererseits spielt sicherlich der Wunsch des Wegschiebens dieses unangenehmen EVG-Problems eine sehr starke Rolle. Gerade in der hohen Bürokratie wird aus ähnlichen Gründen wie im Offiziers-Korps der Gedanke an ein konföderiertes Europa als unangenehm empfunden. Da man aber keine bessere konstruktive Idee an die Stelle zu setzen weiß, ist jedes Mittel recht, um eine Auseinandersetzung mit dem Problem selbst zu vermeiden. Hierauf ist auch zurückzuführen das erstaunlich große Interesse, das dem Verfahren vor dem Bundesgerichtshof entgegengebracht wird[4], wobei sicherlich die stärkste Komponente der Wunsch ist, das Problem in Deutschland zu Fall

3 Die amerikanischen Kongreß- und Präsidentschaftswahlen fanden am 4. November 1952 statt.
4 Vgl. dazu Dok. 159, Anm. 12.

zu bringen, so daß in Frankreich eine Stellungnahme nicht mehr nötig wäre und die katastrophalen Auswirkungen einer französischen negativen Haltung auf die französisch-amerikanischen Beziehungen vermieden werden und den Deutschen in die Schuhe geschoben werden könnten.

Außerordentlich schwierig ist es, die Entwicklung der Unterströmungen der öffentlichen Meinung zu übersehen. Es spielen hier so viele sentimentale und unübersichtliche Faktoren positiver und negativer Art eine Rolle, daß zunächst die Entwicklung abgewartet werden muß, um aus Äußerungen allgemeiner Art auf die Entwicklung schließen zu können. Wie bereits in der früheren Berichterstattung immer wieder hervorgehoben wurde, entfernt sich die Meinung der Wähler von ihren Parteien sehr stark. Es scheint nun, daß die Sympathien für Deutschland und die Idee der Europa-Armee in der öffentlichen Meinung weit mehr an Terrain gewonnen haben als in der politischen Führerschicht Frankreichs. Gerade hier aber besteht die Gefahr, daß die an sich Deutschland gegenüber günstige öffentliche Meinung durch die Diskussion einer spezifischen deutsch-französischen Frage ins Gegenteil umschlägt. Ob aber diese öffentliche Meinung sich in der Bildung der offiziellen politischen Linie durchsetzen kann, ist außerordentlich fraglich. Die französischen Parlamentarier ebenso wie die hohe Bürokratie versteht es meisterhaft, durch Ansatz der parlamentarischen Spielregeln, auch gegen die öffentliche Meinung zu regieren. Es wird wesentlich davon abhängen, ob bis zur Ratifizierung Ereignisse eintreten, die den Druck der Wähler auf das Parlament zur Geltung bringen. Man könnte hierbei insbesondere an Fragen rein innerpolitischer Art denken, in denen Pinay schon bisher durch die Wahlen die Abgeordneten aus ihrer traditionellen Haltung herausgehebelt hat.

Die drei obigen Machtfaktoren, Abgeordnete, hohe Bürokratie und Wählermeinung, die bei der Abstimmung des EVG-Vertrages die Hauptrolle spielen, können vorläufig noch nicht als feste Größen eingesetzt werden, so daß eine Vorschau auf die Wahrscheinlichkeit der Ratifizierung verfrüht wäre. Immerhin kann gesagt werden, daß den negativen Faktoren auch eine Reihe von positiven Faktoren entgegengesetzt werden kann.

Bei vorsichtiger Beurteilung der augenblicklichen Lage und unter Heranziehung der früheren Abstimmungen, insbesondere über den Schuman-Plan[5], erscheinen die Aussichten nicht ungünstig. Aber schon geringe Einflüsse können dazu zwingen, diese Beurteilung völlig zu wandeln. Die vorstehenden Ausführungen müssen daher eher als eine Zusammenstellung der augenblicklichen Voraussetzungen denn als eine Beurteilung gewertet werden.

Walther

B 10 (Abteilung 2), Bd. 987

5 Am 6. Dezember 1951 begann die französische Nationalversammlung die Debatte über die Ratifizierung des EGKS-Vertrages vom 18. April 1951. Am 13. Dezember 1951 wurde das Ratifizierungsgesetz angenommen.

161

Staatssekretär Hallstein an den Generalsekretär des Europarats, Paris

214-26 II 7615/52 **19. Juni 1952**[1]

Herr Generalsekretär, anläßlich der 11. Tagung des Ministerkomitees des Europarats habe ich am 23. Mai d.J. dem Herrn Präsidenten des Ministerkomitees, Minister van Zeeland, und dem Herrn französischen Außenminister[2] mitgeteilt, daß nach Auffassung der Bundesregierung die Gründe dafür, die Erörterung des Memorandums der Bundesregierung über die Verletzung der Menschenrechte und Grundfreiheiten im Saargebiet[3] zu vertagen, nicht mehr bestehen.

Im Anschluß hieran beehre ich mich, namens der Bundesregierung folgendes mitzuteilen:

Am 2. März 1952 hatte die Bundesregierung über das Generalsekretariat den Regierungen der Mitglieder des Europarats ein Memorandum über die Verletzung der Menschenrechte und Grundfreiheiten im Saargebiet überreicht. Dieses Memorandum und die in ihm enthaltenen Beschwerden sollten Gegenstand der Beratungen des Ministerkomitees auf seiner Tagung am 19. und 20. März d.J. in Paris sein. Mit Rücksicht darauf, daß zu dieser Zeit zwischen dem Bundeskanzler und Außenminister der Bundesrepublik und dem Herrn französischen Außenminister Besprechungen mit dem Ziele in Gange waren, vor Abschluß des Friedensvertrages oder eines diesem gleichen Vertrages zu einer Ordnung der Saarfrage zu gelangen, ist die Erörterung des Memorandums auf Antrag des Bundeskanzlers und Außenministers der Bundesrepublik bis auf weiteres zurückgestellt worden. Da es sich leider gezeigt hat, daß der Boden für eine baldige, allgemein befriedigende Regelung der Saarfrage noch nicht bereitet ist, konnten die Besprechungen, die der Bundeskanzler und Außenminister der Bundesrepublik und der Herr französische Außenminister in London[4] und Paris[5] begonnen hatten, nicht fortgeführt werden. Damit entfallen aber die Gründe für eine weitere Vertagung der Erörterung des Memorandums.

1 Abschrift.
Am 19. Juni 1952 legte Staatssekretär Hallstein Bundeskanzler Adenauer den Entwurf für ein Schreiben an den Generalsekretär des Europarats, Paris, vor und führte dazu aus: „Nachdem die Wiederaufnahme unseres Memorandums über die Verletzung der Grundrechte an der Saar öffentlich angekündigt worden ist, bestehen wohl keine Bedenken mehr dagegen, daß der Europarat eine förmliche Mitteilung über unseren Standpunkt bekommt. Im Gegenteil: Diese Mitteilung läßt sich jetzt schwer aufschieben."
Dazu vermerkte Adenauer am 20. Juni 1952 handschriftlich: „Einverst[anden]." Vgl. B 10 (Abteilung 2), Bd. 528.

2 Robert Schuman.

3 Zum Memorandum vom 29. Februar 1952 vgl. Dok. 68, Anm. 3.

4 Zum Gespräch des Bundeskanzlers Adenauer mit dem französischen Außenminister Schuman anläßlich der Außenministerkonferenz am 18./19. Februar 1952 in London vgl. Dok. 75, Anm. 6.

5 Zum Gespräch des Bundeskanzlers Adenauer mit dem französischen Außenminister Schuman am 20. März 1952 in Paris vgl. Dok. 83.

Des weiteren beehre ich mich, namens der Bundesregierung auf folgendes hinzuweisen:

Nach der Überreichung des genannten Memorandums durch die Bundesregierung, am 17. März 1952, wurde im Saargebiet ein „Gesetz betreffend politische Parteien" erlassen. Nach Paragraph 2 Abs. 3 dieses Gesetzes darf die Tätigkeit einer Partei erst nach erfolgter Registrierung aufgenommen werden. Paragraph 3 des Gesetzes macht die Registrierung davon abhängig, daß sämtliche Vorstandsmitglieder der zu gründenden Partei sich schriftlich verpflichten, innerhalb ihres Wirkungsbereiches Bestrebungen entgegenzutreten, „welche die Beseitigung der in der saarländischen Verfassung festgelegten staatlichen oder demokratischen Ordnung zum Ziele haben". Auch kann die Registrierung trotz Vorliegens einer solchen Verpflichtungserklärung von der Saarregierung dann abgelehnt werden, wenn schwerwiegende Gründe die Annahme rechtfertigen, „daß die zu gründende Partei die in der saarländischen Verfassung festgelegte staatliche oder demokratische Ordnung ablehnt oder zu beseitigen trachtet"[6].

Die Bundesregierung darf als allgemein bekannt voraussetzen, daß es im Saargebiet beachtliche Strömungen gibt, die zwar voll auf dem Boden der demokratischen Ordnung stehen, aber der Auffassung sind, daß durch den Friedensvertrag oder einen diesem gleichen Vertrag für das Saargebiet eine staatliche Ordnung geschaffen werden sollte, die nicht dem in der Präambel zur saarländischen Verfassung festgelegten Zustand entspricht. Eine solche Forderung scheint der Bundesregierung um so unbedenklicher, als der gegenwärtige Status des Saargebiets nach der Präambel der Saarverfassung[7] selbst und nach übereinstimmenden Erklärungen der drei westlichen alliierten Mächte[8] nur vorläufigen Charakter hat.

Die Bundesregierung beehrt sich, auf die Tatsache aufmerksam zu machen, daß es bisher noch keiner der Parteien im Saarland, die eine solche Auffassung vertreten, gelungen ist, die Registrierung und damit die Möglichkeit politischer Wirksamkeit zu erlangen. Dieser Tatsache kommt besondere Bedeutung zu, da

6 Vgl. AMTSBLATT DES SAARLANDES, Nr. 16 vom 4. April 1952, S. 370. Vgl. dazu auch Dok. 32, Anm. 8.

7 In der Präambel der Verfassung des Saarlandes vom 15. Dezember 1947 war von dem Vertrauen der Saarbevölkerung „auf ein internationales Statut, das die Grundlage für sein Eigenleben und seinen Wiederaufstieg festlegen wird", die Rede. Vgl. AMTSBLATT DES SAARLANDES, Nr. 67 vom 17. Dezember 1947, S. 1077

8 Am 2. August 1951 teilte der Geschäftsführende Vorsitzende der AHK, McCloy, Bundeskanzler Adenauer mit: „Die gemeinsame Einstellung der drei in der Alliierten Hohen Kommission vertretenen Regierungen zum gegenwärtigen Status der Saar ist seit der Moskauer Tagung des Rates der Außenminister im April 1947 wiederholt und öffentlich dargelegt worden. Das am 20. Februar 1948 in Berlin von britischen, französischen und amerikanischen Sachverständigen unterzeichnete Protokoll befaßte sich lediglich mit der Vervollständigung der sich aus der wirtschaftlichen Angliederung der Saar an Frankreich ergebenden technischen Maßnahmen. Diese technische Vereinbarung war eine unmittelbare Folge der von den drei Regierungen in bezug auf den politischen und wirtschaftlichen Status der Saar eingenommenen Haltung. Der gegenwärtige Status der Saar steht nicht in Widerspruch zu der Erklärung der Alliierten vom 5. Juni 1945, in welcher die Bezugnahme auf ‚Deutschland innerhalb seiner Grenzen, wie sie am 31. Dezember 1937 bestanden', lediglich das Gebiet umgrenzen sollte, das für Besatzungszwecke in Zonen zu teilen war. In diesem Zusammenhang wird daran erinnert, daß sich der Zuständigkeitsbereich der Bundesregierung nicht über ihre territorialen Grenzen hinaus erstreckt. Die drei Regierungen bestätigen erneut ihre Auffassung, daß der endgültige Status der Saar durch den Friedensvertrag oder durch einen entsprechenden Vertrag festzulegen ist." Vgl. B 10 (Abteilung 2), Bd. 1330.

bereits für den Herbst dieses Jahres Neuwahlen zum saarländischen Landtag angekündigt sind.

Ich wäre dankbar, wenn dieses Schreiben zur Kenntnis der Regierungen der Mitglieder des Europarats gebracht würde.

Genehmigen Sie, Herr Generalsekretär, den Ausdruck meiner ausgezeichneten Hochachtung.

gez. Hallstein

B 10 (Abteilung 2), Bd. 528

162

Gespräch des Bundeskanzlers Adenauer mit dem Mitglied des britischen Oberhauses, Lord Henderson

24. Juni 1952[1]

Kurze Aufzeichnung über die Unterredung des Herrn Bundeskanzlers mit Lord Henderson im Palais Schaumburg am 24.6.1952 von 13.15 bis 15.45 Uhr in Anwesenheit von Mr. Ward, dem britischen Stellvertretenden Hohen Kommissar, Staatssekretär Professor Hallstein, Ministerialdirektor Blankenhorn und Dr. Noack als Dolmetscher.

Die eigentliche Unterredung fand im Anschluß an das Essen statt. *Lord Henderson* kam zunächst auf das Problem der Entschädigung für die Juden zu sprechen. Er sagte, er erinnere sich genau an das Gespräch, das er vor längerer Zeit mit dem Kanzler über diese Frage geführt habe. Später habe der Kanzler dazu eine Erklärung[2] abgegeben, und er glaube, sich entsinnen zu können, Herrn Blankenhorn damals ausdrücklich empfohlen zu haben, den Hansard im Hinblick auf den Widerhall zu lesen, den diese Erklärung des Kanzlers in den Debatten des Unterhauses auslösen würde. Es sei sicher hier mit Genugtuung verzeichnet worden, daß die Rede des Kanzlers im britischen Parlament allgemein wegen ihres hohen moralischen Mutes bewundert worden sei. Er habe damals gleich gesagt, es wäre politisch klug und moralisch richtig, wenn die Deutschen nun versuchten, so bald wie möglich ein Abkommen mit Israel zu erzielen. Er verstehe wohl die Schwierigkeiten auf deutscher Seite, aber auch Israel

[1] Die Gesprächsaufzeichnung wurde von Dolmetscher Noack am 25. Juni 1952 gefertigt.
Hat Staatssekretär Lenz, Bundeskanzleramt, am 1. Juli 1952 vorgelegen, der die Weiterleitung an Bundeskanzler Adenauer verfügte.
Hat Adenauer am 1. Juli 1952 vorgelegen.
Hat Lenz erneut am 2. Juli 1952 vorgelegen, der handschriftlich die Weiterleitung an Staatssekretär Hallstein verfügte.
Hat Vizekonsul Pauls vorgelegen, der handschriftlich die Weiterleitung an Ministerialdirektor Blankenhorn verfügte.

[2] Zur Erklärung des Bundeskanzlers Adenauer vom 27. September 1951 vor dem Bundestag vgl. Dok. 72, Anm. 2.

müsse die Opposition im Knesset überwinden. Es sei wesentlich, nicht nur zu einem Einvernehmen, sondern auch zu einem Abkommen mit Israel zu gelangen. Das frühere Regime habe sehr viele Aktiva des deutschen Volkes im Ausland vergeudet. Es sei das Verdienst des Herrn Bundeskanzlers, wieder neue aufgebaut zuhaben.

Der Herr *Bundeskanzler* erklärte, daß die Aussichten für den Abschluß eines solchen Abkommens durchaus günstig seien. In Bonn hätten bereits Vorbesprechungen zwischen einem Vertreter Israels, dem Vertreter der jüdischen Weltorganisationen, Mr. Goldmann, und einem Vertreter der Bundesregierung stattgefunden, die die Grundlage für die neuen Besprechungen bildeten[3], die heute im Haag begönnen und, wie er überzeugt sei, zu dem erwünschten Abkommen führen würden.

Lord Henderson betonte nochmals, daß zwei Dinge besonders wichtig seien: 1) die moralische Seite der Entschädigung für die Juden und 2) der Abschluß eines wirklichen Abkommens. Vielleicht käme noch ein drittes hinzu, doch das sei eine Detailfrage, mit der er den Herrn Bundeskanzler nicht belästigen wolle, die er vielleicht am besten mit Herrn Staatssekretär Hallstein besprechen könne, nämlich: eine etwaige teilweise Durchführung der Entschädigung in Form von Öllieferungen an Israel.

Der Herr *Bundeskanzler* versicherte Lord Henderson, daß auch daran schon gedacht sei.

Als zweiten Punkt brachte *Lord Henderson* die Ratifizierung der vertraglichen Vereinbarungen und des EVG-Vertrages zur Sprache. Er erklärte, daß ihm diese Ratifizierung ausgesprochene Sorge bereite.

Der Herr *Bundeskanzler* beruhigte Lord Henderson. Anfang Juli würde die erste Lesung der Verträge stattfinden.[4] In der ersten Septemberhälfte würde dann ihre zweite und dritte Lesung und die Ratifizierung erfolgen.[5]

Dies nahm *Lord Henderson* zur Kenntnis und erklärte weiter: Als guter Kenner des Grundgesetzes habe er eigentlich nicht daran gezweifelt, daß der Abschluß solcher Verträge rechtlich für die Bundesrepublik möglich sei. Er wolle kurz einmal seine Gedanken zu diesem Thema äußern und bitte zu bedenken, daß er nicht als Jurist, sondern nur als Politiker dazu Stellung nehmen und auch nur seine private Meinung äußern könne. Für den Abschluß sprächen, so glaube er, insbesondere zwei Artikel des Grundgesetzes, die er zwar genau kenne, aber leider nicht beziffern könne: 1) der, in dem vom „conscientious objector" die Rede sei[6], und 2) der, in dem es heiße, die Bundesrepublik könne aus Si-

[3] Zur Besprechung am 10. Juni 1952 mit dem Vorsitzenden des World Jewish Congress, Goldmann, und dem Leiter der israelischen Delegation bei den Wiedergutmachungsverhandlungen in Wassenaar, Shinnar, an der Bundeskanzler Adenauer, Staatssekretär Hallstein, die Delegationsleiter Abs und Böhm sowie Referent Frowein teilnahmen, vgl. Dok. 153.

[4] Die erste Lesung der Ratifizierungsgesetze zum EVG- und Generalvertrag fand am 9./10. Juli 1952 statt.

[5] Die zweite und dritte Lesung der Ratifizierungsgesetze zum EVG- und Generalvertrag fanden vom 3. bis 5. Dezember 1952 bzw. am 19. März 1953 statt.

[6] Artikel 4, Absatz 3 des Grundgesetzes vom 23. Mai 1949: „Niemand darf gegen sein Gewissen zum Kriegsdienst mit der Waffe gezwungen werden. Das Nähere regelt ein Bundesgesetz." Vgl. BUNDESGESETZBLATT 1949, S. 1.

cherheitsgründen vertragliche Abmachungen eingehen.[7] Er sei daher überzeugt, daß die Bundesrepublik damit die Möglichkeit habe, einen Defensivpakt zu schließen. Er gebe offen zu, daß er morgen Herrn Schumacher aufzusuchen beabsichtige. Bei dieser Gelegenheit werde er den gleichen Standpunkt vertreten. – Nun sei aber insofern eine Änderung der Lage eingetreten, als beim Bundesverfassungsgericht eine Klage über die Rechtmäßigkeit des Vorgehens der Bundesrepublik eingereicht worden sei.[8] Was würde geschehen, wenn dieser Klage stattgegeben würde? Wenn zur Ratifizierung der Verträge eine Zweidrittelmehrheit erforderlich sei und der Herr Bundeskanzler diese nicht erhalten könne, sei er dann gezwungen zurückzutreten, und könne der Bundespräsident einen neuen Bundeskanzler ohne Ausschreibung von Neuwahlen ernennen?

Deutscherseits wurde Lord Henderson erwidert, ein gegen den Bundeskanzler eingebrachtes Mißtrauensvotum habe nur dann Aussicht auf Erfolg, wenn sich die Mehrheit des Bundestages gleichzeitig auf einen Vorschlag für die Ernennung eines neuen Kanzlers einige.[9] Diese sehr schwierige Art, einen Kanzler zu beseitigen, habe sich die SPD ausgedacht, weil sie ursprünglich damit gerechnet habe, an die Macht zu kommen. Wenn aber heute eine Mehrheit gegen ihn stimmen sollte, so erklärte der Herr *Bundeskanzler*, dann müsse er schon eine seiner Koalitionsparteien zu diesem Zwecke abgeben. Das könne keiner von ihm erwarten. Er wisse übrigens, daß im Ausland die Meinung überaus verbreitet sei, durch die Parlamentswahlen von 1953[10] würde die SPD ans Ruder kommen. Die demoskopischen Untersuchungen, die von verschiedenen Instituten zur Erforschung der öffentlichen Meinung im Gebiet der Bundesrepublik durchgeführt worden seien, um die Einstellung der Bevölkerung zur Politik der Bundesregierung festzustellen, hätten jedoch ergeben, daß im Mai 1951 zwar nur 31%, im Mai 1952 dagegen 58% sich für die Politik der Bundesregierung geäußert hätten.

Die dritte Frage, die *Lord Henderson* zur Sprache brachte, war die Frage der Wiedervereinigung Deutschlands, wie er sagte, eines der wichtigsten Probleme, vielleicht das wichtigste Problem überhaupt. Bisher sei davon die Rede gewesen, a) die Vorbedingungen für die Durchführung allgemeiner demokratischer Wahlen in Deutschland festzustellen, und b) die Befugnisse einer allgemeinen deutschen Regierung vor, während und nach den Wahlen festzulegen. Eines sei aber noch nicht klar, nämlich was vereinigt werden solle. Dies müßte als c) weiterer Punkt erörtert werden. In einer Erklärung, die seine volle Billigung gefunden habe, habe der Herr Bundeskanzler kürzlich gesagt: die Bundesrepublik und die Ostzone. Andererseits habe Minister Kaiser, er glaube gestern, die Meinung vertreten, „im gegenwärtigen Stadium" könnten nur die Bundesre-

7 Artikel 24, Absatz 2 des Grundgesetzes: „Der Bund kann sich zur Wahrung des Friedens einem System gegenseitiger kollektiver Sicherheit einordnen; er wird hierbei in die Beschränkungen seiner Hoheitsrechte einwilligen, die eine friedliche und dauerhafte Ordnung in Europa und zwischen den Völkern der Welt herbeiführen und sichern." Vgl. BUNDESGESETZBLATT 1949, S. 4.

8 Vgl. dazu Dok. 159, Anm. 12.

9 Zum konstruktiven Mißtrauensvotum gemäß Artikel 67 des Grundgesetzes vom 23. Mai 1949 vgl. BUNDESGESETZBLATT 1949, S. 8.

10 Die Bundestagswahlen fanden am 6. September 1953 statt.

publik und die Ostzone vereinigt werden.[11] Wie stelle man sich nun zur Frage der eigentlichen „Ostgebiete"? Es sei doch wichtig, über das, was vereinigt werden solle, eine Klärung herbeizuführen, ehe man sich mit den Russen an den Verhandlungstisch setze.

Der Herr *Bundeskanzler* bemerkte hierzu, er habe schon früher in nichtamtlicher Eigenschaft seine Auffassung zu den jetzt unter polnischer Verwaltung stehenden Gebieten jenseits der Oder-Neiße-Linie bekanntgegeben, als er erklärt habe, diese Gebiete müßten später entweder einem deutsch-polnischen Kondominium oder einer supranationalen Behörde, etwa der UNO, unterstellt werden. Auf jeden Fall sei er sich klar darüber, daß Ansprüche auf diese Gebiete nur mit friedlichen Mitteln geltend gemacht werden dürften. Es sei nicht nur im Interesse des Westens, sondern gerade auch Deutschlands, daß Polen sich endgültig westlich orientiere und auch in Zukunft ein Bollwerk gegen die Sowjetunion bleibe.

Für diese Erklärung dankte *Lord Henderson*. Insbesondere nahm er dankbar zur Kenntnis, daß Ansprüche nur mit friedlichen Mitteln geltend gemacht werden sollten. Es sei aber noch ein weiterer Punkt, der ihn und viele seiner Freunde beunruhige: d) die Frage des Sudetenlandes.[12] In diesem Raum hätten zwar unbestreitbar vorwiegend Deutsche gewohnt, er würde es jedoch als ein Passivum der jetzigen deutschen Außenpolitik betrachten, wenn Deutschland auf diesen Raum, der physisch zur Tschechoslowakei gehöre, Anspruch erheben wolle. Ein solcher Anspruch würde die Weltmeinung gegen Deutschland einnehmen. Zusammenfassend sei also zu sagen, es müsse genau präzisiert werden, was unter Wiedervereinigung Deutschlands zu verstehen sei. Wenn er recht verstehe, meine man die Vereinigung der jetzigen Bundesrepublik mit der jetzigen Ostzone. Habe man das festgelegt, so müsse eine Vierer-, oder besser gesagt, Fünferkonferenz abgehalten werden, denn im Westen seien jetzt vier Partner. Er bitte, ihn recht zu verstehen. Eine solche Konferenz sei wichtig aus psychologischen Gründen. Es gäbe viele, die es nicht begreifen würden, wenn der Westen von vornherein eine solche Konferenz ablehnt, nicht nur innerhalb der Bundesrepublik, sondern insbesondere auch in England und Frankreich, in geringerem Maße in den USA. Nur auf dem Wege über eine Konferenz sei es möglich, die Verantwortlichen für das Weiterbestehen der Spannung festzunageln.

Hierzu erklärte der Herr *Bundeskanzler*, er habe nichts gegen eine solche Konferenz, wenn der Westen mit einem festen Programm in sie hineingehe und vor allem nicht zulasse, daß dadurch eine Verschleppung der Ratifizierungen und seiner Aufbauarbeit eintrete.

Lord Henderson räumte ein, daß eine Verzögerung der Ratifizierungen auf keinen Fall von den Westmächten als „Eintrittsgebühr" für eine solche Konferenz gezahlt werden dürfe. Ein Ruhen der Ratifizierungsverfahren oder eine Abänderung der Verträge könne höchstens nach einem für den Westen befriedigenden Ergebnis der Konferenz in Frage kommen.

11 Zur Rede des Bundesministers Kaiser am 22. Juni 1952 auf dem Schlesier-Treffen in Hannover vgl. den Artikel „Kaiser: Zunächst hinter die Oder"; FRANKFURTER ALLGEMEINE ZEITUNG vom 23. Juni 1952, S. 1.

12 Vgl. dazu Dok. 90, Anm. 7.

Zum Schluß dankte Lord Henderson dem Herrn Bundeskanzler in herzlichen Worten für den freundschaftlichen Empfang, der ihm zuteil geworden sei, obwohl er diesmal nicht als offizieller Vertreter seiner Regierung erschienen sei.

Der Herr *Bundeskanzler* sagte ihm jedoch, daß er – abgesehen von seinen persönlichen Gefühlen für Lord Henderson und den von ihm ganz außerordentlich hochgeschätzten Mr. Attlee – sich darüber klar sei, wie stark in England Opposition und Regierung gerade in Fragen der Außenpolitik zusammengingen. Er halte es daher für außerordentlich wichtig, daß auch die Mitglieder der Opposition von deutscher Seite über den Gang der Ereignisse unterrichtet würden.

Lord Henderson bestätigte die Bemerkung des Herrn Bundeskanzlers, daß Regierung und Opposition in England stark zusammenarbeiteten, und erinnerte lächelnd daran, daß er bei einer früheren Begegnung[13] dem Herrn Bundeskanzler die Einstellung seiner (Labour-) Regierung zum Europarat erläutert und hinzugefügt habe, ein Mitglied der Opposition würde sicherlich auf Befragen dasselbe Urteil über den Europarat abgeben. Damals habe ihm der Herr Bundeskanzler die Richtigkeit dieser Auffassung bestätigt, da er diese Unterhaltung mit einem Mitglied der Opposition bereits geführt hätte.

B 2 (Büro Staatssekretär), Bd. 186

163

Botschaftsrat von Walther, Paris, an das Auswärtige Amt

200/Nr. 2246 **25. Juni 1952**[1]

Betr.: Aussichten für die geplante Vierer-Konferenz

Bezug: Telefonischer Anruf VLR Limbourg vom 20. 6.

In der Anlage wird eine Aufzeichnung des Gesandtschaftsrats Krapf betreffend die Behandlung des Planes einer Vierer-Besprechung durch die französische, englische und amerikanische Regierung vorgelegt.[2] Es ist versucht worden, bei

13 Für das Gespräch des Bundeskanzlers Adenauer mit dem Parlamentarischen Staatssekretär im britischen Außenministerium, Lord Henderson, am 29. März 1951 vgl. AAPD 1951, Dok. 61.

1 Hat Staatssekretär Hallstein am 27. Juni 1952 vorgelegen, der handschriftlich die Weiterleitung an Bundeskanzler Adenauer verfügte.
Hat Adenauer vorgelegen.
Hat Ministerialdirektor Blankenhorn am 7. Juli 1952 vorgelegen.

2 Dem Vorgang beigefügt. Konsul Krapf, Paris, führte aus, der Gedanke, eine Vier-Mächte-Konferenz einzuberufen, sei für die USA „diesmal vollkommen überraschend gekommen“: „Die latent vorhandene Bereitschaft der Franzosen, Vierer-Besprechungen abzuhalten, sei als gegeben anzunehmen. Die beiden anderen westlichen Partner müßten daher darauf achten, Frankreich keine Handhabe zu bieten, die ihm erlaube, in dieser Hinsicht aktiv zu werden. Dies gerade habe jedoch der britische Außenminister durch seine Bemerkung im Unterhaus am 10. Juni (Beantwortung der Frage von Noel-Baker) getan, in der er andeutete, daß er die Einberufung einer Vierer-Konferenz bei seinen Überlegungen nicht ausschließen wolle. Amerikanischerseits sei man der Ansicht, daß Eden mit dieser Äußerung einen Gedanken ausgesprochen habe, der auch in den Überlegungen Churchills immer noch eine Rolle spielt, wobei dahingestellt bleiben müsse, ob der Beweggrund hierfür mehr in-

amerikanischen Quellen zu klären, worauf die ungewöhnlich scharfe Reaktion Achesons zurückzuführen ist, die um so überraschender ist, als offenbar Acheson sodann seine Pflöcke wesentlich zurückgesteckt zu haben scheint.

Ob die Initiative zu einer Viererkonferenz im wesentlichen von der englischen oder der französischen Seite ausgegangen ist, wird schwer festzustellen sein, da der Plan beiden Regierungen schon lange latent vorgelegen hat.

Zusätzlich zu der Aufzeichnung habe ich versucht, auch im Quai d'Orsay Aufklärung zu der Gesamtfrage zu erhalten. Obwohl auch hier kein ganz klares Bild zu gewinnen war, scheint sich folgende Grundlinie abzuzeichnen. Der Wunsch der französischen Regierung nach einer Vierer-Konferenz ist offenbar rein taktischer Art und kann aus innerpolitischen Notwendigkeiten hergeleitet werden. Die französische Regierung möchte es jedoch auf keinen Fall zu der Konferenz selbst kommen lassen, da sie in jeder Lösung eines vereinigten Deutschlands die Gefahr eines russischen Einbruchs in ein zentral-europäisches Vakuum sieht: Sie möchte aber andererseits nicht mit dem Odium belastet sein, die Vierer-Konferenz, die von einem Teil der Abgeordneten, insbesondere der Gruppe um Jules Moch und vielleicht auch von einer kleinen Gruppe von Wirtschaftlern und hohen Funktionären als ein Mittel zur Lösung aller Schwierigkeiten angesehen wird, durch Unnachgiebigkeit verhindert zu haben. Sie glaubt daher, gezwungen zu sein, von sich aus auf die Vierer-Konferenz zu drängen, mit der Mentalreservation, daß die Sowjet-Union die Bedingungen der Tagesordnung nicht annimmt. Es besteht dabei im Quai d'Orsay die Überzeugung, daß die Russen, die in der letzten alliierten Note genannten Bedingungen[3] ablehnen werden.

Ob man sich über die Risiken einer solchen Politik in vollem Umfang klar ist, ist schwer zu entscheiden. Es wird hierseits[4] eine gewisse Gefahr darin gesehen, daß, wenn die Vorverhandlungen überhaupt erst aufgenommen sind, die französische Regierung nicht mehr die innerpolitische Widerstandskraft hat, über die ursprünglich geplanten Konzessionen hinaus keine weiteren Konzessionen zu machen.

Aus den Unterredungen im Quai d'Orsay glaube ich weiter entnehmen zu können, daß Achesons scharfe Reaktion daraus zu verstehen ist, daß er den Wunsch der französischen Regierung als einen Wunsch nach effektiven Verhandlungen angesehen hat, nicht aber als das taktische Mittel erkannt hat, als das die französische Regierung ihren Schritt selber auffaßt.

Fortsetzung Fußnote von Seite 493

nerpolitischer Druck von seiten des linken Flügels der Labour-Party oder handelspolitische Überlegungen oder die Absicht Churchills sei, in den gegenwärtigen west-östlichen Konflikt überhaupt aktiver einzugreifen. [...] Inzwischen hat jedoch anscheinend die Aufregung in Washington, wie mir übereinstimmend in neuerlichen Gesprächen versichert wurde, einer wesentlich ruhigeren Betrachtungsweise Platz gemacht. Man bemüht sich jetzt herauszustellen, daß zwischen den Regierungen der drei Westmächte keine grundsätzlich unterschiedliche Auffassung in der Frage einer Vierer-Konferenz besteht. Wenn auch die eine oder die andere Regierung manchmal gezwungen sei, den Gedanken der Vierer-Konferenz wieder stärker in den Vordergrund zu stellen, so stimme man doch darin überein, daß eine solche Konferenz, wenn überhaupt, dann nur auf nicht zu hoher Ebene und mit sehr beschränkter Tagesordnung stattfinden könne und daß sie aller Voraussicht nach zu nichts führen werde." Vgl. VS-Bd. 109 (Büro Staatssekretär); B 150, Aktenkopien 1952.

3 Zur Note der Drei Mächte vom 13. Mai 1952 vgl. Dok. 126, Anm. 6.

4 Dieses Wort wurde von Staatssekretär Hallstein hervorgehoben. Dazu handschriftliche Bemerkung: „Von wem?"

Über die eigentlichen Pläne der englischen Regierung habe ich nichts feststellen können; es scheint auch im Quai d'Orsay nichts bekannt zu sein.

Als Quintessenz darf ich nochmals unterstreichen, daß auf der französischen Regierungsseite ein scharfer Unterschied zwischen dem Plan einer Vierer-Konferenz als taktisches, aus der Innenpolitik erwachsenes Mittel und der wirklichen Durchführung dieses Planes gemacht wird.

Interessant ist eine Andeutung des Bearbeiters für russische Angelegenheiten, daß er die scharfe amerikanische Ablehnung einer Vierer-Konferenz zeitlich bis zur Präsidenten-Neuwahl[5] begrenzt. Er glaubt, daß nach der Neuwahl des Präsidenten auch amerikanischerseits die Bereitschaft zu einer solchen Konferenz größer wird. Die Frage, wieweit der USA-Botschafter Kennan auf die Änderung der Haltung Achesons Einfluß genommen hat, konnte auch im Quai d'Orsay nicht beantwortet werden.

Walther

VS-Bd. 109 (Büro Staatssekretär)

164

Aufzeichnung des Ministerialdirektors Blankenhorn

26. Juni 1952

Ich habe heute morgen Herrn McCloy im Auftrag des Bundeskanzlers in seinem Salonwagen in Wiesbaden aufgesucht, um die Antwortnote an Sowjetrußland[1] zu erörtern. Ich traf Herrn McCloy in einem Raum seines Salonwagens, zusammen mit Shepard Stone, und damit beschäftigt, aus einer Fülle von Redeentwürfen den für Wiesbaden vorgesehenen Entwurf herauszusuchen. Nach herzlicher Begrüßung wurde Shepard Stone aus dem Zimmer entlassen. Es begann eine einstündige Aussprache unter vier Augen. Ich wiederholte Herrn McCloy die Stellungnahme, die der Bundeskanzler zu den Ausführungen Bérards über den etwaigen Inhalt der alliierten Antwortnote am Tage vorher im Palais Schaumburg gemacht hatte.[2] Herr McCloy las mir darauf wörtlich das Telegramm vor, das Herr Reber anschließend an die Aussprache mit dem Bundeskanzler[3] an Herrn Acheson gerichtet hatte. Ich konnte feststellen, daß in diesem Telegramm alle Argumente des Bundeskanzlers in klarer und sehr deutlicher Form wiedergegeben worden waren. Ich betonte die großen Besorg-

5 Die amerikanischen Kongreß- und Präsidentschaftswahlen fanden am 4. November 1952 statt.

1 Zur sowjetischen Note vom 24. Mai 1952 vgl. Dok. 149, Anm. 4.

2 Für das Gespräch des Bundeskanzlers Adenauer mit den Stellvertretenden Hohen Kommissaren Bérard (Frankreich), Reber (USA) und Ward (Großbritannien) vgl. AAPD, Hohe Kommissare 1952, S. 295–298.

3 Die Unterredung des Bundeskanzlers Adenauer mit dem amerikanischen Stellvertretenden Hohen Kommissar Reber fand am 15. Juni 1952 statt. Vgl. dazu Dok. 155.

nisse des Kanzlers, seine Bereitwilligkeit zu einer Viererkonferenz, die aber nur dann erfolgen dürfe, wenn die Gegenstände der Verhandlung so klar umrissen und definiert seien, daß zumindest eine gewisse Aussicht auf ein positives Ergebnis gegeben sei. Die beiden Vorschläge, die Herr Bérard übermittelt habe, machten es den Sowjets zu leicht, eine Konferenz zustande kommen zu lassen, die unendliche Zeit mit Erörterungen allgemeinster Natur, freie Wahlen und den Status der gesamtdeutschen Regierung verbringen würde. Würde man in der Form auf eine Konferenz eingehen, so müsse man mit Sicherheit damit rechnen, daß die deutsche öffentliche Meinung und auch die Bundesrepublik einen Aufschub der Ratifikationsverhandlungen verlange, mindestens so lange, als die Konferenz im Gange sei. Scheitere die Konferenz nach einigen Monaten, so sei es dann auch höchst zweifelhaft, ob die deutsche öffentliche Meinung noch zur Ratifikation bereit sei, denn eine solche würde ja wie eine drohende Geste an die Adresse Sowjetrußlands wirken. Herr McCloy erwiderte, daß er die Dinge genauso sehe wie der Bundeskanzler und daß ihm die Entwicklung der Besprechung in London[4] Sorge bereite, weil er in zunehmendem Maße erkenne, daß Frankreich sich mit seinen Thesen durchsetze, dieses Frankreich, das politisch zu einem so unsicheren Faktor in Europa geworden sei. Er stehe auf dem Standpunkt, daß die Note nicht in der von den stellvertretenden Hohen Kommissaren vorgetragenen Form abgefaßt werden dürfe. Er würde sich sofort telefonisch mit Acheson in Verbindung setzen und zunächst eine Verschiebung der Fertigstellung der Entscheidung über die Antwort zu erreichen versuchen. Er sehe Herrn Acheson am kommenden Samstag und Sonntag in Berlin[5] und werde dort Gelegenheit haben, mit ihm umfassend über das ganze Problem zu sprechen.

Es sei zweifellos, daß die Haltung der Sowjets Anlaß zu Sorgen gebe. Botschafter Kennan habe ihm anläßlich seines Aufenthalts in Bonn[6] eingehend über seine Beobachtungen in Moskau berichtet. Er habe ihm berichtet über die große Unsicherheit, die unter den führenden Persönlichkeiten des Politbüros herrsche, welcher Weg einzuschlagen sei. Die führenden Sowjets seien außerordentlich schlecht über die Lage in der Welt informiert. Dies liege an der totalen Absperrung Rußlands von der Außenwelt, und das Politbüro befinde sich in einer Art Siedehitze, in der die falschesten Gerüchte oft äußerst gefährliche Bewertung erführen. Stalin sei in letzter Zeit außerordentlich gealtert und lebe in einer fast totalen Zurückgezogenheit. Man könne bei Berücksichtigung aller dieser Umstände noch viel weniger als früher vorausberechnen, welche Politik der Kreml einschlagen werde. Um so mehr sei es notwendig, daß die westliche Welt wisse, was sie wolle, und den Sowjets nicht den Eindruck der Schwäche vermittle. Er, Kennan, verspreche sich nichts von einer Konferenz, er halte es aber für erforderlich, daß mit den leitenden russischen Persönlichkeiten so viel als möglich gesprochen werde, um sie richtig zu informieren und damit auch über die wahren Absichten der westlichen Welt zu beruhigen. Zweifellos bewirke die deutsche Aufrüstung in Rußland eine Welle von Furcht, denn es sei ja nun ein-

4 Die Außenminister Acheson (USA), Eden (Großbritannien) und Schuman (Fankreich) erörterten am 27. Juni 1952 die Antwort der Drei Mächte auf die sowjetische Note vom 24. Mai 1952. Vgl. dazu FRUS 1952–1954, VII/1, S. 275–277.

5 Der amerikanische Außenminister Acheson hielt sich am 28./29. Juni 1952 in Berlin (West) auf.

6 Der amerikanische Botschafter in Moskau, Kennan, hielt sich am 18. Juni 1952 in Bonn auf.

mal so, daß man die Schlagkraft deutscher Divisionen am eigenen Leibe verspürt habe und daß man nur sehr ungern eine deutsche Armee zulasse, die außerhalb der Kontrolle der Sowjets stehe.

Nach seiner, McCloys, Auffassung müsse man in einer neuen Antwortnote auf die Positionen, wie sie in der letzten alliierten Note[7] zum Ausdruck gekommen seien, zurückkehren. Er frage sich aber, ob es genüge, in der neuen Antwortnote von den Sowjets Präzisierungen des sowjetischen Standpunkts zu verlangen, ob es nicht noch eines mehr bedarf. Wie dies aussehe, könne er heute noch nicht sagen, da er noch keine Klarheit besitze. Ich nahm diese Ausführungen zum Anlaß, um Herrn McCloy rein persönlich und ohne Auftrag des Kanzlers zu sagen, daß auch ich eine Forderung nach Präzisierung nicht für ausreichend hielte, da dies zu sehr danach aussehen würde, als ob wir durch immer neue Gegenfragen die Konferenz zu verschieben suchten. Ich stellte ihm deshalb anheim, einmal zu überlegen, ob die neue Note der Alliierten nicht ein klares, umfassendes Programm der Alliierten zur Deutschlandfrage enthalten solle, daß man dann an die Sowjets die Frage richte, ob sie mit diesem Programm einverstanden seien, und daran die Zusage knüpfe, daß, wenn dies der Fall sei, die Möglichkeiten einer Konferenz gegeben seien. Herr McCloy nahm diese Anregung mit Interesse auf. Wir waren uns beide einig über die Schwierigkeiten, denn es wird nicht leicht sein, die französische Regierung in diesem Zeitpunkt zu einer solchen umfassenden Festlegung eines Standpunktes zu gewinnen.

Herr McCloy berichtete dann über seine Rundreise durch die amerikanische Zone[8], von den Zusammenkünften in München, Nürnberg und Würzburg, wo er überall eine für die Kanzlerpolitik günstige Stimmung gefunden habe. Er berichtet ferner von seinem Gespräch mit dem badisch-württembergischen Ministerpräsidenten Reinhold Maier. Dieser werde wohl dem Vertragswerk keine Schwierigkeiten in den Weg legen.

Ich schnitt dann noch die grobe Indiskretion an, die sich mit dem Schreiben des Bundeskanzlers an McCloy und Kirkpatrick über die Frage der Sicherung der Zonengrenze gegen Übergriffe der Volkspolizei ereignet hat.[9] McCloy glaubt, daß gewisse Personen innerhalb der amerikanischen Behörden, die mit Deutschen eng zusammenarbeiteten, für diese Indiskretionen verantwortlich seien. Er werde seinem Sicherheitsdienst den Auftrag geben, die entsprechenden Untersuchungen einzuleiten.

[gez. Blankenhorn][10]

Bundesarchiv Koblenz, N 1351 (Nachlaß Blankenhorn), Bd. 10

[7] Zur Note der Drei Mächte vom 13. Mai 1952 vgl. Dok. 126, Anm. 6.

[8] Der amerikanische Hohe Kommissar McCloy reiste vom 23. bis 26. Juni 1952 durch Baden-Württemberg, Bayern und Hessen.

[9] In der Presse wurde berichtet, daß Bundeskanzler Adenauer die Hohen Kommissare Kirkpatrick (Großbritannien) und McCloy (USA) gebeten habe, „Maßnahmen zur Verhinderung weiterer Verschiebungen der Zonengrenze, wie sie in letzter Zeit durch die Volkspolizei und sowjetisches Militär gewaltsam durchgeführt wurden, zu ergreifen. [...] In politischen Kreisen wird angenommen, daß der Kanzler unter anderem auf die Notwendigkeit hingewiesen hat, die Wachsamkeit der alliierten Truppen im Zonengrenzgebiet zu erhöhen." Vgl. den Artikel „Adenauer bittet um alliierte Maßnahmen gegen gewaltsame Verschiebung der Zonengrenze"; DIE NEUE ZEITUNG vom 26. Juni 1952, S. 1.

[10] Vermuteter Verfasser der nicht unterzeichneten Aufzeichnung.

165

Gesandter Jansen, Luxemburg, an das Auswärtige Amt

221-09/Ber.Nr. 826/52 **27. Juni 1952**[1]

Streng vertraulich!

Betr.: Präsident der Hohen Behörde des Schuman-Plans

Im Laufe einer Unterhaltung, die ich heute mit dem Leiter der Politischen Abteilung im hiesigen Außenministerium, Legationsrat Calmes, führte, kam die Sprache auch auf den endgültigen Sitz der Hohen Behörde. Nachdem nun wahrscheinlich die Wahl auf Straßburg fallen wird, meinte Calmes, daß das ein Grund sei, daß Frankreich den Präsidenten der Hohen Behörde nicht stellen kann. Es sei bei internationalen Absprachen üblich, daß das Land, das eine übernationale Organisation beherbergt, nicht auch den Präsidenten dieser Organisation stellt. Bei der Benelux sei es selbstverständlich gewesen, daß, nachdem Brüssel Sitz der betreffenden einzurichtenden Behörde wurde, ein Holländer, auf keinen Fall aber ein Belgier, zum Leiter dieser Behörde bestellt wurde. Ohne sich festlegen zu wollen und mit der Versicherung, daß noch keinerlei Fühlungnahme mit den Belgiern erfolgt sei, meinte Calmes, er könne sich denken, daß der Belgier Eyskens, den er einen Mann von großem Format nannte, einen vorzüglichen Präsidenten abgeben würde. Es müsse alles getan werden, damit der Schuman-Plan in den ersten zwei Jahren richtig anlaufe. Hierfür biete Eyskens die Gewähr. Auf jeden Fall würde mit ihm als Präsident erreicht werden, daß ein bestimmter Mann ausgeschaltet würde. Unter diesem bestimmten Mann versteht Calmes den Franzosen Monnet. Die Bedenken, die man gegen Monnet hegt (Calmes betonte, er gebe seine persönliche Ansicht wieder, die noch nicht Ansicht seiner Regierung sei), richten sich weniger gegen Monnet persönlich als gegen den Kreis seiner Mitarbeiter, der hinter ihm steht. Es fiel das Wort: „Die Rue Martignac muß ausgeschaltet werden!“ Auf der einen Seite zweifelt man an der wirklich föderalistischen Einstellung Monnets und seiner Mitarbeiter, ohne die man aber die europäische Zusammenarbeit nicht will, ohne die diese auch gar nicht möglich sei; darüber hinaus aber fehlt es generell an Vertrauen zu dem Mitarbeiterkreis um Monnet. „Wenn ich Antisemit wäre“, sagte Calmes, „würde ich aus dieser Einstellung Gründe gegen Monnet und seine Hintermänner geltend machen. Ich bin aber kein Antisemit.“ Er umschrieb seine Einstellung zu dem genannten Personenkreis dann noch auf folgende Weise:

Dem hochintelligenten Gehirntrust um Monnet fehle letztlich die Ernsthaftigkeit. Aus der Lust und Fähigkeit zur intellektuellen Konstruktion würden wir unter Leitung dieser Männer unter Umständen zu Experimenten verführt werden, die wir uns bei der Schwere und der Größe der zur Debatte stehenden Dinge einfach nicht erlauben könnten.

1 Hat Staatssekretär Hallstein am 1. Juli 1952 vorgelegen, der handschriftlich vermerkte: „Bleibt für meine Akten.“

Calmes war sehr besorgt, daß ich diese seine Äußerungen vertraulich behandeln möchte. Er meinte, eine schriftliche Behandlung sei fast zu gefährlich. Ich bitte deshalb, diesen Bericht besonders diskret zu behandeln.

Dr. Jansen

B 2 (Büro Staatssekretär), Bd. 65

166

Gespräch des Bundeskanzlers Adenauer mit dem amerikanischen Hohen Kommissar McCloy

Streng geheim **27. Juni 1952**[1]

Aufzeichnung über die Unterredung des Herrn Bundeskanzlers mit dem amerikanischen Hohen Kommissar, Mr. McCloy, in Anwesenheit von Staatssekretär Professor Hallstein, Ministerialdirektor Blankenhorn und Dr. Noack als Dolmetscher im Palais Schaumburg am 27.6.1952 von 15.30 bis 17.20 Uhr.

Mr. *McCloy* berichtete zunächst über seine Reise durch Süddeutschland[2], die einem wahren Triumphzug geglichen habe und ihn durch Württemberg-Baden (Langenbrücken, Ulm, Stuttgart) und Bayern (München, Augsburg und an einem Tag Regensburg, Nürnberg, Rothenburg und Würzburg) geführt habe. In Nürnberg habe er eine interessante Unterhaltung mit dem dortigen Bürgermeister[3] gehabt, der der SPD angehöre. Dieser habe darüber geklagt, daß die Nürnberger angesichts der vielen Zerstörungen ihrer Stadt unter einem Gefühl der Bitterkeit und Unzufriedenheit litten. Was hätte es für einen Zweck wiederaufzubauen, wenn die für die Politik Verantwortlichen doch für keine vernünftige Politik sorgten. Beim Essen im Rathaus habe sich dann die Stimmung völlig geändert. Er habe dem Bürgermeister gesagt, wenn die alten Nürnberger denselben Geist gehabt hätten wie die jetzigen, dann hätten sie nach dem Dreißigjährigen Krieg ihre Stadt nicht wiederaufgebaut. Als sich der Bürgermeister darüber beschwerte, daß die Vereinigten Staaten für den Standpunkt der SPD keinerlei Verständnis aufbrächten und die Fühlungnahme mit seiner Partei ablehnten, habe er ihm gesagt, die Amerikaner hätten mit keiner Partei soviel Fühlung gehabt wie mit der SPD. Das gelte besonders für Herrn Schumacher, mit dem er ständig Verbindung gehabt habe. Mr. McCloy sagte ferner, es sei ihm interessant gewesen, festzustellen, daß dieser Bürgermeister von seiner Partei überhaupt nicht wahrheitsgemäß unterrichtet worden sei. Der Bürgermeister habe ihm selber – selbstverständlich privat – eingestanden, daß er wenig Sympathie für seine Parteiführung habe und auf eine bessere Führung hoffe. – Von

1 Die Gesprächsaufzeichnung wurde von Dolmetscher Noack am 28. Juni 1952 gefertigt.

2 Der amerikanische Hohe Kommissar McCloy reiste vom 23. bis 26. Juni 1952 durch Baden-Württemberg, Bayern und Hessen.

3 Julius Loßmann.

seiner Reise durch Hessen erwähnte Mr. McCloy insbesondere den Empfang im Wiesbadener Kurhaus und seine Rede in deutscher Sprache vor dem hessischen Landtag[4], dem er die Bedeutung der vertraglichen Abmachungen und die Schwierigkeit erläutert habe, die verschiedenen Standpunkte der deutschen, amerikanischen, britischen und französischen Verhandlungspartner auf einen Nenner zu bringen. Er habe auch versucht, ihnen ein Stimmungsbild von den Verhandlungen zu entwerfen, und geschildert, wie oft der Herr Bundeskanzler von dem Verhandlungsort in Mehlem aus die Sonne über dem Rhein habe aufgehen sehen, wie tief sie immer wieder der Gedanke bewegt habe, etwas Dauerhaftes, einen wirklichen Frieden zu schaffen. Wer dabeigewesen sei, wisse, daß von einem Diktat nicht die Rede sein könne. Er glaube, seine Reise sei erfolgreich gewesen. Je mehr die Öffentlichkeit informiert werde, um so besser sei es. In Nürnberg sei er unter anderem gefragt worden, ob bei gewissen Fragen, z.B. der Frage der Rückerstattungsklauseln[5] und der Notstandsklausel[6], eine Revision vorgenommen werden könnte. Er habe erklärt, daß die Verkündigung des Notstands nur im Benehmen mit der Bundesrepublik erfolgen könne; man solle sich überhaupt nicht so sehr an die Einzelheiten klammern, sondern den Blick auf das Grundsätzliche richten. Er habe den Nürnberger SPD-Leuten ferner gesagt, im Namen ihrer Partei käme doch das Wort „demokratisch" vor. Sie dürften daher nicht von einer künftigen Ablehnung der Verträge sprechen, wenn deren Ratifizierung durch ein freigewähltes Parlament erfolgt sei.

4 Der amerikanische Hohe Kommissar McCloy sprach am 26. Juni 1952 vor dem hessischen Landtag. Vgl. dazu den Artikel „McCloy verabschiedet sich von Hessen"; FRANKFURTER RUNDSCHAU vom 27. Juni 1952, S. 1.

5 Im Dritten Teil des Überleitungsvertrages vom 26. Mai 1952 über Innere Rückerstattung wurde die Rückgabe von Vermögenswerten an Opfer des Nationalsozialismus, an Genossenschaften, Gewerkschaften und andere Organisationen geregelt, die vom nationalsozialistischen Regime beschlagnahmt worden waren. Die Vorschriften der Drei Mächte sollten in diesem Bereich ihre Gültigkeit behalten und ein Oberstes Rückerstattungsgericht errichtet werden, das sich aus Vertretern der Bundesrepublik und der Drei Mächte zusammensetzen würde. Der Bund übernahm die Rückerstattungsverpflichtungen des Deutschen Reiches. Der Umstellungssatz für die Geldverbindlichkeiten wurde auf 10 Reichsmark zu 1 DM festgesetzt, die Gesamtverpflichtung der Bundesrepublik auf 1,5 Mrd. DM begrenzt. Für den Wortlaut vgl. BUNDESGESETZBLATT 1954, Teil II, S. 181–193. Vgl. dazu auch Dok. 124.

6 Artikel 5 des Generalvertrages vom 26. Mai 1952: „2) Wenn die Bundesrepublik und die Europäische Verteidigungsgemeinschaft außerstande sind, einer Lage Herr zu werden, die entstanden ist durch einen Angriff auf die Bundesrepublik oder Berlin, durch eine umstürzlerische Störung der freiheitlich-demokratischen Grundordnung, durch eine schwere Störung der öffentlichen Sicherheit und Ordnung oder durch den ernstlich drohenden Eintritt eines dieser Ereignisse, und die nach der Auffassung der Drei Mächte die Sicherheit ihrer Streitkräfte gefährdet, können die Drei Mächte, nachdem sie die Bundesregierung im weitestmöglichen Ausmaß konsultiert haben, in der gesamten Bundesrepublik oder in einem Teil der Bundesrepublik einen Notstand erklären. 3) Nach Erklärung des Notstandes können die Drei Mächte diejenigen Maßnahmen ergreifen, die erforderlich sind, um die Ordnung aufrechtzuerhalten oder wiederherzustellen und die Sicherheit der Streitkräfte zu gewährleisten. 4) Die Erklärung wird ihr Anwendungsgebiet genau bezeichnen. Die Erklärung des Notstandes darf nicht länger aufrechterhalten werden, als zur Behebung der Notlage erforderlich ist. 5) Während der Dauer eines Notstandes werden die Drei Mächte die Bundesregierung im weitestmöglichen Ausmaß konsultieren. Sie werden sich im gleichen Ausmaß der Unterstützung der Bundesregierung und der zuständigen deutschen Behörden bedienen. 6) Heben die Drei Mächte die Erklärung des Notstandes nicht innerhalb von dreißig Tagen auf, nachdem die Bundesregierung darum ersucht hat, so kann die Bundesregierung den Rat der Nordatlantikpakt-Organisation ersuchen, die Lage zu überprüfen und zu erwägen, ob der Notstand beendet werden soll. Gelangt der Rat zu dem Ergebnis, daß die Aufrechterhaltung des Notstandes nicht länger gerechtfertigt ist, so werden die Drei Mächte den Normalzustand so schnell wie möglich wiederherstellen." Vgl. BUNDESGESETZBLATT 1954, Teil II, S. 64. Vgl. dazu auch Dok. 125, Anm. 7.

Heute abend reise er nun nach Berlin, um Mr. Acheson zu treffen[7], dem er bereits den Standpunkt des Herrn Bundeskanzlers, den er zu kennen glaube, mitgeteilt habe. Leider sei Mr. Achesons Zeit so knapp bemessen, daß er diesmal nicht nach Bonn kommen könne. Er bleibe nur 24 Stunden in Berlin und fliege schon Sonntag mittag nach Wien weiter[8], das er nach kurzem Aufenthalt mit dem Ziele Brasilien verlassen werde[9]. Er wolle jedoch Mr. Acheson noch einiges mündlich vortragen, was er jetzt kurz zusammenfassen wolle. Es sei ja bekannt, daß der Ruf nach dem Zusammentritt einer Viermächte-Konferenz, der insbesondere von der französischen Presse erhoben werde, immer lauter werde. Er habe nun ein Telegramm von Mr. Acheson aus London[10] erhalten, woraus hervorgehe, daß Mr. Acheson versuche, die Änderungen des britischen und französischen Standpunktes, die der Herr Bundeskanzler gewünscht habe, noch in die Note hineinzubringen. Es sei jetzt an eine Bestimmung folgenden Inhalts gedacht: Um eine weitere Verzögerung in der Behandlung der Deutschlandfrage zu verhüten, solle eine baldige Zusammenkunft von Vertretern der vier Regierungen stattfinden, vorausgesetzt, daß grundsätzlich vorher darüber Einvernehmen besteht, daß freie Wahlen stattfinden und die gesamtdeutsche Regierung an den Verhandlungen über den Abschluß eines Friedensvertrages teilnehmen dürfe. Wenn dieses Einvernehmen bestehe, solle die geplante Zusammenkunft nur die erste Frage regeln, nämlich die Einsetzung eines Ausschusses zur Erforschung der Vorbedingungen für freie Wahlen in Gesamtdeutschland, und das heiße praktisch: 1) die Bestellung unparteiischer Mitglieder, 2) die Ausarbeitung von Empfehlungen und 3) die Art und Weise der Durchführung selber.

Hierauf entgegnete der Herr *Bundeskanzler*, es handele sich demnach im wesentlichen um dasselbe, das ihm vor einigen Tagen die Vertreter der drei Hohen Kommissare vorgetragen hätten.[11] Er sehe jedenfalls keine Änderung. Wenn er recht verstehe, sollte es also zu einer Zusammenkunft kommen, auf der die Einsetzung einer Kommission für die freien Wahlen erörtert werden solle, wenn die Sowjets zwei Zusicherungen gäben in bezug auf 1) die Durchführung freier Wahlen und 2) die Beteiligung einer gesamtdeutschen Regierung am Friedensvertrag.

Mr. *McCloy* bestätigte die Richtigkeit dieser Auffassung und sah die einzige Änderung gegenüber dem ersten Entwurf darin, daß der jetzige ein wenig klarer als der frühere sei und eine Negation der Idee der Zugrundelegung des Potsdamer Vertrages[12] enthalte.

7 Der amerikanische Außenminister Acheson hielt sich am 28./29. Juni 1952 in Berlin (West) auf.

8 Der amerikanische Außenminister Acheson hielt sich am 29./30. Juni 1952 in Wien auf.

9 Der amerikanische Außenminister Acheson hielt sich vom 2. bis 7. Juli Juli 1952 in Rio de Janeiro auf.

10 Der amerikanische Außenminister Acheson hielt sich vom 23. bis 27. Juni 1952 in Großbritannien auf.

11 Für das Gespräch des Bundeskanzlers Adenauer mit den Stellvertretenden Hohen Kommissaren Bérard (Frankreich), Reber (USA) und Ward (Großbritannien) am 25. Juni 1952 vgl. AAPD, Hohe Kommissare 1952, S. 295–298.

12 Für den Wortlaut des Kommuniqués vom 2. August 1945 über die Konferenz von Potsdam (Potsdamer Abkommen) vgl. DzD II/1, S. 2101–2148.

Der Herr *Bundeskanzler* meinte aber, daß auch dieser Entwurf zu einer Wiedererrichtung eines Viermächte-Kontrollsystems führen würde, das doch nur für den Anfang der Besatzung gedacht gewesen und im jetzigen Stande der Entwicklung undurchführbar sei. Außerdem sei ihm nicht klar, ob der Gedanke der Neutralisierung Deutschlands, der in der letzten russischen Note eine so große Rolle gespielt habe, aufgegriffen sei.

Mr. *McCloy* sagte, nach dem, was er von Mr. Acheson erfahren habe, sei im früheren Entwurf davon die Rede gewesen, im jetzigen dagegen nur von Zusicherungen an den Westen in bezug auf freie Wahlen und die Teilnahme der gesamtdeutschen Regierung an den Friedensverhandlungen.

Auf die weitere Frage des Herrn *Bundeskanzlers*, auf welcher Ebene denn die Verhandlungen vor sich gehen sollten, erwiderte Mr. *McCloy*, auf einer verhältnismäßig niedrigen, weder auf der der Minister noch auf der der Hohen Kommissare.

Staatssekretär Professor *Hallstein* warf hier ein, von M. François-Poncet habe er erfahren, daß sie vielleicht auf Botschafter-Ebene stattfinden würden.

Der Herr *Bundeskanzler* fuhr fort: Wenn er recht sehe, zerfalle die Note in zwei Teile: der erste enthalte eine Wiederholung des Standpunktes der Westmächte zu gewissen Punkten, wie Potsdamer Abkommen, Frage der Neutralisierung usw., der zweite enthalte den Vorschlag zu Verhandlungen unter den genannten zwei Voraussetzungen. Er müsse sich fragen, warum diese Trennung vorgenommen werde, denn daß nur unter diesen Voraussetzungen eine Zusammenkunft stattfinden könne, auf der über die Bildung eines Ausschusses wegen freier Wahlen verhandelt würde, sei doch wohl klar. Aber warum würde ein Unterschied zwischen diesen Voraussetzungen und den übrigen Prinzipien gemacht, die im allgemeinen Teil der Note enthalten seien? Das sähe ihm ganz so aus, als ob die Grundsätze des ersten Teiles weniger bedeutungsvoll seien als der zweite Teil. Man unterscheide also zwischen Prinzipien erster und zweiter Klasse. Wenn der Grundsatz der Teilnahme der gesamtdeutschen Regierung an den Verhandlungen über den Friedensvertrag angenommen werde, dann sei das die Grundlage für alles andere.

Mr. *McCloy* erwiderte hierzu, er glaube nicht, daß man in dem Entwurf zwischen einem ersten und einem zweiten Teil unterscheiden könne. Beide bildeten vielmehr eine Einheit. Er habe einen Absatz der Note vorgelesen, in dem von zwei Voraussetzungen für den Zusammentritt der Regierungsvertreter (freie Wahlen und Beteiligung der gesamtdeutschen Regierung) die Rede gewesen sei. Im nächsten Absatz werde über diese Zusammenkunft selbst und über ihr Programm gesprochen. All das bilde eine Einheit. Früher sei vom Potsdamer Vertrage und der Neutralisierung die Rede gewesen, jetzt werde, soweit er sehe, nur der Potsdamer Vertrag abgelehnt.

Aus alledem schloß der Herr *Bundeskanzler*, sein Eindruck, zwischen zwei Teilen unterscheiden zu müssen, scheine ihm gerechtfertigt. Er glaube, daß man hier einen Schritt von großer Tragweite unternehme. Für die deutsche Seite würde die Sache tragbarer werden, wenn alle Bedingungen in einem einzigen Teil aufgeführt würden und ihre Erfüllung als Voraussetzung für den Zusammentritt des Ausschusses angesehen würde. Um keine Zeit zu verlieren, könnte allerdings der Ausschuß seine Untersuchungen über die Voraussetzungen für freie Wahlen bereits beginnen, während die übrigen Bedingungen auf dem Wege des Notenwechsels geklärt werden könnten. So könnten die Franzosen und Engländer ihr Anerbieten einer Konferenz aufrechterhalten, während andererseits nicht der Eindruck entstehen würde, daß die drei Westmächte nur bei dem einen Grundsatz (nämlich der Teilnahme der gesamtdeutschen Regierung an den Friedensverhandlungen) unerbittlich seien, im übrigen jedoch mit sich reden ließen.

Diese Grundsätze seien also, wiederholte Mr. *McCloy*: 1) die Beteiligung der gesamtdeutschen Regierung, 2) die Frage der Neutralisierung Deutschlands und 3) der Potsdamer Vertrag oder genauer die Ablehnung einer Viermächte-Kontrolle für die Interimsperiode.

Der Herr *Bundeskanzler* wies darauf hin, daß die Sowjetunion in ihrer letzten Note[13] bedeutend mehr verlangt habe. Es heiße da, die Bestimmungen des Potsdamer Abkommens müßten bei der Bildung der gesamtdeutschen Regierung und der Abgrenzung ihrer Befugnisse zur Richtschnur genommen werden. Außerdem spreche sie von einer Nationalarmee, der Föderation Europas und der Verpflichtung, die Oder-Neiße-Grenze anzuerkennen. Er habe mit Mr. McCloy seinerzeit über die Oder-Neiße-Grenze gesprochen, als dieser den Vorsitz geführt habe. Mr. McCloy habe damals geraten, jetzt zwar mit Rücksicht auf Polen, die Oder-Neiße-Grenze nicht zur Sprache zu bringen, sondern erst die Entwicklung abzuwarten.[14] Nun sei es jedoch so, daß sich nach dem Wortlaut der Sowjetnote die drei Westmächte endgültig auf die Oder-Neiße-Grenze festlegen sollten. Eine weitere Frage sei die, ob der künftigen gesamtdeutschen Regierung auf dem Gebiet der Innenpolitik Handlungsfreiheit zugesichert sei.

Ministerialdirektor *Blankenhorn* wies darauf hin, daß in der Antwort der Westmächte vom 13. Mai[15] eine Garantie der vier Mächte in bezug auf die volle Handlungsfreiheit der gesamtdeutschen Regierung gefordert werde. Nur so könne diese auch innenpolitisch handeln und beispielsweise die von der Bundesregierung geschlossenen Verträge übernehmen.

Mr. *McCloy* war der Auffassung, es komme letzten Endes nur auf die Wahl der richtigen Ausdrücke an, um die noch bestehenden Unterschiede in der Auffassung der drei Westmächte und der Deutschen zu beseitigen. In dem Entwurf, den er gesehen habe, aber noch nicht vorzeigen könne, weil er noch zu viele nicht abgestimmte Punkte enthalte, sei keine Bestimmung über einen Anschluß an den Westen enthalten. Trotzdem glaube er, daß auf die große Mehrzahl der von deutscher Seite erwähnten Punkte eingegangen werde, der Hauptunterschied sei nur der, daß die Westmächte nicht für alle Punkte von den Sowjets schon vor der geplanten Zusammenkunft Zusicherungen verlangen wollten. Der Entwurf unterstreiche aber doch das unbeirrte Festhalten an der Position der Westmächte, wie sie in der Note vom 13. Mai zum Ausdruck gekommen sei. Im Lichte des Absatzes 5, den er vorgelesen habe, und im Lichte des neuen Entwurfs sei es klar, daß die Freiheit der gesamtdeutschen Regierung, sich in der

13 Zur sowjetischen Note vom 24. Mai 1952 vgl. Dok. 149, Anm. 4.

14 Für das Gespräch des Bundeskanzlers Adenauer mit den Hohen Kommissaren François-Poncet (Frankreich), Kirkpatrick (Großbritannien) und McCloy (USA) am 14. November 1951 vgl. AAPD, Hohe Kommissare 1949–1951, S. 570–579.

15 Zur Note der Drei Mächte vgl. Dok. 126, Anm. 6.

Interimsperiode an den Westen anzuschließen, und ihre Beteiligung an den Friedensvertragsverhandlungen erneut unterstrichen würden.

Hierauf stellte der Herr *Bundeskanzler* die Frage nach der Bedeutung des Ausdrucks „Interimsperiode“. Wenn man darunter die Zeit von der Gründung der gesamtdeutschen Regierung bis zum Abschluß des Friedensvertrages verstehe, dann erhebe sich die Frage, was nachher geschehen solle. Er bitte Mr. McCloy, doch noch einmal auf die Wichtigkeit folgender drei Punkte hinzuweisen: 1) vollständige Aufführung der Grundsätze, 2) weiterer Notenwechsel über diese Grundsätze, 3) daneben Notenwechsel wegen der Verhandlungen über die Vorbedingungen für freie Wahlen. Bei der Durchführung dürfe aber nicht nur von den freien Wahlen die Rede sein und der Notenwechsel über die übrigen Grundsätze nicht unter den Tisch fallen. Er glaube, daß man auch dem englischen und französischen Standpunkt am besten Rechnung trage, wenn man eine Einteilung der Fragen im oben dargelegten Sinne vornehme.

Weiter wurde über den Zeitpunkt der Konferenz gesprochen. Der Herr Bundeskanzler wies darauf hin, daß einer Mitteilung der Neuen Zeitung zufolge M. Schuman an seine Partei die dringende Bitte gerichtet habe, nicht jetzt gerade auf der Einberufung der Konferenz zu bestehen.[16] Die Bundesrepublik würde die zweite und dritte Lesung sowie die Ratifizierung der Verträge Anfang September durchführen.[17] Wenn aber die Konferenz vorher stattfinde oder ein Termin vorher bekannt würde, würden viele Abgeordnete sagen: erst abwarten. Die zweite und dritte Lesung der Verträge sei auf den September verschoben worden, um der Opposition nicht das Argument zu liefern, sie habe keine Zeit gehabt, ihren Standpunkt zu den Verträgen gebührend klar zu machen.

Hierzu bemerkte Mr. *McCloy*, auf seiner Rundreise habe er festgestellt, daß die Stimmung weitgehend gegen eine Verschiebung des Termins sei. Man habe ihm immer wieder gesagt, es sei besser, jetzt etwas zu tun und dann den Sowjets gegenüberzutreten. Weiter sprach Mr. McCloy davon, daß er vor seinem Abschied[18] noch die Vertreter der einzelnen Fraktionen bei sich zum Essen sehen werde.

Der Herr *Bundeskanzler* machte Mr. McCloy nochmals in eindringlichen Worten auf die Bedeutung des Textes der Note aufmerksam, denn er werde schlechthin über den Erfolg von Mr. McCloys Arbeit und damit auch über den Erfolg der amerikanischen Außenpolitik entscheiden. Er wäre daher dankbar, wenn die deutsche Seite den Entwurf vor der endgültigen Entscheidung noch einmal sehen könnte, falls diese nicht schon heute abend in London[19] falle. Manchmal könne man durch Kleinigkeiten, durch bestimmte Wendungen hier sehr viel machen.

16 Vgl. dazu den Artikel „Instruktionen für Schuman“; DIE NEUE ZEITUNG vom 26. Juni 1952, S. 1.

17 Die zweite und dritte Lesung der Ratifizierungsgesetze zum EVG- und Generalvertrag fanden vom 3. bis 5. Dezember 1952 bzw. am 19. März 1953 statt.

18 Der amerikanische Hohe Kommissar McCloy verließ die Bundesrepublik am 21. Juli 1952.

19 Die Außenminister Acheson (USA), Eden (Großbritannien) und Schuman (Fankreich) erörterten am 27. Juni 1952 die Antwort der Drei Mächte auf die sowjetische Note vom 24. Mai 1952. Vgl. dazu FRUS 1952–1954, VII/1, S. 275–277.

Es wurde dann vereinbart, wie dies am besten über Staatssekretär Professor Hallstein geschehen könnte, der mit Mr. McCloy zusammen Mr. Acheson in Berlin sehen würde.[20]

B 2 (Büro Staatssekretär), Bd. 186

167

Aufzeichnung des Staatssekretärs Hallstein, z.Z. Frankfurt/Main

Streng geheim **30. Juni 1952**[1]

Abgesehen von den Zusammentreffen bei Begrüßung, Verabschiedung und den Festakten habe ich drei längere Unterhaltungen mit Herrn Acheson[2] gehabt.

I. Bei dem Empfang, den der amerikanische Stadtkommandant von Berlin, General Mathewson, zu Ehren des Gastes gab (Samstag, den 28. Juni, nachmittags).

1) Herr Acheson äußerte sich sehr scharf über das Verhalten der Franzosen, nachdem bereits Einigung unter den drei alliierten Regierungen und mit dem Bundeskanzler über die Haltung gegenüber den Russen erzielt worden sei. Nachdem diese Einigung unter den drei Außenministern in Paris[3] noch einmal bestätigt gewesen sei, sei er aufs höchste überrascht gewesen, aus der Presse von der französischen Absicht zu erfahren, eine Vier-Mächte-Konferenz herbeizuführen. Er habe sich sehr deutlich dazu gegenüber der französischen wie der englischen Regierung geäußert. In London[4] habe er hinzugefügt, wenn man etwa die Absicht habe, ihn unter Druck zu setzen, so sei das eine falsche Spekulation. Er werde sich nicht unter Druck setzen lassen. Wenn man ihm unzumutbare Dinge ansinne, so werde er seine Zustimmung zu einer Antwort überhaupt verweigern, und dann werde gar keine Antwort an die Sowjets zustande kommen.

2) Die Berichte, die die Hohen Kommissare der Vereinigten Staaten[5] und des Vereinigten Königreiches[6] zur Vorbereitung von London geliefert hätten, seien

20 Zu den Gesprächen des Staatssekretärs Hallstein mit dem amerikanischen Außenminister Acheson am 28./29. Juni 1952 in Berlin (West) vgl. 167.

1 Hat Bundeskanzler Adenauer vorgelegen.

2 Der amerikanische Außenminister Acheson hielt sich am 28./29. Juni 1952 in Berlin (West) auf.

3 Die Außenminister Acheson (USA), Eden (Großbritannien) und Schuman (Frankreich) erörterten am 28. Mai 1952 die Antwort der Drei Mächte auf die sowjetische Note vom 24. Mai 1952. Vgl. dazu FRUS 1952–1954, VII/1, S. 255 f.

4 Die Außenminister Acheson (USA), Eden (Großbritannien) und Schuman (Frankreich) erörterten am 27. Juni 1952 die Antwort der Drei Mächte auf die sowjetische Note vom 24. Mai 1952. Vgl. dazu FRUS 1952–1954, VII/1, S. 275–277.

5 John J. McCloy.

6 Ivone Kirkpatrick.

sehr klar gewesen und hätten ein genaues Bild von der Haltung der Bundesrepublik gegeben. Im Gegensatz dazu seien die Berichte des französischen Hohen Kommissars[7] recht vage gewesen. Ich erzählte Herrn Acheson darauf einiges von den Bemühungen der Franzosen, auch in Bonn Stimmung für eine Viererkonferenz zu machen.

3) Herr McCloy übergab mir im Einverständnis mit Herrn Acheson die englische Fassung der Note an die Sowjets.[8]

II. Bei dem von Bürgermeister Reuter gegebenen Abendessen (am Samstag, den 28. Juni, abends) saß ich neben Herrn Acheson und hatte gute zwei Stunden Gelegenheit eines fast ausschließlichen Gespräches mit ihm. Herr Acheson erkundigte sich nach der Gesundheit des Herrn Bundeskanzlers und war sichtlich erfreut über die guten Nachrichten, die ich ihm insoweit geben konnte. Er war wiederum sehr offen: Die Vereinigten Staaten und Deutschland seien die aktivsten Kräfte in der Behandlung der schwebenden Fragen. Ich erzählte ihm die Bemerkung François-Poncets, daß der Bundeskanzler unter amerikanischem Einfluß in der Frage der Sowjetnoten immer schärfer werde, worauf er mit großer Heiterkeit quittierte.

Wichtigste Punkte des Gespräches:

1) Europa. Herr Acheson war schon von Monnet über dessen Vorstellungen von der weiteren Entwicklung der europäischen Frage genau unterrichtet. Er ließ sich dazu einige Erläuterungen geben, namentlich

in bezug auf die Antizipation der Verfassungsarbeit in der Schuman-Plan-Versammlung: Über die rechtlichen Grundlagen im einzelnen, z.B. Artikel 38, EVG-Vertrag[9], war er vorzüglich unterrichtet;

ferner in bezug auf den Eden-Plan[10]: Er sagte, er habe ihn nicht verstanden und habe immer geglaubt, er sei vielleicht zu dumm, ihn zu verstehen. Ich beruhigte ihn und gab auf Grund des Verlaufs der beiden letzten Ministerratssitzungen in Straßburg[11] einige Erläuterungen;

schließlich in bezug auf Straßburg als Sitz der Behörden: Hier war eine gewisse Beunruhigung unverkennbar, daß diese Lösung zu einer Störung des Aufbauwerkes der sechs kontinentalen Länder führen könne.

2) Die Wahlen in Amerika.[12] Herr Acheson erklärte kategorisch, daß Truman nicht wiederkommen werde, und hielt daran auf eine zweifelnde Gegenfrage von mir fest. Nicht ganz so kategorisch äußerte er sich über sein eigenes Ausscheiden aus dem Amt.

7 André François-Poncet.

8 Für den Entwurf der Drei Mächte vom 27. Juni 1952 für eine Antwort auf die sowjetische Note vom 24. Mai 1952 vgl. FRUS 1952–1954, VII/1, S. 277–280. Vgl. dazu ferner Dok. 168.

9 Vgl. Dok. 123, Anm. 5.

10 Zum Eden-Plan vom 17. März bzw. 11. April 1952 zur institutionellen Neugestaltung europäischer Organisationen vgl. Dok. 114 und 137.

11 Zur Behandlung des Eden-Plans vom 17. März bzw. 11. April 1952 zur institutionellen Neugestaltung europäischer Organisationen auf den Tagungen des Ministerkomitees des Europarats am 19./20. März 1952 sowie am 22./23. Mai 1952 vgl. Dok. 173.

12 Die amerikanischen Kongreß- und Präsidentschaftswahlen fanden am 4. November 1952 statt.

3) McCloy. Ich unterstrich noch einmal unser Interesse am Verbleiben von Herrn McCloy[13], zumal, nachdem auch durch die Versetzung von Bruce nach Washington[14] der europäischen Politik der Vereinigten Staaten ein großer Verlust zugefügt worden sei. Herr Acheson würdigte das Argument, versuchte aber zu erklären, daß Herrn McCloy gar nichts anderes übrig bleibe, als sich jetzt ins Privatleben zurückzuziehen. Er habe kein Vermögen und müsse etwas tun, um für seine Familie zu sorgen.

4) Als der Gedanke, die erste Lesung der Verträge im Bundestag in Berlin stattfinden zu lassen[15], im Gespräch berührt wurde, reagierte Herr Acheson – bei aller Zurückhaltung, die ihm der Takt auferlege – betont negativ. Die Geste könne doch provozierend aufgefaßt werde.

5) Kriegsverbrecher. Ich bat Herrn Acheson, auf die amerikanischen Instanzen in Deutschland einzuwirken, um in dieser Sache, die die öffentliche Meinung sehr beschäftige, eine gewisse Entspannung zu erreichen. Er versprach, mit Herrn McCloy darüber zu sprechen.

6) Die Tischrede, mit der Herr Acheson Herrn Reuter erwiderte, war vorzüglich: sehr persönlich zugeschnitten, warmherzig und von einem starken Schwung im Sinne des gemeinsamen Bekenntnisses zur Freiheit getragen.

III. Die Hauptunterredung war auf Sonntag, den 29. Juni, früh 8.15 Uhr beim Frühstück im Hause McCloys angesetzt, wo Herr Acheson wohnte. Anwesend waren außer Herrn Acheson und Herrn McCloy die Herren Perkins (Direktor der Europa-Abteilung des State Department), Prof. Jessup und Herr Lochner, der aber als Dolmetscher nicht in Funktion trat.[16]

1) Bei dem Frühstück reagierte Herr McCloy etwas bitter auf die Kriegsverbrecher-Frage, die offenbar durch Herrn Acheson inzwischen bei ihm angesprochen worden war. Er lasse sich nicht unter Druck setzen, und er halte es auch für falsch, daß man den Versuch mache, einen öffentlichen Druck zu organisieren. Er verstehe auch nicht, warum man sich immer nur für Marschälle und Generale einsetze, aber nie für einfache Soldaten. Ich antwortete begütigend, indem ich auf die wiederholten Äußerungen des Herrn Bundeskanzlers hinwies, der sich gerade für den einfachen Mann verwandt habe. Ich räumte ein, daß das Problem sich gegenüber den Drei Mächten völlig verschieden stelle. Was die Amerikaner anlange, so ziele die Klage allein darauf, daß der Modification Board seit einem Jahr seine Arbeit eingestellt habe unter Hinweis darauf, daß eine Lösung in den abzuschließenden Verträgen bevorstehe (wie sie jetzt in Gestalt des Mixed Board[17] vorliege). Herr McCloy replizierte, beruhigt, er fahre

13 Der amerikanische Hohe Kommissar McCloy verließ die Bundesrepublik am 21. Juli 1952.

14 Der amerikanische Botschafter in Paris, Bruce, verließ Frankreich am 10. März 1952 und wurde am 1. April 1952 Staatssekretär im amerikanischen Außenministerium.

15 Die erste Lesung der Ratifizierungsgesetze zum EVG- und Generalvertrag am 9./10. Juli 1952 fand in Bonn statt.

16 Zum Gespräch des Staatssekretärs Hallstein mit dem amerikanischen Außenminister Acheson am 29. Juni 1952 in Berlin (West) vgl. ferner FRUS 1952–1954, VII/1, S. 280 f..

17 Gemäß Artikel 6 des Ersten Teils des Überleitungsvertrages vom 26. Mai 1952 war ein Gemischter Ausschuß aus sechs Mitgliedern vorgesehen, von denen drei von der Bundesregierung und je eines von der Regierung jeder der Drei Mächte ernannt werden sollten: „Aufgabe dieses Ausschusses wird es sein, ohne die Gültigkeit der Urteile in Frage zu stellen, Empfehlungen für die Beendigung oder Herabsetzung der Strafe oder für die Entlassung auf Ehrenwort auszusprechen in bezug auf Per-

morgen früh von Wien aus direkt nach Heidelberg und werde dort mit General Handy sprechen, dessen Chefjurist[18] ein ungewöhnlich sturer und verständnisloser Mann sei (er erzählte scherzhaft, man habe ihm von Heidelberg aus geschrieben, „ein gewisser Herr Dehler" habe in der Kriegsverbrecher-Frage einen Brief an General Handy gerichtet).

2) Zum Hauptthema, das nach dem Frühstück behandelt wurde, übermittelte ich zunächst den Dank des Herrn Bundeskanzlers dafür, daß mir Gelegenheit gegeben werde, den Standpunkt und die Motive des Herrn Bundeskanzlers dem Staatssekretär direkt darzulegen. Ich begann mit der Fristfrage (Termin der Überreichung der Note und Termin für eine etwaige Konferenz) und dem Zusammenhang dieser Frage mit der Ratifizierung der Verträge. Zum Inhalt schickte ich voraus, daß eine große Schwierigkeit für den Herrn Bundeskanzler, Stellung zu nehmen, darin begründet sei, daß ihm noch nicht der gesamte Wortlaut habe mitgeteilt werden können. Es sei also immer nur über zusammenhanglos mitgeteilte einzelne Abschnitte gesprochen worden. Mit diesem Vorbehalt erläuterte ich noch einmal die Stellung, die der Herr Bundeskanzler am Freitag[19] abend nach seiner damaligen Kenntnis des Inhalts der Note eingenommen habe:

a) Selbstverständlich sei, daß der Grundsatz freier Wahlen akzeptiert werde, wenn man über eine Kommission verhandele, die solche freien Wahlen vorbereiten soll.

b) Unerwünscht und gefährlich sei es dagegen, im übrigen eine Unterscheidung zwischen gewissen Grundforderungen zu machen, wie das bisher der Fall zu sein scheine – also zwischen der Freiheit der gesamtdeutschen Regierung und anderen Grundforderungen zu unterscheiden und nur die Anerkennung jener Freiheit zur Vorbedingung für die Veranstaltung einer Konferenz zu machen.

c) Welche Grundforderungen zu stellen seien, zählte ich an Hand der in Bonn formulierten Aufstellung im einzelnen auf.

d) Diese Grundforderungen sollen ausdrücklich wiederholt werden, darunter insbesondere die Ablehnung der Neutralisierung, die uns durch die bisher bekannte Formulierung der Note nicht gedeckt erscheine.

e) Die Verhandlungen über dieser Grundforderungen seien durch Notenwechsel durchzuführen. Es dürfe also nicht der Eindruck entstehen, daß jetzt die Phase der Noten durch eine Phase der Konferenzen abgelöst werde. Ich resümierte, daß der Herr Bundeskanzler öffentlich wiederholt ausgesprochen habe, er sei für eine Konferenz mit den Russen, die gut vorbereitet und deren Gegenstand präzise definiert sei, die eine faire Chance des Erfolges gebe und die keinen Aufschub der Ratifikation der Vertragswerke bringe.

Was die mir überreichte Note anlange, so wolle ich dem Urteil des Herrn Bundeskanzlers nicht vorgreifen. Ich könnte mir aber denken, daß der Herr Bun-

Fortsetzung Fußnote von Seite 507

sonen, die wegen Verbrechen gegen die Menschlichkeit oder gegen das Kriegsrecht und den Kriegsbrauch oder wegen während des Krieges begangener Verbrechen – gemeinhin als Kriegsverbrechen bezeichnet – von einem Gericht einer alliierten Macht verurteilt worden sind und von den Drei Mächten zur Zeit des Inkrafttretens dieses Vertrages in Haftanstalten der Bundesrepublik in Haft gehalten werden." Vgl. BUNDESGESETZBLATT 1954, Teil II, S. 162 f. Vgl. dazu auch Dok. 53, Anm. 5.

18 Oberst Gunn.

19 27. Juni 1952.

deskanzler vornehmlich zwei Beanstandungen oder Fragen erheben werde: daß die Grundforderungen nicht speziell und im einzelnen wiederholt seien und daß die Festsetzung der Verhandlungen darüber durch Notenaustausch nicht ausdrücklich vorbehalten sei. Prof. Jessup (von dem ich den Eindruck hatte, daß er an der Formulierung der Note wieder besonderen Anteil hat) nahm zu der Bemängelung Stellung, daß die Neutralisierung nicht deutlich genug abgelehnt sei. Er meinte, sie sei implicite abgelehnt in den Absätzen 1), 5) und 6) der Note.

Herr McCloy warf die Frage ein, ob es in der Konsequenz der Auffassung des Herrn Bundeskanzlers liege, lieber von der bisherigen Anerkennung anderer Grundforderungen als derjenigen freier Wahlen ganz zu schweigen.

Ich bejahte diese Frage.

Herr McCloy demonstrierte darauf das Schema der Gabel, das der Herr Bundeskanzler zur Verdeutlichung gebraucht habe.

Herr Acheson, der sehr aufmerksam und namentlich bei den Punkten, die das Verhältnis von Note, Konferenz und Ratifikation betrafen, mit sichtlichem Beifall zu dem deutschen Standpunkt zugehört hatte, äußerte sich erst zuletzt.

i) Er erläuterte das Verhältnis der letzten Note zu der Note der Alliierten vom 13. Mai[20] so, daß in der jetzigen Note nur ein einziger Punkt neu sei, nämlich daß man die Einigung über die Kommission, die schon in der Note vom 13. Mai vorgesehen gewesen sei, nicht auf dem Notenwege, sondern auf einer Konferenz herbeiführen wolle. Das sei übrigens als eine mögliche Entwicklung schon bei Abfassung der Note vom 13. Mai ins Auge gefaßt worden.[21] In allen übrigen Punkten sei die Position der Alliierten, wie aus der Note deutlich hervorgehe, völlig unverändert.

ii) Nachdem vor und bei Beginn der Londoner Konferenz die Lage recht zweifelhaft gewesen sei, seien die Franzosen und die Engländer jetzt wieder auf die richtige Bahn zurückgebracht worden.

iii) Wenn man jetzt über Fassungsänderungen eine Diskussion eröffne, so bestehe die Gefahr, daß die Franzosen und Engländer wieder auf ihre alten Tendenzen zurückfielen.

iv) Dieselbe Gefahr bestehe, wenn die Beschlußfassung über die Note länger als eine Woche aufgeschoben werde.

v) Er glaube, daß die Russen die Note ablehnen würden. Der Kommissionsgedanke sei ja bereits in der letzten Note enthalten. Die Russen hätten darauf eine konfuse und vage Antwort gegeben. Es sei zu erwarten, daß sie jetzt ebenso reagieren würden.

vi) Er rechne damit, daß die Russen versuchen würden, den Gegenstand der Konferenz zu erweitern.[22] Die Antwort werde nach den bisherigen Gepflogenheiten der Russen etwa im Verlauf von 14 Tagen nach Empfang der alliierten No-

20 Zur Note der Drei Mächte vom 13. Mai 1952 vgl. Dok. 126, Anm. 6.

21 Der Passus „nämlich daß man die Einigung über die Kommission ... ins Auge gefaßt worden" wurde von Bundeskanzler Adenauer hervorgehoben. Dazu Fragezeichen und handschriftliche Bemerkung: „Ziff. 8 d[er] Note."

22 Dieser Satz wurde von Bundeskanzler Adenauer hervorgehoben. Dazu handschriftliche Bemerkung: „Ziff. 8 d[er] Note."

te eingehen. Zweifellos werde dann eine kritische Phase eintreten, insbesondere in Frankreich. Man müsse das voraussehen und dieser zu erwartenden Situation mit Aufmerksamkeit begegnen.

vii) Für den Fall, daß wider Erwarten die Russen den Vorschlag der Konferenz über die Kommission annähmen, habe er mit Eden und Schuman in London ausdrücklich verabredet, daß jedem Versuch, auf der Konferenz die Tagesordnung zu überschreiten, mit der größten Entschiedenheit begegnet werde, und zwar so, daß den Russen bei dem ersten Versuch, über die Tagesordnung hinauszugehen, mitgeteilt werde, daß bei dem zweiten Versuch die Vertreter der westalliierten Regierungen die Konferenz verlassen würden.

Ich schloß mit einem formalen Kompliment für die Abfassung der Note.

Es wurde verabredet, daß ich zunächst dem Herrn Bundeskanzler berichte, daß ferner Herr McCloy am Dienstag, den 1. Juli, den Herrn Bundeskanzler besucht, um die Note zu erörtern, und daß dann der Herr Bundeskanzler seine Stellungnahme mitteilt.[23]

Hallstein

VS-Bd. 7063 (Materialsammlung Blankenhorn)

168

Aufzeichnung des Legationsrats I. Klasse Böker

Geheim! **1. Juli 1952**[1]

Analyse des Entwurfs der westlichen Antwortnote[2] – Stand vom 1.7.52

1) Westmächte bekräftigen erneut alle Ansichten und Vorschläge, die in ihrer Note vom 13. Mai[3] geäußert wurden. Bedauern, daß Sowjetregierung nicht hierauf geantwortet.[4]

[23] Vgl. dazu Dok. 169.

[1] Hat Staatssekretär Hallstein am 1. Juli 1952 vorgelegen.
Hat Bundeskanzler Adenauer vorgelegen, der handschriftlich vermerkte: „Untersuchungskommission Paragraph 3–4, 4-Mächte-Konferenz Ziff. 5. Was ist 7? Note vom 13.5.: Zunächst Verständigung über die zu prüfenden Grundprobleme (nicht nur über freie Wahlen), ehe Konferenz. Grundrecht D[eutschland]'s, sich mit anderen Völkern zu verbinden (sehr nachdrücklich). Unterstützung der europ[äischen] Einheit mehr denn je. Ziff. 6: an der Erörterung des Friedensvertrags teilnehmen. Ziff. 7: Aushandlung eines Friedens-‚Vertrags'. Ziff. 8: S[owjet]U[nion] grundsätzlich freie Wahlen, deren Note sehr stark Voraussetzungen. Ziff. 10: Frage nach Zusammensetzung der Kommission. 11 ganz anders."

[2] Für den Entwurf der Drei Mächte vom 27. Juni 1952 für eine Antwort auf die sowjetische Note vom 24. Mai 1952 vgl. FRUS 1952–1954, VII/1, S. 277–280.
Zur sowjetischen Note vgl. Dok. 149, Anm. 4.

[3] Zur Note der Drei Mächte an die UdSSR vgl. Dok. 126, Anm. 6.

[4] Zu diesem Satz handschriftliche Bemerkung des Bundeskanzlers Adenauer: „aber nur summarisch".

2) Wollen sich diesmal konzentrieren auf die Frage: „Auf welche Weise durch freie Wahlen eine gesamtdeutsche Regierung gebildet werden kann, mit der über den Friedensvertrag verhandelt werden kann".[5]

3) Während die Sowjets nochmals allgemein über Friedensvertrag und Wiedervereinigung verhandeln wollen, bestehen die Westmächte auf folgender Reihenfolge:

a) Untersuchung der Vorbedingungen für freie Wahlen und Schaffung solcher Vorbedingungen[6];

b) Freie Wahlen;

c) Wiedervereinigung Deutschlands;

d) Teilnahme gesamtdeutscher Regierung an Friedensverhandlungen.

4) Die Untersuchungskommission soll:

a) aus unparteiischen Mitgliedern bestehen[7];

b) weder dem Veto noch der Kontrolle durch die Vier Mächte unterworfen sein;

c) das Recht haben, überall in Deutschland frei Untersuchungen anzustellen.

5) Wenn der Bericht der Untersuchungskommission fertig ist:

Vier-Mächte-Konferenz über:

a) Schaffung der Voraussetzungen für freie Wahlen;

b) Abhaltung freier Wahlen;

c) Versicherungen der Vier Mächte hinsichtlich der Handlungsfreiheit einer gesamtdeutschen Regierung vor dem Friedensvertrag (hierzu erklären Westmächte schon jetzt, daß sie Wiederherstellung der Vier-Mächtekontrolle für unmöglich halten).

6) Durch ihre jüngsten Maßnahmen an der Zonengrenze[8] arbeiten die Sowjets gegen die deutsche Einheit.

7) Vorausgesetzt, daß die Vier Mächte sich einig sind über freie Wahlen und Teilnahme einer gesamtdeutschen Regierung an den Friedensverhandlungen, sollen die Vertreter der Vier Mächte baldigst zusammentreten, um über die Einsetzung einer Vier-Mächte-Kommission zu verhandeln. Gegenstand dieser Verhandlungen:

a) Zusammensetzung der Kommission;

b) Funktionen der Kommission;

c) Vollmachten der Kommission.

8) Voraussetzung freier Wahlen ist Übereinstimmung hinsichtlich des Programms für die Bildung einer gesamtdeutschen Regierung. Hinweis auf Absatz 11 (iv) der Note vom 13. Mai (Vollmachten der gesamtdeutschen Regierung)[9].

5 Zu diesem Satz handschriftliche Bemerkung des Bundeskanzlers Adenauer: „Nehmen sie damit Abstand von ihrem Standpunkt [vom] 13. 5.?"

6 Zu diesem Absatz handschriftliche Bemerkung des Bundeskanzlers Adenauer: „‚freie Wahlen' nicht genauer beinhaltet".

7 Zu diesem Punkt handschriftliche Bemerkung des Bundeskanzlers Adenauer: „alle?"

8 Vgl. dazu Dok. 149, Anm. 5.

9) Zusammenfassung:

a) Der Notenentwurf deckt sich hinsichtlich der strategischen Konzeption vollkommen mit der Note vom 13. Mai.

b) Der Notenentwurf weicht von der Note vom 13. Mai in taktischer Hinsicht insofern ab, als er eine sofortige Vier-Mächte-Konferenz über die einzusetzende Untersuchungskommission nur an eine Verbalzusage der Sowjets hinsichtlich freier Wahlen und der Teilnahme der gesamtdeutschen Regierung an den Friedensverhandlungen knüpft. Die Note vom 13. Mai hatte im Gegensatz hierzu die These von der Notwendigkeit der europäischen Einigung unter Einschluß Deutschlands und dem Recht Deutschlands auf Abschluß von Verteidigungsabkommen aufgestellt und die Sowjetunion um Äußerung gebeten. Dem Wortlaut nach war die Annahme dieser These nicht zur Voraussetzung für den Verhandlungsbeginn gemacht, dem Sinne der Note nach mußte dies aber so aufgefaßt werden.

c) Über dasselbe Thema und ohne vorherige Forderung dieser Verbalzusage wurde bereits im UNO-Rahmen im November und Dezember 1951 auf Antrag der Bundesregierung verhandelt.[10]

d) Die heutige Situation unterscheidet sich von der damaligen jedoch dadurch, daß jetzt durch Eintritt in Vier-Mächte-Verhandlungen die Ratifikation der am 26. und 27. Mai unterzeichneten Verträge wesentlich verzögert werden kann.

Böker

VS-Bd. 225 (Büro Staatssekretär)

Fortsetzung Fußnote von Seite 511

9 Gemäß Absatz 11 (IV) der Note der Drei Mächte vom 13. Mai 1952 an die UdSSR sollten nach Vorlage des Berichts einer unparteiischen Kommission Vertreter der Vier Mächte zusammenkommen, „um den Bericht im Hinblick auf die Herbeiführung einer Einigung über folgende Fragen zu prüfen: (A) die baldige Abhaltung freier Wahlen in ganz Deutschland, einschließlich der Schaffung der dafür notwendigen Bedingungen, und (B) die von den Vier Mächten zu gebenden Garantien dafür, daß die als Ergebnis der Abhaltung freier Wahlen gebildete gesamtdeutsche Regierung während des Zeitraums vor Inkrafttreten des Friedensvertrages die erforderliche Handlungsfreiheit genießt". Vgl. EUROPA-ARCHIV 1952, Bd. 1, S. 4965.

10 Vgl. dazu Dok. 2, Anm. 15.

169

Aide-mémoire der Bundesregierung

3. Juli 1952[1]

Die Bundesregierung dankt für die Mitteilung des Entwurfs einer Antwortnote der drei Westmächte an die Sowjetunion[2]. Sie hat von dessen Inhalt Kenntnis genommen.

Der Bundeskanzler und Bundesminister des Auswärtigen hatte bereits Gelegenheit, den drei stellvertretenden Herren Hohen Kommissaren seine grundsätzliche Auffassung zur Behandlung der letzten Sowjetnote und zu einigen ihm vorgelegten Einzelfragen mitzuteilen.[3] Auf diese Besprechungen wird Bezug genommen. Insbesondere gibt die Bundesregierung erneut ihrer Überzeugung Ausdruck, daß alles getan werden muß, um möglichst bald erfolgversprechende Viermächtebesprechungen über die Herbeiführung der Wiedervereinigung Deutschlands in Freiheit und Frieden zu erreichen.

Nachdem die Überlegungen der Regierungen Frankreichs, des Vereinigten Königreichs und der Vereinigten Staaten von Amerika bereits zur Formulierung eines Entwurfs geführt haben, möchte sich die Bundesregierung um eine unnötige Verzögerung der Antwort zu vermeiden, unbeschadet der vom Bundeskanzler in der Besprechung am 3. Juli 1952 vorgetragenen Bedenken darauf beschränken, diejenigen Änderungen des Entwurfs mitzuteilen, die ihr im gemeinsamen Interesse und im Hinblick auf die besondere Situation Deutschlands unerläßlich erscheinen. Es sind die folgenden:

1) In Paragraph 1: – letzte zwei Sätze

Alte Fassung:

Ihrer Majestät Regierung bekräftigt erneut alle Auffassungen und Vorschläge ihrer Note vom 13. Mai[4]. In ihrer gegenwärtigen Note wünscht sie jedoch die

1 Durchdruck.
Am 2. Juli 1952 teilte Bundeskanzler Adenauer den Hohen Kommissaren François-Poncet (Frankreich), Kirkpatrick (Großbritannien) und McCloy (USA) mit, daß die Punkte 5 und 6 des Notenentwurfs der Drei Mächte vom 27. Juni 1952 den Eindruck erweckten, als ob einer künftigen gesamtdeutschen Regierung lediglich ein zwischen den Vier Mächten ausgearbeiteter Friedensvertragsentwurf vorgelegt werden sollte. Gemäß Artikel 2 und 7 des Generalvertrages vom 26. Mai 1952 sei jedoch eine frei vereinbarte friedensvertragliche Regelung das Ziel der gemeinsamen Politik Großbritanniens, Frankreichs, der USA und der Bundesrepublik. Für den Wortlaut des Schreibens vgl. ADENAUER, Briefe 1951–1953, S. 235 f.
Am 3. Juli 1952 erörterte Adenauer mit den Hohen Kommissaren den Antwortentwurf der Drei Mächte und kündigte die Übermittlung von Änderungsvorschlägen an. Für das Gespräch vgl. AAPD, Hohe Kommissare 1952, S. 299–306. Vgl. ferner FRUS 1952–1954, VII/1, S. 282–286.
Am gleichen Tag übermittelte Adenauer François-Poncet, Kirkpatrick und McCloy die Änderungsvorschläge. Für den Wortlaut des Begleitschreibens vgl. ADENAUER, Briefe 1951–1953, S. 240 f.

2 Für den Entwurf der Drei Mächte vom 27. Juni 1952 für eine Antwort auf die sowjetische Note vom 24. Mai 1952 vgl. FRUS 1952–1954, VII/1, S. 277–280.

3 Zur sowjetischen Note vom 24. Mai 1952 an die Drei Mächte vgl. Dok. 149, Anm. 4.
Für das Gespräch des Bundeskanzlers Adenauer mit den Stellvertretenden Hohen Kommissaren Bérard (Frankreich), Reber (USA) und Ward (Großbritannien) vgl. AAPD, Hohe Kommissare 1952, S. 295–298.

4 Zur Note der Drei Mächte an die UdSSR vgl. Dok. 126, Anm. 6.

Aufmerksamkeit zu konzentrieren auf das unmittelbare praktische Problem des Verfahrens für die Bildung einer gesamtdeutschen Regierung durch freie Wahlen, mit der über einen Friedensvertrag verhandelt werden kann.

Neue Fassung:

Ihrer Majestät Regierung hält an den Auffassungen und Vorschlägen ihrer Note vom 13. Mai auch weiterhin in vollem Umfang fest. Hiervon ausgehend wünscht sie in ihrer gegenwärtigen Note vorerst die Aufmerksamkeit zu konzentrieren auf das unmittelbare praktische Problem des Verfahrens für die Bildung einer gesamtdeutschen Regierung durch freie Wahlen, mit der über einen Friedensvertrag verhandelt werden kann.

2) In Paragraph 3: – letzte zwei Sätze

Alte Fassung:

Ihrer Majestät Regierung bleibt überzeugt, daß eine Kommission, die lediglich aus Mitgliedern mit unmittelbarer Verantwortung in Deutschland zusammengesetzt ist, unfähig sein würde, nützliche Entscheidungen zu erzielen, weil sie nur gegenwärtige Meinungsverschiedenheiten zwischen den Vier Mächten widerspiegeln könnte in bezug auf die Voraussetzungen, die in der Bundesrepublik, in der Sowjetzone und in Berlin vorliegen. Ihrer Majestät Regierung ist der Auffassung, daß, wenn die Kommission ihre Arbeit wirksam durchführen soll, sie aus unparteiischen Mitgliedern bestehen, nicht dem Veto oder der Kontrolle der Vier Mächte unterworfen sein und das Recht haben sollte, frei in alle Teile Deutschlands zu gehen und die Voraussetzungen zu prüfen, die für die Möglichkeit der Abhaltung freier Wahlen bedeutsam sind.

Neue Fassung:

Ihrer Majestät Regierung bleibt überzeugt, daß eine Kommission, die aus Angehörigen der Vier Mächte zusammengesetzt ist, unfähig sein würde, nützliche Entscheidungen zu erzielen, weil sie nur gegenwärtige Meinungsverschiedenheiten zwischen den Vier Mächten widerspiegeln könnte in bezug auf die Voraussetzungen, die in der Bundesrepublik, in der Sowjetzone und in Berlin vorliegen. Ihrer Majestät Regierung ist der Auffassung, daß, wenn die Kommission ihre Arbeit wirksam durchführen soll, sie nicht aus Angehörigen der Vier Mächte, sondern aus unparteiischen Mitgliedern, die Angehörige neutraler Staaten sind, bestehen, nicht dem Veto oder der Kontrolle der Vier Mächte unterworfen sein und das Recht haben sollte, frei in alle Teile Deutschlands zu gehen und die Voraussetzungen zu prüfen, die für die Möglichkeit der Abhaltung freier Wahlen bedeutsam sind.

3) In Paragraph 4: – Hinzufügung am Ende

Ihrer Majestät Regierung wiederholt, was sie in der Note vom 13. Mai unter Ziffer 8 gesagt hat: „Diese freien Wahlen können jedoch nur dann stattfinden, wenn die erforderlichen Voraussetzungen in allen Teilen Deutschlands bestehen und nicht nur am Wahltage und davor, sondern auch danach aufrechterhalten werden. Ein wesentlicher erster Schritt besteht daher darin, diese Voraussetzungen zu gewährleisten."

4) In Paragraph 5: – letzter Satz

Alte Fassung:

Eine deutsche Regierung, die einer solchen Kontrolle unterworfen wäre, würde praktisch in ihren Beziehungen zu den Vier Mächten keine Freiheit genießen und würde außerstande sein, frei an der Verhandlung eines Friedensvertragsentwurfs mit den vier vorgenannten Regierungen teilzunehmen.

Neue Fassung:

Eine deutsche Regierung, die einer solchen Kontrolle unterworfen wäre, würde praktisch in ihren Beziehungen zu den Vier Mächten keine Freiheit genießen und würde außerstande sein, frei an der Verhandlung eines Friedensvertrags mit den vier vorgenannten Regierungen teilzunehmen.

(Das Wort „-entwurfs“ ist gestrichen)

5) In Paragraph 6: – Hinzufügung hinter Satz 3

Sie kann, wie sie bereits in der Note vom 13. Mai betont hat, nicht zulassen, daß Deutschland das Grundrecht einer freien und gleichberechtigten Nation, sich mit anderen Nationen zu friedlichen Zwecken zu verbinden, vorenthalten werden soll.

6) In Paragraph 6: – Streichung des letzten Satzes, der im alliierten Notenentwurf lautet:

Ferner behalten sie ausdrücklich die Zuständigkeit der Drei Mächte vor hinsichtlich der Ausarbeitung eines Friedensvertrages, der zwischen den Vier Mächten und Deutschland frei verhandelt wird.

7) In Paragraph 7: – erster Satz

Alte Fassung:

Um weitere Verzögerung zu vermeiden, schlägt Ihrer Majestät Regierung in Übereinstimmung mit der Französischen Regierung und der Regierung der Vereinigten Staaten und nach Beratung mit der deutschen Bundesregierung und den deutschen Behörden in Berlin vor, daß eine baldige Zusammenkunft von Vertretern der Vier Regierungen stattfinden sollte, wobei davon ausgegangen wird, daß die Vier Regierungen für freie Wahlen in ganz Deutschland und für die Teilnahme einer freien gesamtdeutschen Regierung an der Verhandlung eines deutschen Friedensvertrages sind.

Neue Fassung:

Um weitere Verzögerung zu vermeiden, schlägt Ihrer Majestät Regierung in Übereinstimmung mit der französischen Regierung und der Regierung der Vereinigten Staaten und nach Beratung mit der deutschen Bundesregierung und den deutschen Behörden in Berlin vor, daß eine baldige Zusammenkunft von Vertretern der Vier Regierungen stattfinden sollte, vorausgesetzt, daß die Vier Regierungen ihre Übereinstimmung erklären über freie Wahlen in ganz Deutschland, wie sie in Paragraph 4 der gegenwärtigen Note definiert sind, und über die Teilnahme einer freien deutschen Regierung an der Verhandlung eines deutschen Friedensvertrages.

Die Begründung für die vorgeschlagenen Änderungen ist in der Besprechung am 3. Juli mündlich vorgetragen.[5]

B 10 (Abteilung 2), Bd. 226

[5] In seiner Antwort auf das Schreiben des Bundeskanzlers Adenauer vom 2. Juli 1952 übermittelte der amerikanische Hohe Kommissar McCloy Adenauer einen überarbeiteten Entwurf der Drei

170

Aufzeichnung des Staatssekretärs Hallstein

244-13 II 8937/52 **7. Juli 1952**[1]

Betr.: Verhandlungen mit dem Staate Israel und den jüdischen Weltorganisationen.

I. Die Haager Konferenz mit dem Staate Israel und den jüdischen Weltorganisationen hat über drei Themen zu verhandeln:

1) Globalzahlung an den Staat Israel

Das Kabinett hat in seiner Sitzung vom 17. Juni 1952 beschlossen, dem Staate Israel eine Zahlung von drei Milliarden DM durch Warenlieferungen anzubieten.[2] Abgesehen von Erörterungen über die Frist, innerhalb derer die Warenlieferungen zu leisten sind (zwölf oder zehn Jahre), wird dieses Angebot auf der Konferenz zu keinen besonderen Schwierigkeiten Anlaß geben.

2) Globalzahlung an die jüdischen Weltorganisationen

Die Claims Conference hat ihren ursprünglichen Anspruch von 500 Millionen Dollar in den Gesprächen von Dr. Goldmann mit dem Herrn Bundeskanzler[3]

Fortsetzung Fußnote von Seite 515

Mächte für eine Antwort auf die sowjetische Note vom 24. Mai 1952. Dazu teilte er mit: „Die drei Regierungen sind der Ansicht, daß dieser neue überarbeitete Text die Bundesregierung in den wesentlichen Punkten, die in Ihrem Aide-mémoire hervorgehoben waren, befriedigen wird. Insbesondere hinsichtlich der vorherigen Herstellung jener Bedingungen, die wirklich freie Wahlen in ganz Deutschland garantieren würden, wiederholt der neue Text, wie Sie es vorgeschlagen haben, die Formel, die in der alliierten Note vom 13. Mai enthalten ist. [...] Hinsichtlich des letzten Satzes von Paragraph 6 und der Frage, die Sie in Ihrem Brief vom 2. Juli aufgeworfen haben in bezug auf die Interpretation der Rechte, die den Drei Mächten nach Artikel 2 des Abkommens über die Beziehungen zwischen den Drei Mächten und der Bundesrepublik vorbehalten bleiben, muß zunächst bemerkt werden, daß die diesbezüglichen Rechte und Verpflichtungen der Drei Mächte und der Bundesrepublik durch das oben erwähnte Abkommen bestimmt werden. Diese Rechte und Verpflichtungen können selbstverständlich nicht beeinträchtigt oder abgeändert werden durch den Wortlaut einer Mitteilung von den drei Regierungen an die Sowjetregierung; die diesbezüglichen Formulierungen in der Antwort auf die Sowjetnote sind ohne jede Absicht, solche Veränderungen vornehmen zu wollen, entworfen worden. Die Frage der Interpretation der vorbehaltenen Rechte nach Artikel 2 (1) des erwähnten Abkommens durch die Drei Mächte ist bereits verbindlich beantwortet worden durch die identischen Briefe, die die drei Außenminister zu diesem Thema am 26. Mai an den Bundeskanzler gerichtet haben. Diese Auslegung wird von den drei Regierungen aufrechterhalten. Obschon ich die Möglichkeit nicht ausschließen kann, daß die drei Regierungen ohne die Teilnahme der Bundesregierung mit der Sowjetregierung Gespräche führen werden, können Sie versichert sein, daß die drei Regierungen nicht beabsichtigen, in wesentlichen Dingen, die die Rechte und Interessen der Bundesrepublik betreffen, irgend etwas zu unternehmen, ohne die Bundesregierung zu konsultieren.“ Vgl. das undatierte Schreiben; B 10 (Abteilung 2), Bd. 226.

Am 10. Juli 1952 antworteten die Drei Mächte auf die sowjetische Note vom 24. Mai 1952. Für den Wortlaut vgl. EUROPA-ARCHIV 1952, Bd. 2, S. 5093 f.

1 Konzept.
Die Aufzeichnung wurde von Ministerialdirektor Blankenhorn am 5. Juli 1952 konzipiert, der am 7. Juli 1952 die Weiterleitung an Staatssekretär Hallstein verfügte.

2 Vgl. dazu KABINETTSPROTOKOLLE 1952, S. 394–398.

3 Zu den Besprechungen des Bundeskanzlers Adenauer mit dem Vorsitzenden des World Jewish Congress, Goldmann, am 28. Mai 1952 in Paris vgl. Dok. 146, Anm. 5 und 6.
Zur Besprechung von Adenauer mit Goldmann am 10. Juni 1952 vgl. Dok. 153.

auf eine Globalforderung von 400 bis 500 Millionen DM herabgesetzt. Diese Zahlung soll ebenfalls in Warenlieferungen an den Staat Israel erfolgen, auf Grund derer Israel entsprechende Zahlungen an die in der Claims Conference zusammengefaßten jüdischen Verbände zu leisten haben würde.

Die Frage der Globalzahlung an die jüdischen Weltorganisationen ist ebenfalls in der Kabinettssitzung vom 17. Juni besprochen worden. Meiner Auffassung nach, die von Herrn Blankenhorn geteilt wird, hat das Kabinett auch der Zahlung von 400 bis 500 Millionen DM an die jüdischen Weltorganisationen grundsätzlich zugestimmt, nachdem der Herr Bundeskanzler die überragende politische Bedeutung der Angelegenheit hervorgehoben, über seine Verhandlungen mit Dr. Goldmann berichtet und darauf hingewiesen hat, daß bei Ablehnung der letzten jüdischen Vorschläge mit erheblich höheren Forderungen der jüdischen Verbände gerechnet werden müsse. Wie die Deutsche Delegation im Haag berichtet, bestreiten jedoch Herr Minister Schäffer und Herr Minister Dehler, daß das Kabinett der Globalzahlung an die Claims Conference zugestimmt hat; vielmehr sei nur beschlossen worden, die Deutsche Delegation im Haag zu beauftragen, die rechtliche Begründung des Anspruchs der Claims Conference und seine wirtschaftliche Auswirkung zu prüfen und hierüber der Bundesregierung zu berichten. Das Protokoll der Kabinettssitzung gibt keinen eindeutigen Aufschluß über den Kabinettsbeschluß.

3) Individualwiedergutmachung für die jüdischen Opfer der Naziverfolgung

Die Konferenz hat in ihrer ersten Phase eine Reihe von Empfehlungen über den Ausbau der Entschädigungs- und Rückerstattungsgesetzgebung für Opfer der Naziverfolgungen angenommen.[4] Diese Empfehlungen gehen in einigen Punkten erheblich über die in Teil III und IV des sogenannten Überleitungsvertrages vorgesehenen Bestimmungen[5] hinaus. Die Deutsche Delegation hat seinerzeit bei der Annahme der Empfehlungen erklärt, daß die Zustimmung der Bundesregierung vorbehalten bleibe und daß diese Zustimmung durch die Leistungsfähigkeit der Bundesrepublik begrenzt sein müsse. Abgesehen davon, daß einige der Empfehlungen aus allgemein politischen und grundsätzlichen Erwägungen nicht annehmbar erscheinen, hat das Bundesministerium der Finanzen bisher den Standpunkt vertreten, daß die finanziellen Auswirkungen der Empfehlungen untragbar seien. Das Bundesfinanzministerium veranschlagt den hierfür benötigten Betrag auf über fünf Milliarden DM. Demgegenüber hat Herr Goldmann mir in einer Besprechung am 3. Juli versichert, daß die finanzielle Bela-

4 Am 8. April 1952 wurden in Wassenaar „Gemeinsame Empfehlungen für die deutsche Gesetzgebung auf den Gebieten der Entschädigung und Rückerstattung" verabschiedet. Darin war vorgesehen, daß die Renten von Verfolgten an die Beamtenversorgung angelehnt, die Rentenansprüche von Hochbetagten bevorzugt behandelt, die Entschädigungsgesetzgebung auf Ausbildungsschäden ausgedehnt, Haftentschädigungen erblich gemacht und die Beweisanforderungen in Entschädigungsverfahren reduziert würden. Ferner sollten nicht-deutsche Insassen von Konzentrationslagern, die vor dem 1. Januar 1947 Deutschland verlassen hatten, Emigranten aus den ehemaligen deutschen Ostgebieten und aus Österreich sowie nicht kriegsentschädigungsberechtigte Verfolgte aus Westeuropa in die Entschädigungsgesetzgebung einbezogen werden. Im Bereich der Rückerstattung sollten darüber hinaus noch nicht kriegsentschädigungsberechtigte Verfolgte aus Osteuropa bei einer gesetzlichen Regelung berücksichtigt werden. Für den Wortlaut vgl. B 10 (Abteilung 2), Bd. 1678.

5 Zum Dritten Teil des Überleitungsvertrages vom 26. Mai 1952 über Innere Rückerstattung vgl. Dok. 166, Anm. 5.
Zum Vierten Teil des Überleitungsvertrages über die Entschädigung für Opfer der nationalsozialistischen Verfolgung vgl. Dok. 124, Anm. 11.

stung der Bundesrepublik bei vollständiger Durchführung der Empfehlungen nur etwa 1,4 Milliarden DM betragen würde. In dieser Summe ist die bereits in Teil III des Zusatzvertrages zugestandene Verpflichtung der Bezahlung von Rückerstattungsansprüchen gegen das frühere Deutsche Reich bis zu einer Gesamtsumme von 1,5 Milliarden DM nicht enthalten. Bei Zugrundelegung der Goldmannschen Zahlen würde also die Gesamtbelastung der Bundesrepublik auf Grund von individuellen Wiedergutmachungsleistungen 2,9 Milliarden DM betragen. Diese Summe würde sich noch verringern, da, wie betont, einige der Empfehlungen aus allgemein politischen Gründen nicht annehmbar erscheinen. Dr. Goldmann hat im übrigen angedeutet, daß die Claims Conference bereit sein würde, für die finanziellen Auswirkungen der einzelnen Empfehlungen Höchstgrenzen anzunehmen, wie dies im Zusatzvertrag bezüglich der Rückerstattungsansprüche gegen das frühere Deutsche Reich vorgesehen ist.

II. Der Leiter der Deutschen Delegation im Haag hat nunmehr den beigefügten Bericht vom 2. Juli über Prüfung des Globalanspruchs der Claims Conference erstattet.[6] Professor Böhm kommt zu dem Schluß, daß rein rechtlich nur die Anerkennung eines Anspruches von 95 Millionen DM gerechtfertigt erscheint. Er schlägt jedoch vor, neben diesem Betrag einen Härtefonds in Höhe von 305 Millionen DM anzubieten, der die Unterstützung von jüdischen Verfolgten ermöglichen soll, die weder durch die bestehende noch durch die in Aussicht genommene künftige Wiedergutmachungsgesetzgebung erfaßt oder nur ungenügend erfaßt werden. Insgesamt wird also ein Angebot an die Claims Conference in Höhe von 400 Millionen DM empfohlen, wobei vorausgesetzt wird, daß die Conference bereit ist, Unterstützungszahlungen auch an jüdische Verfolgte nichtjüdischen Glaubens zu leisten. Nach den letzten Äußerungen von Dr. Goldmann scheint die Conference hierzu nunmehr bereit zu sein. Dem Votum von Professor Böhm haben sich die Vertreter des Auswärtigen Amts und des Bundesjustizministeriums in der Deutschen Delegation angeschlossen. Die Vertreter des Bundesfinanzministeriums haben in einer dem Bericht beigefügten besonderen Stellungnahme die Zahlung einer Globalabfindung an die Claims Conference als rechtlich nicht begründet und finanziell nicht tragbar abgelehnt.

In Ergänzung des schriftlichen Berichts des Delegationsleiters darf ich unter Zugrundelegung der mündlichen Berichterstattung von Professor Böhm und Dr. von Trützschler noch folgendes bemerken:

Die Deutsche Delegation hält es schon aus allgemein politischen Gründen für unerläßlich, an dem Empfehlungskatalog für Individualansprüche erhebliche Abstriche vorzunehmen. Sie hat dies der jüdischen Seite bereits unter Vorbehalt der endgültigen Stellungnahme der Bundesregierung mitgeteilt. Diese Mitteilung hat auf jüdischer Seite Bestürzung hervorgerufen. Sollte nunmehr außerdem noch die Ablehnung des bereits erheblich ermäßigten Globalanspruches erfolgen, so ist eine sehr ernste Krise, wenn nicht sogar der Abbruch der Verhandlungen durch die Claims Conference zu befürchten. Auf die ernsten allgemein politischen Rückwirkungen einer solchen Entwicklung brauche ich nicht näher einzugehen. Selbst dann, wenn ein Abkommen mit dem Staate Israel zustande kommen sollte, wäre der politische Zweck der Aktion der Bundesregie-

6 Dem Vorgang beigefügt. Für den Wortlaut vgl. B 10 (Abteilung 2), Bd. 1677.

rung nicht erreicht. Es wäre dann im Gegenteil mit einer verstärkten antideutschen Agitation der nicht im Staate Israel ansässigen, insbesondere der amerikanischen Juden zu rechnen. Von allen allgemein politischen Rückwirkungen abgesehen, könnten diese z.B. durch Boykotthetze auch wirtschaftliche Nachteile haben, die die finanziellen Ersparnisse von übrigens erst nach frühestens zwei Jahren und womöglich erst erheblich später fällig werdenden Zahlungen mehr als wettmachen könnten.

III. Ich schlage daher vor, die Deutsche Delegation im Haag zu beauftragen, der Claims Conference ein Globalangebot in Höhe von 400 Millionen DM gemäß dem Vorschlag von Professor Böhm zu machen. Da in den Gesprächen mit Dr. Goldmann die Möglichkeit einer Globalzahlung von 500 Millionen DM erörtert worden ist, sollte die Delegation ermächtigt werden, das Angebot auf 500 Millionen DM zu erhöhen, falls die Verhandlungen dies als notwendig erscheinen lassen.

Schließlich ist noch folgender Punkt zu entscheiden: Die Zahlungen erfolgen durch Warenlieferungen an Israel. Die Vertreter des Bundesfinanzministeriums wünschen, daß im Falle der Gewährung der Globalzahlung die zusätzlichen Warenlieferungen erst nach Abwicklung der Leistungen an Israel durchgeführt werden sollen. Die jüdische Seite wünscht dagegen eine prozentuale Erhöhung der Lieferungen an Israel, die mit Beginn des dritten Jahres einsetzen soll, so daß die Gesamtdauer des Vertrages nicht verlängert würde. Ich schlage vor, diese Frage jetzt offen zu lassen und die Delegation anzuweisen, eine Regelung zu treffen, derzufolge die Vertragspartner über die Fristen der zusätzlichen Warenlieferungen eine Vereinbarung vor Ablauf des zweiten Lieferungsjahres, also vor dem 1. April 1954, treffen werden.

Entwurf einer entsprechenden drahtlichen Weisung an den Delegationsleiter ist in der Anlage mit der Bitte um Genehmigung beigefügt.[7]

Hiermit dem Herrn Bundeskanzler vorgelegt.

gez. Hallstein

B 10 (Abteilung 2), Bd. 1677

7 Dem Vorgang beigefügt. Vgl. B 10 (Abteilung 2), Bd. 1677.
Am 14. Juli 1952 teilte Delegationsleiter Böhm, Wassenaar, mit, „daß die C[laims] C[onference] das Angebot einer Globalabfindung in Höhe von 500 Millionen DM annehmen wird, und zwar auch dann, wenn von diesem Betrag ein Teilbetrag in Höhe von 50 Millionen DM (10%) als ein für die Nicht-Glaubens-Juden bestimmter Härtefonds abgesetzt wird, dessen Verteilung die Bundesrepublik unmittelbar durch ihre eigenen Behörden und Auslandsvertretungen vornimmt. Dagegen wird, wie sich inzwischen gezeigt hat, das von mir selbst vorgeschlagene Angebot in Höhe von 400 Millionen DM auf entschiedenen Widerspruch stoßen. Die C[laims] C[onference] befürchtet, daß von den außerhalb Israels lebenden Juden die Tatsache nicht verstanden werden würde, daß sich die vom Staate Israel geltend gemachte Forderung nur eine Kürzung um ein Viertel hat gefallen lassen müssen, während ein Härtefonds in Höhe von 400 Millionen DM nur den fünften Teil des geltend gemachten Betrages ausmacht." Vgl. B 10 (Abteilung 2), Bd. 1678.
Das Kabinett erklärte sich am 15. Juli 1952 damit einverstanden, daß die Delegation der Bundesrepublik bei den Wiedergutmachungsverhandlungen in Wassenaar der Claims Conference das Angebot einer Globalabfindung in Höhe von 450 Mio. DM unterbreitete und daß weitere, von der Bundesrepublik zu verteilende 50 Mio. DM als ein für „Nicht-Glaubensjuden" bestimmter Härtefonds zur Verfügung gestellt würden. Vgl. dazu KABINETTSPROTOKOLLE 1952, S. 456–458.

171

Delegationsleiter Abs, London, an Bundeskanzler Adenauer

244-13 II 17819/52 **8. Juli 1952**[1]

Sehr verehrter Herr Bundeskanzler!

Im Anschluß an mein Telegramm vom 7. diesen Monats[2] darf ich Ihnen über die Stellungnahme der Deutschen Delegation für Auslandsschulden zur Frage der Aufnahme gewisser Klauseln in den künftigen Vertrag zwischen der Bundesrepublik und Israel folgendes berichten:

Zunächst möchte ich nicht unterlassen zu bemerken, daß meines Erachtens kein besonderer Anlaß besteht, den israelischen Wünschen bezüglich der Gestaltung der verschiedenen, hier in Rede stehenden Klauseln über ein den berechtigten Interessen der Bundesrepublik nicht mehr entsprechendes Maß hinaus entgegenzukommen, nachdem ohne eingehendere Prüfung der Elemente der israelischen Forderung diese in Höhe von drei Milliarden DM deutscherseits anerkannt worden ist.[3] Ich bin auch der Auffassung, daß die deutsche Position gegenüber den immer noch weitergehenden israelischen Wünschen angesichts des durch das Angebot von drei Milliarden DM zum Ausdruck gekommenen Versöhnungswillens der Bundesrepublik außerordentlich stark ist und daß die Israelische Regierung die Verhandlungen keineswegs scheitern lassen wird, wenn etwa ihre Wünsche in bezug auf die Vertragsklauseln nicht im vollen Umfange erfüllt werden. In diesem Zusammenhang beziehe ich mich auf unsere Unterhaltung in Rhöndorf am 28. Juni, bei der wir unsere einmütige Auffassung feststellten.

Im einzelnen nehme ich zu den israelischen Vorschlägen wie folgt Stellung:

1 Hat Ministerialdirektor Blankenhorn am 11. Juli 1952 vorgelegen, der die Weiterleitung über Staatssekretär Hallstein an Bundeskanzler Adenauer verfügte.
Hat Hallstein am 12. Juli 1952 vorgelegen.
Hat Adenauer vorgelegen, der handschriftlich für Hallstein vermerkte: „Mir scheinen die Ausführungen richtig zu sein."
Hat Hallstein erneut am 19. Juli 1952 vorgelegen.

2 Delegationsleiter Abs, London, übermittelte Bundeskanzler Adenauer eine kurze Stellungnahme zu den Vorschlägen der israelischen Delegation bei den Wiedergutmachungsverhandlungen in Wassenaar für Sicherungsklauseln in einem Vertrag zwischen der Bundesrepublik und Israel: „Katastrophen-Klausel und Schieds-Klausel erscheinen uns jedoch in von Gegenseite vorgeschlagener Form unannehmbar. Wir bitten, Katastrophen-Klausel unter allen Umständen in Fassung durchzusetzen, die Vertreter Bundesfinanzministeriums und Rechtsabteilung Auswärtigen Amts im Haag ausgearbeitet haben. Schieds-Klausel sollte den Fassungen angepaßt werden, wie sie die in letzter Zeit von Bundesregierung mit anderen Staaten abgeschlossenen Verträge aufweisen. Die Wechselkurs-, Preis- und Währungs-Sicherungs-Klauseln sowie Fortbestands- und Wiedervereinigungs-Klauseln nach der hiesigen Verhandlungserfahrung völlig indiskutabel. Insoweit besteht auch ernsteste Gefahr der Präjudizierung Londoner Verhandlungen. Bitten daher, deutsche Delegation im Haag anzuweisen, Diskussion über diese Klauseln rundweg abzulehnen und sich auch nicht auf Erörterung von Kompromißmöglichkeiten einzulassen. Schriftliche Stellungnahme hiesiger deutscher Delegation auch gegenüber deutscher Delegation im Haag folgt. Auch die vom Bundeswirtschaftsministerium jetzt ausgearbeiteten Vorschläge für Wertsicherung bezüglich Preis- und Währungsverhältnisse sollten, soweit sie sich auf Änderung der Währungsverhältnisse beziehen, der Gegenseite nicht unterbreitet werden." Vgl. den Drahtbericht Nr. 212; B 10 (Abteilung 2), Bd. 1677.

3 Zur Anerkennung der Forderungen Israels und der jüdischen Organisationen in einer Gesamthöhe von 3,5 Milliarden DM durch die Bundesregierung vgl. Dok. 153.

1) Die von israelischer Seite vorgeschlagene Fassung der sogenannten Katastrophenklausel[4] erscheint nicht annehmbar. Nach dieser Fassung soll das an anderer Stelle des Vertrages vorgesehene Schiedsgericht ex aequo et bono darüber entscheiden, welche etwaigen Erleichterungen der Bundesrepublik in bezug auf die Erfüllung ihrer Verpflichtungen aus dem abzuschließenden Vertrage unter gewissen Umständen gewährt werden können. Meiner Ansicht nach geht es nicht an, eine von deutscher Seite etwa für erforderlich und dringlich gehaltene Herabsetzung oder Einstellung der Warenlieferungen von einer vorherigen Entscheidung des Schiedsgerichts abhängig zu machen. Auf die Möglichkeit der einseitigen Vornahme derartiger Schritte, die alsdann auf ihre Rechtfertigung gegebenenfalls von dem Schiedsgericht nachzuprüfen wären, kann meines Erachtens deutscherseits nicht verzichtet werden, wenn anders nicht lebenswichtige deutsche finanzielle und wirtschaftliche Interessen beeinträchtigt werden sollen. Jedoch wird die Bundesregierung zu solchen Maßnahmen sich selbstverständlich nicht entschließen, ohne die Israelische Regierung konsultiert zu haben. Wird der Vertrag, wie nach meiner Auffassung jedenfalls anzustreben ist, in allen seinen Bestimmungen von dem gegenseitigen Vertrauen getragen, daß jeder der Vertragschließenden sich zur loyalen Ausführung für verpflichtet erachtet, so muß meines Erachtens auch in Ansehung der sogenannten Katastrophenklausel die Gegenseite sich davon überzeugen lassen, daß die Bundesregierung von der ihr durch diese Klausel gegebene Befugnis nur bei sehr ernster Gefährdung der deutschen wirtschaftlichen und finanziellen Leistungsfähigkeit Gebrauch machen wird. Solange das künftige Verhältnis zwischen der Bundesrepublik und Israel, wenigstens soweit es sich um die durch den in Aussicht genommenen Vertrag herzustellenden Beziehungen zwischen den beiden Staaten handelt, von einer Atmosphäre gegenseitigen Vertrauens beherrscht wird, sollte es eigentlich gar nicht denkbar sein, daß die Israelische Regierung sich den Gründen verschließen könnte, welche die Bundesregierung für eine Herabsetzung, Einstellung oder auch nur Aufschiebung einer oder mehrerer Raten der ihr obliegenden Leistungen vorzubringen hätte.

Die israelische Delegation hat ferner beanstandet, daß die deutscherseits vorgeschlagene Fassung der Katastrophenklausel[5] die Voraussetzungen, unter denen die Aufnahme von Verhandlungen zur Anpassung der deutschen Verpflichtungen an die durch Beeinträchtigung der deutschen Leistungsfähigkeit eingetretene Veränderung der Verhältnisse erfolgen kann, nicht konkret genug bezeichne. Die israelische Delegation schlägt demgegenüber vor, die Möglichkeit einer Erleichterung der deutschen Verpflichtungen nur für den Fall vorzusehen, daß das Volumen des Bruttosozialprodukts der Bundesrepublik um 50% oder mehr unter das Volumen des Bruttosozialprodukts sinkt, wie es im Zeitpunkt des Inkrafttretens des abzuschließenden Vertrages in der Bundesrepublik besteht. Diese von israelischer Seite gewünschte konkretere Festlegung der Voraussetzungen für ein deutsches Ersuchen um Erleichterung der übernommenen Verpflichtungen widerspricht eigentlich dem von israelischer Seite gemach-

4 Für den Entwurf der israelischen Delegation bei den Wiedergutmachungsverhandlungen in Wassenaar vom 30. Juni 1952 für eine Katastrophenklausel vgl. B 10 (Abteilung 2), Bd. 1677.

5 Für den Entwurf der Delegation der Bundesrepublik bei den Wiedergutmachungsverhandlungen in Wassenaar vom 30. Juni 1952 für eine Katastrophenklausel vgl. B 10 (Abteilung 2), Bd. 1677.

ten Vorschlage, daß über ein derartiges Ersuchen das Schiedsgericht zu entscheiden habe. Werden die fraglichen Voraussetzungen so konkret gefaßt, wie es der israelischen Delegation vorschwebt, und liegen diese Voraussetzungen vor, so wüßte ich nicht, worüber das Schiedsgericht dann noch zu entscheiden hätte. Es könnte dann allenfalls noch im Rahmen seiner allgemeinen, im Vertrage vorzusehenden Zuständigkeit tätig werden, nicht aber zur Entscheidung der Frage, ob die bezeichneten Voraussetzungen tatsächlich vorliegen oder nicht. Ich halte daher nach wie vor die Fassung der Katastrophenklausel, wie sie im Haag unter Mitwirkung der Rechtsabteilung des Auswärtigen Amts von den Vertretern des Bundesfinanzministeriums ausgearbeitet worden ist, für die allein zweckmäßige und angemessene. Sie lehnt sich an eine entsprechende Klausel des Schuman-Plan-Vertrages an und scheint mir überdies auch den politischen Forderungen insofern Rechnung zu tragen, als sie ausdrücklich die Gefährdung der Erfüllung der im Rahmen der Europäischen Verteidigungsgemeinschaft oder des Abkommens zur Regelung der deutschen Auslandsschulden oder zur Abgeltung individueller Wiedergutmachungsansprüche übernommenen oder noch zu übernehmenden Verpflichtungen als eine der Voraussetzungen bezeichnet, die der Bundesregierung die Befugnis geben, eine Herabsetzung oder Aufschiebung oder Einstellung der gegenüber Israel übernommenen Verpflichtungen in Erwägung zu ziehen. Mit dieser beispielhaften Erwähnung ganz bestimmter, die wirtschaftliche und finanzielle Leistungsfähigkeit der Bundesrepublik besonders berührender Verpflichtungen dürften auch die Voraussetzungen für eine Anwendung der Katastrophenklausel hinreichend konkret angegeben sein. Was insbesondere die Erwähnung der zur Abgeltung individueller Wiedergutmachungsansprüche bestehenden oder noch zu begründenden Verpflichtungen anlangt, so legt auch das Bundesfinanzministerium mit Recht Wert darauf, im Vertrage selbst irgendwie die Vordringlichkeit solcher individuellen Ansprüche betont zu sehen, nachdem dieses Moment in den bisherigen Verhandlungen mit der Delegation des Staates Israel auch meines Erachtens leider nicht mit genügender Deutlichkeit zum Ausdruck gekommen ist. Die Befürchtung, daß durch die Aufbringung der zur Bezahlung der Warenlieferungen an Israel erforderlichen Beträge die Erfüllung der von der Bundesrepublik auch in dem Überleitungsabkommen zum Deutschlandvertrag übernommenen Verpflichtungen zur individuellen Wiedergutmachung in Frage gestellt werden könnte, ist in der Tat nicht von der Hand zu weisen.

2) Die von israelischer Seite vorgeschlagene Schiedsklausel[6] entspricht nicht den Schiedsklauseln, wie sie die in letzter Zeit von der Bundesrepublik mit anderen

6 Entwurf der israelischen Delegation bei den Wiedergutmachungsverhandlungen in Wassenaar vom 30. Juni 1952 für eine Schiedsklausel: „a) Alle Streitigkeiten, die sich aus der Auslegung oder Anwendung dieses Vertrages ergeben und nicht auf dem Verhandlungswege beigelegt werden, werden, soweit in diesem Vertrag nichts anderes bestimmt ist, auf Ersuchen einer der beiden Parteien einem Schiedsgericht unterworfen. b) Wird eine Streitigkeit gemäß dem vorstehenden Absatz a) einem Schiedsgericht unterworfen, so kann die ersuchende Partei bei dem ... (eine Persönlichkeit, die vereinbarungsgemäß mit einer solchen Aufgabe zu betrauen ist) beantragen, die Ernennung des neutralen Schiedsrichters [...] innerhalb einer Frist von 15 Tagen, nachdem der Antrag gestellt wurde, vorzunehmen. c) Gleichzeitig mit dem Antrag ernennt die ersuchende Partei einen Schiedsrichter und ersucht die andere Partei, innerhalb einer Frist von 15 Tagen nach Antragsstellung ihren Schiedsrichter zu ernennen. d) Unterläßt es die andere Partei, innerhalb der in dem vorstehenden Absatz c) genannten Frist einen Schiedsrichter zu ernennen, so wird dieser Schiedsrichter auf Antrag der anderen Partei vom neutralen Schiedsrichter innerhalb einer Frist von 15 Tagen nach Stel-

Staaten abgeschlossenen Verträge aufweisen und wie sie auch für das auf der Londoner Schuldenkonferenz auszuarbeitende allgemeine Abkommen in Aussicht zu nehmen sein wird. In dieser Beziehung wird eine Regelung anzustreben sein, die dahin geht, daß jeder der vertragschließenden Teile seinen Schiedsrichter ernennt, daß es diesen Schiedsrichtern überlassen bleibt, gemeinsam einen neutralen Vorsitzenden zu bestimmen, und daß, wenn eine Einigung unter den Schiedsrichtern hierüber nicht zustande kommt, der Präsident des Internationalen Gerichtshofs im Haag gebeten wird, den neutralen Schiedsrichter zu bestimmen. Notwendig scheint mir auch eine ausdrückliche Festlegung der Bestimmungen des Vertrages, die justitiabel sein sollen.

3) Darüber, daß die Fortbestands- und die Wiedervereinigungsklausel weder ihrer Form noch ihrem Inhalt nach von deutscher Seite überhaupt einer Diskussion unterzogen werden können, braucht meines Erachtens Näheres nicht gesagt zu werden. Die von israelischer Seite für diese Klausel vorgelegten Formulierungen[7] zeugen von einer zumindest höchst naiven Auffassung über die Bedeutung, die der nunmehr zwischen der Bundesrepublik und Israel abzuschließende Vertrag im Rahmen einer gesamtdeutschen und einer gesamteuropäischen Entwicklung haben könnte. Die Aufnahme derartiger Klauseln halte

Fortsetzung Fußnote von Seite 522

lung eines solchen Antrages ernannt. e) Die Schiedsrichter bestimmen ihre eigenen Verfahrensvorschriften. f) Die Entscheidung der Schiedsrichter wird innerhalb einer Frist von höchstens drei Monaten nach Bildung des Schiedsgerichts erlassen. g) Die Entscheidung der Schiedsrichter ist endgültig und für die Parteien verbindlich. h) Streitigkeiten über die Auslegung oder den Vollzug des Schiedsspruchs, die nicht auf dem Verhandlungsweg beigelegt werden, werden auf Ersuchen einer der vertragschließenden Parteien an den Internationalen Gerichtshof verwiesen, dessen Entscheidung für die Parteien verbindlich ist, ohne daß ein diesbezügliches Übereinkommen getroffen wurde. i) Die Bundesrepublik Deutschland hinterlegt im Archiv des Internationalen Gerichtshofs im Zeitpunkt der Ratifizierung des vorliegenden Abkommens eine allgemeine Erklärung im Einklang mit der Entschließung des Sicherheitsrates vom 15. Oktober 1946, wonach sie die Zuständigkeit des Gerichts hinsichtlich aller in diesem Artikel erwähnten Streitigkeiten anerkennt." Vgl. B 10 (Abteilung 2), Bd. 1677.

7 Entwurf der israelischen Delegation bei den Wiedergutmachungsverhandlungen in Wassenaar vom 30. Juni 1952 für eine Fortbestandsklausel: „a) Dieser Vertrag bleibt unter allen Umständen und unbeschadet irgendwelcher Änderungen des internationalen Status der Bundesrepublik Deutschland verbindlich in Kraft. b) Insbesondere wird dieser Vertrag nicht berührt durch die Schaffung einer europäischen Föderation oder einer anderen Form einer internationalen Integration oder Zusammenarbeit, der die Bundesrepublik Deutschland gegebenenfalls beitritt." Vgl. B 10 (Abteilung 2), Bd. 1677.
Entwurf der israelischen Delegation bei den Wiedergutmachungsverhandlungen in Wassenaar vom 30. Juni 1952 für eine Wiedervereinigungsklausel: „a) Vorbehaltlich irgendwelcher auf dem Gebiete der Wiedervereinigung Deutschlands Frankreich, dem Vereinigten Königreich und den Vereinigten Staaten von Amerika vorbehaltenen Rechte verpflichtet sich die Bundesrepublik Deutschland, daß die uneingeschränkte und ungeschmälerte Aufrechterhaltung der Verpflichtungen dieses Vertrages Voraussetzung zu ihrem Beitritt zu einer Abmachung oder einem Vertrag für die Wiedervereinigung Deutschlands ist. b) Vorbehaltlich irgendwelcher obengenannter Vorbehaltsrechte Frankreichs, des Vereinigten Königreichs und der Vereinigten Staaten von Amerika sowie unter dem ständigen Vorbehalt der uneingeschränkten und ungeschmälerten Aufrechterhaltung der Verpflichtungen dieses Vertrages erklärt sich die Bundesrepublik Deutschland weiterhin bereit, es als Voraussetzung für den Beitritt der Bundesrepublik Deutschland zu einer Abmachung oder einem Vertrag über die Wiedervereinigung Deutschlands anzuerkennen, daß sich das wiedervereinigte Deutschland verpflichtet, mit dem Staat Israel in Verhandlungen über eine Revision des Betrages der von der Bundesrepublik Deutschland auf Grund der Bestimmungen des Artikels ... übernommenen Verpflichtung und der Zahlungsmodalitäten zu treten. c) Führen die in dem vorstehenden Absatz b) genannten Verhandlungen nicht zu einer Einigung, so kann jede der vertragschließenden Parteien die Streitigkeit gemäß dem in Artikel ... (Artikel über die Schiedsklausel) des vorliegenden Vertrages genannten Verfahren einem Schiedsgericht unterwerfen." Vgl. B 10 (Abteilung 2), Bd. 1677.

ich auch deshalb unter keinen Umständen für vertretbar, weil sie in der parlamentarischen Beratung des Vertrages sicherlich bei allen maßgebenden Parteien auf den entschiedensten Widerspruch stoßen werden. Die deutsche Delegation im Haag sollte daher angewiesen werden, eine Diskussion über diese Klausel rundweg abzulehnen. Sollte die Gegenseite Wert darauf legen, daß die Möglichkeit einer Revision des Vertrages im Falle der Wiedervereinigung Deutschlands irgendwie zum Ausdruck kommt, so könnte das meiner Ansicht nach in der Form geschehen, daß die israelische Delegation in einem Protokoll oder in einem Brief sich vorbehält, gegenüber dem wiedervereinigten Deutschland eine Revision des jetzt mit der Bundesrepublik abzuschließenden Vertrages zu verlangen. Eine derartige Erklärung würde dann von deutscher Seite lediglich zur Kenntnis zu nehmen sein.

4) Was sodann die drei Klauseln anlangt, die in dem israelischen Vorschlag Wechselkursgarantieklausel[8], Wertsicherungsklausel[9] (richtiger wäre diese als Preissicherungsklausel bezeichnet) und allgemeine Währungsstabilitätsklausel[10] genannt werden, so würde ihre Annahme deutscherseits in gefährlicher Weise zum Ausdruck bringen, daß die Bundesregierung selber von der Stabilität ihrer Währung nicht mehr überzeugt sei. Ich habe dies bereits in der Besprechung am 10. Juni deutlich zum Ausdruck gebracht mit dem Hinzufügen, daß man Ihnen solche Klauseln, die einen Zweifel in die Stabilität der deutschen Währung beinhalten, doch nicht zumuten sollte. Das genügt meines Erachtens, um eine Ablehnung der Klauseln zu rechtfertigen. Auch bezüglich dieser Klau-

8 Entwurf der israelischen Delegation bei den Wiedergutmachungsverhandlungen in Wassenaar vom 30. Juni 1952 für eine Wechselkursgarantieklausel: „Der Wert der von der Bundesrepublik Deutschland auf Grund der Bestimmungen des vorstehenden Abkommens übernommenen Verpflichtung unterliegt einer Wechselkursgarantie, die sich auf den Wechselkurs zwischen der Deutschen Mark West und dem US-Dollar stützt, wie er in ... (Bezugnahme auf die Notierung der betreffenden Währungen an der Börse eines internationalen Finanzzentrums) am ... (Bezugnahme auf einen repräsentativen Zeitpunkt für einen solchen Wechselkurs) notiert wurde, d.h. zum Kurs von ... DM West für einen US-Dollar." Vgl. B 10 (Abteilung 2), Bd. 1677.

9 Entwurf der israelischen Delegation bei den Wiedergutmachungsverhandlungen in Wassenaar vom 30. Juni 1952 für eine Wertsicherungsklausel: „a) Die vertragschließenden Parteien kommen überein, daß die Preise für die Warenlieferungen während der gesamten Laufzeit des vorliegenden Abkommens unverändert, d.h. auf dem im Zeitpunkt seines Inkrafttretens bestehenden Stand, bleiben. b) Ein Absinken der Kaufkraft der Währung der Bundesrepublik Deutschland um mehr als 5% unter den Stand bei Inkrafttreten des vorliegenden Abkommens, soweit hierdurch gegebenenfalls Waren berührt werden, die den Gegenstand des vorliegenden Abkommens bilden, hat daher keine Minderung des Volumens oder der Qualität der der Regierung Israels zu überlassenden Waren zur Folge. c) Ergibt sich ein solches Absinken um mehr als 5% während der Laufzeit des vorliegenden Abkommens, so sind die Werte der der Regierung Israels zu liefernden Waren anzugleichen, als ob kein solches Absinken eingetreten wäre, vorbehaltlich eines vorstehend erwähnten Spielraums von 5%." Vgl. B 10 (Abteilung 2), Bd. 1677.

10 Entwurf der israelischen Delegation bei den Wiedergutmachungsverhandlungen in Wassenaar vom 30. Juni 1952 für eine Währungsstabilitätsklausel: „a) Im Falle der Einführung einer neuen Währung, einer Währungsreform oder einer anderen fiskalischen oder finanziellen Maßnahme in der Bundesrepublik Deutschland, die den Wert der von der Bundesrepublik Deutschland auf Grund der Bestimmungen des vorliegenden Abkommens übernommenen Verpflichtung in irgend einer Weise berührt, ist dieser Wert unter Berücksichtigung des Wechselkurses des Dollars der Vereinigten Staaten von Amerika gemäß dem Artikel ... (Wechselkursgarantieklausel) zu berechnen. b) Führt eine solche neue Währung, Währungsreform oder andere fiskalische Maßnahme zu einer Minderung der Werte der Waren, wie sie im vorliegenden Abkommen festgelegt sind, so sind diese Werte so anzugleichen, als ob keine der vorstehend aufgeführten Maßnahmen eingetreten wäre." Vgl. B 10 (Abteilung 2), Bd. 1677.

seln kann ich mir Kompromißlösungen schlechterdings nicht vorstellen. Die in Erörterungen des Bundeswirtschaftsministeriums formulierte Wertsicherungsklausel ist nach meiner Auffassung, jedenfalls soweit sie sich auf eine Änderung der Währungsrelationen und Währungsverhältnisse bezieht, ebensowenig akzeptabel. Ich kann mir auch nicht denken, daß dieser Fassung, wie mir berichtet worden ist, die Bank deutscher Länder zugestimmt haben soll. Jedenfalls hat die Prüfung, die im Benehmen mit den hier anwesenden Vertretern des Bundeswirtschaftsministeriums vorgenommen worden ist, zu der einmütigen Auffassung geführt, jeder Erwähnung einer Änderung der Währungsverhältnisse, die etwa eine anderweitige Bemessung des Volumens der Warenlieferungen notwendig machen könnte, stehe das währungspolitische Bedenken entgegen, daß eine so wesentliche Änderung der Währungsverhältnisse im Laufe der Vertragszeit überhaupt als im Bereich des Möglichen liegend erachtet werde. Sollte man im Laufe der Verhandlungen durch eine Klausel die Preisentwicklung einfangen wollen, dann müßte eine solche Klausel nach beiden Seiten hin wirken.

Bei der Erteilung weiterer Instruktionen an die deutsche Delegation im Haag darf ich Sie, sehr verehrter Herr Bundeskanzler, bitten, diese im Namen der deutschen Delegation für Auslandsschulden gemachten Ausführungen zu berücksichtigen.[11] Ich habe mir erlaubt, Abschrift dieses Schreibens auch der deutschen Delegation im Haag zur Kenntnisnahme zu übersenden.

Mit verbindlichen Grüßen

Ihr sehr ergebener
Abs

B 10 (Abteilung 2), Bd. 1680

[11] Am 18. Juli 1952 beschloß das Kabinett, keine Wertsicherungsklausel in einen Vertrag zwischen der Bundesrepublik und Israel aufzunehmen. Vgl. dazu KABINETTSPROTOKOLLE 1952, S. 468 f.

172

Botschafter Du Mont, Den Haag, an das Auswärtige Amt

II 403/52 geh. **Aufgabe: 10. Juli 1952, 18.45 Uhr**
Fernschreiben Nr. 153 **Ankunft: 10. Juli 1952, 19.50 Uhr**

Auf Geheimerlaß 230-13 E II 386/52 geheim vom 27. Juni 1952. Nach eingehender Erörterung aller Gesichtspunkte erklärte mir Kriegsminister Staf, niederländische Regierung werde von General Eisenhower unterstützten Antrag auf Einräumung Truppenübungsplatzes in Bundesrepublik fallen lassen.

Plan Unterbringung niederländischer Regimentskampfgruppe von etwa 10000 Mann in Raum Meppen, Lingen, Rheine könne bis Frühjahr zurückgestellt werden. Niederländische Regierung wolle hiermit unserem Standpunkt, Stationierung holländischer Truppen vor Inkrafttreten EVG-Vertrags aus psychologischen Gründen untunlich, entgegenkommen.

Auf Stationierung Truppen entlang Dortmund-Ems-Kanal zu verzichten, sei nicht möglich, weil SHAPE-Plan ihren Einsatz in diesem Raum vorsehe. Niederländische Truppen könnten aber von April bis September 1953 behelfsmäßig untergebracht werden. Daher brauche mit Bau Kasernen, deren Kosten selbstverständlich Niederlande tragen werden, erst Frühjahr 1953 begonnen werden. Er hoffe, daß bis dahin EVG-Vertrag ratifiziert sowie Einigung zwischen SHAPE und Europäischem Kommissariat über Stationierung Sicherheitstruppen in Bundesrepublik erzielt sein werde.

Auf meine Frage, ob niederländische Truppen nicht auf Ödlandgebiet östlich Roermond untergebracht werden könnten, entgegnete Minister, daß dies mit SHAPE-Plan nicht in Einklang stehen würde und fragliches Gebiet noch dieses Jahr als Hauptkohlenminengebiet Niederlande erschlossen und daher für Übungsgelände unbrauchbar werde.

Minister betonte ausdrücklich, Niederlande wollten für ihre Truppen in Bundesrepublik keine größeren Rechte in Anspruch nehmen, als sie beispielsweise englischer Luftwaffe auf Flugplatz Eindhoven einräume. Regierung lege allergrößten Wert auf kameradschaftliches Zusammenarbeiten holländischer Truppen mit deutschen Divisionen und Zivilbevölkerung Bundesrepublik.

Niederländischem Verteidigungsminister sind SHAPE-Pläne über Stationierung deutscher Divisionen bereits bekannt. Eine Division soll in Holstein, Raum Neumünster, stehen; zwei Divisionen so, daß sie holländische Stellungen entlang Dortmund-Ems-Kanal decken. Alle übrigen Divisionen, so fügte Staf mit Lächeln hinzu, sind so aufgestellt, daß sie französische Grenze schützen und im Süden Schwerpunkt bilden.

Minister sagte mir, es bereite ihm große Sorgen, daß Hauptverteidigungslinie z.Zt. am Rhein liege und Vorverlegung Verteidigungstruppen in Richtung Elbe erst für 1954 vorgesehen; bis dahin werde holländische Armee, die z.Zt. nur über drei Divisionen verfüge, auch Armeekorps-Organisation aufgebaut haben.

Staf stellt mir abschließend in Aussicht, er werde mich nach Kabinettsbildung[1]

[1] Am 1. September 1952 bildete Ministerpräsident Drees ein neues Kabinett.

erneut über Auffassung Regierung zu Frage Stationierung niederländischer Truppen in Deutschland unterrichten.

[gez.] Du Mont

VS-Bd. 3207 (Abteilung 2)

173

Runderlaß des Staatssekretärs Hallstein

221-78 II 8815/52 **15. Juli 1952**[1]

Betr.: „Eden-Plan" zur Umgestaltung des Europarates[2]

Bei Gesprächen über die als „Eden-Plan" bekannt gewordenen britischen Vorschläge bitte ich von folgenden Gesichtspunkten auszugehen:

Die auf der Sitzung des Ministerkomitees des Europarates am 19. und 20. März 1952 vom britischen Außenminister vorgebrachten Vorschläge zielen darauf ab, daß die engeren, im kontinental-europäischen Rahmen sich bildenden Gemeinschaften, also zur Zeit insbesondere die Montanunion und die Verteidigungsgemeinschaft, zu dem[3] Rahmen des Europarates eingeordnet werden. Diese Einordnung soll nach den britischen Vorschlägen dadurch herbeigeführt werden, daß die Organe des Europarates, das Ministerkomitee und die Beratende Versammlung als ministerielle und parlamentarische Institutionen für die engeren Gemeinschaften dienen. Dies soll in der Weise geschehen, daß das Ministerkomitee und die Beratende Versammlung, wenn es sich um Europarats-Angelegenheiten handelt, in voller Besetzung, wenn es sich um Angelegenheiten der engeren Gemeinschaften handelt, in einer auf die sechs Mächte beschränkten Zusammensetzung tagen. Gleichzeitig wird vorgeschlagen, daß das Generalsekretariat des Europarates Sekretariatsaufgaben für die Ministerräte und die Versammlungen der engeren Gemeinschaften übernimmt.

Die britischen Vorschläge sind im Ministerkomitee des Europarates eingehend behandelt worden. Auch die Beratende Versammlung hat sich mit ihnen be-

1 Der Runderlaß wurde von Legationsrat I. Klasse Thierfelder am 3. Juli 1952 konzipiert, der dazu vermerkte: „Auf der Morgenbesprechung am 2. Juli 1952 hat Herr Staatssekretär Hallstein Weisung erteilt, den Auslandsvertretungen einen Informationserlaß über die Behandlung des sogenannten ‚Eden-Planes' zuzuleiten. Der nachstehende Entwurf hat die Zustimmung von Herrn Dr. Sahm." Vgl. B 10 (Abteilung 2), Bd. 840.
Hat Legationsrat I. Klasse Trützschler von Falkenstein am 4. und erneut am 5. Juli 1952 vorgelegen.
Hat Ministerialdirektor Blankenhorn am 7. Juli 1952 vorgelegen.
Hat Staatssekretär Hallstein am 10. Juli 1952 vorgelegen.

2 Zum Eden-Plan vom 17. März bzw. 11. April 1952 zur institutionellen Neugestaltung europäischer Organisationen vgl. Dok. 114 und Dok. 137.

3 Die Wörter „zu dem" wurden von Staatssekretär Hallstein handschriftlich eingefügt. Dafür strich er die Wörter: „in den".

schäftigt. Die Entschließungen, die die beiden Gremien zu den Vorschlägen gefaßt haben, liegen bei.[4]

Im Verlauf der Beratungen hat sich[5] gezeigt, daß die britische Regierung ihre Vorschläge nicht in erster Linie in dem Wunsch eingebracht hat, den Europarat zu stärken. England will vielmehr den Europarat, in dem es Mitglied ist, als Mittel benutzen, um seine Ausschaltung bei der Entwicklung der kontinentaleuropäischen Gemeinschaften zu verhindern und die Möglichkeit einer Einflußnahme zu sichern, ohne jedoch selbst diesen Gemeinschaften beizutreten[6].

Die Bundesregierung hat den britischen Vorschlägen gegenüber von Anfang an die[7] Stellung eingenommen, daß[8] im gegenwärtigen Augenblick alles daran getan werden[9] muß, damit[10] die engeren Gemeinschaften ins Leben treten und[11] dieser Prozeß nicht der Möglichkeit störender Eingriffe von außen ausgesetzt wird. Es ist auch nicht zu übersehen, daß es sich bei Montanunion und Verteidigungsgemeinschaft um echte Gemeinschaften handelt, die unter Aufgabe von Souveränitätsrechten zustande kommen und eine Vorstufe für eine Zusammenfassung der sechs beteiligten Staaten auf föderativer Grundlage sein werden. Insofern handelt es sich bei den Organen der Gemeinschaften um etwas grundsätzlich anderes als bei den Organen des Europarates, der zur Zeit nur eine lose Verbindung selbständiger Staaten darstellt und nach der britischen Konzep-

4 Dem Vorgang beigefügt. In Resolution (52) 35 des Ministerkomitees des Europarates vom 23. Mai 1952 wurde der Plan des britischen Außenministers Eden gebilligt, Organe von EGKS, EVG und Europarat zusammenzulegen. Die Beratende Versammlung wurde aufgefordert, Stellung dazu zu nehmen, wie das Vorhaben am besten durchzuführen sei. Das Generalsekretariat wurde gebeten, die Meinung der Regierungen der Teilnehmerstaaten an den begrenzten europäischen Gemeinschaften einzuholen. Die Beratung über den ‚Eden-Plan' sollte auf der nächsten Tagung des Ministerkomitees wieder aufgenommen werden. Für den Wortlaut vgl. B 10 (Abteilung 2), Bd. 840. Vgl. ferner COUNCIL OF EUROPE, MINISTERS, RESOLUTIONS, 1952, S. 46.
Am 30. Mai 1952 nahm die Beratende Versammlung des Europarats die Resolution Nr. 11 an, mit der das dem „Eden-Plan" zugrundeliegende Prinzip, Organe von EGKS, EVG und Europarat zusammenzulegen, akzeptiert wurde. Bei der Durchführung des Planes sollte beachtet werden, daß Aufbau und Entwicklung der Gemeinschaften nicht beeinträchtigt würden. Die Versammlung schlug vor, daß die Art der Verbindung von einzelnen Staaten mit dem Europarat und den Gemeinschaften in Sonderabkommen geregelt würde. Nicht an einer Gemeinschaft beteiligte Staaten wurde die Möglichkeit eingeräumt, sich Maßnahmen einer Gemeinschaft anzuschließen. Staaten, die sich nicht mit den Gemeinschaften zu assoziieren wünschten, sollten Mitglied im Europarat bleiben können. Ferner sollte ein einheitliches Personalstatut der Gemeinschaften geschaffen und Verhandlungen über eine Integration von Europarat und OEEC begonnen werden. Für den Wortlaut vgl. B 10 (Abteilung 2), Bd. 840. Vgl. ferner COUNCIL OF EUROPE, ASSEMBLY, FOURTH SESSION, TEXTS, S. 11 f. Für den deutschen Wortlaut vgl. EUROPA-ARCHIV 1952, Bd. 2, S. 5090 f.

5 An dieser Stelle wurden die Wörter „sehr deutlich" von Staatssekretär Hallstein gestrichen.

6 Die Wörter „diesen Gemeinschaften beizutreten" wurden von Staatssekretär Hallstein handschriftlich eingefügt. Dafür strich er den Passus: „bindende Verpflichtungen im Rahmen der Gemeinschaften zu übernehmen".

7 Dieses Wort wurde von Staatssekretär Hallstein handschriftlich eingefügt. Dafür strich er die Wörter: „eine zurückhaltende".

8 Dieses Wort wurde von Staatssekretär Hallstein handschriftlich eingefügt. Dafür strich er die Wörter: „da ihr".

9 Die Wörter „getan werden" wurden von Staatssekretär Hallstein handschriftlich eingefügt. Dafür strich er die Wörter: „daran gelegen sein".

10 Dieses Wort wurde von Staatssekretär Hallstein handschriftlich eingefügt. Dafür strich er das Wort: „daß".

11 An dieser Stelle wurde das Wort „daß" von Staatssekretär Hallstein gestrichen.

tion auch bleiben soll. Organe von Körperschaften so verschiedenen Charakters eignen sich nicht zu einer Verschmelzung.

Wenn in dem Beschluß des Ministerkomitees vom 23. Mai 1952 nicht, wie es den britischen Vorschlägen entsprochen hätte, eine Einbeziehung der engeren Gemeinschaften in den „Rahmen" des Europarates, sondern nur der Grundsatz gebilligt wird, daß eine organische Verbindung (liaison organique) zwischen engeren Gemeinschaften und dem Europarat hergestellt werden sollte, so kommt dieser Beschluß der Auffassung der Bundesregierung entgegen.

Was die Montanunion angeht, so ist dem Vertrag über die Gründung der Europäischen Gemeinschaft für Kohle und Stahl bereits ein Protokoll über die Beziehungen dieser Gemeinschaft zum Europarat beigefügt (vgl. BGBl. II 1952 S. 445 (489))[12]. Außerdem hat das Ministerkomitee des Europarates am 3. Mai 1951 einen Beschluß gefaßt, der sich mit dem Verhältnis zwischen Europarat und Sonderbehörden befaßt (vgl. Anlage)[13].

Die weitere Behandlung der britischen Vorschläge ist nunmehr in der Weise vorgesehen, daß ein Vertrag zwischen dem Europarat und der Montanunion vorbereitet werden soll, der die Beziehungen zwischen diesen beiden Organisationen auf der Grundlage der im vorhergehenden Absatz genannten Texte regelt. Im Rahmen des Ministerkomitees des Europarates werden die hierfür erforderlichen Vorarbeiten am 7. Juli in Angriff genommen.

Die Bundesregierung wird bei diesen Verhandlungen nicht[14] außer acht lassen dürfen, daß eine völlige Ablehnung der britischen Vorschläge wahrscheinlich die Ratifizierung des Vertrages über die Verteidigungsgemeinschaft im französischen Parlament erschweren würde. Auch schließt die neue englische Haltung

[12] Im Protokoll vom 18. April 1951 über die Beziehungen zum Europarat kamen die Regierungen der Mitgliedstaaten der EGKS überein, ihren Parlamenten zu empfehlen, die von ihnen zu bestimmenden Mitglieder der Versammlung vorzugsweise unter den Vertretern in der Beratenden Versammlung des Europarats auszuwählen. Ferner wurde bestimmt, daß die Versammlung der Gemeinschaft der Beratenden Versammlung des Europarats alljährlich einen Tätigkeitsbericht übermitteln sollte. Ebenso sollte die Hohe Behörde dem Ministerkomitee und der Beratenden Versammlung des Europarats alljährlich den Gesamtbericht über die Tätigkeit und die Verwaltungsaufgaben der Gemeinschaft übersenden. Zugleich wurde die Hohe Behörde angehalten, den Europarat darüber zu unterrichten, inwieweit sie in der Lage gewesen sei, den vom Ministerkomitee des Europarats an sie gerichteten Empfehlungen stattzugeben. Schließlich sollte jede weitere Art beiderseitiger Unterstützung und Zusammenarbeit durch Abkommen zwischen der Gemeinschaft und dem Europarat vereinbart werden. Für den Wortlaut vgl BUNDESGESETZBLATT 1952, Teil II, S. 489.

[13] Dem Vorgang beigefügt. Zu den Beziehungen zwischen Europarat und den europäischen Sonderbehörden wurde in Resolution (51) 30 E des Ministerkomitees des Europarats vom 3. Mai 1951 ausgeführt: „4. a) Des accords spéciaux entre le Conseil de l'Europe et toute autorité spécialisée européenne pourront fixer les conditions dans lesquelles cette autorité spécialisée sera reliée au Conseil de l'Europe. Ces accords pourraient prévoir notamment: (i) une représentation réciproque et, lorsqu'il y a lieu des formes appropriées d'intégration entre les organes du Conseil de l'Europe et ceux de l'autorité spécialisée; (ii) l'échange d'informations, de documents et de données statistiques; (iii) la présentation des rapports de l'autorité spécialisée au Conseil de l'Europe et des recommandations du Conseil de l'Europe à l'autorité spécialisée; (iv) des arrangements relatifs au personnel et aux services administratifs, techniques, budgétaires et financiers. b) Ces accords seront négociés et conclus, au nom du Conseil de l'Europe, par le Comité des Ministres, après avis de l'Assemblée Consultative. 5) Le Conseil de l'Europe peut coordonner l'activité des autorités spécialisées reliées au Conseil de l'Europe, conformément aux dispositions, ci-dessus, en se concertant avec elles, en leur adressant des recommandations, ainsi qu'en adressant des recommandations aux gouvernements des Etats membres." Vgl. COUNCIL OF EUROPE, MINISTERS, RESOLUTIONS, 1949–1951, S. 101 und 103.

[14] An dieser Stelle wurde das Wort „ganz" von Staatssekretär Hallstein gestrichen.

das wertvolle Ergebnis ein, daß kontinentaleuropäische Sonderentwicklungen anerkannt werden.[15] Unter diesen Gesichtspunkten wird die Bundesregierung den besonderen Gemeinschaften keine grundsätzlichen Bedenken entgegensetzen.[16] Auf der anderen Seite wird sie sich aber jedenfalls, um die rechtliche und tatsächliche Unabhängigkeit der engeren Gemeinschaft zu wahren, einer Sekretariatsverschmelzung in jeder Form widersetzen.

Ob darüber hinaus den britischen Vorschlägen noch eine weitere Folge gegeben werden kann, hängt von Beschlüssen ab, die das Ministerkomitee des Europarates und im besonderen die sechs an den engeren Gemeinschaften beteiligten Regierungen in[17] Zukunft fassen werden. Dies gilt insbesondere für die britische Absicht, auf der Grundlage des „Eden-Planes" auch Einfluß auf die Vorarbeiten zur Zusammenfassung der sich bildenden Gemeinschaften in einer politischen Gemeinschaft zu gewinnen.

Hallstein[18]

B 10 (Abteilung 2), Bd. 840

174

Aufzeichnung des Staatssekretärs Hallstein

16. Juli 1952

Der niederländische Botschafter Herr de Booy hat mich heute aufgesucht und mitgeteilt:

Der englische Botschafter[1] hat im Haag ein Aide-mémoire[2] etwa folgenden Inhalts überreicht: Herr Schuman habe mit Herrn Eden über den Plan gesprochen, die Montanunion und die Europäische Verteidigungsgemeinschaft durch eine politische Organisation zu ergänzen. Die englische Regierung erinnert an ihre im sogenannten Eden-Plan[3] zum Ausdruck kommende Politik, die auf Harmonisierung (harmonizing) von Europarat und „beschränkten Gemeinschaften" (das sind Montanunion und Europäische Verteidigungsgemeinschaft) gerichtet ist. Sie spricht die Hoffnung aus, daß, wenn es zu einer weiteren Entwicklung

15 Dieser Satz wurde von Staatssekretär Hallstein handschriftlich eingefügt.

16 Dieser Satz wurde von Staatssekretär Hallstein handschriftlich eingefügt. Dafür strich er den Satz: „Unter diesem Gesichtspunkt wird die Bundesregierung voraussichtlich dem Gedanken engerer Verbindungen zwischen der Beratenden Versammlung des Europarates und der Versammlung der Montanunion zustimmen."

17 An dieser Stelle wurde das Wort „spätere" von Staatssekretär Hallstein gestrichen.

18 Paraphe vom 10. Juli 1952.

1 Neville Montagu Butler.

2 Für den Wortlaut des Aide-mémoire der britischen Regierung vom 8. Juli 1952 vgl. DBPO II/1, S. 897 f. Vgl. dazu ferner Dok. 190.

3 Zum Eden-Plan vom 17. März bzw. 11. April 1952 zur institutionellen Neugestaltung europäischer Organisationen vgl. Dok. 114 und 137.

der Gemeinschaften nach der politischen Seite kommt, man von dem Beschluß ausgehen werde, der das Prinzip des Eden-Plans billigt und die Parlamentarische Versammlung der Montanunion in den „Rahmen des Europarats“ einfügen werde.

Der Botschafter fragte, ob ein ähnlicher englischer Schritt bei uns geschehen sei. Ich verneinte das.

Der Botschafter fragte weiter, ob die Bundesregierung offiziell von dem Plan der französischen Regierung, den Herr Schuman am 27. Juni mit Herrn Eden besprochen habe[4], in Kenntnis gesetzt worden sei. Ich erwiderte, daß eine offizielle Verbindung mit der Bundesregierung vor dem Gespräch zwischen Herrn Schuman und Herrn Eden nicht aufgenommen worden sei. Herr Monnet habe aber bei seinem Aufenthalt in Bonn am 6. und 7. Juli Erläuterungen zu den französischen Plänen gegeben. Diese Erläuterungen ergäben, daß nicht an eine umfassende europäische Verfassung gedacht sei, sondern nur an einen auf das Anwendungsgebiet der Montanunion und der Europäischen Verteidigungsgemeinschaft beschränkten politischen Überbau über den Institutionen dieser beiden Organisationen.

Das Gespräch wandte sich dann der Frage zu, welche Haltung die beteiligten Regierungen gegenüber England einnehmen und wie der neue englische Schritt im Haag zu deuten sei. Ich legte dar, daß nach den von Monnet gegebenen Erläuterungen eine Teilnahme Englands sowohl wie der Vereinigten Staaten schon an den Entwurfsarbeiten für die politische Hohe Behörde gewünscht werde, in ähnlicher Weise, wie die Länder auch an der Konferenz über die Schaffung der Europäischen Verteidigungsgemeinschaft beteiligt gewesen seien. Was die Würdigung des englischen Schrittes anlange, so sei davon auszugehen, daß in der Annahme der Resolution Nr. 14 in der Beratenden Versammlung des Europarats[5] bereits die grundsätzliche Zustimmung Englands zur Schaffung einer auf

[4] Am 27. Juni 1952 erörterten der britische Außenminister Eden und der französische Außenminister Schuman in London ein Aide-mémoire, das die französische Regierung am gleichen Tag übermittelt hatte und in dem ausgeführt wurde: „1) In order to draw up rapidly a draft plan for a Political Authority the Assembly of the Coal and Steel Community shall, for this particular task, be enlarged in accordance with the provisions of the E[uropean] D[efense] C[ommunity] Treaty; 2) Representatives of the countries member of the Council of Europe which do not participate in the Coal and Steel Community will be invited under conditions to be determined; 3) A Council of Ministers representing the participating Governments will be associated with the works of the Assembly on conditions which shall be drawn up by common agreement; 4) The present decision shall be communicated to the Standing Committee of the Council of Europe.“ Vgl. DBPO II/1, S. 885 f.
Zum Gespräch zwischen Eden und Schuman vgl. DBPO II/1, S. 886 f.

[5] Am 30. Mai 1952 nahm die Beratende Versammlung des Europarats die Resolution Nr. 14 über die Bildung einer europäischen politischen Gemeinschaft an. Es wurde vorgeschlagen, daß die an der EVG beteiligten Staaten entweder eine den Vorgaben im EGKS-Vertrag entsprechende Versammlung oder eine aus Mitgliedern der Versammlung des Europarats hervorgehende Kommission mit der Ausarbeitung eines Statutentwurfs beauftragen. Für den Fall, daß die Regierungen der EVG-Staaten dem zweiten Vorschlag zustimmen würden, sollte der Ständige Ausschuß des Europarats die Bildung einer Kommission für die Arbeiten zu einem Statut für eine europäische politische Gemeinschaft vorbereiten. Hieran sollten dann diejenigen Mitgliedstaaten des Europarats, die nicht an der EVG teilnehmen, sich jedoch zu einem Beitritt zu einer deratigen politischen Gemeinschaft bereit erklären würden, vollberechtigt beteiligt werden; hingegen diejenigen Vertreter der Staaten, welche sich allein mit der politischen Gemeinschaft zu assoziieren wünschten, lediglich durch Beobachter an den Arbeiten teilnehmen. Vgl. dazu COUNCIL OF EUROPE, ASSEMBLY, FOURTH SESSION, TEXTS, S. 17 f. Für den deutschen Wortlaut vgl. EUROPA-ARCHIV 1952, Bd. 2, S. 5092 f. Vgl. dazu ferner Dok. 190.

die sechs Montanunion-Länder beschränkten politischen Autorität liege, so daß der Schritt wohl nicht so gedeutet werden könne, als ob dieser Gedanke der politischen Autorität überhaupt von England angegriffen werde. Es könne sich vielmehr nur um die Art des Vorgehens bei den Vorarbeiten für die politische Autorität handeln.

In diesem Zusammenhang wies ich darauf hin, daß das von den Franzosen für die Wahl von Straßburg als vorläufigem Sitz der Unions-Behörden angegebene Hauptmotiv gerade das gewesen sei, den Kontakt mit den Engländern (und den anderen europäischen Ländern, die nicht zur Montanunion gehören), zu sichern und zu pflegen. Auch Herr Monnet sei sich aber, insbesondere nachdem Herr Spierenburg gegen Straßburg erhebliche Bedenken erhoben habe, darüber klar, daß auch bei einer anderen Lösung, vor allem Den Haag (wofür die Bundesrepublik durchaus Sympathien habe), sich die Frage einer Mitarbeit der Engländer und der Amerikaner ohne Schwierigkeit werde lösen lassen.

Dem Herrn Bundeskanzler[6] vorzulegen.

Hallstein

VS-Bd. 275 (Büro Staatssekretär)

175

Aufzeichnung des Legationsrats I. Klasse Thierfelder

221-65 II 9468/52 **17. Juli 1952**

Inhalt des Berichtes von Herrn Dr. Pünder über die Ergebnisse der Tagung des Ständigen Ausschusses der Beratenden Versammlung[1] des Europarates am 5. Juli 1952.

1) Als Termin für den Beginn der Herbsttagung der Beratenden Versammlung ist endgültig der 15. September festgelegt worden.

2) In Ausführung einer Direktive der Beratenden Versammlung (Anlage 1)[2] wurde über die ad hoc-Kommission zur Vorbereitung der europäischen Politischen Gemeinschaft Beschluß gefaßt.

a) Aufgabe der Kommission:

Es soll ein vorläufiger Entwurf einer Verfassung für eine supranationale euro-

6 Hat Bundeskanzler Adenauer am 17. Juli 1952 vorgelegen.

1 Am 8. Juli 1952 übermittelte der CDU-Abgeordnete Pünder Staatssekretär Hallstein das Rundschreiben an die Delegierten der Bundesrepublik in der Beratenden Versammlung des Europarats und ihre Stellvertreter. Vgl. dazu B 10 (Abteilung 2), Bd. 816.

2 Dem Vorgang beigefügt. Vgl. B 10 (Abteilung 2), Bd. 816.
Direktive der Beratenden Versammlung des Europarats vom 30. Mai 1952: „L'Assemblée décide la création d'une commission ‚ad hoc' dont les membres seront désignés par la Commission Permanente et qui entreprendrait immédiatement l'élaboration d'un avant-projet de Statut pour une Communauté Politique Europèene." Vgl. ferner COUNCIL OF EUROPE, ASSEMBLY, FOURTH SESSION, TEXTS, S. 18.

päische Politische Gemeinschaft hergestellt werden, die allen Europaratstaaten offensteht und die Möglichkeit der Assoziierung für solche Staaten vorsieht, die ihr als Mitglieder nicht beitreten wollen.

b) Zusammensetzung der ad hoc-Kommission:

Die englischen Vertreter im Ständigen Ausschuß verlangten, daß alle Mitgliedstaaten des Europarates vollberechtigte Mitglieder in die Kommission entsenden sollten. Die Vertreter der sechs Schuman-Plan-Staaten sollten zunächst als Unterkommission tagen.

Dr. Lütkens erklärte namens der Deutschen Sozialdemokraten, diese würden sich an den Arbeiten nicht beteiligen, wenn die Kommission nicht aus vollberechtigten Vertretern aller Europaratstaaten bestände.

Der englische Antrag wurde mit 15 gegen vier Stimmen bei zwei Stimmenthaltungen abgelehnt.

Beschlossen wurde:

Der Kommission gehören als Mitglieder nur Vertreter der sechs Schuman-Plan-Staaten und außerdem Vertreter der Europaratstaaten an, deren Regierungen den Wunsch äußern, der Politischen Gemeinschaft beizutreten. Die übrigen Europaratstaaten entsenden Beobachter mit dem Recht der Teilnahme an der Diskussion, aber ohne Stimmrecht.

Verteilung der Sitze:

15 Mitglieder, davon

Deutschland, Frankreich, Italien je drei,

Belgien und die Niederlande je zwei,

Luxemburg und Saargebiet (?)[3] je einen.

13 Beobachter, davon

England drei,

Schweden, Griechenland, Türkei je zwei,

Norwegen, Dänemark, Irland und Island je einen.

Von deutscher Seite wurden zu Mitgliedern bestellt: Dr. Gerstenmaier, Dr. Freiherr von Rechenberg und Dr. von Merkatz.

3) Dr. Pünder berichtet, daß neben der vom Generalsekretär[4] eingesetzten Arbeitsgruppe von vier Wissenschaftlern, zu denen Dr. Ridder[5] gehört, noch eine weitere Kommission sich mit der Vorbereitung der Arbeiten für die europäische Verfassung befaßt. Sie steht unter Leitung des belgischen Professors Dehousse, der auch der Arbeitsgruppe des Generalsekretärs angehört. Von deutscher Seite gehören ihr an Prof. Nawiasky und die Abgeordneten Dr. Pünder und Dr. Becker.[6]

[3] Das Fragezeichen wurde von Staatssekrtär Hallstein gestrichen.

[4] Jacques Camille Paris.

[5] Der Name „Dr. Ridder“ wurde von Staatssekretär Hallstein unterstrichen. Dazu handschriftliche Bemerkung: „Prof[essor] Ridder (Frankfurt).“

[6] Dieser Satz wurde von Staatssekretär Hallstein hervorgehoben. Dazu handschriftliche Bemerkung: „Wer ist das?“

Bemerkung: Die Behandlung des Saargebietes dürfte den deutschen Interessen unmittelbar zuwiderlaufen. Zwar ist das Saargebiet in der Beratenden Versammlung des Europarates vollberechtigt vertreten, doch ist es kein Schuman-Plan-Staat. Von deutscher Seite wird der Saarregierung auch das Recht abgesprochen werden müssen, den Wunsch zu äußern, daß das Saargebiet der Politischen Gemeinschaft als Mitglied beitritt.[7]

Hiermit Herrn Staatssekretär[8] weisungsgemäß vorgelegt.

Herr MD Blankenhorn erhält Durchschlag.

Thierfelder

B 10 (Abteilung 2), Bd. 816

176

Aufzeichnung des Legationsrats I. Klasse Thierfelder

214-14 II 9524/52 geh. **18. Juli 1952**

Betr.: Saarbrücken als Sitz der Schuman-Plan-Behörden

Seit geraumer Zeit wird in steigendem Maße von der Saarregierung Propaganda zugunsten von Saarbrücken als Sitz der Schuman-Plan-Behörden gemacht. Diese Propaganda hat sich in der letzten Zeit, insbesondere seit der Rundfunkrede des Leiters des „Amtes für Europäische und Auswärtige Angelegenheiten" Lorscheider am 5. Juli 1952[1] bis ins Außergewöhnliche gesteigert. Keine Nummer der Regierungszeitung (SVZ) erscheint ohne einen entsprechenden Artikel. Im übrigen geben die Anlagen[2] Aufschluß.

7 Dieser Absatz wurde von Staatssekretär Hallstein hervorgehoben: „Was ist denn beschlossen?"

8 Hat Staatssekretär Hallstein vorgelegen.

1 Direktor Lorscheider führte in einer Rundfunkansprache mit dem Titel „Warum nicht Saarbrükken?" aus, daß mit einer Entscheidung zugunsten Saarbrückens als Sitz europäischer Behörden ein Beitrag zur deutsch-französischen Verständigung geleistet werde: „Was wünschen Deutschland und Frankreich an der Saar? Frankreich will die französisch-saarländische Wirtschaftsunion, und Deutschland scheint bereit zu sein, ihm diese Sonderinteressen zuzubilligen. Deutschland möchte den deutschen Charakter der Saar wahren, und das wird ihm von Frankreich nicht bestritten. Wenn eine ständige internationale Instanz in Saarbrücken ihren Sitz hätte, wäre beiden Ländern die Garantie gegeben, daß ihre wirtschaftlichen und kulturellen Einflußsphären ungefährdet bleiben. [...] Der Entschluß und die Bereitschaft, die Saar als europäisches Territorium zum Sitz der europäischen Behörden zu machen, wäre mehr als die Bereinigung einer immer wieder störend und hemmend auftretenden Streitfrage, es wäre der Beweis des guten Willens, des europäischen Bewußtseins. Diese echte Verständigungsbereitschaft hätte für die Weiterentwicklung der europäischen Einigung eine nicht hoch genug einzuschätzende psychologische Wirkung; die Schaffung eines ersten europäischen Territoriums wäre ein ermutigender Anfang und ein wegweisendes Beispiel für die europäische Integration." Vgl. VS-Bd. 3198 (Abteilung 2); B 150, Aktenkopien 1952.

2 Dem Vorgang beigefügt. In dem Artikel „Das Saarland wird tapeziert" wurde darauf hingewiesen, daß die Regierung des Ministerpräsidenten Hoffmann vergeblich versuche, das Saargebiet als Mittler zwischen Frankreich und Deutschland darzustellen, denn nach wie vor werde die Zulassung von demokratischen Parteien wie der CDU des Saarlandes und der Deutschen Sozialdemo-

Es ist unverkennbar, daß diese Propaganda ihren letzten Grund nicht in der Sorge für die weitere Entwicklung der Stadt Saarbrücken hat. Die Regierung Hoffmann sieht sich vielmehr ungewöhnlichen Schwierigkeiten gegenüber, die ihr aus der innersaarländischen Opposition erwachsen. Mit der Wahl von Kutsch zum ersten Vorsitzenden der Saarländischen Einheitsgewerkschaften und des Industrieverbandes Bergbau ist die Gewerkschaftsbewegung in die Hand der Opposition gelangt. Mit der CDU/Saar und der Sozialdemokratischen Partei/Saar sind Parteien gegründet worden[3], die gerade wegen ihres ruhigen und besonnenen Vorgehens der Regierung viel gefährlicher werden, als die noch immer verbotene DPS[4]. Diese Gefahr hat sich sehr erhöht, seitdem der Papst nach einer Audienz, die er dem Führer der CDU/Saar, Rechtsanwalt Dr. Ney, gewährte[5], den Bischof von Trier[6] gebeten hat, sich für eine Zulassung der CDU/Saar zu verwenden. Der Bischof von Trier hat, wie ich unterrichtet worden bin, sich bereits in einem Schreiben an Hoffmann in diesem Sinne ausgesprochen. Bei der streng katholischen Einstellung der Mehrheit der Saarbevölkerung kommt dieser Intervention eine ausschlaggebende Bedeutung zu.

Bei dieser Sachlage ist es verständlich, daß die Saarregierung einen raschen Beschluß, der Saarbrücken zum Sitz der Montanunion macht, herbeiwünscht. Er würde von der Saarregierung als der erste Schritt zu einer Europäisierung des Saargebietes in ihrem Sinn, d.h. unter Aufrechterhaltung des wirtschaftlichen Anschlusses an Frankreich, propagandistisch ausgenutzt werden. Für ein solches europäisiertes Saargebiet fühlt sich die Regierung Hoffmann durchaus als die prädestinierte Regierung. Infolgedessen würde die Wahl Saarbrückens zum Sitz der Schuman-Plan-Behörden, ohne daß vorher die einseitige Vorherrschaft Frankreichs im Saargebiet beseitigt ist, die Stellung der Regierung ganz außerordentlich festigen und jedenfalls allen Oppositionsparteien die Weiterarbeit sehr erschweren, wenn nicht unmöglich machen.

Die im Saargebiet ständig wachsende Opposition gegen die Regierung Hoffmann ist der wichtigste Aktivposten für eine den deutschen Interessen nicht zuwiderlaufende Saarlösung. Es steht daher zu befürchten, daß die Verlegung der Schuman-Plan-Behörden nach Saarbrücken sich einseitig zugunsten der Verwirklichung der vom Herrn Bundeskanzler in seiner Bundestagsrede vom 23. April 1952 abgelehnten französischen Mindestforderung[7] auswirken muß.

Fortsetzung Fußnote von Seite 534
kratischen Partei (DSP) hinausgezögert. Vgl. VS-Bd. 3198 (Abteilung 2); B 150, Aktenkopien 1952. Vgl. ferner GENERAL-ANZEIGER vom 18. Juli 1952, S. 1.
Beigefügt waren ferner die Rundfunkansprache des Direktors Lorscheider vom 5. Juli 1952 und der Artikel „Saarfrage und Außenministerkonferenz" des Journalisten Rodens aus dem Pressedienst „Allgemeiner Zeitungsdienst West" vom 16. Juli 1952. Vgl. VS-Bd. 3198 (Abteilung 2); B 150, Aktenkopien 1952. Für Auszüge vgl. Anm. 1 und Anm. 8.

3 Die DSP wurde am 25. Mai 1952, die CDU des Saarlandes am 4. Juni 1952 in Saarbrücken gegründet.

4 Zum Verbot der DPS am 21. Mai 1951 vgl. Dok. 32, Anm. 5.

5 Papst Pius XII. empfing den Vorsitzenden der CDU des Saarlandes, Ney, am 29. Juni 1952 in einer Sonderaudienz in Rom.

6 Matthias Wehr.

7 Bundeskanzler Adenauer führte aus, die Ereignisse seit seinen Unterredungen vom 19./20. März 1952 mit dem französischen Außenminister Schuman hätten gezeigt, daß Besprechungen über die Schaffung eines europäischen Territoriums an der Saar der Entwicklung vorausgeeilt seien. Verhandlungen auf der Grundlage der vom Rat der Republik am 1. April 1952 gefaßten Entschließungen, nach denen die Trennung des Saargebiets von Deutschland und seine wirtschaftliche Verbin-

Diesen Überlegungen gegenüber schlägt der Gedanke nicht durch, die Anwesenheit der Schuman-Plan-Behörden würde die Regierung Hoffmann zur Gewährung der demokratischen Freiheiten zwingen (vgl. Anlage)[8]. Der Auftrieb, den die Regierung Hoffmann erhalten hätte, würde die Oppositionsparteien lähmen, denn es wäre das europäische Programm im Sinn der Regierung, das die Sanktion der sechs Mächte erhalten hat.

Hiermit über Herrn MD Blankenhorn[9] Herrn Staatssekretär[10] vorgelegt.

Thierfelder

VS-Bd. 3198 (Abteilung 2)

177

Aufzeichnung des Bundeskanzlers Adenauer, z.Z. Paris

24. Juli 1952[1]

I. Um die Atmosphäre zu schaffen, in der allein der Gedanke einer Europäisierung der Saar fruchtbar erörtert werden kann, ist zunächst folgendes erforderlich:

1) Die saarländischen Landtagswahlen, die in diesem Herbst stattfinden sollten, werden um sechs Monate verschoben.

2) Die Parteien, die ihre Zulassung beantragt haben (das sind Christlich-Demokratische Union, Sozialdemokratische Partei und die Demokratische Partei), werden zugelassen. Die Bevölkerung des Saargebiets wird alle demokratischen Rechte genießen.

3) Es dürfen keine Enteignungen stattfinden.

Fortsetzung Fußnote von Seite 535

dung mit Frankreich festgeschrieben würden, böten vorläufig keine Aussicht auf erfolgreiche Saarverhandlungen. Der Bundeskanzler wies darauf hin, daß Schuman in einem Schreiben vom 20. April 1952 die Bildung der Untersuchungskommission über die politischen Zustände im Saargebiet von einer Fortführung der Besprechungen über eine allgemeine Regelung der Saarfrage abhängig gemacht habe, die er, Adenauer, nach den nunmehr von französischer Seite abgegebenen Erklärungen nicht für möglich erachte. Vgl. dazu BT STENOGRAPHISCHE BERICHTE, Bd. 11, S. 8822–8824 und 8840.

8 Dem Vorgang beigefügt. Der Journalist Rodens führte aus: „Man kann es sich schwer vorstellen, daß unter den Augen einer Hohen Europabehörde eine solche Verletzung der politischen Grundrechte sich würde breitmachen können, wie sie zur Zeit an der Saar geschieht.“ Vgl. den Artikel „Saarfrage und Außenministerkonferenz“; ALLGEMEINER ZEITUNGSDIENST WEST vom 16. Juli 1952; VS-Bd. 3198 (Abteilung 2); B 150, Aktenkopien 1952.

9 Hat Ministerialdirektor Blankenhorn vorgelegen.

10 Hat Staatssekretär Hallstein vorgelegen.

1 Zur Entstehung der Aufzeichnung notierte Ministerialdirektor Blankenhorn, z.Z. Paris, am 24. Juli 1952: „Abends 6 Uhr mit dem Bundeskanzler und Herrn v[on] Eckardt in dem hübschen kleinen Garten La Bagatelle am Bois de Boulogne. Der Kanzler diktiert mir seine Gedanken zur Lösung der Saarfrage.“ Vgl. Bundesarchiv Koblenz, N 1351 (Nachlaß Blankenhorn), Bd. 13.

II. Unter der Voraussetzung der Verwirklichung der Maßnahmen zu I. wird folgende Lösung in Aussicht genommen:

1) Es wird ein europäisches Territorium, bestehend aus Saarbrücken, einem weiteren Teil des Saargebietes und einem Teil Lothringens geschaffen. Die Größe der Teile ist Gegenstand besonderer Verhandlungen. Der nicht benötigte Teil des Saargebiets wird an die Bundesrepublik gegeben.

2) Das europäische Territorium erhält Selbstverwaltung und wird der Aufsicht einer supranationalen Organisation der Mitgliedstaaten der Gemeinschaft für Kohle und Stahl unterstellt. Das Gebiet wird Sitz der Organe der Europäischen Gemeinschaft für Kohle und Stahl. Die französisch-saarländischen Konventionen fallen fort.

3) Dieser Regelung stimmen zu Frankreich, die Bundesrepublik Deutschland und ein frei zu wählender Landtag, dem die Regelung zur Entscheidung vorgelegt werden wird.

4) Es tritt unverzüglich eine deutsch-französische Kommission zusammen, die die Einzelheiten ausarbeitet.

III. Frankreich und die Bundesrepublik Deutschland werden auf die Landtagswahlen und die Abstimmung in keiner Weise Einfluß ausüben.

[gez. Adenauer]

Bundesarchiv Koblenz, N 1351 (Nachlaß Blankenhorn), Bd. 13

178

Aufzeichnung des Ministerialdirektors Blankenhorn

25. Juli 1952

Auf der Außenministerkonferenz in Paris am 23. und 24. Juli sind diejenigen Fragen, die notwendig waren, um den Vertragsapparat zum Anlaufen zu bringen, wenn auch erst nach zeitraubenden Verhandlungen, gelöst worden. Es handelte sich dabei um eine ganze Fülle von Einzelfragen, die aber doch auch wieder in innerem Zusammenhang miteinander standen. Man mußte daher erst einen Überblick über die Lösungen für alle Fragen bekommen, ehe man diese Lösungen als definitiv erklären konnte. Es kommt hinzu, daß naturgemäß namentlich jetzt im Anfang der ganzen Entwicklung auch noch die einzelnen Länder spezielle Wünsche hatten, die miteinander in Einklang gebracht werden mußten.[1] Politisch überschattet wurden die ganzen Verhandlungen von einer

[1] Über die Ergebnisse der Außenministerkonferenz der EGKS-Staaten wurde im Schlußkommuniqué ausgeführt: „Der Vertrag über die Europäische Gemeinschaft für Kohle und Stahl ist am 25. Juli 1952 durch die Hinterlegung der Ratifikationsurkunden in Kraft getreten. Am 24. und 25. Juli hat in Paris eine Konferenz der Minister der Unterzeichnerstaaten stattgefunden, um die Maßnahmen zu beschließen, die im Hinblick auf die Ingangsetzung des Vertrages erforderlich sind. Sie hat die Arbeiten des durch den Vertrag eingesetzten Interimsausschusses zur Kenntnis genommen und

durch Herrn Minister Schuman abgegebenen Erklärung der Französischen Regierung bezüglich der Saar. Von dieser Erklärung des Herrn Schuman waren alle Anwesenden, insbesondere auch der Bundeskanzler völlig überrascht. Der Beschluß der Französischen Regierung war – wie Herr Schuman erklärte – in einer unmittelbar vorangegangenen Kabinettssitzung gefaßt worden. Die Französische Regierung schlägt danach vor, ein europäisches Statut für das Saargebiet zu schaffen, das damit auch Sitz der einzelnen Organe des Schuman-Planes werden soll. Er schlug deshalb vor, zunächst nur provisorisch die Sitzfrage zu regeln. Über Einzelheiten des geplanten Europa-Statuts für die Saar hatte die Französische Regierung offenbar noch nichts beraten. Herr Schuman war nicht in der Lage, die Frage des Bundeskanzlers nach Einzelheiten zu beantworten. Er erklärte, daß dies eben Sache der Verhandlungen sein müsse. Er brachte den Vorschlag der Französischen Regierung mit großem Ernst vor und bezeichnete ihn als einen Versuch der Französischen Regierung. Falls dieser Versuch nicht zu einer Lösung führe, wird er nicht wiederholt werden. Der Bundeskanzler hielt sich zunächst völlig zurück. Die anwesenden Außenminister, insbesondere Herr de Gasperi, begrüßten den Vorschlag der Französischen Regierung, in direkten Verhandlungen mit der Bundesrepublik zu einer Lösung der Saar-Frage zu kommen, mit großer Genugtuung. Insbesondere führte Herr de Gasperi unter Zustimmung der anderen Herren aus, daß ein gutes Einvernehmen zwischen Deutschland und Frankreich die Grundlage jeder europäischen Politik sei. Es sei daher die Frage der Bereinigung der Saarangelegenheit eine Frage großer europäischer Bedeutung. Es handelt sich nicht nur um eine Angelegenheit zwischen Frankreich und Deutschland. Es ist zweifellos, daß durch diese Erklärung der Französischen Regierung alle anderen Punkte etwas zurückgedrängt wurden.

Am 24. Juli war der Bundeskanzler von Ministerpräsident Pinay zu einem Frühstück eingeladen, an dem auch die Minister Pleven und Schuman sowie Herr Monnet anwesend waren. Von deutscher Seite war außer dem Bundeskanzler Staatssekretär Hallstein zugegen. Das Frühstück verlief in betont herzlicher Atmosphäre. Nach dem Frühstück trug der Bundeskanzler den französischen Herren mit großem Nachdruck die Sorgen vor, die er hinsichtlich der Entwicklung der Saar-Frage habe. Die Saar-Frage störe immer wieder die deutsch-französischen Beziehungen und damit die gesamte europäische Politik. Von französischer Seite, insbesondere von Ministerpräsident Pinay, wurde erklärt, daß eine derartige mündliche Aussprache zur Klärung der Angelegenheit viel zweckmäßiger sei als irgendeine schriftliche Berichterstattung diplomatischer Natur. Über den Inhalt der Besprechungen kann zur Zeit noch nichts gesagt werden. Sie gehen weiter.

Fortsetzung Fußnote von Seite 537
dessen Empfehlungen gebilligt, insbesondere hinsichtlich der in der Gemeinschaft zu verwendenden Sprache, der Verteilung der Sitze der Erzeuger und Verbraucher im Beratenden Ausschuß, der finanziellen Vorschüsse, die der Gemeinschaft zur Verfügung gestellt werden sollen, und der Stellung der Mitglieder der Hohen Behörde und des Gerichtshofes. Die Hohe Behörde und der Gerichtshof werden am 10. August in Funktion treten. [...] Die Wahl des provisorischen Sitzes wurde bis zur nächsten Sitzung der Außenminister der sechs Mitgliedstaaten vertagt. In der Zwischenzeit werden die Hohe Behörde und der Gerichtshof ihre Arbeiten in Luxemburg beginnen. Die Versammlung wird am 10. September ihre erste Sitzung in Straßburg abhalten." Vgl. BULLETIN 1952, S. 967.

Heute, am 25. Juli, findet zwischen Staatssekretär Hallstein und Minister Schuman eine Aussprache statt.[2] Über die Aussichten der Verhandlungen läßt sich noch nichts Bestimmtes sagen. Aber es kann nochmals hervorgehoben werden, daß die ganze Atmosphäre von gutem Willen erfüllt war. Die letzte Entscheidung soll nach übereinstimmendem Willen Frankreichs und der Bundesrepublik ein saarländischer, aus wirklich freien Wahlen hervorgegangener Landtag haben.

[gez. Blankenhorn][3]

Bundesarchiv Koblenz, N 1351 (Nachlaß Blankenhorn), Bd. 13

179

Ressortbesprechung

Geheim! **28. Juli 1952**[1]

Betr.: Saar Verhandlungsabschnitt Juli/September 1952

Erste Besprechung Montag, den 28. Juli 1952, 10 Uhr

Unter Vorsitz des Herrn Staatssekretärs haben teilgenommen: Ministerialdirektor Blankenhorn, Professor Dr. Erich Kaufmann, Professor Dr. Mosler, Gesandter Prof. Dr. Ophüls, Professor Dr. Grewe, Dr. Kordt; Ministerialdirigent Reinhardt, BWM; Ministerialrat Hermans, Staatskanzlei Rheinland-Pfalz; Dr. Thierfelder, Dr. Pauls.

I. Der *Staatssekretär* weist auf die vollkommene Vertraulichkeit der bevorstehenden Arbeit hin. Die Geheimhaltung müsse streng gewahrt werden, um Indiskretionen zu vermeiden, die die ganze Entwicklung ernsthaft gefährden könnten. Entsprechende Vorsicht sei auch bei allen Telefongesprächen nötig.

Pariser Konferenz

Der Staatssekretär gibt zunächst einen Überblick über die historische Entwicklung, die zu der gegenwärtigen Situation im Zusammenhang mit der jüngst stattgefundenen Pariser Konferenz[2] geführt hat. Sodann gibt er den Wortlaut der Proposition du Gouvernement Français bekannt:

2 Dazu notierte Ministerialdirektor Blankenhorn, z. Z. Paris, am 25. Juli 1952: „4 Uhr Besprechung mit Hallstein u[nd] mit Außenminister Schuman im Quai d'Orsay anhand der Kanzler-Skizze vom 24. 7. Man vereinbart weitere Besprechungen für den Monat August. Die erste dieser Besprechungen soll am Freitag, dem 1. August, stattfinden." Vgl. Bundesarchiv Koblenz, N 1351 (Nachlaß Blankenhorn), Bd. 13.
Für die Aufzeichnung des Bundeskanzlers Adenauer vom 24. Juli 1952 vgl. Dok. 177.

3 Vermuteter Verfasser der nicht unterzeichneten Aufzeichnung.

1 Die Gesprächsaufzeichnung wurde von Vizekonsul Pauls gefertigt.

2 Zur Außenministerkonferenz der EGKS-Staaten am 24./25. Juli 1952 vgl. Dok. 178.

„Le siège de la Communauté européenne du Charbon et de l'Acier sera établi à Sarrebruck dès que le territoire sarrois aura été doté, avec l'approbation de la population sarroise, d'un statut européen autonome garanti par les Etats intéressés.

En attendant la mise en vigueur de ce statut, les organismes de la Communauté européenne du Charbon et de l'Acier seront établis à Strasbourg ... ."

Die Entwicklung während der Konferenz selbst habe zu den bekannten Fragen des Herrn Bundeskanzlers als erste Antwort auf den französischen Vorschlag geführt.

1) Was ist unter „Saargebiet" zu verstehen und wie ist sein europäischer Status gedacht?

2) Wie soll die Bevölkerung zur Europäisierung Stellung nehmen können?

3) Werden vorher die politischen Freiheiten gewährt?

4) Wie wird mit den französisch-saarländischen Konventionen verfahren?

Darauf seien von de Gasperi deutsch-französische Gespräche über die Saar angeregt worden mit dem Ziel, ein Verfahren zur Verwirklichung des französischen Vorschlags zu finden. Dieser Vorschlag werde von Schuman sicher ernst genommen. Es seien jedoch auch starke Kräfte am Werk, denen an einer echten europäischen Lösung weniger gelegen sei, umso mehr daran, die Behandlung des deutschen Saarmemorandums[3] vor dem Straßburger Ministerrat und der Beratenden Versammlung zu verhindern. Wenn bis Mitte September das jetzige Vorhaben nicht soweit geklärt sei, daß es einen echten Erfolg in Richtung auf die europäische Lösung verspreche, würden sich die Straßburger Institutionen mit der Unterdrückung der Freiheitsrechte an der Saar befassen müssen. Bis Ende August könne keine Lösung im einzelnen gefunden werden, wohl jedoch eine grundsätzliche Formulierung des Europäisierungsplanes.

Voraussetzungen des Planes

Hierzu müßten zunächst drei Voraussetzungen erfüllt werden:

1) eine Verschiebung der saarländischen Landtagswahlen um sechs Monate;

die damit in Verbindung stehenden Rechtsfragen seien besonders sorgfältig zu prüfen, zum Beispiel, ob dazu ein besonderes Gesetz erforderlich sei. Es sei damit zu rechnen, daß Schuman zunächst juristische Argumente gegen die Verwirklichung der Voraussetzungen anführen werde.

2) Zulassung der Parteien;

das bedeute also zunächst der Christlich-Demokratischen Union, der Sozialdemokratischen Partei, der Demokratischen Partei des Saarlandes. Die in der Konsequenz dieser Garantie der politischen Freiheit sich uns stellenden Fragen müßten sorgfältig durchdacht werden.

3) Enteignungen und sonstige wirtschaftliche Druckmaßnahmen seien sofort einzustellen.

Nach Erfüllung dieser Voraussetzungen sei folgende Lösung in Aussicht zu nehmen:

[3] Zum Memorandum der Bundesregierung vom 29. Februar 1952 vgl. Dok. 68, Anm. 3.

Europäisierung

1) Saarbrücken

mit einem Teil des Saargebietes und einem lothringischen Streifen werde das europäische Territorium. Die hierzu nicht benötigten Teile des Saargebietes kehrten in das Bundesgebiet zurück. In erster Linie sei hierbei an die während des französischen Besatzungsregimes neu zum Saargebiet geschlagenen Bezirke zu denken. Diese territoriale Frage müsse auch nach ihren historischen Zusammenhängen untersucht werden.

2) Das europäische Territorium erhalte eine Selbstverwaltung und werde der Aufsicht einer supranationalen Organisation der Mitgliedstaaten der Montanunion unterstellt. Hierbei erfordere die Struktur dieser Kontrolle besondere Aufmerksamkeit. Die Hohe Behörde als solche sei nicht ohne weiteres dazu geeignet.

Das Territorium solle Sitz der Organe der Montanunion werden. Die Frage sei, ob alle Organe der Montanunion dort untergebracht werden sollten. Monnet halte dies nicht für notwendig.

Die weitere Frage gehe dahin, ob alle supranationalen Organe – nicht nur der Montanunion – dort ihren Sitz erhalten sollten. Wir seien dafür, die Franzosen behandelten dieses Problem zögernd. Sie seien mehr dafür, die Assemblée des Schuman-Planes in Straßburg unterzubringen, wobei besonders René Mayer darauf hinarbeite. Die Frage nach den supranationalen Autoritäten außer der Montanunion wünschten sie unter Hinweis darauf, daß diese noch nicht beständen, zunächst unbeantwortet zu lassen. Der Kanzler wolle diesen Punkt nicht forcieren, sondern halte es für ausreichend, sich zunächst mit der Montanunion zu begnügen. Im weiteren werde das Schwergewicht der Entwicklung sich auswirken müssen.

Die französisch-saarländischen Konventionen müßten fortfallen. Schuman habe hierzu früher geäußert, die Konventionen entfielen, wenn eine Saarlösung eintrete, habe in diesem Zusammenhang aber auch von Anpassung gesprochen. Der Staatssekretär habe darauf nur erwidert, Anpassung bedeute Aufhebung und Finden einer neuen Lösung. Dieser ganze Zusammenhang müsse vor allem juristisch überprüft werden.

Gegenstand besonderer Untersuchung müsse das Problem des Wirtschaftsverkehrs zwischen dem Saarterritorium und Frankreich sein. Es genüge nicht nur, das System der aus den Konventionen herrührenden politischen Herrschaft Frankreichs abzuschaffen, sondern auch die Pachtverträge[4] müßten einer Revision unterzogen werden. An die Stelle des französischen Berechtigten müsse eine europäische Autorität oder die autonome Verwaltung des Territoriums treten. Hierfür seien Vorschläge zu entwickeln und auf ihre wirtschaftliche und politische Konsequenz hin zu untersuchen.

Weitere Komplexe der wirtschaftspolitischen Untersuchung seien Zölle und Währung. Während für das Studium der Zollfrage Vorgänge herangezogen werden könnten, werde für die Währungsfrage vielleicht eine neue, kühne, im

4 Zur Konvention vom 3. März 1950 zwischen Frankreich und dem Saargebiet über den Betrieb der Saargruben vgl. Dok. 57.

großen Zusammenhang stehende Regelung zu finden sein. Eine in die Zukunft weisende deutsche Initiative auf diesem Gebiet, die sich schon abzeichne, sei auch aus außenpolitischen Gründen besonders erwünscht.

Professor *Kaufmann* weist in Verbindung mit der Zollfrage auf einen Entwurf hin, den er seinerzeit für das Friedensbüro erarbeitet habe. *Dr. Thierfelder* wird veranlassen, daß dieser Entwurf in den Dienst der kommenden Arbeit gestellt werden kann. Der Staatssekretär führt weiter aus, Schuman habe davon gesprochen, daß an dem neuen Saarabkommen die Länder mitwirken sollten, die am Friedensvertrag beteiligt sein müßten, da das Abkommen eine teilweise Vorwegnahme der Friedensregelung darstelle. Auf die Zwischenfrage, ob damit USA und England gemeint seien, habe er geantwortet „nicht nur". Es sei vor allem wohl auch an die Benelux-Staaten gedacht.

Geprüft werden müsse die Frage der Einschaltung der großen Mächte in die Verhandlung. Wir brauchten die USA, um eine nichtdiskriminierende Lösung durchzusetzen. Die USA zeigten auch starkes Interesse. Schuman wolle die großen Mächte bei den Verhandlungen selbst nicht beteiligt wissen. In London sei die Saarfrage von den Außenministern der Westmächte behandelt worden, wobei die Anglo-Amerikaner offenbar kein Interesse an einer Mittlerrolle gezeigt hätten.[5] Es werde jedenfalls unsererseits alles geschehen, um die Amerikaner genau auf dem laufenden zu halten.

Der entscheidende Punkt des ganzen bevorstehenden Versuchs sei, eine Lösung zu finden, die uns nicht in irgendeiner Weise diskriminiere. Die Bundesrepublik müsse im saarländischen europäisierten Territorium dieselbe Stellung einnehmen wie die Franzosen.

3) Die gegebenenfalls vorgesehene Lösung müsse die Zustimmung der Bundesrepublik, Frankreichs und eines frei zu wählenden saarländischen Landtags finden.

4) Frankreich und die Bundesrepublik verpflichten sich, auf die Landtagswahlen und die Abstimmung keinen Einfluß auszuüben.

II. Aussprache

Dr. Kordt weist auf die Erfahrungen hin, die mit Belgien und Holland zu territorialen Fragen gemacht worden seien. Belgien habe die zunächst gegebene Zusage, altbelgisches Gebiet in die Regelung einzubeziehen, zurückgezogen, offenbar auf französischen Druck.[6] Die Holländer hätten erklärt, daß die Franzosen darauf hinwirken, keine Besprechungen über die Rückgabe des Selfkants[7] zu führen. Im inneren Gegensatz dazu steht ein Artikel des „Monde" vom Freitag,

5 Die Außenminister Acheson (USA), Eden (Großbritannien) und Schuman (Frankreich) trafen sich vom 13. bis 19. Februar 1952 in London. Sie kamen überein, daß Schuman mit Bundeskanzler Adenauer eine Lösung der Saarfrage erörtern solle. Vgl. dazu FRUS 1952–1954, V/1, S. 40 und 58.

6 Zur Neuordnung der Westgrenzen vgl. Dok. 66, Anm. 2.
Die Besprechungen über die Grenzziehung zwischen der Bundesrepublik und Belgien wurden am 17. Oktober 1950 aufgenommen.

7 Zu den Gesprächen über die Grenzziehung zwischen der Bundesrepublik und den Niederlanden vgl. Dok. 66 und Dok. 103.

der die Notwendigkeit bejaht, für ein europäisches Territorium auch lothringisches Gebiet zur Verfügung zu stellen.[8]

Der *Staatssekretär* empfiehlt, zunächst zu diesem Problem das Ergebnis der am Freitag in Paris stattfindenden Besprechungen mit Schuman abzuwarten.[9]

Eine sich anschließende Erörterung des deutschen territorialen Beitrags kommt im wesentlichen zu dem Ergebnis, daß wir kein Interesse daran haben könnten, Gebiete unter Zerreißung ihres natürlichen und vor allem auch wirtschaftlichen Zusammenhangs wieder an uns zu ziehen. Dies würde unter anderem auch eine unerwünschte Reaktion im Saargebiet selbst hervorrufen. Andererseits sei es aus innerpolitischen Gründen und mit Rücksicht auf die öffentliche Meinung unumgänglich, Teile des von den Franzosen seit 1945 willkürlich gebildeten Saargebiets[10] zurückzuführen. Es sei nicht zu übersehen, daß ein großer deutscher Beitrag unsere natürliche Position in dem neu zu schaffenden europäischen Territorium verstärke und uns auch berechtige, von Frankreich einen namhaften Beitrag zu fordern. Der Staatssekretär weist abschließend zu diesem Punkt darauf hin, daß es darauf ankomme, ein geo-wirtschaftliches Prinzip für die Bildung des Territoriums zu entwickeln.

Ministerialdirigent *Reinhardt* erwähnt die wirtschaftliche Stellung der übrigen Länder der Montanunion im Territorium. 55% des Wirtschaftsverkehrs seien durch die Montanunion geregelt. Für den übrigen Bereich müsse jedoch geprüft werden, ob ein System deutsch-französischer Präferenzen anzustreben sei, wofür mancherlei spreche, oder welche Regelung in Betracht komme.

Ministerialrat *Hermans* unterstreicht die politischen Schwierigkeiten im Saargebiet, die zu erwarten seien. Sechs Monate seien für die Vorbereitung freier Landtagswahlen zu kurz. Vor allem aus innerpolitischen Bedürfnissen müsse die neue Regelung so erfolgen, daß ein Verschwinden von Hoffmann gewährleistet sei. Es bestehe die Gefahr, daß Hoffmann, sobald die drei prodeutschen

8 In dem Artikel „Les grandes choses naissent à l'aube" wurde ausgeführt: „‚Le Monde' l'a déjà dit récemment: que cela nous plaise ou non, l'européisation de la Sarre ne sera jamais acceptée de plein gré par les Allemands, pour qui elle constituera un dur sacrifice, que si celle-ci s'étend à d'autres territoires. Seule cette adjonction peut leur donner la conviction que leurs partenaires témoignent d'une bonne volonté ‚européenne' égale à la leur. Ils n'auront de cesse, tout au moins, qu'ils n'aient obtenu la preuve éclatante que cette ‚européisation' ne reviendra pas pratiquement à faire de la Sarre un satellite permanent de la France." Vgl. LE MONDE vom 26. Juli 1952, S. 1.

9 Für das Gespräch des Staatssekretärs Hallstein mit dem französischen Außenminister Schuman am 1. August 1952 vgl. Dok. 183.

10 Dazu hieß es in einem Bericht über die Gebietsverluste des Landes Rheinland-Pfalz gegenüber Belgien, Luxemburg, dem Saargebiet und Frankreich, den Regierungsbaurat Wiegand am 22. April 1952 der Staatskanzlei in Mainz übermittelte: „Ohne das Saargebiet des Umfanges von 1920–1935 wurden in den Jahren 1946/49 von den Regierungsbezirken Trier, Koblenz und Pfalz 100 Gemeinden bzw. Teile von Gemeinden mit einer Gemarkungsfläche von 660 qkm und 65684 Einwohnern abgetrennt. [...] Mit nur wenigen Ausnahmen sind die nach dem 2. Weltkriege vom heutigen Lande Rheinland-Pfalz erfolgten Abtrennungen unmotiviert und ohne Rücksichtnahme auf die wirtschaftliche, verkehrliche, verwaltungs- und versorgungsmäßige Verbundenheit der betroffenen Gebiete vorgenommen. In manchen Fällen hätte es lediglich geringer Korrekturen bedurft, um der Grenzziehung wenigstens den Schein des Schikanösen zu nehmen. Es wurden zahlreiche Gemeinden von ihren Nachbarorten abgeschnitten, Eisenbahnlinien oder Straßen unterbrochen, neue Zollstellen und Sperren eingerichtet und damit absolute Hindernisse aufgebaut. Die Herauslösung des Saargebietes nahm dem angrenzenden rheinland-pfälzischen Raum, von Saarbrücken bis Saarburg, den wirtschaftlichen Mittelpunkt, von dem er vorher alle bis in die kleinsten Täler auslaufenden wirtschaftlichen und kommerziellen Belebungen erfahren hat. Seither ist dieser Raum wieder verarmt, krisenempfindlich und teilweise Notstandsgebiet geworden." Vgl. B 10 (Abteilung 2), Bd. 464.

Parteien zugelassen seien, die Bildung weiterer Parteien mit dem Ziel, die deutsche Seite aufzuspalten, betreiben werde.

Bedeutsam sei die Stellung des künftigen, frei gewählten saarländischen Landtages und die Rolle, die er gegebenenfalls nach Annahme der europäischen Lösung in der autonomen Verwaltung zu spielen habe. In erster Linie sei an einen dem früheren Provinziallandtag vergleichbaren Status zu denken.

Was geschehe, wenn der Landtag der europäischen Lösung nicht zustimme? Eine verhängnisvolle Situation entstehe, wenn er eine andere Form der Autonomie fordere. Auf der anderen Seite könne er auch den Anschluß an Deutschland verlangen. Es sei keineswegs sicher, daß die drei neuen prodeutschen Parteien sich für eine europäische Lösung erklärten. Starke Gruppen zumindest würden die Rückkehr nach Deutschland weiter erstreben. Es sei nicht zu verkennen, daß wir uns gegenüber den für uns arbeitenden Kräften im Saargebiet in einer schwierigen Situation befänden.

Dr. Thierfelder machte auf die Gefahr aufmerksam, daß Hoffmann sich zum Propagandisten des Europagedankens aufwerfe, was zu einer weiteren Verwischung der bisher klaren Fronten beitragen müsse. Der *Staatssekretär* betont, daß man Hoffmann natürlich nicht hindern könne, den Europa-Gedanken zu vertreten, jedoch sei das kein hinreichender Grund, die eigene Stellung zu revidieren. Daß Hoffmann selbst abtreten müsse, stehe außer Frage. Es komme entscheidend darauf an zu überlegen, welche Frage dem Landtag vorzulegen sei. Die hierfür zu findende Formel sei von großer politischer Bedeutung für das gesamte Verfahren der Europäisierung.

Eine Erörterung über die Beteiligung von Saarvertretern bei den Verhandlungen ergibt Übereinstimmung darüber, daß diese nur bei Fragen administrativen Charakters in Betracht käme, nicht aber, soweit eine politische Stellungnahme gefordert wäre. Aus politischen Gründen sollte sie erst nach freien Wahlen erfolgen.

Ministerialrat *Hermans* weist in diesem Zusammenhang auf den Vorgang der deutsch-saarländischen Grenzkommission[11] hin, die von deutscher Seite als eine rein grenztechnische Einrichtung beschickt werde, während die Saarregierung ständig versuche, sie als ein politisches Instrument zu gebrauchen.

III. Arbeitseinteilung

Der *Staatssekretär* bittet, nach folgender Arbeitseinteilung zu verfahren:

Professor Kaufmann: Rechtsfragen

Dr. Kordt: allgemein politische Fragen

Gesandter Ophüls: alle mit den Plänen im Zusammenhang stehende Fragen

11 Am 1. Februar 1951 unterzeichneten die AHK und der französische Hohe Kommissar für die Saar, Grandval, das Abkommen über die Grenzregelung für den kleinen Grenzverkehr zwischen dem Saarland und der Bundesrepublik. Mit der Durchführung wurde gemäß Artikel 11 eine Ständige Gemischte Kommission betraut, die durch eine vom Hohen Kommissar für die Saar und dem französischen Oberkommandierenden an der Saar unterzeichnete Grenzverkehrsordnung vom 1. Juli 1948 errichtet worden war. Diese Kommission setzte sich aus vier Vertretern des Saargebiets und aus vier Vertretern der Bundesrepublik zusammen, von denen zwei vom französischen Hohen Kommissariat und zwei von Dienststellen der Bundesrepublik bestellt wurden. Für den Wortlaut des Grenzabkommens vgl. MINISTERIALBLATT RHEINLAND-PFALZ, Nr. 21 vom 25. April 1951, Spalte 252–262.

Ministerialdirigent Reinhardt, BWM: Wirtschaftsfragen

Ministerialrat Hermans: Grenzfragen

Bis Donnerstag früh müsse ein Tableau der bei den Verhandlungen auftauchenden Fragen, soweit sie sich aus der großen Planung ergäben, erarbeitet sein. Hierzu werden die Herren für Mittwochnachmittag, 15 Uhr, zu einer zweiten Besprechung gebeten.[12] Donnerstagmittag[13] werde der Staatssekretär nach Paris fahren, um Freitag mit Schuman zu verhandeln.

Hiermit dem Herrn Staatssekretär ergebenst vorgelegt.

B 17 (Saarfrage), Bd. 136

180

Ministerialdirektor Blankenhorn an den Abgeordneten Graf von Spreti

MB 1045/52 **30. Juli 1952**[1]

Lieber Graf Spreti,

Für Ihren freundlichen Brief vom 23. 7.[2] herzlichen Dank. Ich habe ihn mit großem Interesse gelesen und bin auch der Auffassung, daß es nötig wäre, eine bessere Verbindung zum Bundestag herzustellen. Ich sehe keinen anderen Weg als den, hierfür einen parlamentarischen Staatssekretär zu ernennen. Ich bin

12 Zur Ressortbesprechung am 30. Juli 1952 vgl. B 17 (Saarfrage), Bd. 136.

13 31. Juli 1952.

1 Durchdruck.

2 CSU-Abgeordneter Graf von Spreti, z. Z. Lindau, teilte Ministerialdirektor Blankenhorn mit: „Bedauerlich ist die Tatsache, daß sich das A[uswärtige] A[mt] wenig mit dem Parlament und seinen Auffassungen beschäftigt, und gerade bei Einladungen bei den verschiedensten Missionen empfindet man, daß sich Leute vielfach Urteile bilden, ohne vorher überhaupt die Gelegenheit gehabt zu haben, sich mit diesem oder jenem Abgeordneten zu unterhalten. [...] Weder der Herr Bundeskanzler noch der Staatssekretär noch Sie selbst haben Zeit, die Beamten des A[uswärtigen] A[mts] individualistisch zu führen und das Haus insofern umzulenken, daß die Herren, die ein richtiggehendes Parlament nicht gewöhnt sind, dies doch heute als die erste Instanz anerkennen und auch davon Kenntnis nehmen, daß im Parlament die letzte Entscheidung über das Sein oder Nichtsein des Kanzlers und seines Kabinetts beschlossen wird. [...] Wie Sie wissen, bin ich seit Beginn immer zwecks Arbeitsentlastung und Schaffung eines Nachwuchses für eine englische und französische Methode eingetreten, nämlich für einen Parlamentarischen Staatssekretär und für einen privaten parlamentarischen Sekretär in englischer Art. Die neulich geführte Rücksprache mit einem Staatssekretär hat ergeben, daß dieser gegen eine solche Schaffung ist, da er die Auffassung vertritt, daß die Teilung des Bereiches sehr schwierig sei. Ich muß dem sehr stark widersprechen, denn wenn ein Staatssekretär als Fachbeamter tätig ist, so wird auch dieser der Gruppe angehören, die an der Regierung steht, und es könnte ohne weiteres eine klare Trennung zwischen dem Aufbau und der Konstruktion eines Musikinstrumentes und dem Stimmen des Instrumentes durchgeführt werden. Daß bei beiden Staatssekretären ein gewisses gegenseitiges Taktgefühl vorhanden sein muß, ist klar, genauso wie zwischen einer Konstruktion und dem Benützer dieser Maschine. Sollte dieses Taktgefühl nicht vorhanden sein, so besteht auch keine Zusammenarbeit zwischen dem Staatssekretär und seinem Minister, und es wäre somit der beste Beweis geliefert, daß entweder der politische oder der fachliche Staatssekretär falsch am Platze ist.“ Vgl. B 2 (Büro Staatssekretär), Bd. 33.

mir aber auch bewußt, daß weder der Kanzler noch der Staatssekretär für diese Idee gewonnen sind. Bei der Überlastung der Leitung des Auswärtigen Amts ist die Schaffung einer unabhängigen Persönlichkeit, die dem Parlament für Auskunftszwecke zur Verfügung steht, unerläßlich.

Ich hoffe, mich hierüber mit Ihnen bald einmal unterhalten zu können, und verbleibe mit den besten Wünschen für Sie und die Gräfin

stets Ihr

gez. Blankenhorn

B 2 (Büro Staatssekretär), Bd. 33

181

Konsul I. Klasse Graf von Hardenberg, Belgrad, an das Auswärtige Amt

II 430/52 geh. **31. Juli 1952**

Fernschreiben Nr. 48 **Aufgabe: 1. August 1952, 00.08 Uhr**

Cito **Ankunft: 1. August 1952, 07.25 Uhr**

Nachdem mir Vizeaußenminister Mates am 27. dieses Monats bei einstündiger Unterredung bestätigte, daß eine Anzahl kranker deutscher Kriegsgefangener in Kürze entlassen würde, nahm ich gestern abend Gelegenheit, Marschall Tito auf einem von ihm in Bled für das diplomatische Corps gegebenen Empfang einen Augenblick allein zu sprechen und ihm hierfür zu danken. Es sei mir eine besondere Freude, in einem solchen Augenblick erstmalig mit ihm reden zu dürfen, um so mehr, als ich der Überzeugung sei, daß nach einer in Deutschland erhofften endgültigen Bereinigung Konflikts Gefangenenproblems die so günstig sich entwickelnden Beziehungen zwischen der Bundesrepublik und Jugoslawien auf den verschiedensten Gebieten weitere Vertiefung erfahren würden.

Tito, der sich sehr aufgeschlossen und freundlich zeigte, versicherte mir wörtlich auf deutsch:

„Auch der Rest der deutschen Kriegsgefangenen wird sehr bald folgen.“ Da andere Gäste hinzukamen, war Fortsetzung dieses Gespräches unmöglich.

Erfahrungsgemäß bedeutet bei hiesiger Bürokratie „sehr bald“ einige Monate. Entlassungen werden zweifellos mit Rücksicht auf Opposition in Etappen vorgenommen. Problem ist aber im Prinzip gelöst. Namen und Anzahl zunächst zu entlassender Kranker will mir Mates binnen kurzem mitteilen. Werde, falls keine gegenteilige Weisung erfolgt, versuchen, bei Mates vorzufühlen, wann Gesamtrückführung beendigt sein soll, und dabei darauf hinweisen, daß Reaktion deutscher Öffentlichkeit um so stärker, je schneller Durchführung.

Bitte dringend, weiterhin jede Publizität vermeiden.[1]

[gez.] Hardenberg

VS-Bd. 3371 (Referat 204 (508))

182

Botschafter Clemens von Brentano, Rom, an das Auswärtige Amt

752-05 Nr. 4751/52 **1. August 1952**[1]

Der Ministerpräsident hat mich am Tage vor seiner Abreise in den Urlaub noch zu einer längeren Unterredung empfangen.

Der Ministerpräsident sprach zunächst von seinem Zusammentreffen in Paris mit den sechs Außenministern[2] und sprach mit größter Wärme und Bewunderung vom Herrn Bundeskanzler, aber auch von dem Außenminister Schuman.

Er beurteilt die Aussichten einer deutsch-französischen Verständigung über das Saargebiet günstig, zumal Herr Schuman, nach den Eindrücken des Ministerpräsidenten, bereit sei, wirklich ehrliche Konzessionen zu machen. Der Ministerpräsident meint sogar, daß Herr Schuman irgendeine Einbeziehung von Lothringen ernstlich ins Auge fasse, wenn auch mehr als eine symbolische Geste als einen Verzicht auf ein größeres Territorium.

Der Ministerpräsident hofft, in dem letzten Drittel des Monats September die Reise nach Bonn unternehmen zu können.[3] Er äußerte, daß, wenn zu diesem Zeitpunkt die deutsch-französische Verständigung über das Saargebiet in greifbare Nähe gerückt sei, sein Besuch in Bonn als besonders eindrucksvoller Akt

1 Am 1. August 1952 bat Gesandter Kaumann Botschafter Graf von Hardenberg um „Stellungnahme, ob Rücksprache mit hiesigem jugoslawischen Botschafter [...] zur Unterstützung dortiger Bemühungen in Gefangenenfrage dringlich erscheint". Vgl. den Drahterlaß Nr. 58; VS-Bd. 3371 (Referat 204 (508)); B 150, Aktenkopien 1952.
Am 6. August 1952 antwortete Hardenberg, daß es nicht zweckmäßig sei, „gegenwärtig mit dem jugoslawischen Botschafter in Bonn, Herrn Iveković, wegen der Repatriierung der 45 Kriegsgefangenen Rücksprache zu nehmen". Er sei „überzeugt, daß Tito die Zusage, die er mir gegenüber am 30. Juli machte, ebenso halten wird, wie er im vergangenen Jahr sein Versprechen, das Gros der Kriegsgefangenen freizulassen, erfüllt hat. Schritte bei untergeordneten Stellen könnten den Eindruck erwecken, daß man hieran zweifle, oder mindestens auf das Tempo der Repatriierung einen Druck ausüben wolle." Vgl. den Schriftbericht; VS-Bd. 3371 (Referat 204 (508)); B 150, Aktenkopien 1952.

1 Durchdruck.
Hat Referent Oncken am 15. August 1952 vorgelegen.
Hat Legationsrat I. Klasse Thierfelder vorgelegen, der die Weiterleitung an Vizekonsul Lebsanft verfügte.
Hat Lebsanft am 18. August 1952 vorgelegen.

2 Zur Außenministerkonferenz der EGKS-Staaten am 24./25. Juli 1952 vgl. Dok. 178 und Dok. 179.

3 Ministerpräsident de Gasperi hielt sich vom 21. bis 24. September 1952 in der Bundesrepublik auf. Vgl. dazu Dok. 208.

vor der Weltöffentlichkeit gewertet werden könne. Der Ministerpräsident wird sehr gern seine Gemahlin à titre privé mitnehmen.

Der Ministerpräsident erzählte mir noch einige interessante Dinge über den Besuch des Sozialkommunisten Nenni in Moskau.[4]

Nenni, der Führer der Partito Socialista Italiano (PSI), die mit der kommunistischen Partei in engster Gemeinschaft steht, war kürzlich zur Teilnahme an dem sogenannten Friedenskongreß in Berlin[5] und begab sich von dort nach Moskau, um einen Stalin-Preis entgegenzunehmen. Er wurde aus diesem Anlaß von Stalin empfangen und hat über diesen seinen Empfang und seine Unterredung mit Stalin dem italienischen Botschafter in Moskau[6] wie folgt berichtet:

Stalin habe sich sehr eingehend über die Lage in Italien erkundigt; aus seinen ganzen detaillierten Fragen sei hervorgegangen, daß er über die Lage Italiens und über die zahlreichen Probleme der Innenpolitik, der Wirtschaft und der sozialen Verhältnisse ganz genau informiert ist. Nenni hat dann weiter berichtet, daß er auf Grund seiner Unterhaltung mit Stalin den Eindruck gewonnen habe, daß Stalin nicht geneigt sei, es zu einem europäischen Krieg kommen zu lassen.

Selbstverständlich müssen diese Äußerungen Nennis mit aller gebotenen Vorsicht aufgenommen werden.

Der Ministerpräsident De Gasperi hat gewisse gemeinsame Erlebnisse mit Nenni hinter sich, die sich wohl immer noch in einem gewissen menschlichen Verhältnis zwischen beiden nachwirken. Nenni war, wenn ich mich nicht irre, in den letzten Monaten vor dem Umschwung gemeinsam mit De Gasperi im Vatikan untergebracht, um den Nachstellungen der Gestapo und der italienischen Ultrafaschisten zu entgehen. Ich habe persönlich den Eindruck, daß der Ministerpräsident bei aller gebotenen Skepsis eher geneigt ist, die Angaben Nennis für subjektiv glaubwürdig zu erachten.

In bezug auf die innerpolitische Lage Italiens, insbesondere die politischen Wahlen des kommenden Jahres[7], zeigte der Ministerpräsident einen durchaus zuversichtlichen Optimismus des guten Gewissens.

Als ich dem Ministerpräsidenten erzählte, daß wir unseren Urlaub gleichfalls in Südtirol verbringen wollen, hat er mich sehr freundlich eingeladen, ihn und seine Gattin mit meiner Frau während unseres Urlaubs zu besuchen. Der Ministerpräsident verbringt seinen Urlaub in Sella Valsugana bei Trient, wo er ein kleines Landhaus besitzt.

[gez.] Brentano

B 10 (Abteilung 2), Bd. 544

[4] Zum Besuch des Vorsitzenden der Sozialistischen Partei Italiens in Moskau vgl. Dok. 187.
[5] Die Tagung des Weltfriedensrats fand vom 1. bis 6. Juli 1952 in Ost-Berlin statt.
[6] Mario di Stefano.
[7] Die italienischen Kammer- und Senatswahlen fanden am 7./8. Juni 1953 statt.

183

Gespräch des Staatssekretärs Hallstein mit dem französischen Außenminister Schuman in Paris

Streng geheim! **1. August 1952**[1]

Kurzprotokoll der Besprechung, die am Freitag, dem 1. August 1952, im Quai d'Orsay, Paris, über die Neuordnung der Saarfrage stattgefunden hat.

Anwesend auf französischer Seite: Außenminister Schuman.

Anwesend auf deutscher Seite: Staatssekretär Hallstein, Ministerialdirektor Blankenhorn, Ministerialdirigent Ophüls, Professor Grewe.

Außenminister *Schuman* leitet das Gespräch damit ein, daß er den informellen Charakter der Besprechung betont. Es sollte kein Kommuniqué über das Ergebnis ausgegeben werden, es sollten auch nach Möglichkeit keine Indiskretionen erfolgen. Die Bedeutung der Gespräche sei eindeutig. Er hoffe, daß sie zu einem guten Ende geführt werden können. Beide Länder erwarteten mit Spannung das Ergebnis. Die öffentliche Meinung dürfe nicht enttäuscht werden.

Hallstein: Der Bundesregierung sei es sehr ernst mit einer Lösung, die den Namen einer echten europäischen Lösung verdiene. Das Saarproblem, das die deutsch-französischen Beziehungen immer wieder vergifte, müsse verschwinden. Die Lösung müßte einer europäischen Wirklichkeit dienen.

Schuman: Er stellt zunächst die Frage, wie die Erörterungen organisiert werden sollen.

Hallstein: Er denke, sich an das kleine Schema zu halten, das ihm bei der letzten Besprechung am 25. Juli zur Unterlage gedient habe.[2] Das Thema umfasse zwei Hauptabschnitte. Einmal die unmittelbar nötigen Maßnahmen, um die Atmosphäre zu verbessern, und zweitens die Lösung selbst, wobei man sich darüber klar sein müsse, daß eine umfassende, ins Einzelne gehende Lösung schwierig sei und viel Zeit erfordere. Es könne sich also nur um einen accord de principe handeln.

Schuman: Er akzeptiere diesen Vorschlag unter einer Reserve. Die Konturen der europäischen Lösung müßten erst klar werden, bevor die die Atmosphäre bereinigenden Maßnahmen getroffen werden könnten. Zunächst müsse man sich vertraulich über die mögliche Lösung klar werden. Da stelle sich die erste Frage nach dem Charakter des europäischen Statuts. In diesem Stadium könnte er weder seine Regierung noch sich selbst bereits binden. Der Charakter der Gespräche sei lediglich, das Terrain zu erforschen.

Hallstein: Wenn man in den Gesprächen zu einem positiven Ergebnis komme, so müsse sich das in irgendeiner Form niederschlagen, bevor die Detailarbeit beginne. Er glaube, daß man nicht vor Ende August zu einem Ergebnis komme. Er denke an einen Termin nach dem 25. August; wenn er Herrn Schuman

1 Abschrift.

2 Für die Aufzeichnung des Bundeskanzlers Adenauer vom 24. Juli 1952 vgl. Dok. 177.
Zur Unterredung des Staatssekretärs Hallstein mit dem französischen Außenminister Schuman am 25. Juli 1952 in Paris vgl. Dok. 178, Anm. 2.

recht verstanden habe, so sei er nicht bereit, über die drei Probleme zu sprechen, die er, Hallstein, das letzte Mal zur Bereinigung der Atmosphäre angeschnitten habe, d.i. 1) die Verschiebung der Wahlen an der Saar, 2) die Zulassung der drei noch nicht zugelassenen Parteien[3] und 3) die Einstellung der wirtschaftlichen Enteignungen.

Schuman: Er glaube, daß man diese Fragen heute noch nicht besprechen sollte. Nach seiner Kenntnis der Dinge bedürfe die Verschiebung der Wahlen nach der saarländischen Verfassung einer 2/3-Mehrheit.

Hallstein: Diese Frage sei auch von der deutschen Seite geprüft worden. Man sei zu einem anderen Ergebnis gekommen.

Schuman: Er möchte zunächst die Frage stellen, welche Physiognomie das künftige Saarstatut tragen solle.

Hallstein: Die entscheidende Voraussetzung sei die territoriale Abgrenzung des zu schaffenden europäischen Territoriums. Er müsse dieses zentrale Problem in den Vordergrund stellen, denn von deutscher Seite werde ein Beitrag Frankreichs, der der wirtschaftlichen Zusammensetzung des Territoriums Rechnung trage, für unerläßlich gehalten. Die deutsche öffentliche Meinung werde eine Europäisierung des Saarlandes nur dann anerkennen können, wenn eine echte europäische Gemeinschaftsleistung sichtbar werde. Eine Lösung des Saarproblems würde nur akzeptabel sein, wenn sie das gleiche Prädikat besitze, wie die anderen Lösungen, wie der Schuman-Plan und die Europäische Verteidigungsgemeinschaft. Nur dann werde der Antagonismus der nationalistischen Interessen verschwinden, nur dann liege eine echte europäische Lösung vor. Das bedeute völligen Ausschluß jeglicher Diskriminierung. Mit anderen Worten, die Lösung dürfe nicht zugunsten eines der Partner allein ausfallen, denn dann werde die Kritik sehr leicht zu der Schlußfolgerung kommen, daß die Zession des Saargebietes nur in einen anderen Namen gekleidet werde. Nur eine völlig ausbalancierte Lösung habe wirklichen Bestand. Alles andere würde geradezu das Europakonzept, an dem der deutschen und der französischen Regierung so viel liege, gefährden. Deshalb sei also ein französischer territorialer Beitrag von solch eminenter Bedeutung.

Schuman: Er glaube auch, daß der Grundsatz der Nichtdiskriminierung den bisherigen großen Vertragswerken zugrunde liege. Aber hier müsse man bedenken, daß es sich nicht um einen Akt der Regierungen allein handele. Nach der französischen Verfassung könne kein Teil des französischen Bodens ohne Zustimmung der Bevölkerung zediert werden. Er wolle ganz offen betonen, daß hier das Prinzip der Nichtdiskriminierung nicht angerufen werden könne. Das Saarproblem stelle sich auch für Deutschland anders dar als für Frankreich. Ein Äquivalent könne hier keine Rolle spielen. Selbst eine symbolische Geste würde nicht helfen. Er persönlich sei überzeugt, daß die Regierung Frankreichs einen solchen Vorschlag dem französischen Parlament nicht unterbreiten sollte. Das lothringische Territorium habe mit dem Saarproblem nichts gemeinsam. Dadurch würde das Problem nur kompliziert. Er habe das dem Kanzler bereits

[3] CDU des Saarlandes, DPS und DSP.

anläßlich der Gespräche in London im Februar dieses Jahres[4] gesagt. Man solle sich jetzt einmal mit dem Inhalt des Statuts befassen.

Hallstein: Mit dieser Auffassung sei eine sehr ernste Schwierigkeit für die Lösung des Problems gegeben. Ein territorialer Beitrag Frankreichs stelle sich in den Augen der deutschen öffentlichen Meinung als ein symbolischer Ausdruck dafür dar, das nationale Dinge zugunsten Europas beiseite gesetzt würden. Die Grenzen müssen nach beiden Seiten hin einen anderen Charakter haben. Hier liege der zentrale Punkt in den Vorstellungen der deutschen Seite. Eine Lösung des Saarproblems an sich stelle noch keine europäische Lösung dar. Dies entspreche wohl auch dem anläßlich der letzten Konferenz der Außenminister von französischer Seite gemachten Vorschlag, an der Saar ein europäisches Territorium zu schaffen, wo die europäischen Behörden residieren könnten. Dies sei ein alter Gedanke, der bei der Arbeit an den Europäischen Vertragswerken immer wieder angeklungen sei, nämlich die Idee des District of Columbia, in dem die europäische Hauptstadt installiert werde. Wenn man aber eine europäische Hauptstadt schaffe, dann sollten alle Beteiligten dazu beitragen. Der Gedanke der Arrondierung des Saargebiets dränge sich geradezu auf. Die deutsche öffentliche Meinung würde es als eine Abnormität ansehen, wenn man hier nur einseitig vorgehe. Die territoriale Frage hänge deshalb mit der Frage des Statuts eng zusammen.

Schuman: Er sei nicht der Auffassung, daß die Frage der Hauptstadt heute schon eine Regelung erfahren müsse. Man solle diese Frage nicht mit der Regelung des Status der Saar vermischen. Vielleicht stelle sich später ein District of Columbia her. Kein Mensch wisse jedoch heute schon, wo dieser einmal liegen werde. Später einmal würden sich die europäischen Länder vielleicht darum reißen, das Territorium für die europäische Hauptstadt zu stellen.

Hallstein: Die Frage habe besondere Bedeutung dadurch, daß die Zugehörigkeit der Saar zu Deutschland umstritten sei. Die Frage stelle sich, ob dieses Territorium hergegeben werden müsse. Sie würde sich ganz anders stellen, wenn es sich z.B. um das Gebiet von Trier handele, dessen Zugehörigkeit zu Deutschland von niemandem bestritten werde. Man müsse unter allen Umständen vermeiden, daß die öffentliche Meinung die Lösung als unehrlich betrachtet. Es dürfe nicht der Eindruck erweckt werde, als ob die Abtrennung des Saargebiets durch die Erstellung einer europäischen Fassade verschönt werde.

Schuman: Er sei durchaus der Auffassung, daß eine Lösung zustande gebracht werden müsse, die nicht nach einer Fassade aussehe.

Hallstein: Die Vorstellungen, die er von der Europäisierung der Saar habe, seien noch nicht abgeschlossen. Wenn er zu diesem Problem spreche, so könne er es vorerst nur in Form von Fragen tun. Was heißt Europäisierung? Zunächst, was heißt europäisch? Handele es sich hier um das Europa, das durch die beiden Pläne umgrenzt sei, d.h. sollten die Organe der die sechs Staaten umfassenden Nationen die Organe sein, denen das Territorium unterstellt werde? Welche Organe, die vorhandenen oder noch zu schaffenden? Welche Befugnisse sollen diesen

[4] Zu den Gesprächen des Bundeskanzlers Adenauer mit dem französischen Außenminister Schuman über die Saarfrage anläßlich der Außenministerkonferenz der Drei Mächte vom 18./19. Februar 1952 vgl. Dok. 75, Anm. 6.

Organen zur Verfügung stehen? Die Beteiligung der saarländischen Bevölkerung sollte nicht ausgeschlossen sein. Wo verlaufe die Grenze zwischen den Befugnissen der Saarbevölkerung und den Befugnissen der europäischen Organe? Das Saarterritorium dürfe nicht zu einem Signatarstaat der Montanunion werden. Das bedeute, daß das Saarterritorium nicht in gleicher Weise an der Gemeinschaftsbildung beteiligt werden dürfe, wie etwa die Bundesrepublik. Für das künftige Saarstatut gebe es zahlreiche Spielarten, die an Modellen studiert werden könnten. Ein Lösungstyp sei der District of Columbia. Hierbei werde die europäische politische Gewalt im Saarterritorium unmittelbar ausgeübt und nicht im Wege über eine Landesregierung. Man könne sich eine vermittelnde Lösung derart vorstellen, daß eine europäische Regierungskommission gebildet werde, an der Vertreter der Saarbevölkerung mitwirken. Das Territorium dürfe nicht ein Land oder ein Staat werden, es müßte ein Wesen sui generis sein. Zum Statut gehörten auch die wirtschaftlichen Fragen. Diese würden schon wesentlich erleichtert durch die Montanunion, da die Schwerindustrie der Saar mehr als 50% der Gesamtproduktion umfasse. Für den Rest müßten aber ähnliche Lösungen gefunden werden. Der Zugang zu den Wirtschaften der anderen Länder müsse ähnlich frei werden, wie nach dem Schuman-Plan der Zugang in bezug auf Kohle und Eisen. Volle Zollfreiheit sei nicht erreichbar, da gewisse Produktionen des Schutzes bedürften. Es ließen sich aber Präferenzen und Zollkontingente denken. Die Saar könne zu einem Modellfall des europäischen Wirtschaftsterritoriums werden. Es stelle sich ferner das Problem der wirtschaftlichen Macht an der Saar. Die Aufrechterhaltung der französischen wirtschaftlichen Macht in diesem Gebiete stehe nicht im Einklang mit einer europäischen Lösung. In diesen Rahmen gehöre auch die Frage des Eigentums und die Verfügungsgewalt über die Bergwerke; sollten diese auf das europäische Territorium oder in saarländischen Besitz übergehen? All dies bedeute, daß die Saarkonventionen nicht fortbestehen könnten. Das beziehe sich sowohl auf die allgemeine Konvention, als auch auf die wirtschaftlichen Konventionen, weil sie den gestellten Anforderungen nicht mehr entsprechen.

Schuman: Wie definiere man das europäische Statut? Es handele sich doch offenbar darum, daß europäische Organismen in die Saarangelegenheiten eingreifen. Man könne an die Organe des Schuman-Planes denken, man könne sich aber auch vorstellen, daß man auf eine communauté politique warte. Solange diese nicht bestehe, befinde man sich im Provisorium. Man könne daran denken, daß der Conseil de l'Europe Funktionen übernehme. Er wolle nur das Problem einmal zur Diskussion stellen. Ein Teil der Kompetenzen müsse auf jeden Fall der Bevölkerung vorbehalten bleiben, ein anderer den europäischen Organen. Zwei Extreme sollten aber unter allen Umständen vermieden werden: 1) Das System der Jahre 1920–1935, in denen die Saarangelegenheiten vom Völkerbund direkt geregelt wurden[5], und 2) ein Staat im vollen Sinne des Wortes. Für

5 Artikel 49 des Friedensvertrages vom 28. Juni 1919 zwischen Deutschland und den alliierten und assoziierten Mächten (Versailler Vertrag) sah vor, daß Deutschland „zugunsten des Völkerbunds, der insoweit als Treuhänder gilt," auf die Regierung des Saargebiets verzichte: „Nach Ablauf einer Frist von fünfzehn Jahren nach Inkrafttreten des gegenwärtigen Vertrags wird die Bevölkerung dieses Gebiets zu einer Äußerung darüber berufen, unter welche Souveränität sie zu treten wünscht." Vgl. REICHSGESETZBLATT 1919, Teil II, S. 773 und 775.
Die Regierungsgeschäfte wurden einem den Völkerbund vertretenden Ausschuß mit Sitz in Saarbrücken übertragen. Gemäß Paragraph 17 des dem Versailler Vertrag beigefügten Saarstatuts sollte

das Saargebiet müsse etwas Neues gefunden werden. Die Saar solle Autonomie erhalten, nur hinsichtlich der rein internen Aufgaben, z. B. Polizei und anderer regionaler Fragen. Die Beteiligung an internationalen und supranationalen Organen gehöre in die Kompetenz der europäischen Gremien. Das Territorium dürfe keine souveraineté extérieure besitzen. Heute sei Frankreich für die auswärtigen Beziehungen der Saar zuständig. Dies müsse aufhören. Es bleibe fraglich, ob der District of Columbia ein passendes Modell sei. In den Vereinigten Staaten bestehe bereits eine Föderation, in Europa nur Ansätze hierzu. Ein politisches Organ fehle. Wenn die Föderation zustande gekommen sei, stelle sich das Problem anders dar. Zusammenfassend: Das Saarterritorium müsse eigene Verantwortung in allen lokalen Fragen in weitesten Sinne haben, Unterricht, Polizei, kulturelle Fragen usw.

In auswärtigen Angelegenheiten könne die Saar lediglich an den internationalen Gremien mitwirken. Eine eigene diplomatische Vertretung könne dem Saarterritorium nicht zugestanden werden.

Hinsichtlich der wirtschaftlichen Probleme sei hauptsächlich Frankreich interessiert. Die annexionistischen Ideen, die ursprünglich bestanden hätten, seien gänzlich aufgegeben. Das Interesse Frankreichs sei, die unité economique de fait in dieser ganzen Region aufrechtzuerhalten. Diese Einheit, die sich auf die Saar, das Elsaß und Lothringen erstreckt, bestehe seit 1870. Man dürfe sie nicht auflösen. Jede Zollgrenze, jede Teilung dieses Gebiets schaffe große Schwierigkeiten sowohl hinsichtlich der Rohstoffe als auch der landwirtschaftlichen Erzeugnisse. Das Problem vereinfache sich durch die Montanunion und die allmähliche Änderung des Begriffes der Grenzen. Man müsse aber Mittel finden, die Kooperation zwischen Frankreich und der Saar aufrechtzuerhalten. Auch die union monétaire müsse aufrechterhalten werden, im Interesse der Saar selbst. Man könne auch die Zollgrenzen nicht ohne weiteres niederlegen. Er halte den Gedanken der Vorzugszölle für undurchführbar. Die Frage bleibe, wie man den deutschen Interessen Rechnung tragen könne.

Die Frage der Kohlengruben stelle ein besonderes Problem dar.[6] Die Ausbeutung der Minen bedeute noch nicht einen politischen Vorteil für Frankreich. Der gemeinsame Markt trage dazu bei, um die Gefahr einseitiger wirtschaftlicher Macht zu bannen. Wenn man die politische Struktur des Gebietes überprüfe, müßten die Konventionen überprüft werden. Diese seien unter Vorbehalt einer späteren Regelung im Friedensvertrag geschlossen worden. Wenn künftig Frankreich im Saargebiet nicht mehr allein sei, sondern sich sechs Nationen gegenüber befinde, so verlange dies wohl eine Anpassung der Konventionen (adaptation), aber nicht notwendigerweise ihre Aufhebung (suppression). Wenn die union économique aufrechterhalten werde, so könnten die Konventionen nicht aufgegeben werden. Für Frankreich herrsche der wirtschaftliche Aspekt vor. Frankreich hätte die saarländische Wirtschaft mit großer Mühe wiederherstellen müssen, im Interesse der Saarbevölkerung und im Interesse Frank-

Fortsetzung Fußnote von Seite 552

dieser Ausschuß aus einem französischen Mitglied, einem nicht-französischen saarländischen Mitglied und drei Mitgliedern bestehen, die weder aus Deutschland noch aus Frankreich stammten. Für den Wortlaut vgl. REICHSGESETZBLATT 1919, Teil II, S. 787.

6 Zur Konvention vom 3. März 1950 zwischen dem Saarland und Frankreich über den Betrieb der Saargruben vgl. Dok. 57, Anm. 2.

reichs. Die Konventionen beträfen Frankreich und die Saarbevölkerung ausschließlich. Lediglich unter politischen Gesichtspunkten sei man berechtigt, den ganzen Komplex anzuschneiden.

Hallstein: Es sei äußerst fraglich, ob der Europarat in die Lösung des Saarproblems hineingezogen werden könne, ob die Sechs-Mächte-Lösung, die ihm im Sinne sei, nicht genügend entwickelt werden könne. Er beziehe sich dabei auf den französischen Vorschlag selbst, den die französische Regierung anläßlich der letzten Außenministerkonferenz[7] gemacht habe. Man sei sich doch damals allgemein einig gewesen, daß die Befassung der Organe des Schuman-Plans möglicherweise zu einer weiteren Entwicklung des europäischen Gedankens beitrüge.

Schuman: Er verstehe den Gedanken der Beschränkung der politischen Kontrolle auf die sechs Schumanplanstaaten. Die Schwierigkeit liege nur darin, daß auch andere Mächte an dieser Frage beteiligt seien, wie z.B. Großbritannien und die Vereinigten Staaten. Könne man die Lösung des Problems auf die sechs Staaten beschränken? Seien denn die Organismen der Kohle- und Stahlunion legitimiert, sich mit auswärtiger Politik zu beschäftigen? Müßten hierzu nicht ganz andere Minister in Aktion treten? Es müßte also nach seiner Auffassung wohl ein Spezialorgan geschaffen werden.

Hallstein: Er resümiere die Gedanken des französischen Außenministers zur wirtschaftlichen Seite des Problems. Habe er recht verstanden? Werde nach französischer Auffassung die wirtschaftliche Vereinigung zwischen Saar und Frankreich bestehenbleiben müssen? Wenn die Saar als Glied der französischen und saarländischen Wirtschaftsunion in die Europäische Organisation eingebracht werden solle, wenn Zollregelung, sozialpolitische Verhältnisse und Währungseinheit nach französischer Auffassung bleiben sollten wie bisher, wenn auch die wirtschaftliche Vormachtstellung Frankreichs hinsichtlich der Bergwerke (z.B. Pachtung der Minen) nicht verändert werde, erschöpfe sich der europäische Status nicht darin, daß lediglich die Vertretung des Saargebiets nach außen europäischen Organen übertragen werde?

Schuman: Die europäischen politischen Organe sollten darüber wachen, daß die Union nicht zu einer politischen Vormachtstellung ausgenutzt werde. Die Währungsunion müsse aufrechterhalten werden. Er wolle nicht in Abrede stellen, daß in Zukunft einmal eine europäische Währungsunion möglich sei. Die Regelung an der Saar könne vielleicht zum Ausgangspunkt einer europäischen Währung werden.

Hallstein: Wie vertrage sich der Gedanke der Europäisierung mit dem Gedanken, die Konventionen aufrechtzuerhalten, die doch einseitig das französische Interesse garantieren? Welchen Sinn habe die Aufrechterhaltung des Pachtrechts der französischen Grubenverwaltung? Warum könne man als Übergangsregelung nicht der Hohen Behörde des Schuman-Plans die Ausbeutung übertragen? Warum könne nicht eine saarländische Bergwerksgesellschaft anstelle der französischen autonomen Saargrubenverwaltung treten? Was spreche dagegen, die Ausbeutung der Gruben in rein saarländische Hände zu legen?

[7] Zur Außenministerkonferenz der EGKS-Staaten am 24./25. Juli 1952 in Paris vgl. Dok. 178 und Dok. 179.

Schuman: Man dürfe nicht ganz den Reparationscharakter dieses Problems ausschalten. Die Übertragung der saarländischen Wirtschaft an Frankreich sei Frankreich auf die von ihm gestellten Reparationsforderungen angerechnet worden.

Hallstein: Dann wäre der Verzicht hierauf aber der französische Beitrag zur Europäisierung der Saar. Deutschland und Frankreich hätten im Schuman-Plan ebenfalls auf weitgehende Vorteile verzichtet. Die bisherigen Vertragswerke seien rein europäische Verträge und enthielten kein Spezialvorrecht für den einen oder anderen Partner. Dies müsse auch für die Saar gelten.

Schuman: Eine Übergangsperiode sei für die Ausbeutung der Saargruben wichtig, da sie erhebliche Auswirkungen auf die wirtschaftliche Gesamtlage besitze. Les solutions légitimement acquises könnten nicht einfach weggewischt werden.

Hallstein: Eine europäische Ebene müsse betreten werden, auf der jeder seinen Vorteil finde. Damit sei nicht verträglich, daß man an die Verträge nicht rühren dürfe. Streit sei, ob der gegenwärtige Zustand bleiben solle oder nicht. Man müsse einen Weg finden, ihn abzulösen durch einen neuen, einen anderen Zustand, der auch Frankreich befriedige.

VS-Bd. 3198 (Abteilung 2)*

184

Bundeskanzler Adenauer, z.Z. Bürgenstock, an den französischen Außenminister Schuman

Geheim **2. August 1952**[1]

Sehr verehrter Herr Präsident!

Heute waren die Herren Staatssekretär Hallstein und Ministerialdirektor Blankenhorn bei mir, um mir über die gestrige Aussprache mit Ihnen und Ihren Herren zu berichten.[2] Herr Blankenhorn hatte sehr ausführliche Notizen über die gemachten Ausführungen angefertigt, so daß ich durch diese Notizen und einige Aufzeichnungen von Herrn Staatssekretär Hallstein ein umfassendes Bild der ganzen Unterhaltung erhalten habe.

Ich habe zu meinem großen Bedauern daraus ersehen müsse, daß sich der im europäischen Interesse – ich weise hier auf die einmütige Stellungnahme der Kollegen auf der Außenministerkonferenz[3] unter Führung von Herrn de Gasperi hin – so dringend notwendigen Verständigung in der Saar-Frage doch sehr

* Bereits veröffentlicht in: BDFD II, S. 224–226 (Auszug).

1 Das Schreiben wurde mit Kurier abgesandt.

2 Zum Gespräch des Staatssekretärs Hallstein mit dem französischen Außenminister Schuman am 1. August 1952 in Paris vgl. Dok. 183.

3 Zur Außenministerkonferenz der EGKS-Staaten am 24./25. Juli 1952 in Paris vgl. Dok. 178 und Dok. 179.

große Hindernisse entgegenstellen. Überrascht war ich, zu hören, daß das Aufhören der französischen Saar-Konventionen von Ihnen neuerdings in Frage gestellt wird, obgleich Sie auf der Außenministerkonferenz vor sämtlichen Herren ausdrücklich erklärt haben, im Falle der Europäisierung der Saar würden diese Konventionen fortfallen. Im Zusammenhang hiermit darf ich darauf hinweisen, daß Sie bei der Besprechung, die ich mit Ihnen im März diesen Jahres über die Saar-Frage, insbesondere auch die Frage der Europäisierung der Saar, gehabt habe[4], mir gegenüber die gleiche Erklärung wie auf der Außenministerkonferenz abgegeben haben.

Aus dem ganzen Verlauf Ihrer Unterhaltung wird mir klar, daß die Frage des zukünftigen Status der Saar nicht vor der nächsten Tagung des Europarates[5] soweit geklärt sein wird, daß es möglich sein wird, auf die Saar-Erörterung im Europarat zu verzichten. Diese Erörterung im Europarat wird, wenn sie stattfinden muß, eine große Schärfe annehmen und die ganze Situation sowohl bei Ihnen wie bei uns sehr verhärten. Sie wissen, wieviel mir daran liegt, auf der Grundlage einer Verständigung zwischen Frankreich und Deutschland das neue Europa aufzubauen. Ich habe mit meinen Herren hin und her überlegt, ob und welche Möglichkeit es überhaupt noch gibt, die Verhandlung im Europarat entweder ganz zu verschieben, sicher ihr aber die Schärfe zu nehmen. Ich sehe den einzigen Ausweg darin, daß wir die Verhandlung über die Frage der Wiederherstellung der demokratischen Freiheiten an der Saar in Angriff nehmen, konkret gesprochen, daß ich Sie bitte, sich dafür einzusetzen, daß noch vor dem Zusammentreten des Europarates die drei neuen Parteien[6] zugelassen und der Termin der Landtagswahl verschoben wird, damit diese Zulassung wenige Wochen vor der Wahl nicht geradezu als eine Farce erscheint. Wie auch immer die künftige Lösung des Saar-Problems aussehen mag, zu ihrer Herbeiführung wird es in jedem Falle der Zustimmung eines Landtages bedürfen, dessen Legitimation als frei gewähltes Organ der Saar-Bervölkerung unanfechtbar ist. Mit dem, was ich vorschlage, wird also zugleich ein Schritt auf die endgültige Lösung des Saar-Problems hin getan.

Aus der mir gewordenen Schilderung habe ich den Eindruck gewonnen, daß zweckmäßigerweise beide Gesprächspartner schriftliche Ausarbeitungen fertigen, die ihren Standpunkt genau umreißen und die als Grundlage für die weitere mündliche Aussprache dienen können. Diese schriftlichen Ausarbeitungen werden sich wohl bis zu dem für die nächste Besprechung in Aussicht genommenen Termin am Freitag, den 8. August 1952, nicht herstellen lassen. Ich schlage Ihnen daher vor, den Termin für diese Besprechung um eine Woche zu verschieben.[7]

Ich bitte Sie, sehr verehrter Herr Präsident, versichert zu sein, daß meine Regierung ganz im Sinne der Ausführungen der Außenministerkonferenz bestrebt

4 Zum Gespräch des Bundeskanzlers Adenauer mit dem französischen Außenminister Schuman am 20. März 1952 in Paris vgl. Dok. 83.

5 Die Ministerbeauftragten des Europarats tagten vom 5. bis 12. September 1952 in Straßburg.

6 CDU des Saarlandes, DSP und DPS.

7 Für die zweite Besprechung des Staatssekretärs Hallstein mit dem französischen Außenminister Schuman am 13. August 1952 in Paris über eine Lösung der Saarfrage vgl. Dok. 185.

sein wird, eine wirklich gute Grundlage für die Zusammenarbeit Frankreichs und Deutschlands und damit Europas zu schaffen.

Im Hinblick darauf, daß ich bei Gelegenheit des Frühstücks bei Herrn Ministerpräsident Pinay am Donnerstag, den 24. Juli 1952, dessen großes Interesse für eine gute Lösung der Saar-Frage sah, erlaube ich mir, ihm einige Zeilen zu schreiben und ihm einen Durchschlag meines heutigen Briefes an Sie beizulegen.[8]

Mit verbindlichen Grüßen

Ihr sehr ergebener
Adenauer[9]

VS-Bd. 71 (Büro Staatssekretär)

185

Gespräch des Staatssekretärs Hallstein mit dem französischen Außenminister Schuman in Paris

Streng geheim **13. August 1952**[1]

Niederschrift über die Besprechung, die zwischen dem französischen Außenminister Schuman und Staatssekretär Hallstein über die Lösung der Saarfrage am Mittwoch, den 13. August 1952, im Quai d'Orsay stattgefunden hat.

Auf französischer Seite anwesend: Außenminister Schuman, Professor Gros vom Quai d'Orsay, Gesandter Seydoux, Saarreferent Beaumarchais.

Auf deutscher Seite anwesend: Staatssekretär Hallstein, Ministerialdirektor Blankenhorn, Gesandter Ophüls.

Außenminister *Schuman* leitete die Besprechung mit der Übergabe einer schriftlichen Skizze ein, die in groben Umrissen den französischen Standpunkt hinsichtlich einer zukünftigen Lösung des Saarproblems unverbindlich geben soll.[2]

[8] Am 2. August 1952 übermittelte Bundeskanzler Adenauer, z. Z. Bürgenstock, Ministerpräsident Pinay eine Abschrift des Schreibens an den französischen Außenminister Schuman vom gleichen Tag. Dazu führte Adenauer aus: „In der Tat ist die Saarfrage jetzt so zum Grundstein einer europäischen Verständigung geworden und so durch den Verlauf der Außenministerkonferenz in das Blickfeld der gesamten europäischen und außereuropäischen Öffentlichkeit getreten, daß uns beiden, Ihnen als Chef der Französischen Regierung und mir als Leiter der Deutschen Bundesregierung, infolgedessen eine besonders große Verantwortung zufällt. Ich bitte Sie, versichert zu sein, daß ich meine ganze Kraft für eine solche Verständigung einsetze." Vgl. VS-Bd. 71 (Büro Staatssekretär); B 150, Aktenkopien 1952.
Für die Antwort von Schuman vom 9. August 1952 vgl. VS-Bd. 3236 (Abteilung 2).

[9] Paraphe.

[1] Durchdruck.

[2] Für den französischen Vorschlag vom 13. August 1952 vgl. Bundesarchiv Koblenz, N 1351 (Nachlaß Blankenhorn), Bd. 13.

Er stellte die Frage, ob von deutscher Seite eine ähnliche Skizze schon fertiggestellt sei.

Hallstein: Da der Bundeskanzler dem an ihn gerichteten Schreiben Schumans[3] habe entnehmen müssen, daß auf französischer Seite der Zeitpunkt für eine schriftliche Fixierung noch nicht ganz gegeben sei, sei die deutsche Seite heute noch nicht in der Lage, eine solche Fixierung zu übergeben. Er sei beauftragt, die Grüße des Herrn Bundeskanzlers und seinen Dank für das eingegangene Schreiben Außenminister Schumans zu überbringen. Der Bundeskanzler werde voraussichtlich auf das Schreiben noch antworten. Er selbst (Hallstein) werde gewisse Zweifel und Mißverständnisse, die sich aus dem Brief ergeben, zu klären versuchen.

Es liege ihm aber noch vorher daran, zu klären, wie die Indiskretionen über diesen Briefwechsel zustande gekommen seien. Man habe ihm berichtet, daß in Paris einem Pressevertreter die Tatsache des Briefes des Bundeskanzlers mitgeteilt worden sei. Er dürfe darauf hinweisen, daß man doch beiderseits vorgehabt habe, auch die Tatsache selbst nicht der Öffentlichkeit mitzuteilen. Nun bringe Reuter heute wieder eine Indiskretion über die Antwort Schumans an den Bundeskanzler. Nach dieser Meldung enthielte der Brief eine Ablehnung des deutschen Wunsches auf Zulassung der drei Parteien im Saargebiet[4].

Schuman: Man sei derartigen Indiskretionen immer ausgesetzt. Er persönlich habe dem keine besondere Bedeutung beigemessen. Der Inhalt der Meldung sei reine Vermutung.

Hallstein: Besondere Bedeutung habe für den Bundeskanzler die Frage der Verschiebung der Wahlen und der Zulassung der Parteien. Ohne auf die Sache näher einzugehen, lege er Wert darauf, festzustellen, daß man diese wichtige Frage nicht zurückstellen könne. Der Bundeskanzler stehe nach wie vor entschieden auf dem Standpunkt, daß die Saarbevölkerung in die Lage versetzt werden müsse, sich über die Lösung positiv oder negativ zu entscheiden. Eine Stellungnahme der Saarbevölkerung könne aber nicht erst dann erfolgen, wenn zwischen der deutschen und französischen Regierung eine Lösung fertiggestellt sei. Die Saarbevölkerung müsse vielmehr an der Gestaltung der Lösung durch Vertreter freigewählter Organe teilnehmen. Die Arbeit müsse also sowohl von der Bundesregierung, von der französischen Regierung als auch von legitimierten Sprechern der Saar geleistet werden. Die Frage der Zulassung der Parteien und die Verschiebung der Wahlen lasse sich deshalb von der Lösung des sachlichen Problems nicht trennen. Was würde geschehen, wenn die Parteien nicht zugelassen und die Wahlen nicht verschoben würden? Es würde ein Landtag zustande kommen, der nicht den wahren Willen der Bevölkerung repräsentiere. Um der Saarbevölkerung die Möglichkeit einer echten Entscheidung über das Für und Wider der Lösung zu ermöglichen, müsse man diesen Landtag wieder beseitigen, und es müsse zu neuen Wahlen kommen. Der ganze Prozeß wäre damit außerordentlich erschwert.

3 Zum Schreiben des französischen Außenministers Schuman vom 9. August 1952 an Bundeskanzler Adenauer vgl. VS-Bd. 3236 (Abteilung 2).

4 CDU des Saarlandes, DSP und DPS.

Schuman: Nach seiner Auffassung handle es sich nicht darum, die Stellungnahme zur Frage der Zulassung der Parteien und der Verschiebung der Wahlen zurückzustellen. Selbstverständlich würde man hierzu Stellung nehmen müssen, sobald man sich über die Prinzipien der Lösung verständigt habe. Nach seiner Auffassung könne dies in einigen Wochen geschehen. Das Komitee der sechs Minister hätte ja doch die Idee gehabt, daß man sich etwa am 10. oder 15. September einmal über die Lösungsmöglichkeiten ausspreche. Noch sei der Wahlkampf an der Saar nicht eröffnet, und kein Mensch habe die Absicht, dies schon zu tun. Dies würde sich ja geradezu gegen das Ziel einer Verständigung über die Saarfrage auswirken. Man könne zu der Frage der Verschiebung der Wahlen und der Frage der Zulassung der Parteien kaum vor Ende dieses Monats Stellung nehmen. Würde man dies früher tun, würde man die Bildung der Parteien zulassen, dann laufe man Gefahr, daß diese Parteien sofort den Kampf um die Frage „für" oder „wider" Rückkehr zu Deutschland aufnehmen. So würde eine Welle von gegenseitigen politischen Beschuldigungen ausgelöst (dénigrements politiques), die sich auf die Weiterführung eines Gesprächs außerordentlich erschwerend auswirken müsse. Alles müsse vermieden werden, was eine klare Atmosphäre (sérénité) stören könnte. Er schlage vor, daß man dieses Problem Anfang September erneut bespreche. Die Konsultation der Saarbevölkerung müsse in voller Freiheit erfolgen; von niemand dürfe dann angezweifelt werden können, daß der wirkliche Wille der Bevölkerung zum Ausdruck gekommen sei. Da er in der kommenden Woche das Kabinett über den Stand der Verhandlungen unterrichten möchte, würde er es begrüßen, wenn er auch eine Präzisierung der deutschen Auffassung erhalten könne.

Hallstein: Er sei bereit, eine solche Fixierung in Kürze Herrn Schuman zu übermitteln.

Schuman verlas darauf die in der Anlage beigefügte Skizze seiner Ideen einer Lösung des Saarproblems.

1) Zunächst handele es sich um das „Régime politique". Dieses bedeute eine interne Autonomie unter der Kontrolle europäischer Organe, die die Gesamtheit der saarländischen inneren Politik überwache und die auswärtigen Beziehungen in vollem Umfang wahrnehmen solle. Diese Autonomie solle sich nach demokratischen Prinzipien allgemeiner direkter Wahlen organisieren. Frankreich verzichte auf jegliche Prärogativen politischer Natur, die ihm heute zustünden. Das zentrale Organ dieser Kontrolle sei der europäische Kommissar, der weder Deutscher noch Franzose noch Saarländer sein dürfe. Er vertrete das Territorium allgemein; lediglich in den Ländern, in denen besondere saarländische Interessen im Spiele seien, wie zum Beispiel in Luxemburg, würde man Angehörige der Saarbevölkerung als Vertreter hinzuziehen. Dieser Kommissar wache über die Erfüllung des europäischen Statuts und sorge dafür, daß alle Maßnahmen innerhalb des Territoriums mit diesem Statut in Einklang seien. Da, wo dies nicht der Fall, stehe ihm eine Vetorecht zu.

2) Wichtig sei dann das wirtschaftliche Regime, das auf der Aufrechterhaltung der wirtschaftlichen Union mit Frankreich, wie sie in den Konventionen Ausdruck gefunden habe, basiere. Hier sei ein unmittelbares französisches Interesse engagiert. Wenn auch die Konventionen eine vernünftige Basis darstellen, so müsse man sie doch einer geplanten europäischen Kontrolle und dem Statut

anpassen. Die europäische Kontrolle solle sich auch auf die Konventionen erstrecken, und zwar in dem Sinn, daß mit ihnen kein Mißbrauch getrieben werde. Wenn also die Währungsunion zwischen Frankreich und der Saar aufrechterhalten werde, dann dürfe im Saarterritorium nichts passieren, was die Währung beeinträchtige. Die europäische Kontrolle müsse diskriminierende Maßnahmen dritter Seite vermeiden.

Von besonderer Bedeutung sei, daß das Eigentum an den Kohlenbergwerken auf die Saar übertragen werde.

3) Die kulturellen Fragen müßten zwischen der Saar und den anderen Ländern geregelt werden. Jede Diskriminierung müsse ausgeschlossen sein. Die Universität Saarbrücken solle zu einer wirklichen europäischen Universität werden, deren Verwaltungsrat sich zu gleichen Teilen aus Vertretern des deutschen und des französischen Kulturkreises zusammensetzen müsse. Der Präsident des Verwaltungsrats, der Rektor und Prorektor sollten vom Ministerrat ernannt werden.

4) Von besonderer Bedeutung sei, daß das Statut vor seiner Ratifikation durch die Unterzeichnerstaaten einem Entscheid der saarländischen Bevölkerung unterworfen werden müsse und daß dieses Statut von den Unterzeichnerstaaten garantiert und nicht ohne deren Zustimmung geändert werden dürfe.

Hallstein: Er fasse seinen Gesamteindruck wie folgt zusammen: Die Gedanken hinsichtlich der Gestaltung der inneren Ordnung im Saargebiet deckten sich weitgehend mit den deutschen Auffassungen, und zwar der reine innere Aufbau und nicht das Verhältnis der inneren Organe zu den europäischen. Neu seien die Gedanken über die Ausübung der europäischen Gewalt im Saarterritorium. Wie stelle man sich die Rolle des Kommissars vor? Die deutsche Seite denke eher daran, eine Art supranationale Behörde zu errichten. Wem sei dann dieser europäische Kommissar verantwortlich? Solle man die in der französischen Skizze enthaltene Bemerkung, daß der Kommissar dem Ministerrat Verstöße gegen das europäische Statut zu melden habe, so auslegen, als ob er dem Ministerrat verantwortlich sei? Die unmittelbare europäische Exekutive im Saargebiet trete in der französischen Skizze stärker zurück als in den deutschen Überlegungen. Man müsse im Saargebiet ein Gleichgewicht zwischen der europäischen und der inneren (autonomen) Zuständigkeit schaffen. Aus der französischen Skizze ergebe sich die Tendenz, das Saargebiet wie einen Staat zu behandeln, über den eine europäische Kontrolle errichtet werde.

Schuman: Die europäische exekutive Gewalt gehöre dem Kommissar. Das europäische Statut werde die Regierung bilden. Die Volksvertretung an der Saar könne von sich aus nicht das Statut ändern. Die Gestaltung des Inhalts des Statuts sei, wenn es einmal angenommen und ratifiziert sei, der Saar entzogen. Die geplante Kontrolle sei mehr, als man gewöhnlich unter dem Begriff Kontrolle verstehe. Die Saarbehörden hätten Selbstverwaltungsrecht nur im Rahmen des europäischen Statuts, das absolut bindend bleibe.

Hallstein: Es komme darauf an, daß das Statut die Einzelheiten dieser Kontrolle regele. Je nachdem würde die Rolle der europäischen Exekutive größer oder kleiner sein.

Schuman: Der Kommissar werde aktiv werden im Augenblick, wo die Volksvertretung an der Saar ihre Aufgaben nicht erfülle.

Hallstein: Der wirtschaftliche Teil der französischen Skizze sei der delikateste.

Schuman: Die Wirtschafts- und Zollunion mit Frankreich habe notwendigerweise gewisse Rückwirkungen auf die Gestaltung der Wirtschaftsverhältnisse an der Saar. Hier liege ein Parallelismus der Gesetzesgebungen vor.

Hallstein: Wenn das so sei, dann gebe es seiner Auffassung nach drei Sphären der Gesetzesgebung. Einmal die europäische, dann die Saargesetzgebung selbst und schließlich die französische Gesetzgebung, die sich aus der wirtschaftlichen Bindung der Saar an Frankreich ergebe. Es könne aber nur eine europäische oder eine saarländische, nicht aber eine dritte Gesetzgebung geben. Nun glaube er, aus den Ausführungen Herrn Schumans zu entnehmen, daß eine gewisse französische Gesetzgebung aufrechterhalten werden solle, (wie z.B. auf dem Gebiet der Sozial- und Arbeitsverhältnisse) die die Gleichheit der Wettbewerbsbedingungen garantieren solle.

Schuman: Er könne dem nicht widersprechen. Man solle aber die Tragweite einer derartigen Harmonisierung des saarländischen mit dem französischen Rechtsstandpunkt nicht übertreiben. Die Prinzipien der sozialen Gesetzgebung in Frankreich und in der Saar seien sehr verschieden. Es komme aber darauf an, daß die Masse der Lasten und Gestehungskosten im Endeffekt die gleichen seien. Die Gesamtlasten müßten äquivalent bleiben, damit keine Konkurrenzierung entstehe.

Hallstein: Was bedeute der Satz in Absatz III der französischen Skizze: „Des organismes européens exerceront un contrôle général sur le fonctionnement de cette union en application du statut nouveau“?

Schuman: Hier handle es sich nicht um eine Garantie, sondern um die Möglichkeit der Verhinderung des Mißbrauchs der Rechte.

Hallstein: Das Eigentum an den Kohlengruben sei nach der französischen Skizze der Saar zugewiesen. Die deutsche Auffassung sei, daß die Saargruben dem Reich gehörten. Da der Bund weitgehend für die Passiva hafte, müsse man dafür sorgen, daß das Aktiv-Vermögen nicht vermindert werde. Für einen etwaigen Kompromiß stelle sich die Frage, solle die Bundesregierung ihren Rechtsstandpunkt hinsichtlich des Eigentums an den Saargruben in Richtung auf saarländisches Eigentum oder in Richtung auf europäisches Eigentum aufgeben? Entscheidend aber sei nicht der reine Rechtstitel, entscheidend sei, wer den Rechtstitel ausübe. Solle der in der französischen Skizze enthaltenen Satz: „la propriété des mines de charbon sera attribuée à la Sarre“ bedeuten, daß auch die Ausbeutung der Saargruben der Saar übertragen werde?

Schuman: Die Ausbeutung der Gruben sei in Konventionen geregelt. Die tatsächliche Lage sei, daß die Ausbeutung der Gruben Gegenstand einer Konvention sei.[5]

Hallstein: Die europäische Universität von Saarbrücken sei ein Gedanke, der in der Luft liege.

[5] Zur Konvention vom 3. März 1950 zwischen dem Saarland und Frankreich über den Betrieb der Saargruben vgl. Dok. 57, Anm. 2.

Schuman: Man habe sich bemüht, den Lehrkörper dieser Universität schon heute aus Vertretern aller europäischen Länder zusammenzusetzen.

Hallstein: Welcher Ministerrat sei für die Ernennung des Verwaltungsrats und der Rektoren dieser Universität zuständig? Das führe zur weiteren Frage, welcher Ministerrat überhaupt für die europäische Kontrolle des Saargebiets zuständig werde.

Schuman: Diese Frage hätte er absichtlich offen gelassen.

Hallstein: Er komme noch einmal auf die Frage zurück, ob nach französischer Auffassung der fertige Vertrag einem freigewählten saarländischen Parlament vorgelegt oder ob den Vertretern eines freigewählten saarländischen Parlaments die Möglichkeit eingeräumt werden solle, an der Gestaltung des Vertrages mitzuwirken.

Schuman: An dem europäischen Statut müssen verschiedene mitwirken; man könne diese Lösung nicht zu zweit oder zu dritt treffen. Der Vertrag, der jetzt vorbereitet werde, müsse Großbritannien, den USA und allen den Ländern, (mit Ausnahme Sowjetrußlands) vorgelegt werden, die an einem etwaigen Friedensvertrag mitzuwirken hätten. Dann auch der Bevölkerung der Saar.

Hallstein: Die deutsche Auffassung sei, daß die Saar, schon bevor die definitive Form der Regelung gefunden sei, mitwirken solle, sobald der freigewählte Landtag ins Leben getreten sei.

Schuman: Dem wolle er sich nicht widersetzen.

Hallstein: Wenn auch hinsichtlich der politischen Seite des Problems die Unterschiede der Auffassungen nur geringfügig seien, so bestehe hinsichtlich der wirtschaftlichen Fragen leider größere Meinungsverschiedenheit. Europäisches Territorium im Saargebiet bedeute nicht, daß das Saargebiet bloß einbezogen werde, so wie es heute ist. Zum europäischen Territorium gehöre mehr. Ein Gebiet sei nur dann europäisiert, wenn sein Verhältnis zu allen Mitgliedstaaten auch wirtschaftlich das Gleiche sei. Wenn kein gleiches Verhältnis eines Staates gegeben sei, liege Diskriminierung vor. Er müsse sehr konkrete Dinge aussprechen. Es gehe hier um die Frage der wirtschaftlichen Dominierung durch Frankreich, die im Wege über die Ausbeutung der Kohlengruben ausgeübt werde. Damit werde in dem kleinen Gebiet, das die Saar nun einmal darstelle, die gesamte Wirtschaft beherrscht und damit auch die Saar unter allen Gesichtspunkten. Es gäbe auch noch andere wirtschaftliche Machtpositionen, die in französischen Händen seien. Er schlage folgende Lösung vor: Die Betriebe der öffentlichen Hand, soweit sie Staatsbetriebe seien, sollten kraft zwingenden europäischen Rechts zur autonomen Zuständigkeit der Saar gehören. Das müsse in das europäische Statut aufgenommen werden. Es verstieße gegen das Statut, wenn die Saar einem Staat diese Machtstellung (Ausbeutung) zuerkenne. Wenn die Saar die Gruben nicht selbst ausbeute, so könnten diese nur einer europäischen Instanz übertragen werden.

Die wirtschaftliche Verbindung zu den Nachbarländern sei eine zweite Frage. Dieses Problem sei zum großen Teil durch den Schuman-Plan gelöst, da 54% der Produktion des Saargebietes unter diese Regelung falle. Mit ihr sei völlig gleiche Behandlung aller sechs Länder gegeben. Es läge im Zuge der europäischen Entwicklung, daß man auch für den Rest der Produktion eine gleiche Regelung anstrebe. Eine solche Regelung belasse der französischen Wirtschaft die gleichen Vorteile. Die Ausfuhr aus dem Saargebiet nach anderen Ländern könne sich völlig frei vollziehen. Auch hinsichtlich der Einfuhr könne man vom gleichen Prinzip ausgehen. Schutzmaßnahmen würden sich auf wenige Produktionen beschränken.

Schuman: Die Handelsverträge, die auch die Saar betreffen, würden von Frankreich in Übereinstimmung mit dem europäischen Kommissar, der die Saar vertrete, beschlossen.

Hallstein: Das ist die andere Auffassung; es sei mit dem Statut unvereinbar, daß eine Zollgrenze zwischen Saar und anderen Staaten bestehe, nicht aber mit Frankreich.

Wirtschaftsunion sei ebenfalls nicht mit dem europäischen Statut vereinbar, denn dies würde aus der Saar nicht eine europäische, sondern eine französische Wirtschaftsprovinz machen. Ein stabiles Verhältnis zur Währung der Nachbarländer sei anzustreben. Die Festlegung des saarländischen Währungssystems auf eine Währung sei nicht möglich. Dies sei auch schon 1919 anerkannt worden, als man im Versailler Friedensvertrag die Mark- und Franc-Währung in der Saar gleichwertig zugelassen habe.[6]

Er wolle diese Gelegenheit zu einer allgemeinen politischen Bemerkung benutzen. Er wisse, daß man die Presse in Frankreich nicht beeinflussen könne. Er sei aber beunruhigt durch die allgemein negative Beurteilung, die die gegenwärtigen Besprechungen in der französischen öffentlichen Meinung gefunden hätten. Dies zeige ein Mißtrauen in die deutsche Absicht, das unberechtigt sei. Der Bundeskanzler habe ihm noch heute mit Nachdruck gesagt, daß die Saarfrage ein Eiterherd sei, der die deutsch-französischen Beziehungen infiziere und ganz Europa gefährden könne. Wenn man aus der christlichen Sicht ein integriertes Europa anstrebe, so dürfe man diese Frage nicht ungelöst lassen. Wenn wir auch in manchem verschiedener Auffassung sind, so darf man daraus nicht schließen, daß sich am Ernst der deutschen Absichten etwas geändert habe. Man solle berücksichtigen, welch schwere Entschlüsse es für die Bundesregierung bedeute, sich auf diesen Weg zu begeben. Wir wissen, daß Frankreich an der Saar Interessen habe, wir glaubten, daß die Rechtslage an der Saar zu unseren Gunsten spräche. Frankreich hätte Interessen, Deutschland Rechte, solange der Friedensvertrag nicht beschlossen sei. Deutschland sei bereit zu opfern, Frankreich müsse aber ebenfalls Opfer bringen.

Die Saarbevölkerung selbst sei sicher bereit, eine wirklich europäische Lösung zu akzeptieren, nicht aber eine Lösung, die wesentliche Stücke des gegenwärtigen Zustandes konserviert.

Schuman: Der Ursprung des Mißtrauens, dessen Bestehen er offen zugebe, richte sich nicht gegen den guten Glauben des Kanzlers und seiner Mitarbeiter als vielmehr gegen die deutsche Presse und gewisse Reden. Auch in Frankreich werde zuviel geredet. Bei ihnen seien es hauptsächlich Generale. Zur Frage der

[6] Paragraph 32 des dem Versailler Vertrag vom 28. Juni 1919 beigefügten Saarstatuts: „Der Umlauf französischen Geldes im Saarbeckengebiet unterliegt keinem Verbot und keiner Beschränkung. Der französische Staat hat das Recht, sich bei allen Käufen und Zahlungen und bei allen Verträgen über die Ausbeutung der Gruben oder ihrer Nebenanlagen des französischen Geldes zu bedienen." Vgl. REICHSGESETZBLATT 1919, Teil II, S. 797.

Interessen und der Rechte müsse er sich seine Auffassung vorbehalten. Er besitze Respekt vor dem Mut, mit dem von deutscher Seite die Sache angepackt werde. Er sehe die deutschen Schwierigkeiten und sei sich bewußt, daß eine Lösung gefunden werden müsse, die auch der Lage Deutschlands im Osten und den Parallelen, die dann gezogen werden könnten, Rechnung trage. Auch wisse er, daß gewisse Kreise der Bundesregierung unter Hinweis auf das Grundgesetz das Recht absprächen, eine Regelung zu treffen. Wenn Frankreich auf der wirtschaftlichen Union beharre, so, weil Frankreich bereits viel opfere. Wir können uns aber nicht einigen, wenn Sie sagen, daß das Statut nicht möglich sei, wenn ein Staat eine privilegierte Stellung besitze, das hieße verlangen, daß Frankreich alles aufgebe, was es besäße. Die Ausbeutung der Gruben sei eine schwere Last für die französische Verwaltung. Wenn Frankreich Vorteile aus der Wirtschaftsunion ziehe, so tue das das Saargebiet in gleicher Weise.

Hallstein: Er müsse mit Freimut auf diese Argumente erwidern. Frankreich habe auf den Gedanken der Annexion verzichtet. Es gäbe aber heute Methoden der Angliederung eines Territoriums, die, ohne formal einer Annexion zu entsprechen, de facto ihr gleichkommen. Man dürfe nicht vergessen, daß in der öffentlichen Meinung die Auffassung bestehe, daß das Saargebiet französische Wirtschaftsprovinz sei. Mit dem Argument, „wir haben den Gedanken der Annexion aufgegeben", komme man nicht weiter. Die Auffassung, daß mit der Unterstellung der wirtschaftlichen Union unter eine europäische Kontrolle schon etwas wesentlich Europäisches geleistet sei, könne nicht aufrechterhalten werden, denn damit würde ja der Inhalt der Union nicht etwa verringert, sondern im Gegenteil garantiert. Damit würde für die Wirtschaftsunion eine Rechtsgrundlage geschaffen, wie sie heute nicht besteht.

Die französische Auffassung, daß man von Frankreich zu viel verlange und daß Frankreich alles aufgebe, sei ebenfalls nicht haltbar. Man könne eine Lösung finden, die auch Frankreich wesentliche Vorteile belasse. Bei dem Vertrag über Kohle und Stahl habe Frankreich nicht gezögert, seine Schwerindustrie zu integrieren. Warum solle man nicht ähnlich vorgehen können? Wenn von französischer Seite immer wieder die Auffassung ausgesprochen würde, daß die Wirtschaftsunion mit der Saar mehr Last als Vorteil sei, so würde Deutschland Frankreich einladen, sich dieser Last doch zu entledigen.

Schuman: Beim Studium der Einzelheiten könne man sehen, wo Konzessionsmöglichkeiten seien. Die allgemeine Erörterung könne nicht ergeben, was wir endgültig zu erreichen in der Lage sind.

VS-Bd. 3198 (Abteilung 2)*

* Bereits veröffentlicht in: BDFD II, S. 229–231 (Auszug).

186

Aufzeichnung des Gesandten Kaumann

313-00 II 453/52 geheim **20. August 1952**

Betr.: Reise von Vertretern der eisenschaffenden Industrie nach Kopenhagen zum Zweck einer Konferenz mit Handelsvertretern aus der UdSSR[1]

Bezug: Vermerk vom 8. August 1952[2]

Die Besprechungen haben am 4. August 1952 in Kopenhagen stattgefunden.

Von deutscher Seite waren beteiligt: von der eisenschaffenden Industrie unter Führung von Herrn Bruns (Generaldirektor der Hüttenwerke Oberhausen) neun Herren; vom Bundesverband der deutschen Industrie Herr von Carnap;

von sowjetischer Seite: die Vizeaußenhandelsminister Pawlow und Borissow sowie die Handelsattachés der sowjetischen Botschaft in Berlin und der sowjetischen Botschaft in Kopenhagen.

Die Besprechung dauerte 2 ½ Stunden. Sie wurde eingeleitet durch eine Ansprache von Herrn Bruns[3], die vorher mit dem Bundeswirtschaftsministerium abgestimmt war (Dr. Kroll). Herr Bruns erklärte, daß die Besprechungen im Einverständnis mit dem Bundeswirtschaftsministerium stattfänden. Die Bundesregierung habe aus Äußerungen von sowjetischer Seite während der Moskauer Wirtschaftskonferenz Anfang April[4] entnommen, daß die sowjetische Regierung zu einem Warenaustausch auch mit der Bundesrepublik bereit sei.

1 Dazu teilte Gesandter Kaumann am 22. August 1952 ergänzend mit: „Der Kontakt zwischen den Vertretern der eisenschaffenden Industrie und den Sowjetbeauftragten ist nach den mir gemachten Mitteilungen durch die Vermittlung des Rechtsanwalts Dr. Krodt, Düsseldorf, zustande gekommen. Zur Person des Herrn Krodt ist zu sagen, daß er früher kommunistischer Abgeordneter des Bayerischen Landtages gewesen und jetzt als Rechtsanwalt und Geschäftsführer der Deutschen Handelsgesellschaft West-Ost in Düsseldorf tätig ist. Die DHG West-Ost ist allen im West-Ost-Handel tätigen Behörden und Wirtschaftskreisen als Agent der sowjetzonalen Wirtschaftspolitik bekannt." Vgl. VS-Bd. 3175 (Abteilung 2); B 150, Aktenkopien 1952.

2 Am 4. August 1952 führte die „Gruppe Walzstahl" in Kopenhagen Sondierungsgespräche mit Vertretern des Außenhandelsministeriums der UdSSR über den bilateralen Handelsverkehr. Als Ergebnis wurde vermerkt: „Die russische Seite sieht die Idee des Handelsvertrages als besonders ernst und interessant an. Da sie nicht bevollmächtigt ist, hierzu bereits heute Stellung zu nehmen, bedarf die Klärung der Frage, ob die Sowjetunion bereit wäre, auf einem derartigen Wege die Handelsbeziehungen in Gang zu bringen, einer eingehenden Prüfung. Herr Borrissow äußert als seine persönliche Ansicht, er glaube nicht, daß mit grundsätzlichen Widerständen zu rechnen sei. Da die russische Delegation zur Klärung dieser grundsätzlichen Frage einige Tage benötigt, wird vereinbart, daß die russische Stellungnahme über Herrn Martynow der westdeutschen Delegation unmittelbar zugeht. Es besteht Einverständnis darüber, daß keine Einschaltung ostzonaler Stellen erfolgt. Sobald die grundsätzliche Klärung vorliegt, wird Herr Bruns als Delegationsführer die Angelegenheit den westdeutschen Regierungsstellen vorlegen mit dem Ziel, bei den weiteren Verhandlungen eine Beteiligung der westdeutschen Regierungsseite herbeizuführen. [...] Ferner wurde vorgesehen, sobald eine zustimmende Erklärung vorliegt, beiderseits Warenlisten für die Ein- und Ausfuhr aufzustellen. Es blieb offen, ob für den Fall, daß dieser Weg des Handelsvertrages nicht kurzfristig zum Tragen kommen kann, einzelne Geschäfte auf Kompensationsbasis in Frage kommen." Vgl. Bundesarchiv Koblenz, B 136 (Bundeskanzleramt), Bd. 7807.

3 Für den Wortlaut der Erklärung des Generaldirektors der Hüttenwerke Oberhausen, Bruns, vgl. Bundesarchiv Koblenz, B 136 (Bundeskanzleramt), Bd. 7807.

4 Die Internationale Wirtschaftskonferenz in Moskau, an der Vertreter aus 49 Staaten, darunter der Bundesrepublik, teilnahmen, fand vom 3. bis 12. April 1952 statt.

Auch auf Seiten der Bundesregierung bestehe die Bereitwilligkeit zur Aufnahme von Handelsbeziehungen unter Wahrung „ihrer internationalen Verpflichtungen". Der Handel mit der Sowjetunion könne sich voraussichtlich in ähnlicher Form abspielen, wie dies mit den anderen Ostblockstaaten (Tschechoslowakei[5], Ungarn[6], Polen[7], Rumänien[8]) schon jetzt der Fall sei. Vorerst schiene es aber richtig zu sein, den Güteraustausch in der Form von reinen Kompensationsgeschäften ohne Verrechnung durchzuführen.

Im Laufe der Verhandlungen ergab sich aber, daß einem Handel im Rahmen von Handelsabkommen doch der Vorzug gegenüber dem in der Form von Kompensationsgeschäften zu geben sei. Die sowjetischen Vertreter erklärten, daß sie zu Abmachungen dieser Art nicht ermächtigt seien und erst entsprechende Rückfrage halten müßten. Eine neue Verhandlung hierüber könne daher erst in einigen Wochen erfolgen.

Auszug aus dem Kurzprotokoll der 239. Kabinettssitzung vom 1. August 1952, Punkt 6 der Tagesordnung, ist beigefügt.[9]

Hiermit über Herrn MD Blankenhorn[10] dem Herrn Staatssekretär[11] vorgelegt.

Kaumann

VS-Bd. 3175 (Abteilung 2)

5 Am 15. Juli 1952 unterzeichneten die Bundesrepublik und die ČSR ein Protokoll zu Regelungen des Warenverkehrs für das Jahr 1952, das Einfuhren aus der ČSR in Höhe von 30 Millionen US-Dollar und von Ausfuhren aus der Bundesrepublik in Höhe von 17 Millionen US-Dollar vorsah. Für den Wortlaut vgl. BUNDESANZEIGER, Nr. 149 vom 5. August 1952, S. 2 f.

6 Am 22. April 1952 unterzeichneten die Bundesrepublik und Ungarn ein Handelsabkommen für das Jahr 1952, das Einfuhren von Ungarn in Höhe von 27 Millionen US-Dollar und Ausfuhren aus der Bundesrepublik in Höhe von 23,75 Millionen US-Dollar vorsah. Für den Wortlaut vgl. BUNDESANZEIGER, Nr. 87 vom 7. Mai 1952, S. 1.

7 Am 19. Februar 1952 unterzeichneten die Bundesrepublik und Polen ein Protokoll über den Handelsverkehr für die Zeit vom 1. Januar 1952 bis 30. Juni 1953, das Einfuhren aus Polen in einer Höhe von 62 Millionen US-Dollar und Ausfuhren aus der Bundesrepublik in Höhe von 55 Millionen US-Dollar vorsah. Für den Wortlaut vgl. BUNDESANZEIGER, Nr. 65 vom 2.4.1952, S. 1 f.

8 Im Rahmen der Internationalen Wirtschaftskonferenz vom 3. bis 12. April 1952 in Moskau unterzeichnete eine Arbeitsgemeinschaft der am Handel mit dem Osten beteiligten Firmen (OSTAG) mit den Rumänischen Import- und Exportgesellschaften, Bukarest, einen Rahmenaustauschvertrag in Höhe von 20 Millionen DM.
Dazu erklärte das Bundesministerium für Wirtschaft am 18. April 1952, „daß die Moskauer Abmachungen privater Geschäftsleute für die Bundesregierung ohne jede Verpflichtung seien und völlig in der Luft hingen, solange keine amtlichen Genehmigungen vorliegen". Vgl. AdG 1952, S. 3428.

9 Dem Vorgang beigefügt. In der Kabinettssitzung vom 1. August 1952 wurde außerhalb der Tagesordnung die „Fühlungnahme der Gruppe Walzstahl mit sowjetrussischen Vertretern in Stockholm" behandelt: „Dr. Westrick berichtet, daß Vertreter der Gruppe Walzstahl zu einer Besprechung mit sowjetrussischen Vertretern auf rein privater Basis nach Stockholm eingeladen worden seien. Die Gruppe Walzstahl wolle dorthin sechs bis acht Herren – an erster Stelle Herrn Bruns – entsenden und habe im Bundeswirtschaftsministerium angefragt, ob dagegen Bedenken bestehen. Das Bundeswirtschaftsministerium habe bereits festgestellt, daß die Amerikaner gegen diesen Kontakt nichts einzuwenden hätten. Das Kabinett ist aber der Auffassung, daß erstens einmal zwei bis drei Herren genügen würden und daß zweitens die Aufnahme der Verbindung überhaupt bedenklich sei. Eine Empfehlung, das Gespräch zu führen, wird vom Kabinett nicht ausgesprochen." Vgl. VS-Bd. 3175 (Abteilung 2); B 150, Aktenkopien 1952. Vgl. ferner KABINETTSPROTOKOLLE 1952, S. 500.

10 Hat Ministerialdirektor Blankenhorn am 21. August 1952 vorgelegen, der handschriftlich vermerkte: „Herrn Staatssekretär Hallstein n[ach] R[ückkehr]."

11 Hat Staatssekretär Hallstein vorgelegen.

187

Botschaftsrat Graf Strachwitz, Rom, an das Auswärtige Amt

Fernschreiben Nr. 145 **Aufgabe: 20. August 1952, 20.30 Uhr**[1]
Streng geheim **Ankunft: 21. August 1952, 07.00 Uhr**

Streng vertraulich.

Unterstaatssekretär Außenministeriums Taviani informierte mich gestern mit der Bitte um Weitergabe nur an Bundeskanzler über Besuch Linkssozialistenführers Nenni bei Stalin.[2] Äußerungen Stalins seien offenbar durch Indiskretion State Departments in Presse gelangt (vgl. New York Herald Tribune vom 8[3].8.(?))[4] und daraufhin dementiert worden. Tatsächlich stimmten Angaben Herald Tribune wörtlich mit Bericht überein, den Nenni nach Besuch bei Stalin italienischem Botschafter[5] Moskau erstattet habe. Danach habe Stalin insbesondere seine bisherige Politik eines vereinigten, aber neutralisierten Deutschlands als gescheitert bezeichnet und als sein künftiges Ziel angegeben, Teilung beizubehalten, aber beide Teile machtmäßig auszugleichen, so daß sie sich gegenseitig neutralisieren. So hergestelltes europäisches Gleichgewicht werde Frieden sichern. Weiterer Notenwechsel mit Westmächten über Vereinigung Deutschlands sei unter diesen Umständen bedeutungslos.

Taviani erzählte noch, Nenni habe sofort nach Besprechung mit Stalin italienischen Botschafter aufgesucht, den er bis dahin gemieden habe. Nach Äußerung Nennis sei Stalin ungewöhnlich offen und ernst gewesen. Weitergabe Gesprächs durch Nenni sei offenbar auf Weisung Stalins erfolgt.

[gez.] Strachwitz

VS-Bd. 109 (Büro Staatssekretär)

1 Hat Ministerialdirektor Blankenhorn vorgelegen, der handschriftlich die Weiterleitung an Bundeskanzler Adenauer verfügte.
Hat Adenauer laut Vermerk der Sekretärin Arenz am 24. August 1952 vorgelegen.
Hat Regierungsrat Merfels vorgelegen, der handschriftlich vermerkte: „Ex[em]pl[ar] 2 Herrn StS vorgelegt."

2 Zum Besuch des Vorsitzenden der Sozialistischen Partei Italiens beim Generalsekretär des Zentralkomitees der KPdSU in Moskau vgl. Dok. 182.

3 An dieser Stelle wurde die Zahl „8" von Regierungsrat Merfels gestrichen. Dafür fügte er handschriftlich ein: „9".

4 Vgl. den Artikel „Stalin Is Said To See German Split as Definite"; NEW YORK HERALD TRIBUNE vom 9. August 1952, S. 2.

5 Mario di Stefano.

188

Aufzeichnung des Vortragenden Legationsrats von Etzdorf

210-02/13 III 12017/52 **21. August 1952**[1]

Eingeführt durch ein Schreiben des Generalkonsuls Dr. Hausenstein besuchte mich heute der Geschäftsträger der nationalchinesischen Regierung in Paris, Gesandter M. L. Tuan.[2] Er war begleitet von dem Präsidenten der Taiwan Sugar Corporation, Herrn C. T. Yang.

Das Wort hatte im wesentlichen Herr Yang. Er sagte, er befände sich zur Zeit auf einer Weltreise, um die Möglichkeiten für einen Absatz des Zuckers von Formosa zu prüfen. Er wolle auch mit deutschen Abnehmern ins Geschäft kommen, glaube aber, daß es vorerst erforderlich sei, ein Warentausch- und Zahlungsabkommen zwischen der Regierung von Taipeh und der Bundesregierung abzuschließen. Seine Regierung sei besonders interessiert an deutschen Düngemitteln, Chemikalien, Werkzeugen und optischen Geräten. Man würde auch gern eine Anzahl deutscher Sachverständiger anstellen.

Er, Yang, hätte bereits mit mehreren Firmen in Hamburg, darunter dem Chinahaus Carlowitz, Verbindung. Er hätte ein Einführungsschreiben für Ministerialrat Aschner, den Ostasienreferenten des Wirtschaftsministeriums, den er morgen besuchen wolle. Nach seiner Meinung könnte der Abschluß eines Waren- und Zahlungsabkommens die Vorstufe sein für die Aufnahme diplomatischer Beziehungen zwischen der chinesischen Nationalregierung und der Bundesrepublik.

Gesandter Tuan beschränkte sich im wesentlichen darauf, die Ausführungen des Herrn Yang zu unterstreichen. Er übergab mir das beigefügte Aide-mémoire, worin die Gründe aufgezählt sind, die nach chinesischer Ansicht für die Aufnahme diplomatischer Beziehungen sprechen.[3]

1 Durchdruck.
Hat Botschaftsrat a. D. Kordt am 23. August 1952 vorgelegen.
Am 23. August 1952 verfügte Vortragender Legationsrat von Etzdorf die Weiterleitung an die Abteilungen I, II, IV und V sowie an Vizekonsul a. D. Betz.
Hat Generalkonsul I. Klasse a. D. Peter Pfeiffer am 25. August 1952 vorgelegen.
Hat Gesandtschaftsrat a. D. Tichy und Gesandtem Kaumann am 26. August 1952 vorgelegen.
Hat Vortragendem Legationsrat von Haeften vorgelegen.
Hat Betz am 30. August 1952 vorgelegen.

2 Am 11. August 1952 vermerkte Botschaftsrat a. D. Kordt: „Der chinesische Geschäftsträger in Paris, Herr Tuan, hat bereits Mitte Juli d. J. durch unsere dortige Vertretung anfragen lassen, ob der Herr Staatssekretär ihn bei einem für den Monat August vorgesehenen Besuch in Bonn zu empfangen bereit sein würde. Abteilung III hat [...] vorgeschlagen, von einem Empfang des Herrn Tuan abzusehen, und zur Begründung u. a. darauf hingewiesen, daß eine Anerkennung der Regierung Tschiang Kai-schek zur Zeit nicht in Frage komme. Der Herr Staatssekretär hat diesen Standpunkt gebilligt. Wenn Herr Tuan im Auswärtigen Amt vorspricht, wird er durch mich oder Herrn von Etzdorf empfangen werden." Vgl. B 11 (Abteilung 3), Bd. 331.

3 Dem Vorgang beigefügt. In dem undatierten Aide-mémoire wurde daran erinnert, daß zwischen Deutschland und China „seit jeher ein gutes freundschaftliches Verhältnis bestanden" habe: „Diese Freundschaft war besonders vom ausgezeichneten Dienst der deutschen Militärberater unter der herrlichen Leitung des weltberühmten Generalobersten, Seiner Exzellenz von Falkenhausen, verstärkt worden. Es entstand durch ihre unermüdlichen Anstrengungen die prächtige chinesische Armee, welche so lange die japanischen Angreifer in Schach hielt." Ferner wurde darauf verwiesen, daß die Republik China (Taiwan) „die größte Kriegsmacht mit einer Gesamtstärke von 600 000

Ich erwiderte den Herren, daß es uns leider zur Zeit noch nicht möglich sei, mit der chinesischen Regierung diplomatische Beziehungen aufzunehmen, daß wir aber dieser Frage unsere Aufmerksamkeit widmeten. Gründe für unsere Haltung gab ich nicht an, betonte nur, daß wir uns der gemeinsamen Interessen im antikommunistischen Lager bewußt seien. Was das angeregte Warenaustausch- und Zahlungsabkommen anbelange, wolle ich mich einstweilen einer Stellungnahme enthalten, da hierfür eher die wirtschaftlichen Ressorts zuständig seien.

Aus der Unterhaltung ergab sich, daß Abkommen der nationalchinesischen Regierung in der uns vorgeschlagenen Art u. a. mit den USA und mit Japan abgeschlossen worden sind. Gegenüber Großbritannien besteht nur ein Zahlungsabkommen, da Großbritannien lediglich als Käufer von Waren aus Formosa auftritt. Großbritannien unterhalte, wie Herr Tuan bemerkte, seit einiger Zeit in Taipeh ein Berufs-Generalkonsulat. Nach Tokio sei ein nationalchinesischer Botschafter[4] bereits entsandt, und man erwarte für demnächst einen japanischen diplomatischen Vertreter[5]. Neuerdings seien auch die diplomatischen Beziehungen zu Spanien aufgenommen worden, und es sei bereits ein spanischer Botschafter in Taipeh[6] eingetroffen. Herr Tuan kam auch auf die Rolle zu sprechen, welche die Briten in Peking spielen. Der dortige britische Vertreter[7] sei nicht etwa als diplomatischer Vertreter anerkannt; er sei lediglich geduldet.

Beide Herren sprachen recht gut deutsch, gingen allerdings später ins Englische über. Herr Tuan ist unter deutscher Herrschaft in Tsinanfu geboren und hat dort die deutsche Schule besucht; Herr Yang hat in Deutschland studiert. Herr Tuan erwähnte seine Beziehungen zu Angehörigen des Auswärtigen Dienstes, u. a. zu Herrn Rosen, London, dem früheren Generalkonsul Betz und den Herren unserer Pariser Vertretung, mit denen er offenbar auf freundschaftlichem Fuße steht.

Herr Tuan überreichte den beigefügten Brief von Herrn Hausenstein an Herrn Dr. Theo Kordt[8] und bat, von Herrn Kordt empfangen zu werden.

Beide Herren gedenken, bis etwa nächste Woche in Bonn zu bleiben. Sie wohnen im Sternhotel.[9]

[gez.] v. Etzdorf

B 11 (Abteilung 3), Bd. 331

Fortsetzung Fußnote von Seite 568

Mann geistlich fest überzeugt gegen den immer drohenden Kommunismus in Südostasien“ stelle: „Alle Chinesen, besonders diejenigen, die sich unter dem tyrannischen Joch auf dem Festland befinden, betrachten die Nationalregierung als die einzige Hoffnung der Erlösung. [...] Eine ermutigende Tat oder Geste wird von den Leuten in Not hundertmal mehr geschätzt. Wenn man sich den Kommunisten nicht gefangen geben will, dann ist es höchste Zeit für alle freien Völker, sich gegen den Kommunismus zusammenzuschließen.“ Vgl. B 11 (Abteilung 3), Bd. 331.

4 Hollington K. Tong.

5 Kenkichi Yoshizawa.

6 Antonio Gullon y Gomez.

7 Lionel Henry Lamb.

8 Dem Vorgang beigefügt. Für den Wortlaut des Schreibens des Generalkonsuls Hausenstein, Paris, vom 5. August 1952 an Botschaftsrat a. D. Kordt vgl. B 11 (Abteilung 3), Bd. 331.

9 Am 22. August 1952 vermerkte Botschaftsrat a. D. Kordt handschriftlich für Ministerialdirektor

189

Aufzeichnung des Referenten Biermann

020-01 II 11063/52 **22. August 1952[1]**

Betr.: Antrag der Bundesrepublik auf Aufnahme in die Vereinten Nationen

1) Die Frage eines Antrages der Bundesrepublik auf Aufnahme in die Vereinten Nationen ist in letzter Zeit mehrfach von der in- und ausländischen Presse erörtert worden. Wie aus dem beigefügten Bericht des Herrn Botschafters in Rio de Janeiro hervorgeht, beschäftigt diese Möglichkeit jetzt auch diplomatische Kreise.[2] Da am 14. Oktober 1952 die Vollversammlung der Vereinten Nationen beginnt, bei der auch die Mitgliedsfrage erneut behandelt werden wird, wäre es erwünscht, zu einer grundsätzlichen Entscheidung darüber zu kommen, ob und gegebenenfalls wann von der Bundesrepublik ein Aufnahme-Antrag gestellt werden soll.

2) Nach der Satzung der Vereinten Nationen kann ein Aufnahme-Antrag von jedem Staat gestellt werden, der glaubt, die Erfordernisse für die Zulassung erfüllen zu können. Die gelegentlich geäußerten Zweifel über die Möglichkeit einer Aufnahme der Bundesrepublik auf Grund gewisser Satzungsvorbehalte hinsichtlich der ehemaligen Feindstaaten[3] können durch die auf der letzten UN-

Fortsetzung Fußnote von Seite 569

Blankenhorn: „Ich glaube, wir sollten es bei dem Empfang durch H[err]n v[on] Etzdorf bewenden lassen, weil wir zu leicht in eine unbequeme Lage geraten können."
In einem Postskript vom 23. August 1952 ergänzte Kordt handschriftlich: „Nach einer zuverlässigen Auskunft, die Abt[eilung] IV aus Stuttgarter Wirtschaftskreisen übermittelt worden ist, hat d[er] chines[ische] Gesch[äfts]Träger in Paris, Herr Tuan, in Stuttgart durchblicken lassen, daß er ‚der künftige Gesandte der Nation[al] Chines[ischen] Republik in Bonn' sei." Vgl. B 11 (Abteilung 3), Bd. 331.

1 Am 23. August 1952 verfügte Gesandter Kaumann die Weiterleitung über Ministerialdirektor Blankenhorn an Staatssekretär Hallstein.
Hat Blankenhorn am 29. August 1952 vorgelegen. Hat Hallstein vorgelegen, der handschriftlich vermerkte: „Bitte kurze Zus[ammen]fassung." Vgl. den Begleitvermerk von Kaumann vom 23. August 1952 vgl. B 10 (Abteilung 2), Bd. 23.
Hat Blankenhorn am 13. September 1952 erneut vorgelegen, der handschriftlich vermerkte: „Ich halte den Vorschlag für verfrüht. W[ieder]v[orlage] nach einem Jahr."

2 Dem Vorgang beigefügt. Botschafter Oellers, Rio de Janeiro, berichtete über das Gespräch eines namentlich nicht genannten Mitarbeiters der Botschaft mit dem Abteilungsleiter im brasilianischen Außenministerium, de Souza Gomes, der gefragt habe, „ob und wann die Bundesregierung beabsichtige, die Aufnahme der Bundesrepublik in die Vereinigten Nationen amtlich zu beantragen. Herr de Souza Gomes hat hinzugefügt, daß er persönlich die baldige Stellung eines solchen Antrages trotz des selbstverständlich zu erwartenden sowjetischen Widerspruchs für politisch zweckmäßig und taktisch richtig halten würde. [...] Die Sowjets ihrerseits würden dadurch in eine taktisch ungünstige Lage gebracht und in die Defensive gedrängt." Vgl. den Schriftbericht Nr. 2188 vom 11. August 1952; B 10 (Abteilung 2), Bd. 23.

3 Artikel 53 der UNO-Charta vom 26. Juni 1945: „1) The Security Council shall, where appropriate, utilize such regional arrangements or agencies for enforcement action under its authority. But no enforcement action shall be taken under regional arrangements or by regional agencies without the authorization of the Security Council, with the exception of measures against any enemy state, as defined in paragraph 2 of this Article, provided for pursuant to Article 107 or in regional arrangements directed against renewal of aggressive policy on the part of any such state, until such time as the Organization may, on request of the Governments concerned, be charged with the responsibility for preventing further aggression by such a state. 2) The term enemy state as used in para-

Tagung akzeptierte Interpretation der betreffenden Bestimmungen als erledigt angesehen werden[4]. Es würden also auch für die Bundesrepublik nur die allgemeinen Aufnahmebedingungen gelten, die in Artikel 4 der Charta folgendermaßen definiert sind: „Die Mitgliedschaft in den Vereinten Nationen steht allen anderen friedliebenden Staaten offen, welche die in dieser Satzung enthaltenen Verpflichtungen übernehmen und nach dem Urteil der Organisation fähig und gewillt sind, diese Verpflichtungen zu erfüllen." Das Aufnahmeverfahren ist im zweiten Absatz des gleichen Artikels geregelt. Danach bedarf der Antrag einer Empfehlung durch den Sicherheitsrat, woraufhin dann die Vollversammlung die Entscheidung trifft.[5]

Diese Einschaltung des Sicherheitsrats in das Aufnahmeverfahren hat sich sehr bald als eine Fehlkonstruktion erwiesen und zu Abänderungsvorschlägen geführt. Wie jedoch der in dieser Angelegenheit angerufene Haager Gerichtshof in einem Gutachten vom 3. März 1950 erklärt hat, kann die Vollversammlung einen gültigen Beschluß nur auf Grund einer Empfehlung des Sicherheitsrats fassen.[6] Für das Zustandekommen dieser Empfehlung ist es erforderlich, daß sieben der elf Ratsmitglieder ihre Zustimmung geben und keines der ständigen Mitglieder dagegen stimmt. Es kommt hier also das Vetorecht zum Zug. Die Versammlung selbst trifft ihre Entscheidung über Aufnahme-Anträge mit Zweidrittelmehrheit. Sie kann, wenn im Rat keine Empfehlung zustande kommt, den Antrag mit einem Bericht zur erneuten Behandlung vorlegen, hat aber sonst keine Möglichkeit zur Einflußnahme.

3) Praktisch hat sich aus dem Vetorecht beim Zulassungsverfahren in den letzten Jahren eine Art Mitglieder-Sperre entwickelt. Nur wenige Staaten, wie Israel und Indonesien, haben die Hürde des Sicherheitsrats nehmen können. Bei den Kandidaten des Ostblocks fand sich im Rat nicht die erforderliche Mehrheit von sieben Stimmen, während die Kandidaten der Westmächte am Veto der Sowjet-Union scheiterten. Die Vollversammlung hat die Kandidaten der Westmächte im allgemeinen mit starken Mehrheiten unterstützt und z. B. Italiens Antrag dreimal dem Rat wieder vorgelegt, ohne damit eine Änderung der russischen Stellungnahme zu erreichen. Zur Zeit warten 18 Länder, zum Teil schon seit Jahren, auf ihre Zulassung. Als letzter Staat hat kürzlich Japan die Mitgliedschaft beantragt.[7] Was einen eventuellen Antrag der Bundesrepublik betrifft, so könnte bei der gegenwärtigen Zusammensetzung des Sicherheitsrats

Fortsetzung Fußnote von Seite 570

graph 1 of this Article applies to any state which during the Second World War has been an enemy of any signatory of the present Charter." Vgl. CHARTER OF THE UNITED NATIONS, S. 687.

Artikel 107 der UNO-Charta: „Nothing in the present Charter shall invalidate or preclude action, in relation to any state which during the Second World War has been an enemy of any signatory to the present Charter, taken or authorized as a result of that war by the Governments having responsibility for such action." Vgl. CHARTER OF THE UNITED NATIONS, S. 697.

4 Mit Resolution Nr. 506 vom 1. Februar 1952 erklärte die UNO-Generalversammlung, daß sich die UNO bei der Zulassung von neuen Mitgliedern ausschließlich auf die Bestimmungen des Artikels 4 der UNO-Charta vom 26. Juni 1945 stützen solle. Für den Wortlaut der Resolution vgl. UN RESOLUTIONS I, Bd. III, S. 172 f.

5 Für den Wortlaut des Artikels 4 der UNO-Charta vom 26. Juni 1945 vgl. CHARTER OF THE UNITED NATIONS, S. 677.

6 Vgl. dazu YEARBOOK OF THE UNITED NATIONS 1950, S. 409–411.

7 Am 16. Juni 1952 stellte Japan einen Antrag auf UNO-Mitgliedschaft. Am 18. September 1952 scheiterte das von den USA unterstützte Beitrittsgesuch am Veto der UdSSR im UNO-Sicherheitsrat. Vgl. dazu YEARBOOK OF THE UNITED NATIONS 1952, S. 332 f. und 335 f.

mit einer Mehrheit von neun Stimmen und ausreichender Unterstützung durch die Versammlung gerechnet werden. Das mit Sicherheit zu erwartende Veto der Sowjet-Union würde jedoch eine Weiterbehandlung des deutschen Antrags verhindern.

4) Trotz der praktischen Aussichtslosigkeit sprechen gewichtige Gründe für die Einleitung des Aufnahmeverfahrens. Die Charta unterscheidet formell zwar nur zwischen Mitglied- und Nicht-Mitgliedstaaten, aber es hat sich dazwischen eine besondere Gruppe herausgebildet, in die alle diejenigen Staaten einzureihen sind, die für ihren Aufnahmeantrag die erforderliche Mehrheit bei Rat und Versammlung gefunden haben. Wenn sich die Rechtsstellung dieser Aspiranten auch nicht von der der übrigen Nicht-Mitgliedstaaten unterscheidet, so werden sie doch von der sie unterstützenden Majorität in gewisser Weise als „Associate members" betrachtet und, soweit die Satzung dies zuläßt, zur Mitarbeit herangezogen. Im Falle Italiens ist man sogar soweit gegangen, einen Nicht-Mitgliedstaat an der Treuhand-Verwaltung für die noch nicht selbständigen Gebiete zu beteiligen.

Hinzu kommt die Tatsache, daß sich in den Versammlungen der letzten Jahre immer stärker die Tendenz gezeigt hat, die Aufnahme-Bestimmungen aufzulockern, um so zu der erstrebten Universalität der Organisation zu kommen. Unter geschickter Ausnutzung dieser Strömung wäre es der Sowjet-Union bei der letzten Tagung beinahe gelungen, die en bloc-Aufnahme aller anstehenden Kandidaten (mit Ausnahme Südkoreas) durchzusetzen, wenn nicht die Vereinigten Staaten durch ihren energischen Widerstand diesen Kompromiß schließlich doch noch verhindert hätten. Auch auf der diesjährigen Vollversammlung wird die Mitgliedsfrage wieder eine große Rolle spielen. Bei der wachsenden Unzufriedenheit mit der Mitglieder-Sperre ist es nicht ausgeschlossen, daß sich die Versammlung zu radikalen Maßnahmen entschließt und sich mit einer neuen Auslegung der Aufnahme-Bestimmungen Handlungsfreiheit verschafft. Von einer solchen Entwicklung würden natürlich in erster Linie die Staaten profitieren, die bereits Aufnahme-Anträge gestellt haben.

5) Unter diesen Umständen empfiehlt es sich, die Bereitschaft der Bundesrepublik zur Mitarbeit bei den Vereinten Nationen durch die Stellung eines Aufnahmegesuchs zu unterstreichen. Was den Zeitpunkt dieses Schrittes anlangt, so wäre es allerdings zweckmäßig, mit der Einleitung des formellen Verfahrens bis zum Inkrafttreten des Deutschland-Vertrages zu warten. Dieser Termin scheint deswegen wichtig, weil durch das Inkrafttreten dieses Vertrages jeder noch etwa bestehende Zweifel an der Fähigkeit der Bundesregierung beseitigt würde, die in der Satzung enthaltenen Verpflichtungen auch aus eigener Kraft erfüllen zu können. Der Deutschland-Vertrag legt überdies in Artikel 3 (2) einen solchen Schritt nahe, da die Bundesrepublik darin die Absicht bekräftigt, „sich durch ihre Mitgliedschaft in internationalen Organisationen, die zur Erreichung der gemeinsamen Ziele der freien Welt beitragen, mit der Gemeinschaft der freien Nationen völlig zu verbinden"[8]. Die drei Mächte verpflichten sich ihrerseits in dem gleichen Artikel, zu gegebener Zeit Anträge der Bundesrepublik zu unterstützen, die Mitgliedschaft in solchen Organisationen zu erlangen. Mit dieser

8 Vgl. BUNDESGESETZBLATT 1954, Teil II, S. 63.

Bestimmung lehnt sich der Deutschland-Vertrag an die Friedensverträge an, in denen den ehemaligen Feindstaaten Unterstützung für ihre Aufnahme in die Vereinten Nationen zugesagt wird.

6) Es wird daher vorgeschlagen, eine grundsätzliche Entscheidung darüber herbeizuführen, daß die Bundesregierung nach Inkrafttreten des Deutschland-Vertrages die Aufnahme der Bundesrepublik in die Vereinten Nationen beantragen wird. Auf der Grundlage einer solchen Entscheidung wären dann die Auslandsvertretungen vertraulich über die Intentionen der Bundesregierung zu unterrichten.[9]

Biermann

B 10 (Abteilung 2), Bd. 23

190

Aufzeichnung des Legationsrats I. Klasse Thierfelder

221-65 II 11131/52 **23. August 1952**

Zum Punkt der Tagesordnung: Europäische politische Autorität.

I. Wesentlicher Inhalt des Beschlusses Nr. 14 der Beratenden Versammlung des Europarats vom 30. Mai 1952[1] (vergl. Mappe Nr. 7).

1) Die Bestimmungen des EVG-Vertrages, die sich auf Gestaltung der künftigen politischen Struktur Europas beziehen, sollen durch Aufnahme in ein Sonderabkommen unverzüglich in Kraft gesetzt werden.

2) Es wird den sechs Regierungen empfohlen, entweder die gemeinsame Versammlung des Schuman-Plans

oder die Beratende Versammlung des Europarats in einer auf die beteiligten Staaten beschränkten Zusammensetzung oder durch Erweiterung der nationalen Delegationen auf den Stand der EVG-Versammlung mit der Ausarbeitung einer Satzung für die politische Gemeinschaft zu beauftragen.

Die Wahl zwischen den beiden Möglichkeiten soll nach dem Gesichtspunkt erfolgen, welche schneller zum Ziele führt.

3) Die Satzung soll vorsehen, daß allen Mitgliedstaaten des Europarats der Beitritt offen steht und daß die übrigen Mitgliedstaaten Assoziierungsmöglichkeiten haben.

9 Hinsichtlich eines Antrags der Bundesrepublik zur Aufnahme in die UNO teilte Legationsrat I. Klasse Trützschler von Falkenstein am 1. Oktober 1952 der Botschaft in Rio de Janeiro mit: „Die Entscheidung darüber, ob von der Bundesrepublik ein solcher Antrag gestellt werden soll, wird jedoch bis nach Inkrafttreten des Deutschland-Vertrages zurückgestellt." Vgl. den Drahterlaß; B 10 (Abteilung 2), Bd. 23.

1 Zur Resolution Nr. 14 der Beratenden Versammlung des Europarats vgl. Dok. 174, Anm. 5.

4) Die Europaratstaaten, die beizutreten bereit sind, sollen schon bei den Vorarbeiten mit allen Rechten beteiligt werden. Die Europaratstaaten, die assoziiert werden wollen, sollen „eingeladen werden, die Ausarbeitung des Entwurfs in der Eigenschaft von Beobachtern zu verfolgen".

II. Das britische Aide-mémoire[2], das den sechs Schuman-Plan-Regierungen Mitte Juli übergeben worden ist, mit seiner Anlage: britisches Aide-mémoire, das am 10. Juli dem französischen Außenminister übergeben worden ist.[3] (Mappe Nr. 11).

Das britische Aide-mémoire geht nicht auf den Beschluß Nr. 14 der Beratenden Versammlung ein, sondern schließt sich an die Vorschläge des französischen Außenministers vom 27. Juni[4] an, die dahingehen, daß die Versammlung der Kohle- und Stahl-Gemeinschaft in ihrer im Einklang mit den Bestimmungen des Vertrages über die Europäische Verteidigungsgemeinschaft erweiterten Form mit der Vorbereitung eines Entwurfs für die Errichtung einer europäischen politischen Behörde beauftragt werde.

Das britische Aide-mémoire anerkennt, daß die Schaffung einer politischen Behörde ein dringendes Anliegen der sechs Regierungen ist.

Hinsichtlich des Verfahrens wird betont, es scheine äußerst wichtig, daß die Entwicklung einer europäischen politischen Behörde und jede Untersuchung dieser Frage im Rahmen des Europarats und im Einklang mit den britischen Vorschlägen für die Zukunft dieser Organisation erfolgen.

Deshalb bittet die britische Regierung, bei Annahme der Vorschläge der französischen Regierung gleichzeitig zu entscheiden, daß die sechs Regierungen den Eden-Plan[5] annehmen und ihn dadurch wirksam machen, daß sie beschließen, von Anfang an die Versammlung der Montangemeinschaft im Rahmen des Europarats zu errichten. Im Anschluß hieran wird betont, daß durch die Annahme des Eden-Plans die Möglichkeit eröffnet wird, Vertreter des Vereinigten Königreichs und anderer Länder zur Teilnahme als Beobachter an der Arbeit des Ministerkomitees und der Beratenden Versammlung einzuladen, wenn sie in beschränkter Zusammensetzung als Organe der Europäischen Gemeinschaft tagen.

III. Bemerkungen zu II (britisches Aide-mémoire).

Der Vorschlag der britischen Regierung, aus Anlaß der Beratung über die Vorarbeiten zur Ausarbeitung einer Satzung für die politische Autorität zu einem Beschluß über den Eden-Plan zu gelangen, kann aus folgenden Gründen nicht aufgenommen werden:

1) Der Eden-Plan wendet sich an den Europarat: Dieser soll entscheiden, welche Vorschläge er den engeren Gemeinschaften im Hinblick auf das Verhältnis zwischen Europarat und diesen Gemeinschaften machen will. Im Rahmen des Europarats werden solche Vorschläge gegenwärtig ausgearbeitet. Die Regierun-

2 Für den Wortlaut des Aide-mémoire vom 8. Juli 1952 vgl. DBPO II/1, S. 897 f.

3 Vgl. dazu DBPO II/1, S. 904 f.

4 Zu den Vorschlägen des französischen Außenministers Schuman, die er am 27. Juni 1952 mit dem britischen Außenminister Eden in London erörterte, vgl. Dok. 174, Anm. 4.

5 Zu den Vorschlägen des britischen Außenministers Eden vom 17. März und 11. April 1952 zur institutionellen Neugestaltung europäischer Organisationen vgl. Dok. 114 und 137.

gen der sechs Schumanplanländer sind an dieser Ausarbeitung zusammen mit den übrigen Mitgliedregierungen des Europarats beteiligt und können deshalb, ehe diese Arbeit im Rahmen des Europarats beendet ist, zu dem Eden-Plan als solchem allein keine Entscheidung treffen.

2) Der Eden-Plan geht weit über die Frage hinaus, wie die Vorarbeiten für eine Satzung der politischen Autorität getroffen werden sollen, und befaßt sich ganz allgemein mit der Stellung der engeren Gemeinschaften zum Europarat. Es scheint deshalb in jedem Fall nicht angezeigt, auf dieser Satzung, auf der nur die Vorarbeiten für die Satzung der politischen Autorität zur Erörterung stehen, incidenter eine Entscheidung über den Eden-Plan zu treffen.

3) Aus dem letzten in der Ziffer II wiedergegebenen Satz des britischen Aide-mémoires dürfte sich klar ergeben, daß es der britischen Regierung vor allem auf die Entsendung von Beobachtern zu den Arbeiten für den Satzungsentwurf für die politische Autorität ankommt. Diese Frage, die gleichzeitig Gegenstand des Beschlusses Nr. 14 der Beratenden Versammlung ist, kann behandelt werden, ohne daß es einer Erörterung des Eden-Plans in seiner Gesamtheit bedürfte.

IV. Der französisch-italienische Vorschlag

Er liegt im Original und in deutscher Übersetzung dieser Aufzeichnung bei.[6] Im wesentlichen kann ihm zugestimmt werden.

Ziffer 1–3 des Vorschlages stellen den in Ziffer 4 enthaltenen Tenor des Beschlusses in den Rahmen der historischen Entwicklung des Problems. Diesem Rahmen braucht nichts hinzugefügt zu werden. Was Ziffer 4, den eigentlich entscheidenden Teil angeht, so ist zu den Einzelheiten folgendes zu bemerken, wobei die mir von Herrn Blessing übergebenen Änderungsvorschläge der Union Européenne des Fédéralistes (UEF)[7] mitverarbeitet sind. Hinter diesen Vorschlägen soll Spaak stehen.

1) Zu Punkt 4 a, Satz 2:

Die UEF schlägt vor, die Kooptierungsmöglichkeit nicht auf Mitglieder der Beratenden Versammlung des Europarats zu beschränken, sondern den nationalen Delegationen das gesamte Reservoir ihres heimatlichen Parlaments zur Auswahl zur Verfügung zu stellen.

Begründung: Es ist möglich, daß die geeignetsten Kräfte für die Ausarbeitung eines Verfassungsentwurfs zufällig nicht gleichzeitig Mitglieder der Beratenden Versammlung des Europarats sind.

Stellungnahme: Der Vorschlag ist einleuchtend. Die Worte „aus den Mitgliedern der Beratenden Versammlung“, sollten ersetzt werden durch die Worte „aus den Mitgliedern der Parlamente ihrer Heimatstaaten“.[8]

2) Zu Punkt 4 b, Absatz 1:

Die UEF schlägt vor, die Versammlung nicht am Sitz des Europarats tagen zu lassen, sondern am Sitz der Schuman-Plan-Versammlung.

6 Dem Vorgang nicht beigefügt.

7 Am 9. August 1952 übermittelte der stellvertretende Generalsekretär der Union Européenne des Fédéralistes, Badarau, eine Stellungnahme zum französisch-italienischen Vorschlag vom 23. Juli 1952 über die Errichtung einer europäischen politischen Behörde. Für den Wortlaut vgl. B 10 (Abteilung 2), Bd. 816.

8 Zu diesem Absatz handschriftliche Bemerkung des Gesandten I. Klasse Ophüls: „Einverst[an]d[en].“

Begründung: Es steht nicht fest, ob die Schuman-Plan-Versammlung immer am Sitz des Europarates ihren Sitz hat.

Stellungnahme: Ich schlage vor, den Antrag der UEF nicht von deutscher Seite aus aufzunehmen, denn er hat politisch gesehen eine ausgesprochen Eden-Plan-feindliche Spitze. Sollte er von anderer Seite übernommen werden, so steht nichts im Wege, diesen Vorschlag zu akzeptieren.[9]

3) Zu Punkt 4 b, Absatz 2:

a) Anstelle von „Mitgliedsländern" muß es „Mitgliedstaaten" heißen, da sonst auch Vertreter der Saarregierung teilnehmen können.

b) Vorschlag der UEF: der Absatz soll lauten:

„Sie kann Regierungsvertreter der anderen Mitgliedsländer der NATO, die an einer politischen Einigung Europas interessiert sind, einladen, als Beobachter an ihren Sitzungen teilzunehmen."

Begründung:

1) Die Entscheidung, in welcher Form die anderen Länder zu beteiligen sind, sollte von der Ministerkonferenz und nicht von der Versammlung gefällt werden, um unangenehme Debatten über diesen Punkt in der Versammlung zu vermeiden.

2) Es ist weder gerecht noch vernünftig, daß Länder, die nicht an der Gemeinschaft teilnehmen wollen, durch Vertreter an den Beratungen beteiligt werden. Auch die Resolution Nr. 14 hat nur eine Teilnahme als Beobachter vorgeschlagen.

3) Es sollen Regierungsbeobachter sein und keine Parlamentarier.

4) Der Kreis der Länder, die Beobachter entsenden können, soll auf die NATO-Mitglieder erweitert werden, um die USA heranzuziehen, die für die Einheit Europas ein großes Interesse bekundet haben.

Stellungnahme: Die Begründungen zu Ziffer 1 und 2 sind einleuchtend, ihnen sollte Rechnung getragen werden, dagegen scheint es nicht erforderlich, den anderen Ländern vorzuschreiben, daß sie Regierungsvertreter entsenden müssen.

Die Ausdehnung des Beobachterkreises auf die NATO ist zu begrüßen, da auf diese Weise die USA als Gegengewicht gegen England einbezogen werden können. Der Beobachterkreis kann aber nicht auf die NATO-Staaten beschränkt werden, da sonst Schweden und Irland ausfallen, was zu unnötiger Verstimmung führen muß. Deshalb sollten sowohl die Staaten des Europarats wie die der NATO einbezogen werden.

Im Gegensatz zu dem Vorschlag der UEF sollte der Gedanke des französisch-italienischen Vorschlags, daß die Beobachter nur an den öffentlichen Sitzungen der Versammlung teilnehmen, beibehalten werden.[10]

Aus dem Vorstehenden folgt der nachstehende Text:

„Sie kann Vertreter aus den anderen Mitgliedstaaten des Europarats und der NATO, die an der Entwicklung der europäischen politischen Autorität interes-

9 Zu diesem Absatz handschriftliche Bemerkung des Gesandten I. Klasse Ophüls: „Einv[erstanden]."
10 Dazu handschriftliche Bemerkung des Gesandten I. Klasse Ophüls: „Einv[erstanden]."

siert sind, einladen, als Beobachter an ihren öffentlichen Sitzungen teilzunehmen."

4) Zu Punkt 4 c:

Die UEF schlägt folgende Fassung vor:

„Der Ministerrat und die Hohe Behörde der Montanunion werden an den Arbeiten der Versammlung gemäß den Bestimmungen von Artikel 23 des Vertrages zur Gründung einer europäischen Gemeinschaft für Kohle und Stahl beteiligt."

Begründung:

1) Auch hier soll, um Zeitverlust zu vermeiden, die Entscheidung über die Form der Beteiligung jetzt schon getroffen werden und nicht diffizilen Debatten zwischen dem Ministerkomitee und der Versammlung überlassen bleiben.

2) Die Beiziehung der Hohen Behörde, die bereits die ersten übernationalen Erfahrungen hat, scheint fruchtbar.

Artikel 23 des Schuman-Plan-Vertrages lautet:

„(1) ...

(2) Die Mitglieder der Hohen Behörde können an allen Sitzungen teilnehmen. Der Präsident der Hohen Behörde oder die von ihr bestimmten Mitglieder sind auf ihren Antrag zu hören.

(3) Die Hohe Behörde antwortet mündlich oder schriftlich auf die ihr von der Versammlung oder deren Mitgliedern gestellten Fragen.

(4) Die Mitglieder des Rates können an allen Sitzungen teilnehmen und sind auf ihren Antrag zu hören."[11]

Stellungnahme: Eine Übernahme des Vorschlages der UEF würde also bedeuten, daß den Regierungen und auch der Hohen Behörde eine sehr starke Einflußnahme auf die Arbeiten der Versammlung ermöglicht würde. Dies erscheint im Interesse einer Beschleunigung des Gesamtverlaufs der Arbeiten zweckmäßig. Dem Vorschlag der UEF sollte daher beigetreten werden.[12]

5) Zu Punkt 4 d, Absatz 1:

Die UEF schlägt vor, dem Absatz folgende Worte hinzuzufügen:

„und dies im Geiste des Beschlusses Nr. 11 der Beratenden Versammlung des Europarats[13], wonach hieraus der Errichtung und dem Tätigwerden einer ‚politischen Gemeinschaft' keine Schwierigkeiten erwachsen sollen."

Stellungnahme: Auch dieser Vorschlag entspringt einem Eden-Plan-feindlichen Gefühl, da er von der Möglichkeit einer britischen Absicht, die europäische Gemeinschaft zu stören, ausgeht. Aus politischen Gründen sollte daher dieser Vorschlag deutscherseits nicht übernommen werden. Sollte er von anderer Seite aufgegriffen werden, so bestehen keine Bedenken, ihm beizutreten.[14]

11 Vgl. BUNDESGESETZBLATT 1952, Teil II, S. 453.

12 Zu diesem Absatz handschriftliche Bemerkung des Gesandten I. Klasse Ophüls: „Einverst[an]d[en]."

13 Zum Beschluß Nr. 11 der Beratenden Versammlung des Europarats vom 30. Mai 1952 vgl. Dok. 173, Anm. 4.

14 Der Satz „Aus politischen Gründen ... ihm beizutreten" wurde von Gesandtem I. Klasse Ophüls hervorgehoben. Dazu handschriftliche Bemerkung: „Einverst[an]d[en]."

6) Zu Punkt 4 d, Absatz 2:

Die UEF schlägt vor, den ersten Satz dieses Absatzes zu streichen.

Begründung: Die Formulierung ist zu vage. Die Zusammenarbeit mit den Organen des Europarats ist bereits in Punkt 4 b, Absatz 3 und 4 c, Absatz 2 vorgesehen.

Stellungnahme: Es scheint ungefährlich, wenn der Satz stehenbleibt. Ein Antrag, ihn zu streichen, sollte daher deutscherseits nicht gestellt werden.[15]

Hiermit über Herrn Gesandten Prof. Dr. Ophüls[16] dem Herrn Staatssekretär vorgelegt. Herr MD Blankenhorn und Herr Dr. Sahm erhalten Durchschlag.

Thierfelder

B 10 (Abteilung 2), Bd. 816

191

Generalkonsul Hausenstein, Paris, an das Auswärtige Amt

202-06 II 11324/52 **Aufgabe: 25. August 1952, 20.30 Uhr**[1]
Fernschreiben Nr. 246 **Ankunft: 25. August 1952, 20.55 Uhr**

Im französischen Außenministerium erklärte der Vertreter des auf Urlaub befindlichen Deutschlandreferenten zur sowjetischen Note[2] folgendes: Note sei, was die äußere Form anbelange, eher geschickter abgefaßt als frühere Noten und darauf berechnet, deutsche öffentliche Meinung zu beeindrucken. Angriffe auf Generalvertrag sowie Erklärung, Potsdamer Kontrollratssystem solle nicht wieder eingeführt werden, könne geeignet sein, Verwirrung zu stiften. Auf der anderen Seite sei die Note im Grunde genauso negativ, wenn nicht negativer

15 Zu diesem Absatz handschriftliche Bemerkung des Gesandten I. Klasse Ophüls: „Einverst[an]d[en]."
16 Hat Gesandtem I. Klasse Ophüls am 25. August 1952 vorgelegen.

1 Hat Gesandtem Kaumann am 26. August 1952 vorgelegen.
Hat Referent Oncken am 28. August 1952 vorgelegen.

2 Am 23. August 1952 beantwortete die UdSSR die Note der Drei Mächte vom 10. Juli 1952: „Zur Zusammensetzung der Kommission, die prüfen soll, ob in Deutschland die Bedingungen für die Durchführung allgemeiner freier Wahlen gegeben sind, ist festzustellen, daß am objektivsten eine mit Zustimmung der Vier Mächte von den Deutschen selbst gebildete und aus Deutschen – zum Beispiel aus Vertretern der Volkskammer der Deutschen Demokratischen Republik und des westdeutschen Bundestages – bestehende Kommission wäre. Eine solche Kommission wäre keine Beleidigung für die Deutschen, gleichzeitig aber wäre sie ein erster Schritt auf dem Wege zur Wiedervereinigung Deutschlands." Die UdSSR regte an, spätestens im Oktober 1952 unter Hinzuziehung von Vertretern der DDR und der Bundesrepublik „eine Konferenz von Vertretern der Vier Mächte mit folgender Tagesordnung einzuberufen: a) über die Vorbereitung eines Friedensvertrages mit Deutschland; b) über die Schaffung einer gesamtdeutschen Regierung; c) über die Durchführung freier gesamtdeutscher Wahlen und über die Kommission zur Prüfung der Frage, ob in Deutschland die Voraussetzungen für die Durchführung derartiger Wahlen gegeben sind, über die Zusammensetzung, die Aufgaben und Vollmachten dieser Kommission. Gleichzeitg schlägt die Sowjetregierung vor, auf dieser Viermächtekonferenz die Frage des Termins für den Abzug der Besatzungstruppen aus Deutschland zu erörtern." Vgl. EUROPA-ARCHIV 1952, Bd. 2, S. 5182.

als die früheren sowjetischen Äußerungen. Moskau sei allem Anschein nach zu der Überzeugung gelangt, daß freie deutsche Wahlen nicht in seinem Interesse lägen. Damit sei der diplomatischen Offensive Moskaus das Hauptmotiv genommen. Man habe den Eindruck, daß diese Note nur dem Zwecke dient, die Beendigung des west-östlichen Gesprächs über die deutsche Frage vorzubereiten in einer Form, die den Alliierten die Schuld an dem Abbruch dieses Gesprächs zuschiebe.

Quai d'Orsay sei vorerst nur damit beschäftigt, den Inhalt der Note unter allen Gesichtspunkten zu prüfen. Über die Frage ihrer Beantwortung habe man bisher nicht gesprochen.

Immerhin scheint mir französischerseits – vielleicht im Gegensatz zu Washington und London – eher die Tendenz zu bestehen, auf die Note keine allzu negative Antwort zu erteilen, sondern das Gespräch weiter in Gang zu halten, ohne sich allerdings auf Oktobertermin und vorgeschlagene Tagesordnung für Viererkonferenz einzulassen.[3]

[gez.] Hausenstein

B 10 (Abteilung 2), Bd. 226

192

Staatssekretär Hallstein an den Geschäftsführenden Vorsitzenden der Alliierten Hohen Kommission, Donnelly

362-06 II 420/52 geh. **26. August 1952[1]**

Herr Hoher Kommissar,

Die Frage der Postzensur durch alliierte Stellen war vor einiger Zeit Gegenstand eines Notenwechsels zwischen der Alliierten Hohen Kommission und der Bundesregierung. In Ihrem abschließenden Schreiben vom 19. Dezember 1951 – AGSEC (51)1873/GEH[2] – haben Sie mitgeteilt, daß die alliierte Nachrichtenüberwachung auf folgende Fälle beschränkt werden würde:

3 In der Antwort vom 5. September 1952 auf die sowjetische Note vom 23. August 1952 erneuerten die Drei Mächte ihren Vorschlag, „eine baldige Zusammenkunft der Vier Mächte – die im Oktober stattfinden könnte – möge das unmittelbare Problem der Zusammensetzung, Aufgaben und Befugnisse einer unparteiischen Untersuchungskommission erörtern, um die für die Abhaltung freier Wahlen notwendigen Voraussetzungen herzustellen. [...] Nach Abhaltung freier Wahlen und Bildung einer gesamtdeutschen Regierung kann über die Friedensregelung verhandelt werden." Vgl. EUROPA-ARCHIV 1952, Bd. 2, S. 5208.

1 Durchdruck.

2 Für den Wortlaut des Schreibens des Geschäftsführenden Vorsitzenden des Ausschusses für allgemeine Angelegenheiten der AHK, Bérard, an Ministerialdirektor Blankenhorn vgl. VS-Bd. 3195 (Abteilung 2).

a) Bedrohung von außen,

b) umstürzlerische Tätigkeit im Inland von rechts und links,

c) Spionage,

d) illegalen Handel zwischen Ost und West.

Vor kurzer Zeit hat nun der Herr Stellvertretende französische Hohe Kommissar, M. Bérard, gelegentlich einer Unterhaltung mit mir Bedenken geäußert über die Art der Beanstandung der alliierten Telefonüberwachung durch einen hohen Beamten des Postministeriums, die offensichtlich mit einer gewissen propagandistischen Absicht verbunden gewesen sei.

Ich habe die Gelegenheit wahrgenommen, um mich erneut mit dieser Angelegenheit zu befassen, und möchte es nicht unterlassen, die Feststellungen, die ich dabei treffen konnte, Euerer Exzellenz zur Kenntnis zu bringen.

Eine Untersuchung, die bei sämtlichen Oberpostdirektionen der Bundesrepublik veranlaßt wurde, hat folgendes Ergebnis über das Ausmaß der auch heute noch von alliierter Seite ausgeübten Nachrichtenzensur gebracht:

a) In der amerikanischen Zone beschränkt sich die alliierte Nachrichtenzensur auf den eigentlichen Zweck und hält sich im Rahmen der Zusicherungen des Schreibens der Alliierten Hohen Kommission vom 19. Dezember 1951.

b) In der britischen Zone gilt für die Postzensur das gleiche. Hingegen geht die Überwachung des Fernsprech-, Fernschreib- und Telegraphenverkehrs weit über das von den Alliierten selbst festgesetzte Maß hinaus. Als Beispiele, die keinen Anspruch auf irgendwelche Vollständigkeit erheben, erlaube ich mir anzuführen:

In Braunschweig sind u. a. die Fernsprechanschlüsse folgender Teilnehmer auf Überwachung geschaltet: des Bundesministers für Verkehr Dr. Seebohm, des Oberstadtdirektors[3], eines der CDU angehörenden Ratsherrn, des Kreisverbandes der FDP, des Finanzamtes, des Arbeitsamts und einer Polizeidienststelle;

in Düsseldorf sind 42 Fernsprechleitungen und 29 Telegraphenleitungen des öffentlichen Verkehrs mit dem westlichen Ausland auf Überwachung geschaltet. Es ist mir mitgeteilt worden, daß die britische Überwachungsstelle dort für ihre Aufgabe 90 Leute beschäftigen soll;

in Hamburg sind 52 Fernsprechleitungen und 40 Telegraphen- und Fernschreibleitungen des öffentlichen Verkehrs mit dem westlichen Ausland auf Überwachung geschaltet;

in Hannover sind sämtliche Fernleitungen des öffentlichen Sprechverkehrs mit dem In- und Ausland auf Überwachung geschaltet.

c) In der französischen Zone wird auch heute noch eine fast unbeschränkte Kontrolle durchgeführt, ohne Rücksicht auf die in Ihrem Schreiben vom 19. Dezember 1951 zugesagten Beschränkungen.

In einer Reihe von Orten wie Koblenz, Mainz, Kaiserslautern, Ludwigshafen, Neustadt (Weinstraße), Trier ist täglich die ein- und abgehende Post des Ortes insgesamt oder überwiegend den Zensurstellen vorzuführen.

[3] Erich Walter Lotz.

Außerdem betreten in diesen und anderen Orten die französischen Zensurbeamten fortgesetzt die Postbetriebsräume und entnehmen selbständig Postsendungen, ohne den Postdienststellen hierüber irgendwelche Quittungen zu geben.

In einer Reihe von Orten, insbesondere den großen Orten der französischen Zone, sind die Überwachungseinrichtungen im Fernsprechverkehr so ausgestaltet, daß ohne zusätzliche Maßnahmen der größte Teil der Fernleitungen nach dem In- und Ausland und der Teilnehmeranschlüsse überwacht werden kann.

Ich darf darauf hinweisen, daß gerade diese Methoden Anlaß zu bedauerlichen Spannungen zwischen den deutschen Postdienststellen und den französischen Zensurbeamten geben.

Als Einzelbeispiele aus den Bezirken mögen hier noch angeführt werden:

In Freiburg/Breisgau ist täglich die eingehende Post für 40 Straßenzüge mit insgesamt 814 Hausnummern der Zensurstelle vorzuführen. In den überwachten Häusern befinden sich u.a.: die Landessekretariate der CDU und der SPD, der Landtagspräsident[4], der Vorsitzende der FDP[5], mehrere demokratische Bundestags- und Landtagsabgeordnete, das Finanzministerium, das Gewerkschaftshaus. Unter den infolge besonderer Anordnung auf Überwachung geschalteten Fernsprechanschlüssen befinden sich u.a.: das Finanzministerium, die Badische Staatsbrauerei, die Gugelwerke, der Bosch-Dienst, das Elektrizitätswerk, die Schwarzwälder Uhrenzentrale und eine Anzahl weiterer größerer Wirtschaftsunternehmungen.

In Mainz sind – abgesehen von der bereits erwähnten Vorführung der gesamten ein- und abgehenden Post – täglich noch besonders auszusortieren und der Zensurstelle zuzuleiten die Postsendungen für die gesamte Freiherr-vom-Stein-Straße. Diese Straße besteht aus zwei großen Wohnblöcken, in denen fast ausschließlich höhere Beamte der Landesregierung sowie angesehene Geschäftsleute wohnen.

In abgehender Richtung müssen täglich besonders aussortiert und vorgelegt werden u.a. die Sendungen für Frankfurt (Main), Koblenz, Bonn und Düsseldorf.

In Ludwigshafen sind u.a. durch besondere Anordnung auf Überwachung geschaltet eine Reihe von Industrieunternehmungen und Banken, darunter die Badische Anilin- und Sodafabrik, die Industrie- und Handelskammer, das Arbeitsamt, die Polizeidirektion, die Zeitung der SPD, der Deutsche Gewerkschaftsbund.

In Landau (Pfalz) sind durch besondere Anordnung u.a. auf Überwachung folgende Fernsprechanschlüsse geschaltet: der Oberbürgermeister[6], das Arbeitsamt, das Landratsamt, das SPD-Büro, katholische und protestantische Pfarrämter, der Landesminister für Landwirtschaft Stübinger.

In Trier erstreckt sich die Überwachung der Post u.a. auf den Bischof[7], das Generalvikariat und das Bischöfliche Konvikt, die beiden dort wohnenden Bun-

4 Karl Person.
5 Paul Waeldin.
6 Alois Kraemer.
7 Matthias Wehr.

destagsabgeordneten[8], den Landtagspräsidenten[9], den stellvertretenden Landesvorsitzenden der FDP[10], die Industrie- und Handelskammer, den DGB. Es wurde wiederholt hier, wie auch in anderen Orten festgestellt, daß von der Prüfung nicht einmal Briefe ausgenommen wurden, deren Empfänger oder Absender das Bundespräsidialamt, Bundesministerien oder die Apostolische Nuntiatur waren.

In Tübingen erfaßt die Zensur mit Vorliebe den Postverkehr dortiger Ministerien und einer großen Anzahl von Professoren. Von der abgehenden Post sind u. a. Sendungen an den Abgeordneten Ollenhauer, andere hervorragende Abgeordnete und führende evangelische und katholische Geistliche erfaßt worden. In anderen Orten des Bezirks der Oberpostdirektion Tübingen erstreckt sich die Kontrolle insbesondere auf Exportfirmen und Maschinenfabriken.

Ich nehme an, daß diese Praxis der Alliierten Hohen Kommission nicht in vollem Umfange bekannt gewesen ist. Die Reaktion der in diesen Fragen besonders empfindlichen Öffentlichkeit mußte ihren Niederschlag in der Presse finden, ebenso wie Beschwerden und Anträge bei der Bundesregierung ständig und in steigendem Umfang einlaufen. Diese Reaktion mußte nur noch stärker werden, seitdem bekannt geworden ist, daß nach Ratifizierung des Deutschlandvertrages die alliierte Nachrichtenzensur wegfallen wird.

Es liegt meines Erachtens im allseitigen Interesse, daß die Gründe für die berechtigte Beunruhigung der Öffentlichkeit dadurch beseitigt werden, daß die alliierte Nachrichtenzensur auf ein unbedingtes Mindestmaß beschränkt wird. Ich darf daher darum bitten, daß die Alliierte Hohe Kommission ihre Zensurstellen nochmals auf die Grundsätze des Schreibens der Alliierten Hohen Kommission vom 19. Dezember 1951 hinweist und dafür Sorge trägt, daß sie von den unteren Zensurbehörden beachtet werden. Ich wäre Euerer Exzellenz sehr dankbar, wenn dies so bald wie möglich geschehen würde.

Genehmigen Sie, Herr Hoher Kommissar, den Ausdruck meiner ausgezeichnetsten Hochachtung.

In Vertretung
Hallstein[11]

VS-Bd. 3207 (Abteilung 2)

8 Peter Jacobs (SPD) und Heinrich Kemper (CDU).
9 August Wolters.
10 Josef Dohr.
11 Paraphe.

193

Aufzeichnung des Rechtsberaters Kaufmann

27. August 1952[1]

Aufzeichnung betr. Untersuchungsausschuß

1) Untersuchungsausschüsse sind Hilfsorgane des Bundestages. Sie haben Beschlüsse des Bundestages vorzubereiten. Ihre Zuständigkeit ist daher auf die Zuständigkeit des Bundestages beschränkt. Es ist ihre besondere Aufgabe, für diesen Zweck Tatsachen zu erforschen und festzustellen; daher haben sie das besondere Recht, Beweise zu erheben. Darin unterscheiden sie sich von den anderen Ausschüssen des Bundestages. Soweit ihre Befugnisse in den Verfassungsurkunden nicht ausdrücklich auf Tatsachenfeststellung beschränkt sind, wie im Bonner Grundgesetz, ist ihnen auch eine Würdigung dieser Tatsache gestattet, versteht sich zwecks Vorbereitung eines verfassungsrechtlich zulässigen Bundestagsbeschlusses.

Der Bundeskanzler und die Bundesminister sind dem Bundestag „verantwortlich“. Das steht zwar nicht ausdrücklich im Grundgesetz; es gehört aber zu den natürlichen Befugnissen einer Volksvertretung. Der Bundestag und seine Ausschüsse können die Anwesenheit jedes Mitgliedes der Bundesregierung verlangen (Art. 43)[2], natürlich um auf Anfragen über ihre Amtsführung Rede und Antwort zu stehen. Die Anordnungen und Verfügungen des Bundespräsidenten bedürfen zu ihrer Gültigkeit der Gegenzeichnung durch den Bundeskanzler oder den zuständigen Bundesminister (Art. 58)[3], um die „Verantwortlichkeit“ gegenüber dem Bundestage dafür zu übernehmen. Ein formelles Mißtrauensvotum oder ein Vertrauensvotum ist nur gegen bzw. für den Bundeskanzler zulässig (Art. 67 und 68)[4]. So bedeutsam es auch ist, daß diese letzte Sanktion der Verantwortlichkeit im Grundgesetz nur in diesem sehr beschränkten Umfange vorgesehen ist, steht doch die Befugnis des Bundestages, die Regierungs- und Verwaltungsmaßnahmen des Bundeskanzlers und der Bundesminister zu kontrollieren und zu kritisieren, außer Zweifel. Der Bundestag kann daher, um sei-

1 Durchdruck.
Am 27. August 1952 leitete Rechtsberater Kaufmann an Ministerialdirektor Blankenhorn die Ausfertigung „einer für Abteilung I (Generalkonsul Pfeiffer) gemachten Aufzeichnung über den Untersuchungsausschuß betreffend Personalpolitik des Auswärtigen Amts“ weiter.
Hat laut Begleitvermerk Blankenhorn vorgelegen. Vgl. dazu B 2 (Büro Staatssekretär), Bd. 32.

2 Für den Wortlaut des Artikels 43 des Grundgesetzes vom 23. Mai 1949 vgl. BUNDESGESETZBLATT 1949, S. 6.

3 Für den Wortlaut des Artikels 58 des Grundgesetzes vom 23. Mai 1949 vgl. BUNDESGESETZBLATT 1949, S. 7.

4 Artikel 67 des Grundgesetzes vom 23. Mai 1949: „1) Der Bundestag kann dem Bundeskanzler das Mißtrauen nur dadurch aussprechen, daß er mit der Mehrheit seiner Mitglieder einen Nachfolger wählt und den Bundespräsidenten ersucht, den Bundeskanzler zu entlassen. Der Bundespräsident muß dem Ersuchen entsprechen und den Gewählten ernennen. 2) Zwischen dem Antrage und der Wahl müssen achtundvierzig Stunden liegen.“ – Artikel 68: „1) Findet ein Antrag des Bundeskanzlers, ihm das Vertrauen auszusprechen, nicht die Zustimmung der Mehrheit der Mitglieder des Bundestages, so kann der Bundespräsident auf Vorschlag des Bundeskanzlers binnen einundzwanzig Tagen den Bundestag auflösen. Das Recht zur Auflösung erlischt, sobald der Bundestag mit Mehrheit seiner Mitglieder einen anderen Bundeskanzler wählt. 2) Zwischen dem Antrage und der Abstimmung müssen achtundvierzig Stunden liegen.“ Vgl. BUNDESGESETZBLATT 1949, S. 8.

ne Kontrollfunktion wirksam auszuüben, zur Vorbereitung seiner diesbezüglichen Beschlüsse Untersuchungsausschüsse einsetzen. Die Beschlüsse des Bundestages, und daher auch der Untersuchungsausschüsse, können nur Empfehlungen an die Exekutive richten. Es ist Sache der Exekutive, sie nach der politischen Situation zu würdigen und ihnen je nach der Lage ganz oder teilweise Rechnung zu tragen. Die letzte juristische Konsequenz der Artikel 67 und 68 wird nur selten gezogen werden.

Verfassungsrechtliche Bedenken bestehen daher gegen den Beschluß, den Untersuchungsausschuß Nr. 47 über die Personalpolitik des Bundeskanzlers und Außenministers einzusetzen[5], nicht. Auch gegen die Formulierung der Aufgabe des Untersuchungsausschusses bestehen keine verfassungsrechtlichen Bedenken. Es ist jedoch allgemein anerkannt, daß der Beschluß des Bundestages über die Einsetzung und die Aufgaben der Untersuchungsausschüsse („terms of reference“) strikt auszulegen sind und daß eine Überschreitung dieser Aufgaben unzulässig ist. Es fragt sich, ob der Untersuchungsausschuß Nr. 47 die ihm gezogenen Schranken eingehalten hat.

2) Die erste Frage, die sich erhebt, geht dahin, ob der Ausschuß berechtigt war, nicht nur die Übersendung der Liste aller im Dienste des Auswärtigen Amts stehenden Personen zu fordern, sondern auch zu beschließen, daß die Personalakten einer Reihe von Beamten in der Form „sicherzustellen“ sind, daß sie „zu Händen des Ausschußvorsitzenden“ zu übergeben sind.

Es erscheint mir zweifelhaft, ob überhaupt die Aushändigung von Ministerialakten gefordert werden kann. Sie enthalten die in jedem Staatswesen notwendigen arcana imperii, deren Führung und Verwaltung spezifische Sache der Exekutive ist. Wenn die Möglichkeit ihrer Vorlegung gegeben ist, besteht die Gefahr, daß sie nicht so geführt werden, wie es an sich im Interesse einer geordneten Verwaltung geboten ist. Dies gilt in besonderem Maße für Personalakten, für die eine besondere Diskretion erforderlich ist. Paragraph 96 der Strafprozeßordnung[6], der für die Beweiserhebung durch den Untersuchungsausschuß „entsprechend“ anzuwenden ist, schreibt für den normalen Strafprozeß vor, daß ihre Vorlegung nicht gefordert werden kann, wenn die obere Dienstbehörde erklärt, daß ihr Bekanntwerden dem Wohle des Bundes Nachteil bereiten würde. Ich bin geneigt anzunehmen, daß der Bundeskanzler und Minister des Auswärtigen die Vorlage wegen der besonderen Natur gerade von Personalakten hätte verweigern können. Wenn die Vorlage jedoch erfolgt ist, so ist darin ein besonderes Entgegenkommen der Bundesregierung zu sehen. Die grundsätzliche Frage kann daher hier dahingestellt bleiben. Es unterliegt jedenfalls nicht unerheblichen Bedenken, daß um die Vorlage zwecks „Sicherstellung“ ersucht worden ist, daß jede neue Etatisierung unterbleiben soll und daß das Ersuchensschreiben mit der „Erwartung“ endet, daß von Seiten des Bundeskanzlers „danach verfahren wird“. M.E. entsprechen Form und Stil des Schreibens nicht einer guten „Verfassungssitte“.

5 Zur Einsetzung des Untersuchungsausschusses Nr. 47 am 24. Oktober 1951 durch den Bundestag vgl. Dok. 115, Anm. 2.

6 Für den Wortlaut des Paragraphen 96 der Strafprozeßordnung gemäß Gesetz zur Wiederherstellung der Rechtseinheit auf dem Gebiete der Gerichtsverfassung, der bürgerlichen Rechtspflege, des Strafverfahrens und des Kostenrechts vom 12. September 1950 vgl. Bundesgesetzblatt 1950, S. 639.

3) Es erscheint auch nicht unbedenklich, daß der Untersuchungsausschuß die bekannten Artikel der „Frankfurter Rundschau“[7] zur Grundlage seiner Untersuchung genommen hat, ohne daß in dem Einsetzungsbeschluß des Bundestages hierzu Anlaß gegeben war. Die Personalpolitik des Auswärtigen Amtes ist bereits Gegenstand eingehender Prüfungen durch einen Unterausschuß des Auswärtigen Ausschusses gewesen[8]; man fragt sich, warum dies Material, soweit ich sehen kann, eine Verwertung nicht gefunden hat.

4) Der Untersuchungsausschuß sagt am Ende seines Berichtes[9] in der „Zusammenfassung“, daß er nur „begrenzte Möglichkeiten“ der Erforschung hatte, daß daher seine Feststellungen „ergänzt oder korrigiert werden könnten“, ja daß „die Beurteilung einzelner Persönlichkeiten unter Umständen sehr grundlegend zu ändern“ sei. Solche Änderungen könnten natürlich auch zugunsten der der Untersuchung unterworfenen Personen notwendig werden. Die Schlußbemerkung des Berichtes nimmt daher den Beschlüssen einen Teil ihrer Bedeutung. Um so mehr muß es auffallen, daß die Ergebnisse, zu denen der Bericht kommt, bei einzelnen Persönlichkeiten von ungewöhnlicher und apodiktischer Schärfe sind. Der Ausschuß sagt selbst in der „Zusammenfassung“, daß er ein „politisches Instrument“ sei mit dem Auftrage, „politische Fragen zu beantworten“. Es ist nicht leicht, diese Selbstcharakterisierung mit dem Auftrage zu vereinbaren, vor allem Tatsachen festzustellen und für die Feststellung dieser Tatsachen die Beweisregeln der Strafprozeßordnung sinngemäß anzuwenden.

5) Bekanntlich ist es schwierig und oft zweifelhaft, welche Bedeutung die „sinngemäße Anwendung“ der Regeln des Strafprozesses für die Beweiserhebungen des Untersuchungsausschusses hat. Im vorliegenden Falle stellen sich ganz besonders delikate Fragen. Das eigentliche Objekt der Untersuchung ist das Verhalten der Bundesregierung bei ihrer Personalpolitik. Der Ausschuß konnte diese Untersuchung nur durchführen, indem er die einzelnen in Betracht kommenden Persönlichkeiten vernommen hat. Da formal die Politik der Regierung Gegenstand der Untersuchung war, sind die einzelnen Persönlichkeiten als „Zeugen“ vernommen worden, während sie materiell angesehen, auch schon weil die Artikel der „Frankfurter Rundschau“ zur Grundlage genommen waren, als „Verdächtige“ oder gar als „Beschuldigte“ vernommen wurden. Eine Verneh-

7 Zur Artikelserie von Michael Mansfeld: „‚Ihr naht euch wieder...‘. Einblicke in die Personalpolitik des Bonner Auswärtigen Amtes“ vgl. Dok. 115, Anm. 10.

8 Zum Unterausschuß „Auswärtiger Dienst“ vgl. Dok. 115, Anm. 3.

9 Am 18. Juni 1952 legte der Untersuchungsausschuß Nr. 47 des Bundestages die Ergebnisse der Überprüfung von 21 Angehörigen des Auswärtigen Amts vor. Bei Werner von Bargen, Herbert Dittmann und Werner von Grundherr zu Altenhann und Weiherhaus sprach sich der Untersuchungsausschuß gegen eine Weiterverwendung im Auswärtigen Dienst aus. Gegen die Weiterbeschäftigung der Beamten Wilhelm Haas, Wilhelm Melchers und Werner Schwarz im Auswärtigen Dienst erhob er keine Einwände, jedoch votierte der Ausschuß gegen eine Verwendung in der Personalabteilung. Bei Peter Pfeiffer, Hans Schwarzmann und Alois Tichy sollte von einer Entsendung ins Ausland vorläufig abgesehen werden. Keine Bedenken bestanden gegen die Weiterbeschäftigung von Heinz Trützschler von Falkenstein im Auswärtigen Amt. Allerdings sollten in diesem Fall weder Beförderungen noch Verwendungen im Ausland erfolgen. Als geeignet für die Wiederverwendung galten Herbert Blankenhorn, Hasso von Etzdorf, Albrecht von Kessel, Theo Kordt und Gottfried von Nostitz-Drzewiecki. Keine Bedenken bestanden bei Hans Herwarth von Bittenfeld, Kurt von Kamphoevener, Rupprecht von Keller, Hans-Ulrich von Marchtaler und Susanne Simonis. Im Fall von Curt Heinburg sah der Untersuchungsausschuß von einer Stellungnahme ab, da dieser bereits vor Abfassung des Abschlußberichts aus dem Auswärtigen Dienst ausgeschieden war. Für den Wortlaut vgl. BT ANLAGEN, Bd. 18, Drucksache 3465.

mung von Beschuldigten als Zeugen kennt unsere Strafprozeßordnung nicht; sie können sich nur über die ihnen zur Last gelegten Taten äußern; ihnen stehen bestimmte Rechte der Verteidigung zu; ihr Verhalten und ihre Schuld muß durch andere Beweismittel bewiesen werden. Dieser fundamentalen Rechte wurden sie infolge ihrer rein formalen Rolle als Zeuge beraubt. Und dies trotzdem der Schlußspruch auf eine Verurteilung und auf Werturteile lautet, die für ihr ganzes künftiges Lebensschicksal entscheidend sind.

Es ist gewiß zulässig, daß die in die Ausschüsse entsandten Abgeordneten nicht ständig anwesend sind und daß sie sich durch andere Abgeordnete vertreten lassen können. Aber es dürfte keine sinngemäße Anwendung der Beweisregeln der Strafprozeßordnung sein, wenn der formale Gesichtspunkt der Zeugenqualität der „Beschuldigten" das Verfahren beherrschte und wenn die Grundsätze der ständigen Richterbank und der Unmittelbarkeit der Beweiserhebung in einem Ausschuß, der sich selbst als politisches Instrument bezeichnet, zuungunsten der „Beschuldigten" außer acht gelassen worden sind. Klagen der als Zeugen vernommenen Personen über ihre Behandlung durch den Ausschuß sind keine Seltenheit.

Ich muß daher zu dem Urteil kommen, daß in dem Verfahren eine Verletzung des Art. 44 Absatz 2 des Grundgesetzes[10] vorliegt: Eine für die Beweiserhebung vorgeschriebene sinngemäße Anwendung der Vorschriften über den Strafprozeß hat nicht stattgefunden.

6) Es kommt hinzu, daß die auf Grund dieses Verfahrens ergangenen Voten für eine Reihe von Beamten in der Öffentlichkeit, der deutschen wie der Weltöffentlichkeit gegenüber, schwere Diffamierungen ihrer Ehre enthalten. Selbst wenn die Urteile auf Grund eines sachgemäßen Verfahrens durchgeführt worden wären, muß die Publizität, die dem Bericht gegeben worden ist, schwersten rechtlichen Bedenken unterliegen. Nach Artikel 1 des Grundgesetzes ist die Würde des Menschen unantastbar; sie „zu achten und zu schützen ist die Verpflichtung aller staatlichen Gewalt"[11]. Diesen an die Spitze des Grundgesetzes gestellten Grundsatz hat der Untersuchungsausschuß verletzt; denn die Ehre ist ein wesentlicher Bestandteil der Menschenwürde. Weite Kreise des Volkes sehen in den Urteilen gewisser alliierter Militärgerichte allein wegen der Verfahrensmängel schwere Verstöße gegen oberste Rechtsprinzipien. Wir sollten darauf Bedacht haben, daß wir nicht dieselben Fehler begehen; sonst nehmen wir dem Kampf gegen die genannten Urteile die moralischen Grundlagen.

7) Es kommt hinzu, daß der Untersuchungsausschuß mit seinen Werturteilen unzweifelhaft die Grenzen seiner Zuständigkeit überschritten hat. Er war nur gefragt, ob Personen im Auswärtigen Amt beschäftigt sind, deren „Verhalten während der nationalsozialistischen Gewaltherrschaft" künftig das Vertrauen des In- und Auslandes gefährden könnte. Darüber ist der Ausschuß weit hinausgegangen, indem er z.B. rügt: „mangelnde Urteilsfähigkeit in politischen Dingen", „begründeten Verdacht" „falscher uneidlicher Aussagen", „außerordent-

10 Artikel 44, Absatz 2 des Grundgesetzes vom 23. Mai 1949: „Auf Beweiserhebungen finden die Vorschriften über den Strafprozeß sinngemäß Anwendung. Das Brief-, Post- und Fernmeldegeheimnis bleibt unberührt." Vgl. BUNDESGESETZBLATT 1949, S. 6.

11 Vgl. BUNDESGESETZBLATT 1949, S. 1.

lich eingeengten Gesichtskreis", „Beschränktheit der Aspekte", „mangelndes Erinnerungsvermögen", „Mangel an Wahrheitssinn".

8) Es überschreitet auch den dem Ausschusse erteilten Auftrag, Vorschläge über die Art der Verwendung von Beamten (nur im Innendienst, nicht in der Personalabteilung, in anderen Ministerien, Beförderungssperre usw.) zu machen oder die Einleitung eines Straf- oder Disziplinarverfahrens nahezulegen.

Auch wenn der Ausschuß einem Beamten vorwirft, Empfehlungen eines Bundestagsausschusses nicht beachtet zu haben, so geht dies über seine Kompetenz. Die Empfehlungen der Ausschüsse richten sich an die Regierung, die nach gewissenhafter Prüfung die Frage zu entscheiden hat, ob sie den Empfehlungen stattgeben und dementsprechend ihre Beamten anweisen will.

Abgesehen davon, daß der Ausschuß in allen diesen Fällen über die ihm gestellte Aufgabe weit hinausgegangen ist, liegt hier ein Eingriff in ein der Exekutive vorbehaltenes Gebiet vor. Es ist grundsätzlich zu sagen, daß die Bestellung von Beamten die ureigenste Domäne der Exekutive ist. Der Bundespräsident selbst ernennt die Beamten (Art. 60)[12], um diesem Akt eine besondere Würde zu verleihen. Die zuständigen Minister zeichnen gegen und tragen die Verantwortlichkeit. Es handelt sich daher um ein ausdrückliches Reservat der Exekutive, bei dem ein kritisierendes Parlament äußerste Zurückhaltung üben muß und nur eklatante Fälle des Mißbrauchs der Beamtenhoheit durch die Exekutive rügen sollte. Um so stärkere Bedenken stehen einer Einmischung des Parlamentes und seiner Ausschüsse in die Art, in der die Exekutive ihre Beamten verwenden will, entgegen.

9) Es könnte zum Schluß wenigstens theoretisch die Frage erörtert werden, welche Rechtsmittel zur Verfügung stehen, um die hier gerügten Mängel zu beheben. Gegen eine Überschreitung der Kompetenz des Ausschusses hätte die Regierung die Möglichkeit der Erhebung einer Klage vor dem Bundesverfassungsgericht gemäß Artikel 93 Ziffer 1[13] – sogenannter Organstreit.

Es könnte auch untersucht werden, ob ein Beamter die Möglichkeit hätte, das Bundesverfassungsgericht im Wege der Verfassungsbeschwerde anzurufen, wenn er mit guten Gründen eine Verletzung des Artikel 1 über die Würde des Menschen nachweisen könnte. Es dürfte jedenfalls zu bejahen sein, daß auch ein Untersuchungsausschuß „öffentliche Gewalt" im Sinne des Paragraph 90 des Bundesverfassungsgerichtsgesetzes[14] ausübt.

E. Kaufmann

B 2 (Büro Staatssekretär), Bd. 32

12 Für den Wortlaut des Artikels 60 des Grundgesetzes vom 23. Mai 1949 vgl. BUNDESGESETZBLATT 1949, S. 7.

13 Gemäß Artikel 93, Ziffer 1 des Grundgesetzes vom 23. Mai 1949 entscheidet das Bundesverfassungsgericht „über die Auslegung dieses Grundgesetzes aus Anlaß von Streitigkeiten über den Umfang der Rechte und Pflichten eines obersten Bundesorgans oder anderer Beteiligter, die durch dieses Grundgesetz oder in der Geschäftsordnung eines obersten Bundesorgans mit eigenen Rechten ausgestattet sind". Vgl. BUNDESGESETZBLATT 1949, S. 12.

14 Paragraph 90 des Bundesverfassungsgerichtsgesetzes vom 12. März 1951: „Jedermann kann mit der Behauptung, durch die öffentliche Gewalt in einem seiner Grundrechte oder in einem seiner in Artikel 33, 38, 101, 103 und 104 des Grundgesetzes enthaltenen Rechte verletzt zu sein, die Ver-

194

Gespräch des Staatssekretärs Hallstein mit dem französischen Außenminister Schuman in Paris

214-00-II 478/52 **29. August 1952**[1]

Streng geheim!

Kurzprotokoll der Besprechung, die am Freitag, dem 29. August 1952, vormittags 10 Uhr im Quai d'Orsay zwischen Staatssekretär Hallstein und Außenminister Schuman stattgefunden hat.

Anwesend auf deutscher Seite: Staatssekretär Hallstein, Ministerialdirektor Blankenhorn, Gesandter Ophüls; auf französischer Seite: Außenminister Schuman, Gesandter Seydoux, Herr Beaumarchais.

Schuman: Die heutige Unterhaltung werde sich auf der Basis der beiden vorliegenden Gedankenskizzen[2] entwickeln. Das Interview, das Herr von Brentano vor etwa acht Tagen gegeben habe, habe eine gewisse Beunruhigung in französischen Kreisen ausgelöst. Besonders aufgefallen sei, daß diese pessimistische Stellungnahme Herrn von Brentanos unmittelbar nach seiner Rückkehr vom Bürgenstock abgegeben worden sei. Habe man es darum mit einer offiziellen Stellungnahme zu tun?

Hallstein: Die Veröffentlichung, die der „Mittag" gebracht habe, sei von A bis Z falsch gewesen. Herr von Brentano, mit dem auf dem Katholikentag in Berlin[3]

Fortsetzung Fußnote von Seite 587

fassungsbeschwerde zum Bundesverfassungsgericht erheben." Vgl. BUNDESGESETZBLATT 1951, Teil I, S. 252.

1 Durchdruck.
Hat Legationsrat I. Klasse Thierfelder vorgelegen.

2 Zum französischen Vorschlag vom 13. August 1952 zur Lösung der Saarfrage vgl. Dok. 185.
In einem Memorandum vom 18. August 1952 schlug die Bundesregierung vor, „ein europäisches Saarterritorium zu schaffen. Die territoriale Abgrenzung bleibt vorbehalten. Mit der Schaffung eines europäischen Saarterritoriums würde die europäische Integration einen weiteren Fortschritt machen. Gleichzeitig wäre es möglich, dadurch die Saardifferenzen, die ein entscheidendes Hindernis für die Fortentwicklung des europäischen Gedankens bilden, aus dem Wege zu räumen. Die Schaffung eines europäischen Territoriums an der Saar setzt voraus, daß sie von demokratischen Prinzipien getragen ist. Dazu gehört in erster Linie, daß hierbei nicht über den Kopf der Saarbevölkerung hinweg gehandelt wird, sondern daß es ihr gestattet wird, durch Vertreter eines frei gewählten Landtags [...] so bald wie möglich an der Gestaltung der Lösung mitzuwirken." Zum französischen Vorschlag vom 13. August 1952 erklärte die Bundesregierung: „An und für sich bestehen gegen die dargelegten politischen Gedanken einer europäischen Lösung der Saarfrage keine Bedenken. Die Schaffung einer innerpolitischen Autonomie und eines europäischen Organs sind notwendig. [...] Gegenüber der in der Skizze vorgenommenen Trennung von politischen und wirtschaftlichen Grundlinien und den Vorschlägen über die wirtschaftliche Regelung bestehen erhebliche Bedenken. Die französisch-saarländische Wirtschaftsunion und die sie näher umschreibenden französisch-saarländischen Wirtschaftskonventionen verleihen Frankreich eine Stellung im Saargebiet, die eine Beherrschung der saarländischen Wirtschaft und damit des Saargebiets überhaupt zur Folge hat. Eine innerpolitische Autonomie des Saarlandes verträgt sich nicht mit der wirtschaftlichen Beherrschung durch ein anderes Land." Die Bundesregierung schlug vor, eine Kommission von Sachverständigen damit zu beauftragen, einen Entwurf für eine Übergangsregelung auszuarbeiten, „die die Interessen der saarländischen, der deutschen und der französischen Wirtschaft berücksichtigt". Vgl. VS-Bd. 3236 (Abteilung 2); B 150, Aktenkopien 1952.

3 Der 75. Deutsche Katholikentag fand vom 19. bis 24. August 1952 in Berlin (West) statt.

telefonisch Fühlung genommen worden sei, habe den wahren Wortlaut seiner Erklärungen veröffentlicht. Herr von Brentano habe anläßlich dieses Gesprächs mit Journalisten zum Ausdruck gebracht, daß er die Besprechungen für aussichtsreich halte. Komme man nicht zu einer Einigung, so müsse Vorsorge dafür getroffen werden, daß die Enttäuschung sich auf dieses Objekt begrenzt und nicht auf andere übergreift, d.h. auch die Entwicklung der anderen Europafragen beeinträchtigt. Im übrigen sei die Meldung von jemand gemacht worden, der an dem Gespräch überhaupt nicht teilgenommen habe.

Schuman: Er möchte zunächst einige persönliche Bemerkungen zu dem ihm von deutscher Seite übergebenen Memorandum vom 18. August machen. – Mit den Ausführungen in Absatz I des Memorandums sei er im allgemeinen einverstanden unter folgenden Reserven: In Absatz 2 der ersten Seite werde von deutscher Seite festgestellt, daß die Westalliierten die Bundesrepublik immer wieder als Nachfolgerin des Deutschen Reiches in den Grenzen von 1937 betrachtet haben. Diese These, wenn man sie nicht politisch, sondern juristisch überlege, könne nicht anerkannt werden. Die Bundesregierung sei zwar, wie anläßlich der New Yorker Konferenz im Jahre 1950 festgestellt worden sei, die einzige Regierung, die fähig sei, im Namen Deutschlands und der deutschen Bevölkerung zu sprechen[4], die Frage der Grenzen sei aber eine Angelegenheit des Friedensvertrags, an dem Deutschland mitwirken werde. Von alliierter Seite sei aber ausdrücklich immer wieder die Reserve ausgesprochen worden, daß die Grenzfrage eine Angelegenheit des Friedensvertrags sei.

Auf Seite 2 des Memorandums werde von deutscher Seite betont, daß bei der Schaffung eines europäischen Territoriums an der Saar nicht über den Kopf der Saarbevölkerung hinweg gehandelt werden dürfe, sondern daß es ihr gestattet werden müsse, durch Vertreter eines frei gewählten Landtags, dessen Legitimation von niemandem bestritten werden kann, so bald wie möglich an der Gestaltung der Lösung mitzuwirken. – Wie solle man das verstehen? Eine Teilnahme der Saar an den gegenwärtigen Besprechungen bedeute eine Verzögerung.

Hallstein: Man müsse die Arbeit in zwei Teile teilen. Zunächst handele es sich um die Auffindung der prinzipiellen Lösung, dann um die Ausarbeitung der endgültigen Lösung in einem besonderen Verfahren. Daher betone das Memorandum, daß frei gewählte Vertreter der Saar „so bald wie möglich“ an der Gestaltung der Lösung mitwirken sollten.

Schuman: Wenn er also recht verstehe, so wolle man jetzt versuchen, einen „accord sur les principes généraux“ zu finden, ohne daß schon hierbei die Vertreter der Saar mitwirkten. Erst wenn man an die Ausarbeitung der endgültigen Regelung gehe, dann sollten auch die Vertreter der Saar mitwirken.

Hallstein: Man müsse unter allen Umständen ausschließen, daß die Saarbevölkerung unter den Zwang einer Alternative gestellt werde. Die europäische Lö-

4 Im Schlußkommuniqué vom 19. September 1950 über die Außenministerkonferenz der Drei Mächte vom 12. bis 14. sowie am 18. September 1950 in New York wurde ausgeführt: „Bis zur Vereinigung Deutschlands betrachten die drei Regierungen die Regierung der Bundesrepublik Deutschland als die einzige frei und gesetzlich konstituierte deutsche Regierung, die infolgedessen befugt ist, in internationalen Angelegenheiten als Vertreter des deutschen Volkes für Deutschland zu sprechen.“ Vgl. EUROPA-ARCHIV 1950, Bd. 2, S. 3406.

sung sei nur dann demokratisch, wenn die Saarbevölkerung an ihrer Formulierung selbst mitwirke.

Schuman: Hinsichtlich des Absatzes II des deutschen Memorandums vom 18. August müsse er zunächst Bedenken dagegen erheben, daß eine Trennung von wirtschaftlichen und politischen Fragen nicht möglich sei. Er verkenne nicht die Interdependenz dieser Fragen, man müsse aber aus methodischen Gründen die Materien gruppieren.

Hallstein: Man müsse die Gesamtheit der Frage ins Auge fassen.

Schuman: Er stelle fest, daß hinsichtlich des zu erstrebenden politischen Regimes keine Gegensätze beständen. Selbstverständlich müßte über die Abgrenzung und Zuständigkeit eingehend gesprochen werden. – Anders sei es hinsichtlich der wirtschaftlichen Seite. Hier seien die beiden Standpunkte noch sehr weit voneinander entfernt. Besondere Kritik löse bei ihm der Satz 2 von II, Absatz 2 aus, der wie folgt laute: „Die französisch-saarländische Wirtschaftsunion und die sie näher umschreibenden Wirtschaftskonventionen verleihen Frankreich eine Stellung im Saargebiet, die eine Beherrschung der saarländischen Wirtschaft und damit des Saargebiets überhaupt zur Folge hat." – Wirtschaftsunion bedeute noch nicht Vorherrschaft eines Landes im Gebiete eines anderen. Wirtschaftsunion bedeute vielmehr Assoziation. Er könne nicht annehmen, daß etwas Derartiges mit innerer Autonomie unvereinbar sei. Es gebe auch andere Beispiele einer Wirtschaftsunion, so die Währungs- und Wirtschaftsunion, die früher zwischen Luxemburg und Deutschland bestanden habe und die einen frei geschlossenen Vertrag zur Grundlage gehabt habe.[5]

Auch die Bemerkung, daß die französisch-saarländische Union und die mit ihr zusammenhängenden Konventionen den Grundsatz der Nicht-Diskriminierung verletzten, könne er nicht hinnehmen. Er könne nicht anerkennen, daß ein solches Prinzip der Nicht-Diskriminierung an der Spitze der europäischen Verträge stehe. Der Montanvertrag stelle eine völlig neue Initiative der Kooperation dar auf einem Gebiet, wo früher nichts bestanden habe („sur un territoire complètement vide"). Dies sei aber an der Saar anders. Die Bundesregierung habe immer anerkannt, daß Frankreich an der Saar spezielle Wirtschaftsinteressen besitze. Diese Interessen ergäben sich aus der territorialen Lage der Saar und ihrer bisherigen industriellen und wirtschaftlichen Entwicklung, die sie seit 1871 eng mit Lothringen verknüpfe. Hier handele es sich also um ein besonderes Problem, das man nicht mit dem Prinzip der Nicht-Diskriminierung allein lösen könne. Es wäre eine Diskriminierung Frankreichs, wenn seine speziellen Interessen dort keinerlei Berücksichtigung fänden. Frankreich besitze an der Saar auch eine sogenannte „situation acquise", d.h. eine Stellung, deren Zusammenhang mit dem Reparationsproblem nicht unberücksichtigt bleiben dürfe. Selbstverständlich müsse man alles tun, um Garantien dafür zu schaffen, daß an der Saar eine echte Autonomie bestehe und daß Frankreich seine privilegierte Situation nicht zum Nachteil Deutschlands ausnütze. Erkenne man aber

5 Am 8. Februar 1842 unterzeichnete das Großherzogtum Luxemburg den Vertrag über den Anschluß an den Deutschen Zoll- und Handelsverein. Für den Wortlaut vgl. ZOLLANSCHLUSS I, S. 198–232. Der Vertrag wurde am 2. April 1847, am 31. Dezember 1853, am 25. Oktober 1865, am 11. Juli 1872 und am 11. November 1902 erneuert. Am 1. Januar 1919 schied Luxemburg aus dem Deutschen Zollverein aus.

die speziellen Interessen Frankreichs nicht an, brauche man eine komplizierte Lösung nicht zu suchen. Ihm komme es darauf an, die deutschen Gedanken hinsichtlich einer solchen wirtschaftlichen Lösung kennenzulernen. Der Zeitpunkt für ein gründliches Studium der Fragen durch Experten sei noch nicht gekommen. Man sei im Begriff, die Standpunkte zu klären und die Möglichkeit einer Annäherung zu untersuchen. Man müsse nun positive Lösungen erstreben. Das deutsche Memorandum enthalte aber lediglich negative Hinweise.

Hallstein: Hinsichtlich der von Herrn Schuman angemeldeten Reserven zur These „Bundesrepublik Nachfolgerin des Reiches" müsse er mit Nachdruck betonen, daß diese These von der Bundesregierung aufrechterhalten werde, und zwar auch dort, wo diese These zum Nachteil der Bundesrepublik ausschlage, insbesondere bei den Schuldenproblemen. Hinsichtlich der Bemerkungen Schumans zum Teil II des deutschen Memorandums müsse er eine methodische Bemerkung machen. Es komme darauf an, einmal zu untersuchen, was denn die wirtschaftlichen Interessen Frankreichs an der Saar sind. Daß die Saar in engem landwirtschaftlichem Zusammenhang mit Lothringen stehe, sei klar. Aber so gut man diesen Zusammenhang untersuche, so könne man auch die wirtschaftliche Bedeutung der weiterverarbeitenden Industrie der Saargruben, der Zollgrenze usw. für die französische Wirtschaft untersuchen, um von einer solchen Untersuchung aus einen Ausgangspunkt für eine vernünftige Lösung zu finden. Wenn eine Bilanz der Interessen vorliege, gebe es dann keine Lösung, die europäischen Charakter habe und zugleich nicht ganz vermeidbare Opfer vermindere? Die bloße Existenz einer Situation sei noch kein Argument, wenn man daran gehe, eine Lösung zu schaffen. Wenn man die Auffassung vertrete, daß die Existenz einer Wirtschaftsunion nicht im Widerspruch zu einer europäischen Lösung stehe, warum lasse man nicht den politischen Anschluß der Saar an Deutschland zu? Man könne sicherlich per Saldo Frankreich wesentliche Vorteile der gegenwärtigen Situation erhalten. Was das deutsche Memorandum bezwecke, sei, eine genauere Untersuchung der wirtschaftlichen Seite des Problems zu veranlassen. Eine solche Untersuchung sei dringend notwendig, denn die europäische Lösung müsse ein natürliches Gefälle der wirtschaftlichen Dinge aufrechterhalten. Man müsse der wirtschaftlichen Vernunft freien Lauf lassen, so z. B. in der Aufrechterhaltung der engen Beziehungen zwischen der lothringischen Landwirtschaft und dem Saargebiet. Auch den anderen Problemen des Wirtschaftslebens müsse man sich auf diese Weise nähern, zum Beispiel dem Währungsproblem. Ministerialdirigent Reinhardt vom Wirtschaftsministerium, der Herrn Schuman aus den Verhandlungen um die Montanunion bekannt sei, trage sich mit dem Gedanken eines schrittweisen Abbaus der Währung an der Saar im Hinblick auf eine Währung, zu der alle anderen Staaten Zugang haben, so daß Frankreich das ihm im Wege über die Saarwirtschaft zufallende Deviseneinkommen erhalten werde.

Schuman: Die Montanunion dränge geradezu nach einer Währungseinheit. Im Falle einer Währungseinheit würden sicher 4/5 der an der Saar bestehenden Wirtschaftsprobleme gegenstandslos werden.

Hallstein: Auch unter dem Gesichtspunkt der europäischen Rüstungswirtschaft müsse die Zusammenarbeit viel enger werden. Er stelle sich vor, daß der außerordentliche Bedarf an Rüstung am besten im Wege über eine Arbeitsteilung zwischen den europäischen Ländern befriedigt werde. Hier ergebe sich wie nirgends anders die Notwendigkeit einer engen Zusammenarbeit der französischen und der deutschen Wirtschaft, auf Grund deren das Saarproblem sich unter anderen Proportionen darstelle.

Man habe deutscherseits an eine Studiengruppe gedacht, die einmal ausrechne, was praktisch für die französische Wirtschaft die Aufgabe der Konventionen ausmache. Die allgemeine Konvention würde sowieso bei einer europäischen Lösung der Saarfrage keine Existenzberechtigung mehr besitzen. Die auswärtigen Fragen, die militärischen Fragen würden europäisch geregelt werden. Die inneren Angelegenheiten würden alle in die Zuständigkeit der Autonomie fallen, die ihrerseits wieder unter Kontrolle eines europäischen Organs stehen würde, darunter auch die Steuern.

Schuman: Im Falle eines Aufrechterhaltens einer Wirtschaftsunion bedürfe es einer Harmonisierung der Produktionskosten.

Hallstein: Dasselbe Problem habe sich beim Schuman-Plan gestellt. Man hätte aber davon abgesehen, dies durch unmittelbare Maßnahmen zu regeln, da die Hohe Behörde alles in den Mitgliedstaaten würde überwachen müssen. Man habe lediglich Gesetzgebungen und Verwaltungen verpflichtet, daß die bestehenden Unterschiede nicht größer werden. Der Artikel 67 des Montanvertrages[6] biete sich als gutes Modell für die Saarlösung auf diesem Gebiet. Mit anderen Worten: die Produktionsbedingungen an der Saar dürften nicht so verändert werden, daß der Unterschied zu den anderen Ländern größer wird. Frankreich riskiere damit nichts.

Schuman: Dies doch nur unter der Voraussetzung, daß man auf europäischem Boden weiterkommt.

Hallstein: Unter dieser Voraussetzung stehen alle gegenwärtigen Arbeiten.

Zur Frage der Diskriminierung: Hier liege die Situation nicht anders als bei der Montanunion. Das Gebiet, das von der Montanunion heute richtig erfaßt werde, sei ursprünglich durch die nationale Souveränität der einzelnen Länder ge-

[6] Artikel 67 des EGKS-Vertrages vom 18. April 1951: „1) Jede Maßnahme eines Mitgliedstaates, die eine fühlbare Auswirkung auf die Wettbewerbsbedingungen in der Kohle- und Stahlindustrie haben kann, ist der Hohen Behörde durch die beteiligte Regierung zur Kenntnis zu bringen. 2) Ist eine solche Maßnahme geeignet, eine schwere Störung des Gleichgewichts hervorzurufen, indem sie die Unterschiede der Produktionskosten in anderer Weise als durch Veränderung der Produktivität wesentlich vergrößert, so kann die Hohe Behörde nach Anhörung des Beratenden Ausschusses und des Rates folgende Maßnahmen ergreifen: Hat die Maßnahme dieses Staates schädliche Auswirkungen auf die Kohle- oder Stahlunternehmen innerhalb der Hoheitsgewalt des betreffenden Staates, so kann die Hohe Behörde ihn ermächtigen, ihnen eine Beihilfe zu gewähren, deren Höhe, Bedingungen und Dauer im Einvernehmen mit ihr festgesetzt werden. Dieselben Vorschriften finden bei Änderungen von Löhnen und Arbeitsbedingungen Anwendung, welche die gleichen Wirkungen haben, auch wenn sie nicht auf einer Maßnahme des Staates beruhen. Hat die Maßnahme dieses Staates schädliche Auswirkungen auf die Kohle- oder Stahlunternehmen innerhalb der Hoheitsgewalt anderer Mitgliedstaaten, so richtet die Hohe Behörde an ihn eine Empfehlung mit der Aufforderung, diese Auswirkungen durch Maßnahmen zu beseitigen, die nach seiner Ansicht am besten mit seinem eigenen wirtschaftlichen Gleichgewicht vereinbar sind. 3) Vermindert die Maßnahme dieses Staates die Unterschiede der Produktionskosten, indem sie den Kohle- oder Stahlunternehmen innerhalb seiner Hoheitsgewalt im Vergleich zu den anderen Industrien desselben Landes einen besonderen Vorteil bringt oder ihnen besondere Lasten auferlegt, so kann die Hohe Behörde an diesen Staat nach Anhörung des Beratenden Ausschusses und des Rates die erforderlichen Empfehlungen richten." Vgl. BUNDESGESETZBLATT 1952, Teil II, S. 468.

deckt gewesen. Hier liege das Opfer. So werde es auch bei einer europäischen Lösung der Saarfrage sein. Deutschland müsse seine politischen Ansprüche auf die Saar aufgeben. Dies habe große Bedeutung. Von Frankreich werde erwartet, daß es die wirtschaftliche Souveränität preisgebe, die es auf Grund der bisherigen Lösung, die einer Art wirtschaftlicher Annexion gleichkomme, besitze. Frankreich werde aber das Opfer auf der europäischen Ebene wieder gewinnen. – Zur Verknüpfung der Saarfrage mit der Reparationsfrage müsse er sagen, daß das Reparationsproblem hier nur insoweit hineinspiele, als es in Zusammenhang stehe mit den Demontagen. In Moskau[7] habe man vereinbart, daß Frankreich es sich anrechnen lassen müsse, wenn gewisse saarländische Industrien von der Demontage ausgenommen würden. Die Wirtschaftsunion sei aber niemals auf Reparationsansprüche gegründet gewesen.

Es stelle sich nun die Frage, ob man nicht von Wirtschaftsexperten eine Bilanz ziehen lasse, wobei die Frage zu prüfen sei, wie man etwa die französischen Interessen in europäischer Form wahren könne.

Schuman: Er sei der Auffassung, daß Frankreich nicht notwendigerweise an den gegenwärtigen Status gebunden sei. Frankreich werde auch anderen Lösungen nicht widersprechen, vorausgesetzt, daß seine Interessen gewahrt werden. Deutschland habe ja niemals bestritten, daß Frankreich spezielle wirtschaftliche Interessen an der Saar besitze. Mache man sonst Fortschritte auf europäischem Gebiet – vor allem bei der Konvertibilität der sechs Währungen –, dann werde das Saarproblem außerordentlich erleichtert werden. Nur bei einer einheitlichen Währung könne die Verflechtung auf anderen Gebieten aufrechterhalten werden, die vor allem im landwirtschaftlichen Sektor, aber auch sonst eine Lebensnotwendigkeit für das Saargebiet bedeutet. Vielleicht ließen sich dann auch Übergangsregelungen finden. Das französische Opfer dürfe nicht unterschätzt werden. Frankreich übe an der Saar sowohl im Innern wie nach außen Rechte aus, auf die es vollständig verzichten müsse. Er sehe ein, daß es auch ein großes Opfer für Deutschland sei, die innere Autonomie der Saar anzuerkennen. Wie könne man aber in einer neuen Regelung für Frankreich das Wesentliche seiner wirtschaftlichen Vorteile erhalten, die es nicht künstlich geschaffen habe, sondern die naturgegeben seien? Hierbei stelle sich als erstes Problem die Freiheit des Zahlungsverkehrs und die Stabilität der Währungskurse, als zweites Problem die Frage der Zölle. Finde man auf diesen Gebieten eine Lösung ohne Wirtschaftsunion, so solle es ihm recht sein. Faisons un effort d'imagination. Es sei wichtig, die legitimen Interessen dabei zu erhalten. Die Lösung müßte so europäisch wie möglich sein und anstelle der bilateralen Lösung treten. Heute sei man noch nicht so weit fortgeschritten, um in eine Prüfung der Details einzutreten.

Schuman kommt dann noch einmal kurz auf die Reparationsfrage zurück, betont aber erneut, daß Übereinstimmung zwischen Großbritannien, den Vereinigten Staaten und Frankreich dahingehend bestanden habe, daß eine Verbindung zwischen der französischen Position an der Saar und den Reparationen bestehe. Schuman zitierte dann Marshall. *Hallstein* entgegnet mit dem Zitat der gleichen Stelle, die der Interpretation Schumans widerspricht. In den Erklä-

[7] Die Außenministerkonferenz der Vier Mächte fand vom 10. März bis 24. April 1947 statt.

rungen Marshalls findet sich kein Hinweis auf eine etwaige Charakterisierung der Saarlösung im Sinne der Reparationen, lediglich der Hinweis auf die Anrechnung der an der Saar verbliebenen nicht demontierten Industrie auf französische Reparationsansprüche.[8]

Schuman faßt das Gespräch wie folgt zusammen:

Man sei sich hinsichtlich des politischen Teils der Lösung recht nahe gekommen. Jedenfalls sei er der Überzeugung, daß hier die Probleme nicht unüberwindbar seien. Anders sei es auf wirtschaftlichem Gebiet. Hier seien die beiden Standpunkte noch voneinander entfernt. Andererseits könne im gegenwärtigen Moment eine Studiengruppe noch nicht eingesetzt werden, weil ihr noch keine Direktiven gegeben werden könnten, in welcher Form die Lösungen anzupacken seien.

Hallstein: Wirtschaftsexperten sollten als Hilfsorgane zu den Besprechungen zugezogen werden, schon allein um die Fragen richtig zu formulieren. Dies sei nur dann möglich, wenn die wirtschaftlichen Interessen richtig bewertet würden. Er schlage deshalb vor, die Delegation um je zwei Experten zu verstärken.

Schuman begrüßt diesen Vorschlag und ist einverstanden, daß auf beiden Seiten je ein Sachverständiger für Währungs- und Wirtschaftsfragen an den Beratungen teilnimmt.

Schuman: Er werde die Tagung der Außenminister am 8. und 9. September[9] zu einer ausgiebigen Aussprache mit dem Herrn Bundeskanzler benutzen. Dort würde dann auch der Termin für die nächste Besprechung in Gegenwart der Währungs- und Wirtschaftsexperten festgelegt werden.

Hallstein: Er lege Wert darauf, das Thema der Zulassung der Parteien und der freien Wahlen an der Saar kurz zu besprechen.

Schuman: Er habe mit Vertretern der Saar Fühlung genommen und sei zu der Auffassung gekommen, daß es jetzt nicht zweckmäßig sei, die Parteien zuzulassen, da die Frist bis zu den Wahlen zu kurz sei. Um aber den Wahltermin zu verschieben, bedürfe es eines Gesetzes. Nach der Verfassung müßten die Wahlen spätestens am 15. Dezember stattfinden.

Hallstein bestreitet die Notwendigkeit dieses Termins und begründet seine Auffassung mit Artikel 69, Absatz 2, Satz 1 der Verfassung, auf Grund dessen der Landtag nach Ablauf der ersten fünf Jahre neu gewählt werden müsse.[10]

Schuman verweist auf Artikel 131[11], betont, daß zwischen der Beendigung der Amtsperiode des ersten Landtags und dem Neuantritt des zweiten Landtags keine Lücke entstehen dürfe.

[8] Am 10. April 1947 führte der amerikanische Außenminister Marshall in Moskau aus: „The incorporation of the Saar resources into the economy of France will make necessary some modification of the level of industry allowed to Germany and some readjustment of reparation removals and the retention in the Saar territory of some plants which were to be removed for reparations. French claims for reparations will have to be subject to adjustment in light of the changed situation." Vgl. GERMANY 1947–1949, S. 148. Vgl. dazu ferner FRUS 1947, II, S. 325.

[9] Die EGKS-Ministerratstagung fand vom 8. bis 10. September 1952 in Luxemburg statt.

[10] Für den Wortlaut des Artikels 69, Absatz 2, Satz 1 der Verfassung des Saarlandes vom 15. Dezember 1947 vgl. AMTSBLATT DES SAARLANDES 1947, Nr. 67 vom 17. Dezember 1947, S. 1085.

[11] Artikel 131 der Verfassung des Saarlandes vom 15. Dezember 1947: „Der Verfassunggebende Landtag gilt von der Verkündung der Verfassung ab als erster Landtag im Sinne dieser Verfassung,

Hallstein: Dann müsse eben der alte Landtag in Funktion bleiben, bis der neue seine Arbeit aufnehme.

Schuman: Dieser Grundsatz sei in Frankreich nicht anerkannt. Es bedürfe einer gesetzlichen Ermächtigung, um die Kompetenz des Landtags zu verlängern. Hier handele es sich um eine interne Angelegenheit des saarländischen Landtags, der nur mit 2/3-Mehrheit die Verlängerung beschließen könne.

Schuman bezweifelt dann die Auslegung der Bestimmung des Artikels 69, auf Grund dessen nach den ersten fünf Jahren die Wahlen zum Landtag erfolgen sollen. Die Vorschrift sei schlecht gefaßt. Sie sollte nur bedeuten, daß nach Ablauf der fünf Jahre das gegenwärtige Wahlsystem durch das System der kreisweise abgestuften Wahlen ersetzt werden soll. Er ist der Auffassung, daß man entweder die Wahlen am 15. Dezember durchführen oder eine Verlängerung der Vollmachten mit der in der Verfassung vorgesehenen Mehrheit gesetzlich entscheiden müsse.

Hallstein: Daraus könne sich eine sehr ernste Situation ergeben. Neuwahlen könnten nicht stattfinden, ohne daß die Parteien zugelassen seien. Fänden sie ohne Zulassung der Parteien statt, so bedeute dies eine Bestätigung der gegenwärtigen Situation an der Saar, die zwangsläufig nachteilige Wirkungen auf die Gespräche haben müsse.

Schuman: Er sei sich mit Herrn Hallstein einig, daß eine Konsultation der Saarbevölkerung stattfinden müsse. Seine Vertrauensleute an der Saar befürchteten aber, daß, wenn man vor Abschluß der Besprechungen die Parteien zulasse, ein Wahlkampf beginne, der um die Frage „Für oder gegen den Anschluß der Saar an Deutschland“ gehe und damit die politischen Leidenschaften entfache.

Hallstein: Wähle man den Landtag jetzt ohne Zulassung der Parteien neu, so müßte dieser Landtag nach kurzer Zeit wieder aufgelöst werden. Hierzu bedürfe es aber einer Dreiviertelmehrheit. Da nicht daran zu denken sei, daß der Landtag sich selbst auflöse, Neuwahlen aber erst nach vier Jahren zu erwarten seien, bedeute dies das Ende einer europäischen Lösung der Saarfrage. – Er mache darauf aufmerksam, daß auch die neuen Parteien, die immer noch auf Zulassung warten[12], hinsichtlich einer europäischen Lösung der Saar positiv eingestellt sind. Es sei nicht so, daß diese Gruppen von der Parole „heim ins Reich“ getragen seien.

Schuman: Er werde auf Grund des Ergebnisses dieser Diskussion nochmals mit den Vertretern der Saar in der kommenden Woche Besprechungen führen. Über das Resultat dieser Besprechungen werde er anläßlich der Außenministerkonferenz in Luxemburg[13] berichten.

VS-Bd. 3198 (Abteilung 2)[*]

Fortsetzung Fußnote von Seite 594
die vorläufige Verwaltungskommission des Saarlandes als Übergangsregierung bis zum Amtsantritt einer verfassungsmäßigen Landesregierung.“ Vgl. AMTSBLATT DES SAARLANDES 1947, Nr. 67 vom 17. Dezember 1947, S. 1092.

12 CDU des Saarlandes, DSP und DPS.

13 Zu den Besprechungen des Bundeskanzlers Adenauer mit dem französischen Außenminister Schuman am 10. September 1952 in Luxemburg anläßlich der EGKS-Ministerratstagung vgl. Dok. 200.

* Bereits veröffentlicht in: BDFD II, S. 240–244 (Auszug).

195

Aufzeichnung des Referenten Biermann

020-00 II 11622/52 **3. September 1952**

Betr.: Ständiger Beobachter bei den Vereinten Nationen

1) Der Herr Staatssekretär hat bereits vor einiger Zeit entschieden, daß Herr VLR Riesser zum Ständigen Beobachter der Bundesrepublik bei den Vereinten Nationen ernannt werden soll. Die Ernennung ist jedoch – wie mir aus einem Aktenvermerk von Herrn Gesandten Schwarz[1] bekannt wurde – wieder aufgeschoben worden. Der Grund hierfür war, daß nach dem Wunsch des Generalsekretärs der UN der Beobachter seinen ständigen Sitz in New York haben soll und noch nicht feststand, wo Herr Riesser seinen Amtssitz haben würde.

2) Angesichts der Tatsache, daß im Oktober die Vollversammlung der Vereinten Nationen zusammentritt[2], wäre die baldige Ernennung eines Ständigen Beobachters sehr erwünscht. Da die Zustimmung des Generalsekretärs nach den Sondierungen gesichert erscheint, könnte die Benennung durch ein entsprechendes Schreiben jederzeit erfolgen.[3]

3) Im Hinblick darauf , daß die grundsätzliche Seite der Angelegenheit bereits entschieden ist, erübrigt es sich wohl, die Ausarbeitung von Herrn Schulze-Boysen[4] dem Herrn Staatssekretär vorzulegen. Dagegen würde es sich empfehlen, sie Abt. I zuzuleiten.[5]

Hiermit Herrn Dr. von Trützschler[6] vorgelegt.

Biermann

B 10 (Abteilung 2), Bd. 21

1 Vgl. dazu die Aufzeichnung des Gesandten I. Klasse Schwarz vom 13. August 1952; B 110 (Referat 110), Bd. 126.

2 Die siebte Sitzungsperiode der UNO-Generalversammlung begann am 14. Oktober 1952.

3 Am 8. Oktober 1952 informierte Staatssekretär Hallstein UNO-Generalsekretär Lie, daß Vortragender Legationsrat Riesser, New York, „von der Regierung der Bundesrepublik Deutschland beauftragt worden ist, die Tätigkeit der Vereinten Nationen in der Eigenschaft als Beobachter zu verfolgen und alle etwaigen Mitteilungen der Vereinten Nationen der Bundesregierung zu übermitteln". Vgl. B 10 (Abteilung 2), Bd. 21.

4 Am 26. August 1952 übermittelte Vortragender Legationsrat Riesser, z. Z. Washington, eine undatierte Aufzeichnung des Vizekonsuls Schulze-Boysen, Washington, und wies darauf hin, daß sich Staatssekretär Hallstein beim Besuch in Washington „für die Rolle des ‚observers' besonders interessiert" habe. Vgl. B 10 (Abteilung 2), Bd. 21.
Schulze-Boysen gab zunächst einen historischen Überblick über den Begriff und die Funktion eines Beobachters und faßte seine Darlegungen folgendermaßen zusammen: „Ein Observer ist der Vertreter eines Nicht-Mitgliedstaates bei einer internationalen Organisation. Warum der Entsendestaat nicht Mitglied ist, warum er dennoch vertreten sein will, welche Befugnisse und Pflichten sein Vertreter hat, über diese und andere Fragen sagt der Begriff des ‚Observer' selbst nichts aus, die Antworten ergeben sich im Einzelfall." Als Beispiele nannte er den amerikanischen Beobachter beim Völkerbund und die Beobachter der dem Europarat assoziierten Staaten. Vgl. B 10 (Abteilung 2), Bd. 21.

5 Am 4. September 1952 leitete Legationsrat I. Klasse Trützschler von Falkenstein die undatierte Aufzeichnung des Vizekonsuls Schulze-Boysen, Washington, an Generalkonsul I. Klasse a. D. Peter Pfeiffer weiter. Vgl. dazu B 10 (Abteilung 2), Bd. 21.

6 Hat Legationsrat I. Klasse Trützschler von Falkenstein vorgelegen.

196

Aufzeichnung des Legationsrats I. Klasse Trützschler von Falkenstein

202-05 II 11726/52 **4. September 1952**

Eilt!

Mr. Renchard von der Politischen Abteilung des amerikanischen Hohen Kommissariats hat heute im Auftrag seiner Regierung hier folgende Mitteilung gemacht:

Auf der Mitte August vom Generalsekretär der UN[1] veröffentlichten Tagesordnung der am 14. Oktober beginnenden Generalversammlung der UN sei der Abschlußbericht der UN-Kommission für gesamtdeutsche Wahlen[2] nicht aufgeführt. Es bestehe die Möglichkeit für die Mitgliedstaaten, zusätzliche Tagesordnungspunkte auf die Zusatztagesordnung setzen zu lassen; entsprechende Vorschläge müssen dem Generalsekretär bis zum 15. September unterbreitet werden. Die amerikanische Regierung habe an sich nicht die Absicht, diese Frage auf die Tagesordnung der Generalversammlung setzen zu lassen, sie sei aber bereit, ihren Standpunkt erneut zu überprüfen, falls die Bundesregierung sich von einer Debatte über die Frage der gesamtdeutschen Wahlen in der Generalversammlung etwas versprechen sollte. Herr Renchard bat, möglichst bald eine Antwort auf die in dieser Mitteilung enthaltenen Frage zu erhalten, damit er seine Regierung fristgemäß unterrichten könne.

Zu der gleichen Angelegenheit füge ich anliegend Abschrift einer Aufzeichnung des Referatsleiters, Herrn Biermann, bei, die dieser am 21. August Herrn MD Blankenhorn vorgelegt hat.[3] Die Stellungnahme Herrn Biermanns, daß es nicht zweckmäßig sei, eine Initiative zur Wiederaufnahme der Frage zu ergreifen, beruht zunächst auf der Annahme, daß sich die Westmächte nicht für eine Weiterverfolgung der Angelegenheit in der Generalversammlung einsetzen würden. Diese Voraussetzung hat durch den obigen Schritt des amerikanischen Hohen Kommissars[4] eine gewisse Modifizierung erhalten. Jedenfalls dürfte feststehen, daß eine Debatte vor der Generalversammlung höchstens propagandistische Bedeutung haben könnte. Auch ist natürlich nicht sicher, ob ein Vorschlag, die Frage auf die Tagesordnung zu setzen, die notwendige Mehrheit der Generalversammlung finden würde.

Der Schlußbericht der UN-Kommission für gesamtdeutsche Wahlen ist inzwischen eingegangen und wird gegenwärtig übersetzt. Die Übersetzung wird sobald wie möglich vorgelegt werden.[5]

1 Trygve Lie.
2 Für den Wortlaut des Abschlußberichts der UNO-Kommission für gesamtdeutsche Wahlen vom 5. August 1951 vgl. B 10 (Abteilung 2), Bd. 224.
3 Dem Vorgang beigefügt. Vgl. B 10 (Abteilung 2), Bd. 224.
4 Walter J. Donnelly.
5 Am 5. September 1952 übermittelte der Sprachendienst Referent Biermann die Übersetzung des Abschlußberichts der UNO-Kommission für gesamtdeutsche Wahlen vom 5. August 1951. Vgl. B 10 (Abteilung 2), Bd. 224.

Hiermit dem Herrn Staatssekretär[6] mit der Bitte um baldige Weisung vorgelegt.[7]

von Trützschler

B 10 (Abteilung 2), Bd. 224

197

Aufzeichnung des Vortragenden Legationsrats von Etzdorf

210-01 E III 12914/52 **6. September 1952**

I. Die Aufnahme von Verhandlungen über die deutsche Wiedergutmachung an die Juden hat die arabische Welt beunruhigt, weil sie von der Zahlung deutscher Reparationen an Israel Nachteile für sich erwartet. Die arabischen Bedenken fanden Niederschlag in einer Note der Liga der Arabischen Staaten vom 21. Juli d.Js., die von dem ägyptischen Generalkonsul überreicht wurde[1], und in einem Memorandum, das ein Beauftragter des syrischen Außenministeriums am 4. September überbrachte.[2] In diesen Schriftstücken, die der syrische Vertreter in mündlichen Ausführungen ergänzte, wurde die Bundesregierung ge-

[6] Hat Staatssekretär Hallstein am 6. September 1952 vorgelegen, der dazu handschriftlich vermerkte: „Stellungnahme der Abt[eilung] II?"

[7] Am 4. September 1952 führte Bundeskanzler Adenauer in einer Besprechung mit den Hohen Kommissaren Donnelly (USA), François-Poncet (Frankreich) und Kirkpatrick (Großbritannien) aus, daß er „die Aufrechterhaltung der UNO-Kommission für dringend erforderlich" halte. Daher bitte er darum, „dafür zu sorgen, daß der Abschlußbericht nicht zum Anlaß genommen würde, die Kommission aufzulösen und damit den ganzen Tagesordnungspunkt endgültig von der Tagesordnung der UNO abzusetzen". Vgl. AAPD, Hohe Kommissare 1952, S. 309.
Am 11. September 1952 setzte Ministerialdirektor Blankenhorn die Auslandsvertretungen davon in Kenntnis, daß UNO-Generalsekretär Lie erwäge, „Schlußbericht der UN-Kommission zur Überprüfung Voraussetzungen freier Wahlen in Gesamtdeutschland nicht in endgültige Tagesordnung nächster Vollversammlung aufzunehmen. Bundesregierung legt demgegenüber entscheidenden Wert darauf, daß Abschlußbericht vor UN-Vollversammlung debattiert wird, daß Frage gesamtdeutscher Wahlen weiterhin auf UN-Tagesordnung erhalten bleibt und daß UN-Kommission in bisheriger oder abgeänderter Form weiter bestehen bleibt. Bundeskanzler hat Hohe Kommissare am 4. September hierauf angesprochen und bei ihnen volles Verständnis gefunden." Blankenhorn bat darum, „in Anbetracht baldigen Zusammentretens der UN-Vollversammlung bei nächster sich bietender Gelegenheit Standpunkt der Bundesregierung bei der dortigen Regierung mit Nachdruck zu vertreten". Vgl. den Runderlaß; B 10 (Abteilung 2), Bd. 224.

[1] Der ägyptische Generalkonsul al-Boray überreichte die Note am 2. August 1952. Vgl. dazu die Aufzeichnung des Vortragenden Legationsrats von Etzdorf vom 2. August 1952; B 11 (Abteilung 3), Bd. 251.
Für den Wortlaut der Note vgl. B 11 (Abteilung 3), Bd. 251.

[2] Zu diesem Satz handschriftliche Bemerkung des Staatssekretärs Hallstein: „Dazu Telegramm a[us] Jordanien."
Der Beauftragte des syrischen Außenministeriums, al-Hamui, übergab ein Memorandum vom 19. August 1952, in dem die syrische Regierung Einspruch gegen Entschädigungsleistungen der Bundesrepublik an Israel erhob. Israel könne darauf keinen rechtlichen Anspruch erheben. Zudem würden derartige Leistungen „de facto eine Subvention für Israel in seinem Kriege" mit den arabischen Staaten darstellen. Vgl. B 10 (Abteilung 2), Bd. 1685.

beten, Ansprüche des israelischen Staates auf Zahlung von Reparationen nicht anzuerkennen.[3]

Die arabischen Regierungen berufen sich hierbei auf den Beschluß der UN-Vollversammlung vom 11. Dezember 1948, Nr. 194, der sich mit der Behandlung arabischer Flüchtlinge aus Palästina befaßt und ihnen ein Recht auf Rückkehr oder Entschädigung zuspricht.[4] Insbesondere führen sie aus, die israelische Regierung könne nicht als Vertreterin der durch die NS-Regierung in Europa geschädigten Juden angesehen werden. Israel habe z. Zt. der NS-Regierung noch nicht bestanden und die Geschädigten seien nur zu einem Bruchteil israelische Staatsangehörige. Wenn die Bundesregierung ohne Rechtstitel Zahlungen und Lieferungen an den Staat Israel leiste, so subventioniere sie damit den Feind der arabischen Staaten, die sich mit Israel im Kriegszustand befänden, und wahre nicht mehr ihre Neutralität. So trage sie zu einer Bedrohung der Sicherheit und Existenz der arabischen Staaten bei. Auch sei der israelische Markt nicht in der Lage, die ihm gelieferten Waren zu absorbieren, sondern werde zu vertragswidrigen Verkäufen schreiten, deren Erlöse wiederum zur Stärkung des feindlichen Potentials führten.

Diese Entwicklung würde die freundschaftlichen Beziehungen zwischen Deutschland und den arabischen Staaten belasten, die sich unter Umständen dazu entschließen müßten, deutsche Waren nicht mehr einzuführen.

II. 1) In der Tat muß damit gerechnet werden, daß der deutsch-israelische Vertrag unerwünschte politische und wirtschaftliche Reaktionen in der arabischen Welt auslöst. Der Außenhandel mit diesen Staaten hat in der Nachkriegszeit einen raschen Aufschwung genommen. Die Gesamtausfuhren beliefen sich im Jahre 1951 wertmäßig auf rd. 200 Mio. DM. Der Export in der ersten Hälfte des laufenden Jahres läßt weiterhin eine günstige Tendenz erkennen (Ausfuhrwert Januar/Juni 1951 138 Mio. DM). Eine besonders auffallende Steigerung gegenüber der Vorkriegszeit weisen die deutschen Ausfuhren nach Ägypten (1951 125 Mio. DM, 1936 43 Mio. RM) und nach Syrien (1951 32,5 Mio. DM, 1936 5,5 Mio. RM) auf. Der Anteil der reinen Konsumgüter an der Gesamtausfuhr ist bedeutend.

Es ist nicht ausgeschlossen, daß über wirtschaftliche Gegenmaßnahmen bereits in der für den 10. September in Kairo geplanten Konferenz der Arabischen Liga[5] Vorbesprechungen stattfinden werden. Es muß im übrigen damit gerechnet werden, daß das Preisgefüge unserer normalen Ausfuhr in die arabischen Länder gestört wird, falls entgegen den Bestimmungen des deutsch-israelischen Abkommens deutsche Waren in die umliegenden Länder auf illegalem Wege weiterverkauft werden, was vielleicht nicht zu verhindern sein wird, obwohl der

3 Am 11. September 1952 notierte Vortragender Legationsrat von Etzdorf für Staatssekretär Hallstein, daß der Abteilungsleiter im syrischen Außenministerium, al-Humui, Legationsrat I. Klasse Munzel über das Gespräch mit Bundeskanzler Adenauer am 8. September 1952 berichtet habe. Al-Humui habe sich befriedigt darüber gezeigt, „daß der Herr Bundeskanzler sich bereit erklärt habe, noch einmal seinen Vorschlag zu besprechen, daß die Bundesregierung die Juden auf der Basis entschädigt, die von den V[ereinten] N[ationen] für Flüchtlinge und Verschleppte festgelegt worden sei“. Vgl. B 11 (Abteilung 3), Bd. 251.

4 Für den Wortlaut vgl. UNITED NATIONS RESOLUTIONS, Serie I, Bd. II, S. 85–89.

5 Die Konferenz der Arabischen Liga fand vom 10. bis 23. September 1952 statt.

Weiterverkauf ausdrücklich unter Androhung von Konventionalstrafen untersagt ist.[6]

2) Zugunsten unseres Standpunktes kann folgendes geltend gemacht werden:

Es sind Anzeichen dafür vorhanden, daß in führenden arabischen Kreisen ein gewisses Verständnis für die Lage der Bundesregierung besteht und mit einem Erfolg der arabischen Schritte in Bonn nicht gerechnet wird. Die durch die israelischen Entschädigungsforderungen eingetretene Lage bietet den Arabern indessen Gelegenheit, vor der Weltöffentlichkeit über das ihnen von den Juden zugefügte Unrecht zu deklamieren und auf ihre eigenen Forderungen gegen Israel hinzuweisen.

Das setzt uns in Stand, etwa wie folgt den Arabern gegenüber zu argumentieren:

a) Das deutsche Volk fühlt sich durch die in seinem Namen von der NS-Regierung verübten Verbrechen auf das Schwerste belastet und kann an keinen freien Weg in die Zukunft glauben, ohne nicht den Versuch einer Wiedergutmachung zu unternehmen.

b) Es kann sich dem nicht mit dem Hinweis darauf entziehen, daß andere Völker eine gleiche moralische Schuld abzulösen haben. Es glaubt vielmehr den Weg angedeutet zu haben, der zur Behebung des Flüchtlingselends auch anderer Völker führen könnte.

c) Das von uns an den Juden verübte Unrecht läßt sich mit dem Schicksal, das der Staat Israel den vertriebenen Arabern bereitet hat, nicht auf eine Stufe stellen. Bei den vertriebenen Arabern handelt es sich um Flüchtlinge; das nationalsozialistische Deutschland aber hat Millionen getöteter Juden auf seinem Gewissen.

d) Die Gesamtleistungen an Israel umfassen nur 17–22% harte Ware, davon nur etwa 7% Engpaßwaren, und bestehen vor allem aus Verbrauchsgütern. Ihr Weiterverkauf ist vertraglich untersagt.

3) Die Mitglieder der Liga der arabischen Staaten handeln trotz des kürzlich ratifizierten Sicherheitspaktes[7] durchaus nicht in allen Fragen solidarisch. Es liegen Meldungen darüber vor, daß Boykott und Blockade von einzelnen Staaten gegenüber Israel nicht hermetisch gehandhabt werden, daß insbesondere Ägypten erhebliche Mengen von Baumwolle nach Israel exportiert. Es wird um so weniger angenommen, daß ein zunächst vielleicht gegen deutsche Waren ein-

[6] Artikel 5 (e) des Abkommens mit Israel vom 10. September 1952 (Auszug): „Die gemäß den Bestimmungen dieses Abkommens nach Israel exportierten Waren dürfen nicht nach dritten Ländern re-exportiert werden, soweit nicht die Gemischte Kommission anderweitig beschlossen hat.“ Vgl. BUNDESGESETZBLATT 1953, Teil II, S. 41.
Artikel 5 (f) des Abkommens mit Israel vom 10. September 1952: „Falls solche Waren im Widerspruch zu den im vorstehenden Absatz (e) enthaltenen Bestimmungen re-exportiert werden, ist die in Artikel 14 dieses Abkommens genannte Schiedskommission bei Feststellung eines solchen Reexports berechtigt, Israel eine Vertragsstrafe aufzuerlegen, die ihrer Höhe nach dem Wert dieser Waren in dem Zeitpunkt entspricht, in dem sie in der oben geschilderten Art re-exportiert wurden. Falls auf eine solche Vertragsstrafe erkannt wird, wird sie von der nächstfälligen Jahresleistung abgezogen.“ Vgl. BUNDESGESETZBLATT 1953, Teil II, S. 42.

[7] Am 9. August 1952 hinterlegte der Irak als vierter Unterzeichnerstaat die Ratifikationsurkunde für den Vertrag vom 17. Juni 1950 zwischen den Staaten der Arabischen Liga über gemeinsame Verteidigung und wirtschaftliche Zusammenarbeit. Damit konnte der Vertrag am 23. August 1952 in Kraft treten. Für den Wortlaut vgl. LEAGUE OF ARAB STATES, S. 411–416.

setzender Boykott von allen arabischen Staaten auf die Dauer konsequent durchgeführt wird. Als bremsender Faktor gegen derartige Boykottbestrebungen ist der Wunsch der arabischen Länder in Rechnung zu stellen, wichtige Engpaßwaren aus Deutschland zu beziehen und den deutschen Markt für den Absatz der eigenen Produktion offen zu halten. Gerade bei dem wichtigsten Handelspartner in diesem Raum, Ägypten, wird dieser Gesichtspunkt angesichts der gegenwärtigen Depression auf dem Baumwollmarkt ins Gewicht fallen.

4) Die Sympathien der Araber zu Deutschland sind im Grunde nicht so rasch und nachhaltig zu erschüttern, da das Argument, Deutschland habe den Arabern gegenüber niemals politische Aspirationen gezeigt, seine Wirkung niemals verfehlen wird. Indessen sollten wir keine Gelegenheit versäumen, diese Sympathien zu unterstreichen. So sollte z.B. dem Ersuchen des libanesischen Roten Kreuzes (V 16798) durch Zeichnung einer namhaften Spende entsprochen werden. Desgleichen sollte sich die Bundesregierung an der von der UN durchgeführten Spende für die arabischen Flüchtlinge in großzügigem Umfange beteiligen.[8]

5) Zu erwägen ist, eine Goodwill-Mission mit wirtschaftlichen und kulturellen Aufträgen in die arabischen Länder zu entsenden. Sie werde das geeignete Instrument sein, um die Beweggründe für unser Handeln darzulegen und die arabischen Staaten von unserer nach wie vor bestehenden Freundschaft zu überzeugen. Als Leiter dieser Mission käme Botschafter a.D. Dr. Curt Prüfer in Frage, der die Hälfte seines Amtslebens in arabischen Ländern verbrachte und sich dort auch heute noch allenthalben großen Ansehens erfreut. Herr Prüfer ist Arabist von Rang.

gez. v. Etzdorf

B 2 (Büro Staatssekretär), Bd. 17

[8] Am 2. Oktober 1952 gab Generalkonsul I. Klasse Krekeler, Washington, in der Sitzung des Negotiating Committee for Extra-Budgetary Funds der UNO die Erklärung ab, daß die „Bundesrepublik zum Hilfswerk ‚Palästinaflüchtlinge‘ für Programm 1952–1953 DM 100 000 beitragen wird“. Vgl. den Drahtbericht Nr. 498 vom 3. Oktober 1952; B 11 (Abteilung 3), Bd. 252.

198

Generalkonsul I. Klasse Krekeler, Washington, an Ministerialdirektor Blankenhorn

214-32 II 11951/52 **Aufgabe: 9. September 1952, 01.00 Uhr**[1]
Fernschreiben Nr. 435 **Ankunft: 9. September 1952, 14.00 Uhr**
Citissime!

Für Blankenhorn.

Besuch bei Acheson, der heute in Gegenwart Riddleberger stattfand, war nicht mehr zu verschieben. Es wurde jedoch im Verlauf Gesprächs von Herrn Acheson angeregt, in Fühlung zu bleiben. Acheson erkundigte sich zunächst in sehr persönlicher Form nach Ergehen Herrn Bundeskanzlers und bat, aufrichtige Grüße zu übermitteln.

Berichte aus Gespräch im einzelnen auf Frage nach Ratifizierung Verträge im Bundestag, daß nach meinem Eindruck mit sicherer Mehrheit zu rechnen sei. Auch Präsident Bundesverfassungsgericht[2] sei sich außerordentlicher Tragweite der Entscheidung bewußt.[3] Auf Frage, was man in Deutschland bezüglich französischer Ratifikation denke, antwortete ich, man zweifle nicht, daß Franzosen unserem Vorgehen folgen würden. In der öffentlichen Meinung spiele sogenannte Kriegsverbrecherfrage nach wie vor große Rolle. Ein Entgegenkommen in dieser Beziehung würde, auch wenn es in Form Freilassung aus Gesundheitsgründen erfolge, zweifellos Situation meiner Regierung erleichtern. Mr. Acheson nahm diese Andeutung durchaus positiv auf und beauftragte Riddleberger, ihn über letzte Maßnahmen britischer Regierung zu unterrichten.

Bezüglich Saar folgendes: Führte aus, daß seitens Bundesregierung aufrichtiger Wunsch bestehe, jeden gangbaren Weg zur Einigung zu beschreiten. Wies darauf hin, daß es für europäische Lösung in Schuman-Plan und EVG bereits bestimmte, allgemein angenommene Standards gäbe, die man, wenn man dies Prinzip auf Saar anwenden wolle, nicht ohne Schaden für Europa unterschreiten könne. Unter Bezugnahme auf Sonntagsartikel Drew Middletons in New York Times sagte ich, daß ich mit letztem Abschnitt nicht übereinstimme, in dem französische Auffassung zitiert sei, daß Deutschlands Schicksal mehr von Frankreich abhänge als umgekehrt. Ich sei der Auffassung, daß die Abhängigkeit wechselseitig sei und der Fall eines der beiden Länder das andere sofort nachziehen würde. Mr. Acheson stimmte dieser Bemerkung sehr lebhaft zu. Im übrigen sei durch das vermehrte Eintreten französischer Stimmen für europäische Währungsunion auf längere Sicht auch in dieser Beziehung ein Weg zur Verständigung frei. Den Raum für Kompromisse sähe ich in erster Linie in eventuellen Übergangsbestimmungen. Riddleberger bemerkte, daß Franzosen deshalb Verfügung über Stahl und Kohle an der Saar behalten wollten, um nicht

1 Hat Vizekonsul Lebsanft am 15. September 1952 vorgelegen.
2 Hermann Höpker Aschoff.
3 Zu den Anträgen des Bundespräsidenten Heuss vom 10. Juni und 4. August 1952 an das Bundesverfassungsgericht, ein Gutachten zur Verfassungsmäßigkeit des EVG- und des Generalvertrages zu erstatten, vgl. Dok. 159, Anm. 12.

in der europäischen Gemeinschaft für Kohle und Stahl gegenüber Deutschland in Nachteil zu geraten. Ich wies hierzu mit Nachdruck darauf hin, daß diese Befürchtung gegenstandslos sei, da das Gewicht der einzelnen Teilnehmer an der Gemeinschaft vertraglich völlig festgelegt sei. Mein Gesamteindruck war, daß Herr Acheson ein sehr freundliches Verständnis für diese Darlegungen zeigte. Er betonte, wie sehr ihm daran gelegen sei, hierüber in Fühlung zu bleiben. Er sei an einer Lösung dieser Frage aufs stärkste interessiert und wolle alles tun, um den Partnern durch Ratschläge und Winke zu helfen, zu einer Einigung zu kommen. Auf seine Bemerkung, daß dies für die Ratifizierung in Frankreich wesentlich sei, sagte ich, daß dies nicht minder auch für uns gelte. Ich habe im Gespräch absichtlich betont, wie sehr es darauf ankomme, daß das Problem in all seinen Auswirkungen im State Department richtig verstanden würde.

Berührte ferner Unterzeichnung jüdischen Abkommens und wies auf Einwände arabischer Länder[4] sowie auf Proteste einzelner jüdischer Gruppen hin. Ich bat Mr. Acheson, seinen Einfluß bei der amerikanischen Presse dahin geltend zu machen, daß dieses Abkommen in richtiger Weise gewürdigt würde. Mr. Acheson sagte dies bereitwilligst zu und bat, über genauen Zeitpunkt der Unterzeichnung unterrichtet zu werden.[5]

Herr Acheson bemerkte übrigens, daß er den Eindruck habe, man warte überall in der Welt auf die Übernahme der Verantwortung in den Vereinigten Staaten durch die neue Regierung.[6] Man müsse aber jetzt im Ausland doch sehen, daß die Wahl Eisenhowers oder Stevensons in außenpolitischer Beziehung keine wesentlichen Veränderungen bringen würde.

Zum Abschluß möchte ich hervorheben, daß Herr Acheson das Gespräch während seiner ganzen Dauer von etwa 25 Minuten in betont freundlicher Form führte.

[gez.] Krekeler

B 10 (Abteilung 2), Bd. 544

4 Vgl. dazu Dok. 197.

5 Bundeskanzler Adenauer und der israelische Außenminister Sharett unterzeichneten den Vertrag zwischen der Bundesrepublik und Israel am 10. September 1952 in Luxemburg.

6 Die amerikanischen Präsidentschaftswahlen fanden am 4. November 1952 statt.

199

Aufzeichnung des Vortragenden Legationsrats von Kessel, Paris

Geheim! **9. September 1952**[1]

Der belgische Delegierte bei der EVG und bei NATO, Gesandter de Staercke, sagte mir gestern, 8. September, im Verlaufe eines Gesprächs über andere Probleme, in Belgien sowohl wie in Holland sei man über den Vorschlag Schumans, die Saar zu europäisieren und die supranationalen Institutionen dort zu konzentrieren[2], sehr verstimmt gewesen. Es gehe nicht an, daß die Franzosen bei Konferenzen mit derartigen Vorschlägen hervorträten, ohne die anderen an der Konferenz beteiligten Mächte vorher zu informieren. Weder die Holländer noch die Belgier hätten die geringste Neigung, in dem deutsch-französischen Konflikt Stellung zu beziehen, noch durch Zustimmung zur Verlegung der Montan-Union usw. nach Saarbrücken eine Europäisierung der Saar zu sanktionieren. Eine Europäisierung der Saar sei sowohl in den Augen der Belgier wie in den Augen der Holländer ein fauler Kompromiß. Er habe auch Gelegenheit genommen, in diesem Sinne mit Herrn Alphand zu sprechen.

Kessel

B 10 (Abteilung 2), Bd. 544

1 Die Aufzeichnung wurde am 10. September 1952 von Vortragendem Legationsrat von Kessel, Paris, übermittelt. Für den Wortlaut des Begleitschreibens vgl. B 10 (Abteilung 2), Bd. 544.
Hat Referent von Hassell am 10. September 1952 vorgelegen.
Hat Gesandtem I. Klasse Ophüls vorgelegen.
Hat Vizekonsul Lebsanft am 16. September 1952 vorgelegen, der handschriftlich die Wiedervorlage bei Ophüls verfügte und vorschlug, „den Vermerk ‚geheim‘ zu streichen“.
Hat Ophüls erneut vorgelegen, der handschriftlich vermerkte: „Einv[erstanden].“

2 Zum Vorschlag des französischen Außenministers Schuman während der Außenministerkonferenz der EGKS-Staaten vom 24./25. Juli 1952 in Paris vgl. Dok. 178 und Dok. 179.

200

Aufzeichnung des Bundeskanzlers Adenauer, z. Z. Straßburg

Geheim **11. September 1952**[1]

Am 10. September hatte ich in Luxemburg eine 1½-stündige Besprechung mit Herrn Außenminister Schuman über die Möglichkeiten einer Lösung der Saarfrage. Die Unterredung schloß sich an an die Besprechungen, die zwischen Herrn Schuman und Herrn Staatssekretär Hallstein in Paris im Laufe des Monats August stattgefunden hatten.[2] Herr Schuman erklärte, unsere Bedenken gegen die Unfreiheit der Saar auf wirtschaftlichem Gebiet infolge der Konventionen seien nicht berechtigt. Wenn die Saar den Status eines europäischen Territoriums erhalte, werde sie außenpolitisch nicht mehr durch Frankreich vertreten, sie könne also dann Handelsverträge und dergleichen völlig frei und selbständig verhandeln und abschließen.

Ich habe ihm erwidert, ich hielte seine Ansicht nicht für zutreffend. Solange Frankreich die Saar infolge der Pachtung der Kohlengruben usw. wirtschaftlich durchaus beherrsche, könne von einer Freiheit der Saar in wirtschaftlicher Beziehung keine Rede sein. Im Gegenteil, die Saar bleibe dann wirtschaftlich unfrei, da wirtschaftliche und politische Macht eng zusammenhingen, werde sie auch in politischer Beziehung in Wirklichkeit von Frankreich nicht frei werden.

Herr Schuman wies demgegenüber nachdrücklich darauf hin, daß man doch die Gestaltung der Verhältnisse an der Saar, wie wir sie erstrebten, nur als eine vorübergehende Lösung betrachten dürfe; mit dem Fortschreiten der Schaffung des neuen Europa würden ganz von selbst alle diese Fragen ihre Lösung finden.

Ich habe ihm dann erklärt, Herr Botschafter François-Poncet hat mit mir in der vergangenen Woche über die Lösung der Saar-Frage gesprochen. Er hat gesagt, daß das Hauptinteresse Frankreichs wirtschaftlicher Natur sei. Frankreich wolle nach wie vor die Saarkohle mit französischen Franken kaufen können. Das sei im Grunde das Hauptziel Frankreichs. Ob das so stimme.

Herr Schuman erwiderte, im Großen und Ganzen sei das richtig. Die Zollschranken seien ja jetzt infolge des Schuman-Planes gefallen bezüglich Kohle und Eisen. Wenn wir eine europäische Münzeinheit hätten oder eine feste Konvertibilität der verschiedenen europäischen Währungen, sei das Saar-Problem für Frankreich gelöst. Diese Münzeinheit oder die Konvertibilität der Währung müssen wir doch in absehbarer Zeit bekommen. Das würde ein großer Fortschritt für die Saar-Frage sein.

Ich habe ihm erklärt, daß auch nach unserer Auffassung eine Münzeinheit oder die Konvertibilität der Währungen baldmöglichst geschaffen werden müßte, daß aber bis dahin doch ein Weg gefunden werden müsse, um die wirtschaftlichen Bedürfnisse bezüglich der Saar zu befriedigen. Die Bereinigung des Ver-

1 Durchdruck.

2 Zu den Gesprächen des Staatssekretärs Hallstein mit dem französischen Außenminister Schuman am 1., 13. und 29. August 1952 vgl. Dok. 183, Dok. 185 und Dok. 194.

hältnisses zwischen Deutschland und Frankreich habe eine so entscheidende Bedeutung für die europäische Entwicklung, daß es an einer solchen Frage nicht scheitern dürfe, wir müssen das untersuchen.

Schuman: Ich hätte vorgeschlagen, daß sich von jeder Seite zwei Sachverständige mit diesen Fragen beschäftigen sollten. Er sei damit sehr einverstanden. Es dürfe aber keine Konferenz von Sachverständigen daraus werden. Man dürfe die Sachverständigen nicht ohne politische Führung lassen.

Ich: Ich hätte an eine solche Konferenz ja nicht gedacht. Es müssen aber die Sachverständigen ihr Material miteinander vergleichen, weil sonst die Gefahr bestünde, daß sie von verschiedenen Voraussetzungen ausgingen. Wenn man zu weiteren politischen Verhandlungen unter Hinzuziehung der Sachverständigen zusammenträtc, müsse vergleichbares Material der Sachverständigen vorliegen.

Schuman erklärte sich damit einverstanden.

Schuman: Es liege im Interesse aller, sowohl Deutschlands, Frankreichs wie auch der Saar, daß keine terroristischen Maßnahmen von der einen oder anderen Seite ergriffen würden. Die Saarländer hätten noch in Erinnerung, was sich nach der Abstimmung im Jahre 1935[3] ereignet habe, und schreckten deswegen zurück.

Ich: Ich teilte diese seine Ansicht. Das setze aber doch auch voraus, daß gewisse Persönlichkeiten wie z. B. Hoffmann im Interesse des Friedens an der Saar verschwinden müssen.

Schuman: Er teile diese Auffassung. Sehr wichtig sei die Frage der Verschiebung der Saarwahlen. Er sehe ohne weiteres ein, daß eine Abhaltung dieser Wahlen zur Zeit unserer Verhandlungen eine höchst ungünstige Atmosphäre schaffen würden. Nach der Saar-Verfassung müßten die Wahlen spätestens am 15. Dezember[4] sein. Er habe Grund zur Annahme, daß die Saarregierung dem Saar-Landtag ein Gesetz zwecks Verschiebung der Wahlen bis etwa Mitte Februar vorlegen werde, wenn Aussicht für eine Verständigung bestünde und wenn Frankreich und Deutschland die Saarregierung darum ersuchten.

Wir gingen dann über zu der Frage der Zulassung der Parteien.

Schuman: Er befürchte, wenn diese Parteien jetzt zugelassen würden, ehe noch eine vorläufige Verständigung zwischen Frankreich und Deutschland erfolgt sei, werden der Kampf und die Zwietracht im Saargebiet außerordentlich groß. Die Saarregierung habe bis jetzt auf jede mögliche künstliche Weise eine Ent-

3 Gemäß Paragraph 34 des dem Versailler Vertrag vom 28. Juni 1919 beigefügten Saarstatuts hatten sich die Abstimmungsberechtigten zwischen der Beibehaltung der durch den Versailler Vertrag und das Saarstatut geschaffenen Rechtsordnung, der Vereinigung mit Frankreich und der Vereinigung mit Deutschland zu entscheiden. Für den Wortlaut vgl. REICHSGESETZBLATT 1919, Teil II, S. 797–799.
In der Abstimmung am 13. Januar 1935 votierten 90,76 % der Abstimmungsberechtigten für die Vereinigung mit Deutschland, 0,4 % für die Vereinigung mit Frankreich und 8,84 % für den Status quo.

4 Gemäß Artikel 69, Absatz 2 der Verfassung vom 15. Dezember 1947 sollte der Landtag „nach Ablauf der ersten auf fünf Jahre festgesetzten Legislaturperiode" gewählt werden. Vgl. AMTSBLATT DES SAARLANDES, Nr. 67 vom 17. Dezember 1947, S. 1085.
Die ersten Landtagswahlen im Saargebiet fanden am 5. Oktober 1947 statt.

scheidung über die Zulassung der Parteien hinausgezögert. Sie könne aber darin nicht über den 27. September hinausgehen.

Ich: Auf die Frage der Zulassung oder Nichtzulassung oder der Verschiebung der Zulassung der neuen Parteien könne ich ihm keine Erklärung abgeben, ehe ich nicht mit den Vertretern dieser Parteien selbst den ganzen Fragenkomplex besprochen hätte.[5]

Schuman: Er erkenne das als richtig an. Ich möchte aber doch dafür Sorge tragen, daß ich ihm bis zum 22. September eine Mitteilung über die Frage zukommen lassen könnte.[6] Er bitte überhaupt die ganze Saarfrage nicht zu verzögern, das liege ja auch nicht in unserem Interesse im Hinblick auf die kommenden Bundestagswahlen[7].

Ich: Er sei sich doch wohl völlig klar darüber, daß die Zeit für Deutschland arbeite. Je mehr die Saarbevölkerung sich von den Nöten und Ängsten des Krieges erhole, desto mehr besinne sie sich auf sich selbst und ihre eigenen Rechte. Auch sei, wie er wohl wisse, der gesamte Klerus im Saargebiet gegen Frankreich. Ich hätte den dringenden Wunsch, daß Frankreich trotz seiner entgegengesetzt lautenden Erklärung wenigstens symbolisch etwas von Lothringen zu dem Saar-Territorium beisteuere. Der Oberbürgermeister von Saarbrücken, Zimmer, habe in Bad Wildungen mit Bundesminister Lehr gesprochen und ihm gesagt, es könne sehr wohl der Zipfel Lothringen, der in das Saargebiet hineinreiche, von Frankreich abgetreten werden.[8] In diesem Zipfel wohnten nur wenig Leute, es sind dort einige Kaffee-Wirtschaften gelegen, die sonntags von Saarbrücken aus besucht würden. Die Leute würden sicher einer Abtretung dieses Streifens an das Saargebiet zustimmen. Er würde mir hierdurch die Aufgabe ganz wesentlich erleichtern. Deutschland bringe ein wirkliches Opfer. Auf der anderen Seite müsse man von deutscher Seite anerkennen, daß die europäische Entwicklung die ganze Saarfrage in nichts zergehen lassen werde, wenn auch erst nach einiger Zeit. Im europäischen Interesse sei es aber dringend erwünscht, daß diese Differenz zwischen Frankreich und Deutschland möglichst schnell aus der Welt geschaffen werde. Deswegen sei ich ein Anhänger dieses Gedankens.

Schuman: Er habe sich bezüglich der Abtretung lothringischen Gebietes nicht so scharf ausgesprochen, wie ich das wiedergegeben hätte. Im Jahre 1948 habe

5 Zum Gespräch des Bundeskanzlers Adenauer mit den Vorsitzenden der nicht zugelassenen Parteien im Saargebiet, Becker (DPS), Conrad (DSP) und Ney (CDU) am 17. September 1952 vgl. Dok. 205.

6 Mit Schreiben vom 19. September 1952 informierte Bundeskanzler Adenauer den französischen Außenminister Schuman über die Gespräche mit den Vorsitzenden der nicht zugelassenen Parteien im Saargebiet, Becker (DPS), Conrad (DSP) und Ney (CDU) am 17./18. September 1952: „Diese Besprechungen konnten noch nicht abgeschlossen werden. Sie werden vielmehr Ende der kommenden Woche wieder aufgenommen werden, nachdem die Beauftragten der Parteien mit ihren Anhängern im Saargebiet Fühlung genommen haben. Zu meinem Bedauern bin ich deshalb noch nicht in der Lage, Ihnen, wie in Aussicht genommen, bereits am 22. September eine Mitteilung über das Ergebnis dieser Besprechungen zu machen. Ich werde dies aber tun, sobald das zweite Gespräch mit den Vertretern der in Frage kommenden Parteien beendet ist." Vgl. ADENAUER, Briefe 1951–1953, S. 276. Vgl. dazu auch Dok. 212.

7 Die Bundestagswahlen fanden am 6. September 1953 statt.

8 Mit Schreiben vom 29. Juli 1952 informierte Bundesminister Lehr, z. Z. Bad Wildungen, Bundeskanzler Adenauer über sein Gespräch vom selben Tag mit dem Oberbürgermeister von Saarbrücken, Zimmer. Vgl. dazu B 17 (Saarfrage), Bd. 136.

Frankreich mit Rheinland-Pfalz ein Abkommen geschlossen, auf Grund dessen Rheinland-Pfalz etwa 1½ qkm an Frankreich abgetreten habe, um die Wasserversorgung von Weißenburg dadurch zu sichern. Vielleicht könne man daran anknüpfen und hier auch etwas tun.

Ich: Ich bäte ihn dringend, doch bei der Saarregierung vorstellig zu werden, daß eine Anzahl von Ausweisungen aus dem Saargebiet, insbesondere die Ausweisung des Pfarrers Bungarten[9], der jetzt in Neuenahr sich aufhalte, zurückgenommen werde. Dadurch würde die Atmosphäre unbedingt verbessert. Die Strafe der Ausweisung sei ja ein unwürdige Strafe.

Schuman: Er werde mit der Saarregierung darüber sprechen.

Wir haben die Unterredung abgeschlossen mit der gegenseitigen Zusicherung denkbar größtmöglicher Diskretion. Ich habe erklärt, ich würde bemüht sein, dafür zu sorgen, daß die Diskussion im Europa-Rat nicht so verlaufe, daß sie die Atmosphäre zu sehr beeinträchtige.[10]

[gez. Adenauer][11]

VS-Bd. 3236 (Abteilung 2)

201

Aufzeichnung des Vortragenden Legationsrats von Etzdorf

213-10 III 13350/52 **15. September 1952**

Der Herr Staatssekretär empfing heute in meinem Beisein den Vorsitzenden des Verbandes Deutscher Landsmannschaften (VDL) und Sprecher der Sudetendeutschen Landsmannschaft, Herrn Dr. Lodgman, der von seinem außenpolitischen Referenten, Herrn Dipl. Ing. Simon, begleitet war.

Der Herr Staatssekretär sprach zunächst davon, daß er dankbar dafür sei, daß durch den Besuch des Herrn Dr. Lodgman ein direkter Kontakt zwischen dem VDL und dem Auswärtigen Amt hergestellt sei. Das Auswärtige Amt sei für seine Arbeit auf derartige Kontakte angewiesen, und er hoffe daher, daß dem heutigen Besuch des Herrn Dr. Lodgman weitere folgen würden.

Herr Dr. Lodgman erwiderte, daß seine Organisation im weiteren Sinne als ein Institut der deutschen Außenpolitik zu betrachten sei. Die Landsmannschaften könnten gewisse Dinge sagen und tun, mit denen sich die offizielle deutsche Politik nicht identifizieren dürfe. In diesem Sinne stelle er seine Organisation dem Auswärtigen Amt zur Verfügung. Dr. Lodgman streifte sodann kurz das

9 Franz Bungarten wurde am 11. Januar 1948 ausgewiesen.

10 Die Tagung der Beratenden Versammlung des Europarats fand vom 15. bis 30. September 1952 in Straßburg statt.

11 Vermuteter Verfasser der nicht unterzeichneten Aufzeichnung.

sogenannte Prchala-Abkommen[1] und sprach davon, wie schwierig es sei, seine Sudetendeutschen für eine realistische Politik bei der Stange zu halten. 90% von den zwei Millionen Sudetendeutschen seien dafür, daß ein Anschluß des Sudetenlandes an Deutschland erklärt würde, was nur auf eine leere Demonstration hinausliefe, der eine Folge nicht gegeben werden könnte. Dr. Lodgman erwähnte auch kurz die Schwierigkeiten, die sich für eine einheitliche Politik des VDL aus der Tatsache ergeben, daß ein Teil der Landsmannschaften aus Gegenden stammte, die immer beim Reiche waren, daß es sich bei einem anderen um sogenannte Inseldeutsche handele und daß schließlich bei den Sudetendeutschen beide Gesichtspunkte zuträfen.[2]

Die Unterhaltung berührte sodann die Frage des Verhältnisses zwischen dem VDL und dem BvD. Dr. Lodgman sprach von den Bemühungen um einen Zusammenschluß, die immer wieder daran gescheitert seien, daß der BvD ohne Satzung und Organisation arbeite und insbesondere keine wirklich demokratische Spitze besäße. Die Auseinandersetzung zwischen beiden Organisationen sei im Gange und der bevorstehende Tag der Schlesier[3] würde vielleicht manches klären, insbesondere hinsichtlich der Stellung des Dr. Rinke.

Herr Dr. Lodgman überreichte ein Memorandum, von dem er sagte, daß es die außenpolitischen Grundlinien seiner Organisation darstelle.[4] Er bat den Herrn Staatssekretär, darüber zu entscheiden, ob dieses Memorandum auch dem Vertriebenen- und dem Gesamtdeutschen Ministerium zugeleitet werden solle. Der Herr Staatssekretär erwiderte, daß er zunächst einmal das Memorandum studieren müsse, daß er aber im Hinblick auf die guten Beziehungen zwischen dem Auswärtigen Amt und dem Gesamtdeutschen Ministerium schon jetzt glaube

1 Am 4. August 1950 schlossen der Tschechische Nationalausschuß, vertreten durch General Prchala, und die Arbeitsgemeinschaft zur Wahrung sudetendeutscher Interessen, vertreten durch ihr Präsidium, in Wiesbaden ein Abkommen. In Artikel 1 bekannten sich beide Vertragspartner zur demokratischen Staatsform. In Artikel 3 wurde die Rückkehr der Sudetendeutschen in ihre Heimat als „gerecht und daher selbstverständlich" bezeichnet. Gemäß Artikel 5 sollten nach der „Befreiung des tschechischen Volkes und der Rückkehr der Sudetendeutschen" beide Völker über die „endgültigen staatspolitischen Verhältnisse" entscheiden. Ein von den Vertragspartnern beschickter Föderativausschuß sollte die Voraussetzungen dafür schaffen. Vgl. DOKUMENTE ZUR SUDETENDEUTSCHEN FRAGE, S. 357.

2 In einem Memorandum des VDL vom 15. September 1952 wurden die 17 landsmannschaftlichen Vereinigungen des VDL nach ihrer Herkunft in drei Gruppen gegliedert: „1) Die nordostdeutschen Landsmannschaften, die die nunmehr vertriebenen Deutschen aus dem Gebiete östlich der Oder-Neiße umfassen. Hier handelt es sich um sogenannte altreichsdeutsche Gebiete, d. h. solche, die sowohl zum Heiligen Römischen Reich deutscher Nation als auch später zum Deutschen Bund und seit 1871 zum Deutschen Reich gehört haben. 2) Die sudetendeutsche Gruppe, die bis 1806 im Rahmen des Königreiches Böhmen und seinen Nebenländern Mähren und Schlesien beim Heiligen Römischen Reich deutscher Nation, von 1806–1866 beim Deutschen Bund, von da ab bei der österreichischen Monarchie, ab 1918 bei der Tschechoslowakei, von 1938–1945 wiederum beim damaligen Deutschen Reich gewesen war und seit 1945 sich auf deutschem, vornehmlich westdeutschem Boden befindet (zwei Millionen in Westdeutschland, etwa ½ Million in Ostdeutschland, der Rest von nicht ganz einer Million ist über Europa und die Übersee verstreut oder umgekommen). Zu dieser Gruppe kann man auch die Karpartendeutschen (Slowakeideutschen) zählen. 3) Die südostdeutsche Gruppe, das sind die Insel- oder echten Minderheiten-Deutschen, deren Wohnsitz sich von den Alpen bis zum Schwarzen Meer erstreckt hat." Vgl. B 11 (Abteilung 3), Bd. 669.

3 Das vierte Bundestreffen der Schlesier fand vom 24. bis 26. Juli 1953 in Köln statt.

4 Im Memorandum des VDL vom 15. September 1952 wurde ausgeführt, daß angesichts der weltpolitischen Verhältnisse „heute nichts anderes übrig" bleibe, „als den Rechtsanspruch auf die Heimat zu vertreten, wobei eine staatspolitische Ordnung dieses Raumes der Zukunft vorbehalten bleiben muß". Vgl. B 11 (Abteilung 3), Bd. 669.

sagen zu können, daß er das Memorandum dorthin weiterleiten würde. Zum Abschied versicherte der Herr Staatssekretär Herrn Dr. Lodgman, daß er und die Länderabteilung für Wünsche und Anregungen des VDL immer gern zur Verfügung stünden und daß er auf eine nützliche Zusammenarbeit hoffe.

Hiermit Herrn Staatssekretär[5] vorgelegt.

Etzdorf

B 11 (Abteilung 3), Bd. 669

202

Aufzeichnung des Generalkonsuls I. Klasse a.D. Peter Pfeiffer

16. September 1952[1]

Betr.: Untersuchungsausschuß Nr. 47

Der Bericht des Untersuchungsausschusses Nr. 47[2] wird im Oktober vor dem Plenum des Bundestages behandelt werden.[3] Der Bericht hat dem Ansehen des Auswärtigen Dienstes und einem großen Teil der behandelten Personen Abtrag getan. Das Verfahren war juristisch und politisch nicht unbedenklich. Der Ausschuß ist über seinen Auftrag[4], das Verhalten der im Auswärtigen Amt beschäftigten Personen während der nationalsozialistischen Gewaltherrschaft zu prüfen, erheblich hinausgegangen. Er hat in dem veröffentlichten Bericht Werturteile gefällt, die von den Betroffenen als ehrenkränkend empfunden werden. Schließlich hat er Empfehlungen ausgesprochen, die tief in die Rechte der Exekutive eingreifen.

Eine Erklärung des Auswärtigen Amts vor dem Bundestag wird notwendig sein. Jedoch muß der Tatsache Rechnung getragen werden, daß der Ausschuß ein Organ der Volksvertretung war und durch ihre Autorität gedeckt ist. Eine scharfe Kritik von Seiten der Regierung würde wahrscheinlich den Bundestag veranlassen, den Bericht zu verteidigen, obwohl in allen Fraktionen Bedenken gegen das Verfahren und die Ergebnisse vorhanden sind. Es sollte deshalb ein Weg gefunden werden, der dem Ansehen des Bundestages Rechnung trägt, der aber andererseits den zu Unrecht Angegriffenen Genugtuung gewährt. Zu diesem Zweck wird vorgeschlagen, in der Erklärung des Herrn Bundeskanzlers

5 Hat Staatssekretär Hallstein am 16. September 1952 vorgelegen.

1 Durchdruck.
Am 16. September 1952 verfügte Generalkonsul I. Klasse a.D. Peter Pfeiffer die Weiterleitung an Ministerialdirektor Blankenhorn.
Hat Blankenhorn am 17. September 1952 vorgelegen.

2 Zum Bericht des Untersuchungsausschusses Nr. 47 des Bundestages vom 18. Juni 1952 vgl. Dok. 193, besonders Anm. 9.

3 Zur Debatte am 22. Oktober 1952 vgl. BT STENOGRAPHISCHE BERICHTE, Bd. 13, S. 10720–10750.

4 Vgl. dazu Dok. 115, Anm. 2.

zum Ausdruck zu bringen, daß der Bericht mit großem Ernst aufgenommen und behandelt worden ist. Diese Einstellung könnte durch folgende Hinweise belegt werden:

1) Den Anregungen zum Geschäftsbetrieb des Amtes (Aktenführung, Beobachtung der gemeinsamen Geschäftsordnung der Bundesministerien und Ähnliches) wird durch interne Verfügungen entsprochen.

2) In den Fällen, in denen der Ausschuß eine strafrechtliche oder disziplinare Überprüfung des Verhaltens vor dem Ausschuß anheimstellt, ist ein Verfahren eingeleitet worden. Das liegt auch im Interesse der Betroffenen, die auf diese Weise Gelegenheit haben, sich vor einer objektiven Persönlichkeit zu äußern. Es handelt sich hierbei um die Fälle Dittmann, von Trützschler, Melchers und von Bargen. Über Herrn Dittmann ist bereits ein Vorermittlungsverfahren abgeschlossen, mit dem es sein Bewenden haben kann.[5] Bei den anderen drei Herren soll eine Untersuchung durchgeführt werden durch eine außerhalb des Amts stehende Persönlichkeit. Diese Untersuchung hat den Vorteil, daß der Untersuchende Zeugen, auch Abgeordnete, eidlich vernehmen und eine sachliche Prüfung vornehmen kann. Eine Überprüfung des Verfahrens gegen Dr. Schwarz, das ursprünglich vorgesehen war, kann unterbleiben, da eine dahingehende Anregung vom Ausschuß nicht gegeben wurde.

3) Zu den weit in die Zuständigkeit der Exekutive hineinreichenden Empfehlungen (S. 36 des Berichts)[6] könnte der Herr Bundeskanzler feststellen, daß er

[5] Am 11. und 14. März 1952 wurde Vortragender Legationsrat Dittmann vom Untersuchungsausschuß Nr. 47 des Bundestages vernommen. Vgl. dazu BT ANLAGEN, Bd. 18, Drucksache 3465.
Der Untersuchungsausschuß Nr. 47 des Bundestages legte seinen Bericht am 18. Juni 1952 vor. Darin wurde Dittmann vorgeworfen, einen „ihm genau bekannten Tatbestand" dem Ausschuß „durch eine absichtlich verschleierte Darstellung vorenthalten" zu haben. Vgl. BT ANLAGEN, Bd. 18, Drucksache 3465. Vgl. dazu ferner Dok. 193, Anm. 9.
Am 27. Juni 1952 beauftragte das Auswärtige Amt Ministerialdirigent ter Beck, Ministerium der Justiz in Rheinland-Pfalz, als Sachverständiger Vorermittlungen darüber anzustellen, ob die Durchführung eines Dienststrafverfahrens gegen Dittmann wegen seines Verhaltens vor dem Untersuchungsausschuß angezeigt sei. Ter Beck kam zu folgendem Ergebnis: „Die Einleitung eines förmlichen Dienststrafverfahrens ist nicht angezeigt. Bei Annahme einer fahrlässigen Dienstpflichtverletzung kann allenfalls eine Warnung oder ein Verweis in Betracht kommen." Vgl. den Bericht von ter Beck vom 22. August 1952; BT ANLAGEN, Bd. 22, Drucksache 4154, Anlage 4.
Mit Schreiben vom 8. November 1952 bat Staatssekretär Hallstein das Bundesministerium des Innern „als das in beamtenrechtlichen Fragen federführende Ministerium zu prüfen", ob im Fall Dittmann „die Voraussetzungen für die Einleitung eines Dienststrafverfahrens gegeben erscheinen". Vgl. BT ANLAGEN, Bd. 22, Drucksache 4154, Anlage 1.
Das Bundesministerium des Innern teilte dem Auswärtigen Amt am 21. Dezember 1952 mit, daß trotz aller Milderungsgründe, die ter Beck bei der Frage des Vorsatzes erörtert habe, der Vorwurf bestehen bleibe, „daß bei sorgfältiger und gewissenhafter Überlegung Dr. Dittmann hätte erkennen müssen, daß er eine ungenaue und irreführende Aussage gemacht hat. [...] Da nur ein fahrlässiges Verhalten anzunehmen ist, erscheint die Einleitung eines förmlichen Dienststrafverfahrens nicht erforderlich. Welche Dienststrafe im nichtförmlichen Dienststrafverfahren auszusprechen ist, muß Ihrer Entschließung überlassen bleiben." Vgl. BT ANLAGEN, Bd. 22, Drucksache 4154, Anlage 3.

[6] Der Untersuchungsausschuß Nr. 47 des Bundestages sprach sich in seinem Bericht vom 18. Juni 1952 u. a. für die Bestellung eines weiteren Staatssekretärs im Auswärtigen Amt aus. Ferner empfahl er: „Der Posten des Leiters der Personalabteilung im Auswärtigen Amt soll beschleunigt mit einer Persönlichkeit besetzt werden, die nicht als Angehöriger des Ribbentropschen A[uswärtigen] A[mts] der Politik des Dritten Reiches widerstandslos gedient hat und nach jeder Richtung Gewähr bietet, daß die Personalpolitik den Erfordernissen der Demokratie entspricht. [...] Das Bundesgesetz über die Wiedergutmachung nationalsozialistischen Unrechts für Angehörige des öffentlichen Dienstes vom 11. Mai 1951 ist innerhalb des Geschäftsbereichs des A[uswärtigen] A[mts] beschleunigt durchzuführen." Vgl. BT ANLAGEN, Bd. 18, Drucksache 3465.

sie prüfen wird, die Entscheidung jedoch unter eigener Verantwortung treffen muß.

4) Dem Recht der angegriffenen Personen auf Verteidigung, das vor dem Ausschuß oft nicht genügend beachtet wurde, kann dadurch Genüge geschehen, daß ihre Stellungnahme dem Bundestag in gleicher Weise zur Kenntnis gebracht wird wie der Bericht des Ausschusses. Es ist deshalb allen betroffenen Personen anheimgestellt worden, sich zu den Feststellungen des Ausschusses in einer Fassung zu äußern, die der Würde und dem Ansehen des Parlaments Rechnung trägt und die gegebenenfalls veröffentlicht werden kann.

Aufgrund der vorstehenden Gesichtspunkte ist der anliegende Entwurf einer Erklärung des Herrn Bundeskanzlers und Bundesministers des Auswärtigen vor dem Bundestag[7] angefertigt worden.

Außerdem wird eine Mappe vorbereitet mit alphabetisch geordnetem Material über alle in dem Bericht behandelten Fragen und Personen, die in der Aussprache erörtert werden können.

Hiermit dem Herrn Staatssekretär[8] vorgelegt.

[gez.] Pfeiffer

B 2 (Büro Staatssekretär), Bd. 32

7 Dem Vorgang beigefügt. Vgl. B 2 (Büro Staatssekretär), Bd. 32.
Bundeskanzler Adenauer verwandte den Entwurf für seine Ausführungen vor dem Bundestag am 22. Oktober 1952. Zur Tätigkeit des Auswärtigen Amts führte er u. a. aus: „Das deutsche Auswärtige Amt war ein vorzügliches Instrument in den Händen der Männer, die in der Zeit bis 1932 Deutschland nach dem Zusammenbruch von 1918 zu einem allseits geachteten Mitglied in der Gemeinschaft der Nationen gemacht haben. Dieses Instrument ist später von der nationalsozialistischen Regierung mißbraucht und zum Teil verdorben worden. [...] Als Außenminister darf ich an dieser Stelle sagen, daß das Auswärtige Amt bei der Vorbereitung und bei der Durchführung der schwierigen Verhandlungen des letzten Jahres in steigendem Maße wertvolle Arbeit geleistet hat, für die jeder den Beamten dankbar sein muß. Von der Schwierigkeit und dem Umfang der Arbeit, die da geleistet worden ist, kann sich der Außenstehende einfach keinen Begriff machen. Die Leistungsfähigkeit des Auswärtigen Amtes wird wachsen mit dem Vertrauen, das man ihm gewährt. Die so erfreuliche Entwicklung kann aber nicht gedeihen, wenn das Auswärtige Amt in seiner Aufbauarbeit immer wieder durch solche Angriffe in der Presse gestört wird. Man fragt sich daher, wer eigentlich einen Vorteil davon hat, wenn immer wieder dadurch das Instrument der deutschen Außenpolitik in seiner Wirksamkeit behindert wird. Der Auswärtige Dienst darf die Kritik nicht scheuen. Er darf aber auch Verständnis beanspruchen." Vgl. BT STENOGRAPHISCHE BERICHTE, Bd. 13, S. 10724 f.

8 Walter Hallstein.

203

Botschafter Nöldeke, Kopenhagen, an das Auswärtige Amt

Bericht Nr. 1629/52 **16. September 1952**[1]
vertraulich

Im Anschluß an den Bericht vom 13. August 1952 Nr. 1412/52[2]

Im Laufe einer Aussprache mit dem stellvertretenden Leiter des hiesigen Außenministeriums, Botschafter Svenningsen, habe ich auch die Frage eines deutsch-dänischen Minderheitenabkommens erneut angeschnitten. Ich nahm dabei auf meine Besprechung mit dem Außenminister Ole Bjørn Kraft Bezug. Herr Svenningsen erklärte, er müsse mir leider sagen, daß er mir bei unserer ersten Besprechung die Aussichten für den Abschluß eines solchen Abkommens wohl etwas zu optimistisch dargestellt hätte.[3] Die Frage sei inzwischen im Ministerium überprüft worden. Dabei sei man zu der Erkenntnis gekommen, daß man einstweilen an der traditionellen dänischen Politik festhalten müßte, sich in der Minderheitenfrage nicht vertraglich zu binden. Natürlich wolle man damit sich nicht für alle Zeit festlegen.

Nach der mit dem Vorbericht gemeldeten ersten Resonanz meiner Besprechung mit dem Außenminister kam mir diese Erklärung nicht unerwartet. Herr Ole Bjørn Kraft, der zunächst den Gedanken eines Minderheitenabkommens gern aufgriff, weil er sich davon einen günstigen Einfluß auf die Erörterungen über die Minderheitenfragen versprach, hat sich offenbar von seinen alten Berufsbeamten davon überzeugen lassen, daß eine vertragliche Bindung für Dänemark unangenehm werden könnte. Herr Svenningsen sprach es nicht direkt aus, aber aus seinen Erklärungen war doch zu entnehmen, daß man hier nach wie vor der Ansicht ist, daß Dänemark als kleinerer Staat bei einem solchen Abkommen Gefahr läuft, den kürzeren zu ziehen. Man fürchtet, dem stärkeren Vertragspartner dadurch die Möglichkeit zu verschaffen, sich in unerwünschter Weise in innerdänische Fragen einzumischen. Es ist bezeichnend, daß Herr Svenningsen besonders darauf hinwies, daß die dänische Regierung auch ohne vertragliche Bindung bemüht sein werde, die Lage der deutschen Volksgruppe

1 Hat Legationsrat a. D. Bassler am 20. September 1952 vorgelegen.
Hat Legationsrat I. Klasse Trützschler von Falkenstein am 22. September 1952 vorgelegen.

2 Botschafter Nöldeke, Kopenhagen, informierte über die Zusage des dänischen Außenministers Kraft, zu prüfen, ob die dänische Regierung Verhandlungen über ein Minderheitenabkommen aufnehmen wolle. Nöldeke fügte erläuternd hinzu, daß er von einem leitenden Beamten des dänischen Außenministeriums erfahren habe, daß Kraft bei einer internen Besprechung „eine positive Haltung zu der Anregung eingenommen“ habe. Dagegen hätten seine Mitarbeiter „erhebliche Bedenken geltend gemacht“. Vgl. B 10 (Abteilung 2), Bd. 400.

3 Am 12. Juni 1952 berichtete Botschafter Nöldeke, Kopenhagen, daß der Staatssekretär im dänischen Außenministerium, Svenningsen, erklärt habe, die offizielle Haltung der dänischen Regierung zum Abschluß eines Minderheitenabkommens mit der Bundesrepublik nicht zu kennen. Svenningsen habe mitgeteilt, „daß ihm der Gedanke eines solchen Vertrages insbesondere auch im Hinblick auf die [...] veränderte politische Gesamtlage und erhöhte Notwendigkeit einer engen Zusammenarbeit durchaus diskutierbar erscheine“. Vgl. den Schriftbericht Nr. 1039; B 10 (Abteilung 2), Bd. 400.

zu verbessern, und dies z. B. durch die Zusage geldlicher Unterstützungen für die Schulbauten erst neuerdings wieder bewiesen hätte.[4] Als ich darauf auf die Schwierigkeiten hinwies, die sich für die deutsche Volksgruppe aus der mangelnden Examensberechtigung[5] ergeben, lenkte Herr Svenningsen ab.

Weitere Fühlungnahmen wegen des Abschlusses eines Minderheitenabkommens versprechen hiernach offenbar zunächst keinen Erfolg.

Nöldeke

B 10 (Abteilung 2), Bd. 400

204

Aufzeichnung des Vortragenden Legationsrats von Etzdorf

16. September 1952

I. Es wird empfohlen, von der Entsendung einer Goodwill-Mission in die Länder des arabischen Orients[1] abzusehen.

1) Es besteht die Gefahr, daß der gute Eindruck verwischt wird, den wir durch das Israel-Abkommen in der ganzen Welt, insbesondere bei den Juden, erweckt haben.

2) Es besteht die Gefahr, daß bei den Westmächten – insbesondere bei den Engländern und Franzosen – hinsichtlich unserer politischen Absichten im Vorderen Orient Mißtrauen erregt wird. Die englische und französische Propaganda wird die Ziele der Mission aufbauschen.

3) Die Mission läuft bei ihrem Empfang in den Hauptstädten ein Risiko. Es besteht die Gefahr, daß der Mufti[2] und ultranationale Elemente Demonstrationen durch den Pöbel anzetteln. Da noch keine diplomatischen Vertretungen am Platze sind, kann der Empfang nicht in unserem Sinne vorbereitet werden.

4) Verhältnisse und Gegebenheiten in den einzelnen arabischen Ländern sind so verschieden, daß die Aufgabe schwerlich durch ein und dieselbe Mission erledigt werden kann, da sie überall eine andere Taktik wird anwenden müssen.

4 Gemäß Paragraph 5 des dänischen Gesetzes Nr. 214 vom 7. Juni 1952 zur Änderung des Gesetzes Nr. 412 vom 12. Juli 1946 über deutschsprachige Schulen, deutschsprachigen Hausunterricht u. a. in den südjütischen Landesteilen wurde deutschsprachigen Privatschulen ein Recht auf Zuschüsse und staatliche Darlehen gewährt. Für den Wortlaut vgl. SCHLESWIGFRAGE, S. 128.

5 Paragraph 4 des dänischen Gesetzes Nr. 412 vom 12. Juli 1946 über deutschsprachige Schulen, deutschsprachigen Hausunterricht u. a. in den südjütischen Landesteilen: „Schulen mit deutscher Unterrichtssprache haben nicht das Recht, staatlich kontrollierte Examen abzuhalten.“ Vgl. SCHLESWIGFRAGE, S. 117.

1 Vgl. dazu Dok. 197.

2 Hadj Amin al-Husseini.

5) Wir haben keine Veranlassung, durch eilige Entsendung einer Goodwill-Mission in den Hauptstädten der arabischen Staaten den Eindruck zu erwecken, als hätten wir etwas wiedergutzumachen und müßten an den guten Willen der arabischen Regierungen appellieren.

6) Tatsächlich können wir praktisch nichts mitbringen.

7) Es besteht die Gefahr, daß arabische Elemente, die während des Krieges in Deutschland eine Rolle spielten, sich stark bei den Empfängen in den Vordergrund drängen werden, ohne daß dies verhütet werden kann, obwohl es unerwünscht ist (Mufti).

II. Es wird empfohlen, die zukünftigen diplomatischen Vertreter in den arabischen Hauptstädten bald zu entsenden und ihnen im einzelnen für ihr Land die Aufgabe zu übertragen, die der goodwill mission für alle Länder gestellt werden sollte; und zwar werden die Vertreter zweckmäßig nach Ratifizierung des Israel-Vertrages[3] entsandt, um nicht den Versuchen der arabischen Regierungen ausgesetzt zu sein, auf die parlamentarische Behandlung des Vertrages in Deutschland noch einen Einfluß zu gewinnen.

Status:

1) Kairo kann sofort eröffnet werden. Das Agrément muß noch eingeholt[4] werden.[5]

2) An Saudi-Arabien kann unmittelbar nach Erteilung des Agréments[6] an den für Kairo vorgesehenen Botschafter wegen Aufnahme diplomatischer Beziehungen herangetreten werden.

3) Damaskus kann sofort eröffnet werden.[7]

4) Beirut: Das Agrément kann sofort eingeholt werden.[8]

5) Bagdad: Das Agrément kann sofort eingeholt werden.[9]

6) Amman: Das Agrément kann eingeholt werden, sobald das Agrément in Bagdad erteilt worden ist.[10]

7) Benghasi: An die libysche Regierung kann wegen Aufnahme diplomatischer Beziehungen herangetreten werden, sobald das Agrément für den Botschafter in Kairo erteilt ist.[11]

III. Beantwortung der Noten und Telegramme der arabischen Regierungen und der Liga der arabischen Staaten:

1) Die bisher eingegangenen Noten der arabischen Regierungen und der Liga

3 Der Bundestag nahm das Zustimmungsgesetz zum Abkommen mit Israel vom 10. September 1952 am 18. März 1953 an.

4 Am 3. Oktober 1952 notierte Vortragender Legationsrat von Etzdorf, daß die ägyptische Regierung das Agrément für Botschafter Pawelke erteilt habe. Vgl. dazu B 11 (Abteilung 3), Bd. 318.

5 Dazu vermerkte Staatssekretär Hallstein handschriftlich: „Zechlin. Syrien. Esch."

6 Dazu vermerkte Staatssekretär Hallstein handschriftlich: „Von Kairo aus."

7 Dazu vermerkte Staatssekretär Hallstein handschriftlich: „Esch (Kab[inett])."
Die Gesandtschaft der Bundesrepublik in Damaskus wurde am 14. Oktober 1952 errichtet.

8 Dazu vermerkte Staatssekretär Hallstein handschriftlich: „Nöhring (Kab[inett])."

9 Dazu vermerkte Staatssekretär Hallstein handschriftlich: „Pawelke."

10 Dazu vermerkte Staatssekretär Hallstein handschriftlich: „Durch Bagdad."

11 Dazu vermerkte Staatssekretär Hallstein handschriftlich: „Inform[ation]: Zechlin, Pawelke (Beförderung)."

der arabischen Staaten sind lediglich bestätigt worden. Es soll hierbei bleiben und nichts weiteres veranlaßt werden, da eine Argumentation unzweckmäßig erscheint.

2) Die in letzter Zeit eingegangenen Telegramme der jordanischen[12] und der saudischen Regierung[13] sowie der Schritt des libanesischen Geschäftsträgers bei der Deutschen Botschaft in Rom[14] sollen nicht beantwortet werden.

3) Das von Dr. Hamui überreichte syrische Memorandum[15] ist bisher nur mündlich bestätigt. Nach Rückkehr Dr. Hamuis soll ihm unsere Situation noch einmal mündlich erklärt werden. Von einer schriftlichen Erwiderung des Memorandums wird Abstand zu nehmen sein.

IV. Sollte die Arabische Liga eine Mission nach Deutschland entsenden, soll sie mit betonter Freundlichkeit aufgenommen und ehrenvoll behandelt werden.

V. Es wird empfohlen, unseren Standpunkt durch Zeitungsartikel der arabischen Welt gegenüber verständlich zu machen. Dabei wäre auf die alte deutsch-arabische Freundschaft, auf die kulturellen und wirtschaftlichen Beziehungen hinzuweisen. Für diese Artikel wären namhafte Personen, deren Namen insbesondere im arabischen Orient einen Klang haben, zu gewinnen.[16]

Etzdorf

B 2 (Büro Staatssekretär), Bd. 17

12 Am 5. September 1952 teilte der jordanische Außenminister al-Huda Bundeskanzler Adenauer mit, daß die Entscheidung für Wiedergutmachungszahlungen an Israel zu einer „Steigerung seiner Aggressionsfähigkeit führen" werde: „Sie wird folglich als ein Zeichen einer gegen die arabischen und islamischen Staaten gerichteten feindseligen Haltung angesehen." Vgl. das Fernschreiben; VS-Bd. 3 (Büro Staatssekretär); B 150, Aktenkopien 1952.

13 Am 9. September 1952 nahm das saudi-arabische Außenministerium zu einer Unterzeichnung des Wiedergutmachungsabkommens mit Israel Stellung: „Any amount paid to Israel by the German Federal Government is considered an act directed against the Saudi Arabian Government and the Arabs." Vgl. das Fernschreiben an das Auswärtige Amt; B 11 (Abteilung 3), Bd. 251.

14 Am 9. September 1952 berichtete Botschaftsrat Graf Strachwitz, Rom, daß ihm der libanesische Geschäftsträger einen formellen Protest gegen das Abkommen mit Israel vom 10. September 1952 übermittelt habe. Vgl. den Drahtbericht Nr. 159; B 11 (Abteilung 3), Bd. 251.

15 Zum Memorandum vom 19. August 1952 vgl. Dok. 197, Anm. 2.

16 Dazu vermerkte Staatssekretär Hallstein handschriftlich: „Prüfer: Zentrale f[ür] arabische Fragen."

205

Gespräch des Bundeskanzlers Adenauer mit Parteivorsitzenden im Saargebiet

17. September 1952[1]

[Bundeskanzler:] Als ich im Februar dieses Jahres aus Anlaß der Beisetzung des Königs von England[2] (15. 2. 52[3]) in London war, haben wir eine Außenministerkonferenz abgehalten, an der teilnahmen die Herren Acheson, Eden, Schuman und ich.[4] Auf der Tagesordnung dieser Außenministerkonferenz stand nicht die Saarfrage, sondern sie beschäftigte sich mit anderen Dingen. Aber bei dieser Gelegenheit hatten die Herren Acheson und Eden Herrn Schuman und mir, und zwar gleichzeitig, gesagt, daß ihre Regierungen den dringenden Wunsch hätten, daß eine Verständigung in der Saarfrage zwischen Deutschland und Frankreich zustande komme, weil ihre Regierungen in diesen Gegensätzen zwischen Frankreich und Deutschland bezüglich der Saar ein sehr wesentliches Hindernis erblickten für die europäische Verständigung, und ihre Länder seien, wenn einer von uns das wünsche, gern bereit, eine Verständigung zu versuchen. Natürlich wäre es ihnen lieber, wenn Frankreich und Deutschland auch ohne fremde Hilfe sich einigten. Am selben oder dem folgenden Tage bei Gelegenheit einer Zusammenkunft bei Außenminister Eden hat dann ein Gespräch stattgefunden zwischen Außenminister Schuman und mir über diese Frage.[5] Herr Schuman hat dabei erklärt, ob nicht eine Lösung der ganzen Saarfrage dadurch gefunden werden könne, daß eine Europäisierung der Saar stattfände, und zwar aber in der Weise, daß die Saar Selbstverwaltung bekomme und einen Landtag, daß aber gewissermaßen über sie gestellt werde – sowohl zu ihrem Schutz wie auch zur Vertretung nach außen hin – der Rat der Minister der Montan-Union. Frankreich würde auf alle politischen Rechte verzichten. Es sei Frankreich durchaus bewußt, daß die Saar von Deutschen bewohnt sei und an ihrem Deutschtum auch festhalte.

Ich habe dann sofort angeschnitten die Frage der wirtschaftlichen Konventionen, und Herr Schuman hat mir darauf gesagt, über die Frage des Fortfalls der wirtschaftlichen Konventionen könne gesprochen werden. Damit war dieses Gespräch zu Ende.

Wir hatten schon für einige Zeit darauf wieder eine Konferenz, nunmehr der Minister der Montan-Union, in Paris vorgesehen und verabredeten, daß wir unser Gespräch dort fortsetzen wollten. Ich hatte also zu diesem Gespräch keine Stellung genommen.

1 Durchdruck.

2 George VI.

3 Korrigiert aus: „7.2.1952".

4 Für die Besprechungen des Bundeskanzlers Adenauer mit den Außenministern Acheson (USA), Eden (Großbritannien) und Schuman (Frankreich) am 18./19. Februar 1952 vgl. Dok. 52, Dok. 53 und Dok. 55.

5 Vgl. dazu Dok. 75, Anm. 6.

Dann kamen wir im März in Paris zusammen[6], und es hat zwischen Herrn Schuman und mir unter vier Augen eine Fortsetzung dieses Gesprächs stattgefunden.[7] Ich habe ihm gesagt, für die Saarbevölkerung, deren Interessen wir zu vertreten hätten, sei ganz sicher unabdingbar der Fortfall der wirtschaftlichen Konventionen. Darauf hat Herr Schuman mir erklärt, das könnte sein, es müsse nur eine Entscheidung getroffen werden, wenn die Saarbevölkerung dazu bereit sei.

Natürlich habe ich auch davon gesprochen, daß die Bevölkerung durch einen Landtag zu der ganzen Sache Stellung nehmen müsse und daß das entscheidend sei. Herr Grandval hat dann kurze Zeit darauf eine Rede gehalten[8] und auch Herr Schuman hat eine Erklärung abgegeben in einem Senatsausschuß[9], die mich außerordentlich verstimmt hat, weil sie stark abwich von dem, worüber wir gesprochen hatten. Ich habe dann diese Unterredung überhaupt nicht mehr fortgesetzt.

Im Juli, bei der letzten Sitzung der Montan-Union, erklärte dann plötzlich Herr Schuman, als die Frage des Sitzes der Organe der Montan-Union besprochen wurde, er sei von seiner Regierung beauftragt, den Vorschlag zu machen, daß die Organe der Montan-Union nach Saarbrücken kommen unter der Voraussetzung, daß eine Verständigung über den Status der Saar bzw. über die Europäisierung der Saar erfolge.[10] Dieser Vorschlag der französischen Regierung sei einmalig und werde nicht wiederholt. Er machte diesen Vorschlag in einem kleinen Kreis, dem Kreis der sechs Außenminister[11] und zweier Staatssekretäre[12]. Der italienische Ministerpräsident de Gasperi begrüßte diesen Vorschlag auf das wärmste und unterstützte ihn außerordentlich.

In der Folge haben zwei Verhandlungen stattgefunden zwischen Herrn Schuman und Herrn Hallstein, wobei Herr Hallstein begleitet war von Min. Dir. Blankenhorn und Prof. Ophüls, Herr Schuman von den Herren Leydoux und Beaumarchais.[13] Das Ergebnis dieser Besprechungen war, daß Herr Schuman einen Vorschlag überreichte über die Lösung der Saarfrage, der im wesentlichen in zwei Teile zerfiel. Ein Teil betraf das Politische, und darin stand im großen und ganzen, was mir Herr Schuman schon in London vorgeschlagen hatte:

6 Das Ministerkomitee des Europarats tagte am 19./20. März 1952.

7 Zum Gespräch des Bundeskanzlers Adenauer mit dem französischen Außenminister Schuman am 20. März 1952 vgl. Dok. 83.

8 Zur Erklärung des französischen Hohen Kommissars für die Saar, Grandval, am 19. März 1952 vgl. Dok. 83, Anm. 3.

9 Am 1. April 1952 erklärte der französische Außenminister Schuman vor dem Rat der Republik: „Pour nos alliés comme pour nous-mêmes et pour la Sarre, il importe donc que nous puissions aboutir, que nous cherchions au moins le moyen d'aboutir. Quelle sera la position de la France dans ce débat? Nous avons deux revendications essentielles: 1) maintien de l'union économique et des conventions sur lesquelles elle repose; 2) autonomie politique de la Sarre. Voilà les seules choses qui nous engagent; tout le reste est matière à étude et à négociations.“ Vgl. JOURNAL OFFICIEL. CONSEIL DE LA REPUBLIQUE 1952, S. 813.

10 Zu den Ausführungen des französischen Außenministers Schuman während der Außenministerkonferenz der EGKS-Staaten am 24./25. Juli 1952 in Paris vgl. Dok. 178 und Dok. 179.

11 Konrad Adenauer, Joseph Bech (Luxemburg), Alcide de Gasperi (Italien), Robert Schuman (Frankreich), Dirk Stikker (Niederlande) und Paul van Zeeland (Belgien).

12 Walter Hallstein und Maurice Schumann.

13 Zu den Gesprächen des Staatssekretärs Hallstein mit dem französischen Außenminister Schuman am 1., 13. und 29. August 1952 in Paris vgl. Dok. 183, Dok. 185 und Dok. 194.

Selbstverwaltung der Saar unter dem Ministerrat der Montan-Union. Bei der wirtschaftlichen Konvention stand aber darin, daß diese wirtschaftliche Konvention erhalten bleiben muß.[14]

Dann hat eine Besprechung stattgefunden zwischen Herrn Schuman und mir in der vergangenen Woche in Luxemburg.[15] Diese Besprechung war unter vier Augen. Wir hatten uns gegenseitig zugesagt, Diskretion darüber zu bewahren. Herr Schuman hat auch relativ offen nach meinem Eindruck mit mir gesprochen. Ich habe ja schon oft und lange mit ihm verhandelt und hatte diesen Eindruck.

Das Ergebnis dieser Besprechung war folgendes: Ich habe Herrn Schuman zunächst wiederum erklärt, daß Voraussetzung für alles sei eine Billigung durch einen frei gewählten Landtag nach Zulassung der Parteien, die Sie, meine Herren, hier vertreten. Ich habe ihn weiter darauf aufmerksam gemacht, daß die Frage der Verzögerung der Zulassung oder der Nichtzulassung dieser drei Parteien und das Herannahen des Termins für die Neuwahl des Landtags, ehe diese Parteien eine angemessene Zeit zugelassen seien, die ganze Atmosphäre der Verhandlungen sehr ungünstig beeinflusse. Ich habe ihm weiter gesagt, daß die Zeit für Deutschland arbeite an der Saar. Wenn die Saar sich von den ganzen Kriegserlebnissen und allem, was damit zusammenhängt, mehr erholt habe, dann werde sich auch bei der Saarbevölkerung stärker und stärker die Neigung zeigen, nicht beherrscht zu sein von einer anderen Macht. Er wisse ja auch, daß im Saargebiet restlos der Klerus für Deutschland sei und nicht für Frankreich, und daß der Klerus doch eine Bedeutung habe.

Herr Schuman hat mir darauf nochmals erklärt, er könne mir versichern, daß Frankreich den deutschen Charakter der Saar bejahe und respektiere und daß nicht daran gedacht sei, die deutsche Kultur und das deutsche Wesen der Saar zu beeinträchtigen.

Am Tage vorher hatte uns die Regierung Hoffmann ein Schriftstück überreicht, das sie gleichlautend auch Herrn Schuman überreicht hat. Darin war vorgeschlagen, einen Volksentscheid, eine Volksabstimmung über die Frage der Europäisierung der Saar herbeizuführen. Wir haben hierauf keine Antwort gegeben. Ich habe aber dem Herrn Schuman gesagt, daß die Erwägung eines solchen Gedankens für uns gar nicht in Frage komme. Wir hätten immer auf dem Standpunkt gestanden, daß es wohl richtiger sei, daß ein frei gewählter Landtag seine Meinung sage, und über die Frage der Europäisierung könnten wir überhaupt nicht abstimmen, weil das ein vager Begriff sei, unter dem man sich alles und nichts vorstellen könnte. Herr Schuman sagte dann: Unter der Voraussetzung, daß eine gewisse Annäherung des französischen und deutschen Standpunktes stattfände, sei es ja doch wohl wünschenswert, wenn nicht durch eine zu starke Betonung der Gegensätze in der Saarbevölkerung ein Riß entstünde, der sich für die Zukunft unheilvoll auswirken und auch Grund dafür sein könnte, daß die Zulassung der Parteien so lange hinausgezögert worden sei. Er halte es für ausgeschlossen, daß, wenn zwischen dem französischen und dem deut-

14 Zum Vorschlag des französischen Außenministers Schuman vom 13. August 1952 vgl. Dok. 185.

15 Zum Gespräch des Bundeskanzlers Adenauer mit dem französischen Außenminister Schuman am 10. September 1952 vgl. Dok. 200.

schen Standpunkt eine gewisse Annäherung eintrete, die Saarregierung dazu gebracht werden könnte, durch Einbringung eines verfassungsändernden Gesetzes eine Verschiebung der Landtagswahlen auf etwa Mitte Februar herbeizuführen. Der äußerste Termin, bis zu dem die Regierung Hoffmann eine Entscheidung über die Zulassung oder Nichtzulassung der Parteien oder über die Frage der Landtagswahl treffen müsse, sei der 27.9. Er und Schuman legten deshalb großen Wert darauf, von mir eine Mitteilung über meinen Standpunkt zu bekommen bis zum 22.9. Ich habe ihm erwidert, ich wollte das versuchen, könnte aber gar keine Erklärung abgeben, ehe ich nicht mit den Vertretern der Parteien Rücksprache genommen hätte, um zu hören, wie sie über diese Dinge dächten. Das sei für mich entscheidend.

Ich habe dann sofort nach meiner Rückkehr aus Luxemburg bzw. Straßburg Sie zu mir bitten lassen, um Ihnen dies Ganze vorzutragen und Sie zu bitten, Ihre Meinung dazu zu sagen.

Zur Frage: Europäisierung. Zunächst das Territorium. Ich habe Herrn Schuman gesagt, er müsse bedenken, daß Deutschland ein großes Opfer bringe, wenn es der Frage der Europäisierung zustimme. Denn die Saar sei doch deutsches Land, und wir müßten auch bei den Londoner Schuldenverhandlungen mit bezahlen für den etwaigen Teil der Schuld, der auf das Saargebiet entfalle. Ich könnte mich – vorausgesetzt der Zustimmung der Saarbevölkerung – für eine solche Lösung nur aussprechen unter dem Gesichtspunkt, daß diese Differenz zwischen Frankreich und Deutschland nicht noch ungemessene Zeit fortdauere und dadurch eine wirkliche Verständigung zwischen Frankreich und Deutschland und damit eine europäische Integration erschwere. Er müsse verstehen, welches Opfer das für Deutschland sei, und deswegen hätte ich den dringenden Wunsch, daß Frankreich auch eine Geste in territorialer Hinsicht mache und ein Stück von Lothringen, das ja in das Saargebiet hineinrage, beisteuere. Herr Schuman sagte, er hätte dies früher abgelehnt, wolle jetzt den Vorschlag aber nochmals nachprüfen. Ich hatte aus dem, was Herr Schuman sagte, den Eindruck, daß er bereit wäre, seinen Standpunkt nochmals zu prüfen, und zwar im positiven Sinne.

Ich habe weiter gesagt, Frankreich habe damals den jetzigen Teil des Saargebiets, der früher zu Trier gehört habe, einfach genommen; dieser müsse jetzt zurückgegeben werden, es sei denn, wenn die Menschen dort es wünschten, zu bleiben. Ich habe weiter gesagt, in dem Rahmen der Europäisierung beständen ja in rein politischer Hinsicht kaum große Gegensätze, wenn auch die Einzelheiten darüber noch ausgearbeitet werden müßten. Aber in Bezug auf die wirtschaftlichen Dinge beständen doch sehr große Verschiedenheiten in unserer Auffassung. Frankreich beherrschte auf Grund seiner Konvention wirtschaftlich das Saargebiet, und wer wirtschaftlich ein Land beherrscht, beherrscht auch das Gebiet politisch, und man könne daher, wenn das Saargebiet nicht wirtschaftlich frei werde, nicht von der Europäisierung sprechen, sondern es sei doch mehr oder weniger eine Aufrechterhaltung des gegenwärtigen Zustandes.

Herr Schuman wollte das zunächst nicht gelten lassen, sondern er meinte, es sei doch jetzt durch die Montan-Union schon die Frage Kohle und Stahl ihrer Bedeutung entkleidet, es gäbe keine Zölle mehr und ich möchte doch vor allem daran denken, daß es sich um einen vorübergehenden Zustand handele in dem Sinne, daß am Ende der Entwicklung alles das in der europäischen Konstruktion aufgehen werde. Ich erklärte, daß nicht damit geholfen sei, Handelsverträge zu schließen, sondern daß, wenn diese wirtschaftlichen Konventionen bleiben sollen, die Saar eben wirtschaftlich von Frankreich beherrscht wäre, und damit auch politisch, und das sei indiskutabel. Ich habe dann gesagt, ein sehr maßgebender Mann in Frankreich, der die Dinge gut kennt, habe mir gesagt, entscheidend sei für Frankreich in der ganzen Frage nur noch das wirtschaftliche Interesse. Frankreich lege entscheidenden Wert darauf, die Saarkohle nach wie vor mit Francs bezahlen zu können und keine Devisen dafür verwenden zu müssen. Herr Schuman möge mir sagen, ob diese Mitteilung richtig sei oder nicht. Er hat mir erklärt, im großen und ganzen sei diese Mitteilung richtig. Es komme aber noch hinzu, Lothringen liefere sehr viele landwirtschaftliche Erzeugnisse in das Saargebiet. Es sei sowohl im Interesse Lothringens wie des Saargebiets und auch im deutschen Interesse, das noch viele Nahrungsmittel importieren müsse, wenn es der Saarbevölkerung im europäischen Zustand ermöglicht würde, diese Erzeugnisse ebenfalls mit Francs zu kaufen. Wenn eine europäische Währung oder eine Konvertibilität der jetzt bestehenden Währungen in Europa hergestellt werden könnten, wäre diese Sache ja auch leichter.

Ich darf hier einschalten, daß Herr de Gasperi jetzt in Straßburg[16] hiervon gesprochen hat und daß auch bei uns seit längerer Zeit Untersuchungen darüber im Gange sind, wie man eine Währungseinheit in Europa schaffen kann. Ich habe dann erklärt, das seien schließlich Dinge – also der Kauf der Saarkohle, Kauf der lothringischen Erzeugnisse durch die Saarbevölkerung –, über die man sich einmal unterhalten müsse. Ich sei nicht genügend Sachverständiger, um jetzt sagen zu können: Es gibt da einen für alle Drei gangbaren Weg oder nicht. Aber es sollten ja die wirtschaftlichen Zusammenhänge der Saar sowohl nach der französischen wie auch nach der deutschen Seite hin einmal durch Sachverständige aus Frankreich wie von uns untersucht werden, von jeder Seite vielleicht zwei Herren, und man sollte diesen Herren aufgeben, diese Spezialfrage zu untersuchen, die Schuman herausgestellt hat. So sind wir auseinandergegangen, und so sind wir verblieben.

Das ist der Stand des Gesprächs gewesen zwischen Herrn Schuman und mir. Herr Schuman hat dann mit meinem Einverständnis in der Sitzung des Rats der Minister der Montan-Union[17], der ein sehr großes Interesse bezeigt für eine Regelung der ganzen Saarfrage, über die Unterhaltung mit mir kurz berichtet und hat zum Schluß gesagt, daß man einen gedämpften Optimismus haben könne. Das Referat war nicht ausführlich, aber es war doch so, daß unsere Unterredungen sehr objektiv wiedergegeben waren, so daß ich sagen konnte: Ich habe dem nichts hinzuzufügen. Herr de Gasperi hat dann nochmals dringend gebeten, sich doch zu verständigen.

Ich will nun meinen Bericht abschließen und zu einem neuen Kapitel übergehen. Hierzu muß ich einiges wiederholen. Sie wissen, daß Frankreich im Jahre 1947 die Annexion des Saargebietes verlangt hat. Es hat nach meiner Meinung

[16] Vom 15. bis 30. September 1952 fand eine Tagung der Beratenden Versammlung des Europarats statt.
[17] Die EGKS-Ministerratstagung fand vom 8. bis 10. September 1952 in Luxemburg statt.

die Annexion damals im wesentlichen aus folgender Erwägung heraus verlangt. Man sah damals bei den vier Alliierten in Deutschland einen präsumtiven Kriegsgegner in einer späteren Zeit. Man wollte dadurch, daß man das Potential der Saar zu dem französischen schlug und dem deutschen wegnahm, eine gewisse Parität des Kriegspotentials zwischen diesen beiden Staaten herstellen. Sie wissen auch, daß Rußland damals dem widersprochen hat und daß dann England und Amerika dem damaligen Außenminister Bidault zugesagt haben, daß sie in dem zukünftigen, mit Deutschland zu schließenden Friedensvertrag die Wünsche Frankreichs unterstützen würden. Und sie haben dann auf Grund des Rechtes, das sie durch die bedingungslose Kapitulation für sich in Anspruch nahmen, Frankreich konzediert die wirtschaftliche Eingliederung und Ausbeutung der Saar.[18]

Seit der Zeit haben sich nun die Verhältnisse in Europa grundlegend geändert. Auch die Franzosen sind jetzt der Ansicht – namentlich seit der Vertrag über die EVG soweit fertig ist –, daß nicht Deutschland ein präsumtiver Kriegsgegner von Frankreich sein wird, sondern Sowjet-Rußland. Den Amerikanern und Engländern ist diese Erkenntnis schon etwas früher gekommen. Ich glaube also, daß der Hauptgrund für Frankreich, sich die Saar aus Gründen der Verstärkung des Kriegspotentials dienstbar zu machen, geschwunden ist, und es sich jetzt nur noch um die wirtschaftlichen Fragen handelt.

Ein weiterer Umstand ist die Frage des Prestiges. Ich darf erzählen von einer Besprechung, die ich vor drei bis vier Wochen auf dem Bürgenstock mit dem Auslandsredakteur der Neuen Zürcher Zeitung[19] hatte. Dieser war gerade in Frankreich gewesen und hatte dort mit dem Führer der Gaullistischen Dissidenten, auf deren Unterstützung das Ministerium Pinay angewiesen ist, über die Saarfrage gesprochen. Dieser Mann habe ihm gesagt, das Prestige Frankreichs sei in den letzten zwei Jahren so gesunken, daß es einen weiteren Prestigeverlust dadurch, daß es seine bisherige Position an der Saar aufgebe, einfach nicht mehr ertragen könnte. Daß Frankreichs Prestige gesunken ist, finde ich falsch ausgedrückt. Frankreich gewinnt durch das Wiederhochkommen Deutschlands. Fortfall der wirtschaftlichen Konventionen. Suche eines Weges, der Frankreich es ermöglicht, Saarkohle zu kaufen, ohne daß es seine Devisen dazu zu benutzen braucht. Und umgekehrt Suche eines Weges, der der Saarbevölkerung erlaubt, die landwirtschaftlichen Erzeugnisse Lothringens, die sie braucht, zu kaufen.

Erwähnenswert ist dann noch, daß Herr Schuman vorgeschlagen hat, man solle in Saarbrücken eine europäische Universität eröffnen, eine wahrhaft europäische Universität, und daß die Entscheidung über den Sitz der Organe der Mon-

18 Am 22. Dezember 1946 legte Frankreich anläßlich der Außenministerkonferenz der Vier Mächte vom 10. März bis 24. April 1947 in Moskau ein Memorandum vor, in dem u. a. eine vollständige wirtschaftliche Eingliederung des Saargebiets verlangt wurde. Diese Forderung wurde von den Außenministern Marshall (USA) und Bevin (Großbritannien) unterstützt, jedoch vom sowjetischen Außenminister Molotow abgelehnt. Auch während der Konferenz der Außenminister der Vier Mächte vom 25. November bis 15. Dezember 1947 in London konnten keine Fortschritte erzielt werden. Am 20. Februar 1948 erkannten Großbritannien und die USA an, daß der Warenaustausch zwischen den Westzonen Deutschlands und dem Saargebiet als Außenhandel zu betrachten sei. Für den Wortlaut des Abkommens zwischen Frankreich, Großbritannien und den USA vgl. FRUS 1948, II, S. 73–75.

19 Eduard Geilinger.

tan-Union zugunsten Saarbrückens falle. Das Angebot der französischen Regierung in der Sitzung des Ministerrats im Juli erwähnte nicht die EVG-Organe. Aber es würde jetzt möglich sein – vielleicht sogar wahrscheinlich sein –, daß die EVG-Organe – also die Organe über die europäische Verteidigungsgemeinschaft – im großen Maße übereinstimmen mit den Organen der Montan-Union. Sie haben dasselbe Hohe Gericht, in gewissem Maße die gleiche Versammlung – nur verstärkt – und auch in gewisser Weise denselben Ministerrat.

Ich darf die Frage, die ich gestellt habe, wiederholen. Sie lautet so: Ich bitte Sie, darüber nachzudenken, ob die Mehrheit der Saarbevölkerung, vertreten durch einen Landtag, der völlig frei gewählt ist und in dem Ihre Parteien ebenfalls sind, zustimmen würde einem Statut des Saargebiets, das in großen Zügen, die im einzelnen noch ausgeführt werden müßten, etwa folgendermaßen wäre. Politisch: ein politisch frei gewählter Landtag, eine Regierung, die von diesem Landtag eingesetzt wird. Selbstverständlich Gewährleistung aller demokratischen Grundrechte, frei von jeder politischen Beeinflussung unter der Obhut des Ministerrats der Montan-Union. Wirtschaftlich: Es müßte ein Weg gefunden werden, der es Frankreich ermöglicht, ohne Inangriffnahme seiner Devisen, Saarkohle zu kaufen, und umgekehrt es der Saarbevölkerung ermöglicht, ihren Bedarf an landwirtschaftlichen Produkten in Lothringen zu decken. Volle Freiheit auf wirtschaftlichem Gebiet, Fortfall der Konventionen mit Frankreich auf wirtschaftlichem Gebiet.

Sie werden natürlich darauf auf Anhieb weder ja noch nein sagen können. Das sind Fragen, die Sie in Ihrem Innern verarbeiten müssen. Ich möchte zum Schluß noch folgendes sagen: Wenn es nicht zu dieser Verständigung kommt, wenn die Dinge so bleiben, wie sie sind, sehe ich keine Lösung, es sei denn, daß es der Saarbevölkerung im Laufe einer langen Periode gelingt, durch einen Druck von innen heraus, Frankreich zum Nachgeben zu bringen. Ob das möglich sein wird, scheint mir fraglich. Jedoch, wenn es möglich ist, wird darüber geraume Zeit vergehen. Amerika und Großbritannien werden Ihnen sehr wenig dabei helfen, wenngleich sie selbst wünschen, daß eine Wendung eintrete. Aber wir dürfen eines nicht vergessen, was ich bei allen Verhandlungen immer wieder bemerkt habe. Die Verbindungen zwischen den drei Westalliierten sind auf Grund eines überstandenen Krieges so ähnlich wie unter Soldaten, die in einer Kompanie so eine Sache mitgemacht haben. Sie sind noch lange nicht mit dem einverstanden, was der andere tut, aber sie halten zusammen. Und wenn Sie sich die Bundesrepublik vorstellen, jetzt bei den Tagungen in Luxemburg und Straßburg, so steht Deutschland noch immer etwas – ich will nicht sagen draußen – aber noch nicht ganz in diesem Kreise drin. Die Vereinigten Staaten und Großbritannien werden Frankreich nicht durch irgendeinen diplomatischen Druck zwingen, wahrscheinlich auch nicht zwingen können, nun seine Position im Saargebiet aufzugeben, sondern werden es so lassen, wie es jetzt ist, in der Hoffnung, daß eines Tages uns die Freiheit wiedergegeben wird. Oder aber sollen wir diesen Status der Europäisierung, wie ich sie Ihnen skizziert habe, annehmen, in der Hoffnung, daß die Weiterentwicklung in Europa doch allmählich überhaupt die ganzen Grenzen, die jetzt noch zwischen den einzelnen Ländern bestehen, mehr oder weniger illusorisch machen, oder sollen wir nun warten, bis das Wunschbild, zur Bundesrepublik zurückzukommen, sich vielleicht eines Tages erfüllt. Das sind die sehr schwerwiegenden Fragen, die Sie sich meiner Meinung nach bei sich in aller Ruhe überlegen müssen.

Der Herr Bundeskanzler bittet nun die Herren, Fragen an ihn zu stellen.

Herr *Becker*: Ich möchte nun zunächst auch im Namen der beiden anderen Parteien herzlich danken, daß Sie uns das Vertrauen entgegengebracht haben, uns einen persönlichen, ausführlichen Bericht zu erstatten, einen Bericht von dem, was Sie in den letzten Monaten bewegt hat. Wenn Sie uns nun gebeten haben, Fragen zu stellen, möchte ich beginnen mit der Frage: Wird dadurch, daß ein freier Landtag gewählt wird und daß dieses Gremium unter der Obhut des Montanrats in Funktion treten soll, die Gebietshoheit Deutschlands über die Saar suspendiert oder findet eine Abtretung statt? Wenn eine Abtretung – Einwurf: nicht Abtretung sondern Abtrennung – beabsichtigt ist, so kann ich sagen, daß die Bevölkerung der Saar das heute auf keinen Fall wünscht. Wir würden wahrscheinlich gesteinigt werden, wenn wir nach Hause kommen, und wir würden sagen, wir hätten in eine derartige Abtrennung eingewilligt. Wir können der Bevölkerung der Saar eine derartige Abtrennung nicht vorschlagen oder begreiflich machen. Wir würden das wahrscheinlich nicht fertigbringen. Diese Schwierigkeit in der ganzen Konzeption müßte beachtet werden. Vielleicht wäre es möglich, eine Suspendierung der deutschen Gebietshoheit vorzunehmen, ähnlich wie damals unter dem Völkerbund.[20] Das wäre nicht nur eine Frage, die die Bevölkerung anginge, sondern auch eine juristische Frage. Auch bei der Frage der Europäisierung werden zweifellos viele Schwierigkeiten auftreten. Wir können uns da auch im einzelnen nicht dazu äußern. Aber vielleicht denken meine Kollegen da anders. Wir sind natürlich im Jahre 1947 betrogen worden. Ich persönlich nicht und auch die anderen Herren nicht. Wir hatten erkannt, daß wir betrogen werden sollten, daß mit Absicht die Verträge so gefaßt waren, daß sie eine Ausbeutung vorsahen.

Bundeskanzler: Die Saargruben würden an die Saar fallen, obgleich sie ja eigentlich uns gehören. Die ganzen Konventionen müssen fallen.

Staatssekretär *Hallstein*: Der ganze Erwerb der Saargruben diente nur dazu, einen Rechtstitel nachzuholen. Es sei nicht gedacht an eine wirklich freie Verfügung der Saarregierung, d.h. Eigenverwaltung der Saar.

Herr *Ney*: Darf ich das Thema etwas erweitern. Es besteht für uns nach Ihren Darstellungen eine wesentliche Unklarheit. Herr Becker hat die Frage angeschnitten, daß mit der Errichtung dieses Statuts eine politische Abtrennung von Deutschland erfolge. Das halte ich auf Grund Ihrer Darstellung für klar. Es würde aber davon – ich sage das aus dem Grunde, weil Herr Schuman schon am Donnerstag abend vor dem Auswärtigen Ausschuß des Senats[21] und vor

[20] Artikel 49 des Versailler Vertrages vom 28. Juni 1919: „Deutschland verzichtet zugunsten des Völkerbunds, der insoweit als Treuhänder gilt, auf die Regierung des obenbezeichneten Gebiets. Nach Ablauf einer Frist von fünfzehn Jahren nach Inkrafttreten des gegenwärtigen Vertrags wird die Bevölkerung dieses Gebiets zu einer Äußerung darüber berufen, unter welche Souveränität sie zu treten wünscht." Vgl. REICHSGESETZBLATT 1919, Teil II, S. 773 und 775.

[21] Am 11. September 1952 erklärte der französische Außenminister Schuman: „La France n'a jamais cherché [...] à imposer un diktat à la Sarre. Elle tient essentiellement à l'autonomie politique de l'État sarrois et au maintien de son union économique. Si des projets d'européisation ont été envisagés, ils reposeraient de toute façon sur un gouvernement sarrois indépendant devant un Parlement régulièrement élu. Quant aux onze conventions conclues entre la France et la Sarre, elles ne

ein paar Tagen Herr Hoffmann bei irgendeiner Gelegenheit ausdrücklich erklärt haben, Prämisse für eine europäische Regelung, eine Europäisierung des Saargebiets, ist und bleibt der wirtschaftliche Anschluß – nach Ihren Darstellungen des zu erwartenden Statuts, daß die Konventionen wegfallen und über den Kauf lothringischer Erzeugnisse wirtschaftliche Verträge abgeschlossen werden können – darin bestünde der wirtschaftliche Anschluß –, keine Rede sein. Nachdem Herr Schuman Sie in Luxemburg verlassen hatte, hat er also erklärt, wirtschaftlicher Anschluß bleibt nach wie vor bestehen und Herr Hoffmann hat das unterstrichen. Ihre Darstellungen und die Darstellungen dieser Herren weichen also wesentlich voneinander ab. Ich wiederhole, was ich gestern gesagt habe: An einer Europäisierung der Saar, die nicht mit dem wirtschaftlichen Anschluß an Frankreich gekoppelt ist, besteht kein Interesse. Denn was ist das für ein Ziel, das Frankreich erstrebt? Es ist das Ziel, die Saar zu bekommen. Und dieses Frankreich soll nunmehr eine Regelung eingehen – wenn auch nur eine vorläufige –, in der es noch nicht einmal einen wirtschaftlichen Anschluß verlangt. Wirtschaftliche Bindungen sind häufig Vorläufer politischer Bindungen. Hier ist also zwischen der Darstellung der Meinung, die Sie von dem zukünftigen Statut der Saar haben und der Meinungsäußerung der Franzosen, die vor und nach Luxemburg wiederholt worden ist, ein sehr wesentlicher Unterschied.

Bundeskanzler: Ich weiß nicht, ob Sie Recht haben. Sie müssen Herrn Schuman genau kennen. Herr Schuman wird seinen Franzosen, wenn es überhaupt dazu kommt, auseinandersetzen, daß diese Vereinbarungen wegen der Saarkohle und der lothringischen Erzeugnisse der wirtschaftliche Anschluß sei. Es kann keinem Zweifel unterliegen, daß Herr Schuman sich klar ist über das, was nach meiner Auffassung Grundbedingung sein muß, nämlich die wirtschaftliche Freiheit an der Saar unter Berücksichtigung der französischen wirtschaftlichen Wünsche auf dem Gebiete des Kaufes der Saarkohle und umgekehrt des Verkaufes der lothringischen Erzeugnisse an die Saar. Das ist nach meiner Meinung Conditio sine qua non. Wer die Wirtschaft des Saargebiets beherrscht auf dem Gebiete von Kohle und Eisen, beherrscht auch politisch das ganze Land. Das kommt überhaupt nicht in Frage. Ich wiederhole nochmals: Ich habe das Herrn Schuman genau so gesagt wie Ihnen jetzt hier. Ich darf wiederholen, daß ich etwas weit ging und über wirtschaftliche Freiheit ihm gesagt habe, was mir erklärt worden ist. Das einzige Interesse Frankreichs sei, die Saarkohle mit Franken zu bezahlen und nicht mit anderer Münze. Es kommt zu der Kohle hinzu der Verkauf der landwirtschaftlichen Erzeugnisse aus Lothringen. Ich glaube, daß, wenn Herr Schuman meint, es sei etwas anderes gemeint, er sich dann irrt. Eine wirtschaftliche Beherrschung der Saar durch Frankreich kommt unter keinen Umständen bei uns in Erwägung.

Herr *Ney*: Die wirtschaftliche Beherrschung der Saar besteht nicht nur auf dem Gebiete der Kohle und des Eisens, sondern auch auf dem Gebiete des Verkehrswesens.

Fortsetzung Fußnote von Seite 624

sauraient être altérées dans leur principes, mais peuvent souffrir des accommodations.“ Vgl. den Artikel „La France n'a jamais cherché à imposer un diktat à la Sarre“; LE MONDE vom 13. September 1952, S. 2.

Bundeskanzler: Ja, auch Verkehr. Das sind die wirtschaftlichen Konventionen im Ganzen.

Herr *Ney*: Frankreich hat auch das Versicherungs- und Bankwesen an sich gerissen.

Bundeskanzler: Darin gebe ich Ihnen auch Recht. Wenn das in Frage kommt, müssen Sie uns darüber unterrichten, und das müßte bei den Verhandlungen auch erwähnt werden.

Herr *Ney*: Das müßte aber einwandfrei erklärt werden. Denn nach den Verhandlungen in Luxemburg noch zu sagen, der wirtschaftliche Anschluß muß bleiben ...[22]

Bundeskanzler: Nehmen Sie das nicht so tragisch. Ich kenne Herrn Schuman besser. Er gibt seinen Kindern die Wahrheit in Tropfen ein. Davon bin ich überzeugt. Falls eine solche Verständigung zunächst zwischen Ihnen und uns zustande kommen sollte und von Frankreichs Seiten in diesem oder jenem Punkte Schwierigkeiten gemacht würden, dann würden sich die Vereinigten Staaten und Großbritannien einmischen und würden sich Frankreich gegenüber nach meiner Überzeugung durchsetzen.

Staatssekretär *Hallstein*: Der Bericht des Herrn Bundeskanzlers könnte vielleicht den Eindruck erwecken, als ob man in diesem Punkte in die Details eingedrungen gewesen sei. Der zentrale Gegenstand meiner Gespräche mit Herrn Schuman war der Punkt der Konventionen. Es ist vollständig ausgeschlossen, daß Herr Schuman sich einer Illusion hingibt. Es ist nicht gesprochen worden vom wirtschaftlichen Anschluß oder Nichtanschluß. Es ist über Konventionen gesprochen worden. Es ist darüber gesprochen worden, ob die Adaptierung genüge, und es ist ganz klar der deutsche Standpunkt zutage getreten, daß von einer Adaptierung keinesfalls die Rede sein kann. Es ist kein Zweifel darüber gelassen worden. Man hat im Französischen die Worte supprimer und adapter. Nach meiner Meinung kommt hier nur supprimer in Frage und nicht adapter.

Bundeskanzler: Ich habe ergänzt, was willst Du auf wirtschaftlichem Gebiet? Ist es richtig, daß Dich der Kohleverkauf interessiert. Sie kennen ja M. Schuman. Er sagt nie ja oder nein. Im großen und ganzen meinte er: ja, aber die landwirtschaftlichen Produkte Lothringens auch.

Es handelt sich für Frankreich um die Frage, in welcher Währung es bezahlen muß.

Herr *Ney*: Das ist Frankreich zu gönnen. Wir müssen ja unsere Kohle unterbringen und die landwirtschaftlichen Produkte Lothringens haben. Aber dazu ist doch eine Abtrennung von Deutschland nicht nötig. Dafür wäre doch eine sehr einfache Regelung möglich, daß Frankreich die Kohle des Saargebiets mit Franken bezahlt und daß wir die lothringische Milch, Eier und Weizen abnehmen. Warum soll dann die plötzliche Trennung erfolgen, wenn es wahr ist, daß das der Inhalt des französischen Verlangens ist?

Bundeskanzler: Noch ein Wort zu dem Wort „Abtrennung". Die völkerrechtliche Lage des Saargebiets ist nicht klar, jedenfalls sehr kompliziert. Es wird, wenn es sich um die Bezahlung der Schulden handelt, von den Alliierten die

22 Auslassung in der Vorlage.

Fiktion aufrechterhalten, das Deutsche Reich besteht weiter in den Grenzen des Jahres 1937. Aber Sie haben diese Fiktion nur, wenn es sich um die Bezahlung der Schulden handelt. Sie erkennen uns als Fortsetzung des Deutschen Reiches an, was die Bezahlung der Schulden angeht. Das kam schon bei den Arbeiten am Grundgesetz zum Ausdruck. Aber was die Ausübung der politischen Gewalt durch uns angeht, da erkennen sie nicht an die Ausübung der politischen Gewalt im Saargebiet und selbstverständlich nicht Sowjetrußland im Osten, und allgemein haben sie ja im Potsdamer Abkommen, dem Frankreich später beigetreten ist, vereinbart, daß die Frage der Grenzen Deutschlands durch den Friedensvertrag geregelt werden soll[23], so daß also doch ein sehr eigentümlicher völkerrechtlicher Status des Saargebiets vorliegt. Ich möchte das juristisch dahin definierten, daß Deutschland Eigentümer der Saar ist, durch die Besatzungsmächte das Saargebiet aber de facto Frankreich zugesprochen wurde in Form des wirtschaftlichen Anschlusses. So ist die Lage. Sie haben gesagt, Abtretung und Abtrennung seien dasselbe. Das ist wohl nicht ganz richtig. Wenn ich etwas abtrete, übergebe ich es einem anderen. Davon ist keine Rede. Obgleich das Wort nicht gebraucht ist, würde das eintreten, wenn man zu einem solchen europäischen Status an der Saar käme. Es würde auf politischem Gebiet eine Loslösung von der Bundesrepublik, wozu sie ja jetzt leider auch nicht gehören, eintreten. Unser Gesetz gilt nicht ohne weiteres auch im Saargebiet. Schmackhaft versuchte mir das Herr Schuman zu machen durch den teilweise berechtigten Hinweis darauf, daß das, was die sechs Länder[24] trennt, immer mehr in Wegfall kommen wird. Es sind schon weggefallen die Zölle auf Kohle und Eisen, die für sie eine wesentliche Rolle spielen. Es wird kommen eine gemeinsame Wehrmacht. Diese wird einer supranationalen Behörde übertragen werden. Das wird die Außenpolitik der sechs Länder stark beeinflussen. Es wird, wie ich heute in der Zeitung lese, ein gemeinsamer Paß eingeführt werden für diese sechs Länder. Wir werden vielleicht auf dem Gebiete der Agrar-Union auch zu einer weiteren Verständigung und Angleichung kommen. Wir werden bestimmt im Verlaufe einer nicht langen Zeit zu einem gemeinsamen europäischen Parlament kommen, das in direkter Wahl gewählt wird, das die oberste Gewalt dieser sechs Länder und eventuell auch des Saargebiets darstellt, und wir werden auch in einer gar nicht langen Zeit entweder zu einer Konvertibilität der Währungen oder einer gemeinsamen Währung kommen. Insofern hat Herr Schuman Recht. Es wird das, was bisher das Trennende zwischen den einzelnen Staaten ist, in Wegfall kommen. Sprache und Kultur und diese Dinge werden zunächst das voneinander sich abhebende bleiben. Aber auch auf diesem Gebiet ist beabsichtigt, ohne Sprache und Kultur des einzelnen Landes zu beeinträchtigen, das gemeinsam Europäische nach vorn zu bringen. Das ist eine Entwicklung, die sich vor Jahren keiner in seinen kühnsten Träumen hätte vorstellen können. Wenn eine solche Entwicklung einge-

23 Zur Regelung der deutschen Ostgrenze im Kommuniqué vom 2. August 1945 über die Konferenz von Potsdam (Potsdamer Abkommen) vgl. Dok. 74, Anm. 7.
Am 7. August 1945 erteilte Frankreich in sechs verschiedenen Schreiben, jeweils gerichtet an die USA, Großbritannien und die UdSSR, seine grundsätzliche Zustimmung zu den in Potsdam getroffenen Abmachungen, meldete aber bezüglich verschiedener Punkte, etwa hinsichtlich der Schaffung zentraler deutscher Verwaltungsstellen, Vorbehalte an. Für den Wortlaut der Schreiben vgl. DzD II/1, S. 2213–2218.

24 Belgien, Bundesrepublik Deutschland, Frankreich, Italien, Luxemburg, Niederlande.

setzt hat, führt sie ganz zwangsläufig auf diesem Wege fort. Man kann, glaube ich, diese Entwicklung nicht mehr wie früher in einem solchen Umfange verbinden mit dem Wort „Loslösung“ oder „Abtrennung“. Es wird sich das alles mehr vermischen. Aber natürlich bleibt damit verbunden eine gewisse Verselbständigung des Saargebiets. Wenn Sie nun sagen, Herr Dr. Ney, wenn Frankreich lediglich Kohle des Saargebiets mit Franken kaufen und lothringische Produkte an das Saargebiet verkaufen will, dann kann es doch Verträge mit Deutschland abschließen, möchte ich darauf hinweisen, daß eine französische Regierung, die etwas derartiges dem französischen Parlament vorlegt, würde sofort gestürzt werden. Dann würde man lieber überhaupt nicht dran gehen. Wir haben kein Interesse daran.

Herr *Conrad*: Mir kommt die ganze Angelegenheit mit der Europäisierung etwas spanisch vor. Entschuldigen Sie den Ausdruck. Wir haben ja die Franzosen in der Saar in den Jahren nach 1945 kennengelernt, und ich möchte Ihnen widersprechen, wenn Sie sagen, Schuman hat mir das erklärt, und den Franzosen erklärt er nun etwas ganz anderes, um sie still zu halten. Ich möchte widersprechen aus den Erfahrungen, die wir gemacht haben. Was man uns in den ganzen Jahren versprochen hat, ist nie gehalten worden.

Bundeskanzler: Wenn es zu einer Verständigung kommt, müssen Amerikaner und Engländer ebenfalls dem Ganzen zustimmen, das erkennt auch Herr Schuman an.

Herr *Conrad*: Wenn Herr Schuman nun sagt, es ist ein einmaliger Vorschlag, den er zu machen habe, ein einmaliger Vorschlag, die Saar praktisch von Deutschland zu trennen für alle Zeiten. Wenn ich Sie recht verstanden habe, soll das das Zugeständnis sein, um damit Deutschland zu schwächen. Das wird der Hintergedanke sein, und Sie sagen, das spiele nicht mehr eine so große Rolle, und Herr Schuman ist der gleichen Ansicht, weil diese europäischen Kompetenzen, die sich jetzt entwickeln, diese Dinge bald illusorisch machen. Ich brauche nicht die Logik auf den Kopf zu stellen dadurch, daß ich zuerst einen neuen Zweckstaat schaffe. Diese Tatsache, daß man beharrlich darauf besteht, einen Zweckstaat zu schaffen, bestärkt mich in dem Argwohn, daß die Vorschläge, die gemacht sind, nicht die vollständigen Vorschläge sind. Man versucht, die Bundesrepublik übers Ohr zu hauen, wie man uns übers Ohr gehauen hat. Politische und wirtschaftliche Freiheit – es soll nur bleiben beim Austausch der Produkte zwischen der Saar und Lothringen. Da muß ich mich 100%ig Herrn Dr. Ney anschließen. Warum den Umweg über die Unlogik machen, um zu Verhandlungen zu kommen, die zwischen Geschäftspartnern gemacht werden können. Wenn in verschiedenen Besprechungen, die über Herrn Hallstein und Sie geführt haben, Herr Schuman – entgegen seinem ersten Vorschlag – immer von der Adaption[25] gesprochen hat, so scheint mir das der Punkt zu sein, zu dem man sich zurückfinden wird. Ich habe die große Befürchtung, daß man mit einem solchen Trick uns an der Saar eine große Schlappe beibringen will. Man wird versuchen, das in Gang zu setzen, was man nach den Luxemburger Besprechungen in Umlauf gebracht hat, nämlich, daß Sie uns hierher gebeten hätten, um uns die Europäisierung schmackhaft zu machen. Auf diese Weise

25 Vgl. dazu Dok. 183.

will man uns und Sie an der Saar gegeneinander ausspielen. Man möchte uns auseinandermanövrieren. Man will dann, wenn wir uns hier für eine Europäisierung ausgesprochen hätten, sagen, was wollen denn die neuen Parteien hier? Es sind ja alle einverstanden mit der Europäisierung, wir brauchen keine neuen Parteien. Wenn wir dieses Einverständnis nicht geben – ich weiche jetzt in etwa von den Meinungen des einen oder anderen Herrn ab –, wenn Sie als Vertreter der Bundesrepublik mit Herrn Schuman einig werden über die Europäisierung, dann befinden wir uns in einer sehr gefährlichen Situation. Die anderen hätten das Argument zu sagen, das sind nur Querulanten. Die anderen wollen, also müßt ihr euch einem großen europäischen Werk unterordnen. Das kann nie in Frage kommen. Es kann eine Entscheidung nicht in Frage kommen, ehe man nicht weiß, was beabsichtigt ist. Es sind Dinge von Herrn Schuman gesagt worden, die sich nicht harmonisieren lassen. Was denkt der Mann nun in Wirklichkeit? Glaubt der Mann an den Plan, der seinen Namen trägt? Oder glaubt er, daß die wirtschaftliche Vorherrschaft an der Saar für alle Zeiten gesichert werden muß? Man beabsichtigt in Wirklichkeit, Deutschland zu schwächen. Das ist die alte französische politische Auffassung.

Bundeskanzler: Ich tue nichts ohne Sie. Das möchte ich an die Spitze stellen. Ich erkenne an, daß Sie berechtigten Grund zum Argwohn haben, und erkenne an, daß unter keinen Umständen die Situation eintreten darf, daß der Bundeskanzler und Herr Schuman einig sind und die durch Sie vertretene Saarbevölkerung einzeln steht. Ich habe Herrn Schuman gesagt, ich kann keine Erklärung abgeben, ehe ich mit diesen Herren gesprochen habe.

B 17 (Saarfrage), Bd. 132

206

Aufzeichnung des Delegationsleiters Grewe

18. September 1952

Zur Auslegung des Artikels 7 Abs. 3[1]

In den Beratungen des Bundestagsausschusses für gesamtdeutsche Fragen und des Ausschusses für auswärtige Angelegenheiten habe ich folgende Interpretation des Art. 7 Abs. 3 vertreten:

Das von Anfang an erstrebte deutsche Verhandlungsziel, eine Sicherung gegen das Wiederaufleben des Kontrollratssystems zu erlangen, sei durch Art. 7 Abs. 3 erreicht worden. Die Drei Mächte verpflichteten sich danach, die Rechte der Bundesrepublik aus den Bonner Verträgen auf das wiedervereinigte Deutschland zu erstrecken. Diese Erstreckung sei an keine weiteren Bedingungen ge-

[1] Für Artikel 7, Absatz 3 des Generalvertrages vgl. Dok. 148, Anm. 44.

knüpft.[2] Wolle das wiedervereinigte Deutschland die Rechte aus den Integrationsverträgen in Anspruch nehmen, so seien die Drei Mächte mit einer Erstrekkung auch dieser Rechte auf das wiedervereinigte Deutschland einverstanden unter der Bedingung, daß das wiedervereinigte Deutschland alle Pflichten sowohl aus den Integrationsverträgen als auch aus den Bonner Verträgen übernehme.

Diese Interpretation ist bei der Opposition auf Widerspruch gestoßen, sie wird aber offenbar auch von den meisten anderen Verhandlungsführern nicht geteilt. Im Auswärtigen Ausschuß habe ich daher die Diskussion nicht zu Ende geführt, sondern mich dem Antrag des Abg. Lütkens angeschlossen, die Diskussion hierüber auf der nächsten Sitzung fortzusetzen – dies auch unter Berufung darauf, daß ich selbst bei der Verhandlung der letzten Fassung des Art. 7 Abs. 3 nicht teilgenommen hätte.[3]

Sollte sich meine Interpretation nicht halten lassen, so wäre das wiedervereinigte Deutschland vor die Alternative gestellt: entweder die Bindung aus den Integrationsverträgen zu wählen oder aber mit dem Wiederaufleben des Kontrollratssystems rechnen zu müssen. Die Bindung an EVG und Montan-Union würde dann gleichsam durch die Drohung erzwungen, daß anderenfalls der Kontrollrat wieder aufleben werde. Ob diese Drohung praktisch bedeutsam ist oder nicht, kann dahingestellt bleiben, Art. 7 Abs. 3 würde jedenfalls diese politisch unerfreuliche Alternative enthalten und sich damit von der ursprünglichen Fassung der Bestimmung nur durch die Verschleierung der hinter ihm stehenden Absichten unterscheiden.

Gegen meine Interpretation ließe sich einwenden, daß es unwahrscheinlich sei, daß die Drei Mächte dem wiedervereinigten Deutschland die Rechte aus den Bonner Verträgen ohne die Übernahme der Pflichten hieraus zu übertragen beabsichtigt hätten. Darauf wäre zu erwidern, daß die Forderung nach Erstrekkung der politischen Unabhängigkeitsrechte auf das wiedervereinigte Deutschland im Grunde eine Selbstverständlichkeit[4] ist, die nicht an weitere Bedingungen geknüpft sein darf. Selbst die Sowjetunion hat in ihrer letzten Note[5] angedeutet, daß sie nicht an ein Wiederaufleben des Kontrollratssystems denke. Im übrigen bedeutet auch der Ausdruck „Erstreckung der Rechte" keineswegs, daß damit die Pflichtenseite völlig unter den Tisch falle. Die politischen Unabhängigkeitsrechte des Deutschlandvertrages sind von vornherein durch gewisse korrespondierende Verpflichtungen begrenzt, und sie können naturgemäß nur im Rahmen dieser Grenzen auf das wiedervereinigte Deutschland erstreckt werden. Nicht erstreckt wird jedoch z. B. die Verpflichtung aus Art. 4 Abs. 4 (Betei-

[2] Der Passus „Die Drei Mächte ... geknüpft" wurde von Staatssekretär Hallstein hervorgehoben. Dazu vermerkte er handschriftlich „Rechte und Pflichten."

[3] Zu den Ausführungen des Delegationsleiters Grewe am 9. September 1952 vor dem Ausschuß des Bundestages für das Besatzungsstatut und auswärtige Angelegenheiten vgl. AUSWÄRTIGER AUSSCHUSS, S. 1060.
Die Diskussion über Artikel 7, Absatz 3 des Generalvertrages wurde in der Sitzung des Ausschusses des Bundestages für gesamtdeutsche Fragen am 9. Oktober 1952 fortgesetzt. Vgl. dazu Dok. 215, Anm. 11.

[4] Die Wörter „eine Selbstverständlichkeit" wurden von Staatssekretär Hallstein hervorgehoben. Dazu vermerkte er handschriftlich: „?"

[5] Zur sowjetischen Note vom 23. August 1952 vgl. Dok. 191, Anm. 2.

ligung an der EVG)[6], denn gerade diese Verpflichtung sollte dem wiedervereinigten Deutschland nicht automatisch auferlegt werden.

Hiermit dem Herrn Staatssekretär[7] vorgelegt.

Grewe

VS-Bd. 5368 (Referat 507)

207

Bundeskanzler Adenauer an den CDU/CSU-Fraktionsvorsitzenden Heinrich von Brentano

22. September 1952

Sehr geehrter Herr von Brentano!

Die Frage des Zeitpunktes der Ratifizierung des Deutschland-Vertrages und des EVG-Vertrages macht mir Sorge. Meines Erachtens muß unbedingt darauf hingewirkt werden, daß die Ratifizierung bis Mitte, allerspätestens Ende Oktober d. Js., durchgeführt wird. Nach dem Zeitplan des Bundesverfassungsgerichts ist damit zu rechnen, daß das Gutachten des Bundesverfassungsgerichts[1] Mitte November d. Js. ergeht. Es scheint mir aber notwendig zu sein, daß dieses Gutachten erst nach der Ratifizierung durch den Bundestag[2] erstattet wird. Die Gründe hierfür glaube ich Ihnen angesichts unserer wiederholten Aussprachen über die Zusammensetzung des Bundesverfassungsgerichts nicht näher auseinandersetzen zu müssen. Dazu kommt, daß die Gegner der Ratifizierung, insbesondere im nichtsozialistischen Lager, die Zwischenzeit dazu benutzen, um den Versuch zu machen, neue Gesinnungsgenossen zu gewinnen. Im Zusammenhang mit der von der Ostseite betriebenen Vorbereitung des Besuchs der Volkskammer-Delegation[3] hat sich ergeben, daß man etwa 30 Abgeordnete der nichtsozialistischen Parteien für eine Stimmabgabe gegen den Vertrag zu gewinnen hofft. Wenn diese Zahl auch übertrieben sein mag, so ist doch zu befürchten, daß durch immer neue Vorschläge Verwirrung unter einen Teil der Abge-

6 Für den Wortlaut des Artikels 4, Absatz 4 des Generalvertrages vgl. BUNDESGESETZBLATT 1954, Teil II, S. 63. Vgl. ferner Dok. 125, Anm. 6.

7 Hat Staatssekretär Hallstein am 19. September 1952 vorgelegen, der handschriftlich vermerkte: „Sitz[un]g mit den Herren Kaufmann, Mosler, Grewe, Roemer. 3 Fragen: 1) Wahlrecht oder ipso iure-Erstreckung, 2) getrennte Zusicherung für D[eu]tschl[an]d-Vertrag u[nd] Integrationsverträge oder ‚Junktim', 3) Erstreckung unbedingt oder unter d[er] Bedingung d[er] Übernahme d[er] Pflichten."

1 Vgl. dazu Dok. 159, Anm. 12.

2 Der Bundestag nahm die Ratifizierungsgesetze zum EVG- und zum Generalvertrag am 19. März 1953 an.

3 Am 19. September 1952 empfing Bundestagspräsident Ehlers eine Delegation der Volkskammer der DDR unter Leitung des Stellvertretenden Vorsitzenden des Ministerrats der DDR, Nuschke. Die Delegation überreichte Vorschläge zum Abschluß eines Friedensvertrages und zur Wiedervereinigung Deutschlands. Vgl. dazu BULLETIN 1952, S. 1283 f.

ordneten der Regierungskoalition hineingetragen wird. Außerdem wird mir aber von ausländischer Seite immer wieder gesagt, daß eine schnelle Ratifizierung unsere Stellung nur verbessern kann. Ich darf in diesem Zusammenhang besonders darauf hinweisen, daß vor Abschluß der Ratifizierung eine deutsche Mitwirkung bei der Planung zur Verteidigung Europas nicht in Frage kommt. Die vorhergegangene Ratifizierung in Deutschland wird aber auch die Ratifizierung in Frankreich beschleunigen. Ich habe mit Ministerpräsident de Gasperi gesprochen, daß auch in Italien die Ratifizierung des EVG-Vertrages möglichst bald durchgeführt wird.[4]

Angesichts dieser Situation habe ich vor, die Frage der Ratifizierung in der nächsten Woche mit den Fraktionsvorsitzenden der Koalitionsparteien zu besprechen[5], damit diese auf die von den Koalitionsparteien gestellten Mitglieder der beteiligten Ausschüsse einwirken, die Ausschußberatungen nach Möglichkeit zu beschleunigen. In diesem Zusammenhang darf ich darauf hinweisen, daß das Verhalten der SPD-Abgeordneten in den Ausschüssen deutlich zeigt, daß die SPD eine Verzögerung der Beratungen als in ihrem Interesse liegend ansieht.

Mit freundlichen Grüßen

Ihr ergebener
Adenauer[6]

Bundesarchiv Koblenz, B 136 (Bundeskanzleramt), Bd. 2105[*]

4 Ministerpräsident de Gasperi hielt sich vom 21. bis 24. September 1952 in Bonn auf. Vgl. dazu Dok. 208.
Zur Bitte des Bundeskanzlers Adenauer an de Gasperi um eine baldige Ratifizierung des EVG-Vertrages vgl. Dok. 230.

5 Das Gespräch des Bundeskanzlers Adenauer mit den Fraktionsvorsitzenden Heinrich von Brentano (CDU/CSU), Mühlenfeld (DP) und Schäfer (FDP) fand am 30. September 1952 statt.

6 Paraphe.

* Bereits veröffentlicht in: ADENAUER, Briefe 1951–1953, S. 276 f.

208

Aufzeichnung über den Stand der Beziehungen zu Italien

22. September 1952[1]

I. Italien und die europäische Einigung

Italien hat sich an den Verhandlungen über den Schumanplan und die Verteidigungsgemeinschaft besonders aktiv unter dem Gesichtspunkt beteiligt, dadurch das Endziel einer wirklichen Europäischen Föderation vorzubereiten und zu fördern.

Das ist vor allem dem persönlichen Einfluß de Gasperis zu verdanken. Er hat hierbei in Übereinstimmung mit unseren eigenen europäischen Zielen gehandelt und darüber hinaus unserer besonderen Lage verständnisvoll Rechnung getragen.

Die italienische Initiative kam besonders bei folgenden politischen Ereignissen zum Ausdruck:

1) Schumanplan

Schon in den letzten Verhandlungen des Schumanplanes hat die italienische Delegation in Zusammenarbeit mit der deutschen darauf gedrängt, den politisch einigenden Charakter des Planes zu betonen und insbesondere der Gemeinsamen Versammlung den Charakter eines echten Parlaments zu geben.

2) Artikel 38 des Vertrages über die Verteidigungsgemeinschaft[2]

Diese grundlegende Bestimmung sieht vor, daß das Parlament der EVG mit der Ausarbeitung des Entwurfs eines Vertrages über die Bildung einer politischen Gemeinschaft beauftragt wird. Der Artikel ist auf italienischen Vorschlag gestaltet und in den Vertrag aufgenommen worden.

3) Entschließung der Außenminister der Schumanplan-Länder vom 10. September 1952 in Luxemburg[3]

Durch diese Entschließung wird die Gemeinsame Versammlung der Montanunion aufgefordert, sofort an die Ausarbeitung des in Art. 38 EVG vorgesehenen Entwurfs eines Vertrages über die Bildung einer politischen Gemeinschaft zu gehen, was inzwischen geschehen ist.[4]

Diese Entschließung beruht auf einer gemeinsamen Initiative der italienischen und französischen Regierung.

4) Wahl des Präsidenten der Gemeinsamen Versammlung der Montangemeinschaft

Hier ist von italienischer Seite besonderes Verständnis für die deutsche Lage

[1] Am 22. September 1952 vermerkte Staatssekretär Hallstein für Bundeskanzler Adenauer, daß er „als Anlage eine Sammlung von Gesprächsunterlagen für den Besuch des italienischen Ministerpräsidenten, Herrn de Gasperi“, vorlege. Vgl. den Begleitvermerk; B 2 (Büro Staatssekretär), Bd. 103.

[2] Vgl. Dok. 123, Anm. 5.

[3] Für den Wortlaut vgl. VERFASSUNGSAUSSCHUSS, Oktober/November 1952, S. 17–19.

[4] Am 15. September 1952 beschloß die Gemeinsame Versammlung der EGKS über die Zusammensetzung und Einberufung einer Ad-hoc-Versammlung. Für den Wortlaut der Entschließung Nr. 7 vgl. VERFASSUNGSAUSSCHUSS, Oktober/November 1952, S. 21 f.

gezeigt und das Verlangen nach Gleichberechtigung unterstützt worden. Bei der Wahl des Präsidenten der Gemeinsamen Versammlung der Montangemeinschaft am 11. September 1952 haben alle italienischen Abgeordneten für den deutschen Kandidaten von Brentano gestimmt.

5) Eden-Plan[5]

Gegenüber dem Eden-Plan hat de Gasperi für die sechs Schumanplan-Länder in meisterhafter Weise den im Interesse der Einigung Europas einzunehmenden Standpunkt bezeichnet. Er hat einerseits, wie selbstverständlich, den Gedanken des Eden-Planes bejaht, daß die Einigung der sechs Länder nicht zu einer gegensätzlichen Absonderung vom übrigen Europa führen darf, sondern daß im Gegenteil enge Verbindungen zwischen der Gemeinschaft der sechs Staaten und dem weiteren Verband des Europarates bestehen müssen. Aber er hat andererseits keinen Zweifel darüber gelassen, daß der Zusammenschluß der sechs Schumanplan-Staaten den Kern und das dynamische Moment der europäischen Einigung bildet, und daher mit aller Kraft ungestört und selbständig weiter entwickelt werden muß.

6) Saarfrage

De Gasperi hat bei den beiden letzten Außenministerkonferenzen in Paris (Juli 1952)[6] und Luxemburg (September 1952)[7] warme Worte der Ermutigung an den Herrn Bundeskanzler und Außenminister Schuman gerichtet. Er hat die beiden Staatsmänner jeder Unterstützung versichert, falls sie irgendeine Lösung im gemeinsamen Einvernehmen finden. In Straßburg hat er erneut den Gedanken der Europäisierung des Saargebietes unterstützt.[8]

So haben de Gasperi und seine Vertreter bei allen Verhandlungen über die Einigung Europas in gleicher Weise fördernd und ausgleichend gewirkt und dadurch zu den erreichten Fortschritten ganz wesentlich beigetragen.

II. Innenpolitik

Als Hauptproblem der italienischen Innenpolitik zeichnet sich seit dem Ergebnis der letzten Kommunalwahlen[9] immer deutlicher die Bedrohung der bisher die Mehrheit bildenden demokratischen Parteien der Mitte durch das Anwachsen der Radikalen von links und rechts ab. Da ein Zusammengehen der Linkssozialisten (Kommunisten und Nenni-Sozialisten) mit dem MSI, das als Sammel-

[5] Zum Eden-Plan vom 17. März bzw. 11. April 1952 zur institutionellen Neugestaltung europäischer Organisationen vgl. Dok. 114 und Dok. 137.

[6] Die Außenministerkonferenz der EGKS-Staaten fand am 24./25. Juli 1952 statt.

[7] Die EGKS-Ministerratstagung fand vom 8. bis 10. September 1952 statt.

[8] Am 16. September 1952 führte Ministerpräsident de Gasperi vor der Beratenden Versammlung des Europarats aus: „We must begin by pooling only what is strictly essential to the achievement of our immediate aims, and to do this by means of flexible formulae which can be gradually and progressively applied, and which effect a compromise between the juridical spirit of the Latin peoples and British pragmatism. In this connection I should like to point out that the Europeanisation of the Saar which, in the present new atmosphere, no longer seems a Utopian dream, and which, I repeat, I ardently desire, would be a test from which there might emerge practical solutions that we could apply to our own problems. For, from the economic standpoint, the Europeanisation of the Saar presents problems basically similar to those which we have to solve, such as the problems connected with Customs organisation and currency." Vgl. COUNCIL OF EUROPE, ASSEMBLY, DEBATES, 1952, S. 292. Vgl. ferner den Artikel „De Gasperi: Die Saar als Schulbeispiel"; FRANKFURTER ALLGEMEINE ZEITUNG vom 17. September 1952, S. 1.

[9] Die Provinz- und Gemeinderatswahlen fanden am 25./26. Mai 1952 statt.

becken des Neofaschismus gilt, taktisch immerhin denkbar ist, besteht die Gefahr, daß die im nächsten Frühjahr fälligen Parlamentswahlen[10] ein Parlament ohne regierungsfähige Mehrheit ergeben. Ministerpräsident de Gasperis Konzeption zur Lösung dieser Schwierigkeiten scheint auf einen „Kompromißblock“ abzuzielen, dessen Bildung nach seiner Ansicht durch die wachsende Bedrohung der Demokratie von links und rechts begünstigt wird. Im idealen Falle würde dies eine Wiederholung der großen Konzentration aller demokratischen Kräfte bedeuten, die 1948 den Christlichen Demokraten einen überwältigenden Sieg brachten[11], d.h. einer Koalition von Christlichen Demokraten, Republikanern, Liberalen und gemäßigten Sozialdemokraten. Hinsichtlich letzterer hat sich allerdings inzwischen durch den Zusammenschluß der Saragat-Sozialisten mit den mehr links stehenden Romita-Sozialisten[12], der zum Austritt der Saragat-Sozialisten aus der Regierung führte[13], eine schwierige Situation ergeben.

Neben der Möglichkeit einer solchen großen Koalition, die de Gasperi möglichst noch vor den Wahlen wiederherstellen möchte, ist in den letzten Monaten verschiedentlich ein Bündnis der Christlichen Demokraten mit den Monarchisten (PNM) erwogen und in der Presse heftig diskutiert worden. Diese Lösung hat nach dem letzten Parteitag der PNM[14] etwas an Wahrscheinlichkeit gewonnen. Andererseits steht das bisherige Zusammengehen der PNM mit dem neofaschistischen MSI einem solchen Bündnis entgegen.

Für die Bildung einer Koalition sowohl als auch für den Ausgang der Parlamentswahlen wird das in Vorbereitung befindliche und seit Monaten diskutierte neue Wahlgesetz eine erhebliche Rolle spielen. Die Mehrheit der Christlichen Demokraten tritt für ein modifiziertes Proportional-Wahlsystem mit Listenverbindung und Verteilung der Reststimmen auf Landesebene ein, durch das die Nachteile des reinen Proporz-Systems vermieden werden sollen.

Weitere Gesetzentwürfe, die in den letzten Monaten im Mittelpunkt der innenpolitischen Auseinandersetzungen standen, sind das inzwischen in Kraft getretene Antifaschisten-Gesetz (Lex Scelba), das Streikgesetz, durch das das Streikrecht und das gesamte Gewerkschaftswesen geregelt werden sollen, und das heftig umstrittene, auch in regierungsfreundlichen Kreisen z.T. scharf kritisierte Pressegesetz. All diese Maßnahmen sollen dazu dienen, de Gasperis Konzeption vom „starken Staat“ zu verwirklichen, um den der Demokratie drohenden Gefahren zu begegnen.

In den Rahmen der gleichen Konzeption gehören umfassende Maßnahmen einer Sozialreform, die außer der weiter vorangetriebenen Bodenreform vor allem den Mezzogiorno-Plan zur wirtschaftlichen Erschließung und sozialen Förderung der rückständigen süditalienischen Gebiete enthält. In der Presse wurde

10 Die Kammer- und Senatswahlen fanden am 7./8. Juni 1953 statt.

11 Bei den Kammer- und Senatswahlen am 18./19. April 1948 erhielten die Christlichen Demokraten 48,4 % der abgegebenen Stimmen und damit 53,1 % der Mandate.

12 Am 2. Mai 1951 schlossen sich die Partito Socialista Lavoratori Italiani (PSLI) unter dem Vorsitz von Giuseppe Saragat und die Partito Socialista Unitario (PSU) unter dem Vorsitz von Giuseppe Romita zur Partito Socialista Sezione Italiana del Internationale Socialista (PS-SIIS) zusammen.

13 Am 4. April 1951 beschloß der Parteikongreß der PSLI in Mailand den sofortigen Austritt aus der Regierungskoalition.

14 Der Parteitag der Partito Nazionale Monarchico fand am 7. April 1952 in Rom statt.

allerdings mehrfach darauf hingewiesen, daß die bisher durchgeführten Maßnahmen nicht den gewünschten politischen Erfolg gehabt haben. Man führt als Beispiel Gegenden an, in denen trotz großzügiger Reformmaßnahmen die Kommunisten einen erheblichen Stimmenzuwachs zu verzeichnen hatten.

III. Triest-Frage

Erhebliche, zugleich innenpolitische Bedeutung wird auch die weitere Entwicklung der Triest-Frage haben. Gewisse Beobachter wollen zwar bemerkt haben, daß die Dreimächteerklärung von 1948, die eine Rückgabe des gesamten Freistaatgebietes an Italien vorsah[15], in letzter Zeit in der italienischen Öffentlichkeit weit seltener erwähnt wird als in den letzten Jahren, und wollen daraus auf ein Abgehen von dem bisherigen starren Beharren auf einer Totallösung im Sinne Italiens schließen. Das Amt des italienischen Ministerpräsidenten hat jedoch noch Ende August eine amtliche Stellungnahme veröffentlicht, in der betont wird, daß Italien grundsätzlich an der Dreimächteerklärung festhalte und daher die Rückerstattung des ganzen Freistaates verlange. Nach den bisherigen italienischen Äußerungen könnte sich daher eine Kompromißbereitschaft der Italiener allenfalls auf die von Jugoslawien verwaltete Zone B (70000 Einwohner) beziehen, während die anglo-amerikanische, neuerdings von Italien mitverwaltete Zone A (Stadt und Hafen Triest mit über 300000 Einwohnern) für die Italiener außer Diskussion steht.

Andererseits scheint man auch auf jugoslawischer Seite nach wie vor kaum zum Nachgeben bereit zu sein. Marschall Tito drohte kürzlich in einem Interview, daß sein Volk sich vom Westen abwenden würde, wenn ihm eine Lösung der Triester Frage aufgezwungen würde, die den berechtigten Interessen Jugoslawiens nicht gerecht würde.[16] Ein ebenfalls kürzlich erschienener Artikel des stellvertretenden jugoslawischen Außenministers Bebler ist im Ton zwar etwas versöhnlicher gehalten, wiederholt aber als äußerstes jugoslawisches Entgegenkommen den Vorschlag auf Errichtung eines italienisch-jugoslawischen

15 Im Mai 1945 besetzten jugoslawische Verbände des Marschalls Tito sowie britische Truppen die damalige italienische Provinz Venezia Giulia. Mit dem Belgrader Abkommen vom 9. Juni 1945 wurde das Gebiet vorübergehend in zwei Besatzungszonen geteilt. Die westliche Zone einschließlich Triest wurde unter amerikanisch-britische Militärverwaltung gestellt, während die östliche Zone unter jugoslawische Verwaltung kam. Für den Wortlaut des Abkommens Großbritanniens und der USA mit Jugoslawien vgl. DEPARTMENT OF STATE BULLETIN, Bd. 12/2, 1945, S. 1050.
In den Artikeln 21 und 22 des Friedensvertrages vom 10. Februar 1947 mit Italien war die Errichtung eines entmilitarisierten und neutralen Freistaates Triest vorgesehen, dessen Unabhängigkeit und Unverletzlichkeit durch den UNO-Sicherheitsrat gewährleistet werden sollte. Da sich jedoch weder die ständigen Mitglieder des UNO-Sicherheitsrats noch Italien und Jugoslawien auf einen Gouverneur für den Freistaat Triest verständigen konnten, blieb Triest unter amerikanisch-britischer Militärverwaltung. Am 20. März 1948 erklärten Frankreich, Großbritannien und die USA, daß sie der UdSSR und Italien vorgeschlagen hätten, den Freistaat Triest unter italienische Souveränität zu stellen. Die Drei Mächte begründeten ihren Schritt damit, daß sich der UNO-Sicherheitsrat über die Wahl eines Gouverneurs nicht geeinigt habe und daß Jugoslawien seine Zone in ihrem Charakter verändert und in seinen Staatsverband eingegliedert habe. Für den Wortlaut der Erklärung vgl. DEPARTMENT OF STATE BULLETIN, Bd. 18, 1948, S. 425.

16 Am 11. September 1952 erklärte Ministerpräsident Tito in einem Interview mit norwegischen Journalisten, daß Jugoslawien seine Ansprüche in der Triest-Frage nicht aufgeben werde: „Ein Nachgeben in dieser Angelegenheit würde das jugoslawische Volk nicht nur gegen Italien, sondern gegen die ganze westliche Welt aufbringen und die Zusammenarbeit in Verteidigungsfragen schwieriger gestalten." Vgl. den Artikel „Tito bestätigt die Verteidigungsgespräche"; FRANKFURTER ALLGEMEINE ZEITUNG vom 12. September 1952, S. 1.

Kondominiums, der seinerzeit von Ministerpräsident de Gasperi bereits zurückgewiesen worden ist. In seiner Rede vom 14. September 1952 wiederholte Marschall Tito selber nochmals diesen Vorschlag und sprach sich gleichzeitig dafür aus, im Interesse der gemeinsamen Verteidigung die endgültige Lösung des Triest-Problems auf einen späteren Zeitpunkt zu verschieben.[17]

Die Voraussetzungen dafür, daß der Besuch Außenminister Edens, der am 17. September in Belgrad eingetroffen ist[18], hinsichtlich des Triest-Problems den von den Westmächten erwünschten Erfolg haben wird, scheinen nach all dem nicht sehr günstig zu sein.

Herr Botschafter von Brentano hat in dem Drahtbericht vom 15. September 1952[19] angeregt, bei der bevorstehenden Unterredung auf Herrn Ministerpräsidenten de Gasperi[20] dahingehend einzuwirken, daß Italien sich in der Frage von Triest einer vernünftigen Kompromißlösung nicht a priori verschließen sollte.

IV. Wirtschaft

Es gibt derzeit im deutsch-italienischen Wirtschaftsverkehr keine größeren Probleme, die einer Klärung auf höherer Ebene bedürften. Angesichts der 98%igen italienischen Liberalisierung sämtlicher Einfuhren aus Deutschland haben sich unsere Exporte durchaus zufriedenstellend entwickelt. Ebenso geben wir durch unsere großzügige Einfuhrpolitik den Italienern auf dem deutschen Markt erhebliche Absatzchancen.

Der Handelsrat der Italienischen Botschaft, Herr Morante, hat dementsprechend auch dem Bundeswirtschaftsministerium mitgeteilt, man habe von italienischer Seite aus nicht die Absicht, bei den bevorstehenden Gesprächen Wirtschaftsfragen anzuschneiden. Sollte entgegen dieser Versicherung der Wunsch auf eine Erhöhung der Obst- und Gemüse-Ausfuhren nach Deutschland vorgebracht werden, darf vorgeschlagen werden, unverbindliche Wohlwollenserklärungen abzugeben.

V. Kultur

Die Zusammenarbeit zwischen Italien und der Bundesrepublik auf kulturellem Gebiet hat sich in letzter Zeit vollkommen normalisiert und außerordentlich erfreulich entwickelt. Dabei haben die italienischen staatlichen Stellen eine sehr wertvolle Hilfe geleistet, für die dem italienischen Außenminister der Dank der Bundesregierung ausgesprochen werden sollte.

Folgende Punkte dürften zu näheren Erörterungen Anlaß geben:

1) Kulturabkommen

Bei dem Besuch des Herrn Bundeskanzlers in Rom Juni 1951[21] wurde der Beschluß beider Regierungen bekanntgegeben, ein Kulturabkommen zu schließen.

17 Ministerpräsident Tito führte in seiner Rede in Toplice aus: „Wir wollen, daß sich die Aufregung über die Triester Frage legt und daß wir uns deshalb vorläufig anderen Dingen zuwenden, um sie dann später zu lösen." Vgl. den Artikel „Vorschlag Titos für ein Kondominium in Triest"; NEUE ZÜRCHER ZEITUNG vom 17. September 1952, Blatt 3.

18 Der britische Außenminister Eden hielt sich vom 17. bis 23. September 1952 in Jugoslawien auf.

19 Vgl. den Drahtbericht Nr. 167; B 10 (Abteilung 2), Bd. 253.

20 Ministerpräsident de Gasperi hielt sich vom 21. bis 24. September 1952 in Bonn auf.

21 Bundeskanzler Adenauer hielt sich vom 14. bis 19. Juni 1951 zu einem Staatsbesuch in Rom auf.

Die italienische Regierung hat daraufhin einen Entwurf[22] vorgelegt, der zwischen der Italienischen Botschaft und der Kulturabteilung des Auswärtigen Amtes mehrmals erörtert und entsprechend geändert wurde. Da darin auch Angelegenheiten des Schulwesens, vor allem der Unterricht in italienischer Sprache an deutschen höheren Schulen und Universitäten, berührt wurden, mußte der Entwurf den für Schulangelegenheiten zuständigen Kultusministern vorgelegt werden. Trotz ständigen Drängens des Auswärtigen Amtes haben die Kultusminister das Studium des Vertragsentwurfs immer noch nicht abgeschlossen. Es ist aber zu hoffen, daß bis spätestens Mitte Oktober die endgültige Antwort der Kultusminister-Konferenz vorliegt.[23]

2) Deutsche wissenschaftliche Institute in Italien

Die drei alliierten Regierungen haben sich nach langen Verhandlungen endlich dazu entschlossen, der Rückgabe dieser Institute in deutsche Hände[24] zuzustimmen. Die endgültige Fassung der Rückgabevereinbarung bedarf noch der Zustimmung der italienischen Regierung, die leider noch aussteht. Es ist nicht ausgeschlossen, daß gewisse italienische Kreise einen letzten Versuch unternehmen, die volle Rückgabe der Institute in deutsche Hände hinauszuschieben oder mit Kontrollgarantien zu belasten. Es kann aber den deutschen Instituten nicht zugemutet werden, eine Kontrolle anzunehmen, der die anderen ausländischen Institute in Rom nicht unterworfen sind. Wohl aber hat sich die Bundesregierung mehrmals bereit erklärt, der italienischen Regierung in einem Sonderabkommen alle Garantien dafür zu geben, daß die Institute in Italien verbleiben und frei zugänglich sind.

Die Kulturabteilung schlägt vor, das Kulturabkommen mit Italien nicht zu unterzeichnen, bevor nicht die Frage der Rückgabe der deutschen wissenschaftlichen Institute endgültig geregelt ist.

Neben den wissenschaftlichen Instituten in Rom und Florenz ist auch noch das Schicksal der unter italienischer Sequesterverwaltung stehenden Kunstinstitute (Villa Massimo in Rom und Villa Romana in Florenz) ungeklärt. Gerade hier könnte ein Entgegenkommen der Italiener erwartet werden.

Nach Mitteilung der Italienischen Botschaft ist Herr de Gasperi darauf vorbereitet, vom Herrn Bundeskanzler auf die Institutsfrage hin angesprochen zu werden.

3) Rückgabe von Kunstwerken

Möglicherweise wird Herr de Gasperi die Frage aufwerfen, wie es mit der Rückgabe von Kunstwerken steht, die während der Nazizeit nach Deutschland gekommen sind und von gewissen italienischen Kreisen zurückgefordert werden. Augenblicklich kann die Bundesregierung auf derartige Anforderungen überhaupt noch nicht eingehen, da die Restitution von Kunstwerken ins Ausland noch zur ausschließlichen Zuständigkeit der Alliierten gehört. Deutsche Sachverständige bestreiten übrigens weitgehend die Berechtigung der italienischen

22 Am 12. Juni 1951 übermittelte der Kultur- und Pressereferent an der italienischen Botschaft in Bonn, Bavaj, Legationsrat I. Klasse Salat den italienischen Entwurf für ein Kulturabkommen mit der Bundesrepublik. Vgl. dazu B 90 (Referat 600), Bd. 155.

23 Zum Beschluß der Ständigen Konferenz der Kultusminister der Länder vom 20. Oktober 1952 vgl. Dok. 235.

24 Vgl. dazu Dok. 70, Anm. 7.

Forderungen und weisen im Gegenteil darauf hin, daß einige von den Amerikanern an Italien ausgehändigte Kunstschätze rechtmäßig erworbenes deutsches Eigentum sind.

Die ganze Frage kann erst nach Inkrafttreten des Generalvertrages und seiner Zusatzverträge endgültig geklärt werden. Augenblicklich kommen höchstens Vorbesprechungen zwischen Sachverständigen in Frage, für die deutscherseits die grundsätzliche Bereitschaft bereits ausgesprochen wurde.

4) Deutsche Schulen in Italien

Die Deutsche Schule in Rom hat nunmehr zwei Jahre Tätigkeit hinter sich und befindet sich in voller Aufwärtsentwicklung. Möglicherweise wird in Bälde in Mailand eine allgemeine deutsche Schule eröffnet werden. Es ist zu hoffen, daß die deutschen Schulen in steigendem Maße das Vertrauen und die Förderung der zuständigen italienischen Stellen erhalten.

5) Studentenaustausch

Sehr zufriedenstellend hat sich der Studentenaustausch zwischen beiden Ländern gestaltet. Eine stattliche Anzahl von Hochschülern besuchen vor allem die Ferienkurse des anderen Landes. Beide Regierungen haben nunmehr seit zwei Jahren offizielle Stipendien vergeben, zu denen noch Einzelstipendien von Kultusministerien und Universitäten kommen. Mehreren angehenden italienischen Dozenten hat die Bundesregierung außerdem Sonderzuschüsse für ein Deutschlandstudium gewährt.

Außerhalb des Hochschulgebietes hat sich vor allem ein kurzfristiger Jugendaustausch und eine enge Zusammenarbeit der anerkannten Jugendorganisationen vor allem im Dienst der europäischen Zusammenarbeit entwickelt.

6) Hochschulwesen

Auch hier sind große Fortschritte zu verzeichnen. An einer Reihe deutscher Hochschulen sind italienische Lektoren tätig und umgekehrt. Die germanistischen Studien in Italien werden wieder stark gefördert. Die Italiener beklagen sich dagegen über eine nicht genügende Berücksichtigung der italienischen Sprache und Literatur in den Studienplänen der deutschen Hochschulen. Es hängt dies damit zusammen, daß an keiner höheren Schule Deutschlands Italienisch Pflichtfach ist, so daß nur wenige Neuphilologen Italienisch studieren, während in Italien die deutsche Sprache als Wahlpflichtfach an einer Reihe von höheren Schulen gelehrt wird. Die damit zusammenhängenden Schwierigkeiten bilden augenblicklich Gegenstand von Besprechungen mit den Kultusministern im Hinblick auf den Abschluß des deutsch-italienischen Kulturabkommens.

7) Kulturgesellschaften

In einer Reihe deutscher Städte haben sich deutsch-italienische Kulturgesellschaften gebildet, neben den von den Italienern unterhaltenen Dante Alighieri-Gesellschaften. Die Vorsitzenden der deutsch-italienischen Gesellschaften von Bremen[25], Freiburg[26], Hamburg[27] und Tübingen[28] sowie der Präsident der

25 Heinz Hoyer.
26 Hermann Linnemann.
27 Hermann Ertel.
28 Julius Wilhelm.

Deutschen Dante-Gesellschaft[29] sollen zu dem Empfang des Herrn Bundeskanzlers eingeladen werden.

B 2 (Büro Staatssekretär), Bd. 103

209

Runderlaß des Ministerialdirektors Blankenhorn

244-13 II 12124/52 **23. September 1952[1]**

Die am 10. September 1952 in Luxemburg erfolgte Unterzeichnung des Vertragswerkes zwischen der Bundesrepublik Deutschland einerseits und Israel sowie den in der Conference on Jewish Material Claims against Germany (im folgenden C.C. genannt) zusammengefaßten jüdischen Verbänden andererseits gibt Veranlassung, kurz auf Inhalt und Bedeutung der Abmachungen hinzuweisen. Das Gewicht, das die Verhandlungspartner den Abmachungen beilegen, erhellt schon aus der Tatsache, daß die Hauptstücke des Vertragswerkes unterzeichnet wurden für die Bundesrepublik vom Bundeskanzler persönlich, für Israel von Außenminister Sharett und für die C.C. von dessen Vorsitzendem Dr. Goldmann, der im Dezember 1951 in London als Vertrauensmann sowohl des Staates Israel wie der jüdischen Verbände den ersten persönlichen Kontakt mit dem Herrn Bundeskanzler aufgenommen hatte.[2]

Die Texte des Vertragswerkes werden in der Anlage beigefügt.[3] Zur kurzen Orientierung über den Inhalt der Abmachungen wird auf das den Vertretungen zugegangene Bulletin Nr. 132 vom 11.9.1952, Seite 1225–1227 Bezug genommen. Folgende Gesichtspunkte verdienen, besonders hervorgehoben zu werden:

1) Dem Abkommen mit Israel und dem mit der C.C. aufgesetzten Protokoll Nr. 2 (Globalzahlung an Israel drei Mrd. DM und an die C.C. 450 Mio. DM)[4] liegt ein

29 Hans Rheinfelder.

1 Entwurf.
Der Runderlaß wurde von Legationsrat I. Klasse Trützschler von Falkenstein konzipiert.
Am 15. September 1952 vermerkte Trützschler von Falkenstein: „Vor Abgang: Abt[eilung III]. Erweiterung der beiden letzten Absätze wird anheimgestellt. Und Abt[eilung] V. Mit der Bitte um Mitzeichnung."
Hat Vortragendem Legationsrat von Etzdorf am 16. September 1952 vorgelegen, der handschriftlich vermerkte: „Abt[eilung] III plant einen besonderen Runderlaß."
Hat Referent Frowein am 17. September 1952 vorgelegen.
Hat Legationsrat I. Klasse Munzel am 17. September 1952 vorgelegen.
Hat Abteilungsleiter Mosler am 18. September 1952 vorgelegen.
Der Runderlaß wurde am 30. September 1952 abgesandt.

2 Zum Gespräch des Bundeskanzlers Adenauer mit dem Vorsitzenden des World Jewish Congress, Goldmann, am 6. Dezember 1951 vgl. Dok. 40, Anm. 2.

3 Dem Vorgang nicht beigefügt.

4 Für den Wortlaut des Protokolls Nr. 2 zum Abkommen mit Israel vom 10. September 1952 vgl. BUNDESGESETZBLATT 1953, Teil II, S. 94–97.

Gedanke zugrunde, der wohl zum ersten Mal in der Geschichte verwirklicht worden ist. Die Bundesrepublik hat durch diese Abmachungen in freiwilliger Anerkennung der dem deutschen Volk aus den Aktionen der nationalsozialistischen Gewaltherrschaft erwachsenen moralischen Verpflichtung den Willen bekundet, im Rahmen ihrer wirtschaftlichen Möglichkeiten einen wesentlichen materiellen Beitrag für die Eingliederung der jüdischen Flüchtlinge zu leisten, die durch die seit 1933 und besonders seit Kriegsbeginn gegen sie durchgeführten nationalsozialistischen Verfolgungsmaßnahmen zur Auswanderung gezwungen worden sind. Rund 500 000 dieser Flüchtlinge, die ihre Heimat infolge der Aktionen des Naziregimes verloren hatten, sind von Israel aufgenommen worden. Über die Zahl derjenigen, die sich in andere Länder geflüchtet haben, liegen verläßliche Unterlagen nicht vor. Aus den Jahresberichten der großen jüdischen Wohlfahrtsorganisationen ergibt sich jedoch, daß diese für die Unterstützung derartiger Flüchtlinge in aller Welt außerhalb Israels seit 1933 über 800 Mio. Dollar aufgewendet haben.

2) Durch die Globalleistungen an Israel und die jüdischen Weltverbände werden die individuellen Wiedergutmachungsansprüche von Opfern der nationalsozialistischen Verfolgungsmaßnahmen nicht berührt. Vielmehr beabsichtigt die Bundesregierung, einen wesentlichen Ausbau der innerdeutschen Wiedergutmachungsgesetzgebung vorzunehmen. Die vorgesehenen Regelungen sind in dem namens der Bundesregierung und der C.C. unterzeichneten Protokoll Nr. 1[5] festgelegt. Die geplante Erweiterung der innerdeutschen Wiedergutmachungsgesetzgebung wird in erheblichem Umfange gerade auch den durch die nationalsozialistischen Verfolgungen aus ihrer Heimat Vertriebenen zugutekommen und zum Neuaufbau einer Existenz oder zur Sicherung des Lebensabends beitragen.

3) Von besonderer Bedeutung ist ferner das Regierungsabkommen zwischen der Bundesrepublik und der Regierung Israels über das in Israel beschlagnahmte deutsche Vermögen.[6] Durch die Unterzeichnung dieses Abkommens erkennt die Regierung Israels an, daß nach Abschluß der Abmachungen über die Globalzahlungen an Israel und die C.C. sowie über die Verbesserung der innerdeutschen Gesetzgebung der von ihr geltend gemachte Grund zur Aufrechterhaltung eines Pfandes an deutschem Vermögen für Wiedergutmachungsansprüche nicht mehr besteht.

II. Außenminister Sharett hat inzwischen in einer Pressekonferenz in Paris das Vertragswerk als ein Ereignis von größter moralischer und wirtschaftlicher Bedeutung gewürdigt, das in den Annalen der internationalen Beziehungen einen einzigartigen Platz einnähme. Er hat dabei betont, daß die Bundesrepublik den Beschluß zur Wiedergutmachung aus freiem Willen und mit der Bereitschaft zur Übernahme moralischer Verantwortung gefaßt habe. Im gleichen Sinne hat sich Dr. Nahum Goldmann geäußert und dabei besonders unterstrichen,

5 Für den Wortlaut des Protokolls Nr. 1 zum Abkommen mit Israel vom 10. September 1952 zwischen der Bundesrepublik und der Conference on Jewish Material Claims against Germany vgl. BUNDESGESETZBLATT 1953, Teil II, S. 85–94.

6 Für den Wortlaut des Abkommens vom 10. September 1952 zwischen der Regierung der Bundesrepublik Deutschland und der Regierung des Staates Israel vgl. BUNDESANZEIGER, Nr. 70 vom 14. April 1953, S. 2.

daß er seit dem Beginn seiner Verhandlungen mit dem deutschen Bundeskanzler im Dezember 1951 dessen festes Bemühen habe erkennen können, alle auftauchenden Schwierigkeiten aus dem Wege zu räumen.[7]

Es ist verständlich, daß Außenminister Sharett sowohl gegenüber der Öffentlichkeit im eigenen Lande als auch gegenüber der Weltöffentlichkeit klargestellt hat, daß es sich für Israel bei den vereinbarten Zahlungen nur um Wiedergutmachung materiellen Schadens handeln kann. Die Millionen von Opfern, die das Judentum durch die nationalsozialistische Verfolgung erlitten hat, können durch materielle Leistungen nicht gesühnt werden. Nur die Zeit kann dieses einem normalen Verhältnis zwischen den Deutschen und dem Judentum entgegenstehende Hindernis allmählich beseitigen. Trotzdem wird auch von jüdischer Seite nicht geleugnet, daß die in Luxemburg unterzeichneten Abmachungen eine neue Grundlage für das Verhältnis Deutschlands zu Israel und dem Weltjudentum geschaffen haben. Dies ist auch in der persönlichen Unterredung zwischen dem Herrn Bundeskanzler und dem israelischen Außenminister nach der Unterzeichnung zum Ausdruck gekommen.[8] Im übrigen wird die Durchführung der Abmachungen ganz von selbst zu einer fortschreitenden Normalisierung des Verhältnisses zu Israel und dem Judentum führen, ohne daß dieser Gesichtspunkt im gegenwärtigen Zeitpunkt besonders hervorgehoben werden müßte.

III. Wie der Herr Bundeskanzler am 10. September vor der Presse in Luxemburg erklärt hat[9], ist die Bundesregierung überzeugt, daß das Vertragswerk über seine Bedeutung für das deutsch-jüdische Verhältnis hinaus wesentlich dazu beitragen wird, das Prinzip von Recht und Gerechtigkeit in der Welt wieder von neuem in dem Bewußtsein der Völker zu stärken. Das Abkommen mit Israel beweist auch, daß die Bundesrepublik gewillt ist, alles in ihren Kräften stehende zu tun, um bei der Linderung des durch die Ereignisse der letzten 20 Jahre hervorgerufenen Flüchtlingselends in der Welt mitzuhelfen. Wenn sie jetzt im Rahmen ihrer Leistungsfähigkeit Vertreibungsschäden wiedergutzumachen sucht, die durch das nationalsozialistische Regime hervorgerufen worden sind, so hofft sie, daß dieses Beispiel nicht ohne Wirkung in der Welt bleiben wird.

IV. Wie dort aus der Presse bekannt sein wird, hat die Unterzeichnung des Abkommens mit Israel zu einer gewissen Beunruhigung in den arabischen Län-

[7] Zur Pressekonferenz des israelischen Außenministers Sharett und des Vorsitzenden des World Jewish Congress, Goldmann, am 11. September 1952 vgl. den Artikel „Erklärungen Außenminister Sharetts"; NEUE ZÜRCHER ZEITUNG vom 13. September 1952, Blatt 3.

[8] Am 10. September 1952 vermerkte Ministerialdirektor Blankenhorn, daß der israelische Außenminister Sharett dargelegt habe, daß das Geschehene nicht vergessen werden könne: „Das jüdische Volk sei mit einem allzu guten Gedächtnis begabt. Dies gelte aber auch hinsichtlich des Guten, das es erfahre. In diesem Sinne begrüße er diesen Schritt der Bundesregierung, der von ihr völlig frei und ohne Druck in Erkenntnis des Gebotes einer moralischen Verantwortung unternommen worden sei. Es sei ein Schritt von historischer Bedeutung, der der Initiative des Bundeskanzlers zu danken sei. Er hoffe, daß auf deutscher Seite alles geschehe, den Geist des Rassenhasses aus der Seele des Volkes auszumerzen. – Der Bundeskanzler antwortet auf diese Ausführung ebenfalls in einer sehr glücklichen und würdigen Weise. Er sehe den Sinn dieses Werkes in erster Linie darin, daß es beitragen solle, Recht und Gerechtigkeit den ihnen gebührenden Platz in der menschlichen Ordnung zu schaffen." Vgl. Bundesarchiv Koblenz, N 1351 (Nachlaß Blankenhorn), Bd. 14 a.

[9] Für den Wortlaut der Erklärung des Bundeskanzlers Adenauer vgl. BULLETIN 1952, S. 1242.

dern geführt. Ich bitte, bei sich bietender Gelegenheit mit Nachdruck darauf hinzuweisen, daß das Israelabkommen ausschließlich aus dem Gefühl der moralischen Verantwortung für die jüdischen Opfer der nationalsozialistischen Verfolgung abgeschlossen worden ist, also auf humanitären und nicht irgendwie gearteten politischen Motiven beruht. Die Bundesregierung ist vielmehr entschlossen, die traditionellen freundschaftlichen Beziehungen Deutschlands zu der arabischen Welt weiter zu pflegen und auszubauen. Die von arabischer Seite zum Ausdruck gebrachten Besorgnisse über einen Mißbrauch der Zahlungen an Israel finden in dem Abkommen keine Stütze. Die Waren, die Israel aufgrund der deutschen Zahlungen kaufen und ausführen kann, sind ausschließlich für die Erweiterung der Ansiedlungs- und Wiedereingliederungsmöglichkeiten für jüdische Flüchtlinge in Israel bestimmt.[10] Ein Reexport dieser Waren ist ausdrücklich untersagt und wird mit erheblichen vertraglichen Strafen bedroht.[11]

Es braucht kaum hervorgehoben zu werden, daß die Bundesrepublik keine Verantwortung für die Not der arabischen Flüchtlinge trifft. Daß sie dieser Not jedoch mit aufrichtiger Anteilnahme gegenübersteht, ist schon in Anbetracht der eigenen Erfahrungen mit dem deutschen Vertriebenenproblem eine Selbstverständlichkeit. Sie wird dieser Anteilnahme in Kürze auch durch einen Beitrag zum Palästina-Flüchtlingswerk der Vereinten Nationen tätigen Ausdruck geben.[12]

Im Auftrag
Blankenhorn

B 10 (Abteilung 2), Bd. 1679

10 Vgl. dazu Artikel 2 des Abkommens mit Israel vom 10. September 1952; BUNDESGESETZBLATT 1953, Teil II, S. 38 f.

11 Zu Artikel 5 (e) und (f) des Abkommens mit Israel vom 10. September 1952 über das Verbot des Re-Exports von an Israel gemäß dem Abkommen gelieferten Waren vgl. Dok. 197, Anm. 6.

12 Vgl. dazu Dok. 197, Anm. 8.

210

Gespräch des Beauftragten des Bundeskanzlers, Blank, mit dem französischen Delegationsleiter Alphand in Paris

24. September 1952[1]

Nachdem Herr *Alphand* auf die oft bewährte, gute Freundschaft mit Herrn Blank hingewiesen hatte, kam er auf die zu erwartenden Schwierigkeiten bei der Ratifizierung des EVG-Vertrages im französischen Parlament zu sprechen: Er schilderte, daß es hier im wesentlichen drei Gruppen gäbe und zwar eine große, links orientierte, die auf Grund ihrer prosowjetischen Einstellung den Vertrag ablehnte und eine ebenfalls große, rechts orientierte, die zwar nicht grundsätzlich gegen eine deutsche Wiederbewaffnung eingestellt sei, aber für Frankreich die nationale Wehrmacht behalten wolle.

Dazwischen stände die Gruppe, die mit mehr oder weniger Hemmungen bereit wäre, den Vertrag zu ratifizieren.

Herr Alphand wies darauf hin, daß es auf Grund dieser Lage sehr erwünscht wäre, wenn man durch andere Dinge den Entschluß zur Ratifizierung erleichtern könne.

Er dächte dabei z. B. an den im Rahmen des Bonner Vertrages abgeschlossenen Truppenvertrag, der zunächst zwei Jahre Gültigkeit haben solle. Es wäre viel geholfen, wenn den französischen Truppen der Beibehalt der Sonderrechte aus diesem Truppenvertrag noch über den 30. 6. 53[2] hinaus zugestanden werden könnte. Eine solche Maßnahme ließe sich auch durch den Artikel 28 des Abkommens über die Rechtsstellung der Europäischen Verteidigungs-Streitkräfte[3] begründen.

Herr *Blank* erwiderte, daß er nicht in der Lage wäre, sich zu diesem Thema zu äußern, aber wenn er einmal unterstellte, daß er in Deutschland zur Frage eines solchen Gesprächs reden würde, wäre die erste Gegenfrage, die ihm dort ge-

[1] Die Gesprächsaufzeichnung wurde von Oberst a. D. Graf von Kielmansegg am 29. September 1952 gefertigt.

[2] Artikel 50, Absatz 1 des Truppenvertrages vom 26. Mai 1952: „Nach Maßgabe der Bestimmungen des Anhangs C zu diesem Vertrag finden für eine Übergangszeit einzelne Bestimmungen dieses Vertrages auf im Bundesgebiet stationierte Truppen einer der Drei Mächte oder eines anderen Entsendestaates, die Mitglieder der Europäischen Verteidigungsgemeinschaft sind, Anwendung. Die Bestimmungen des Anhangs C zu diesem Vertrag finden gleichfalls Anwendung auf andere Truppen als die vorstehend genannten, die die Europäische Verteidigungsgemeinschaft innerhalb der in Anhang C genannten Übergangsfrist in das Bundesgebiet entsendet.“ Vgl. BUNDESGESETZBLATT 1954, Teil II, S. 126.
In Anhang C des Truppenvertrages vom 26. Mai 1952 wurde für bestimmte Artikel in Absatz a der 31. März 1953 und in Absatz b und c der 30. Juni 1953 als Ende der Übergangszeit festgelegt. Für den Wortlaut vgl. BUNDESGESETZBLATT 1954, Teil II, S. 134.

[3] Artikel 28 des Abkommens vom 27. Mai 1952 über die Rechtsstellung der Europäischen Verteidigungsstreitkräfte: „Die Vereinbarungen zwischen den zuständigen Behörden des Aufenthaltsstaates und der Gemeinschaft über die Deckung des Bedarfs der Streitkräfte haben die Rechte und Verpflichtungen anderer, im Gebiete dieses Staates stationierter Streitkräfte zu berücksichtigen, um den Bedarf der Europäischen Verteidigungsstreitkräfte in einer Weise sicherzustellen, die die Interessen der Gemeinschaft nicht beeinträchtigt.“ Vgl. BUNDESGESETZBLATT 1954, Teil II, S. 433.

stellt würde: Um wieviel französische Divisionen handelt es sich? Wie lange werden sie bleiben?

Außerdem müsse man daran denken, daß aus strategischen Rücksichten Art und Stärke der in Deutschland untergebrachten Truppen sowie deren Unterbringung sich rasch ändern könnten. Damit wäre aber das grundlegende Problem der Dislozierung der EVG-Truppen auf dem Gebiet der Bundesrepublik angeschnitten, bei dem man bisher trotz aller Bemühungen nicht weitergekommen sei, ohne welches man aber weder die von Herrn Alphand angeschnittene Frage noch eine Reihe anderer wichtiger Dinge behandeln könne.

Herr *Alphand* stimmte Herrn Blank zu, daß über das Problem der Dislozierung unbedingt geredet werden müsse, und er werde dabei mithelfen, ein Gespräch zustande zu bringen. Im übrigen wäre ihm ja auch bekannt, daß es bereits bestimmte Pläne gäbe, so z.B. den für eine starke deutsche Gruppe in Schleswig-Holstein, die ja aber offensichtlich nur dazu bestimmt sei, „den Rückzug gewisser Leute zu decken".

Man müsse aber trotzdem damit rechnen, daß die Lösung der Frage der Dislozierung noch einige Zeit dauern werde, während der Vorschlag, die amerikanischen und englischen Rechte aus dem Truppenvertrag auch auf die Franzosen auszudehnen, sehr eilig sei.

Herr *Blank* stellte abschließend fest, daß nach seiner Auffassung das eine (Truppenvertrag) ohne das andere (Dislozierungs-Festlegung) nicht ginge.

Bundesarchiv-Militärarchiv, BW 9/2296

211

Runderlaß des Vortragenden Legationsrats von Etzdorf

210-01/35 III 13971/52 **29. September 1952**[1]

Betr.: Die arabische Reaktion auf das deutsch-israelische Wiedergutmachungsabkommen

Das deutsch-israelische Wiedergutmachungsabkommen hat in der arabischen Welt einige Beunruhigung hervorgerufen, die in Protestnoten und -telegrammen der Arabischen Regierung und der Liga der Arabischen Staaten[2] ihren Niederschlag gefunden hat. Ein Beamter des Syrischen Außenministeriums hat außerdem in Bonn ein Memorandum überreicht.[3] Es ist hierbei in Anschlag zu bringen, daß die Triebfeder der Protestaktion bei gewissen nationalistischen ara-

1 Vervielfältigtes Exemplar.
2 Vgl. dazu Dok. 197.
3 Zum Memorandum vom 19. August 1952, das der Beauftragte des syrischen Außenministeriums, al-Hamui, am 4. September übergab, vgl. Dok. 197, Anm. 2.

bischen Kreisen liegt, deren Führer der ehemalige Mufti von Jerusalem Hadj Amin al-Husseini, der sog. „Großmufti", ist. Er ist der Begründer des „Hohen Arabischen Komitees für Palästina" und hat durch seine Politik wiederholt Unruhe im islamischen Orient gestiftet.

Die arabischen Argumente laufen in der Hauptsache auf die Feststellung hinaus, die Bundesregierung sei zwar vielleicht verpflichtet, den im Gebiet des nationalsozialistischen Machtbereichs verfolgten Juden Schadensersatz zu gewähren; der Staat Israel hingegen habe während der nationalsozialistischen Zeit noch nicht bestanden, vertrete zudem nicht die gesamte Judenschaft und sei daher zur Entgegennahme von Entschädigungen nicht legitimiert. Wenn die Bundesregierung gleichwohl an Israel liefere, käme dies auf die Subventionierung eines Staates hinaus, mit dem sich die arabischen Staaten im Kriegszustand befänden. Die Bundesregierung verstoße damit gegen ihre Neutralitätspflichten. Sie beschaffe Israel die Mittel zur Fortsetzung seiner Expansionspolitik und trage so zu einer Bedrohung der Sicherheit der arabischen Staaten bei. Abgesehen hiervon sei der israelische Markt nicht in der Lage, die ihm zu liefernden Waren zu absorbieren, so daß ein vertragswidriger Re-Export zu befürchten sei, aus dessen Erlösen die israelische Wehrmacht finanziert werden könne.

Es empfiehlt sich, diese Argumente in Gesprächen mit Vertretern der islamischen Staaten nicht schroff abzulehnen, sondern auszuführen, daß sie von der Bundesregierung sorgfältig erwogen worden seien. Die Bundesregierung habe sich indessen von Gesichtspunkten leiten lassen, die – mögen sie für unsere arabischen Freunde auch schwierig zu erfassen sein – zwingend sind.

1) Das deutsche Volk fühlt sich durch die in seinem Namen von der nationalsozialistischen Regierung verübten Verbrechen schwer belastet und kann an keinen freien Weg in die Zukunft glauben, ohne nicht den Versuch einer Wiedergutmachung zu unternehmen.

Das Israel-Abkommen könnte den Weg andeuten, der zur Behebung des Flüchtlingselendes auch anderer Völker führt, wofür wir hoffen, einen beispielhaften Beitrag geleistet zu haben.

2) Die nationalsozialistische Regierung ist nicht nur für die Vertreibung Hunderttausender, sondern vor allem auch für die vorsätzliche Vernichtung mehrerer Millionen von Juden verantwortlich. Dieser Tatbestand bringt das deutsche Volk in eine Lage, die mit normalen Maßstäben nicht zu erfassen ist; ihr gegenüber versagen rechtliche Einwände. Die vereinbarten Lieferungen sollen nicht eine materielle Schuld abgelten, sie liegen außerhalb der Norm einer zivilrechtlichen Verpflichtung. Es ist daher auch abwegig, die Summen, die in dem Abkommen im Hinblick auf die Ansiedlung jüdischer Vertriebener in Anschlag gebracht worden sind, mit den relativ geringen Quoten zu vergleichen, die von der UN-Kommission für arabische Flüchtlinge angesetzt wurden. Dies ist um so weniger angängig, als wir unsere eigenen zehn Millionen Ostflüchtlinge nicht mehr als notdürftig versorgen konnten.

Die Natur unserer Leistungen schließt es aus, sie treuhänderisch bei dritten Instanzen, wie etwa den Vereinten Nationen, zu hinterlegen, wie dies von gewisser arabischer Seite angeregt worden ist.

3) Die arabischen Staaten sollten sich angesichts der politischen Weltlage nicht der Erkenntnis verschließen, daß es auch für sie nur von Vorteil ist, wenn das Gewicht Deutschlands in der freien Welt zunimmt. Gerade dies wird aber durch das Abkommen erreicht.

Es unterliegt keinem Zweifel, daß der Bundestag das Abkommen ratifizieren wird.

4) Der Wert der jährlichen deutschen Warenlieferungen in Höhe von jährlich 40–50 Mio. Dollar steht in keinem Verhältnis zu den dem Staate Israel aus amerikanischen Quellen zufließenden Summen, die auf 170 Mio. Dollar geschätzt werden. Andererseits sind unsere Lieferungen nicht zu vergleichen mit den laufenden hohen Gewinnen, die einzelne arabische Staaten aus der Ölproduktion schöpfen. Es kann also nicht behauptet werden, daß gerade die deutschen Lieferungen an Israel die arabische Sicherheit gefährden.

Die Gesamtleistungen umfassen im übrigen nicht mehr als 17 bis 22% harte Waren, davon nur etwa 7% Engpaßerzeugnisse, und bestehen vor allem aus Verbrauchsgütern. Ihr Weiterverkauf ist ausdrücklich untersagt; hohe Vertragsstrafen sind festgesetzt.[4]

5) Deutschland hat sich immer als Freund der Araber bewährt. Es hat niemals politische Aspirationen in den arabischen Staaten verfolgt. Wir sind von der Beständigkeit der Freundschaft zwischen Deutschen und Arabern um so mehr überzeugt, als diese sich über den Zusammenbruch des Reiches im Jahre 1945 hinaus ungetrübt erhalten hat. Das ermutigt uns auch jetzt, mit Verständnis und Einsicht bei unseren Freunden zu rechnen.

Die Bundesregierung bittet ihre arabischen Freunde, durchsichtigen Einflüsterungen nicht ihr Ohr zu leihen, die einem Boykott deutscher Waren das Wort reden. Nachrichten, denen zufolge in arabischen Kreisen an einen solchen bereits gedacht wird, vermag die Bundesregierung nicht Glauben zu schenken. Die Wirtschaftsgeschichte hat gezeigt, daß Boykott stets und überall Gegenboykott zur Folge hat und den Beteiligten – zugunsten Dritter – am Ende nur Nachteile bringt. Die Bundesregierung hält daher derartige Nachrichten für Störmeldungen, wodurch die fest fundierte deutsch-arabische Freundschaft nicht erschüttert werden kann.

Ich darf bitten, diese Argumente bei sich bietender Gelegenheit zu verwerten und zu berichten, falls Gespräche mit Vertretern islamischer Länder etwa neue Gesichtspunkte zugunsten unseres Standpunktes ergeben sollten.

Im Auftrag
Etzdorf

B 2 (Büro Staatssekretär), Bd. 17

[4] Zu den Bestimmungen in Artikel 5 (e) und (f) des Abkommens mit Israel vom 10. September 1952 vgl. Dok. 197, Anm. 7.

212

Bundeskanzler Adenauer an den französischen Außenminister Schuman

1. Oktober 1952[1]

Sehr geehrter Herr Präsident,

Die Fühlungnahmen, über deren Zweckmäßigkeit wir uns in Luxemburg[2] einig waren, haben inzwischen stattgefunden. Insbesondere habe ich, wie ich Ihnen bereits mitgeteilt habe, mit den Vertretern der drei im Saargebiet noch nicht zugelassenen Parteien wiederholt Gespräche geführt.[3] Alle diese Unterhaltungen werden zweifellos ihre Rückwirkung auch auf die Haltung des Bundestages in der Saarfrage haben. Zusammenfassend kann ich sagen, daß ich, wenn auch nicht in allen Punkten, so doch in vielen, Verständnis für unsere Bemühungen gefunden habe.

Auch in diesen Gesprächen hat sich als die Hauptschwierigkeit herausgestellt, daß die „Europäisierung“ noch kein fester und konkreter Begriff ist. Die europäische Entwicklung ist eben noch zu sehr im Fluß, so hoffnungsvoll auch die Anfänge sind. Ich glaube daher, daß man einen Fehler machen würde, wenn man bei der Gestaltung der Saarlösung von einem Zustand Europas ausginge, der erst in der Zukunft erreicht werden wird. Andererseits sollte man – darin stimme ich mit Ihnen überein – sich in bezug auf das Saarproblem nicht darauf beschränken, weitere Fortschritte der europäischen Entwicklung bloß abzuwarten. Man muß vielmehr vermeiden, daß an dem Saarproblem nationale Gegensätze sich immer wieder neu entzünden und dadurch das europäische Integrationswerk gestört wird. Ich glaube daher, daß man in Etappen vorgehen sollte, und bitte Sie zu überlegen, ob wir uns über folgende Gedanken austauschen sollten – als erste Etappe –, die die störenden Auswirkungen des Saarproblems auf die europäische Integration ausschaltet und damit der Verwirklichung der europäischen Einigung vorarbeitet:

Es wird ein provisorisches Statut der Saar für die Dauer von fünf Jahren geschaffen. Dieses Statut umfaßt die Selbstverwaltung der Saar mit einem frei gewählten Landtag und einer Regierung unter der Aufsicht eines europäischen Organs, etwa des Ministerrats der Montan-Union, das zugleich die Aufrechterhaltung der demokratischen Grundrechte an der Saar überwacht und die Saar nach außen vertritt. In wirtschaftlicher Beziehung soll in diesem Status eine Ordnung geschaffen werden, die in Ersetzung der Konventionen einen Ausgleich der saarländischen, französischen und deutschen Interessen herstellt. In bezug auf das Zollsystem und die monetäre Ordnung soll das Statut insbesondere

[1] Durchdruck.

[2] Bundeskanzler Adenauer und der französische Außenminister Schuman trafen sich anläßlich der EGKS-Ministerratstagung vom 8. bis 10. September 1952 in Luxemburg. Für das Gespräch am 10. September 1952 über die Saarfrage vgl. Dok. 200.

[3] Am 17., 18. und 26. September 1952 empfing Bundeskanzler Adenauer die Vorsitzenden der nicht zugelassenen Parteien im Saargebiet, Becker (DPS), Ney (CDU des Saarlandes) und Conrad (DSP), in Bonn. Für das Gespräch am 17. September 1952 vgl. Dok. 205.

Frankreich den Bezug der Saarkohle gegen französische Francs und den Verkauf der lothringischen Agrarprodukte in das Saargebiet gegen französische Francs gewährleisten. Die Einzelheiten dieses Statuts sollen in den Verhandlungen ausgearbeitet werden. Ein frei gewählter Landtag und eine von diesem Landtag gewählte Regierung sollen an der Schaffung des Statuts mitwirken. Um den Weg für diese Lösung freizumachen, müßten die Wahlen im Saargebiet hinausgeschoben und die noch nicht zugelassenen Parteien so rasch wie möglich zugelassen werden, da eine jetzt ohne Zulassung dieser Parteien stattfindende Wahl alle Aussichten auf eine Lösung in dem vorgesehenen Sinne zerstören würde.

Indem ich dies vorschlage, vertraue ich darauf, daß wir in fünf Jahren einen Grad europäischer Integration erreicht haben werden, der uns die Endlösung außerordentlich erleichtert. Ich habe auch Grund zu der Annahme, daß für eine solche Lösung der ersten Etappe die drei Saarparteien, mit deren Vertretern ich gesprochen habe, zu gewinnen sein werden. Schließlich dürfte mein Vorschlag dem Gedanken entgegenkommen, den Sie wiederholt, auch in Luxemburg, ausgesprochen haben, daß man die angestrebte Gestaltung der Verhältnisse an der Saar wohl als Provisorium betrachten müsse und daß mit dem Fortschreiten der Schaffung des neuen Europas ganz von selbst die Fragen, die uns jetzt Schwierigkeiten bereiten, eine Lösung finden würden. Auch der Vorschlag für eine gemeinsame Erklärung, den Sie in Ihrem Brief vom 24. September[4] machen, läßt ja diesen Gedanken der Evolution deutlich anklingen.

Genehmigen Sie, Herr Präsident, den Ausdruck meiner ausgezeichnetsten Hochachtung

gez. Adenauer

VS-Bd. 3236 (Abteilung 2)[*]

4 In dem Schreiben an Bundeskanzler Adenauer schlug der französische Außenminister Schuman eine Erklärung mit folgendem Wortlaut vor: „Der Meinungsaustausch, der seit dem 25. Juli 1952 zwischen der Französischen Regierung und der Deutschen Bundesregierung gepflogen wurde, hat gestattet, die großen Linien des künftigen Saarstatuts offen zu legen. Nach Auffassung der Gesprächspartner muß die Saar mit einem europäischen Statut ausgestattet werden, das die innere politische Autonomie respektieren würde und von den beteiligten Staaten garantiert würde; ferner sollte sich die zwischen Frankreich und der Saar bestehende Wirtschafts-, Währungs- und Zollunion nach Maßgabe des Fortschritts der europäischen Integration fortentwickeln." Vgl. Bundesarchiv Koblenz, N 1351 (Nachlaß Blankenhorn), Bd. 14a.

* Bereits veröffentlicht in: ADENAUER, Briefe 1951–1953, S. 281–283.

213

Aufzeichnung des Staatssekretärs Hallstein, z.Z. Paris

2. Oktober 1952

Anwesend: Präsident Robert Schuman, Staatssekretär Prof. Hallstein, Ministerialdirektor Blankenhorn

Ich übergab Herrn Schuman den Brief des Herrn Bundeskanzlers vom 1. Oktober[1] mit Grüßen des Herrn Bundeskanzlers und dem Ausdruck des Bedauerns, daß sich die Zustellung des Briefes wegen der notwendigen Kontakte in Bonn und des Besuchs von Herrn de Gasperi[2] um kurze Zeit verzögert habe. Ich erbot mich zu jeder gewünschten Erläuterung.

Herr Schuman las den Brief langsam und sehr aufmerksam durch.

Als er geendet hatte, fügte ich die Mitteilung des Herrn Bundeskanzlers hinzu, daß dieser auf Grund der vorgenommenen Sondierung Grund zu der Annahme habe, daß die Lösung auf der Grundlage dieses Vorschlages eine sehr große Mehrheit finden werde. Ich unterstrich die Bedeutung dieses Umstandes.

Herr Schuman erklärte, daß man wohl in diesem Augenblick keine Antwort auf den Brief von ihm erwarte. Ebenso wie der Herr Bundeskanzler Fühlung mit politischen Kreisen genommen habe, sei er zu Konsultationen genötigt, und zwar nicht nur mit seiner Regierung, sondern insbesondere mit den Saarbehörden. Auf die Fühlungnahme mit diesen sei man im vorliegenden Falle auch deshalb angewiesen, weil sich daraus gewisse unüberschreitbare Fristen ergäben. So könne die Frage der Verschiebung der Wahlen nicht über den 10. Oktober hinaus aufgeschoben werden. Damit hinge wieder die Frage der Zulassung der Parteien zusammen: Die Saarregierung habe bereits erklärt, daß die Entscheidung über diese Zulassung bis zum 10. Oktober fallen werde.[3]

Einen Punkt wünsche er, Schuman, aber sogleich zu präzisieren. Im letzten Absatz des Briefes des Herrn Bundeskanzlers heiße es, er, Schuman, habe erklärt, „daß man die angestrebte Gestaltung der Verhältnisse an der Saar wohl als Provisorium betrachten müsse“, usw. Es sei richtig, daß er das gesagt habe, aber der Sinn dieser Bemerkung sei nicht der gewesen, daß nach Ablauf dieses Provisoriums die Frage vollständig neu aufgerollt und alles inzwischen Geschehene wieder in Frage gestellt werden dürfe. Ein Provisorium solle die unmittelbar ins Auge gefaßte Lösung nur mit Bezug auf eine definitive europäische Gesamtlösung sein.

Ich verwies demgegenüber auf den Einleitungssatz des letzten Abschnittes des Briefes des Herrn Bundeskanzlers: „Indem ich dieses vorschlage, vertraue ich darauf, daß wir in fünf Jahren einen Grad der europäischen Integration er-

1 Vgl. Dok. 212.

2 Ministerpräsident de Gasperi hielt sich vom 21. bis 24. September 1952 in Bonn auf. Vgl. dazu Dok. 208.

3 Am 25. September 1952 teilte der saarländische Innenminister Hector dem Vorstand der CDU des Saarlandes mit, daß der Partei noch bis zum 10. Oktober 1952 Gelegenheit gegeben werde, ihren Antrag auf Zulassung zu vervollständigen. Für den Wortlaut des Schreibens vgl. SAARPOLITIK, S. 700f.

reicht haben werden, der uns die Endlösung außerordentlich erleichtert." Darin komme das Zutrauen zum Ausdruck, daß in fünf Jahren die europäische Wirklichkeit so verändert sein werde, daß notwendigerweise die Kriterien für die Entscheidung gleichfalls verändert wären. Inzwischen werde doch wohl eine politische Gemeinschaft geschaffen sein, europäische Behörden würden in der Saar ihren Sitz haben und vermutlich werde die Währungskoordinierung erreicht sein – Herr Schuman warf ein, wenn nicht eine Währungseinheit, dann doch zumindest die Konvertibilität der Währungen –. All dies müsse seine Wirkung üben. Herr Schuman faßte zusammen: „Sie meinen also, daß zwar die juristische, theoretische Möglichkeit besteht, nach fünf Jahren wieder von vorne zu beginnen, daß aber praktisch politisch diese Möglichkeit nicht in Betracht kommt."

Ich erläuterte sodann mit einigen Sätzen die Grundidee der von uns zur Diskussion gestellten Lösung, die man wohl auch als ein Entgegenkommen an den französischen Standpunkt unter Verzicht auf perfektionistische europäische Vorstellungen ansehen könne. Insbesondere seien wir davon ausgegangen, daß die wirtschaftlichen Interessen, die für Frankreich entscheidend seien, vor allem darauf zielten, Saarkohle gegen Francs kaufen und lothringische landwirtschaftliche Produkte gegen Francs verkaufen zu können. (Herr Schuman bemerkte, es kämen noch einige andere Punkte hinzu, aber diese hier seien besonders wichtig.) Insoweit hätten wir uns entschlossen, in dieser ersten Etappe dem französischen Wunsch voll Rechnung zu tragen.

Über das weitere Vorgehen bemerkte Herr Schuman, daß eine umfassende Antwort auf den sachlichen Inhalt des Briefes notwendig sei. Der Brief bringe einiges Neues, z.B. das Provisorium und seine Fixierung auf fünf Jahre, und werfe auch im übrigen eine Anzahl von Fragen auf, zu denen Stellung genommen werden müsse. Er müsse vor allem mit den Saarinstanzen Fühlung nehmen – ebenso wie der Herr Bundeskanzler mit den Vertretern der nicht zugelassenen Saarparteien Beratungen gepflogen habe[4] –. Er fügte hinzu, daß am Dienstag[5] der Ministerrat tagen werde. Es sei nicht richtig, sich jetzt auf eine zu kurze Frist festzulegen und damit die Behandlung der Dinge unter unangemessenen Zeitdruck zu setzen. Fest stehe nur der Endtermin vom 10. Oktober.

Ich bat ihn, neben den sachlichen Fragen die des weiteren Procedere nicht außer acht zu lassen.

Es wurde vereinbart, der Presse zu sagen, daß ich Herrn Schuman einen persönlichen Brief des Herrn Bundeskanzlers übergeben und erläutert hätte und daß darauf die Antwort der französischen Regierung abgewartet werden müsse.[6]

gez. Hallstein

Bundesarchiv Koblenz, N 1351 (Nachlaß Blankenhorn), Bd. 14 b

4 Am 17., 18. und 26. September 1952 empfing Bundeskanzler Adenauer die Vorsitzenden der nicht zugelassenen Parteien im Saargebiet, Becker (DPS), Ney (CDU) und Conrad (DSP), in Bonn. Für das Gespräch am 17. September 1952 vgl. Dok. 205.

5 7. Oktober 1952.

6 Am 4. Oktober 1952 bezeichnete der französische Außenminister Schuman das Schreiben des Bundeskanzlers Adenauer vom 1. Oktober 1952 „als einen Rückschritt im Vergleich zu den Ergebnissen", die er als bereits erreicht angesehen habe. Vgl. das Schreiben; Bundesarchiv Koblenz, N 1351 (Nachlaß Blankenhorn), Bd. 14b.

214

Aufzeichnung des Referenten Born

513-04 II 500/52 **6. Oktober 1952**[1]
Geheim

Heute hat bei der Rechtsabteilung die mit den Schreiben 513-50 adh I b V 23301 Ang. I und II/52 vom 27. September[2] und 1. Oktober 1952[3] angekündigte Besprechung über den Beitritt der Bundesrepublik zu den Genfer Rotkreuz-Abkommen vom 12. August 1949 stattgefunden.

Die Besprechung wurde geleitet von dem Direktor der Abteilung V, Herrn Professor Mosler. Außerdem waren vom Auswärtigen Amt anwesend: Dr. von Haeften, Herr Rouette (Abteilung V); Dr. von Hassell, Dr. Born (Abteilung II).

Außerdem waren vertreten: Bundesministerium der Justiz, Zentrale Rechtsschutzstelle, Bundesministerium des Innern, Bundesministerium für Vertriebene, Dienststelle Blank.

Den Anstoß zu dieser Besprechung hatte die Zentrale Rechtsschutzstelle gegeben. Frau Dr. Bitter begründete auf den Wunsch von Prof. Mosler ihre Ansicht, daß ein Beitritt der Bundesrepublik zu den Abkommen über die Behandlung der Kriegsgefangenen[4] sich günstig auf die gegen deutsche Gefangene im Ausland noch anhängigen Verfahren[5] und auch auf Gnadenverfahren auswirken könne. Allerdings sei noch mit einem Widerstand der Gewahrsamsstaaten dagegen zu rechnen, diese Konvention mit rückwirkender Kraft anzuwenden. Jedenfalls setze aber ein Beitritt die Bundesrepublik in die Lage, den Standpunkt zu vertreten, daß die deutschen Gefangenen nach diesem Abkommen behandelt werden müßten.

Sämtliche Teilnehmer an der Besprechung hielten es für wünschenswert, den Beitritt der Bundesrepublik zu diesem Abkommen vorzubereiten.

1 Am 6. Oktober 1952 vermerkte Referent Born: „Vor Vorlage bei Herrn Dr. von Trützschler: Herrn Dr. von Hassell mit der Bitte um Mitzeichnung."
Hat Referent von Hassell am 7. Oktober 1952 vorgelegen.

2 Am 27. September 1952 lud Abteilungsleiter Mosler die Bundesministerien der Justiz und des Innern sowie die Dienststelle Blank zu einer auf den 3. Oktober 1952 terminierten Ressortbesprechung über den Beitritt der Bundesrepublik zu den Genfer Abkommen vom 12. August 1949 ein. Vgl. dazu B 10 (Abteilung 2), Bd. 1921.

3 Am 1. Oktober 1952 teilte Abteilungsleiter Mosler den Bundesministerien der Justiz und des Innern sowie der Dienststelle Blank die Verschiebung der Ressortbesprechung auf den 6. Oktober 1952 mit. Vgl. dazu B 10 (Abteilung 2), Bd. 1921.

4 Für den Wortlaut des III. Genfer Abkommens vom 12. August 1949 über die Behandlung der Kriegsgefangenen vgl. BUNDESGESETZBLATT 1954, Teil II, S. 838–916.

5 Oberregierungsrätin Bitter, Zentrale Rechtsschutzstelle, führte dazu am 6. Oktober 1952 aus: „In den in Frankreich laufenden Verfahren könne man erreichen, daß keine Sondergesetze mehr angewandt werden, vor allem nicht die Ordonnance von 1944, die Rechtsgarantien der zivilisierten Völker widerspreche. Ferner könne man gegen die extensive Interpretation des französischen Strafrechts angehen, die z. B. die Berufung auf Befehl ausschließe. Nach dem Beitritt könnten wir uns auf Art. 82 ff. berufen, insbesondere auf Art. 87, der Strafmilderungen vorsieht, sowie auf die Ablehnung von Sondergesetzen. [...] Außer in Frankreich liefen noch Verfahren in Polen, das aber die Konvention nicht ratifiziert habe." Vgl. die Gesprächsaufzeichnung vom 9. Oktober 1952; B 10 (Abteilung 2), Bd. 1921.

Weiterhin wurde die Möglichkeit eines Beitritts zu den beiden restlichen Genfer Konventionen erörtert. Es handelt sich um die Abkommen zur Verbesserung des Loses der Verwundeten und Kranken der bewaffneten Kräfte im Felde[6] und zur See[7]. Hinsichtlich des Beitritts zu der 4. Konvention über den Schutz von Zivilpersonen[8] ist bekanntlich bereits eine Gesetzesvorlage ausgearbeitet worden.

Im Laufe der Besprechung dieses Punktes wurden die innen- und außenpolitischen Bedenken zur Sprache gebracht, die – zumindest bis zum gegenwärtigen Zeitpunkt – einem Beitritt zu den Abkommen I und II entgegenstanden. Diese Abkommen setzen das Vorhandensein eigener Streitkräfte voraus. Ein Beitritt könnte außen- und innenpolitisch als verfrühter Versuch angesehen werden, das Inkrafttreten des EVG-Vertrages als vollendete Tatsache zugrunde zu legen. Nach übereinstimmender Ansicht bestehen diese Bedenken dann nicht mehr, wenn der EVG-Vertrag von dem Bundestag ratifiziert[9] ist. Die Vorbereitungen für einen Beitritt auch zu diesem Abkommen sollen daher in der Weise getroffen werden, daß eine Gesetzesvorlage nach der Verabschiedung der Verträge durch den Bundestag erfolgen kann. Es erschien den Besprechungsteilnehmern nicht zweckmäßig, das Abkommen über die Behandlung der Kriegsgefangenen bereits vorwegzunehmen und unabhängig von den Abkommen I und II zu behandeln, vielmehr erscheint eine gemeinsame Vorlage für alle drei Abkommen zweckmäßig.

Die Weisung des Dirigenten[10], eine Zustimmung für die Vorbereitungen zu einem Beitritt der Bundesregierung im Namen der Abteilung II zu erklären, lag nur hinsichtlich des Abkommens über die Behandlung der Kriegsgefangenen vor. Herr Dr. von Hassell hat daher vorbehalten, daß Abteilung V von Abteilung II eine weitere Stellungnahme erhalte, sofern Abteilung II Bedenken gegen die Vorbereitung eines Beitritts zu den Abkommen zur Verbesserung des Loses der Verwundeten und Kranken trage. Abteilung V wird – sofern eine anderslautende Stellungnahme von Abteilung II nicht erfolgt[11] – die Vorbereitungen zu einem Beitritt treffen und Abteilung II zur Mitzeichnung vorlegen.

Hiermit Herrn Dr. von Trützschler[12] vorgelegt.

Born

VS-Bd. 3370 (Referat 204 (508))

6 Für den Wortlaut des I. Genfer Abkommens vom 12. August 1949 zur Verbesserung des Loses der Verwundeten und Kranken der Streitkräfte im Felde vgl. BUNDESGESETZBLATT 1954, Teil II, S. 783–812.

7 Für den Wortlaut des II. Genfer Abkommens vom 12. August 1949 zur Verbesserung des Loses der Verwundeten, Kranken und Schiffbrüchigen der Streitkräfte zur See vgl. BUNDESGESETZBLATT 1954, Teil II, S. 813–837.

8 Für den Wortlaut des IV. Genfer Abkommens vom 12. August 1949 zum Schutze von Zivilpersonen in Kriegszeiten vgl. BUNDESGESETZBLATT 1954, Teil II, S. 917–1004.

9 Der Bundestag nahm das Ratifizierungsgesetz zum EVG-Vertrag am 19. März 1953 an.

10 Heinz Trützschler von Falkenstein.

11 Am 17. Oktober 1952 notierte Gesandtschaftsrat a. D. Tichy für Abteilung V, Referat I: „Abteilung II hat gegen die Vorbereitung eines Beitritts zu diesen drei Abkommen keine Bedenken. Jedoch darf angeregt werden, alle vier Rotkreuzabkommen vom 12. August 1949 – also auch das Abkommen über den Schutz von Zivilpersonen in Kriegszeiten – gemeinsam in einer Vorlage bei dem Kabinett und anschließend beim Bundestag vorzulegen.“ Vgl. VS-Bd. 3370 (Referat 204 (508)); B 150 (Aktenkopien 1952).

12 Hat Legationsrat I. Klasse Trützschler von Falkenstein am 8. Oktober 1952 vorgelegen, der hand-

215

Aufzeichnung des Delegationsleiters Grewe

BSt. 520/52 **7. Oktober 1952**

Betr.: Stellungnahme zu der Kontroverse über die Auslegung des Art. 7 Abs. 3[1] im Auswärtigen Ausschuß

Im Anschluß an meinen Vermerk vom 24. September 1952[2] übersende ich in der Anlage einen Auszug aus dem Protokoll des Auswärtigen Ausschusses mit den Ausführungen des Abg. Lütkens zu Art. 7 Abs. 3.[3] Zu diesen Ausführungen ist zu bemerken:

1) Die amtliche Begründung[4] sagt zu Art. 7 Abs. 3:

Die Bestimmung stellt sicher, daß die Wiedervereinigung Deutschlands nicht zu einem Wiederaufleben der früheren Befugnisse des Kontrollrats führen darf. Sie garantiert vielmehr, daß auch das wiedervereinigte Deutschland in den Genuß der Rechte aus diesem Vertragswerk und aus den europäischen Integrationsverträgen gelangt, wenn es die Pflichten aus diesen Verträgen übernimmt.

Diese Sätze beziehen sich nur auf den Fall, daß sich das wiedervereinigte Deutschland entschließt, an EVG und Montan-Union festzuhalten. Der besondere Fall, daß es die Trennung von EVG und Montan-Union wünscht, ist in der amtlichen Begründung nicht behandelt worden. Für die von dem Abg. Lütkens behandelte Streitfrage[5] können daher aus der amtlichen Begründung keine Schlußfolgerungen gezogen werden.

2) Es ist unrichtig, im Falle des Art. 7 Abs. 3 von einer „deutschen Übersetzung" zu sprechen. Es ist sowohl in der deutschen wie in der englischen Sprache ver-

Fortsetzung Fußnote von Seite 653

schriftlich vermerkte: „H[err] Born. Ich habe keine Bedenken, schlage aber doch vor, bei Abt[eilun]g V anzuregen, alle 4 Konventionen in einer Vorlage an Kabinett u[nd] Parlament zu erledigen; ich glaube, wir ersparen uns damit auch Fragen und Diskussionen."

1 Für Artikel 7, Absatz 3 des Generalvertrages vom 26. Mai 1952 vgl. Dok. 148, Anm. 44.

2 Vgl. dazu Dok. 206.
Eine weitere Ausfertigung der Aufzeichnung vom 18. September 1952 wurde von Delegationsleiter Grewe auf den 24. September 1952 datiert. Vgl. VS-Bd. 5368 (Referat 507); B 150, Aktenkopien 1952.

3 Dem Vorgang beigefügt. Vgl. VS-Bd. 5368 (Referat 507).
Für die Ausführungen des Abgeordneten Lütkens im Ausschuß des Bundestages für das Besatzungsstatut und auswärtige Angelegenheiten am 8. September 1952 vgl. AUSWÄRTIGER AUSSCHUSS, S. 1054–1058.

4 Für den Wortlaut der Begründung zu Artikel 7, Absatz 3 des Generalvertrages vgl. BT ANLAGEN, Bd. 19/1, Drucksache 3500, Anlage 4.

5 SPD-Abgeordneter Lütkens führte in der Sitzung des Ausschusses des Bundestages für das Besatzungsstatut und auswärtige Angelegenheiten am 8. September 1952 aus: „Zunächst möchte ich sagen, daß diese Erklärung von Herrn Professor Grewe, nämlich, daß sich der Konditionalsatz nur auf den zweiten und nicht auch auf den ersten Teil des Hauptsatzes beziehe, in der Begründung der Bundesregierung zu Art. 7 Abs. 3 nicht zu finden ist. Denn dort heißt es am Schluß der ersten Spalte von Seite 10, daß diese Bestimmung garantiere, daß auch das wiedervereinigte Deutschland in den Genuß der Rechte aus diesem Vertragswerk und aus den europäischen Integrationsverträgen gelange, wenn es die Pflichten erfülle. Also insofern scheint mir eigentlich ein Widerspruch zu bestehen. In der Begründung der Regierung scheint mir unterstellt zu werden, daß die Kondition des ‚wenn' sich auf den ganzen Komplex des in dem Hauptsatz Berührten bezieht." Vgl. AUSWÄRTIGER AUSSCHUSS, S. 1054 f.

handelt worden und beide Texte sind gleichermaßen authentisch.[6] Es kann daher nicht von einer unrichtigen Übersetzung ins Deutsche, sondern allenfalls von einer Abweichung des deutschen vom englischen Text gesprochen werden.

Sachlich ist diese Abweichung bedeutungslos. Es bestand Übereinstimmung darüber, daß den Ausdrücken „Treaty" und „Convention" keine unterschiedliche Bedeutung beizumessen sei. Dies entspricht auch dem Völkerrecht und der allgemeinen Staatenpraxis.

Das in bezug auf diese Frage sehr ausführliche Lehrbuch von Charles Rousseau (Principes Généraux du Droit International Public, Band 1, 1944) unterscheidet lediglich zwischen „traités au sens étroit et technique du mot, c'est-à-dire les engagements internationaux conclus avec l'intervention formelle de l'organe investi de la compétence de conclusion des traités" einerseits, und „accords internationaux autres que les traités ou accords en forme simplifiée, conclus sans l'intervention formelle de l'organe étatique investi du treaty making power" andererseits.[7] Die erste Kategorie, „engagements internationaux = traités", umfaßt Akte, die terminologisch unter der Bezeichnung „traités, conventions, actes, pactes, protocoles, déclarations, arrangements, accords, modus vivendi etc." geführt werden. Bei der zweiten Kategorie, „accords en forme simplifiée", handelt es sich um „échanges de lettres, de notes, de déclarations etc.".

Wenn im englischen und französischen Text der Deutschland-Vertrag und seine Zusatzverträge regelmäßig mit dem Ausdruck „Conventions", die Integrationsverträge dagegen mit dem Ausdruck „Treaties" bedacht worden sind, so geschah dies lediglich aus dem redaktionstechnischen Grund, daß man die Bezugnahme auf das eine oder andere Vertragswerk dadurch deutlich hervorheben wollte. Im deutschen Text ist darauf verzichtet worden, um das Fremdwort „Konvention" zu vermeiden.

Aus der einheitlichen Verwendung des Ausdrucks „Verträge", sowohl für den Deutschlandvertrag und seine Zusatzverträge als auch für die Integrationsverträge können entgegen der Behauptung von Herrn Abg. Lütkens[8] für die von ihm erörterte Streitfrage keine Schlußfolgerungen gezogen werden. Mit den „ge-

6 Englischer Wortlaut des Artikels 7, Absatz 3 des Generalvertrages vom 26. Mai 1952: „In the event of the unification of Germany the Three Powers will, subject to such adjustments as may be agreed, extend to a unified Germany the rights which the Federal Republic has under the present Convention and the related Conventions and will for their part agree that the rights under the Treaties for the formations of an integrated European community should be similarly extended, upon the assumption by such a unified Germany of the obligations of the Federal Republic toward the Three Powers or to any of them under those Conventions and Treaties. Except by common consent of all the Signatory States the Federal Republic will not conclude any agreement or enter into any arrangement which would impair the rights of the Three Powers under those Conventions and Treaties or lessen the obligations of the Federal Republic thereunder." Vgl. BUNDESGESETZBLATT 1954, Teil II, S. 65.

7 Vgl. Charles ROUSSEAU, Principes Généraux du Droit International Public, Band 1, Paris 1944, S. 157.

8 SPD-Abgeordneter Lütkens konstatierte in der Sitzung des Ausschusses des Bundestages für das Besatzungsstatut und auswärtige Angelegenheiten am 8. September: „Ich verstehe in diesem Zusammenhang eigentlich nicht, warum die Regierung alle Dinge, die sie uns vorlegt, als Verträge bezeichnet, während in dem französischen Text alles außer dem Verteidigungsvertrag und ebenso in dem englischen Vertragstext nur als ‚Conventions' bezeichnet wird. Das ist aber nur eine Ausformung der Bedenken, die ich gegen die Übersetzung habe. Nach meinem Gefühl besteht ein Unterschied zwischen ‚Treaty' und ‚Convention', und ich glaube auch, der Unterschied ist ganz klar gemeint, zeigt sich schon in den Überschriften." Vgl. AUSWÄRTIGER AUSSCHUSS, S. 1055.

nannten Verträgen“ am Schluß des ersten Satzes von Abs. 3 sind sowohl der Deutschlandvertrag mit Zusatzverträgen als auch die Integrationsverträge gemeint. Daraus ergibt sich aber nicht, daß sich der Konditionalsatz auf beide Satzteile bezieht.

3) Es muß zugegeben werden, daß die Interpunktion im englischen Text dafür spricht, daß sich der Bedingungssatz auf beide Hälften des voraufgehenden Satzteils bezieht. Sollte sich die Bedingung nur auf die zweite Hälfte beziehen, so hätte im englischen Text hinter dem Worte „Conventions“ („which the Federal Republic has under the present convention and the related conventions“) ein Komma gesetzt werden müssen.

Im französischen Text[9] steht an dieser Stelle ein Komma, (nämlich hinter den Worten „résultant de la présente Convention et des Conventions rattachées, ...“).

4) Die von mir vertretene These, daß der durch den Deutschlandvertrag und seine Zusatzverträge der Bundesrepublik gewährte Status politischer Unabhängigkeit bedingungslos auf das wiedervereinigte Deutschland erstreckt werden solle und nicht durch die Teilnahme an EVG und Montan-Union konditioniert sei, wird demnach durch den französischen Text unterstützt, während der englische Text gegen diese These spricht und der deutsche Text beide Deutungen zuläßt.

Es liegt demnach eine unklare Textfassung vor. Nach allgemeinen völkerrechtlichen Grundsätzen gehen Unklarheiten im Text zu Lasten desjenigen Vertragspartners, von dem die Textfassung herrührt. Das ist in diesem Falle klar und eindeutig die amerikanische Seite, die uns den Text überreicht hat. Die Verhandlungen sind vom Herrn Bundeskanzler auf der Grundlage einer sofort angefertigten deutschen Übersetzung geführt worden, die beide Deutungen zuläßt.

Es handelt sich demnach um einen echten Auslegungsstreit, der vom Schiedsgericht[10] zu entscheiden wäre. Die Zuständigkeit des Schiedsgerichts muß als gegeben angesehen werden, weil es sich nicht um das Vorbehaltsrecht in bezug

9 Französischer Wortlaut des Artikels 7, Absatz 3 des Generalvertrages vom 26. Mai 1952: „Dans l'éventualité d'une unification de l'Allemagne, les Trois Puissances étendront à une Allemagne unifiée, sous réserve des modifications sur lesquelles un accord serait intervenu, les droits de la République Fédérale résultant de la présente Convention et des Conventions rattachées, et donneront leur accord à ce que les droits résultant des Traités instituant une communauté européenne intégrée, lui soient également étendus, étant admis que cette Allemagne unifiée assumera les obligations de la République Fédérale envers les Trois Puissances ou l'une d'entre elles, résultant de ces Conventions et Traités. Sauf avec le consentement commun de toutes les parties à la présente Convention, la République Fédérale ne conclura aucun accord et n'entrera dans aucun arrangement qui porterait préjudice aux droits des Trois Puissances résultant de ces Conventions et Traités, ou qui diminuerait les obligations en résultant pour la République Fédérale.“ Vgl. BUNDESGESETZBLATT 1954, Teil II, S. 65.

10 Artikel 9 des Generalvertrages vom 26. Mai 1952: „1) Hiermit wird ein Schiedsgericht errichtet, das gemäß den Bestimmungen der beigefügten Satzung (Anhang B dieses Vertrages) tätig werden wird. 2) Das Schiedsgericht ist ausschließlich zuständig für alle Streitigkeiten, die sich zwischen der Bundesrepublik und den Drei Mächten aus den Bestimmungen dieses Vertrages, der Satzung des Schiedsgerichts oder eines der Zusatzverträge ergeben, und welche die Parteien nicht durch Verhandlungen beizulegen vermögen, soweit sich nicht aus Absatz (3) dieses Artikels, der Satzung des Schiedsgerichts oder den Zusatzverträgen etwas anderes ergibt. 3) Streitigkeiten, welche die in Artikel 2 angeführten Rechte der Drei Mächte oder Maßnahmen auf Grund dieser Rechte oder die Bestimmungen der Absätze (1) bis (7) des Artikels 5 berühren, unterliegen nicht der Gerichtsbarkeit des Schiedsgerichts oder eines anderen Gerichts.“ Vgl. BUNDESGESETZBLATT 1954, Teil II, S. 66.

auf Deutschland als Ganzes selbst handelt, sondern um zusätzliche vertragliche Abmachungen, die sich nur an dieses Vorbehaltsrecht anknüpfen.

Hiermit dem Herrn Staatssekretär vorgelegt.[11]

Grewe

VS-Bd. 5368 (Referat 507)

216

Botschafter Pawelke, Kairo, an das Auswärtige Amt

Fernschreiben Nr. 1 **Aufgabe: 14. Oktober 1952, 15.13 Uhr**[1]
Geheim **Ankunft: 15. Oktober 1952, 06.45 Uhr**
Citissime

Auf Drahterlaß Nr. 1 vom 13.[2]

Habe Außenminister[3] heute kurz vor Empfang der telegrafischen Weisung meinen ersten inoffiziellen Besuch gemacht. Der Empfang war betont herzlich. Der Minister kam jedoch sofort auf das deutsch-israelische Abkommen zu sprechen und sagte mir, daß eine Delegation der Arabischen Liga bereits in Frankfurt eingetroffen sei.[4] Als ägyptisches Mitglied habe die Regierung einen Angehörigen der Botschaft in Rom[5] bestimmt, der sich ebenfalls bereits in Deutschland befinden müsse. Ich habe dem Außenminister unsere Gründe für den Abschluß

11 Staatssekretär Hallstein führte in der Sitzung des Ausschusses des Bundestages für gesamtdeutsche Fragen am 9. Oktober 1952 aus: „Die Interpretation, die Herr Professor Grewe dem Art. 7 Abs. 3 gegeben hat, ist mir mitgeteilt worden. Ich beurteile die Sache folgendermaßen. Professor Grewe hat an den Verhandlungen, die zu dieser letzten Formulierung des Abs. 3 geführt haben, nicht teilgenommen. Er hat den Art. 7 Abs. 3 beurteilt als ein Experte, freilich als ein Experte, der eine genaue Kenntnis von der Problematik und dem bisherigen Gang der Verhandlungen hatte. Er hat in dieser Sachverständigenbeurteilung des Art. 7 Abs. 3 eine These entwickelt, die für den Rechtsstandpunkt der Bundesrepublik vielleicht eine Chance enthält. Ich weiß nicht, wie groß die Chance ist." Vgl. GESAMTDEUTSCHER AUSSCHUSS, S. 448 f.

1 Hat Ministerialdirektor Blankenhorn am 16. Oktober 1952 vorgelegen.

2 Staatssekretär Hallstein wies Botschafter Pawelke, Kairo, an, „bei dortigem Außenministerium und Arabischer Liga darauf hinzuwirken, daß Ägypten sich an Delegation der Arabischen Liga nicht beteiligt. Falls sich das nicht verhindern lassen sollte, bitte zu veranlassen, daß wenigstens kein Angehöriger der ägyptischen Armee an Delegation teilnimmt." Vgl. VS-Bd. 4651 (Abteilung 3); B 150, Aktenkopien 1952.

3 Ahmed Tajeh Farrag.

4 Das syrische und das irakische Mitglied der arabischen Delegation, Alajati und al-Safi, trafen am 13. Oktober 1952 in Frankfurt/Main ein.
Am 16. Oktober 1952 informierte Generalkonsul Hausenstein, Paris, das Auswärtige Amt, daß der libanesische Gesandte in Paris, Daouk, mitgeteilt habe, daß „er als Präsident der aus ägyptischen, syrischen und irakischen Mitgliedern bestehenden arabischen Delegation nach Bonn fahren wird, um dort Verhandlungen betreffend Schadensersatzzahlungen an Israel zu führen. Delegationsverhandlungen finden zunächst in Frankfurt statt; von dort aus wird sich Delegation im Laufe nächster Woche nach Bonn begeben." Vgl. den Drahtbericht Nr. 310; B 10 (Abteilung 2), Bd. 1685.

5 Ahmed Hassan.

des Abkommens gemäß in Bonn erhaltener Weisung ausführlich dargelegt. Der Minister erklärte daraufhin freundlich, aber kategorisch, daß die ägyptische Regierung alles tun werde, damit dieses Abkommen, das er wiederholt als einen „Dolchstoß in den Rücken der arabischen Welt“ bezeichnete, so nicht durchgeführt werde. Ägypten betrachte sich als das führende Land der arabischen Welt und jedes Nachgeben in dieser Frage würde von allen Arabern als Verrat an der gemeinsamen Sache gewertet werden. Das Deutsche Reich sei schuld an der Vertreibung von Millionen von Juden und die Bundesrepublik würde sich durch die Ratifizierung des deutsch-israelischen Abkommens und der damit verbundenen Konsolidierung des Staates Israel für die dauernde Vertreibung von einer Million Araber verantwortlich machen. Hiergegen würde das neue und im Erstarken begriffene Ägypten bis zum Letzten kämpfen.

Der Minister sagte mir dann, daß er am 19. Oktober nach New York fliegen werde.[6] Er bat um Mitteilung, ob die Pressemeldung, wonach ein Beobachter der Bundesrepublik bei der UNO bereits ernannt sei[7], den Tatsachen entspreche. Hierzu erbitte ich Drahtweisung. Der Minister andeutete, daß er die Frage des deutsch-israelischen Abkommens vor die UNO bringen wolle.

Überreichung des Beglaubigungsschreibens voraussichtlich in zwei Tagen[8], wenn bis dahin ein Nachfolger für den heute entlassenen Vertreter der Armee im Regentschaftsrat[9] ernannt worden ist.

[gez.] Pawelke

VS-Bd. 3 (Büro Staatssekretär)

6 Der ägyptische Außenminister Tajeh Farrag vertrat sein Land auf der am 14. Oktober 1952 eröffneten siebten Sitzungsperiode der UNO-Generalversammlung.

7 Am 2. Oktober 1952 wurde in der Presse berichtet, daß Generalkonsul I. Klasse Krekeler UNO-Generalsekretär Lie den Vortragenden Legationsrat Riesser als Ständigen Beobachter der Bundesrepublik bei der UNO vorgestellt habe. Vgl. die Meldung „Deutscher Beobachter für Vollversammlung der UN“; DIE NEUE ZEITUNG vom 3. Oktober 1952, S. 2.

8 Am 16. Oktober 1952 übergab Botschafter Pawelke, Kairo, sein Beglaubigungsschreiben.

9 Am 14. Oktober 1952 entließ Ministerpräsident Naguib Oberst Mehanna aus dem Regentschaftsrat und löste das Gremium anschließend auf. Noch am selben Tag ernannte er Mohammed Abdel Moneim zum Regenten. Vgl. dazu den Artikel „Bruch Naguibs mit Mehanna“; NEUE ZÜRCHER ZEITUNG vom 16. Oktober 1952, Blatt 2.

217

Bundeskanzler Adenauer an den französischen Außenminister Schuman

16. Oktober 1952[1]

Sehr geehrter Herr Präsident,

Ich danke Ihnen für Ihren Brief vom 10. dieses Monats[2] und für Ihre guten Wünsche für die Wiederherstellung meiner Gesundheit. Ich habe inzwischen meine Arbeit wieder aufnehmen können.

Es liegt mir daran, Ihnen zunächst noch einmal zu sagen, wie betroffen ich über die Deutung war, die meinem letzten Vorschlag[3] zuteil geworden ist, und worin ich das Mißverständnis sehe:

In Frankreich ist mein Brief so aufgefaßt worden, als ob ich beabsichtigte, fünf Jahre Zeit zu gewinnen, um während dieser Zeit durch die neu zuzulassenden Parteien die Rückkehr der Saar zu Deutschland betreiben zu wollen. Ich kann mich sogar des Eindrucks nicht erwehren, als ob der darin liegende Verdacht der Zwiespältigkeit von maßgebenden Stellen nicht entschieden genug abgelehnt wird. Ich möchte Ihnen deshalb mit aller Klarheit sagen, was mich bei meinen Darlegungen geleitet hat; damit diene ich, glaube ich, auch den künftigen Verhandlungen.

Wir waren uns einig darin, daß eine Regelung nicht ohne Zustimmung des Saarlandtags erfolgen könne. Von Ihnen war „Europäisierung des Saargebietes" vorgeschlagen worden. Nun ist „Europäisierung" aber zur Zeit noch kein konkreter, faßbarer Begriff, weil – ich habe das ja erwähnt – die europäische Entwicklung noch nicht weit genug gediehen ist. Es kann daher kein Saarlandtag zur Zeit entscheiden, ob er eine „Europäisierung" will oder nicht. Der von Herrn Hoffmann propagierte Gedanke, eine Volksabstimmung an der Saar über die Europäisierung vorzunehmen[4], scheint mir aus dem gleichen Grunde erst recht nicht durchführbar zu sein, weil der einzelne Stimmberechtigte sich noch weniger unter „Europäisierung" etwas vorstellen kann. Andererseits lag mir daran, die ständige Quelle einer Spannung zwischen Frankreich und der Bundesrepublik, die sich aus dem Saarproblem ergibt, aus der Welt zu schaffen. Dies zu tun und gleichzeitig die Dinge so reifen zu lassen, daß der Begriff „Europäisierung"

1 Durchdruck.

2 Vgl. VS-Bd. 3236 (Abteilung 2).

3 Für das Schreiben des Bundeskanzlers Adenauer vom 1. Oktober 1952 an den französischen Außenminister Schuman vgl. Dok. 213.

4 Am 26. September 1952 wurde ein Interview mit Ministerpräsident Hoffmann veröffentlicht. Zur Frage einer Volksabstimmung im Saargebiet führte Hoffmann aus: „Jawohl, ich halte eine Volksabstimmung über die Europäisierung der Saar für eine Notwendigkeit. Ihr Zeitpunkt könnte im Einvernehmen mit den Partnern der derzeitigen Verhandlungen, also auch der Bundesrepublik, festgesetzt werden. Sie könnte vor der endgültigen Einigung zwischen Frankreich und Deutschland stattfinden, wenn die Grundzüge dessen, was unter Europäisierung zu verstehen ist, herausgearbeitet und genügend sichtbar gemacht sind. Sie könnte aber auch nach der erfolgten Einigung zwischen Frankreich und Deutschland abgehalten werden, wodurch dem Saarvolk Gelegenheit gegeben würde, das Ergebnis der deutsch-französischen Verhandlungen zu bestätigen oder abzulehnen." Vgl. RHEINISCHER MERKUR vom 26. September 1952, S. 1.

zu etwas für jedermann Faßbarem wird, das waren die beiden Motive für meine Anregung.

Diese Überlegungen sind aber nicht die einzigen, die angestellt werden müssen. Es gibt weitere Umstände, die uns hindern, jetzt eine definitive Lösung des Problems herbeizuführen. Frankreich, Großbritannien und die Vereinigten Staaten sind mit Sowjetrußland – wie die Erklärung über die Übernahme der Obersten Gewalt vom 5. Juni 1945, das Abkommen über die Besatzungszonen vom selben Tage[5] und das Potsdamer Abkommen vom 2. August 1945, dem Frankreich nachträglich beigetreten ist[6], ergeben – übereingekommen, daß die endgültige Festsetzung der Grenzen Deutschlands dem Friedensvertrag vorbehalten bleiben müsse. Daraus folgt, daß die vier Alliierten die alten Grenzen (vor den Hitler'schen Annexionen) völkerrechtlich als weiterbestehend betrachten. Dies wird bestätigt durch den folgenden Passus der Erklärung des Außenministers der Vereinigten Staaten, Marshall, auf der Moskauer Konferenz[7] vom 10. April 1947[8]:

„Die Frage der endgültigen Trennung des Saargebiets von Deutschland und die endgültige Festlegung seiner Grenzen müssen in der deutschen Friedensregelung entschieden werden."

Diese Auffassung wird ferner erhärtet durch die Haltung der Westalliierten in der Frage der Abtrennung der östlich der Oder-Neiße-Linie gelegenen Gebiete Deutschlands. Ich weise hin auf die Note der Alliierten Hohen Kommission an die Sowjetbehörden in Berlin vom 2. Oktober 1950, in der festgestellt wird, daß das sogenannte Görlitzer Abkommen gegen die im Potsdamer Abkommen festgelegten Verpflichtungen der Vier Großmächte verstoße, auf Grund dessen für die endgültige Festlegung der Grenzen Deutschlands die Friedensregelung abgewartet werden müsse.[9]

5 Für den Wortlaut der „Erklärung in Anbetracht der Niederlage Deutschlands und der Übernahme der obersten Regierungsgewalt hinsichtlich Deutschlands durch die Regierungen des Vereinigten Königreichs, der Vereinigten Staaten von Amerika und der UdSSR und durch die Provisorische Regierung der Französischen Republik" (Berliner Erklärung) sowie die „Feststellung seitens der Regierungen des Vereinigten Königreichs, der Vereinigten Staaten von Amerika, der UdSSR und der Provisorischen Regierung der Französischen Republik über die Besatzungszonen in Deutschland" vgl. AMTSBLATT DES KONTROLLRATS, Ergänzungsblatt Nr. 1 vom 30. April 1946, S. 7–9 und 11.

6 Für den Wortlaut des Kommuniqués vom 2. August 1945 über die Konferenz von Potsdam (Potsdamer Abkommen) vgl. DzD II/1, S. 2101–2148.
Zur Anerkennung der Bestimmungen des Potsdamer Abkommens durch Frankreich am 7. August 1952 vgl. Dok. 205, Anm. 23.

7 Die Außenministerkonferenz der Vier Mächte fand vom 10. März bis 24. April 1947 in Moskau statt.

8 Für den Wortlaut der Erklärung des amerikanischen Außenministers Marshall vgl. GERMANY 1947–1949, S. 146–148.

9 Am 6. Juli 1950 wurde zwischen der DDR und der Republik Polen ein Abkommen geschlossen, durch das die Oder-Neiße-Linie als Staatsgrenze zwischen Deutschland und Polen anerkannt wurde. Für den Wortlaut des Abkommens über die Markierung der festgelegten und bestehenden deutsch-polnischen Staatsgrenze (Görlitzer Abkommen) vgl. AUSSENPOLITIK DER DDR I, S. 342 f. Vgl. auch EUROPA-ARCHIV 1950, Bd. 2, S. 3330 f.
Am 24. August 1950 legte Bundeskanzler Adenauer beim Geschäftsführenden Vorsitzenden der AHK, McCloy, gegen das Görlitzer Abkommen Verwahrung ein. Vgl. dazu AAPD 1949/50, Dok. 112. Am 2. Oktober 1950 teilte der Geschäftsführende Vorsitzende der AHK, Kirkpatrick, Adenauer mit, daß die Rechtsverwahrung der Bundesregierung „den Sowjetbehörden, der Polnischen und der Tschechischen Militärmission in Berlin und allen bei der Alliierten Hohen Kommission akkreditierten Missionen zur Kenntnis gebracht worden" sei. Er übermittelte ferner den Wortlaut des Begleitschreibens der AHK, in dem betont wurde: „Im Potsdamer Abkommen war ausdrücklich vorge-

Eine definitive Lösung des Saarproblems, wenn diese ein Ausscheiden der Saar aus dem von den alten Grenzen gebildeten Gebiet Deutschlands enthalten würde, kann deshalb zur Zeit nicht getroffen werden.

Auch die Bundesregierung könnte dem schon deshalb nicht zustimmen, weil eine Änderung der deutschen Grenze nach Artikel 7, Absatz 1 des Deutschlandvertrages[10] nur im Wege einer zwischen Deutschland und seinen ehemaligen Gegnern frei vereinbarten friedensvertraglichen Regelung stattfinden kann.

Eine Abtrennung des Saargebiets würde auch von der Sowjetunion und den Ostblockstaaten als Rechtfertigung der Abtrennung des Gebiets jenseits der Oder-Neiße, gegen die wir seinerzeit alle feierlich protestiert haben, angeführt werden und von der Sowjetunion als Präjudiz für etwa von ihr in Aussicht genommene weitere Abtrennungen betrachtet werden.

Für mich ist die Lösung des Saarproblems ein bedeutsamer Teil der Aufgabe, die wir uns im gegenseitigen Vertrauen gestellt haben, eine europäische Gemeinschaft zu schaffen. Diese Arbeit wird sich über Jahre erstrecken. Man wird gut tun, das Saarproblem in der Weise zu lösen, daß wir seine Lösung jeweils an die erreichten Stadien der europäischen Integration anpassen.

Was die unmittelbar zu ergreifenden Schritte anlangt, so darf ich im Anschluß an meinen Brief vom 1. Oktober und in Zusammenfassung des augenblicklichen Gesprächsstandes das Folgende bemerken:

1) In politischer Hinsicht ergibt sich wohl aus meinem Brief vom 1. Oktober zusammen mit Ihren eigenen Vorschlägen[11], daß wir in den wesentlichen Punkten einig sind. Die Einzelheiten bedürfen natürlich der Ausarbeitung.

2) In wirtschaftlicher Hinsicht ist Ihre Version, daß die Konventionen der veränderten Sachlage angepaßt werden sollen. Ich sage dagegen, daß sie aufgehoben werden müssen und daß an ihrer Stelle neue Regelungen getroffen werden müssen, die den wirtschaftlichen Interessen aller Beteiligten Rechnung tragen. Ich will nicht noch einmal darauf hinweisen, daß meine Fassung dem zu entsprechen scheint, was Sie selbst auf der Konferenz der Außenminister im Juli dieses Jahres erklärt haben.[12] Unter Beiseitelassung der Formulierungsfragen schlage ich vor, daß unsere Sachverständigen zusammentreten und ermitteln, welche Regelungen für die wirtschaftlichen Fragen im allseitigen Interesse nötig sind. Da sowohl bei Ihnen wie bei mir – und ich hoffe, auch an der Saar – der gute Wille vorhanden ist, eine gerechte Lösung zu finden, so glaube ich, daß man dieses Problems Herr werden wird.

3) Was endlich die Zulassung der Parteien an der Saar anlangt, so entsteht meines Erachtens folgende Situation. Die Zulassung dieser Parteien war bisher deshalb verweigert worden, weil ihr angeblich die Präambel der Saarverfas-

Fortsetzung Fußnote von Seite 660

sehen, daß für die endgültige Festlegung der Grenzen Deutschlands die Friedensregelung abgewartet werden soll. Aus diesem Grunde sind die Hohen Kommissare [...] der Ansicht, daß das Görlitzer Abkommen gegen Verpflichtungen verstößt, die für die vier Großmächte bindend sind." Vgl. B 10 (Abteilung 2), Bd. 437.

10 Für den Wortlaut des Artikels 7, Absatz 1 des Generalvertrages vgl. BUNDESGESETZBLATT 1954, Teil II, S. 65.

11 Zum französischen Vorschlag vom 13. August 1952 zur Lösung der Saarfrage vgl. Dok. 185.

12 Zu den Ausführungen des französischen Außenministers Schuman während der Außenministerkonferenz der EGKS-Staaten am 24./25. Juli 1952 in Paris vgl. Dok. 178 und Dok. 179.

sung[13] entgegenstand. Gelingt es, uns auf der dargelegten Basis zu verständigen, so ist dieses Argument nicht mehr stichhaltig. Entscheidend kann dann vielmehr nur sein, ob die Parteien auf den Boden unserer Verständigung treten. Tun sie es, so müssen sie meines Erachtens sogleich zugelassen werden.

Ich fasse, was die Zeitfrage angeht, meine Meinung nochmals wie folgt zusammen:

Die definitive Lösung muß durch den Friedensvertrag erfolgen.

Bis dahin sollte man auf politischem und wirtschaftlichem Gebiete Verhältnisse schaffen, die das Aufkommen von Spannungen zwischen Frankreich und Deutschland verhüten, die den Interessen aller Beteiligten – Saarbevölkerung, Frankreich, Deutschland – gerecht werden und die von Zeit zu Zeit insbesondere entsprechend dem Fortschreiten der europäischen Integration einer Nachprüfung und Anpassung an dieses Fortschreiten durch Frankreich, Deutschland und die Saar unterzogen werden. Ich wäre sehr glücklich, wenn Sie meinen Gedankengang teilen würden, damit wir unverzüglich in die Beratung von Einzelheiten eintreten können.

Genehmigen Sie, Herr Präsident, den Ausdruck meiner ausgezeichneten Hochachtung.

Adenauer[14]

VS-Bd. 3236 (Abteilung 2)*

218

Aufzeichnung des Referenten Schwarz-Liebermann von Wahlendorf

20. Oktober 1952

Aufzeichnung über den Verlauf der Arbeitssitzung der Außenminister-Stellvertreter[1], Bonn 17. Oktober 1952.

Der Vorsitzende eröffnet die Sitzung und weist zunächst auf das Vorhandensein eines Arbeitsprogrammes hin, das von der Arbeitsgruppe des Verfassungsausschusses ausgearbeitet worden ist, die am 6. und 7. Oktober in Brüssel getagt hat.[2] Er erklärt, daß er die Hoffnung habe, die Sitzung spätestens am gleichen Tage zum Abschluß zu bringen, denn es sei klar, daß der Verfassungsausschuß

13 Zur Präambel der Verfassung des Saarlandes vom 15. Dezember 1947 vgl. Dok. 31, Anm. 2.
14 Paraphe.
* Bereits veröffentlicht in: ADENAUER, Briefe 1951–1953, S. 287–290.

1 Francesco Cavalletti (Italien), Walter Hallstein, Majerus (Luxemburg), Willem Riphagen (Niederlande), François Seydoux de Clausonne (Frankreich) und Gérard Walravens (Belgien).
2 Für den Wortlaut des Arbeitsprogramms vom 8. Oktober 1952 des Verfassungsausschusses der Ad-hoc-Versammlung vgl. VS-Bd. 123 (Büro Staatssekretär).

nicht auf die Regierungen warten werde. Er fragt endlich, ob nicht das Brüsseler Dokument zur Grundlage der Beratungen des Tages gemacht werden könne.

Der italienische Vertreter verweist darauf, daß in Brüssel auch schon eine technische Arbeitsorganisation erfolgt sei (drei Ausschüsse[3]), daß hingegen der Regierungsentwurf ein allgemein gehaltenes Dokument sein solle, das den Parlamentariern den Zusammenhang mit der Wirklichkeit sichere.

Der belgische Vertreter kommt noch einmal auf die Frage der Verbindlichkeit der Auseinandersetzungen in diesem Gremium zurück und wiederholt, daß es die Auffassung seiner Regierung sei, daß das nunmehr Auszuarbeitende lediglich ad referendum gelte, sowohl jetzt, als auch für die Zeit nach dem 10. März 1953[4]. Diese seine Auffassung wird vom Vorsitzenden nachdrücklich bestätigt. Der Vorsitzende schließt daran den Hinweis, daß das tableau der Brüsseler Arbeitsgruppe so umfassend sei, daß an Zusätzliches kaum gedacht werden könne, die Regierungsfragestellungen vermutlich sich in bescheidenerem Rahmen halten würden.

Der niederländische Vertreter erklärt, er sei grundsätzlich bereit, das Brüsseler Dokument zur Arbeitsgrundlage zu machen, doch bestehe die Schwierigkeit, daß es sich hier um ein Arbeitsprogramm handle, während die Aufgabe der Regierungskonferenz sei, Fragestellungen zu vermitteln.

Der Vorsitzende verweist darauf, daß möglicherweise die Regierungskonferenz die Fragestellungen noch genereller fassen werde.

Der französische Vertreter weist darauf hin, daß die Brüsseler Arbeit natürlich im Auge behalten werden müsse; es bestünden jedoch Schwierigkeiten, es zur Arbeitsgrundlage zu machen. Es sei ein Dokument internen Charakters, im übrigen ein wahres Wörterbuch aller Fragen, ohne daß einzelne besonders herausgehoben wären. Es ergebe sich daraus kein klares Bild für die Regierungen. Man müsse vor allen Dingen auch die Projekte aus der Sitzung vom 4. Oktober[5] nicht aus den Augen verlieren. Schon damals habe er sich zum deutschen und französischen Projekte[6] geäußert, Gemeinsamkeiten und Unterschiede her-

3 Unterausschuß für Zuständigkeitsgebiete (Sous-Commission des Attributions), Unterausschuß für Institutionen (Sous-Commission des Institutions), Unterausschuß für Verbindungen (Sous-Commission des Liaisons). Zur Tätigkeit der Unterausschüsse vgl. Dok. 247.

4 Am 10. September 1952 verabschiedeten die Außenminister der EGKS-Staaten in Luxemburg eine Entschließung, in welcher der Versammlung der EGKS die Aufgabe übertragen wurde, den Entwurf für einen Vertrag über die Gründung einer europäischen politischen Gemeinschaft auszuarbeiten. Vgl. VERFASSUNGSAUSSCHUSS, Oktober/November 1952, S. 17–19.
Zur Vorlage der Arbeitsergebnisse wurde ausgeführt: „Innerhalb von sechs Monaten vom Zeitpunkt der Einberufung der Versammlung der Montan-Gemeinschaft an, d. h. am 10. März 1953, sind die Ergebnisse der oben vorgesehenen Beratungen an die Versammlung der Europäischen Verteidigungsgemeinschaft, die mit den Aufgaben des Artikels 38 des Vertrages über die Gründung der Europäischen Verteidigungsgemeinschaft betraut ist, sowie an die Außenminister der sechs Länder zu übermitteln.“ Vgl. VERFASSUNGSAUSSCHUSS, Oktober/November 1952, S. 19.

5 Am 4. Oktober 1952 fand eine Arbeitssitzung der stellvertretenden Außenminister der EGKS-Staaten in Bonn statt.

6 Für den Wortlaut des deutschen Entwurfs vom 4. Oktober 1952 für einen Fragebogen der stellvertretenden Außenminister an die Ad-hoc-Versammlung vgl. B 10 (Abteilung 2), Bd. 857.
Für den Wortlaut des französischen Entwurfs vom 4. Oktober 1952 für einen Fragebogen der stellvertretenden Außenminister an die Ad-hoc-Versammlung vgl. B 10 (Abteilung 2), Bd. 857.

ausgearbeitet.[7] Nunmehr habe er ein neues Programm ausgearbeitet, in Erinnerung der Tatsache, daß das Problem der Zweiten Kammer am 4. Oktober eine besondere Rolle gespielt hätte[8] und insbesondere die Vertreter der Benelux-Länder von den Argumenten des Vorsitzenden sehr beeindruckt gewesen wären. Er müsse ausdrücklich darauf hinweisen, daß der Gedanke der Zweiten Kammer damals nicht hätte ausgeschaltet werden sollen, sondern nur überschattet gewesen sei. Im neuen Entwurf sei diesem Rechnung getragen. Es erhebe sich weiter die Frage der Reihenfolge der Arbeiten. Insbesondere müsse bei dem Aufbau darauf gesehen werden, das dynamische Element herauszuarbeiten, nicht nur einen statischen Katalog zu bringen. Er glaube weiterhin, daß gesonderte Kapitel für Zuständigkeiten und Organisation sich nicht notwendig empföhlen. Vielmehr sei Fusionierung beider Aspekte ratsam. – Am 4. Oktober sei es zum Ausdruck gekommen, daß Nachdruck auf dem Luxemburger Beschluß liegen solle. Die Treue gegenüber diesem Beschluß sei für Frankreich selbstverständlich. Andererseits dürfe Artikel 38[9] eben nicht außer acht gelassen werden. „Wenn der Verteidigungsvertrag ratifiziert sein wird, dann ist der Artikel 38 ein zwischen den beteiligten Staaten verbindlicher Rechtsgrundsatz." Dem müsse Rechnung getragen werden. – Um es noch einmal zu sagen, Ziel sei nicht ein tableau idéal, sondern das Herausarbeiten eines Trend, das Aufsetzen bestimmter Lichter. Man müsse den besonderen Charakter einer direkt gewählten Assemblée sehen; dort liege ein revolutionärer Schritt voran und eben deshalb dränge sich auch im Aufbau dies in den Vordergrund. Von dieser Zentraltatsache ausgehend müßte das Übrige im Sinne der Anpassung gehandhabt werden. Schon hier könne dann das bicamerale Element eingreifen, sei es im Sinne der Koordinierung, sei es im Sinne der Fusionierung. Wenn eine Fusionierung (im

7 Auf der Sitzung der stellvertretenden Außenminister der EGKS-Staaten am 4. Oktober 1952 in Bonn wies der französische Vertreter Seydoux de Clausonne auf die Unterschiede zwischen beiden Entwürfen hin, „insbesondere, was die Organisation der gesetzgebenden Gewalt anbelange. Er erinnert daran, daß in der Luxemburger Entschließung nicht die Rede sei von einer bundesstaatlichen oder staatenbündischen Organisation, sondern von einer europäischen politischen Gemeinschaft. Nach seinem Dafürhalten habe Artikel 38 des EVG-Vertrages nicht die Gründung eines bundesstaatlichen oder staatenbündischen Gemeinwesens als einen Zweck an sich im Auge, sondern nur als ein Ergebnis, das in der zweiten Etappe erreicht werden müsse. Der französische Entwurf biete den Vorteil, die Gründung einer Versammlung vorzusehen, die so organisiert sei, daß sie zu jedem Zeitpunkt der Ausgangspunkt für eine bundesstaatliche oder staatenbündische Organisation sein könne." Vgl. die Gesprächsaufzeichnung vom 4. Oktober 1952; VS-Bd. 123 (Büro Staatssekretär); B 150, Aktenkopien 1952.

8 Am 4. Oktober 1952 erklärte Staatssekretär Hallstein auf der Sitzung der stellvertretenden Außenminister der EGKS-Staaten in Bonn, daß der Entwurf der Bundesregierung im Gegensatz zum französischen Entwurf keine zweite Kammer vorsehe, sondern sich auf die Luxemburger Entschließung stütze und den Anforderungen des Artikels 38 des EVG-Vertrages entspreche: „Die deutsche Regierung hätte in jedem Fall die Errichtung einer zweiten Klammer vorgeschlagen, um auf diese Weise den bundesstaatlichen Charakter der künftigen Gemeinschaft zu betonen. In der Gemeinschaft bestünden nationale und zentrale Gewalten nebeneinander. Ein derartiges Nebeneinander sei nur im Rahmen einer bundesstaatlichen Organisation möglich. Selbstverständlich erhebe sich hier die Frage der Abgrenzung zwischen den integrierten und den nicht integrierten Befugnissen. In diesem Zusammenhang müsse man sich darüber Rechenschaft geben, daß der Ministerrat der Gemeinschaft für Kohle und Stahl und der Verteidigungsgemeinschaft die Aufgabe einer zweiten Kammer erfülle. Der Vorsitzende betont, daß der deutsche Entwurf sich im ganzen weitgehend von dem einleitenden Bericht des Juristenausschusses über die Frage einer Europäischen Politischen Gemeinschaft leiten lasse." Vgl. die Gesprächsaufzeichnung vom 4. Oktober 1952; VS-Bd. 123 (Büro Staatssekretär); B 150, Aktenkopien 1952.

9 Für Artikel 38 des EVG-Vertrages vom 27. Mai 1952 vgl. Dok. 123, Anm. 5.

Sinne der Gestaltung einer Zweiten Kammer auf der Ebene der Politischen Gemeinschaft) erfolgt sei, dann ergebe sich die weitere Entwicklung. Im übrigen bleibe es natürlich offen, ob das Element der Zweiten Kammer durch einen Ministerrat repräsentiert werden soll oder durch ein Staatenvertreterorgan allgemeinerer Art. Wenn in diesem Sinne an die Versammlung herangetreten werde, so sei das die originellere Methode.

Während dieser Ausführungen läßt der französische Vertreter Exemplare des neuen französischen Vorschlages verteilen.

Der Vorsitzende stellt fest, daß man hierdurch schon von der Prozedur zur Sache geschritten sei. Er stellt die Frage, welches Dokument nun endgültig als Grundlage zu verwenden sei. Er selbst sei geneigt, das neue französische Dokument zugrunde zu legen. Man könne ja dann das Brüsseler Dokument auch heranziehen.

Der italienische Vertreter weist darauf hin, daß zwischen dem Brüsseler Arbeitsprogramm und diesem Vorschlage nicht unerhebliche Unterschiede bestünden und daß sich daraus Arbeitsschwierigkeiten für den Verfassungsausschuß ergeben könnten.

Der Vorsitzende weist darauf hin, daß dies ein organisatorischer Schritt sei. Er denke doch, man solle so vorgehen, daß man zwischen dem deutschen Fragebogen vom 4. Oktober und dem französischen Fragebogen, der jetzt überreicht worden sei, ein Übereinkommen auf mittlerer Linie zu erreichen sich bemühe.

Der niederländische Vertreter weist nochmals auf die notwendige systematische Ordnung hin.

Hieran anschließend wird beschlossen, das französische Dokument zur Grundlage zu machen, und man tritt in die Redaktionsphase ein.

In Erläuterung des neuen französischen Vorschlages fragt der Vorsitzende, ob seine Ansicht zutreffend sei, daß der Nachdruck auf die Assemblée die Behandlung der anderen Fragen nicht ausschlösse, sondern nur eine organisatorische Ordnung andeute. Er verweist dabei darauf, daß spätere Abschnitte des französischen Vorschlags (vgl. jetzt unter IV) ja zeigten, daß auch nach Auffassung der Regierungen eine Beschränkung auf die Assemblée nicht vorgeschlagen werden solle. Es handele sich nur darum, besonderen Nachdruck auf die Assemblée zu legen, nicht etwa nur eine Teilfrage zu erledigen. Der französische Vertreter erklärt, daß er mit dieser Auslegung einverstanden sei.

Der Vorsitzende bringt an dieser Stelle zum Ausdruck, daß er einen Hinweis auf eine gerichtliche Instanz vermisse, daß er darin aber nicht eine absichtliche Fortlassung sehe, da er sich nicht denken könne, daß nicht alle darin übereinstimmten, daß das rechtsprechende Element in einer solchen Gemeinschaft vertreten sein muß.

Erneut erklärt der französische Vertreter, daß er mit dieser Auslegung vollständig einverstanden sei.

Der niederländische Vertreter bringt, nachdem diese Einigung erzielt ist, seine Einwendungen gegen den Ausdruck principalement[10] in dem französischen

10 Artikel II des französischen Entwurfs (Fassung vom 4. Oktober 1952) für einen Fragebogen der stellvertretenden Außenminister an die Ad-hoc-Versammlung (Auszug): „L'Assemblée ad hoc est-

Vorschlag vor. Außerdem lasse das principalement offen, so führt er aus, ob es sich auf das Organisatorische oder auf die Zuständigkeiten beziehe. Er verweist weiter auf das Problem, das sich aus der Zuweisung der Zuständigkeiten ergibt, ob sie allgemein einer Communauté Politique zugewiesen sein sollten, oder ob sich das Wort auf Assemblée beziehe.

Der französische Vertreter verweist darauf, daß Artikel 38 und Luxemburger Beschluß im Auge behalten werden müßten. Er wiederhole seine Äußerungen, die er schon vorher gemacht habe. Er sicherte außerdem dem niederländischen Vertreter zu, daß, wenn sich bei der näheren Erörterung Lücken zeigen sollten, natürlich an deren Ausfüllung gegangen werden müsse.

Der italienische Vertreter weist darauf hin, daß die Worte Communauté Politique Européenne in dem französischen Vorschlage selbst sich nicht fänden. – Auf den Einwand, daß sich die Worte in der Überschrift befänden, fragt er, ob diese auch bleibe.

Der französische Vertreter erklärt hierauf, daß er seinem italienischen Kollegen und allen übrigen Teilnehmern die Versicherung gegen könne, daß hier keinesfalls ein „Trick“ vorliege. Er schlage gegebenenfalls vor, daß, um den Allgemeinbezug auf die verschiedenen möglichen institutionellen Ausgestaltungen zu sichern, eine allererste Frage an den Anfang gestellt werde und daß in dieser ersten Frage auch von Communauté Politique Européenne die Rede sei.

Dieser Vorschlag findet allgemeine Zustimmung und man geht an die Redaktion eines solchen ersten Absatzes (I).

Bei der Redaktion ergibt sich die Frage, wie hinsichtlich der Zuständigkeitszuweisung vorgegangen werden solle.

Der französische Vertreter weist auf den Unterschied zwischen Zuständigkeiten und Befugnissen hin und wird dabei von dem niederländischen Vertreter unterstützt.

Er zeigt auf, daß man entweder erweiterte Befugnisse innerhalb gegebener Zuständigkeiten ins Auge fasse oder aber neue Zuständigkeiten, in deren Rahmen jeweils noch bestimmte Befugnisse gegeben würden.

Der Vorsitzende weist hier darauf hin, daß sich die Frage stelle, ob man sich auch auf die Zuständigkeiten bzw. Befugnisse bestehender Gemeinschaften beschränken solle, oder an Ausweitungen denke.

Man ist sich darüber im klaren, daß dieser erste Absatz eine besondere Bedeutung hat und gleichsam auch die Atmosphäre bestimmt, die der Fragebogen den Parlamentariern vermittelt. Man dürfe aus diesem Grunde nicht zu restriktiv formulieren.

Aus Anlaß der Tatsache, daß die evtl. Erweiterung der Zuständigkeiten bzw. Befugnisse erörtert werden, verteilt der niederländische Vertreter einige Fragen. Ihr wesentlicher Inhalt ist das Problem der Abstimmung solcher zusätzlichen Befugnisse auf Gemeinschaftsebene mit den Befugnissen der Staaten.

Fortsetzung Fußnote von Seite 665

elle d'avis de se consacrer principalement à l'étude de la création d'une Assemblée européenne, élue sur une base démocratique et d'examiner en particulier les points suivants possibles?“ Vgl. B 10 (Abteilung 2), Bd. 857.

Aus Anlaß der Frage der „Atmosphäre", die die Formulierung der ersten Frage notwendig vermitteln werde, beginnt eine Erörterung über die anzuwendende Terminologie. Es wird darauf hingewiesen, daß das Wort „limité" einen zu restriktiven Sinne haben, und man einigt sich später auf „partir du principe". Um den dynamischen Charakter weiter zu unterstreichen, verwendet man weiter die Worte „au premier stade", womit der Ausweitungsmöglichkeit, die später noch gesondert aufgenommen wird, schon hier Nachdruck verliehen wird.

Der italienische Vertreter kommt noch einmal darauf zurück, daß man jedenfalls sicherstellen müsse, daß nicht der Eindruck entstehe, als könne sich die Communauté Politique Européenne in der Assemblée erschöpfen.

Der niederländische Vertreter fragt noch einmal, ob nicht aus dem Worte „limité", das im Rahmen einer Frage verwandt wird, sich im Falle der Verneinung nachdrücklich die Nichtbeschränkung, also die Tendenz zur Ausweitung, ergebe.

Der Vorsitzende weist darauf hin, daß die Zuständigkeiten der beschränkten Gemeinschaft als Grundlage dienen sollten.

Der italienische Vertreter verweist in diesem Zusammenhang auf einen dreiteiligen Aufbau, nämlich die Gliederung in existente, in konnexe und in zusätzliche Zuständigkeiten. Der Vorsitzende fragt, ob die Grundlage die existenten und konnexen Zuständigkeiten bilden sollten.

Diese Erörterungen werden dann nicht fortgesetzt, und man einigt sich auf den Wortlaut von I.[11]

Um das dynamische Element noch nachdrücklicher zu unterstreichen, beschließt man, es in einem Absatz II[12] erneut anklingen zu lassen. Man stellt außerdem fest, daß, wenn von Übernahme von Zuständigkeiten und Befugnissen, die den beschränkten Gemeinschaften zustehen, die Rede ist, an deren Auflösung nicht gedacht sei. Diese Auffassung vertritt vor allen Dingen der Vorsitzende mit Nachdruck und findet dabei die Zustimmung der übrigen Vertreter.

Der niederländische Vertreter kommt noch einmal darauf zurück, daß es von großer Bedeutung sei, die Frage der Abstimmung mit den einzelnen Staaten herauszuarbeiten, und daß dies eine Frage sei, an die der Verfassungsausschuß unbedingt erinnert werden müsse. Man einigt sich darüber, daß ein entsprechender Absatz weiter unten in den Fragebogen aufgenommen werden wird.

Nunmehr wenden sich die Regierungsvertreter den besonderen Teilen des Fragebogens zu.

11 Artikel I des Fragebogens vom 17. Oktober 1952 der stellvertretenden Außenminister an die Ad-hoc-Versammlung: „L'Assemblée ad hoc est-elle d'avis de partir du principe d'après lequel la compétence de la Communauté politique européenne doit au premier stade englober celles de la Communauté européenne du Charbon et de l'Acier et de la Communauté européenne de Défense? Estime-t-elle que la Communauté politique doit recevoir des attributions nouvelles dans les domaines du charbon et de l'acier et de la défense?" Vgl. B 10 (Abteilung 2), Bd. 857. Für den deutschen Wortlaut vgl. VS-Bd. 123 (Büro Staatssekretär); B 150, Aktenkopien 1952.

12 Artikel II des Fragebogens vom 17. Oktober 1952 der stellvertretenden Außenminister an die Ad-hoc-Versammlung: „L'Assemblée ad hoc estime-t-elle que la création d'une Communauté politique comporte de nouveaux progrès dans la voie de l'intégration économique et sociale? Dans l'affirmative, quelles mesures devraient être envisagées dès maintenant par les Etats membres?" Vgl. B 10 (Abteilung 2), Bd. 857. Für den deutschen Wortlaut vgl. VS-Bd. 123 (Büro Staatssekretär); B 150, Aktenkopien 1952.

Zunächst ergibt sich eine Erörterung über den modus procedendi, der in dem französischen Fragebogenentwurf vom 4. Oktober an den Anfang gestellt worden war.[13] Der Vorsitzende verweist darauf, daß eine Fassung wie die vom 4. Oktober gegenüber dem Verfassungsausschuß nicht angebracht sei und etwas Lehrhaftes an sich habe. Der französische Vertreter erklärt darauf, daß er nicht auf einen Einschluß in den Fragebogen bestehen wolle, vorausgesetzt, daß das Begleitschreiben des Sekretärs des Ministerrates für den Fragebogen diesen modus procedendi behandelt. Es wird beschlossen, den Sekretär des Ministerrates zu beauftragen, ein solches Schreiben zu entwerfen, damit es am Ende der Sitzung durchgesprochen und gebilligt werden könne.

Die Behandlung der Frage der Assemblée wirft wieder das Problem der Zweiten Kammer auf. Die Mehrzahl der Vertreter äußert sich in dem Sinne, daß noch einmal dafür gesorgt werden müsse, die Doppelspurigkeit des Repräsentativorgans herauszuheben. Es schließen sich daran verschiedene Einzelerörterungen über die Art und Weise, in der man die beiden Teile des gesetzgebenden Elements umschreiben könne. Auf deutschen Vorschlag wird die Wendung „fondée sur l'union des peuples" angenommen und allgemein als besonders glücklich bezeichnet. Diese Wendung bezieht sich auf die Erste Kammer. Bei der Erörterung hinsichtlich der Zweiten Kammer zeigt sich eine gewisse Unklarheit der Begriffe hinsichtlich der Staatenvertretung. Es wird herausgehoben, daß es sich um eine angemessene Vertretung der Staaten, nicht notwendigerweise die Sicherung ihrer Interessen handele (die Frage wird weiter unten erneut aufgeworfen). Um zu unterstreichen, daß die Assemblée nur einen Teil des Projektes darstellt, einigt man sich auf „(la formation) en premier lieu".

Die unter III A aufgeworfenen Punkte werden ohne nennenswerte Debatte übernommen.[14] Die Erläuterung „notamment suffrage directe ou autre mode de scrutin" erfolgt auf Antrag des niederländischen Vertreters, der sicherstellen will, daß nicht die direkte Wahl als bereits durch die Regierungen entschieden angesehen wird. Innerhalb der Klammer befinden sich am Schluß einige Auslassungspunkte, die besonders nachdrücklich unterstreichen sollen, daß es hier noch manche andere Frage zu behandeln gibt.

Ohne ins Einzelne gehende Erörterungen erfolgt die Formulierung von B, a), b). Um die Begriffe klarzustellen, einigt man sich, „compétence" in die Überschrift zu nehmen und im übrigen von „attribution" zu sprechen.[15] c) wird dem deut-

[13] Artikel I des französischen Entwurfs vom 4. Oktober 1952 für einen Fragebogen der stellvertretenden Außenminister an die Ad-hoc-Versammlung: „L'Assemblée ad hoc est-elle d'accord pour que le processus envisagé par l'Article 38 du Traité sur la Communauté Européenne de Défense soit observé? a) Elaboration de recommandations relatives à une Assemblée européenne, qui pourraient prendre la forme d'un projet de traité. b) Communication de ces recommandations à l'Assemblée de la Communauté de Défense et aux gouvernements intéressés. c) Conférence intergouvernementale chargée de mettre au point le projet de traité. d) Signature et ratification du Traité par les Etats intéressés selon leur procédure constitutionnelle." Vgl. B 10 (Abteilung 2), Bd. 857.

[14] Artikel III A des Fragebogens vom 17. Oktober 1952 der stellvertretenden Außenminister an die Adhoc-Versammlung: „Règles constitutives de l'Assemblée (système électoral – notamment suffrage directe ou autre mode de scrutin –, durée du mandat, répartition des sièges ...)." Vgl. B 10 (Abteilung 2), Bd. 857. Für den deutschen Wortlaut vgl. VS-Bd. 123 (Büro Staatssekretär); B 150, Aktenkopien 1952.

[15] Artikel III B a) und b) des Fragebogens vom 17. Oktober 1952 der stellvertretenden Außenminister an die Ad-hoc-Versammlung: „Compétence de l'Assemblée: a) Charbon-Acier – L'Assemblée euro-

schen Fragebogen entnommen und auf Antrag des italienischen Vertreters dahingehend ergänzt, daß der Austausch von Arbeitskräften zwischen den Mitgliedstaaten gefördert werden solle.[16] Der italienische Vertreter weist scherzend darauf hin, daß es nicht seine Absicht sei, diese Ergänzung dahingehend zu mißbrauchen, daß der europäische Kontinent mit Millionen italienischer Arbeitsloser überflutet werde. Es sei ihm und seiner Regierung daran gelegen, einen Hinweis auf die Zielsetzung als solche vorweisen zu können. Zu d)[17] einigt man sich darauf, daß er neutral gehalten bleiben soll, um hier die Entscheidungen des Verfassungsausschusses nicht unangemessen zu beeinflussen. Die Worte „pour atteindre les buts de la Communauté" werden als hinreichende Vollmacht angesehen.

Hier stellt zum dritten Mal der niederländische Vertreter den Antrag, daß seinem Anliegen stattgegeben werde. Er führt aus, daß ein allgemeiner Absatz an dieser Stelle am angemessensten sei, da er dann als Klammerfeststellung für die vorher behandelten Unterabschnitte gelten könne. Man einigt sich auf eine Fassung, die zum Ausdruck bringt, daß die Abgrenzung zwischen den Rechten, die der Gemeinschaft zufallen, und den Rechten der Mitgliedstaaten in Bereichen, die ihrer Zuständigkeit unterliegen, näher geprüft und beantwortet werden müsse.[18]

Anschließend wird die Frage der Zweiten Kammer erneut aufgenommen und man einigt sich auf eine Formulierung, die die Lösungsform nicht präjudiziert.[19] Insbesondere der belgische Vertreter weist darauf hin, daß die unter IV a) zuerst aufgeführten Alternativen nicht hinreichen. Es müsse klar gemacht werden,

Fortsetzung Fußnote von Seite 668

péenne doit-elle se substituer à l'Assemblée actuelle de la Communauté Charbon-Acier? Doit-elle recevoir des attributions nouvelles dans le domaine du charbon et de l'acier? b) Défense. – Il est entendu que l'Assemblée européenne deviendrait l'Assemblée de la Communauté européenne de Défense. Doit-elle recevoir des attributions nouvelles dans le domaine de la défense?" Vgl. B 10 (Abteilung 2), Bd. 857. Für den deutschen Wortlaut vgl. VS-Bd. 123 (Büro Staatssekretär); B 150, Aktenkopien 1952.

16 Artikel III B c) des Fragebogens vom 17. Oktober 1952 der stellvertretenden Außenminister an die Ad-hoc-Versammlung: „Quelles attributions l'Assemblée doit-elle obtenir en ce qui concerne la préparation des mesures monétaires nécessaires pour favoriser la production rationnelle et la libre circulation des marchandises ainsi que des mesures de nature à améliorer les échanges de main-d'oeuvre entre les Etats membres, dans l'esprit des Traités de la Communauté européenne du Charbon et de l'Acier et de la Communauté européenne de Défense?" Vgl. B 10 (Abteilung 2), Bd. 857. Für den deutschen Wortlaut vgl. VS-Bd. 123 (Büro Staatssekretär); B 150, Aktenkopien 1952.

17 Artikel III B d) des Fragebogens vom 17. Oktober 1952 der stellvertretenden Außenminister an die Ad-hoc-Versammlung: „Quelles attributions l'Assemblée doit-elle obtenir en ce qui concerne les revenus nécessaires pour atteindre les buts de la Communauté?" Vgl. B 10 (Abteilung 2), Bd. 857. Für den deutschen Wortlaut vgl. VS-Bd. 123 (Büro Staatssekretär); B 150, Aktenkopien 1952.

18 Schlußsatz von Artikel III B des Fragebogens vom 17. Oktober 1952 der stellvertretenden Außenminister an die Ad-hoc-Versammlung: „Au cas où l'Assemblée disposerait d'attributions nouvelles, comment pourrait-on harmoniser l'exercice de ces attributions et la politique générale des Etats membres dans les domaines qui restent de leur compétence?" Vgl. B 10 (Abteilung 2), Bd. 857. Für den deutschen Wortlaut vgl. VS-Bd. 123 (Büro Staatssekretär); B 150, Aktenkopien 1952.

19 Artikel IV des Fragebogens vom 17. Oktober 1952 der stellvertretenden Außenminister an die Ad-hoc-Versammlung: „Quelles modifications doivent être apportées aux Traités de la Communauté Européenne du Charbon et de l'Acier et de la Communauté Européenne de défense en fonction de la création d'une Assemblée, élément d'une Communauté politique européenne?" Vgl. B 10 (Abteilung 2), Bd. 857. Für den deutschen Wortlaut vgl. VS-Bd. 123 (Büro Staatssekretär); B 150, Aktenkopien 1952.

daß mit diesen beiden Formulierungen nicht etwa andere Wege ausgeschlossen werden. Er bittet deshalb um einen Zusatz des Inhalts, daß auch andere Wege eingeschlagen werden können, um diese Zweite Kammer zu bilden. Es schließt sich an eine Erörterung, die wiederum Interessen- und Staatenvertretung zunächst nicht klar unterscheidet, doch bringt die schließlich angenommene Formulierung „représentation des Etats membres" klar zum Ausdruck, daß der Ausgangspunkt bei den Staaten als solchen und ihrem Allgemeingewicht, nicht spezifischen Interessen an konkreten Einzelfragen liegt.

Im nachfolgenden Absatz unter a) beschließt man, nur von „règles" nicht von „règles de procédure" zu sprechen, um einer einengenden Auslegung der aufgeworfenen Frage zu begegnen.[20] Unter b) wird die Frage der entsprechenden Anpassung der Exekutivorgane behandelt.[21] Der belgische Vertreter weist darauf hin, daß hier das Problem der Neugestaltung sich insofern nachdrücklich zeige, als die Ministerräte der beschränkten Gemeinschaft recht hybride Organe seien, die sowohl repräsentative wie exekutive Elemente in sich bergen. (Diese Bemerkung hat ihre volle Berechtigung auch für die unter a) behandelten Komplexe). Seine Ansicht wird durch den Vorsitzenden bestätigt, der dabei ausführt, daß der Ministerrat der Verteidigungsgemeinschaft das exekutive Element stärker beinhaltet als der Ministerrat der Kohle- und Stahl-Gemeinschaft.

Die gewählte Formulierung trägt besondere Rechnung den zu Beginn von IV sich findenden Ausdrücken „en fonction de la création d'une assemblée" sowie „création d'une assemblée, élément d'une Communauté Politique Européenne". Es wird damit klargestellt, daß man, auch wenn man nur zur Transformation schreitet, das Exekutivorgan einer Europäischen Politischen Gemeinschaft im Auge hat. Um alle möglichen Lösungsformen klar offen zu halten, wird der zweite Absatz unter b)[22] hinzugesetzt. c)[23] wird aufgrund einer französisch-deutschen Redaktion praktisch ohne Erörterung angenommen.

Unter V wird das dynamische Element, das zu Beginn der Redaktionsarbeiten schon des Näheren behandelt worden ist, noch einmal zur Geltung gebracht.

20 Artikel IV a) des Fragebogens vom 17. Oktober 1952 der stellvertretenden Außenminister an die Ad-hoc-Versammlung: „Y-a-t-il lieu de maintenir les Conseils des Ministres prévus dans ces Traités sous leur forme actuelle? De prévoir une transformation de ces Conseils en deuxième chambre? Ou de créer cette deuxième chambre assurant la représentation des Etats membres selon des modalités différentes? Quelles sont les règles qui devraient être observées pour que la deuxième chambre puisse remplir sa mission?" Vgl. B 10 (Abteilung 2), Bd. 857. Für den deutschen Wortlaut vgl. VS-Bd. 123 (Büro Staatssekretär); B 150, Aktenkopien 1952.

21 Artikel IV b), Absatz 1 des Fragebogens vom 17. Oktober 1952 der stellvertretenden Außenminister an die Ad-hoc-Versammlung: „Y-a-t-il lieu d'apporter des modifications à la structure et aux pouvoirs des organismes exécutifs existants?" Vgl. B 10 (Abteilung 2), Bd. 857. Für den deutschen Wortlaut vgl. VS-Bd. 123 (Büro Staatssekretär); B 150, Aktenkopien 1952.

22 Artikel IV b), Absatz 2 des Fragebogens vom 17. Oktober 1952 der stellvertretenden Außenminister an die Ad-hoc-Versammlung: „Convient-il de procéder à la fusion de ces organismes en vue de constituer un organisme européen unique?" Vgl. B 10 (Abteilung 2), Bd. 857. Für den deutschen Wortlaut vgl. VS-Bd. 123 (Büro Staatssekretär); B 150, Aktenkopien 1952.

23 Artikel IV c) des Fragebogens vom 17. Oktober 1952 der stellvertretenden Außenminister an die Ad-hoc-Versammlung: „Faut-il prévoir que la Cour Commune à la Communauté européenne du Charbon et de l'Acier et la Communauté européenne de Défense sera également compétente pour les différends survenant dans le cadre de la Communauté politique, selon des dispositions analogues à celles qui existent dans les Traités en question?" Vgl. B 10 (Abteilung 2), Bd. 857. Für den deutschen Wortlaut vgl. VS-Bd. 123 (Büro Staatssekretär); B 150, Aktenkopien 1952.

Man ist sich darüber einig, daß „les institutions de la Communauté Politique Européenne" solches Initiativrecht gegebenenfalls besitzen sollen.[24] Damit ist eine ausdrückliche Beschränkung auf die Assemblée ausgeschaltet und gleichzeitig nochmals hervorgehoben, daß die Assemblée nur ein Organ der Politischen Gemeinschaft darstellt. Die Aufnahme sozialer Fragen in den Bereich der evtl. vorzuschlagenden neuen Aufgaben wird als ein Punkt herausgestellt, der die italienische Regierung mit besonderer Befriedigung erfüllen müsse.

Unter b)[25] erfolgt ein Hinweis, der dazu dienen soll, zu zeigen, daß die Regierungen die Funktion eines überformenden Rahmeninstrumentes für die Politische Gemeinschaft auch hinsichtlich anderer beschränkter Gemeinschaften ins Auge fassen. Diese Interpretation wird nachdrücklich sowohl von dem französischen wie dem italienischen Vertreter wie auch dem Vorsitzenden vertreten.

Der letzte Abschnitt ist der Koordination gewidmet. Eine längere Erörterung schließt sich an, die zunächst die Frage behandelt, welcher Ausdruck für die Beziehungen zu der politischen Gemeinschaft und anderen bereits existierenden internationalen Organismen verwandt werden solle. In diesem Zusammenhang wird die Frage auch erörtert, ob auf die Luxemburger Entschließung der Außenminister Bezug zu nehmen sei.

Der belgische Vertreter hält es für wünschenswert, auf den britischen Vorschlag[26] unmittelbar zu verweisen. Hierzu bemerkt der Vorsitzende, daß dem Rate der Außenminister keineswegs der letzte britische Vorschlag vorgelegen habe und daß die Bezugnahme daher zu Unklarheiten Anlaß geben könne.

Der italienische Vertreter fragt, ob nicht eine Bezugnahme auf die Stellungnahme des Ministerausschusses des Europarates[27] möglich sei. Diese, vom Mai 1952, wird jedoch als zur Anknüpfung ebenfalls ungeeignet angesehen.

Der belgische Vertreter zieht daraufhin seinen Vorschlag zurück.

Der französische Vertreter weist nun darauf hin, daß er darauf aufmerksam gemacht worden sei, daß die Frage der Beziehungen zu Gemeinschaften mit anderer Zusammensetzung als den sechs Staaten ein besonders ernstes Problem darstelle. Er führt aus, daß man sich doch nicht damit abfinden könne, eine Integration in bestimmten Sachgebieten hinfällig werden zu lassen, nur weil die Zusammensetzung verschieden sei. Er denke dabei besonders an eine evtl. zu schaffende Agrarunion mit weiterem Mitgliederbestand.

24 Artikel V a) des Fragebogens vom 17. Oktober 1952 der stellvertretenden Außenminister an die Ad-hoc-Versammlung: „Les institutions de la Communauté politique européenne doivent-elles recevoir mission de faire des propositions aux Gouvernements sur l'extension de l'intégration européenne à d'autres domaines (autres questions économiques et questions sociales)?" Vgl. B 10 (Abteilung 2), Bd. 857. Für den deutschen Wortlaut vgl. VS-Bd. 123 (Büro Staatssekretär); B 150, Aktenkopien 1952.

25 Artikel V b) des Fragebogens vom 17. Oktober 1952 der stellvertretenden Außenminister an die Ad-hoc-Versammlung: „La Communauté européenne doit-elle englober les Communautés européennes qui pourraient être crées à l'avenir? Et comment?" Vgl. B 10 (Abteilung 2), Bd. 857. Für den deutschen Wortlaut vgl. VS-Bd. 123 (Büro Staatssekretär); B 150, Aktenkopien 1952.

26 Zum Eden-Plan vom 17. März bzw. 11. April 1952 zur institutionellen Neugestaltung europäischer Organisationen vgl. Dok. 114 und Dok. 137.

27 Zur Resolution Nr. 14 des Ministerkomitees des Europarates vom 23. Mai 1952 vgl. Dok. 174, Anm. 5.

Der Vorsitzende weist demgegenüber nachdrücklich darauf hin, daß in dem Augenblick, in dem eine andere Mitgliederzusammensetzung vorhanden sei, es sich auch um eine andere Rechtsperson handele. Man einigte sich daraufhin auf die Verwendung der Worte „relations entre la Communauté Politique et les organismes européens".

Im Anschluß hieran wird der Wortlaut des verabredeten Begleitschreibens erörtert und nach kurzer Redaktionsarbeit gebilligt.

Es wird weiter übereingekommen, daß Einwendungen gegen den nunmehr fertiggestellten Entwurf einer Fragenzusammenstellung bis Montag, den 20. Oktober, 19 Uhr, dem Sekretär des Ministerrats zugehen müssen.

Anschließend wirft der Vorsitzende die Frage der Beteiligung der Regierungen bei den bevorstehenden Arbeiten der Versammlung bzw. des Ausschusses auf. Er betont, daß es sich nicht um die Frage des „Ob", sondern nur um die des „Wie" handeln könne. Nachdem insbesondere der französische Vertreter erklärt hat, es fehlten ihm Instruktionen, er müsse seinem Minister[28] darüber berichten, bleibt es bei der Äußerung des Vorsitzenden, daß seiner persönlichen Auffassung nach die Regierungsvertreter wenigstens die Rechte der Beobachter der Nichtmitgliedstaaten haben müßten.

Vor Aufhebung der Sitzung dankt der belgische Delegierte im Namen seiner Kollegen dem Vorsitzenden für seine verständnisvolle und sachkundige Verhandlungsleitung sowie für die herzliche Gastfreundschaft, die sie in Bonn genossen hätten.

Hiermit Herrn Staatssekretär[29] vorgelegt.

Schwarz-Liebermann

B 10 (Abteilung 2), Bd. 857

28 Robert Schuman.
29 Hat Staatssekretär Hallstein vorgelegen.

219

Aufzeichnung des Referenten Hartlieb

221-81 II 13980/52 **20. Oktober 1952**[1]

Aufzeichnung über eine Besprechung mit dem französischen Ministerbeauftragten im Europarat.

Am Sonnabend, den 18. Oktober 1952 nachmittags, hatte ich hier den Besuch des französischen Ministerbeauftragten im Europarat, Herrn G. Jouve. Zusammen mit Herrn Seydoux hatte Herr Jouve an den hiesigen Besprechungen über ein europäisches politisches Statut[2] teilgenommen. Herr Jouve ist ein enger Mitarbeiter des Leiters der Europa-Abteilung im französischen Außenministerium. Er war acht Jahre in Berlin Journalist, sozialistischer Abgeordneter und ist jetzt (aus der Résistance kommend) am Quai d'Orsay im Range eines Geschäftsträgers mit den Aufgaben des Europarats und den sich aus ihnen ergebenden Fragen der europäischen Politik betraut. Herr Jouve war mir bereits bekannt. Er bringt gewisses Verständnis für die deutschen Probleme auf.

Herr Jouve verbreitete sich hauptsächlich über vier Punkte, die Saarfrage, die Europarat-Konventionen, den Eden-Plan und den „Straßburger (Wirtschafts-) Plan".

Die Saar, bemerkte Herr Jouve, sei in jüngster Zeit vorwiegend aus innenpolitischen Rücksichten in beiden Völkern ein Streitobjekt geworden. Er selbst hätte es schon seinerzeit für richtig gehalten, wenn man auf französischer Seite „dem deutschen Charakter der Saar" (wörtlich) mehr Beachtung geschenkt hätte. Er und seine sozialistischen Freunde seien gegen annexionsartige Maßnahmen, die im deutschen Volk einen Stachel zurücklassen müßten. Leider hätten sich auf fast allen in der letzten Zeit abgehaltenen Kongressen der französischen Parteien, so jetzt wieder auf dem Kongreß der radikalsozialistischen Partei[3], Widerstände gegen eine vernünftige Saarregelung erhoben.

Über die Europäisierung des Saargebiets, fuhr Herr Jouve fort, bestünden noch keine klaren Vorstellungen. Es handele sich dabei in jeder Beziehung um Neuland. Man könne mit weniger wichtigen Objekten beginnen, z.B. mit der Europäisierung der Universität Saarbrücken und anderer Institutionen. Frankreich strebe eine wirtschaftliche Vorzugsstellung im Saargebiet an. Über ihre Art ließ sich Herr Jouve jedoch nicht weiter aus.

Zur Frage der Volksabstimmung im Saargebiet erklärte Herr Jouve mit Nachdruck, diese könne erst nach einer endgültigen deutsch-französischen Verstän-

1 Am 20. Oktober 1952 leitete Gesandtschaftsrat I. Klasse Overbeck die Aufzeichnung über Gesandten I. Klasse Ophüls an Ministerialdirektor Blankenhorn und Staatssekretär Hallstein weiter.
Hat Ophüls vorgelegen.
Hat Blankenhorn vorgelegen. Vgl. dazu den Begleitvermerk; B 10 (Abteilung 2), Bd. 653.

2 Zur Besprechung der stellvertretenden Außenminister der EGKS-Staaten Cavalletti (Italien), Hallstein, Majerus (Luxemburg), Riphagen (Niederlande), Seydoux de Clausonne (Frankreich) und Walravens (Belgien) am 17. Oktober 1952 in Bonn vgl. Dok. 218.

3 Der Kongreß der Radikalsozialistischen Partei Frankreichs fand vom 16. bis 18. Oktober 1952 in Bordeaux statt.

digung über das künftige Statut der Saar stattfinden. Eine gegenwärtige Zulassung der deutschen Oppositionsparteien im Saargebiet würde jetzt die Lage sehr komplizieren und eine Regelung beider Regierungen erschweren. Eine Volksabstimmung vor Einigung beider Regierungen würde alle alten Leidenschaften wieder wachrufen. Er lege Wert darauf, nochmals zu unterstreichen, daß eine derartige Volksabstimmung nur eine Bestätigung der von beiden Regierungen ausgehandelten Regelung sein dürfte. In Frankreich rechne man noch mit einer gewissen Dauer des gegenwärtigen ungeklärten Zustandes an der Saar.

Die Europarat-Konventionen, bemerkte Herr Jouve dann, vier an der Zahl (zwei über soziale Sicherheit, eine über soziale und ärztliche Fürsorge und eine über Gleichwertigkeit der Diplome) seien jetzt unterzeichnungsreif.[4] Der Europarat, der bisher wenig erreicht habe, lege damit der europäischen Öffentlichkeit seine ersten praktischen Arbeitsergebnisse vor. Es mache nun auf die übrigen dreizehn Mitgliedstaaten[5] einen sehr ungünstigen Eindruck, daß die Unterzeichnung durch die Saarfrage blockiert werde. Mit Recht könnten die übrigen Regierungen jetzt verlangen, nicht weiter aufgehalten zu werden und zur Unterzeichnung zu kommen.

Diese Situation sei, fuhr Herr Jouve fort, schon mehrfach im französischen Außenministerium erörtert worden. Angesichts der Möglichkeit, daß sich die Lösung der Saarfrage noch hinausziehen könne, müsse ein Ausweg gefunden werden. Dieser könne etwa in der Formel bestehen, daß Deutschland und Frankreich mit den übrigen Vollmitgliedern die Konventionen unterzeichneten und der Saar den Beitritt durch „adhésion au lieu de signature“[6] (wörtlich) ermöglichten. Er sei nicht sicher, ob diese Formel die beste sei und stehe hierüber noch mit den Experten im Außenministerium in Verbindung.

Herr Jouve drückte den Wunsch aus, die Ministerbeauftragten beider Regierungen möchten hierüber gelegentlich der Novembertagung[7] Fühlung nehmen. Die Tatsache, daß Herr Jouve noch zweimal, besonders am Schluß der Besprechung, auf die Frage der Europarat-Konventionen zurückkam, läßt den Schluß zu, daß er diesen Punkt nicht ohne amtlichen Auftrag erörterte. Seine Ausführungen hierzu ließen jedenfalls erkennen, daß der französischen Regierung die Blockierung der Unterzeichnung dieser Abkommen durch die Saarfrage unange-

4 Zur Unterzeichnung der Konventionen am 11. Dezember 1953 vgl. Dok. 137, Anm. 7.

5 Belgien, Dänemark, Frankreich, Griechenland, Großbritannien, Irland, Island, Italien, Luxemburg, Niederlande, Norwegen, Schweden, Türkei.

6 Am 27. Oktober 1952 vermerkte Abteilungsleiter Mosler: „Der von M. Jouve gebrauchte Ausdruck ‚Adhésion‘ wird gelegentlich in der Literatur als Beitritt zu Teilen oder zu einzelnen Grundsätzen eines Vertrags verwendet (Oppenheim–Lauterpacht). Diese Unterscheidung von ‚Accession‘ (= Vollbeitritt) und ‚Adhésion‘ (= beschränkter Beitritt) wird indes von der herrschenden Staatenpraxis nicht gemacht [...]. Es ist daher nicht anzunehmen, daß Jouve einen beschränkten Beitritt im Auge hatte. Die Zulassung der Saar zur ‚Adhésion‘ im engeren Sinne könnte den Vorteil haben, die Saar von Abkommen insoweit auszuschließen, als die Mitgliedschaft in Gemeinschaftsorganen (z. B. Gerichten) oder das Auftreten von solchen in Betracht kommt. Allerdings entsteht dann, da der Ausschluß von den Wirkungen eines Abkommens satzungswidrig ist, das Problem der Vertretung für die Saarbevölkerung durch einen Mitgliedstaat. Für die zur Zeit zur Unterzeichnung anstehenden Abkommen dürfte die ‚Adhésion‘ im engeren Sinne nicht praktikabel sein.“ Vgl. B 10 (Abteilung 2), Bd. 653.

7 Die Ministerbeauftragten der Mitgliedstaaten des Europarats trafen am 4. November 1952 in Straßburg zusammen.

nehm ist und daß sie einen Ausweg sucht, ohne sich die eigenen Ziele zu verbauen.

Ich bemerkte zu Herrn Jouve, ich zweifelte, ob die vorgeschlagene Formel, die meines Wissens nicht ganz neu sei, den Kern der Frage treffe. Das Saargebiet sei ein Teil Deutschlands. Es könne ihm daher auch nicht auf Umwegen und indirekt der Schein eines selbständigen Staatswesens verschafft werden. Im übrigen würde ich seine Anregung weiterleiten.

Der Eden-Plan, führte Herr Jouve aus, habe noch keinerlei konkrete Gestalt angenommen. Es sei die aufrichtige Absicht der französischen Regierung, den Europarat als „Forum der europäischen Familie" (wörtlich) weiter aufrechtzuerhalten und womöglich zu kräftigen. Jedoch sei es ihr ganz unmöglich, schon auf der Novembertagung der Ministerbeauftragten des Europarats Einzelheiten des Avis Nr. 3 (der Beratenden Versammlung vom 16.9.52 über die Verbindung von Europarat und engeren Gemeinschaften)[8] zu diskutieren. Der Bundesregierung werde es vermutlich ebenso gehen. Man halte es in Paris für zweckmäßiger, vor weiterer Diskussion im Europarat erst die Tagung der sechs Außenminister der Kohle- und Stahlgemeinschaft[9] abzuwarten.

In diesem Zusammenhang bezweifelte Herr Jouve auch, ob die an sich im Dezember fällige Tagung des Ministerkomitees des Europarats zweckmäßig sei, da die an sich fällige Unterzeichnung der Europarat-Konventionen dann doch wohl noch nicht erfolgen könne. Eine Tagung des Ministerkomitees Anfang kommenden Jahres sei vermutlich erfolgversprechender. Möglicherweise werde eine solche Anregung des Außenministers Schuman an den Bundeskanzler gelangen.

Hinsichtlich Großbritanniens betonte Herr Jouve, daß die Engländer angesichts der Festigung des kontinentaleuropäischen Zusammenschlusses zusehends nervöser würden. In Paris sei man davon überzeugt, daß Großbritannien letztlich in irgendeiner Form mitmachen werde, um eine Isolierung zu vermeiden.

Bezüglich des europäischen Verteidigungsvertrages sagte Herr Jouve, eine Annahme in Frankreich sei nur zu erreichen, wenn der Kammer gleichzeitig auch ein akzeptables europäisches politisches Statut vorgelegt werde.

Der „Straßburger Plan" (Empfehlung Nr. 26 der Beratenden Versammlung über die wirtschaftliche Aufschließung der überseeischen Gebiete der Mitgliedstaaten des Europarats)[10] sei, führte Herr Jouve sodann aus, an sich in französischen Regierungskreisen günstig aufgenommen worden, da Frankreich für seine nord- und westafrikanischen Besitzungen die europäische Wirtschaftshilfe dringend benötige. Überseeminister Pflimlin wolle einen interministeriellen Ausschuß zur Prüfung dieser Frage bilden. Widerstand hiergegen werde vor al-

8 Für den Wortlaut der Stellungnahme Nr. 3 der Beratenden Versammlung des Europarats vom 30. September 1952 über das beste Verfahren zur Verwirklichung der Vorschläge des Vereinigten Königreichs vgl. COUNCIL OF EUROPE, ASSEMBLY, FOURTH SESSION, TEXTS, S. 35–38. Für den deutschen Wortlaut vgl. EUROPA-ARCHIV 1953, Bd. 1, S. 5403 f.

9 Die Außenministerkonferenz der EGKS-Staaten fand am 24./25. Februar 1953 in Rom statt. Vgl. dazu AAPD 1953.

10 Für den Wortlaut der Empfehlung Nr. 26 der Beratenden Versammlung des Europarats vom 25. September 1952 vgl. COUNCIL OF EUROPE, ASSEMBLY, FOURTH SESSION, TEXTS, S. 39–41. Für den deutschen Wortlaut vgl. EUROPA-ARCHIV 1953, Bd. 1, S. 5406.

lem durch die protektionistische französische Industrie und die nationalistischen französischen Siedler geleistet. Herr Jouve meinte, auch der „Straßburger Plan“ sei für die kommende Tagung der Ministerbeauftragten des Europarats noch kein geeigneter Erörterungsgegenstand. Zweckmäßig sei, daß Deutschland nicht vorprelle, um kein unnötiges Mißtrauen zu erwecken.

Ob selbst eine Verwirklichung des „Straßburger Planes“ die Dollarlücke der europäischen Länder, insbesondere Großbritanniens, werde schließen können, sei, bemerkte Herr Jouve, fraglich. In Großbritannien mache man sich sowohl über den Eden-Plan als auch über den „Straßburger (Wirtschafts-) Plan“ keine großen Illusionen. Letzterer sei dort in der Presse teilweise starkem Widerstand begegnet.

Herr Jouve sprach abschließend den Wunsch aus, der deutsche und der französische Ministerbeauftragte im Europarat sollten noch enger als bisher zusammenarbeiten und einmütiger auftreten.[11] Ich bestätigte ihm, daß dieser Wunsch auf deutscher Seite sehr warm aufgenommen werde.

Hartlieb

B 10 (Abteilung 2), Bd. 653

220

Gespräch des Bundeskanzlers Adenauer mit dem Exekutivsekretär der Economic Commission for Europe, Myrdal

23. Oktober 1952[1]

Aufzeichnung über die Unterredung des Herrn Bundeskanzlers mit dem Executive Secretary der Wirtschaftskommission der Vereinten Nationen für Europa, Herrn Gunnar Myrdal, und zwei Begleitern im Palais Schaumburg am 23.10. 1952 von 12.30 Uhr bis 12.50 Uhr in Anwesenheit von Ministerialdirektor Blankenhorn und Dr. Noack als Dolmetscher.

Herr *Myrdal* bedankte sich zunächst dafür, statt Deutsch Englisch sprechen zu können, das ihm als seine Arbeitssprache geläufiger sei. Er schätze sich glücklich, dem Herrn Bundeskanzler in Bonn seine Aufwartung machen und ihm danken zu können für die bedeutende Rolle, welche Deutsche schon jetzt in

11 Am 22. Oktober 1952 vermerkte Legationsrat I. Klasse Thierfelder: „Die Bemerkung von Herrn Jouve, der deutsche und französische Ministerbeauftragte im Europarat sollten noch enger als bisher zusammenarbeiten und noch einmütiger auftreten, kann sich nach meiner Auffassung nur auf die Haltung zum Eden-Plan beziehen. In den übrigen Punkten ist, von ganz unbedeutenden Einzelheiten abgesehen, stets von den beiden Delegationen eine gemeinsame Politik verfolgt worden. Da ich unmittelbar neben Herrn Jouve sitze, ließ sich auch sehr oft noch während der Beratungen eine gegenseitige Abstimmung der Ansichten erzielen.“ Vgl. B 10 (Abteilung 2), Bd. 653.

1 Die Gesprächsaufzeichnung wurde von Dolmetscher Noack gefertigt.

den verschiedenen technischen Organen seiner Kommission spielten, obwohl Deutschland noch nicht als unabhängiges Land zugelassen sei. Die Frage der deutschen Mitarbeit sei späterhin noch in allen Einzelheiten zu klären. Vorerst sei er sehr befriedigt über die jetzige Form dieser Mitarbeit. Herr Myrdal fuhr fort, er wolle die Gelegenheit benutzen, um ein paar Worte über den Aufgabenkreis der Wirtschaftskommission für Europa zu sagen. In der Welt sei darüber wenig bekannt, weil die Kommission kein Geld für Propagandazwecke ausgebe. Die Arbeit der Kommission erstrecke sich auf drei Gebiete: 1) wirtschaftliche Forschungsarbeit, insbesondere zur Feststellung der Entwicklungstendenzen bei Holz, Kohle, Stahl und dergl.; 2) innerorganisatorische Arbeit, die in nicht öffentlichen Zusammenkünften praktisch jede Woche erfolge und für die z.B. Transport-, Kohle-, Bauholz- und Stahlausschüsse geschaffen seien. Hier sei zu bemerken, daß die Oststaaten sich an dieser Arbeit nicht beteiligten. Die Polen hätten allerdings bis vor kurzem auf dem Kohlensektor und zusammen mit Tschechen und Ungarn auch auf dem Bauholzsektor Auskünfte erteilt. Am wichtigsten sei wohl die dritte Aufgabe in ihrer Bedeutung für den Westen wie für den Osten. Sie bestehe einfach darin, im Rahmen der Organisation einen ständigen Versammlungsort bereitzuhalten, an dem alle den Osten und Westen und damit auch alle Deutschland interessierenden Fragen besprochen werden könnten. Dieser dritte Punkt würde erst nach Verringerung der Spannungen in Europa wahrhaft große Bedeutung erlangen. An einem solchen Versammlungsort im Rahmen der Kommission seien auch die Russen interessiert, die für die erste und zweite Aufgabe der ECE, nämlich Forschungsarbeit und technische Fragen, kein Interesse hätten. Herr Myrdal wies dann auf die große Bedeutung hin, die seine Organisation seinerzeit im Kampf um Berlin gespielt habe.

In seiner Erwiderung unterstrich der Herr *Bundeskanzler*, wie gut es sei, eine unpolitische Organisation zu haben, deren Dasein zur Verminderung der politischen Spannungen beitrage; wenn aber die politischen Spannungen abnähmen, dann steige der wirtschaftliche Zusammenhalt und damit auch wiederum die politische Kraft der Länder.

Herr *Myrdal* ging dann kurz auf die eigentümliche, peinliche Lage ein, in der sich Deutschland innerhalb der ECE befinde. Seinerzeit sei die Forderung erhoben worden, nur Mitglieder der Kommission oder der Vereinten Nationen dürften an den Arbeiten der ECE teilnehmen. Er habe jedoch von Anfang an darauf bestanden, möglichst keine Diskriminierung zwischen der Arbeit der Mitglieder und der Nichtmitglieder einzuführen, und sei in seinem Bemühen von Schweizer Freunden und dem finnischen Präsidenten Paasikivi unterstützt worden. Heute könne er mit Freude feststellen, daß gerade die Schweiz, Finnland und Italien überaus wertvolle Mitarbeiter geworden seien. Nach den „terms of reference“ (Zuständigkeit), also der Verfassung der ECE, sei die deutsche Lage die, daß Deutschland durch eine Besatzungsmacht vertreten werde.[2] Er

[2] Artikel 10 des Mandats der ECE vom 28. März 1947: „The Commission may consult with the representatives of the respective Allied Control Authorities of the occupied territories, and be consulted by them for the purpose of mutual information and advice on matters concerning the economics of these territories in relation to the rest of the European economy.“ Vgl. ECOSOC 1947, S. 348.
Am 23. Oktober 1952 notierte Vortragender Legationsrat Tichy für Ministerialdirektor Blankenhorn:

habe es aber durchgesetzt, daß von Anfang an westdeutsche Vertreter an den Verhandlungen hätten teilnehmen und mitarbeiten können. Auf diese Weise hätten er und seine Mitarbeiter ihr Bestes getan, um eine tatsächliche Diskriminierung zu verhindern. Da der Name der Bundesregierung bisher noch nicht auf den Listen der ECE stehe, hätten die Deutschen bisher immer neben derjenigen Besatzungsmacht Platz genommen, die gerade den Vorsitz führe. Auf jeden Fall seien seine technischen Mitarbeiter hochbeglückt über das Interesse Westdeutschlands an ihrer Arbeit. Die Zeit sei aber nahe, wo die ganze Frage der Beteiligung Deutschlands noch einmal durchdacht werden müsse. Er wäre daher dankbar, wenn er sie mit deutschen technischen Sachverständigen durchsprechen könne. Immerhin wolle er eine Befriedigung darüber ausdrücken, daß die Arbeit in der jetzigen Form so gut vonstatten gehe, und wolle hinzufügen, daß, wenn ein Wandel zum Besseren eintrete, keiner darüber glücklicher sein würde als er.

Der Herr *Bundeskanzler* äußerte seine Dankbarkeit für die Erklärungen des Herrn Myrdal und für das große diplomatische Geschick, mit dem er der schwierigen Lage Deutschlands in seiner Organisation Rechnung getragen hätte. Er hoffe, daß diese Situation ihrem Endstadium zugehe, so daß eine Besprechung der Einzelheiten der deutschen Mitarbeit durchaus angebracht erscheine. Er habe gehört, daß Mr. Eden gestern Deutschlands Beteiligung in der Atlantikpakt-Organisation gefordert habe. Auch von einer deutschen Vertretung in der UNO werde gesprochen. So gehe die Entwicklung vielleicht schneller als wir dächten.

Es wurde verabredet, daß sich Herr Myrdal und MD Blankenhorn am Nachmittag des 24.10. zu einer weiteren Aussprache treffen.

VS-Bd. 87 (Büro Staatssekretär)

Fortsetzung Fußnote von Seite 677

„Seit über einem Jahr arbeiten Vertreter verschiedener Bundesministerien als Sachverständige in den Fachausschüssen der ECE mit. Obwohl diese deutschen Vertreter in ihrer Sachverständigentätigkeit in keiner Weise beschränkt sind, werden sie doch formell noch als Mitglieder der Delegation einer Besatzungsmacht geführt. [...] Das Auswärtige Amt hat sich verschiedentlich bemüht, diesen unbefriedigenden Zustand zu beenden. Es wurde dabei von amerikanischer und englischer Seite unterstützt. Ein von englischer Seite Anfang des Jahres unternommener Versuch, den deutschen Vertretern in den ECE-Ausschüssen die gleiche Stellung einzuräumen wie den Delegierten anderer Nichtmitgliedstaaten, wurde wieder aufgegeben, nachdem die diplomatischen Sondierungen ergeben hatten, daß in der Kommission für diese Änderung wahrscheinlich keine Mehrheit vorhanden sein würde." Vgl. B 10 (Abteilung 2), Bd. 49.

221

Bundeskanzler Adenauer an Bundesminister Erhard

221-09 II 14392/52 **24. Oktober 1952**[1]

Sehr geehrter Herr Erhard!

Wie ich höre, halten Sie eine formelle Entscheidung für wünschenswert, die Ihnen fortan die Vertretung der Bundesrepublik im Ministerrat der Montan-Union überträgt.[2] Ich glaube, daß Sie dabei von irrigen Voraussetzungen ausgehen. Der turnusmäßig wechselnde Vorsitz im Ministerrat steht nicht einer bestimmten Person, sondern jeweils einer bestimmten Regierung zu. Durch welches Mitglied der Regierung er ausgeübt wird, hängt von den Sachfragen ab, die auf der Sitzung, um deren Vorsitz es sich handelt, zu erörtern sind. Es ist daher selbstverständlich und bedarf keiner besonderen Entscheidung, daß Sie den Vorsitz übernehmen, sobald eine Sitzung des Ministerrats stattfindet, in der wirtschaftliche Fragen zur Erörterung stehen.[3]

Mit verbindlichen Grüßen

Ihr ergebener
Adenauer[4]

B 10 (Abteilung 2), Bd. 750

1 Entwurf als Konzept.
Das Schreiben wurde von Staatssekretär Hallstein am 21. Oktober 1952 konzipiert, der für Bundeskanzler Adenauer vermerkte: „Der Herr Bundeswirtschaftsminister wünscht eine formelle Entscheidung, die ihm fortan die Vertretung der Bundesrepublik im Ministerrat der Montanunion überträgt. Ich halte eine solche Entscheidung für unmöglich und unangebracht. Der Vorsitz im Ministerrat steht nicht einer bestimmten Person, sondern einer bestimmten Regierung zu. Durch welches Mitglied dieser Regierung er ausgeübt wird, hängt von der jeweils zur Erörterung stehenden Sachfragen ab." Vgl. B 10 (Abteilung 2), Bd. 750.
Das Schreiben wurde am 25. Oktober 1952 abgesandt.

2 Am 20. Oktober 1952 vermerkte Gesandter I. Klasse Ophüls für Staatssekretär Hallstein: „Der Herr Bundeswirtschaftsminister hat in der Kabinettsvorlage über die Bearbeitung von Angelegenheiten der Hohen Behörde für Kohle und Stahl die Absicht zum Ausdruck gebracht, in der nächsten Kabinettssitzung den Antrag zu stellen, ihm die Vertretung der Bundesrepublik im Ministerrat zu übertragen. Diese Frage ist bereits vorher wiederholt auf der Referentenebene erörtert worden. Es wurde den Vertretern des Bundeswirtschaftsministeriums hierbei zu verstehen gegeben, daß eine grundsätzliche Entscheidung dieser Art im gegebenen Augenblick kaum möglich erscheine, da die Ministerratssitzungen Gelegenheit zur Fortsetzung von politischen Gesprächen böten, welche während der Präsidentschaft der Bundesrepublik ausgenutzt werden sollten. Eine Entscheidung über die Vertretung der Bundesrepublik von Fall zu Fall sei aus diesem Grunde vorzuziehen. Die Vertreter des Bundeswirtschaftsministeriums betonten, daß es ihrem Minister besonders an der prinzipiellen Zusicherung liege, die Vertretung im Ministerrat zukünftig zu erhalten." Vgl. B 10 (Abteilung 2), Bd. 750.

3 Bundesminister Erhard vertrat die Bundesrepublik auf der Ministerratstagung der EGKS am 1./2. Dezember 1952 in Luxemburg.

4 Paraphe vom 21. Oktober 1952.

222

Gespräch des Staatssekretärs Hallstein mit einer arabischen Delegation

Geheim! **28. Oktober 1952**[1]

Protokoll über die dritte Besprechung der arabischen Delegation bei dem Herrn Staatssekretär am 28. Oktober von 17 bis 21 Uhr im Haus Schaumburg.

Anwesend:

von arabischer Seite: die gesamte Delegation[2] und Gesandter Istuani,
von deutscher Seite: Staatssekretär Hallstein, Ministerialdirektor Blankenhorn, Botschafter Prüfer, Herr von Lupin, Herr Dr. Munzel, Herr Böker.

Gesandter *Daouk* eröffnete die Unterredung, indem er erklärte, die Delegation habe den Auftrag, zu verhindern, daß das deutsch-israelische Abkommen ratifiziert werde. Die arabischen Staaten befänden sich noch im Kriegszustand mit Israel; Deutschland würde daher durch seine Leistungen an Israel den Feind der arabischen Staaten stärken. Die Araber hätten aber Verständnis dafür, daß Deutschland, nach dem, was in der Vergangenheit geschehen sei, seine Stellung gegenüber dem Judentum bereinigen wolle. Er wolle daher zwei Alternativ-Vorschläge machen, die beide mit dem deutschen Wiedergutmachungswillen durchaus vereinbar seien:

1) Bei voller Aufrechterhaltung des mit Israel geschlossenen Vertrages solle die Durchführung des Vertrages in die Hände der Flüchtlingsorganisationen der Vereinten Nationen gelegt werden. Deutschland würde, wie in dem Vertrag vorgesehen, seine Leistungen in voller Höhe machen; die UNO würde diese Leistungen aber dann an die Flüchtlingsopfer verteilen, ebenso würde die UNO bestimmen, wohin evtl. Zahlungen zu gehen hätten. Diese Lösung sei durchaus logisch, weil die Palästinafrage vor der UNO noch anhängig sei.

2) Da die Palästinafrage vor der UNO noch anhängig sei, solle der Bundestag die Ratifikation des Israel-Abkommens bis zu den Zeitpunkt aufschieben, an dem zwischen Israel und den arabischen Ländern Friede geschlossen sei. Mit anderen Worten: das Geschenk, das die Bundesregierung Israel zu machen gedenke, werde erst verabfolgt, wenn Israel nicht mehr ein kriegführender Staat sei.

Gesandter Daouk bat, diese beiden Vorschläge dem Herrn Bundeskanzler vorzutragen.

Staatssekretär *Hallstein* dankte für die konkrete Form, in der Herr Daouk seinen Vorschlag gebracht habe. Er spreche, in dem, was er jetzt sage, im Namen der Bundesregierung und des Herrn Bundeskanzlers. Er habe in den beiden vorhergehenden Unterredungen[3] bereits die Gründe dargetan, die die Bundes-

1 Vervielfältigtes Exemplar.
2 Ramzi Alajati (Syrien), Ahmed Daouk Bey (Libanon), Ahmed Hassan (Ägypten), Ali al-Safi (Irak).
3 Die Unterredungen des Staatssekretärs Hallstein mit der arabischen Delegation fanden am 22. und 23. Oktober 1952 statt.

regierung zu dem Abschluß des Israel-Vertrages veranlaßt hätten. Dieselben Gründe, die für die Zeichnung sprachen, sprächen auch für die Ratifizierung. Es gebe keine Möglichkeit, die Ratifizierung zu unterlassen oder zu verschieben. Gesandter Daouk habe gesagt, wir unterstützten die Gegner der Araber im Krieg und es handele sich bei unseren Leistungen an Israel um ein „Geschenk". Zu beiden Äußerungen müsse er, Staatssekretär Hallstein, sich äußern.

1) Die Bundesrepublik schenke Israel gar nichts. Es handele sich vielmehr um eine Verpflichtung zu einer Leistung, herbeigeführt durch einen exzeptionellen Tatbestand, für den es keine Rechtsregeln gegeben habe. Diese Leistungen würden von uns von allen gesitteten Nationen erwartet. Wir leisteten also an einen Gläubiger, der einen Rechtsanspruch habe.

2) Er könne nicht zustimmen, daß wir kein Recht hätten, Leistungen zu vollziehen, weil der Empfangsberechtigte sich im Kriegszustand befände. Wenn es sich z.B. um die Rückzahlung einer Anleihe handele, so sei dies auch nicht aufschiebbar. Überdies würde das kriegerische Potential Israels nicht wesentlich gestärkt. Auch der israelische Haushalt erfahre keine Entlastung, denn mit unseren Mitteln würden Aufbauprogramme durchgeführt, die ohne unsere Leistungen unterbleiben würden.

Zu den Vorschlägen des Gesandten Daouk sei folgendes zu sagen: Der Staat Israel ist als Folge der Handlungen des nationalsozialistischen Regimes geschädigt worden. Ob die Wiedergutmachung einer solchen Schädigung in die Zuständigkeit der Flüchtlingsorganisation der UNO hineinpasse, müsse erst geprüft werden. Auf alle Fälle würde dies eine Modifikation des Vertrages bedeuten. Hierüber müßten wir uns zunächst mit Israel in Verbindung setzen. Dies könne nur mit größter Behutsamkeit angefaßt werden. Was wir auf alle Fälle vermeiden müßten, sei, daß wir in der Welt den Eindruck erweckten, wir hätten zunächst um des Effektes willen den Israel-Vertrag abgeschlossen und wollten uns nun um die Erfüllung drücken. Dies würde uns als Unaufrichtigkeit und mangelnde Loyalität ausgelegt werden. Er weise jedoch die Möglichkeit nicht ab, daß ein Weg gefunden werden könne, um eine UNO-Instanz einzuschalten. Hierzu müßten aber sowohl die Verträge wie die Charta der UNO und die Statuten der Flüchtlingsorganisation erst noch einmal genauestens studiert werden. Vor allem könnten wir auch nur im Einvernehmen mit unseren Gläubigern vorgehen.

Herr *al-Safi* wandte ein, die Araber wollten die ganze Sache in die Hände der Vereinten Nationen gelegt wissen. Ob die Vereinten Nationen dann dafür stimmten, daß die deutschen Lieferungen an die Flüchtlingsorganisation gehen sollten oder bis zum Ende des Palästinakonfliktes überhaupt ausgesetzt werden sollten, sei dann eine andere Frage.

Staatssekretär *Hallstein*: „Glauben Sie ernsthaft, daß Israel hierzu bereit wäre, nachdem es bereits einen vertraglichen Anspruch hat?"

Herr *al-Safi*: „Es kommt auf die Weltmeinung an und nicht auf Israel."

Staatssekretär *Hallstein*: „Wenn Sie damit meinen, daß die UNO entscheiden soll, ob und wann der Vertrag durchgeführt wird, so ist das für uns unannehmbar."

Herr *al-Safi* meinte, wir befänden uns doch alle in einer sehr unangenehmen Lage, aus der ein Ausweg gefunden werden müsse. Die Entscheidung über die Art der Durchführung müsse der UNO übertragen werden. Diese könne dann die Lieferungen stornieren oder alles an Israel geben oder einen Teil für die Araber abzweigen.

Staatssekretär *Hallstein*: „Eine solche Entscheidung würde vielleicht Sie, aber nicht Israel befriedigen."

Herr *al-Safi*: „Genau; das ist es gerade, was wir wollen."

Staatssekretär *Hallstein*: „Wir sind nicht bereit, der UNO die Entscheidung darüber zu überlassen, ob und wann der Vertrag ausgeführt werden soll. Ich will Ihnen aber einen Vorschlag machen. Ich bin bereit, die Frage zu prüfen, in welcher Weise wir die UNO einschalten können. Auf alle Fälle muß dies aber eine Weise sein, die wir Israel mit Anstand vorschlagen können, denn Israel gegenüber haben wir uns bereits verpflichtet. Wir können es auch dem deutschen Steuerzahler nicht zumuten, daß er große Opfer auf sich nimmt, ohne zu wissen, an wen die Leistungen gehen. Vielleicht kann man aber Ihre Besorgnis dadurch ausschalten, daß bei der Durchführung des Vertrages eine UNO-Instanz eingeschaltet wird, z. B. um zu verhindern, daß strategische Güter an Israel geliefert werden. Ich bin bereit, der Bundesregierung einen solchen Vorschlag zu machen. Darüber hinaus kann ich jedoch nicht gehen."

Inmitten der obigen Ausführungen des Herrn Staatssekretärs wurde Herr Daouk zu dem Herrn Bundeskanzler abgerufen. Er kehrte nach ungefähr einer halbstündigen Abwesenheit zurück. Der Herr Staatssekretär erklärte ihm daraufhin noch einmal kurz den Inhalt seines obigen Vorschlags. Die arabische Delegation zog sich daraufhin zu einer ungefähr halbstündigen Besprechung zurück, nach deren Ablauf die deutsch-arabischen Besprechungen fortgesetzt wurden.

Gesandter *Daouk* sagte, die arabische Delegation sei gekommen, um eine Lösung des Problems zu finden, solange der Vertrag noch nicht ratifiziert sei. Sie habe dabei gehofft, die Zustimmung der Bundesregierung zu einer Nichtratifizierung des Vertrages oder einer ähnlich tragbaren Lösung zu finden. Die arabische Delegation habe zwei Lösungsmöglichkeiten unterbreitet. Von deutscher Seite seien diese arabischen Vorschläge abgelehnt und kein tragbarer Gegenvorschlag vorgebracht worden. Die Delegierten müßten daher mit den arabischen Ländern Fühlung nehmen und neue Weisungen einholen. (Dr. Munzel hatte hier zunächst wie folgt gedolmetscht: „Die Delegierten müßten nunmehr in ihre Länder zurückkehren und neue Weisungen einholen." Gegen diese Übersetzung wehrte sich die arabische Delegation energisch.) Die Delegierten würden nunmehr ihren Regierungen berichten, daß alle ihre Bemühungen umsonst gewesen seien, daß die Bundesregierung den Israel-Vertrag ratifizieren und keine Abänderungen vornehmen wolle.

Staatssekretär *Hallstein* erwiderte, daß das Résumé von Herrn Daouk zutreffend sei, soweit es die Ratifizierung betreffe. Dagegen sei der deutsche Vorschlag darin nicht berücksichtigt. Er wolle daher seine Vorschläge wiederholen:

1) Intensivierung unserer Wirtschaftsbeziehungen und bevorzugte Behandlung unserer arabischen Freunde in der Durchführung der Aufbauprogramme ihrer Länder.

2) Wohlwollendes Studium der Frage, inwieweit die korrekte Erfüllung des Israel-Vertrages durch eine UNO-Instanz überprüft werden kann. Letzteres sei sein persönlicher Vorschlag, der mit dem Bundeskabinett noch nicht abgestimmt sei.

Er schlage daher folgendes Verfahren vor: Die Delegierten möchten zunächst ihre Regierungen über den Stand der Verhandlungen unterrichten; danach müsse dann das Gespräch durch die normalen diplomatischen Kanäle fortgesetzt werden. Hierbei werde es sich allerdings nachteilig auswirken, daß die diplomatischen Beziehungen der Bundesrepublik zu den arabischen Ländern erst teilweise hergestellt seien. Er hoffe jedoch auf einen sehr schnellen Ausbau.

Staatssekretär Hallstein fuhr dann fort, indem er sagte, er müsse nun einen Punkt berühren, den er schon zweimal habe anschneiden müssen. Die Bundesregierung sei ein gewisses Risiko eingegangen, als sie sich auf die Gespräche mit der arabischen Delegation eingelassen habe. Das Risiko habe darin bestanden, daß der Sinn der Mission der arabischen Delegation im Inland und im Ausland mißverstanden werden konnte. Es herrsche hier und da in Deutschland die Befürchtung, daß die Delegation beabsichtige, ihre Wünsche nicht mit, sondern gegen die Bundesregierung durchzusetzen. Er sei davon überzeugt, daß dies eine falsche Deutung sei, da es sich ja um eine Regierungsdelegation handele. Anlaß zu der Befürchtung sei jedoch die in dem Büro von Herrn Hertslet gegebene Pressekonferenz einiger Delegationsmitglieder gewesen. Er, Staatssekretär Hallstein, habe daher vor Aufnahme der Gespräche mit der arabischen Delegation folgende zwei Bedingungen gestellt, die von der Delegation akzeptiert worden seien:

1) Keinerlei Propaganda gegen die erklärte Politik der Bundesregierung.

2) Keine Kontakte mit Herrn Hertslet. Herr Hertslet sei persona non grata.[4]

Inzwischen sei ihm die Nachricht zugegangen, daß die Delegation gestern wieder Kontakt mit Herrn Hertslet gehabt habe. Er, Staatssekretär Hallstein, habe sich der Bundesregierung gegenüber zum Bürgen dafür gemacht, daß die Delegation diesen Kontakt nicht pflegen werde. Er sei nunmehr desavouiert worden.

Um so mehr müsse er nunmehr betonen, daß jede weitere Einflußnahme auf die öffentliche Meinung unerwünscht und für die deutsch-arabischen Beziehungen schädlich sei. Ein Versuch, die öffentliche Meinung zu beeinflussen, könne nie dazu führen, eine so starke Opposition zu schaffen, daß die Ratifizierung verhindert wird. Das einzige Resultat wäre sodann die Schädigung des deutschen Ansehens im Ausland. Er bäte deshalb die Delegation dringend, nichts zu tun, was die Entwicklung unserer Beziehungen schädigen könne. Wir hätten der arabischen Delegation bereits weite Möglichkeiten zur Fühlungnahme mit Mit-

4 Am 1. Oktober 1952 notierte Legationsrat I. Klasse Böker: „Die Tätigkeit von Herrn Hertslet in Kairo scheint vor allem darin zu bestehen, arabische Kreise zum Wirtschaftsboykott gegen Deutschland anzufeuern, um auf diese Weise das deutsch-israelische Abkommen zu torpedieren. Hierbei bezieht sich Herr Hertslet auf seine wichtigen Verbindungen in Bonn, insbesondere auf den Herrn Vizekanzler. Herr Hertslet hat sich der Arabischen Liga gegen ein entsprechendes Honorar angeboten, die von der Liga nach Deutschland zu entsendende Kommission zu begleiten und ihr in allen wichtigen Wirtschaftskreisen und bei den entsprechenden Politikern in Bonn Gehör zu verschaffen. [...] Herr Hertslet soll sich zur Zeit wieder in Deutschland aufhalten, beabsichtige aber, die von der Liga nach Deutschland zu entsendende Kommission in Kairo abzuholen und nach Deutschland zu geleiten.“ Vgl. B 2 (Büro Staatssekretär), Bd. 17.

gliedern der Bundesregierung und des Parlaments sowie mit Wirtschaftskreisen eingeräumt. Soweit weitere Kontakte stattfänden, so müßte sich die arabische Delegation dabei an die diplomatischen Gepflogenheiten halten und ihre Wünsche über das Protokoll anmelden.

Gesandter *Daouk* begrüßte es sehr, daß die wirtschaftlichen Beziehungen zwischen den arabischen Ländern und Deutschland gestärkt werden sollten. Hierüber Gespräche zu führen, sei die Delegation jedoch nicht befugt. Er könne nur sagen, daß eine Ratifizierung die wirtschaftlichen Beziehungen sehr gefährden würde. Das sei weder im deutschen noch im arabischen Interesse.

Es sei auch seine Ansicht, daß die Gespräche auf diplomatischem Wege fortgesetzt werden sollten. Es sei nicht die Absicht der Delegation, Unruhe zu stiften oder die Öffentlichkeit gegen die Bundesregierung aufzuhetzen. Die Delegierten seien als Freunde Deutschlands gekommen, und sie schuldeten der Bundesregierung Dank für die sehr freundliche Behandlung, die sie erfahren hätten. Sie wollten, daß die Beziehungen zwischen Deutschland und den arabischen Ländern in Zukunft wie in der Vergangenheit nur in freundschaftlichem Geist gepflegt werden. Sie würden nur Fühlung nehmen mit ihren eigenen Freunden und den Freunden der Bundesregierung. Es sei ihre Aufgabe, das deutsche Volk über die Bedeutung des Israel-Abkommens zu informieren. Was Herrn Hertslet anbelange, so habe die Delegation, als er neulich vorsprechen wollte, ihm die Tür gewiesen. Die Delegation würde sich hüten, irgend etwas zu tun, was der Bundesregierung schaden würde.

Staatssekretär *Hallstein* erwiderte, er sei wohl mißverstanden worden. Er halte es nicht für möglich, daß die Delegation in Deutschland bleibe, um Fühlungnahmen, die auf die Verhinderung der Ratifizierung abzielten, zu haben, nachdem der Delegation soeben eröffnet worden sei, daß die Ratifizierung unabänderlich sei. „Sie brauchen niemand über die deutsch-arabische Freundschaft aufzuklären. Sie ist ein Gemeingut des deutschen Volkes. Alles andere, was Sie sagen, kann nur so gedeutet werden, als ob Sie gegen die Regierung und die Mehrheit des Parlaments Stellung nehmen wollten. Ich bitte Sie sehr, diesen Eindruck zu vermeiden. Wenn Sie noch einige bestimmte Persönlichkeiten des Parlaments oder der Gewerkschaften treffen wollen, so sind wir gern bereit, Ihnen das zu vermitteln. Sonst bitte ich Sie aber, jede aufklärende Tätigkeit zu vermeiden."

Gesandter *Daouk* erwiderte, warum sie nicht frei sein sollten, mit verschiedensten Kreisen, wie Abgeordneten, Journalisten, Wirtschaftlern usw. Fühlung zu nehmen. Wenn sie dazu nicht das Recht hätten, warum seien sie dann hergekommen?

Staatssekretär *Hallstein*: „Wie wollen Sie verhindern, daß dadurch der falsche Eindruck entsteht, daß Sie gegen die Politik der Regierung arbeiten?"

Gesandter *Daouk* sagte, die verschiedensten Kreise, offizielle wie inoffizielle, hätten jedoch den Wunsch geäußert, die Delegation noch zu sprechen. Wie sollten sie sich gegenüber diesen Wünschen verhalten?

Staatssekretär *Hallstein* bat, die Delegation möge dem Auswärtigen Amt die Namen der Persönlichkeiten mitteilen, mit denen sie noch Fühlung aufzunehmen wünsche. Dann werde man schon zu einer Vereinbarung kommen.

Gesandter *Daouk* erklärte, die Delegation habe zum Beispiel gerade heute Briefe an die verschiedenen Fraktionsführer[5] gesandt und diese um Unterredung gebeten. Sie könnten diesen Unterredungen doch nun nicht aus dem Wege gehen.

Staatssekretär *Hallstein*: „Was Sie jetzt noch hier an Kontakten nehmen wollen, kann das Bild hinsichtlich der Ratifizierung auch nicht mehr ändern. Wenn Sie noch ein bis zwei Tage bleiben und ein paar Leute sehen wollen, so wollen wir nicht kleinlich sein. Wollen wir also so verbleiben, daß Sie mir morgen früh die Namen derer mitteilen, die Sie noch zu sehen wünschen."

Gesandter *Daouk* erwiderte, die Delegation wolle vor allem mit der Regierung nahestehenden Persönlichkeiten noch Fühlung nehmen. In diesen Gesprächen werde man nicht über das hinausgehen, was bereits auf den verschiedenen Empfängen gesagt worden sei. Dies zu tun sei aber ihre besondere Aufgabe, und wenn man es ihnen untersagte, wären ihre Hände gebunden. Man müsse auch in die Zukunft sehen. Es seien gewisse schwerwiegende Dinge vorgefallen. Nun gelte es, gemeinsam nach einem konstruktiven Ausweg zu suchen.

Staatssekretär *Hallstein* gab der Hoffnung Ausdruck, daß die Delegation ihre Gespräche in den nächsten Tagen abwickeln werde.

VS-Bd. 3 (Büro Staatssekretär)

223

Generalkonsul Hausenstein, Paris, an das Auswärtige Amt

221-00 Tgb.Nr. 4137/52 **29. Oktober 1952[1]**

Betr.: Europäischer Verfassungsausschuß

Im Verlauf der Unterhaltung, die sich nach dem von Herrn Heinrich von Brentano gegebenen Abendessen am Samstag, 25. Oktober, entspann, wurden in lokkerer Gesprächsform verschiedene Probleme erörtert.

1) Herr Monnet legte besonderen Nachdruck auf die „Dynamik" einer unmittelbar gewählten Versammlung, die gleichzeitig einen erheblichen Teil der nationalen Haushalte, zum Beispiel das Verteidigungsbudget, kontrollieren würde.

5 Heinrich von Brentano (CDU/CSU), Hans Mühlenfeld (DP), Hermann Schäfer (FDP), Erich Ollenhauer (SPD).

1 Durchdruck.
Hat Gesandtem I. Klasse Ophüls am 3. November 1952 vorgelegen, der handschriftlich die Weiterleitung an das Konferenzsekretariat verfügte.
Hat Legationsrat I. Klasse Sahm am 5. November 1952 vorgelegen, der handschriftlich die Weiterleitung an Legationsrat I. Klasse Müller-Roschach und Vizekonsul Poensgen verfügte.
Hat Müller-Roschach am 7. November 1952 vorgelegen.
Hat Poensgen am 11. November 1952 vorgelegen.

Auch Herr Seydoux legte auf eine unmittelbar gewählte Versammlung ausgesprochenen Wert.

2) Herr Monnet und Herr Kohnstamm schienen den Gedanken einer administrativen Fusion der Exekutiven der Gemeinschaften von beschränkter Zuständigkeit mit der zu schaffenden politischen Gemeinschaft zu befürworten.

Herr Alphand unterstrich die Notwendigkeit einer raschen Ratifikation des EVG-Vertrages durch alle Beteiligten.

(Kommentar des Berichterstatters: Ein Gedankengang wie dieser würde praktisch auf eine „Consolidation" der bestehenden Gemeinschaften mit beschränkter Zuständigkeit hinauslaufen, insbesondere wenn man sich den Inhalt der unter 3) zu machenden Ausführungen vergegenwärtigt.)

3) Hinsichtlich der Zuständigkeiten wurde ganz allgemein die Meinung vertreten, daß auf eine politische Gemeinschaft mindestens die Zuständigkeiten der bestehenden Gemeinschaften übertragen werden sollten. Hier bestanden sowohl Herr Spaak wie Präsident v. Brentano darauf, daß zu jeder Erweiterung der Kompetenzen die Zustimmung der einzelnen Mitgliedstaaten erforderlich sein müsse. Herr Monnet schien die Meinung zu vertreten, es sollten der politischen Gemeinschaft in beschränktem Rahmen Zuständigkeiten übertragen werden, die über die bestehenden hinausgehen. Von allen Anwesenden wurde die Ansicht geteilt, daß der weitere Integrationsprozeß sich auf Grund eines Initiativrechts der Versammlung vollziehen sollte. Daraufhin wurde von Herrn Spaak die Frage ausgesprochen, ob es, damit einerseits die nationalen Parlamente beteiligt, andererseits die Schwerfälligkeiten eines Prozessen der Ratifikation durch alle einzelnen nationalen Parlamente vermieden würden, nicht möglich sei, ein Organ der Vereinigten Parlamente zu schaffen, dessen Zustimmung die Zustimmung durch die einzelnen Parlamente ersetzen würde. Hinsichtlich der Gestaltung eines solchen Organs erfolgten keine Präzisionen.

Abschließend ist zu bemerken, daß Herr Monnet die Ansicht aussprach, die auch Präsident von Brentano teilte, der Vertragsentwurf für eine europäische politische Gemeinschaft würde wahrscheinlich nicht so abgefaßt werden können, daß er, vom Juristischen und vom Rationellen her gesehen, rein befriedigend wäre, doch sei eine schnelle Vorlage eine dringende politische Notwendigkeit. Insbesondere waren alle Anwesenden der Meinung, daß die vorgesehenen unmittelbaren Wahlen bereits im Herbst 1953 stattfinden müßten.

[gez.] Hausenstein

Referat 200, Bd. 88

224

Botschafter Pawelke, Kairo, an das Auswärtige Amt

Fernschreiben Nr. 11 **Aufgabe: 31. Oktober 1952, 05.17 Uhr**[1]
Citissime! **Ankunft: 31. Oktober 1952, 16.00 Uhr**

Heute 13 Uhr rief General Naguib mich zu sich, um mir nach Übergabe der mit heutigem Luftkurier übersandten Protestnote gegen das Israel-Abkommen[2] zu erklären, daß die Bundesregierung durch die Begrenzung des Aufenthaltes der Liga-Delegation Ägypten und ihn als Chef der Armee persönlich verletzt habe. Diese Mitteilung wurde in äußerster Erregung gemacht. Da eine Diskussion in diesem Augenblick unmöglich war, beschränkte ich mich darauf, den Sachverhalt als Mißverständnis hinzustellen.

Aus den Worten und der Haltung des Generals mußte ich schließen, daß er unter Umständen zum Äußersten, d.h. zum Abbruch der diplomatischen Beziehungen zwischen Deutschland und Ägypten entschlossen war. Ich habe deshalb im Laufe des Nachmittags versucht, ihn über den für die Behandlung politischer Fragen zuständigen Offizier des Militär-Komitees zu beschwichtigen.

In der Nacht wurde ich wiederum zum General gebeten, der mich nach vorhergegangener Kabinettssitzung in Gegenwart des Staatssekretärs[3] und des Justitiars des Außenministeriums empfing.

Während die Erregung des Generals am Nachmittag durch ein heute eingegangenes Telegramm von Daouk ausgelöst war, mußte ich auf Grund seiner letzten Ausführungen den Eindruck gewinnen, daß aus einer inzwischen erfolgten Überprüfung eine gewisse Richtigstellung des Ablaufs der Ereignisse eingetreten war. Trotzdem hielt der General an folgenden Punkten fest:

1) Der ägyptische Vertreter der Delegation[4] sei der Bundesregierung durch den Generalkonsul in Frankfurt als bevollmächtigter Vertreter der ägyptischen Re-

1 Hat Staatssekretär Hallstein vorgelegen.

2 Am 31. Oktober 1952 übersandte Botschafter Pawelke, Kairo, eine „freie Übersetzung" der ägyptischen Note. Vgl. dazu den Drahtbericht Nr. 12; B 11 (Abteilung 3), Bd. 253.
Die ägyptische Regierung erklärte: „Die Tatsache, daß die erste Maßnahme der Bundesregierung auf außenpolitischem Gebiet die Stärkung der moralischen und materiellen Unterstützung eines ausländischen Gemeinwesens ist, das den Völkern des Mittleren Ostens zwangsweise auferlegt wurde, muß außerordentlich beunruhigend für die Ägyptische Regierung sein. [...] Man hätte erwartet, daß sich die Sorgen derer, die sich mit der ‚moralischen Verantwortung' befassen, vielmehr den arabischen Flüchtlingen zuwenden würden, die von den Zionisten aus ihrer Heimat mit mehr Brutalität und Grausamkeit getrieben wurden, als dies die Nazis selbst an sich jemals getan haben, und denen insbesondere in dieser Lage und diesem Elend Unterstützung und Wiedergutmachung zuteil werden müßte. Das sogenannte Deutsch-Israelische Wiedergutmachungsabkommen scheint der Ägyptischen Regierung weder vom rechtlichen noch vom menschlichen Standpunkt aus gerechtfertigt. Dieses Abkommen wird zweifellos die Beziehungen zwischen den beiden Ländern beeinträchtigen und wird von jedem Ägypter als ein unfreundlicher Schritt angesehen. Demgemäß gibt die Ägyptische Regierung ihrer Hoffnung Ausdruck, daß die Bundesrepublik Deutschland die Angelegenheit im Lichte der traditionellen Freundschaft, die das deutsche Volk mit dem des Niltales verbindet, einer erneuten Prüfung unterziehen wird. Sie ist der Überzeugung, daß diese Freundschaft dem gegenseitigen Nutzen der beiden Völker dienen kann und nicht auf Grund einer solchen fragwürdigen Streitfrage aufs Spiel gesetzt werden sollte." Vgl. B 11 (Abteilung 3), Bd. 253.

3 Abdul Rahman Hakki Pasha.

4 Ahmed Hassan.

gierung schriftlich angezeigt worden. Infolgedessen könnte ein Zweifel an seiner offiziellen Mission nicht aufgekommen sein. Die Aufenthaltsbeschränkung eines bevollmächtigten Vertreters bedeute jedoch eine Verletzung internationaler Gebräuche.

2) Hätte die Bundesregierung gegen das Verhalten des ...[5] Ägyptens Einwände zu machen gehabt, so hätten diese bei der ägyptischen Regierung vorgebracht werden müssen.

3) General erklärte ausdrücklich, daß ägyptische Regierung nach den Vorfällen in Bonn heute weniger denn je in der Lage sei, die Ratifikation des Abkommens stillschweigend hinzunehmen.

Ich habe den Eindruck, daß der General, der durch die arabische Berichterstattung über die Vorgänge am 28./29. Oktober offenbar aufs äußerste aufgebracht war, nur mit Mühe durch seine Berater von endgültigen Schritten abgehalten worden ist. Sollte die Bundesregierung auf der vorgesehenen Abreise des ägyptischen Delegationsmitgliedes aus Deutschland bestehen, so wird es mir gelingen, den General und seine Berater ein zweites Mal von dem Abbruch der Beziehungen abzuhalten[6].

In Anbetracht dieser Sachlage bitte ich dringend, auf Abreise des ägyptischen Delegierten und, wenn möglich, der anderen arabischen Herren nicht zu bestehen, sondern die Klärung dieser formalen Angelegenheit der diplomatischen Aussprache zu überlassen. Dies um so mehr, als offenbar in den Berichten der arabischen Delegation die mir bisher lediglich durch Herrn von Lupin angedeuteten konstruktiven Vorschläge des Herren Staatssekretärs vom 28. Oktober[7] nicht oder zumindestens nicht genügend herausgestellt worden sind.

Erbitte umgehend eingehende Drahtweisung.

[gez.] Pawelke

VS-Bd. 182 (Büro Staatssekretär)

5 Auslassung in der Vorlage.

6 An dieser Stelle Fußnote in der Vorlage: „So im Text."

7 Zum Gespräch des Staatssekretärs Hallstein mit einer arabischen Delegation am 28. Oktober 1952 vgl. Dok. 222.

225

Aufzeichnung des Ministerialdirektors Blankenhorn

II MD 1653/52 **31. Oktober 1952**

Am 30.10. nachmittags hat eine zweistündige Aussprache zwischen Botschafter Kennan, Staatssekretär Hallstein und mir stattgefunden, die sich im wesentlichen um das deutsch-französische Verhältnis drehte. Botschafter Kennan zeigte sich hierbei im allgemeinen sehr gut informiert und gab seiner Besorgnis über die Rückschläge Ausdruck, die in den deutsch-französischen Beziehungen eingetreten sind. Staatssekretär Hallstein und ich entwickelten sehr ausführlich die einzelnen Gründe, die für die Verschlechterung maßgebend sind, vor allem die Behandlung des Saarproblems. Kennan erklärte, daß es doch möglich sein müsse, dieses im Verhältnis zur gesamten Europäischen Integration doch relativ kleine Problem europäisch zu lösen, und zwar auch hinsichtlich der wirtschaftlichen Fragen. Kohle und Eisen, d.h. 53% der saarländischen Wirtschaft, würden bereits von der Montan-Union erfaßt, es dürfe also nicht unmöglich sein, auch den bleibenden Rest der saarländischen Wirtschaft in einer Weise zu regeln, die die französischen Interessen berücksichtige. Vielleicht könne man hier in Verbindung mit den Hilfeleistungen Frankreichs den notwendigen Ausgleich schaffen. Kennan zeigte sich bereit, bei seiner Rückkehr nach Washington, gerade diese Probleme mit den führenden Männern des State Department zu erörtern und nach einem Weg zu suchen, das Problem von den Vereinigten Staaten aus, vielleicht in Zusammenarbeit mit anderen Staaten, noch einmal anzupacken.

Er, Kennan, sehe durchaus die großen Schwierigkeiten, vor denen die Bundesregierung, sowohl im Hinblick auf das Verhältnis zu Frankreich als auch im Hinblick auf die Verträge und das Europäische Integrationswerk, stehe. Man dürfe die Linie nicht aufgeben, sondern müsse versuchen, nach Kräften die Menschen zu beruhigen, damit in diesen kommenden Monaten des Übergangs keine politischen Handlungen entstünden, die nicht wieder gut gemacht werden könnten. Die Außenpolitik der Vereinigten Staaten befinde sich infolge der amerikanischen Wahlen[1] in einem Zustand der Lähmung. Es sei nicht vor März kommenden Jahres mit einer stärkeren Einflußnahme der Vereinigten Staaten auf die in Europa schwebenden Fragen zu rechnen. Bis dahin müsse man den neuen verantwortlichen Männern Zeit geben, um eine politische Konzeption zu fassen. Soweit er die europäischen Dinge überschaue, besitze das Europäische Integrationswerk bereits eine solche Schwerkraft, daß es, trotz gelegentlicher Schwankungen der öffentlichen Meinung in den verschiedenen Ländern, nicht mehr zu beseitigen sei. Er sei auch überzeugt, daß das Französische Parlament, trotz aller gegenteiligen Tendenzen, das Vertragswerk ratifizieren werde. An den harten Tatsachen der gegenwärtigen und zukünftigen Lage könne niemand, auch in Frankreich nicht, vorbeigehen. Außerdem würden die Vereinigten Staaten wirtschaftliche und politische Druckmittel in genügendem Ausmaß besitzen, um auf die Dauer eine Verschiebung oder gar Aufgabe des Vertragswerks

[1] Die amerikanischen Kongreß- und Präsidentschaftswahlen fanden am 4. November 1952 statt.

in Frankreich zu verhindern. Es sei jetzt an der Zeit, politisch mit größter Behutsamkeit zu operieren und alles zu vermeiden, was etwa die Regierung in Frankreich, deren Handlungen nur aus ihrer Schwäche heraus zu verstehen seien, in eine Verhärtung ihrer Position hineintreibe. Man müsse die kommenden Monate, die sicher viel Unerfreuliches in den westeuropäischen Beziehungen bringen würden, durchstehen; man hätte aber Zeit dazu, denn so wie die Dinge heute in Sowjetrußland ständen, sei mit einer Verschärfung des Konflikts oder gar mit Aktionen von sowjetischer Seite bis auf weiteres nicht zu rechnen.

Hiermit dem Herrn Bundeskanzler[2] mit der Bitte um Kenntnisnahme vorgelegt.

Blankenhorn

VS-Bd. 275 (Büro Staatssekretär)

226

Aufzeichnung des Legationsrats I. Klasse Böker

Geheim **4. November 1952**[1]

Betr.: Ratifizierung des Israel-Abkommens

Die Bundesregierung ist durch die arabischen Proteste gegen das Israel-Abkommen innen- und außenpolitisch in eine schwierige Lage geraten. Wenn sie ohne ein gewisses Entgegenkommen gegenüber dem arabischen Standpunkt den Israel-Vertrag ratifiziert, so steht zu befürchten,

daß 1. außenpolitisch

a) nicht unerhebliche handelspolitische Rückschläge im Mittleren Osten erfolgen,

b) eine ernsthafte und langfristige Abkühlung der deutsch-arabischen Beziehungen eintritt, die in einer kritischen Weltsituation zu einer Minderung des westlichen Einflusses in dem ohnehin schon labilen Mittelosten führen könnte,

c) die Sowjetunion die Gelegenheit benutzt, um in das im Mittleren Osten entstehende Vakuum einzudringen und wirtschaftlich und politisch die gespannten Beziehungen zwischen der arabischen Welt und der Bundesrepublik auszunutzen;

daß 2. innenpolitisch

a) die parlamentarische Unterstützung für den Israel-Vertrag gerade auf Seiten der Regierungskoalition abbröckelt und die Ratifizierung nicht mit der erwünschten überwältigenden Mehrheit erfolgt,

2 Hat Bundeskanzler Adenauer vorgelegen.

1 Durchdruck.

b) Wirtschaftskreise, die erhebliche finanzielle Verluste im Mittleren Osten befürchten, in ein rechtsradikales und antisemitisches Fahrwasser abgedrängt werden,

c) die Durchführung des Israel-Abkommens durch Erpressungstaktiken der Araber gegenüber einzelnen Firmen erschwert wird.

Aus diesen Gründen erscheint es erforderlich, den arabischen Protesten gegenüber eine elastischere Haltung als bisher einzunehmen. Dabei wird von der Voraussetzung ausgegangen, daß das Israel-Abkommen als solches ein unumstößliches Faktum darstellt und daß das Ansehen der Bundesregierung und des deutschen Volkes in der Welt eine Nicht-Ratifizierung oder Nicht-Durchführung des Abkommens schlechterdings nicht zuläßt. Es scheinen sich aber folgende zwei Kompromißmöglichkeiten zu ergeben, die meines Erachtens beide gleichzeitig verfolgt werden sollten:

1) Ersuchen an die UNO, die Generalversammlung möge ein Urteil darüber abgeben, ob der Israel-Vertrag gegen die Neutralitätspflicht der Bundesregierung in dem israelisch-arabischen Konflikt oder gegen die von der UNO in der Palästinafrage verfolgte Politik verstößt.

2) Ersuchen an die UNO, die Durchführung des Israel-Abkommens durch einen neutralen Beauftragten zu überwachen, um sicherzustellen, daß kein Kriegsmaterial von der Bundesrepublik an Israel geliefert wird.[2]

Da in dieser Sache mit großer Beschleunigung gehandelt werden muß, wird empfohlen, beide Vorschläge sofort durch die zuständigen Abteilungen unter rechtlichen und politischen Gesichtspunkten prüfen zu lassen. Es wäre dabei unter anderem zu erwägen, ob im Falle des Punktes 1 statt der Generalversammlung der Sicherheitsrat oder evt. eine andere internationale Instanz wie der Haager Gerichtshof zu substituieren wäre. Es wäre ferner zu prüfen (evt. durch eine streng vertrauliche Anfrage bei dem deutschen Beobachter bei der UNO[3]), ob im Falle 1 eine entscheidende Mehrheit für den deutschen Standpunkt hinsichtlich des Israel-Vertrages in der Generalversammlung zu erwarten ist.

Der nächste Schritt müßte in einer umgehenden Fühlungnahme mit einem Vertrauensmann der israelischen Regierung bestehen, da selbstverständlich die Schritte 1 und 2 nur mit Einverständnis Israels erfolgen können. Dabei wären aber dem israelischen Vertrauensmann die besonders schwierige Lage, in der die Bundesregierung sich befindet und die voraussichtlich noch schwieriger wird, in eindringlichster Weise zu schildern. Außer den eingangs angeführten Argumenten wäre dabei zu betonen, daß die Leistungsfähigkeit der Bundesrepublik gegenüber Israel von dem allgemeinen Stand der deutschen Wirtschaftslage abhängig ist und daß ein Verlust der deutschen Nahostmärkte sich nur un-

2 Gemäß Artikel 2 des Abkommens mit Israel vom 10. September 1952 stellte die Bundesrepublik finanzielle Leistungen nur für den Ankauf solcher Waren und Dienstleistungen zur Verfügung, „die der Erweiterung der Ansiedlungs- und Wiedereingliederungsmöglichkeiten für jüdische Flüchtlinge in Israel dienen". Vgl. BUNDESGESETZBLATT 1953, Teil II, S. 38.
Für die Überwachung der Einkäufe Israels war gemäß dem Anhang zu Artikel 7 eine „von der Regierung der Bundesrepublik Deutschland zu benennende Stelle" zuständig. Vgl. BUNDESGESETZBLATT 1953, Teil II, S. 64.

3 Hans Riesser.

günstig auch auf Israel auswirken könnte. Es müßte außerdem das amerikanische Interesse sowohl an einem guten deutsch-israelischen wie an einem guten deutsch-arabischen Einvernehmen hervorgehoben werden.

Eine baldige und zunächst vielleicht inoffizielle Fühlungnahme mit amerikanischen Kreisen wäre zur Vorbereitung dieser Aktion erforderlich, damit die Bundesregierung ggf. mit einer amerikanischen Unterstützung ihres Standpunkts gegenüber Israel wie gegenüber den arabischen Staaten und vor allem innerhalb der UNO rechnen kann.

Erst nach dieser Vorbereitung müßte die Bundesregierung in geeigneter Form mit dem oben skizzierten Anliegen an die UNO herantreten. Dabei wird empfohlen, vor einem solchen Schritt die arabischen Staaten nicht zu konsultieren, sondern sie mit der allgemeinen und unverbindlichen Formel, daß „die Frage einer Einschaltung der UNO zur Zeit geprüft wird“, hinzuhalten. Eine vorherige Konsultierung der Araber würde

a) den propagandistischen Effekt der Geste der Bundesregierung abschwächen,

b) den schwer zu sättigenden Appetit der arabischen Staaten anreizen und diese zu weiteren Forderungen verleiten,

c) von den arabischen Staaten als Anzeichen der Schwäche ausgelegt werden, nachdem es bereits der arabischen Delegation gelungen ist, entgegen dem Willen der Bundesregierung sich weiter in der Bundesrepublik aufzuhalten und eine gegen die Bundesregierung gerichtete Propaganda zu betreiben.[4]

Aus diesen drei Erwägungen heraus müßte der Schritt der Bundesregierung den arabischen Staaten gegenüber auf der Basis „take it or leave it“ vorgesetzt werden: entweder Einverständnis mit dem Schritt der Bundesregierung und Abblasen des Propagandafeldzugs und der Boykottmaßnahmen oder unqualifizierte und sofortige Ratifizierung des Israel-Abkommens ohne jegliche Konzessionen an den arabischen Standpunkt mit allen sich daraus ergebenden Folgerungen.

Es darf vorgeschlagen werden, in Anbetracht des Ernstes der Lage und der Eilbedürftigkeit der Angelegenheit eine sofortige Prüfung dieses Vorschlages einzuleiten.

Hiermit über Herrn MD Blankenhorn[5] dem Herrn Staatssekretär vorgelegt.

[gez.] Dr. Böker

VS-Bd. 3 (Büro Staatssekretär)

[4] Vgl. dazu Dok. 222.

[5] Hat Ministerialdirektor Blankenhorn vorgelegen.

227

Botschafter Pawelke, Kairo, an das Auswärtige Amt

Fernschreiben Nr. 26 **Aufgabe: 7. November 1952, 19.02 Uhr**
Citissime! **Ankunft: 8. November 1952, 00.45 Uhr**

Staatssekretär im ägyptischen Außenministerium[1] bat mich soeben zu sich und machte folgende Anregung.

Bundesregierung solle bis spätestens Samstag[2] 11 Uhr hiesiger Zeit folgende Erklärung abgeben[3]:

„Le Gouvernement Allemand, désireux d'entrer en conversation avec les Etats Arabes pour trouver une solution qui pourrait dissiper les appréhensions de ces États surgis à la suite de la signature du Traité Germano-Israélite, a décidé d'ajourner la présentation du dit traité au Bundestag jusqu'à ce que ces conversations auraient eu lieu."

Staatssekretär machte folgende Ausführungen.

Situation innerhalb Arabischer Liga aufs äußerste gespannt. General Naguib befürchtet, daß in heutiger Nachmittagssitzung Arabischer Liga[4] schärfste Anträge gegen Deutschland vorgelegt werden. Er wird unter Hinweis auf obigen, mir übermittelten Vorschlag Vertagung bis morgen beantragen. Sollte bis morgen obige Erklärung der Bundesregierung vorliegen, so wird er auf weiterer Vertagung bestehen. General hofft, daß Atmosphäre sich dann in nächsten Wochen beruhigen wird.

Erfahre dazu aus gut informierter Quelle, daß General sich bemüht, Antrag Mehrheit der Liga-Mitglieder auf Abbruch Wirtschaftsbeziehungen und Ausweisung aller deutschen Fachkräfte zu verhindern.[5] Er hofft, daß die Bundesregierung ihn durch Abgabe vorgeschlagener Erklärung in seinen Bemühungen unterstützen wird.

1 Abdul Rahman Hakki Pasha.

2 8. November 1952.

3 Am 7. November 1952 kündigte Botschafter Pawelke, Kairo, an, „daß sofort ein Telegramm folgt, auf das Antwort bis Sonnabend Vormittag 11 Uhr hier erwartet wird". Vgl. den Drahtbericht Nr. 25; VS-Bd. 182 (Büro Staatssekretär); B 150, Aktenkopien 1952.
Legationsrat I. Klasse Böker vermerkte für Staatssekretär Hallstein am 7. November: „Da das Telegramm von Herrn Pawelke bis jetzt, 20 Uhr, noch nicht eingetroffen ist, dürfte eine Beantwortung bis morgen 11 Uhr kaum möglich sein. Das zu erwartende Telegramm ist voraussichtlich lang und braucht mehrere Stunden zur Entschlüsselung. Die durchschnittliche Laufzeit eines Telegramms nach Kairo ist fünf Stunden, die Verschlüsselung nicht mitgezählt. Ich darf daher vorschlagen, noch heute abend folgendes Telegramm an Herrn Pawelke abzusenden: ‚Da Ihr angekündigtes Telegramm noch nicht eingetroffen, ist Beantwortung bis Sonnabend vormittag 11 Uhr unmöglich. Hallstein.'" Laut handschriftlichem Vermerk wurde das Fernschreiben um 20.59 Uhr abgesandt. Vgl. VS-Bd. 182 (Büro Staatssekretär); B 150, Aktenkopien 1952.

4 Der Politische Ausschuß der Arabischen Liga tagte vom 5. bis 12. November 1952.

5 Botschafter Pawelke, Kairo, teilte am 7. November 1952 mit, Ministerpräsident Naguib habe ihm gegenüber betont, daß die Bundesregierung durch die Abgabe der Erklärung Zeit für weitere Verhandlungen gewinnen könne. Er wolle helfen, die Lage zu entspannen. Die Arabische Liga „würde nichts unversucht lassen, damit gegebenenfalls gesamte islamische Welt einheitlich gegen Deutschland Front mache und sich arabischen Gegenmaßnahmen anschließe". Vgl. den Drahtbericht Nr. 28; B 10 (Abteilung 2), Bd. 1685.

Die von mir angeregte Vertagung endgültiger Sitzung Arabischer Liga bis Montag[6] wurde vom Staatssekretär für undurchführbar erklärt, weil saudi-arabischer Außenminister[7], der Sonnabend abend nach New York weiterfliegt, an Schlußsitzung teilnehmen will. Staatssekretär unterstrich am Schluß äußersten Ernst der Lage und bat mich wiederholt, dies gegenüber meiner Regierung nicht zu beschönigen.

Vorschlag Staatssekretärs erscheint nach Stimmungsbericht gestriger Sitzung Arabischer Liga als letzter Versuch des auf Ausgleich abzielenden Generals, übrige arabische Staaten zu beschwichtigen.

Empfehle Annahme ägyptischen Vorschlages unter gleichzeitiger Forderung wirtschaftlicher Verhandlungen mit einzelnen arabischen Staaten in Zentrale Kairo. Damit Ratifikation Israel-Abkommens nicht über vorausgesehenen Termin hinausgezögert wird, vorschlage, Delegation Lupin[8], deren Rückflug nicht vor Montag möglich, hier zu belassen und mit sofortiger Verhandlungsaufnahme zu beauftragen.[9]

[gez.] Pawelke

VS-Bd. 182 (Büro Staatssekretär)

[6] 10. November 1952.

[7] Feisal ibn Abdul-Aziz.

[8] Am 29. Oktober 1952 begab sich eine Wirtschaftsdelegation unter der Leitung von Ministerialrat Lupin, Bundesministerium für Wirtschaft, nach Kairo, um von dort nach Djidda zur Aufnahme von Verhandlungen weiterzureisen.
Am 4. November 1952 teilte der saudi-arabische Finanzminister al-Suleiman dem Bundesministerium für Wirtschaft mit, daß die auf Grund der Einladung gewährten Visen noch so lange vorenthalten werden müßten, bis die Beratungen des Politischen Ausschusses der Arabischen Liga abgeschlossen seien. Vgl. dazu VS-Bd. 182 (Büro Staatssekretär); B 150, Aktenkopien 1952.
Bundesminister Erhard forderte daraufhin die Delegation am 5. November 1952 zur Rückkehr auf. Vgl. dazu VS-Bd. 182 (Büro Staatssekretär); B 150, Aktenkopien 1952.
Am 8. November 1952 verfügte Staatssekretär Hallstein, daß die Wirtschaftsdelegation weitere Weisungen abwarten solle. Vgl. dazu den Drahterlaß Nr. 25; VS-Bd. 182 (Büro Staatssekretär); B 150, Aktenkopien 1952.

[9] Das Kabinett lehnte es am 11. November 1952 ab, die von der Arabischen Liga gewünschte Erklärung abzugeben. Vgl. dazu KABINETTSPROTOKOLLE 1952, S. 677. Vgl. ferner LENZ, Zentrum, S. 462–464.

228

Vortragender Legationsrat Riesser, New York (UNO), an Staatssekretär Hallstein

Fernschreiben Nr. 39 Obs. **Aufgabe: 8. November 1952, 20.15 Uhr**
Streng geheim **Ankunft: 9. November 1952, 02.50 Uhr**
Citissime!

Nur für Staatssekretär persönlich.

Auf Drahterlaß Nr. 89 vom 7.11.[1]

Nach Rücksprache mit besonders zuverlässigem Mitglied UNO-Sekretariats, die heute erst erfolgen konnte, ergibt sich folgende Beurteilung:

Zu 1) Mit Frage könnte befaßt werden Generalversammlung und Sicherheitsrat. Ergänzung Tages ...[2] Generalversammlung kann nur beantragt werden durch Mitgliedstaat oder Generalsekretär. Da jedoch Tagesordnung bereits mit 70 Fragen überlastet ist, erscheint Befassung Generalversammlung aussichtslos. Praktisch kommt nur Sicherheitsrat in Frage. Dieser könnte beispielsweise gemäß Artikel 96[3] gutachtliche Äußerung Internationalen Gerichtshofes einholen.

Zu 2) Behandlung im Sicherheitsrat kann erfolgen auf Grund Artikels 34 Satzung[4] durch Antrag Bundesrepublik (Artikel 35,2[5]) oder anderen Staats. Notwendig sind gemäß Artikel 27, Ziffer 2[6], sieben Ja-Stimmen von elf Mitgliedern. Antragsteller hat dabei Gelegenheit, seine Argumente vorzubringen. Stimmt Majorität für Zulassung, dann kann Ständiges Mitglied dagegen Veto

1 Am 7. November 1952 informierte Staatssekretär Hallstein Vortragenden Legationsrat Riesser, New York (UNO), daß „von arabischer Seite" behauptet werde, das Abkommen mit Israel vom 10. September 1952 verletze die Neutralitätspflicht der Bundesrepublik im israelisch-arabischen Konflikt. Die Bundesregierung erwäge, die UNO „um eine verbindliche Stellungnahme zu ersuchen". Zur Vorbereitung dieses Schrittes bat Hallstein Riesser, „mit einem besonders zuverlässigen Mitglied des UNO-Sekretariats" folgende Fragen zu erörtern: „1) Welches Organ der UNO kann zweckmäßigerweise mit der Frage befaßt werden? 2) Mit welcher Verfahrensweise in der Behandlung der Frage muß gerechnet werden? 3) Sollte die Frage von dem Nichtmitgliedstaat Bundesrepublik Deutschland unmittelbar oder besser im Wege über ein Mitglied, sei es einem der arabischen Staaten, sei es einem dritten Staat, z. B. Brasilien, erfolgen? 4) Sind verfahrensrechtlich Möglichkeiten gegeben, diese Frage noch auf die Tagesordnung der gegenwärtigen Vollsitzung der UNO zu setzen?" Vgl. VS-Bd. 183 (Büro Staatssekretär); B 150, Aktenkopien 1952.

2 Auslassung in der Vorlage.

3 Artikel 96, Absatz 1 der UNO-Charta vom 26. Juni 1945: „The General Assembly or the Security Council may request the International Court of Justice to give an advisory opinion on any legal question." Vgl. CHARTER OF THE UNITED NATIONS, S. 695.

4 Artikel 34 der UNO-Charta vom 26. Juni 1945: „The Security Council may investigate any dispute, or any situation which might lead to international friction or give rise to a dispute, in order to determine whether the continuance of the dispute or situation is likely to endanger the maintenance of international peace and security." Vgl. CHARTER OF THE UNITED NATIONS, S. 683.

5 Artikel 35, Absatz 2 der UNO-Charta vom 26. Juni 1945: „A state which is not a Member of the United Nations may bring to the attention of the Security Council or of the General Assembly any dispute to which it is a party if it accepts in advance, for the purposes of the dispute, the obligations of pacific settlement provided in the present Charter." Vgl. CHARTER OF THE UNITED NATIONS, S. 683.

6 Artikel 27, Absatz 2 der UNO-Charta vom 26. Juni 1945: „Decisions of the Security Council on procedural matters shall be made by an affirmative vote of seven members." Vgl. CHARTER OF THE UNITED NATIONS, S. 682.

einlegen. Wird über Antrag materiell verhandelt und Beschluß gefaßt, dann kann gegen diesen Ständiges Mitglied auch wiederum Veto einlegen.

Zu 3) Sekretariatsmitglied anregt, jedenfalls Frage nicht durch Brasilien aufrollen zu lassen, da es bereits mit österreichischer Frage befaßt wurde.[7] Sprach sich auch entschieden gegen Einbringung Antrags durch arabische Staaten aus, weil Araber-Block mit ungünstigem Ergebnis Abstimmung rechnen muß. Wenn solcher Antrag überhaupt gestellt werden soll, würde er nach meiner Überzeugung am besten durch Bundesrepublik selbst erfolgen. Die im Sicherheitsrat vertretenen Staaten werden zögern, im Hinblick auf bevorstehende Debatte über französische Protektorate Antrag selbst einzubringen.[8]

Zu 4) Verfahrensrechtliche Möglichkeiten, Frage auf Tagesordnung gegenwärtiger Vollsitzung zu setzen, sind nach Gewährsmann gegeben. Verweise jedoch auf 1).

Zu Frage Mehrheitsverhältnisse:

Sicherheitsrat besteht außer aus bekannten fünf Ständigen Mitgliedern aus folgenden jetzt zugewählten nicht-ständigen Mitgliedern: Griechenland, Pakistan, Kolumbien, Libanon, Dänemark, Chile. Von diesen nicht-ständigen Mitgliedern werden nach Gewährsmann und meiner Ansicht Pakistan und Libanon gegen deutschen Antrag stimmen, da sie zum arabisch-asiatischen Block gehören und gegen Israel eingestellt sind. Bei araberfeindlicher Stellung südamerikanischer Staaten erscheint mir Stellungnahme von Kolumbien und Chile zweifelhaft. Ob einzelne Großmächte Sieg moralischer oder rechtlicher Grundsätze dem Boykott deutscher Waren vorziehen würden, dürfte meines Erachtens mehr als fraglich sein.

Die Erlangung Mehrheit unter obwaltenden Umständen erscheint mir also höchst zweifelhaft.

Zusammenfassend möchte ich bemerken, daß die im Verfahren liegende Möglichkeit Erklärung deutschen Standpunkts vor Weltöffentlichkeit – welches Schicksal auch immer einem solchen Antrag beschieden sein wird – optisch und politisch nützlich sein könnte. Dies gilt insbesondere, wenn dieser Antrag von einem deutschen Vertreter begründet wird. Ich glaube jedoch, daß man erst Verhandlungsmöglichkeiten mit arabischen Staaten ausschöpfen sollte, die mir nach meinen Gesprächen mit ihren Vertretern als zumindest nicht ganz aussichtslos erscheinen. Verweise auf meinen Drahtbericht Nr. 37 vom 4. 11. Obs.[9]

[gez.] Riesser

VS-Bd. 3 (Büro Staatssekretär)

[7] Der brasilianische Ständige Vertreter bei der UNO, Muniz, beantragte am 29. August 1952, als Tagesordnungspunkt für die siebte Sitzungsperiode der UNO-Generalversammlung aufzunehmen: „Question of an appeal to the Powers signatories to the Moscow Declaration of 1 November 1943, for an early fulfilment of their pledges towards Austria." Vgl. dazu UN General Assembly, Annexes 1952–53, General Assembly, Seventh Session Annexes, Agenda item 63, S. 2.

[8] Am 10. November 1952 wandte sich der französische Außenminister Schuman vor der UNO-Generalversammlung gegen die Anträge blockfreier Staaten, die französische Politik in Tunesien und Marokko zu verurteilen. Die UNO-Charta gestatte keinen Eingriff in die inneren Angelegenheiten Frankreichs. Für den Wortlaut der Rede von Schuman vgl. UN General Assembly, Plenary Meetings 1952–53, S. 193–200.

[9] Am 4. November 1952 informierte Vortragender Legationsrat Riesser, New York (UNO) das Aus-

229

Botschafter Prinz von Bayern, Madrid, an das Auswärtige Amt

730-01-504/52 **11. November 1952**[1]

Betr.: Mein erstes Gespräch mit Staatschef Franco anläßlich der Übergabe meines Beglaubigungsschreibens

Im Anschluß an den Drahtbericht Nr. 18 vom 6. November 1952[2]

Nach so vielen Jahren feierlich in das Schloß einzufahren, wo ich so oft mit meinen inzwischen verstorbenen spanischen Verwandten gewesen bin, war ein etwas ergreifender Eindruck. Äußerlich fand ich die wohlbekannten Räume unverändert. Es ist ein Beweis von Taktgefühl, daß der Generalisimo den Akt der Übergabe des Beglaubigungsschreibens nicht im Thronsaal vornimmt, sondern in der Antecamara, dem früheren Vorzimmer des Königs.

Ich stand dem Staatschef zum erstenmal gegenüber, einem nach deutschen Begriffen eher kleinen, untersetzten Mann in Marineuniform. Dem spanischen Naturell entsprechend, herrschte, trotz Wahrung des vorgeschriebenen Zeremoniells, von Anfang an eine freundliche Atmosphäre.

Das auf die Übergabe des Beglaubigungsschreibens und die Vorstellung der Herren der Botschaft im Beisein des Außenministers im Nebenzimmer folgende längere Gespräch – es soll seit dem Krieg das längste gewesen sein, das er bei dieser Gelegenheit mit einem Botschafter geführt hat – verlief in gänzlich zwangloser Weise. Franco wies mir ein Sofa an und setzte sich dicht daneben auf einen Lehnstuhl, während Artajo in einiger Entfernung auf einem Stuhl Platz nahm. Der Generalisimo gab zuerst seiner Genugtuung Ausdruck, daß nun wieder eine offizielle deutsche Vertretung da sei. Er bewundere den unglaublich raschen Wiederaufstieg der Bundesrepublik und hoffe, daß in absehbarer Zeit ganz Deutschland wieder vereinigt würde.

Deutsche seien es gewesen, die ihm zu Beginn des spanischen Bürgerkrieges durch Lieferungen von Junkers-Maschinen das Übersetzen von Marokko auf die Pyrenäenhalbinsel ermöglicht hätten.[3] Er schilderte diesen Vorgang anschei-

Fortsetzung Fußnote von Seite 696

wärtige Amt über ein Gespräch mit dem Generalsekretär der Arabischen Liga. al-Hassuna habe vorgeschlagen, „informell Möglichkeiten Beilegung deutsch-arabischer Meinungsverschiedenheiten" zu erörtern. Vgl. VS-Bd. 183 (Büro Staatssekretär); B 150, Aktenkopien 1952.

1 Hat Vortragendem Legationsrat von Etzdorf am 14. November 1952 vorgelegen.
Hat Botschaftsrat a. D. Kordt am 15. November 1952 vorgelegen, der die Weiterleitung an Staatssekretär Hallstein und Ministerialdirektor Blankenhorn verfügte.
Hat Blankenhorn am 19. November 1952 vorgelegen, der am 22. November 1952 die Weiterleitung an Bundeskanzler Adenauer verfügte.
Hat Adenauer am 28. November 1952 vorgelegen.

2 Botschafter Prinz von Bayern, Madrid, berichtete über ein Gespräch mit Staatschef Franco anläßlich der Übergabe des Beglaubigungsschreibens und kündigte einen ausführlichen Schriftbericht an. Vgl. dazu B 11 (Abteilung 3), Bd. 358.

3 Am 17. Juli 1936 begannen spanische Generäle einen Aufstand gegen die republikanische Regierung in Madrid. Adolf Hitler entsprach am 25. Juli 1936 dem Ersuchen der Unterhändler von General

nend mit Vergnügen im einzelnen in lebhafter Weise. Dann kam das Gespräch zwischen uns Dreien auch auf Hitler. Er habe ihn zum erstenmal auf der Leinwand anläßlich der Olympiade 1936 in Berlin[4] gesehen. Schon damals habe er den Eindruck bekommen, daß verschiedene Naturen in ihm steckten. Manchmal habe er fast mit kindlicher Anteilnahme die Wettkämpfe verfolgt, um dann plötzlich in Starrheit zu verfallen, als ob er eine Maske aufgesetzt hätte. Diesen ersten Eindruck habe er bestätigt gefunden, als er ihn bei der bekannten Zusammenkunft in Hendaye leiblich vor sich hatte.[5] Eine Einigung sei nicht möglich gewesen. Hitler habe Nordafrika französischem Einfluß unterstellen wollen mit der Erklärung, daß er nun mit Frankreich enge Freundschaft schließen würde. Franco bemerkte, er könne nach dem Zusammenbruch der französischen Armee an eine solche Wendung nicht glauben, und es wäre wohl am wichtigsten, mit England auf einen Fuß zu kommen, aber Hitler beharrte auf seiner Ansicht, die zweifellos zuträfe.

Dann wurde darüber gesprochen, warum sich der Nationalsozialismus in Deutschland auf die Dauer nicht durchsetzen konnte, und zwar mit der Vermutung, daß es weltanschauliche Gegensätze gewesen wären, nämlich die Ablehnung der christlichen Religionen. Damit kamen wir auf den Widerstand gegen den Bolschewismus. Ich ließ einfließen, daß jedenfalls die gläubigen Christen bei uns in Spanien einen starken Gegenpol erblickten und daß schon deshalb gutes Einvernehmen mit der Pyrenäenhalbinsel für die Zukunft äußerst wichtig wäre.

Später brachte der Außenminister die Rede auf den Abschluß des deutsch-spanischen Handelsvertrages.[6] Der Staatschef fragte, ob Deutschland mit dem Ergebnis zufrieden sei. Ich sagte, daß dies der Fall sei und daß ich Herrn v. Maltzan nach seiner Rückkehr[7] gesprochen hätte und daß er sich über seine Aufnahme in Spanien sehr erfreut geäußert habe. Franco sagte, er hoffe, daß sich die Handelsbeziehungen in Zukunft noch vertiefen würden. Es bestünde zwar auch mit Italien ein solches Abkommen, aber Italien könne hauptsächlich nur solche Erzeugnisse ausführen, die Spanien selbst hervorbringe und exportieren wolle, wogegen die Bundesrepublik so ziemlich alles habe, was Spanien benötige.

Dann nahm das Gespräch eine rein persönliche, freundschaftliche Wendung. Franco meinte lächelnd, daß mir die Räume wohl bekannt sein würden. Ich antwortete: nicht nur das, sondern über der gegenüberliegenden Türe hinge das Bild meines bayerischen Großvaters gleichen Namens (der auch mit einer Spa-

Fortsetzung Fußnote von Seite 697

Franco, den Aufständischen Transportflugzeuge zur Verfügung zu stellen, damit die in Spanisch-Marokko stationierten Truppen auf das spanische Festland geflogen werden konnten.

4 Die XI. Olympischen Sommerspiele fanden vom 1. bis 16. August 1936 in Berlin statt.

5 Am 23. Oktober 1940 trafen sich Adolf Hitler und Staatschef Franco in Hendaye. Franco lehnte den von Hitler gewünschten Kriegseintritt Spaniens ab. Vgl. dazu ADAP, D, XI/1, S. 315–319.

6 Das Handels- und Zahlungsabkommen vom 1. Mai 1950 zwischen der Bundesrepublik und Spanien wurde durch ein am 14. Oktober 1952 unterzeichnetes Zusatzprotokoll verlängert. Für den Wortlaut des Handels- und Zahlungsabkommens vom 1. Mai 1950 vgl. BUNDESANZEIGER, Nr. 119 vom 24. Juni 1950, S. 2–5. Für den Wortlaut des Zusatzprotokolls vom 14. Oktober 1952 vgl. BUNDESANZEIGER, Nr. 209 vom 28. Oktober 1952, S. 1, und BUNDESANZEIGER, Nr. 212 vom 31. Oktober 1952, S. 1.

7 Die Wirtschaftsdelegation unter der Leitung von Ministerialdirektor Maltzan, Bundesministerium für Wirtschaft, hielt sich vom 22. September bis 14. Oktober 1952 in Madrid auf.

nierin verheiratet war[8]). Artajo stand auf, um die Schrift unter dem Bild zu lesen, und stellte fest, daß ich mich nicht geirrt hatte. Der Staatschef entließ mich mit einem sehr herzlichen Händedruck und der Bemerkung, daß ich in diesem Lande nicht als Fremder betrachtet würde.

Adalbert v. Bayern

B 11 (Abteilung 3), Bd. 358

230

Bundeskanzler Adenauer an Ministerpräsident de Gasperi

II MD 171/52 geh. **13. November 1952[1]**

Sehr verehrter Herr Ministerpräsident!

Die Ratifikation des Vertrages über die Europäische Verteidigungsgemeinschaft liegt mir, wie Sie wissen, ganz besonders am Herzen. Ich hoffe, daß es der Bundesregierung gelingt, die Zustimmung des Bundestags noch am Ende dieses Monats zu erlangen.[2] Es erfüllt mich nun mit großer Sorge, aus Paris zu hören, daß die Ratifikation dort auf das Frühjahr des kommenden Jahres hinausgeschoben werden soll. Auf Seiten der französischen Regierung hofft man angeblich, daß die Arbeiten über die Politische Organisation, die der ad-hoc-Versammlung gestellt sind, bis dahin möglichst weit gediehen sind, um hiermit die französische öffentliche Meinung und das französische Parlament zu beruhigen und für die Ratifikation zu gewinnen.

Ich höre gleichfalls von italienischen Parteifreunden von der Möglichkeit, daß das italienische Parlament infolge der Arbeiten am Wahlgesetz und der zu Beginn des Jahres bevorstehenden Vorbereitungen der Parlamentswahlen die Ratifikation des Vertrages auf März des kommenden Jahres, ja sogar vielleicht auf die Zeit nach den Wahlen, d.h. auf Mai oder Juni 1953 verschieben wolle.[3]

8 Adalbert Prinz von Bayern war mit Amalia, Infantin von Spanien, verheiratet.

1 Durchdruck.
Das Schreiben wurde von Ministerialdirektor Blankenhorn konzipiert.
Hat Staatssekretär Hallstein am 15. November 1952 vorgelegen.

2 Am 13. November 1952 wurde in der Presse berichtet, daß der Ausschuß für Rechtswesen und Verfassungsrecht, der Haushaltsausschuß und der Ausschuß zur Mitberatung des EVG-Vertrages und der damit zusammenhängenden Abmachungen des Bundestages dem Ausschuß für das Besatzungsstatut und auswärtige Angelegenheiten ihre Stellungnahmen zum EVG-Vertrag erst in den „nächsten vierzehn Tagen" vorlegen würden. Der Auswärtige Ausschuß werde „seine Beratungen erst in der letzten Novemberwoche wieder aufnehmen können, die zunächst schon für die zweite und dritte Lesung der Verträge im Plenum vorgesehen war. Unter diesen Umständen ist man auch in Kreisen der Koalition der Überzeugung, daß die abschließenden Lesungen der Verträge frühestens am Ende der ersten Dezemberwoche, wahrscheinlich aber erst in der zweiten Dezemberwoche in den letzten Sitzungen vor der Weihnachtspause, angesetzt werden können." Vgl. den Artikel „Ratifizierung erst Mitte Dezember"; FRANKFURTER ALLGEMEINE ZEITUNG vom 13. November 1952, S. 1.

3 Die italienischen Kammer- und Senatswahlen fanden am 7./8. Juni 1953 statt.

Ich halte diese Entwicklung für sehr gefährlich und darf Sie an unsere Gespräche in Bonn[4] erinnern, in denen wir beide der Überzeugung waren, daß nur eine schnelle Ratifikation des Vertrages über die Verteidigungsgemeinschaft das europäische Integrationswerk gegenüber der sich überall verstärkenden Opposition wirksam sichern könne. Ich bin auch der Überzeugung, daß das Ergebnis der Wahlen in Italien wie auch in Deutschland[5] wesentlich davon abhängen wird, ob wir auf dem Gebiete der europäischen Integration auf konkrete Fortschritte hinweisen können. Sollte die Ratifikation in den verschiedenen Ländern auf sich warten lassen, so wird überall die Opposition daraus nicht ohne Erfolg die Wahlparole schöpfen, daß die Politik der europäischen Integration, der sich die gegenwärtige französische, italienische und deutsche Regierung und die hinter diesen stehenden Parteien verschrieben haben, gescheitert sei.

Ich wäre Ihnen deshalb zu besonderem Dank verpflichtet, wenn Sie dafür sorgen könnten, daß auch das italienische Parlament die Ratifizierung möglichst beschleunigt.

Ich wäre Ihnen sehr dankbar, wenn Sie mich über Ihre Pläne in dieser Hinsicht unterrichten könnten.[6]

Mit freundlichen Grüßen und besten Wünschen

Ihr ergebener
gez. Adenauer

VS-Bd. 55 (Büro Staatssekretär)

[4] Ministerpräsident de Gasperi hielt sich vom 21. bis 24. September 1952 in Bonn auf. Vgl. dazu Dok. 208.

[5] Die Bundestagswahlen fanden am 6. September 1953 statt.

[6] Für das Schreiben des Ministerpräsidenten de Gasperi vom 5. Dezember 1952 an Bundeskanzler Adenauer vgl. VS-Bd. 55 (Büro Staatssekretär).
Am 11. Dezember 1952 notierte Legationsrat I. Klasse Böker für Ministerialdirektor Blankenhorn und Staatssekretär Hallstein: „Wenn Ministerpräsident de Gasperi in dem letzten Satz seines Schreibens seine Absicht verkünde, dem Parlament in Kürze die Abkommen zur Ratifizierung vorzulegen, so sei dies dahingehend zu verstehen, daß die Zustimmungsgesetze zu den Verträgen innerhalb der nächsten Tage im Parlament eingebracht würden. Dies würde natürlich noch nicht bedeuten, daß das Parlament sofort in Beratungen über die Verträge eintrete. Wann dies der Fall sein wird, läßt sich im Augenblick noch nicht absehen, da es von verschiedenen parlamentarischen und außerparlamentarischen Faktoren abhängig sei. Herr de Gasperi bedaure deshalb, dem Herrn Bundeskanzler hierüber keine präzisere Auskunft in diesem Augenblick erteilen zu können." Vgl. VS-Bd. 55 (Büro Staatssekretär); B 150, Aktenkopien 1952.

231

Aufzeichnung des Staatssekretärs Hallstein

StS 2076/52 **17. November 1952**

I. Am Donnerstag, dem 13. November 1952 abends, hatte ich bei einem Abendessen in kleinem Kreis, zu dem Herr Monnet geladen hatte und an dem Herr Pleven, Herr Etzel, Frau Monnet und eine Dolmetscherin teilnahmen, Gelegenheit zu einem Gespräch mit Herrn Pleven über die politische Lage in Frankreich und im besonderen über den Stand des Problems der Ratifikation der Bonner Verträge durch die französische Nationalversammlung. Einer Weisung des Herrn Bundeskanzlers folgend wies ich Herrn Pleven zunächst auf die großen Nachteile hin, die mit einem Scheitern des Vertragswerkes verbunden sein würden, insbesondere die Zerstörung einer Chance, die Beziehungen zwischen Frankreich und Deutschland dauerhaft zu entspannen und die Gefahr, daß sich in Deutschland, namentlich bei der in ihren europäischen Hoffnungen enttäuschten Jugend, der Rechtsradikalismus in einer bedrohlichen Weise entwickelt. Ich machte auch darauf aufmerksam, daß, wie die Kommunalwahlen in Deutschland[1] zeigten, der Fortbestand einer unklaren Lage in dieser wichtigen Frage zu Unsicherheit und Vertrauensschwund führen müsse. Die Politik des Kanzlers sei entscheidend mit der durch das Vertragswerk verfolgten Eingliederung der Bundesrepublik in den Westen verknüpft. In bezug auf die Entwicklung der Saarfrage äußerte ich unser Erstaunen, warum es in letzter Stunde nicht zu einer Einigung über eine gemeinsame Erklärung gegenüber den Saarinstanzen gekommen sei, nachdem sich die Standpunkte bereits beträchtlich genähert hatten. Ich belegte diese letzte Aussage durch wörtliches Zitat der zuletzt zwischen dem Kanzler und Herrn François-Poncet diskutierten Formeln.[2] Insbesondere, sagte ich, könnten wir nicht verstehen, warum nicht längst eine

1 Die Kommunalwahlen in Nordrhein-Westfalen, Niedersachsen und Rheinland-Pfalz fanden am 9. November 1952 statt.

2 Bundeskanzler Adenauer verhandelte mit dem französischen Hohen Kommissar vom 23. bis 25. Oktober 1952 über eine gemeinsame Erklärung zur Saarfrage. Am 23. Oktober 1952 legte François-Poncet folgenden Entwurf vor: „Les pourparlers entre la France et la République Fédérale d'Allemagne en vue de conférer à la Sarre un statut européen se poursuivent. Un accord sur les principes suivants est intervenu, étant entendu que le règlement qu'il prévoit est conclu sous réserve du Traité de Paix. L'autonomie politique de la Sarre sera garantie: le Gouvernement sarrois sera responsable devant un Parlement librement élu dans le cadre du statut. Ce statut sera placé sous le contrôle général d'un organisme européen, tel que le Conseil des Ministres de la Communauté Charbon-Acier ou le Comité des Ministres du Conseil de l'Europe. Les formes que revêtiront les relations économiques entre la France et la Sarre au fur et à mesure des progrès de l'intégration européenne feront l'objet d'une étude commune en vue d'un règlement dans lequel les intérêts français seront respectés. La population sarroise se prononcera en définitive sur ce statut que sera garanti par les Etats intéressés. Nous sommes convaincus que les négociations aboutiront à une conclusion positive dans un avenir prévisible. Dans cet esprit nous considérons comme désirable une prorogation de la législature actuelle." Vgl. Bundesarchiv Koblenz, N 1351 (Nachlaß Blankenhorn), Bd. 14b.
Nach dem Scheitern der Verhandlungen vermerkte François-Poncet am 31. Oktober 1952 zu dem französischen Entwurf: „Dans ce texte, c'est le mot d'autonomie, plus peut-être encore que la chose qui gêne le Chancelier. Il suggère de le remplacer, en allemand, par celui de ‚Selbstverwaltung' qui a, sans aucun doute, un sens beaucoup plus étroit, et rappelle l'autonomie administrative que l'on accorde aux communes et aux collectivités locales. En revanche, il accepte de faire mention, dans une incidente, de l'Union économique franco-sarroise et arrive, de la sorte, à une formule très voisine de celle que nous souhaitions, du moins en apparence." Vgl. Rapports, S. 829.

Prüfung der wirtschaftlichen Probleme durch Sachverständige in Gang gesetzt sei. Schließlich schnitt ich die Frage eines deutsch-französischen Studienkomitees für wirtschaftliche Zusammenarbeit an, die bei uns großes Interesse finde. Ich sagte, wir dächten uns die Sache unverbindlich so, daß führende Persönlichkeiten aus den Wirtschaften beider Länder sich zu Besprechungen zusammenfinden sollten. Ich führte schließlich Klage darüber, daß nach unseren Informationen Herr Pinay sich beeinflussen lasse durch Mitteilungen, die Männer wie Daladier auf Grund von Reisen nach Berlin und Unterhaltungen mit Herrn de Noblet[3] ihm gegenüber machten.[4]

1) Herr Pleven zeigte in der Frage der Ratifikation der Verträge Optimismus. Er sagte, daß die Angelegenheit nicht mit zuviel Ungeduld behandelt werden dürfe. Die Situation sei durchaus der bei dem Schumanplan vergleichbar, bei dem zunächst die Reaktion im französischen Parlament auch stark negativ gewesen sei und man sich habe Zeit lassen müssen, um die Unentschiedenen zu gewinnen. Im vorliegenden Fall kämen zwei besondere Gründe, die Entscheidung noch etwas hinauszuschieben, hinzu. Einmal sei es unerläßlich, zunächst eine verbindliche Verhandlung mit Herrn Eisenhower zu führen[5], und zwar sowohl über gewisse Fragen, die ausschließlich das amerikanisch-französische Verhältnis betreffen, sowie darüber, daß Herr Eisenhower auf die englische Regierung einen starken Einfluß ausübe, um sie zu einer noch eindeutigeren Bejahung der kontinental-europäischen Integration zu veranlassen. Dies letzte sei vor allem wichtig, weil von der Haltung Englands in dieser Frage die Stellungnahme der französischen Sozialisten abhänge. Das sei der zweite Grund, der zu einer gewissen Verzögerung führe, und aus diesem Grunde sei weiter wichtig, daß die Arbeiten an der politischen Organisation Europas möglichst rasch, wenn nicht formulierte Ergebnisse, so doch eine deutlich sichtbare Chance der Verwirklichung zeigten. Wenn das der Fall sei, dann sei den Sozialisten ein Hauptargument ihrer ablehnenden Haltung genommen. Zusammenfassend meinte er, daß es natürlich im französischen Parlament Kreise gebe, die dem Vertragswerk unter keinen Umständen zustimmten. Entscheidend sei es, diejenigen zu gewinnen, die nur unter bestimmten Bedingungen bereit seien, eine solche Zustimmung auszusprechen. Um diese zu gewinnen, sei übrigens wichtig, in wel-

[3] Am 4. Oktober 1952 nahm der französische Außenminister Schuman zu Spekulationen über französisch-sowjetische Geheimgespräche zur Aufrechterhaltung der deutschen Teilung Stellung: „Auch das Gerede um die Berliner Reise des früheren Ministerpräsidenten Daladier und die angebliche Fühlungnahme zwischen unserem politischen Ratgeber in Berlin, de Noblet, und General Tschuikow ist nichts anderes als pure Gerüchtemacherei". Vgl. den Artikel „Schuman dementiert Geheimbesprechungen"; FRANKFURTER ALLGEMEINE ZEITUNG vom 6. Oktober 1952, S. 1.

[4] Am 25. Oktober 1952 führte Generalkonsul Hausenstein, Paris, über den möglichen Einfluß des ehemaligen Ministerpräsidenten Daladier auf Ministerpräsident Pinay aus: „Daladier sei aus Berlin mit dem Argument zurückgekommen, daß das primäre Motiv des deutschen Handelns die Rückgewinnung der Ostgebiete sei und daß die Aufstellung der Europa-Armee in erster Linie unter diesem Gesichtspunkt von Deutschland konzipiert werde." Diese und ähnliche Informationen hätten bei Pinay „das Gefühl ausgelöst, daß er ohne genügende Garantien bewogen werden sollte, an den Saarlandtag die Aufforderung zur Verschiebung der Wahlen abzugeben". Einschränkend fügte Hausenstein hinzu: „Im einzelnen ist die Richtigkeit dieser Mitteilung gar nicht zu überprüfen. Immerhin zeigt die Entwicklung [...], daß untergeordnete Dinge genügen, um den mißtrauischen und empfindlichen Pinay, zumal in einer derart nervösen Atmosphäre, zu beeinflussen." Vgl. den Schriftbericht Nr. 4032; B 10 (Abteilung 2), Bd. 987.

[5] Dwight D. Eisenhower wurde am 4. November 1952 zum amerikanischen Präsidenten gewählt. Die Amtseinführung fand am 20. Januar 1953 statt.

cher Form der Bundeskanzler die Frage bei der Ratifizierung im Bundestag präsentiere. Es komme alles darauf an, daß die europäische Perspektive unter den deutschen Motiven eine Hauptrolle spiele und nicht irgendwelche nationalegoistischen Beweggründe.

Unter den letzteren spiele die Sorge, daß die europäische Armee durch den deutschen Partner in einen Krieg mit den Russen hineingezogen werde, eine große Rolle, und deshalb seien Vorgänge wie die Rede von Ramcke[6] so bedauerlich. Als ich Herrn Pleven in diesem Zusammenhang darauf hinwies, daß an keiner irgendwie verantwortlichen Stelle in Deutschland der Gedanke an einen Krieg zur Wiedergewinnung der Sowjetzone auch nur erwogen werde, und ich mich insoweit auch insbesondere für die Stimmung unter der Jugend verbürgte, bemerkte er, daß es gut wäre, wenn eine derartige Versicherung gelegentlich an Herrn Queuille herangebracht werden könnte (Anmerkung: Die Bemerkung ist deshalb interessant, weil wir aus einem Bericht unserer Mission in Paris wissen, daß Queuille durch die Ramcke-Rede zu einer Änderungen seiner Haltung in der Frage der Verträge veranlaßt worden ist).

2) Über die Entwicklung der Saargespräche habe Herr Schuman ausführlich im Kabinett berichtet. Der entscheidende Grund für seine Empfehlung, der das Kabinett gefolgt sei, unsere Formel nicht zu akzeptieren, sei der, daß er Zweifel gehabt habe, ob unter der deutschen Formel die Bundesregierung und die französische Regierung nicht völlig verschiedene Dinge verständen, und eine so unklare Situation habe Herr Schuman nicht zum Ausgangspunkt für die weitere Entwicklung der Saarfrage machen wollen.

3) Die wirtschaftliche Kooperation zwischen Frankreich und Deutschland könne er sich vorläufig nur auf dem Wege über die Aufträge für die Rüstungswirtschaft vorstellen. Hierfür sei das zuständige Organ zunächst der Interimsausschuß der Europäischen Verteidigungsgemeinschaft, später das Generalkommissariat der EVG. Eine aktuelle Zusammenarbeit sei deshalb schwierig, weil man den Charakter der Aufträge, die an beide Wirtschaften zu erteilen seien, erst wisse, wenn die Typen der Ausrüstung feststünden, was bisher nicht der Fall sei. Er meinte, daß, sobald diese Voraussetzung erfüllt sei, man die Produzenten beider Wirtschaften einfach zu Angeboten auffordern werde, und daraus ergebe sich dann die Zusammenarbeit und auch die im Interesse des wirtschaftlichen Ausgleichs zwischen den beiden Volkswirtschaften notwendige Arbeitsteilung. Er empfahl, die Sache mit Alphand zu besprechen, dort könne sie am ehesten gefördert werden.

II. Dem Herrn Bundeskanzler[7] vorzulegen.

Hallstein

B 2 (Büro Staatssekretär), Bd. 25

[6] Generalleutnant a. D. Ramcke führte am 26. Oktober 1952 in Verden an der Aller vor 5000 ehemaligen Angehörigen der Waffen-SS aus: „Die wahren Kriegsverbrecher sind jene, [...] welche diesen unseligen Frieden machten, ganze Städte ohne taktische Gründe vernichteten, die Atombombe auf Hiroshima abwarfen und neue Bomben dieser Art herstellen. Für uns ist es eine Ehre, auf der schwarzen Liste des Feindes gestanden zu haben, und die Zukunft wird uns lehren, von neuem diese Liste als eine Ehrenliste zu betrachten." Vgl. den Artikel „Ramcke zur Kriegsverbrecherfrage"; NEUE ZÜRCHER ZEITUNG vom 28. Oktober 1952, Blatt 1.

[7] Hat Bundeskanzler Adenauer am 22. November 1952 vorgelegen.

232

Aufzeichnung des Ministerialrats Vialon, Paris

232-17 II 3177/52 **18. November 1952**[1]

Streng vertraulich![2]

Herrn Minister vorzulegen.[3]

Betr.: Pariser Konferenz zur Schaffung einer europäischen Armee; äußerer Stand der Konferenz

Über den Stand der Pariser Konferenz berichte ich wie folgt:

1) Politische Situation

Der Vertrag wird von den Konferenzstaaten noch völlig ernst genommen.

Die Ratifikation des Vertrags durch die anderen Staaten wird sich an die deutsche Ratifikation anschließen, sobald Frankreich den Vertrag angenommen hat.

Die maßgebenden politischen Kreise in Paris (außer den Militärs) zweifeln ebenso wie die französische Bürokratie nicht an der Ratifikation des Vertrages durch Frankreich.

Ob Frankreich es nicht wagen kann, den Vertrag abzulehnen, lasse ich dahingestellt.

Es wird aber versuchen, bis zum Zeitpunkt der Ratifikation mit deren Unsicherheit noch einige Geschäfte zu machen.

In dem jetzigen politischen Wirrwarr ist ein Zurückgehen auf die einzig vorhandene solide Grundlage, nämlich den Verteidigungsvertrag, der sicherste Ausweg.

Anhaltspunkt zur Erkenntnis der realistischen französischen Vorstellungen ist, daß nach einer Anordnung Alphands der Haushaltsplan des Interimsausschusses sich auf einen Zeitraum bis zum 30. Juni 1953 erstrecken soll.[4]

1 Hat Ministerialdirektor Blankenhorn am 21. November 1952 vorgelegen, der die Weiterleitung an Bundeskanzler Adenauer verfügte und handschriftlich vermerkte: „Interessanter Bericht, aus dem gewisse Folgerungen gezogen werden sollten."
Am 12. Dezember 1952 notierte Regierungsrat Merfels handschriftlich, daß Staatssekretär Hallstein eine Abschrift erhalten habe.
Hat Gesandtem I. Klasse Ophüls am 15. Dezember 1952 vorgelegen, der handschriftlich die Weiterleitung an Referent von Klewitz verfügte.
Hat Klewitz am 8. Januar 1953 vorgelegen.

2 Die Worte „Streng vertraulich" wurden handschriftlich eingefügt.

3 Hat Bundeskanzler Adenauer laut handschriftlichem Vermerk des Regierungsrats Merfels vorgelegen.

4 Am 18. Dezember 1952 notierte Ministerialrat Vialon, Paris, über das Budget des Interimsausschusses für das Jahr 1953: „Der Voranschlag des allgemeinen Verwaltungssekretariats für die Kosten des Interimsausschusses in der Zeit ab 1. Januar 1953 wird dem Lenkungsausschuß in der ersten Januarsitzung vorgelegt werden. [...] Das Dilemma, daß die Franzosen und Holländer ein halbjähriges Budget, die deutsche Seite nur ein vierteljähriges wünschten, wurde dadurch überbrückt, daß die Ausgabemittel auf Grund eines halbjährig aufgestellten Haushaltsplans nur bis zum 31. 3. 1953 bewilligt werden sollen." Vgl. VS-Bd. 6732 (EVG-Delegation); B 150, Aktenkopien 1952.

2) Fortgang der Arbeiten

Wesentliche Fortschritte hat die Konferenz seit der Sommerpause nicht gemacht, nur ein einzelnes der vielen Hauptprobleme ist gelöst worden.[5] Auch in den Details sind die Schwierigkeiten unverkennbar; sie rühren z.T. daher, daß erst jetzt die Klärung gewisser Grundbegriffe stattfindet.

Einzelne Spezialausschüsse haben den Konferenzstoff inzwischen weit überrundet; sie bedrohen durch ihre Festlegungen das gleichmäßige Vorankommen in den Hauptausschüssen.

3) Die dem Interimsausschuß gestellte Aufgabe

Der Interimsausschuß soll die Texte der Verordnungen und Anordnungen vorbereiten, die nach dem Inkrafttreten der Verträge durch Ministerrat und Kommissariat erlassen werden. Im wesentlichen werden diese Texte zu gegebener Zeit durch einstimmige Beschlüsse des Ministerrats angenommen werden müssen; aus diesem Grunde verfährt die Konferenz bei ihrer Vorbereitung bislang so, als ob die Teilnehmerstaaten selbst diese Texte zu verabschieden hätten.

Für die später dem Kommissariat zur Entscheidung überlassenen Fragen ist die Handhabung die gleiche; sie ist sehr unzweckmäßig. Es müßte genügen, Meinungen und Vorschläge zu sammeln.

Den Kommissaren können und dürfen keine bindenden Weisungen für ihre Geschäftsführung gegeben werden. Die Vertreter im Ministerrat sind dagegen solchen Weisungen zugänglich; Kabinettswechsel können aber Änderungen der bisherigen Auffassungen der Regierungen mit sich bringen. Die vom Interimsausschuß gefundenen „Lösungen“ sind daher nur vorläufiger Art und keine Garantie für ihre Annahme durch Ministerrat und Kommissariat. Dies bedeutet, daß heute viel zu viel Gewicht auf die Dinge gelegt wird.

4) Allgemeiner Ausblick

Es ist ausgeschlossen, den Konferenzstoff bis zum Inkrafttreten der Verträge so zu bewältigen, daß alle Organe der EVG in verhältnismäßig kurzer Zeit nach der Ratifikation voll arbeitsfähig sein werden. Dies gilt auch, wenn das Inkrafttreten der Verträge erst im Juli 1953 stattfindet. Eine Reihe wichtigster Fragen wird zwangsläufig erst nach der Ratifikation geklärt werden, darunter vielleicht sogar die Sitzfrage, sicher aber sehr viele Personalfragen.

Die stofflichen Schwierigkeiten kommen hinzu; die Integration ganzer Verwaltungen ist ohne Beispiel.

Der Konferenz gelang die Unterzeichnung des Vertrages im Mai 1952, weil eine Reihe wichtiger und besonders umstrittener Fragen in den Interimsausschuß vertagt wurden. Nach allen Erfahrungen wäre es ein schwerwiegender Irrtum zu glauben, daß nach der Unterzeichnung die Lösung dieser Fragen einfacher geworden wäre. Die Folgerung aus dieser Erkenntnis kann nur sein: Erst muß die EVG überhaupt entstehen, um den nötigen Zwang zur Lösung der Probleme zu schaffen. Bis dahin kann jeder Staat dieses Problem nach Belieben dazu be-

5 Am 5. November 1952 informierte Vortragender Legationsrat von Kessel, Paris, das Auswärtige Amt, daß sich der Interimsausschuß in seiner Sitzung vom 4. November 1952 über die „Gliederung des Kommissariats“ endgültig geeinigt habe. Das Kommissariat solle neun Mitglieder, darunter einen Präsidenten und einen Vize-Präsidenten, umfassen. Vgl. den Schriftbericht Nr. 138; B 10 (Abteilung 2), Bd. 1063.

nützen, um Stimmung gegen die Ratifikation zu machen oder mit der Erschwerung der Vertragsannahme zu drohen.

Im einzelnen ist festzustellen:

Da beispielsweise fast alle organisatorischen Fragen noch schweben, ist den Ausschüssen nichts anderes übrig geblieben, als die fachliche Arbeit nach ihren eigenen Konzeptionen aufzubauen. Ein Mangel besteht ferner darin, daß durch die unkontrollierte Ausweitung des Interimsausschusses die nationalen Einflüsse sich verstärkt und die Tendenzen zur Gewinnung von Lösungen aus dem Geist und Zweck des Vertrags sich abgeschwächt haben. Für die Vermehrung der zentrifugalen Kräfte bietet die deutsche Delegation ein besonders gutes Beispiel.

Die Inangriffnahme des ganzen Konferenzstoffs auf breitester Basis bringt es außerdem mit sich, daß die eigentlichen Schwerpunkte der Arbeit nicht mehr erkannt werden.

5) Die deutsche Delegation

Die deutsche Delegation ist die weitaus stärkste aller an der Konferenz teilnehmenden Delegationen. Sie umfaßt zur Zeit über 230 Personen und wird trotz aller Ankündigungen täglich größer. Da die Franzosen ihre Mitarbeiter den vorhandenen militärischen und zivilen Stellen entnehmen, fällt die deutsche Delegation, die sich ausschließlich dem Konferenzgeschäft widmet, besonders stark auf. Für jeden Kenner der Pariser Verhältnisse ist damit das Erforderliche gesagt.

6) Dringliche Erfordernisse

Bei dem Versuch eines Querschnittes stellen sich einige Erfordernisse als besonders dringlich heraus:

a) Die für das Kommissariat deutscherseits vorzuschlagenden zwei Persönlichkeiten sollten baldigst ausgewählt werden. Es wäre sehr wertvoll, die beiden Herren, die wohl Politiker sein werden, mit dem Stoff vertraut zu machen und auf die künftige Aufgabe vorzubereiten. Der auf die Mitglieder des Kommissariats in den ersten Tagen einstürmende Stoff wird unvorstellbar groß sein. Für die deutschen Interessen steht viel auf dem Spiel, wenn erst zu diesem Zeitpunkt die Auswahl vorgenommen wird. Bis zum Inkrafttreten des Vertrages könnten die beiden Persönlichkeiten durch Teilnahme an Bonner Besprechungen auf höherer Ebene und durch das laufende Studium der Dokumente die nötige Fühlung gewinnen.

b) Von den leitenden Posten unterhalb der Kommissare wird die Bundesrepublik voraussichtlich ebenfalls zwei besetzen können. Es wäre wichtig, gelegentlich mit den übrigen Konferenzteilnehmern eine Einigung über die in Betracht kommenden Stellen herbeizuführen, damit die Auswahl auch dieser einflußreichen Männer frühzeitig vorgenommen werden kann. Die Verantwortung und Arbeitslast, die die verantwortlichen Ratgeber der Kommissare in den ersten Wochen des Bestehens der EVG treffen, sind so groß, daß die Besetzung der Stellen weitschauend geplant und vorbereitet werden muß. Es ist kein Zweifel, daß die Franzosen eine solche Planung schon vorgenommen haben.

c) Die Konferenz krankt daran, daß in den Ausschüssen Personen mitwirken, die wegen der Bearbeitung nur von Detailfragen einen sehr starren Standpunkt bei der Verfolgung sogenannter nationaler Interessen und der Beibehaltung bestehender nationaler Einrichtungen einnehmen. Eine zweite Gruppe wird durch Personen gebildet, die in der EVG nur zu gewinnen, aber nichts zu verlieren haben. Die dritte, zahlenmäßig kleinste Gruppe bilden unabhängige Sachverständige, denen es nur auf die Auffindung einer praktisch gut brauchbaren Konstruktion ankommt und die daher weder idealistisch europäische, noch althergebrachte nationale Lösungen bevorzugen.

   Es liegt sehr im deutschen Interesse, auch auf der Ebene der maßgebenden Mitarbeiter unterhalb der Kommissare und Direktionspräsidenten gewisse personelle Vorentscheidungen zu treffen. Einem auf diese Weise gebildeten engeren Rat des Delegationschefs könnte die Koordinierung der maßgebendsten Fragen anvertraut werden, so wie dies in den entscheidenden Monaten der Konferenz praktisch der Fall war.

d) Die Größe der Delegationen, insbesondere der deutschen, bedeutet bis zum Inkrafttreten des Vertrags eine ernste Bedrohung des Zustandekommens der Gemeinschaft. Dies mag erstaunlich klingen, entspricht aber bereits der Erfahrung. Rückschauend betrachtet, wäre es wesentlich besser gewesen, die Konferenz nur im kleinsten Kreise fortzusetzen, anstatt durch die Behandlung der Themen auf breitester Basis ununterbrochen neue Reibungspunkte herzustellen. Es ist ein offenes Geheimnis, daß den meisten Teilnehmerstaaten die mit der Europa-Armee zu erwartenden Änderungen ihrer militärischen und zivilen Struktur erst nach der Unterzeichnung des Vertrags bewußt geworden sind und daß diese Erkenntnisse vielleicht die ernstesten Feinde des Verteidigungsvertrags sind.

   Solange es noch Zeit ist, sollten daher die Delegationen zahlenmäßig radikal eingeschränkt und die zu behandelnden Themen auf das Grundsätzliche beschnitten werden.

Wird diesen Empfehlungen entsprochen, sind die oben angeregten personellen Vorentscheidungen naturgemäß noch wichtiger. Aber es darf mit aller Überzeugung versichert werden, daß eine kleinere Elite an brauchbaren Kompromissen mehr erreicht als eine riesige Delegation.

7) Über die besonderen finanziellen Fragen berichte ich anschließend.

gez. Dr. Vialon

B 10 (Abteilung 2), Bd. 1062

233

Aufzeichnung des Gesandten I. Klasse Ophüls, Paris

20. November 1952[1]

Vorschlag einer Europäischen Gemeinschaft für Außenpolitik und Koordination

I. Notwendigkeit einer umfassenden weiteren Integration

Eine Reihe von Gründen drängt im gegenwärtigen Zeitpunkt zu einer neuen, umfassenden Integration.

Diese Gründe liegen

– teils in der Notwendigkeit, die Politik der Gemeinschaft nach außen einheitlich zu lenken (A),

– teils in der Notwendigkeit, die bisherigen und zukünftigen Integrationen im Innern der Gemeinschaft zu koordinieren (B).

Wird diesen Notwendigkeiten entsprochen, so sind damit gleichzeitig die entscheidenden Schritte zur Erreichung des allen bisherigen Integrationen zugrunde liegenden Fernziels, nämlich zur politischen Föderation Europas, getan.

II. Einzelheiten hierzu

Im einzelnen bestehen folgende Notwendigkeiten äußerer und innerer Koordination:

(A) Äußere Koordination

1) Sowohl der Schumanplan wie der Entwurf der Europäischen Verteidigungsgemeinschaft enthalten Bestimmungen über das Verhältnis der Gemeinschaft zu dritten Staaten und zu internationalen Organisationen außerhalb der Gemeinschaft. Die Wahrnehmung dieser Beziehungen ist den Organen dieser speziellen Gemeinschaften übertragen. Das ist jedoch nur eine behelfsmäßige Lösung. Beide Male handelt es sich um die Außenpolitik der Gemeinschaft: einmal auf dem Gebiet der Grundstoffindustrien, das andere Mal auf dem Gebiet der Verteidigung. Beide Male können die Aufgaben nicht unter dem speziellen Gesichtspunkt des Kohle- oder Verteidigungsspezialisten erledigt werden. Sie müssen vielmehr aufeinander abgestimmt und in den Rahmen allgemeiner Erwägungen eingespannt werden. Das kann nur eine Stelle tun, die außerhalb der speziellen Integration steht, wie im Einzelstaat das Außenministerium außerhalb der Fachministerien.

2) Die speziellen Integrationen erfordern darüber hinaus Entscheidungen, deren Schwergewicht außerhalb des Fachgebietes liegt und welche die Mitgliedstaaten als Ganzes in entscheidende Mitleidenschaft ziehen. Das ist besonders bei der Verteidigungsgemeinschaft der Fall. Die Entscheidung über die Verwendung der europäischen Streitkräfte bedeutet in Wirklichkeit eine Entscheidung über Krieg und Frieden für alle Mitgliedstaaten. Die Entscheidung über die auswärtige Hilfe bedeutet eine Entscheidung über die Gesamtheit der Wirtschafts- und Finanzpolitik der Gemeinschaftsstaaten im Verhältnis zur Außenwelt.

[1] Abschrift.

Diese großen Entscheidungen der Außenpolitik können erst recht nicht im Rahmen der speziellen, bisher bestehenden Integrationen getroffen werden.

3) Das Gewicht dieser Entscheidungen bringt es ferner mit sich, daß auch auf den Gebieten, die nicht unmittelbar davon berührt werden, die Außenpolitik der Gemeinschaftsstaaten nicht ohne Koordination bleiben kann. Wenn die Gemeinschaftsstaaten nur zusammen in den Krieg eintreten können, so können sie nicht mit ihrer gemeinsamen Politik bis zu diesem Zeitpunkt warten. Die Gemeinsamkeit des Schicksals in der äußersten Eventualität des Politischen zieht die Notwendigkeit nach sich, auch in früheren Stadien zusammenzuarbeiten. Das gilt insbesondere für die Haltung in der Atlantikpaktorganisation, ggfs. auch in der UNO.

4) Schließlich kommen auch auf dem technischen Sondergebiet des Außenpolitischen Integrationen von erheblicher praktischer und propagandistischer Wirkung in Frage (Europäischer Paß usw.). Zur Vorbereitung dessen bedarf es ebenfalls einer besonderen, auf dem außenpolitischen Gebiet arbeitenden Einrichtung.

(B) Innere Koordination

Auch im Innern der Gemeinschaft ist eine Koordinierung erforderlich, die über den Rahmen dessen hinausgeht, was innerhalb der vorhandenen speziellen Integrationen möglich ist. Insbesondere muß abgestimmt werden

- das Verhältnis der Gemeinschaften zueinander;
- das Verhältnis der jeweiligen Gemeinschaft zu den Mitgliedstaaten unter Berücksichtigung der anderen Gemeinschaften.

Diese Koordinierung ist mit der Koordination nach außen auf das engste verknüpft. Sie ist unentbehrlich, wenn die gegenwärtige territoriale Zerspaltenheit nicht einem noch schlimmeren Wirrwarr funktioneller Integrationen Platz machen soll. Eine Integration der Integrationen ist auch insoweit das Gebot der Notwendigkeit.

Hierunter würden folgende Aufgaben fallen:

5) Die Koordinierung der speziellen Integrationsgemeinschaften miteinander wirft schwerwiegende Fragen auf, deren sich zur Zeit keine Stelle mit Nachdruck annimmt. Das gilt insbesondere von der Verteilung der Rüstungsproduktion und den Vorproduktionen auf die einzelnen Staaten. Nach den Grundsätzen des Schumanplans müßte diese entsprechend dem ökonomischen Prinzip vor sich gehen. Die bisherigen Grundsätze der Verteidigungsgemeinschaft aber lassen nur eine Verteilung nach Maßgabe des Devisenaufkommens zu; also eine im eigentlichen ökonomischen Sinn unvernünftige Verteilung.

Die Lösung kann hier nur auf höherer Ebene gefunden werden, durch Abbau etwa von Devisenbeschränkungen, Schaffung einer einheitlichen Währung und dergleichen.

6) Ähnliche Probleme tauchen auch im Verhältnis der Gemeinschaften zu den Einzelstaaten auf. Auch hier ist die Lösung aus dem speziellen Gedankenkreis der einzelnen Integrationen nicht möglich, und es bedarf allgemeiner, überprüfender Erwägungen und Entscheidungen.

7) Eine Koordination ist ferner nötig, um sicherzustellen, daß auch bei den in Angriff zu nehmenden neuen Integrationen von vornherein ein bestimmter Gesamtplan verfolgt wird und daß die Erfahrungen einer Integration für andere nutzbar gemacht werden.

Bereits jetzt hat sich die Gefahr gezeigt, daß bei jeder neuen Integration wieder ab ovo nach neuen Prinzipien begonnen wird.

Wenn im weiteren Fortgang der Integrationen Doppelarbeit und Widersprüche vermieden werden sollen, ist daher eine Koordinierung in einer übergeordneten Stelle nicht zu entbehren.

III. Notwendige Maßnahmen

Die zur Lösung dieser Probleme in Betracht kommenden Maßnahmen würden sich nach Bedeutung und Inhalt etwa wie folgt gliedern:

1) Maßnahmen von besonderer Bedeutung, nämlich:

a) wichtige Einzelentscheidungen

(A) in Fragen der Außenpolitik der Gemeinschaft

(B) zur Koordinierung bei Konflikten der speziellen Gemeinschaften;

b) allgemeine Richtlinien

(A)

– für die Führung der Außenpolitik der Gemeinschaft,

– für die Abstimmung der damit zusammenhängenden Außenpolitik der Mitgliedstaaten,

(B)

– für die Koordination der Gemeinschaften,

– für Entscheidungen auf dem Gebiet der einzelnen Sondergemeinschaften, die für die Einzelstaaten besondere Bedeutung haben (z.B. bei der Verteidigungsgemeinschaft: Wirtschafts- und Finanzfragen);

c) Konsultationen
hinsichtlich der allgemeinen Politik der Mitgliedstaaten, auch soweit sie nicht mit Fragen der Gemeinschaft zusammenhängen.

2) Maßnahmen geringerer Bedeutung, nämlich:

a) laufende Wahrnehmung der außenpolitischen Beziehungen der Gemeinschaft

– laufende Vorbereitung sonstiger außenpolitischer Entscheidungen,

– Vorbereitung von technischen Maßnahmen, deren Schwergewicht auf außenpolitischem Gebiet liegt;

b) laufende Koordination zwischen den verschiedenen Integrationen im Innern der Gemeinschaft;

c) Planungsarbeiten

– für weitere Integrationen,

– zum verfassungsmäßigen Gesamtaufbau insbesondere zur Schaffung eines echten europäischen Parlaments und Gesetzgebungsverfahrens.

IV. Notwendige Einrichtungen

Die neu erforderlichen Einrichtungen wären im Anschluß an die Organe der bestehenden Gemeinschaften und in Analogie zu entsprechenden staatlichen Einrichtungen auszubilden. Sie wären von vornherein so zu organisieren, daß sie den Übergang zu entwickelten und differenzierteren Formen europäischer Organisation offenhalten und erleichtern.

Im einzelnen wären hiernach für die neue Integration vielleicht folgende Einrichtungen vorzusehen:

1) Ein „Großer Rat“

Maßnahmen besonderer Bedeutung können in dem gegenwärtigen Übergangsstadium wohl nur von einem ausgesprochen föderativen Organ getroffen werden. Man könnte deshalb hierfür einen von den Mitgliedstaaten zu beschikkenden „Großen Rat“ – in Analogie etwa zu dem Bismarck'schen Bundesrat – vorsehen.

Dieser würde aus den Ministerpräsidenten oder in deren Vertretung aus den Außenministern bzw. deren Stellvertretern bestehen.

Bei Beratungen besonders wichtigen Charakters würden außerdem die Mitglieder des Ministerrats der Montangemeinschaft und der Verteidigungsgemeinschaft teilnehmen. In besonderen Fällen könnten sie durch die Minister, die in den Organen dieser Gemeinschaft nicht sitzen (Finanzminister usw.), verstärkt werden.

Der „Große Rat“ würde ein ständiges Sekretariat von nationalen Vertretern unterhalten (etwa in Botschafter- und Gesandtenrang).

Der „Große Rat“ würde sowohl auf dem Gebiet der äußeren wie der inneren Koordination für die allgemeinen Richtlinien und für besondere Einzelentscheidungen zuständig sein. In ihm würden sich die Konsultationen über die Außenpolitik vollziehen.

Er würde gegenüber dem europäischen Außen- und Planungsamt dieselbe Rolle haben wie in der Montangemeinschaft und der Verteidigungsgemeinschaft der dortige Ministerrat gegenüber der Hohen Behörde und dem Kommissariat.

Er würde ferner an Stelle der Ministerräte der Montan- und Verteidigungsgemeinschaft die für diese vorgesehenen Entscheidungen, Richtlinien und einstimmigen (verfassungsändernden) Zustimmungen beschließen.

2) Eine Europäische Kommission und ein Europäisches Außen- und Planungsamt

Die laufenden Geschäfte, entsprechend den Regierungsgeschäften im Einzelstaat, könnten hingegen schon jetzt von europäischen Organen integrierten Charakters wahrgenommen werden.

Hierbei wären, je nach Wichtigkeit, zwei Ebenen zu unterscheiden:

a) Die Europäische Kommission (vergleichbar einem Rumpfkabinett)

Sie würde bestehen aus dem Präsidenten der Hohen Behörde der Montanunion, dem Präsidenten des Verteidigungskommissariats und dem Präsidenten des neu zu schaffenden Außen- und Planungsamts. Der letztere würde den Vorsitz haben.

Die Kommission würde nach Art eines Kabinetts die wichtigen Entscheidungen treffen, die über die Zuständigkeit der drei Sondergemeinschaften (Montangemeinschaft, Verteidigungsgemeinschaft und Außen- und Planungsamt) hinausgehen, soweit diese nicht wegen ihrer besonderen Art und Bedeutung zur Zuständigkeit des „Großen Rats“ gehören.

b) Ein Außen- und Planungsamt (vergleichbar einem Auswärtigen Amt und Kanzleramt)

Es würde auf dem Gebiet der äußeren und inneren Koordination die Maßnahmen des „Großen Rats“ und der Kommission vorbereiten und die weniger wichtigen laufenden Geschäfte auf diesem Gebiet, insbesondere etwaige Vermittlungen u. dgl., wahrnehmen. Es würde also die Funktionen eines Bundeskanzleramts, eines Auswärtigen Amts und z. T. eines Bundesratsministeriums haben. Es könnte umfassen:

a) eine Hauptabteilung für auswärtige Angelegenheiten (einschließlich der bisher für die Organe der Montangemeinschaft und der Verteidigungsgemeinschaft vorgesehenen diesbezüglichen Aufgaben);

b) eine Hauptabteilung für interne Koordination (einschließlich der Federführung bei der Bearbeitung von Fragen, die für mehrere Sondergemeinschaften wichtig sind);

c) eine Hauptabteilung für Fortentwicklung und Planung (insbesondere für Neuintegrationen und verfassungsmäßige Fortentwicklung);

d) eine Sonderabteilung Allgemeine Wirtschaft (als Keim eines künftigen europäischen Wirtschaftsministeriums);

e) eine Sonderabteilung Finanzen (als Keim eines künftigen europäischen Finanzministeriums).

3) Das Parlament

a) Für die Weiterentwicklung des Parlaments sind schon in den bisher bestehenden Integrationen Ansatzpunkte vorhanden. Insbesondere soll die Versammlung der Verteidigungsgemeinschaft bereits als Konstituante eines künftigen europäischen Parlaments wirken. Diese Ansatzpunkte wären auszubauen und unter Mitarbeit der entsprechenden Hauptabteilung des Außen- und Planungsamts zu fördern.

b) Außerdem würde schon jetzt die Versammlung, die gemeinsam für alle Integrationen zu konstruieren wäre, die parlamentarische Kontrolle gegenüber dem Außen- und Planungsamt in der gleichen Weise übernehmen wie gegenüber der Hohen Behörde der Montanunion und dem Verteidigungskommissariat.

4) Der Gerichtshof

Der Gerichtshof wäre, was grundsätzlich schon anerkannt ist, als gemeinsamer Gerichtshof für alle Integrationen, nötigenfalls mit verschiedenen Senaten, auszugestalten.

Er würde ferner als neue Aufgaben die Entscheidung von Kompetenzstreitigkeiten zwischen den Organen verschiedener Gemeinschaften haben, soweit diese juristischer Natur sind, sowie den Einzelstaaten als Verfassungsgerichtshof dienen, falls diese glauben, daß die Entscheidungen höchster Ebene vertragswidrig sind.

Im übrigen könnten auch auf juristischem Gebiet bereits jetzt weitere Vereinheitlichungen in Angriff genommen werden.

V. Einzelheiten der Vorschläge

Die Einzelheiten der gemachten Vorschläge sind weiter erläutert durch:

- das anliegende Organisationsschema der neuen Gesamteinrichtung (Anlage 1)[2],
- ein Organisationsschema des Außen- und Planungsamts (Anlage 2)[3],
- eine vorläufige Skizze der hauptsächlichen Artikel eines Vertragsentwurfs (Anlage 3)[4].

gez. Ophüls

VS-Bd. 123 (Büro Staatssekretär)

234

Aufzeichnung des Vizekonsuls Sigrist

25. November 1952

Aufzeichnung über eine Besprechung betreffend die nächsten Maßnahmen der Bundesregierung in der Frage der arabischen Proteste.

Leitung: MD Blankenhorn

Anwesend: Dr. Kordt, von Etzdorf, von Haeften, Dr. Munzel, Botschafter Prüfer, Professor Kaufmann.

Fortsetzung der Besprechung vom Samstag, den 22. November 1952[1].

MD Blankenhorn berichtete zunächst von der Unterredung, die der Herr Bundeskanzler mit Botschafter Pawelke gehabt hat.[2] Der Herr Bundeskanzler wolle den Anregungen Botschafters Pawelkes entsprechen und eine Formel suchen, die den arabischen Staaten gestatte, das Gesicht zu wahren. Botschafter Pawelke habe gemeint, General Naguib sei schon befriedigt, wenn die UN eingeschaltet würden, unabhängig von der zu erwartenden Entscheidung und von einer

2 Dem Vorgang nicht beigefügt.

3 Dem Vorgang nicht beigefügt.

4 Dem Vorgang nicht beigefügt.

1 Zu der Besprechung notierte Ministerialdirektor Blankenhorn am 22. November 1952: „Lange Besprechung der arabischen Frage mit Pawelke und den Sachverständigen. Pawelke berichtet über seine Verhandlungen mit Naguib, der eine ‚face saving formula‘ wünscht, um seine arabischen Freunde zu besänftigen. Eine solche soll unter Mitwirkung der UNO gefunden werden [...]. Einigkeit besteht darin, daß eine Befassung der UNO mit großen Schwierigkeiten verbunden ist; jedenfalls bedarf es des Einverständnisses der israelischen Regierung. Die Ratifikation soll nicht verschoben werden.“ Vgl. Bundesarchiv Koblenz, N 1351 (Nachlaß Blankenhorn), Bd. 15.

2 Botschafter Pawelke, Kairo, reiste am 21. November 1952 zur Berichterstattung nach Bonn. Die Unterredung mit Bundeskanzler Adenauer fand am 24. November 1952 statt. Vgl. dazu den Artikel „Pawelke bei Adenauer“; FRANKFURTER ALLGEMEINE ZEITUNG vom 25. November 1952, S. 3.

inzwischen vorgenommenen Ratifizierung. MD Blankenhorn teilt den Optimismus Botschafter Pawelkes nicht. Er glaubt, daß die arabischen Staaten nur mit einer in ihrem Sinne erfolgreichen Einschaltung der UN zufrieden wären. Darüber hinaus sei anzunehmen, daß die Araber verlangen würden, mit der Ratifizierung bis zur Entscheidung des Obersten Weltorgans zu warten.

Der Herr Bundeskanzler wolle die UN nur befassen in Übereinstimmung mit der Israel-Regierung. Herr Goldmann werde am Samstag[3] zu Besprechungen eintreffen.

Zur Vorbereitung weiterer Schritte, die vorbehaltlich der Zustimmung der Israel-Regierung unternommen werden sollen, wird beschlossen:

1) Entwurf einer Antwort auf das Memorandum von Daouk[4].

Herr von Etzdorf wird mit Professor Kaufmann, Herrn von Haeften und Herrn Frowein oder Herrn Brückner den vorliegenden Entwurf[5] redigieren. Die deutsche Note, die von den deutschen Missionschefs in Kairo und Damaskus für den jeweiligen Staat und in Kairo für die übrigen arabischen Staaten überreicht werden soll, soll am Schluß die Bereitschaft der Bundesregierung erklären, mit der Streitfrage die UN zu befassen.[6]

2) Professor Kaufmann übernimmt es, einen kurzen Antrag an die UN zu formulieren, der auf folgende Frage abgestellt werden soll: „Haben die arabischen

3 29. November 1952.

4 Am 31. Oktober 1952 überreichte die arabische Delegation unter Leitung des libanesischen Gesandten Daouk ein Memorandum. Darin wurde die Haltung der Staaten der Arabischen Liga zum Abkommen mit Israel vom 10. September 1952 dargelegt: „Die Arabische Delegation möchte zunächst zum Ausdruck bringen, daß die Araber keinerlei antisemitische Tendenzen hegen. Die Haltung der arabischen Regierungen gegenüber Israel wird also ausschließlich von dem natürlichen Selbsterhaltungstrieb bestimmt. Wenn nun die Bundesrepublik die moralische Pflicht empfindet, das an den europäischen Juden von einem früheren Regime begangene Unrecht wiedergutzumachen, so werden die arabischen Regierungen keine Ursache haben, dagegen Einspruch zu erheben. Das ist eine rein innerdeutsche Angelegenheit, die die arabischen Staaten nicht betrifft." Zahlungen an Israel seien jedoch abzulehnen, weil durch „deutsche Subventionen an Israel das Gleichgewicht im Mittleren Osten gestört" werde. Zudem könne Israel keine Zahlungen beanspruchen, da es „nicht der Rechtsnachfolger der verfolgten Juden" sei. Vgl. B 11 (Abteilung 3), Bd. 253.

5 Am 5. November 1952 legte Legationsrat I. Klasse Brückner Staatssekretär Hallstein den Entwurf für eine Antwort auf das Memorandum der arabischen Delegation vom 31. Oktober 1952 vor. Darin wurde ausgeführt: „1) Nach unbestrittenen völkerrechtlichen Grundsätzen liegt in dem Abschluß des deutsch-israelischen Vertrages keine Neutralitätsverletzung. Es ist vielmehr ein unabdingbares Recht eines nicht kriegführenden Staates, mit kriegführenden Staaten friedliche wirtschaftliche Beziehungen zu unterhalten. [...] 2) Es handelt sich nicht um Subventionen an die israelische Regierung, sondern um die Erstattung eines dem Staate Israel zugefügten Schadens, der diesem durch die Aufnahme von mittellosen Flüchtlingen entstanden ist, die in direkter oder indirekter Auswirkung nationalsozialistischer Maßnahmen gezwungen waren, ihre Heimat zu verlassen. 3) Der Staat Israel ist von der Bundesrepublik weder in dem Vertrag noch in anderem Zusammenhang als Rechtsnachfolger der verfolgten Juden anerkannt worden. Ein solcher Anspruch ist auch niemals von der israelischen Regierung erhoben worden. Die Wiedergutmachung an Israel wird nicht geleistet, weil dieser Staat das Weltjudentum repräsentiert, sondern als Beitrag für die Wiedereingliederung der auf israelischem Gebiet befindlichen Flüchtlinge. Es handelt sich, wie die Bundesregierung stets betont hat, um die Erfüllung einer moralischen Verpflichtung, die die rechtliche Verpflichtung zur individuellen Wiedergutmachung in keiner Weise berührt." Vgl. B 2 (Büro Staatssekretär), Bd. 17.

6 Zum Memorandum der Bundesregierung vom 12. Dezember 1952 an die Staaten der Arabischen Liga vgl. Dok. 248, Anm. 3.

Staaten auf Grund des Vertrages mit Israel, den wir ratifiziert haben[7], Anlaß zu friedenstörenden Maßnahmen (Boykott)?"

Dem Befassungsauftrag sollen beigefügt werden das Memorandum von Daouk, die deutsche Antwort und der Vertrag mit Israel.

Die Entwürfe zu 1) und 2) sollen möglichst am Donnerstag[8] dem Herrn Bundeskanzler vorgelegt werden.

3) MD Blankenhorn wird in einem Gespräch mit Botschafter Donnelly zu klären suchen, wie die Amerikaner dieses Vorgehen beurteilen.

4) Am Samstag will der Herr Bundeskanzler mit Herrn Goldmann die Stellungnahme Israels erörtern.

Es soll noch geprüft werden, ob der Antrag an die Vollversammlung der UN durch die Bundesregierung oder durch ein Mitglied der Vereinten Nationen gestellt werden soll. Ein kurzer Überblick über die etwa in Frage kommenden Staaten führte zu dem Schluß, daß die Bundesregierung voraussichtlich selbst den Antrag stellen müsse.

Gesandter von der Esch soll wegen der Unruhen im Irak[9] so schnell wie möglich nach Damaskus zurückkehren, vor seinem Rückflug aber noch vom Herrn Bundeskanzler empfangen werden. Er wird angewiesen werden, den Rückflug für nächsten Montag[10] vorzusehen. Botschafter Pawelke wird voraussichtlich nicht vor Mitte Dezember nach Kairo zurückkehren.[11]

Sigrist

B 2 (Büro Staatssekretär), Bd. 17

7 Der Bundestag nahm das Ratifizierungsgesetz zum Abkommen mit Israel am 18. März 1953 an.

8 27. November 1952.

9 Ministerpräsident el Umari trat am 21. November 1952 von seinem Amt zurück. Nach zweitägigen Unruhen wurde General Mahmud am 23. November 1952 durch königliches Dekret zum Nachfolger ernannt. Zu den ersten Maßnahmen der neuen Regierung gehörten die Verhängung des Ausnahmezustands, die Verhaftung der Anführer und die Auflösung aller Parteien.

10 1. Dezember 1952.

11 Botschafter Pawelke kehrte am 15. Dezember 1952 nach Kairo zurück.

235

Aufzeichnung des Referenten Schlegelberger

401-01 VI 19935/52 **27. November 1952**

Betr.: Kulturabkommen der Bundesregierung mit anderen Staaten

1) Kulturabkommen mit den Vereinigten Staaten

Die Verhandlungen über das Kulturabkommen mit den USA sind seit September 1951 in Gang. Die erste Anregung war anläßlich eines Bonner Besuchs von Mr. Henry Kellermann (State Department, Deutschland-Abteilung) an die Kulturabteilung herangetragen worden. Zu den Vorverhandlungen waren Ende des vorigen Jahres Vertreter des State Department nach Bonn gekommen. Im Verlauf der damals mündlich geführten Verhandlungen und im nachfolgenden Schriftwechsel mit der Kulturabteilung von HICOG ist ein Entwurf fertiggestellt worden[1], der die beiderseitige Zustimmung gefunden[2] und auch bereits dem Herrn Bundeskanzler vorgelegen hat.

Das Abkommen ist, wie alle von der Bundesregierung beabsichtigten derartigen Abkommen, ein Rahmenabkommen und soll ein grundsätzliches Einvernehmen über die wichtigsten Fragen der kulturellen Zusammenarbeit regeln. Hierzu gehören Fragen des Austauschs von Studenten und Professoren, Stipendien, Anerkennung der Zeugnisse, Ferienkurse, Zusammenarbeit der wissenschaftlichen Akademien, Bücher- und Filmaustausch u. a. m. Die nähere Regelung aller sich aus dem Abkommen später ergebenden einzelnen Projekte ist einer gemischten Kommission zugewiesen.

In einzelnen Punkten sind von der amerikanischen Seite, die zunächst, entsprechend den amerikanischen Gepflogenheiten beim Abschluß von Kulturabkommen, ein stärkeres Gewicht auf den Austausch von Informationen und Informationsmaterial gelegt hatte, eine Reihe von Zugeständnissen an den deutschen Standpunkt gemacht worden. Inzwischen sind von amerikanischer und deutscher Seite noch einige kleine stilistische Änderungswünsche eingebracht worden. Die endgültige amerikanische Antwort steht noch aus. Daher konnte auch die endgültige Genehmigung des Herrn Bundeskanzlers noch nicht eingeholt werden.

Sobald diese vorliegt, hätte das Abkommen Gegenstand einer Kabinettsvorlage zu werden. Seine Bestimmungen enthalten keine unmittelbaren finanziellen Verpflichtungen der Bundesrepublik, da die für Stipendien, Teilnahme an Kongressen u. a. anfallenden Kosten zu den normalen Ausgaben des Kulturfonds gehören. Vielleicht könnte sich jedoch eine Sonderausgabe aus der Bestimmung des Art. X (Einsetzung gemischt-nationaler Ausschüsse)[3] ergeben, weswegen

[1] Zu den Verhandlungen über ein Kulturabkommen mit den USA vgl. Dok. 24, Anm. 8.

[2] Am 26. Juli 1952 legte Vortragender Legationsrat Salat Staatssekretär Hallstein einen Entwurf für ein Kulturabkommen mit den USA vor, mit dem sich alle betroffenen Abteilungen einverstanden erklärt hätten und der „bereits die volle Zustimmung des State Department gefunden" habe. Vgl. B 90 (Referat 600), Bd. 163.

[3] Artikel X des Entwurfs für ein Kulturabkommen zwischen der Bundesrepublik und den USA (Fassung vom 26. Juli 1952): „Die Hohen Vertragschließenden Teile werden bestrebt sein, so oft dies

die Zustimmung des Herrn Bundesministers der Finanzen[4] erforderlich erscheint.

Die Kultusministerkonferenz ist während der Vorarbeiten laufend beteiligt gewesen. Sie hat einen Sachverständigenausschuß geschaffen, der die Bestimmung hat, in der Abfassung der Entwürfe für Kulturabkommen mit dem Auswärtigen Amt zusammenzuarbeiten.[5] Außerdem wurde das Abkommen, dem dieser Sachverständigenausschuß inhaltlich bereits zugestimmt hatte, nachher nochmals den einzelnen Kultusministern der Länder zugeleitet.[6]

Bezüglich der Ratifizierung ist festgestellt worden, daß die Praxis in anderen Ländern verschieden gehandhabt wird. Auch im State Department ist noch nicht geklärt, inwieweit der Senat beteiligt werden soll. Rein juristisch gesehen, liegt hierfür keine Notwendigkeit vor. Für die Bundesrepublik ist eine Beteiligung der gesetzgebenden Körperschaften nach dem Votum der Rechtsabteilung nicht erforderlich.[7] Die Frage, ob der Entwurf dem Bundestag und Bundesrat vorgelegt werden soll, ist von dem Herrn Staatssekretär noch nicht entschieden worden.

Fortsetzung Fußnote von Seite 716
wünschenswert erscheint, aus Vertretern beider Länder bestehende Ausschüsse zur Aktivierung, Betreuung, Handhabung oder Überwachung der Durchführung von dem Zweck dieses Abkommens dienlichen Vorhaben einzusetzen oder deren Einsetzung geeigneten Stellen zu empfehlen. Die Zusammensetzung solcher gemischt-nationalen Ausschüsse soll sich nach dem Zweck, der Art und dem Umfang des betreffenden Vorhabens richten." Vgl. B 90 (Referat 600), Bd. 163.

4 Fritz Schäffer.

5 Am 25. Oktober 1950 bat Ministerialdirektor Blankenhorn den bayerischen Staatsminister für Unterricht und Kultus, Hundhammer, die Ständige Konferenz der Kultusminister möge sich durch die Bildung eines eigenen Ausschusses an den Vorarbeiten zu den Vertragsentwürfen von Kulturabkommen mit anderen Staaten beteiligen. Vgl. dazu B 90 (Referat 600), Bd. 143.
Mit Schreiben vom 10. Januar 1951 teilte Ministerialrat Keim, Bayerisches Staatsministerium für Unterricht und Kultus, der Dienststelle für Auswärtige Angelegenheiten mit, daß ihn die Ständige Konferenz der Kultusminister am 15. Dezember 1950 in Königswinter zusammen mit dem Leitenden Regierungsdirektor von Heppe, Schulbehörde Hamburg, und Ministerialrat Löffler, Kultministerium Württemberg-Baden, als Vertreter für den Ausschuß bestellt habe, der die Vorarbeiten zu den Kulturabkommen mit anderen Staaten leisten solle. Vgl. dazu B 90 (Referat 600), Bd. 143.

6 Am 30. Juni 1952 übermittelte der Generalsekretär der Ständigen Konferenz der Kultusminister der Länder, Burkart, die Stellungnahme der Ständigen Konferenz vom 26. Juni 1952 zum Entwurf für ein Kulturabkommen mit den USA: „Bei aller sachlich positiven Einstellung zum Entwurf wurde das formelle Bedenken erhoben, ob gemäß Artikel 32 Absatz II GG, der die Anhörung der Länder vor Vertragsabschluß vorsieht, die Einschaltung lediglich der Kultusminister genüge oder ob nicht vielmehr die Entscheidung der Landesregierungen notwendig sei. Selbst wenn man von der Erwägung ausginge, daß die mehr programmatischen Bestimmungen des Entwurfes noch keine unmittelbar konkreten Bestimmungen für die finanziellen, organis[atoris]chen und rechtlichen Verhältnisse der Länder vorsehen, so bleiben doch die mittelbaren Auswirkungen in der Ausführung des Vertrages bestehen." Vgl. B 90 (Referat 600), Bd. 163.
Am 24. Juli 1952 gab das Sekretariat der Ständigen Konferenz der Kultusminister der Länder bekannt, daß die Kultusminister den Entwurf für ein Kulturabkommen mit den USA inzwischen ihren Kabinetten zugeleitet hätten: „Auf Grund der hierher übermittelten Ergebnisse der einzelnen Kabinettsberatungen teilt das Sekretariat mit, daß die Länder der Bundesrepublik gegen den Abschluß eines Kulturabkommens zwischen den Vereinigten Staaten von Nordamerika und der Bundesrepublik Deutschland in der vorliegenden Fassung keine Bedenken erheben." Vgl. B 90 (Referat 600), Bd. 163.

7 Am 11. Dezember 1951 erläuterte Generalkonsul von Haeften die Auffassung der Rechtsabteilung zu einem Kulturabkommen mit den USA: „Nach deutschem Verfassungsrecht dürfte die Zustimmung der gesetzgebenden Körperschaften zu dem Abkommen nicht erforderlich sein, da es nicht die politischen Beziehungen des Bundes regelt oder sich auf Gegenstände der Bundesgesetzgebung bezieht (Art. 59 Abs. 2 GG)." Vgl. B 90 (Referat 600), Bd. 143.

2) Deutsch-italienisches und deutsch-französisches Kulturabkommen

Beide Kulturabkommen befinden sich noch im Stadium der Vorverhandlungen, d.h. es existiert noch kein Text, der die beiderseitige endgültige Zustimmung gefunden hat und dem Herrn Bundeskanzler zur Genehmigung vorgelegt werden könnte. In beiden Fällen sind jedoch neuerdings Entwürfe vorhanden, die auf einer Absprache sämtlicher beteiligten deutschen Stellen fußen.

Im einzelnen stellt sich die Lage wie folgt dar:

Über das Kulturabkommen mit Frankreich gehen Vorverhandlungen seit dem Sommer 1950.[8] Die Kulturabteilung des französischen Hohen Kommissariats legte, nachdem bis dahin nur eine grundsätzliche Aussprache über den ganzen Fragenkomplex stattgefunden hatte, einen Entwurf[9] vor, der in wesentlichen Punkten nicht die deutsche Billigung finden konnte. Die Hauptschwierigkeit bestand darin, daß von französischer Seite die Aktivlegitimation des Bundes zum Abschluß von Kulturabkommen angezweifelt und der Entwurf bereits in der Präambel so gefaßt war, daß der Bund nur namens der Regierung der Länder abschließen soll. Auch war ursprünglich die Forderung aufgestellt, daß die Länderregierungen an der Ratifizierung mitbeteiligt werden sollten. In längeren Verhandlungen gelang es, die Franzosen von diesem Standpunkt abzubringen.[10] Als Rückzugsposition stellte sich schließlich nur noch der Art. XIV des ursprünglichen Entwurfs dar, in dem den Kultusministern der Länder das Recht, Sonderabkommen mit der französischen Regierung abzuschließen, ausdrücklich zuerkannt werden sollte. Die Kultusministerkonferenz hat jedoch die Streichung auch dieses Artikels ausdrücklich gewünscht.[11]

Auch in sachlicher Beziehung entstanden Schwierigkeiten vor allem aus dem Wunsch der französischen Seite, daß sich die Bundesregierung zur Einführung des Unterrichts der französischen Sprache als sogenanntes „Wahlpflichtfach" verpflichten solle.[12] Der Sachverständigenausschuß der Kultusministerkonferenz, der, wie bereits unter 1) bemerkt, während der Vorarbeiten an dem Entwurf in ständiger Fühlung mit dem Auswärtigen Amt blieb, hat für den entsprechenden Art. VII einen neuen Text vorgeschlagen, der den Möglichkeiten der Unterrichtsverwaltungen der Länder, besonders auch auf finanziellem Gebiet, gerecht wird, daneben aber soweit wie irgend möglich dem französischen Wunsch entgegenkommt.

Ferner ergab die in Art. II vorgesehene Errichtung von Kulturinstituten in dem Gebiet des Partners eine gewisse Schwierigkeit. Offenbar wird in manchen

8 Vgl. dazu AAPD 1949/50, Dok. 45.

9 Am 9. Februar 1952 übersandte der Referent im französischen Hochkommissariat, Peyrefitte, Vortragendem Legationsrat Salat den Entwurf für ein Kulturabkommen zwischen der Bundesrepublik und Frankreich. Für den Entwurf und das Begleitschreiben vgl. B 90 (Referat 600), Bd. 145.

10 Für den überarbeiteten französischen Entwurf für ein Kulturabkommen zwischen der Bundesrepublik und Frankreich, den der Referent im französischen Hochkommissariat, Peyrefitte, Vortragendem Legationsrat Salat am 12. Mai 1952 übergab, vgl. B 90 (Referat 600), Bd. 145.

11 Zur Stellungnahme der Ständigen Konferenz der Kultusminister der Länder vom 10. Oktober 1952 zum Entwurf für ein Kulturabkommen mit Frankreich vgl. B 90 (Referat 600), Bd. 146.

12 Artikel 7 des französischen Entwurfs für ein Kulturabkommen zwischen der Bundesrepublik und Frankreich (Fassung vom 12. Mai 1952): „Les H[autes] P[arties] C[ontractantes] s'engagent à favoriser autant que possible, dans leurs Ecoles et Universités, l'enseignement de la langue de l'autre partie, qui sera proposée au choix des élèves au même titre que la langue étrangère la plus favorisée." Vgl. B 90 (Referat 600), Bd. 145.

Städten Frankreichs die Gründung eines deutschen Kulturinstituts noch auf öffentliche Hemmungen stoßen, denn ein von französischer Seite gewünschter Zusatz verweist für die Einzelheiten einer Errichtung solcher Institute auf das „Einvernehmen mit den zuständigen örtlichen Instanzen.“

Da das deutsch-französische Kulturabkommen – und ebenso auch das deutsch-italienische – in seinen Bestimmungen, besonders bezüglich des Sprachunterrichts, wichtige Länderinteressen berührt, hat die Kultusministerkonferenz auf ihrer letzten Sitzung im Oktober[13] die Ansicht geäußert, daß es auch nach ihrer Billigung des jetzt vorliegenden endgültigen deutschen Entwurfs nötig sei, den endgültigen Text, so wie er aus den abschließenden Verhandlungen mit den französischen bzw. italienischen Stellen hervorgehen[14] würde, nicht nur den einzelnen Kultusministern, sondern auch den Länderregierungen vorzulegen und deren Genehmigung einzuholen.[15] Diesem Standpunkt dürfte sich auch, wie vorläufig mündlich verlautet, die Rechtsabteilung anschließen. Es soll auf diese Weise vermieden werden, daß die Durchführung der im Abkommen verabredeten einzelnen Bestimmungen mangels einer etwaigen nachträglichen Zustimmung der hier materiell zuständigen Länderregierungen infrage gestellt ist und somit eine Art Vakuum entstünde.

Der eben erwähnte, aus der Absprache aller deutschen Stellen hervorgegangene Vorentwurf wird in diesen Tagen der Kulturabteilung der französischen Hohen Kommission zugeleitet.[16]

Nahezu parallel ist der Stand der Verhandlungen über das deutsch-italienische Kulturabkommen, die gleichfalls bis in das Jahr 1950 zurückgehen. Auch hier wurde zunächst in mündlichen Verhandlungen grundsätzliche Einvernahme darüber erzielt, daß die Hauptgesichtspunkte der kulturellen Zusammenarbeit beider Länder in einem Rahmenabkommen nach Art des deutsch-amerikanischen und deutsch-französischen Gegenstand des Abkommens werden sollen. Der im Sommer 1951 von italienischer Seite übersandte Vorentwurf[17] bildete dann die Grundlage weiterer Besprechungen, in die wiederum der Sachverständigenausschuß der Kultusministerkonferenz von vornherein einbezogen war.

13 Die Sitzung der Ständigen Konferenz der Kultusminister der Länder fand am 20. Oktober 1952 statt.

14 Korrigiert aus: „vorgehen“.

15 Am 8. November 1952 teilte der Generalsekretär der Ständigen Konferenz der Kultusminister der Länder, Burkart, dem Auswärtigen Amt die Rechtsauffassung der Ständigen Konferenz mit: „In formeller Hinsicht hat die Kultusminister-Konferenz den Standpunkt vertreten, der auch schon bei der Stellungnahme zum deutsch-amerikanischen Kulturabkommen zum Ausdruck gebracht worden ist, daß nämlich die einzelnen Landesregierungen zum deutsch-französischen wie deutsch-italienischen Kulturabkommen konkret anzuhören sind, zumal da es sich bei den beiden zuletzt genannten Abkommen um Angelegenheiten handelt, die in organisatorischer und finanzieller Hinsicht in die Länderbelange eingreifen. Die Konferenz der Kultusminister schlägt für diese Anhörung der Länderregierungen vor, daß das Auswärtige Amt seinerseits die fertiggestellten Entwürfe den Kabinetten zur Stellungnahme zuleitet.“ Vgl. 90 (Referat 600), Bd. 146.

16 Am 2. Dezember 1952 übermittelte Legationsrat I. Klasse Frahne dem Erziehungsberater im französischen Hochkommissariat, Spitzmuller, den Entwurf für ein Kulturabkommen zwischen der Bundesrepublik und Frankreich. Vgl. dazu B 90 (Referat 600), Bd. 146.

17 Zu den Verhandlungen im Jahr 1951 mit Italien über ein Kulturabkommen vgl. AAPD 1951, Dok. 78.
Zum italienischen Vorentwurf für ein Kulturabkommen zwischen der Bundesrepublik und Italien (Fassung vom 12. Juni 1951) vgl. Dok. 208.

In sachlicher Hinsicht ist zu bemerken, daß alle Fragen, die die Rückgabe der deutschen Institute in Italien[18] betreffen, bewußt aus dem Abkommen herausgenommen wurden.

Die Hauptschwierigkeit ergab sich auch hier aus dem italienischen Wunsch, den italienischen Unterricht in den Schulen in Deutschland zu einem „Wahlpflichtfach" zu machen. Auch hier konnte die Bundesregierung nur eine abgeschwächte Formulierung dieses Wunsches akzeptieren, nachdem der Sachverständigenausschuß der Kultusministerkonferenz diese neue Fassung, die den italienischen Wünschen wiederum soweit wie möglich entgegenkommt, vorgeschlagen hatte.[19]

Der Inhalt des Abkommens ist im übrigen dem des deutsch-französischen und deutsch-amerikanischen ähnlich und bezieht sich auf sämtliche wesentlichen Punkte des Kulturaustausches (Hochschulaustausch, Kulturinstitute, Stipendiaten-Austausch, Prüfung einer Anerkennung der Zeugnisse, Ferienkurse, Zusammenarbeit kultureller Organisationen, Kunstausstellungen, Erleichterung und Begünstigung des Austausches auf künstlerischem, Film- und Rundfunkgebiet).

Zur Frage der Beteiligung der Länderregierungen gilt sinngemäß das für das deutsch-französische Abkommen bereits Gesagte.

Der endgültige deutsche Entwurf ist vor kurzem der italienischen Botschaft zugeleitet worden.[20]

3) Deutsch-spanisches Kulturabkommen

Die Verhandlungen über ein deutsch-spanisches Kulturabkommen gehen zeitlich ebenso weit wie die unter 1) und 2) aufgeführten Verhandlungen zurück, befinden sich jedoch noch in einem weniger entwickelten Stadium. Ein ursprünglich spanischer Vorentwurf aus dem vorigen Jahr[21] dürfte in nächster Zeit durch einen neuen Vorentwurf[22] abgelöst werden, der wiederum von der

18 Vgl. dazu Dok. 70, Anm. 7, und Dok. 208.

19 Am 8. November 1952 übersandte der Generalsekretär der Ständigen Konferenz der Kultusminister der Länder, Burkart, einen Formulierungsvorschlag, der von der Ständigen Konferenz am 18. September 1952 verabschiedet worden war. Artikel 2 des Kulturabkommens zwischen der Bundesrepublik und Italien sollte demnach folgenden Wortlaut haben: „Die Hohen Vertragschließenden Teile sorgen nach Möglichkeit für die Verbesserung und den Ausbau des Unterrichts der deutschen Sprache an den italienischen Höheren Schulen und der italienischen Sprache an den deutschen Höheren Schulen, wobei sie auch die Ausbildung und Fortbildung der beiderseitigen Lehrkräfte durch geeignete Maßnahmen fördern. Die Deutsche Bundesregierung wird sich dafür einsetzen, daß in ihrem Gebiet an Höheren Schulen und in kaufmännischen Berufsfachschulen freiwillige oder, wo es angängig ist, pflichtgemäße Lehrgänge und Arbeitsgemeinschaften in italienischer Sprache eingerichtet werden. Die von den Schülern in diesem Unterricht erzielten Leistungen werden bei Versetzungen und Prüfungen angemessen gewertet. Die Italienische Regierung wird bestrebt sein, dem Unterricht der deutschen Sprache im Lehrplan der italienischen Schulen die Stellung, die er zur Zeit einnimmt, zu erhalten und sie nach Maßgabe des Bedürfnisses weiter ausbauen." Vgl. B 90 (Referat 600). Bd. 156.

20 Mit Schreiben vom 20. November 1952 übersandte Legationsrat I. Klasse Frahne dem Presse- und Kulturattaché an der italienischen Botschaft in Bonn, Bavaj, den Entwurf für ein Kulturabkommen mit Italien. Vgl. dazu B 90 (Referat 600). Bd. 156.

21 Für den Wortlaut des spanischen Vorentwurfs vom September 1951 für ein Kulturabkommen mit der Bundesrepublik vgl. B 90 (Referat 600). Bd. 158.

22 Für den Wortlaut des spanischen Vorentwurfs vom November 1952 für ein Kulturabkommen mit der Bundesrepublik vgl. B 90 (Referat 600). Bd. 158.

spanischen Seite ausgehen soll und den Bemerkungen des Auswärtigen Amts zu dem ersten Entwurf[23] Rechnung trägt. Der Kulturattaché der Spanischen Botschaft, Prof. Castro-Rial, verhandelt zurzeit in Madrid mit den zuständigen spanischen Instanzen über diesen Text. Das Abkommen wird sich in den gleichen Grenzen bewegen wie all die bisher genannten und im wesentlichen auch den gleichen Inhalt haben. Ebenso ist auch vorgesehen, alle Einzelfragen der in diesem Abkommen gleichfalls vorgesehenen gemischten Kommission zuzuweisen und sich im Abkommen selbst auf das Grundsätzliche zu beschränken.

Der ursprüngliche spanische Entwurf enthielt teilweise Formulierungen, die auf die zentrale Behandlung bestimmter Kulturgebiete auf spanischer Seite zugeschnitten sind und deshalb für Deutschland nicht annehmbar erschienen. Dies wurde bereits den spanischen Unterhändlern zum Ausdruck gebracht. Es ist anzunehmen, daß die Verhandlungen über das deutsch-spanische Kulturabkommen in nächster Zeit rasch voranschreiten werden. Die hiesige Spanische Botschaft widmet sich dieser Frage mit besonderem Nachdruck.

4) Deutsch-englisches Kulturabkommen

Ein von der Kulturabteilung der britischen Hohen Kommission im Laufe dieses Jahres überreichter Abkommensentwurf[24] hält sich in seinem Umfang und in seinen grundsätzlichen Bestimmungen im Rahmen der bisher erwähnten Entwürfe. Der englische Entwurf ist im Auswärtigen Amt geprüft worden[25], konnte aber bisher noch nicht an die beteiligten deutschen Stellen, insbesondere die Kultusministerkonferenz, weitergeleitet werden, weil über bestimmte Punkte vorher in Besprechungen mit der englischen Seite noch keine Einigung erzielt worden war. Vor allem ist darin eine Schwierigkeit entstanden, daß das Auswärtige Amt gerade im Hinblick auf das französische und italienische Verlangen in den entsprechenden Abkommen mit ihnen den Wunsch äußerte, auch die Pflege der deutschen Sprache in englischen Schulen in einem bestimmten Umfang zum Gegenstand des Abkommens zu machen. Die englischen Stellen konnten hierauf jedoch nur eine sehr allgemein gehaltene Wendung[26] vorschlagen, da man auf englischer Seite keine entsprechende Einwirkung auf die Schulen besitzt. Es wird versucht, in diesem Punkt noch ein günstigeres Ergebnis für den deutschen Standpunkt zu erzielen, zumal gerade die englische Sprache in den Nachkriegsjahren in Deutschland zu einer besonders starken Stellung im Unterricht gelangte.

23 Am 12. Oktober 1951 nahm Legationsrat I. Klasse Salat in einem Schreiben an den Kulturattaché an der spanischen Botschaft in Bonn, Castro-Rial, zum spanischen Vorentwurf vom September 1951 Stellung. Vgl. dazu B 90 (Referat 600). Bd. 158.

24 Am 20. Juni 1952 übersandte der Erziehungsberater im britischen Hochkommissariat, Allen, den undatierten Entwurf für ein Kulturabkommen mit der Bundesrepublik. Für den Wortlaut vgl. B 90 (Referat 600), Bd. 154.

25 Am 4. Juli 1952 vermerkte Referent Schlegelberger, daß der britische Entwurf für ein Kulturabkommen „eine gute Verhandlungsgrundlage" biete. Vgl. B 90 (Referat 600), Bd. 154.

26 Am 5. September 1952 unterbreitete der Erziehungsberater im britischen Hochkommissariat, Allen, Vortragendem Legationsrat Salat einen Formulierungsvorschlag über die Pflege der Sprache des Vertragspartners im eigenen Land: „Each Contracting Government shall recognise the desirability of the study in the schools of its country of the language of the other country." Vgl. B 90 (Referat 600), Bd. 154.

5) Von belgischer und von brasilianischer Seite liegen Anregungen zu Vorbesprechungen über ein Kulturabkommen vor. Zu irgendwelchen Formulierungen oder auch nur zur Aufnahme direkter Verhandlungen ist es noch nicht gekommen.

Schlegelberger

B 90 (Referat 600), Bd. 143

236

Aufzeichnung des Gesandtschaftsrats Pauls

28. November 1952

Betr.: Schritt bei der UNO in der arabischen Frage – Vorbereitung des Gesprächs mit N. Goldmann am 29. November 1952

Es wird vorgeschlagen, Herrn Goldmann zu sagen, daß die Bundesrepublik den Vertrag mit Israel wie vorgesehen ratifizieren und dann mit seiner Ausführung beginnen wird.[1]

Daß sie jedoch einen politischen Schritt tun müsse, um nach Möglichkeit den von den arabischen Staaten angedeuteten Abbruch der wirtschaftlichen Beziehungen zu vermeiden. Voraussetzung für diesen politischen Schritt sei die Zustimmung Israels, da entscheidender Wert darauf gelegt werde, nichts ohne das israelische Einverständnis zu tun. Auf der anderen Seite werde von Israel erwartet, daß es Verständnis habe für das deutsche Bestreben, einem Boykott durch die arabischen Staaten vorzubeugen. Dies könne um so mehr erwartet werden, als Israel dadurch nicht der mindeste materielle Nachteil und auch kein Nachteil im Zeitablauf des Ratifizierungsvorganges erwachse. Nicht nur aus wirtschaftspolitischen Gründen, sondern auch mit Rücksicht auf die deutsche öffentliche Meinung könne die Bundesregierung nicht umhin, etwas zu unternehmen, um den Konflikt mit den arabischen Staaten beizulegen. Eine positive Einstellung der deutschen öffentlichen Meinung zum Israel-Vertrag nicht nur heute, sondern für die ganze Vertragsdauer, liege auch im Interesse Israels selber, da eine zuverlässige Ausführung des Vertrages in den nächsten zwölf Jahren am sichersten gewährleistet sei, wenn diese durch die deutsche öffentliche Meinung einhellig getragen werden und nicht von Beginn der Vertragserfüllung ab diese öffentliche Meinung durch einen Konflikt mit den arabischen Staaten

[1] Ministerialdirektor Blankenhorn informierte den Vorsitzenden des World Jewish Congress, Goldmann, bereits am 25. November 1952, „daß die Bundesregierung das Israel-Abkommen nach Ratifizierung selbstverständlich loyal erfüllen und auch das Gesetzgebungsprogramm gemäß Protokoll Nr. 1 ‚so bald wie möglich', wie es der Vorspruch zum Protokoll hervorhebt, den zuständigen Organen der Bundesrepublik zur Beschlußfassung vorlegen wird". Vgl. B 10 (Abteilung 2), Bd. 1679.

beunruhigt und gespalten werde. Es wird vorgeschlagen, die Zustimmung Israels für nachstehende Prozedur einzuholen:

Der deutsche Botschafter in Kairo[2] wird der ägyptischen Regierung mitteilen, daß die Bundesregierung wünscht, daß die UNO sich mit der Frage befaßt, ob die Sicherheit der arabischen Staaten durch den deutsch-israelischen Vertrag berührt werde.

Die Frage kann gestellt werden durch

- die Bundesregierung,
- die arabischen Staaten oder einen von ihnen,
- einen dritten Staat,
- gemeinsam durch die Bundesrepublik und die arabischen Staaten.

Der ägyptischen Regierung wird gleichzeitig erklärt, daß die Bundesregierung sich dem Spruch der UNO unterwerfen wird, daß sie aber unabhängig davon den Vertrag ratifizieren und zu exekutieren beginnen werde. Wenn die UNO sich gegen den Vertrag ausspreche, könne höchstens Schaden in Höhe einer Jahreslieferung an Israel den arabischen Staaten zugefügt sein. Entscheidend wird sein, ob die ägyptische Regierung erklärt, daß dieses Verfahren und die deutsche Zusicherung der Unterwerfung ihr ausreiche, um die Boykottdrohung, während das Verfahren bei der UNO läuft, fallenzulassen. Wenn die ägyptische Regierung sich intransigent verhält, entsteht eine neue Lage.

Dieser politische Schritt müßte den arabischen Staaten gegenüber wirtschaftlich so untermauert werden, daß das Entgegenkommen wirksam ist, aber politisch nicht als ein Kaufpreis für Stillhalten ausgewertet werden kann. Es ist dabei zu denken an günstige Lieferfristen, Kredite, Bundesgarantien u. ä. Der Gegenstand muß noch durch das BMWi in Verbindung mit den Spitzenverbänden vertieft werden. Die wirtschaftliche Begünstigung der arabischen Staaten muß unter der Devise stehen, der Erhaltung des Gleichgewichts im Nahen Osten zu dienen.

Diese Verhandlungen mit der ägyptischen Regierung können beginnen, sobald Israel sein Einverständnis mit dem UNO-Schritt erklärt hat, was bis zum 8. Dezember geschehen könnte. Während der Verhandlung mit der ägyptischen Regierung, die die zweite Dezemberhälfte ausfüllen würde, dürfte der Israel-Vertrag nicht beim Bundesrat eingebracht werden, um das Klima des Gesprächs mit Naguib nicht entscheidend zu stören.

Da die Bundesregierung in ihrer heutigen Sitzung das Zustimmungsgesetz zum Israelvertrag entgegen der Tagesordnung noch nicht verhandelt hat[3] und die nächste Woche vollkommen durch die zweite und dritte Lesung der Vertragswerke[4] ausgefüllt ist, ist damit zu rechnen, daß die Bundesregierung erst in der zweiten Dezemberwoche (7.–13. 12.) das Zustimmungsgesetz zum Israel-

[2] Günther Pawelke.

[3] Zur Sitzung des Bundeskabinetts am 28. November 1952 vgl. KABINETTSPROTOKOLLE 1952, S. 722.

[4] Der Bundestag beschloß am 27. November 1952, die zweite und dritte Lesung des EVG- und des Generalvertrages auf den 3. bis 5. Dezember 1952 festzusetzen. Vgl. dazu BT STENOGRAPHISCHE BERICHTE, Bd. 13, S. 11017.

Vertrag, nachdem die Deckungsfrage geklärt ist, zur Weiterleitung an den Bundesrat verabschieden wird. Da von der dem Bundesrat zustehenden Drei-Wochen-Frist die Weihnachtsferien (20.12.–10.1.) abgezogen werden müssen, würde bei Zustellung des Zustimmungsgesetzes an den Bundesrat Mitte Dezember die Drei-Wochen-Frist des Bundesrats erst um den 25. Januar herum ablaufen und der Bundesrat sich wahrscheinlich erst nach dem 10.1. mit dem Gesetz befassen. Während der Weihnachtsferien, also ab 20.12., kann dem Bundesrat nicht zugestellt werden. Wenn dem Bundesrat das Zustimmungsgesetz erst am 10.1. zugestellt wird, tritt daher ein tatsächlicher Zeitverlust im Ratifizierungsvorgang von fünf bis sechs Tagen ein. Auf der anderen Seite wird eine bis dahin laufende Frist für ein ausführliches Gespräch mit den Arabern über den UNO-Schritt gewonnen.

Botschafter Pawelke ist hinsichtlich der Wirkung unseres UNO-Vorschlages optimistisch und glaubt, daß Naguib ihn als eine goldene Brücke, um aus der auch für ihn unerwünschten Lage herauszukommen, betrachten wird.

Er hält es für unmöglich, was von uns am meisten begrüßt werden würde, die Araber dazu zu bewegen, selbst die UNO anzurufen.

Er hält es für schwierig, die Araber dazu zu bewegen, ihr Einverständnis mit der Initiative eines dritten Staates zu erklären. Am ersten käme hierfür Indonesien in Frage, da Pakistan und Indien wegen ihrer Stellung zum Commonwealth mißtraut wird.

Er hält es für möglich, die Araber dazu zu bewegen, sich unserem Schritt anzuschließen.

Er wird zunächst zu erreichen versuchen, daß die Araber den Schritt bei der UNO gemeinsam mit uns tun. Ein Einverständnis hierzu hält er nicht für ausgeschlossen.

Es ist damit zu rechnen, daß die Amerikaner, wenn die Frage bei der UNO anhängig ist, uns helfen werden. Mit Rücksicht auf ihre Stellung in den arabischen Staaten werden sie jedoch selbst nicht die mindeste Initiative ergreifen.

Pauls

VS-Bd. 3 (Büro Staatssekretär)

237

Bundeskanzler Adenauer an den Geschäftsführenden Vorsitzenden der Alliierten Hohen Kommission, Donnelly

245-02 II 14698/52 **28. November 1952**[1]

Herr Hoher Kommissar,

Ich beehre mich, auf die am 31. Oktober 1952 in Mehlem durchgeführte Besprechung von alliierten und deutschen Sachverständigen über die Rückgabe der Akten des ehemaligen Auswärtigen Amts Bezug zu nehmen, in der das Schreiben der Alliierten Hohen Kommission vom 6. Juli 1951 – AGSEC(51)1135[2] – zum Ausgangspunkt der Beratungen gemacht worden ist. Zu den Problemen, die in diesem Schreiben angeschnitten werden, darf ich wie folgt Stellung nehmen:

Die Bundesregierung stellt mit Genugtuung fest, daß die alliierten Regierungen bereit sind, sofort zurückzugeben

a) die Originale der von der deutschen Regierung abgeschlossenen politischen Verträge (Ziffer 4 des angezogenen Schreibens),

b) die Konsulatsakten, die Protokollakten und die Haushalts- und Kassenakten (Ziffer 4) und

c) sämtliche Akten des ehemaligen Auswärtigen Amts aus der Zeit von 1867 bis 1914 (Ziffer 5).

Dem in diesem Zusammenhang geäußerten Wunsch der alliierten Regierungen, daß diese Akten auch ausländischen Gelehrten zu wissenschaftlichen Forschungszwecken zur Verfügung gestellt werden sollten, wird von der Bundesregierung gern entsprochen werden.

Die Bundesregierung hat ferner mit Dank davon Kenntnis genommen, daß die alliierten Regierungen bereit sind, jederzeit Mikrofilme der Originalakten des Auswärtigen Amts leihweise zur Verfügung zu stellen (Ziffer 1).

Die Bundesregierung ist jedoch überzeugt, daß die Zeit gekommen ist, diese als Provisorium gedachte Lösung durch eine endgültige Regelung zu ersetzen, und schlägt daher vor, einige Punkte des Schreibens vom 6. Juli 1951 in diesem Sinne einer Revision zu unterziehen.

Bereits bei den Verhandlungen über die Beziehungen zwischen der Bundesrepublik Deutschland und den Drei Mächten wurde durch den Briefwechsel mit dem Herrn Vorsitzenden des Rates der Alliierten Hohen Kommission für Deutschland vom 24. und 27. Mai d. J.[3] vereinbart, daß die Frage der Rückgabe

1 Durchdruck.

2 Zum Schreiben des Geschäftsführenden Vorsitzenden der AHK, Kirkpatrick, vom 6. Juli 1951 an Bundeskanzler Adenauer vgl. Dok. 67, Anm. 3.

3 Für das Schreiben des Bundeskanzlers Adenauer vom 24. Mai 1952 an den Geschäftsführenden Vorsitzenden der AHK, McCloy, vgl. B 118 (Referat 117), Bd. 507.
Für das Schreiben des Geschäftsführenden Vorsitzenden der AHK, McCloy, vom 27. Mai 1952 an Bundeskanzler Adenauer vgl. B 118 (Referat 117), Bd. 507.

der öffentlichen und privaten Archive zum Gegenstand von Besprechungen gemacht werden sollte. Entsprechend einem Vorschlag der Drei Mächte wurden diese Besprechungen zunächst auf die Akten des Auswärtigen Amts begrenzt. Diese Verhandlungen haben mit der Besprechung am 31. Oktober begonnen. Die Bundesregierung wiederholt bei dieser Gelegenheit ihre Bitte um sofortige Rückgabe der gesamten Akten des ehemaligen Auswärtigen Amts. Aus rechtlichen und politischen Gründen erscheint ein Aufschub der Rückgabe dieser Akten nicht länger vertretbar. Die deutsche Öffentlichkeit und das Parlament erwarten, daß der Bundesrepublik die Akten des Auswärtigen Amts in ihren Originalstücken wieder im vollen Umfang in Deutschland zur Verfügung stehen. Diese Akten enthalten außerordentlich wichtiges Material über eines der tragischsten Kapitel der deutschen Geschichte, an dessen Aufklärung das deutsche Volk ein unmittelbares und berechtigtes Interesse hat. Außerdem sind die Akten für die tägliche Arbeit des Auswärtigen Amts unentbehrlich.

Die Bundesregierung weiß sehr wohl das außerordentliche Interesse zu würdigen, daß die alliierte Seite an dem ungestörten Fortgang der Publikation der Akten des Auswärtigen Amts nimmt. Sie ist jedoch überzeugt, daß die Rückführung technisch so geregelt werden kann, daß es zu keiner Verzögerung des Fortgangs der Veröffentlichungen kommt. Sie ist bereit, in dieser Beziehung alle Maßnahmen zu treffen, um die alliierten Besorgnisse zu zerstreuen. Die Einzelheiten einer Regelung sollten zweckmäßigerweise den Besprechungen der Sachverständigen überlassen bleiben.

Ich benutze diesen Anlaß, um Euerer Exzellenz die Bereitschaft der Bundesregierung zu erklären, nach Rückführung der Akten an ihrer wissenschaftlichen Auswertung mitzuarbeiten und sich an den entstehenden Kosten deutscher Veröffentlichungen (Ziffer 3) zu beteiligen.

Ich bitte, diese Vorschläge überprüfen zu wollen, um eine baldige Fortsetzung der Verhandlungen auf dieser Grundlage zu ermöglichen. Gleichzeitig wäre ich für tunlichst beschleunigte Anberaumung eines neuen Verhandlungstermines dankbar.[4]

Genehmigen Sie, Herr Hoher Kommissar, den Ausdruck meiner ausgezeichnetsten Hochachtung.

gez. Adenauer

B 10 (Abteilung 2), Bd. 1320

[4] Vgl. dazu AAPD 1953.

238

Aufzeichnung des Generalkonsuls I. Klasse Krekeler

Geheim **29. November 1952**

Über die Ratifikation der Deutschlandverträge habe ich sowohl in den Vereinigten Staaten unmittelbar vor meiner Abreise als auch in Deutschland in der letzten Woche zahlreiche Gespräche geführt.[1] In den Vereinigten Staaten habe ich außer Staatssekretär Bruce die Senatoren Fulbright (Dem.), Gillette (Dem.) sowie Hickenlooper (Rep.) und den künftigen republikanischen Vorsitzenden des Foreign Affairs Committee des House of Representatives[2] gesprochen. Das Fazit aller dieser Gespräche in den Vereinigten Staaten ist, daß die Einstellung zu dem Vertrag sich seit der Ratifikation durch den Senat im Juni d. J.[3] nicht geändert hat. Ich habe seinerzeit der Debatte, die der Abstimmung vorausging, während ihrer ganzen Dauer beigewohnt. Aus dem Tenor dieser Aussprache ging eindeutig hervor, daß die Senatoren diesen Vertrag als eine ausgestreckte Hand betrachten, die man Deutschland reichen will, und nicht als eine Fesselung der Bundesrepublik. Diejenigen Mitglieder des Senats, welche sich mit den Verträgen näher befaßt haben, wissen, daß diese das Ergebnis eines Kompromisses sind zwischen den Wünschen der beteiligten Regierungen und daß die Regierung der Vereinigten Staaten, wenn sie alleiniger Vertragspartner gegenüber Deutschland gewesen wäre, vielleicht mehr auf die Wünsche der Bundesregierung hätte eingehen können. Diese Überlegungen ändern aber nichts an dem Umstand, daß die Senatoren, als sie den Verträgen ihre Zustimmung gaben, dies in dem Bewußtsein taten, der Bundesrepublik entgegenzukommen, um es ihr möglich zu machen, wieder ein souveränes Glied der Völkerfamilie zu werden. Aus meinen Gesprächen und aus allen sonstigen Informationen, die mir zugänglich sind, ergibt sich ferner, daß für das Vertragswerk keine Alternative vorgesehen ist. Ich habe darüber wiederholt berichtet. Ich darf in diesem Zusammenhang noch darauf hinweisen, daß die Mitglieder des Senats sich ihrer hervorragenden Stellung und ihrer großen Verantwortung sehr bewußt sind. Sie würden es, dessen bin ich sicher, als eine Brüskierung ansehen, wenn diese Verträge von der Bundesrepublik nicht ratifiziert werden, nachdem die Vereinigten Staaten den ersten Schritt getan haben. Man kann daraus meines Erachtens nur den Schluß ziehen, daß beim Scheitern der Verträge, soweit es die Mitwirkung der Vereinigten Staaten angeht, auf keinen Fall ein Ausgangspunkt für das Aushandeln günstigerer Bedingungen in einem neuen Vertrag gegeben ist. Die Beziehungen zwischen der Bundesrepublik und den Vereinigten Staaten würden einer sehr ernsten Krise unterliegen. Ich halte es nicht für möglich, daß der Senat danach in absehbarer Zeit bereit wäre, einem neuen Vertrage zuzustimmen.

1 Generalkonsul I. Klasse Krekeler hielt sich vom 20. bis 30. November 1952 zur Berichterstattung in Bonn auf.

2 Robert B. Chiperfield.

3 Am 1. Juli 1952 stimmte der amerikanische Senat dem Generalvertrag zu.

Im übrigen möchte ich in diesem Zusammenhang darauf hinweisen, daß die neue Regierung der Vereinigten Staaten sowie der Senat in seiner Zusammensetzung nach der Wahl[4] sehr wahrscheinlich das Programm der Hilfeleistung an Europa[5] einer Revision unterziehen wird. Die Bundesrepublik ist von dieser Hilfeleistung, mag sie in der Form von Anleihen oder in der Einschaltung in Einkaufsprogramme bestehen, in hohem Maße abhängig. Eine Krise der politischen Beziehungen würde auf die Beteiligung Deutschlands an einem zukünftigen Programm nicht ohne Folgen sein. Abgesehen von der Frage der Gewährung zukünftiger Hilfe ist auch die Haltung der amerikanischen Regierung zu den hohen schwebenden Verbindlichkeiten von Bedeutung. Man kann daraus folgern, daß die politische Krise unmittelbar mit einer wirtschaftlichen Krise verbunden sein wird. Die hohe Indexziffer unserer industriellen Produktion kann über die große Labilität unserer wirtschaftlichen Situation nicht hinwegtäuschen.

Aus meinen Gesprächen in Deutschland entnehme ich, daß vielfach ein Vergleich zwischen den Deutschlandverträgen und den entsprechenden Verträgen gezogen wird, die nach dem Ersten Weltkrieg geschlossen wurden. Es wird in diesem Zusammenhang darauf hingewiesen, daß der durch die Verträge geschaffene Zustand nicht von Dauer sein könne und daß die Verträge deshalb einen Revisionismus auslösen würden, der in den Jahren nach dem ersten Weltkrieg innenpolitisch die hauptsächliche Ursache für das Anwachsen eines verhängnisvollen Nationalismus gebildet hat.

Dieser Auffassung kann ich nicht beitreten. Der grundlegende Unterschied zwischen den erwähnten Vertragswerken besteht meines Erachtens darin, daß der Deutschlandvertrag schon in seiner Präambel von einer gemeinsamen Zielsetzung aller Vertragspartner, also Deutschland eingeschlossen[6], ausgeht, während davon im Versailler Vertrag[7] nicht die Rede war. Auf diese Weise konnte die Bundesregierung dem Vertrage bona fide zustimmen, auch wenn sie darin mit Recht nur eine Ausgangslage für eine weitere Entwicklung sieht. Die Entwicklungsmöglichkeiten sind beim Deutschlandvertrag durch Wortlaut und Tenor des Vertrages selbst gegeben.

In diesem Zusammenhang möchte ich auch noch meiner Überzeugung Ausdruck geben, daß die gegenwärtige Situation nicht an den Maßstäben der Vergangenheit gemessen werden kann. Es ist der Öffentlichkeit unseres Landes noch zu wenig bewußt, daß die Wasserstoffbombe, mit der wir seit den Nachrichten rechnen müssen, die vor etwa drei Wochen bekannt wurden[8], nicht lediglich ei-

4 Die amerikanischen Kongreß- und Präsidentschaftswahlen fanden am 4. November 1952 statt.

5 Zum Mutual Security Program der USA vgl. Dok. 2, Anm. 7.

6 In der Präambel des Generalvertrages wurde ausgeführt, „daß es das gemeinsame Ziel der Unterzeichnerstaaten ist, die Bundesrepublik Deutschland auf der Grundlage der Gleichberechtigung in die europäische Gemeinschaft zu integrieren, die selbst in die sich entwickelnde atlantische Gemeinschaft eingefügt ist“. Vgl. BUNDESGESETZBLATT 1954, Teil II, S. 61.

7 Für den Wortlaut des Versailler Vertrages vom 28. Juni 1919 vgl. REICHSGESETZBLATT 1919, Teil II, S. 687–1350.

8 Am 1. November 1952 wurde der erste thermonukleare Sprengkörper der USA zur Explosion gebracht. Am 16. November 1952 veröffentlichte die amerikanische Atomenergie-Kommission eine Erklärung über den Abschluß der dritten Serie von Atomwaffenversuchen auf dem Eniwetok-Atoll.

ne Weiterentwicklung der bisher bekannten Atombombe bedeutet. Sie stellt vielmehr etwas grundsätzlich Neues dar. Bei aller Entsetzlichkeit der Wirkung der Atombombe ist diese dennoch durch die sogenannte kritische Masse naturgesetzlich begrenzt. Die Wirkung der Wasserstoffbombe ist dem gegenüber prinzipiell infinit. Bei dieser Situation muß das oberste außenpolitische Ziel der Bundesrepublik die Erhaltung des Friedens sein. An der Erreichung dieses Ziels, die uns nicht ohne weiteres garantiert ist, muß die Bundesrepublik durch ihre Regierung aktiv mitarbeiten. Das kann sie nur, wenn ihr eine gleichberechtigte Mitsprache im Rate der Völker zugebilligt wird. Bei der gegenwärtigen Lage angesichts der außerordentlichen Geschwindigkeit, mit der sich politische Entwicklungen heute vollziehen, kann es nicht gleichgültig sein, ob die Bundesrepublik das Maß an Souveränität, welches die Voraussetzung für diese Mitsprache bildet, in kürzester Frist erreicht, oder ob dies um viele Monate, wenn nicht um länger als ein Jahr, hinausgezögert oder gar, was auch nicht außerhalb des Bereichs der Möglichkeit liegt, auf unabsehbare Zeit verschoben wird.

Ich bin der Auffassung, daß Regierung und Bevölkerung der Vereinigten Staaten unter all den Ländern, deren Einfluß von Gewicht ist, der Bundesrepublik gegenüber am freundlichsten eingestellt sind. Ganz abgesehen von dem Sowjetblock kann man auch bezüglich unseres Verhältnisses zu Frankreich und England sagen, daß dieses nicht so freundschaftlich ist wie das zu den Vereinigten Staaten. Durch die Brüskierung dieses Landes würden wir uns der wichtigsten außenpolitischen Stütze berauben, welche die Bundesrepublik zur Zeit hat. Zweimal in einem Menschenalter ist in Deutschland der Versuch gemacht worden, eine Außenpolitik zu führen, die ihren machtpolitischen Schwerpunkt in Deutschland selbst suchte. Dieser Versuch ist zweimal in einer Katastrophe von geschichtlichem Ausmaß geendet. Abgesehen von der geschichtlichen Lehre, die damit gegeben ist, muß man sagen, daß die Substanz des deutschen Volkes heute weniger denn je ausreicht, um eine ausschließlich auf sich selbst bezogene Außenpolitik zu führen, gleichgültig, ob sie vom Neutralitätsgedanken oder von nationalistischen Erwägungen ausgeht. Nur eine Außenpolitik, die sich auf der Partnerschaft mit Völkern aufbaut, welche uns gegenüber dazu bereit sind, kann erfolgreich sein. Durch Ablehnung des Deutschlandvertrages gefährden wir die Grundlage dafür in ernstester Weise, wenn sie nicht gar dadurch zerstört wird.

Krekeler

VS-Bd. 55 (Büro Staatssekretär)

Fortsetzung Fußnote von Seite 728

Vgl. dazu den Artikel „USA geben erfolgreiche Versuche mit Wasserstoff-Atomwaffen bekannt“; DIE NEUE ZEITUNG vom 18. November 1952, S. 1.

239

Aufzeichnung des Ministerialdirektors Blankenhorn

MB 183/52 geheim **1. Dezember 1952**

Am Sonnabend, dem 29. November, vormittags, fand eine eingehende Aussprache zwischen Dr. Goldmann, Botschafter Pawelke und mir über die Möglichkeiten einer Bereinigung des Konflikts mit den Arabern statt.[1] Ich übergab Herrn Goldmann den anliegenden Wortlaut einer Erklärung der Bundesregierung, auf Grund deren unter Umständen die UNO mit der ganzen Frage befaßt werden sollte. Herr Goldmann sagte zu, den Wortlaut dieser Erklärung der israelischen Regierung zu übermitteln. Er persönlich glaube, daß diese Erklärung die Zustimmung der israelischen Regierung finden werde, unter der Voraussetzung allerdings, daß die Ratifikation des deutsch-israelischen Vertrages[2] nicht verzögert werde. In diesem Zusammenhang stellte Dr. Goldmann die Frage, ob es nicht doch möglich sei, den Vertrag noch vor Weihnachten dem Bundesrat zuzuleiten. Jedenfalls werde von der israelischen öffentlichen Meinung die Befassung der UNO nicht richtig verstanden werden, wenn nicht zum mindesten noch im Dezember das Kabinett das Ratifikationsgesetz verabschiede.[3]

Im weiteren Verlauf des sehr ausführlichen Gesprächs erklärte Dr. Goldmann, daß der Staat Israel durchaus bereit sei, einen nicht unerheblichen Teil der Leistungen der Bundesrepublik an Ägypten zu Gunsten der arabischen Flüchtlinge zu übertragen, unter der Bedingung, daß Ägypten in Verhandlungen mit Israel Frieden schließe. Herr Pawelke meinte, daß hier vielleicht gewisse Möglichkeiten bestehen, für die General Naguib durchaus Interesse haben könnte.

Hiermit dem Herrn Bundeskanzler[4] vorgelegt.

Blankenhorn

[Anlage]

Die Regierung der Bundesrepublik Deutschland beehrt sich, gemäß Artikel 35 Absatz 2[5] der Satzung der Vereinigten Nationen die Aufmerksamkeit der Generalversammlung auf einen Streit zu lenken, der zwischen ihr und den arabischen Staaten Ägypten, Irak, Yemen, Jordanien, Libanon, Saudi-Arabien und Syrien entstanden ist.

Die Bundesrepublik hat mit dem Staate Israel am 10. September 1952 ein Abkommen unterzeichnet, wodurch sich die Bundesrepublik verpflichtet, dem Staat Israel in 12 bis 14 Jahresleistungen insgesamt drei Milliarden DM zum

1 Zur Vorbereitung der Besprechung vgl. Dok. 236.

2 Der Bundestag nahm das Ratifizierungsgesetz zum Abkommen mit Israel am 18. März 1953 an.

3 In der Kabinettssitzung am 12. Dezember 1952 wurde die Erörterung des Abkommens mit Israel vom 10. September 1952 auf Anregung des Bundeskanzlers Adenauer „bis auf weiteres" zurückgestellt. Vgl. KABINETTSPROTOKOLLE 1952, S. 736.
In der Kabinettssitzung am 3. Februar 1953 wurde eine geänderte Vorlage verabschiedet. Vgl. dazu KABINETTSPROTOKOLLE 1953, S. 153.

4 Hat Bundeskanzler Adenauer am 8. Dezember 1952 vorgelegen.

5 Vgl. Dok. 228, Anm. 5.

Erwerb von Waren und Dienstleistungen zur Verfügung zu stellen. Darüber hinaus überläßt die Bundesrepublik dem Staat Israel 450 Millionen DM zu Gunsten der Conference on Jewish Material Claims against Germany, wobei sich der Staat Israel verpflichtet, den Gegenwert an die Claims Conference weiterzuleiten.

Die Bundesregierung hat dieses Abkommen geschlossen, weil sie sich moralisch verpflichtet fühlte, dem Staate Israel den Schaden zu erstatten, der ihm durch die Aufnahme von mittellosen Flüchtlingen erwachsen ist, die durch nationalsozialistische Maßnahmen gezwungen waren, ihre Heimat zu verlassen. Sie will damit zugleich einen Beitrag für die Eingliederung dieser Flüchtlinge in Israel leisten.

Obgleich in dem Abkommen alle Sicherungen dafür getroffen sind, daß die vereinbarten Leistungen nur für den genannten Zweck verwandt werden[6], sehen die arabischen Staaten in dem Abkommen eine Verletzung der deutschen Neutralitätspflicht, eine Störung des Gleichgewichtes im Mittleren Osten und eine Bedrohung ihrer Sicherheit. Sie haben für den Fall einer Ratifikation des Abkommens, den sie als feindseligen Akt ansehen, Gegenmaßnahmen schwerwiegender Art, insbesondere den Abbruch der wirtschaftlichen Beziehungen, in Aussicht gestellt.[7]

Unter Berufung auf Art. 35 Abs. 2 der Satzung der Vereinigten Nationen bittet die Bundesregierung die Generalversammlung, den zwischen ihr und den arabischen Staaten entstandenen Streit gemäß Art. 11 Abs. 2[8] der Satzung zu erörtern und Empfehlungen für seine Beilegung ergehen zu lassen.

Die Bundesregierung erklärt, daß sie für diesen Streit die Verpflichtungen übernimmt, welche die Satzung für eine friedliche Regelung vorschreibt.[9]

6 Vgl. dazu Dok. 226, Anm. 2.

7 Der Staatssekretär im ägyptischen Außenministerium, Hakki Pasha, übergab Botschafter Pawelke, Kairo, am 13. November 1952 im Namen sämtlicher Staaten der Arabischen Liga eine auf den 12. November 1952 datierte Note. Zu den Wirtschaftsbeziehungen wurde darin ausgeführt: „Es besteht kein Zweifel darüber, daß die Durchführung des deutsch-israelischen Vertrages weder den Grundsätzen der Neutralität noch den Grundsätzen einer Freundschaft entspricht, wie sie traditionsgemäß zwischen den arabischen Staaten und Deutschland besteht; darüber hinaus dürfte sie zu erneuten ernsthaften Konflikten im Mittleren Osten führen. Angesichts dieser durch die beabsichtigte Ratifikation des deutsch-israelischen Vertrages durch die Regierung der Bundesrepublik geschaffenen ernsten Lage könnten sich die arabischen Staaten genötigt sehen, unverzüglich alle Wirtschaftsbeziehungen mit der Bundesrepublik abzubrechen; sie behalten sich ferner das Recht vor, im Falle einer Ratifikation geeignete Maßnahmen zur Sicherung ihrer eigenen Interessen zu treffen. Diese Maßnahmen, die von den Staaten der Arabischen Liga einstimmig im einzelnen beschlossen worden sind, werden dazu führen, die Wirtschaftsbeziehungen zwischen den arabischen Staaten und der Bundesrepublik, die sich während der letzten Jahre so befriedigend entwickelt haben, in außerordentlich nachteiliger Weise zu beeinflussen." Vgl. BULLETIN 1952, S. 1587.

8 Artikel 11, Absatz 2 der UNO-Charta vom 26. Juni 1945: „The General Assembly may discuss any questions relating to the maintenance of international peace and security brought before it by any Member of the United Nations, or by the Security Council, or by a state which is not a member of the United Nations in accordance with Article 35, paragraph 2, and except as provided in Article 12, may make recommendations with regard to any such questions to the state or states concerned or to the Security Council or to both. Any such question on which action is necessary shall be referred to the Security Council by the General Assembly either before or after discussion." Vgl. CHARTER OF THE UNITED NATIONS, S. 678.

9 Artikel 33 der UNO-Charta vom 26. Juni 1945: „1) The parties to any dispute, the continuance of which is likely to endanger the maintenance of international peace and security, shall, first of all,

Abschriften des deutsch-israelischen Abkommens, ferner eines Memorandums der arabischen Staaten vom 31. Oktober 1952 und einer Note der arabischen Staaten vom 12. November 1952 sowie der Antwort der Bundesregierung hierauf vom ... sind beigefügt.[10]

VS-Bd. 4 (Büro Staatssekretär)

240

Aufzeichnung des Ministerialdirektors Blankenhorn

MB 1883/52 **1. Dezember 1952**[1]
Geheim

Der Bundeskanzler empfing heute den indonesischen Außenminister Mukarto.[2] Dieser äußerte mit Nachdruck den indonesischen Wunsch, die wirtschaftlichen Beziehungen, die sich günstig entwickelten, nach Möglichkeit weiter zu vertiefen. Die indonesische Regierung habe den besonderen Wunsch, deutsche Sachverständige auf allen Gebieten zuzuziehen, in erster Linie aber auf militärischem Gebiet, wo die bisherigen holländischen Berater durch andere ausländische Sachverständige ersetzt werden sollen.[3] Die völlige Verselbständigung Indonesiens sei nur noch eine Frage von wenigen Jahren. Voraussichtlich würde bereits im nächsten Jahr der Versuch gemacht, die niederländisch-indonesi-

Fortsetzung Fußnote von Seite 731

seek a solution by negotiation, enquiry, mediation, conciliation, arbitration, judicial settlement, resort to regional agencies or arrangements, or other peaceful means of their own choice. 2) The Security Council shall, when it deems necessary, call upon the parties to settle their dispute by such means." Vgl. CHARTER OF THE UNITED NATIONS, S. 683.

10 Dem Vorgang nicht beigefügt.
Zum Memorandum der arabischen Delegation vom 31. Oktober 1952 vgl. Dok. 234, Anm. 4.
Zum Memorandum der Bundesregierung vom 12. Dezember 1952 vgl. Dok. 248, Anm. 3.

1 Durchdruck.
Hat Legationsrat I. Klasse Böker am 2. Dezember 1952 vorgelegen, der handschriftlich vermerkte: „H[err] MD Blankenhorn teilt mit, daß die arabische Frage nicht angesprochen wurde."

2 Der indonesische Außenminister Mukarto Notowidigdo hielt sich vom 1. bis 3. Dezember 1952 in der Bundesrepublik auf.

3 Am 25. November 1952 notierte Vortragender Legationsrat von Etzdorf über ein Gespräch mit dem indonesischen Geschäftsträger Zain zur Frage der Anwerbung deutscher militärischer Fachleute für die indonesische Armee: „Hinsichtlich der rein militärischen Experten bat Herr Zain, ihn in Verbindung mit der Dienststelle Blank zu bringen. Er erzählte mir, daß Staatssekretär Hallstein gelegentlich eines Besuches, den er ihm neulich abstattete, in seiner Gegenwart Herrn von Herwarth angewiesen habe, ihn, Dr. Zain, bei der Dienststelle Blank einzuführen. Ich sagte Herrn Zain, daß es wohl die Kompetenzen der Dienststelle Blank überschreiten würde, wenn sie sich direkt in die Verhandlungen wegen Anwerbungen von militärischen Sachverständigen einschalte. [...] Herr Zain kam in diesem Zusammenhang selbst darauf zu sprechen, daß die holländischen Belange berücksichtigt werden müßten. Es befänden sich z. Zt. noch etwa 900 holländische Offiziere und Unteroffiziere als Berater und Instruktoren in der indonesischen Wehrmacht. Die Holländer würden, was natürlich sei, sich auf das heftigste gegen das Eindringen deutscher Sachverständiger sträuben." Vgl. B 11 (Abteilung 3), Bd. 745.

schen Unionsverträge[4] durch einen Freundschaftsvertrag zu ersetzen und damit die völlige Souveränität Indonesiens herbeizuführen.

Der Herr Bundeskanzler legt Wert darauf, daß diese indonesischen Probleme intensiv beachtet werden und daß alles getan wird, soweit wie möglich den indonesischen Wünschen entgegenzukommen.[5]

Hiermit Abteilung III mit der Bitte um Kenntnisnahme.

Blankenhorn

VS-Bd. 234 (Büro Staatssekretär)

241

Bundeskanzler Adenauer an den ehemaligen amerikanischen Hohen Kommissar, McCloy

MB 1895/52 **1. Dezember 1952[1]**

Lieber Herr McCloy,

Ich danke Ihnen sehr herzlich für Ihren freundlichen Brief vom 21. November.[2] Zu meinem großen Bedauern habe ich daraus entnommen, daß Sie zur Zeit nicht in der Lage sind, meiner Anregung zu folgen und nach Europa zu reisen. Ich habe aber volles Verständnis dafür, daß Sie nun zunächst durch die Übersiedlung Ihrer Familie nach den Vereinigten Staaten und durch Ihre beruflichen Angelegenheiten vollauf in Anspruch genommen sind.

Ich darf nochmals darauf hinweisen, wie bedeutsam es ist, daß die Regierung der Vereinigten Staaten sich schnell in die europäischen Fragen wieder einschaltet. Ich habe Ihnen in meinem letzten Brief schon einen guten Teil meiner Sorgen zum Ausdruck gebracht.[3] Diese Sorgen haben sich in den letzten Wo-

4 Die Niederlande und Indonesien waren unter der niederländischen Krone durch Personalunion verbunden. Für den Wortlaut des niederländisch-indonesischen Unionsvertrages vom 15. November 1946 vgl. AdG 1946, S. 925 f.

5 Vgl. dazu AAPD 1953.

1 Durchdruck.
Das Schreiben wurde von Ministerialdirektor Blankenhorn konzipiert und laut handschriftlichem Vermerk von Blankenhorn am 3. Dezember 1952 „mit Luftpost" abgesandt.

2 Am 21. November 1952 setzte der ehemalige amerikanische Hohe Kommissar McCloy Bundeskanzler Adenauer davon in Kenntnis, daß er nicht nach Europa reisen werde: „Wie ich glaube, werden Sie aber selbst einsehen, daß eine solche Reise gerade jetzt ausgeschlossen ist. Sie würde von vielen Gesichtspunkten aus völlig zwecklos sein. Ich bedaure dies zwar, kann aber nichts dagegen tun." Vgl. B 2 (Büro Staatssekretär), Bd. 61.

3 Am 12. November 1952 erläuterte Bundeskanzler Adenauer dem ehemaligen amerikanischen Hohen Kommissar McCloy seine Auffassung, auf welche Weise die USA die europäischen Einigungsbestrebungen unterstützen könnten: „Wie sehr diese Bemühungen einer tatkräftigen Förderung durch die Vereinigten Staaten bedürfen, haben gerade die letzten Monate gezeigt, in denen sich die Lage in Frankreich erheblich verschlechtert hat und in denen auch die Bereitschaft der anderen europäischen Völker für eine solche enge Zusammenarbeit hier und dort stark zu wünschen [übrig] läßt. Selbstverständlich haben auch wir in Deutschland nach wie vor mit Kräften zu kämpfen, die sich

chen nicht verringert, im Gegenteil, ich habe die Überzeugung, daß der europäische Integrationsprozeß an einem Punkt angelangt ist, wo er dringend neuer Impulse bedarf, wenn die europäische Idee nicht scheitern soll. Ich wäre Ihnen besonders dankbar, wenn Sie Ihren Einfluß bei General Eisenhower und den anderen für die zukünftige amerikanische Politik verantwortlichen Persönlichkeiten dahin einsetzen wollten, daß unmittelbar nach der Amtsübernahme des neuen Präsidenten[4] in wirkungsvollen Erklärungen an die europäischen Regierungen appelliert wird, auf dem eingeschlagenen Weg kraftvoller als bisher fortzuschreiten. Europa braucht die Stimme Amerikas nötiger denn je.

Hierbei darf ich auch auf eine alte Anregung von mir zurückkommen, die ich vor Ihrer Abreise aus Bonn[5] mit Ihnen[6], und Staatssekretär Hallstein mit Mr. Acheson – anläßlich dessen letzten Aufenthaltes in Berlin[7] – erörtert habe. Das ist die Frage der Entsendung einer amerikanischen Persönlichkeit von Rang und Bedeutung als ständiger Botschafter in Europa. Die gemeinsamen Interessen benötigen eine amerikanische Persönlichkeit, die neben oder über den regulären diplomatischen Vertretern der Vereinigten Staaten ausschließlich mit den großen Fragen der Integration und der wirtschaftlichen und militärischen Zusammenarbeit befaßt ist. Ich wäre Ihnen dankbar, wenn Sie diesen Gedanken gelegentlich einmal mit General Eisenhower besprechen könnten.[8]

Inzwischen hat mir Botschafter Donnelly mitgeteilt, daß er am 10. Dezember Deutschland verlassen und endgültig aus der diplomatischen Laufbahn ausscheiden wird.[9] Ich habe diesen Entschluß sehr bedauert. Vielleicht kann der Wechsel in der Leitung der amerikanischen Vertretung in Deutschland dazu benutzt werden, den von mir oben entwickelten Gedanken näher zu treten. Herr Monnet, mit dem ich mich hier in Bonn vor ein paar Tagen unterhielt, hat mir Ideen entwickelt, die ganz in die gleiche Richtung zielen.[10]

Mit meinen besten Wünschen und Grüßen, auch an Ihre liebe Gattin,

stets Ihr Adenauer[11]

B 2 (Büro Staatssekretär), Bd. 61

Fortsetzung Fußnote von Seite 733

gegen die Integrationsverträge stemmen; ich hoffe aber, daß der Bundestag noch Ende dieses Monats die Verträge ratifiziert, so daß, wie ich hoffe, in dieser Entscheidung die anderen Partner den nötigen Ansporn zu gleichem Handeln finden. Ich brauche nicht besonders zu betonen, daß positive Ereignisse hinsichtlich der europäischen Integration auch im Hinblick auf die kommenden Bundestagswahlen von großer Bedeutung sind, will die gegenwärtige Regierungskoalition vor den deutschen Wählern bestehen." Vgl. ADENAUER, Briefe 1951–1953, S. 302.

4 Die Amtseinführung von Dwight D. Eisenhower fand am 20. Januar 1953 statt.

5 Der amerikanische Hohe Kommissar McCloy verließ die Bundesrepublik am 21. Juli 1952.

6 Zum Gespräch des Bundeskanzlers Adenauer mit dem amerikanischen Hohen Kommissar McCloy am 17. Juni 1952 vgl. Dok. 159.

7 Der amerikanische Außenminister Acheson hielt sich am 28./29. Juni 1952 in Berlin auf. Zum Gespräch des Staatssekretärs Hallstein mit Acheson am 29. Juni 1952 vgl. Dok. 167.

8 Bundeskanzler Adenauer dankte am 17. Dezember 1952 dem ehemaligen amerikanischen Hohen Kommissar McCloy, daß er „in einer eingehenden Aussprache mit General Eisenhower auch die europäischen Dinge erörtert" habe. Vgl. B 2 (Büro Staatssekretär), Bd. 61.

9 Der amerikanische Hohe Kommissar Donnelly verließ die Bundesrepublik am 11. Dezember 1952. Am 1. Januar 1953 wurde er Direktor der United States Steel Company.

10 Das Gespräch des Bundeskanzlers Adenauer mit dem Präsidenten der Hohen Behörde der EGKS, Monnet, fand am 26. November 1952 statt. Vgl. dazu die Meldung „Adenauer empfängt Monnet und Etzel"; DIE NEUE ZEITUNG vom 27. November 1952, S. 2.

11 Paraphe vom 2. Dezember 1952.

242

Vortragender Legationsrat von Kessel, Paris, an das Auswärtige Amt

Tgb. Nr. 163/52 **3. Dezember 1952**[1]
Geheim!

Betr.: Unterredung mit Botschafter Alphand

Heute habe ich Botschafter Alphand aufgesucht und ihm folgendes auseinandergesetzt: Wir hätten seit langem den Wunsch gehabt, die Arbeiten des Interimsausschusses in bezug auf die Zahl der zu behandelnden Themen zu beschränken und auch den Umfang der verschiedenen Delegationen zu reduzieren. Es sei unser Eindruck, daß man sich zu sehr in Einzelheiten verliere und daß dies der politischen Atmosphäre nicht zuträglich sei. Wenn ich ihn erst heute nach seiner Meinung über einen solchen Vorschlag fragte, so geschehe das deshalb, weil wir den Eindruck hätten vermeiden wollen, daß wir die Verwirklichung der EVG verzögern oder gar sabotieren wollten. Nun aber, wo der Bundestag dabei sei, den EVG-Vertrag zu ratifizieren[2], könne dieser Verdacht nicht mehr aufkommen. Ich bäte ihn daher, unseren Vorschlag zu prüfen und, wenn er seine Zustimmung finde, einen möglichst ausführlichen Katalog der bisher vom Interimsausschuß behandelten Themen aufstellen zu lassen. Gleichzeitig bäte ich um seine Vorschläge, welche nebensächlichen Themen man aus den derzeitigen Verhandlungen ausschalten könne, um dadurch Zeit zu gewinnen, die wirklich wichtigen und teilweise entscheidenden Fragen mit um so größerem Nachdruck zu behandeln. Der Zeitpunkt für einen derartigen „Schritt" ergebe sich durch die bevorstehenden Ferien gewissermaßen von selbst.

Herr Alphand nahm diese Anregung mit größter Zustimmung auf und betonte, er persönlich habe ja von Anfang an nicht allzuviel von der Konstituierung eines Interimsausschusses gehalten. Im übrigen habe sich Außenminister Schuman gerade in letzter Zeit wiederholt über den Umfang des Interimsausschusses beklagt. Persönlich stimme er, Alphand, daher meinem Vorschlag voll zu, müsse sich aber noch diesbezügliche Weisungen von seiner Regierung beschaffen. Ich erwiderte, auch deutscherseits handle es sich nur um eine Sondierung, und erst Herr Blank werde bei seiner nächsten Anwesenheit in Paris die Frage in offizieller Form aufnehmen.[3]

1 Hat Gesandtem I. Klasse Ophüls am 5. Dezember 1952 vorgelegen, der die Weiterleitung an Ministerialdirektor Blankenhorn und Staatssekretär Hallstein verfügte. Dazu vermerkte er handschriftlich: „Vgl. insbesondere S. 2." Vgl. Anm. 4 und Anm. 6.
Hat Blankenhorn am 13. Dezember 1952 vorgelegen.
Hat Hallstein am 17. Dezember 1952 vorgelegen, der Ophüls handschriftlich um Stellungnahme bat.
Hat Ophüls erneut am 22. Januar 1953 vorgelegen, der handschriftlich vermerkte: „Mündlich vorgetragen."

2 Der Bundestag begann am 3. Dezember 1952 mit der zweiten Lesung der Ratifizierungsgesetze zum EVG- und zum Generalvertrag. Vgl. dazu BT Stenographische Berichte, Bd. 14, S. 11101–11159. Vgl. dazu ferner den Artikel „Die große Debatte über die Verträge beginnt"; Frankfurter Allgemeine Zeitung vom 3. Dezember 1952, S. 1.

3 Vgl. dazu AAPD 1953.

Als Herr Alphand im Verlauf der Aussprache über dieses Thema meinte, die Militärs seien wohl doch diejenigen, die den „Perfektionismus" am weitesten trieben, habe ich ihm erwidert, im Statut- und Rüstungsausschuß sähe es nicht viel anders aus.[4]

Herr Alphand betonte dann erneut, er glaube, daß man auch in Frankreich über alle Schwierigkeiten hinsichtlich der EVG hinwegkommen werde. Allerdings sei jetzt allmählich der Zeitpunkt gekommen, wo man noch einige übriggebliebene Probleme behandeln müsse. Im deutsch-französischen Verhältnis handele es sich dabei um zwei Fragen: Um das Stimmengewicht[5] (pondération des voix) und um das Statut der europäischen Truppen in Deutschland (Art. 28 des Abkommens über die Rechtsstellung der Europäischen Verteidigungsstreitkräfte)[6]. Über die erste Frage sei ja bereits ein mündliches Übereinkommen zwischen Deutschland und Frankreich in dem Sinne erzielt worden, daß Deutschland ein etwaiges Übergewicht nicht geltend machen werde. Man müsse dieses Übereinkommen vielleicht noch in die Form eines Briefes kleiden und dabei gleichzeitig die Italiener auf die gleiche Beschränkung festlegen, da diese wirklich kein Anrecht darauf hätten, ein auch nur zeitweiliges Stimmenübergewicht zu erhalten. Was den Artikel 28 anbelange, so sei dies für Frankreich ein entscheidender Punkt. Man verlange ja französischerseits weder ein nationales Privileg, da sich die Vorrechte auch auf die anderen europäischen Truppen in Deutschland erstrecken würden, noch verlange man eine absolute Gleichstellung mit dem Status der Amerikaner und Engländer, immerhin werde das Schicksal des Vertrages davon abhängen, daß der Status der europäischen Truppen in Deutschland sich demjenigen der amerikanischen und englischen Kontingente weitgehend annähere.[7] Ich erwiderte, diese Frage habe bisher in Deutschland nicht behandelt werden können, solange das Schicksal der EVG vor dem Bundestag noch in der Schwebe gewesen sei. Außerdem könne eine Entscheidung über diese Frage nur auf höchster politischer Ebene herbeigeführt werden. Herr Alphand zeigte hierfür volles Verständnis, gab aber gleichzeitig zu erkennen, daß nunmehr der Zeitpunkt gekommen sei, dies Problem aufzugreifen.

Neben den deutsch-französischen Problemen gäbe, so fuhr Alphand fort, es auch Fragen, die alle EVG-Mitglieder beträfen. Man werde sich über die Auslegung gewisser Bestimmungen des EVG-Vertrages einigen müssen. Eine solche Aus-

4 Zu diesem Satz handschriftliche Bemerkung des Gesandten I. Klasse Ophüls: „Immerhin ist die Sache militärisch am schlimmsten."

5 Nach Artikel 43, Paragraph 1 des EVG-Vertrages war vorgesehen, daß eine mit einfacher Mehrheit zu beschließende Zustimmung oder Entscheidung des Rates angenommen war, „wenn ihr zustimmen die absolute Mehrheit der Vertreter der Mitgliedstaaten, bei Stimmengleichheit die Vertreter derjenigen Mitgliedstaaten, die der Gemeinschaft zusammen mindestens zwei Drittel der gesamten Beiträge der Mitgliedstaaten zur Verfügung stellen". Vgl. BUNDESGESETZBLATT 1954, Teil II, S. 355. Nach Artikel 43, Paragraph 4 des EVG-Vertrages war „unter dem Wort ‚Beiträge' der Mittelwert zwischen dem prozentualen Anteil an den während des vorangehenden Haushaltsjahres tatsächlich geleisteten finanziellen Beiträgen und dem prozentualen Anteil an den Stärken der Europäischen Verteidigungsstreitkräfte am ersten Tage des laufenden Halbjahres zu verstehen". Vgl. BUNDESGESETZBLATT 1954, Teil II, S. 356.

6 Für Artikel 28 des Abkommens vom 27. Mai 1952 über die Rechtsstellung der Europäischen Verteidigungsstreitkräfte vgl. Dok. 210, Anm. 3.

7 Der Passus „Herr Alphand betonte ... Kontingente weitgehend annähere" wurde vom Gesandten I. Klasse Ophüls hervorgehoben.

legung werde den Vertrag als solchen nicht berühren. Die diesbezüglichen Äußerungen Plevens[8] seien falsch verstanden worden; an eine Abänderung des Vertrages denke Pleven nicht. Er sei im Gegenteil fest entschlossen, den Vertrag in vollem Umfange vor der französischen Kammer zu verteidigen. Herr Alphand vermied es, diejenigen Bestimmungen des Vertrages, die einer „Auslegung“ bedürften, zu nennen, und ich habe es meinerseits im gegenwärtigen Zeitpunkt für richtig gehalten, ihn nicht nach Einzelheiten zu fragen. Im weiteren Verlauf des Gesprächs stellte Alphand die Frage, wann wir unsere Antwort auf den NATO-Fragebogen[9] abgeben würden. Ich sagte ihm, ich vermutete, wir würden unsere Antwort nach erfolgter Ratifizierung des EVG-Vertrages durch den Bundestag[10] nun nicht mehr weiter hinauszögern. Ich wüßte allerdings nicht, ob unsere Antwort schon eine vollständige sein oder sich nur auf einzelne Abschnitte beschränken würde. Herr Alphand schien auch seinerseits keine vollständige Antwort zu erwarten und sagte, die deutsche Regierung befinde sich ja in dieser Beziehung in einer besonders schwierigen Lage, da ihr nicht alle Unterlagen von NATO geliefert worden seien.

Abschließend habe ich Alphand auf die Weihnachtsferien angesprochen. Er war damit einverstanden, sie etwa vom 20. Dezember bis zum 7. oder 8. Januar andauern zu lassen.[11]

Die Diplomatische Vertretung ist unterrichtet worden.

Die Dienststelle Blank hat Durchdruck dieses Berichtes erhalten.

Kessel

B 10 (Abteilung 2), Bd. 1062

[8] Am 19. Oktober 1952 erklärte der französische Verteidigungsminister Pleven auf dem Kongreß der Union Démocratique et Socialiste de la Résistance, die Beteiligung der Bundesrepublik an der europäischen Verteidigung sei eine Notwendigkeit. Eine Abänderung der Verträge schloß er nicht aus: „Dans un domaine si nouveau [...] telle ou telle modalité technique peut toujours être améliorée.“ Vgl. den Artikel „M. Pleven: ‚La sécurité de l'Europe occidentale et de la France exige la participation de l'Allemagne.‘“; LE MONDE vom 21. Oktober 1952, S. 3

[9] Vgl. dazu Dok. 20.

[10] Der Bundestag nahm das Ratifizierungsgesetz zum EVG-Vertrag am 19. März 1953 an.

[11] In der zehnten Sitzung des Interimsausschusses der EVG-Konferenz vom 9. Dezember 1952 wurde beschlossen, die Tätigkeit des Ausschusses vom 20. Dezember 1952 bis 12. Januar 1953 zu unterbrechen. Vgl. dazu die Gesprächsaufzeichnung vom 16. Dezember 1952; B 10 (Abteilung 2), Bd. 1063.

243

Generalkonsul I. Klasse Krekeler, Washington, an Bundeskanzler Adenauer

Fernschreiben Nr. 608 **Aufgabe: 5. Dezember 1952, 15.30 Uhr**[1]
Geheim! **Ankunft: 5. Dezember 1952, 22.30 Uhr**
Citissime!

Für Bundeskanzler.

Sprach soeben in Gegenwart von Mr. Riddleberger mit Mr. Acheson. Sagte Mr. Acheson zunächst, mit welcher Wärme Sie über Zusammenarbeit mit ihm in Bonn zu mir gesprochen hätten.[2] Unterrichtete Mr. Acheson dann über den augenblicklichen Stand der Ratifizierung sowie über die verfassungsmäßigen Zusammenhänge, welche den Entschluß ausgelöst hätten, nach zweiter Lesung[3] das Bundesverfassungsgericht um eine verbindliche Entscheidung zu bitten.[4] Betonte dabei, daß von diesem Vorgehen eine Beschleunigung der Ratifizierung erwartet würde. Mr. Acheson erkundigte sich zunächst, ob Bundespräsident angesichts dieser Lage seinen Wunsch auf Erstattung eines Gutachtens[5] zurückziehen würde. Er, Acheson, könne sich vorstellen, daß eine äußerst peinliche Situation entstehe, wenn Gutachten für Bundespräsidenten und Entscheidung auf Verlangen Bundesregierung nicht übereinstimmen würden.

Nachdem die „Entscheidung" auf alle Fälle endgültig sein würde zum Unterschied von Gutachten, wäre es wohl besser, wenn man auf die Einholung des Gutachtens nun verzichte.[6]

1 Hat Legationsrat I. Klasse Trützschler von Falkenstein am 6. Dezember 1952 vorgelegen, der handschriftlich die Weiterleitung an Gesandten I. Klasse Ophüls verfügte.

2 Generalkonsul I. Klasse Krekeler hielt sich vom 20. bis 30. November 1952 zur Berichterstattung in Bonn auf.

3 Die zweite Lesung der Ratifizierungsgesetze zum EVG- und Generalvertrag fand vom 3. bis 5. Dezember 1952 statt. Beide Verträge wurden von einer Mehrheit des Bundestags angenommen. Für die Ergebnisse der namentlichen Abstimmung vgl. BT Stenographische Berichte, Bd. 14, S. 11504–11535. Vgl. dazu ferner den Artikel „Bundestag stimmt Vertragswerken in zweiter Lesung mit Mehrheit zu"; Die Neue Zeitung vom 6./7. Dezember 1952, S. 1 f.

4 Zum Antrag von Abgeordneten der SPD- und der FU-Fraktion vom 31. Januar 1952 an das Bundesverfassungsgericht sowie zum Urteil des Bundesverfassungsgerichts vom 30. Juli 1952 vgl. Dok. 159, Anm. 12.
Am 6. Dezember 1952 stellten die Bundestagsfraktionen der CDU/CSU, der FDP, der DP/DPB und die Mehrheit der Abgeordneten des Bundestages beim Bundesverfassungsgericht gegen die Bundestagsfraktion der SPD und 129 dieser Fraktion angehörende Abgeordnete einen Antrag, der unter Bezugnahme auf Artikel 93, Absatz 1, Ziffer 1 des Grundgesetzes folgende Feststellungen enthielt: „1) Die Antragsgegner verstoßen dadurch gegen das Grundgesetz, daß sie dem Deutschen Bundestag und der antragstellenden Mehrheit des Bundestages das Recht bestreiten, die Gesetze über den Deutschlandvertrag und den EVG-Vertrag mit der in Art. 42 Abs. 2 Satz 1 GG vorgeschriebenen Mehrheit zu verabschieden, 2) der Deutsche Bundestag ist berechtigt, die Gesetze über den Deutschlandvertrag und den EVG-Vertrag mit der in Art. 42 Abs. 2 Satz 1 GG vorgeschriebenen Mehrheit zu verabschieden." Vgl. Bulletin 1952, S. 1726.

5 Zu den Schreiben des Bundespräsidenten Heuss vom 10. Juni und 4. August 1952 an das Bundesverfassungsgericht vgl. Dok. 159, Anm. 12.

6 Am 8. Dezember 1952 beschloß das Plenum des Bundesverfassungsgerichts, das Gutachtenverfahren fortzusetzen. Das Gutachten solle bindend sein. Die Verhandlung des Gutachtenverfahrens wurde zunächst auf den 9. Dezember 1952 angesetzt, auf Antrag des Bevollmächtigten der Bundesregie-

Herr Acheson erkundigte sich dann, auf welche Weise er Herrn Bundeskanzler helfen könne. Ich erwiderte, daß eine Stellungnahme von amerikanischer Seite sehr förderlich sein würde, die das politische Gewicht unterstreiche, welches der heute zu erwartenden Abstimmung im Bundestag hier beigemessen würde.

Mr. Acheson beauftragte darauf Mr. Riddleberger, den Entwurf für eine Erklärung anzufertigen, die er dem Präsidenten vorlegen wolle. Er sei sicher, daß der Präsident zustimmen wird, eine solche Erklärung abzugeben.[7] Die Formulierung müsse so gewählt werden, daß der Eindruck strikt vermieden würde, als ob die amerikanische Regierung einen Druck auf das Bundesverfassungsgericht ausüben wolle.

Ich stimmte dem nachdrücklich zu und bemerkte, daß das positive Unterstreichen der politischen Bedeutung der Abstimmung die beste Wirkung haben würde. Mr. Acheson bat mich zum Schluß, Ihnen seine herzlichsten Grüße zu übermitteln und hinzuzufügen, daß Sie ihn entweder durch Mr. Donnelly oder durch mich nach Ihrer Wahl und Bequemlichkeit Nachricht geben möchten, falls er Ihnen in irgendeiner Weise behilflich sein könnte.

[gez.] Krekeler

B 10 (Abteilung 2), Bd. 1416

Fortsetzung Fußnote von Seite 738

rung, Strauß, jedoch auf den 10. Dezember 1952 vertagt. Vgl. dazu ENTSCHEIDUNGEN, Bd. 2, S. 83. Vgl. ferner den Artikel „Erster Entscheid des Verfassungsgerichts in Karlsruhe"; NEUE ZÜRCHER ZEITUNG vom 11. Dezember 1952, Blatt 1.

Am 9. Dezember 1952 richtete Bundespräsident Heuss folgendes Schreiben an den Präsidenten des Bundesverfassungsgerichts, Höpker Aschoff: „Nachdem ich von dem Beschluß des Bundesverfassungsgerichts vom 8. Dezember 1952 Kenntnis erhalten habe, wonach das von mir erbetene Rechtsgutachten sowie alle anderen Gutachten des Plenums beide Senate in ihrer Rechtsentscheidung binden, habe ich mich entschlossen, mein Gesuch um ein Rechtsgutachten zurückzuziehen, da mir der Charakter eines Gutachtens schlechthin und in seinem grundsätzlichen Wesen durch diesen Beschluß des Bundesverfassungsgerichts aufgehoben zu sein scheint." Vgl. WEHRBEITRAG II, S. 811.

7 Am 6. Dezember 1952 erklärte der amerikanische Präsidenten Truman: „I am gratified by the news from Germany of the first parliamentary action with regard to the European Defense Community Treaty and pleased to note that the Bundestag at the same time passed in second reading the Contractual Conventions. I am conscious of the profound significance of this demonstration of the will of the people through their elected representatives. Together, these agreements will in due course enable the Federal Republic to assume an important and honorable role in the family of free nations, will help create a common defense force for the protection of Western Europe and will constitute an additional major step toward European unity, a goal which is ardently desired by Europeans and their friends throughout the democratic world. It is realized that the vote by the Bundestag does not constitute final action on account of certain other requirements connected with the ratification process in the Federal Republic. It is however our earnest hope that these can be completed as promptly as possible, and that this will soon be followed by ratification by the other states which have signed the conventions. I feel confident that all those concerned with these key steps will act, conscious of the serious political and other consequences to the position of Germany and to the defense of the free world if ratification is long delayed or not accomplished." Vgl. PUBLIC PAPERS, TRUMAN 1952–53, S. 1072.

244

Aufzeichnung des Legationsrats I. Klasse Böker

Geheim! **10. Dezember 1952**[1]

Am Mittwoch, dem 10. Dezember, vormittags, fand bei dem Herr Staatssekretär eine Besprechung mit den Vertretern des Staates Israel, Herrn Dr. Josephthal und Herrn Jachil, statt. Auf deutscher Seite waren außer dem Herrn Staatssekretär Herr Ministerialdirektor Blankenhorn und der Unterzeichnete zugegen.

Herr Dr. Josephthal führte aus, daß die israelische Regierung über die deutsche Absicht, den Israel-Vertrag in irgendeiner Form vor die UNO zu bringen, sehr beunruhigt sei.[2] Sie habe nichts dagegen, wenn die Bundesregierung den arabischen Regierungen gegenüber erkläre, Deutschland werde sich selbstverständlich einem Spruch der UNO unterwerfen, falls die Arabischen Staaten die UNO mit dem Israel-Vertrag befaßten. Sollte sich jedoch die Bundesregierung entschließen, von sich aus die UNO mit dem Vertrage zu befassen, so könne dies nicht mit der Zustimmung der Regierung Israels geschehen. Die Bedenken der israelischen Regierung seien insbesondere die folgenden:

1) Die Vertreter Israels in der UN würden gezwungen sein, gegen die Aufnahme dieses Punktes auf die Tagesordnung Stellung zu nehmen, und müßten, um die anderen Mitgliedstaaten, insbesondere die Westmächte, von der Richtigkeit des israelischen Standpunktes zu überzeugen, auf die Vorgeschichte des deutsch-israelischen Vertrages eingehen und damit auch die ganze, sehr peinliche Vergangenheit wieder ans Licht zerren.

2) Die öffentliche Meinung in Israel sowie das Weltjudentum würden einen Appell der Bundesregierung an die UNO mißverstehen und in ihm einen Versuch der Deutschen sehen, sich aus den eben erst von ihnen übernommenen Verpflichtungen wieder herauszuwinden. Die Stimmung in Israel sei schon jetzt durch die lange Verzögerung der Ratifizierung des Vertrages stark beeinträchtigt und würde sich durch das geplante Vorgehen der Bundesregierung zwangsläufig außerordentlich verschlechtern.

3) Eine Anrufung der UNO durch die Bundesregierung könne zu einem Präzedenzfall werden: Jedesmal, wenn in Zukunft Israel eine Anleihe aufnehme oder sonstige Auslandshilfe erhielte, könnten die Araber durch entsprechende Boykottdrohungen den hilfeleistenden Staat zwingen, vor die UNO zu gehen, wodurch die internationalen Wirtschaftsbeziehungen Israels schwer beeinträchtigt werden.

[1] Durchdruck.

[2] Am 8. Dezember 1952 informierte der Vorsitzende des World Jewish Congress, Goldmann, Ministerialdirektor Blankenhorn darüber, daß die israelische Regierung „große Bedenken" gegen eine Einschaltung der UNO habe. Der Vertreter der Jewish Agency for Palestine, Josephthal, werde „diese Bedenken mündlich darlegen". Goldmann ergänzte: „Auch ich bin geneigt, Gewicht dieser Bedenken anzuerkennen, besonders vom Standpunkt unerwünschter Interpretation solcher Wendung in weiten jüdischen und nichtjüdischen Kreisen als mögliche Schwächung deutscher Entschlossenheit Erfüllung Israel-Abkommen." Vgl. das Fernschreiben; B 11 (Abteilung 3), Bd. 255.

4) Wenn die Bundesregierung die UNO mit dem Vertrag befasse, würde unvermeidlicherweise eine Unsicherheit in die sich auf Grund des Vertrages anbahnenden deutsch-israelischen Wirtschaftsbeziehungen gebracht werden. Ein Großteil der von Israel vorgesehenen Aufträge an die deutsche Wirtschaft beträfe langfristige Investitionsprojekte. Es sei zu befürchten, daß diejenigen deutschen Firmen, die solche Aufträge von Israel erhielten, sich so lange zurückhalten würden, als die Frage des Israel-Vertrages vor der UNO gewissermaßen sub judicae sei.

5) Es sei zwar richtig, daß die Mehrheitsverhältnisse in der UNO so gelagert seien, daß eine Mißbilligung des Vertrages sehr unwahrscheinlich sei, es könne aber sein, daß auf der nächsten Tagesordnung mehrere, die Araber betreffenden Fragen stünden (Tunis, Marokko, Sudan, Suez-Kanal) und daß die Westmächte sich dann scheuten, in allen diesen Punkten gegen die Araber Stellung zu nehmen. Ein Kompromiß auf Kosten des Israel-Vertrages sei dann nicht ausgeschlossen.

6) In heiklen Fällen pflege die UNO gelegentlich eine Rechtsfrage an den Weltgerichtshof abzugeben, um damit einer politischen Entscheidung aus dem Wege zu gehen. Geschähe dies in diesem Falle, so sei zu erwarten, daß der Weltgerichtshof eine Aussetzung der Durchführung des Vertrages bis zur Verkündung eines Urteils verlange.

7) Wenn die Bundesregierung selbst die Sache vor der UNO anhängig mache, würden die deutschen Vertreter vor der UNO notwendigerweise bei der Debatte um die Tagesordnung in die peinliche Situation kommen, mit den Arabischen Staaten gegen den Vertreter Israels Stellung zu nehmen, da Israel sich auf alle Fälle einer Aufnahme auf die Tagesordnung widersetzen müsse. (Auf den deutschen Einwand, daß Deutschland als Nichtmitgliedstaat weder vor dem Steering Committee noch vor der Vollversammlung auftreten könne, erwiderte Herr Josephthal, daß es sehr wohl möglich sei, daß die Bundesregierung hierzu von der UNO dennoch aufgefordert würde; ähnliche Präzedenzfälle habe es bereits gegeben.)

8) Die Araber wären bestimmt mit der von der Bundesregierung ins Auge gefaßten Konzeption nicht zufrieden und würden ein deutsches Nachgeben nur zum Ausgangspunkt neuer Forderungen machen. Letzten Endes seien sie nur mit einer völligen Aufgabe des Israel-Vertrages zufriedenzustellen. Im übrigen seien ihre Boykottdrohungen, die sie auch bei anderer Gelegenheit gegenüber anderen Staaten geäußert hätten, wahrscheinlich gar nicht ernst zu nehmen.

Staatssekretär Hallstein führte in der Erwiderung etwa folgendes aus:

1) Die Bundesregierung denke nicht daran, irgend etwas zu unternehmen, was die Ratifizierung bzw. die Durchführung des Israel-Vertrages beeinträchtigen könne. Es sei deshalb ganz abwegig, ihr solche Motive zu unterstellen, falls sie sich gezwungen sähe, die UNO mit der Frage zu befassen. Es ginge der Bundesregierung vielmehr ausschließlich darum, den gemäßigten Elementen unter den Arabern eine goldene Brücke zu bauen, um dadurch die Boykottdrohung aus der Welt zu schaffen. Es sei auch im israelischen Interesse, daß der Bundesregierung in der Durchführung des Vertrages keine vermeidbaren Schwierigkeiten entstünden.

2) Der Bundesregierung sei vorgeworfen worden, sie habe in der Vorbereitung der Vertragswerke die möglichen arabischen Reaktionen nicht genügend in Rechnung gestellt; sie müsse vermeiden, daß dieser Vorwurf haften bliebe. Deutschland habe sehr große legitime Wirtschaftsinteressen im Nahen Osten, die es sich nicht leisten könne, aufs Spiel zu setzen. Durch einen arabischen Boykott könne die deutsche Wirtschaftskraft schwer getroffen und auch die innenpolitische Entwicklung in Deutschland ungünstig beeinflußt werden. Dies zu vermeiden sei im gemeinsamen Interesse der Bundesregierung und Israels.

3) Die Bundesregierung beabsichtige, in der ganzen Angelegenheit so zu prozedieren, als sei sie ein Verbündeter Israels. Nur in dieser Form werde sie auch die UNO mit der Angelegenheit befassen. Dies sei schon deshalb notwendig, weil die Satzung der Vereinten Nationen einem Nichtmitgliedstaat nur die Möglichkeit gebe, einen Streitfall vor die Generalversammlung zu bringen.[3] Streit bestehe aber nicht zwischen Deutschland und Israel, sondern zwischen Deutschland und den Arabischen Staaten. Er, Staatssekretär Hallstein, könne deshalb nicht sehen, wieso die israelischen Vertreter in der UN bei Aufrollung dieser Frage gegen Deutschland Stellung nehmen müßten; er halte es vielmehr für möglich und notwendig, ein konzertiertes Vorgehen vorher abzusprechen.

4) Durch die Befassung der UNO würde in die deutsche Wirtschaft und ihre Beziehungen zu Israel sicherlich kein Element der Unruhe getragen. Die Wirtschaft sei nur allzu froh, israelische Aufträge zu erhalten. Im übrigen wisse jedermann ja im voraus, wie die Entscheidung der UNO ausfallen würde.

5) Auch der Bundesregierung wäre es am liebsten, wenn die Araber von sich aus die UNO befaßten; dies hätten sie aber bereits eindeutig abgelehnt.[4] Da man aber zu der Überzeugung gekommen sei, daß man den Arabern irgendeine kleine politische Konzession machen müsse, käme nur noch die Befassung der UNO durch einen dritten Staat[5] oder durch Deutschland selbst in Frage. Wenn Deutschland die UNO mit der Frage selbst befasse, so täte es dies durchaus contre coeur und nur, um unabsehbare Komplikationen mit den Arabern und auf innerpolitischer Ebene zu vermeiden.

6) Wie ernst die arabischen Boykottdrohungen zu nehmen seien, darüber bestünden auch auf deutscher Seite verschiedene Auffassungen. Er selbst, Staatssekretär Hallstein, neige dazu, die Drohungen nicht allzu leicht zu nehmen, da es sich bei dem deutsch-arabischen Handel vor allen Dingen um Regierungsaufträge handele. Im übrigen hätten wir Grund zu der Annahme, daß General Naguib die von uns vorgeschlagene Formel zur Befassung der UNO[6] als zufriedenstellend akzeptieren werde. Weitere Forderungen von arabischer Seite würden im übrigen schon dadurch ausgeschlossen, daß wir als selbstverständliche Gegenleistung von General Naguib eine bindende Erklärung verlangten, daß alle Boykottmaßnahmen bis zu einer Entscheidung der UNO abgeblasen würden.

3 Für Artikel 35, Absatz 2 der UNO-Charta vom 26. Juni 1945 vgl. Dok. 228, Anm. 5.

4 Vgl. dazu. Dok. 236.

5 Dazu notierte Ministerialdirektor Blankenhorn am 10. Dezember 1952: „Deutschland und Ägypten sollen nach unseren Vorstellungen die UNO über eine dritte Macht befassen. Wir denken dabei an Brasilien.“ Vgl. Bundesarchiv Koblenz, N 1351 (Nachlaß Blankenhorn), Bd. 15.

6 Für den Entwurf für eine Erklärung der Bundesregierung an die UNO vgl. Dok. 239.

Herr Jachil warf noch ein, man möge doch auch überlegen, ob Deutschland nicht statt der UNO die drei Westmächte (USA, Großbritannien und Frankreich) anrufen könnte, die im Jahre 1950 eine gemeinsame Erklärung, betreffend den Handel und die Waffenlieferungen an Israel[7], abgegeben hätten. Er betonte, daß er diesen Vorschlag ganz von sich aus und ohne jede Ermächtigung von höherer Stelle mache. Staatssekretär Hallstein versprach, den Vorschlag prüfen zu lassen.

Abschließend erklärte Dr. Josephthal sich bereit, seine für heute abend geplante Abreise nach den Vereinigten Staaten um 24 Stunden zu verschieben, nachdem Staatssekretär Hallstein den Wunsch geäußert hatte, nach Fühlungnahme mit seinen Sachverständigen am morgigen Tage eine weitere Besprechung mit den israelischen Vertretern zu führen.[8]

Hiermit über Herrn MD Blankenhorn dem Herrn Staatssekretär vorgelegt.

Alexander Böker

VS-Bd. 4 (Büro Staatssekretär)

[7] Die Regierungen der USA, Großbritanniens und Frankreichs nahmen am 25. Mai 1950 zur Sicherheitsfrage im Nahen Osten Stellung: „The three Governments recognize that the Arab states and Israel all need to maintain a certain level of armed forces for the purposes of assuring their internal security and their legitimate self-defense and to permit them to play their part in the defense of the area as a whole. All applications for arms of war material for these countries will be considered in the light of these principles." Vgl. Department of State Bulletin, Bd. 22 (1950), S. 886.

[8] Am 11. Dezember 1952 teilte Staatssekretär Hallstein dem Vertreter der Jewish Agency for Palestine, Josephthal, und dem Abteilungsleiter im israelischen Außenministerium, Jachil, mit, die Bundesregierung sei „zu dem Schluß gekommen, daß eine Anrufung durch einen dritten Staat wohl vorzuziehen sei, und zwar durch einen Staat, der möglichst weit weg von dem Streitgegenstand liege. Dies hätte den Vorteil, daß die Angelegenheit nicht als Streitfall zwischen Deutschland und den arabischen Staaten vorgebracht werden müßte und daß die Bundesrepublik in Prozedurfragen nicht in einen Gegensatz mit den israelischen Vertretern gebracht würde." Die Befassung der UNO müsse „gleichzeitig mit der Einbringung des Israel-Vertrages in den Bundesrat geschehen [...]. Dies sei notwendig, um sowohl eine gewisse innerdeutsche Opposition zum Vertrag zum Schweigen zu bringen wie auch um ein neues Aufflammen der Boykottagitation in den arabischen Staaten zu verhindern. Herr Naguib müsse in die Lage versetzt werden, in diesem Augenblick beruhigend auf die arabische öffentliche Meinung einzuwirken, indem er darauf verweise, daß nunmehr die höchste Weltinstanz mit der Sache befaßt werde." Vgl. die Aufzeichnung des Legationsrats I. Klasse Böker vom 12. Dezember 1952; VS-Bd. 4 (Büro Staatssekretär); B 150, Aktenkopien 1952.

245

Gespräch des Staatssekretärs Hallstein mit dem französischen Sonderbeauftragten des Clausais

Streng geheim **10. Dezember 1952**[1]

Am 10. Dezember 1952, 19 Uhr, hat Herr Staatssekretär Hallstein Herrn des Clausais empfangen, dessen Besuch in Bonn durch Botschaftsrat von Walther angekündigt worden war.

Herr *des Clausais* sagte, er habe Weisung von Ministerpräsident Pinay, folgendes zu übermitteln:

Herr Pinay und auch der Präsident der Republik, Herr Auriol, sähen die Ratifizierung des deutsch-alliierten Vertragswerkes in der Bundesrepublik bereits jetzt als eine Tatsache an. Die Opposition in der französischen Kammer, vor allem gegen den EVG-Vertrag, sei jedoch so stark, daß die verantwortlichen französischen Politiker Schritte erwägen müßten, den Vertrag ratifikationsfähig zu machen. Um eine Abstimmung der deutschen und französischen Regierung über diese Frage herbeizuführen, schlage Ministerpräsident Pinay im Einvernehmen mit Präsident Auriol, die beide wiederum von General Billotte in dieser Sache beraten würden, eine direkte Aussprache zwischen dem Herrn Bundeskanzler und Ministerpräsident Pinay vor. Herr Pinay habe die Absicht, in Kürze ein Zusammentreffen mit Herrn Churchill und danach mit Herrn de Gasperi zu vereinbaren, wünsche aber vorher, ein Gespräch mit dem Herrn Bundeskanzler zu führen.

Herr Pinay habe aus besonderen Gründen das Verlangen, den Herrn Bundeskanzler zunächst allein zu sprechen, später solle Herr Schuman zu dem Gespräch hinzugezogen werden. Man wünsche in Paris, die Vorbereitung des Treffens, nicht aber das Treffen selbst geheimzuhalten.

Herr Staatssekretär *Hallstein* erwiderte, daß er Herrn des Clausais für die überbrachte Mitteilung danke und daß er, ohne dem Herrn Bundeskanzler vorgreifen zu wollen, glaube, der Herr Bundeskanzler werde zu einem Gespräch mit Ministerpräsident Pinay bereit sein. Der Herr Bundeskanzler sei, nachdem er die Bekanntschaft von Herrn Pinay gemacht habe, mit Sympathie und Achtung gegenüber Herrn Pinay erfüllt.

Der Herr Staatssekretär sagte weiter, er könne zu dem materiellen Gegenstand, den das Gespräch voraussichtlich haben werde, zunächst keine Stellung nehmen. Er wolle jedoch unterstreichen, daß die Frage, ob die Verträge Änderungen unterworfen werden könnten, eine große Rolle in der parlamentarischen Debatte in Bonn gespielt habe und daß die Bundesregierung diese Frage deutlich verneint habe. Er halte es für zweckmäßig, wenn Herr Pinay den Herrn Bundeskanzler wissen lasse, welche Probleme er in der Unterhaltung anzusprechen wünsche, so daß der Herr Bundeskanzler Gelegenheit habe, sich seinerseits zu den Vorschlägen zu äußern.

1 Durchdruck für Ministerialdirektor Blankenhorn.
Die Gesprächsaufzeichnung wurde von Legationsrat I. Klasse Diehl gefertigt.

Herr *des Clausais* sagte, daß zwei Formen der Einladung möglich seien, einmal ein Brief des französischen Ministerpräsidenten an den Herrn Bundeskanzler, den voraussichtlich er überbringen und erläutern würde, zum anderen ein Besuch von General Billotte bei dem Herrn Bundeskanzler, bei dem der General die formelle Einladung aussprechen würde.

Herr Staatssekretär *Hallstein* empfahl, die Form des Briefes zu wählen.

Als möglichen Ort der Zusammenkunft wurde ein von Herrn Pinay vorzuschlagender Landsitz in Ostfrankreich erwogen.

Herr *des Clausais* sagte, es werde für Herrn Pinay nicht möglich sein, nach Deutschland zu kommen, da dies eine Beteiligung der französischen Oberkommission notwendig mache, die man in Paris einstweilen nicht wünsche.

Der Herr *Staatssekretär* sagte Herrn des Clausais zu, ihm möglichst kurzfristig eine erste Antwort des Herrn Bundeskanzlers zu übermitteln. Herr *des Clausais* wird bemüht sein, möglichst im Laufe der beiden nächsten Tage einen Terminvorschlag von Herrn Pinay durchzugeben.[2]

Herr des Clausais benutzte bei seinen Ausführungen ein handschriftliches Aide-Mémoire, das ihm, wie er sagte, von Herrn Pinay übergeben worden sei.

VS-Bd. 234 (Büro Staatssekretär)

2 Am 11. Dezember 1952 teilte der Leiter des Presse- und Informationsamtes der Bundesregierung, von Eckardt, z.Z. Paris, Bundeskanzler Adenauer mit: „1) Präsident Pinay hat nach wie vor die Absicht, das Treffen möglichst bald herbeizuführen. Er schlägt den Mittwoch der kommenden Woche vor, und zwar deshalb, weil dies ein parlamentsfreier Tag ist. Er hat bereits vorsorglich die für Mittwoch vorgesehene Kabinettsitzung auf Donnerstag verschoben. Als Ort der Zusammenkunft wird ein 60 km von Paris entferntes Jagdschloß vorgeschlagen. 2) Um gegenüber Herrn Schuman die Form zu wahren, möchte Herr Pinay darauf verzichten, direkt an Sie, Herr Bundeskanzler, zu schreiben, weil er dies nur nach vorheriger Billigung durch das Kabinett tun könnte. Herr Pinay möchte durch General Billotte einen Brief an Sie richten, in dem klar zum Ausdruck kommt, daß dieser Brief auf Wunsch von Herrn Pinay geschrieben, und in dem ein Programm der Besprechung aufgeführt wird. [...] 4) Präsident Pinay wird Herrn Schuman rechtzeitig von dem Treffen informieren und ihn zur Teilnahme einladen. Es bleibt aber bei dem Wunsch von Herrn Pinay, Sie, Herr Bundeskanzler, zunächst allein zu sprechen. 5) Herr des Clausais würde auf einen positiven Bescheid aus Bonn hin mit einer entsprechenden Legitimation versehen, den Einladungsbrief und das Programm zu überbringen." Vgl. VS-Bd. 6128 (Botschaft Paris); B 150, Aktenkopien 1952. Vgl. ferner ECKARDT, Leben, S. 296–298 und LENZ, Zentrum, S. 504–506.

246

Vortragender Legationsrat von Kessel, Paris, an das Auswärtige Amt

Tgb. Nr. 888/52 **11. Dezember 1952**[1]

Betr.: Gespräche mit Botschafter Alphand

Anläßlich der Lenkungsausschußsitzung der EVG am 9. Dezember hat sich Botschafter Alphand zuerst mit einer kurzen Frage an mich und später in einem längeren Gespräch an Herrn Blank gewandt und gebeten, ihm die Bedeutung der Anregung des Herrn Bundeskanzlers auf Schaffung einer ständigen Konferenz der Regierungschefs darzulegen.[2]

Herr Alphand war sichtlich beunruhigt über diese Anregung des Herrn Bundeskanzlers und ihre Reaktion in der französischen Presse. Er wies insbesondere darauf hin, daß General Billotte in der „Information" einen Artikel veröffentlicht habe, in dem er in triumphierendem Tone darauf hingewiesen habe, der Herr Bundeskanzler habe sich der von ihm, Billotte, schon seit langem vertretenen These nunmehr angeschlossen.[3] Auch der „Figaro" hatte die Frage ge-

1 Hat Gesandtem I. Klasse Ophüls vorgelegen, der handschriftlich die Weiterleitung an Referent von Klewitz verfügte.
Hat Klewitz am 19. Dezember 1952 vorgelegen.

2 Am 3. Dezember 1952 erklärte Bundeskanzler Adenauer anläßlich der zweiten Lesung des EVG-Vertrages vor dem Bundestag: „Der Vertrag hat in der Tat nur dann einen Sinn und ist nur dann von Wert, wenn er von einer obersten politischen Autorität in Europa gekrönt wird. Diese Autorität besteht noch nicht. Aber die Arbeiten der ad-hoc-Kommission berechtigen uns, zu sagen, daß die politische europäische Autorität in naher Zukunft Wirklichkeit werden kann. Daß diese oberste politische Autorität gegenwärtig noch nicht besteht, darf weder hier noch anderswo als Vorwand dazu dienen, den EVG-Vertrag zu verwerfen. Außenminister Schuman hat in der letzten Zeit einmal gesagt: Bei normalen Verhältnissen hätte der Vertrag der Europäischen Verteidigungsgemeinschaft der Schlußstein der Integration Europas sein müssen; aber die Verhältnisse zwängen dazu, den Abschluß der Europäischen Verteidigungsgemeinschaft vorwegzunehmen. Das ist richtig. Aber mir scheint, diese Vorwegnahme wird das Zustandekommen der politischen Autorität wesentlich beschleunigen. Die erfolgte Ratifizierung des Vertrages über die Europäische Verteidigungsgemeinschaft macht es geradezu dringend erforderlich, eine gemeinsame europäische Außen- und Sicherheitspolitik zu entwerfen. Die Ratifizierung des EVG-Vertrages wird also das Zustandekommen der politischen Autorität beschleunigen. Falls das politische Statut – so wie es im EVG-Vertrag vorgesehen ist – aus formalen oder anderen Gründen auf sich warten lassen sollte, wäre es dann nicht denkbar, daß die Ministerpräsidenten der vertragschließenden Mächte schon jetzt regelmäßig zusammenkämen, um gemeinsam eine Politik der europäischen Sicherheit zu entwerfen und der Verteidigungsgemeinschaft dadurch frühzeitig eine hohe Wirksamkeit und Festigkeit zu geben? Dieser Rat der Regierungschefs steht zu der zukünftigen politischen Autorität weder im Gegensatz noch soll er an ihre Stelle treten, er könnte ihr vielmehr den Boden bereiten." Vgl. BT STENOGRAPHISCHE BERICHTE, Bd. 14, S. 11140.

3 Am 9. Dezember 1952 führte General Billotte in der Tageszeitung „L'Information" aus: „Ich vermerke mit Genugtuung, daß gewisse Gedankengänge in der Rede des Bundeskanzlers einerseits und die Vorschläge, die meine Freunde von der Republikanischen und Sozialen Aktion sowie ich selbst andererseits gemacht hatten, um die europäische Organisation sowie die Verteidigungsgemeinschaft aus der Sackgasse zu führen, in welche sie durch den in jeder Hinsicht enttäuschenden Wortlaut des Vertragsentwurfes gedrängt worden sind, parallel laufen. Herr Adenauer betont nämlich ausdrücklich, wie notwendig es ist, die Verteidigungsgemeinschaft genau so wie wahrscheinlich die anderen Gemeinschaften mit einer höchsten politischen Autorität zu krönen. Wir haben ja immer gesagt, daß das funktionelle Verfahren nicht den richtigen Weg darstellte, um zu einer Einigung und Konstituierung Europas zu kommen. Wir hatten insbesondere unterstrichen, daß keinerlei gemeinschaftliche

stellt, ob dieser Vorschlag eine Schwenkung der deutschen Politik einleite.[4] Die Tatsache, daß Herr Alphand das Gespräch zu wiederholten Malen auf dieses Thema brachte, beweist, daß man in französischen Regierungskreisen hinter dem Vorschlag des Herrn Bundeskanzlers wenn auch nicht eine völlige Schwenkung der deutschen Außenpolitik, so doch die Einleitung einer neuen Phase vermutet hat.

Herr Blank hat, ebenso wie vorher auch ich, Herrn Alphand darauf hingewiesen, es sei ganz abwegig, hinter dieser Anregung – um etwas anderes handele es sich nicht – weitreichende Pläne zu vermuten. Der Herr Bundeskanzler habe lediglich den Wunsch gehabt, durch seine Anregung die Übergangszeit bis zur Schaffung einer echten politischen Autorität für ein geeintes Europa zu überbrücken. Ein Abgehen von dem bisherigen Eintreten für die Integration zugunsten der abgeschwächten Form eines Staatenbundes komme nicht in Frage und ebensowenig ein Abrücken von den Grundlagen des Schuman-Plans und der EVG.

Im Verlauf des Gesprächs brachte Herr Alphand in lockerer Form vor, es wäre vielleicht sehr gut, wenn der Herr Bundeskanzler bei sich bietender Gelegenheit seinen Ausführungen vor dem Bundestag eine entsprechende Auslegung geben könnte.

Die Diplomatische Vertretung ist unterrichtet worden. Die Dienststelle Blank hat Durchdruck dieses Berichtes erhalten.

Kessel

B 10 (Abteilung 2), Bd. 972

Fortsetzung Fußnote von Seite 746

militärische Organisationen denkbar sein können ohne politisch übergeordnete Macht. [...] Vielleicht gelingt es uns, auf diese Weise dasjenige zu überwinden, was uns noch trennt, das heißt die mangelnde Effektivität einer Bastardkonstruktion, der wir keinesfalls unsere Militärmacht opfern können, und die Unmöglichkeit, in der wir uns befinden, den Vertrag mit demjenigen, was er gegenwärtig einschließt, zu ratifizieren. Es wäre leichter, diese Schwierigkeiten zu überwinden, wenn der Bonner Regierungschef, so wie wir es vorgeschlagen haben, dem Gedanken, einen permanenten Vor-Europarat ins Leben zu rufen, zustimmen würde." Vgl. die Mitteilung des Presse- und Informationsamtes der Bundesregierung vom 12. Dezember 1952; VS-Bd. 234 (Büro Staatssekretär); B 150, Aktenkopien 1952.

Zum Vorschlag des Generals Billotte aus dem Jahr 1949 für einen euroatlantischen Staatenbund vgl. BILLOTTE, Kritik, S. 199–273.

4 Der französische Journalist Jacques Clergier führte in seinem Artikel „Au Bundestag, une majorité confortable approuve en deuxième lecture les accords de Bonn et de Paris" zum Vorschlag des Bundeskanzlers Adenauer aus: „Le gouvernement fédéral est prié de proposer aux six pays participant à l'armée européenne et au plan Schuman la réunion d'une conférence permanente des chefs de leur gouvernement. Cette conférence élaborerait une politique commune étudiant la formation d'une fédération européenne. L'idée émane du chancelier Adenauer, qui la présenta pour la première fois au début de la deuxième lecture. Il ne parlait pas encore de conférence permanente, mais d'un conseil des chefs de gouvernement pouvant se réunir de temps à autre; les milieux autorisés assuraient vendredi que ce conseil pourrait être étendu au premier ministre britannique. [...] Prépare-t-on de la sorte un terrain de repli qui permettrait de vaincre les hésitations rencontrées en Allemagne même et à l'étranger, en France en particulier, par l'armée européenne? L'ajournement de la troisième lecture des accords de Bonn et de Paris peut-il valablement être rapproché de cette initiative du docteur Adenauer? Il est certain, en tout cas, maintenant que le chancelier a fait cette proposition à un moment où il savait déjà que la troisième lecture serait ajournée. En somme, tout se présente comme si, devant des difficultés jugées insurmontables, la République fédérale prenait des devants pour passer de l'idée fédérative à l'idée confédérative, sans abandonner l'espoir que la confédération sera l'étape la plus sûre pour parvenir un jour à l'intégration politique." Vgl. LE FIGARO vom 8. Dezember 1952, S. 3.

247

Aufzeichnung des Referenten Schwarz-Liebermann von Wahlendorf

224-00 II 16853/52 **11. Dezember 1952**

Aufzeichnung über den gegenwärtigen Stand der Verfassungsarbeiten der ad-hoc-Versammlung der sechs in der Europäischen Gemeinschaft für Kohle und Stahl zusammengeschlossenen Staaten.

Nachdem der von der ad-hoc-Versammlung der Staaten der Kohle- und Stahlgemeinschaft[1] gebildete Verfassungsausschuß unter Vorsitz von Dr. Heinrich von Brentano während seiner ersten Sitzung Ende Oktober[2] in Paris die Bildung von vier Unterausschüssen beschlossen hatte, die die Vorarbeiten für den Entwurf des Statuts einer Europäischen Politischen Gemeinschaft leisten sollten, traten diese vom 12. bis 25. November und erneut vom 1. bis 6. Dezember zusammen.

Der erste Unterausschuß befaßt sich mit Fragen der Zuständigkeit, der zweite mit solchen der politischen Institutionen, der dritte mit solchen der Institutionen der Gerichtsbarkeit, der vierte mit solchen der Verbindung.

Die Ergebnisse lassen sich kurz wie folgt zusammenfassen.

Erster Unterausschuß: Die Politische Gemeinschaft besitzt die Zuständigkeiten der Europäischen Gemeinschaft für Kohle und Stahl und der Europäischen Verteidigungsgemeinschaft sowie die Zuständigkeiten, die ihr durch den neuen Vertrag und zukünftige vertragliche Abreden werden zugewiesen werden. Die Aufgaben im Rahmen der bestehenden Spezialgemeinschaften werden, von geringfügigen Änderungen abgesehen, durch die Organe dieser Spezialgemeinschaften nach den entsprechenden Verträgen ausgeübt, die sich gleichsam als Teilprojektionen der Politischen Gemeinschaft darstellen lassen.

Im Rahmen der Spezialgemeinschaften bzw. der durch sie erfaßten Gebiete soll die Politische Gemeinschaft beauftragt werden „de définir ... les objectifs de politique étrangère communs des Etats membres“. Zunächst soll das Exekutivorgan (vgl. unten) diese Aufgabe durchführen. Späterer Regelung bleibt eine Änderung dieses Verfahrens vorbehalten. Französischer Widerspruch, in diesen Rahmen der Gemeinschaft nicht nur ein passives, sondern auch ein aktives Vertretungsrecht einzuräumen, konnte überwunden werden, nachdem das Wort „droit de légation active“ durch „droit de représentation active“ ersetzt worden war. Ein ursprünglicher Vorschlag, von einer „unification progressive de la politique étrangère“ zu sprechen, wurde ebenfalls französischerseits abgelehnt, anscheinend, ohne daß dieses Argument öffentlich verwandt worden wäre, aus der behaupteten Erwägung heraus, daß von einer Unifizierung der Außenpolitik nur die Rede sein könne, wenn es eine gemeinsame Außenpolitik gäbe, daß das aber

[1] Am 15. September 1952 entschied die Gemeinsame Versammlung der EGKS über die Zusammensetzung und die Einberufung einer Ad-hoc-Versammlung. Für den Wortlaut der Entschließung Nr. 7 vgl. VERFASSUNGSAUSSCHUSS, Oktober/November 1952, S. 21 f.

[2] Die Plenartagung des Verfassungsausschusses fand vom 23. bis 28. Oktober 1952 in Paris statt.

nur im Rahmen der NATO, nicht im Rahmen der EVG zutreffe. Die Gemeinschaft soll außerdem das Recht zum Abschluß von Verträgen erhalten. Widersprechende Verträge der Einzelstaaten könnten durch einen Gerichtsspruch annulliert werden. Allgemein war man der Ansicht, daß es sich im Rahmen der Außenpolitik vielmehr um eine „explicitation" der inhärenten Tendenzen des Verteidigungsvertrages handle als um wirklich neue Zuständigkeiten.

Während das Budget der Politischen Gemeinschaft vorläufig nach den Bestimmungen der Verträge über die Spezialgemeinschaften aufgebracht werden soll, ist die Möglichkeit unmittelbarer Steuerhoheit für später vorgesehen. Die Modalitäten würden den Gegenstand einer Sechsmächte-Übereinkunft bilden.

Zur Förderung eines gemeinsamen Marktes soll die Gemeinschaft sich zu allen diese Fragen betreffenden Maßnahmen der Mitgliedstaaten äußern können. Weitergehende Vorschläge über die eventuelle Zuweisung des Rechts an die Gemeinschaft, selbständig Maßnahmen zum Abbau von Zollschranken etc. zu treffen, wurden in einen Anhang verwiesen, der eventuell die Grundlage zu einem getrennt ratifizierbaren Spezialprotokoll bilden könnte.

Die Gemeinschaft hat weiterhin die Pflicht, die Menschenrechte und Grundfreiheiten zu sichern. Gerichtliche Entscheidung über Streitfälle in diesem Zusammenhang soll jedenfalls obligatorisch gemacht werden, die Frage einer Bundesexekution wurde jedoch auf später verschoben. (Hier soll die Gemeinschaft selbst gegebenenfalls zuständig sein, Bestimmungen zu erlassen.) Die fortschrittliche deutsche Stellungnahme in diesen Fragen hinterließ bei allen Beteiligten einen denkbar günstigen Eindruck.

Statutsänderungen werden vorläufig eines vollen Ratifikationsprozesses bedürfen (eine Ausführungsgesetzgebung im Rahmen der bestehenden Zuständigkeiten dagegen soll sich auf verfassungsrechtlicher Ebene vollziehen).

Hinsichtlich der räumlichen Erstreckung ist an das Vorbild der Montan-Union und der Verteidigungsgemeinschaft gedacht, doch machten die französischen Vertreter[3] nachdrücklich darauf aufmerksam, daß, wenn es sich um die Ratifizierung eines politischen Statuts handle, vermutlich die Verfassung es Frankreich verbieten würde, Gebiete der Union Française außerhalb der Gemeinschaft zu lassen, da in solchen Materien die französische Verfassung es untersagen würde, verschiedene Teilgebiete der Union Française verschiedenen Regimen zu unterwerfen.[4]

Zweiter Unterausschuß: Hinsichtlich der Politischen Institutionen wurde die Schaffung einer ersten Kammer (Chambre des Peuples) und einer zweiten Kammer (Sénat) vorgesehen. Die erste Kammer soll aus unmittelbaren Wahlen hervorgehen, Deutschland, Frankreich und Italien über je 54, Belgien und die Nie-

3 Michel Debré und Yvon Delbos.

4 Am 4. Dezember 1952 vermerkte Referent Schwarz-Liebermann von Wahlendorf, der französische Delegierte Debré habe in der Sitzung des ersten Unterausschusses am 4. Dezember 1952 ausgeführt, es sei nur ausnahmsweise möglich, daß ein völkerrechtlicher Vertrag nur in einem Teilgebiet Frankreichs Anwendung finde. Eine Anwendung in einem Teilgebiet sei nicht möglich, „wenn es sich um Materien handle, in denen die Verfassung eine unterschiedliche Behandlung verschiedener Teile der Union verbiete. Bei Kohle und Stahl sei es noch angegangen. Bei der Verteidigung würden sich ernste Probleme ergeben, im Gebiet der allgemeinen Politik schiene ihm die Verfassungsänderung unausweichlich." Vgl. B 10 (Abteilung 2), Bd. 854.

derlande über je 18, Luxemburg über 9 Sitze verfügen. Die Niederlande bestanden schon jetzt auf einer zukünftigen Regelung des Wahlverfahrens, das die Möglichkeit zum Ausschluß der Kommunisten böte. In der zweiten Kammer soll ebenfalls eine Stimmenwägung vorgenommen werden (Deutschland, Frankreich, Italien je 21, Belgien und die Niederlande je 10, Luxemburg 4 Sitze); die Vertreter sollen durch die nationalen Parlamente unter Zustimmung der Regierung bestimmt werden; sie sollen grundsätzlich frei abstimmen, nicht auf Grund von Instruktionen oder als Delegationen. Ausnahmen hinsichtlich der Frage des Votums als Delegation können jedoch vorgesehen werden.

Die Exekutive soll aus einem Präsidenten, der durch 2/3-Mehrheit des Rates der Nationalen Minister bestimmt wird, und sechs von ihm gewählten Persönlichkeiten sowie den Vorsitzenden der Hohen Behörde bzw. des Kommissariats bestehen, sowie außerdem aus eben dem Rat der Nationalen Minister, der grundsätzlich mit 2/3-Mehrheit entscheiden soll. Während der Ministerrat die Grundlinien festlegt, sollen die vorgenannten neun Mitglieder die im engeren Sinne administrativen Aufgaben durchführen. (Die Einrichtung des Rates der Nationalen Minister ist die Konsequenz einer Gestaltung der zweiten Kammer, die den Staaten nur verhältnismäßig geringen Einfluß läßt. Gerade angesichts des starken Einflusses des Rates der Nationalen Minister auf die Geschäftsführung durch die Exekutive im engeren Sinne wird das Problem einer parlamentarischen Verantwortlichkeit der Exekutive, die grundsätzlich bejaht wurde – ohne daß allerdings die Vorsitzenden der Spezialbehörden in dieser ihrer Eigenschaft dadurch berührt würden – außerordentlich brennend.)

Vorgesehen wurde auch die Bildung eines Wirtschafts- und Sozialrates.[5]

Die Einrichtung eines Transitoriums wurde grundsätzlich abgelehnt. Es wurde lediglich vorgesehen, daß eventuell für eine kurze Zeit die zweite Kammer gleichzeitig die Funktion der ersten wahrnehmen solle. (Für diesen letztgenannten Vorschlag setzte sich der niederländische Vertreter[6] ein.)

Dritter Unterausschuß: Hinsichtlich der Institutionen der Gerichtsbarkeit wurde vor allem beschlossen, den bestehenden Gerichtshof der Spezialgemeinschaften auch zum Gerichtshof für die Politische Gemeinschaft zu machen, unter der notwendigen Ausweitung und Anpassung.

Vierter Unterausschuß: Die Verbindung zum Europarat wurde unter zwei Gesichtspunkten behandelt, dem der Liaisons internes (funktionale Verbindung) und dem der Liaisons externes (Koordination). Da für erstere eine Änderung des Statuts des Europarates von nicht geringem Umfange erforderlich wäre, dürften die Vorschläge, die hier gemacht wurden, ohne praktische Bedeutung sein. Die Antwort auf die Frage der Koordination bewegte sich in dem üblichen Rahmen (Austausch von Berichten, teilweise gemeinsame Verwendung sekretarialer Einrichtungen etc.).

5 Am 21. November 1952 notierte Referent Schwarz-Liebermann von Wahlendorf über die Sitzung des zweiten Unterausschusses, daß der Berichterstatter Dehousse beauftragt worden sei, „einen Vorschlag hinsichtlich Zusammensetzung und Funktion des Wirtschafts- und Sozialrates für die Dezembersitzungen vorzubereiten". Vgl. B 10 (Abteilung 2), Bd. 854.

6 Jan Bruins Slot.

Eine Assoziationsmöglichkeit wurde für europäische Staaten und solche außereuropäischen Staaten, die zu europäischen Staaten in verfassungsrechtlicher Beziehung stehen, vorgesehen. Als Grundsatz wurde anerkannt, daß in diesen Verträgen Rechte und Pflichten der Assoziierten einander entsprechen müßten.

Weiterhin wurde beschlossen, daß die Gemeinschaft ein Initiativrecht (im Sinne von Vorschlägen) zur Integration neuer Sachgebiete besitzen sollte.

Zu erwähnen ist die grundsätzlich konstruktive Haltung während der Erörterungen in den verschiedenen Unterausschüssen sowohl der englischen Beobachter[7] wie auch des Generalsekretärs des Europarates[8]. Letzterer war deutlich der Ansicht, daß die Konstituierung einer Politischen Gemeinschaft der sechs Staaten auch dem Europarat neue Impulse verleihen könnte, wenn seine Mitglieder (soweit nicht zu den sechs gehörig) sich durch Assoziationsverträge der Gemeinschaft der sechs näherten und damit den Europarat in seiner Gesamtheit nötigten, zu intensiverer Vergemeinschaftung zu gelangen.

Am 15. Dezember wird der Vollausschuß erneut in Paris zusammentreten. Seine Aufgabe wird sein, die ihm vorgelegten Arbeitsergebnisse der Unterausschüsse zu prüfen, und, wenn möglich, sich bereits zu der Frage der Verteilung der Funktionen auf die verschiedenen Organe zu äußern.[9]

Hiermit Herrn MD Blankenhorn weisungsgemäß vorgelegt.

Dr. H. A. Schwarz-Liebermann

VS-Bd. 159 (Büro Staatssekretär)

[7] Lord Hope, Lord Layton, Alfred Robens.

[8] Jacques Camille Paris.

[9] Der Verfassungsausschuß der Ad-hoc-Versammlung tagte vom 15.–20. Dezember in Paris. In sechs Entschließungen nahm er zur Organisation einer europäischen politischen Gemeinschaft Stellung. Für den Wortlaut der Entschließungen I bis VI vom 20. Dezember 1952 vgl. EUROPA-ARCHIV 1953, Bd. 1, S. 5503–5512.
In der Entschließung Nr. I über die Integration der EGKS und der EVG in die europäische politische Gemeinschaft wurde ausgeführt: „6) Bis zum Ablauf einer Anpassungszeit (von zu bestimmender Dauer) a) bleiben die Hohe Behörde der Montanunion und das Kommissariat der EVG im Amt, üben jedoch die ihnen mit den Verträgen über die Gründung der Montanunion und der EVG übertragenen Befugnisse unter der Leitung und Kontrolle des Europäischen Exekutivrates aus; b) gehören der Präsident der Hohen Behörde der Montanunion und der Präsident des Kommissariats der EVG von Amts wegen dem Europäischen Exekutivrat mit beschließender Stimme an, behalten jedoch ihren persönlichen Status, wie er sich aus den Verträgen über die Gründung der Montanunion und der EVG und insbesondere aus den Artikeln 24 Montanunion-Vertrag und 36 EVG-Vertrag ergibt." Vgl. EUROPA-ARCHIV 1953, Bd. 1, S. 5503.

248

Aufzeichnung des Staatssekretärs Hallstein

12. Dezember 1952[1]

Instruktion für Botschafter Pawelke

Ich bitte Sie, nach Ihrer Rückkehr nach Kairo[2] den Ministerpräsidenten General Naguib aufzusuchen und ihm das anliegende Memorandum[3] zu übergeben, das die Antwort der Bundesregierung darstellt auf das Memorandum der Delegation der arabischen Staaten Ägypten, Irak, Jemen, Jordanien, Libanon, Saudi-Arabien und Syrien vom 31. Oktober 1952[4] und auf die durch Ministerpräsident Naguib übermittelte Note dieser Staaten vom 12. November 1952[5].

Ich bitte, hierbei noch das Folgende mündlich mitzuteilen:

1) Die Bundesregierung hat den arabischen Mitteilungen entnehmen müssen, daß die arabischen Staaten befürchten, die Durchführung des Israel-Vertrages könnte dazu führen, daß das bestehende Kräfteverhältnis zwischen Israel und den arabischen Staaten zu Gunsten des ersteren verändert wird. Nach unserer Auffassung kann jedenfalls das militärische Kräfteverhältnis durch den Vertrag nicht beeinflußt werden, denn die Lieferungen an Israel sind ausschließlich für friedliche Zwecke bestimmt. Soweit durch sie die israelische Wirtschaft im allgemeinen gestärkt wird, ist die Bundesregierung bereit, durch Intensivierung ihrer Handelsbeziehungen mit den arabischen Staaten für einen Ausgleich zu sorgen, wie dies bereits in Bonn der Delegation der arabischen Staaten durch den Bundeswirtschaftsminister[6] und durch mich erläutert worden ist.[7] Sie wür-

1 Die Aufzeichnung wurde von Vortragendem Legationsrat von Etzdorf am 9. Dezember 1952 konzipiert und am 12. Dezember 1952 von Botschaftsrat a. D. Kordt Staatssekretär Hallstein übermittelt. Für den Entwurf und das Begleitschreiben vgl. B 2 (Büro Staatssekretär), Bd. 17.

2 Botschafter Pawelke kehrte am 15. Dezember 1952 nach Kairo zurück.

3 Dem Vorgang beigefügt. Im Memorandum der Bundesregierung vom 12. Dezember 1952 wurde ausgeführt, daß sich das Abkommen mit Israel vom 10. September 1952 nicht gegen die arabischen Staaten richte: „1) In dem Konflikt zwischen den arabischen Staaten und Israel hat die Bundesrepublik bisher strikte Neutralität gewahrt und ist entschlossen, dies auch in Zukunft zu tun. Nach allgemein anerkannten völkerrechtlichen Grundsätzen ist jedoch ein neutraler Staat berechtigt, mit kriegführenden Staaten friedliche wirtschaftliche Beziehungen zu unterhalten. [...] 2) Die deutschen Lieferungen an Israel sind nicht als Subventionen anzusehen. Sie sollen nur die Lasten erleichtern, die der Staat Israel infolge der Aufnahme mittelloser Flüchtlinge zu tragen hat, die in direkter oder indirekter Auswirkung nationalsozialistischer Maßnahmen gezwungen waren, ihre Heimat zu verlassen. 3) Im Lichte dieser Tatsachen kann die Bundesregierung in dem mit dem Staate Israel geschlossenen Abkommen keine Bedrohung der Sicherheit der arabischen Staaten erblikken. 4) Der Staat Israel ist von der Bundesrepublik weder in dem Vertrag noch in anderem Zusammenhang als Rechtsnachfolger der verfolgten Juden anerkannt worden. Ein solcher Anspruch ist auch niemals von der israelischen Regierung erhoben worden. Die Wiedergutmachung an Israel wird nicht geleistet, weil dieser Staat das Weltjudentum repräsentiert, sondern als Beitrag für die Wiedereingliederung der auf israelischem Gebiet befindlichen Flüchtlinge. [...] 8) Wegen der weiteren Behandlung der Fragen, die von den Regierungen der arabischen Staaten aufgeworfen worden sind, ist der Botschafter der Bundesrepublik in Kairo beauftragt worden, Seiner Exzellenz dem Ägyptischen Ministerpräsidenten Vorschläge zu unterbreiten." Vgl. VS-Bd. 4 (Büro Staatssekretär); B 150, Aktenkopien 1952. Vgl. dazu auch Dok. 234, Anm. 5.

4 Zum Memorandum der arabischen Delegation vgl. Dok. 234, Anm. 4.

5 Zur Note der Staaten der Arabischen Liga vgl. Dok. 239, Anm. 7.

6 Ludwig Erhard.

de vor allem Investitionsprojekte der arabischen Staaten sorgfältig unter dem Gesichtspunkt prüfen, wie weit für ihre Durchführung die Produktionskapazität der deutschen Wirtschaft zu günstigen Bedingungen zur Verfügung gestellt werden kann. Was insbesondere Ägypten anbetrifft, so erwägt die Bundesregierung im übrigen, den Ankauf von Baumwolle zu steigern, die Bemühungen Ägyptens um die Motorisierung seiner Wirtschaft zu unterstützen, wie auch sonstige wirtschaftliche Anliegen der ägyptischen Regierung zu prüfen. Die Bundesregierung ist überzeugt, daß durch eine solche Zusammenarbeit die großen Vorhaben für die wirtschaftliche Entwicklung Ägyptens und der übrigen arabischen Staaten wesentlich gefördert werden können. Um die arabischen Wünsche im einzelnen kennenzulernen und um über entsprechende Abkommen zu verhandeln, ist die Bundesregierung gern erbötig, in Kürze eine Delegation zunächst nach Kairo zu entsenden.

2) Die arabischen Staaten haben in ihrem Memorandum vom 31. Oktober 1952 der Ansicht Ausdruck gegeben, daß die Durchführung des Israel-Vertrages ihre Sicherheit gefährden könnte. Sie haben es gleichzeitig als naheliegend bezeichnet, diese Frage der Generalversammlung der Vereinten Nationen zur Entscheidung vorzulegen.

Die Bundesregierung ist, wie sie in ihrem Memorandum im einzelnen ausgeführt hat, nicht der Ansicht, daß ihre Wiedergutmachungsleistungen an Israel die Sicherheit der arabischen Staaten gefährden. Sie ist jedoch, obgleich sie selbst nicht Mitglied der Vereinten Nationen ist, bereit, sich einem Spruch der Generalversammlung zu unterwerfen und alle Empfehlungen auszuführen, welche die Generalversammlung etwa beschließen sollte. Die Bundesregierung ist andererseits aber nicht in der Lage, selber an die UNO heranzutreten, da sie als ein Staat, der nicht Mitglied der Vereinten Nationen ist, damit gemäß Art. 35 Abs. 2 der Satzung[8] der von den arabischen Staaten aufgeworfenen Frage von sich aus den Charakter eines Streites geben würde. Dies zu tun, liegt der Bundesregierung schon deshalb fern, weil es nicht in Einklang zu bringen wäre mit der traditionellen Freundschaft, die Deutschland mit den arabischen Staaten verbindet und die nicht nur aufrechtzuerhalten, sondern weiter zu fördern und zu vertiefen ein besonderes Anliegen der Bundesregierung ist.

Sollten die Regierungen der arabischen Staaten nicht beabsichtigen, ihrerseits an die UNO heranzutreten, erlaubt sich die Bundesregierung anzuregen, einen gemeinsamen Schritt bei einer dritten Macht zu unternehmen und diese zu bitten, die hier zur Rede stehende Angelegenheit gemäß Art. 11 Abs. 2 der Satzung[9] vor die Generalversammlung zu bringen. Die Bundesregierung setzt hierbei voraus, daß ihr Sicherheit dafür gegeben werden wird, daß die arabischen Staaten die Ratifizierung des Israel-Vertrages und seine vertraglich vereinbarte Durchführung nicht zum Anlaß nehmen, wirtschaftliche Maßnahmen gegen die Bundesrepublik zu ergreifen.

3) Der Israel-Vertrag wird bei den deutschen parlamentarischen Körperschaften nicht vor dem 10. Januar nächsten Jahres vorgelegt werden. Die Bundesregie-

Fortsetzung Fußnote von Seite 752

7 Vgl. dazu Dok. 222.

8 Für Artikel 35, Absatz 2 der UNO-Charta vom 26. Juni 1945 vgl. Dok. 228, Anm. 5.

9 Für Artikel 11, Absatz 2 der UNO-Charta vom 26. Juni 1945 vgl. Dok. 239, Anm. 8.

rung würde, wenn die arabischen Staaten der obigen Anregung zustimmen, gleichzeitig mit der Vorlage des Vertrages beim Parlament ihr Einverständnis damit erklären, daß die Frage, ob durch den Israel-Vertrag die Sicherheit der arabischen Staaten bedroht ist, von der Generalversammlung der Vereinten Nationen entschieden werden soll. Voraussetzung hierfür wäre, daß die Regierungen der arabischen Staaten der Bundesregierung gleichzeitig erklären, die Ratifizierung und Durchführung des Israel-Vertrages nicht zum Anlaß dafür nehmen zu wollen, wirtschaftliche Maßnahmen gegen die Bundesrepublik zu ergreifen.[10]

gez. Hallstein

VS-Bd. 4 (Büro Staatssekretär)

249

Aufzeichnung des Botschaftsrats a.D. Kordt

210-01/7 III 19632/52 **20. Dezember 1952**[1]

Geheim

In der heutigen Direktorenbesprechung brachte ich die Rede auf die deutsch-belgischen Beziehungen (Grenzverhandlungen[2], Maison Belge[3] und die Einladung belgischer Parlamentarier durch den Bundestagspräsidenten).

10 Botschafter Pawelke, Kairo, berichtete am 17. Dezember 1952 über das Gespräch mit Ministerpräsident Naguib anläßlich der Übergabe des Memorandums. Naguib habe angekündigt, das Memorandum der Arabischen Liga am 20. Dezember 1952 vorzulegen. Nach Ansicht des Ministerpräsidenten werde die Arabische Liga die „Vorschläge als ungenügend zurückweisen und Katalog bereits beschlossener Maßnahmen im Falle Ratifikation bekanntgeben". Er sei mit „vorgeschlagener Unterbreitung Israelabkommens bei UNO einverstanden unter der Bedingung, daß Ratifikation bis zur Entscheidung UNO aufgeschoben würde". Vgl. den Drahtbericht Nr. 65; B 10 (Abteilung 2), Bd. 1685.

1 Am 24. Dezember 1952 verfügte Botschaftsrat a. D. Kordt handschriftlich die Weiterleitung an Legationsrat a. D. Bassler.
Hat Bassler am 29. Dezember 1952 vorgelegen.

2 Am 2. September 1952 erläuterte Botschaftsrat a. D. Kordt die Verhandlungsposition der belgischen Regierung: „Das, was die belgische Regierung jetzt noch aufrecht erhält, sind im wesentlichen Rückgabe von Gebietsteilen, die im März 1949 unter belgische Auftragsverwaltung gestellt worden sind, ohne daß Deutschland dazu überhaupt gehört worden wäre. Die belgische Regierung hat versucht, sich dadurch aus der Affaire zu ziehen, daß sie vorschlug ‚d'encommissionner l'affaire', d. h. eine Kommission aus Grenzziehungs-Experten zu bilden, die so lange tagen soll, bis irgendein glücklicher Zufall Herrn Van Zeeland oder seinen Nachfolger in die Lage versetzt, zu den Konzessionen zu stehen, die die belgische Regierung in Aussicht genommen hatte. Auch jetzt noch fordert die belgische Regierung für die Rückgabe des Dorfes Losheim (das unter belgischer Auftragsverwaltung steht) die Abtretung des Wahlerscheider Forstes als Sicherheitsgürtel für den belgischen Truppenübungsplatz Elsenborn. Verhandlungen auf dieser Grundlage sind für uns wenig attraktiv und würden einen wenig erfreulichen Präzedenzfall für die deutsch-niederländischen Grenzverhandlungen bilden." Vgl. B 11 (Abteilung 3), Bd. 663.

3 Dazu notierte Vortragender Legationsrat von Nostitz-Drzewiecki am 8. Dezember 1952: „Die belgische Besatzungsmacht bzw. die belgische Regierung erbaute in den Jahren 1948/49 in Köln das

Zur Grenzfrage führte ich aus: Die Tatsache, daß die belgische Regierung ihre Zustimmung zu dem nahezu erreichten Übereinkommen über eine Harmonisierung und Normalisierung der deutsch-belgischen Grenze unerwartet zurückgezogen habe, hatte zur Folge, daß die gesamten Verhandlungen ins Stocken gerieten, da das Prinzip der Gleichberechtigung in Frage gestellt wurde. Eine weitere Komplikation sei nun dadurch entstanden, daß die britische Militärregierung Nordrhein-Westfalen gegenüber unter Hinweis auf die Erfordernisse der gemeinsamen Verteidigung die Einräumung eines erheblichen Gebietes in der Gegend des Wahlerscheider Forstes verlangt habe. Es handle sich darum, die beiden großen Truppenlager Elsenborn (belgisch) und Vogelsang (deutsch) so zu verbinden, daß ein Truppenübungsplatz entstünde, auf dem Divisionsmanöver möglich seien. Bei einer Besprechung im Finanzministerium von Nordrhein-Westfalen, bei der ich anwesend war, am 16. Dezember, habe der zuständige Referent ausgeführt, daß an der bezeichneten Stelle die Einrichtung eines Truppenübungsplatzes wahrscheinlich weniger zum deutschen Nachteil ins Gewicht fallen würde als an anderen Stellen. Die beiden Truppenlager Elsenborn und Vogelsang enthielten bereits die notwendigen Unterkünfte für Truppen in Divisionsstärke. Wenn an anderer Stelle neue Unterkünfte gebaut werden müßten, so würde dies einen Kostenaufwand von 65–70 Millionen DM erfordern.

Fortsetzung Fußnote von Seite 754

sog. ‚Belgische Haus‘ (Maison Belge), das ein Hotel, ein Restaurant, Versammlungsräume, ein belgisches Luftverkehrsbüro und anderes enthält und zunächst wohl ausschließlich Zwecken der Besatzungsmacht zur Verfügung stand. Im Jahre 1948/49 wurde ein privater rechtsfähiger Verein gegründet und im Vereinsregister eingetragen. Laut Statuten ist Zweck des Vereins die Förderung der deutsch-belgischen Beziehungen in kultureller und wirtschaftlicher Hinsicht. [...] Im April d.J. ließ die Oberfinanzdirektion Köln das Haus durchsuchen, beschlagnahmte die Akten, pfändete die Inneneinrichtung in Höhe von DM 50 000, ließ eine Sicherungshypothek von DM 700 000 eintragen und stellte den Antrag auf Pfändung einer am Grundstück bestehenden Eigentümergrundschuld von DM 250 000. Zugrunde lagen umfangreiche Zoll- und Steuerhinterziehungen (Zigaretten, Kaffee, Hölzer aus dem Kongo) zum Schaden des Bundesfiskus, des Fiskus Nordrhein-Westfalen und der Stadt Köln. Der angerichtete Schaden wurde auf acht bis zehn Mio. DM geschätzt. Hauptschuldiger ist der Geschäftsführer Nannan. [...] Der Tatbestand ist belgischerseits niemals dem Grunde, sondern nur der Höhe nach bestritten worden. Die Belgische Botschaft hat unentwegt interveniert, zunächst bescheiden, dann immer entschiedener, ja anmaßend. Sie identifizierte sich zunehmend mit dem ‚Belgischen Haus‘ und erklärte, die Angelegenheit sei politischer Natur. Eine fiskalische Behandlung werde die deutsch-belgischen Beziehungen stark belasten, die Angelegenheit könne nur auf politisch-diplomatischer Ebene geregelt werden. [...] Das Auswärtige Amt hat sich, als das Interesse des belgischen Staates bekannt wurde, eingeschaltet. In monatelangen Besprechungen hat es versucht, zwischen dem politischen Standpunkt der belgischen Regierung und dem fiskalischen Standpunkt des Bundesfinanzministeriums zu vermitteln. Der Bundesfinanzminister war bereit, die Angelegenheit geräuschlos und außergerichtlich beizulegen, erwartete aber die Zahlung einer ‚Abstandssumme‘. Die belgische Regierung sträubte sich mit Händen und Füßen hiergegen und erklärte Ende August, sie sei nicht willens, für die Verstöße der ‚Maison Belge‘ aufzukommen, machte aber den Vorschlag der Umwandlung des Vereins ‚Belgisches Haus‘ in eine deutsch-belgische Institution, an der der deutsche Partner zu 50% beteiligt werden sollte. Sie räumte damit dem deutschen Partner ein 50%iges Miteigentum im ungefähren Wert von DM 1 000 000 und sonstiges Mitspracherecht ein. [...] Nunmehr stand fest, daß Geld zur Befriedigung der Ansprüche des Fiskus belgischerseits nicht zu erwarten war. Es gab zwei Möglichkeiten: entweder eine Versteigerung des ‚Belgischen Hauses‘, mit finanziell zweifelhaftem Ergebnis und als Folgeerscheinung einen unerfreulichen Skandal in Belgien, oder ein Eingehen auf den belgischen Vorschlag unter Verzicht auf fiskalische Weiterverfolgung der Angelegenheit. Mit Zustimmung des Bundesfinanzministers hat das Auswärtige Amt den letzteren Weg beschritten. Dabei war entscheidend, daß wir uns eine Belastung des deutsch-belgischen Verhältnisses nicht nur unter dem Gesichtspunkt der bilateralen deutsch-belgischen Beziehungen, sondern auch wegen der Bedeutung Belgiens für uns auf multilateraler Ebene (EVG, Montanunion) nicht leisten können.“ Vgl. B 11 (Abteilung 3), Bd. 225.

Die Entscheidung darüber, ob den durch die britische Militärregierung geäußerten Wünschen der NATO entsprochen werden könne, falle erst in einigen Wochen, wenn nicht sogar einigen Monaten. Unsere Grenzverhandlungen mit Belgien würden durch die Inanspruchnahme des Wahlerscheider Forstes insofern kompliziert, als zunächst einmal Gewißheit darüber geschaffen werden müßte, ob der Wahlerscheider Forst für das geplante Projekt in Anspruch genommen wird. Man könnte allerdings auch daran denken, den Wahlerscheider Forst den belgischen Wünschen entsprechend abzutreten, um damit als Gegenleistung die Räumung der unter belgischer Auftragsverwaltung stehenden Gebiete Stadtteil Aachen-Bilchen und das Dorf Losheim sowie einige andere Gebietsstücke zurückzuerhalten. Belgien werde dann gewissermaßen mit einem um den Wahlerscheider Forst vergrößerten Truppenübungsplatz Elsenborn an der Errichtung des neuen großen Übungsplatzes teilnehmen und sich wahrscheinlich diese sieben qkm irgendwie als belgische Leistung anrechnen lassen.

Ich schlug dem Herrn Staatssekretär[4] vor, daß ich den belgischen Botschafter zu mir bitte, um ihm einen mündlichen Zwischenbescheid auf seine beiden Noten vom September[5] und November zu erteilen. Dabei würde ich den Plan des Divisionsübungsplatzes erwähnen und den Botschafter darauf aufmerksam machen, daß wir gezwungen wären, eine negative Antwort auf die belgischen Wünsche zu erteilen, wenn wir jetzt die beiden Noten beantworten müßten. Die Bundesregierung teile den Wunsch der belgischen Regierung, die Grenzfrage bald durch Abschluß eines pactum de contrahendo grundsätzlich zu erledigen, müsse sich aber vergewissern, welche NATO-Wünsche berücksichtigt werden müßten.

Der Herr Staatssekretär stimmte meinem Vorschlag zu mit dem Bemerken, daß der noch nicht ratifizierte EVG-Vertrag eine gewisse dilatorische Behandlung der Grenzfrage zweckmäßig mache.

Hiermit Herrn von Etzdorf[6], Herrn von Nostitz[7] zur gefälligen Kenntnis.

gez. Kordt

VS-Bd. 4651 (Abteilung 3)

4 Walter Hallstein.

5 Für den Wortlaut der Note des belgischen Botschafters in Bonn, Muûls, vom 12. September 1952 an Staatssekretär Hallstein vgl. VS-Bd. 4687 (Abteilung 3).

6 Hat Vortragendem Legationsrat von Etzdorf am 23. Dezember 1952 vorgelegen.

7 Hat Vortragendem Legationsrat von Nostitz-Drzewiecki am 23. Dezember 1952 vorgelegen.

250

Aufzeichnung des Staatssekretärs Hallstein

21. Dezember 1952[1]

Der Aufbau des Auswärtigen Dienstes

I. Trotz beträchtlicher Fortschritte im laufenden Jahre bleibt[2] der Aufbau des Auswärtigen Dienstes in der Zentrale und im Ausland hinter den Zielen zurück, die sich das Auswärtige Amt für das Jahresende gesteckt hatte[3].

Allgemeine Geschäftslage der Zentrale

Der Grund hierfür liegt vor allem darin, daß die in der Zentrale verfügbaren personellen Kräfte und sachlichen Mittel hinter dem stetig anwachsenden Arbeitsanfall zurückgeblieben sind.

Der Personalbestand im Inland betrug am 1. Januar 1952 646 Personen, davon 183 Beamte und Angestellte des höheren Dienstes. Er stieg bis zum 1. November des Jahres auf insgesamt 813 Bedienstete, davon 212 Beamte und Angestellte des höheren Dienstes. Demgegenüber vermehrte sich die Menge der Aus- und Eingänge zusammengenommen um 100%, die der zu bearbeitenden Eingänge allein um etwa 165%. Die entsprechenden Zahlen lauten:

	Eing.	Ausg.	Zus.
Januar	19700	25899	45400
Juni	34824	29009	63833
September	53639	35702	89343
Oktober	52098	40001	92099
November	47539	33265	80804

1 Entwurf.
Die Aufzeichnung wurde von Ministerialdirektor Peter Pfeiffer konzipiert.
Am 6. Dezember 1952 legte Pfeiffer die Aufzeichnung Ministerialdirektor Blankenhorn mit dem Vermerk vor: „Entsprechend der vom Herrn Staatssekretär in der Sitzung des Auswärtigen Ausschusses des Deutschen Bundesrats vom 6. November 1952 gegebenen Zusage wird der Entwurf einer Denkschrift über den Aufbau des Auswärtigen Dienstes zur Unterrichtung der Ausschußmitglieder [...] mit der Bitte um Zustimmung und Weiterleitung nach Vervielfältigung bei Abteilung I vorgelegt." Vgl. B 110 (Referat 110), Bd. 35.
Am 22. Dezember 1952 vermerkte Vizekonsul Sigrist handschriftlich für Abteilung I: „Sofort. Beiliegender Entwurf der Denkschrift wird ergebenst zurückgesandt. Der Herr StS bittet, die Reinschrift so rechtzeitig vorzulegen, daß sie vor Jahresende dem Bundesrat zugeleitet werden kann."
Dazu notierte Vortragender Legationsrat Diehl am 22. Dezember 1952 handschriftlich: „Pressereferent bittet um Kopie der Reinschrift, um eine Veröffentlichung im ‚Diplomatischen Kurier' oder bzw. und im ‚Bulletin' vorzubereiten."
Dazu vermerkte Vortragender Legationsrat Freiherr von Welck am 24. Dezember 1952: „Erledigt." Vgl. B 110 (Referat 110), Bd. 35.

2 Dieses Wort wurde von Staatssekretär Hallstein handschriftlich eingefügt. Dafür wurde gestrichen: „dürfte".

3 Der Passus „hinter den ... gesteckt hatte" wurde von Staatssekretär Hallstein handschriftlich eingefügt. Dafür wurde gestrichen: „die für das Jahresende gesteckten Ziele kaum derreichen".

Diese Entwicklung mußte das Leistungsvermögen der Mitarbeiter über Gebühr anspannen und das Tempo des Geschäftsganges nachteilig beeinflussen. Eine Verbesserung hätte sich nur durch Vermehrung des Personals bewirken lassen, zu der indessen die haushaltsrechtlichen Voraussetzungen bisher nicht gegeben waren. Die Behörde arbeitet bis heute auf der Grundlage des Stellenplanes von 1951 + Nachtrag, der nur durch Vorwegbewilligungen beschränkten Umfanges erweitert werden konnte.

Personalplanung für die Zentrale

Nach der bald zu erwartenden Verabschiedung des Nachtrages zum Haushalt 1952 werden diese Schwierigkeiten an ihrer Wurzel behoben sein. Im Verhältnis zum Haushaltsplan 1951 sind folgende Veränderungen geplant:

	Stellensoll nach dem Wiederholungshaushalt 1952	Geplantes Stellensoll für 1952 und 1953 (Nachtrag 1952 und Haushaltsplan 1953)
	Inland	
Höherer Dienst	179	226
Geh. Dienst	219	262
Mittl. Dienst		
Schreibdienst		
Einf. Dienst	285	534
Zusammen	683	1022
	Ausland	
Höherer Dienst	513	599
Geh. Dienst	400	468
Mittl. Dienst		
Schreibdienst		
Einf. Dienst	579	1034
Zusammen	1492	2101
Insges.	2175	3123

Es darf indessen nicht übersehen werden, daß von der Verabschiedung des Haushaltes bis zu seiner tatsächlichen Verwirklichung noch weitere Schwierigkeiten zu überwinden sind.

Unterbringung der Zentrale

Als die zuletzt begründete Oberste Bundesbehörde[4] hat das Auswärtige Amt keine geschlossene Unterkunft mehr finden können. Es hat sich vielmehr mit einer unzulänglichen Unterbringung in nunmehr 13 Gebäuden begnügen müssen.

[4] Das Auswärtige Amt wurde am 15. März 1951 errichtet. Vgl. dazu AAPD 1951, Dok. 54.

Die dem Geschäftsgang daraus erwachsende Belastung braucht nicht im einzelnen erläutert zu werden.

Wenn der Neubau des Auswärtigen Amts, wie es nunmehr vorgesehen ist, im Januar kommenden Jahres beginnt, kann das bestehende Provisorium in etwa zwei Jahren sein Ende finden.

Inzwischen muß der Aufbau der Behörde jedoch weitergeführt werden, und da die dringend erforderliche Vermehrung des Personals ohne eine Erweiterung des überlasteten Raumes nicht möglich ist, wird sich auch eine weitere räumliche Aufsplitterung nicht vermeiden lassen. Dabei bereitet auch schon die Gewinnung zusätzlicher Notunterkünfte beträchtliche Schwierigkeiten. Es darf nicht verkannt werden, welche Anforderungen bei dieser Sachlage an die organisatorische Anpassungsfähigkeit der Behörde gestellt werden.

Nachwuchs- und Bewerbungslage

Eine weitere Schwierigkeit liegt auf personalpolitischem Gebiet. Es ist nicht leicht, geeignete Bewerber, insbesondere für den gehobenen Dienst und den Nachwuchs des höheren Dienstes, zu gewinnen. Bei der zuletzt genannten Kategorie wendet das Amt sich vorwiegend an einen Personenkreis, der im Bereich der Wirtschaft im allgemeinen verlockendere Angebote findet. Mit diesen kann die Behörde nicht Schritt halten. Dazu kommt, daß vielfach noch abwegige Vorstellungen über die Aufnahmemöglichkeiten bestehen, wie die angebliche Notwendigkeit einflußreicher Fürsprache oder von Privatvermögen und einer bestimmten Herkunft. Es muß demgegenüber hervorgehoben werden, daß dem Auswärtigen Amt daran gelegen ist, Bewerber aus allen Kreisen der Bevölkerung zu gewinnen und dem Auswärtigen Dienst den Nimbus der sozialen Exklusivität zu nehmen. Um die Zulassungsbedingungen für den höheren Auswärtigen Dienst in möglichst weiten Kreisen bekanntzumachen, wird sich das Auswärtige Amt demnächst unter Übermittlung entsprechender Merkblätter an die Herren Vertreter der Länder beim Bund mit der Bitte wenden, alle in Betracht kommenden Behörden und Institute (Universitäten, Hochschulen, Oberlandesgerichte u. a.) über die Aufnahmebedingungen zu unterrichten.

Auch auf der mittleren und oberen Ebene des höheren Dienstes entspricht die Zahl der wirklich geeigneten Bewerber dem Bedarf nicht. Dabei läßt sich nicht verkennen, daß die heftige öffentliche Kritik am Auswärtigen Dienst eine Anzahl guter Bewerber abgeschreckt hat.

Eine weitere Schwierigkeit wird in ihrer Bedeutung oft nicht genügend gewürdigt.[5]

Die fortlaufende Errichtung neuer Auslandsbehörden erfordert eine ständige Abgabe von geschultem Personal an die nachgeordneten Dienststellen im Ausland. Die Zentrale ist dadurch gezwungen, mit unausgebildetem und dauernd wechselndem Personal zu arbeiten, was sich insbesondere auf der Ebene der technischen Dienste, wie Büro- und Kanzleidienste, nachteilig auswirkt. Dieser Mißstand wird sich erst im Verlaufe einer längeren Entwicklung beheben las-

5 Dieser Satz wurde von Staatssekretär Hallstein handschriftlich eingefügt. Dafür wurde gestrichen: „Es darf dann auf eine weitere Schwierigkeit hingewiesen werden, die im Bereich des Auswärtigen Dienstes fühlbar ist, in ihrer Bedeutung jedoch oft nicht genügend gewürdigt wird.“

sen, da der Ausbau des Netzes der Auslandsvertretungen erst in eineinhalb bis zwei Jahren zu einem vorläufigen Abschluß gebracht werden kann.

Schließlich sollte nicht unerwähnt bleiben, daß insbesondere die Tätigkeit der Personalabteilung dadurch fühlbar belastet war, daß die Untersuchungen über die Personalpolitik des Auswärtigen Amts[6] eine Fülle zusätzlicher Arbeit mit sich brachte, für die natürlich[7] keine zusätzlichen Kräfte eingestellt werden konnten. Abgesehen davon, daß die Personalabteilung sich monatelang ohne ständigen Leiter behelfen mußte und daß eine Anzahl von Ernennungen und Beförderungen zu unterbleiben hatte, wurden zusätzliche[8] Anforderungen in bezug auf Auskunftserteilung, Sammlung von Unterlagen und Zusammenstellung statistischen Materials gestellt.

Die hier aufgezählten Schwierigkeiten haben zur Folge gehabt, daß die Arbeitsweise der Behörde noch nicht durchweg befriedigend ist. In dem Maße, wie die Hebung des Leistungsvermögens dies zuläßt, wird dem Aufbau sowie der organisatorischen und technischen Durchbildung des Apparates von unten her steigende Aufmerksamkeit zugewandt werden müssen, um die noch vorhandenen Mängel Schritt für Schritt[9] zu beseitigen.

II. Aufbau der Zentrale

Abteilung I

Damit ist zugleich eine der wesentlichen Aufgaben der Personal- und Verwaltungsabteilung (I) gekennzeichnet. Zur Bewältigung ihrer in der Periode des Aufbaues besonders umfangreichen Obliegenheiten bedarf sie einer erheblichen Verstärkung. Neben den Unterabteilungen für Personal und für Organisation und Verwaltung, die auf zehn und elf Referate erweitert werden, ist eine weitere Unterabteilung für das Nachwuchs- und Ausbildungswesen aller Dienstzweige vorgesehen.

Eine regelrechte Ausbildung im Rahmen des Auswärtigen Dienstes hat bisher lediglich für den Nachwuchs des allgemeinen diplomatisch-konsularischen Dienstzweiges stattgefunden. Wie die bisherige Entwicklung gezeigt hat, war sie quantitativ zu eng angelegt und bedarf dringend der Erweiterung. Dringlich ist auch die Einrichtung einer entsprechenden Ausbildung für den Nachwuchs des gehobenen Dienstes. Bisher konnten für diesen nur Kräfte aus dem alten Amt oder in anderen Behörden vorgebildete Beamte und Angestellte einberufen werden. Auch im Wirtschaftsdienst wird die bisherige Praxis überprüft werden müssen. Er ist bekanntlich nach neuartigen Grundsätzen mit Kräften aufgebaut worden, die vorwiegend aus dem Bereich der freien Wirtschaft gewonnen wurden. Sie sind im Angestelltenverhältnis tätig, und es besteht daher praktisch keine Austauschmöglichkeit zwischen dem diplomatisch-konsularischen und dem wirtschaftlichen Dienstzweig. Die bisherigen Erfahrungen zeigen, daß diese

6 Zur Tätigkeit des Untersuchungsausschusses Nr. 47 des Bundestages zur Personalpolitik des Auswärtigen Amts vgl. Dok. 115, Dok. 193 und Dok. 202.

7 Dieses Wort wurde von Staatssekretär Hallstein handschriftlich eingefügt. Dafür wurde gestrichen: „naturgemäß".

8 Dieses Wort wurde von Staatssekretär Hallstein handschriftlich eingefügt. Dafür wurde gestrichen: „außergewöhnliche".

9 Die Wörter „Schritt für Schritt" wurden von Staatssekretär Hallstein handschriftlich eingefügt. Dafür wurde gestrichen: „Zug um Zug".

strenge Trennung auf die Dauer den dienstlichen Bedürfnissen[10] ebensowenig entspricht wie den persönlichen Interessen der Mitarbeiter. Wenn die Trennung dem Schwerpunkt nach zunächst auch erhalten bleiben soll, so müssen doch Wege gefunden werden, um einen Austausch innerhalb der Dienstzweige zu ermöglichen. Die Umwandlung eines Teiles der Angestelltenstellen im Wirtschaftsdienst in planmäßige Beamtenstellen ist daher vorgesehen. Zugleich erhebt sich damit die Frage, inwieweit es zweckmäßig oder erforderlich erscheinen wird, auch Kandidaten für den Wirtschaftsdienst in eine besondere oder in die allgemeine Nachwuchsausbildung aufzunehmen. Allgemein gesprochen wird die Tendenz dahin gehen müssen, den Dienst in zunehmendem Maße von unten her aufzubauen, d.h. die Nachwuchskräfte aller Dienstzweige durch die Behörde selber und in ihr auszubilden. Nur so wird es gelingen, mit der Zeit einen Personalstamm heranzuziehen, der in sich geschlossen und mit dem Dienst verwachsen ist. Den freien Bewerbern aller Ebenen soll der Weg in den Auswärtigen Dienst damit keineswegs versperrt werden[11].

Abteilung II

Die in der Politischen Abteilung (Abt. II) gestellten Aufbauaufgaben ergeben sich vor allem aus der steigenden Bedeutung der Zusammenarbeit in internationalen Organisationen. Nach dem Stand vom 1. November 1952 war die Bundesrepublik bereits Mitglied in 30 amtlichen internationalen Organisationen politischen, kulturpolitischen und wirtschaftspolitischen Charakters. Mit Rücksicht auf die besondere Bedeutung dieses Aufgabenbereiches wird innerhalb der Politischen Abteilung eine eigene Unterabteilung gebildet, die nach der Vollendung ihres im Rohbau bereits vorhandenen Aufbaues sieben Referate umfassen soll. Sie wird unter anderem folgende Einzelgebiete zu betreuen haben: Europarat, OEEC, Atlantikpakt, Montanunion, Europäische Verteidigungsgemeinschaft, Agrarunion, technische Unionen, Fragen europäischer Verfassung usw. Der endgültige Ausbau dieser Unterabteilung kann erst nach Verabschiedung des Nachtrages zum Überrollungshaushalt 1952[12] erfolgen.

Die Intensivierung der internationalen Zusammenarbeit spiegelt sich naturgemäß auch in einer beträchtlichen Zunahme der Konferenztätigkeit wider. Sie macht die Entsendung einer steigenden Anzahl ständiger oder ad hoc gebildeter Verhandlungsdelegationen notwendig. Zu deren einheitlicher technischer und materieller Betreuung ist das bisherige Sekretariat für den Schuman-Plan zu einem allgemeinen Konferenzsekretariat ausgebaut worden.

10 Dieses Wort wurde von Staatssekretär Hallstein handschriftlich eingefügt. Dafür wurde gestrichen: „Belangen“.

11 An dieser Stelle wurde von Staatssekretär Hallstein gestrichen: „doch soll ihre Einstellung, die heute die Regel bildet, mit der Zeit wieder zur Ausnahme werden, wie es auch den Motiven des Entwurfes zum neuen Bundesbeamtengesetz entspricht“.

12 Das Gesetz vom 25. Juni 1952 über die Feststellung des Bundeshaushaltsplans für das Rechnungsjahr 1952 (Haushaltsgesetz 1952) bestimmte in Paragraph 1, daß der Bundeshaushaltsplan des Haushaltsgesetzes 1951 „auch als Haushaltsplan für das Rechnungsjahr 1952“ gelten solle. Vgl. BUNDESGESETZBLATT 1952, Teil II, S. 605.
Für den Wortlaut des Gesetzes vom 9. April 1953 über die Feststellung eines Nachtrags zum Bundeshaushaltsplan für das Rechnungsjahr 1952 (Nachtragshaushaltsgesetz 1952) vgl. BUNDESGESETZBLATT 1953, Teil II, 99–101.

Die Frage der Zusammenarbeit in internationalen Organisationen hat jedoch außer ihrer fachlichen auch eine personalpolitische Seite, da die Abordnung oder Entsendung der Vertreter zu diesen Organisationen entweder durch das Auswärtige Amt oder unter seiner Beteiligung erfolgen muß. Da die bestehenden Personalreferate diese umfangreiche zusätzliche Aufgabe nicht mit übernehmen konnten, war die Errichtung eines besonderen Referats für internationale Beamte bei der Abteilung I erforderlich. Auch sie war lange Zeit durch das Fehlen freier Planstellen gehemmt, was zur Folge gehabt hat, daß die entsprechenden Zuständigkeiten teilweise von anderen Ressorts wahrgenommen werden, ohne daß die Beteiligung des Auswärtigen Amts durchweg im erforderlichen Umfang sichergestellt wäre.

Abteilung III, Abteilung IV

Während in der Länderabteilung (Abteilung III), über deren stärkere Koordinierung[13] mit der Abt. II[14] derzeit noch Erwägungen angestellt werden, lediglich das Ostreferat einer namhaften Erweiterung zu einer Unterabteilung Ost bedarf, ist der Ausbau der Handelspolitischen Abteilung (Abteilung IV) noch keineswegs abgeschlossen. Ihre Aufgaben wurden teilweise bisher[15] immer noch vom Bundeswirtschaftsministerium wahrgenommen. Auch hier waren die Verzögerungen vor allem in dem Mangel entsprechender haushaltsrechtlichen Voraussetzungen begründet. Daneben bestanden Unterbringungsschwierigkeiten, die inzwischen allerdings im wesentlichen behoben werden konnten. Die mit 16 Referaten in zwei Unterabteilungen voll ausgebaute Abteilung wird sich unter anderem den nachstehenden Einzelaufgaben zuzuwenden haben: Grundsatzfragen der Handelspolitik, Fragen wirtschaftlicher Integration, Zollfragen, Rechtsfragen der Handelsverträge, Bearbeitung der Wirtschaftsbeziehungen zu den einzelnen Ländern. Darüber hinaus soll eine eigene Stelle für den Leiter einer Verhandlungsdelegation geschaffen werden.

Abteilung V

Die Rechtsabteilung (Abteilung V) bedarf nur einer verhältnismäßig geringen Verstärkung. Insbesondere muß das völkerrechtliche Referat im Hinblick auf die fortschreitende Eingliederung der Bundesrepublik in die internationalen Vertragssysteme erweitert werden.

Abteilung VI

Beträchtliche Aufbauaufgaben stehen demgegenüber in der Kulturabteilung (Abteilung IV) bevor. Sie ergeben sich aus dem Erfordernis einer umfassenderen und intensiveren Bearbeitung[16] unserer kulturpolitischen Interessen[17] im Ausland. Diesen Anforderungen wird die Kulturabteilung des Auswärtigen Amts erst dann vollauf gerecht werden können, wenn ihre zehn im Rohbau stehen-

13 Die Wörter „stärkere Koordinierung“ wurden von Staatssekretär Hallstein handschriftlich eingefügt. Dafür wurde gestrichen: „etwaige Zusammenlegung“.

14 An dieser Stelle wurde von Staatssekretär Hallstein gestrichen: „zu einer einheitlichen Politischen Abteilung“.

15 Dieses Wort wurde von Staatssekretär Hallstein handschriftlich eingefügt.

16 Dieses Wort wurde von Staatssekretär Hallstein handschriftlich eingefügt. Dafür wurde gestrichen: „Betreuung“.

17 Dieses Wort wurde von Staatssekretär Hallstein handschriftlich eingefügt. Dafür wurde gestrichen: „Belange“.

den Referate durch die Einstellung zusätzlicher Kräfte aufgefüllt worden sind. Auch hier wird auf die Verabschiedung des Nachtragshaushalts gewartet werden müssen.

Die Referate der Kulturabteilung bearbeiten u. a. folgende Gebiete: Allgemeine Fragen der Kulturpolitik, UNESCO, Kulturarbeit des Europarats, Religionsangelegenheiten und Missionswesen, Auslandsschulwesen, Wissenschaft und Hochschulwesen, Jugendfragen und Sport, Kunst, Rundfunk, Film, Krankenhäuser im Ausland.

Büro des Staatssekretärs

Schließlich darf erwähnt werden, daß die Arbeitskonzentration beim Staatssekretär des Auswärtigen Amts auch eine Vermehrung seiner Bürostellen erforderlich macht, die gleichfalls im Nachtrag zum Haushalt 1952 vorgesehen und nach seiner Verabschiedung vollziehbar ist.

III. Der Ausbau des Netzes der Auslandsvertretungen hat im Jahre 1952 gute Fortschritte gemacht. Während die Zahl der arbeitsfähigen Vertretungen am 1. Januar 1952 30 betrug, stieg sie bis zum 20. November 1952 auf 61[18]. Die Vorbereitungen zur Eröffnung von etwa 15 weiteren Vertretungen sind so weit fortgeschritten, daß mit ihrer Einrichtung innerhalb weniger Monate gerechnet werden darf. Damit ist im Verhältnis zum Jahre 1951, in dessen Verlauf nur 23 Neueröffnungen erfolgen konnten, eine wesentliche Verbesserung erzielt worden.

Wenn es trotzdem nicht möglich war, das Jahresziel von 107 Vertretungen zu erreichen, so sind hierfür mehrere Gründe maßgebend gewesen. Gewisse Verzögerungen traten dadurch ein, daß die Aufnahme diplomatischer Beziehungen oder die Erteilung von Agréments und Zulassungen in einigen Fällen längere Zeit beansprucht hat als ursprünglich erwartet wurde. Sodann erfordert die Errichtung der Auslandsbehörden ein so hohes Maß an technisch-organisatorischer Vorbereitung und die Bereitstellung so zahlreichen geschulten Personals, daß dem Tempo des Aufbaus schon hierdurch gewisse Grenzen gezogen sind. Endlich darf nicht verkannt werden, daß die personalpolitischen Entscheidungen auf der obersten Ebene eine sehr große Verantwortung einschließen und daher reiflichster Erwägung bedürfen.

Europa, Nord- und Südamerika

Heute ist der Aufbau des diplomatischen Netzes in Europa nahezu abgeschlossen, lediglich die Botschaft am Heiligen Stuhl und die Gesandtschaft in Reykjavik sind noch nicht errichtet. Die letzte wird ihre Dienstgeschäfte nunmehr aufnehmen.[19] Außerdem soll demnächst eine Vertretung in Helsinki errichtet werden, die ihre Tätigkeit[20] auf die Wahrnehmung wirtschaftlicher Interessen[21] beschränken wird.[22] Nahezu geschlossen ist auch das Netz der diplomatischen

[18] Die Wörter „20. November 1952 auf 61“ wurden nachträglich gestrichen. Dafür wurde eingefügt: „22. Dezember 1952 auf 64“.

[19] Die Gesandtschaft der Bundesrepublik in Reykjavik wurde am 16. Dezember 1952 errichtet.

[20] An dieser Stelle wurde von Staatssekretär Hallstein gestrichen: „aus naheliegenden Gründen“.

[21] Dieses Wort wurde von Staatssekretär Hallstein handschriftlich eingefügt. Dafür wurde gestrichen: „Belange“.

[22] Die Handelsvertretung der Bundesrepublik in Helsinki wurde am 22. März 1953 errichtet.

Vertretungen in Nord- und Südamerika. Hier stehen die Gesandtschaften in Bogotá[23] und Havanna[24] vor ihrer Errichtung, während die diplomatischen Beziehungen zu Guatemala und Honduras noch nicht aufgenommen werden konnten.

In den genannten Räumen wird sich die Aufmerksamkeit in verstärktem Maße dem noch ergänzungsbedürftigen Aufbau des Konsularnetzes zuwenden. In Europa ist die Eröffnung weiterer Generalkonsulate oder Konsulate in Malmö, Bergen, Adenrade, Glasgow, Liverpool, Lyon, Bordeaux, Maastricht, Antwerpen, Barcelona, Burgos, Oporto, Neapel, Genf und Agram beabsichtigt. Von diesen steht die Behörde in Genf vor ihrer Eröffnung.[25] In Nord- und Südamerika steht noch die Errichtung von Konsulaten in Toronto, Winnipeg, Kansas City, Houston, Belo Horizonte, Curitiba, Baranquilla, Posadas, Rosario und Valparaiso bevor. Von ihnen stehen die Behörden in Toronto[26] und Kansas City[27] vor ihrer Eröffnung.

Weniger fortgeschritten ist der Aufbau unserer Auslandsvertretungen im nahen und mittleren Orient, Südost- und Ostasien und Afrika.

Naher Orient

Im nahen Orient wurden zunächst die Beziehungen zur Türkei wieder angeknüpft, wo das Generalkonsulat Istanbul bereits am 24. Oktober 1950 die Dienstgeschäfte aufnehmen konnte. Inzwischen ist am 21. Juni 1952 auch die Botschaft in Ankara errichtet worden. Demgegenüber vollzog sich die Aufnahme diplomatischer Beziehungen zu den arabischen Staaten nur schleppend. Die Verhandlungen sind teilweise auch heute noch nicht abgeschlossen. Die syrische Regierung hatte ihre Bereitschaft zum Austausch diplomatischer Vertretungen bereits frühzeitig erklärt.[28] Dagegen ist die Einwilligung des Irak[29] und Jordaniens[30] erst kürzlich erfolgt. Die der Republik Libanon und des Königreichs Saudi Arabien steht noch aus. Besondere Schwierigkeiten ergaben sich im Falle Ägyptens auf Grund der Titeländerung des Königs. Sie konnten nach längeren Verhandlungen behoben werden.[31] Die Botschaft in Kairo wurde am

23 Die Gesandtschaft der Bundesrepublik in Bogotá wurde am 13. Januar 1953 errichtet.

24 Die Gesandtschaft der Bundesrepublik in Havanna wurde am 22. Juli 1953 errichtet.

25 Das Generalkonsulat der Bundesrepublik in Genf wurde am 16. März 1953 errichtet.

26 Das Konsulat der Bundesrepublik in Toronto wurde am 24. Februar 1953 errichtet.

27 Das Konsulat der Bundesrepublik in Kansas City wurde am 16. Dezember 1952 errichtet.

28 Am 4. September 1951 vermerkte Legationsrätin I. Klasse Pappritz, der syrische Generalkonsul Istuani habe mitgeteilt, daß Syrien „schon lange" beabsichtige, eine diplomatische Vertretung in der Bundesrepublik zu eröffnen. Vgl. B 110 (Referat 110), Bd. 43.

29 Am 21. Juli 1952 notierte Botschaftsrat Walther, Paris, daß ihm der irakische Geschäftsträger die Bereitschaft seiner Regierung mitgeteilt habe, „die diplomatischen Beziehungen zu Deutschland wiederaufzunehmen". Vgl. B 11 (Abteilung 3), Bd. 343.

30 Am 8. August 1952 übermittelte Konsul I. Klasse Stein, Paris, dem Auswärtigen Amt ein Schreiben des jordanischen Gesandten in Paris, Haidar, vom 5. August 1952. Darin wurde der Wunsch bekanntgegeben, diplomatische Beziehungen mit der Bundesrepublik aufzunehmen. Vgl. dazu das Schreiben; B 110 (Referat 110), Bd. 44.

31 Die ägyptische Regierung hatte gefordert, im Beglaubigungsschreiben die Anrede „König von Ägypten und des Sudans" zu verwenden. In einer Verbalnote vom 19. September 1952, die Vortragender Legationsrat von Etzdorf am 20. September 1952 dem ägyptischen Generalkonsul in Frankfurt/Main, al-Boray, übergab, wurde ausgeführt, daß „die Bundesregierung gern bereit ist, einen außerordentlichen und bevollmächtigten Botschafter bei S. M. dem König von Ägypten und dem Sudan zu akkreditieren und einen von S. M. dem König in gleicher Weise beglaubigten Botschafter

16. Oktober 1952 errichtet. Auch die Gesandtschaft in Damaskus hat die Dienstgeschäfte am 14. Oktober 1952 aufgenommen. Die Errichtung von Gesandtschaften in Bagdad[32] und Amman[33] steht bevor.

Mittlerer Orient

Im mittleren Orient wird die Errichtung einer Botschaft in Teheran[34] vorbereitet, während die Botschaft in Karachi bereits am 14. Mai 1952 eröffnet werden konnte. Die diplomatischen Beziehungen zu Afghanistan sind noch nicht aufgenommen worden. An Konsulaten sind im Bereich des nahen und mittleren Orients vorerst nur zwei, nämlich in Izmir und Alexandrien geplant.

Südasien

In Südasien wurde als erste Behörde das Generalkonsulat in Bombay am 12. Mai 1951 eröffnet. Inzwischen ist die Botschaft in New Delhi am 22. April 1952 gefolgt. Mit der Regierung von Ceylon besteht grundsätzliches Einverständnis über den Austausch von Gesandtschaften, der indessen erst im kommenden Jahr[35] erfolgen wird. Die diplomatischen Beziehungen zu Burma sind noch nicht aufgenommen. An Konsulaten sind in Südasien vorerst nur Behörden in Kalkutta und Madras geplant.

Südostasien

In Südostasien wurde am 25. Juni 1952 die Botschaft in Djakarta errichtet[36]. Die Eröffnung eines Generalkonsulats in Singapur[37] steht bevor. Die Errichtung einer Gesandtschaft in Saigon[38] ist für das kommende Jahr geplant. Die Aufnahme der diplomatischen Beziehungen zu den Philippinen ist bis zur Beendigung des Kriegszustandes durch philippinisches Gesetz[39] hinausgeschoben worden.

Ferner Osten

In Ostasien endlich wurde am 19. April 1952 die Botschaft in Tokyo errichtet. Die Eröffnung eines Generalkonsulats in Hongkong[40] steht bevor. Geplant ist die Eröffnung eines Generalkonsulats in Osaka-Kobe.

Afrika

Am wenigsten kann bisher die Versorgung des afrikanischen Raumes mit deutschen Auslandsvertretungen befriedigen. Nachdem die Genehmigung zur Er-

Fortsetzung Fußnote von Seite 764

bei sich zu empfangen. Die Bundesregierung stellt der Königlich Ägyptischen Regierung gegenüber gleichzeitig fest, daß sie dem in dem Beglaubigungsschreiben der beiderseitigen Botschafter enthaltenen Titel ‚König von Ägypten und dem Sudan' eine politische Bedeutung nicht beimißt." Vgl. B 11 (Abteilung 3), Bd. 318.

32 Die Gesandtschaft der Bundesrepublik in Bagdad wurde am 19. September 1953 errichtet.

33 Die Gesandtschaft der Bundesrepublik in Amman wurde am 17. November 1953 als Zweigstelle der Gesandtschaft in Bagdad errichtet.

34 Die Gesandtschaft der Bundesrepublik in Teheran wurde am 1. Oktober 1953 errichtet.

35 Die Gesandtschaft der Bundesrepublik in Colombo wurde am 9. Dezember 1953 errichtet.

36 Dieses Wort wurde nachträglich gestrichen. Dafür wurde eingefügt: „und am 22. Dezember die Gesandtschaft in Bangkok errichtet".

37 Die Generalkonsulat der Bundesrepublik in Singapur wurde am 18. Mai 1953 errichtet.

38 Die Handelsvertretung der Bundesrepublik in Saigon wurde am 12. Dezember 1955 errichtet.

39 Das philippinische Parlament beschloß am 27. Juli 1954 die Beendigung des Kriegszustandes mit Deutschland.

40 Das Generalkonsulat der Bundesrepublik in Hongkong wurde am 27. Juli 1953 errichtet.

richtung eines Generalkonsulats in Casablanca nicht zu erhalten war, kann vorerst nicht mit dem Aufbau eines Konsularnetzes in Französisch-Nord- und Westafrika, für das weitere Behörden in Algier und Dakar vorgesehen waren, gerechnet werden. Ein Generalkonsulat in Tanger ist geplant, desgleichen eine Gesandtschaft in Benghasi.

Die Verhandlungen über die Aufnahme diplomatischer Beziehungen zu Äthiopien konnten noch nicht abgeschlossen werden, dagegen besteht mit der Regierung von Liberia Einvernehmen über den Austausch von Gesandtschaften.[41]

In den portugiesischen Kolonien sollen, nachdem die Gesandtschaft in Lissabon ihre Geschäfte aufgenommen hat[42], Konsulate in Louanda und Lourenco-Marques errichtet werden. Für Belgisch-Kongo ist ein Konsulat in Leopoldville vorgesehen. Im britischen Bereich Afrikas besteht seit dem 7. September 1952 ein Generalkonsulat in Nairobi. Die Errichtung eines weiteren Generalkonsulats in Salisbury und eines Konsulats in Lagos soll beschleunigt erfolgen. Die Genehmigung der britischen Regierung steht indessen noch aus. In der Union von Südafrika ist die Bundesrepublik durch ihre Gesandtschaft in Pretoria[43] und ein Konsulat in Kapstadt[44] vertreten. Der Ausbau der Zweigstelle Johannesburg unserer Gesandtschaft in Pretoria[45] zu einem selbständigen Konsulat ist für das kommende Jahr beabsichtigt.

Wie sich aus dieser Übersicht ergibt, bleibt im orientalischen und afrikanischen Raum noch viel zu tun übrig, was um so bedauerlicher ist, als diesen Gebieten eine beträchtliche Bedeutung für den deutschen Außenhandel zukommt. Es sollte dabei jedoch nicht verkannt werden, daß die eingetretenen Verzögerungen überwiegend auf Umstände zurückzuführen sind, deren Änderung nicht im Belieben der Bundesregierung lag und liegt. Während die Verhandlungen mit den arabischen Staaten nur langsam und unter Schwierigkeiten abliefen, die zu bekannt sind, um einer näheren Erläuterung zu bedürfen, ist den deutschen Bemühungen, in den Kolonialgebieten Afrikas Vertretungen zu errichten, eine nur zögernde Bereitwilligkeit und vereinzelt Ablehnung begegnet. Es ist daher festzustellen, daß der in der Öffentlichkeit mehrfach erhobene Vorwurf einer Vernachlässigung des Aufbaues unseres Auswärtigen Dienstes nicht zutrifft, wenn man die hier bezeichneten Verhältnisse sowie die Grenzen berücksichtigt, die dem Tempo des Aufbaues schon aus technischen Gründen gezogen sind.

Australien und Ozeanien

Im Raume von Australien und Ozeanien schließlich wurde am 9. Juli 1952 die Botschaft in Sydney errichtet. Konsulate in Melbourne[46], Perth[47], Adelaide

41 Die Gesandtschaft der Bundesrepublik in Monrovia wurde am 23. Juli 1953 errichtet.

42 Die Gesandtschaft der Bundesrepublik in Lissabon wurde am 10. November 1952 errichtet.

43 Das Generalkonsulat der Bundesrepublik in Pretoria wurde am 22. Januar 1952 in eine Gesandtschaft umgewandelt.

44 Das Konsulat der Bundesrepublik in Kapstadt wurde am 18. August 1952 errichtet.

45 Die Zweigstelle Johannesburg der Gesandtschaft der Bundesrepublik in Pretoria wurde am 19. Oktober 1953 in ein Konsulat umgewandelt.

46 Das Konsulat der Bundesrepublik in Melbourne wurde am 19. Juni 1953 errichtet.

47 Das Konsulat der Bundesrepublik in Perth wurde am 29. Juni 1954 errichtet.

stehen vor der Eröffnung oder sind geplant, mit der Aufnahme diplomatischer Beziehungen zu Neuseeland[48] darf für die nahe Zukunft gerechnet werden.

Wahlkonsulate

Bei einer Betrachtung des Netzes der beruflichen Auslandsvertretungen, dessen Ausbau mit etwa 135 Behörden seinen vorläufigen Abschluß finden soll, darf nicht vergessen werden, daß es in früheren Zeiten durch weit über 400 Wahlkonsulate ergänzt worden ist. Eine ähnliche Struktur ist auch für die Zukunft geplant. Die Bedeutung von Wahlkonsulaten, insbesondere in Seestädten, ist nicht zu unterschätzen. Abgesehen von der werbenden Wirkung durch ihre Besetzung mit Persönlichkeiten von örtlichem Ansehen leisten sie erhebliche Hilfsdienste in der Berichterstattung, Auskunftserteilung und Vermittlung[49].

Es ist beabsichtigt, das Netz der Berufsvertretungen durch 200 bis 300 Wahlkonsulate zu ergänzen, wobei daran gedacht wird, 30 bis 50 dieser Behörden durch Zuteilung eines Beamten des gehobenen Dienstes sowie einer Schreibkraft zur Übernahme eines erweiterten amtlichen Aufgabenkreises zu befähigen.

Wenn die Vorarbeiten für diese weitreichende Planung erst zu Beginn des kommenden Jahres in Angriff genommen werden, so hat dies seinen Grund nicht nur in dem bereits mehrfach hervorgehobenen Personalmangel in der Zentrale. Es ist vielmehr erforderlich, den seit der Vorkriegszeit völlig veränderten lokalen und personellen Verhältnissen Rechnung zu tragen, was nur möglich sein kann, wenn die neuen Berufsvertretungen bereits eine ausreichende örtliche Erfahrung gesammelt haben.

Inspektion der Auslandsvertretungen

Zum Abschluß darf auf eine Neuerung hingewiesen werden, die im kommenden Jahre eingeführt werden soll. Es ist beabsichtigt, die Rationalisierung des gesamten Dienstbetriebes im Ausland dadurch sicherzustellen, daß Inspektoren eingesetzt werden, die die Auslandsvertretungen turnusmäßig zu bereisen haben. Es ist sehr zu hoffen, daß auch diese Einrichtung dazu beitragen wird, den schwierigen Aufbau des Auswärtigen Dienstes zu vervollkommnen und das Instrument unserer Außenpolitik für seine vielfältigen und verantwortungsvollen Aufgaben zu befähigen.

Hallstein

B 110 (Referat 110), Bd. 35[*]

48 Die Botschaft der Bundesrepublik in Wellington wurde am 10. November 1953 errichtet.

49 Dieses Wort wurde von Staatssekretär Hallstein handschriftlich eingefügt. Dafür wurde gestrichen: „Betreuung".

* Bereits veröffentlicht in: DIPLOMATISCHER KURIER 2 (1953), S. 3–5.
Zu den wesentlichen Änderungen des Staatssekretärs Hallstein und zwei nachträglich vorgenommenen Abänderungen vgl. die Anmerkungen 2–4, 6, 8–12, 14–19, 21, 22, 37 und 47.
Für eine gekürzte Fassung vgl. den Artikel von Staatssekretär Hallstein: „Verwaltungsarbeit des Auswärtigen Amtes"; BULLETIN 1953, S. 6 f.

251

Aufzeichnung des Legationsrats I. Klasse Böker

MB 204/52 geh. **27. Dezember 1952**

Mr. Reber bat mich am 26. 12. nachmittags zu ihm zu kommen, um eine Mitteilung für den Herrn Bundeskanzler entgegenzunehmen. Herr Reber erklärte, Herr Eisenhower sei durchaus geneigt, eine Erklärung über die Notwendigkeit des baldigen Inkrafttretens des EVG-Vertrages abzugeben, bitte aber um Klärung folgender Fragen:

1) ob dem Herrn Bundeskanzler eine solche Erklärung wünschenswert erscheine;

2) welcher Termin dem Herrn Bundeskanzler am genehmsten wäre;

3) welche Wünsche der Herr Bundeskanzler ggf. hinsichtlich des Inhalts der Erklärung habe.

Im Auftrag des Herrn Bundeskanzlers habe ich Herrn Reber am heutigen Vormittag folgendes mitgeteilt:

1) Der Herr Bundeskanzler erachte eine solche Erklärung seitens Herrn Eisenhowers als nützlich und wünschenswert.

2) Hinsichtlich des Zeitpunktes gebe der Herr Bundeskanzler einem Termin Anfang Januar den Vorzug, weil durch einen frühen Termin nicht nur auf die deutsche, sondern auch auf die französische Situation eingewirkt werden könne, die sich wiederum auf die Haltung der SPD auswirke. Es sei aber auf alle Fälle zu wünschen, daß ein ähnlicher Passus dann auch in die Inaugurationsrede des neuen Präsidenten aufgenommen werde.[1]

3) Den Inhalt der Erklärung stelle sich der Herr Bundeskanzler etwa folgendermaßen vor:

Die Vereinigten Staaten hätten sich seit Jahren die größte Mühe gegeben, Europa sowohl wirtschaftlich wie politisch wieder aufzubauen. Die EVG stelle einen festen Bestandteil dieses Aufbauwerkes dar. Sie diene nicht nur der Verteidigung, sondern auch der Einigung Europas. Das Ziel der EVG sei die Erhaltung des Friedens. Die Weltlage erfordere aber zur Erhaltung des Friedens gewisse Abwehrmaßnahmen. Es sei schon sehr viel Zeit auf diesem Gebiet vertan worden; weitere Zeit sei nicht zu verlieren. Wenn nunmehr ein maßgebender Faktor in Europa sich gegen die EVG wende, so sei das für die Vereinigten Staaten alles andere als eine Ermutigung, den Versuch einer neuen Lösung zu machen. Im übrigen werde die strategische Planung für die Verteidigung Europas ganz anders aussehen, je nachdem, ob die EVG zustande kommt oder nicht.

[1] Am 20. Januar 1953 erklärte Präsident Eisenhower: „In Europe, we ask that enlightened and inspired leaders of the Western nations strive with renewed vigor to make the unity of their peoples a reality. Only as a free Europe unitedly marshals its strength can it effectively safeguard, even with our help, its spiritual and cultural heritage." Vgl. PUBLIC PAPERS, EISENHOWER 1953, S. 6.

Herr Reber versprach, die Wünsche des Herrn Bundeskanzlers noch am gleichen Tag nach Washington zu übermitteln.[2]

Hiermit dem Herrn Staatssekretär[3] vorgelegt.

Böker

VS-Bd. 55 (Büro Staatssekretär)

252

Staatssekretär Hallstein an Botschafter Pawelke, Kairo

210-01/E III 19915/52 **Aufgabe: 29. Dezember 1952, 22.00 Uhr**[1]
Fernschreiben Nr. 69

Für Botschafter

Auf Nr. 72 vom 23. Dezember[2]

1) Bitte General Naguib mündlich folgendes mitzuteilen:

Bundesregierung hat aus Ihrer Berichterstattung ersehen, daß sich deutscher und ägyptischer Standpunkt bereits erfreulich genähert haben. Insbesondere glaubt die Bundesregierung, daß über die in Ihrem Telegramm unter 1, 2 und 4 erwähnten Punkte Einigung erreichbar ist. Allerdings müßte Bitte um Benen-

2 Am 6. Januar 1953 richtete General Eisenhower folgendes Schreiben an Bundeskanzler Adenauer: „Ich teile Ihre Hoffnung, daß dieses Jahr ein großes Maß von Fortschritt in der Sicherung des Weltfriedens bringen wird. Sie kennen vielleicht meine Neujahrsgrüße an General Ridgway in Paris, in denen ich die Bedeutung einer wachsenden europäischen Einigkeit und der Errichtung der Europäischen Verteidigungs-Gemeinschaft betonte. Ich glaube, eine solche Entwicklung würde viel dazu beitragen, den Frieden und die Sicherheit der freien Welt zu fördern.“ Vgl. BULLETIN 1953, S. 29.

3 Hat Staatssekretär Hallstein vorgelegen.

1 Legationsrat I. Klasse Böker notierte in einem undatierten Vermerk: „Wortlaut im Entwurf gebilligt von Dr. Kordt, Herrn v. Etzdorf und Herrn v. Trützschler.“

2 Am 23. Dezember 1952 berichtete Botschafter Pawelke, Kairo, von einem Gespräch mit dem ägyptischen Ministerpräsidenten über das Abkommen mit Israel vom 10. September 1952. Er habe Naguib erklärt, daß ein Wirtschaftsboykott Ägypten „härter als alle anderen arabischen Staaten treffen würde“. Naguib habe erwidert, daß er einen Ausweg suche, „weil er genaue und ins Einzelne gehende Nachrichten darüber habe, daß englische Regierung einen Boykott deutscher Waren und deutschen Einflusses in Ägypten begrüßen würde und im Verein mit englischen Firmen bereits hierauf hinarbeite. Engländer wollten an Stelle Deutschlands treten, um auf diese Weise nicht nur Geschäfte zu machen, sondern ihren politischen Einfluß zu erhöhen“. Naguib erbitte eine Stellungnahme zu folgenden Vorschlägen: „1) Gemeinsamer Schritt bei einer dritten Macht, damit Angelegenheit vor Generalversammlung UNO gebracht wird. (Wie in meinen Instruktionen vorgeschlagen). 2) Bundesregierung wird gemäß ihrem früherem Vorschlag UNO bitten, Treuhänder zur Überwachung Warenlieferungen an Israel zu ernennen. (Seinen ... Vorschlag auf Entsendung eines arabischen Treuhänders habe ich gleich abgelehnt.) 3) Sofortige Entsendung der vorgesehenen kleinen Delegation führender Wirtschaftsfachleute unter Führung eines maßgebenden Vertreters der Bundesregierung zwecks Besprechung der unter 1) in meinen Instruktionen angeführten wirtschaftlichen Investitionsprojekte. [...] 4) Sinngemäße Anwendung des Artikel 5 des deutsch-israelischen Vertrags auf deutsche Exportlieferungen nach Ägypten, zum mindesten soweit diese die Neuinvestitionsprojekte betreffen.“ Vgl. den Drahtbericht Nr. 72; B 10 (Abteilung 2), Bd. 1685.

nung Treuhänders von dem zu befassenden dritten Staat[3] ausgesprochen werden, damit Bundesregierung nicht als Streitpartei gegen arabische Freunde erscheinen muß. Ziffer 4 wird hier nicht ganz verstanden, wäre für nähere Erläuterungen[4] dankbar.

Der entscheidende Punkt, nämlich Verhältnis unserer politischen Konzession der Unterwerfung unter UNO zum arabischen Boykottverzicht ist jedoch nicht geklärt. Bundesregierung sieht durchaus die Schwierigkeiten der arabischen Regierungen. Sie ist jedoch der Ansicht, daß UNO-Befassung Stellung der arabischen Regierungen erleichtert. Bundesregierung muß dafür an Forderung eines Boykottverzichts festhalten. Um Stellung arabischer Regierungen vor ihrer Öffentlichkeit zu erleichtern, wird sie sich jedoch damit zufrieden geben, wenn die arabischen Regierungen in einer nicht zu veröffentlichenden amtlichen Erklärung der Bundesregierung die Versicherung abgeben, die Ratifizierung und Durchführung Israel-Vertrages nicht mit wirtschaftlichen Kampfmaßnahmen zu beantworten.

Ich bitte, dem General zum Ausdruck zu bringen, daß es die Bundesregierung mit ihren wirtschaftlichen Vorschlägen durchaus ernst meint. Sie beabsichtigt, die bereits angekündigte Wirtschaftsdelegation sofort zu entsenden, wenn die günstig angelaufenen politischen Gespräche zu einer grundsätzlichen Einigung geführt haben.

2) Zu Ihrer persönlichen Information teile ich mit, daß hier erwogen wird, zur Vorbereitung geplanter etwaiger späterer Verhandlungen zunächst einen wirtschaftlichen Sachverständigen zu entsenden, der sich ein klares Bild über die ägyptischen Wünsche, auch durch Fühlungnahme mit amtlichen ägyptischen Stellen verschaffen soll.[5] Erbitte Ihre drahtliche Stellungnahme hierzu; insbesondere bitte ich auch zu berichten, ob Ihrer Ansicht nach die Entsendung eines solchen Sachverständigen geeignet sein würde, der ägyptischen Regierung die Ernsthaftigkeit unseres Angebots zu zeigen und Atmosphäre für politische Verhandlungen zu erleichtern.

Hallstein[6]

B 11 (Abteilung 3), Bd. 255

3 Dazu wurde in einer Hausbesprechung am 29. Dezember 1952 festgelegt: „In Frage kommen Brasilien oder Pakistan. Die Auswahl der Macht und die Sondierung ihrer etwaigen Bereitschaft wird als Nächstes vorgesehen. Es wurde betont, daß der Vorschlag an die UNO, einen Treuhänder einzusetzen, von der dritten Macht ausgehen müßte und nicht von der Bundesregierung. Die Befugnisse des Treuhänders sollen möglichst ohne deutsche Mitwirkung abgegrenzt werden." Vgl. die Aufzeichnung des Vizekonsuls Sigrist vom 2. Januar 1953; B 2 (Büro Staatssekretär), Bd. 17.

4 Vgl. dazu AAPD 1953.

5 Zur Entsendung einer Wirtschaftsdelegation nach Ägypten wurde in einer Hausbesprechung am 29. Dezember 1952 festgehalten: „Die Zusammensetzung der Delegation soll von einer Entscheidung des Herrn Bundeskanzlers abhängig gemacht werden. [...] Bis die Entscheidung über die Zusammensetzung und Ausreise der Delegation fällt, soll Botschafter Pawelke ein Wirtschaftsfachmann beigegeben werden, der mittlerweile die ägyptischen Wirtschaftswünsche sammelt und prüft." Vgl. die Aufzeichnung des Vizekonsuls Sigrist vom 2. Januar 1953; B 2 (Büro Staatssekretär), Bd. 17.

6 Paraphe.

253

Botschafter Pawelke, Kairo, an das Auswärtige Amt

Fernschreiben Nr. 76 **Aufgabe: 30. Dezember 1952, 19.22 Uhr**[1]
Ankunft: 31. Dezember 1952, 07.00 Uhr

Auf Drahterlaß Nr. 66 vom 23.12.[2]

Verhandlungen mit Sowjetzone vorgesehen. Ägypten nur an Zahlungsabkommen interessiert, um von bisherigen Kompensationsgeschäften abzukommen. Ägyptische Gesandtschaft Prag ermächtigt, ostzonaler Delegation Einreisevisen zu erteilen.

Verhandlungstermin noch nicht festgesetzt, wahrscheinlich Ende Januar.[3]

Sowjetzone hat Abnahme von jährlich 8 ½ Millionen Dollar Baumwolle angeboten. Ostdeutsche Industriemesse nach Sachlage voraussichtlich frühestens Winterhalbjahr 1953/54.

[gez.] Pawelke

B 10 (Abteilung 2), Bd. 1685

1 Hat Legationsrat I. Klasse Trützschler von Falkenstein am 1. Januar 1953 vorgelegen, der handschriftlich die Weiterleitung an Referent Frowein, Referent Oncken und Legationsrat I. Klasse Brückner verfügte.
Hat Frowein vorgelegen.
Hat Brückner am 3. Januar 1953 vorgelegen.
Hat Botschaftsrat a.D. Kordt am 5. Januar 1953 vorgelegen.
Hat Oncken am 6. Januar 1953 vorgelegen.

2 Am 23. Dezember 1952 teilte Ministerialrat Allardt der Botschaft in Kairo mit: „Sowjetzonale Wirtschaftsabordnung soll nach Meldung aus Kairo dort Januar eintreffen, um über Handelsvertrag und ostdeutsche Industriemesse in Ägypten zu verhandeln." Er bat um weitere Berichterstattung. Vgl. VS-Bd. 4 (Büro Staatssekretär); B 150, Aktenkopien 1952.

3 Die DDR-Delegation traf am 9. Februar 1953 in Kairo ein. Am 7. März 1953 wurde ein Handels- und Zahlungsabkommen unterzeichnet. Vgl. dazu AAPD 1953.

Personenregister

Bei der Benutzung des Personenregisters sind folgende Hinweise zu beachten:

- Die Personen werden in alphabetischer Folge erfaßt.
- In der Regel wird die maßgebliche Funktion im Jahr 1952 genannt. Falls im Kontext erforderlich, wird zusätzlich auf frühere Funktionen hingewiesen.
- Bei einigen Personen sind im Rahmen der Edition ausschließlich bestimmte Funktionen vor dem Jahr 1952 von Interesse. In diesen Fällen erfolgen nähere zeitliche Angaben.
- Steht ein Dokument in seiner Gesamtheit in Beziehung zu einer Person, ist die Dokumentennummer angegeben.
- Beim Nachweis einzelner Seiten beziehen sich hochgestellte Ziffern auf Fußnoten.
- Zu den im Auswärtigen Amt gebräuchlichen deutschen Funktionsbezeichnungen für ausländische Diplomaten werden in Einzelfällen die entsprechenden Termini in der jeweiligen Landessprache in Klammern hinzugefügt.

Sachregister

Bei der Benutzung des Sachregisters sind folgende Hinweise zu beachten:

- Das Sachregister erfaßt in alphabetischer Reihenfolge Staaten, Organisationen und Institutionen sowie weitere Sachbegriffe.
- Die Untergliederung der Schlagworte „Abkommen und Verträge“, „Gesetze und Verordnungen“, „Konferenzen und Verhandlungen“ sowie „Noten und Memoranden“ folgt der Chronologie.
- Kursiv gedruckte Querverweise erschließen die zwischen den Schlagworten bestehenden Verbindungen.
- Bezieht sich ein Sachbegriff auf ein Dokument als Ganzes, so ist die Dokumentennummer angegeben.
- Beim Nachweis einzelner Seiten beziehen sich hochgestellte Ziffern auf Fußnoten.
- Verweise über die Beziehungen zweier Staaten zueinander finden sich bei dem in der Schlagwortfolge alphabetisch zuerst aufgeführten Staat. So werden beispielsweise die Fundstellen zu den spanisch-italienischen Beziehungen unter „Italien“ und dort beim Unterschlagwort „Spanien“ genannt.
- Die bilateralen Beziehungen der Bundesrepublik Deutschland werden allerdings stets unter dem Schlagwort des jeweils fremden Staates erfaßt. Entsprechendes gilt für das Verhältnis der Bundesrepublik Deutschland zu übernationalen Organisationen wie etwa der UNO.
- Die Beziehungen eines Staates zu einer übernationalen Organisation werden unter dem Schlagwort der Organisation erfaßt. Ist ein Staat nicht Mitglied einer Organisation, wird die Fundstelle unter dem Schlagwort des Staates genannt.
- In einigen Fällen wird unmittelbar hinter dem Schlagwort zu einem Staat ein eigenes Schlagwort wie „Frankreich–Bundesrepublik Deutschland“ oder „USA–Bundesrepublik Deutschland“ gebildet, um eine zusätzliche Untergliederung möglich zu machen.

Abkommen und Verträge

- Abkommen vom 19.9.1950 über die Gründung einer Europäischen Zahlungsunion
siehe: EZU
- Kreditabkommen vom 1.11.1950 zwischen der Bundesrepublik Deutschland und der Föderativen Volksrepublik Jugoslawien
siehe: Jugoslawien–Bundesrepublik
- Konvention vom 4.11.1950 zum Schutze der Menschenrechte und Grundfreiheiten (Europäische Menschenrechtskonvention)
siehe: Europarat
- Abkommen vom 1.2.1951 zwischen der AHK und dem französischen Hohen Kommissar für die Saar über die Grenzregelung für den kleinen Grenzverkehr zwischen dem Saarland und der Bundesrepublik Deutschland
siehe: Saargebiet
- Vertrag vom 18.4.1951 über die Gründung der Europäischen Gemeinschaft für Kohle und Stahl (EGKS)
siehe: EGKS
- Friedensvertrag vom 8.9.1951 zwischen den Alliierten und Assoziierten Mächten und dem Kaiserreich Japan
siehe: Japan
- Abkommen vom 20.9.1951 über den Handel zwischen den Währungsgebieten der Deutschen Mark (DM-West) und den Währungsgebieten der Deutschen Mark der Deutschen Notenbank (DM-Ost) (Berliner Abkommen)
siehe: Interzonenhandel
- Auslieferungsvertrag vom 29.11.1951 zwischen der Bundesrepublik Deutschland und der Französischen Republik
siehe: Frankreich–Bundesrepublik
- Handelsabkommen vom 19.4.1952 zwischen der Bundesrepublik Deutschland und der Republik Italien
siehe: Italien–Bundesrepublik
- Handelsabkommen vom 22.4.1952 zwischen der Bundesrepublik Deutschland und der Volksrepublik Ungarn
siehe: Osthandel
- Finanzvertrag vom 26.5.1952 zwischen der Bundesrepublik Deutschland und den Drei Mächten
siehe: Vertragliche Regelungen
- Generalvertrag vom 26.5.1952
siehe: Vertragliche Regelungen
- Vertrag vom 26.5.1952 zwischen der Bundesrepublik Deutschland und den Drei Mächten über die Rechte und Pflichten ausländischer Streitkräfte und ihrer Mitglieder in der Bundesrepublik Deutschland (Truppenvertrag)
siehe: Vertragliche Regelungen
- Vertrag vom 26.5.1952 zwischen der Bundesrepublik Deutschland und den Drei Mächten zur Regelung aus Krieg und Besatzung entstandener Fragen (Überleitungsvertrag)
siehe: Vertragliche Regelungen
- Abkommen vom 27.5.1952 über die Rechtsstellung der Europäischen Verteidigungsstreitkräfte und über das Zoll- und Steuerwesen der Europäischen Verteidigungsgemeinschaft
siehe: EVG
- Vertrag vom 27.5.1952 über die Gründung einer Europäischen Verteidigungsgemeinschaft
siehe: EVG
- Vertrag vom 27.5.1952 zwischen dem Vereinigten Königreich von Großbritannien und Nordirland und den Mitgliedstaaten der Europäischen Verteidigungsgemeinschaft
siehe: EVG
- Zahlungs- und Kreditabkommen vom 11.6.1952 zwischen der Bundesrepublik Deutschland und der Föderativen Volksrepublik Jugoslawien
siehe: Jugoslawien–Bundesrepublik
- Abkommen vom 26.8.1952 zwischen der Bundesrepublik Deutschland und der Schweizerischen Eidgenossenschaft über die deutschen Vermögenswerte in der Schweiz
siehe: Schweiz–Bundesrepublik
- Abkommen vom 26.8.1952 zwischen der Bundesrepublik Deutschland und der Schweizerischen Eidgenossenschaft über die Regelung der Forderungen der Schweizerischen Eidgenossenschaft gegen das ehemalige Deutsche Reich
siehe: Schweiz–Bundesrepublik
- Abkommen vom 10.9.1952 zwischen der Bundesrepublik Deutschland und dem Staate Israel
siehe: Wiedergutmachung

Organisationsplan des Auswärtigen Amts vom August 1952

Protokoll Ministerialdirigent Herwarth von Bittenfeld Vertreter: VLR Pappritz	**Abteilung I** Personal- und Verwaltungsabteilung GK I a. D. Dr. Pfeiffer Vertreter: Gesandter I. Klasse Dr. Schwarz		
	Unterabteilung Org. Gesandter I. Klasse Dr. Schwarz	**Unterabteilung Pers.** Koordination der Personalreferate VLR Dr. Wilde	**Friedensrege**
Referat I Allgemeines Zeremoniell einschließlich Rangfragen, diplomatischer Schriftverkehr, gesellschaftliche Veranstaltungen des Bundespräsidenten und Bundeskanzlers VLR Pappritz	**Referat I Org.** Organisation, Aufbau der In- und Auslandsdienststellen Gesandter I. Klasse Dr. Schwarz	**Referat I Pers. A** Personalien der Angehörigen des höheren Dienstes VLR Freiherr von Welck	**Referat I** Allgemeine Friedensfra Deutsche Auslandsschu gemeine Besatzungsan heiten, Internationale R schiffahrtsfragen LR I Dr. Weiz
Referat II Staatsbesuche des Bundespräsidenten im In- und Ausland, offizielle Reisen des Bundeskanzlers und des Bundesministers des Auswärtigen, Besuche prominenter Ausländer, gesellschaftliche Veranstaltungen der Bundesregierung und der Mitglieder des Auswärtigen Amts Referent von Carmer	**Referat I Org. Haushalt** Haushalts-, Finanz- und Devisenangelegenheiten ORR Bartsch	**Referat I Pers. B** Personalien und Bewerbungen für den wirtschaftlichen Dienst VLR Dr. Zimmermann	**Referat II** Allgemeine politische A heiten, Grenzfragen LR I Dr. Thierfelder
Referat III Fremde Missionschefs, Ankunft, Übergabe von Beglaubigungsschreiben, Vermittlung von Besuchen bei Bundespräsident, Bundeskanzler, Bundesminister des Auswärtigen und Staatssekretär des Auswärtigen Amts, sowie bei den Mitgliedern des Kabinetts, Notifikationen, Glückwünsche und Beileidskundgebungen, Nationaltage, Durchreisen prominenter Politiker RR Vogel	**Referat I Org. R** Rechnungs- und Gebührenwesen AR Jäkel	**Referat I Pers. C** Bewerbungen um Übernahme in die Ausbildung für den höheren Dienst LR Freiherr von Buddenbrock	**Referat III** Vorbereitung der Friede lung auf dem Gebiet de schaft Gesandtschaftsrat a. D. Dr.
Referat IV Mitglieder der fremden Missionen und Internationalen Organisationen, Exterritorialität, Immunität, Privilegien, Wohnungsbeschaffung, Kraftfahrzeugangelegenheiten, Personalausweise, Grenzempfehlungen, Diplomatenverzeichnis, Fremde Konsuln, Exequaturerteilung, Konsulatsverzeichnis, Zwischenfälle, Vermittlungen, juristische Angelegenheiten N. N.	**Referat I Org. B/BR** Besoldungswesen In- und Ausland ORR Ephan	**Referat I Pers. D** Personalien der Angehörigen des gehobenen, mittleren und einfachen Dienstes und der Lohnempfänger (Beamte und Angestellte) VLR Dr. Gördes	
Referat V Ordenangelegenheiten AR Schmidt	**Referat I Org. D** Verwaltung der Sachtitel RR Herold	**Referat I Pers. E** Personalien und Bewerbungen der weiblichen Angestellten und Lohnempfänger, Bewerbungen von Dolmetschern und Dolmetscherinnen LR I Dr. von Harlem	
	Referat I Org. F/Chi Chiffrierwesen ORR Paschke	**Referat I Pers. F** Wiedergutmachung VLR a. D. von Lieres und Wilkau	
	Sprachendienst ORR Dr. Reichold	**Referat I Pers. G** Regelung der Rechtsverhältnisse der unter Artikel 131 GG fallenden Personen GK a. D. Dr. Pochhammer	
	Referat I Org. Bibl. Bibliothek Referent Prof. Dr. Prinzhorn		
	Referat I Org. Pol. Archiv Politisches Archiv und Historisches Referat LR Dr. Andres		
	Ministerialbürodirektor AR Leitzke		